Großkommentare der Praxis

Löwe-Rosenberg

Die Strafprozeßordnung und das Gerichtsverfassungsgesetz

mit Nebengesetzen

Kommentar

Zwanzigste, völlig umgearbeitete Auflage

herausgegeben von

Dr. jur. h. c. Emil Niethammer †
Reichsgerichtsrat a. D., Professor in Tübingen

in Gemeinschaft mit

Dr. Friedr. Wilh. Geier
Senatspräs. beim Bundesgerichtshof

Dr. Heinrich Jagusch
Bundesrichter in Karlsruhe

Dr. Max Kohlhaas
Bundesanwalt in Karlsruhe

Dr. Karl Schäfer
Senatspräs. in Frankfurt a. M.

Werner Sarstedt
Senatspräs. beim Bundesgerichtshof

Dr. Wilhelm Tillmann
Oberstaatsanwalt in Hamm

ZWEITER BAND:
Gerichtsverfassungsgesetz, Nebengesetze

1956

Walter de Gruyter & Co., Berlin W 35

vormals G. J. Göschen'sche Verlagshandlung / J. Guttentag, Verlagsbuchhandlung
Georg Reimer / Karl J. Trübner / Veit & Comp.

Archiv-Nr. 22 12 58/2

Satz: Walter de Gruyter & Co., Berlin W 35

Druck: Berliner Buchdruckerei „Union" GmbH., Berlin SW 61

Inhaltsverzeichnis

Zweite Abteilung

Gerichtsverfassungsgesetz

Anhang

Verzeichnis der wichtigsten Abkürzungen und Zitate

(Die besondere Literatur über einzelne Abschnitte und Paragraphen ist am Anfang der betreffenden Abschnitte und Paragraphen aufgeführt)

A.A., a.A.	anderer Ansicht
a. a. O.	am angegebenen Ort
AbgO.	s. RAbgO.
Abh.	Abhandlung
ABlAHK., AHKABl.	Amtsblatt der Alliierten Hohen Kommission
Abs.	Absatz
a. E.	am Ende
a. F.	alte Fassung
AG.	Amtsgericht
AG., AusfG.	Ausführungsgesetz
AGG.	Arbeitsgerichtsgesetz v. 3. 9. 1953 (BGBl. I S. 1267)
AGGewVerbrG., AusfG. z. GewohnhVerbrG.	Ausführungsgesetz zum Gesetz gegen gefährliche Gewohnheitsverbrecher und über Maßregeln der Sicherung und Besserung v. 24. 11. 1933 (RGBl. I S. 1000)
AGGVG.	Bayern. Gesetz z. Ausführung d. Gerichtsverfassungsgesetzes v. 17. 11. 1956 (GVBl. S. 249)
AGStPO.	Bayern. Ausführungsgesetz z. Strafprozeßordnung v. 17. 11. 1956 (GVBl. S. 254)
AHK.	Alliierte Hohe Kommission
AHKABl.	s. ABlAHK
AkDR.	Akademie für Deutsches Recht
Allg. Vfg., AllV., AV.	Allgemeine Verfügung
Alsberg Beweisantrag, Alsberg-Nüse Beweisantrag	Alsberg-Nüse, Der Beweisantrag im Strafprozeß, 2. Aufl. (1956)
Alsb. E., Alsb. OLG. E. StPO.	Die strafprozessualen Entscheidungen der Oberlandesgerichte, herausgegeben von Alsberg und Friedrich (1927). Drei Bände.
Alsberg Justizirrtum	Alsberg, Justizirrtum und Wiederaufnahme (1913)
AM., a. M.	anderer Meinung
Amtsbl.	Amtsblatt
Anm.	Anmerkung
ArchKrim.	Archiv für Kriminologie, vorher:
ArchKrimAnthr.	Archiv für Kriminalanthropologie und Kriminalistik
ArchÖffR., Arch. f. öffentl. Recht	Archiv des öffentlichen Rechts, vorher: für öffentliches Recht
Arch. f. Rechtsphilosophie	Archiv für Rechts- und Wirtschaftsphilosophie, dann: für Rechts- und Sozialphilosophie
ArchZivPr.	Archiv für die civilistische Praxis
Art.	Artikel
Aufl.	Auflage
AusfG., AG.	Ausführungsgesetz
AuslG.	s. DAG.
AV.	Ausführungsverordnung; Allgemeine Verfügung
Bad.Ann.	Annalen der Großherzoglich Badischen Gerichte
BAG.	Bundesarbeitsgericht

Baur	Baur, Justizaufsicht und richterliche Unabhängigkeit (1954)
BayObLG., BayObstLG.	Bayerisches Oberstes Landesgericht
BayObLGSt.	Sammlung von Entscheidungen des Bayerischen Obersten Landesgerichts in Strafsachen
BayVfGH.	Sammlung von Entscheidungen d. Bayer. Verwaltungsgerichtshofs mit Entscheidungen des Bayer. Verfassungsgerichtshofs
BayZ.	Zeitschrift für Rechtspflege in Bayern
BBG.	Bundesbeamtengesetz v. 14. 7. 1953 (BGBl. I S. 551)
Bd.	Band
Begr.	Begründung
Beil.	Beilage
Bek.	Bekanntmachung
Beling	Beling, Deutsches Reichsstrafprozeßrecht (1928)
Ben-Beling	Bennecke-Beling, Lehrbuch des deutschen Strafprozeßrechts (1900)
Beschl.	Beschluß
BFH.	Bundesfinanzhof
BGB.	Bürgerliches Gesetzbuch
BGBl.	Bundesgesetzblatt, Teil I und II
BGG.	s. GG.
BGH.	Bundesgerichtshof
BGHSt.	Entscheidungen des Bundesgerichtshofs in Strafsachen
BGHZ.	Entscheidungen des Bundesgerichtshofs in Zivilsachen
Binding, Binding Grundriß	Binding, Grundriß des Deutschen Strafrechts, Allg. Teil (1913)
Binding Handbuch (HB., Hdb.)	Binding, Handbuch des Deutschen Strafrechts I (1885)
Birkmeyer	Birkmeyer, Deutsches Strafprozeßrecht (1898)
BJM.	Bundesminister (-erium) der Justiz
Bockelmann	Bockelmann, Die Unverfolgbarkeit der Abgeordneten nach deutschem Immunitätsrecht (1951)
BRAGebO.	Bundesgebührenordnung für Rechtsanwälte v. 26. 7. 1957 (BGBl. I S. 907)
Brandstetter	Brandstetter, Straffreiheitsgesetz, Kommentar (1956)
BT.	Bundestag
BTDrucks.	Drucksachen des Deutschen Bundestages
Bumke	Bumke, Gerichtsverfassung und Strafprozeßordnung (1927)
Bumke 1924	Bumke, Verordnung über Gerichtsverfassung und Strafrechtspflege v. 4. 1. 1924 (1924)
BuschsZ.	Zeitschrift für (bis 1942: deutschen) Zivilprozeß, begr. v. Busch
BVerfG.	Bundesverfassungsgericht, Entscheidungen des Bundesverfassungsgerichts
BVerfGG.	Ges. über das Bundesverfassungsgericht v. 12. 3. 1951 (BGBl. I S. 243)
BVerwGG.	Ges. über das Bundesverwaltungsgericht v. 23. 9. 1952 (BGBl. I S. 625)
D., d., Dt., dt.	deutsch
DAG., AuslG.	Deutsches Auslieferungsgesetz v. 23. 12. 1929 (RGBl. I S. 239), 12. 9. 1933 (RGBl. I S. 618)
Dalcke	Dalcke, Strafrecht und Strafverfahren, 36. Aufl., von Fuhrmann-K. Schäfer (1955)
Dallinger-Lackner	Dallinger-Lackner, Jugendgerichtsgesetz, Kommentar (1955)
DAR.	Deutsches Autorecht
DBG.	Deutsches Beamtengesetz v. 26. 1. 1937 (RGBl. I S. 39)
DDR.	Deutsche Demokratische Republik
Diss.	Dissertation
Ditzen	Ditzen, Dreierlei Beweis im Strafverfahren (1926)
DJ., DtJust.	Deutsche Justiz, Rechtspflege und Rechtspolitik
DJT.	Deutscher Juristentag

DJugH., Dt.Jugendh.	Deutsche Jugendhilfe
DJZ.	Deutsche Juristenzeitung
Dörr	Dörr, Grundriß des Strafprozeßrechts (1927)
DÖV.	Die Öffentliche Verwaltung
Graf zu Dohna	Graf zu Dohna, Das Strafprozeßrecht, 3. Aufl. (1929)
DR.	Deutsches Recht
DReZ., DRZ.	Deutsche Rechts-Zeitschrift
DRiZ., DRZ.	Deutsche Richterzeitung
DRpfl., DtRpfl.	Deutsche Rechtspflege
DRsp., DRpr.	Deutsche Rechtsprechung, hrsg. v. Feuerhake (LoseblSlg.)
DRW., DRWiss.	Deutsche Rechtswissenschaft
DStr., DStrR., DStrafr.	Deutsches Strafrecht
DStrZ., DtStRZ.	Deutsche Strafrechts-Zeitung
Dürwanger Handbuch	Dürwanger, Handbuch des Privatklagerechts (1952)
DurchfVO., DVO.	Durchführungsverordnung
DVBl.	Deutsches Verwaltungsblatt
E., Entsch.	Entscheidung
E., Entw.	Entwurf
Eb. Schmidt	s. Schmidt
EG., EinfG.	Einführungsgesetz
EhrenGHE., Ehr.-GH. für RA., Entsch. des EG. f. Rechtsanwälte	Die Entscheidungen des Ehrengerichtshofs für deutsche Rechtsanwälte
Einl.	Einleitung
ElsLothZ.	Juristische Zeitschrift für (bis 1911: das Reichsland) Elsaß-Lothringen, begr. von Puchelt
Erbs	Erbs, Strafrechtliche Nebengesetze, Kurzkommentar (1954)
Erg.	Ergänzung
Erl.	Erlaß
Feisenberger, Feisenberger StPO.	Feisenberger, Strafprozeßordnung und Gerichtsverfassungsgesetz (1926)
FeldFPolG., FFPolG., FuFPGes.	Preußen. Feld- und Forstpolizeigesetz i. d. F. v. 21. 1. 1926 (GS. S. 83)
FernmG., FernmAnlG.	Gesetz über Fernmeldeanlagen i. d. F. v. 14. 1. 1928 (RGBl. I S. 8)
FerS., FS.	Feriensenat
FGG.	Gesetz über die Angelegenheiten der freiwilligen Gerichtsbarkeit v. 20. 5. 1898 (RGBl. S. 771)
Floegel-Hartung	Floegel-Hartung, Straßenverkehrsrecht, Kurzkommentar, 11. Aufl. (1958)
Frank	Frank, Das Strafgesetzbuch für das Deutsche Reich, 18. Aufl. (1931)
G., Ges.	Gesetz
GA., GoltdA.	Goltdammers Archiv für Strafrecht
Gage-Sarstedt	Gage-Sarstedt, Die Revision in Strafsachen, 4. Aufl. (1958)
GBl.	Gesetzblatt
GebO.	Gebührenordnung
GebOZuS.	Gebührenordnung für Zeugen und Sachverständige v. 21. 12. 1925 (RGBl. I S. 471), jetzt Gesetz über die Entschädigung von Zeugen und Sachverständigen v. 26. 7. 1957 (BGBl. I S. 861)
GebrMG.	Gebrauchsmustergesetz v. 5. 5. 1936 (RGBl. II S. 130) i. d. F. v. 18. 7. 1953 (BGBl. I S. 637)
Ger.	Gericht
Gerland, Gerland Stpr.	Gerland, Der Deutsche Strafprozeß (1927)
Ges., G.	Gesetz
GeschmMG.	Gesetz, betr. d. Urheberrecht an Mustern und Modellen (Geschmacksmustergesetz) v. 11. 1. 1876 (RGBl. S. 11)

Geyer, Geyer Lb.	Geyer, Lehrbuch des gemeinen deutschen Strafprozeßrechts (1880)
GewO.	Gewerbeordnung i. d. F. d. Bek. v. 26. 7. 1900 (RGBl. S. 871)
GewVerbrG., Gewohnh.VerbrechG.	Gesetz gegen gefährl. Gewohnheitsverbrecher und über Maßregeln d. Sicherung u. Besserung v. 24. 11. 1933 (RGBl. I S. 995)
GG., GrundG.	Grundgesetz für die Bundesrepublik Deutschland v. 23. 5. 1949 (BGBl. S. 1)
GKG.	Gerichtskostengesetz i. d. F. v. 26. 7. 1957 (BGBl. I S. 941)
gl. A.	gleicher Ansicht
Glaser	Glaser, Handbuch des Strafprozesses, in Binding, Systematisches Handbuch der deutschen Rechtswissenschaft (I 1883, II 1885)
GnadO., GnO.	Gnadenordnung v. 6. 2. 1935 (Dt. Just. S. 203)
GoltdA., GoltdArch.	Archiv für Strafrecht und Strafprozeß, begr. v. Goltdammer, später Dt. Strafrecht und ab 1954:
GoltdA., GoltdArch, GA.	Goltdammers Archiv für Strafrecht
Grau-Schäfer	Grau-Schäfer, Strafvollstreckung, 2. Aufl. (1932)
GrStS.	Großer Senat in Strafsachen
GruchB., GruchotBeitr., Gruchot	Beiträge zur Erläuterung des (bis 1871: preußischen) deutschen Rechts, begr. v. Gruchot
GrünhutsZ.	Zeitschrift für das Privat- und öffentliche Recht der Gegenwart, begr. v. Grünhut
GS., GesS.	Gesetzsammlung
GStA.	Generalstaatsanwalt
Gürtner	Gürtner, Das kommende deutsche Strafrecht, Bericht über die Arbeiten der amtlichen Strafrechtskommission, 2. Aufl. I 1935, II 1936
GVBl.	Gesetz- und Verordnungsblatt
GVG.	Gerichtsverfassungsgesetz v. 27. 1. 1877 (RGBl. S. 41) i. d. F. d. Bek. v. 12. 9. 1950 (BGBl. S. 513)
Handb., HB., Hdb.	Handbuch
HansGZ.	Hanseatische Gerichtszeitung
Hartung Untersuchungshaft	Hartung, Das Recht der Untersuchungshaft (1927)
Hellwig	Hellwig, Psychologie und Vernehmungstechnik bei Tatbestandermittlung (1951)
Henkel, Henkel StrafVerfR.	Henkel, Strafverfahrensrecht, Lehrbuch (1954)
HESt.	Höchstrichterliche Entscheidungen. Sammlung v. Entscheidungen der Oberlandesgerichte u. d. obersten Gerichte in Strafsachen
HEZ.	Höchstrichterliche Entscheidungen. Sammlung von Entscheidungen der Oberlandesgerichte u. d. obersten Gerichte in Zivilsachen
HGB.	Handelsgesetzbuch v. 10. 5. 1897 (RGBl. S. 219)
v. Hippel	von Hippel, Strafprozeßrecht (1941)
v. Hippel Strafrecht	von Hippel, Deutsches Strafrecht, I 1925, II 1930
HirthsAnn.	Annalen des Deutschen Reiches (1868/69: d. Norddt. Bundes), begr. v. Hirth
HRR., HöchstRR., HR.	Höchstrichterliche Rechtsprechung
HW., HWb.	Handwörterbuch
i. d. F. v.	in der Fassung vom
JAGO.	Jugendarrestgeschäftsordnung. AV. d. RJM. v. 15. 5. 1944 (Sonderveröff. DtJust. Nr. 31)
JAO.	Justizausbildungsordnung
JbAkDR.	Jahrbuch der Akademie für Deutsches Recht
JBeitrO., JustBeitreibungsO.	Justizbeitreibungsordnung v. 11. 3. 1937 (RGBl. I S. 298) i. d. F. v. 26. 7. 1957 (BGBl. I S. 898)
JBl.	Justizblatt
JFGErg.	Entscheidungen des Kammergerichts und des Oberlandesgerichts München in Kosten-, Straf-, Miet- und Pachtschutzsachen

JGG.	Jugendgerichtsgesetz. Reichs— v. 6. 11. 1943 (RGBl. I S. 637), Bund.— v. 4. 8. 1953 (BGBl. I S. 751)
JKassO., JustizkassenO.	Justizkassenordnung v. 30. 1. 1937 (Sonderveröff. DtJust. Nr. 13)
JMBl.	Justizministerialblatt
JR., JRdsch., JurRdsch.	Juristische Rundschau
JVKostO., JustVerwKostO.	VO. über Kosten im Bereich der Justizverwaltung v. 14. 2. 1940 (RGBl. I S. 357) i. d. F. v. 26. 7. 1957 (BGBl. I S. 861)
JVollzO.	Jugendstrafvollzugsordnung. AV. d. RJM. v. 1. 9. 1944
JW.	Juristische Wochenschrift
JZ., JurZ., JurZeit.	Juristen-Zeitung
Kap.	Kapitel
Keller	Keller, Die Strafprozeßordnung für das Deutsche Reich nebst Einführungsgesetz, 2. Aufl. (1882)
Kern, Kern Strafverfahrensrecht	Kern, Strafverfahrensrecht, Kurzlehrbuch, 4. Aufl. (1956)
Kern, Gerichtsverfassungsrecht (GVerfR.)	Kern, Gerichtsverfassungsrecht, Kurzlehrbuch, 2. Aufl. (1954)
KFG.	Gesetz über den Verkehr mit Kraftfahrzeugen v. 3. 5. 1909 (RGBl. S. 437)
KG.	Kammergericht
KGJ.	Jahrbuch der Entscheidungen des Kammergerichts in Sachen der freiwilligen Gerichtsbarkeit, in Kosten-, Stempel- und Strafsachen
KMR.	Kleinknecht-Müller-Reitberger, Kommentar z. Strafprozeßordnung und GVG., 4. Aufl. (1958)
KO.	Konkursordnung v. 10. 2. 1877 (RGBl. S. 351), v. 20. 5. 1898 (RGBl. S. 369, 612)
Kohlrausch, Kohlrausch-Lange	Kohlrausch-Lange, Strafgesetzbuch, Kommentar, 41. Aufl (1956)
KR.	Kontrollrat
KRDir.	Kontrollratsdirektive
KRG.	Kontrollratsgesetz
von Kries	von Kries, Lehrbuch des deutschen Strafprozeßrechts (1892)
Krim-MonH., Krim-Monats-H.	Kriminalistische Monatshefte. Zs. f. d. ges. kriminalist. Wissenschaft u. Praxis
KrVjschr.	Kritische Vierteljahresschrift für Gesetzgebung und Rechtswissenschaft
KStVO.	VO. über das militärische Strafverfahren im Kriege und bei besonderem Einsatz (Kriegsstrafverfahrensordnung) v. 17. 8. 1938 (RGBl. I 1939 S. 1457)
KunstUrhG., KunstUG.	Gesetz, betr. das Urheberrecht an Werken d. bildenden Künste u. d. Photographie (Kunsturhebergesetz) v. 9. 1. 1907 (RGBl. S. 7)
Laband	Laband, Das Staatsrecht des Deutschen Reichs, 5. Aufl.
Leipz.Komm.	s. LK.
Levin	Levin, Richterliche Prozeßleitung und Sitzungspolizei (1913)
LG.	Landgericht
von Lilienthal	von Lilienthal, Strafprozeßrecht (1923)
von Liszt-Schmidt	von Liszt-Schmidt, Lehrbuch des deutschen Strafrechts, 26. Aufl. (1932)
LitUrhGes., LitUG.	Gesetz, betr. das Urheberrecht an Werken der Literatur und der Tonkunst v. 19. 6. 1901 (RGBl. S. 227)
LK.	Ebermayer, Strafgesetzbuch (Leipziger Kommentar), 7. Aufl., hrsg. v. Jagusch, Mezger, Schäfer, Werner
LM.	Nachschlagewerk des Bundesgerichtshofs (LoseblSlg.), hrsg. v. Lindenmaier, Möhring u. a.
Lobe-Alsberg	Lobe-Alsberg, Die Untersuchungshaft (1927)

Löwenstein Revision	Löwenstein, Die Revision in Strafsachen, 2. Aufl. (1919)
Lucas-Dürr	Lucas-Dürr, Anleitung zur strafrechtlichen Praxis, 5. Aufl. (1931)
LZ.	Leipziger Zeitschrift für Deutsches Recht
von Mangoldt, von Mangoldt-Klein	von Mangoldt-Klein, Das Bonner Grundgesetz, 2. Aufl. Bd. I 1957, Bd. II 1958
Mannheim	Mannheim, Beiträge zur Lehre von der Revision wegen materiellrechtlicher Verstöße im Strafverfahren, Abhandl. der Berl. Jur. Fakultät 3 (1925)
Maurach	Maurach, Deutsches Strafrecht, Besonderer Teil (1952)
MBliV., MinBl.InnVerw.	Ministerialblatt für die Preuß. innere Verwaltung
MDR.	Monatsschrift für Deutsches Recht
Merkel	Merkel, Lehrbuch des deutschen Strafrechts (1889)
Meves	Meves, Das Strafverfahren nach der deutschen Strafprozeßordnung (1882)
Mezger	Mezger, Strafrecht, Kurzlehrbuch, I, 7. Aufl. 1957, II 6. Aufl. 1958
MittIKV.	Mitteilungen der Internationalen Kriminalistischen Vereinigung
MSchrKrimPsych., MonSchrift f. KrimPsych., MonKrim-Psych.	Monatsschrift für Kriminalpsychologie und Strafrechtsreform, begr. von Aschaffenburg
MStGO.	Militärstrafgerichtsordnung i. d. F. d. Bek. v. 29. 9. 1936 (RGBl. I S. 755)
NdsRpfl., NRpfl., NsRpfl.	Niedersächsische Rechtspflege
N.E. I	Entwurf einer Strafprozeßordnung und Novelle zum Gerichtsverfassungsgesetz nebst Begründung (1908)
N.E. II	Entwürfe 1. eines Gesetzes, betreffend Änderungen des Gerichtsverfassungsgesetzes, 2. der Strafprozeßordnung (Reichstagsverhandlungen Bd. 270 Nr. 7)
N.E. III	Entwürfe 1. eines Gesetzes zur Änderung eines Gerichtsverfassungsgesetzes, 2. eines Gesetzes über den Rechtsgang in Strafsachen (1919)
N.E. IV	Entwurf eines Gesetzes zur Neuordnung der Strafgerichte (Deutscher Reichsanzeiger Nr. 57 vom 19. Juli 1922)
N.E. V	Entwurf eines Gesetzes zur Neuordnung der Strafgerichte vom 29. Mai 1923 (Verh. des Reichstags I. Wahlperiode 1920 Anlagen, Drucksache Nr. 5884 S. 6983)
Niethammer	Niethammer, Lehrbuch des Besonderen Teils des Strafrechts (1950), s. auch Olshausen
NJ.	Neue Justiz
NJW.	Neue Juristische Wochenschrift
ObLG., BayObLG.	Bayerisches Oberstes Landesgericht
OGHBrZ.	Oberster Gerichtshof für die Britische Zone
OGHSt., ObGHSt.	Entscheidungen des Obersten Gerichtshofes für die Britische Zone in Strafsachen
OLG.	Oberlandesgericht
OLG. München St.	Sammlung von Entscheidungen des kgl. Oberlandesgerichts München in Gegenständen des Strafrechts und Strafprozesses
Olshausen, Olsh., Olshausen-Niethammer	von Olshausen, Kommentar zum Strafgesetzbuch, 12. Aufl. (1942)
OVG.	Oberverwaltungsgericht
OWiG.	Gesetz über Ordnungswidrigkeiten v. 25. 3. 1952 (BGBl. I S. 177)
PatG.	Patentgesetz v. 5. 5. 1936 (RGBl. II S. 117) i. d. F. v. 18. 7. 1953 (BGBl. I S. 623)
Peters, Peters Strafpr.	Peters, Strafprozeß, Lehrbuch (1952)
Pohlmann-Hasemann	Pohlmann-Hasemann, Die Strafvollstreckungsordnung, Kommentar (1956)

Pr.	Preußen, preußisch
PrAGGVG	Preußen. Gesetz zur Ausführung des GVG. v. 24. 4. 1878 i. d. F. des Ges. v. 5. 11. 1925 (GS. S. 155)
PrFeldFPolG.	s. FeldFPolG.
PrForstdG.	Preußen. Gesetz betr. d. Forstdiebstahl v. 15. 4. 1878 (GS S. 222)
Polizei	Die Polizei
Pressges.	Pressegesetz. Ges. über die Presse v. 7. 5. 1874 (RGBl. S. 65)
Prot.	Protokoll
PrOVG.	Entscheidungen des Preußischen Oberverwaltungsgerichts
PrPolVerwGes.	Preußen. Polizeiverwaltungsgesetz v. 1. 7. 1931 (GS. S. 77)
PrVerwBl.	Preußisches Verwaltungsblatt
Puchelt	Puchelt, Die Strafprozeßordnung für das Deutsche Reich (1881)
RAbgO.	Reichsabgabenordnung v. 13. 12. 1919 (RGBl. S. 1993), i. d. F. v. 22. 5. 1931 (RGBl. I S. 161)
RÄO.	Reichsärzteordnung v. 13. 12. 1935 (RGBl. I S. 1433)
RAGebO.	Gebührenordnung für Rechtsanwälte v. 7. 7. 1879 i. d. F. v. 5. 7. 1927 (RGBl. I S. 162) u. v. 26. 7. 1957 — Bundesgebührenordnung für Rechtsanwälte, BRAGebO — (BGBl. I S. 907)
RAO., RRAO.	Reichsrechtsanwaltsordnung v. 1. 7. 1878 (RGBl. S. 177) u. 13. 12. 1935 (RGBl. I S. 470), i. d. F. v. 21. 2. 1936 (RGBl. I S. 107)
RBG	Reichsbeamtengesetz i. d. F. v. 18. 5. 1907 (RGBl. S. 245)
RdE., RdErl.	Runderlaß
RdK.	Das Recht des Kraftfahrers
RDStH.	Entscheidungen des Reichsdienststrafhofs
R., Recht	Das Recht, begr. v. Soergel (zuletzt Beil. zu Deutsche Justiz)
RegBl.	Regierungsblatt
RFH.	Reichsfinanzhof
RG.	Reichsgericht; s. a. RGSt., RGZ.
RGBl., RGBl. I, II	Reichsgesetzblatt, ab 1922 Reichsgesetzblatt Teil I und II
RGRspr., RG.R.	Rechtsprechung des Reichsgerichts in Strafsachen
RGSt.	Entscheidungen des Reichsgerichts in Strafsachen
RGZ.	Entscheidungen des Reichsgerichts in Zivilsachen
RheinArch.	Archiv für Zivil- und Strafrecht d. kgl. preuß. Rheinprovinz
Richtl., RL.	Richtlinien; s. a. RiStV.
RiJGG.	Richtlinien der Landesjustizverwaltungen zum Jugendgerichtsgesetz v. 4. 8. 1953 (RGBl. I S. 751) v. 15. 2. 1955
RiStV., Richtl., RL., RiStV. 1953	Richtlinien für das Strafverfahren v. 1. 8. 1953 (Alte Fassung v. 13. 4. 1935, Sonderveröff. DtJust. Nr. 7)
RJGG.	Reichsjugendgerichtsgesetz v. 6. 11. 1943 (RGBl. I S. 637)
RJM.	Reichsminister(-ium) der Justiz
RKG.	Reichskriegsgericht
RKGE.	Entscheidungen des Reichskriegsgerichts und des Wehrmachtdienststrafhofs
RL.	s. RiStV.
RMBl.	Reichsministerialblatt. Zentralblatt f. d. Dt. Reich
RMBliV.	s. MBliV.
RMG., RMilG.	Entscheidungen des Reichsmilitärgerichts
Rosenfeld	Rosenfeld, Der Reichsstrafprozeß, 4.—5. Aufl. (1912)
Rosenfeld Strafprozeßrecht	Rosenfeld, Deutsches Strafprozeßrecht (1926)
Rpfl., Rpfleger	Der deutsche Rechtspfleger
RPräs.	Reichspräsident
RPreßGes.	s. Preßges.
RRAO.	s. RAO.
Rspr.	Rechtsprechung
RStGB.	s. StGB.
RTK.	Justizkommission des Reichstags

RV.	Verfassung des Deutschen Reichs (Weimarer Reichsverfassung) v. 11. 8. 1919 (RGBl. S. 1383)
RVerwG.	Entscheidungen des Reichsverwaltungsgerichts
RVO.	Reichsversicherungsordnung v. 19. 7. 1911 (RGBl. S. 509), i. d. F. v. 15. 12. 1924 (RGBl. I S. 779)
RZBl.	Zentralblatt für das Deutsche Reich
S.	Seite
SaBl.	Sammelblatt für Rechtsvorschriften des Bundes und der Länder (vorher: f. Gesetze, Verordnungen und Bekanntmachungen d. Bundes, d. Länder u. d. Besatzungsmächte)
SächsArch., SächsArchR., SächsRpflArch., Sächs.-Thür. Arch.	Sächsisches Archiv für Rechtspflege, ab 1924 Archiv für Rechtspflege in Sachsen, Thüringen und Anhalt
SächsOLG., SächsAnn.	Annalen des (bis 1918: Kgl.) Sächsischen Oberlandesgerichts zu Dresden
Sauer Grdl.	Sauer, Grundlagen des Prozeßrechts, 2. Aufl. (1929)
Schäfer-Hartung	Schäfer-Hartung, Strafrecht und Strafprozeß, Teil II (1924)
SchlHA., Schl.HAnz., Schl.Anz.	Schleswig-Holsteinische Anzeigen
Eb. Schmidt, Eb. Schmidt Lehrk.	Eberhard Schmidt, Lehrkommentar zur Strafprozeßordnung und zum GVG., Teil 1 1952, Teil 2 1958
SchmZ.	Schiedsmannszeitung
Schönke, Schönke-Schröder	Schönke-Schröder, Strafgesetzbuch, Kommentar, 8. Aufl. (1957)
Schwarz	Schwarz, Kurzkommentar zur Strafprozeßordnung, 20. Aufl. (1957)
von Schwarze Erört.	von Schwarze, Erörterungen praktisch wichtiger Materien aus dem Strafprozeßrecht (1881)
von Schwarze Komm.	von Schwarze, Kommentar zur Strafprozeßordnung (1878)
SeemO.	Seemannsordnung v. 2. 6. 1902 (RGBl. S. 175)
SeuffBl.	Seufferts Blätter für Rechtsanwendung
SGG.	Sozialgerichtsgesetz v. 3. 9. 1953 (BGBl. I S. 1239)
SJZ.	Süddeutsche Juristenzeitung (jetzt: Juristenzeitung JZ.)
SMA., SMAD.	Sowjetische Militäradministration in Deutschland
Sp.	Spalte
SprengstG.	Gesetz gegen den verbrecherischen und gemeingefährlichen Gebrauch von Sprengstoffen v. 9. 6. 1884 (RGBl. S. 61)
StA.	Staatsanwaltschaft
StaatsGH.	Staatsgerichtshof
StenB.	Stenographischer Bericht
Stenglein	Stenglein, Kommentar zur Strafprozeßordnung, 3. Aufl. (1898)
Stenglein Nebengesetze	Stenglein, Kommentar zu den strafrechtlichen Nebengesetzen des Deutschen Reichs, 5. Aufl., I 1928, II 1931
Stenglein Erg.Band	Ergänzungsband dazu (1933)
StGB., RStGB.	Strafgesetzbuch für d. Deutsche Reich v. 15. 5. 1871 (RGBl. S. 127), neu bekanntgemacht am 25. 8. 1953 (BGBl. I S. 1083)
StPO.	Strafprozeßordnung i. d. F. v. 22. 3. 1924 (RGBl. I S. 299/322)
StRÄndG.	Strafrechtsänderungsgesetz 1. — v. 30. 8. 1951 (BGBl. I S. 739) 2. — v. 6. 3. 1953 (BGBl. I S. 42) 3. — v. 4. 8. 1953 (BGBl. I S. 735)
Strafr.Abh.	Strafrechtliche Abhandlungen, hrsg. v. Bennecke, dann von Beling, v. Lilienthal und Schoetensack
StrafvollO.	s. StVollstrO.
StRegVO.	Strafregisterverordnung v. 17. 2. 1934 (RGBl. I S. 140)
StrFG. 1954	Gesetz über den Erlaß von Strafen u. Geldbußen u. d. Niederschlagung v. Strafverfahren u. Bußgeldverfahren (Straffreiheitsgesetz 1954) v. 17. 7. 1954 (BGBl. I S. 203)

st.Rspr.	ständige Rechtsprechung
StVG.	Straßenverkehrsgesetz v. 19. 12. 1952 (BGBl. I S. 837)
StVollstr.O, StrafvollO.	Strafvollstreckungsordnung v. 7. 12. 1935 (Dt. Just. S. 1800); jetzt v. 15. 2. 1956
ThürBl.	Blätter für Rechtspflege in Thüringen und Anhalt
Ullmann	Ullmann, Lehrbuch des Strafprozeßrechts (1893)
UnlWG., UWG.	Gesetz gegen den unlauteren Wettbewerb v. 7. 6. 1909 (RGBl. S. 381)
VDB.	Vergleichende Darstellung des Strafrechts, Besonderer Teil, Bd. 1—9
VereinhG.	Gesetz zur Wiederherstellung der Rechtseinheit auf dem Gebiete der Gerichtsverfassung, der bürgerlichen Rechtspflege, des Strafverfahrens und des Kostenrechts v. 12. 9. 1950 (BGBl. S. 455)
VerwRspr.	Verwaltungsrechtsprechung in Deutschland. Sammlung oberstrichterl. Entscheidungen aus d. Verfassungs- u. Verwaltungsrecht
VGH.	Verwaltungsgerichtshof
VO.	Verordnung
VOBl.	Verordnungsblatt
Voitus	Voitus, Kommentar zur Strafprozeßordnung (1877)
Voitus Kontr.	Voitus, Kontroversen betreffend die Strafprozeßordnung und das Gerichtsverfassungsgesetz Bd. I 1881, Bd. II 1883
VwZG.	Verwaltungszustellungsgesetz v. 3. 7. 1952 (BGBl. I S. 379)
WarnJb.	Jahrbuch der Entscheidungen zum bürgerlichen Gesetzbuch und den Nebengesetzen, begr. v. Warneyer,
WeimVerf.	s. RV.
Willenbücher	Willenbücher, Kostenfestsetzungsverfahren, 15. Aufl.
WiStG. 1949, WiStG. 1954	Gesetz zur Vereinfachung des Wirtschaftsstrafrechts (Wirtschaftsstrafgesetz) v. 26. 7. 1949 (WiGBl. S. 193); Gesetz zur weiteren Vereinfachung des Wirtschaftsstrafrechts (Wirtschaftsstrafgesetz 1954) v. 9. 7. 1954 (BGBl. I S. 175)
WStG.	Wehrstrafgesetz
WürttJ.	Jahrbücher der württembergischen Rechtspflege
WürttZ.	Zeitschrift ür die freiwillige Gerichtsbarkeit und die Gemeindeverwaltung in Württemberg und Jahrbücher der württembergischen Rechtspflege
WV.	s. RV.
WZG.	Warenzeichengesetz v. 5. 5. 1936 (RGBl. II S. 134), i. d. F. v. 18. 7. 1953 (BGBl. I S. 643)
ZAkDR.	Zeitschrift der Akademie für Deutsches Recht
ZPO.	Zivilprozeßordnung v. 30. 1. 1877 (RGBl. S. 83)
ZStW.	Zeitschrift für die gesamte Strafrechtswissenschaft
ZVG.	Gesetz über die Zwangsversteigerung und die Zwangsverwaltung (Zwangsversteigerungsgesetz) v. 24. 3. 1897 (RGBl. S. 97), i. d. F. v. 20. 5. 1898 (RGBl. S. 369, 713)
ZWehrR.	Zeitschrift für Wehrrecht

Zweite Abteilung

Gerichtsverfassungsgesetz

I. Einführungsgesetz zum Gerichtsverfassungsgesetz

Vom 27. Januar 1877 (RGBl. 1877 Nr. 4 S. 77ff.)

II. Gerichtsverfassungsgesetz

Vom 27. Januar 1877 (RGBl. 1877 Nr. 5 S. 41ff.)

Neue Fassung vom 12. September 1950 (BGBl. 455, 513).

I. Einführungsgesetz zum Gerichtsverfassungsgesetz

Vom 27. Januar 1877 (RGBl. 77ff.)

In der Fassung der Ges. vom 11. 4. 1877 (RGBl. 415) (Änd. des § 8); vom 12. 6. 1889 (RGBl. 95); 17. 5. 1898 (RGBl. 254) Art. II, III (Änd. der §§ 5, 9, 10); 22. 5. 1910 (RGBl. 767) Art. II (Änd. des § 8); 20. 2. 1911 (RGBl. 59) (Änd. des § 8); 12. 9. 1950 (BGBl. 455) (Aufhebung des § 6, Änd. der §§ 8, 9, 10). In Berlin i. d. F. von Art. 2 Nr. 1-4 des Ges. vom 9. 1. 1951 (VOBl. 99).

§ 1

Das Gerichtsverfassungsgesetz tritt im ganzen Umfange des Reichs an einem durch Kaiserliche **Verordnung mit Zustimmung des** Bundesrats **festzusetzenden Tage, spätestens am 1. Oktober 1879, gleichzeitig mit der im § 2 des Einführungsgesetzes der Zivilprozeßordnung vorgesehenen Gebührenordnung in Kraft.**

Entstehungsgeschichte: Entw. § 1

1. **„spätestens am 1. 10. 1879"** — Eine Kaiserl. Verordnung über den Beginn der Wirksamkeit des GVG. ist nicht erlassen worden; das Gesetz ist daher am 1. 10. 1879 in Kraft getreten.

2. **„im ganzen Umfange des Reichs"** — Auf der Insel Helgoland, die am 18. 12. 1890 mit dem Deutschen Reich vereinigt wurde, ist das GVG. nebst EG. am 1. 4. 1891 in Kraft getreten.

3. **„§ 2 des EG. ZPO."** — Er lautet:

„Das Kostenwesen in bürgerlichen Rechtsstreitigkeiten wird für den ganzen Umfang des Reichs durch eine Gebührenordnung geregelt."

An Stelle dieser Gebührenordnung sind vier Kostengesetze erlassen worden, die sämtlich am 1. 10. 1879 in Kraft getreten sind: das Gerichtskostengesetz vom 18. 6. 1878 in der Fassung der Bek. vom 5. 7. 1927 (RGBl. I 152) mit zahlreichen späteren Änderungen; die Gebührenordnung für Gerichtsvollzieher vom 24. 6. 1878 in der Fassung der Bek. vom 14. 12. 1922 (RGBl. I 917) mit späteren Änderungen; die Gebührenordnung für Zeugen und Sachverständige vom 30. 6. 1878 in der Fassung der Bek. vom 21. 12. 1925 (RGBl. I 471) mit späteren Änderungen; die Gebührenordnung für Rechtsanwälte vom 7. 7. 1879 in der Fassung der Bek. vom 27. 1. 1927 (RGBl. I 162) mit späteren Änderungen.

§ 2

Die Vorschriften des Gerichtsverfassungsgesetzes finden nur auf die ordentliche streitige Gerichtsbarkeit und deren Ausübung Anwendung.

I. Entstehungsgeschichte: Entw. § 2.

II. Keine späteren Änderungen.

1. ordentliche streitige Gerichtsbarkeit — a) Die streitige Gerichtsbarkeit ist die Gerichtsbarkeit in bürgerlichen Rechtsstreitigkeiten und in Strafsachen; die ordentliche streitige Gerichtsbarkeit ist die Gerichtsbarkeit, die von den ordentlichen Gerichten in diesen Rechtssachen ausgeübt wird (Begr. 13, 97; vgl. Laband 3 370). Wegen des Begriffes „Strafsache" vgl. EG.StPO. § 3, wegen desjenigen der „ordentlichen Gerichte" GVG. § 12.

b) Soweit die Gerichtsbarkeit in den Sachen, für die Sondergerichte zugelassen sind, den ordentlichen Gerichten übertragen ist (§ 3 Abs. 1 und Anm. 2 das.), fällt auch sie unter den Begriff der ordentlichen Gerichtsbarkeit. Vgl. GVG. § 13 Anm. 6b, c und Anm. 9, EG.GVG. § 3 Anm. 5, sowie wegen des Verfahrens EG.StPO. § 3 Abs. 2.

c) Außer den Strafsachen im techn. Sinne (vgl. zu a), die die Verfolgung eines staatlichen Strafanspruchs zum Gegenstand haben, sind den ordentlichen (Straf-)Gerichten gewisse Sachen zur Erledigung überwiesen worden, in denen es sich nicht um die den deutschen Strafverfolgungsbehörden zustehende Verfolgung einer Kriminalstraftat, sondern um Angelegenheiten handelt, die materiell dem Verwaltungsrecht angehören, aber wegen ihrer inneren Verwandtschaft mit Strafsachen einer strafjustizförmigen Behandlung bedürfen, nämlich die Entscheidung über die Zulässigkeit von Rechtshilfemaßnahmen gegenüber dem Ausland nach Maßgabe des Deutschen Auslieferungsges. vom 23. 12. 1929 (RGBl. I 239) und die gerichtliche Nachprüfung von Bußgeldbescheiden der Verwaltungsbehörden wegen (nichtkrimineller) Ordnungswidrigkeiten nach Maßgabe des Ges. über Ordnungswidrigkeiten vom 25. 3. 1952 (BGBl. I 177). § 47 des ersteren Gesetzes erklärt allgemein die Vorschriften des GVG. auf das Verfahren der Gerichte für anwendbar, soweit es nicht selbst abweichendes bestimmt. In dem letzteren Gesetz fehlt eine entsprechende allgemeine Vorschrift; lediglich § 121 Abs. 2 GVG. wird in § 56 Abs. 5 OWiG als entsprechend anwendbar bezeichnet. Auch hier kann aber nicht zweifelhaft sein, daß nach den Absichten des Gesetzgebers die Vorschriften des GVG. anzuwenden sind, soweit das OWiG keine abweichende Regelung trifft; die besondere Erwähnung in § 56 Abs. 5 erklärt sich daraus, daß ohne eine solche Vorschrift Zweifel über die entsprechende Anwendbarkeit des § 121 Abs. 2 GVG möglich gewesen wären, während bei den allgemeinen Vorschriften des GVG, z. B. über Rechtshilfe, Sitzungspolizei, Gerichtssprache usw. solche Zweifel nicht auftauchen können.

2. a) Geltungsgebiet — Das GVG. hat, wie die Begr. (14) es ausdrückt, einen „fragmentarischen" Charakter; seine Aufgabe ist lediglich, die gemeinsamen Grundlagen für die gleichmäßige Anwendung der Prozeßordnungen (StPO., ZPO., KO. usw.) zu schaffen. Diese aber regeln nur das Verfahren, das vor den ordentlichen Gerichten stattfindet, und demgemäß behandelt auch das GVG. nur die ordentliche streitige Gerichtsbarkeit (Anm. 1). Außerhalb des sachlichen Geltungsbereichs des GVG. liegen sonach: a) die streitige Gerichtsbarkeit der Sondergerichte; b) die gesamte nichtstreitige Gerichtsbarkeit (das Vormundschaftswesen, das Grundbuchwesen usw.), soweit nicht, wie durch das FGG. vom 17. 5. 1898 (RGBl. 189; n. F. 369, 771) §§ 2, 8 seine Bestimmungen besonders für anwendbar erklärt worden sind; c) die Angelegenheiten der Justizverwaltung nebst dem Kassen- und Hinterlegungswesen; d) die Gerichtsbarkeit der sonstigen neben der ordentlichen Gerichtsbarkeit bestehenden Gerichtsbarkeitszweige (der Arbeits-, der allgemeinen und besonderen Verwaltungs- [Finanz-, Sozial-], der Disziplinar- und der Verfassungsgerichtsbarkeit); auch die diese Gerichtsbarkeiten regelnden Gesetze verweisen aber in gewissem Umfang auf das GVG., indem sie dessen Vorschriften allgemein subsidiär für entsprechend anwendbar erklären, so z. B. § 26 des Ges. über das Bundesverwaltungsgericht vom 23. 9. 1952 (BGBl. I 628), § 202 des Sozialgerichtsges. vom 3. 9. 1953 (BGBl. I 1239), §§ 46, 53 des Arbeitsgerichtsges. vom 3. 9. 1953 (BGBl. I 1267), oder wenigstens dessen Vorschriften über die Rechtshilfe (vgl. Vorbem. 3a vor § 156 GVG) und über die Öffentlichkeit, die Sitzungspolizei, die Gerichtssprache und die Abstimmung (vgl. z. B. § 17 des Ges. über das Bundesverfassungsgericht vom 12. 3. 1951, BGBl. I 243). — Ob und wieweit die Geschäfte der nichtstreitigen Gerichtsbarkeit oder die der Justizverwaltung den Gerichten zu übertragen und welchen Gerichten sie zuzuweisen sind, hat die Landesgesetzgebung zu bestimmen; vgl. § 4. — „Fragmentarischen Charakter" hat das GVG. weiterhin auch insofern, als es das Richteramt nur in seinen Grundzügen regelt und der Bundes- u. Landesgesetzgebung die ergänzende Regelung überläßt (z. B. hinsichtlich der Besoldung, der Altersgrenze für Richter usw.). Für die Staatsanwaltschaft s. GVG. Tit. 10 Vorbem. 1, 2a. Die Bestimmungen über die Rechtsanwaltschaft wurden in der RAnwO. vom 1. 7. 1878 (RGBl. 177) getroffen, die später durch die

Reichsrechtanwaltsordnung vom 13. 12. 1935 (RGBl. I 470) abgelöst wurde; die nach 1945 ergangenen landesrechtlichen Rechtsanwaltsordnungen (vgl. die Zusammenstellung bei Baumbach-Lauterbach, ZPO., Anhang nach § 155 GVG.) harren der Ersetzung durch die in Vorbereitung befindliche Bundesrechtsanwaltsordnung.

b) Das GVG. läßt (abgesehen von § 151) die Frage offen, durch welche Organe die **Dienstaufsicht über die Gerichte** auszuüben ist (vgl. dazu Anm. 3 zu § 4).

3. Die Frage nach dem Verhältnis des GVG. zu den vor seinem Inkrafttreten (1879) erlassenen Reichs- und Bundesgesetzen ist heute nicht mehr von Interesse. Wegen des Rechtshilfeges. vom 21. 6. 1896 vgl. Vorbem. 3a vor § 156 GVG. Spätere Gesetze enthalten z. T. Einschränkungen des Anwendungsbereichs des GVG; insbes. im jugendgerichtlichen Verfahren haben die Vorschriften des GVG. nur Geltung, soweit nicht das JGG. selbst Bestimmungen trifft (§ 2 JGG.); ähnlich § 47 DAG.

4. a) Verhältnis des GVG. zu den Landesgesetzen. Die Begr. S. 97 (zu § 1 des EG.) bemerkt, daß wegen des „fragmentarischen" Charakters des GVG. die Landesgesetzgebung berufen sei, das Reichsrecht in erheblichem Umfange zu ergänzen. Das gilt jedoch nur für Gegenstände, die im GVG. entweder überhaupt nicht (Anm. 2) oder doch nur in großen Zügen, d. h. in der Art geregelt sind, daß die Bestimmungen des GVG. nur einen von der Landesgesetzgebung auszufüllenden Rahmen darstellen; das ist z. B. der Fall bei den Bestimmungen über das Richteramt (Tit. 1) und über das Amt der Staatsanwaltschaft (vgl. Tit. 10 Vorbem. 1, 2). Im übrigen aber hat die Landesgesetzgebung die Befugnis, das GVG. zu ergänzen nur insoweit, als sie ihr ausdrücklich beigelegt ist (vgl. z. B. § 34 Abs. 2). Das gilt namentlich von allen Bestimmungen, die, wie Tit. 14–17, keinen eigentlich „organisatorischen", sondern einen verfahrensrechtlichen Inhalt haben und nur aus Gründen der Zweckmäßigkeit aus den Prozeßordnungen ausgeschieden worden sind. Diese rein äußerliche Abtrennung verfahrensrechtlicher Gegenstände von dem übrigen Prozeßrecht kann sachlich keinen Unterschied begründen; vielmehr sind für das Verhältnis des Bundesrechts zum Landesrecht die verfahrensrechtlichen Bestimmungen des GVG. mit den Vorschriften der Prozeßordnungen auf eine Linie zu stellen; mithin gilt auch für sie der Grundsatz des § 6 des EG.StPO. — Auch ist selbstverständlich, daß Zweifel oder Meinungsverschiedenheiten, zu denen die Bestimmungen des GVG. Anlaß geben, nicht durch die Landesgesetzgebung entschieden werden können.

b) Besondere Vorschriften — Vereinzelt ist der Landesgesetzgebung eine Abweichung von den Vorschriften des GVG. ausdrücklich gestattet; vgl. § 17 GVG.

5. Die vor dem Inkrafttreten des GVG, von dem Reich, von dem Norddeutschen Bund oder von einzelnen deutschen Ländern mit auswärtigen Staaten abgeschlossenen **Staatsverträge** sind durch das GVG. nicht berührt worden (Begr. 100).

§ 3

(1) Die Gerichtsbarkeit in bürgerlichen Rechtsstreitigkeiten und Strafsachen, für welche besondere Gerichte zugelassen sind, kann den ordentlichen Landesgerichten durch die Landesgesetzgebung übertragen werden. Die Übertragung darf nach anderen als den durch das Gerichtsverfassungsgesetz vorgeschriebenen Zuständigkeitsnormen erfolgen.

(2) Auch kann die Gerichtsbarkeit letzter Instanz in den vorerwähnten Sachen auf Antrag des betreffenden Bundesstaates **mit Zustimmung des** Bundesrats **durch** Kaiserliche **Verordnung** dem Reichsgerichte **übertragen werden.**

(3) Insoweit für bürgerliche Rechtsstreitigkeiten ein von den Vorschriften der Zivilprozeßordnung abweichendes Verfahren gestattet ist, kann die Zuständigkeit der ordentlichen Landesgerichte durch die Landesgesetzgebung nach anderen als den durch das Gerichtsverfassungsgesetz vorgeschriebenen Normen bestimmt werden.

I. Entstehungsgeschichte: Entw. § 3.

II. Keine späteren Fassungsänderungen.

Zu Abs. 1.

1. „Strafsachen, für welche **besondere Gerichte zugelassen** sind" — hierüber s. §§ 13, 14 GVG.

2. Von einer **Übertragung** der hier fraglichen Gerichtsbarkeit auf die ordentlichen Landesgerichte kann streng genommen nur da die Rede sein, wo bisher die eine oder die andere Art von Sondergerichten bestanden hat und durch die Landesgesetzgebung aufgehoben wird. Daraus, daß die Einsetzung der Sondergerichte nur zugelassen (nicht angeordnet) ist, folgt ohne weiteres, daß die Landesgesetzgebung auch befugt ist, die Gerichtsbarkeit in den fraglichen Sachen den ordentlichen Gerichten zu belassen. Eine ausdrückliche Anordnung der Landesgesetzgebung ist hierzu nicht erforderlich. Auch die Begr. (26) sagt: „Wird von der Zulassung der besonderen Gerichte nicht Gebrauch gemacht, so gehören die betreffenden Sachen nach der allgemeinen Regel vor die ordentlichen Gerichte, ohne daß es einer besonderen landesgesetzlichen Bestimmung hierüber bedarf." Ebenso Begr. 988. Hiernach ist die Fassung des Abs. 1 nicht ganz sachgemäß. Klarer läßt sich sein Inhalt dahin umschreiben: Die Landesgesetzgebung darf, wenn sie die fraglichen Sachen den ordentlichen Gerichten beläßt oder überträgt, für sie besondere Zuständigkeitsvorschriften aufstellen (vgl. GVG. § 13 Anm. 6c).

3. Die Bestimmung über die **Zuständigkeitsvorschriften** findet für Strafsachen ihre Ergänzung in § 3 Abs. 2 EG.StPO.; danach kann die Landesgesetzgebung für die in Rede stehenden Sachen ein von der StPO. abweichendes Verfahren gestatten. Nach dieser Vorschrift können auch für die örtliche Zuständigkeit abweichende Bestimmungen getroffen werden, während hier nur von der sachlichen Zuständigkeit die Rede ist.

4. — **den ordentlichen Gerichten** — Wie sich aus dem in Anm. 2 Bemerkten („belassen") ergibt, behandelt Abs. 1 lediglich den Fall, daß die Gerichtsbarkeit in den fraglichen Rechtssachen den ordentlichen Gerichten als solchen, d. h. in ihrer Gesamtheit, übertragen wird. Verschieden hiervon ist der Fall, daß die Gerichtsbarkeit einem einzelnen ordentlichen Gericht oder mehreren besonders bestimmten ordentlichen Gerichten, mit Ausschluß der übrigen, übertragen wird, oder m. a. W. der Fall, daß ordentliche Gerichte zugleich zu Sondergerichten für gewisse Rechtssachen bestellt werden. Wegen dieses Falles s. GVG. § 13 Anm. 9.

Zu Abs. 2.

5. Abs. 2 — Übertragung der Gerichtsbarkeit letzter Instanz auf das **Reichsgericht** (jetzt: den Bundesgerichtshof; vgl. Art. 8 III Nr. 88 des Vereinheitlichungsges. vom 12.9.1950, BGBl. S. 455) — betrifft zunächst den Fall, daß die zugelassenen Sondergerichte wirklich bestellt sind. Sind die zugelassenen Sondergerichte nicht bestellt, die fraglichen Sachen vielmehr den ordentlichen Gerichten übertragen (Anm. 2), so entsteht die Frage, ob nicht hier der Bundesgerichtshof schon kraft des Gesetzes als das Gericht letzter Instanz anzusehen ist (soweit nicht nach den Vorschriften über den Instanzenzug das Oberlandesgericht die letzte Instanz bildet). In der Begr. (98) wird hierüber folgendes gesagt: „Die Übertragung soll nicht durch die Landesgesetzgebung, sondern auf Antrag des betreffenden Bundesstaats mit Zustimmung des Bundesrats durch Kaiserliche Verordnung erfolgen. Da eine solche Übertragung auf die Vermehrung der Mitgliederzahl des Reichsgerichts und auf den Geschäftsgang bei demselben von erheblichem Einflusse sein kann, auch aus dem landesgesetzlich vorgeschriebenen besonderen Verfahren oder aus der Natur des Rechtsmittels begründete Bedenken gegen die Zuweisung an das Reichsgericht entstehen können, so erscheint es nicht angemessen, die Bestimmung darüber, ob das Reichsgericht mit solchen Sachen in letzter Instanz befaßt sein soll, der Landesgesetzgebung zu überlassen. Hervorzuheben ist, daß die Bestimmung im Abs. 2 dieses Paragraphen keine Anwendung findet, wenn die Landesgesetzgebung von der Ermächtigung, in betreff solcher Sachen, für welche besondere Gerichte zugelassen sind, Ausnahmebestimmungen zu treffen, nicht Gebrauch macht. Werden solche Sachen den ordentlichen Gerichten belassen und auch besondere Vorschriften über das Verfahren und über die Zuständigkeit der Landesgerichte nicht getroffen, so finden auf solche Sachen die Bestimmungen des Gerichtsverfassungsgesetzes und der Prozeßordnungen in vollem Umfange Anwendung, und das Reichsgericht bildet die letzte Instanz, ohne daß es einer Kaiserlichen Verordnung hierüber bedarf." Gegen diese Ausführungen läßt sich einwenden, daß das in ihr aufgestellte Unterscheidungsmerkmal (das Bestehen oder Nichtbestehen besonderer Vorschriften der fraglichen Art) in dem Gesetz selbst nicht zum Ausdruck gekommen ist.

6. Die Frage, ob die Regierung eines Landes zur Stellung des im Abs. 2 bezeichneten Antrages der **Zustimmung der Landesvertretung** bedarf, ist lediglich nach dem Verfassungsrecht des Landes zu beantworten (Prot. 434).

7. Über früher ergangene **Kaiserliche Verordnungen** des in Abs. 2 bezeichneten Inhalts vgl. die Aufzählung in der 19. Aufl. dieses Werkes, Anm. 7 zu § 3 EG.GVG. – Das Verordnungsrecht des Kaisers ist zunächst auf den Reichspräsidenten übergegangen (Übergangsges. vom 4. 3. 1919 RGBl. 285 § 4 und Art. 179 RV.) und steht jetzt nach Art. 129 Abs. 1 GG. dem Bundespräsidenten zu.

8. Ergänzend bestimmt Art. 8 III Nr. 88 Abs. 2 des Rechtsvereinheitlichungsges. vom 12. 9. 1950 (BGBl. S. 455): „Der Bundesgerichtshof ist ferner zuständig, wenn ihm durch eine Gesetzgebung außerhalb des Geltungsbereichs dieses Gesetzes Zuständigkeiten in Übereinstimmung mit diesem Gesetz übertragen sind.“ Vgl. ferner Art. 99 GG., wonach durch Landesgesetz den oberen Bundesgerichten, also auch dem Bundesgerichtshof, die Entscheidung in solchen Sachen zugewiesen werden kann, bei denen es sich um die Anwendung von Landesrecht handelt.

§ 4

Durch die Vorschriften des Gerichtsverfassungsgesetzes über die Zuständigkeit der Behörden wird die Landesgesetzgebung nicht gehindert, den betreffenden Landesbehörden jede andere Art der Gerichtsbarkeit, sowie Geschäfte der Justizverwaltung zu übertragen. Andere Gegenstände der Verwaltung dürfen den ordentlichen Gerichten nicht übertragen werden.

I. Entstehungsgeschichte: Entw. § 4.

II. Keine späteren Fassungsänderungen.

1. – **jede andere Art der Gerichtsbarkeit** – Unter diesen Begriff fällt die nichtstreitige Gerichtsbarkeit, die streitige Sondergerichtsbarkeit, die Gerichtsbarkeit in streitigen Verwaltungssachen, in Disziplinarsachen und in Ehrengerichtssachen, soweit sie nicht durch die Reichs- oder Bundesgesetzgebung anderen als den ordentlichen Gerichten übertragen worden ist (RGZ. **68** 28, **76** 124, **82** 39 WarnRG. **13** 446; Hartmann JW. 1914 25). So ist z. B. in Hessen den ordentlichen Gerichten in gewissem Umfang Verwaltungsgerichtsbarkeit übertragen, nämlich die Entscheidung über angefochtene Mietpreisfestsetzungen der Verwaltungsbehörde den Amtsgerichten, die Rechtsbeschwerde gegen die amtsgerichtliche Entscheidung den Landgerichten (§ 22a des Verwaltungsgerichtsges.).

2. a) Daß die **Bundesgesetzgebung** den ordentlichen Gerichten jede Art von Gerichtsbarkeit übertragen kann, ist selbstverständlich. Jedoch findet das Bundesrecht eine Begrenzung seiner Befugnis, durch einfaches Bundesgesetz den ordentlichen Gerichten Aufgaben der Gerichtsbarkeit zu übertragen, darin, daß nach Art. 96 Abs. 1 GG. für die Verwaltungs-, Finanz-, Arbeits- und Sozialgerichtsbarkeit obere Bundesgerichte zu errichten sind, deren letztinstanzliche Entscheidungszuständigkeit durch einfaches Bundesgesetz nicht ausgeschlossen werden kann. – Nach Art. 19Abs. 4 GG. steht dem, der durch die öffentliche Gewalt in seinen Rechten verletzt wird, der Rechtsweg offen. Soweit eine andere Zuständigkeit – durch Bundes- oder Landesrecht – nicht begründet ist, ist der ordentliche Rechtsweg zulässig.

b) Unter „den betreffenden **Landesbehörden**“ sind die ordentlichen Gerichte und die Staatsanwaltschaften zu verstehen.

3. a) **Justizverwaltung** und Gerichtsbarkeit unterscheiden sich dadurch, daß zur Gerichtsbarkeit alles gehört, was sich auf die Erledigung des einzelnen Rechtsfalles bezieht, zur Justizverwaltung dagegen alles, was die Rechtspflege im allgemeinen angeht (Ben.-Beling 31).

b) Durch § 4 werden z. B. die Verwaltungsvorschriften (Gnadenordnungen) gerechtfertigt, durch die den Gerichten bestimmte Betätigungen bei der Ausübung des **Gnadenrechts** übertragen worden sind (z. B. die Stellungnahme zu Gnadengesuchen usw.). Auch die **Verwaltung der Strafanstalten** gehört nach der neueren Rechtsentwicklung ebenso wie der Strafvollzug zu den Geschäften der Justizverwaltung (RGSt. **21** 428, **31** 78; Lucas in der Festgabe für Otto Mayer 1916 234). Einen wesentlichen Bestandteil der Justizverwaltung bildet ferner die **Dienstaufsicht** über die Gerichte und die Richter (vgl. Anm. 1a, 6 zu § 1 GVG, Anm. 3 zu § 22 GVG). Auch die Erstattung von gutachtlichen Stellungnahmen zu Gesetzentwürfen, von Rechtsgutachten über Rechtsfragen, die zu gerichtlicher Entscheidung kommen können, auf Erfordern der Landesjustizverwaltung u. dgl. sind Justizverwaltungsgeschäfte, die den Gerichten übertragen werden können.

c) § 4 wird ergänzt durch den nachstehend abgedruckten Art. IX der VO. zur einheitlichen Regelung der Gerichtsverfassung vom 20. 3. 1935 (RGBl. I 403), durch den reichsgesetzlich die Zuständigkeit zur Ausübung der Dienstaufsicht und die Befugnis zur Heranziehung der Richter und Staatsanwälte zu Geschäften der Justizverwaltung geregelt worden ist. Die VO. gilt insoweit nach Art. 125 GG. als Bundesrecht weiter (durch Art. 8 II Nr. 7 des Rechtsvereinheitlichungsges. vom 12. 9. 1950 — BGBl. S. 455 — sind nur die §§ 5, 6, 10, 11, 20 der VO. aufgehoben worden) und ist der Abänderung durch Landesrecht entzogen. An die Stelle des Reichsjustizministers sind die Justizminister der Länder getreten (näheres in den Anm. zu der in Anh. B abgedr. VO. v. 20. 3. 1935).

Artikel IX

Justizverwaltung

§ 13

Die Präsidenten der Gerichte, die aufsichtsführenden Amtsrichter, der Oberreichsanwalt, die Leiter der Staatsanwaltschaften und die Vorsteher der Gefangenenanstalten haben nach näherer Anordnung des Reichsministers der Justiz die ihnen zugewiesenen Geschäfte der Justizverwaltung zu erledigen. Sie werden im Falle der Behinderung in diesen Geschäften durch ihren ständigen Vertreter vertreten und können die ihrer Dienstaufsicht unterstellten Beamten zu den Geschäften der Justizverwaltung heranziehen.

§ 14

(1) Die Dienstaufsicht üben aus:

1. der Reichsminister der Justiz über sämtliche Gerichte, Staatsanwaltschaften und Gefangenenanstalten,
2. Die Präsidenten des Reichsgerichts und des Volksgerichtshofs über das Gericht, dem sie angehören,
3. der Oberlandesgerichtspräsident und der Landgerichtspräsident über die Gerichte ihres Bezirks mit Ausnahme der in Nr. 2 genannten,
4. der aufsichtsführende Amtsrichter über das Amtsgericht,
5. der Oberreichsanwalt über die Reichsanwaltschaft,
6. der Generalstaatsanwalt beim Oberlandesgericht und der Oberstaatsanwalt beim Landgericht über die Staatsanwaltschaften, der Generalstaatsanwalt auch über die Gefangenenanstalten des Bezirks,
7. der Vorsteher des badischen Notariats, der Leiter der Amtsanwaltschaft und der Vorsteher der Gefangenenanstalt über die unterstellte Behörde.

(2) Dem Landgerichtspräsidenten steht die Dienstaufsicht über ein mit einem Präsidenten besetztes Amtsgericht nicht zu.

(3) Der Reichsminister der Justiz bestimmt, bei welchen Amtsgerichten der Präsident die Dienstaufsicht über andere zum Bezirk des übergeordneten Landgerichts gehörige Amtsgerichte an Stelle des Landgerichtspräsidenten ausübt.

§ 15

Die Dienstaufsicht über eine Behörde erstreckt sich zugleich auf die bei ihr angestellten oder beschäftigten Beamten, Angestellten und Arbeiter. Die Dienstaufsicht des aufsichtführenden Amtsrichters beschränkt sich jedoch, wenn ihm nicht die Zuständigkeit für die im § 5 Abs. 1 bezeichneten Anordnungen übertragen worden ist, auf die bei dem Amtsgericht angestellten oder beschäftigten nichtrichterlichen Beamten, die Angestellten und Arbeiter; die Dienstaufsicht des Leiters der Amtsanwaltschaft, sofern er nicht Oberstaatsanwalt ist, beschränkt sich auf die nicht dem höheren oder dem Amtsanwaltsdienst angehörigen Beamten.

§ 16

(1) Wer die Dienstaufsicht über einen Beamten ausübt, ist Dienstvorgesetzter des Beamten.

(2) In der Dienstaufsicht liegt die Befugnis, die ordnungswidrige Ausführung eines Amtsgeschäfts zu rügen und zu seiner sachgemäßen Erledigung zu ermahnen.

§ 17

(1) Beschwerden in Angelegenheiten der Justizverwaltung werden im Dienstaufsichtswege erledigt.

(2) Über Aufsichtsbeschwerden, die sich gegen einen im ersten Rechtszuge vom Präsidenten eines Amtsgerichts erlassenen Bescheid richten, entscheidet der Oberlandesgerichtspräsident endgültig, wenn für Beschwerden dieser Art bestimmt ist, daß die Entscheidung des Landgerichtspräsidenten endgültig ist.

4. Der Schlußsatz bezieht sich nur auf die **ordentlichen Gerichte** als solche; es ist nur ausgesprochen, daß die ordentlichen Gerichte nicht zugleich Verwaltungsbehörden sein dürfen. Dagegen verbietet die Bestimmung an sich nicht, einzelne Mitglieder der Gerichte zugleich zu Verwaltungsbeamten zu bestellen (Begr. 98; a. M. von Kries 113). Ob dies statthaft ist, bestimmt sich lediglich nach Landesrecht.

§ 5

In Ansehung der Landesherren und der Mitglieder der landesherrlichen Familien, sowie der Mitglieder der Fürstlichen Familie Hohenzollern finden die Bestimmungen der Gerichtsverfassungsgesetzes nur insoweit Anwendung, als nicht besondere Vorschriften der Hausverfassungen oder der Landesgesetze abweichende Bestimmungen enthalten. Das gleiche gilt in Ansehung der Mitglieder des vormaligen Hannoverschen Königshauses, des vormaligen Kurhessischen und des vormaligen Herzoglich Nassauischen Fürstenhauses.

(Entw. § 5) — Letzte Fassung des Paragraphen: Art. II, III Ges. vom 17. 5. 1898 (RGBl. 252).

Die Vorschrift ist gegenstandslos. Art. 109 Abs. 3 WeimVerf. bestimmte, daß öffentlichrechtliche Vorrechte der Geburt oder des Standes aufzuheben seien (vgl. EG.StPO. § 4). Demgemäß sind die Vorrechte in den Ländern durch die Verfassungen oder durch besondere Gesetze aufgehoben worden; vgl. die Aufzählung in der 19. Aufl. dieses Werkes.

§ 6

(aufgehoben)

§ 6, der die bei Inkrafttreten des GVG bestehenden landesgesetzlichen Vorschriften über die Zuständigkeit der Schwurgerichte für die durch die Presse begangenen strafbaren Handlungen fortgelten ließ, ist aufgehoben durch Art. 1 Nr. 8 des Vereinheitlichungsges. vom 12. 9. 1950 (BGBl. S. 455), weil, wie die amtl. Begründung bemerkt, eine solche Sonderbehandlung nicht mehr sachlich gerechtfertigt und durch die Entwicklung der Verhältnisse überholt ist. Die sachliche Zuständigkeit für Pressedelikte richtet sich nach den allgemeinen Vorschriften.

§ 7

Die Militärgerichtsbarkeit sowie das landesgesetzlich den Standesherren gewährte Recht auf Austräge **werden durch das Gerichtsverfassungsgesetz nicht berührt.**

I. Entstehungsgeschichte: Entw. § 6.
II. Spätere Entwürfe: N. E. IV Art. I 2, E. V Art. I 2.

1. Die Ausübung der Strafgerichtsbarkeit über Soldaten richtet sich z. Z. nach den allgemeinen Vorschriften. Wegen des früher geltenden Rechtszustandes ist auf die eingehende Darstellung der Vorauflage zu verweisen. — Wegen der Wiederaufnahme des Verfahrens gegen Urteile der früheren Wehrmachtgerichte vgl. §§ 18, 19 des Zuständigkeitsergänzungsges. vom

7. 8. 1952 (BGBl. I 407) und wegen der Ausübung des Gnadenrechts Art. I Nr. 1c, Art. 3 Nr. 1 der Anordnung des Bundespräsidenten über die Ausübung des Begnadigungsrechts des Bundes vom 10. 12. 1952 (BGBl. I 790).

2. Der die Gerichtsbarkeit über Standesherren betreffende Teil der Vorschrift ist gegenstandslos (vgl. Anm. zu § 5 EG.GVG.).

§ 8

Durch die Gesetzgebung eines Landes, in dem mehrere Oberlandesgerichte errichtet werden, kann die Verhandlung und Entscheidung der zur Zuständigkeit des Bundesgerichtshofs gehörenden Revisionen in bürgerlichen Rechtsstreitigkeiten einem obersten Landesgericht zugewiesen werden.

Diese Vorschrift findet jedoch auf bürgerliche Rechtsstreitigkeiten, in denen für die Entscheidung Bundesrecht in Frage kommt, keine Anwendung, es sei denn, daß es sich im wesentlichen um Rechtsnormen handelt, die in den Landesgesetzen enthalten sind.

I. Entstehungsgeschichte: Entw. § 7.

II. Spätere Änderungen: Ges. vom 11. 4. 1877 (RGBl. S. 415), 22. 5. 1910 (S. 767), 20. 2. 1911 (S. 59). Jetzige Fassung: Art. 1 II Nr. 81 des Vereinheitlichungsges. vom 12. 9. 1950 (BGBl. S. 455). In Berlin gilt die gleiche Fassung gem. Art. II Nr. 2 des Berliner Vereinheitlichungsges. vom 9. 1. 1951 (VOBl. S. 99).

1. Ein oberstes Landesgericht bestand und besteht nur in Bayern. Das BayObLG. wurde durch Art. 42 AG.GVG. vom 23. 2. 1879 (GVBl. Beil. 64 § 1), VO. vom 2. 4. 1879 (GVBl. 356) errichtet, durch VO. vom 19. 3. 1935 (RGBl. I 383) aufgehoben und durch BayGes. vom 11. 5. 1948 (GVBl. 83) i. d. F. vom 23. 11. 1953 (GVBl. 191 = SaBl. 1852) wiedererrichtet. Durch dessen § 3 ist ihm die Entscheidungszuständigkeit für die zur Zuständigkeit des Bundesgerichtshofs gehörenden Revisionen in bürgerlichen Rechtsstreitigkeiten nach Maßgabe des § 8 EG.GVG. zugewiesen worden. Über das Verfahren vgl. § 7 EG.ZPO.

2. Die — durch das Vereinheitlichungsges. vom 12. 9. 1950 stilistisch geänderten — Schlußworte des Abs. 2 („es sei denn ...“) sind durch Ges. vom 20. 2. 1911 (RGBl. 59) hinzugefügt worden. Über ihre Bedeutung vgl. Neumiller SeuffBl. **76** 185, Jäger BayZ. **1911**, 75.

§ 9

Durch die Gesetzgebung eines Landes, in dem mehrere Oberlandesgerichte errichtet werden, können die zur Zuständigkeit der Oberlandsgerichte gehörenden Entscheidungen in Strafsachen ausschließlich einem der mehreren Oberlandesgerichte oder an Stelle eines solchen Oberlandesgerichts dem Obersten Landesgericht zugewiesen werden.

I. Entstehungsgeschichte: Entw. § 8.

II. Spätere Änderungen: Art. II, III Ges. vom 17. 5. 1898 (RGBl. 252) (aufgehoben durch § 21 Abs. 2 Nr. 3 DVO. vom 13. 3. 1940 [RGBl. I 489] zur ZuständigkeitsVO. vom 21. 2. 1940 [RGBl. I 405].)Gegenwärtige Fassung: Art. 1 II Nr. 82 des Vereinheitlichungsges. vom 12. 9. 1950 (BGBl. 455).

1. Die Worte **„oder an Stelle eines solchen Oberlandesgerichts dem obersten Landesgericht“** sind durch Art. III des Ges. vom 17. 5. 1898 (RGBl. 255) eingefügt worden. — Durch die in § 9 zugelassene Zusammenfassung der Rechtsprechung soll deren Einheit, namentlich für das Landesstrafrecht, gefördert werden (Begr. 99).

2. In der ursprünglichen Fassung sprach § 9 nur von der Verhandlung und Entscheidung über „Revisionen und Beschwerden“. Daraus wurde gefolgert (vgl. die Rechtsprechungsnachweise in der 19. Aufl. dieses Werkes Anm. 2 zu § 9), daß die Möglichkeit einer Zuweisung bei den sonstigen durch GVG. und StPO. den Oberlandesgerichten zufallenden Entscheidungen ausgeschlossen sei. Um eine solche Zuweisung zu ermöglichen, ist durch Art. 1 II Nr. 81 des Vereinheitlichungsges. vom 12. 9. 1950 der Wortlaut des § 9 dahin geändert worden, daß auch diese

Entscheidungen zuweisungsfähig sind. Es handelt sich z. B. um a) die in der StPO. §§ 4 Abs. 2, 12 Abs. 2, 13 Abs. 2, 14, 15, 19, 27 Abs. 4 bezeichneten Verrichtungen des oberen Gerichts. Dabei ist die Zuweisung der Bestimmung des zuständigen Gerichts auch dann möglich, wenn die mehreren in Betracht kommenden Gerichte verschiedenen Oberlandesgerichtsbezirken des gleichen Landes angehören (so § 6 des Ges. über das BayObLG. [vgl. Anm. 1 zu § 8]), b) die auf den Antrag des Verletzten über die Erhebung der öffentlichen Klage zu erlassende Entscheidung (StPO. § 172 Abs. 3), c) die in § 159 GVG. bezeichnete, die Rechtshilfe betreffende Entscheidung, d) die Entscheidungen in erstinstanzlichen Strafsachen (§ 120 GVG.).

3. a) Von der Ermächtigung des § 9 hat nur Bayern in §§ 4,6 Abs. 1 des in Anm. 1 zu § 8 bezeichneten Gesetzes Gebrauch gemacht.

Diese Vorschriften lauten:

§ 4 (1). Dem Obersten Landesgericht werden in Strafsachen die folgenden nach Bundesrecht den Oberlandesgerichten obliegenden Aufgaben übertragen:

a) die Verhandlung und Entscheidung in erster und letzter Instanz in den in § 120 Abs. 1 des Gerichtsverfassungsgesetzes bezeichneten Strafsachen;

b) die Verhandlung und Entscheidung über die Revisionen;

c) die Entscheidung über die Beschwerden (weiteren Beschwerden) mit den im Abs. 2 bestimmten Ausnahmen;

d) die Entscheidung über die Rechtsbeschwerden auf Grund des Wirtschaftsstrafgesetzes, des Gesetzes über Ordnungswidrigkeiten oder einer anderen Vorschrift, die hinsichtlich des Verfahrens auf die Bestimmungen dieser Gesetze verweist.

(2) Die Oberlandesgerichte sind zuständig für die Entscheidung über die Beschwerden (weiteren Beschwerden), die betreffen:

a) die Beschlagnahme, die Durschsuchung, die Verhaftung, die einstweilige Unterbringung, die Anordnung der Vorführung und die vorläufige Entziehung der Fahrerlaubnis;

b) den Beschluß, durch den die Eröffnung des Hauptverfahrens abgelehnt oder, abweichend vom Antrag der Staatsanwaltschaft, die Verweisung an ein Gericht niederer Ordnung ausgesprochen worden ist;

c) die Strafaussetzung zur Bewährung, unbeschadet der Zuständigkeit des Revisionsgerichts;

d) die bedingte Entlassung;

e) das Wiederaufnahmeverfahren;

f) Ordnungsstrafen;

g) das ehrengerichtliche Verfahren gegen Rechtsanwälte;

h) Binnenschiffahrtssachen (§ 11 des Ges. über das gerichtliche Verfahren in Binnenschiffahrts- und Rheinschiffahrtssachen vom 27. 9. 1952, BGBl. I S. 641).

§ 6 (1). Ist nach den bestehenden Vorschriften das zuständige Gericht durch ein übergeordnetes Gericht zu bestimmen (z. B. §§ 36, 650 Abs. 3 ZPO., §§ 5, 46 FGG., § 1 Abs. 2, § 4 Abs. 2, § 5 GBO.), so erfolgt die Bestimmung eines zuständigen bayerischen Gerichts, wenn ein anderes übergeordnetes oder für die Bestimmung zuständiges Gericht nicht vorhanden ist, durch das Oberste Landesgericht.

(2) ....

b) Im früheren Preußen war durch Art. 50 PrAG.GVG. vom 24. 4. 1878 i. d. F. des Ges. vom 5. 11. 1925 (GS. S. 155) in gewissem Umfang die alleinige Revisionszuständigkeit des Kammergerichts [= Oberlandesgericht Berlin] begründet, um die Einheit der Rechtsprechung auf dem Gebiet des preuß. Landesstrafrechts sicherzustellen. Hierüber eingehend in der 19. Aufl. dieses Werkes Anm. 3 bis 12 zu § 9 EG.GVG. In Art. III Nr. 40 des Berliner Rechtsvereinheitlichungs-Ges. vom 9. 1. 1951 (VOBl. I S. 99) heißt es: „Berlin behält sich vor, falls sich herausstellen sollte, daß in Angelegenheiten ... des Landesstrafrechts ... ein Bedürfnis nach einer einheitlichen Rechtsprechung besteht, für das Kammergericht diejenigen Zuständigkeiten zu beanspruchen, die diesem auf Grund .... und anderen Vorschriften zustehen".

4. Ergänzende Vorschriften: a) Nach § 74 Abs. 3 des Ges. über Ordnungswidrigkeiten vom 25. 3. 1952 (BGBl. I 177) kann die oberste Justizbehörde des Landes die dem OLG. obliegenden Entscheidungen über Rechtsbeschwerden im Bußgeldverfahren (§§ 56, 60, 66 Abs. 2 OWiG.) einem OLG. für mehrere OLG.-Bezirke übertragen. Hier bedarf es also zur Übertragung — anders als nach § 9 EG.GVG — keines Landesgesetzes; vielmehr genügt eine Rechtsverordnung des Justizministers, für die § 74 die gesetzliche Ermächtigung enthält. Die Übertragung auf ein oberstes Landesgericht ist damit nicht ausgeschlossen; insoweit greift vielmehr § 9 EG.GVG. ein, d. h. es bedarf der Zuweisung durch die Landesgesetzgebung. Denn zu den „Strafsachen" i. S. des § 9 gehören auch die Bußgeldsachen; sie sind zwar keine Strafsachen im technischen Sinn, da nicht die Aburteilung von Straftaten (§ 1 StBG.) in Frage steht, müssen aber, da sie sich historisch aus den Strafsachen entwickelt haben, diesen bei Anwendung der Gesetze aus früherer Zeit, die von der herkömmlichen Betrachtungsweise aller staatlich geahndeten Gesetzesverletzungen als „Straftaten" ausgehen, gleichgeachtet werden. b) Eine dem § 74 Abs. 3 OWiG. entsprechende Ermächtigung enthielt für Wirtschaftsstrafsachen § 100 Abs. 3 des Wirtschaftsstrafgesetzes 1949/52, die für Devisensachen weiter gilt, während sie für die übrigen Wirtschaftsstrafsachen nicht mehr besteht (vgl. §§ 13, 20 des Wirtschaftsstrafgesetzes vom 9. 7. 1954, BGBl. I 175). c) Für Auslieferungssachen enthält § 49 des Deutschen Auslieferungsgesetzes vom 23. 12. 1929 (RGBl. I 239) eine dem § 9 EG.GVG. entsprechende Ermächtigung zugunsten der Landesgesetzgebung.

§ 10

(1) Die allgemeinen sowie die in den §§ 124, 130, 131 und 181 Abs. 1 enthaltenen besonderen Vorschriften des Gerichtsverfassungsgesetzes finden auf die obersten Landesgerichte als Behörde der ordentlichen streitigen Gerichtsbarkeit entsprechende Anwendung; ferner sind die Vorschriften der §§ 132, 136 bis 138 des Gerichtsverfassungsgesetzes mit der Maßgabe entsprechend anzuwenden, daß durch Landesgesetz die Bildung eines einzigen Großen Senats angeordnet werden kann, der aus dem Präsidenten und mindestens acht Mitgliedern zu bestehen hat und an die Stelle der Großen Senate für Zivilsachen und für Strafsachen sowie der Vereinigten Großen Senate tritt.

(2) Die Besetzung der Senate bestimmt sich in Strafsachen, in Grundbuchsachen und An, gelegenheiten der freiwilligen Gerichtsbarkeit nach den Vorschriften über die Oberlandesgerichte- im übrigen nach den Vorschriften über den Bundesgerichtshof.

I. Entstehungsgeschichte: Entw. § 9.

II. Spätere Änderungen: Art. I, III Ges. vom 17. 5. 1898 (RGBl. 252). Die jetzt geltende Fassung beruht auf Art. 1 II Nr. 83 des Vereinheitlichungsges. vom 12. 9. 1950 (BGBl. 455).

1. Zu Abs. 1: Das Oberste Landesgericht tritt in dem ihm nach §§ 8, 9 zugewiesenen Aufgabenbereich an die Stelle des Bundesgerichtshofs oder des Oberlandesgerichts. Nur insoweit ist es „Behörde der ordentlichen Gerichtsbarkeit".

2. Zu Abs. 2: Es gilt also in Strafsachen § 122 GVG.

§ 11

(1) Die landesgesetzlichen Bestimmungen, durch welche die strafrechtliche oder zivilrechtliche Verfolgung öffentlicher Beamter wegen der in Ausübung oder in Veranlassung der Ausübung ihres Amts vorgenommenen Handlungen an besondere Voraussetzungen gebunden ist, treten außer Kraft.

(2) Unberührt bleiben die landesgesetzlichen Vorschriften, durch welche die Verfolgung der Beamten entweder im Falle des Verlangens einer vorgesetzten Behörde oder unbedingt an die Vorentscheidung einer besonderen Behörde gebunden ist, mit der Maßgabe:

1. **daß die Vorentscheidung auf die Feststellung beschränkt ist, ob der Beamte sich einer Überschreitung seiner Amtsbefugnisse oder der Unterlassung einer ihm obliegenden Amtshandlung schuldig gemacht habe;**
2. **daß in den** Bundesstaaten, **in welchen ein oberster** Verwaltungsgerichtshof **besteht, die Vorentscheidung diesem, in den anderen** Bundesstaaten **dem** Reichsgerichte **zusteht.**

Entstehungsgeschichte: Entw.: EG.StPO. § 6 Nr. 2.

1. Entstehungsgeschichte und Geltungsbereich — Die Vorschrift behandelt die Frage, ob die strafrechtliche oder zivilrechtliche Verfolgung öffentlicher Beamter wegen der in Ausübung ihres Amtes vorgenommenen Handlungen an besondere Voraussetzungen gebunden werden darf. Nach dem Entw. des EG.StPO. § 6 sollten die darüber bestehenden landesrechtlichen Bestimmungen in Kraft bleiben, während die RTK. sie beseitigen wollte. Der Reichstag trat in zweiter Lesung dem Beschlusse der RTK. bei; indes wurde in dritter Lesung die Bestimmung in ihrer jetzigen Fassung angenommen (StenB. S. 851, 862, 870, 878—880, 925—936). — Da landesrechtliche Bestimmungen nur die Verfolgung der der Landesgesetzgebung unterliegenden Beamten zum Gegenstand haben können, gilt die Vorschrift nur für Landesbeamte. Wegen der Bundesbeamten vgl. Anm. 2a u. b.

2. Landesgesetzliche Bestimmungen — Bestimmungen des in § 11 Abs. 2 vorgesehenen Inhalts bestanden früher nur in wenigen Ländern. In Bayern, Baden und Hessen fand sich in mehr oder minder abgeänderter Gestalt die aus dem französischen Recht stammende Einrichtung, nach der die Verfolgung öffentlicher Beamter wegen amtlicher Handlungen erst eintreten durfte, nachdem eine bestimmte obere Staatsbehörde sie für statthaft erklärt hatte; hier war die Verfolgung unbedingt an die Vorentscheidung der Behörde gebunden.

In Preußen durfte nach dem Ges. vom 13. 2. 1854 (GS. 86) die dem Beamten vorgesetzte Zentral- oder Provinzialbehörde, wenn sie die begonnene gerichtliche Verfolgung für ungerechtfertigt erachtete, gegen diese den sog. Konflikt erheben, und zwar mit der Wirkung, daß alsdann eine besondere Behörde (früher der Kompetenzgerichtshof) über die Zulässigkeit der Verfolgung zu entscheiden hatte; hier war also die Verfolgung im Falle des Verlangens einer vorgesetzten Behörde an die Vorentscheidung gebunden. — Das Ges. vom 13. 2. 1854 wurde ebenso wie ein später erlassenes Ges. vom 1. 8. 1909 (GS. 691) durch Ges. vom 16. 11. 1920 (GS. 1921 65) aufgehoben und so für Preußen die Möglichkeit der Erhebung des Konflikts beseitigt.

a) Zivilrechtliche Ansprüche — Damit wurde, soweit es sich um zivilrechtliche Ansprüche handelt, die Folgerung aus Art. 131 Abs. 1 Satz 3 WeimVerf. gezogen. Art. 131 bestimmte:

„Verletzt ein Beamter in Ausübung der ihm anvertrauten öffentlichen Gewalt die ihm einem Dritten gegenüber obliegende Amtspflicht, so trifft die Verantwortlichkeit grundsätzlich den Staat oder die Körperschaft, in deren Dienste der Beamte steht. Der Rückgriff gegen den Beamten bleibt vorbehalten. Der ordentliche Rechtsweg darf nicht ausgeschlossen werden.

Die nähere Regelung liegt der zuständigen Gesetzgebung ob."

Diese Vorschrift, deren Bedeutung zunächst streitig war (vgl. Anm. 2 der Vorauflage), wurde in der Rechtsprechung des Reichsgerichts (vgl. insbes. den auf Grund des Art. 13 Abs. 2 WeimVerf. und des Ges. vom 8. 4. 1920 [RGBl. 510] mit Gesetzeskraft ergangenen und im RGBl. 1923 I 292 veröffentlichten Beschluß vom 20. 2. 1923 RGZ. **106** 34) dahin ausgelegt, daß sie unmittelbar geltendes Recht enthalte und daß das Verbot eines Ausschlusses des ordentlichen Rechtswegs Vorentscheidungen anderer Behörden ausschließe. Wie in Preußen wurde mit Rücksicht auf diese Rechtsprechung des RG. die Zuständigkeit des bayer. Verwaltungsgerichtshofs zum Erlaß von Vorentscheidungen neu geregelt (Ges. vom 7. 3. 1924 bay. GVBl. 65). In der Folgezeit wurde durch § 147 des Deutschen Beamtengesetzes vom 26. 1. 1937 (RGBl. I 39) allerdings bei Geltendmachung von Ansprüchen wegen Verletzung einer Amtspflicht vor den ordentlichen Gerichten der Verwaltungsbehörde das Recht des Einspruchs eingeräumt, wenn sie der Auffassung war, daß keine Verletzung einer Amtspflicht vorliege; über den Einspruch entschied das Reichsverwaltungsgericht, das mit bindender Wirkung für die ordentlichen Gerichte aussprechen konnte, daß eine Amtspflichtverletzung nicht vorliege. § 147 galt für alle Beamten außer bei Amtspflichtverletzungen von Beamten der Justizverwaltung in oder bei Ausübung der Rechtspflege. Durch Art. 34 GG. ist aber der dem Art. 131 WeimVerf. entsprechende Rechtszustand wiederhergestellt worden. Danach darf bei Amtspflichtverletzungen in Ausübung eines öffentlichen Amtes für den Anspruch auf Schadensersatz und für den Rückgriff der ordentliche Rechtsweg nicht ausgeschlossen werden. Diese Vorschrift enthält unmittelbar geltendes Recht (vgl. von Mangoldt, Komm. z. GG. Anm. 2 zu Art. 34) und hat alle entgegenstehenden Vorschriften der Länderverfassungen und des Deutschen Beamtengesetzes, wo es in den Ländern noch gilt (in Hamburg, Bremen, Schlesw.-Holstein, Nordrhein-Westf.)

gemäß Art. 31 GG. außer Kraft gesetzt (von Mangoldt a.a.O.; Palandt Anm. 2a zu § 839 BGB.; Heidenhain NJW. **1949**, 841). Das Bundesbeamtenges. vom 14. 7. 1953 (BGBl. I 551) enthält demgemäß eine dem § 147 DBG entsprechende Vorschrift nicht mehr.

b) Die Zulässigkeit von Vorschriften der hier fraglichen Art für **Strafsachen** wurde durch Art. 131 Abs. 1 Satz 3 WeimVerf. und wird auch durch Art. 34 GG. nicht berührt. Gleichwohl hat sie auch hier keine praktische Bedeutung.

α) Zunächst ist streitig, ob Abs. 2 nur die landesgesetzlichen Vorschriften aufrechterhalten will, die am 1. 10. 1879 bereits in Kraft gewesen sind, oder ob er auch gestattet, neue landesgesetzliche Vorschriften zu erlassen. Die erste Ansicht wird in früheren Auflagen dieses Kommentars sowie bei Struckmann-Koch (1146 § 11 Nr. 6) vertreten. Vertreter der zweiten Ansicht sind Wilmowski und Levi (7.) (**2** 1374 § 11 Nr. 3), ferner Wach (Handbuch des deutschen Zivilprozeßrechts Bd. 1 [1885] 201). Für die zweite Ansicht spricht die Wendung **„Unberührt bleiben"**, die in anderen Einführungsgesetzen regelmäßig auch Vorschriften umfaßt, die später erlassen werden. Ein Beispiel bietet § 15 EG.ZPO. (vgl. RGZ. **7** 348, 400). In Art. 3 EG.BGB. ist sogar ausdrücklich gesagt: „Soweit bestimmt ist, daß landesgesetzliche Vorschriften unberührt bleiben, können neue landesgesetzliche Vorschriften erlassen werden." Demgemäß hat das RG. anerkannt, daß es in der Macht der Landesgesetzgebung von Elsaß-Lothringen gestanden habe, die Verfolgung der Beamten durch eine neue Vorschrift von einer Vorentscheidung des RG. abhängig zu machen (RG. ElsLothZ. **28** 211).

β) Die die Reichsbeamten betreffende Vorschrift in § 13 des Reichsbeamtenges. vom 18. 5. 1907 (RGBl. 247): „Jeder Reichsbeamte ist für die Gesetzmäßigkeit seiner amtlichen Handlungen verantwortlich" wurde zutreffend in Rechtsprechung und Schrifttum dahin ausgelegt, daß damit für diese alle landesgesetzlich bestehenden Schranken der Verfolgbarkeit aufgehoben seien (RGSt. **32** 322; vgl. auch pr.OVG. **11** 403, Feisenberger 14 Anm. 6, EG.GVG Anm. 2). Eine entsprechende Bestimmung traf für alle Beamten und unter Aufhebung entgegenstehenden Landesrechts § 7 Abs. 1 des Deutschen Beamtenges. vom 26. 1. 1937 („Der Beamte ist für die Gesetzmäßigkeit seiner Amtshandlungen verantwortlich"). Noch weitergehend bestimmt jetzt für die Bundesbeamten § 56 Abs. 1 BBG.: „Der Beamte trägt für die Rechtmäßigkeit seiner dienstlichen Handlungen die volle persönliche Verantwortung." Soweit nicht in den Ländern das DBG und damit dessen § 7 für die Landesbeamten weiter gilt (vgl. oben zu a), enthalten die neuen Landesbeamtengesetze (z. B. § 7 des Rheinl.-Pf. u. Art. 19 Abs. 1 des BayrBeamtenges.) gleichlautende Vorschriften. Damit könnte § 11 Abs. 2 EG.GVG. nur Bedeutung gewinnen, wenn Landesrecht in Zukunft Vorbescheide auf strafrechtlichem Gebiet einführen würde. Nur für diese Fälle haben die folgenden Anm. Bedeutung.

3. Vorentscheidung — **a)** Gegenstand der Vorentscheidung ist lediglich die Feststellung, ob der Beamte sich einer Überschreitung seiner Amtsbefugnisse oder der Unterlassung einer ihm obliegenden Amtshandlung schuldig gemacht hat; ist das zu bejahen, so darf die gerichtliche Verfolgung nicht gehindert werden. (Vgl. pr.OVG **15** 443, **16** 412, Laband **3** 390 Note 1.)

b) Handelt es sich um eine Überschreitung der Amtsbefugnisse, so kommt es nicht nur darauf an, ob der Beamte etwas getan hat, was überhaupt (in abstracto) außerhalb seiner Amtsbefugnisse liegt; vielmehr ist die Vorentscheidung darüber abzugeben, ob der Beamte die Amtsbefugnisse überschritten hat, die er im vorliegenden Falle (in concreto) auszuüben hatte; ist das zu bejahen, so greift die gerichtliche Verfolgung Platz (vgl. die Ausführungen des Abg. Miquel im Reichstage StenB. 925; ein Beispiel vgl. in pr.OVG. **16** 410).

c) Die Vorentscheidung ist auf die Frage beschränkt, ob objektiv eine Überschreitung der Amtsbefugnisse vorliegt; die Frage, ob dem Beamten etwa Schuldausschließungsgründe, z. B. Irrtum, zur Seite stehen, ist in dem gerichtlichen Verfahren zu entscheiden (RGRspr. **10** 388, RGZ. **70** 103, RG.Recht 1911 Nr. 528 und Nr. 3567, pr.OVG. **14** 424, 432 und GA. **48** 168; a.M. gleich früheren Auflagen dieses Komm. RGZ. **64** 253, Keller 257, Stenglein Anm. 3). — Eine Überschreitung der Amtsbefugnisse ist aber nicht notwendig schon darin enthalten, daß ein Beamter auf Grund eines tatsächlichen Irrtums eine Handlung vornimmt, die objektiv nicht gerechtfertigt ist, oder seine Amtsbefugnis in unsachgemäßer Weise ausübt; das gilt namentlich, wo die Bestimmungen oder der dem Beamten erteilte Auftrag seinem Ermessen Raum gewähren (vgl. Palandt Anm. 4c zu § 839 BGB.).

4. a) Zeitpunkt der Vorentscheidung — Ist eine Sache in der Revisionsinstanz beim Bundesgerichtshof anhängig geworden, so ist die Erhebung des Konflikts nicht mehr zulässig. Eine Landesbehörde ist nicht befugt, auf Grund einer landesrechtlichen Bestimmung dem am BGH. schwebenden Verfahren Halt zu gebieten, da die Gerichtsbarkeit des Bundes selbständig und unabhängig ist (vgl. RGZ. 48 195, 87 114).

b) Wirkung der Vorentscheidung — Verneint die Vorentscheidung, daß der Beamte seine Amtsbefugnisse überschritten hat, so ist sie für die Gerichte bindend (vgl. § 147 DBG.). Der Beamte darf in diesem Falle nicht strafrechtlich verfolgt werden. Bejaht die Vorentscheidung, daß der Beamte seine Amtsbefugnisse überschritten hat, so ist lediglich eine Vorbedingung für die strafrechtliche Verfolgung des Beamten erfüllt; das erkennende Gericht ist durch die Vorentscheidung nicht gebunden (vgl. RG. ElsLothZ. 29 217, 36 78, JW. 1906 755, Laband 3 390).

5. Die Vorschrift in Abs. 2 Nr. 2 über die Ersatzzuständigkeit des Reichsgerichts ist gegenstandslos, da alle Länder einen „obersten Verwaltungsgerichtshof" (d. h. ein Berufungsverwaltungsgericht mit Zuständigkeit für das betr. Land unter dem Bundesverwaltungsgericht als Revisionsgericht) haben.

6. Nach Art. 16 des „Truppenvertrages" (abgedr. im Anhang unter C) ist, wenn in einem Strafverfahren vor einem deutschen Gericht darüber zu entscheiden ist, ob eine Tat in Ausübung der Dienstpflichten gegenüber den in Deutschland stationierten ausländischen Streitkräften begangen wurde, der zuständigen ausländischen Behörde Gelegenheit zur Erteilung einer Bescheinigung über den Umfang des dienstlichen Auftrages zu geben; die Bescheinigung hat — mit Einschränkungen — bindende Wirkung.

§ 12

Aufgehoben durch § 1 Ges. vom 12. 6. 1889 (RGBl. 95).

§ 13

Der Vorbehalt in § 13 EG. hat schon durch Art. 104 Abs. 1 Satz 2 WeimVerf. seine Bedeutung verloren (Begr. z. E. V 6995).

§§ 14–16

Die §§ 14–16 enthielten Übergangsbestimmungen, die keine Bedeutung mehr haben.

§ 17

Auf Antrag eines Bundesstaates **und mit Zustimmung des** Bundesrats **kann durch** Kaiserliche **Verordnung die Verhandlung und Entscheidung der im § 17 des Gerichtsverfassungsgesetzes bezeichneten Streitigkeiten dem** Reichsgerichte **zugewiesen werden.**

Für diejenigen Bundesstaaten, **in denen die im § 17 des Gerichtsverfassungsgesetzes bezeichneten Behörden bestehen und nach Maßgabe der Vorschriften im § 17 Nr. 1–4 einer Veränderung ihrer Einrichtung und des Verfahrens bedürfen, kann die Veränderung, sofern sie nicht bis zum Inkrafttreten dieses Gesetzes landesgesetzlich getroffen ist, durch** landesherrliche **Verordnung eingeführt werden.**

I. Entstehungsgeschichte: Entw. § —.

II. Der Übergang der Justizhoheit auf das Reich i. J. 1935 ließ die Zuständigkeit des Reichsgerichts unberührt (vgl. § 1 Abs. 2 der VO. vom 27. 3. 1935, RGBl. I 492). An die Stelle des Reichsgerichts ist der Bundesgerichtshof getreten (Art. 8 III Nr. 88 des Vereinheitlichungsges. vom 12. 9. 1950, BGBl. 455).

Literatur: Steinweg, Die Kompetenzkonflikte in Preußen 1919–1930 (Münster 1931).

Vgl. Anm. 2 zu § 17 GVG — Eine Verordnung nach Abs. 1 ist für Bremen unter dem 26. 9. 1879 ergangen (RGBl. 298).

§§ 18–22

Die §§ 18—22 enthielten gleichfalls Übergangsvorschriften.

II. Gerichtsverfassungsgesetz

Vom 27. Januar 1877 (RGBl. 41 ff.). Neue Fassung zunächst RGBl. 1924 I 299 ff., spätere neue Fassung: Art. 1 des Vereinheitlichungsges. vom 12. 9. 1950 (BGBl. 455, 513)

Vorbemerkung

1. Über die Änderungen, die das GVG. im einzelnen seit seinem Inkrafttreten am 1.10.1879 erfahren hat, vgl. die Darstellung S. 2ff. Änderungen seit dem Vereinheitlichungsges. sind erfolgt durch Art. 3 des 1. Strafrechtsänderungsges. vom 30. 8. 1951 (BGBl. I 739) – betr. § 24 Abs. 1 Nr. 2, § 74a, 120, 122, 134, 134a, 139 –, durch Art. 3 des 3. Strafrechtsänderungsges. vom 4. 8. 1953 (BGBl. I 735) – betr. §§ 29, 51, 134, 197 –, durch das Jugendgerichtsges. vom 4. 8. 1953 (BGBl. I 751) – betr. §§ 26, 74b – und durch Art. 3 des Ges. vom 9. 8. 1954 (BGBl. II 729), in Kraft gem. Bek. vom 14. 3. 1955 (BGBl. II 210) seit 22. 2. 1955 – Änderung des § 134 –.

2. Nach Art. 74 Nr. 1 hat der Bund die konkurrierende Gesetzgebung auf dem Gebiete der „Gerichtsverfassung"; auf dieser Grundlage beruht die Vereinheitlichung des Gerichtsverfassungsreehts durch das Ges. vom 12. 9. 1950. Zu der in einem Einzelfall streitig gewordenen Frage, wie weit das Gebiet der Gerichtsverfassung i. S. des Art. 74 Nr. 1 GG. reicht, hat die Bundesregierung (zu BT.-Drucks. 161 Anl. 2; auch abgedr. DRiZ **1954**, 126) im Jahre 1954 folgendermaßen Stellung genommen: „Gerichtsverfassungsrecht und Recht der Gerichtsorganisation sind keine sich gegenseitig ausschließenden Rechtsgebiete. Die grundlegenden Vorschriften über den Aufbau der Gerichte in sämtlichen Zweigen der Gerichtsbarkeit gehören zum Gerichtsverfassungsrecht. Aber auch organisatorische Vorschriften geringerer Bedeutung, wie die Zusammenfassung bestimmter Aufgaben der Rechtsprechung bei einzelnen Gerichten, die z. B. durch § 58 und § 92 GVG. ermöglicht sind, sind ebenfalls Teile dieser Rechtsmaterie. – Ob eine Vorschrift zum Gerichtsverfassungsrecht gehört oder nicht, läßt sich somit nicht danach bestimmen, ob sie eine Regelung für die Organisation der Gerichte enthält oder nicht. Bei dieser Prüfung ist vielmehr von den Aufgaben und dem Wesen des Gerichtsverfassungsrechts auszugehen. Zu ihm gehören in erster Linie die grundlegenden Vorschriften allgemeiner Art über den Aufbau der Gerichte und das bei ihrer Errichtung, Aufhebung oder Verlegung zu beachtende Verfahren, die Bestimmungen zur Sicherung der Unabhängigkeit der Gerichte und Richter und die Maßnahmen zur Wahrung des Grundsatzes des gesetzlichen Richters. Alle Vorschriften, die diesen Aufgaben dienen, sind Teil des Gerichtsverfassungsrechts. Für sie ist der Bundesgesetzgeber nach Art. 74 Nr. 1 GG. zuständig. Einzelmaßnahmen, die auf Grund der allgemeinen bundesrechtlichen Vorschriften zu treffen sind, gehören dagegen zur Zuständigkeit der Länder."

3. Das GVG. regelt (vgl. § 2 EG.GVG.) nur die Organisation der ordentichen streitigen Gerichtsbarkeit. Im Abschnitt IX „Die Rechtsprechung" (Art. 92–104) hat das GG. – weit über den Abschnitt „Die Rechtspflege" der WeimVerf. (Art. 102–108) hinausgehend – es unternommen, die Organisation der gesamten Gerichtsbarkeit, von der die ordentliche Gerichtsbarkeit nur einen Zweig darstellt, in den Grundzügen verfassungsrechtlich festzulegen. Das GG. hat dabei eine Reihe der grundlegenden Vorschriften des GVG. (§§ 1, 8, 12, 16) ganz oder z. T. inhaltlich übernommen. Damit sind nicht nur diese Vorschriften innerhab ihres Standorts im GVG. mit der erhöhten Kraft des Verfassungssatzes ausgestattet, sondern sie sind über ihren ursprünglichen Geltungsbereich hinaus zu tragenden Bestandteilen der Gesamtorganisation der Rechtsprechung mit ihren verschiedenen Gerichtsbarkeitszweigen, der „rechtsprechenden Gewalt", geworden, die das GG. als dritten Machtträger im System der Gewaltenteilung (Art. 20 Abs. 3 GG.) ausgebaut und verselbständigt hat (vgl. von Mangoldt, Komm. z. GG. Vorbem. 3b zu Abschn. IX; W. Strauß, Die rechtsprechende Gewalt im Bonner Grundgesetz DJZ **1949**, 523). Dieser Bedeutung der Rechtsprechung entsprach es, die Gerichtsverfassung in ihren Elementen „in die Verfassungsrechtssphäre zu erheben", um so zugleich trotz Schaffung mehrfacher Gerichtsbarkeitszweige (vgl. Art. 92, 96 GG.) die Einheit und Einheitlichkeit der Rechtspflege zu gewährleisten (vgl. v. Mangoldt a.a.O. Vorbem. 2). Über diese erweiterte Wirkung einzelner seiner Grundvorschriften durch Aufnahme in das GG. hinaus hat das GVG. auch im übrigen eine Erweiterung seines Anwendungsbereichs dadurch erfahren, daß seine allgemeinen (also nicht speziell auf die Organisation der Justizgerichte abgestellten) Vorschriften in den Verfahrensordnungen der übrigen Rechtssprechungszweige in mehr oder weniger großem Umfang für anwendbar erklärt worden sind (vgl. Anm. 2a zu § 2 EG.GVG.).

4. Schrifttum: Die Erläuterungsbücher zur ZPO. und StPO. und die Darstellungen des Zivilprozesses und Strafverfahrens erstrecken sich im allgemeinen auch auf das GVG. An selbständigen Bearbeitungen sind zu erwähnen: Schlegelberger-Nagel, Gerichtsverfassungsgesetz nebst Einführungsgesetz, Komm. 2. Aufl. (1925); E. Kern, Gerichtsverfassungsrecht, 2. Aufl. 1954. Vgl. ferner E. Kern, Geschichte des Gerichtsverfassungsrechts, Beck 1954.

Erster Titel

Richteramt

1. Bei Schaffung des GVG. bezweckte der Titel „Richteramt", der in der Regierungsvorlage fehlte und erst von der RTK. in das GVG. aufgenommen wurde, die Mindestforderungen für die Befähigung zum Richteramt sowie für die Gewährleistung richterlicher Unabhängigkeit festzulegen, die in allen deutschen Ländern erfüllt sein müssen, es den einzelnen Ländern aber freizustellen, höhere Anforderungen zu stellen und stärkeren Schutz der Unabhängigkeit zu gewähren (vgl. den Bericht der RTK., Hahn, Materialien zum GVG. **2** 930).

2. Den Kardinalgrundsatz jeder rechtsstaatlichen Rechtsprechung, die sachliche Unabhängigkeit der Gerichte, sprach in der Folgezeit Art. 102 WeimVerf. („Die Richter sind unabhängig und nur dem Gesetz unterworfen") mit Verfassungskraft für die Richter aller Gerichtsbarkeitszweige aus, während die in §§ 6, 8 GVG. niedergelegten persönlichen Garantien der richterlichen Unabhängigkeit in Art. 104 WeimVerf. nur für die Richter der ordentlichen Gerichtsbarkeit zu Verfassungsgrundsätzen erhoben wurden. Nach der Übernahme der Justiz auf das Reich in der Zeit nach 1933 wurden die landesrechtlichen Unterschiede in der beamtenrechtlichen Stellung der „Justizrichter" beseitigt; sie erhielten einheitliche Amtsbezeichnungen, einheitliche Bezüge; ihre beamtenrechtlichen Rechte und Pflichten wurden — unbeschadet der Vorschriften des GVG. — im Deutschen Beamtengesetz 1937 geregelt. Mit dem Rückfall der Justizhoheit auf die Länder im Jahre 1945 erlangten diese wieder das Recht, im Rahmen der Grundsätze des GVG. die Rechtsstellung der Richter zu regeln. Das GG. folgt dem Vorbild der WeimVerf., indem es in Art. 97 die sachliche und persönliche Unabhängigkeit der Richter garantiert (letztere — anders als Art. 104 WeimVerf. — für die Richter aller Gerichtsbarkeitszweige, aber ohne eine Anstellung auf Lebenszeit zu fordern). Daneben enthält aber Abschnitt IX (über dessen allgemeine Bedeutung vgl. Vorbem. 2 vor § 1) weit über die wenigen Vorschriften der WeimVerf. hinausgehende Grundsätze über die Stellung der Richter.

a) An die Spitze des IX. Abschnitts des GG. ist der Satz gestellt: „Die rechtsprechende Gewalt ist den Richtern anvertraut" (Art. 92 Halbs. 1 GG.). Damit werden verfassungsmäßig die Richter als die Repräsentanten, als die „besonderen Organe" (Art. 20 Abs. 2 GG.) der Rechtsprechung als der dritten staatlichen Gewalt im System der Gewaltenteilung anerkannt; sie sind nach dem viel zitierten Wort von Zinn (DÖV. **1949**, 278) „auf die Ebene verfassungsrechtlicher Organe emporgehoben worden". Dadurch, daß Art. 92 die Rechtsprechung nur den Richtern überträgt, sind Gesetzgeber und Verwaltung von jeder rechtsprechenden Tätigkeit ausgeschlossen;

es ist nach Art. 92 ausgeschlossen, irgendwelche Rechtsstreitigkeiten den Gerichten zugunsten einer Verwaltungsbehörde zu entziehen (von Mangoldt Anm. 3 zu Art. 92 GG.). Damit ist nicht unvereinbar, einer Verwaltungsbehörde Rechtsprechungsbefugnis mit der Maßgabe zu übertragen, daß den Betroffenen die Anrufung des Richters offen steht (vgl. Anm. 2—4 zu § 13). Rechtsprechung i. S. des IX. Abschnitts des GG. (vgl. dazu Friesenhahn, Über Begriff und Arten der Rechtsprechung in Festschrift für Thoma 1950 S. 27; Kern, Zum Begriff des Richters und des Gerichts, DRiZ. **1952**, 125; v. Turegg, Gerichte NJW. **1953**, 1201) ist Gesetzesanwendung zur Entscheidung eines Rechtsstreits, d. h. eines Streites um geltendgemachtes oder bestrittenes Recht oder einer Straf-, Dienststraf- oder Ehrengerichtssache (einschl. der Bußgeldsachen im gerichtlichen Nachprüfungsverfahren, §§ 55 OWiG.) in einem gesetzlich geregelten Verfahren durch unbeteiligte, vom Staat ernannte Dritte (BVerfG. NJW. **1955**, 18; v. Mangoldt Vorbem. 3 vor Art. 92 GG.; Gräber DRiZ. **1955**, 7; Kapust DRiZ. **1955**, 36). Zu einem gesetzlich geregelten Verfahren gehört nicht notwendig ein Rechtsmittelzug (BVerfG. NJW. **1955**, 18; BayVerfGH. vom 23. 6. 1953 Bd. **6**, 27, 34; s. auch BVerfG. MDR. **1955**, 662; a. M. VGH. Freiburg, NJW. **1952**, 317). Durch die Unabhängigkeit der zur Entscheidung über streitiges Recht nach Rechtsgrundsätzen berufenen Staatsorgane — der „Richter“ — unterscheidet sich die Rechtsprechung von der Verwaltungstätigkeit, der Tätigkeit der vollziehenden Gewalt (Art. 20 Abs. 2 GG.), die auch in der Nachprüfung streitigen Rechts nach Rechtsgrundsätzen bestehen kann. Soweit Richter auf dem Gebiet der Justizverwaltung tätig werden, sind sie nicht unabhängig. Durch die Beschränkung auf die streitentscheidende Rechtsanwendung hebt sich die Rechtsprechung von dem weiteren Begriff der Rechtspflege ab, mit der sich das GG. gewolltermaßen nicht befaßt. Auf Einzelheiten einzugehen ist hier nicht der Raum; hervorzuheben ist nur, daß die Rechtsprechung auch in das Gebiet der freiwilligen Gerichtsbarkeit hinübergreift, jedenfalls da, wo echte Rechtsstreitigkeiten, in denen sich Beteiligte mit gegensätzlichen Interessen streitend und Recht suchend gegenüberstehen, nicht im Zivilprozeß, sondern im Verfahren der freiwilligen Gerichtsbarkeit ausgetragen werden. Gerichtsbarkeit bedeutet demgegenüber Befugnis zur Ausübung der Rechtsprechung (Marquordt JR. **1955**, 164); je nach Art der Rechtsstreitigkeit steht die Ausübung der Rechtsprechung einem bestimmten Zweig der Gerichtsbarkeit zu (vgl. Vorbem. 1 von § 12). Rechtsweg bedeutet den Weg zu den Gerichten eines Gerichtsbarkeitszweiges; es gibt mithin soviel Rechtswege, als es Gerichtsbarkeitszweige gibt. Den Weg zu den ordentlichen Gerichten bezeichnet das GG. als den ordentlichen Rechtsweg (Art. 19 Abs. 4).

b) Eine Begriffsbestimmung des „Richters“ enthält das GG. nicht. Aus Art. 97 Abs. 1 („die Richter sind unabhängig und nur dem Gesetze unterworfen“) in Verbindung mit Art. 92 Halbsatz 2, wonach die rechtsprechende Gewalt durch die im GG. aufgeführten Bundesgerichte und durch die Gerichte der Länder ausgeübt wird, ergibt sich aber, daß Richter i. S. des GG. nur ist, wer als Mitglied eines Gerichts und mit sachlicher Unabhängigkeit ausgestattet zur Ausübung der rechtsprechenden Gewalt berufen ist (vgl. v. Mangoldt Vorbem. 3b vor Art. 92). Daraus, daß nach Art. 92 Halbsatz 1 nur Richter Recht sprechen dürfen, wird im Schrifttum überwiegend und mit Recht gefolgert, daß als „Gericht“ i. S. des Art. 92 Halbsatz 2 nur Behörden anzuerkennen seien, die — unbeschadet der Möglichkeit einer Mitwirkung von ehrenamtlichen Richtern — mit Berufsrichtern, also mit Personen besetzt sind, die für den gesamten Umfang ihrer amtlichen Fähigkeit richterliche Unabhängigkeit genießen; nicht entspricht dem Art. 92 eine Besetzung — entsprechend der früher bei den Verwaltungsgerichten anzutreffenden Übung — mit Personen, die teils als abhängige Verwaltungsbeamte, teils als unabhängige Richter verwendet werden (vgl. v. Mangoldt a.a.O.; Hirschmann DRiZ. **1955**, 134; Baur, Justizaufsicht und richterl. Unabhängigkeit [1954] 27; s. dazu BVerfG. NJW. **1955**, 18). Dagegen steht es mit Art. 92, 97 nicht in Widerspruch, die hauptamtlichen Richter eines Gerichtsbarkeitszweiges als nebenamtliche Richter eines anderen Gerichtsbarkeitszweiges zu verwenden (vgl. III der Begr. z. Entw. einer Verwaltungsgerichtsordnung, BTDrucks. 462). Sachliche Unabhängigkeit (vgl. dazu Anm. 2 zu § 1) besitzen nach Art. 97 Abs. 1 alle Richter; die persönlichen Voraussetzungen der Unabhängigkeit (Unabsetzbarkeit und Unversetzbarkeit) garantiert Art. 97 Abs. 2 nur den hauptamtlich und planmäßig endgültig angestellten Richtern, also weder den ehrenamtlichen („Laien“-)Richtern noch den hauptamtlichen, aber noch nicht planmäßig endgültig angestellten Richtern (Hilfsrichtern i. S. des § 10).

c) Abgesehen von den Vorschriften des GVG. und einzelnen Sondervorschriften wurden früher die hauptamtlich angestellten Richter grundsätzlich dem allgemeinen Beamtenrecht unterstellt; sie waren richterliche Beamte. Der Heraushebung der rechtsprechenden Gewalt als des dritten Machtträgers im System der Gewaltenteilung entsprechend will das GG. die Richter als Repräsentanten der „dritten Gewalt" äußerlich von den Amtsträgern der Verwaltung, den „Beamten", abzuheben (vgl. dazu Seidel DRiZ. **1955**, 12 u. Hirschmann DRiZ. **1955**, 133). Art. 98 Abs. 1, 3 GG. sieht vor, daß die Rechtsstellung der Bundesrichter durch besonderes Bundesgesetz, also außerhalb des Beamtengesetzes, die der Landesrichter durch besondere Landesgesetze, für die der Bund Rahmenvorschriften erlassen kann, zu regeln ist. Ein Bundesgesetz, das neben den Vorschriften für die Bundesrichter Rahmenvorschriften für die Landesrichter enthalten soll, ist z. Z. in Vorbereitung. Das Bundesjustizministerium hat 1954 eine Referentendenkschrift ausarbeiten lassen (auszugsweise wiedergegeben DRiZ. **1954**, 133), die Gegenstand zahlreicher Äußerungen des Schrifttums (vgl. z. B. Geib u. Werner DVBl. **1955**, 69ff; Seidel JR. **1955**, 81) und von Entschließungen der Richterverbände u. -vereinigungen gewesen ist (vgl. dazu u. a. die Stellungnahme des Deutschen Richterbundes DRiZ. **1954**, 177, 197; des BGHPräs. DRiZ. **1954**, 227; der Oberlandesgerichtspräsidenten DRiZ. **1954**, 242; der Vereinigung des Verwaltungsgerichtspräsidenten in DRiZ. **1954**, 268; DÖV. **1954**, 747ff., zur Schaffung einer selbständigen Finanzrichterlaufbahn die Stellungnahme der Vereinigung der Finanzrichter DÖV. **1954**, 751). 1955 ist der Vorentw. für ein Deutsches Richtergesetz gefolgt (vgl. dazu DRiZ. **1955**, 170). Bis zum Ergehen dieses Bundesrichtergesetzes gilt — neben den Vorschriften des Ges. über das Bundesverfassungsgericht vom 12. 3. 1951 (BGBl. I 243) für die Richter des Bundesverfassungsgerichts — für die Bundesrichter das Bundesbeamtengesetz vom 14. 7. 1953 — BGBl. I 551 — (§ 189). In den Ländern bestehen bereits z. T. besondere Richtergesetze, so in Berlin das Ges. über die Rechtstellung der Richter und Staatsanwälte vom 9. 1. 1951 (VOBl. I 235) mit DVO. vom 2. 4. 1951 (VOBl. 307); die Richterwahlordnung vom 9. 1. 1951 (VOBl. 240); das Ges. über die Wahl der höchsten Richter und Generalstaatsanwälte vom 26. 7. 1951 (GVBl. 546); die VO. über die Laufbahn für das Amt des Richters und des Staatsanwalts vom 28. 3. 1951 (VOBl. 281); in Bremen das Richterwahlges. vom 18. 12. 1953 (GBl. 119); in Hamburg das Richterwahlges. vom 8. 7. 1952 (GVBl. 137); in Hessen das Richterwahlges. vom 13. 8. 1948 (GVBl. 95) i. d. F. des Ges. vom 6. 3. 1954 (GVBl. 25) u. das Ges. über das Ausscheiden dienstunfähiger Richter vom 17. 11. 1953 (GVBl. 191). Einzelheiten der umfassenden Regelung hat das GG. bereits in gewissem Umfang vorweg geregelt, so die Beteiligung von Richterwahlausschüssen bei der Berufung der Richter (Art. 96 Abs. 2, 98 Abs. 4) und die Erhebung der sog. Richteranklage (Art. 98 Abs. 2, 5). Vgl. dazu die Anm. zu §§ 6, 8. — Schon jetzt bringt die neuere Gesetzessprache, insbes. das GG. selbst, die Verschiedenartigkeit der Rechtstellung der Richter gegenüber den sonstigen staatlichen Amtsträgern dadurch zum Ausdruck, daß sie, wo für beide Sparten gleichmäßig geltende Vorschriften erlassen wurden, von „Richtern und Beamten" spricht (vgl. z. B. Art. 60 Abs. 1 GG.).

3. Die Vorschriften des Ersten Titels des GVG. „Richteramt" gelten für die Richter der ordentlichen streitigen Gerichtsbarkeit (§ 2 EG.GVG). Für die Richter der übrigen Gerichtsbarkeitszweige gelten sie, soweit deren Organisationsgesetze sie für entsprechend anwendbar erklären (vgl. wegen der Berufsrichter der Sozial- und Arbeitsgerichtsbarkeit § 6 SGG., § 19 AGG.). Ihre Bedeutung besteht, nachdem die Garantie der sachlichen und persönlichen Unabhängigkeit vom GG. übernommen ist, im wesentlichen in der Regelung der Voraussetzungen der Befähigung zum Richteramt, in der Bestimmung, daß die Richter grundsätzlich auf Lebenszeit zu ernennen sind (§ 6) und in der Regelung der Zulässigkeit der Verwendung von Hilfsrichtern.

4. Über die Stellung der Richter in überstaatlichen Gemeinschaften vgl. Eichler NJW. **1953**, 1043, ferner Franz Breitner, Europäische Gerichtsbarkeit 1954 (Metzner-Verlag, Frankfurt a. M.) Wegen des Europäischen Gerichtshofs für Menschenrechte (Art. 38ff. der Menschenrechtskonvention; vgl. dazu Vorbem. vor § 184) s. Jescheck NJW. **1954**, 783 [785f.].

§ 1

Die richterliche Gewalt wird durch unabhängige, nur dem Gesetz unterworfene Gerichte ausgeübt.

I. Entstehungsgeschichte: Entw. —
II. Keine späteren Änderungen.

Literatur: Aubin, Die Entwicklung der richterlichen Unabhängigkeit (Freib. Diss. 1905); Heinsheimer, Von der Unabhängigkeit der Gerichte (Heidelberger rechtswissensch. Abhandl. 7) 1929; Grünhut, Die Unabhängigkeit der richterlichen Entscheidung, MSchr. KrimPsych. **1930**, Beiheft 3; Eb. Schmidt, Unabhängigkeit der Rechtspflege (Godesberger Juristentag 1947); ders., Lehrkomm. I, S. 200ff.; ferner: Gesetz und Richter, Heft 1 der Schriftenreihe der Jur. Studiengesellschaft beim BGH, und Richtertum und Staatsdienst, DRiZ. **1952**, 38; Anschütz [13] zu Art. 102 WeimVerf.; von Mangoldt und Bonner Komm. zu Art. 97 GG.; Werner Weber, Das Richtertum in der Deutschen Verfassungsordnung, Festschrift für Niedermeyer 1953; Laband, Zur Frage der Justizaufsicht DJZ. **1905**, 623; Gülland, Richterliches Ermessen und Dienstaufsicht DRZ **1932**, 326; Schorn, Zur Dienstaufsicht über Richter DRiZ. **1954**, 2; Fritz Baur, Justizaufsicht und richterliche Unabhängigkeit, Tübingen 1954. Zum richterlichen Prüfungsrecht: Apelt, JZ. **1954**, 401ff.; H. Schäfer NJW. **1954**, 1ff., 409ff.; von Hippel, Rechtsbegriff und Richterstellung DRiZ. **1954**, 65; Weinkauff, Richtertum und Rechtsfindung in Deutschland, Tübingen 1952; Less, Vom Wesen und Wert des Richterrechts, Erlangen 1954; Graupner, Ein Beitrag zum Problem der Nichtigkeit von Gesetzen mit Unrechtsgehalt NJW. **1955**, 1211; Bockelmann, Richter und Gesetz, Festgabe für Smend, 23ff.; Rotberg, Zu einem Richtergesetz 1950.

1. a) § 1 spricht die sachliche Unabhängigkeit der rechtsprechenden Organe aus. Entstanden aus dem Kampf des 18. und 19. Jahrhunderts gegen die „Kabinettsjustiz" und um Anerkennung des Grundsatzes der Gewaltenteilung (vgl. Eb. Schmidt, Lehrkomm. I Nr. 377ff.) hat der Grundsatz der richterlichen Unabhängigkeit als spezifisches Merkmal des Rechtsstaates früh Eingang in die Verfassungen gefunden (vgl. Frankfurter Reichsverfassung vom 28. 3. 1849 — Abschn. VI Art. X § 175 —; Erfurter Unionsverfassung 1850 — Abschn. VI Art. X § 173 —; preuß. Verf. vom 31. 1. 1850 — Art. 86 — und die anderen Landesverfassungen; Art. 102 WeimVerf.). Nach 1945 haben ihn die neuen Landesverfassungen übernommen (vgl. die Aufzählung bei Eb. Schmidt, Lehrkomm. I S. 201 Anm. 207). Diese Bestimmungen haben — ebenso wie der vorliegende § 1 — nur deklaratorische Bedeutung, nachdem Art. 97 Abs. 1 GG. für alle Richter und alle Gerichtsbarkeitszweige ausgesprochen hat: „Die Richter sind unabhängig und nur dem Gesetze unterworfen". Daß die Fassung des § 1 von der des Art. 97 Abs. 1 GG. abweicht, bedeutet keine sachliche Verschiedenheit. Wenn § 1 die sachliche Unabhängigkeit den „Gerichten" zuspricht, so war schon früher überwiegend anerkannt, daß der Ausdruck sich nicht auf die Gerichtsbehörden, sondern auf die einzelnen Richter bezieht, die den Rechtsprechungskörper bilden (vgl. die Schrifttumsangaben in Anm. 5 zu § 1 der Vorauflage); die Richtigkeit dieser Auslegung ist durch Art. 97 Abs. 1 authentisch anerkannt. Die richterliche Gewalt, von der § 1 spricht, ist das gleiche wie die „rechtsprechende Gewalt" des Art. 92 GG. (vgl. dazu Vorbem. 2 vor § 1); der Ausdruck umfaßt den Inbegriff der Aufgaben und Befugnisse, die den Gerichten bei Ausübung der Rechtsprechung (im Rahmen des § 1 also bei Ausübung der ordentlichen streitigen Gerichtsbarkeit, § 2 EG.GVG.) zufallen. Zur Rechtsprechung gehören auch die „justizförmigen Verwaltungsakte", wie insbes. die Geschäftsverteilung durch das Präsidium (§ 63), die, materiell dem Gebiet der Justizverwaltung angehörend, unter der Garantie der richterlichen Unabhängigkeit vorgenommen werden.

b) Den Gegensatz zur „richterlichen Gewalt" bilden die Geschäfte der (reinen) Justizverwaltung (§ 4 EG.GVG.). Bei ihnen sind die Richter, denen Aufgaben der Justizverwaltung übertragen sind, nicht unabhängig, vielmehr müssen sie den Weisungen der vorgesetzten Behörde Folge leisten (RGSt. **31**, 78). Nach § 13 der VO. zur einheitlichen Regelung der Gerichtsverfassung vom 20. 3. 1935 (RGBl. I 403) haben die Präsidenten der Gerichte und die aufsichtführenden Amtsrichter die ihnen von der Zentraljustizbehörde zugewiesenen Justizverwaltungsgeschäfte zu erledigen; sie werden bei Verhinderung in diesen Geschäften durch ihren ständigen Vertreter vertreten und können die ihrer Dienstaufsicht unterstellten Beamten (einschließlich aller Richter) zu den Geschäften der Justizverwaltung heranziehen, die insoweit Justizverwaltungsorgane werden. Eine Justizverwaltungsangelegenheit ist insbes. die Strafvollstreckung, die die Landesjustizverwaltung den Amtsrichtern übertragen kann (§ 451 Abs. 3 StPO.). — Wo der Landesjustizverwaltung im GVG. (z. B. in § 78 Abs. 3) und in der StPO. bestimmte Befugnisse zugewiesen sind, darf die Zentralbehörde sie — allgemein oder für den Einzelfall — auf nachgeordnete Stellen delegieren (vgl. Anm. 4 zu § 22).

2. Die (sachliche) Unabhängigkeit, die nicht ein Privileg der Richter, sondern eine in der Natur der Sache begründete Voraussetzung einer gerechten, von sachfremden Einflüssen freien

Rechtsfindung ist, bedeutet, daß der Richter bei Ausübung seines Amtes nur an das Gesetz und nicht an die Weisungen dritter Personen oder Stellen gebunden ist, daß er sich bei der Feststellung und Würdigung der Tatsachen und bei der Auslegung und Anwendung des Gesetzes nur von seinem richterlichen Gewissen leiten läßt. Seine volle Bedeutung aber entfaltet der Grundsatz der richterlichen Unabhängigkeit als eines tragenden Verfassungsgrundsatzes (vgl. § 88 Abs. 2 Nr. 5 StGB.), wenn er nicht nur im Sinne des Ausschlusses jeglicher Bindung an Weisungen, sondern auch im Sinn eines verfassungsmäßigen Verbotes jeglicher Einwirkungen verstanden wird, die, mögen sie von Regierungsseite („Kabinetts- und Ministerialjustiz"), von gewichtigen und einflußreichen Interessentengruppen aus der Öffentlichkeit, insbes. mit Zuhilfenahme der Presse oder gar aus den Parlamenten kommen, darauf gerichtet sind, bei schwebenden Rechtsangelegenheiten in anderer als prozeßordnungsmäßig vorgesehener Weise auf die zur Rechtsfindung berufenen Richter einzuwirken (vgl. dazu die Entschließung des Deutschen Juristentages DRiZ. **1953**, 126). Der Entw. des 1. Strafrechtsänderungsges. vom 10. 8. 1951 (BGBl. I 739) sah eine Vorschrift vor, die eine Strafsanktion gegen unzulässige Einwirkungen schaffen sollte; dieser Versuch scheiterte aber an den Schwierigkeiten einer Formulierung, die eine unangemessene Beschränkung der Meinungs- und Pressefreiheit ausschließt (vgl. v. Mangoldt Anm. 3 zu Art. 97 GG. und über das Verhältnis von Presse und Justiz die gleichbetitelte Schrift von Sarstedt, O. Meißner Verlag 1948). Auch bei der öffentlichen Kritik (durch Presse und Parlament) an rechtskräftigen Entscheidungen ist es ein nobile officium, sie in würdiger, die richterliche Unabhängigkeit, aber auch die Würde des Gerichts und das Ansehen der Rechtspflege respektierender Weise auszuüben (instruktiv die Ausführungen der Abgeordneten in der Sitzung des Bundestages vom 5. 3. 1953, BTProt. S. 12158ff. = DRiZ. **1953**, 69).

3. a) Die Richter sind nach § 1 und dem insoweit gleichlautenden Art. 97 Abs. 1 GG. „nur dem Gesetz unterworfen". Dagegen bezeichnet Art. 20 Abs. 3 GG. (vgl. auch § 88 Abs. 2 Nr. 2 StGB.) die Rechtsprechung als „an Gesetz und Recht gebunden". Darin liegen keine Gegensätze, vielmehr stellt Art. 20 Abs. 2 klar, was die Unterwerfung unter das Gesetz i. S. des Art. 97 Abs. 1 bedeutet. Um den Sinngehalt dieser Wendung zu verstehen, muß man sich folgendes vor Augen halten: Die notwendige Folgerung aus der Freistellung des Richters von jeglicher anderen Weisungsgebundenheit ist seine Bindung an das Gesetz, d. h. — der Begriff kann hier kein anderer sein als etwa in § 7 EG.StPO., § 12 EG.ZPO., § 337 StPO. — an jede Rechtsnorm (einschl. des Gewohnheitsrechts). Rechtssicherheit und Rechtsgewißheit verbieten es grundsätzlich entsprechend dem Prinzip der Gewaltenteilung, daß der Richter sich über das geschriebene Recht hinwegsetzt, weil er es seinem Rechtsgefühl folgend für ungerecht hält (vgl. dazu BVerfG. NJW. **1955**, 1268). Denn es gibt, wie Welzel (Naturrecht und materiale Gerechtigkeit 2. Aufl. 1955; s. auch Graupner NJW. **1955**, 1211 [1213]) gegenüber den alten und immer wieder erneuerten Bemühungen, naturrechtliche Maßstäbe einer unwandelbaren überpositiven Rechtsidee aufzustellen, deren Nichtbeachtung das geschriebene Recht zum unverbindlichen und unanwendbaren Unrecht mache (vgl. dazu Flückiger, Geschichte des Naturrechts Bd. I [1954]) überzeugend dargetan hat, keine immanenten Naturrechtssätze, die jedermann ohne weiteres so zugänglich wären, daß jeder menschliche Irrtum ausgeschlossen wäre; es würde also im allgemeinen der Richter, der geschriebenes Recht als ungerecht und unverbindlich beiseite schöbe, lediglich seine individuellen Wertungsmaßstäbe an die Stelle der Rechtsvorstellungen desjenigen setzen, der das Recht gesetzt hat, also sich im Widerspruch zu dem Grundsatz der Gewaltenteilung das Amt des Gesetzgebers anmaßen, ohne daß eine Gewähr dafür bestände, die richterliche Wertung sei die „richtige" (so auch Henkel StrafverfR. [1953] 148). Mit Recht hat deshalb der Verfassungsgesetzgeber den im Entwurfsstadium gemachten Versuch, das Verhältnis des positiven zu einem überpositiven Recht zu regeln, aufgegeben (vgl. v. Mangoldt Anm. 3 zu Art. 97 GG.). Indessen: eine wichtige Aufgabe des Richters ist, wie § 137 GVG. (ebenso § 45 Abs. 2 ArbGG.) ausdrücklich anerkennt, die Fortbildung des Rechts. Sie vollzieht sich in der Regel in den bekannten Formen der (einschränkenden oder erweiternden, und gegebenenfalls „korrigierenden") Auslegung. Ja, die „Auslegung" kann in weitem Umfang zur Schaffung neuen Rechts führen, wie die Rechtsprechung zum Gleichberechtigungsgrundsatz des Art. 3 GG. zeigt, wo mit dem 1. 4. 1953 alles diesem Grundsatz entgegenstehende Recht aufgehoben (Art. 117 GG.), die dadurch entstandene klaffende Lücke aber vom Gesetzgeber nicht geschlossen war; hier war und ist beim Fehlen eines „Gesetzes" der Richter an das „Recht" gebunden. Die Auslegung kann ausnahmsweise auch im praktischen Ergebnis rechtsändernder Natur sein, d. h. im Widerspruch zu dem an sich klaren Wortlaut und insofern unter Beiseiteschiebung des Gesetzes erfolgen. Das ist aber nur denkbar — wie die beachtliche Entscheidung des Bundesarbeitsgerichts NJW. **1955**, 807 zutreffend ausführt — bei älteren Gesetzesbestimmungen, deren Regelung auf Rechtsvorstellungen beruht, die mit den aus neuen Gesetzen erkennbaren Rechtsgrundsätzen nicht vereinbar sind und zu nicht zu rechtfertigenden Ergebnissen führen, so daß Rechtseinheit und Rechtsgleichheit dazu zwingen, das alte Recht mit den Grundgedanken des neuen Rechts durch „rechtsändernde" Auslegung in Übereinstimmung zu bringen. Sollte aber bei einem neuen Gesetz in einem extremen Fall der Richter glauben, daß dessen Anwendung nach seinem klaren Wortlaut „Unrecht" bedeute, so kann die Abweichung vom „Recht" nur an den allgemeinen Wertvorstellungen des gesamten Rechtssystems gemessen werden, wie sie letzlich in der Verfassung ausdrücklich oder stillschweigend (vgl. Art. 1 Abs. 2 GG.) ihren Ausdruck gefunden haben (so mit Recht Eb. Schmidt, Lehrkomm. I Nr. 412f.). So gesehen läuft die Frage nach der Verbindlichkeit eines als Unrecht empfundenen Rechtssatzes in aller Regel auf die Frage nach seiner Verfassungswidrigkeit hinaus, die auf dem durch Art. 100 Abs. 1 GG. gewiesenen Weg (s. Anm. 4a) zum Austrag zu bringen wäre (so auch Eb. Schmidt, a.a.O. Nr. 418). Auf die Frage nach der Verbindlichkeit von Gesetzen, die in Zeiten einer sich auflösenden Staatsgewalt oder der Diktatur erlassen werden, ist in diesem Zusammenhang nicht einzugehen. Die Frage nach der Verbindlichkeit von Gesetzen aus der Zeit von 1933 — 1945 (vgl. dazu Eb. Schmidt, a.a.O. Nr. 408ff.) ist hier auszuschalten. Sie hat nach der inzwischen von dem Gesetzgeber durchgeführten „Bereinigung" für die Zukunft im allgemeinen keine Bedeutung, doch bleibt hier für die Prüfung des „vorkonstitutionellen Rechts" (vgl. unten Anm. 4a) der richterlichen Prüfung ein gewisser Anwendungsraum (Beispiel: Nichtigkeitserklärung des § 3 der 11. DVO. zum Reichsbürgergesetz wegen „seines den Grunderfordernissen jeder rechtsstaatlichen Ordnung widersprechenden Unrechtsgehalts" durch den BGH. [GrSZivS.] NJW. **1955**, 905). Aber auch wenn nicht die Verfassungswidrigkeit im engeren Sinne in Frage stünde oder wenn gar eine Verfassungsnorm selbst als im Widerspruch mit zwingenden Grundsätzen der materiellen Gerechtigkeit stehend angesehen würde, müßte die Entscheidung dem BVerfG. überlassen werden (BVerfG. NJW. **1954**, 65). Denn Art. 100 GG. bezweckt zu verhüten, daß jedes Gericht sich über den Willen des unter dem GG. tätig gewordenen Bundes- oder Landesgesetzgebers hinwegsetzen könnte; die im Interesse der Rechtssicherheit verfügte Konzentration der negativen Prüfung bei einem Gericht (dem BVerfG.) verlangt folgerichtig, daß immer dem BVerfG. die Entscheidung gebührt, wo ein Gericht die Unwirksamkeit eines Gesetzes und gar eines Satzes des GG. selbst wegen Verstoßes gegen eine übergesetzliche Norm der Gerechtigkeit annimmt. Mit einem Teilproblem, nämlich der Frage, ob und wann ein Gesetz wegen Verletzung der materiellen Gerechtigkeit unwirksam sein könne, wenn der Gesetzgeber in dem häufigen Widerspruch zwischen Anforderungen der Rechtssicherheit und materieller Gerechtigkeit dem einen Prinzip den Vorrang auf Kosten des anderen eingeräumt hat, beschäftigt sich die Entscheidung des BVerfG. NJW. **1954**, 65; sie verneint sehr mit Recht eine Unwirksamkeit, wenn der Gesetzgeber sich ohne Willkür für die eine oder andere Lösung entschieden hat; nur dort tauche die Gültigkeitsfrage auf, wo der Widerspruch des positiven Gesetzes gegenüber der Idee der materiellen Gerechtigkeit ein unerträgliches Maß angenommen habe. Im übrigen gilt allgemein, daß die Frage der Gültigkeit eines Gesetzes nicht aufgeworfen werden kann, der Richter vielmehr unbedingt gebunden ist, wenn nur die Unbilligkeit seiner Anwendung im Einzelfall in Frage steht (OGH. BZ. DRZ. **1949**, 378; NJW **1949**, 472; RGSt. **73**, 398). Daß es außerhalb der richterlichen Befugnisse liegt, Gesetze auf ihre Zweckmäßigkeit, insbes. daraufhin nachzuprüfen, ob die darin vorgesehenen Maßnahmen den erstrebten Zweck zu erfüllen geeignet sind, versteht sich von selbst (OVG. Münster NJW. **1954**, 854)

b) Der Grundsatz der Bindung des Richters an das Gesetz besagt nur, daß der Richter, wenn er tätig wird, nur dem Gesetz unterworfen ist; er besagt als solcher nicht, daß der Richter sein Amt auch ausüben müsse, wenn er die Anwendung eines Gesetzes — allgemein oder im Einzelfall — als mit seinem Gewissen unvereinbar ansieht. Peters Strafpr. (1952) 91ff. will aus Art. 4 GG. herleiten, daß der Richter bei einem solchen unüberbrückbaren **Gewissenskonflikt** sich der Amtsausübung enthalten dürfe. Ob es (auch hier von Zeiten einer Diktatur oder entarteten Staatsgewalt abgesehen) Konfliktsfälle von äußerster Zuspitzung geben kann, in denen es angemessen erscheint, daß der Richter sich aus Gewissensgründen der Mitwirkung an der Rechtsprechung versagt, mag dahin stehen; für solche Fälle bietet die Möglichkeit der Selbstablehnung wegen Befangenheit (§ 30 StPO.) einen Ausweg. Grundsätzlich aber kann dem Richter nicht das Recht zugebilligt werden, unter Berufung auf sein Gewissen die Amtsausübung abzulehnen und sich der Anwendung eines ihm ungerecht erscheinenden Gesetzes zu entziehen. Hält er das Gesetz wegen Verstoßes gegen die Gerechtigkeit für nichtig, so ist nach Art. 100 GG. zu verfahren. Dringt er mit dieser Auffassung nicht durch oder erwartet er davon keinen Erfolg, so gebieten ihm seine Amtspflicht und der Grundsatz des gesetzlichen Richters (§ 16), die ihm zugewiesenen Aufgaben unter Bindung an das Gesetz zu erfüllen. Wer es etwa für ungerecht hält, den § 175 StGB. oder das geltende Ehescheidungsrecht anzuwenden, weil es seinem Gewissen widerstrebe, darf nicht Richter werden oder bleiben; denn die Aufgabe des Richters besteht darin, die staatliche Rechtsordnung in ihrer Gesamtheit anzuwenden und durchzusetzen, ohne daß es darauf ankommt, ob das vom Gesetzgeber gesetzte Recht dem individuellen Sittlichkeits- und Gerechtigkeitsgefühl des einzelnen Richters entspricht (ebenso — in anderem Zusammenhang — Baur, Justizaufsicht und richterliche Unabhängigkeit [1954] 47f.).

4. Die Bindung des Richters an das Gesetz schließt nicht aus, sondern zwingt ihn dazu, die Gültigkeit der anzuwendenden Rechtsnorm zu prüfen (vgl. dazu Anm. 3d zu § 337 StPO. und für das frühere Recht die Vorauflage Anm. 4 zu § 1). Zweifel gegen die Gültigkeit können sich aus formellen (Ordnungsmäßigkeit der Verkündung) und materiellen Gründen (z. B. Innehaltung der Grenzen einer ermächtigenden Norm, Vereinbarkeit mit einem Rechtssatz höheren Ranges, fehlerhaftes Zustandekommen des Gesetzes) ergeben. Diese Prüfungszuständigkeit ist aber nach mehreren Richtungen beschränkt.

a) Art. 100 Abs. 1 GG. bestimmt: „Hält ein Gericht ein Gesetz, auf dessen Gültigkeit es bei der Entscheidung ankommt, für verfassungswidrig, so ist das Verfahren auszusetzen und, wenn es sich um die Verletzung der Verfassung eines Landes handelt, die Entscheidung des für Verfassungsstreitigkeiten zuständigen Gerichtes des Landes, wenn es sich um die Verletzung dieses Grundgesetzes handelt, die Entscheidung des Bundesverfassungsgerichtes einzuholen. Dies gilt auch, wenn es sich um die Verletzung dieses Grundgesetzes durch Landesrecht oder nur die Unvereinbarkeit eines Landesgesetzes mit einem Bundesgesetze handelt". Nach dieser die sog. **konkrete Normenkontrolle** regelnden Vorschrift (Lit. H. Schäfer NJW. **1954**, 1ff., 409ff.; Willms DRiZ **1954**, 230) entscheidet jedes Gericht über die Gültigkeit des von ihm angewendeten Rechts selbst, wenn es, sei es nach anfänglichen eignen Bedenken, sei es gegenüber den von Prozeßbeteiligten oder in Rechtsprechung oder Schrifttum geäußerten Bedenken die Gültigkeit bejaht. Nur wenn nach seiner Auffassung die Gültigkeit des anzuwendenden Rechts sei es wegen materieller Unvereinbarkeit mit Recht höheren Ranges, sei es, weil die formellen Vorschriften der Verfassung verletzt seien, z. B. weil ein Bundesgesetz, dem der Bundesrat nicht zugestimmt hat, dessen Zustimmung bedürfe (v. Mangoldt Anm. 3 zu Art. 100; H. Schäfer NJW. **1954**, 4), zu verneinen ist, hat es das Verfahren auszusetzen und die Entscheidung über die Gültigkeit dem Verfassungsgericht zu überlassen. Das Gesetzesnachprüfungsrecht nach Art. 100 Abs. 1 besteht auch gegenüber Verfassungsnormen, die auf ihre Vereinbarkeit mit überpositivrechtlichen zwingenden Erfordernissen der materiellen Gerechtigkeit nachprüfbar sind (BVerfG. NJW. **1954**, 65; Bachof NJW. **1952**, 242; a. M. BGH. Z. **1**, 274; Apelt NJW. **1952**, 1, 733; vgl. oben Anm. 3). Nach Art. 100 Abs. 1 Satz 1 beschränkt sich (was anfänglich streitig war; vgl. von Mangoldt Anm. 3 zu Art. 100 GG.) das dort vorgesehene Verfahren auf Gesetze, d.h. auf formelle (Bundes- oder Landesgesetze), auf Anordnungen in Gesetzesform (so BVerfG. 1, 184 = NJW. **1952**, 497); die Vereinbarkeit von Rechtsverordnungen des Bundes mit dem GG. oder einem Bundesgesetz und von Rechtsverordnungen der Länder insbes. von Polizeiverordnungen mit der Landesverfassung oder einem Landesgesetz nachzuprüfen, steht daher — wie auch früher; vgl. z. B. RGSt. **67**, 130; RGZ. **121**, 199; OLGe. Braunschweig HRR. **1939** Nr. 922, Düsseldorf HEZ. **1**, 240; weitere Nachweise in Anm. 4 zu § 1 der Vorauflage — den Gerichten zu (BVerfG. a.a.O.; v. Mangoldt a.a.O.). Eine andere Frage ist, ob Art. 100 Abs. 1 Satz 1 eine abschließende Regelung in dem Sinne enthält, daß das negative Entscheidungsmonopol der Landesverfassungsgerichte bzgl. der Unvereinbarkeit einer Landesrechtsnorm mit der Landesverfassung nur für formelle Landesgesetze besteht oder ob Landesrecht die negative Entscheidung über die Verfassungswidrigkeit von Landesrechtsverordnungen, gemessen an der Landesverfassung, bei den Landesverfassungsgerichten konzentrieren kann (die Frage im letzteren Sinn bejahend BVerfG. 1, 184 u. NJW. **1955**, 945; BayVerfGH. VerwRspr. 4, 18; zweifelnd H. Schäfer NJW. **1954**, 2). Auch in Art. 100 Abs. 1 Satz 2, erste Alternative ist „Landesrecht" nur in dem engeren, Landesrechtsverordnungen ausschließenden Sinn zu verstehen (BVerfG.

a.a.O.). – das Wort „Landesrecht" dient nur der Unterscheidung vom Bundesrecht –, während umgekehrt die zweite Alternative des Art. 100 Abs. 1 Satz 2 (neg. Entscheidungsmonopol des BVerfG. bei Unvereinbarkeit eines Landesgesetzes mit einem Bundesgesetz) nach Sinn und Zweck der Vorschrift dahin verstanden werden muß, daß das Wort „Bundesgesetz" auch Bundesrechtsverordnungen umfaßt (BVerfG. 1, 284 [292] = NJW. **1952**, 737; H. Schäfer NJW. **1954**, 5). – Das neg. Entscheidungsmonopol des Bundesverfassungsgerichts ist weiter dadurch eingeschränkt, daß es sich auf die Nachprüfung des sog. nachkonstitutionellen Rechts beschränkt (BVerfG. 2, 124 = NJW **1953**, 497; die Frage war vor dem Ergehen dieser Entscheidung lebhaft umstritten, vgl. v. Mangoldt Anm. 3 zu Art. 100; BGHSt. 4, 379). Vorkonstitutionell sind jedenfalls alle Gesetze, die vor dem Inkrafttreten des GG., also vor dem 24. 5. 1949 verkündet worden sind (BVerfG. a.a.O.), aber auch solche Gesetze, die in der Übergangszeit vom Inkrafttreten des GG. bis zum ersten Zusammentritt des Bundestages, d. h. bis zum **7. 9.** 1949 (vgl. Art. 122, 123 GG.) von den zuständigen Gesetzgebungsorganen erlassen worden sind (BVerwG. NJW. **1953**, 1886; a. M. H. Schäfer NJW. **1954**, 3). Auch hier schließt Art. 100 Abs. 1 GG. nicht aus, daß Landesrecht die Prüfung der Verfassungsmäßigkeit vorkonstitutionellen Landesrechts dem Landesverfassungsgericht vorbehält (BVerfG. NJW. **1955**, 945). Die Prüfung der Verfassungsmäßigkeit vorkonstitutionellen Bundesrechts und, soweit Landesrecht nicht abweichendes bestimmt, vorkonstitutionellen Landesrechts steht also allein den Gerichten zu und ihre Nachprüfungsbefugnis bezieht sich sowohl auf Gesetze, die als Bundesrecht (vgl. Art. 125 GG.), wie auf solche, die als Landesrecht weiter gelten (BVerfG. 2, 136 = NJW. **1953**, 618). – Für die materielle Prüfung gilt allgemein der Grundsatz, daß ein Gesetz nicht für nichtig zu erklären ist, wenn es im Einklang mit der Verfassung ausgelegt werden kann. Denn es spricht nicht nur eine Vermutung dafür, daß ein Gesetz mit dem GG. vereinbar ist, sondern der in dieser Vermutung zum Ausdruck kommende Grundgedanke verlangt auch im Zweifel eine mit der Verfassung übereinstimmende Auslegung des Gesetzes (BVerfG. NJW. **1953**, 1057). Wann eine bundesgesetzliche Ermächtigung zum Erlaß von Rechtsverordnungen im Sinne des Art. 80 GG. genügend bestimmt ist, läßt sich nur von Fall zu Fall entscheiden; s. dazu BVerfG. 1, 14, 59; 2, 334 = NJW. **1953**, 1179; BGH. NJW. **1955**, 204.

Die Pflicht des Gerichts, ein Verfahren auszusetzen und die Entscheidung des Verfassungsgerichts einzuholen, weil es ein Gesetz für verfassungswidrig hält, besteht nach Art. 100 Abs. 1 GG. nur, wenn es auf die Gültigkeit dieses Gesetzes bei der Entscheidung ankommt. Ob diese Voraussetzung gegeben ist, entscheidet grundsätzlich das vorlegende Gericht, nicht das zur Entscheidung angerufene Verfassungsgericht. Das Verfassungsgericht hat grundsätzlich auch nicht zu prüfen, ob das vorlegende Gericht zur Sachentscheidung über den vorgelegten Rechtsstreit berufen ist. Vielmehr genügt es, daß das vorlegende Gericht seine Gerichtsbarkeit, seine sachliche Zuständigkeit und die Abhängigkeit der von ihm zu treffenden Entscheidung von der Gültigkeit des in Frage stehenden Gesetzes bejaht, sofern diese Ansicht nicht offensichtlich unhaltbar ist (BVerfG. NJW. **1953**, 65f., 1137). Auch die mittelbare Erheblichkeit einer Norm für die Entscheidung des Rechtsstreits (das Gericht hält ein Gesetz für ungültig, von dessen Gültigkeit oder Ungültigkeit diejenige eines anderen Gesetzes abhängt, das die unmittelbare Entscheidungsgrundlage bildet) rechtfertigt die Vorlage nach Art. 100 Abs. 1, (BVerfG. 2, 341 = NJW. **1953**, 1177). Für die Zulässigkeit und Notwendigkeit einer Vorlage an das BVerfG. ist es schließlich ohne Belang, ob etwa wegen der inhaltlichen Identität der als verletzt angesehenen Norm des GG. mit einer solchen der Landesverfassung (vgl. dazu Art. 142 GG.) neben der Prüfungszuständigkeit des BVerfG. auch die eines Landesverfassungsgerichts bestanden hätte (BVerfG. 2, 388 = NJW. **1953**, 1137); doch ist die gleichzeitige Zuständigkeit des Landesverfassungsgerichts wohl nicht ausgeschlossen (str.; vgl. H. Schäfer NJW. **1954**, 410). Schließlich muß das Gericht, wenn es ein Gesetz für verfassungswidrig hält, auch dann vorlegen, wenn bereits in einer anderen Sache wegen desselben Gesetzes ein Normenkontrollverfahren beim BVerfG. schwebt (OLG. Frankfurt NJW. **1955**, 547).

Über das **Verfahren** bei der Einholung der verfassungsgerichtlichen Entscheidung s. § 80 BVerfGG., das Rundschreiben des Präsidenten des BVerfG. vom 7. 11. 1951 (Bundesanz. Nr. 49/**1953** vom 12. 3. 1953), RiStV. **1953** Nr. 182; ferner Grusendorf NJW. **1952**, 88; Neidhard JZ **1952**, 266 und H. Schäfer NJW. **1954**, 409ff. Den nach Maßgabe des § 80 Abs. 2 BVerfGG. zu begründenden Vorlegungsbeschluß kann beim Kollegialgericht nur das Kollegium, nicht der Vorsitzende allein fassen (BVerfG. 1, 80 = NJW. **1952**, 60); doch ist die

Unterschrift der Laienrichter nicht erforderlich (BVerfG. 2, 270; H. Schäfer NJW **1954**, 410). Die Weiterleitung der Akten und die Unterzeichnung des Begleitschreibens ist Sache des Vorsitzenden. Die Vorlegung erfolgt durch den Bundesgerichtshof unmittelbar, bei den übrigen Gerichten dagegen über den Bundesgerichtshof und, soweit es sich um Landesrecht handelt, über das (im Instanzenzug vorgesetzte) Oberlandesgericht (§ 80 Abs. 1 BVerfGG.); letzteres gilt auch dann, wenn es sich um Landesrecht eines anderen Landes als dessen, dem das vorlegende Gericht angehört, handelt (ebenso H. Schäfer NJW. **1954**, 411). Dieser Weg — nicht der Justizverwaltungsweg — ist gewählt, um jede Möglichkeit einer Beeinflussung des vorlegenden Gerichts auszuschalten (vgl. v. Mangoldt Anm. 3 zu Art. 100; BVerfG. NJW. **1952**, 497) und um den Obergerichten Gelegenheit zur Beifügung einer Stellungnahme auf Grund eigner Erfahrung zu ermöglichen (vgl. H. Schäfer NJW. **1954**, 411). Dagegen ist das weiterleitende übergeordnete Gericht nicht befugt, auf das vorlegende Gericht dahin einzuwirken, daß es diesem eine Überprüfung oder Zurücknahme seines Beschlusses empfiehlt (BVerfG. 2, 136 = NJW. **1953**, 618). Für die Behandlung der Weiterleitungssachen beim Bundesgerichtshof oder Oberlandesgericht ist zuständig der Senat, den die Geschäftsverteilung bestimmt und in Ermangelung einer solchen Bestimmung der Senat, der über ein in der betreffenden Sache eingelegtes Rechtsmittel zu entscheiden hat oder zu entscheiden hätte, wenn solche Rechtsmittel unbeschränkt durch den ganzen Instanzenaufbau gegeben wären. — Über das Verfahren beim BVerfG. vgl. §§ 80, 81 BVerfGG. und dazu H. Schäfer NJW. **1954**, 412f. — Mit dem Aussetzungs- und Vorlagebeschluß wird die Sache insoweit bei BVerfG. anhängig. Damit entfällt die Anfechtbarkeit dieses Beschlusses (streitig, vgl. dazu Schulte MDR. **1952**, 520 mit Schrifttumsnachweisen); dagegen erscheint es — gegen H. Schäfer NJW. **1954**, 410 — nicht unzulässig, daß das vorlegende Gericht seinen Beschluß zurücknimmt, weil es sich nachträglich von der Unrichtigkeit seiner Auffassung überzeugt hat oder die Entscheidungserheblichkeit nachträglich verneint. Die Anhängigkeit beim BVerfG. bewirkt, daß das vorlegende Gericht auch keine Zwischenentscheidungen (wie z. B. die Aufrechterhaltung eines Haftbefehls) erlassen kann, die sich auf die von ihm angenommene Verfassungswidrigkeit des Gesetzes stützen (BVerfG. NJW. **1955**, 1489). — Das vorlegende Gericht ist nach BVerfG. NJW. **1954**, 65 nicht „Beteiligter" am Normenkontrollverfahren; a. M. Greiff DRiZ. **1954**, 138. — Die Entscheidung des BVerfG. hat nach § 31, § 13 Nr. 11 BVerfGG. Gesetzeskraft. Streitig ist, ob die bindende Wirkung — etwa wie bei der Rechtskraft eines Urteils — sich nur auf die Entscheidungsformel bezieht und nur den konkreten Streit entscheidet (so BGH. GrZSen. NJW. **1954**, 1073) oder auch auf die die Entscheidung tragenden Gründe, so daß die Auslegung des GG. auch in gleichgelagerten künftigen Fällen bindend wirkt (so BVerfG. 5, 261 = NJW. **1954**, 505; Geiger NJW. **1954**, 1058ff.) Daß jedenfalls Rechtsausführungen in den Entscheidungsgründen zu anderen als Verfassungsrechtssätzen nicht bindend wirken, ist allgemein anerkannt (BVerwG. NJW. **1955**, 357).

Wer an einem gerichtlichen Verfahren beteiligt ist, für dessen Entscheidung es auf die Verfassungsmäßigkeit einer Norm ankommt, hat grundsätzlich kein Rechtsschutzinteresse, selbst gegen die Norm Verfassungsbeschwerde einzulegen (vgl. § 90 Abs. 1, 2 BVerfGG.). Ist jedoch die Norm bereits Gegenstand einer anhängigen Verfassungsbeschwerde, so kann das Gericht das Verfahren aussetzen, um dem Beteiligten Gelegenheit zu geben, auch seinerseits Verfassungsbeschwerde einzulegen (BVerfG. NJW. **1954**, 21).

b) Die Entscheidung des Bundesverfassungsgerichts ist nach Art. 100 Abs. 2 GG. auch einzuholen, „wenn in einem Rechtsstreite zweifelhaft ist, ob eine Regel des Völkerrechts Bestandteil des Bundesrechts ist und ob sie unmittelbar Rechte und Pflichten für den Einzelnen erzeugt (Art. 25)". Hier genügt, daß das Gericht Zweifel hegt, während nach Art. 100 Abs. 1 die Vorlage voraussetzt, daß das Gericht die Verfassungswidrigkeit usw. bejaht, so daß bloße Zweifel, die das Gericht letztlich nicht für durchschlagend hält, eine Vorlage nicht rechtfertigen. Das Gericht verfährt gemäß § 84 BVerfGG. bei der Vorlage in entsprechender Anwendung des für die Fälle des Art. 100 Abs. 1 GG. geltenden § 80 BVerfGG.

c) Eine weitere Beschränkung der gerichtlichen Prüfungszuständigkeit ergibt sich aus Art. 126 GG.: „Meinungsverschiedenheiten über das Fortgelten von Recht als Bundesrecht entscheidet das Bundesverfassungsgericht". Die Entscheidung des BVerfG. kann nach § 86 BVerfGG. sowohl unter dem Gesichtspunkt der abstrakten Normenkontrolle (also außerhalb eines anhängigen Rechtsstreit nach § 86 Abs. 1 a.a.O. auf Antrag von Bundestag, Bundesrat, Bundesregierung oder einer Landesregierung, wobei der Antrag nur unter den Voraussetzungen des

§ 87 BVerfGG. zulässig ist) wie auch unter dem der konkreten Normenkontrolle in einem anhängigen gerichtlichen Verfahren (§ 86 Abs. 2) eingeholt werden. In letzterem Falle hat, wenn in einem gerichtlichen Verfahren streitig und erheblich ist, ob ein Gesetz als Bundesrecht fortgilt, das Gericht auf dem gleichen Wege, wie er bei der konkreten Normenkontrolle nach Art. 100 Abs. 1 GG. vorgeschrieben ist, die Entscheidung des BVerfG. herbeizuführen. Anders als im Fall des Art. 100 Abs. 1 hat aber hier das BVerfG. nicht nur ein negatives Entscheidungsmonopol, vielmehr ist das BVerfG. zur Entscheidung berufen, gleichviel ob in dem anhängigen Rechtsstreit das Gericht die Fortgeltung annimmt oder verneint; maßgebend ist nur, daß in dem anhängigen Gerichtsverfahren die Frage der Fortgeltung streitig ist und die Frage in dem Sinne erheblich ist, daß die Entscheidung des Rechtsstreits verschieden ausfallen muß, je nachdem ob die Fortgeltung zu bejahen oder zu verneinen ist. Ein Streit i. S. des § 86 Abs. 2 BVerfGG. liegt nicht schon vor, wenn von irgendeiner Seite eine von der Auffassung des Gerichts abweichende Auffassung geäußert wird, die in einer jeden Zweifel ausschließenden Weise widerlegt werden kann, vielmehr müssen Gegenauffassungen von einigem Gewicht hervorgetreten sein. Ist also die Frage der Fortgeltung Gegenstand von Meinungsverschiedenheiten im Schrifttum, so ist das Gericht vorlegungspflichtig, wenn es von einer herrschenden Ansicht abweichen will, während es selbst entscheiden kann, wenn es der herrschenden Meinung folgt und sich damit zu einer vereinzelt im Schrifttum vertretenen Auffassung in Widerspruch setzt, die handgreiflich unzutreffend ist (ebenso BGH. Z. 11, 104 = NJW. **1954**, 187 mit Anm. von Müller). — Das BVerfG. entscheidet lediglich, ob die Voraussetzungen der Art. 124, 125 GG., unter denen Recht als Bundesrecht fortgilt, vorliegen (vgl. § 89 BVerfG.); eine Vorlage nach § 86 Abs. 2 BVerfGG. kommt daher nicht in Betracht, wenn in einem gerichtlichen Verfahren streitig wird, ob eine vorkonstitutionelle Norm, die im Falle ihrer Fortgeltung unstreitig Bundesrecht wäre, dem Grundgesetz widerspricht — Art. 123 Abs. 1 GG. — (BVerfG. JZ. **1954**, 262). Ist aber die Frage der Vereinbarkeit mit dem GG. lediglich Vorfrage für die streitige Frage, ob bei Bejahung der Vereinbarkeit die Voraussetzungen der Art. 124, 125 GG. vorliegen, so entscheidet das BVerfG. auch über diese Vorfrage (v. Mangoldt Anm. 2 zu Art. 126 GG.). — § 86 Abs. 2 gilt nicht für Berliner Recht, BVerfG. NJW. **1955**, 1452; er gilt auch nicht — vielmehr ist der Weg nach Art. 100 Abs. 1 GG. zu beschreiten —, wenn zweifelhaft ist, ob Landesrecht in der Zeit zwischen dem Inkrafttreten des GG. und dem Zusammentritt des Bundestages noch in der Lage war, als Bundesrecht fortgeltendes Reichsrecht zu ändern (BVerfG. NJW. **1955**, 1271).

d) In allen Fällen, auch soweit ihnen die negative Bescheidung der materiellen Gültigkeit entzogen ist, steht den Gerichten die Prüfung der formellen Gültigkeit, d. h. der ordnungsmäßigen Verkündung der anzuwenden Vorschriften zu. Sie bemißt sich nach dem zur Zeit der Verkündung geltenden Verfassungsrecht, wobei — wie BGHSt. 5, 233 mit Bezug auf die in der Zeit von 1933—1945 gesetzten Normen ausführt — die Legitimität der Staatsgewalt, auf der dieses Verfassungsrecht beruht, bedeutungslos ist, sofern sich die Staatsgewalt bis zur verfassungsmäßigen Macht und Anerkennung innerhalb des eigenen Landes und in den rechtlichen Beziehungen zu anderen Staaten durchgesetzt hat. Für die Verkündung von Bundesgesetzen gilt Art. 82 GG., für die von Rechtsverordnungen des Bundes Art. 82 Abs. 1 Satz 2 GG. in Verbindung mit dem Gesetz vom 30. 1. 1950 (BGBl. 23). Die Verkündung von Gesetzen und Verordnungen der Länder richtet sich nach Landesrecht, also nach der Landesverfassung und etwaigen ergänzenden Vorschriften über die Verkündung von Landesrechtsverordnungen (vgl. z. B. die Gesetze über die Verkündung von Rechtsverordnungen in Niedersachsen vom 23. 4. 1955, GVBl. 175 = SaBl. 515, und in Hamburg vom 28. 3. 1955, GVBl. 130 = SaBl. 434). Ein allgemein im Bereich der Bundesrepublik geltender („höherrangiger") Rechtssatz geht nur dahin, daß die Vorschrift verkündet (kundgetan) werden muß — Geheimerlasse können im Rechtsstaat kein Recht schaffen —, dergestalt, daß der Öffentlichkeit die Möglichkeit gegeben sein muß, von dem Inhalt Kenntnis zu nehmen. Bei Ausgabe eines Gesetzblatts ist mangels abweichender Vorschriften über die Verkündung die Einlieferung bei einem Postzeitungsamt oder die Auslieferung durch dieses nicht unbedingt nötig; die Verkündung kann vielmehr z. B. auch bewirkt werden durch Auslegung des Blattes bei dem Verlag zwecks Erwerb durch jeden, der sich die Kenntnisnahme angelegen sein läßt (BGH. NJW. **1954**, 1081). Bei der materiellen Prüfung gilt, wenn es sich um die Vereinbarkeit einer Rechtsverordnung mit dem Gesetz handelt, zu dessen Ausführung sie erlassen ist, der allgemeine Grundsatz, daß sie nicht gesetzwidrig ist, wenn eine Auslegung möglich ist, die im Einklang mit dem Gesetz steht und bei der die VO. sinnvoll bleibt (VGH. Stuttgart DÖV. **1954**, 58); vgl. oben Anm. 4a.

5. Keine grundgesetzwidrige Einschränkung der richterlichen Unabhängigkeit, also kein Bruch mit dem Prinzip der richterlichen Unterwerfung nur unter das Gesetz liegt vor, wenn das Gesetz selbst eine **Bindung an Rechtsgrundsätze** vorschreibt, die von einer anderen richterlichen Stelle oder von dem Gericht selbst mit Selbstbindungswirkung (vgl. dazu BVerfG. NJW. **1954,** 1153) aufgestellt sind (vgl. z. B. § 138 Abs. 3 in Verb. mit § 137 GVG., § 358 Abs. 1 StPO., § 565 Abs. 2 ZPO., § 468 RAbgO., § 31 BVerfGG.) oder wenn es den Richter verpflichtet, eine präjudizielle Rechtsfrage einem höheren Gericht zur Entscheidung vorzulegen, falls er von der Entscheidung eines anderen Gerichts oder eines anderen Rechtsprechungskörpers in der gleichen Rechtsfrage abweichen will (vgl. z. B. § 138 Abs. 3 in Verb. mit § 136 GVG., § 120 Abs. 3, § 121 Abs. 2 GVG. usw.). Außerhalb solcher gesetzlichen Bindungen ist der Richter bei der Auslegung des Rechts durch keinerlei noch so „herrschende Meinung" und noch so gefestigte „ständige Rechtsprechung" gebunden, wenn er glaubt, ihr nicht folgen zu können (RGSt. **66**, 389).

6. Unabhängigkeit und Dienstaufsicht – Durch die Vorschrift des § 1 wird das Recht der Justizverwaltung, die Dienstaufsicht über die Gerichte auszuüben, eingeschränkt, aber nicht aufgehoben. Dieses Recht erstreckt sich zweifellos auf alle Angelegenheiten, die die äußere Behandlung der richterlichen Geschäfte, die Form der Leitung und Entscheidung eines Verfahrens, betreffen, z. B. Raum und Zeit der richterlichen Tätigkeit, Benutzung von Vordrucken, rechtzeitige Erledigung, lesbare Schrift, Vermeidung unpassender und beleidigender Ausdrücke. Nach § 16 der VO. z. einheitl. Regelung der Gerichtsverfassung vom 20. 3. 1935 (RGBl. I 403) liegt in der Dienstaufsicht die Befugnis, auch gegenüber Richtern die ordnungswidrige Ausführung eines Amtsgeschäfts zu rügen und zu dessen rechtzeitiger und sachgemäßer Erledigung zu ermahnen. Die Überwachung der äußerlich ordnungsmäßigen Abwicklung der Amtsgeschäfte berührt die richterliche Unabhängigkeit nicht (Richterdisziplinarsenat Essen NJW **1955**, 1856). Bestritten ist die Frage, inwieweit die Justizverwaltung befugt ist, den Inhalt richterlicher Handlungen nachzuprüfen. Sicher ist jedenfalls, daß die Ausübung der Dienstaufsicht die sachliche Unabhängigkeit der Gerichte und die persönliche Unabhängigkeit der Richter nicht beeinträchtigen darf. Eine Prüfung, ob der Richter tatsächliche Fragen zutreffend gewürdigt hat, ist danach unzulässig; sie würde mit dem Grundsatz der freien Beweiswürdigung (§ 286 ZPO., § 261 StPO.) in Widerspruch stehen. Auch die Prüfung, ob eine Rechtsfrage richtig entschieden ist, steht nicht der Justizverwaltung, sondern den durch ein Rechtsmittel mit der Sache befaßten Gerichten höherer Instanz zu. Das gilt auch für die richtige Anwendung von Verfahrensvorschriften (Baur, Justizaufsicht 32). Die Justizverwaltung darf auch keine Anweisung für die künftige Entscheidung eines bestimmten Einzelfalls geben; eine solche Anweisung wäre als verbotene „Kabinetts- oder Ministerialjustiz" anzusehen (vgl. Anm. 2). Eine allgemeine Aufforderung der Justizverwaltung, bei bestimmten Arten von Delikten schärfere Strafen zu verhängen, ist gleichfalls nicht zulässig; die Revision kann jedoch auf den Erlaß einer solchen Aufforderung nicht gestützt werden (vgl. RG. vom 6. 5./12. 7. 1917 I 656/16). Anders sind allgemeine Verfügungen zu beurteilen, durch die die Entscheidung eines Obergerichts mitgeteilt, die Prüfung tatsächlicher oder rechtlicher Gesichtspunkte anheim gegeben, angeregt, empfohlen wird. In Strafsachen kann die Justizverwaltung mittelbare Anregungen dadurch geben, daß sie die ihr unterstellten Staatsanwaltschaften anweist, entsprechende Anträge bei Gericht zu stellen. Unmittelbare Anregungen, insbesondere unter Bezugnahme auf einen bestimmten Fall, sind zu vermeiden, da sie mindestens den bösen Schein einer Beeinflussung erwecken (vgl. Verh. des pr. Abgeordnetenhauses vom 24. u. 25. 2. 1917 JW **1917** 408, 416, 420; ferner Lindt DJZ. **1920** 671). Dagegen muß der Justizverwaltung das Recht zuerkannt werden, den Richter auf offenbare, ohne weitere Ermittlungen und Prüfungen feststellbare Fehlgriffe und Übergriffe aufmerksam zu machen, z. B. auf die Überschreitung des gesetzlich zulässigen Strafmaßes, die Verhängung einer unzulässigen Nebenstrafe, die Nichtbeachtung der Vorschriften über Verjährung, die Aufhebung eines irrtümlich angewendeten Strafgesetzes, das Übersehen eines sonstigen wichtigen, allgemein bekannten Gesetzes (Laband DJZ. **1905**, 623; Eb. Schmidt Lehrkomm. I Nr. 428; weitere Nachweise für diese überwiegend vertretene Auffassung bei Baur, Justizaufsicht [1954] 31). Hiernach ist der Grundsatz aufzustellen, daß die Dienstaufsicht der Justizverwaltung bei richterlichen Entscheidungen so weit reicht, wie die schuldhafte Verletzung einer Amts- oder Dienstpflicht in Frage kommt, soweit diese nicht den Grad einer disziplinarrechtlich ahndbahren und ahndungsbedürftigen Verfehlung erreicht. Ein (einfaches) Bundesgesetz oder Landesrecht, das den Art. 97 GG. nicht ändern kann darf die Grenzen der Dienstaufsicht einschränken, kann sie aber nicht ausdehnen. Freilich fehlt es nicht an Stimmen, die jegliches Recht zu Hinweisen der Dienstaufsicht mit Bezug auf den Inhalt der richterlichen Entscheidung verneinen und die Dienstaufsicht auf die Prüfung beschränkt wissen wollen, ob Anlaß zur Einleitung eines dienststrafgerichtl. Verfahrens bestehe (vgl. die Nachweise bei Eb. Schmidt Lehrkomm. I Nr. 428; ferner Baur, „Justizaufsicht und richterliche Unabhängigkeit" 31ff., 38, und diesem zustimmend Breithaupt NJW. **1954**, 1150 [dagegen kritisch H. Schäfer JZ. **1955**, 189]; s. auch Schorn DRiZ. **1954**, 2), aber auch nicht an (vereinzelten) Stimmen, die der Dienstaufsicht weitergehende Rechte beimessen. So behauptet Doerr RheinZ **3**, 462ff., die Dienstaufsichtsbehörde habe dasselbe Recht der Kritik wie jede andere Behörde oder Privatperson. Ähnlich neuestens die in DRiZ. **1955**, 17 wiedergegebene Äußerung eines Abgeordneten, es sei durchaus zulässig, daß Entscheidungen, die „wirklich zu berechtigter Kritik in der Öffentlichkeit Anlaß geben", bei Richterzusammenkünften von den Präsidenten besprochen würden. Hierauf ist jedoch zu erwidern, daß die Kritik der Dienstaufsichtsbehörde eine ganz andere Bedeutung hat als die Kritik eines beliebigen Dritten. Sie enthält der Sache nach entweder eine Mahnung oder einen Tadel, in beiden Fällen also eine Disziplinarmaßregel, die nur in den gesetzlich bestimmten Fällen verhängt werden darf. Da die Aufsichtsbehörde nicht berechtigt ist, die Gesetze bindend auszulegen, so ist eine Beanstandung nur in den Fällen des Dienstvergehens zulässig, in anderen Fällen dagegen unzulässig. Die Gerichte können die unzulässige Beanstandung der Aufsichtsbehörde ebenso unbeachtet lassen wie die der Staatsanwaltschaft und der Polizeibehörde. Gegen eine formlose Vorhaltung der Aufsichtsbehörde kann der Richter, wenn er sich in seiner Unabhängigkeit beeinträchtigt fühlt, nach geltendem Recht nur Abhilfe durch Dienstaufsichtsbeschwerde herbeiführen. Der Bedeutung der Unabhängigkeit wird aber nur die Möglichkeit der Anrufung eines richterlichen Gremiums gerecht (des Disziplinargerichts oder des Präsidiums), das über die objektive Berechtigung der Vorhaltung entscheidet (vgl. § 15 der Referentendenkschrift 1954 zu einem Richtergesetz und die aus Richterkreisen kommenden Vorschläge DRiZ. **1954**, 198; s. auch DRiZ. **1954**, 222). Vgl. auch OVG. Münster NJW. **1954**, 1015, das, wenn sich ein Beamter gegen eine dienstliche Vorhaltung der Dienstaufsicht ohne Disziplinarstrafcharakter wendet, eine zur Zuständigkeit der Verwaltungsgerichte gehörige „Streitigkeit des öffentlichen Rechts" annimmt, freilich einer Klage auf Zurücknahme im Hinblick auf § 193 StGB. den Erfolg abspricht (vgl. dazu noch Baur, Justizaufsicht [1954] 67 u. Anm. 195 das.). — Wegen der Zuständigkeit zur Ausübung der Dienstaufsicht vgl. Anm. 3c zu § 4 EG.GVG.

Die Vorschriften der Dienststrafgesetze gegen Richter — die eben wegen der richterlichen Unabhängigkeit besonders geordnet sind — werden durch § 1 GVG. nicht berührt (RGZ. **71** 233). Vgl. — auch wegen der „Richteranklage" — die Anm. zu § 8.

7. Einen Fall, in dem ein **Ablehnungsgesuch** gegen einen Richter für begründet erklärt worden ist, weil ein Eingriff der Justizverwaltung in ein schwebendes Verfahren die Besorgnis der **Befangenheit** gegen den abgelehnten Richter begründe, vgl. in RGSt. **66**, 386.

§ 2

(1) Die Fähigkeit zum Richteramt wird durch die Ablegung zweier Prüfungen erlangt.

(2) Der ersten Prüfung muß ein mindestens dreijähriges Studium der Rechtswissenschaft auf einer Universität vorangehen. Von dem dreijährigen Zeitraum sind mindestens drei Halbjahre dem Studium auf einer deutschen Universität zu widmen.

(3) Zwischen der ersten und der zweiten Prüfung muß eine Ausbildungszeit von mindestens drei und einem halben Jahr und höchstens vier Jahren liegen. Mindestens dreißig Monate sind zum Dienst bei den Gerichten, Staatsanwaltschaften, Notaren und Rechtsanwälten zu verwenden; der Rest der Ausbildungszeit ist mindestens zur Hälfte bei Verwaltungsbehörden, Körperschaften oder Anstalten des öffentlichen Rechts, im übrigen in einer dem Ausbildungszweck dienenden Weise zu verwenden.

I. Entstehungsgeschichte: Entw. —

II. Spätere Fassungen: VO. vom 22. 3. 1924 (RGBl. I 299). Das Vereinheitlichungsges. vom 12. 9. 1950 hat bundesgesetzlich die Mindestdauer der Referendarausbildungszeit von 3 Jahren auf 3 Jahre und 6 Monate erhöht, gleichzeitig aber die Befugnis der Länder, die Mindestdauer zu erhöhen, durch Einfügung eines Höchstmaßes der Ausbildungszeit von 4 Jahren begrenzt. In dem neugefaßten Abs. 3 wurden Rahmenvorschriften für die Gestaltung des Vorbereitungsdienstes aufgestellt. Durch die Neufassung des Abs. 3 und die Einfügung des Wortes „mindestens" vor „dreijähriges Studium" in Abs. 2 wurde Abs. 4 a. F. entbehrlich und gestrichen.

1. Das GG. enthält keine Vorschriften über die Voraussetzungen, unter denen jemand zum Berufsrichter der verschiedenen Gerichtsbarkeitszweige berufen werden kann; es überläßt diese Vorschriften zu treffen den die Organisation der verschiedenen Gerichte regelnden Gesetzen. § 2 GVG. fordert für die Richter der ordentlichen streitigen Gerichtsbarkeit (§ 2 EG.GVG.) die „Fähigkeit zum Richteramt"; er regelt in Form einer Rahmenvorschrift, wie diese erworben wird, wobei er sich zum „rechtsgelehrten" Richter bekennt, und § 4 spricht diese Fähigkeit auch den dort genannten Rechtslehrern zu. Die Ausfüllung des Rahmens ist Sache des Landesrechts. Den Ausbildungsgang regeln z. B.: in Bayern die Ausbildungs- u. Prüfungsordnung für den höheren Justiz- und Verwaltungsdienst vom 12. 3. 1952 (GVBl. 103) mit DurchfBest. vom 30. 6. 1953 (GVBl. 95) und Änderungen vom 10. 12. 1954 (GVBl. 324); in Berlin die Ausbildungsordnung für Juristen vom 24. 1. 1953 (GVBl. 77); in Bremen sowie in Hamburg, Nordrhein-Westfalen u. Schleswig-Holstein die Justizausbildungsordnung v. 15. 1. 1949 (VOBl.BZ. 21) i. d. F. vom 21. 5. 1951 und 1. 6. 1953 (GVBl. NRW. 63, 293), — vgl. dazu Rehborn JAO. für Nordrh.-W. mit Erläuterungen, Beck 1954 —, in Hessen die JAO vom 26. 11. 1951 (Sonderveröffentl. des JMBl. Nr. 4) mit Änderungen vom 30. 6. 1953 (JMBl. 47), in Niedersachsen die JAO vom 15. 1. 1949 (VOBl.BZ. 21) mit VO. v. 29. 12. 1950 (GVBl. 1951, 5, 12), in Rheinland-Pfalz die JAO. vom 15. 9. 1948 (JBl. 1), in Baden-Württemberg das Ges. über die jur. Staatsprüfungen u. den jur. Vorbereitungsdienst vom 13. 6. 1955 (GBl. 95) nebst VO. über die Ausbildung der Juristen vom 12. 9. 1955 (GBl. 187 = SaBl. 744, 1133). Vorschriften in Ausbildungsordnungen, wonach die Zulassung zum Vorbereitungsdienst bei Erreichung eines bestimmten Lebensalters oder nach Ablauf bestimmter Zeit nach Ablegung des Referendarexamens versagt werden kann, verstoßen nach LVG Düsseldorf MDR **1953,** 382 gegen Art. 2 Abs. 1, Art. 12 Abs. 1 GG. — Wegen der verwaltungsgerichtlichen Anfechtbarkeit der Entscheidungen der Justizprüfungsämter, insbes. über das Ergebnis der Prüfung vgl. LVG. Rheinl.-Pfalz NJW. **1953,** 317 mit abl. Anm. von Bachof; BayVGH. DVBl. **1952,** 339; OVG. Berlin DVBl. **1954,** 586 = DÖV. **1954,** 568 — JR. **1954,** 679; OVG. Münster MDR. **1953,** 253.

2. Volksdeutschen, die in ihrem Herkunftsstaat die Fähigkeit zum Richteramt nach den dort geltenden Gesetzen erworben hatten, konnte nach § 1 der VO. vom 8. 12. 1939 (RGBl. I 2390) der Reichsjustizminister die Fähigkeit zum Richteramt zuerkennen. Die so verliehene Fähigkeit ist bei Bestand geblieben (BGHSt. **6,** 202).

3. Über die Befähigung zum Richteramt hinaus fordert § 128 Abs. 2 für die Berufung zum Bundesrichter am Bundesgerichtshof ein Mindestalter von 35 Jahren (bei den Richtern des BVerfG. beträgt das Mindestalter 40 Jahre, § 3 BVerfGG). Die Gerichtsverfassungsvorschriften für die übrigen Gerichtsbarkeitszweige verlangen, soweit sie nicht — wenn auch nur ausnahmsweise — auf eine durch Studium und Ablegung von Prüfungen erworbene Befähigung zum Amt verzichten (vgl. § 18 Abs. 3 ArbGG., § 9 Abs. 2 SGG.) für die Berufung zum Berufsrichter regelmäßig die nach Maßgabe des § 2 GVG. erworbene Fähigkeit zum Richteramt oder die Fähigkeit zum Richteramt an einem allgemeinen Verwaltungsgericht, d. h. zum höheren Verwaltungsdienst; z. T. werden außerdem besondere Kenntnisse und Erfahrungen auf bestimmten Rechts- und Lebensgebieten gefordert (vgl. z. B. wegen der Richter des Bundesverfassungsgerichts § 3 BVerfGG.: besondere Kenntnisse im öffentl. Recht und Erfahrungen im öffentl. Leben; wegen der Richter der Arbeitsgerichtsbarkeit § 18 Abs. 3 AGG.: besondere Kenntnisse und Erfahrungen auf den Gebieten des Arbeitsrechts und des Arbeitslebens).

4. Besondere Vorschriften für die Übergangszeit: Art. 8 Abschn. III Nr. 90 u. 91 des Vereinheitlichungsges. vom 12. 9. 1950 (BGBl. 455).

§ 3

(1) Wer in einem deutschen Land die erste Prüfung bestanden hat, kann in jedem anderen Land zur Vorbereitung für den Justizdienst und zur zweiten Prüfung zugelassen werden.

(2) Die in einem deutschen Land auf die Vorbereitung verwendete Zeit kann in jedem anderen Land angerechnet werden.

I. Entstehungsgeschichte: Entw. –

II. Spätere Fassungen: VO. vom 22. 3. 1924 (RGBl. I 299).

1. „Kann“ bedeutet in beiden Absätzen: nach pflichtmäßigem Ermessen. In dieser Verneinung eines Rechtsanspruchs liegt kein Verstoß gegen Art. 12 Abs. 1 Satz 1 GG., da sich § 3 im Rahmen der in Art. 12 Abs. 1 Satz 2 GG. vorgesehenen Regelung der Berufsausübung durch Einzelgesetze hält (vgl. NJW. **1950,** 837).

§ 4

Zum Richteramt befähigt ist ferner jeder ordentliche öffentliche Lehrer des Rechts an eine deutschen Universität.

I. Entstehungsgeschichte: Entw. –

II. Keine späteren Änderungen.

§ 5

Wer in einem deutschen Land die Fähigkeit zum Richteramt erlangt hat, ist, soweit dieses Gesetz keine Ausnahme bestimmt, zu jedem Richteramt innerhalb Deutschlands befähigt.

I. Entstehungsgeschichte: Entw. – .

II. Spätere Fassungen: VO. vom 22. 3. 1924 (RGBl. I 299). Das Vereinheitlichungsges. vom 12. 9. 1950 hat die Worte „innerhalb des deutschen Reiches“ in „innerhalb Deutschlands“ geändert.

1. „zu jedem Richteramt innerhalb Deutschlands“: zu jedem Richteramt bei Gerichten der ordentlichen streitigen Gerichtsbarkeit (§ 2 EG.GVG.). Wegen der Befähigung zum Richteramt bei anderen Gerichtsbarkeitszweigen vgl. Anm. 3 zu § 2.

§ 6

Die Richter werden auf Lebenszeit ernannt.

I. Entstehungsgeschichte: Entw. –.

II. Spätere Entwürfe: N. E. III Nr. 1.

III. Spätere Fassungen: Das Vereinheitlichungsges. vom 12. 9. 1950 hat § 6 lediglich redaktionell geändert (bisher: „Die Ernennung der Richter erfolgt auf Lebenszeit“).

1. Die innerlich zusammengehörenden §§ 6, 8 bezwecken, die *sachliche* Unabhängigkeit (§ 1) durch die Garantie der *persönlichen* Unabhängigkeit zu gewährleisten. § 6 gilt nur für die Berufsrichter der ordentlichen streitigen Gerichtsbarkeit (§ 2 EG.GVG.). Eine dem Art. 104 Abs. I WeimVerf. („Die Richter der ordentlichen Gerichtsbarkeit werden auf Lebenszeit ernannt“) entsprechende Vorschrift enthält das GG. nicht; es überläßt die Frage, für welche Dauer die „hauptamtlich und planmäßig endgültig angestellten Richter“ (Art. 97 Abs. 2 Satz 1) in ihr Amt berufen werden, den die Gerichtsverfassung der einzelnen Gerichtsbarkeitszweige regelnden Vorschriften und den nach Art. 98 Abs. 1, 3 zu erlassenden Richtergesetzen. Art. 97 Abs. 2 GG. beschränkt demgemäß die Garantien der Unversetzbarkeit und Unabsetzbarkeit auf die an anderer Stelle zu regelnde Amtsdauer („vor Ablauf ihres Amtes“). Eine gesetzlich vorgesehene Bestellung von Berufsrichtern auf Zeit widerspricht demgemäß nicht dem GG. (BVerfG. **3,** 213, 224; NJW. **1954,** 30; BGHZ. **10,** 59; BAG. NJW. **1955,** 278). Solche Vorschriften finden sich in § 4 Abs. 2 BVerfGG., § 18 Abs. 4 AGG. Sie bilden aber durchaus die Ausnahme, denn nach der in Deutschland lebendigen Rechtsüberzeugung ist eine wirkliche sachliche Unabhängigkeit nur bei der der Tradition des deutschen Berufsrichtertums entsprechenden Anstellung auf Lebenszeit gewährleistet. Die z. T. abweichenden Regelungen ausländischer Staaten, z. B. der

Schweiz (vgl. NJW. **1955,** 13), beruhen auf geschichtlichen Überlieferungen und sozialen und politischen Verhältnissen, die mit den in Deutschland herrschenden nicht vergleichbar sind.

2. § 6 gilt nur für die Berufsrichter („hauptamtliche" Richter), nicht für die nach gesetzlicher Vorschrift und der Natur der Sache nach nur auf Zeit berufenen ehrenamtlichen Richter wie Schöffen, Geschworene und Handelsrichter; das hebt § 11 besonders hervor. Weiterhin gilt § 6 nur für die (mit den Worten des Art. 97 Abs. 2) „planmäßig endgültig angestellten Richter", d. h. diejenigen, die auf eine im Haushalt nachgewiesene bestimmte Planstelle auf Dauer eingewiesen sind. Die in § 10 Abs. 2 vorgesehene Verwendung nicht auf Lebenszeit ernannter, also nicht planmäßig endgültig angestellter Richter widerspricht dem GG. ebensowenig wie die dort nicht erwähnte Zuziehung ehrenamtlicher Richter (OGHBZ. NJW. **1950,** 315; BGHSt. **1,** 274; entsprechend schon RGSt. **54,** 260; **56,** 85 für das Verhältnis des Art. 104 Abs. 1 WeimVerf. zu § 10a. F.GVG.). Denn auch die Hilfsrichter sind „Richter" i. S. des Art. 92 Halbsatz 1 GG.; die früher in der Übergangszeit durch die gehäufte Verwendung „beauftragter Richter" hervorgerufenen Zweifel an der Grundgesetzmäßigkeit eines solchen Verfahrens haben heute ihre Bedeutung verloren. Andererseits muß — eben im Interesse einer wirklich unabhängigen Rechtsprechung, die § 6 gewährleisten will — aus § 6 der Grundsatz entnommen werden, daß die Rechtsprechung im Bereich des § 2 EG.GVG. durch auf Lebenszeit ernannte Richter ausgeübt wird und daß die Verwendung von Hilfsrichtern eine Ausnahme bedeutet, von der nur in dem Umfang Gebrauch gemacht werden darf, als erforderlich ist, richterlichen Nachwuchs auf seine Anstellungswürdigkeit zu erproben, anders nicht behebbare Ausfälle an planmäßig angestellten Richterkräften zu überbrücken und bei nur vorübergehend gesteigertem Geschäftsanfall die Erledigung der Rechtsprechungsaufgaben zu ermöglichen (vgl. BayVerfGH. vom 26. 11. 1954, VerwRspr. Bd. 7 Nr. 32 = DRiZ. **1955** Beil. S. 116 Nr. 72; Anm. 3 zu § 10). Neuerdings wird die Forderung erhoben, daß Hilfsrichter (Gerichtsassessoren) nur in einem fest bestimmten Verhältnis zur Zahl der vorhandenen Planstellen (15%) verwendet werden dürfen (vgl. DRiZ. **1955,** 171).

3. Die Ernennung „auf Lebenszeit" bedeutet, daß der Richter für die Dauer seiner Dienstfähigkeit ernannt wird. Der Gesetzgebung ist es aber überlassen, Altersgrenzen aufzustellen (vgl. § 8 Abs. 1 Satz 2), bei deren Erreichung im Interesse einer gleichmäßigen Behandlung (und damit letztlich im Interesse der richterlichen Unabhängigkeit) unwiderleglich vermutet wird, daß die volle Dienstfähigkeit nicht mehr gegeben ist, so daß der Richter mit Erreichung der Altersgrenze kraft Gesetzes in den Ruhestand tritt (s. dazu Anm. 4 zu § 8). Auch im übrigen versteht sich die Ernennung „auf Lebenszeit" nur mit den Einschränkungen, die sich aus § 8 GVG., Art. 97, 98 GG. ergeben.

4. Die Richter werden „ernannt". Ernennung bedeutet die Übertragung einer Planstelle durch das nach den Gesetzen zuständige Organ der Staatsgewalt (der Regierung). Damit ist eine Übertragung des Amtes unmittelbar durch Wahl (des Volkes, des Parlaments usw.) in § 6 ausgeschlossen (vgl. Amelunxen DRiZ. **1953,** 52). Nicht ausgeschlossen ist aber eine Beschränkung des Ernennungsrechts der Regierung in der Weise, daß nur ernannt werden darf, wer durch ein Wahlgremium (Richterwahlausschuß) für ernennungswürdig befunden worden ist.

a) Die Richter des Bundesgerichtshofs ernennt der Bundespräsident (Art. 60 Abs. 1 GG.). Über ihre Berufung entscheidet nach Art. 96 Abs. 2 der Bundesjustizminister gemeinsam mit einem Richterwahlausschuß, der aus den Landesjustizministern und einer gleichen Anzahl von Mitgliedern besteht, die vom Bundestag gewählt werden. (Das gleiche gilt für die Richter der übrigen oberen Bundesgerichte mit der Maßgabe, daß an die Stelle der Justizminister die für das jeweilige Sachgebiet zuständigen Minister des Bundes und der Länder treten.) Die Einzelheiten regelt das Richterwahlgesetz vom 25. 8. 1950 (BGBl. I 368); abgedr. Anhang A. Der Zweck dieser Regelung, die im Entstehungsstadium stark umstritten war (vgl. v. Mangoldt Anm. 4 zu Art. 95), wurde darin erblickt, die Berufung von allen sachfremden, namentlich parteipolitischen Einflüssen freizumachen, wie sie bei einer Berufung lediglich durch die Regierung zu befürchten seien; auch wird als Vorzug dieses Berufungsverfahrens angesehen, daß es die Stellung der Richter im Volke, ihr Ansehen und ihre Autorität zu heben geeignet sei. Der Bundespräsident darf zwar andere als vom Richterwahlausschuß vorgeschlagene Personen nicht ernennen, ist aber andrerseits zur Ernennung eines Vorgeschlagenen nicht verpflichtet (vgl. v. Mangoldt Anm. 2 zu Art. 60). Gegenüber dem geltenden Recht wird aus Kreisen der Richter beklagt, daß eine Beteiligung von Richtern am Berufungsverfahren nicht vorgesehen und damit eine Gewähr für die Ausschaltung sachfremder, die richterliche Unabhängigkeit bedrohender Einflüsse nicht gegeben sei. Die Forderungen des Deutschen Richterbundes zielen auf die Mitwirkung von **Richterbeiräten** ab; es soll ein Richter nur berufen und ernannt werden dürfen, wenn er vom zuständigen Richterbeirat vorgeschlagen ist und es sollen demgemäß einem Richterwahlausschuß nach diesen Vorschlägen nur Bewerber vorgeschlagen werden dürfen, die auch vom Richterbeirat vorgeschlagen sind. In den Richterwahlausschüssen selbst sollen mindestens die Hälfte der Mitglieder Richter sein (vgl. DRiZ. **1955**, 170). Wegen ähnlicher Reformvorschläge für die Richter des BVerfG. vgl. Willms NJW. **1955**, 1209 (1211). Die noch weitergehenden Reformideen einer **vollen richterlichen Selbstverwaltung** mit selbständigem Recht der Richterzuwahl, selbständigen Haushaltsplan usw. (vgl. Verweyen DRiZ. **1953**, 154 mit Nachweisen) haben bisher keine Resonanz ausgelöst (vgl. dazu das Gutachten von Ridder-Tübingen, 1953 und die Referate von Ipsen und Arndt auf dem 40. Deutschen Juristentag Sept. 1953 u. die dort gefaßten Entschließungen; wiedergegeben DRiZ. **1953**, 183ff.). Über die in diesem Zusammenhang interessante Oberste Richterkammer des italienischen Rechts vgl. DRiZ. **1955**, 168; über Richterernennung und die Sicherung der persönlichen Unabhängigkeit im Ausland vgl. Decker DRiZ. **1953**, 158; ferner DRiZ. **1954**, 171, über französische Reformbestrebungen Eichler DRiZ. **1953**, 164.

b) Für die Landesrichter bestimmt Art. 98 Abs. 4: „Die Länder können bestimmen, daß über die Anstellung der Richter in den Ländern der Landesjustizminister gemeinsam mit einem Richterwahlausschuß entscheidet“. Danach steht — so muß die Vorschrift wohl verstanden werden — grundgesetzlich die Einrichtung von Richterwahlausschüssen im Belieben der Länder; das in Art. 98 Abs. 3 Satz 2 GG. vorgesehene Bundesrahmengesetz könnte Richterwahlausschüsse nicht vorschreiben, wohl aber, soweit solche bestehen, Bestimmungen über ihre Zusammensetzung und ihr Verfahren treffen. Soweit Richterwahlausschüsse in den Ländern bestehen, enthält Art. 98 Abs. 3 insofern eine die Länder bindende Vorschrift, als er, um der Fachzentralbehörde den erforderlichen Einfluß zu sichern, die Mitwirkung des Landesjustizministers bei der Entscheidung über die Anstellung zwingend vorschreibt. Bei der Berufung von Landesrichtern anderer Gerichtsbarkeitszweige kann Landesrecht bestimmen, daß an die Stelle des Landesjustizministers der zuständige Fachminister tritt; Art. 98 Abs. 3 beruht, wenn er die Mitwirkung des Landesjustizministers auch in diesen Fällen vorsieht, auf einem Redaktionsversehen (h. M.; vgl. v. Mangoldt Anm. 5 zu Art. 98). Solange und soweit nicht das künftige Rahmengesetz Abweichendes vorsieht, haben die Länder, wo Richterwahlausschüsse gebildet sind oder werden, freie Hand in der Regelung der Zusammensetzung und des Verfahrens; sie sind an die Vorschriften des Bundesrichterwahlges. (s. oben a) nicht gebunden. Richterwahlausschüsse bestehen zur Zeit in Berlin, Bremen, Hamburg und Hessen (vgl. die in Vorbem. 2c vor § 1 angeführten Vorschriften).

c) Der Beschluß, durch den der Richterwahlausschuß die Eignung eines Bewerbers verneint, stellt einen mit der Klage zum Verwaltungsgericht anfechtbaren Verwaltungsakt dar (OVG. Berlin DVBl. **1954**, 743 = NJW. **1955**, 398 = JR. **1954**, 393 = DRiZ. **1955**, 19).

d) Die Ernennung auf Lebenszeit erfolgt nach den insoweit übereinstimmenden bundes- und landesgesetzlichen Vorschriften (vgl. für die Richter des Bundes §§ 6, 189 BBG.) durch Aushändigung einer Ernennungsurkunde, in der die Worte „auf Lebenszeit“ enthalten sein müssen. Doch hat für die Übergangszeit nach 1945 BVerfG. 3, 255 in Übereinstimmung mit BGH. Z. 3, 1 das Fehlen dieses formellen Erfordernisses als unwesentlich bezeichnet und entscheidendes Gewicht auf die erfolgte Einweisung in eine Planstelle gelegt. Auch im übrigen schließt das Fehlen der Worte „auf Lebenszeit“ eine wirksame Ernennung auf Lebenszeit nicht aus, wenn sich in anderer Weise unzweideutig aus der Ernennungsurkunde ein dahingehender Wille ergibt, z. B. bei der „endgültigen“ Übernahme eines Richters auf Widerruf (BGH. NJW. **1955**, 670).

e) Für die Berufsrichter der Arbeits- und der Sozialgerichtsbarkeit (abgesehen von den Richtern der oberen Bundesgerichte) ist vorgeschrieben, daß die Ernennung nach Beratung mit Ausschüssen erfolgt, die von der obersten Landesbehörde zu errichten sind und in denen Vertreter der als Kläger oder Beklagte in Betracht kommenden Kreise und des betreffenden Gerichtsbarkeitszweiges vertreten sein müssen (§ 11 Abs. 1 SGG., § 18 Abs. 1 AGG.).

§ 7

Die Richter beziehen in ihrer richterlichen Eigenschaft ein festes Gehalt mit Ausschluß von Gebühren.

I. Entstehungsgeschichte: Entw. § –.

II. Keine späteren Änderungen.

Literatur: Teufel, Die Besoldung der Richter DRiZ. **1953**, 1.

1. Die – heute farblos und überflüssig erscheinende – Vorschrift verdankt ihre Entstehung dem Bestreben, die Mindestanforderungen zur Gewährleistung der richterlichen Unabhängigkeit gesetzlich festzulegen (vgl. Vorbem. 1 vor § 1). Um dieses Ziel zu erreichen, wäre eine Vorschrift erforderlich gewesen, die ein Mindesteinkommen vorschreibt, das eine materielle Sicherung der Existenzgrundlage bedeutet und darüber hinaus fähigen und charaktervollen Menschen einen Anreiz bietet, sich um das Amt des Richters zu bewerben. Wünsche dieser Art sind bei der Beratung der Reichsjustizgesetze von Abgeordnetenseite vorgebracht, aber schließlich als mit der Justizhoheit der Bundesstaaten unvereinbar abgelehnt worden (vgl. Teufel a.a.O.). So blieb der Satz übrig, der sich gegen eine in der Vergangenheit liegende und schon bei Schaffung der Reichsjustizgesetze längst überwundene Handhabung richtet, die die Richter bez. ihres Lebensunterhaltes auf von den Parteien zu entrichtende Gebühren (Sporteln) verwies. Die Bewertung der Richter als „richterliche Beamte" (vgl. Anm. 2c vor § 1) führte – namentlich unter dem Einfluß der preußischen Gehaltspolitik – dazu, auf jede gehaltsmäßige Sonderbehandlung der Richter zu verzichten und die in gewissem Umfang vorhandene gehaltsrechtliche Sonderstellung nach und nach einzuebnen. Die Heraushebung der Richter als der Repräsentanten der dritten Gewalt aus dem allgemeinen Beamtenbegriff durch das GG. (vgl. Anm. 2c vor § 1) begründet die Forderung, das Gehaltswesen der Richter durch besondere Richterbesoldungsgesetze neu zu ordnen. Über die Ansätze einer solchen Entwicklung vgl. Anm. 2.

2. „Richter" – § 7 bezieht sich, ebenso wie §§ 6, 8 u. 9, nur auf ständig angestellte Richter, nicht auf Hilfsrichter (RGSt. **3** 231, **56** 82). Die Besoldung der Richter ist gesetzlich geregelt (Ausnahme z. Z. in Berlin, vgl. DRiZ. **1955**, 24) und zwar für die Richter des Bundes durch das Reichsbesoldungsgesetz. Dieses behielt zunächst auf Grund bundesrechtlicher Sperrvorschriften (vgl. Ges. vom 6. 12. 51 – BGBl. I 939 –) auch für die Richter der Länder seine Bedeutung weiter (vgl. Vorbem. 2 zum 1. Titel). Nachdem das Sperrgesetz vom 6. 12. 1951 durch Ges. vom 25. 7. 1953 (BGBl. I 691) für Richter und Staatsanwälte in gewissem Umfang gelockert und demnächst durch das BVerfG. (NJW. **1955**, 57) für verfassungswidrig erklärt wurde, ist die Regelung der Besoldung der Landesrichter in vollem Umfang Sache des Landesrechts. Die durch das Entsperrungsges. 1953 gewonnene Freiheit haben die Länder zu Gehaltsverbesseungen für die Richter bis zur Gehaltsgruppe A 1b einschl. (Amts- und Landgerichtsräte, Amts- und Landgerichtsdirektoren, Oberlandesgerichtsräte) benutzt; die Richter höherer Gehaltsgruppen sind trotz ihrer geringen Zahl folgewidrig auch dann nicht in die Heraushebungsaktion einbezogen worden, als das Urteil des BVerfG. a.a.O. den Ländern die gleichmäßige Behandlung aller Richter ermöglichte.

3. a) Für zulässig ist erachtet worden, daß landesrechtlich das Aufrücken in eine höhere Gehaltsklasse von einer Verleihung durch die Landesjustizverwaltung abhängig gemacht wird, die dadurch in die Lage versetzt wird, das Aufrücken nach ihrem Ermessen zu verzögern oder zu versagen (RG. JR. **1927** Nr. 1058; vgl. RG. vom 27. 11. 1925 III 257/25).

b) „Gebühren" – Unter diesen Begriff fallen nur Vergütungen, die von den Parteien bezahlt werden, dagegen nicht Tagegelder und Reisekosten, die von der Staatskasse zu erstatten sind (Hahn Materialien zum GVG. **1** 384; RGSt. **3** 231).

4. Nebenämter. § 7 bezieht sich nur auf das eigentliche Richteramt, verbietet aber nicht den Bezug nicht fester Entschädigungen für die Bekleidung von Nebenämtern (richterlicher oder nichtrichterlicher) (Feisenberger Anm. 2).

§ 8

(1) Richter können wider ihren Willen nur kraft richterlicher Entscheidung und nur aus den Gründen und unter den Formen, die die Gesetze bestimmen, dauernd oder zeitweise ihres Amts enthoben oder an eine andere Stelle oder in den Ruhestand versetzt werden. Die Gesetzgebung kann Altersgrenzen festsetzen, bei deren Erreichung Richter in den Ruhestand treten.

(2) Die vorläufige Amtsenthebung, welche kraft Gesetzes eintritt, wird hierdurch nicht berührt.

(3) Bei einer Veränderung in der Einrichtung der Gerichte oder ihrer Bezirke kann die unfreiwillige Versetzung an ein anderes Gericht oder die Entfernung aus dem Amt unter Belassung des vollen Gehalts durch die Landesjustizverwaltung verfügt werden.

I. Entstehungsgeschichte: Entw. –

II. Spätere Entwürfe: N. E. III Nr. 2.

III. Spätere Fassungen: Bek. vom 22. 3. 1924 (RGBl. I 300). Das Vereinheitlichungsges. vom 12. 9. 1950 hat an § 8 sachlich nichts geändert.

1. § 8 garantiert die persönliche Unabhängigkeit durch die Grundsätze der Unabsetzbarkeit und Unversetzbarkeit. Art. 104 Abs. 1 bis 3 WeimVerf. übernahm — mit Beschränkung auf die Richter der ordentlichen Gerichtsbarkeit — fast wörtlich den § 8 und verlieh den Vorschriften Verfassungskraft. Diesem Vorbild folgt Art. 97 Abs. 2 GG., der aber die Grundsätze der Unabsetzbarkeit und Unversetzbarkeit auf die Berufsrichter aller Gerichtsbarkeitszweige ausdehnt.

Art. 97 Abs. 2 GG.: „Die hauptamtlich und planmäßig endgültig angestellten Richter können wider ihren Willen nur kraft richterlicher Entscheidung und nur aus Gründen und unter den Formen, welche die Gesetze bestimmen, vor Ablauf ihrer Amtszeit entlassen oder dauernd oder zeitweise ihres Amtes enthoben oder an eine andere Stelle oder in den Ruhestand versetzt werden. Die Gesetzgebung kann Altersgrenzen festsetzen, bei deren Erreichung auf Lebenszeit angestellte Richter in den Ruhestand treten. Bei Veränderung der Einrichtung der Gerichte oder ihrer Bezirke können Richter an ein anderes Gericht versetzt oder aus dem Amte entfernt werden, jedoch nur unter Belassung des vollen Gehaltes."

2. „Richter" i. S. des § 8 sind nur die auf Lebenszeit ernannten Richter i. S. des § 6. § 8 gilt also weder für die ehrenamtlichen Richter — § 11 hebt dies ausdrücklich hervor — noch für die Hilfsrichter i. S. des § 10 Abs. 2, denen § 70 Abs. 2 nur in beschränktem Umfang die persönliche Unabhängigkeit garantiert und deren Rechtsstellung im übrigen, vorbehaltlich einer Regelung durch die nach Art. 98 Abs. 1, Abs. 3 Satz 2 GG zu erlassenden Bundesvorschriften, landesrechtlich bestimmt wird.

3. Aus Gründen, die in ihrer Person liegen, können Richter, abgesehen von der Erreichung der Altersgrenze (§ 8 Abs. 1 Satz 2) und von § 8 Abs. 2, gegen ihren Willen amtsenthoben oder an eine andere Stelle oder in den Ruhestand versetzt werden nur a) kraft richterlicher Entscheidung und b) nur aus gesetzlich bestimmten Gründen in einem gesetzlich geordneten Verfahren. Die gesetzlichen Bestimmungen können sowohl solche des Bundes, wie der Länder sein; dies ergibt sich jetzt aus Art. 98 Abs. 3 GG. und war schon für das frühere Recht anerkannt (RGZ. **104**, 66). Entsprechend dem Zweck des § 8, die persönliche Unabhängigkeit gegen Eingriffe der Justizverwaltung zu schützen, schließt aber § 8 nur solche auf Beendigung des Amtes gerichtete Verwaltungsmaßnahmen aus, bei denen der Justizverwaltung irgend ein Ermessensspielraum zusteht, sei es bei der Feststellung und Würdigung tatsächlicher oder rechtlicher Voraussetzungen, sei es bei den daraus herzuleitenden Folgerungen. § 8 (= Art. 97 GG.) kommt daher nicht zum Zuge, wenn das Gesetz der Verwaltungsbehörde unter Voraussetzungen, die für alle Staatsdiener gelten und die ohne weitere Ermittlungen feststellbar sind, die Entlassung zwingend gebietet, z. B. wenn ein Richter sich weigert, den gesetzlich vorgeschriebenen Diensteid zu leisten oder wenn er die Eigenschaft als Deutscher i. S. des Art. 116 GG. verliert (vgl. §§ 28, 29, 189 BBG.). Erst recht ist Art. 97 unanwendbar, wenn gesetzliche Vorschriften allgemein den Verlust eines Amtes oder die Versetzung in den Ruhestand unmittelbar aussprechen und es weiterer Feststellung, ob die Erlöschenswirkung eingetreten ist, nicht bedarf, wie beim Amtsverlust auf Grund strafgerichtlicher Verurteilung (vgl. §§ 31, 33, 35 StGB., §§ 48, 189 BBG. und die entsprechenden Vorschriften der Landesgesetze) oder bei der

Versetzung in den Ruhestand, wenn ein in den Bundestag gewählter Richter die Wahl annimmt (vgl. Ges. über die Rechtsstellung der in den Deutschen Bundestag gewählten Angehörigen des öffentlichen Dienstes vom 4. 8. 1953 — BGBl. I 777; die Vorschriften des Landesrechts über die Wirkung einer Annahme der Wahl als Landtagsabgeordneter sind unterschiedlich: teils Beurlaubung, teils Wartestand, teils — so das Nordrh.-Westf. Ges. vom 18. 5. 1954, GVBl. S. 147 — Eintritt in den Ruhestand); in dem letzten Falle, wo der Richter zwischen zwei Ämtern die Wahl hat, könnte übrigens von einer unfreiwilligen Versetzung in den Ruhestand nicht gesprochen werden. In allen übrigen Fällen dagegen bedarf die Amtsenthebung einer richterlichen Entscheidung. Unvereinbar mit Art. 97 GG. ist es danach, wenn § 12 BBG auch bei Richtern des Bundes (vgl. § 189 BBG.) die Zurücknahme der Ernennung unter bestimmten Umständen im Verwaltungswege zuläßt. Daß ein solcher Verwaltungsakt vor den Verwaltungsgerichten angefochten werden kann (die Referentendenkschrift zu einem Richtergesetz schlägt vor, an Stelle der Verwaltungsgerichte die Justizgerichte für zuständig zu erklären), verleiht ihm nicht die in Art. 97 geforderte Eigenschaft einer richterlichen Entscheidung (so mit Recht Jellinek DVBl. **1954**, 793, vgl. auch unten c). Als aus der Person des Richters entnommene Gründe, die zu einer unfreiwilligen Versetzung oder Entsetzung durch richterliche Entscheidung führen können, kommen im Rahmen des Art. 97 Abs. 2 Satz 1 in Betracht:

a) dienststrafrechtlich ahndbare Verfehlungen. Für die Bundesrichter gelten §§ 77, 189 BBG., § 108, § 110 der Bundesdisziplinarordnung (BDO) i. d. F. vom 28. 11. 1952 (BGBl. I 749). Von Vorschriften der Länder, wo z. T. die ReichsdienststrafO. vom 26. 1. 1937 (RGBl. I 71), die auch Vorschriften für Richter enthielt, mit gewissen Änderungen fortgilt, sind hier zu erwähnen: die bayr. DienststrafO. vom 29. 4. 1948 (GVBl. 67) i. d. F. vom 28. 9. 1955 (GVBl. 207) Art. 108ff., die Berliner DienststrafO. für Richter und Staatsanwälte vom 14. 3. 1952 (GVBl. 149) mit DVO. vom 22. 4. 1952 (GVBl. 333), die Brem. DienststrafO. vom 25. 10. 1948 (GBl. 209) mit Ergänzungs- und Änderungsges. vom 17. 1. 1950 u. 15. 5. 1951 (GBl. 16, 64), das Niedersächs. Ges. über die Dienststrafgerichtsbarkeit im Bereich der Justizverwaltung vom 9. 8. 1950 (GVBl. 43) i. d. F. vom 20. 12. 1954 (GVBl. 178 = SaBl. 1955, 132), das Nordrh.-Westf. Ges. über die Dienststrafgerichte für Richter vom 15. 7. 1952 (GVBl. 139) nebst DisziplinarO. für Beamte und Richter vom 8. 12. 1953 (GVBl. 415), das Schlesw.-Holst. Ges. über die vorläufige Regelung des Dienststrafrechts im Bereiche der Justizverwaltung vom 24. 2. 1953 (GVBl. 9). Zum Disziplinarrecht der Richter der Arbeitsgerichtsbarkeit vgl. Gramm in „Recht der Arbeit" **1954**, 449ff.

b) die neben die hergebrachten Möglichkeiten des disziplinarrechtlichen Eingriffs in die Unabsetzbarkeit und Unversetzbarkeit neuerdings getretene **Richteranklage** (Literatur: Klems, Die Richteranklage im GG., Diss. Heidelberg 1950; Eb. Schmidt, Polit. Rechtsbeugung und Richteranklage; Baur, Justizaufsicht und richterliche Unabhängigkeit [1954] 38ff.). Art. 98 Abs. 2 GG. bestimmt: „Wenn ein Bundesrichter im Amte oder außerhalb des Amtes gegen die Grundsätze des Grundgesetzes oder gegen die verfassungsmäßige Ordnung eines Landes verstößt, so kann das Bundesverfassungsgericht mit Zweidrittelmehrheit auf Antrag des Bundestages anordnen, daß der Richter in ein anderes Amt oder in den Ruhestand zu versetzen ist. Im Falle eines vorsätzlichen Verstoßes kann auf Entlassung erkannt werden." Für die Landesrichter bestimmt Abs. 5 a.a.O.: „Die Länder können für Landesrichter eine Abs. 2 entsprechende Regelung treffen. Geltendes Landesverfassungsrecht bleibt unberührt. Die Entscheidung über eine Richteranklage steht dem Bundesverfassungsgericht zu."

α) Die Richteranklage nach Art. 98 Abs. 2 GG. bezweckt, die Verfassung gegen Gefahren zu schützen, die ihr aus dem Mißbrauch der richterlichen Gewalt erwachsen können (v. Mangoldt Anm. 4 zu Art. 98). Sie bringt die gesteigerte Bedeutung der rechtsprechenden Gewalt zum Ausdruck, die ihr das GG. beimißt, indem es den einzelnen Richter bez. seiner staatsrechtlichen Verantwortung in gewisser Weise dem Staatsoberhaupt (vgl. Art. 61 GG.) gleichsetzt. Verfassungsverstöße „außerhalb des Amtes" sind einbezogen als Anzeichen für die dem Fortbestand der verfassungsmäßigen Ordnung bei der Ausübung drohenden Gefahren. Die sehr unbestimmte Umschreibung des Verletzungsgegenstandes, die mit Recht im Schrifttum Bedenken hervorgerufen hat, zwingt im Interesse der richterlichen Unabhängigkeit zu einer einschränkenden Auslegung. Nicht jede Verletzung einer Vorschrift des Grundgesetzes oder einer Landesverfassung erfüllt materiell die Voraussetzungen einer Richteranklage, sondern nur die Verletzung von „Grundsätzen" des GG., d. h. von grundlegenden, das Gebäude des Verfassungsrechts tragenden, sein Gesamtgepräge wesentlich und charakteristisch bestimmenden Vorschriften (vgl. v. Mangoldt a.a.O.; Baur 45, von „elementaren Verfassungsgrundsätzen" (BGHSt. 4, 395 zu Art. 2 Abs. 1 GG.), wobei etwa an die in § 88 Abs. 2 StGB. hervorgehobenen „Verfassungsgrundsätze" zu denken wäre. Der Begriff der „verfassungsmäßigen Ordnung eines Landes" muß dann aber im gleichen Sinne verstanden werden. Daß der Verfassungsverstoß den äußeren Tatbestand einer strafbaren Handlung erfüllt, ist nicht erforderlich; die Richteranklage ist unabhängig von dem Ausgang eines etwa vorangegangenen Strafverfahrens wegen des Gesetzesverstoßes (vgl. § 58 Abs. 2 BVerfGG.) und hindert, soweit nicht § 60 BVerfGG. entgegensteht, nicht die spätere Durchführung eines dienststrafgerichtlichen Verfahrens. Vielfach wird angenommen, daß der Verfassungsverstoß nicht schuldhaft begangen zu sein brauche, also nicht einmal Fahrlässigkeit erforderlich sei (so v. Mangoldt a.a.O., Eb. Schmidt Lehrkomm. I Nr. 432, Rotberg DRZ. **1949**, 387, Geiger, Komm. z. BVerfGG. 1952 Anm. 6 zu § 57; Baur 45). Begründet wird dies mit dem Hinweis, daß der Wortlaut des Art. 98 Abs. 2 GG. kein Verschulden erfordere und daß dieses nur in Art. 98 Abs. 2 Satz 2 eine Rolle spiele, wonach auf Entlassung nur bei vorsätzlichem Verstoß erkannt werden kann, Fahrlässigkeit also nicht genügt. Aber diese Begründung ist wenig überzeugend: eine Verantwortlichkeit ohne Schuld widerspricht, was Eb. Schmidt a.a.O. Nr. 433 selbst hervorhebt, rechtsstaatlichen Vorstellungen, abgesehen davon, daß ein objektiv rechtswidriger und erheblicher Verstoß eines Bundesrichters gegen einen elementaren Verfassungsgrundsatz — nicht nur eine politisch unerwünschte Einstellung — ohne Verschulden eine schwer vollziehbare Vorstellung ist. Nach Baur 46 haben, wenn nur ein objektiver Verstoß vorliegt, die in Art. 98 bezeichneten Maßnahmen reinen Sicherungscharakter, aber er verkennt nicht, daß es bei einer solchen Würdigung gerechter gewesen wäre, die dem Richter aus der getroffenen Maßnahme erwachsenden wirtschaftlichen Nachteile auszuschließen. Indessen: durch die Verfahrensvorschriften des Art. 98 Abs. 2 (Antrag des Bundestages, Erfordernis der Zweidrittelmehrheit beim Bundesverfassungsgericht für ein verurteilendes Erkenntnis) ist hinreichende Gewähr gegen Mißbrauch der Einrichtung zu politischen Zwecken gegeben; es ist bezeichnend, daß die anfangs so lebhafte Diskussion um die Richteranklage langsam verstummt, nachdem bisher kein praktischer Fall hervorgetreten ist.

β) Art. 98 Abs. 2 gilt für Bundesrichter jeder Art, also nicht nur die Bundesrichter an den oberen Bundesgerichten, jedoch nicht für die Richter des Bundesverfassungsgerichts. Daß es sich dabei nur um Berufsrichter handelt, ergibt sich ohne weiteres schon daraus, daß bei den ehrenamtlichen Richtern die Versetzung in ein anderes Amt oder in den Ruhestand nicht in Betracht kommt. Die Versetzung kann auch in ein nichtrichterliches Amt erfolgen (Baur 50).

γ) Für Landesrichter läßt Art. 98 Abs. 5 Satz 2, 3 GG. die vor Inkrafttreten des GG. erlassenen Vorschriften der Landesverfassungen über die Richteranklage mit der Maßgabe bei Bestand, daß die Entscheidung — wie bei Bundesrichtern — dem Bundesverfassungsgericht zusteht; für das Verfahren vor dem BVerfG. gelten nach § 62 BVerfGG., soweit Landesverfassungsrecht nichts abweichendes bestimmt, die für das Verfahren gegen Bundesrichter geltenden Vorschriften. Vorschriften über die Richteranklage finden sich in den Verfassungen von Bremen (Art. 138), Hessen (Art. 127 Abs. 4) und Rheinland-Pfalz (Art. 132); sie lassen, was die materiellen Voraussetzungen anlangt, die Richteranklage z. T. in erheblich weiterem Umfang zu als Art. 98 Abs. 2 GG. und gerade dagegen sind in der Anfangszeit unter dem Gesichtspunkt einer Gefährdung der richterlichen Unabhängigkeit von vielen Seiten Bedenken erhoben worden (vgl. Eb. Schmidt, Lehrkomm. I Nr. 432 Fußnote 345), denen das GG. (Art. 98 Abs. 5 Satz 3) in gewisser Weise durch die Begründung der Zuständigkeit des BVerfG. Rechnung trug. Nach dem Inkrafttreten des GG. können gemäß Art. 98 Abs. 5 Satz 1 die Länder eine Richteranklage nur im Rahmen des für Bundesrichter geltenden Abs. 2 bei Zuständigkeit des Bundesverfassungsgerichts vorsehen; von dieser Möglichkeit haben Niedersachsen (Art. 40), Nordrhein-Westfalen (Art. 73) und Schleswig-Holstein (Art. 36 Abs. 2) Gebrauch gemacht. Fälle von Richteranklage sind auch bei Landesrichtern nicht bekannt geworden.

c) **Dienstunfähigkeit.** Nach §§ 189, 44 BBG. entscheidet auch bei Richtern des Bundes die oberste Dienstbehörde darüber, ob er infolge eines körperlichen Gebrechens oder wegen Schwäche seiner körperlichen oder geistigen Kräfte zur Erfüllung seiner Dienstpflichten dauernd unfähig und auch gegen seinen Willen in den Ruhestand zu versetzen ist. Die Regelung entspricht, da die Verwaltungsbehörde, nicht ein Gericht die Entscheidung trifft, nicht den Erfordernissen des Art. 92 Abs. 2 (Jellinek DVBl. **1954**, 793; s. oben vor a); nach Baur, Justizaufsicht [1954] 77 ist § 44 BBG. auf Bundesrichter unanwendbar und eine Zwangszurruhesetzung z. Z. nicht möglich). Eine grundgesetzmäßige Behandlung sieht das Hess. Ges. über das Ausscheiden dienstunfähiger Richter vom 17. 11. 1953 (GVBl. 208 = SaBl. 1814) vor, wonach ein auf Lebenszeit angestellter Richter gegen seinen Willen wegen Dienstunfähigkeit nur durch Urteil des Richterdienstgerichts bei dem Oberlandesgericht in den Ruhestand versetzt oder entlassen werden kann.

d) Das Fehlen der „persönlichen oder fachlichen Eignung" für das Amt, soweit es nicht auf die zu c) bezeichneten Umstände zurückzuführen ist und keine Möglichkeit zu dienststrafrechtlichem Einschreiten bietet, gibt keine Handhabe zur Amtsenthebung oder Versetzung. Mit gutem Grund! Lediglich die besonderen Verhältnisse in der Zeit nach 1945 haben dazu geführt, daß Art. 132 GG. vorübergehend die Zwangsentfernung aus solchen Gründen zuließ, den Betroffenen aber den Rechtsweg eröffnete. — Neuerdings hervorgetretene Bestrebungen, die unfreiwillige Versetzung (unter engen Voraussetzungen und selbstverständlich durch Richterspruch) zuzulassen, wenn das Verbleiben eines Richters im Interesse der Rechtspflege (ohne sein Verschulden!) untragbar erscheint (vgl. DRiZ. **1954**, 68, **1955**, 170) erwecken Bedenken (so auch Baur 79).

e) Unter der „Versetzung an eine andere Stelle", wie sie Art. 97 Abs. 2 unter den dort bezeichneten Voraussetzungen zuläßt, ist, wie sich aus § 8 Abs. 3 ergibt, lediglich die Versetzung als Richter an ein anderes Gericht zu verstehen; die Zwangsversetzung in eine nichtrichterliche Stelle (etwa in die eines Staatsanwalts) läßt Art. 97 nicht zu (RGZ. **49,** 112). Keine „Versetzung an eine andere Stelle" ist der Wechsel der richterlichen Tätigkeit bei dem gleichen Gericht auf Grund von Beschlüssen des Präsidiums oder des Vorsitzendenkollegiums gemäß §§ 62 Abs. 2, 63, auch wenn der betroffene Richter noch so lange ein bestimmtes Tätigkeitsgebiet betreut hat und sich gegen eine Veränderung sträubt; mit den Grundsätzen der Unabsetzbarkeit und Unversetzbarkeit hat die interne Aufgabenverteilung kraft gerichtlicher Autonomie nichts zu tun (vgl. Kißling DRiZ. **1954,** 181; Schulte DRiZ. **1955,** 112; s. auch Anm. 2d zu § 63). Dagegen wäre es als eine unfreiwillige, nicht im Gesetz vorgesehene „Versetzung an eine andere Stelle" anzusehen, wenn bei Gerichten mit auswärtigen (also außerhalb des Gerichtssitzes gebildeten) Senaten (vgl. § 116 Abs. 2 für die Oberlandesgerichte, § 130 Abs. 2 für den Bundesgerichtshof) ein Mitglied des Gerichts gegen seinen Willen im Wege der Geschäftsverteilung einem Senat außerhalb seines bisherigen Tätigkeitsorts zugewiesen würde, also z. B. ein in Karlsruhe tätiger Bundesrichter dem Strafsenat in Berlin, ein in Frankfurt a. M. tätiges Mitglied dieses Oberlandesgerichts einem der in Kassel gebildeten Zivilsenate zugewiesen würde. Gewiß handelt es sich bei den Außensenaten gerichtsorganisatorisch nicht um ein anderes Gericht; sie sind Teile des gleichen Gerichts. Gewiß ist auch, daß bei den detachierten Senaten die Zuteilung des Vorsitzes an einen der dem Gericht in seiner Gesamtheit angehörenden Senatspräsidenten Sache des Präsidenten-Kollegiums ist und daß das Präsidium bestimmt, welche der dem gesamten Gericht angehörenden Mitglieder bei dem detachierten Senat tätig werden sollen. Daraus kann aber nicht entnommen werden, daß es im Belieben des Vorsitzendenkollegiums und des Präsidiums stünde, nach ihrem Ermessen und gegen den Willen der Betroffenen deren Tätigkeitsort zu verändern und sie zu einer mehr oder weniger lang dauernden Trennung von ihrer Familie oder gar zum Wechsel des Wohnsitzes zu zwingen. Es wäre auch ein sehr merkwürdiges privilegium odiosum der Mitglieder der Oberlandesgerichte und des Bundesgerichtshofs, wenn zwar die Mitglieder der Amts- und Landgerichte von ihrem Tätigkeitsort gegen ihren Willen grundsätzlich nicht entfernt werden können (bei § 78 kommt allenfalls eine weitaus weniger tief eingreifende Verschiebung innerhalb des verhältnismäßig kleinen LG.-Bezirkes in Betracht), bei den Obergerichten aber die Mitglieder durch unanfechtbaren Präsidialbeschluß jederzeit frei verschiebbar wären. Das widerspricht der ratio legis; im übrigen schlägt der Gesichtspunkt der Selbständigkeit des Außensenats bzgl. der örtlichen Zuständigkeit (vgl. Anm. 2 zu § 116; Anm. 4 zu § 78) auch hier durch. Für die Justizverwaltung mag es freilich bequem sein, bei einem überbelasteten und auf Beiordnung eines Hilfsrichters drängenden OLG.-Senat am Gerichtssitz das Präsidium auf einen internen Ausgleich mit einem unterbelasteten und daher personell überbesetzten Außensenat zu verweisen. Aber so wenig sie einem überbelasteten Landgericht dadurch zusätzliche Richterkräfte verschaffen kann, daß sie auf Lebenszeit ernannte Richter des benachbarten unterbelasteten Landgerichts gegen deren Willen abordnet, so wenig ist, soll nicht die richterliche Unabhängigkeit Not leiden, ein Verschieben der Richter eines Oberlandesgerichts mit Außensenaten und des Bundesgerichtshofs gegen deren Willen möglich. Es kann dabei auch keine Rolle spielen, ob der Betroffene dem Gericht schon vor der Bildung detachierter Senate angehörte oder erst nach diesem Zeitpunkt zum Mitglied des Gerichts ernannt worden ist. Denn in der Übernahme eines Richteramtes bei einem Gericht mit detachierten Senaten liegt nicht ohne weiteres die Bereitwilligkeitserklärung (oder wenigstens die Übernahme des Risikos), den einmal zugewiesenen Tätigkeitsort zu ändern.

4. **Altersgrenzen.** Bis zum Erlaß der WeimVerf. war streitig, ob eine Ernennung auf Lebenszeit i. S. des § 6 auch vorliege, wenn nach landesrechtlichen Vorschriften der Richter bei Erreichung eines bestimmten Lebensalters kraft Gesetzes in den Ruhestand tritt. Art. 104 WeimVerf. entschied die Frage in bejahendem Sinn. Altersgrenzen wurden demnächst im Reich (für das Reichsgericht vgl. § 60a RBG. i. d. F. der VO. vom 27. 10. 1923, RGBl. I 999 u. des Ges. vom 4. 8. 1925, Art. 2, § 1 Nr. 5, RGBl. I 181) und in den Ländern (vgl. insbes. preuß. Ges. vom 15. 12. 1920, GS. S. 621) eingeführt. § 68 Abs. 1 DBG. 1937 setzte die Altersgrenze für alle Richter einheitlich auf 65 Jahre fest. Art. 97 GG. spricht erneut die Zulässigkeit von Bundes- und Landesgesetzen, die eine Altersgrenze festsetzen, aus. Für die Richter des Bundes ist die Altersgrenze auf 65 Jahre festgesetzt (vgl. §§ 189, 41 BBG.), die jedoch übergangsweise (vgl. Ges. vom 17. 5. 1950, BGBl. 207, vom 19. 12. 1952, BGBl. I 806, u. vom 26. 12. 1954, BGBl. I 502) durch Sondervorschriften abweichend geregelt ist. Die Landesgesetze sind nicht einheitlich (teils 65, teils 68 Jahre; vgl. die Übersicht DRiZ. **1954,** 242, dort auch Zusammenstellung der Vorschriften des ausländischen Rechts); es wird Sache des künftigen Richtergesetzes (vgl. Art. 98 Abs. 1, Abs. 3 Satz 2 GG.) sein, diese unerfreulichen und nicht zu rechtfertigenden Unterschiede zu beseitigen. — Über den Sinn der Altersgrenze s. Anm. 3 zu § 6. Sie kann stets nur in der Weise fest gesetzt werden, daß der Richter bei ihrer Erreichung kraft Gesetzes in den Ruhestand tritt, keinesfalls in der Weise, daß es nach Erreichung des Zeitpunktes im Belieben der Justizverwaltung stünde, den Richter zu entlassen. Aus diesem Grunde verbieten sich aber auch Vorschriften, die der Justizverwaltung das Recht einräumen, den Richter im Einzelfall ausnahmsweise trotz erreichter Altersgrenze im Dienst zu belassen (so mit Recht Kohlhaas DRiZ. **1955,** 236); die Möglichkeit einer Verwendung als Hilfsrichter (§ 10 Abs. 2) wird dadurch allerdings nicht ausgeschlossen. Nicht unverträglich mit dem Grundgedanken der Altersgrenze ist aber eine verschiedenartige Festsetzung nach Richterkategorien, etwa die Festsetzung einer höheren Grenze für Richter der oberen Bundesgerichte. (vgl. auch BGH. NJW. **1955,** 1317 betr. erhöhte Altersgrenze für verfolgte Richter in Hessen). Die Festsetzung steht im Ermessen des Gesetzgebers, der aber nicht willkürlich verfahren, sie also nicht — was freilich immer noch einen erheblichen Spielraum läßt — auf ein Alter festlegen darf, bei dem nach der Lebenserfahrung bei der Mehrzahl der Altersgenossen von einem fühlbaren Nachlassen der physischen und psychischen Kräfte überhaupt nicht gesprochen werden kann (RGZ. **104,** 62). Der Landesgesetzgeber, der so verführe, verstieße gegen § 8 GVG. und der Bundesgesetzgeber würde sich mit dem Grundgedanken der Garantie der persönlichen Unabhängigkeit in Widerspruch setzen. Keinesfalls kann die Höhe der Altersgrenze unter dem Gesichtspunkt, dem Nachwuchs Platz zu schaffen oder aus ähnlichen sachfremden Erwägungen festgesetzt werden.

5. Zu Abs. 3. **a)** Wann eine **„Veränderung in der Einrichtung der Gerichte"** vorliegt, die der Justizverwaltung in Durchbrechung des Grundsatzes der Unabsetzbarkeit und Unversetzbarkeit ausnahmsweise das Recht gibt, den Richter gegen seinen Willen zu versetzen oder aus dem Amt zu entfernen — der Justizverwaltung, nicht dem Betroffenen steht das Wahlrecht zu, soweit beide Möglichkeiten nach Lage des Falles in Betracht kommen — wird dahin zu beantworten sein, daß es sich um Veränderungen — auch solcher der Verfahrensvorschriften — handeln muß, die auf den Richterbedarf so einschneidend wirken, daß die Belassung des Richters in seinem bisherigen Amt nicht mehr möglich oder der Justizverwaltung nicht zumutbar ist (vgl. RGZ. **113,** 207). Zu denken ist etwa an den Fall, daß wesentliche Sachgebiete aus der Zuständigkeit der ordentlichen an Sondergerichte abwandern, daß bisher zulässige Rechtsmittel tief einschneidend beschränkt werden, daß die sachliche Zuständigkeit der einzelnen Instanzen grundlegend geändert, etwa die erstinstanzliche Zuständigkeit der Landgerichte in großem Umfang den Amtsgerichten zugelegt würde usw. Die Verlegung eines Gerichtssitzes innerhalb des bisherigen Gerichtsbezirks fällt dagegen nicht unter § 8, es liegt weder eine Versetzung an ein anderes Gericht vor, wenn der Richter seinem Gericht an den neuen Gerichtssitz folgt, noch besteht, da der Richterbedarf nicht berührt wird, ein Anlaß zur Amtsenthebung. Entsprechendes gilt — unbeschadet der Ausführungen in Anm. 3e —, wenn ein Außensenat (§ 116 Abs. 2, § 130 Abs. 2) aufgehoben oder an einen anderen Ort verlegt wird.

b) Versetzung oder Amtsenthebung müssen vor Inkrafttreten des Änderungsgesetzes verfügt und dem Richter bekanntgemacht werden; beide Maßnahmen können aber für einen späterliegenden Zeitpunkt angeordnet werden (RGZ. **113**, 209). Die Versetzung oder der Eintritt des Amtsenthobenen in den Ruhestand richtet sich nach den allgemeinen Vorschriften; vgl. dazu Falck Justiz 8, 34.

6. Urlaub — Durch Beurlaubung wird der Richter nicht seines Amtes enthoben; er bleibt vielmehr auch während des Urlaubs zur Amtsausübung berechtigt (RG. vom 6. 12. 1900 III 4256/00, RGSt. **67** 226, 228, Feisenberger Anm. 2).

§ 8a

(weggefallen)

§ 8a der nach 1945 in der amerikanischen und britischen Besatzungszone geltenden Fassung des GVG. bestimmte in Übereinstimmung mit § 2 der 1. VereinfachungsVO. vom 1. 9. 1939 (RGBl. I 1658), daß der OLG.-Präsident alle Richter seines Bezirks an jedes Gericht seines Bezirks abordnen könne. Diese durch die besonderen Verhältnisse der Kriegs- und Übergangszeit bedingten Vorschriften hat das Vereinheitlichungsges. vom 12. 9. 1950 aufgehoben (vgl. Art. 8 II Nr. 11); die Übergangsvorschrift in Art. 8 III Nr. 92 a.a.O. hat durch Zeitablauf ihre Bedeutung verloren.

§ 9

Wegen vermögensrechtlicher Ansprüche der Richter aus ihrem Dienstverhältnis, insbesondere auf Gehalt, Wartegeld oder Ruhegehalt, darf der Rechtsweg nicht ausgeschlossen werden.

I. Entstehungsgeschichte: Entw. § —.

II. Spätere Entwürfe: N. E. III Nr. 3.

III. Keine späteren Fassungsänderungen.

1. Der **Rechtsweg**, der nach § 9 offenzuhalten ist, war nach dem zur Zeit des Erlasses der Reichsjustizgesetze geltenden Rechtszustand der Rechtsweg vor den ordentlichen Gerichten. Die §§ 142, 171 des DBG. vom 26. 1. 1937 sahen demgegenüber vor, daß vermögensrechtliche Ansprüche der Richter usw. aus dem Beamtenverhältnis vor den Verwaltungsgerichten geltend zu machen seien, weil es sich um öffentlich-rechtliche Streitigkeiten handelt. Diese Vorschrift sollte aber nach § 182 DBG. in Verbindung mit § 13 der VO. vom 29. 4. 1941 (RGBl. I 224) erst zu einem von dem Reichsminister des Innern zu bestimmenden Zeitpunkt in Kraft treten; eine solche Bestimmung ist nicht erfolgt. Nach §§ 172, 189 BBG. **1953** ist jetzt für Klagen der Beamten und auch der Richter des Bundes aus dem Dienstverhältnis der Verwaltungsrechtsweg gegeben. Die einschränkende Vorschrift in § 172 „soweit nicht ein anderer Rechtsweg gesetzlich vorgeschrieben ist" steht dem nicht entgegen; denn § 9 GVG. ordnet lediglich an, daß der Rechtsweg überhaupt offen zu halten sei, eine Eröffnung des ordentlichen Rechtsweges verlangt er nicht (Fischbach, Komm. z. BBG. 1954 Anm. V zu § 189). Welcher Rechtsweg für die vermögensrechtlichen Klagen der Landesrichter in Betracht kommt, bestimmt sich nach Landesrecht. Zur Zeit ist meist noch der ordentliche Rechtsweg vorgesehen; z. B. in Hessen für Richter in § 18 des Richterwahlges. i. d. F. vom 6. 3. 1954 (GVBl. 25), obwohl für die übrigen Beamten noch § 138 des Hess. Beamtenges. i. d. F. vom 11. 11. 1954 (GVBl. 239) der Verwaltungsrechtsweg vorgeschrieben ist. Unzulässig wäre aber eine landesrechtliche Verweisung vor die Arbeitsgerichte; sie stünde in Widerspruch mit Art. 33 Abs. 5 GG. (BGH. NJW. **1953**, 1064).

2. § 9 gebietet lediglich, daß der Rechtsweg nicht ausgeschlossen werde. Beschränkungen der Klagebefugnis in der Weise, daß die Klage erst zulässig ist, wenn die Zentralbehörde den Anspruch abgelehnt oder binnen bestimmter Frist nicht entschieden hat, oder daß die Klage binnen bestimmter Frist nach Ablauf der Vorabscheidung der Verwaltungsbehörde erhoben werden müsse (vgl. § 173 BBG.), sind mit § 9 nicht unvereinbar.

§ 10

(1) Nach näherer landesgesetzlicher Bestimmung können Gerichtsreferendare mit der Wahrnehmung einzelner richterlicher Geschäfte betraut werden. Der Auftrag ist in jedem Fall durch den Richter aktenkundig zu machen.

(2) Bei Amtsgerichten und Landgerichten kann, wer zum Richteramt befähigt ist, als Hilfsrichter verwendet werden, ohne gemäß § 6 zum Richter auf Lebenszeit ernannt zu sein.

(3) Unberührt bleiben die Vorschriften über die Übertragung richterlicher Geschäfte auf den Rechtspfleger.

I. Entstehungsgeschichte: Entw. —.

II. Spätere Änderungen: Das Vereinheitlichungsges. vom 12. 9. 1950 hat die ursprüngliche Fassung: „Die landesgesetzlichen Bestimmungen über die Befähigung zur zeitweiligen Wahrnehmung richterlicher Geschäfte bleiben unberührt" durch die jetzt geltende ersetzt.

1. Geschichtliche Entwicklung — § 10 a. F. (vgl. dessen vorstehend unter II wiedergegebenen Wortlaut) überließ es dem Landesgesetzgeber zu bestimmen, ob und in welchem Umfang richterliche Geschäfte zeitweilig — also nicht ständig — durch andere Personen als auf Lebenszeit ernannte Richter (§ 6) ausgeübt werden könnten. Landesrecht bestimmte daher darüber, inwieweit Personen, die zwar die Befähigung zum Richteramt (§ 2) hatten, aber nicht auf Lebenszeit bei dem betreffenden Gericht als Richter angestellt waren — z. B. Gerichtsassessoren, an anderen Gerichten angestellte Richter, Rechtsanwälte, Richter im Ruhestand — doch zeitweilig richterlich tätig werden konnten (Hilfsrichter). Da § 10 a. F. aber nicht den Besitz der Fähigkeit zum Richteramt forderte, konnte Landesrecht auch Vorschriften über die Erledigung richterlicher Geschäfte durch Referendare treffen; ja es stand ihm sogar zu, Personen ohne jede juristische Vorbildung die Befähigung zur zeitweiligen Wahrnehmung richterlicher Geschäfte zuzuerkennen (vgl. die 19. Aufl. Anm. 2 mit Nachweisen). Eine reichsrechtliche Grenze der landesrechtlichen Gestaltungsfreiheit bildete nur § 118, wonach bei den Oberlandesgerichten nur auf Lebenszeit angestellte Richter als Hilfsrichter verwendet werden konnten. Nach dem Übergang der Justizhoheit der Länder auf das Reich wurde § 10, ohne förmlich aufgehoben zu werden, durch reichsrechtliche Vorschriften ersetzt. § 10 Abs. 2 der VO. zur einheitlichen Regelung der Gerichtsverfassung vom 20. 3. 1935 (RGBl. I 403) bestimmte über die Verwendung von Hilfsrichtern: „Soweit der Reichsminister der Justiz ein Bedürfnis anerkennt, können bei einem Gericht Richter beschäftigt werden, die bei ihm nicht planmäßig angestellt sind, bei den Landgerichten und Amtsgerichten auch Gerichtsassessoren. Sie werden vom Präsidenten des Oberlandesgerichts einberufen." Ferner verpflichtete Abs. 1 a.a.O. die Richter an den Amts- und Landgerichten, richterliche Geschäfte an einem Gericht der ordentlichen oder der besonderen Gerichtsbarkeit im Bezirk des Landgerichts und am übergeordneten Oberlandesgericht wahrzunehmen. Auch die Befähigung der Referendare zu richterlichen Geschäften wurde einheitlich geregelt. Nach § 39 Abs. 3 der Justizausbildungsordnung vom 4. 1. 1939 (RGBl. I 6) konnten der Vorstand des Gerichts oder der ausbildende Richter einen Referendar (nur) mit der Vernehmung von Parteien, Beschuldigten und Zeugen (nicht zur Abnahme von Eiden) beauftragen; während des Krieges erging dann § 1 der VO. vom 16. 5. 1942 (RGBl. I 333), wonach Referendare mit einem Vorbereitungsdienst von einem Jahr und 3 Monaten in vollem Umfang mit der selbständigen Wahrnehmung richterlicher Geschäfte betraut werden konnten. Das Vereinheitlichungsges. vom 12. 9. 1950 (BGBl. 455) hob den § 10 der VO. vom 20. 3. 1935 und § 1 der VO. vom 16. 5. 1942 auf (Art. 8 II Nr. 7 u. 21); durch § 10 n. F. GVG. wurde jedoch die Gestaltungsfreiheit des Landesrechts nur mit Einschränkungen wiederhergestellt.

2. Gerichtsreferendare. — Wie unter der Herrschaft des § 10 a. F. enthält § 10 keine Beschränkung des Kreises der richterlichen Geschäfte, mit denen nach Landesrecht ein Referendar betraut werden kann. Eine Beschränkung des Landesgesetzgebers besteht aber darin, daß dem Referendar jeweils nur einzelne Geschäfte durch besonderen Auftrag im Einzelfall übertragen werden können; unzulässig wäre also die allgemeine Überlassung der Geschäfte eines bestimmten Dienstzweigs, wenn dadurch auch die einzelne Amtshandlung nicht unwirksam wird (RGZ. **29**, 228). Die Bestellung eines Referendars zum Hilfsrichter ist kraft des § 10 ausgeschlossen. Ein Verstoß dagegen begründet aber ebensowenig die Nichtigkeit der Amtshandlung wie die Überschreitung des Kreises der nach Landesrecht übertragbaren Geschäfte, sondern führt nur zur

Anfechtbarkeit nach den allgemeinen Vorschriften (OLG. Frankfurt NJW. **1954,** 207). Die Unterlassung der vorgeschriebenen Aktenkundigmachung (§ 10 Abs. 1 Satz 2) ist, da sie nur Beweiszwecken dient, auf die rechtliche Wirksamkeit der Amtshandlung ohne Einfluß, sofern nur ein Auftrag vorgelegen hat. Der Auftrag kann auch nachträglich für ein schon vorgenommenes Geschäft erteilt werden. — Da die früheren landesrechtlichen Vorschriften durch die spätere reichsrechtliche Regelung gegenstandslos wurden, die reichsrechtliche Regelung aber durch das Vereinheitlichungsges. aufgehoben ist, setzt § 10 Abs. 1 neue, nach 1945 erlassene landesrechtliche Ausführungsvorschriften voraus. Dabei sind aber landesrechtliche Vorschriften, die den Kreis der übertragungsfähigen Geschäfte durch Bezugnahme auf § 1 der VO. vom 16. 5. 1942 umgrenzen, durch dessen Aufhebung nicht berührt worden (BGH. NJW. **1953,** 231). Die Vorschriften des Landesrechts sind im allgemeinen in den Justizausbildungsordnungen enthalten (vgl. Anm. 1 zu § 2); in Hessen sind sie erst durch Ges. vom 19. 12. 1952 (GVBl. 174) geschaffen worden. Die landesrechtlichen Regelungen sind unterschiedlich. Erlaß von Urteilen und Abnahme von Eiden ist im allgemeinen ausgeschlossen; der Begriff „Urteil" umfaßt bei solchen Vorschriften nicht nur die Urteile im technischen Sinn, sondern auch die das Verfahren urteilsähnlich für die Instanz abschließenden Beschlüsse wie etwa den Beschluß nach § 55 des Ges. über Ordnungswidrigkeiten vom 25. 3. 1952 (BGBl. I 177) im amtsgerichtlichen Stadium des Bußgeldverfahrens (OLG. Frankfurt NJW. **1954,** 207).

3. Hilfsrichter. a) Abweichend von § 10 a. F. überläßt § 10 die Regelung der Verwendung von Hilfsrichtern nicht mehr dem Landesrecht, sondern trifft selbst Bestimmung: Hilfsrichter können danach ohne weiteres bei den Amtsgerichten und Landgerichten verwendet werden; in Betracht kommen aber nur Personen, die zum Richteramt befähigt sind (§§ 2, 4). Hilfsrichter i. S. des § 10 Abs. 2 ist jeder zum Richteramt Befähigte, der bei dem Gericht, bei dem er richterlich verwendet wird, nicht planmäßig endgültig — also auf Lebenszeit — angestellt ist. Hilfsrichter ist also nicht nur der probeweise beschäftigte „Assessor" oder nach Ablauf der Probezeit als Richteranwärter übernommene „Gerichtsassessor" und der als Richter auf Widerruf („beauftragter Richter") in der Erwartung künftiger planmäßiger Anstellung mit der Wahrnehmung einer Richterstelle beauftragte Rechtsanwalt, frühere Richter usw., sondern auch ein auf Lebenszeit ernannter Richter, der an einem anderen Gericht als dem, bei dem er planmäßig angestellt ist, verwendet wird (die Fälle der §§ 78 Abs. 2, 83, 92 gehören nicht hierher). Dem Landesrecht steht nach § 70 Abs. 3 die Befugnis zu, abweichend von § 10 Abs. 2 die Zulässigkeit der Verwendung von Hilfsrichtern bei den Amtsgerichten oder Landgerichten dahin einzuschränken, daß nur auf Lebenszeit ernannte Richter verwendet werden dürfen. Eine Pflicht der planmäßig endgültig angestellten Richter, auf Verlangen der Justizverwaltung an einem anderen Gericht tätig zu werden, wie sie § 10 Abs. 1 der VO. vom 20. 3. 1935 aussprach (vgl. Anm. 1) und Art. 8 III Nr. 92 für eine Übergangszeit (bis zum 31. 12. 1951) aufrechterhielt, ist bundesrechtlich nicht begründet (vgl. aber § 70 Abs. 3 Halbsatz 2).

Über § 10 Abs. 2 hinaus können nach § 118 auch bei den Oberlandesgerichten Hilfsrichter verwendet werden; als solche können aber nur auf Lebenszeit ernannte Richter tätig sein. Bei dem Bundesgerichtshof können Hilfsrichter nicht tätig sein, es sei denn, daß ein besonderes Gesetz ihre Verwendung gestattete (vgl. Anm. 1 zu § 124).

b) Darüber, daß die Verwendung von Hilfsrichtern nicht gegen das GG. verstößt, vgl. Anm. 2 zu § 6. Zum Begriff des Hilfsrichters gehört die vorübergehende Verwendung, die Verwendung auf (längere oder kürzere) Zeit aus besonderem Anlaß. Das ist zwar in § 10 Abs. 2, im Gegensatz zu § 10 a. F., nicht mehr ausdrücklich ausgesprochen, ergibt sich aber aus der Natur der Sache. Unzulässig ist demgemäß die Verwendung von Hilfsrichtern, wo sie nicht aus besonderem Anlaß (Erprobung eines Anwärters, Vertretung eines regelmäßigen Mitgliedes usw.) geschieht, sondern dazu dient, dauernden Bedarf auf unabsehbare Zeit zu befriedigen, statt durch Besetzung der freien oder Vermehrung der vorhandenen besetzten Planstellen Abhilfe zu schaffen. Das widerstreitet den Grundbedingungen einer auf der sachlichen und persönlichen Unabhängigkeit des Richters aufbauenden rechtsstaatlichen Rechtsprechung. Ein erkennbarer Mißbrauch dieser Art würde die Anfechtbarkeit der Entscheidung wegen nicht vorschriftsmäßiger Besetzung begründen (vgl. BGHZ. **12,** 1 u. NJW. **1955,** 1805). Vgl. noch Anm. 4 zu § 70 und Anm. 2 zu § 117.

c) Die Einberufung der Hilfsrichter erfolgt durch die Justizverwaltung; über die ihnen zu übertragenden Aufgaben aber befindet das Präsidium (§§ 22c, 63, 117 GVG.).

d) Nicht im GVG. geregelt ist die Heranziehung planmäßig angestellter Richter zu anderen als richterlichen Aufgaben, d. h. zu Aufgaben der Justizverwaltung im engeren Sinn, z. B. zur Bearbeitung von Personalsachen, von Dienstaufsichtsbeschwerden usw. Eine solche Heranziehung ist bei Einverständnis des Betrauten stets zulässig, aber auch ohne seine Einwilligung läßt sie § 13 der VO. vom 20. 3. 1935 (RGBl. I 403) zu. Nach den Vorschlägen zu dem kommenden Richtergesetz soll die Heranziehung nur mit Einverständnis des Richters zulässig sein (vgl. DRiZ. **1955,** 170 am Ende).

4. Rechtspfleger. — Abs. 3 ist durch das Vereinheitlichungsges. vom 12. 9. 1950 neu eingefügt. Hier handelt es sich nicht darum, inwieweit nicht zum Richteramt befähigte oder nicht auf Lebenszeit zum Richter ernannte Personen vorübergehend richterliche Aufgaben wahrzunehmen befugt sind, sondern darum, inwieweit bestimmte, an sich nach den Verfahrensvorschriften dem Richter obliegende Geschäfte zu seiner dauernder Entlastung nichtrichterlichen Justizbeamten übertragen werden können. Wegen der derzeitigen gesetzlichen Grundlagen der Einrichtung des Rechtspflegers vgl. Anm. 2g zu § 153. Eine Reform ist in Vorbereitung. Der dem Bundestag vorliegende Entw. eines „Ges. über Maßnahmen auf dem Gebiet der Gerichtsverfassung und des Verfahrensrechts" (Rechtspflegergesetz, BTDrucks. Nr. 161/53) ist abgedr. DRiZ. **1952,** 168. Über Reformvorschläge und kritische Äußerungen s. etwa Amelunxen DRpfleger **1951** Heft 4 und die Aufsätze in DRiZ. **1952,** 146, 161ff., **1955,** 240 sowie Rpfleger **1952,** 513; **1953,** 149.

An richterlichen Geschäften auf dem Gebiet der Strafrechtspflege, die dem Rechtspfleger übertragen werden können, kommen nach dem geltenden Rechtszustand die dem Amtsrichter obliegenden Aufgaben der Strafvollstreckung (§ 451 Abs. 3 StPO.) in Betracht (vgl. § 6 der StrafvollstrekkungsO. i. d. F. der AV. vom 13. 9. 1944, DJust. 106), bei denen es sich aber um Aufgaben der Justizverwaltung handelt. Eine Erweiterung des Aufgabenbereichs der Rechtspfleger auf dem Gebiet der Strafrechtspflege ist auch vom Entw. des Rechtspflegerges. — entgegen manchen Wünschen und Vorschlägen (vgl. z. B. § 16 des Entw. des Richtervereins von Nordrhein-Westfalen DRiZ. **1952,** 134) — nicht in Vorschlag gebracht worden.

5. Wegen der Verwendung von Hilfsrichtern bei den Gerichten **anderer Gerichtsbarkeitszweige** vgl. § 11 Abs. 2 SGG., der § 10 Abs. 2 GVG. für entsprechend anwendbar erklärt (s. dazu Mellwitz NJW. **1955,** 620) und §§ 18 Abs. 7, 36 Abs. 2 AGG., wo ebenfalls die Vorschriften des GVG. für entsprechend anwendbar erklärt werden, aber mit der Besonderheit, daß die Dauer der Heranziehung drei Monate nicht übersteigen soll.

§ 11

Auf Handelsrichter, Schöffen und Geschworene sind die Vorschriften der §§ 2 bis 9 nicht anzuwenden.

I. Entstehungsgeschichte: Entw. § —.

II. Spätere Entwürfe: N. E. III Nr. 3.

III. Das **Vereinheitlichungsges.** vom 12. 9. 1950 hat § 11 nur stilistisch geändert.

§ 11 war als Art. 104 Abs. 4 in die WeimVerf. übergegangen. Das GG. enthält eine entsprechende ausdrückliche Vorschrift nicht. Da aber die persönlichen Garantien der richterlichen Unabhängigkeit des Art. 97 Abs. 2 GG. nur den „hauptamtlich und planmäßig endgültig angestellten Richtern" zukommen, ist § 11 unberührt geblieben.

Zweiter Titel

Gerichtsbarkeit

Vorbemerkung

1. Mit dem Inkrafttreten der Reichsjustizgesetze wurde die Ausübung der ordentlichen streitigen Gerichtsbarkeit (EG. § 2 Anm. 2) in der Art geregelt, daß das ganze Reichsgebiet in fast allen verfahrensrechtlichen Beziehungen wie das Gebiet eines Staates behandelt wurde, obwohl die Gerichtsbarkeit nur zum Teil von Gerichten des Reichs und in der Hauptsache von den Gerichten der Länder ausgeübt wurde. Dieser Rechtszustand besteht, nachdem die 1934 bewirkte Übernahme der Justizhoheit der Länder auf das Reich i. J. 1945 hinfällig wurde, auch heute. Nach Art. 74 Nr. 1 GG. erstreckt sich die konkurrierende Gesetzgebung des Bundes auf die Gerichtsverfassung. Die Aufteilung der Gerichtsbarkeit zwischen Gerichten des Bundes und Gerichten der Länder ist aber durch die Art. 92 bis 96 GG. verfassungsmäßig festgelegt und einer Abänderung durch einfaches Bundesgesetz auf Grund des Art. 74 Nr. 1 GG. entzogen. Nach Art. 92 GG. wird die rechtsprechende Gewalt durch das Bundesverfassungsgericht (Art. 93, 94), durch das – bisher nicht gebildete – Oberste Bundesgericht (Art. 95 GG.), ferner durch die im Grundgesetz vorgesehenen Bundesgerichte, nämlich die nach Art. 96 errichteten „oberen Bundesgerichte" (Bundesgerichtshof, Bundesverwaltungsgericht, Bundesfinanzhof, Bundesarbeitsgericht und Bundessozialgericht), die Bundesdienststrafgerichte für Dienststrafverfahren (gegen Bundesbeamte und Bundesrichter), im übrigen aber durch die Gerichte der Länder ausgeübt. Das bedeutet einmal, daß Zahl und Tätigkeitsbereich der Gerichte des Bundes, insbesondere der oberen Bundesgerichte abschließend festgelegt ist; es kann nicht durch einfaches Bundesgesetz eine neue Gerichtsbarkeit des Bundes oder ein neues letztinstanzliches Gericht des Bundes, etwa ein Bundeskartellgericht oder ein Bundesmilitärgericht errichtet werden, während nichts entgegensteht, neue Tätigkeitsbereiche der Gerichtsbarkeit einem der bestehenden oberen Bundesgerichte (etwa Strafsachen gegen Soldaten dem Bundesgerichtshof) in letzter Instanz zuzuweisen (vgl. von Mangoldt, Komm. z. GG., Anm. 4 zu Art. 92, Anm. 3 zu Art. 96). Es bedeutet weiterhin, daß der Bund grundsätzlich Gerichtsbarkeit nur durch die oberen Bundesgerichte ausübt, denen im Interesse der Einheit der Rechtsprechung innerhalb jedes Zweiges der Gerichtsbarkeit im Rechtsmittelzug die letztinstanzliche Zuständigkeit zufällt, während die mittleren und unteren Gerichte im Instanzenaufbau Gerichte der Länder sein müssen (von Mangoldt Anm. 4 zu Art. 92). Das schließt zwar nicht aus, daß in bestimmten Fällen von besonderer Bedeutung einem oberen Bundesgericht erstinstanzliche Aufgaben zugewiesen werden (vgl. insbes. § 134 GVG.); jedoch kann dies nicht soweit gehen, daß durch einfaches Bundesgesetz die erstinstanzliche Zuständigkeit der Landesgerichte durch Begründung einer erstinstanzlichen Zuständigkeit der oberen Bundesgerichte in weitem Umfang ausgehöhlt würde. Untere und mittlere Bundesgerichte sieht das GG. ausdrücklich nur auf dem Gebiet der Bundesdisziplinargerichtsbarkeit vor (Art. 96 Abs. 3 GG.). Streitig ist, ob Art. 108 Abs. 5 GG. (Regelung der Finanzgerichtsbarkeit durch Bundesgesetz) es zuläßt, unter dem Bundesfinanzhof untere und mittlere Bundesfinanzgerichte durch einfaches Bundesgesetz zu errichten, was – wohl mit Recht – überwiegend verneint wird (vgl. von Mangoldt Anm. 4 zu Art. 92, Anm. 7 zu Art. 108). – Ob die Gerichte der Länder rechtsprechende Gewalt des Bundes ausüben (so Beling StrafprR. 523; von Mangoldt Anm. 4 zu Art. 92), d. h. ob das Justizhoheitsrecht der Länder aus der Bundesstaatsgewalt abgeleitet ist, oder ob sie originäre Hoheitsrechte ihres Landes kraft eigenen Rechts ausüben (so RGSt. **53**, 41 u. die Vorauflage Anm. 1), ist eine staatsrechtliche Frage von rein konstruktiver Bedeutung (vgl. dazu Anm. 16, ferner Anm. 5 zu § 120 GVG.); jedenfalls ist Deutschland ein einheitliches Rechtspflegegebiet und rechtskräftige Entscheidungen eines Landesgerichts entfalten über die Landesgrenzen hinaus die gleiche Wirksamkeit, wie wenn die Justizhoheit dem Bund zustände und alle Gerichte Gerichte des Bundes wären (OLG. Düsseldorf MDR. **1951**, 489). Den Ländern gegenüber bei der Ausübung der Justizhoheit hat der Bund nur ein Aufsichtsrecht nach Maßgabe des Art. 84 GG.

I. **Die Strafgewalt** des Bundes und der Länder

A. **Das Strafverfolgungsrecht**

AA. Das Strafverfolgungsrecht des Bundes im Verhältnis zu dem der Länder

2. Die Strafgewalt des Bundes besteht in den Fällen, für die nach § 134 die erstinstanzliche Zuständigkeit des BGH. gegeben ist; mit der Abgabe oder Überweisung gemäß § 134a aber steht die Strafgewalt den Ländern kraft eigenen Rechtes zu, genau wie bei der sonstigen Gerichtsbarkeit. – Wegen der Erstreckung der Strafgewalt des Bundes auf Straffälle, die an sich nicht zur Zuständigkeit des BGH. gehören, aber mit einer zu seiner Zuständigkeit gehörenden Sache in Zusammenhang stehen, s. § 134 Anm. 5. In diesen Fällen erlischt die Strafgewalt des Landes, sobald sie bei dem Bundesgerichtshof anhängig geworden sind, vorbehaltlich des Wiederauflebens bei Trennung der Sachen.

3. Die Behörden und Beamten der Länder sind, soweit erforderlich, zu Organen der Bundesstrafgewalt bestellt; das Nähere s. bei § 134 Anm. 8b, § 152 Anm. 2b GVG., §§ 168a, 186 Abs. 2 StPO. Umgekehrt wird in gewissem Umfang das Bundeskriminalamt als Hilfsorgan bei der Ausübung des den Ländern zustehenden Strafverfolgungsrechts tätig (vgl. Ges. über die Einrichtung eines Bundeskriminalpolizeiamtes [Bundeskriminalamtes] vom 8. 3. 1951, BGBl. I 165, insbes. §§ 4, 5). — Die allgemeine Pflicht der Gerichte, dem Bundesgerichtshof Rechtshilfe zu leisten (§ 156 GVG.), wird durch diese besonderen Bestimmungen nicht berührt.

BB. Das Strafverfolgungsrecht der einzelnen Länder in ihrem Verhältnis zueinander

4. Abgesehen von den der Strafgewalt des Bundes unterliegenden Straffällen (Anm. 2) sind die einzelnen deutschen Länder die Inhaber des Strafverfolgungsrechts; indes gilt dies nur mit den aus dem Gedanken der bundesstaatlichen Rechtseinheit (vgl. Anm. 1) sich ergebenden Einschränkungen (Anm. 5—7). GVG. und StPO. gehen von dem Grundgedanken aus, daß die Länder als zu gemeinsamer Ausübung der Strafrechtspflege verbunden angesehen und sämtliche im Bundesgebiet vorhandenen Gerichte, Staatsanwaltschaften und Polizeibehörden wie Organe einer und derselben Strafgewalt betrachtet werden. Diese Auffassung — vom der sich eine wesentliche Abweichung nur in § 354 Abs. 2 Satz 2 StPO. findet — tritt insbesondere deutlich hervor in den Bestimmungen über den Gerichtsstand (StPO. Buch 1 Abschn. 2) und in denen über die Rechtshilfe (GVG. Tit. 13). In dem von dem Gerichtsstand handelnden Abschnitt der StPO. ist (abgesehen von dem hier nicht in Betracht kommenden § 11) von den einzelnen Ländern überhaupt nicht die Rede; der Abschnitt unterscheidet nur zwischen Gerichtsbezirken, nicht aber zwischen Staatsgebieten. In dem Titel von der Rechtshilfe ist nur in wenigen unwesentlichen Beziehungen auf die Staatszugehörigkeit der beteiligten Behörden Rücksicht genommen (§§ 167, 168).

5. Wegen der Zuständigkeit für die Strafverfolgung ist folgendes hervorzuheben. Sind für dieselbe Sache mehrere Gerichte zuständig (§§ 12, 13 StPO.) und gehören sie verschiedenen deutschen Ländern an, so sind für die Entschließung der Staatsanwaltschaft darüber, bei welchem Gericht die Sache anhängig zu machen ist, nur die Gründe maßgebend, die auch gelten, wenn die zuständigen Gerichte demselben Land angehören. (vgl. § 143 Abs. 3 GVG. und die Anm. das.) — Die Übertragung einer Sache von dem mit ihr befaßten Gericht auf ein anderes an sich zuständiges Gericht (StPO. § 12 Abs. 2, § 13 Abs. 2, 3) ist unter Gerichten verschiedener Länder in derselben Weise statthaft wie unter Gerichten desselben Landes; die Landesangehörigkeit der beteiligten Gerichte ist auf die Entscheidung darüber, ob die Übertragung stattfinden soll, rechtlich ohne Einfluß, vorausgesetzt natürlich, daß es sich nicht um eine nur nach Landesrecht strafbare Handlung handelt (vgl. Binding Grundr. 72 u. Hdb. 1 482). — Auch wenn es sich um die Übertragung einer Sache auf ein an sich nicht zuständiges Gericht, also um die Begründung der Zuständigkeit durch den Auftrag eines oberen Gerichtes (§ 15 StPO.; vgl. dagegen § 354 Abs. 2), handelt, kann die Sache von dem an sich zuständigen Gericht auf ein Gericht eines anderen Landes übertragen werden. Es wird aber freilich angemessen sein, eine derartige Übertragung so lange zu vermeiden, als in dem Land des an sich zuständigen Gerichts noch ein anderes Gericht derselben Zuständigkeit vorhanden ist. — Endlich hängt auch die Zuständigkeit für die nachträgliche Festsetzung einer Gesamtstrafe (StPO. § 462 Abs. 3) nicht davon ab, ob die Gerichte, die die verschiedenen Strafurteile erlassen haben, demselben Land oder verschiedenen Ländern angehören.

6. Für die einzelnen Untersuchungshandlungen ist der Gedanke der Einheit des Bundesgebietes in folgender Weise verwirklicht. a) Die Gerichtsgewalt, die dem mit der Sache befaßten Gericht außerhalb seines Bezirkes zusteht, ist im ganzen Bundesgebiet dieselbe, also in dem Gebiet eines anderen Landes ebenso begründet wie in einem anderen Gerichtsbezirk des eigenen Landes (das Nähere s. Tit. 13 Vorbem. 6a und § 160). Auch die Befugnis des befaßten Gerichts, ausnahmsweise Amtshandlungen außerhalb seines Bezirkes vorzunehmen (vgl. z. B. § 166), greift ohne Rücksicht auf die Grenzen des Staatsgebietes Platz. — b) Die Rechts- und Vollstreckungshilfe wird den Behörden eines anderen Landes in derselben Weise wie denen des eigenen Landes geleistet (§§ 156, 162). — c) Das alles gilt auch, wenn die Tat nur nach Landesrecht strafbar ist.

7. Die Wirkungen, die die Rechtshängigkeit der Sache (vgl. § 151 StPO.) sowie die Erlassung einer rechtskräftigen gerichtlichen Entscheidung hat, erstrecken sich gleichmäßig

auf das ganze Bundesgebiet. Das gilt insbesondere von der Vollstreckbarkeit der Entscheidungen, ferner aber auch von dem Verbrauch des Strafklagerechts; die Entscheidung, durch die die Strafklage für ein Land erlischt, bewirkt notwendig zugleich das Erlöschen für alle übrigen etwa zur Strafverfolgung berechtigten Länder. Die Rechtshängigkeit in einem Lande hindert die Verfolgung auch in den anderen deutschen Ländern. Für den Fall, daß die Tat nur nach Landesrecht strafbar ist und bereits in einem anderen deutschen Lande ein Gericht auf Grund eines dort bestehenden entsprechenden Gesetzes geurteilt hat, vgl. RGSt. **29** 156, **32** 57.

8. Die Teilung Deutschlands seit 1945 hat der Idee nach nichts daran geändert, daß ganz Deutschland ein einheitliches Rechtspflegegebiet ist. Das zeigt sich nach wie vor u. a. darin, daß die Urteile der Gerichte der Ostzone und des Saargebiets als Urteile inländischer Gerichte i. S. des § 244 StGB. anzusehen sind, daß durch rechtskräftige Urteile die Strafklage auch mit Wirkung für die Gerichte der Bundesrepublik verbraucht wird usw. Die Verschiedenheit der Rechtshandhabung und die inzwischen eingetretene Rechtsverschiedenheit haben jedoch dazu geführt, daß die Folgerungen aus der Idee des einheitlichen Rechtspflegegebiets nur mit den aus dem Gesetz über die innerdeutsche Rechts- und Amtshilfe in Strafsachen vom 2. 5. 1953 (BGBl. I 161) sich ergebenden Einschränkungen (vgl. Vorbem. 4 vor § 166) gezogen werden können.

B. Das Begnadigungsrecht

9. Schrifttum: Heimberger Das landesherrliche Abolitionsrecht (1901); Elsaß Über das Begnadigungsrecht (Straßb. Diss. 1888); Davidsohn Das Begnadigungsrecht (Erl. Diss. 1903); Fritzschen Das landesherrliche Abolitionsrecht (Freib. Diss. 1906); Laband **3** 504; Binding Handbuch **1** 860, Grundriß 229 § 110; Merkel Lehrbuch des deutschen Strafrechts (1889) 247; von Liszt-Schmidt Lehrbuch 26. Aufl. (1932) §§ 73, 74; Ortloff GA. **45** 92, 213; Hatschek Deutsches und preußisches Staatsrecht 2. Aufl. **2** 652f.; Anschütz Anm. 1 zu Art. 49 Weim-Verf.; von Hippel Deutsches Strafrecht II § 41, Lehrbuch § 57; Gerland HWdRechtsw. **1** 571, Deutsches Reichsstrafrecht (2) §§ 82, 83, Festgabe für Frank **2** 215; Grau-Schäfer Das preußische Gnadenrecht (1931) 49—78; Hartung Das Gnadenrecht in der Kriegs- und Nachkriegszeit JW. 1931 2764, Die Rechtsnatur des Gnadenrechts JW. **1932** 1709, HWfKrim. **1** 109 Stichwort „Begnadigung"; Eb. Schmidt, Begnadigung und Amnestie; in Anschütz-Thoma, Handbuch des Staatsrechts II **(1932)** 563ff.; Junker, Über Gnadenwesen ZStrW. **63,** 428ff.; Dalcke(-Schäfer) [36] S. 1526ff.; Wahl, Gnadenrecht der Bundesrepublik Deutschland, 1954.

10. Die Justizhoheit umfaßt neben dem Strafverfolgungsrecht auch dessen Gegenstück, das Gnadenrecht. Bei der Begnadigung ist zu unterscheiden 1. die Begnadigung im Einzelfall. Sie zerfällt a) in die Begnadigung nach rechtskräftiger Bestrafung (Begnadigung im engeren Sinn) und bedeutet den Ausspruch der zur Ausübung des Gnadenrechts befugten Stelle, daß die erkannte Strafe ganz oder teilweise erlassen, in eine mildere Strafart umgewandelt oder die Strafvollstreckung auf Zeit ausgesetzt wird, b) in die Begnadigung nach erfolgter Tat, aber vor rechtskräftiger Aburteilung (Begnadigung im weiteren Sinn, Niederschlagung, Abolition) und bedeutet die Anordnung der zur Ausübung des Gnadenrechts befugten Stelle, daß eine Strafverfolgung nicht eingeleitet oder nicht fortgesetzt werden darf, 2. die generelle Begnadigung, d. h. die Begnadigung einer Vielzahl von Personen nach allgemein bezeichneten Merkmalen ohne Rücksicht auf die individuelle Gnadenwürdigkeit, die, wie der Einzelgnadenerweis, in einer Begnadigung im engeren oder im weiteren Sinn bestehen kann. Für die generelle Begnadigung verwendet die Gesetzessprache statt des früheren Ausdrucks „Amnestie" seit geraumer Zeit den Ausdruck „Straffreiheit".

11. a) Über das **Wesen** des Einzelgnadenerweises besteht heute Übereinstimmung. Die mit Art. 92 GG., § 1 GVG. unverträgliche Ansicht älterer Schriftsteller, die Begnadigung sei ein Akt der Rechtsprechung (vgl. dagegen Laband **3,** 506; Gutachten des Reichsfinanzhofs Samml. **14,** 171) hat heute keine Anhänger mehr. Auch die Auffassung, die Einzelbegnadigung sei ein Akt der Gesetzgebung, eine lex specialis, durch die die allgemeinen Strafvorschriften für den Einzelfall außer Kraft gesetzt würden (so noch z. B. Heinze in Holtzendorffs Handbuch des Deutschen Strafrechts **2,** 633) wird heute nicht mehr vertreten. Denn der Gnadenakt (im engeren Sinn) läßt das rechtskräftige Urteil und die gesetzlichen Vorschriften, auf denen es beruht, unberührt. Ist die Begnadigung aber ein Akt weder der Gesetzgebung noch der Rechtsprechung, so kann sie nur ein Verwaltungsakt sein; das ist denn auch heute unstreitig (RGSt. **58,** 265; weitere Nachweise bei Grau-Schäfer Preuß. Gnadenrecht [**1931**] S. 50).

b) Bei der Frage nach der **rechtlichen Natur** dieses Verwaltungsakts bieten sich drei Erklärungsmöglichkeiten an, die man als Befehls-, Verzichts- und Restitutionstheorie bezeichnen kann. Die Befehlstheorie kennzeichnet den Begnadigungsakt als einen Befehl der Staatsgewalt, ein „veto gegen den Lauf von Gesetz und Recht" an die zuständigen Behörden, bei der Niederschlagung eine Strafverfolgung nicht oder nicht weiter zu betreiben, bei der Begnadigung im engeren Sinn die erkannte Strafe nicht oder nur zum Teil oder in milderer Form zu vollstrecken (so z. B. RGSt. **28,** 419; Laband **3,** 507; Meyer-Anschütz, Lehrb. des Deutschen Staatsrechts [7. Aufl. 1919] 749 und die Vorauflage S. 1201f. mit weiteren Nachweisen). Demgegenüber sieht die Verzichtstheorie in der Begnadigung einen Verzicht des Staates auf seinen durch die Straftat entstandenen Strafanspruch (Strafverfolgungs- und Strafvollstreckungsanspruch). Aus der großen Zahl gerichtlicher Entscheidungen, die mit dieser Rechtsfigur arbeiten, seien etwa RGSt. **33,** 211; **50,** 388; **52,** 150; **53,** 68; **69,** 124; BGHSt. **4,** 289; RFH. **14,** 169 = JR. **1925** Nr. 115, OVG. Münster NJW. **1953,** 1240 erwähnt; im Schrifttum wird sie u. a. vertreten von v. Liszt-Schmidt, [26. Aufl. 1932] § 73 I; Anschütz, Komm. z. WeimVerf. (14. Aufl. 1932) Anm. 1 zu Art. 49; von Mangoldt, Komm. z. GG. Anm. 3 zu Art. 60; KMR. Anm. 1 zu § 452 StPO.; weitere Nachweise, insbes. für das ältere Schrifttum in der Voraufl. S. 1201 u. Grau-Schäfer a.a.O. S. 50. Solange die Begriffe „Befehl" und „Verzicht" nur verwendet werden, um zum Ausdruck zu bringen, daß bei der Begnadigung im engeren Sinn das Urteil selbst unberührt bleibt und lediglich die erkannte Strafe nicht vollzogen, der Vollstreckungsanspruch also vernichtet wird (ebenso wie bei der Niederschlagung lediglich die Strafverfolgung unterbleibt, die Tat aber nicht in der Rechtswelt als ungeschehen betrachtet wird, vielmehr alle übrigen Rechtsfolgen, z. B. Schadensersatzpflicht, unberührt bleiben), wäre gegen solche Umschreibungen der Begnadigungswirkung wenig einzuwenden. Die Bedenken erheben sich erst, wenn aus den erwähnten Begriffen als solchen rechtliche Folgerungen anderer Art hergeleitet werden. So hat RGSt. **28,** 419 aus der (in der Folgezeit vom RG. aufgegebenen) Vorstellung der Begnadigung als eines Befehls die Folgerung gezogen, daß ein am Reichsgericht anhängiges Strafverfahren vom Inhaber des Landesgnadenrechts nicht mehr niedergeschlagen werden könne, weil die Landesstaatsgewalt den Organen des Reichs nicht befehlen könne. Diese Folgerung, die darauf hinauslief, auf rein konstruktivem Wege die Befugnisse des Landesgnadenrechts einzuengen, wird indessen auch von den Vertretern der Befehlstheorie überwiegend nicht mehr gezogen. In gleicher Weise stößt aber auch die Verzichtstheorie auf unüberwindliche Schwierigkeiten, wenn der Begriff Verzicht zum Ausgangspunkt genommen wird, um den Umfang des Gnadenrechts zu umgrenzen. Aus dem Begriff des Verzichts würde sich ergeben, daß ein Gnadenerweis nicht mehr möglich wäre, wenn der Strafvollstreckungsanspruch durch Erfüllung (Vollstreckung der Freiheitsstrafe, Zahlung der Geldstrafe, Übergang des Eigentums an dem eingezogenen Gegenstand auf den Staat) oder durch den Tod des Verurteilten untergegangen oder durch Eintritt der Verjährung unverfolgbar geworden ist. In solchen Fällen besteht aber, wie jahrzehntelange Erfahrungen der Praxis erwiesen haben, oft genug ein Bedürfnis, insbes. zur Rehabilitierung (wenn die Voraussetzungen eines Wiederaufnahmeverfahrens nicht gegeben sind) einen Gnadenerweis aussprechen zu können. Insbesondere würde die Verzichtstheorie es ausschließen, einen kraft Gesetzes mit der Rechtskraft einer strafgerichtlichen Verurteilung oder eines auf Dienstentlassung lautenden Disziplinarurteils eingetretenen Amtsverlust im Gnadenwege zu erlassen, denn da hier der staatliche Strafanspruch durch den kraft Gesetzes mit Urteilsrechtskraft eingetretenen Vollzug erloschen ist, wäre kein Anwendungsgebiet der Gnade i. techn. Sinn gegeben und es bliebe nur die Möglichkeit einer späteren Wiederanstellung. Die im Einzelfall harten gesetzlichen Mindeststrafen für Amtsdelikte, ferner Rehabilitierungs- und Resozialisierungsgründe können aber ein Bedürfnis für einen Gnadenerweis i. techn. Sinn schaffen. Die Vertreter der Verzichtstheorie haben z. T., um solchen auch von ihnen als praktisch unerwünscht bezeichneten Folgerungen zu entgehen, zu der Annahme eines Verzichts mit rückwirkender Kraft ihre Zuflucht genommen (vgl. Elsas S. 53; Davidsohn S. 51); indessen reicht auch diese Konstruktion nicht aus, den Bedürfnissen der Gnadenpraxis Rechnung zu traegn, denn auch ein Verzicht mit rückwirkender Kraft ist nur denkbar, wo überhaupt einmal die Möglichkeit eines Verzichts bestand und das ist beim Amtsverlust nicht der Fall, da er gleichzeitig mit der Rechtskraft eintritt, und so zu keiner Zeit die Möglichkeit eines Verzichts gegeben war. Der von Gerland (Festschrift für Frank [1930] 2, 215ff.) unternommene Versuch, vom Standpunkt der Befehlstheorie aus die Möglichkeit eines den Amtsverlust erfassenden Gnadenerweises damit zu begründen, daß es sich bei dem Amtsverlust — ebenso wie bei der Aberkennung der bürgerlichen Ehrenrechte — um eine der Gnade zugängliche Strafe von Dauerwirkung handele, mußte mißlingen, weil hier der grundsätzliche Unterschied zwischen den beiden Nebenstrafen übersehen wird: die Aberkennung der Ehrenrechte wird allerdings so lange vollzogen, als der Ehrverlust dauert; beim Amtsverlust aber ist die Strafe mit dem Eintritt der Rechtskraft in vollem Umfang vollzogen. — Diese — hier nur skizzierten — Bedenken gegen die Befehls- und die Verzichtstheorie haben im Schrifttum (vgl. Grau-Schäfer 55 mit eingehenden Schrifttumsnachweisen) dazu geführt, das Wesen der Gnade darin zu sehen, daß der Träger des Gnadenrechts, ohne an den Bestand des rechtskräftigen Urteils zu rühren, befugt ist, dem Verurteilten die Wiedereinsetzung in den vorigen Stand gegen die Folgen des Strafurteils zu gewähren; nach der Restitutionstheorie kann die Gnade durch einen actus contrarius alle unmittelbaren Rechtsfolgen der Verurteilung, soweit sie Strafcharakter tragen, so beseitigen, als ob sie gar nicht eingetreten seien. Für ihre wichtigste Folgerung, die Begnadigungsfähigkeit des Amtsverlustes, hat diese Lehre inzwischen die ausdrückliche Anerkennung des Gesetzgebers gefunden. § 54 Abs. 1 des Deutschen Beamtenges. vom 26. 1. 1937 (RGBl. I 39) bestimmte, in Verwirklichung schon früher hervorgetretener Reformwünsche, daß dem Staatsoberhaupt für alle Beamten das Gnadenrecht „hinsichtlich der beamtenrechtlichen Folgen eines strafgerichtlichen Urteils" zusteht; Abs. 2 lautet: „Werden im Gnadenwege die beamtenrechtlichen Folgen eines Strafurteils, demzufolge ein Beamter aus dem Beamtenverhältnis ausgeschieden ist, in vollem Umfang aufgehoben, so treten dieselben Folgen ein, wie wenn ein solches Urteil im Wiederaufnahmeverfahren durch ein Urteil ersetzt wird, das diese Folge nicht hat", d. h. er erhält (Abs. 3 a.a.O.) die rechtliche Stellung eines Wartestandsbeamten und wird hinsichtlich seiner Bezüge so behandelt, wie wenn er nicht ausgeschieden wäre. Eine entsprechende Begnadigung bei Dienstentlassung durch Disziplinarurteil sah § 104 der Reichsdienststrafordnung vom 26. 1. 1937 (RGBl. I 71) vor. Das Bundesbeamtenges. vom 14. 7. 1953 (BGBl. I 551) hat diese Gedanken übernommen und dabei den restitutiven Charakter einer vollen Begnadigung noch stärker betont. Nach § 50 steht dem Bundespräsidenten das Gnadenrecht hinsichtlich des durch strafgerichtliches Urteil bewirkten Verlustes der Beamtenrechte zu; wird der Verlust in vollem Umfang beseitigt, so gilt von diesem Zeitpunkt ab das Beamtenverhältnis als nicht unterbrochen; der Beamte hat Anspruch auf Übertragung eines gleichwertigen Amtes und erhält bis dahin die Bezüge seines bisherigen Amtes. Für den Amtsverlust durch Disziplinarurteil enthält § 104 der Bundesdisziplinarordnung vom 28. 11. 1952 (BGBl. I 749) eine entsprechende Bestimmung. Für die Landesbeamten treffen, soweit nicht in den Ländern das DBG 1937 weitergilt (vgl. Anm. 2 zu § 11 EG.GVG), die neuen Landesbeamtengesetze die gleiche Regelung. — Die Anerkennung des restitutiven Charakters des Gnadenakts liegt schließlich im Zuge der modernen Resozialisierungsbestrebungen, wie sie vor allem in der „Beseitigung des Strafmakels durch Richterspruch" (§§ 97ff., 111 JGG.), aber auch in strafregisterlichen Maßnahmen im Erwachsenenstrafrecht (§ 25 Abs. I StGB.) — in beiden Fällen freilich nicht als Gnadenakt, sondern als richterliche Maßnahme ausgestaltet — zum Ausdruck kommen.

12. Die Wirkung der Niederschlagung. Eine Niederschlagung im Einzelfall durch Verwaltungsakt gehört zu den Seltenheiten (vgl. unten Anm. 15, 15a, 16c); dagegen ist die Massenabolition durch Gesetz angesichts der zahlreichen Straffreiheitsgesetze der letzten Jahrzehnte (zuletzt die Straffreiheitsgesetze des Bundes vom 31. 12. 1949, BGBl. 37 und vom 17. 7. 1954, BGBl. I 203) zu einer häufigen Rechtserscheinung geworden. Dabei ist zu beachten, daß die Straffreiheitsgesetze, mögen sie auch in den materiellen Amnestievoraussetzungen noch so sehr voneinander abweichen, doch gewisse, bei allen Amnestien gleichmäßig auftauchende Fragen von Mal zu Mal eingehender geregelt haben und daß namentlich die Verfahrensvorschriften schrittweise so ausgebaut und verfeinert worden sind, daß zahlreiche Fragen, die die früheren Amnestieen aufwarfen, von dem späteren Gesetzgeber beantwortet wurden. Das darf bei der Verwertung der älteren Amnestierechtsprechung nicht unberücksichtigt bleiben. Auf Einzelfragen ist im Rahmen dieser Darstellung über die Verteilung der Gnadenbefugnisse zwischen Bund und Ländern nicht einzugehen; es wird auf die reiche Speziälliteratur, insbes. auf die Erläuterungsbücher zu den einzelnen Amnestiegesetzen, etwa von Busch-Schäfer-Wichards-Dörffler zum Straffreiheitsges. vom 20. 12. 1932, von K. Schäfer zum Ges. vom 20. 4. 1938, von Brandstetter,

Kohlhaas und Schwarz zu den Amnestien 1949 und 1954 verwiesen. Hier ist nur das Grundsätzliche hervorzuheben:

a) Die Wirkung der Niederschlagung besteht darin, daß sie ein Prozeßhindernis schafft, das in jeder Lage des Verfahrens, auch in der Revisionsinstanz, von Amts wegen zu beachten und nach den Grundsätzen des Freibeweises zu ermitteln ist (vgl. Einl. S. 49 Nr. 5). Die Niederschlagung steht der Einleitung eines Verfahrens, der Fortsetzung eines anhängigen Verfahrens, und, wenn das Prozeßhindernis erst in der Hauptverhandlung hervortritt, einer sachlichen Entscheidung über Schuld und Nichtschuld entgegen. Das wirkt sich dahin aus, daß anhängige, d. h. noch nicht rechtkräftig abgeschlossene Verfahren stets „einzustellen" sind (§ 2 Straffreiheitsges. 1954), und zwar vorbereitende Verfahren durch die Staatsanwaltschaft, die damit aktenmäßig verlautbart, daß das Verfahren kraft Gesetzes sein Ende gefunden habe, gerichtlich anhängige Verfahren aber stets durch gerichtliche Entscheidung, die außerhalb der Hauptverhandlung als Beschluß (§ 16 Abs. 2 Straffreiheitsges. 1954, § 206a StPO.), in der Hauptverhandlung aber als Urteil (§ 260 Abs. 1 StPO.) ergeht. Materiellrechtlich bedeutet die Niederschlagung einen Strafaufhebungsgrund, und zwar einen persönlichen für den durch die Straffreiheit begünstigten Täter oder Teilnehmer, so daß die Niederschlagung die Verfolgung eines anderen an der Tat beteiligten, in dessen Person die besonderen Amnestievoraussetzungen nicht vorliegen, nicht hindert (RGSt. **50,** 388, 395). Die Niederschlagung hat also einen Doppelcharakter (h. M.; vgl. RGSt. **69,** 126 mit Nachweisen; BGHSt. **3,** 136; **4,** 289): materiell bewirkt sie den Untergang des staatlichen Strafverfolgungsanspruchs, denn die Wirkung der Niederschlagung kann nicht gut verschieden sein, je nachdem ob sie als Einzel- oder als Massengnadenerweis erfolgt; verfahrensrechtlich aber kommt diese materiellrechtliche Wirkung nur in der Form des Prozeßhindernisses zum Ausdruck (so zutreffend Eb. Schmidt, Lehrkomm. I S. 89 Anm. 180; vgl. dazu Einl. S. 49 Nr. 5 des vorliegenden Werkes). Bei früheren Straffreiheitsgesetzen hatte die Rechtsprechung angenommen, daß die Niederschlagung die Rechtshängigkeit eines gerichtlichen Verfahrens kraft Gesetzes beende und auch die gerichtliche Einstellungsentscheidung dies lediglich deklaratorisch (aktenmäßig) ausspreche; daraus wurde die Folgerung gezogen, daß das Gericht an diese Entscheidung nicht gebunden sei, sondern dem Verfahren Fortgang geben könne, wenn es später erkenne, daß es die Niederschlagung infolge eines tatsächlichen oder rechtlichen Irrtums als eingetreten angenommen habe, während sie in Wahrheit nicht eingetreten war (so RGSt. **54,** 11; **67,** 236; **69,** 126). Diese Auffassung ist indessen durch die neuere Rechtsentwicklung überholt. Die neueren Amnestiegesetze beschreiben die Amnestievoraussetzungen in der Regel so, daß ihr Vorliegen nicht ohne weiteres aus den Akten abgelesen, sondern nur auf Grund sorgfältig wertender Prüfung im Einzelfall festgestellt werden kann, etwa wenn sie auf die Höhe der zu erwartenden Strafe, auf Handeln aus unverschuldeter Not und ähnliche Gesichtspunkte abstellen. Gerichtliche Entscheidungen, die in dieser Weise die Amnestievoraussetzungen feststellen, sind echte richterliche Entscheidungen; sie müssen deshalb anfechtbar sein, nach formeller Rechtskraft aber im Interesse der Rechtssicherheit und Rechtsgewißheit in gewissem Umfang materielle Rechtskraft haben. Die neueren Amnestiegesesetze lassen, um auch schon im vorbereitenden Verfahren alsbald Rechtsgewißheit zu schaffen, auf Antrag eines Beteiligten die Herbeiführung einer gerichtlichen Entscheidung zu, die mit der sofortigen Beschwerde anfechtbar ist (§ 16 Abs. 1 Straffreiheitsges. 1954). § 16 Abs. 2 a.a.O. gewährt gegen einen Beschluß, der nach Erhebung der Anklage, aber vor Eröffnung des Hauptverfahrens das Verfahren wegen Niederschlagung einstellt, der Staatsanwaltschaft in gleicher Weise das Recht der sofortigen Beschwerde (§ 16 Abs. 2 a.a.O.), wie es ihr bei Einstellung nach Eröffnung des Hauptverfahrens gemäß § 206a Abs. 2 StPO. zusteht. § 16 Abs. 3 a.a.O. spricht dann folgerichtig einem unanfechtbaren Einstellungsbeschluß (wegen eines Einstellungsurteils vgl. Vorbem. VI 22e von § 151 StPO.) eine gewisse materielle Rechtskraft zu. Danach kann, wenn ein Strafverfahren durch unanfechtbaren Gerichtsbeschluß eingestellt worden ist, wegen der Tat nur auf Grund neuer Tatsachen oder Beweismittel Anklage erhoben werden. Das gerichtlich anhängig gewesene Verfahren kann also nicht mehr (unter Aufhebung des Einstellungsbeschlusses) weiter betrieben werden; es bedarf vielmehr einer erneuten Anklage, die nur zulässig ist, wenn durch neue Tatsachen oder Beweismittel erkennbar wird, daß das einstellende Gericht sich in einem tatsächlichen Irrtum über das Vorliegen der Niederschlagungsvoraussetzungen befunden hat, während seine rechtlich falsche Würdigung bei gleichbleibendem Sachverhalt die Endgültigkeit der Einstellung nicht berührt. In dieser Hinsicht ist die abweichende Darstellung in der Einleitung § 11 F 5 (S. 50 oben) durch die neuere Rechtsentwicklung überholt und die Frage, wann die Rechtshängigkeit des von der Niederschlagung erfolgten Verfahrens endet, eindeutig dahin beantwortet, daß erst die die Einstellung des Verfahrens aussprechende gerichtliche Entscheidung sie beendet (so mit Recht Brandstetter, Komm. 1954 Anm. 85 zu § 16).

b) Der Grundsatz, daß die Niederschlagung ein Prozeßhindernis darstellt, das der Fortsetzung des Verfahrens und dem Erlaß eines Urteils über Schuld oder Nichtschuld entgegensteht, gilt nach der neueren Rechtsentwicklung nur mit **Einschränkungen.** Sind nach durchgeführter Hauptverhandlung die Voraussetzungen eines Freispruchs erwiesen, so muß das Gericht auf Freispruch erkennen; eine Einstellung würde den Angeklagten beschweren (vgl. Anm. 12e zu § 260 StPO.). Darüber hinaus ist nach § 17 Straffreiheitsges. 1954, der darin den vorangegangenen Amnestiegesetzen entspricht, bei gerichtlich anhängigen Verfahrens wegen eines Verbrechens oder Vergehens der Beschuldigte befugt, trotz Vorliegens der Niederschlagungsvoraussetzungen die Fortsetzung des Verfahrens zu beantragen, um seine Unschuld darzutun; wird ein solcher Antrag gestellt, so ist das Verfahren nach den allgemeinen Vorschriften fortzusetzen und endet, wenn der Angeklagte ohne das Eingreifen der Niederschlagung freizusprechen wäre, mit Freispruch, sonst mit Einstellung des Verfahrens. Schließlich kann in den Fällen, in denen ein gerichtlich anhängiges Verfahren wegen Beleidigung, übler Nachrede oder Verleumdung außerhalb der Hauptverhandlung eingestellt worden ist oder die Einstellung in der Hauptverhandlung zu erwarten ist, der Verletzte die Weiterführung des Verfahrens beantragen, freilich nicht mit dem Ziel, die Verurteilung des Beschuldigten herbeizuführen, sondern nur mit dem Ziel der Feststellung, daß eine von dem Beschuldigten aufgestellte oder verbreitete Behauptung tatsächlicher Art unwahr oder haltlos sei.

c) Wegen der Bedeutung des Grundsatzes in dubio pro reo für die Feststellung der Niederschlagungsvoraussetzungen vgl. Einl. § 11 F 5 und Vorbem. IV 16e vor § 151 StPO.

13. Gnadenbefugnisse außerhalb des Strafrechts. Die geschichtliche Wurzel des Gnadenrechts liegt im Kriminalstrafrecht. Wer die staatliche Strafgewalt, d. h. das Recht, durch seine Gerichte Kriminalstrafen zu verhängen, hat, hat auch das Recht zu bestimmen, daß eine Kriminalstrafe nicht verhängt, eine verhängte Strafe nicht vollstreckt wird. Im Laufe der Entwicklung ist aber das Gnadenrecht auch auf die Fälle erstreckt worden, in denen der Verstoß gegen gesetzliche Gebote und Verbote nicht mit Kriminalstrafe, sondern durch Zufügung eines anderen Übels, in der Regel durch Spruch eines Gerichts, geahndet wird. In Betracht kommen hier die Disziplinarstrafen gegen Beamte wegen Verletzung der ihnen nach Beamtenrecht obliegenden Pflichten, die ehrengerichtlichen Strafen gegen Angehörige von Berufsständen (Ärzte, Rechtsanwälte usw.), deren Berufs- und Standespflichten durch besondere Gesetze geregelt sind dergestalt, daß die Verletzung dieser Pflichten durch (staatliche) Ehrengerichte geahndet wird, und vor allem die Geldbußen und Nebenfolgen, die bei Ordnungswidrigkeiten nach Maßgabe des Gesetzes über Ordnungswidrigkeiten vom 25. 3. 1952 (BGBl. I 177) durch Bußgeldbescheid der Verwaltungsbehörde festgesetzt werden. Inhaber des Gnadenrechts ist hier diejenige Staatsgewalt, deren Organe (Gerichte oder andere Stellen) in 1. Instanz die Verfehlung geahndet haben. Für Bundesbeamte und Bundesrichter, deren Dienstvergehen letzlich durch Bundesdienststrafgerichte geahndet werden (Art. 96 Abs. 3 GG.), ist mithin der Bund, bei (unmittelbaren oder mittelbaren) Landesbeamten und Richtern der Länder das betreffende Land Träger des Gnadenrechts. Die Beamtengesetze (vgl. § 48 BBG., entsprechend § 53 DBG. und die neuen Beamtengesetze der Länder) sehen vor, daß die strafgerichtliche Verurteilung eines Beamten zu Zuchthaus, Ehrverlust und Amtsunfähigkeit das Beamtenverhältnis zum Erlöschen bringt. Das bedeutet nicht nur die deklaratorische Wiederholung einer bereits aus dem StGB. (vgl. §§ 33, 35 Abs. 2) sich ergebenden Urteilswirkung, sondern deren Konstituierung auch als beamtenrechtliche Folge der Verurteilung. Darüber hinaus schreiben die erwähnten Vorschriften der Beamtengesetze vor, daß auch die strafgerichtliche Verurteilung wegen vorsätzlich begangener Tat zu Gefängnis von einem Jahr oder längerer Dauer und die Verurteilung zu Gefängnis (ohne Rücksicht auf die Höhe der Strafe) wegen vorsätzlicher hochverräterischer oder landesverräterischer Handlung das Beamtenverhältnis beendet. Diese Vorschrift bezweckt, ein Disziplinarverfahren zu erübrigen, das zwangsläufig zur Strafe der Dienstentlassung führen müßte; dem Urteil des Strafrichters wird also hier die Bedeutung eines auf Dienstentlassung lautenden dienststrafgerichtlichen Urteils kraft Gesetzes beizumessen. Diese Konstruktion hat dazu geführt, daß gnadenrechtlich gesehen die an das strafgerichtliche Urteil anknüpfenden Rechtsfolgen nicht als strafrechtliche, sondern disziplinarische Maßnahmen angesehen werden und demgemäß, wenn es sich um einen Bundesbeamten handelt, der Bund das Gnadenrecht hinsichtlich der beamtenrechtlichen Urteilsfolgen für sich in Anspruch nimmt, auch wenn erstinstanzlich das Strafgericht eines Landes geurteilt hat, während im übrigen die Gnadenzuständigkeit des Landes gegeben ist (vgl. Art. I Nr. 2 der Anordnung des Bundespräsidenten über die Ausübung des Begnadigungsrechts des Bundes vom 10. 12. 1952 — BGBl. I 790). Folgerichtig ist für die beamtenrechtlichen Folgen der strafgerichtlichen Verurteilung eines Landesbeamten die Gnadenzuständigkeit des Landes gegeben, in dessen Dienst der Beamte stand, auch wenn die Verurteilung durch das Gericht eines anderen Landes erfolgt ist. — Bei rechtskräftig festgesetzten Geldbußen und Nebenfolgen wegen einer Ordnungswidrigkeit üben das Gnadenrecht, wenn eine Bundesbehörde den Bußgeldbescheid erlassen hat, der Bund, sonst das Land aus, dem die festsetzende Verwaltungsbehörde angehört (vgl. Art. I Nr. 1a der vorgenannten Anordnung vom 10. 12. 1952). An der Zuständigkeit des Bundes ändert sich auch nichts, wenn der Betroffene gegen den Bußgeldbescheid einer Bundesbehörde Antrag auf gerichtliche Entscheidung gestellt und daraufhin das Amts- oder Oberlandesgericht eines Landes (§§ 55, 56 OWiG.) endgültig entschieden hat.

14. Kein Gnadenakt im technischen Sinn ist die vorzeitige Tilgung eines Strafvermerks im **Strafregister** oder Anordnung der Auskunftsbeschränkung nach § 8 des Straftilgungsges. vom 9. 4. 1920 (RGBl. 507); hier handelt es sich vielmehr um einen Verwaltungsakt, der aus dem Recht der Aufsicht über das Strafregister, in dem die Strafe vermerkt ist, fließt. Das Recht zu den bezeichneten Maßnahmen steht daher nicht dem Träger der Justizhoheit über das Gericht zu, das erstinstanzlich in der Strafsache geurteilt hat, die zu dem betreffenden Strafregistervermerk führte, sondern dem Bundesjustizminister, wenn die Strafe im Bundesstrafregister vermerkt ist, sonst der Justizverwaltung des Landes, das das Strafregister führt; vgl. Dalcke(-Fuhrmann) [36] Anm. 1 zu § 8 Straftilgungsges. und die AV. des BJM. vom 27. 1. 1954, Bundesanz. Nr. 21 1954. — Die jüngste Rechtsentwicklung hat dazu geführt, daß in gewissem Umfang strafregisterliche Anordnungen auch von den Gerichten, und zwar nicht als Verwaltungs-, sondern als Rechtsprechungsakt erlassen werden können (vgl. § 25 Abs. 1 Satz 2 StGB., § 96 Abs. 2 JGG.).

15. C. Das Begnadigungsrecht des Bundes

a) § 452 StPO. bestimmt, daß das Begnadigungsrecht in Sachen, in denen der Bundesgerichtshof im ersten Rechtszug entschieden hat, dem Bund, sonst den Ländern zusteht. Diese Vorschrift enthält nur eine auf einen bestimmten Fall beschränkte Zuständigkeitsregel, nämlich für rechtskräftig erkannte Strafen („entschieden hat") und besagt im übrigen, daß, wenn im ersten Rechtszug ein Landesgericht entschieden hat, die Gnadenzuständigkeit dieses Landes nicht dadurch berührt wird, daß der Bundesgerichtshof als Revisionsgericht die Revision gegen das verurteilende Erkenntnis verworfen oder selbst gemäß § 354 StPO. die Strafe festgesetzt hat oder daß die erstinstanzliche Zuständigkeit des Oberlandesgerichts (§ 120 GVG.) durch Abgabe seitens des Oberbundesanwalts oder des Bundesgerichtshofs begründet wurde. Das Begnadigungsrecht bezgl. rechtskräftig erkannter Strafen setzt § 452 StPO. als bestehend voraus; im übrigen enthält § 452 nichts über den Inhalt dieses Gnadenrechts und läßt das Niederschlagungsrecht unerwähnt. Weiterhin bezieht sich § 452 StPO. nur auf Einzelgnadenerweise; er besagt nichts über Amnestien.

Nach Art. 60 Abs. 2 GG. übt der Bundespräsident „im Einzelfalle für den Bund das Begnadigungsrecht aus" (vgl. dazu die Anordnung des Bundespräsidenten über die Ausübung des Begnadigungsrechts des Bundes vom 10. 12. 1952, BGBl. I 790). Daraus ergibt sich, daß der Bundespräsident nicht befugt ist, eine Amnestie zu erlassen; eine Amnestie des Bundes kann vielmehr, wie dies Art. 49 WeimVerf. ausdrücklich aussprach, nur durch Gesetz ergehen. Unter dem „Begnadigungsrecht", das der Bundespräsident auszuüben befugt ist, ist, wie allgemein anerkannt (vgl. von Mangoldt Anm. 3 zu Art. 60 GG.) nur das dem Bund zustehende Recht zum Erlaß oder zur Milderung rechtskräftig erkannter Strafen (im weitesten Sinn, also außer den Kriminalstrafen auch Ordnungs-, Disziplinar- und Ehrengerichtsstrafen und Geldbußen wegen Ordnungswidrigkeiten, vgl. Anm. 13), nicht das Recht der Niederschlagung zu verstehen; eine Einzelabolition wäre also — wie unter der WeimVerf. (vgl. Grau-Schäfer, Preuß. Gnadenrecht S. 62) — nur durch Gesetz möglich. — Inwieweit der Bund angesichts der aus dem föderativen Aufbau sich ergebenden Teilung der Justizhoheit zwischen Bund und Ländern und damit auch der Gnadenzuständigkeit berechtigt ist, durch einfaches (nicht verfassungänderndes) Bundesgesetz **Amnestien** zu erlassen, war bislang — in Fortsetzung einer Kontroverse, die schon unter der WeimVerf. hervorgetreten war (vgl. Grau-Schäfer a.a.O. S. 64ff.) — streitig;

der Zweifel geht dahin, ob der Bundesgesetzgeber in ein Amnestiegesetz (Niederschlagung und Begnadigung im engeren Sinn) Verfehlungen einbeziehen kann, hinsichtlich deren das Recht des Einzelgnadenerweises den Ländern zusteht. Bei der Schaffung des Grundgesetzes war zunächst beabsichtigt, dem Bund das Recht zuzugestehen, Bundesamnestiegesetze unter Beschränkung auf Verstöße gegen Bundesgesetze zuzugestehen; Länderamnestien sollten also nur noch für Verstöße gegen Landesrecht zulässig sein (vgl. von Mangoldt Anm. 1 zu Art. 60 GG.). Da aber schließlich auf Klarstellung der Frage im Grundgesetz verzichtet wurde, war die Verfassungsmäßigkeit des mit einfacher Mehrheit beschlossenen Straffreiheitsgesetzes vom 31. 12. 1949 (BGBl. 37) zunächst — wenigstens im Schrifttum — bestritten (vgl. die Nachweise bei Brandstetter, Komm. z. Straffreiheitsgesetz vom 17. 7. 1954, BGBl. I 203, Vorbem. 9 vor § 1). Durch seine mit Gesetzeskraft (vgl. § 31 Abs. 2 BVerfGG.) ausgestattete Entscheidung vom 22. 4. 1953 (Bd. **2** S. 213 = JZ. **1953,** 506 mit Anm. von v. d. Heydte = NJW. **1953,** 777 = BGBl. **1954** I 292) hat das BVerfG. die Grundgesetzmäßigkeit des Straffreiheitsges. 1949 bejaht mit der Erwägung, die Gewährung von Straffreiheit sei kein Eingriff in die Gnadenzuständigkeit der Länder, denn Straffreiheit sei von der Begnadigung wesensmäßig verschieden; im Bewußtsein des Volkes werde die Gewährung von Amnestie nicht mehr als Ausfluß einer dem Recht vorgehenden Gnade, sondern als Korrektur des Rechts selbst empfunden. Dieser Begründung kann freilich nicht zugestimmt werden. Auch ein Straffreiheitsgesetz, das einer grundlegenden Änderung der Verhältnisse Rechnung tragen will, bringt nicht zum Ausdruck, daß die Gesetzesverstöße — rückblickend betrachtet — nicht mehr als Unrecht empfunden werden, sondern will nur besagen, daß ein Straf-(verfolgungs- oder Vollstreckungs-)bedürfnis jetzt (infolge Zeitablaufs) nicht mehr bestehe; es kommen hier Gesichtspunkte in Betracht, wie sie auch etwa bei der Verjährung auftauchen. Eine Abstandnahme von der Bestrafung, weil sie nach Lage des Falles nicht mehr geboten erscheint, ist aber gerade das Wesen der Gnade, die nur ausnahmsweise die Aufgabe einer Korrektur des Rechts selbst übernimmt (so mit Recht auch Brandstetter a.a.O. Anm. 1a zu § 1). Ob die Befugnis des Bundesgesetzgebers zum Erlaß von Amnestiegesetzen, wie geltend gemacht wird, eine ausreichende grundgesetzliche Grundlage in Art. 74 Nr. 1 GG. (konkurrierende Gesetzgebungsbefugnis für das gerichtliche Verfahren — bei der Niederschlagung — und den Strafvollzug — beim Straferlaß —) in Verb. mit Art. 72 Abs. 2 Nr. 3 GG. findet, kann aber offen bleiben. Selbst wenn man annimmt, daß die bindende Wirkung von BVerfG. **2,** 213 sich nur auf die Verfassungsmäßigkeit des Straffreiheitsges. 1949 bezieht und der Begründung, wonach der Bund schlechthin zum Erlaß von Straffreiheitsgesetzen befugt ist, die bindende Wirkung für spätere Amnestiegesetze des Bundes abgeht (vgl. Anm. 4a zu § 1), so ist doch mit einer Änderung der Rechtsprechung des BVerfG. nicht zu rechnen. Damit ist ein Zustand von Verfassungswirklichkeit gegeben, der weitere rechtliche Erörterungen über die bundesgesetzliche Zuständigkeit gegenstandslos macht. Die Verfassungsmäßigkeit des Straffreiheitsges. 1954 ist denn auch nicht mehr in Zweifel gezogen worden. Im übrigen ist unbestreitbar, daß dieser Zustand dem praktischen Bedürfnis entspricht. Läge die Amnestiezuständigkeit nur bei den Ländern, so würde die gerade auf diesem Gebiet besonders dringliche Rechtseinheit schwerlich zu erzielen sein. Daraus folgt, daß andrerseits den Ländern im Rahmen ihrer Gnadenzuständigkeit das Recht zum Erlaß von Amnestiegesetzen — ohne Rücksicht darauf, ob es sich um Verstöße gegen Bundesgesetze oder gegen Landesgesetze handelt — verbleibt, wenn auch bei Verstößen gegen Bundesrecht ein rechtfertigender Anlaß, von diesem Recht Gebrauch zu machen, kaum in Betracht kommen dürfte. — Straffreiheitsgesetze des Bundes erstrecken sich nicht auf die von ostzonalen Gerichten erkannten Strafen und stehen daher, wenn sich nicht im übrigen aus dem Gesetz über die innerdeutsche Rechts- und Amtshilfe in Strafsachen vom 2. 5. 1953 (BGBl. I 161) ein Hindernis ergibt, einer Vollstreckung oder Zulieferung zur Vollstreckung auf Ersuchen der ostzonalen Behörden nicht entgegen (BVerfG. NJW. **1952,** 1129).

b) Das Einzelgnadenrecht des Bundes ist beschränkt durch die Gnadenzuständigkeit der Länder. Das bedeutet, daß der Bund auch dann Gnadeninhaber ist, wenn es sich um eine nicht von einem Gericht oder einer Behörde des Bundes erstinstanzlich festgesetzte Strafe handelt, eine Landesgnadenzuständigkeit aber nicht gegeben ist. Demgemäß ist in der Anordnung über die Ausübung des Begnadigungsrechts des Bundes vom 10. 12. 1950 mit Recht die Begnadigungszuständigkeit des Bundespräsidenten auch für die Fälle angenommen worden, in denen die Strafe durch nicht mehr bestehende Gerichte oder Behörden verhängt wurde. Wegen der Begnadigung von Beamten bez. der beamtenrechtlichen Folgen einer strafgerichtlichen Verurteilung vgl. Anm. 13. — Der Inhalt des Einzelgnadenrechts des Bundes ist der gleiche wie das der Länder (vgl. Anm. 16d).

16. D. Das Begnadigungsrecht der Länder.

a) Das Gnadenrecht steht diesen, wie in Anm. 13, 15 dargelegt, in dem Umfang zu, als sie Träger der Strafgewalt sind. In Kriminalsachen ist das Begnadigungsrecht der Länder nach der geschichtlichen Entwicklung ein Ausfluß der ihnen zustehenden Justizhoheit; es ist infolgedessen ohne Bedeutung, ob der Strafanspruch aus der Verletzung eines Bundes- oder eines Landesgesetzes erwachsen ist. Man mag streiten, ob die Justizhoheit der Länder — und damit das Begnadigungsrecht — ein originäres oder ihnen durch die Bundesgewalt übertragenes (delegiertes) Recht ist (vgl. Anm. 1); jedenfalls steht auch bei letzterer Annahme das Verfügungsrecht über den Strafausspruch ausschließlich dem Land zu, dessen erstinstanzliche Aburteilungszuständigkeit gegeben ist. Dieser Grundsatz ist seit jeher anerkannt worden (vgl. Binding Hdb. **1** 864, von Liszt-Schmidt Lehrbuch 26. Aufl. [1932] § 73 IV, Goldschmidt Festgabe für Hübler [1905] 118, Rosenfeld § 23, Hatschek Deutsches und preußisches Staatsrecht [2. Aufl] **2** 653). Wenn § 477 RAbgO. den Ländern das Begnadigungsrecht bez. solcher Strafen zuspricht, die Gegenstand eines gerichtlichen Steuerstrafverfahrens sind oder waren, so ist dies nicht die Übertragung einer (sonst nicht bestehenden) Gnadenzuständigkeit, sondern lediglich die (zur Verdeutlichung erfolgte) Feststellung eines ohnehin bestehenden Rechtszustandes. Für die Wirkung der in einem Land im Rahmen seiner Gnadenzuständigkeit angeordneten Gnadenmaßnahme aber ist zu beachten, daß sie sich nicht in der Bindung der Gerichte und Strafverfolgungsbehörden des eigenen Landes erschöpft. Vielmehr greift auch hier der Grundsatz durch, daß für die Ausübung der Strafgerichtsbarkeit die Bundesrepublik mit ihren Ländern als einheitliches Staatsganzes zu gelten hat und sämtliche im Bundesgebiet tätigen Gerichte, Staatsanwaltschaften und Polizeibehörden insofern als Organe ein und derselben Strafgewalt anzusehen sind (BGHSt. 3, 137; vgl. oben Anm. 4). Innerhalb der Gnadenzuständigkeit getroffene Maßnahmen eines Landes sind also für alle Gerichte und Strafverfolgungsbehörden verbindlich. Das gilt grundsätzlich auch im Verhältnis der Bundesrepublik und Westberlins zur sowj. Besatzungszone (Creifelds, Die interzonalen Auswirkungen von Gnadenmaßnahmen GA. **1953**, 97ff.; OLG. Hamburg MDR. **1955**, 249). Demgemäß greift eine durch ein Land verfügte Niederschlagung auch dann noch durch, wenn das Verfahren in der Revisionsinstanz beim BGH. anhängig ist. Diese Auffassung wurde bereits zur Zeit des Bestehens des Reichsgerichts vertreten (RGSt. **33** 210, RG. Recht **1916** Nr. 1670, RGSt. **50** 392. **Gl. A.** Hamm Recht 1897 141, Weismann ZStW. **9** 402, Arndt ZStW. **21** 387, K. Meyer DJZ. **1915** 251, Fleischmann im Wörterbuch des Staats- und Verwaltungsrechts 2. Aufl **1** 55 Art. „Abolition", Hatschek Deutsches und preußisches Staatsrecht [2. Aufl.] **2** 652f. **A. M.** RGSt. **28** 421, Laband DJZ. **1896** 257, Staatsrecht **3** 518 Anm. 4, von Liszt-Schmidt Lehrbuch 26. Aufl. [1932] § 73 III Anm. 11, Elsaß 96, 99). Die in dem Urt. RGSt. **33** 210 angegebene Begründung war allerdings unrichtig; sie war auch mit den zutreffenden Ausführungen über die staatsrechtliche Stellung des Reichsgerichts unvereinbar, die in dem Beschlusse der vereinigten Zivilsenate vom 22. 5. 1901 (RGZ. **48** 199) und anderen Entsch. des RG. (vgl. RGZ. **87** 117, RGSt. **50** 427) enthalten sind. Die Gerichtsbarkeit, die der Bund in der Revisionsinstanz ausübt, ist ihm nicht von der Gesamtheit der Länder „delegiert", d. h. lediglich zur Ausübung übertragen worden; sie steht ihm vielmehr kraft eigenen Rechtes zu. Das Prozeßhindernis der Niederschlagung ist vielmehr für den Bundesgerichtshof verbindlich, weil das den Ländern zustehende Recht der Begnadigung im engeren und weiteren Sinne durch GVG. und StPO. nicht berührt wird.

b) Bei **Gesamtstrafen,** deren Einzelstrafen von Gerichten verschiedener Länder festgesetzt sind, steht die Bewilligung eines Gnadenerweises für die Gesamtstrafe den beteiligten Ländern gemeinsam zu; entsprechendes gilt bei Gesamtstrafen, bei denen eine Einzelstrafe erstinstanzlich vom Bundesgerichtshof, die anderen Einzelstrafen von Landesgerichten verhängt sind. Es geht also nicht das Gnadenrecht auf dasjenige Land über, das die Gesamtstrafe gebildet hat. Eine Vereinbarung zwischen dem Bund und den Ländern über die Ausübung des Gnadenrechts in solchen Fällen entsprechend der unter der Herrschaft der WeimVerf. abgeschlossenen Vereinbarung von 1923 (RMBl. S. 1033; PrJMBl. S. 737) i. d. F. von 1931 (RMBl. S. 731 u. PrJMBl. S. 357; vgl. dazu Grau-Schäfer a.a.O. S. 101f.) ist bisher nicht zustande gekommen. An sich verbleibt jedem Land die Befugnis, die von seinem Gericht ausgesprochene (in der Gesamtstrafe aufgegangene) Einzelstrafe ohne Rücksicht auf die ablehnende Haltung der übrigen an der Gesamtstrafe beteiligten Länder im Gnadenweg zu erlassen oder zu mildern (Binding Handb. I 877, Finger Lehrb. S. 593; a. M. Löb 51, Elsaß 129); ein solches isoliertes Vorgehen wäre aber höchst unerwünscht. Dagegen ist das einzelne Land nicht gehindert, einen Gnadenerweis alsbald — also ohne sich mit den übrigen an der Gesamtstrafe beteiligten Länder oder dem Bund in Verbindung zu setzen — abzulehnen; die Ablehnung erfolgt dann mit der ausdrücklichen Einschränkung, daß der Gnadenerweis insoweit abgelehnt werde, als das Begnadigungsrecht dem betreffenden Land zustehe (vgl. z. B. § 45 der Gnadenordnung von Nordrhein-Westfalen).

c) Welche Stelle das einem Land zustehende Gnadenrecht ausübt, richtet sich nach den in den Ländern geltenden Landesverfassungen (vgl. die Zusammenstellung der einschlägigen Vorschriften bei Eb. Schmidt, Lehrkomm. I S. 90 Nr. 183). Im allgemeinen geht die Regelung dahin, daß für Einzelbegnadigungen die Landesregierung oder der Regierungschef (Ministerpräsident) mit dem Recht der Weiterübertragung für zuständig erklärt ist, während Landesamnestien eines Gesetzes bedürfen. Niederschlagung durch Einzelgnadenerweis ist nur zulässig, wenn die Landesverfassung ihn deutlich zuläßt; vielfach wird die Einzelniederschlagung durch Einzelgnadenerweis, nicht selten auch sie durch Gesetz ausdrücklich ausgeschlossen (vgl. z. B. Bremen Art. 121, Nordrhein-Westfalen Art. 59, Niedersachsen Art. 27, Rheinl.-Pfalz § 1 Abs. 2 des Ges. vom 15. 4. 1948 — GVBl. 246 —, Berlin § 3 Abs. 2 des Ges. vom 17. 9. 1949 — VOBl. 331); nach Art. 109 Abs. 3 Hess. Verf. ist die Niederschlagung im Einzelfall nur zulässig, solange das Verfahren noch nicht gerichtlich anhängig ist.

d) Über den **Inhalt** des Landesgnadenrechts enthalten die Landesverfassungen so wenig eine umfassende Beschreibung wie sie Art. 60 Abs. 2 GG. bzgl. des dem Bund zustehenden Gnadenrechts gibt. Die in der Zeit der einheitlichen Reichsjustizverwaltung erlassene Gnadenordnung (AV. des Reichsjustizministers vom 6. 2. 1935, Deutsche Justiz S. 203), die im Verwaltungsweg den Gang des Gnadenverfahrens bei kriminellen und Ordnungsstrafen und die den Justizbehörden dabei zufallende Mitwirkung regelte, umschrieb in § 3 den Inhalt des Gnadenrechts folgendermaßen: „(1) Das Gnadenrecht umfaßt die Befugnis, rechtskräftig erkannte Strafen zu erlassen, zu ermäßigen, umzuwandeln oder auszusetzen (Begnadigungsrecht) (und die Befugnis, vor rechtskräftiger Entscheidung einer Sache anzuordnen, daß von der Strafverfolgung abgesehen wird [Niederschlagungsrecht]). (2) Das Begnadigungsrecht umfaßt außer den Strafen die Nebenstrafen sowie die Nebenfolgen, die im Strafurteil ausgesprochen sind oder sich aus ihm kraft gesetzlicher Vorschrift ergeben. Es umfaßt ferner die der Staatskasse zustehenden Ansprüche auf [Zahlung von Geldbußen oder auf] Erstattung von Kosten (Gebühren und Auslagen). Maßregeln der Sicherung und Besserung und andere Sicherungsmaßnahmen, auf die durch Strafurteil erkannt ist oder die sich aus ihm kraft gesetzlicher Vorschrift ergeben, sind nicht grundsätzlich dem Begnadigungsrecht entzogen. Bei diesen Maßnahmen überwiegt jedoch der Zweck, die Allgemeinheit vor Gefahren zu schützen, die Rücksicht auf die Person des Betroffenen so sehr, daß ein Anlaß zu einer Milderung des Urteilsspruchs nur in seltenen Ausnahmefällen (Fehlurteil, nachträglicher Wegfall des Sicherungsbedürfnisses) eintreten kann. Auch in solchen Fällen kommt der Weg der Gnade nur in Betracht, wenn nicht das Gesetz bereits Milderungen (z. B. durch nachträgliche Anordnungen des Vollstreckungsgerichts gemäß §§ 42f, 42h StGB.) zuläßt." Die Gnadenordnung 1935 und mit ihr der § 3 wird seit dem Rückfall der Justizhoheit auf die Länder in den meisten Ländern mit gewissen Änderungen als landesrechtliche Ordnung weiter angewendet; wo die Länder neue Vorschriften erlassen haben (vgl. dazu Dalcke [-Schäfer] 36. Aufl. 1955 Vorbem. zur GnadenO. S. 1526; ferner die Zusammenstellung bei Wahl Bundesanz. Nr. 243/1952 und in der Beckschen Textsamml. „Strafvollstreckung, Strafregister, Gnadenwesen, 2. Aufl. 1954, sowie neuestens die Bay. GnadenO. vom 11. 11. 1954, GVBl. 1955, 1 = SaBl. 1955, 76), enthalten sie wörtlich oder inhaltlich dem § 3 entsprechende Vorschriften. Auf weitere Einzelheiten ist im Rahmen dieser Darstellung nicht einzugehen. — Gnadenentschließungen sind grundsätzlich **justizlose Hoheitsakte**[6] die Ablehnung eines Gnadengesuchs ist also nicht im Rechtswege nachprüfbar (OVG. Münster NJW. **1953**, 1240). Für die Ausübung des Gnadenrechts bei Strafen, die im Verwaltungsstrafverfahren (vgl. Anm. 2 zu § 13) rechtskräftig festgesetzt sind, kann — gegen BFH. BStBl. III 274 — nichts anderes gelten (Leise NJW. **1955**, 1668).

e) Sind nach den §§ 7 bis 11 StPO. die Gerichte mehrerer Länder zur Verfolgung derselben strafbaren Handlung zuständig, so bestimmt sich, wenn in einem Land die Niederschlagung angeordnet wird, die Wirkung dieser Maßnahme für die Gerichte und Strafverfolgungsbehörden der anderen Länder danach, welches Gericht zuerst die Untersuchung (d. h. die Voruntersuchung oder das Hauptverfahren) eröffnet hat. Nach § 12 StPO. ist dieses Gericht nunmehr ausschließlich zuständig geworden und die Justizhoheit in der Sache steht dem Land ausschließlich zu, dem dieses Gericht angehört, während (für die Dauer der Rechtshängigkeit) die Gerichte der übrigen Länder von der Ausübung der Gerichtsbarkeit ausgeschlossen sind und damit den betreffenden Ländern insoweit die Verfügung über den Strafanspruch nicht zusteht. Die Niederschlagung in einem Land ergreift also bei mehrfacher potentieller Zuständigkeit nur die Sachen, in denen die Gerichte dieses Landes zuerst die Untersuchung eröffnet haben; die dadurch bewirkte Niederschlagung ist dann aber, da für die Ausübung der Strafgerichtsbarkeit die Bundesrepublik mit ihren Ländern als ein einheitliches Staatsganzes anzusehen sind, auch für die übrigen Gerichte und Strafverfolgungsbehörden des Bundesgebiets verbindlich. Im einzelnen ergibt sich daraus folgendes:

α) Die Niederschlagung durch das Land A wird verfügt, bevor ein Gericht gemäß § 12 StPO. ausschließlich zuständig geworden ist. In diesem Falle bindet der Befehl des Landes A, die Strafverfolgung zu unterlassen, zwar seine eignen Gerichte und Strafverfolgungsbehörden, aber nicht die Behörden des Landes B (Laband **3** 517, Hatschek Deutsches und preußisches Staatsrecht **2** 652f.).

β) Die Niederschlagung durch das Land A wird verfügt, nachdem ein Gericht des Landes B gemäß § 12 StPO. ausschließlich zuständig geworden ist. In diesem Falle hat sie keine rechtliche Wirkung. Die Behörden des Landes A, für die der Befehl bindend ist, sind nicht zuständig. Für die Behörden des Landes B, die zuständig sind, ist der Befehl nicht bindend (BGHSt. **3**, 134; Laband **3** 517, von Liszt-Schmidt Lehrbuch 26. Aufl. [1932] § 73 IV Anm. 13, Hatschek a.a.O.). — Die gleichen Grundsätze gelten für die Wirkung einer in der Ostzone erfolgten Niederschlagung, wenn ein Gericht der Bundesrepublik für eine in der Ostzone begangene Tat ausschließlich zuständig geworden ist (OGHSt. **2**, 253).

γ) Die Niederschlagung durch das Land A wird verfügt, nachdem ein Gericht des Landes A gemäß § 12 StPO. ausschließlich zuständig geworden ist. In diesem Falle erstreckt sich die rechtliche Wirkung der Niederschlagung auch auf das Land B. Die Behörden des Landes A, für die der Befehl bindend ist, sind allein zuständig. Die Behörden des Landes B haben fortan von der zulässigerweise erfolgten Löschung des Strafanspruchs durch das Land A auszugehen (BGHSt. **3**, 134, Laband **3** 517, Löb 45, Heimberger 96—97, Hatschek a.a.O.; **a. M.** Binding Hdb. **1** 869). Ist aber ein Verfahren durch ein Gericht des Landes A infolge tatsächlichen Irrtums zu Unrecht eingestellt (s. oben Anm. 12a), so ist, da mit der einstellenden Entscheidung die Rechtshängigkeit bei diesem Gericht beendet ist, ein Gericht des Landes B, das mit der Sache befaßt wird (z. B. unter dem Gesichtspunkt, ob wegen der vermeintlich niedergeschlagenen Tat und anderen Straftaten, für die nur die Gerichtsbarkeit des Landes B gegeben ist, eine Gesamtstrafe zu bilden ist, zur Aburteilung in vollem Umfang zuständig (BGHSt. **3**, 141).

δ) Ist das gemeinsame Gericht mehrerer Länder zuständig, so ist die Niederschlagung nur wirksam, wenn nach den bestehenden Verträgen die Ausübung des Begnadigungsrechts dem Land zusteht, das von dem Recht Gebrauch macht (vgl. Erl. des pr. JM. vom 27. 1. 1915 JMBl. 14).

Besteht bei einer Mehrheit von strafbaren Handlungen, die in verschiedenen Ländern begangen worden sind, ein Zusammenhang im Sinne des § 3 StPO., so wird hierdurch das Begnadigungsrecht der einzelnen Länder nicht berührt (Elsaß 134, Feisenberger 12; **a. M.** Heimberger 98, der einen Unterschied zwischen dem Land des forum delicti und anderen Ländern machen will).

II. Die Organe der Strafgerichtsbarkeit

A. Die Bundesjustizbehörden

17. Die Organe der Bundesgerichtsbarkeit sind der Bundesgerichtshof und die Bundesanwaltschaft. Die Verfassung und die Zuständigkeit des Bundesgerichtshofs ist hauptsächlich in Tit. 9 GVG. bestimmt; vgl. dort Vorbem. 2. Für die Bundesanwaltschaft s. § 142 Nr. 1, §§ 148, 149 und wegen ihrer Zuständigkeit § 142 Anm. 3. Die Geschäfte der Bundesjustizverwaltung werden von dem Bundesjustizminister wahrgenommen.

18. Zuständigkeit – An der Handhabung des den Ländern zustehenden Strafverfolgungsrechts (Anm. 4) nehmen die Bundesbehörden – abgesehen von dem auf Ausnahmefälle beschränkten Eingreifen des Bundeskriminalamts (vgl. oben Anm. 3) – nicht teil, und insbesondere übt der Bund nur im Rahmen des Art. 84 GG. eine Aufsicht über die Strafverfolgung der Länder aus. Dem Oberbundesanwalt steht zwar die Entscheidung zu, wenn unter den Staatsanwaltschaften verschiedener Länder über die Zuständigkeit zur Strafverfolgung Streit entsteht (§ 143 Abs. 3); allein er ist nicht zur Entscheidung darüber berufen, ob überhaupt die Strafverfolgung stattzufinden habe; es findet an ihn keine Beschwerde gegen die Entschließungen der Länderstaatsanwaltschaften statt. Ebensowenig kann er eine von der Landesstaatsanwaltschaft eingelegte Revision – selbst wenn er sie für unbegründet hält – zurücknehmen. Dementsprechend sind auch die die Erhebung der öffentlichen Klage betreffenden Beschlüsse der Oberlandesgerichte (§§ 172ff. StPO.) keiner Beschwerde an den Bundesgerichtshof unterworfen.

B. Die gemeinsamen Landesjustizbehörden

19. Über die Errichtung gemeinsamer Landesjustizbehörden hat das GVG. keine Vorschriften aufgestellt; sie ist somit in allen Beziehungen Gegenstand der Vereinbarung unter den Ländern (Begr. 25). Wegen der früher zwischen den deutschen Ländern geschlossenen Verträge über Gerichtsgemeinschaften usw. vgl. Anm. 14 der Vorauflage.

§ 12

Die ordentliche streitige Gerichtsbarkeit wird durch Amtsgerichte, Landgerichte, Oberlandesgerichte und durch den Bundesgerichtshof (das Obere Bundesgericht für das Gebiet der ordentlichen Gerichtsbarkeit) ausgeübt.

I. Entstehungsgeschichte: Entw. § –.

II. Spätere Änderung: Das Vereinheitlichungsgesetz hat die Worte „Das Reichsgericht" durch „Den Bundesgerichtshof . . . Gerichtsbarkeit" ersetzt.

I. Die ordentlichen Gerichte

1. Nach Art. 92 GG. wird die rechtsprechende Gewalt – außer durch das Bundesverfassungsgericht und das Oberste Bundesgericht – durch die im GG. vorgesehenen Bundesgerichte und durch die Gerichte der Länder ausgeübt. Dem nach Art. 96 GG. zu errichtenden oberen Bundesgericht für das Gebiet der ordentlichen Gerichtsbarkeit ist im GVG. die Bezeichnung „Bundesgerichtshof" beigelegt worden. Wie in Vorbem. 1 vor § 12 dargelegt, bedeutet die Regelung in Art. 92, 96 GG., daß auf dem Gebiet der ordentlichen streitigen Gerichtsbarkeit (s. dazu Anm. 1 zu § 2 EG.GVG. und über das Verhältnis dieser Gerichtsbarkeit zu der der Sondergerichte Anm. 10 zu § 13) als Bundesgericht nur der Bundesgerichtshof errichtet werden darf, während die übrigen auf dem Gebiete der streitigen Gerichtsbarkeit tätigen Gerichte Gerichte der Länder sein müssen. Die Bedeutung des § 12 besteht darin, daß er die auf dem Gebiet der ordentlichen streitigen Gerichtsbarkeit zu errichtenden Gerichte der Länder festlegt, denen die Rechtsprechung in allen Sachen dieser Gerichtsbarkeit zufällt, soweit nicht für besondere Sachgebiete andere Gerichte errichtet werden (Art. 101 Abs. 2 GG.). – Der Bundesgerichtshof gehört nicht nur in der Eigenschaft als Gericht letzter, sondern auch in der als Gericht erster Instanz zu den ordentlichen Gerichten; vgl. § 134 und Vorbem. 1 vor § 12.

Das Fehlen der Gerichtsbarkeit haben die Strafgerichte in jeder Lage des Verfahrens von Amts wegen zu beachten (RGSt. **27** 143, **38** 70, **43** 293, **52** 215, 217, 237, **54** 141, **59** 36, **69**, 156; vgl. Einl. § 11 C, S. 39).

2. „Die gesetzliche Bezeichnung der Gerichte als Amtsgerichte, Landgerichte und Oberlandesgerichte schließt es nicht aus, daß für einzelne Gerichte unbeschadet ihres Charakters als Gerichte einer dieser Ordnungen besondere Namen aufrechterhalten werden, die durch die sich daran anknüpfenden historischen Erinnerungen besondere Bedeutung haben" (Begr. 25). – Durch kgl. Erl. v. 1. Sept. 1879 (GS. 587) wurde bestimmt, daß das Oberlandesgericht zu Berlin auch ferner den Namen „Kammergericht" zu führen hat.

3. § 12 bestimmt die staatsrechtlichen Gerichtskörper, aus denen die zur Ausübung der Gerichtsbarkeit berufenen Organe, die „Rechtsprechungskörper", entnommen werden (vgl. Eb. Schmidt, Lehrkomm. I Nr. 78ff.). — Die richterliche Gewalt wird in Strafsachen teils durch Einzelrichter (Amtsrichter, Untersuchungsrichter, Ermittlungsrichter des Bundesgerichtshofs, § 168a StPO., Jugendrichter) ausgeübt, teils durch „Kollegien" (Strafgerichte), die in einer bestimmten, vom Gesetz vorgeschriebenen Zahl von Mitgliedern (vgl. § 192) zu entscheiden haben. Ein Teil dieser Strafgerichte besteht nur aus Berufsrichtern, während ein anderer Teil aus Berufsrichtern und Laien zusammengesetzt ist. Die Strafgerichte der ersten Art werden im Gesetz „Strafsenate" genannt und durch diese Namen als Abteilungen der Gerichtskörper gekennzeichnet. Den mit Laien besetzten Strafgerichten legt das Gesetz teilweise besondere Bezeichnungen bei; es nennt sie „Schöffengerichte" („Jugendschöffengerichte") und „Schwurgerichte". Für diese Gerichte wird in der Begr. (25) bemerkt: „Neben den Amts- und Landgerichten waren die Schöffen- und Schwurgerichte nicht besonders zu nennen. Diesen Gerichten ist im Gesetz nicht die Eigenschaft selbständiger Behörden von dauerndem Bestande beigelegt. Sie werden bei den Amts- und Landgerichten gebildet und stellen eine der Formen dar, in der im Strafverfahren die Gerichtsbarkeit der Amts- und Landgerichte in die Erscheinung tritt." Zu den mit Laien besetzten Gerichten gehören auch die Strafkammern und Jugendkammern, soweit sie in der Hauptverhandlung tätig sind (vgl. § 76 Abs. 2 GVG., § 33 Abs. 3 JGG.).

4. Die einzelnen Organe der Strafgerichtsbarkeit sind folgende: a) die Amtsrichter in der Eigenschaft als Einzelrichter (§ 25 GVG.) und Jugendrichter (§ 39 JGG.); — b) die ständigen Untersuchungsrichter der Landgerichte (§ 61) und der für den einzelnen Fall zu bestellende Untersuchungsrichter des Bundesgerichtshofs und des Oberlandesgerichts (§ 186 StPO.); — c) der Ermittlungsrichter des Bundesgerichtshofs (§ 168a StPO.); — d) die mit den Amtsgerichten verbundenen, aus einem Amtsrichter und zwei Schöffen bestehenden Schöffengerichte und die aus zwei Amtsrichtern und zwei Schöffen bestehenden erweiterten Schöffengerichte (§ 29 GVG.); das Jugendschöffengericht besteht aus dem Jugendrichter und zwei Jugendschöffen (§ 33 JGG.); — e) die je nach der Art der auszuübenden Tätigkeit mit einem Richter und zwei Schöffen, mit drei Richtern und zwei Schöffen oder mit drei Richtern besetzten Strafkammern der Landgerichte (§ 76), einschließlich der auswärtigen, d. h. der Strafkammern, die am Sitze eines Amtsgerichts gebildet werden (§ 78); als Jugendkammer besteht die Strafkammer aus drei Richtern und zwei Jugendschöffen (§ 33 JGG.); — f) die mit den Landgerichten verbundenen, aus drei Richtern und sechs Geschworenen bestehenden Schwurgerichte (§ 81); — g) die aus drei oder fünf Richtern bestehenden Strafsenate der Oberlandesgerichte (§ 122) oder (§§ 9, 10 EG.GVG.) des obersten Landesgerichts; — h) die aus drei oder fünf Richtern bestehenden Strafsenate des Bundesgerichtshofs (§ 139), der Große Senat für Strafsachen und die Vereinigten Großen Senate (§ 132). — Außerdem kommen noch in Betracht: i) die Vorsitzenden der Strafgerichte, sofern ihnen nämlich das Gesetz auch außerhalb der Gerichtssitzungen für gewisse Fälle ein selbständiges Entscheidungsrecht beilegt (vgl. z. B. StPO. § 124 Abs. 3, § 141, §§ 219 bis 221); — k) „die beauftragten Richter" (über diesen Begriff s. Tit. 13 Vorbem. 8b). Der „ersuchte Richter" ist stets ein Amtsrichter (GVG. § 157), also schon unter a inbegriffen; — l) Wegen der den Präsidenten der Oberlandesgerichte und der Landgerichte bei der Bildung der Schwurgerichte obliegenden Geschäfte s. § 83.

5. Über den Sprachgebrauch der StPO. bei der Bezeichnung der Organe der Strafgerichtsbarkeit s. die Anm. 2 zu Buch 1 (S. 74).

6. Wegen der den einzelnen Organen der Strafgerichtsbarkeit zugewiesenen Amtsbezirke s. die Anm. zur StPO. Buch 1 Abschn. 2 (S. 87).

II. Gliederung der Gerichte und Geschäftskreis der einzelnen Arten von Gerichten (sachliche Zuständigkeit im weiteren Sinne).

7. In Strafsachen beruht die Gliederung der Gerichte und die Verschiedenheit ihres Geschäftskreises in sachlicher Hinsicht (sachliche Zuständigkeit im weiteren Sinne) a) auf dem Bestehen mehrerer Instanzen; b) darauf, daß das Verfahren erster Instanz in verschiedene Abschnitte (Vorverfahren, Hauptverfahren) geteilt wird; c) darauf, daß das erkennende Gericht erster Instanz für die verschiedenen Arten von Strafsachen verschieden gebildet wird, oder mit anderen Worten darauf, daß es mehrere Arten (Ordnungen) erkennender Gerichte erster

Instanz gibt, unter die die Strafsachen mit Rücksicht auf die Art (Schwere) und die Bedeutung der strafbaren Handlungen verteilt sind. Das Nähere über den Geschäftskreis der einzelnen Arten von Gerichten s. in den Anm. zu Tit. 3, 4, 5, 6, 8, 9; hier ist nur folgendes hervorzuheben:

a) Instanzen. α) Der Amtsrichter (Jugendrichter), das Schöffengericht (Jugendschöffengericht) und das Schwurgericht sind ausschließlich Gerichte ersten Rechtszuges. Die Strafkammern (Jugendkammern) der Landgerichte sind teils Gerichte des ersten Rechtszuges, teils Rechtsmittelgerichte (Berufungs- und Beschwerdegerichte). Die Strafsenate der Oberlandesgerichte sind Rechtsmittelgerichte (Revisions- und Beschwerdegerichte); jedoch kann ihre Zuständigkeit für bestimmte Sachen des ersten Rechtszuges durch den Oberbundesanwalt oder den Bundesgerichtshof begründet werden (§ 120). Der Bundesgerichtshof (Strafsenate) ist gleichfalls Rechtsmittelgericht (Revisionsgericht) (§ 135); daneben ist er für gewisse Strafsachen Gericht erster (und einziger) Instanz (§ 134). — β) Für die Sachen, die im ersten Rechtszug an die Amtsgerichte gelangen, bestehen in der Regel drei Instanzen, nämlich die Amtsgerichte und die Schöffengerichte als Gerichte des ersten Rechtszuges, die kleinen und die großen Strafkammern als Berufungsgerichte, die Strafsenate der Oberlandesgerichte als Revisionsgerichte; Ausnahmen von dieser Regel sind in §§ 313, 334, 335 StPO. enthalten. Gegen die Urteile der Strafkammern als Gerichte des ersten Rechtszuges und der Schwurgerichte ist nur die Revision an den Bundesgerichtshof (ausnahmsweise an das Oberlandesgericht) gegeben. Für das Rechtsmittel der Beschwerde gegen Beschlüsse sind Sonderbestimmungen in §§ 159, 181 GVG. und in § 310 StPO. vorgesehen. γ) Wegen sonstiger Aufgaben, die den Rechtsmittelgerichten in Strafsachen zustehen, s. StPO. §§ 4, 12, 13, 13a, 14, 15, 19, 27, 172 und Vorbem. 7 zu Buch 1 Abschn. 2 (S. 88).

Der allein entscheidende Amtsrichter und das mit Schöffen besetzte Amtsgericht sind im Sinne der die sachliche Zuständigkeit behandelnden Vorschriften verschiedene Gerichte mit verschiedener Zuständigkeit, z. B. im Sinne des § 328 Abs. 3 StPO. (vgl. Anm. 6 zu § 24).

b) Die verschiedenen Abschnitte des Verfahrens erster Instanz. α) Im Vorverfahren wird die Strafgerichtsbarkeit teils durch die Amtsrichter (StPO. §§ 162, 165, 166, 185), teils durch die Untersuchungsrichter (§ 184) und, soweit Kollegialentscheidungen erforderlich sind, durch die Strafkammern (vgl. StPO. Buch 2 Abschn. 3 Vorbem. 3) ausgeübt. Für die in die erstinstanzliche Zuständigkeit des Bundesgerichtshofs (bzw. der Oberlandesgerichte) fallenden Strafsachen s. § 134 Abs. 3, 120 Abs. 1 GVG., §§ 168a, 186 StPO. — β) In dem Hauptverfahren wird die Strafgerichtsbarkeit durch die Amtsrichter, die Schöffengerichte, die Strafkammern, die Schwurgerichte, die Strafsenate der Oberlandesgerichte und des Bundesgerichtshofs ausgeübt. — In schöffengerichtlichen Strafsachen werden die außerhalb der Hauptverhandlung erforderlichen Entscheidungen durch die Amtsrichter (§ 30 Abs. 2), in schwurgerichtlichen Strafsachen die außerhalb der Tagung erforderlichen durch die Strafkammer des Landgerichts (§ 82 Abs. 2, § 92 Abs. 2) erlassen.

c) Wegen der sachlichen Zuständigkeit der erkennenden Gerichte des ersten Rechtszuges s. Anm. 1 zu § 24 GVG.

Wegen der Gültigkeit von Untersuchungshandlungen, die von einem sachlich unzuständigen Gericht vorgenommen werden, s. StPO. § 6 Anm. 7 und die Anm. zu § 20 StPO.

8. Wegen der Bestimmung der **Sitze und der Bezirke der Gerichte** und ihrer nachträglichen Änderung vgl. Anm. 4 zu § 59. Nach § 1 Abs. 3 der VO. zur einheitl. Regelung der Gerichtsverfassung vom 20. 3. 1935 (RGBl. I 403) gehören Stadt- und Landgemeinden, die mit ihrem ganzen Gebiet einheitlich einem Landgericht zugeteilt sind, dem Bezirk dieses Gerichts mit ihrem jeweiligen Gebietsumfang an; Vergrößerungen des Gemeindegebiets durch Eingemeindungen bewirken also in solchen Fällen, daß die eingemeindeten Gebietsteile, wenn sie bisher einem anderen Gerichtsbezirk zugehörten, dort kraft Gesetzes ausscheiden und in den Sprengel des Amtsgerichts fallen, dem die Gemeinde mit ihrem ganzen Gebietsumfang zugeteilt ist. Die Wirkung der Aufhebung eines Gerichts (unter Zulegung seines gesamten Bezirks zu dem Bezirk eines anderen Gerichts) und der Änderung der Gerichtsbezirke auf anhängige Sachen regelt das Ges. über die Zuständigkeit der Gerichte bei Änderungen der Gerichtseinteilung vom 6. 12. 1933 (RGBl. I 1037).

§ 13

Vor die ordentlichen Gerichte gehören alle bürgerlichen Rechtsstreitigkeiten und Strafsachen, für die nicht entweder die Zuständigkeit von Verwaltungsbehörden oder Verwaltungsgerichten begründet ist oder auf Grund von Vorschriften des Bundesrechts besondere Gerichte bestellt oder zugelassen sind.

I. Entstehungsgeschichte: Entw. § 2.

II. Spätere Änderungen: Der Schlußteil der Vorschrift lautete früher: „... oder reichsgesetzlich besondere Gerichte bestellt oder zugelassen sind". Durch das Vereinheitlichungsges. vom 12. 9. 1950 ist „reichsgesetzlich" durch „auf Grund von Vorschriften des Bundesrechts" ersetzt worden.

1. a) Zuständigkeit der ordentlichen Gerichte — Durch § 13 soll der Geschäftskreis der ordentlichen Gerichte (vgl. EG. § 2 Anm. 1, 2) bestimmt werden; die Bestimmung ist indes — wenigstens für Strafsachen — unglücklich gefaßt. Es sind nämlich auch die Sachen, die der Strafgewalt einer Verwaltungsbehörde unterliegen, dem gerichtlichen Verfahren nicht unbedingt entzogen (Anm. 2), und falls es eintritt, gehören sie vor die ordentlichen Gerichte, während der Wortlaut des § 13 besagt, daß Strafsachen dieser Art nicht vor die ordentlichen Gerichte gehören. Vgl. ferner Anm. 6c.

b) Zuständigkeit in bürgerlichen Rechtsstreitigkeiten — Auf den Begriff der „bürgerlichen Rechtsstreitigkeiten", der im GVG. nicht bestimmt ist, ist hier nicht näher einzugehen. Grundsätzlich ist darüber folgendes zu sagen: er bildet den Gegensatz zu den „Streitigkeiten des öffentlichen Rechts" (vgl. Laband **3** 380, Baumbach-Lauterbach Anm. 1 B). Die Abgrenzung zwischen den Streitigkeiten des bürgerlichen und des öffentlichen Rechts entspricht grundsätzlich der Abgrenzung zwischen den Rechtsgebieten des Privatrechts und des öffentlichen Rechts (Laband **3** 381). Im Zweifel ist maßgebend, ob das der Streitigkeit zugrunde liegende Rechtsverhältnis seiner Natur nach dem Privatrecht angehört (RGZ. **89** 209, **93** 258, **103** 56, **105** 69). Dem Gesetzgeber ist es unbenommen, für Ansprüche öffentlichrechtlicher Natur den Rechtsweg vor den ordentlichen Gerichten zu eröffnen („Zivilprozeßsachen kraft Zuweisung"). Neben den durch die Natur des streitigen Rechtsverhältnisses charakterisierten Rechtsstreitigkeiten sind aber auch diejenigen „bürgerliche" Rechtsstreitigkeiten i. S. des § 13 GVG., die — wenn auch nach heutiger Auffassung auf öffentl. Recht beruhende Ansprüche betreffend — nach der z. Z. des Erlasses des GVG. (1877) bestehenden Rechtsauffassung als bürgerliche Rechtsstreitigkeiten gegolten haben und deshalb durch die ordentlichen Gerichte zu entscheiden waren („bürgerliche Rechtsstreitigkeiten kraft Überlieferung"), soweit nicht seitdem durch ausdrückliche gesetzl. Vorschriften die Zuständigkeit der ordentlichen Gerichte beseitigt worden ist. Dieser vom Reichsgericht in ständiger Rechtsprechung (vgl. z. B. RGZ. **111** 211, **125** 186, **153** 333, **166** 218, RG. DR. **1942,** 903) entwickelte Grundsatz, der einen auf Gewohnheitsrecht gegründeten Rechtszustand wiedergibt, ist auch vom BGH. (BGHZ. **1** 369, **3** 162, **9** 339) übernommen worden. Allerdings hat sich die Rechtslage nach 1945 wesentlich dadurch geändert, daß die in den Ländern geltenden Verwaltungsgerichtsgesetze grundsätzlich für alle Streitigkeiten des öffentl. Rechts den Verwaltungsrechtsweg eröffneten. Der in der verwaltungsgerichtl. Rechtspr. (vgl. OVG. Lüneburg MDR. **1954,** 570 und im Schrifttum vertretenen Auffassung, daß es demgegenüber keine bürgerlichen Rechtsstreitigkeiten kraft Überlieferung mehr gäbe (Schrifttumsnachweise in NJW. **1954,** 1142), ist aber entgegenzuhalten, daß diese Verwaltungsgerichtsgesetze die durch „Gesetz" begründete Zuständigkeit der ordentlichen Gerichte aufrechterhalten und damit auch die auf Gewohnheitsrecht gegründete Zuständigkeit in Rechtsstreitigkeiten kraft Überlieferung. Demgemäß verbleibt es auch nach der Errichtung des Bundesverwaltungsgerichts (Ges. vom 23. 9. 1952 — BGBl. I S. 625 —) im bisherigen Umfang bei der Zuständigkeit der ordentlichen Gerichte, solange sie ihnen nicht durch ausdrückliche Vorschriften entzogen wird (BGHZ. **9,** 339 = NJW. **1953,** 1141). Im übrigen sind auch bei Ansprüchen, die im öffentlichen Recht ihre Grundlage haben, in entsprechender Anwendung des Art. 19 Abs. 4 GG. die ordentlichen Gerichte dann zuständig, wenn für ihre Verfolgung ein anderer Gerichtsbarkeitszweig nicht gegeben ist (BGH. NJW. **1954,** 718).

c) Zuständigkeit in Strafsachen — Bei den „Strafsachen" handelt es sich um Verhängung einer Strafe im Sinne des Strafgesetzbuchs, also einer Kriminalstrafe (vgl. § 3 EG.StPO. Anm. 2, 3).

2. Zuständigkeit von Verwaltungsbehörden oder Verwaltungsgerichten für die Entscheidung von Strafsachen — Nach Art. 92 GG. wird die rechtsprechende Gewalt durch die Gerichte ausgeübt. Die hierin ausgesprochene Garantierung des Strafmonopols der Gerichte auf dem Gebiet der Kriminaljustiz bedeutet aber nach der historischen Entwicklung nicht, daß kriminelle Strafen nur von Gerichten verhängt werden dürfen, vielmehr ist mit Art. 92 auch eine Gestaltung vereinbar, wonach Kriminalstrafen von Verwaltungsbehörden festgesetzt werden können, sofern der Betroffene dagegen die Entscheidung des Richters anrufen kann. Dem Bundesgesetzgeber ist es vorbehalten, ein solches Verwaltungsstrafverfahren selbst anzuordnen (Anm. 3) oder landesgesetzliche Anordnungen zuzulassen (Anm. 4). Der Richter, dessen Anrufung nach Art. 92 GG. grundsätzlich gewährleistet sein muß, braucht, um dieser Bestimmung zu genügen, nicht notwendig der Strafrichter der ordentlichen Gerichtsbarkeit zu sein; aus § 13 GVG. ergibt sich aber, daß grundsätzlich der Weg zum ordentlichen Strafrichter gegeben ist, solange nicht der Bundesgesetzgeber die Anrufung eines anderen Gerichtsbarkeitszweiges vorgesehen oder dem Landesrecht eine solche zu bestimmen gestattet hat.

Von der vorstehend dargelegten Auffassung, daß eine vorläufige Straffestsetzung durch die Verwaltungsbehörde, sofern nur der Betroffene dagegen die richterliche Entscheidung anrufen kann, mit Art. 92 GG. vereinbar sei, ist das Vereinheitlichungsges. vom 12. 9. 1950 ausgegangen (vgl. Art. 3 Nr. 206 a.a.O.). In der Rechtsprechung haben sich dagegen keine Bedenken erhoben. Auch das Schrifttum vertritt sie ganz überwiegend (vgl. Friesenhahn, Festschrift f. Thoma [1950] 45; Mattern ZStrW. **67** [1955] 404 mit weiteren Nachweisen). Die vorläufige Straffestsetzungsbefugnis der Verwaltungsbehörde ist auch nicht dadurch beseitigt worden, daß nach Art. 6 der Menschenrechtskonvention (vgl. Vorbem. vor § 184) nur unabhängige Gerichte über strafrechtliche Anklagen zu entscheiden haben und die Bundesrepublik der Konvention durch das Ges. vom 7. 8. 1952 (BGBl. II 685, 953) vorbehaltlos beigetreten ist (a. M. von Weber ZStrW. **65** [1953] 337f. und MDR. **1955**, 386). Vielmehr stellt die Menschenrechtskonvention keine weitergehenden Forderungen, als sie bereits in der Garantie der rechtsprechenden Gewalt in Art. 92 GG. enthalten sind (ebenso Jescheck NJW. **1954**, 785 Fußnote 28). Einen Widerspruch mit Art. 92 GG. und mit Art. 6 der Menschenrechtskonvention bedeutet es auch nicht, wenn in einem solchen Verwaltungsstrafverfahren vorgesehen ist, daß sich der Beschuldigte der Straffestsetzung durch die Verwaltungsbehörde unterwerfen kann und ihm dagegen kein Rechtsbehelf zusteht (vgl. § 445 RAbgO. für das Steuerstrafverfahren; s. unten Anm. 3 II). Denn es liegt dann nicht eine einseitige unanfechtbare Straffestsetzung durch die Verwaltungsbehörde vor, sondern der Beschuldigte verzichtet freiwillig — was ohne weiteres zulässig ist — durch die Unterwerfung auf die Möglichkeit, eine gerichtliche Entscheidung herbeizuführen (ebenso Mattern a.a.O. 405ff.; Jescheck a.a.O.). — Einer überspitzten Auslegung des Art. 92 GG. müßte schon die Erwägung entgegenstehen, daß nach der neueren Rechtsentwicklung (vgl. unten Anm. 5) die Verwaltungsbehörde — freilich unter der Bezeichnung „Geldbuße für Ordnungswidrigkeit" — Vermögenseinbußen zur Ahndung von Gesetzesverstößen festsetzen kann, die hinter den für Vergehen zulässigen Geldstrafen nicht zurückzubleiben brauchen und daß diese Befugnis unzweifelhaft mit Art. 92 GG. nicht unvereinbar ist.

Die Tätigkeit der Verwaltungsbehörde im Verwaltungsstrafverfahren ist materiell Rechtsprechung, formell Verwaltungsführung (über diese sehr streitige Frage vgl. Mattern a. a.O. 403; s. noch im vorliegenden Werk Einl. § 5 am Ende — S. 24 —).

3. I. Bundesgesetzlich angeordnet (vgl. EG.StPO. § 5) ist ein Verwaltungsstrafverfahren:

a) für Poststrafsachen (PostGes. vom 28. 10. 1871 RGBl. 347 §§ 34ff.); vgl. dazu Anm. zu § 5 EG.StPO.;

b) für gewisse Zuwiderhandlungen gegen die SeemO. vom 2. 6. 1902 (RGBl. 175), § 122. Das Verfahren ist durch die VO. betr. das Strafverfahren vor den Seemannsämtern vom 13. 3. 1903 (RGBl. 42) geregelt (vgl. auch Anm. 5 II zu § 24);

c) für Steuerstrafsachen (RAbgO. §§ 421ff.).

II. Im Falle zu **Ia)** kann der Beschuldigte binnen 10 Tagen nach Zustellung des Strafbescheids der Oberpostdirektion richterliche Entscheidung beantragen; der Strafbescheid wird alsdann als nicht ergangen angesehen (§ 35 PostGes.). Er kann aber auch stattdessen nach § 42 a.a.O. binnen der gleichen Frist „Rekurs" an die vorgesetzte Behörde ergreifen, die durch „Rekursresolut", also im Verwaltungsweg, endgültig entscheidet. Eine entsprechende Regelung gilt im Falle zu **I c**). Nach § 450 RAbgO. kann der Beschuldigte gegen den Strafbescheid des Finanzamts entweder strafgerichtliche Entscheidung beantragen oder Beschwerde an die Oberfinanzdirektion einlegen, wobei der eine Rechtsbehelf den anderen ausschließt (eine entsprechende Regelung enthielt früher § 62 PrPVG. vom 1. 6. 1935 — GS. 77 — für die polizeiliche Strafverfügung; s. Anm. 4). Der gesetzgeberische Gedanke, der dieser Regelung zugrunde liegt, geht dahin, daß der Beschuldigte, so gut er auf den ordentlichen Rechtsweg verzichten kann, indem er jede Anfchtung des Strafbescheids unterläßt und sich bei diesem beruhigt, auch in der Form auf die Beschreitung des ordentlichen Rechtsweges verzichten könne, daß er sich mit einer Beschwerde an die vorgesetzte Behörde wendet, deren Beschwerdebescheid dann unanfechtbar ist. Streitig ist für die RAbgO., ob und mit welcher Wirkung § 450 durch das GG. berührt worden ist. Z. T. wird — gestützt auf die Erwägung, daß der Beschuldigte ja unzweifelhaft auch heute noch durch Nichtergreifen eines Rechtsbehelfs auf die Beschreitung des ordentlichen Rechtsweges verzichten kann und daß deshalb auch der Verzicht in der Form der Beschwerde an die Verwaltungsbehörde zulässig sein müsse — an der Weitergeltung solcher Vorschriften festgehalten (so z. B. Mattern JZ. **1952**, 756 und **1954**, 282; ZStrW. **67** [1955] 415). Nach der Rechtspr. des BFH. (NJW. **1954**, 1422 = MDR. **1954**, 441, zustimmend Ule DVBl. **1954**, 427 u. Mattern 416) kann der Beschuldigte zwar durch Einlegung der Beschwerde gegen den Strafbescheid des Finanzamts auf die Beschreitung des ordentlichen Rechtswegs verzichten. Der Beschwerdeentscheid der Oberfinanzdirektion stelle aber einen Verwaltungsakt dar, der den Beschuldigten, insbes. auch durch Ermessensmißbrauch, in seinen Rechten verletzen könne. Demgemäß könne er nach Art. 19 Abs. 4 GG. den Rechtsweg beschreiten und zwar seien in sinngemäß erweiternder Auslegung des § 52 RAbgO. und im Einklang mit dem Grundgedanken des Art. 96 GG. wegen ihrer besonderen Sachkunde die Steuergerichte (Finanzgericht, BFH.) zur Nachprüfung berufen. Nach einer dritten Meinung — H. Hartung NJW. **1954,** 1422 — verstößt § 450 Abs. 2 RAbgO., wenn er bei Einlegung der Beschwerde die Anrufung des Strafrichters ausschließt, gegen Art. 19 Abs. 4 GG.; daher könne auch gegen den Beschwerdebescheid der Oberfinanzdirektion (fristgebundener) Antrag auf Entscheidung durch den Strafrichter mit der Wirkung des § 469 RAbgO. gestellt werden. Richtiger erscheint es, die Anfechtbarkeit des Strafbescheids mit der Beschwerde als durch das GG. beseitigt anzusehen, so daß gegen den Strafbescheid des Finanzamts nur der Antrag auf strafgerichtliche Entscheidung zulässig ist. Mit Art. 92 GG., wonach die rechtsprechende Gewalt den Gerichten zusteht, ist zwar, wie erwähnt (s. Anm. 2), eine Regelung nicht unvereinbar, daß auf der Grundlage und im Rahmen besonderer gesetzlicher Vorschriften Strafgerichtsbarkeit zunächst durch Verwaltungsbehörden ausgeübt wird, aber nur in der Form, daß, wenn der Beschuldigte sich nicht mit der vorläufigen Entscheidung der VerwBeh. zufrieden gibt, die Entscheidung nunmehr den Gerichten zusteht, und zwar, solange nicht unzweideutig ein anderer Gerichtsbarkeitszweig für zuständig erklärt ist, nach dem Grundsatz des § 13 GVG. den ordentlichen Gerichten. Unvereinbar mit Art. 92 GG. ist unter allen Umständen eine Regelung, die die Nachprüfung der vorläufigen Entscheidung, bei der sich der Beschuldigte nicht beruhigt, wiederum einer Verwaltungsbehörde überläßt, die dann endgültig entscheidet. Dabei kann es keinen Unterschied machen, ob ein Gesetz nur die Beschwerde an die höhere VerwBeh. zur Verfügung stellt oder ob es dem Beschuldigten ein Wahlrecht zwischen Beschwerde und Antrag auf strafgerichtliche Entscheidung einräumt, denn auch im letzteren Fall bedeutet die Ergreifung der Beschwerde, daß entgegen dem Art. 92 GG. die VerwBeh. nicht nur vorläufig, sondern endgültig die rechtsprechende Gewalt ausübt, und daß den Gerichten die ihnen zustehende Nachprüfung der vorläufigen Entscheidung der Verwaltungsbehörde, die der Beschuldigte nicht hinnehmen will, entzogen wird. Die Auffassung des BFH. vermeidet zwar dieses Bedenken, indem sie auch nach der Entscheidung der VerwBeschwerdeinstanz noch die Beschreitung des Rechtsweges zuläßt. Sie läßt aber einmal unberücksichtigt, daß es bei Schaffung des § 450 RAbgO. nicht in der Absicht des Gesetzgebers lag, der Beschreitung des Rechtswegs zwei Verwaltungsinstanzen vorausgehen zu lassen. Sie trägt weiter dem § 13 GVG. keine Rechnung, wonach bei Ausübung der Strafgerichtsbarkeit die Zuständigkeit der ordentlichen Strafgerichte die Regel, die Zuständigkeit von Verwaltungsgerichten (hier: der Finanzgerichte) die Ausnahme bildet; nach allgemeinen Regeln aber muß die Ausnahme deutlich statuiert werden, was hier zweifellos nicht der Fall ist. Entscheidend aber kommt hinzu, daß den Finanzgerichten eine vertiefte strafrechtliche Sachkenntnis abgeht, ohne die eine sachgemäße Strafrechtspflege nicht möglich ist, und dieser Mangel wird durch ihre steuerrechtlichen Spezialkenntnisse nicht aufgewogen. Gerade dieser Gesichtspunkt hat aber vorzugsweise dazu geführt, bei Ordnungswidrigkeiten in dem Gesetz über Ordnungswidrigkeiten vom 25. 3. 1952 (s. unten Anm. 5) die Rechtsmittelkontrolle gegenüber den Bußgeldbescheiden der Verwaltungsbehörden nicht den Verwaltungsgerichten, sondern im Interesse einer gleichmäßigen Rechtshandhabung den ordentlichen Strafgerichten zu übertragen, obwohl hier nicht die Aburteilung von Kriminalunrecht in Frage steht und die VerwBeh. den Bußgeldbescheid nicht kraft delegierter Kriminalstrafgewalt, sondern in Ausübung ursprünglicher Verwaltungshoheit nach Grundsätzen des verwaltungsmäßigen Ermessens erläßt. Erst recht erfordert dieser Gesichtspunkt Beachtung, wenn es sich um die Ausübung echter Kriminaljustiz handelt; es widerstreitet allen kriminalpolitischen Erfordernissen, die Kriminalstrafgewalt in Steuersachen zwischen den ordentlichen Strafgerichten und den Finanzgerichten aufzuteilen und dem Beschuldigten die Auswahl zu überlassen, welcher Gerichtsbarkeitszweig ihm genehmer erscheint. Den Belangen der Finanzverwaltung, eine umfassende Berücksichtigung der steuerrechtlichen Gesichtspunkte zu gewährleisten, wird vollkommen durch die Mitwirkung des Finanzamts als Nebenkläger (§ 467 RAbgO.) Rechnung getragen (so mit Recht F. Hartung NJW. **1955**, 1129); hat doch der Gesetzgeber im gerichtlichen Bußgeldverfahren schon eine bloße Anhörung der beteiligten Verwaltungsbehörde als ausreichend angesehen (§ 55 Abs. 2, § 56 Abs. 4 OWiG.).

4. a) Zugelassen (der landesgesetzlichen Anordnung überlassen) ist ein Verwaltungsstrafverfahren nach § 6 Abs. 2 Nr. 2 EG.StPO. i. d. F. von Art. 3 Nr. 206 des Rechtsvereinheitlichungsges. vom 12. 9. 1950 (BGBl. 455) nur noch für nicht unter die RAbgO. fallende Zuwiderhandlungen gegen die Vorschriften über die Erhebung öffentlicher Abgaben und Gefälle. Beschränkt ist die Landesgesetzgebung hier weiter noch insofern, als die Zulassung eines Verwaltungsstrafverfahrens voraussetzt, daß die landesgesetzlichen Verfahrensvorschriften auf die ReichsabgO. verweisen (vgl. Anm. 3c); das Landesrecht hat also nur die Befugnis, ein Strafbescheidsverfahren nach Maßgabe der Vorschriften der RAbgO. zuzulassen. —

Es besteht keine weitergehende Befugnis der Landesgesetzgebung, Strafsachen den Verwaltungsbehörden zu überweisen. Die Auffassung von Stein, der (in seiner Schrift „Grenzen und Beziehungen zwischen Justiz und Verwaltung" [1912] 44, 53) behauptete, ein Landesgesetz, das die Aburteilung von Verbrechen dem Landrat oder dem Regierungspräsidenten übertrage, sei gültig, wäre heute mit Art. 92 GG. völlig unvereinbar. Darüber, daß sie auch unter der Herrschaft des früheren Rechts unzutreffend war, vgl. Anm. 4 in der Vorauflage.

b) Die früher dem Landesrecht eingeräumte Befugnis, die Polizeibehörden zur Bestrafung von Übertretungen durch polizeiliche Strafverfügung zu ermächtigen, gegen die der Beschuldigte auf gerichtliche Entscheidung antragen konnte (§§ 413ff. a. F. StPO.) ist beseitigt; nach § 6 Abs. 1 Satz 2 EG.StPO. i. d. F. von Art. 3 II Nr. 206 des Vereinheitlichungsges. vom 12. 9. 1950 sind alle Vorschriften über die Befugnis zum Erlaß polizeilicher Strafverfügungen, soweit sie damals überhaupt noch galten, außer Kraft getreten. Die bei der parlamentarischen Erörterung des Vereinheitlichungsges. für diese Regelung angeführte Begründung, es sei nicht mehr möglich, daß die Polizei richterliche Funktionen ausübe, nachdem die rechtsprechende Gewalt eine ganz andere Stellung im Rahmen des staatlichen Organismus erhalten habe, als es bisher der Fall gewesen sei (vgl. von Mangoldt, Anm. 3 zu Art. 92 GG.), greift freilich nicht durch; folgerichtig hätte dann auch die Befugnis aller anderen Verwaltungsbehörden zur vorläufigen Festsetzung von Kriminalstrafen beseitigt werden müssen und das ist nicht geschehen (vgl. Anm. 3, 4a). Die polizeiliche Strafverfügung war aber schon vor dem Inkrafttreten des Vereinheitlichungsges. in weitestem Umfang beseitigt (vgl. Anm. 3 zu § 6 EG.StPO.) und die Folgerung, die das Vereinheitlichungsges. daraus zog, liegt im Zug der Entkriminalisierung des sog. Polizeiunrechts (vgl. Anm. 5).

c) Solange den Polizeibehörden nach näherer landesrechtlicher Vorschrift das Recht zustand, Übertretungen durch polizeiliche Strafverfügung zu ahnden, waren sie auch befugt, unter den Voraussetzungen des § 153 Abs. 1 StPO. wegen Geringfügigkeit von einer Ahndung abzusehen. Landesrecht konnte bestimmen, daß ein solches Absehen von Strafe mit einer gebührenfreien oder gebührenpflichtigen polizeilichen Verwarnung verbunden werden könne (vgl. z. B. § 59 pr. PolVerwGes. vom 1. 6. 1931, GS. 77). Mit dem Wegfall der polizeilichen Strafbefugnis erhob sich die Frage, ob es dem Landesrecht noch zusteht, die Polizeibehörden und -beamten zu ermächtigen, bei leichteren Übertretungen von einer Strafanzeige (§ 163 StPO.) oder der Übersendung ihrer Verhandlungen (§ 413 StPO.) abzusehen und statt dessen eine gebührenpflichtige polizeiliche Verwarnung zu erteilen. Für die Masse der Übertretungen, die

Verkehrsübertretungen, machte § 22 Abs. 1 des Straßenverkehrsges. vom 19. 12. 1952 (BGBl. I 837) den Zweifeln ein Ende, indem es im Anschluß an § 8 des Ges. über Ordnungswidrigkeiten vom 25. 3. 1952 (BGBl. I 177) zuließ, daß dazu ermächtigte Polizeibeamte den bei leichteren Übertretungen auf frischer Tat betroffenen Täter verwarnen und eine Gebühr bis zu 2 DM erheben. Die Verwarnung ist nur zulässig, wenn der Betroffene nach Belehrung über sein Weigerungsrecht mit ihr einverstanden und zur sofortigen Zahlung der Gebühr bereit ist. Nach Zahlung der Gebühr kann nach § 22 Abs. 2 a.a.O. die Zuwiderhandlung nicht mehr als Übertretung verfolgt werden. Bei der Frage, ob die Länder bei den übrigen Übertretungen befugt sind, entsprechende Vorschriften zu erlassen, erhebt sich der Zweifel, ob es in der Macht des Landesgesetzgebers steht, die bundesgesetzlich (§§ 153 Abs. 1, 413 Abs. 5 StPO.) letztlich der Staatsanwaltschaft und dem Richter vorbehaltene Prüfung, ob von Bestrafung abzusehen sei, diesen zu entziehen und im übrigen die Entscheidung, ob ein geringfügiger, der Verfolgung nicht bedürftiger Übertretungsfall vorliegt, im Ergebnis von der Zahlung einer Gebühr abhängig zu machen (vgl. Reh und Hodler NJW. **1952**, 1121, 1364; Dalcke [-Schäfer] 36. Aufl. Anm. 6 zu § 346 StGB.). In mehreren Ländern sind inzwischen Vorschriften, die sich meist im Wortlaut an § 22 Abs. 1 des Straßenverkehrsges. anschließen, der Zahlung der Gebühr aber keine konsumierende Wirkung beilegen, ergangen (Niedersachsen: § 39 des Ges. über die öffentliche Sicherheit und Ordnung vom 21. 3. 1951, GVBl. 99; Bremen: Ges. vom 7. 2. 1952, GVBl. 117; Rheinland-Pfalz: § 63 des PolVerwGes. vom 26. 3. 1954, GVBl. 31 = SaBl. 504; Hessen: § 33 des Polizeiges. vom 10. 11. 1954, GVBl. 203; Bayern: Art. 45 des Polizeiaufgabenges. vom 16. 10. 1954, GVBl. 237 = SaBl. 1078). Sie lassen sich aus der Erwägung rechtfertigen, daß sich das unter den Voraussetzungen des § 153 Abs. 1 StPO. bestehende Verfolgungsverbot auch an die Polizeibehörden als Hilfsorgane der Staatsanwaltschaft richtet, und daß die Frage, ob ein öffentliches Interesse an der Herbeiführung einer gerichtlichen Entscheidung besteht, verneint werden kann, wenn nach der durch die Zahlung einer Gebühr fühlbar gemachten Verwarnung künftige Übertretungen des Betroffenen nicht zu besorgen sind. Rechtlich ist die Verwarnung kein Strafübel (mag die Gebühr auch als solche empfunden werden), sondern eine echte polizeiliche Präventivmaßnahme, die eine Verwaltungsgebühr auslöst.

5. Der Begriff „Strafsachen" in § 13 umfaßt nicht den nichtkriminellen Ungehorsam, d. h. Gesetzesverstöße, die anders als mit krimineller Strafe (§ 1 StGB.) geahndet werden (vgl. Anm. 3 zu § 3 EG.StPO.), z. B. mit Disziplinar- und sog. Ordnungsstrafen, erst recht nicht als „Strafe" bezeichnete Maßnahmen, die nicht zur Sühne des Ungehorsams, sondern zur Erzwingung rechtlich gebotener Handlungen oder Unterlassungen angewendet werden, unbeschadet des Art. 104 Abs. 2 GG., wenn solche Erzwingungsmaßnahmen in Freiheitsentziehung (Erzwingungs-, Beugehaft) bestehen (vgl. VGH. Stuttgart DÖV **1954**, 313 betr. die nach Art. 2 des Württ. PolStrafVfgGes. zulässige Geld- oder Haftstrafe). Es verstößt daher nicht gegen Vorschriften des Reichsrechts (und ist an sich auch heute noch zulässig), wenn § 33 des preuß. PolVerwGes. vom 1. 6. 1931 (GS. 77) die Nichtbefolgung von Polizeiverordnungen, die früher kriminelle Übertretungsstrafe nach sich zog, mit Zwangsgeld (im Nichtbeitreibungsfall mit Zwangshaft) bedrohte, das von den Polizeibehörden festzusetzen war, wobei die Rechtskontrolle den Verwaltungsgerichten zufiel. Für die Gültigkeit des § 33 ist es ohne Bedeutung, ob das Zwangsgeld ein reines Beugemittel zur Erzwingung künftigen Gehorsams gegen die PolVO. darstellt (so der Staatsgerichtshof für das Deutsche Reich, RGZ. **137** Anh. 47) oder eine polizeiliche (nichtkriminelle) Strafe, die zwar in erster Linie vorbeugend wirken, aber zugleich auch den in der Vergangenheit liegenden Ungehorsam ahnden soll (so PreußOVG. **99**, 90; **103**, 155, 240, RVerwBl. **1938**, 583; RVerwG. DR. **1943**, 1613; OVG. Berlin NJW. **1953**, 199; a. M. KG. RuPrVerwBl. **1932**, 355; JFGErg. **12**, 286, das in dem Zwangsgeld eine unzulässige verschleierte Kriminalstrafe sah). Das Ges. über Ordnungswidrigkeiten vom 25. 3. 1952 (BGBl. I 177) hat grundsätzlich und in allgemeiner Form anerkannt, daß es neben dem Kriminalunrecht (der „Straftat") ein wesensverschiedenes Ordnungsunrecht (die „Ordnungswidrigkeit") gibt, und als Mittel zur Ahndung (also auch zur Sühne des Gesetzesverstoßes) für die Ordnungswidrigkeit die Geldbuße bestimmt. Die Festsetzung der Geldbuße erfolgt durch die Verwaltungsbehörde durch Bußgeldbescheid, der damit deutlich als Verwaltungsakt, als ein Ausfluß originärer Verwaltungshoheit gekennzeichnet ist und sich dadurch grundsätzlich vom Strafbescheid der Verwaltungsbehörde im Verwaltungsstrafverfahren (vgl. Anm. 3, 4) unterscheidet, in dem die Verwaltungsbehörde kraft delegierter Justizhoheit tätig wird. Die innere Verwandtschaft der Geldbuße für die Ordnungswidrigkeit mit der Strafe für die Straftat, die zu verhängen dem Strafrichter vorbehalten ist, hat aber den Gesetzgeber im Interesse gleichmäßiger und gerechter Gesetzeshandhabung veranlaßt, die gerichtliche Nachprüfung des Bußgeldbescheids, wenn der „Betroffene“ auf gerichtliche Entscheidung anträgt, unter Ausschluß der Verwaltungsgerichte (§ 75 OWiG.) den Strafgerichten (dem Amtsrichter als Einzelrichter, dessen Entscheidung mit der Rechtsbeschwerde an das Oberlandesgericht angefochten werden kann, §§ 55, 56 OWiG.) zu übertragen; die Strafgerichte der ordentlichen Gerichtsbarkeit werden hiermit also kraft delegierter Verwaltungs-(gerichts-)hoheit tätig. Der Grundgedanke dieser Regelung drängt dazu, die Übertretungen des geltenden Rechts als leichteste Form des Kriminalunrechts zu beseitigen (wie es die Große Strafrechtskommission vorgeschlagen hat; vgl. Dreher Bundesanz. Nr. 176/1954 vom 14. 9. 1954) und überall, wo leichteste Gesetzesverstöße einer „Ahndung“ bedürfen, sich auf die Geldbuße als angemessene und zweckentsprechende staatliche Reaktion zu beschränken. Damit fehlt es an einer inneren Rechtfertigung für Maßnahmen wie das Zwangsgeld des § 33 PrPolVerwGes. Die neuesten Polizeigesetze der Länder haben folgerichtig das Zwangsgeld als Folge der Nichtbefolgung von PolVOen beseitigt und ahnden statt dessen diese Verstöße als Ordnungswidrigkeiten nach Maßgabe des OWiG. (vgl. für: Nordrhein-Westf. Ges. vom 11. 8. 1953, GVBl. S. 330; Rheinland-Pfalz Ges. vom 26. 3. 1954, GVBl. S. 31, Hessen Ges. vom 10. 11. 1954, GVBl. 203, Hamburg §§ 26–28 des Ges. vom 20. 12. 1954, GVBl. 155).

Wegen der Erledigung eines Zuständigkeitsstreits, ob ein Gesetzesverstoß eine von der Staatsanwaltschaft zu verfolgende Straftat oder eine von der Verwaltungsbehörde zu ahndende Ordnungswidrigkeit darstellt, vgl. Anm. 2b zu § 17.

III. Besondere Gerichte (Sondergerichte)

6. a) Der Begriff des besonderen Gerichts ist im GVG. nicht näher bestimmt; das Gesetz begnügt sich damit, in § 14 die zugelassenen Sondergerichte aufzuzählen. Eine Begriffsbestimmung enthält dagegen Art. 101 Abs. 2 GG., der die Errichtung von „Gerichten für besondere Sachgebiete“ durch Gesetz zuläßt. Besondere Gerichte — die wohl zu unterscheiden sind von den durch Art. 101 Abs. 1 GG., § 16 GVG. verbotenen Ausnahmegerichten — sind danach Gerichte, die im voraus für einen bestimmten Kreis von Personen oder Streitgegenständen oder für bestimmte Orte oder Zeiten an die Stelle der sonst zuständigen Gerichte treten (von Mangoldt Anm. 4 zu Art. 101 GG.); es sind „die mit Ausübung ordentlicher streitiger Gerichtsbarkeit befaßten Behörden, die weder zu den in § 12 bezeichneten Gerichten noch zu den in § 13 genannten Verwaltungsbehörden oder Verwaltungsgerichten eines Bundesstaats gehören“ (RGZ. **75** 429, **76** 178, **103** 103). Dagegen werden die ordentlichen Gerichte nicht schon dadurch Sondergerichte, daß bei bestimmten Strafsachen die Rechtsprechungskörper anders als nach den allgemeinen Vorschriften zusammengesetzt sind (so die Jugendgerichte in der Besetzung mit Jugendschöffen) oder daß für ihre örtliche oder sachliche Zuständigkeit besondere Vorschriften gelten (so bei der nach § 74a zuständigen Strafkammer) oder daß sie von den allgemeinen Vorschriften abweichende materiell- und verfahrensrechtliche Vorschriften anzuwenden haben (so die Amtsgerichte als „Forstrügegesetze“). — Das nach Art. 101 Abs. 2 GG. zur Errichtung eines besonderen Gerichts erforderliche Gesetz kann, wie § 13 GVG. für das Gebiet der ordentlichen streitigen Gerichtsbarkeit klarstellt, ein Bundesgesetz sein, das selbst die Bestellung ausspricht oder ein Landesgesetz, wenn Bundesrecht es zuläßt, d. h. das Land zur Bestellung ermächtigt. Im Begriff der besonderen Gerichte liegt, daß ihre Zuständigkeit nicht soweit ausgedehnt werden darf, daß damit die allgemeine Zuständigkeit der an sich berufenen Gerichte zerstört würde (von Mangoldt a.a.O.). Die als Bundesgerichte errichtbaren Gerichte sind in Art. 96 GG. abschließend aufgezählt; besondere Gerichte können also nur als Landesgerichte errichtet werden. Zur bundesgesetzlichen Bestellung genügt, daß ein Bundesgesetz (im formellen Sinn) die Grundlage des besonderen Gerichts bildet; das schließt nicht aus, daß Einzelheiten, deren Regelung durch Gesetz nicht möglich ist, durch ergänzende Verordnungen geregelt werden (vgl. BGHSt. 5, 239). — Wegen der früher für Strafsachen reichsgesetzlich bestellten oder zugelassenen Sondergerichte (Militär-, Konsular- und nach Art. 48 WeimVerf. errichtete außerordentliche Gerichte) vgl. Anm. 10, 11 der Vorauflage. Zu nennen sind hier weiter die gemäß VO. vom 21. 3. 1933 und vom 21. 2. 1940 (RGBl. I 405) errichteten Sondergerichte (vgl. Anm. 5b zu § 3 EG.StPO.); ein Sondergericht war, obwohl durch Ges. vom 14. 8. 1936 (RGBl. I 369) zum ordentlichen Gericht erklärt, auch der frühere Volksgerichtshof (BGH. NJW. **1954**, 1777; Henkel, StrafverfR. [1953] 78, nach Oehler ZStrW. **64**, 303 ein Ausnahmegericht). Z. Z. sind als besondere Gerichte für Strafsachen nur die zu § 13a, § 14 bezeichneten Gerichte zu nennen (vgl. aber Anm. 2 zu § 14). Keine Sondergerichte sind: der Bundesgerichtshof und die Oberlandesgerichte als Gerichte 1. Instanz (vgl. Anm. 1 zu § 12), die Strafkammer im Fall des § 74a (vgl. dort Anm. 1) und die Jugendgerichte, die lediglich Abteilungen des Amts- oder Landgerichts sind; (das war schon für das JGG. 1923 durchaus herrschende Meinung (vgl. insbes. RG. JW. **1938**, 42) und ist für das JGG. **1953** durch dessen § 33 Abs. 2: „Jugendgerichte sind der Amtsrichter als Jugendrichter, das Schöffengericht (Jugendschöffengericht) und die Strafkammer (Jugendkammer)" klargestellt. Immerhin haben die Jugendgerichte eine gewisse Sonderstellung (vgl. BGHSt. **7**, 26: „Gerichte besonderer Art innerhalb der ordentlichen Gerichtsbarkeit"), die darin zum Ausdruck kommt, daß der Aburteilung einer zur Zuständigkeit der Jugendgerichte gehörenden Sache durch das Erwachsenengericht ein Prozeßhindernis (Mangel einer Verfahrensvoraussetzung) entgegensteht (vgl. Anm. 9b zu § 24, Anm. 6b zu § 26). Keine Sondergerichte sind schließlich die Amtsgerichte, die in dem gemäß § 2 EG.StGB., § 3 EG.StPO. materiell- und verfahrensrechtlich besonders ausgestalteten Strafverfahren der landesrechtlichen Feld- und Forststrafgesetze als „Forstrügegerichte" tätig werden (BGH. NJW. **1953**, 393).

b) Die zugelassenen Sondergerichte, die bei Einführung des GVG. bestanden haben, bestehen fort, so lange die Landesgesetzgebung sie nicht aufhebt. Die Länder sind aber auch jederzeit befugt, solche Gerichte einzusetzen (Begr. 26).

c) Soweit die Landesgesetzgebung von der Befugnis zur Aufrechterhaltung oder Einsetzung der Sondergerichte keinen Gebrauch macht, gehören die Sachen nach der allgemeinen Regel vor die ordentlichen Gerichte, ohne daß es einer besonderen landesgesetzlichen Bestimmung hierüber bedarf (Begr. 26). Daraus ergibt sich, daß die Fassung des § 13 insofern ungenau ist, als nicht schon die Zulassung, sondern erst das Bestehen der Sondergerichte die Einschränkung des Geschäftskreises der ordentlichen Gerichte herbeiführt. Es müßte richtig heißen: „oder auf Grund von Vorschriften des Bundesrechts besondere Gerichte bestellt oder zugelassen und landesgesetzlich bestellt sind". — Vgl. EG.GVG. § 2 Anm. 1b, § 3 Anm. 2.

7. Das Bundesverfassungsgericht ist in den Fällen des Art. 61 GG. (Anklage gegen den Bundespräsidenten wegen vorsätzlicher Verletzung des Grundgesetzes oder eines anderen Bundesgesetzes) und des Art. 98 GG. (Richteranklage wegen Verstoßes gegen die Grundsätze des Grundgesetzes oder gegen die verfassungsmäßige Ordnung eines Landes) kein Sondergericht in Strafsachen, da es sich hier nicht um Strafrechts-, sondern um Verfassungsrechtspflege handelt. Die im Falle eines Schuldigspruches zulässigen Maßnahmen (Amtsverlust des Bundespräsidenten, Versetzung des Richters in ein anderes Amt oder in den Ruhestand oder Entlassung) bedeuten nicht die Verhängung einer Strafe in Anwendung einer bestimmten Strafgesetzes, sondern eine den Disziplinarmaßnahmen ähnliche amts- oder beamtenrechtliche Maßnahme, die, wenn eine strafbare Handlung i. S. des § 1 StGB. vorliegt, beim Bundespräsidenten die Verfolgung der Tat vor den ordentlichen Strafgerichten unberührt läßt und bei den Richtern (vgl. dazu § 58 Abs. 2 BVerfGG.) von dem Ergebnis des vorangegangenen gerichtlichen Verfahrens unabhängig ist (von Mangoldt Anm. 2 zu Art. 61, Anm. 4 zu Art. 101; Baur, Justizaufsicht [1954] 41; a. M. von Weber JZ. **1953**, 293). Aus denselben Gründen sind auch die Staatsgerichtshöfe der Länder (z. B. in Baden-Württemberg gem. Ges. vom 13. 12. 1954, GVBl. 171 = SaBl. **1955**, 70, und in Niedersachsen gem. Ges. vom 31. 3. 1955, GVBl. 141 = SaBl. 435), die über die Ministeranklagen und (so Niedersachsen) Anklagen gegen Abgeordnete wegen gewinnsüchtigen Mißbrauchs der Abgeordnetenstellung zu befinden haben, keine Sonderstrafgerichte. Die gleiche Auffassung wurde auch früher für den Staatsgerichtshof des Deutschen Reiches (Art. 108 WeimVerf., Ges. vom 9. 7. 1921 RGBl. 905; vgl. RGBl. 1921 1535) in den Fällen des Art. 59 Weim. Verf. und für die damaligen Staatsgerichtshöfe der deutschen Länder vertreten (vgl. die Ausführungen in Anm. 12 der Vorauflage und die Äußerungen der Abg. Spahn, Sinzheimer, von Delbrück zu Art. 79 des Entwurfs in der Sitzung des Verfassungsausschusses der Nationalversammlung vom 6. 6. 1919 S. 19).

8. Die Zulassung der Sondergerichte erstreckt sich gleichmäßig auf alle Instanzen; die Landesgesetzgebung darf mithin in den betroffenen Sachen auch die Rechtsmittelgerichte nach ihrem Ermessen einrichten. (Vgl. EG.GVG. § 3 Abs. 2.)

9. Auf Grund des § 4 EG.GVG. ist es nicht nur statthaft, ein Sondergericht mit Richtern, die zugleich Mitglieder eines ordentlichen Gerichts sind, zu besetzen, sondern auch ein bestimmtes ordentliches Gericht oder eine Abteilung eines solchen Gerichts oder mehrere solche Gerichte zugleich als Sondergerichte für gewisse Rechtssachen zu bestellen (s. aber oben Anm. 6a).

10. Wegen des Verhältnisses der ordentlichen Gerichtsbarkeit zu der Sondergerichtsbarkeit, d. h. zu der Gerichtsbarkeit der bundes- und landesgesetzlich bestellten Sondergerichte, ist folgendes zu bemerken:

a) Das Fehlen ihrer Gerichtsbarkeit haben die Gerichte in jeder Lage des Verfahrens von Amts wegen zu beachten (vgl. Anm. 1 zu § 12). Bei der Prüfung der Frage, ob das ordentliche Gericht oder ein Sondergericht zuständig ist, ist das Gericht — wie bei allen Prozeßvoraussetzungen (vgl. Einl. S. 36) — an die für die Beweisaufnahme zur Schuld- und Straffrage bestehenden Verfahrensvorschriften nicht gebunden. Anträge, die lediglich zur Vorbereitung der von Amts wegen zu treffenden Entscheidung gestellt werden, sind Anregungen, die keiner Bescheidung durch besonderen Beschluß bedürfen. Auch wenn die Unzuständigkeit der ordentlichen Gerichte ausdrücklich geltend gemacht und Verweisung an ein Sondergericht beantragt ist, so braucht die Bejahung der Zuständigkeit nicht in der Form eines Beschlusses verkündet und, falls den Vorschriften des § 326 (258) StPO. bereits genügt war, den Prozeßbeteiligten nicht nochmals Gehör gegeben zu werden; der Ausspruch der Zuständigkeit liegt in der Verkündung des zur Sache ergehenden Urteils (RGSt. **59** 36; vgl. RGSt. **51** 71, **55** 231).

b) Jede der beiden Gerichtsbarkeiten ist grundsätzlich ausschließlich. Es ist deshalb nicht statthaft, zusammenhängende Strafsachen, von denen die eine zur Zuständigkeit eines ordentlichen Gerichts, die andere zu der eines Sondergerichts gehört, verbunden (vgl. §§ 2, 4 StPO.) vor eines dieser Gerichte zu bringen (RGSt. **39** 132, **59** 38). Treffen bei derselben Handlung mehrere Strafgesetze zusammen, deren Aburteilung teils zur Zuständigkeit der ordentlichen Gerichte, teils zur Zuständigkeit eines Sondergerichts gehört, so darf jedes Gericht, soweit nichts anderes bestimmt ist, nur über den rechtlichen Gesichtspunkt entscheiden, für den es zuständig ist (RGSt. **33** 405, **49** 274, **56** 166, RMilG. **17** 279). — Ebensowenig wird ein Gericht, bei dem irrigerweise eine seiner Gerichtsbarkeit nicht unterliegende Strafsache anhängig gemacht worden ist, dadurch zuständig, daß sich der Beschuldigte stillschweigend oder ausdrücklich der Entscheidung dieses Gerichts unterwirft; vielmehr muß das Gericht von Amts wegen seine Unzuständigkeit aussprechen, sobald sie zu Tage tritt. Jedoch kann der Mangel der Gerichtsbarkeit des ordentlichen Gerichts dadurch geheilt werden, daß die Anklagebehörde des Sondergerichts, sofern sie zu einer solchen Verfügung befugt ist, die Sache zur Behandlung im ordentlichen Verfahren abgibt (RGSt. **72,** 379).

c) Da die Landesgesetzgebung befugt ist, die Gerichtsbarkeit in Sachen, für die Sondergerichte zugelassen sind, auch den ordentlichen Gerichten als solchen zu übertragen (EG. § 3 Abs. 1 und Anm. 4 das.), ist sie auch für befugt zu erachten, für diese Sachen Abweichungen von dem unter a aufgestellten Grundsatze vorzuschreiben, jedoch nur in der Richtung, daß Sa-Sachen, die an sich vor ein landesgesetzlich bestelltes Sondergericht gehören, in den unter a bezeichneten Fällen der Entscheidung eines ordentlichen Gerichts unterworfen werden dürfen. Dagegen steht es der Landesgesetzgebung nicht zu, Sachen, die bundesgesetzlich der ordentlichen Gerichtsbarkeit angehören, dieser zu entziehen und sie der Entscheidung eines Sondergerichts zu unterwerfen.

d) Der Fall eines zwischen einem ordentlichen Gericht und einem Sondergericht bestehenden Streites über die Zuständigkeit ist im Gesetz nicht vorgesehen (vgl. § 17 Anm. 4). Besteht für die beiden streitenden Gerichte ein gemeinsames oberes Gericht (vgl. den Bundesgerichtshof EG.GVG. § 3 Abs. 2), so wird dieses den Streit zu entscheiden haben. Beim Mangel eines gemeinsamen oberen Gerichts aber fehlt es an einem Mittel zur Beseitigung des Streites; insbesondere kann dieser dann nicht durch den Bundesgerichtshof entschieden werden, da dessen Entscheidungen nur für die ihm untergeordneten Gerichte maßgebend sind. Es würde daher zur Beseitigung des Streites äußerstenfalls eines Aktes der Gesetzgebung bedürfen. — Wegen des Zuständigkeitsstreits zwischen verschiedenen Gerichtsbarkeiten der in Art. 96 Abs. 1 GG. bezeichneten Art vgl. Anm. 5 zu § 17.

e) Überschreitungen der Zuständigkeit, gleichviel ob das ordentliche Gericht in die Zustän digkeit des Sondergerichts eingreift oder umgekehrt, berühren den Bestand des rechtskräftig gewordenen Urteils nicht; das zuerst rechtskräftig gewordene Urteil steht also einer erneuten Aburteilung vor den anderen Gerichten unter dem gleichen Gesichtspunkt entgegen. § 17 EG.MStGO. 1898, der dies für das Verhältnis der Militär- zur Zivilgerichtsbarkeit ausdrücklich aussprach, stellte einen Grundsatz von allgemeiner Bedeutung auf.

11. Wegen der Anwendbarkeit der StPO. auf das Verfahren der Sondergerichte s. § 3 EG. StPO. und Anm. 4 das.

12. Wegen des Unterschiedes der Sondergerichte von den Ausnahmegerichten vgl. Anm. 1 zu § 16.

§ 13a

(weggefallen)

1. Der nur in der früheren amerik. Besatzungszone geltende, durch Länderratsgesetz 1948 (vgl. Bayern Ges. vom 19. 10. 1948, GVBl. 240; Bremen Ges. vom 25. 10. 1948, GVBl. 219; Hessen Ges. vom 15. 10. 1948, GVBl. 133, Württemberg-Baden Ges. vom 21. 10. 1948, RegBl. 153) eingefügte § 13a lautete: „Die Verhandlung und Entscheidung von bürgerlichen Rechtsstreitigkeiten, deren Streitwert 150 DM nicht übersteigt, und von Strafsachen einschließlich Privatklagesachen kann, soweit die Sachen zur Zuständigkeit der Amtsgerichte gehören, durch die Landesgesetzgebung auf Friedensrichter oder Friedensgerichte übertragen werden." Von dieser Ermächtigung hat nur das damalige Land Württemberg-Baden Gebrauch gemacht (Ges. über die Friedensgerichtsbarkeit vom 29. 3. 1949, RegBl. S. 47). Danach sind die Friedensgerichte für auf der Gemeindemarkung begangene Übertretungen zuständig, die durch Strafverfügung geahndet werden können. Durch Art. 1 Nr. 11 des Rechtsvereinheitl. Ges. vom 12. 9. 1950 (BGBl. S. 455) ist § 13a aufgehoben worden. Das Württ.-Bad. Gesetz blieb aber gem. Art. 8 Abschn. III Nr. 93 des Rechtsvereinheitl. Ges. 1950 bestehen; es sollte dadurch ermöglicht werden, Erfahrungen zu sammeln, ob sich die Friedensrichter und -gerichte zu einer allgemeinen Einführung eignen. Durch Landesrecht kann das genannte Gesetz geändert, die bisherige Zuständigkeit der Friedensgerichte aber nicht erweitert werden.

2. Schrifttum z. württ.-bad. Friedensgerichtsbarkeitsges.: Hartung SJZ. **1949**, 672; Küster-Leibfried-Greiner, Die Friedensgerichtsbarkeit in Württemberg-Baden, Stuttgart 1949; Kern, StrafverfR. [2] 22/23. Über die bisherigen Erfahrungen vgl. die Stellungnahme des bad.-württemb. Richtervereins DRiZ. **1954**, 195. Bad. Württ. Ges. über die Amtsperiode der Friedensrichter vom 13. 6. 1935 (GVBl. 95).

§ 14

Als besondere Gerichte werden zugelassen:

1. **Gerichte der Schiffahrt für die in den Staatsverträgen bezeichneten Angelegenheiten;**
2. **Gemeindegerichte für die Verhandlung und Entscheidung in bürgerlichen Rechtsstreitigkeiten, deren Streitwert einhundert Deutsche Mark nicht übersteigt. Gegen die Entscheidung der Gemeindegerichte muß innerhalb einer gesetzlich zu bestimmenden Frist sowohl dem Kläger wie dem Beklagten die Berufung auf den ordentlichen Rechtsweg zustehen. Der Gerichtsbarkeit des Gemeindegerichts dürfen als Kläger oder Beklagte nur Personen unterworfen werden, die in der Gemeinde den Wohnsitz, eine Niederlassung oder im Sinne der §§ 16, 20 der Zivilprozeßordnung den Aufenthalt haben.**

I. **Entstehungsgeschichte:** Entw. § 3.

II. **Spätere Änderungen:** Ges. vom 11. 3. 1921 Art. I Nr. 1 (RGBl. 229). Ges. vom 8. 7. 1922 Art. Nr. 1 (RGBl. I 569). Ges. vom 1. 3. 1923 Art. I Nr. 1 (RGBl. I 207). VO. vom 23. 7. 1923 (RGBl. I 742). VO. vom 15. 9. 1923 (RGBl. I 884). VO. vom 13. 12. 1923 (RGBl. I 1186). Bek. vom 22. 3. 1924 (RGBl. I 300). Arbeitsgerichtsgesetz vom 23. 12. 1926 (RGBl. I 507) § 110 (Aufh. der früheren Nr. 4). Durch VO. vom 1. 12. 1930 (RGBl. I 517, 604) 9. Teil § 1 wurde die Wertgrenze der früheren Nr. 3 (jetzt Nr. 2) von 60 auf 100 RM erhöht. Die jetzige Fassung beruht auf dem Vereinheitlichungsges. vom 12. 9. 1950; sie beseitigte die frühere Nr. 2 betr. Landwirtschaftsgerichte, weil derartige besondere Gerichte innerhalb der Justiz nirgends mehr bestanden, und faßte die nunmehrigen Nr. 1 u. 2 neu. Wegen der Nr. 1 vgl. Anm. 1.

1. Nr. 1 lautete in der auf Art. 2 des Ges. vom 14. 12. 1923 (RGBl. II 485) beruhenden Fassung: „Rhein- und Elbschiffahrtsgerichte für die in Staatsverträgen bezeichneten Angelegen-

heiten der Schiffahrt auf dem Rhein und auf der Elbe." Der Reichsgesetzgeber ermächtigte („werden zugelassen") hier die Länder zur Errichtung von Sondergerichten. Die Rheinschiffahrtsgerichte beruhten auf der revidierten (Mannheimer) Rheinschiffahrtsakte v. 17. 10. 1886, Art. 32—40 (PrGS. 1869, 814) nebst Abänderungen vom 4. 6. 1898 (PrGS. 1900, 9) u. 14. 12. 1922 (RGBl. I 1925, 147), ferner auf Art. 354—368 des Versailler Vertrags vom 28. 6. 1919 (RGBl. 1237) u. Ges. über die Rheinschiffahrtsgerichte vom 5. 9. 1935 (RGBl. I 1142). Die Elbschiffahrtsgerichte beruhten zuletzt auf der neuen Elbschiffahrtsakte vom 22. 2. 1922; vgl. Ges. vom 22. 3. 1923 (RGBl. II 183) u. Zusatzabkommen Ges. vom 14. 12. 1923 (RGBl. II 1923, 485; 1924, 37). Durch das Binnenschiffahrtsges. vom 30. 1. 1937 (RGBl. I 97) mit DVO. vom 30. 1. 1937 (RGBl. I 101) wurden diese besonderen Gerichte aufgehoben (vgl. dazu die Note über die deutschen Wasserstraßen vom 14. 11. 1936, RGBl. II 361). Nach 1945 ordneten die Besatzungsmächte die Wiederherstellung der Rheinschiffahrtsgerichte in der Form an, in der sie vor der vorerwähnten Note vom 14. 11. 1936 bestanden hatten (vgl. amerik. MilRegGes. Nr. 9 und brit. MilRegVO. Nr. 65; vgl. Baumbach-Lauterbach, ZPO. [20] Anm. 2 zu § 14 GVG.). Durch Ges. über das gerichtliche Verfahren in Binnenschiffahrts- und Rheinschiffahrtssachen vom 27. 9. 1952 (BGBl. I 641) wurde die Tätigkeit der Rheinschiffahrtsgerichte neu geordnet; die jetzt geltende Fassung der Art. 32 bis 40 der Mannheimer Akte von 1868 ist bekanntgemacht in BGBl. 1952 I 645. Damit verlor die Nr. 1 des § 14 GVG. für die Rheinschiffahrtsgerichte erneut ihre Bedeutung, denn sie sind (falls man sie überhaupt als Sondergerichte ansehen kann, vgl. Anm. 2) bundesgesetzlich bestellt, nicht mehr nur „zugelassen" i. S. des § 13. Die allgemeinen Vorschriften des Binnenschiffahrtsges. gelten nach § 14 a.a.O. für Rheinschiffahrtssachen nur, soweit sich aus der rev. Rheinschiffahrtsakte und den §§ 15—18 des Ges. vom 27. 9. 1952 nicht anderes ergibt. Die für die übrigen Binnenschiffahrtssachen zuständigen Gerichte (Amtsgericht als Gericht 1. Instanz, Oberlandesgericht als Berufungs- und Beschwerdegericht), die bei der Verhandlung und Entscheidung die Bezeichnung „Schiffahrtsgericht" und „Schiffahrtsobergericht" führen (§§ 5, 11), sind keine Sondergerichte, sondern Gerichte der ordentlichen Gerichtsbarkeit; die verfahrensrechtlichen Besonderheiten machen diese Gerichte, die lediglich Abteilungen des Amts- oder Oberlandesgerichts sind, nicht zu Sondergerichten (vgl. Anm. 6a zu § 13). Zu ihrer Zuständigkeit gehören Strafsachen wegen Zuwiderhandlungen gegen strom- und schiffahrtspolizeiliche Vorschriften, die auf oder an Binnengewässern begangen sind. Die Bezirke der Binnen- und Rheinschiffahrtsgerichte sind durch Vereinbarung der beteiligten Länder geregelt (abgedr. z. B. Hess. GVBl. 1954, 97).

2. Die Rheinschiffahrtsgerichte sind in Strafsachen nach Art. 34 der rev. Rheinschiffahrtsakte sachlich zuständig zur Untersuchung und Bestrafung aller Zuwiderhandlungen gegen die schiffahrts- und strompolizeilichen Vorschriften. Rheinschiffahrtsgericht 1. Instanz ist das Amtsgericht (Einzelrichter), Berufungsgericht (keine Revision) das Oberlandesgericht als „Rheinschiffahrtsobergericht" (§ 15). Berufung ist auch in den Fällen des § 313 StPO. zulässig (§ 10). Statt der Berufung an das Rheinschiffahrtsobergericht ist auch die Anrufung der Zentralkommission in Straßburg gegeben (§ 18 in Verb. mit Art. 37 der Rheinschiffahrtsakte), aber nur, wenn „der Gegenstand der an das Gericht gestellten Anträge mehr als 50 Franken beträgt"; für die Berufung an das Rheinschiffahrtsobergericht gilt diese Beschränkung nicht (§ 17). — Die Rheinschiffahrtsgerichte sind, wie die Binnenschiffahrtsgerichte, Abteilungen des Amts- oder Oberlandesgerichts; man kann daher auch bei ihnen nicht von Sondergerichten sprechen, da es an der für diesen Begriff erforderlichen Ausgliederung aus dem Bereich der ordentlichen Gerichte fehlt. Nur die Zentralkommission ist ein Sondergericht i. S. des § 14 Nr. 1 (ebenso v. Spreckelsen, „Das Deutsche Bundesrecht" VI E 10 zu § 18).

3. Den unter Nr. 2 bezeichneten Gerichten steht keine Strafgerichtsbarkeit zu. Wegen der in dem früheren Land Württemberg-Baden bestehenden Friedensgerichtsbarkeit vgl. Anm. zu § 13a.

§ 15

(weggefallen)

1. § 15 lautete:

„(1) Die Gerichte sind Staatsgerichte.

(2) Die Privatgerichtsbarkeit ist aufgehoben; an ihre Stelle tritt die Gerichtsbarkeit des deutschen Landes, in welchem sie ausgeübt wurde. Präsentationen für Anstellungen bei den Gerichten finden nicht statt.

(3) Die Ausübung einer geistlichen Gerichtsbarkeit in weltlichen Angelegenheiten ist ohne bürgerliche Wirkung. Dies gilt insbesondere bei Ehe- und Verlöbnissachen."

Die Vorschrift ist durch das Vereinheitlichungsges. vom 12. 9. 1950 gestrichen worden. Die Begr. bemerkt dazu: „§ 15 ist heute ohne sachliche Bedeutung. Er ist im Kampf des Staates gegen Beeinträchtigungen seiner Justizhoheit durch die Patrimonialgerichtsbarkeit, Privatgerichtsbarkeit und kirchliche Gerichtsbarkeit entstanden. Diese Auseinandersetzungen gehören der Vergangenheit an. Die alleinige und unbeschränkte Zuständigkeit des Staates, für seinen Bereich Gerichtsbarkeit zu üben, ist unbestritten. Deshalb kann § 15 aufgehoben werden."

§ 16

Ausnahmegerichte sind unstatthaft. Niemand darf seinem gesetzlichen Richter entzogen werden.

I. Entstehungsgeschichte: Entw. § 5.

II. Spätere Entw.: N. E. III Nr. 3.

III. Spätere Fassungen: Bek. vom 22. 3. 1924 (RGBl. I 300). Das Vereinheitlichungsges. vom 12. 9. 1950 hat den früheren Satz 3 („Die gesetzlichen Bestimmungen über Kriegsgerichte und Standgerichte werden hiervon nicht berührt.") gestrichen und im übrigen die bisherige Fassung unverändert übernommen.

Literatur: Kern, Ausnahmegerichte („Recht und Staat" Heft 27 [1924]), Menzel, Ausnahmegericht und gesetzlicher Richter (Breslauer Diss. 1925), Kern, Der gesetzliche Richter (Öffentl-rechtl. Abhandl. Heft 8 [1927]), Oehler, Der gesetzliche Richter und die Zuständigkeit in Strafsachen, ZStrW. **64**, 292ff. (1952); Anschütz, Komm. zu Art. 103, 105 WeimVerf., von Mangoldt zu Art. 101 GG., Dennewitz, Bonner Komm. zu Art. 101 GG.; Eb. Schmidt, Lehrkomm. I S. 237ff.

1. Entstehungsgeschichte — Wirkliche Unabhängigkeit der Rechtspflege gegenüber Eingriffen von dritter Seite ist nur möglich, wenn außer der Unabhängigkeit des Richters gewährleistet ist, daß niemand dem „gesetzlichen" Richter entzogen werden kann. Dieser Gedanke reicht weit in die Vergangenheit zurück (vgl. Oehler a.a.O. 297). Eine Frucht der Kämpfe um den Rechtsstaat, in dem namentlich Feuerbach mit diesen beiden Grundforderungen hervortrat (vgl. Eb. Schmidt, Einführung in die Geschichte der deutschen Strafrechtspflege 2. Aufl. [1951] S. 335), bildete die Aufnahme einer dem § 16 entsprechenden Vorschrift in die Frankfurter Reichsverfassung 1848 (Art. X S. 175 Abs. 2) und demnächst in die Landesverfassungen (z. B. Art. 7 Preuß. Verfassungsurkunde vom 31. 1. 1850). Art. 105 WeimVerf. übernahm wörtlich den nur für die ordentliche streitige Gerichtsbarkeit geltenden § 16 GVG. in seiner damaligen Fassung und erhob ihn zu einem die gesamte Gerichtsbarkeit in ihrem damaligen Umfang beherrschenden Verfassungssatz. Nach 1945 wurden entsprechende Vorschriften in die neuen Landesverfassungen aufgenommen (vgl. die Zusammenstellung bei Eb. Schmidt Lehrkomm. I S. 238 Anm. 362). Den Abschluß der Entwicklung bildet die Vorschrift des Art. 101 GG.: „(1) Ausnahmegerichte sind unzulässig. Niemand darf seinem gesetzlichen Richter entzogen werden. (2) Gerichte für besondere Sachgebiete können nur durch Gesetz errichtet werden." Diesen für alle Gerichtsbarkeitszweige geltenden Verfassungsgrundsatz gibt § 16 wiederholend wieder, um ein geschlossenes Bild aller für die Gerichtsverfassung der ordentlichen streitigen Gerichtsbarkeit maßgebenden Vorschriften zu bieten. Eine historische Reminiszenz an das Hervorgehen des Art. 101 Abs. 1 GG. aus § 16 GVG. ist es, wenn das Vereinheitlichungsges. vom 12. 9. 1950 die ursprüngliche Fassung („ . . . sind unstatthaft") aufrechterhalten hat, während Art. 101 Abs. 1 Ausnahmegerichte als „unzulässig" bezeichnet; ein sachlicher Unterschied liegt selbstverständlich darin nicht.

2. Art. 101 Abs. 1 GG. verbietet nicht nur der Staats-, insbes. der Justizverwaltung, sondern auch dem Gesetzgeber der Länder und des Bundes die Errichtung von **Ausnahmegerichten;** nur durch Änderung des Grundgesetzes könnte von diesem Grundsatz abgewichen werden. Ein Ausnahmegericht ist jedes Gericht, das nach Begehung einer Straftat ad hoc für einen Einzelfall oder für eine nach individuellen Merkmalen bestimmte Gruppe von Einzelfällen zur Entscheidung eingesetzt wird (RG. Recht **1923** Nr. 1296 = JW. **1924,** 192; RGSt. **55,** 246; RG. JR. **1934** Nr. 451; OLG. Königsberg GA. **68,** 391; Eb. Schmidt Lehrkomm. I S. 240; von Mangoldt Anm. 3 zu Art. 101 GG.). Aber auch ein vor begangener Tat zur Aburteilung bestimmtes

Gericht wäre ein Ausnahmegericht, wenn seine Zuständigkeit nicht durch generelle (abstrakte) Merkmale bestimmt, sondern in der Weise geregelt wäre, daß ein oder mehrere individuell umgrenzte Einzelfälle von vornherein der allgemeinen Zuständigkeitsordnung entzogen würden (Eb. Schmidt a.a.O.). A. M. Oehler a.a.O. 302ff.: für den Begriff des Ausnahmegerichtes komme es nicht darauf an, ob das Gericht formal vor oder nach der Tat, generell oder für den Einzelfall bestimmt sei, sondern „ob es aus gerichtstechnischen oder aus außerrechtlichen politischem Gesichtspunkt bestimmt wird, damit die Regierung über die Richterbesetzung hinweg das Urteil beeinflusse." Nach Oehler 304 liegt ein Ausnahmegericht auch vor, wenn bei mehrfacher örtlicher Zuständigkeit oder bei mehrfacher sachlicher Zuständigkeit infolge beweglicher Zuständigkeitsbegründbarkeit die Anklage auf Weisung bei dem politisch genehmen Spruchkollegium erhoben würde; vgl. dazu unten Anm. 3b). Unter der Herrschaft des Art. 105 WeimVerf. wurden Ausnahmegerichte in dem vorerörterten Sinn errichtet durch das Ges. z. Verfolgung von Kriegsverbrechen und Kriegsvergehen vom 18. 12. 1919 (RGBl. 2125) und das Ges. betr. die Aburteilung von hochverräterischen Unternehmungen des sog. Kapp-Putsches vom 2. 4. 1920 (RGBl. 431). Als Ausnahmegericht wurde auch der durch Ges. vom 21. 7. 1922 (RGBl. I 585) errichtete Staatsgerichtshof zum Schutze der Republik insoweit angesehen, als nach § 13 Abs. 4 seine Zuständigkeit sich auch auf die vor dem Inkrafttreten des Gesetzes begangenen strafbaren Handlungen erstreckte und diese Vorschrift bezweckte, bestimmte konkrete Fälle den zur Aburteilung nach den bisherigen Vorschriften allgemein zuständigen Gerichten zu entziehen (vgl. die Ausführungen in Anm. 2a der Vorauflage mit Schrifttumsangaben, insbes. Kern, Ausnahmegerichte 21 u. Gesetzl. Richter 320, Beling 46). — Dagegen kann von der Errichtung von Ausnahmegerichten nicht die Rede sein, wenn eine allgemeine Änderung der Zuständigkeitsvorschriften sich auch auf die Aburteilung von Handlungen erstreckt, die vor der Änderung begangen sind. Das gilt auch, wenn bei der Errichtung von Sondergerichten („Gerichten für besondere Sachgebiete", vgl. Art. 101 Abs. 2 GG. und Anm. 6 zu § 13) deren Zuständigkeit auch die vor der Errichtung begangenen Taten umfaßt, sofern nur die allgemeine Einkleidung der Zuständigkeitsverschiebung nicht lediglich verschleiern soll, daß es sich in Wirklichkeit vorzugsweise darum handelt, gerade die vorher begangenen Taten dem nach dem bisherigen Recht zuständigen Richter zu entziehen (vgl. bzgl. der durch VO. vom 27. 11. 1919 — RGBl. 1909 — errichteten Wuchergerichte RG. LZ. **1920**, 694; KG. JW. **1920**, 402; BayObLG. JW. **1920**, 563; OLG. Königsberg GA. **68**, 391).

3. Daß niemand seinem **gesetzlichen Richter** entzogen werden darf (§ 16 Satz 2, Art. 101 Abs. 1 Satz 2 GG.), bedeutet zunächst, daß nicht die nach den Verfahrensvorschriften gegebene Zuständigkeit eines Gerichts durch die Bildung eines Ausnahmegerichts beseitigt werden darf. Darüber hinaus spricht die Vorschrift ein Verbot an alle Organe der Staatsgewalt aus, das Tätigwerden des gesetzlichen Richters durch andere als verfahrensmäßig zulässige Maßnahmen auszuschließen, gleichviel, ob die Ausschließung darin besteht, daß an die Stelle des gesetzlichen Richters ein anderer Richter tritt, ohne daß es sich um ein Ausnahmegericht (Anm. 2) handelt, oder darin, daß die vorgeschriebenen Verfolgungsmaßnahmen gesetzwidrig überhaupt unterbleiben. Im einzelnen:

a) „Gesetzlicher Richter" ist der Richter, der nach den allgemeinen, d. h. für jedermann geltenden Vorschriften zur Entscheidung über die in Frage stehende Tat berufen ist (vgl. BayObLG. JW. **1920**, 563; Doerr ArchÖffR. **41**, 77). Maßgebender Zeitpunkt für die Ermittlung der Entscheidungszuständigkeit ist dabei zunächst der Zeitpunkt der Tatbegehung (Eb. Schmidt Nr. 438), „gesetzlicher Richter" ist aber auch derjenige, dessen Zuständigkeit in der Zeit nach Tatbegehung bis zu dem Zeitpunkt, in dem nach den allgemeinen Verfahrensvorschriften die Angehung des Richters in Frage kommt, durch eine allgemeine (also nicht willkürlich für den Einzelfall getroffene) Änderung der bisherigen Zuständigkeitsregelung begründet wird (RGSt. **58**, 120; vgl. auch RGZ. **107**, 323f. und von Mangoldt Anm. 3 zu Art. 101; s. ferner oben Anm. 2). Es ist schließlich nicht unzulässig, wenn bei einer allgemeinen Zuständigkeitsänderung auch in den bereits anhängigen gerichtlichen Verfahren der bisherige gesetzliche Richter durch einen neuen gesetzlichen Richter ersetzt wird, denn eine grundgesetzliche Zuständigkeitsfixierung auf einen bestimmten Zeitpunkt gibt es nicht (ebenso Kern, Gerichtsverf. Recht 75; Henkel, StrafverfR. [1953] 150; a. M. Kohlrausch StPO. [1936] zu § 16). Gesetzlicher Richter ist selbstverständlich auch derjenige Richter, der nach Maßgabe der allgemein geltenden Vorschriften an die Stelle des „an sich" zuständigen Richters tritt, z. B. in den Fällen der §§ 15, 354 Abs. 2 Satz 2 StPO.

b) Zum Begriff des „gesetzlichen Richters" in seiner reinsten Form würde gehören, daß von vornherein — gewissermaßen aus dem Gesetz ablesbar — feststünde, welches Gericht im Einzelfall sachlich zur Entstehung berufen ist. In dieser Gestalt hat das geltende Recht den Begriff nicht verwirklicht. Denn eine katalogmäßige unveränderliche Zuständigkeit sieht das GVG. (von § 25 Nr. 1, 2a abgesehen) nur beim Schwurgericht (§ 80) vor; im übrigen ist in weitem Umfang auf dem Weg über § 24 Abs. 1 Nr. 2, 3, § 25 Nr. 2c, 3, § 74, §§ 74a Abs. 2, 134 Abs. 2, §§ 26, 74b, §§ 120, 134a der Strafverfolgungsbehörde ein wesentlicher Einfluß darauf eingeräumt, welches Gericht die Aburteilung übernimmt. Eine solche verschiebbare (bewegliche) Zuständigkeit für grundgesetzwidrig zu erklären (so Eb. Schmidt Nr. 439; Bedenken gegen die Grundgesetzmäßigkeit auch bei Oehler a.a.O. 302ff.), geht nicht an. Mit Art. 101 Abs. 1 Satz 2 GG. steht eine solche Regelung schon deshalb nicht in Widerspruch, weil nicht das GG., sondern das GVG. bestimmt, wer jeweils gesetzlicher Richter ist und Art. 101 Abs. 1 Satz 2 GG. sich darauf beschränkt, als Blankettnorm die jeweilige außerhalb des GG. an gehöriger Stelle getroffene Zuständigkeitsregelung zu schützen. Es läßt sich aber auch schwerlich behaupten, daß das Prinzip der beweglichen Zuständigkeit, das im deutschen Gerichtsverfassungsrecht schon seit Jahrzehnten (allerdings wechselnd in Gestalt und Umfang, vgl. Oehler a.a.O. 292f.) herrscht und das das Vereinheitlichungsges. vom 12. 9. 1950 beibehielt, dem Grundgedanken des Art. 101 Abs. 1 Satz 2 GG. oder doch wenigstens zwingenden rechtsstaatlichen Anforderungen widerspräche. Ein charakteristisches Merkmal der modernen Strafgesetzgebung ist die wachsende Spannweite der Strafrahmen, um eine gerechte Strafzumessung gleichermaßen bei den denkbar mildesten wie den denkbar schwersten Verstößen gegen ein Strafgesetz zu ermöglichen; bei nicht wenigen Vergehen reicht infolge der Einfügung unbenannter Strafschärfungsgründe („in besonders schweren Fällen" usw.) der Strafrahmen von der Geldstrafe bis zur hohen Zuchthausstrafe. Bei einer solchen Gestaltung läßt sich der Grundgedanke der Zuständigkeitsregelung, daß für die Zuweisung an ein Gericht niederer oder höherer Ordnung die Schwere des Delikts maßgebend sein solle, durch katalogartige Zuweisung bestimmter Straftaten nicht verwirklichen. Wäre das Entziehungsverbot in einem so strengen Sinn aufzufassen, so müßte es erst recht grundgesetzwidrig sein, wenn § 31 des Ges. über Ordnungswidrigkeiten (OWiG.) vom 25. 3. 1952 (BGBl. I 177) die Entscheidung, ob bei sog. Mischtatbeständen ein Gesetzesverstoß eine Straftat oder nur eine durch die Verwaltungsbehörde zu ahndende Ordnungswidrigkeit darstellt (§ 1 Abs. 3 OWiG.), der Staatsanwaltschaft überläßt. Es muß vielmehr genügen, daß das Gesetz die Ermessensentscheidung der Strafverfolgungsbehörde in weitem Umfang der richterlichen Nachprüfung unterwirft. So entscheidet letztlich das Gericht in den Fällen des § 24 Abs. 1 Nr. 2, 3, ob der Fall besondere Bedeutung hat, so daß Anklage beim Landgericht geboten ist, es entscheidet in den Fällen des § 24 Abs. 1 Nr. 3, § 25 Nr. 2c u. 3, welche Strafe zu erwarten ist, und im Fall des § 29 Abs. 2, ob es der Zuziehung eines zweiten Amtsrichters bedarf. Auch die Entscheidung, ob ein Gesetzesverstoß Straftat oder Ordnungswidrigkeit ist, trifft letztlich das Gericht (§§ 31, 32, 58 OWiG.). Jedenfalls überwiegt der Vorteil einer differenzierten Behandlung die etwaigen Bedenken in einem Maße, daß die Preisgabe der Wahlzuständigkeit nicht empfohlen werden kann (so auch Henkel, StrafverfR. [1953] 170). Nach Peters, Strafpr. [1952] 106 schränkt die Wahlmöglichkeit den Grundsatz des gesetzl. Richters zwar ein, verletzt ihn aber nicht, da dem Staatsanwalt nur die Wahl zwischen den im Gesetz bestimmten Gerichten bleibt. — Übrigens müßte, wer die Möglichkeit der Wahl zwischen mehreren sachlich zuständigen Gerichten verwirft, folgerichtig auch ein Wahlrecht der Staatsanwaltschaft bei mehrfacher örtlicher Zuständigkeit (vgl. Anm. 5 zu § 12 StPO.) verneinen.

c) Die Durchführung des Grundsatzes des „gesetzlichen Richters" verlangt, daß nicht nur das zuständige Gericht, sondern auch das bei diesem Gericht zur Entscheidung berufene Rechtsprechungsorgan von vornherein bestimmt ist. Diesem Zweck dienen die Vorschriften des GVG., wonach bei allen Gerichten vor Beginn des Geschäftsjahrs die Richter und die Geschäfte durch das Präsidium auf die einzelnen Rechtsprechungskörper zu verteilen sind und eine solche Anordnung während des Geschäftsjahrs nur aus zwingenden Gründen geändert werden darf (vgl. §§ 22b, 22c, 62, 63, 117, 131). Und zwar darf auch hier die Verteilung und Änderung nicht in der Weise erfolgen, daß ein Rechtsprechungskörper ad hoc, für einen Einzelfall, bestimmt wird, sondern nur dergestalt, daß die Zuständigkeit nach allgemeinen (abstrakten) Merkmalen begründet wird (vgl. Anm. 2 zu § 63). Aber auch hier geht — eine Parallele zu dem in Anm. 2b Ausgeführten — die Rechnung aus zwingenden praktischen Gründen nicht ganz auf: abgesehen von dem Fall der Bestellung eines zeitweiligen Vertreters nach § 67 bleibt ein durch Ermessen ausfüllbarer Spielraum in den Fällen, in denen einer Kammer oder einem Senat eine die gesetzliche Mindestzahl übersteigende Zahl von Mitgliedern zugewiesen wird (vgl. Anm. 5b zu § 63) und der Vorsitzende durch die Verteilung der Geschäfte (§ 69) und die Anberaumung der Termine für die einzelnen Sachen einen gewissen Einfluß darauf hat, in welcher Besetzung das Kollegium in der einzelnen Sache entscheidet. Wegen solcher Bedenken die Besetzung der Kammern und Senate mit mehr Mitgliedern, als sie zur Bildung des Spruchgremiums erforderlich sind, zu verbieten (so Meyer DRiZ. **1951**, 86; Berger NJW. **1955**, 1138), liefe darauf hinaus, daß in weitem Umfang bei Ausfall eines Richters der Weg des § 67 beschritten werden müßte, was — von anderen praktischen Schwierigkeiten abgesehen — dem Gedanken des „gesetzlichen Richters" noch abträglicher wäre.

d) Das Entziehungsverbot richtet sich nicht nur an den Gesetzgeber und die Verwaltung (vgl. dazu Anm. 2 zu § 63), sondern auch an die Gerichte selbst (a. M. BGHZ. **6**, 178 [182]), wenn auch insoweit sein Anwendungsbereich gering ist. Abgesehen von dem Fall einer fehlerhaften Änderung der Geschäftsverteilung während des Geschäftsjahrs (vgl. Anm. c) wäre etwa die formelle Justizverweigerung — z. B. durch grundlose Nichterledigung einer anhängigen Sache — ein verbotener Entziehungsakt (BVerfG. NJW. **1954**, 593 = MDR. **1954**, 282; Kern, Der gesetzl. Richter 203f.). Auch die offensichtlich willkürliche Bejahung der eignen unter Verneinung einer anderen gerichtlichen Zuständigkeit wäre als Entziehungsakt zu werten (BVerfG. a.a.O.). Dagegen rechtfertigt eine bloß irrtümliche Bejahung oder Verneinung der eignen Gerichtszuständigkeit — gleichviel ob auf dem Gebiet der örtlichen, sachlichen oder funktionellen Zuständigkeit (z. B. ein Revisionsgericht trifft eine nur der Tatsacheninstanz zukommende tatsächliche Feststellung) — niemals den Vorwurf der verbotswidrigen Entziehung (BVerfG. a.a.O.). Die gleichen Erwägungen sind maßgebend, wenn es darum geht, welche von mehreren Abteilungen desselben Gerichts nach dem Geschäftsverteilungsplan zuständig und damit der „gesetzliche Richter" ist (BGH.LM. Nr. 2 zu § 63 GVG.).

e) Ein zulässiger Entziehungsakt ist die Niederschlagung eines Strafverfahrens im Wege der Einzelniederschlagung, soweit sie nach Landesrecht zulässig ist, oder durch Straffreiheitsgesetz des Bundes oder eines Landes (vgl. Vorbem. 16c vor § 12) und das Nichtverfolgen einer Übertretung wegen Geringfügigkeit (§ 153 Abs. 1 StPO.); vgl. dazu Anm. 4c zu § 13.

4. Eine Verletzung des Art. 101 GG. begründet für den Beeinträchtigten (vgl. dazu BVerfG. NJW. **1954**, 593) die Verfassungsbeschwerde zum Bundesverfassungsgericht (§ 90 BVerfGG.). Eine unter Verletzung des Art. 101 ergangene Entscheidung hebt das Bundesverfassungsgericht auf (§ 95 Abs. 2 BVerfGG.); daraus muß gefolgert werden, daß das Urteil eines Ausnahmegerichts nicht ohne weiteres — also auch ohne daß es einer Aufhebung durch das BVerfG. bedürfte — nichtig ist (a. M. Kern 159; Peters Strafpr. [1952] 408). Urteile gesetzwidriger Ausnahmegerichte, die in Deutschland außerhalb des Geltungsbereichs des GG. ergangen sind, sind dagegen absolut und unheilbar nichtig (KG. Berlin NJW. **1954**, 1901; vgl. Einl. S. 60).

5. Satz 3 des § 16 in der vor dem Vereinheitlichungsges. vom 12. 9. 1950 geltenden Fassung lautete in Wiederholung des Art. 105 Satz 3 WeimVerf.: „Die gesetzlichen Bestimmungen über Kriegsgerichte und Standgerichte werden hiervon nicht berührt." Diese Vorschrift, deren Bedeutung im einzelnen streitig war, betraf die Gerichte des Ausnahmezustandes, die nach früherem Recht (Art. 68 ReichsVerf. 1871, Art. 48 WeimVerf.) bei einer erheblichen Störung oder Gefährdung der öffentlichen Ordnung und Sicherheit eingesetzt werden konnten (vgl. dazu Anm. 4 der Vorauflage). Das GG. kennt keine entsprechenden Vorschriften (vgl. vielmehr Art. 91 GG.); infolgedessen ist der frühere Satz 3 des § 16 ersatzlos weggefallen.

§ 17

(1) Die Gerichte entscheiden über die Zulässigkeit des Rechtswegs.

(2) Die Landesgesetzgebung kann jedoch die Entscheidung von Streitigkeiten zwischen den Gerichten und den Verwaltungsbehörden oder Verwaltungsgerichten über die Zulässigkeit des Rechtswegs besonderen Behörden nach Maßgabe der folgenden Bestimmungen übertragen:

1. Die Mitglieder werden für die Dauer des zur Zeit ihrer Ernennung von ihnen bekleideten Amts oder, falls sie zu dieser Zeit ein Amt nicht bekleiden, auf Lebenszeit ernannt. Sie

können nur unter denselben Voraussetzungen wie die Mitglieder des Bundesgerichtshofs ihres Amtes enthoben werden.

2. **Mindestens die Hälfte der Mitglieder muß dem Bundesgerichtshof oder dem Obersten Landesgericht oder einem Oberlandesgericht angehören. Bei Entscheidungen dürfen Mitglieder nur in der gesetzlich bestimmten Anzahl mitwirken. Diese Anzahl muß eine ungerade sein und mindestens fünf betragen.**

3. **Das Verfahren ist gesetzlich zu regeln. Die Entscheidung ergeht in öffentlicher Sitzung nach Ladung der Parteien.**

4. **Sofern die Zulässigkeit des Rechtswegs durch rechtskräftiges Urteil des Gerichts feststeht, ohne daß zuvor auf die Entscheidung der besonderen Behörde angetragen war, bleibt die Entscheidung des Gerichts maßgebend.**

I. Entstehungsgeschichte: Entw. —.

II. Spätere Änderungen: Nach § 1 der VO. vom 21. 3. 1935 (RGBl. I 495) wurde die Zuständigkeit der gemäß § 17 Abs. 2 errichteten Landesbehörden durch den Übergang der Justizhoheit auf das Reich nicht berührt. Das Vereinheitlichungsges. vom 12. 9. 1950 hat — abgesehen von der Anpassung an die veränderten Verhältnisse (Bundesgerichtshof statt Reichsgericht) und geringfügigen sprachlichen Änderungen — den § 17 unberührt gelassen.

Schrifttum: Ule, Die neuen Verwaltungsgerichtsbarkeit und das Verhältnis von Justiz und Verwaltung. DRZ. 10. Beiheft, Tübingen **1949**; Naumann, Zur Lösung von Zuständigkeitskonflikten zwischen Gerichten verschiedener Verwaltungszweige DRiZ. **1952,** 197.

1. Zulässigkeit des Rechtswegs — Von dem in § 17 geregelten Fall des „Kompetenzkonflikts" ist zu unterscheiden der „Konflikt", d. h. der Fall, daß eine Verwaltungsbehörde der gerichtlichen Verfolgung eines ihr untergeordneten Beamten wegen Amtspflichtverletzung widerspricht und eine Vorentscheidung für die Zulässigkeit der Verfolgung erforderlich wird. Dieser Fall ist in § 11 EG.GVG. behandelt. Vgl. die Anm. dazu.

2. Rechtsweg in Strafsachen — Für Strafsachen ist § 17, der in Abs. 1 den in seiner Weitergeltung bestrittenen Grundsatz der „Kompetenzkompetenz" der ordentlichen Gerichte ausspricht, nur von geringer Bedeutung.

a) Zwischen einem Strafgericht und einer Verwaltungsbehörde könnte ein Streit über die Zulässigkeit des Rechtsweges entstehen, wenn bei einer strafbaren Handlung, die Gegenstand eines Verwaltungsstrafverfahrens (§ 13 Anm. 3, 4) sein kann, das Gericht die Untersuchung eröffnet, ohne daß die Vorbedingungen für das gerichtliche Verfahren erfüllt sind, z. B. wenn das für das Verwaltungsstrafverfahren maßgebende Gesetz das gerichtliche Verfahren nur zuläßt, falls die beteiligte Verwaltungsbehörde oder der Beschuldigte auf gerichtliche Entscheidung anträgt, und gleichwohl das gerichtliche Verfahren ohne einen solchen Antrag eingeleitet worden ist. Die Möglichkeit, einen solchen „Zuständigkeitsstreit" nach Maßgabe landesrechtlicher Vorschriften durch eine „besondere Behörde" (die im Hinblick auf Art. 92 GG. keine Verwaltungsbehörde sein könnte) austragen zu lassen, entfällt aber, da nach § 6 Abs. 2 EGStPO. ein Verwaltungsstrafverfahren durch Landesrecht nur bei Zuwiderhandlungen gegen die Vorschriften über die Erhebung öffentlicher Abgaben und Gefälle eingeführt werden kann und nur mit der Maßgabe, daß sich das Verfahren nach den für das Strafbescheidsverfahren der Reichsabgabenordnung geltenden Vorschriften richten muß; es gelten also insoweit die §§ 425, 426, 447 RAbgO.

b) Ein Zuständigkeitsstreit, ob ein Gesetzesverstoß eine gerichtlich zu verfolgende kriminelle Straftat oder eine von der Verwaltungsbehörde zu ahndende Ordnungswidrigkeit darstellt, wird nach den §§ 31, 32, 58ff. des Ges. über Ordnungswidrigkeiten vom 25. 3. 1952 (BGBl. I 177) erledigt. Macht Landesrecht im Rahmen seiner Strafgesetzgebungsbefugnis von der Möglichkeit Gebrauch, einen Gesetzesverstoß mit Kriminalstrafe oder mit nichtkrimineller Geldbuße zu bedrohen, so würde es an sich nicht gehindert sein, die Erledigung eines entsprechenden Zuständigkeitsstreites zwischen Justiz und Verwaltung abweichend von den Vorschriften des OWiG., das nur für die bundesrechtlich aufgestellten Ordnungswidrigkeitstatbestände gilt, zu regeln (vgl. Dalcke (Schäfer) [36] Anm. 1 zu § 3 OWiG.); es könnte also auch den in § 17 Abs. 2 GVG. bezeichneten Weg beschreiten. Ein solches Verfahren wäre aber unzweckmäßig und ist auch bisher in den landesrechtlichen Vorschriften nicht gewählt worden, die vielmehr die Vorschriften des OWiG. für anwendbar erklären.

c) Im früheren Preußen ist die Erhebung eines „Kompetenzkonfliktes" in Strafsachen durch die VO. vom 1. 8. 1879 GS. 573 § 4 (geändert durch Ges. vom 22. 3. 1902 GS. 145) ausgeschlossen.

3. Vgl. den den § 17 ergänzenden § 17 des EG.GVG. In Bayern ist der „Gerichtshof für Kompetenzkonflikte" dem Bayerischen Obersten Landesgericht angegliedert (§ 8 des Ges. über das BayObLG. i. d. F. vom 23. 11. 1953, GVBl. S. 191).

4. **Zuständigkeit von ordentlichen oder besonderen Gerichten** — Der Fall, daß nicht über die Zulässigkeit des Rechtsweges überhaupt, sondern darüber gestritten wird, ob die Zuständigkeit der ordentlichen Gerichte oder die eines Sondergerichts begründet ist, wird von § 17 nicht berührt; vgl. § 13 Anm. 10d (Gl. A. Stenglein Anm. zu § 17, von Kries 115; a. M. Keller 30).

5. Einen Streit, ob der Rechtsweg zu den ordentlichen Gerichten oder zu den Gerichten eines anderen Gerichtsbarkeitszweiges gegeben ist, sind die neuen Verfahrensgesetze (in wechselnder Gestaltung) bestrebt dadurch auszuschließen, daß sie der Zuständigkeitsentscheidung des Gerichts des zuerst angegangenen Gerichtsbarkeitszweiges bindende Wirkung für die Gerichte der übrigen Gerichtsbarkeiten beilegen. Dieser Gedanke findet sich in § 52 des Sozialgerichtsges. vom 3. 9. 1953 (BGBl. I 1239), in § 25 des Ges. über das Bundesverwaltungsgericht vom 3. 9. 1952 (BGBl. I 625) und — als lex fugitiva — in verallgemeinerter Form (Verweisungsbefugnis aller oberen Bundesgerichte mit bindender Wirkung an das erstinstanzliche Gericht anderer Gerichtsbarkeiten) in § 81 des letztgenannten Gesetzes. Auf die Einzelheiten ist hier nicht einzugehen, da sie die den ordentlichen Gerichten zugewiesene Strafrechtspflege nicht berühren.

Zu Abs. 2.

6. **Gerichte** im Sinn des Abs. 2 sind — im Gegensatz zu Abs. 1 — nur die Gerichte des eigenen Landes, dagegen nicht die Gerichte anderer Länder, auch nicht der Bundesgerichtshof. Die Erhebung eines Kompetenzkonflikts zwischen Gerichten und Verwaltungsbehörden ist daher nicht mehr zulässig, wenn der Rechtsstreit bereits durch Einlegung der Revision bei dem Bundesgerichtshof anhängig geworden ist (RGZ. **48** 195).

§ 18

Die deutsche Gerichtsbarkeit erstreckt sich nicht auf die Leiter und Mitglieder der bei der Bundesrepublik Deutschland beglaubigten Diplomatischen Vertretungen. Sie erstreckt sich auch nicht auf andere Personen, die nach den allgemein anerkannten Regeln des Völkerrechts oder nach einem Staatsvertrag von der deutschen Gerichtsbarkeit befreit sind.

I. **Entstehungsgeschichte:** Entw. § 6.

II. **Spätere Entwürfe:** N. E. III Nr. 4; E IV Art. II 1; Entw. EGStGB. Art. 68 Nr. 1.

III. **Spätere Fassungen:** Bek. vom 22. 3. 1924 (RGBl. I 301); Ges. vom 13. 12. 1934 (RGBl. I 1233). Den durch das letztere Gesetz neugefaßten Abs. 1 hat — unter Anpassung an die staatsrechtlichen Veränderungen — das Vereinheitlichungsges. vom 12. 9. 1950 beibehalten, die bisherigen Abs. 2 u. 3 dagegen gestrichen.

Literatur: Lassar, Allgemeines Polizeirecht (1927) 113; Mettgenberg DJust. **1934,** 1625; Gmür, Gerichtsbarkeit über fremde Staaten, Zürich 1948.

1. Die §§ 18, 19 befassen sich mit der Rechtsstellung der Personen, die Exterritorialität genießen. Sie regeln aber die Wirkung der Exterritorialität, die grundsätzlich Befreiung von dem Zugriff der staatlichen Zwangsgewalt bedeutet, nicht in vollem Umfang, sondern, dem Aufgabenbereich des GVG. entsprechend, nur einen besonders wichtigen Ausschnitt aus der rechtlichen Sonderstellung der Exterritorialität, nämlich die Befreiung von der deutschen Gerichtsgewalt (Gerichtsbarkeit). Deutsche Gerichtsbarkeit bedeutet dabei sowohl die Gerichtsbarkeit des Bundes (§§ 134, 135) wie die der Länder. Über den Begriff Gerichtsbarkeit vgl. Vorbem. 2a vor § 1.

2. Ausgenommen von der deutschen Gerichtsbarkeit sind nach § 18:

a) die Leiter und Mitglieder der bei der Bundesrepublik Deutschland beglaubigten diplomatischen Vertretungen. Da nach Art. 32 Abs. 1 GG. die Pflege der Beziehungen zu auswärtigen Staaten Sache des Bundes ist, sind diplomatische Vertretungen nur bei der Bundesrepublik, nicht bei den Ländern möglich. „Leiter" diplomatischer Vertretungen sind Botschafter, Gesandte, Ministerresidenten, Geschäftsträger; „Mitglieder" sind vor allem Botschafts- und Gesandtschaftsräte, Legationssekretäre und Attachés, Militär- und andere Sonderattachés sowie die Botschafts- (Gesandtschafts-) -ärzte und -pfarrer. Wegen des Geschäftspersonals der diplomatischen Vertretungen vgl. § 19. Nach Nr. 186 RiStV. 1953 gibt das Ausw. Amt an Personen, die nach seiner Auffassung von der deutschen Gerichtsbarkeit befreite Angehörige diplomatischer Vertretungen sind, rote Diplomatenausweise aus. Die Auffassung des Ausw. Amts bindet aber die Gerichte nicht; diese haben vielmehr über die Frage der Exterritorialität selbständig zu entscheiden (OLG. Darmstadt JW. **1927,** 2324; s. auch Meurer JW. **1927,** 2324; Josef JW. **1928,** 76; Wehberg PrVerwBl. Bd. **48,** 337);

b) andere Personen, die nach den allgemein anerkannten Regeln des Völkerrechts von der deutschen Gerichtsbarkeit befreit sind. Die allgemeinen Regeln des Völkerrechts sind nach Art. 25 GG. unmittelbar geltendes Bundesrecht. Ist in einem Rechtsstreit zweifelhaft, ob eine Regel des Völkerrechts eine allgemeine und damit Bestandteil des Bundesrechts ist, so ist nach Art. 100 Abs. 2 GG. vom Gericht die Entscheidung des Bundesverfassungsgerichts einzuholen, die nach § 31 BVerfGG. bindende Wirkung hat.

Nach den allgemein anerkannten Regeln des Völkerrechts (über diesen Begriff vgl. Mettgenberg DJ. **1934,** 1625) sind von der inländischen Gerichtsbarkeit befreit aa) ausländische Staatsoberhäupter nebst Familienangehörigen und Gefolge, bb) Gesandte bei fremden Staaten, die ohne längeren Aufenthalt durchreisen, cc) Vertreter fremder Staaten auf internationalen Kongressen und Konferenzen, fremde Mitglieder zwischenstaatlicher Abordnungen mit repräsentativem Charakter, fremde Mitglieder internationaler Schiedsgerichte, dd) fremde Truppenkörper, jedenfalls dann, wenn sie in Friedenszeiten ein fremdes Herrschaftsgebiet betreten, soweit sie zur Erfüllung einer staatlichen oder dienstlichen Aufgabe ihres Heimatstaates tätig werden (RGSt. **52,** 167; Graf zu Dohna, Strafprozeßrecht 3. Aufl. [1931] 20), ee) ausländische Kriegsschiffe und ihre Besatzungen mit den Einschränkungen, die sich aus Art. 3 des Internat. Abkommens RGBl. 1927 Teil II 483 ergeben. ff) Eine allgemein anerkannte Regel des Völkerrechtes ist es ferner, daß ein Staat der Gerichtsbarkeit eines anderen Staates in solchen Fällen nicht unterliegt, die Hoheitsakte des fremden Staates zum Gegenstand haben. Dagegen bestehen Zweifel, ob es eine allgemein anerkannte Regel des Völkerrechts ist, daß Staaten auch dann der Gerichtsbarkeit eines anderen Staates entzogen sind, wenn privatrechtliche Handlungen und privatrechtliche Rechte den Gegenstand des Streits bilden. Die sog. absolute Immunitätstheorie bejaht dies. Sie wurde bisher in Rechtspr. u. Schrifttum ganz überwiegend vertreten und angenommen, daß sich die inländische Gerichtsbarkeit auf fremde Staaten und ihre Oberhäupter nur erstreckt, soweit sich diese ihr freiwillig unterwerfen oder dingliche Klagen wegen unbeweglicher, im Inland befindlicher Sachen gegen sie erhoben werden (RGZ. **62** 165, **102** 304, 306, **103** 274, RG. Recht **1926** 207; pr. Gerichtshof z. Entscheidung der Kompetenzkonflikte vom 14. 1. 1882 JMBl. **1905** 209, 25. 6. 1910 in Breslauer Abh. aus dem Staats- und Verwaltungsrecht Heft **23** 175, 13. 11. 1920 JW. **1921** 1478, 4. 12. 1920 Recht **1921** Nr. 2114, 10. 12. 1921 Recht **1922** 767, JW. **1926** 402; KG.JMBl. **1913** 416; OLG. Dresden DJZ. **1915** 70 = JW. **1915** 874, DJZ. **1915** 930, OLG. Hamburg MDR. **1953** 109; Schlegelberger-Nagel Note 2 zu § 18; Löning Gerichtsbarkeit gegen fremde Staaten und Souveräne 1903 [Festgabe der juristischen Fakultät Halle für Hermann Fitting] 253, 272, 288, 313; Rechtsgutachten von Brie, Fischer, Fleischmann in den Abh. aus dem Staats- u. Verwaltungsrecht Heft 23 [1910] 25, 77, 149; Ullmann Völkerrecht 2. Aufl. [1908] § 41; Meurer Die Klage von Privatpersonen gegen auswärtige Staaten [1914] 10ff.; Niemeyer, Stranz, Löning DJZ. **1910** 107, 128, 161; Fleischmann Recht **1910** 53; von Liszt-Fleischmann Völkerrecht 12. Aufl. § 22 III 2; Kann JW. **1910** 176; Triepel ArchÖffR. **28** 230. A. M. von Bar Theorie und Praxis des internationalen Privatrechts [1889] **2** 660, Lehrbuch des internationalen Privat- und Strafrechts [1892] 344; Hellwig Lehrbuch des deutschen Zivilprozeßrechts [1903] **1** 118; Bendix JW. **1915** 67 Note 5).

In neuerer Zeit hat aber die sog. restriktive Theorie, die den Ausschluß der inländischen Gerichtsbarkeit auf Hoheitsakte des fremden Staates beschränkt wissen will, an Boden gewonnen.

Sie wird z. B. von OLG. Hamm NJW./RzW. **1951,** 258, LG. Berlin NJW./RzW. **1953,** 368, LAG. München, Arbeitsrechtl. Praxis **1951** Nr. 114; LG. Kiel MDR. **1953,** 489, im Schrifttum von Riezler, Internat. ZivProzeßrecht **(1949)** S. 389 vertreten. Auch in einigen anderen Staaten, deren Rechtspraxis der absoluten Theorie folgte, ist ein Wandel eingetreten (Übersicht bei Schwenk NJW. **1954,** 1596). Angesichts dieser Entwicklung ist Schwenk a.a.O. darin zuzustimmen, daß von einer allgemein anerkannten Regel des Völkerrechts, derzufolge fremde Staaten auch hinsichtlich privatrechtlichen Verhaltens von der deutschen Gerichtsbarkeit befreit sind, nicht mehr gesprochen werden kann; jedoch ergeben sich im Einzelfall Zweifel hinsichtlich der Abgrenzung der Wahrnehmung von Staatshoheitsaufgaben gegenüber einem rein privatrechtlich bewertbaren Verhalten. Keinesfalls kommt eine Befreiung bei Ansprüchen gegen ein einem ausländischen Staat zugehöriges Unternehmen in Betracht, dem dieser Staat nicht wirtschaftliche, sondern juristische Selbständigkeit für seine gewerbliche Fähigkeit eingeräumt hat (BGH. NJW. **1955,** 1435). — Wegen fremder Staatsschiffe, die nicht Kriegsschiffe sind, vgl. RGZ. **103,** 274, wegen des Verfahrens bei Klagen gegen die Deutsche Demokratische Republik OLG. Braunschweig JR. **1954,** 263.

c) Personen, die nach einem Staatsvertrag von der deutschen Gerichtsbarkeit befreit sind. Nach den Bonner Verträgen in der durch das Pariser Protokoll vom 23. 10. 1954 geänderten Fassung (BGBl. 1955 II 303) genießen die Mitglieder der nachstehend genannten Institutionen Vorrechte und Immunität, die Mitgliedern diplomatischer Missionen gewährt werden

1. Schiedsgericht nach Art. 9 des Deutschland-Vertrages und Art. 2 Abs. 4b des Anhangs B hierzu (BGBl. 1955 II 310, 313),
2. gemischter Ausschuß nach Art. 6 und 8c des 1. Teils des Überleitungsvertrags (S. 411, 415),
3. gemischter beratender Gnadenausschuß nach Art. 7 Abs. 5 und Art. 8c des 1. Teils des Überleitungsvertrags (S. 414, 415),
4. Gerichte der drei Mächte nach Art. 4 Abs. 2 und Art. 8a des 1. Teils des Überleitungsvertrags (S. 410, 415),
5. Oberstes Rückerstattungsgericht nach Art. 6 des 3. Teils des Überleitungsvertrags und Art. 3 Abs. 5b des Anhangs hierzu (S. 423, 427),
6. Prüfungsausschuß nach Art. 12 Abs. 1 und Art. 8d des 1. Teils des Überleitungsvertrags (S. 415, 418),
7. Rückerstattungsobergerichte der drei Mächte nach Art. 6 Abs. 1 des 3. Teils und Art. 8b des 1. Teils des Überleitungsvertrags (S. 415, 423),
8. Schiedskommission für Güter, Rechte und Interessen nach Art. 7 des 5. Teils des Überleitungsvertrags und Art. 4 Abs. 3b des Anhangs hierzu (S. 437, 461).

Wegen der Befreiung der auf deutschem Boden stationierten ausländischen Streitkräfte und ihrer Mitglieder nach dem sog. „Truppenvertrag" vgl. Anhang unter C.

d) Personen, die durch deutsches Gesetz für exterritorial erklärt sind, wie die Vertreter der UN-Kommission für freie Wahlen (Ges. vom 4. 4. 1952, BGBl. I 228), die Vertreter der Mitgliedstaaten des Europarats (Art. 40 der Europaratssatzung, BGBl. 1950, 263, 271).

Die zu b) und c) genannten Personen erhalten, anders als die Angehörigen beglaubigter Diplomatischer Vertretungen, im allgemeinen keine Ausweise des Ausw. Amtes (RiStV. **1953** Nr. 192 Abs. 2). Dies gilt nicht für die Mitglieder der zu c) aufgeführten, auf den Bonner Verträgen berufenden Institutionen.

3. Die Wirkung der Befreiung von der deutschen Gerichtsbarkeit besteht darin, daß gegenüber den befreiten Personen Handlungen, die eine Ausübung der inländischen Gerichtsbarkeit darstellen, ohne ihre Zustimmung grundsätzlich unzulässig sind. Die persönliche Befreiung erstreckt sich grundsätzlich auch auf ihre Wohn- und Diensträume. In diesen dürfen daher Amtshandlungen, durch die die deutsche Gerichtsbarkeit ausgeübt wird, auch nicht gegenüber Personen vorgenommen werden, die nicht von der deutschen Gerichtsbarkeit befreit sind (RiStV. **1953** Nr. 191), ohne daß damit ein Asylrecht für die nichtexterritorialen Personen begründet wäre und ohne daß Wohn- und Diensträume den Charakter des inländischen Begehungsorts i. S. der §§ 3, 4 StGB. verlören (RGSt. **69,** 54). Über das Verhalten der Justizbehörden gegenüber Exterritorialen enthalten die Nr. 185—192 RiStV. **1953** nähere Weisungen. Für die Zustellung von Schriftstücken, z. B. von Ladungen oder Urteilen, ist stets die Vermittlung des

Auswärtigen Amts in Anspruch zu nehmen; wenn jedoch ein Exterritorialer als Privat- oder Nebenkläger durch einen mit schriftlicher Vollmacht versehenen Rechtsanwalt vertreten ist, kann nach § 378 StPO. an letzteren zugestellt werden (Nr. 188). Kommen Exterritoriale als Zeugen in Betracht, so sind Zwangsmaßnahmen jeder Art unzulässig (Nr. 189, 190).

4. Dauer der Befreiung — Die Befreiung von der inländischen Gerichtsbarkeit dauert nur so lange wie die Exterritorialität selbst. Endet sie, so ist auch die Verfolgung der während ihrer Dauer begangenen Straftaten wieder zulässig (vgl. KG. JMBl. **1900** 579; Binding Hdb. 686; Beling Die strafrechtliche Bedeutung der Exterritorialität [1896] 93). Nach einem Urt. des OLG. Darmstadt (ZStW. **48** HöchstRR. **3** 106) geht die Exterritorialität verloren, sobald der Wille des Empfangsstaats, den Ernannten nicht zu empfangen, bekannt wird. Der fremde Staat kann auf die Exterritorialität verzichten (LG. Bremen NJW. **1955** 1450).

§ 19

Für die Familienmitglieder, das Geschäftspersonal der im § 18 genannten Personen und für ihre Bediensteten, die nicht Deutsche sind, gilt die Vorschrift des § 18 entsprechend.

I. Entstehungsgeschichte: Entw. § 7.

II. Spätere Entwürfe: Entw. EGStGB. Art. 68 Ziff. 1.

III. Spätere Fassungen: Das Ges. vom 13.12.1934 (RGBl. I 1233) hatte die Erstreckung der Exterritorialität auf die Familienmitglieder, das Geschäftspersonal und nichtdeutsche Bedienstete von Leitern und Mitgliedern diplomatischer Vertretungen in den Abs. 2 und 3 des § 18 n. F. geregelt. § 19 i. d. F. des Ges. 1934 bestimmte, daß, wenn ein Leiter oder Mitglied einer diplomatischen Vertretung oder ein Mitglied ihrer Familie oder ihres Geschäftspersonals die Reichsangehörigkeit besitze, diese Person von der deutschen Gerichtsbarkeit nur befreit sei, wenn das Reich sich der Gerichtsbarkeit über sie durch eine Verfügung der Reichsregierung begeben habe. Das Vereinheitlichungsges. vom 12. 9. 1950 hat inhaltlich den vor dem Ges. 1934 geltenden § 19 wiederhergestellt; die Änderungen gegenüber dem ursprünglichen Text sind nur redaktioneller Natur.

1. Der Kreis der Familienangehörigen, die an der Exterritorialität der in § 18 genannten Personen teilhaben, ist zwar nach dem Wortlaut des § 19 nicht beschränkt. Die notwendige Begrenzung ergibt sich aber aus dem Sinn des § 19, dem nach § 18 Exterritorialen die zu ihm gehörenden Familienangehörigen gleichzustellen. § 19 erfaßt demgemäß, soweit es sich um Leiter und Angehörige diplomatischer Vertretungen handelt, nur die ihren Hausstand teilenden Familienangehörigen. Schon der Entw. EGStGB. 1930 Art. 68 Ziff. 1 wollte dies förmlich aussprechen, wie es denn auch durch § 18 Abs. 2 i. d. F. des Ges. vom 13. 12. 1934 geschehen ist; nach RiStV. **1953** Nr. 186 erhalten auch nur solche Familienangehörige den roten Diplomatenausweis. Bei den in Anm. 2b zu § 18 bezeichneten Exterritorialen fallen nur die sie begleitenden Familienangehörigen unter § 19.

2. Zum Geschäftspersonal der diplom. Vertretungen rechnet das gesamte amtliche Hilfspersonal (z. B. Kanzler, Dolmetscher, Schreibkräfte, Pförtner und Amtsgehilfen), ohne daß zwischen Beamten und Angestellten unterschieden wird. Sie erhalten vom Auswärtigen Amt einen blauen Ausweis. Nr. 186 RiStV. **1953.**

3. Zu den Bediensteten gehören die Personen, die den Angehörigen der diplomatischen Vertretungen persönliche Dienste leisten wie Hausangestellte, Fahrer, Hauslehrer, Erzieherinnen. Sie nehmen an der Exterritorialität nur teil, wenn sie nicht die deutsche Staatsangehörigkeit (i. S. des Art. 116 GG.) besitzen und die Exterritorialität ist auch dann ausgeschlossen, wenn sie neben der deutschen noch eine fremde Staatsangehörigkeit haben. Auch die bediensteten Exterritorialen erhalten vom Ausw. Amt einen blauen Ausweis. Darin kommt zum Ausdruck, daß nach den Grundsätzen und Gepflogenheiten des Völkerrechts der nichtdeutsche Bedienstete eines bei der Bundesrepublik beglaubigten Vertreters eines fremden Staats nur dann als von der deutschen Gerichtsbarkeit befreit gelten kann, wenn seine Anwesenheit und sein Verhältnis zu dem ausländischen Vertreter den deutschen Behörden angezeigt worden sind (OLG. München HRR. **1940** Nr. 336).

§ 20

Durch die Vorschriften der §§ 18, 19 werden die Vorschriften über den ausschließlichen dinglichen Gerichtsstand in bürgerlichen Rechtsstreitigkeiten nicht berührt.

§ 21

Die in der Bundesrepublik Deutschland angestellten Konsuln sind der inländischen Gerichtsbarkeit unterworfen, sofern nicht in Verträgen der Bundesrepublik mit anderen Mächten Vereinbarungen über die Befreiung der Konsuln von der inländischen Gerichtsbarkeit getroffen sind.

I. Entstehungsgeschichte: Entw. § 9.

II. Das Vereinheitlichungsges. vom 12. 9. 1950 hat den Text des § 21 nur den veränderten staatsrechtlichen Verhältnissen angepaßt („Bundesrepublik Deutschland" statt früher „Deutsches Reich").

1. Die Konsuln, gleichviel ob Berufs- oder Wahlkonsuln, werden grundsätzlich nicht als diplomatische Personen anerkannt. Sie können das Recht der **Exterritorialität** nur in Anspruch nehmen, soweit es ihnen durch Staatsvertrag besonders eingeräumt ist oder nach völkerrechtlicher Übung zusteht (Vgl. RGSt. **17** 51 u. RiStV. **1953** Nr. 192).

2. Die in einem Konsularvertrage (vgl. Anm. zu § 5 EGStPO.) den Konsularbeamten zugesicherte „persönliche **Immunität von Verhaftung und Gefangenhaltung"** steht der Strafverfolgung vor den inländischen Gerichten nicht entgegen, schließt vielmehr nur die Verhaftung aus, und auch diese nur so lange, als der Beschuldigte die Eigenschaft eines Konsularbeamten in dem Staat besitzt, in dem das Verfahren stattfindet (RGSt. **17** 51).

3. Von den früher abgeschlossenen **Konsularverträgen,** durch die ausländische Konsuln ganz oder teilweise von der inländischen Gerichtsbarkeit befreit werden, sind durch die Kriegsereignisse nicht beeinträchtigt worden die Konsularkonvention zwischen Deutschland und Spanien vom 12. 1. 1872 (RGBl. S. 211), Art. 1, und der Freundschafts-, Handels- u. Schiffahrtsvertrag zwischen dem Deutschen Reich und dem Königreich Siam (Thailand) vom 30. 12. 1937 (RGBl. 1938 II 52), Art. 17 Ziff. 3. Wieder anwendbar sind a) die Deklaration betr. die Ausdehnung der zwischen Preußen und den Niederlanden vom 16. 6. 1856 abgeschlossenen Konsular-Konvention auf die Konsuln des Deutschen Reiches in den niederländischen Kolonien vom 11. 1. 1872 (RGBl. S. 67) in Verb. mit der Übereinkunft zwischen Preußen und den Niederlanden wegen der Zulassung preuß. Konsuln in den niederländischen Kolonien vom 16. 6. 1856 (PrGS. S. 710, RGBl. 1872 S. 68), und zwar gem. Bekanntm. vom 29. 2. 1952 (BGBl. II S. 435), b) der Konsularvertrag zwischen dem Deutschen Reiche und der Türkischen Republik vom 28. 5. 1929 (RGBl. 1930 II S. 748), Art. 10, gemäß Bekanntm. vom 29. 5. 1952 (BGBl. II S. 608), c) der Freundschaftsvertrag zwischen dem Deutschen Reich und dem Königreich des Hedjas, Nedjd und der zugehörigen Gebiete (Saudi-Arabien) vom 26. 4. 1929 (RGBl. 1930 II S. 1064), Art. 2., gem. Bekanntm. vom 31. 7. 1952 (BGBl. II S. 724). Der Handels- und Schiffahrtsvertrag zwischen dem Deutschen Reich und Japan vom 20. 7. 1927 (RGBl. II S. 1088) wird seit dem Inkrafttreten des japanischen Friedensvertrages (28. 4. 1952) praktisch wieder angewendet (RdErl. vom 23. 8. 1951, Bundesanz. Nr. 168/51. Das Abkommen über die Wiederinkraftsetzung des Freundschafts-, Handels- und Konsularvertrages zwischen dem Deutschen Reich und den Vereinigten Staaten von Amerika vom 8. 12. 1923 (RGBl. 1925 II S. 795) ist durch Ges. vom 3. 8. 1954 (BGBl. II S. 721) veröffentlicht und am 22. 10. 1954 in Kraft getreten (BGBl. 1954 II 1051). Wegen der früher zwischen dem Deutschen Reich und anderen Staaten abgeschlossenen Konsularverträge, die noch nicht wieder in Kraft gesetzt sind, vgl. die Aufzählung in der 19. Aufl. dieses Werkes, Anm. 3 zu § 21.

4. Über die Zulässigkeit von **Beschlagnahmen** der Konsulatsarchive vgl. StPO. Buch 1 Abschn. 8 Vorbem. 3b und Schlegelberger-Nagel Anm. 2; über die Zulässigkeit von **Verhaftungen** vgl. StPO. Abschn. 9 Vorbem. 3b; über die **Zeugenpflicht** der Konsuln vgl. §§ 52–55

Vorbem. 1b und Anm. 12 zu § 51; über die **Zuständigkeit der deutschen Konsuln zur Abhörung von Zeugen und zur Abnahme von Eiden** vgl. StPO. § 223 Anm. 8 und RiStV. **1953** Nr. 196; über die Verlesbarkeit der **von Berufskonsuln ausgestellten Zeugnisse** vgl. StPO. § 256 Anm. 1a.

5. Wegen des Verkehrs der Justizbehörden mit ausländischen konsularischen Vertretungen, die ihren Sitz in der Bundesrepublik haben, vgl. RiStV. **1953** Nr. 25.

Dritter Titel

Amtsgerichte

§ 22

(1) Den Amtsgerichten stehen Einzelrichter vor.

(2) Ein Amtsrichter kann zugleich Mitglied oder Direktor bei dem übergeordneten Landgericht sein.

(3) Die allgemeine Dienstaufsicht kann von der Landesjustizverwaltung dem Präsidenten des übergeordneten Landgerichts übertragen werden. Geschieht dies nicht, so ist, wenn das Amtsgericht mit mehreren Richtern besetzt ist, einem von ihnen von der Landesjustizverwaltung die allgemeine Dienstaufsicht zu übertragen; ist die Zahl der Richter höher als fünfzehn, so kann die Dienstaufsicht zwischen mehreren von ihnen geteilt werden.

(4) Jeder Amtsrichter erledigt die ihm obliegenden Geschäfte, soweit dieses Gesetz nichts anderes bestimmt, als Einzelrichter.

I. Entstehungsgeschichte: Entw. § 10.

II. Spätere Entwürfe: Entw. EGStGB. Art. 68 Ziff. 2.

III. Spätere Fassungen: Ges. vom 17. 5. 1898 (RGBl. 252). VO. vom 4. 1. 1924 § 4 (RGBl. I 15). Bek. vom 22. 3. 1924 (RGBl. I 301). Das Vereinheitlichungsges. vom 12. 9. 1950 hat § 22 unverändert übernommen.

1. a) Wegen der Errichtung und Aufhebung von Amtsgerichten, der Sitzverlegung und Änderung der Bezirksgrenzen sowie wegen der Wirkung von Gebietsveränderungen bei den im Amtsgerichtsbezirk gelegenen Gemeinden vgl. Anm. 8 zu § 12, Anm. 4 zu § 59.

Nach Maßgabe des § 3 der VO. zur einheitlichen Regelung der Gerichtsverfassung vom 20. 3. 1935 (RGBl. I 403; in Hessen ersetzt durch § 4 des Ges. über Maßnahmen auf dem Gebiete der Gerichtsorganisation und Gerichtsverfassung vom 17. 11. 1953, GVBl. 189 = SaBl. 1813) können außerhalb des Sitzes eines Amtsgerichts Zweigstellen errichtet oder Gerichtstage abgehalten werden. Bez. der Zweigstellen gelten, soweit nicht neue Vorschriften erlassen sind (vgl. dazu Fink DRiZ. **1955,** 159), die früher von den Landesjustizverwaltungen erlassenen Verwaltungsvorschriften weiter (vgl. z. B. für das ehemalige Preußen AV. vom 31. 5. 1934 u. 19. 6. 1934, Deutsche Justiz S. 724, 794). Über die Gerichtstage bestimmt die AV. d. RJM. vom 28. 3. 1935 (DJ. S. 550), daß die bisherigen Gerichtstage bis auf weiteres beibehalten werden; die Festsetzung und Änderung der Gerichtstagsbezirke, die Bestimmung von Zahl und Dauer der Tagungen und die Entscheidung, ob der Gerichtstag durch einen Richter oder nur durch einen Urkundsbeamten der Geschäftsstelle wahrzunehmen ist, ist den OLGPräs. übertragen worden. Wegen ergänzender früherer Verwaltungsvorschriften des ehem. Preußen vgl. die 19. Aufl. Anm. 1a zu § 22 GVG.

b) Einzelrichter — Die Fassung des Abs. 1 („stehen — vor") ist nicht ganz zutreffend. Das Gesetz will sagen, daß die Amtsgerichte grundsätzlich nicht Kollegialgerichte sind und daß, wo nicht, wie bei dem Schöffengericht (§ 28) und dem Jugendschöffengericht (§ 33 Abs. 2 JGG.) die Entscheidung durch ein Kollegium vorgesehen ist, der Amtsrichter als Einzelrichter entscheidet (Abs. 4). Auch bei den mit mehreren Richtern besetzten Amtsgerichten handelt ein jeder als Einzelrichter, und zwar mit voller Selbständigkeit innerhalb des ihm zugewiesenen Geschäftskreises (vgl. Begr. z. N. E. GVG. I 167, II 36). Die vor dem Inkrafttreten des GVG landesgesetzlich (z. B. im Königreich Sachsen) geltende Regelung, nach der nur einer der mehreren

Richter als Träger des Richteramtes galt, während die übrigen als seine Gehilfen tätig wurden, ist bundesgesetzlich ausgeschlossen (Begr. 36).

Wegen der Verwendung von Hilfsrichtern vgl. § 10.

2. Abs. 2 entstammt der VO. vom 4. 1. 1924. Die Vorschrift sollte hauptsächlich ermöglichen, daß als Vorsitzender des erweiterten Schöffengerichts (§ 29 Abs. 2) ein LGDirektor tätig sein könne. Die Bedeutung des Abs. 2 besteht darin, daß ein Amtsrichter, ohne Hilfsrichter zu sein, dem im Instanzenzug übergeordneten LG. als ordentliches Mitglied angehören und im Falle eines Bedarfs nach Zuverfügungstellung durch die Justizverwaltung dort verwendet werden kann. Eine entsprechende Vorschrift für die Mitglieder des LG. enthält § 59 Abs. 2. Aus § 22 Abs. 2, § 59 Abs. 2 ist im Wege des Umkehrentschlusses zu entnehmen, daß ein Amtsrichter und ein Mitglied des LG. nicht außerdem einem anderen Gericht als ordentliches Mitglied angehören kann, also z. B. nicht ein Amtsrichter gleichzeitig dem OLG., ein OLGRat nicht gleichzeitig dem LG (unbeschadet des § 83 für den OLGRat und unbeschadet der Möglichkeit für den Amtsrichter, als Hilfsrichter beim OLG tätig zu sein, § 118). Weiter ergäbe sich, daß ein Amtsrichter nicht zwei verschiedenen Amtsgerichten angehören kann. Insoweit bestimmt indessen der noch geltende § 3 des 9. Teils der VO. des Reichspräs. vom 1. 12. 1930 (RGBl. I S. 517, 604): „Ein Amtsrichter kann zugleich mehreren Amtsgerichten angehören." Durch § 19 der VO. zur einheitlichen Regelung der Gerichtsverfassung vom 20. 3. 1935 (RGBl. I S. 403) war bestimmt, daß die gemäß §§ 22 Abs. 2, 59 Abs. 2 GVG. und § 3 der VO vom 1. 12. 1930 zugleich bei einem anderen Gericht ernannten Richter mit Ablauf des 30. 4. 1935 aus den Gerichten ausschieden, bei denen sie keine Planstelle innehatten, weil damals ein Bedürfnis für die Einrichtung des Doppelrichters nicht mehr bestand. Im allgemeinen wird auch heute, trotz rechtlich bestehender Möglichkeit, davon kein Gebrauch gemacht.

Die Bestellung zum Richter an dem anderen Gericht kann mit Zustimmung des Richters auch nachträglich ausgesprochen werden. Der Landgerichtspräsident kann nicht zugleich Amtsrichter sein. Dagegen ist der Amtsgerichtspräsident stets „Amtsrichter" an dem von ihm geleiteten Amtsgericht und persönlich zu jeder richterlichen Tätigkeit bei diesem befugt (RG. vom 7. 4. 1932 III 172/32). „Amtsrichter" ist nur Funktionsbezeichnung; der Amtsrichter kann eine andere Amtsbezeichnung (Amtsgerichtsrat, Oberamtsrichter, Amtsgerichtsdirektor, vgl. § 22a Abs. 2) führen. Der „Doppelrichter" zählt beim Landgericht in jeder Hinsicht als „Mitglied" (OLG. Bamberg BayZ. **1929** 332).

Unberührt bleibt von § 22 Abs. 2 die Möglichkeit, daß ein Amtsrichter als Hilfsrichter beim LG. oder beim OLG., oder ein Landgerichtsrat als Hilfsrichter beim AG. verwendet wird (§ 10 Abs. 2).

3. Die Vorschriften des Abs. 3 über die Dienstaufsicht werden ergänzt und erläutert durch die §§ 4, 14ff. der VO. zur einheitlichen Regelung der Gerichtsverfassung vom 20. 3. 1935 (RGBl. I S. 403).

§ 4 lautet:

(1) Bei den mit mehreren Amtsrichtern besetzten Amtsgerichten bestellt der [Reichs]minister der Justiz den aufsichtführenden Amtsrichter.

(2) Der [Reichs]minister der Justiz kann einen oder mehrere Amtsrichter zu ständigen Vertretern des aufsichtführenden Amtsrichters bestellen. Wird kein ständiger Vertreter bestellt oder ist dieser behindert, so wird der aufsichtführende Amtsrichter durch den dem Dienstalter, bei gleichem Dienstalter durch den der Geburt nach ältesten Amtsrichter vertreten. Der [Reichs]minister der Justiz kann Grundsätze für die Vertretung des aufsichtführenden Amtsrichters aufstellen".

Die §§ 14ff. der VO. sind abgedr. in Anm. 3c zu § 4 EGGVG.

Die Streichung des § 5 der VO (neben der der §§ 6, 10, 11, 20) durch Art. 8 II Nr. 7 des Vereinheitlichungsges. vom 12. 9. 1950 bedeutet für § 15 der VO., daß die Dienstaufsicht über die beim Amtsgericht tätigen Richter dem aufsichtführenden Richter nur zusteht, wenn er Amtsgerichtspräsident ist; die der sonstigen aufsichtführenden Richter (Amtsgerichtsdirektor, Oberamtsrichter) beschränkt sich auf die nichtrichterlichen Beamten, Angestellten und Arbeiter, während die Dienstaufsicht über die Richter der Landgerichtspräsident führt. Vgl. noch die Anm. zu § 4 der VO. 1935 im Anhang unter B.

Der aufsichtführende Richter muß Amtsrichter, d. h. auf Lebenszeit angestellter Richter sein; einem Assessor oder beauftragten Richter kann daher die Dienstaufsicht nicht übertragen werden (Hermes DJZ. **1921,** 556). Die Führung der Dienstaufsicht gehört, wie auch die Überschrift des Art. IX (§§ 13ff.) der VO. vom 20. 3. 1935 („Justizverwaltung") klarstellt, zu den Aufgaben der Justizverwaltung; § 1 gilt insoweit nicht. Über das Verhältnis der Dienstaufsicht zur richterlichen Unabhängigkeit im übrigen s. Anm. 6 zu § 1.

4. Der Ausdruck **„Landesjustizverwaltung"** wird im GVG. in einem allgemeinen Sinn gebraucht; er bezeichnet nicht allein die Zentralbehörde (Justizministerium usw.), umfaßt vielmehr alle Organe der Justizverwaltung. Von welchem dieser Organe die einzelnen Aufgaben der Landesjustizverwaltung wahrzunehmen sind, bestimmt sich, soweit nicht Bundesrecht entgegensteht, nach Landesrecht (Begr. 47). Die Landeszentralbehörden können die Rechte und Pflichten, die das GVG. der Landesjustizverwaltung zuweist, allgemein auf andere Justizverwaltungsorgane übertragen (RG. vom 17. 1. 1927 III 975/26) vgl. Anm. 1b zu § 1). Soweit es sich um die Bestellung des aufsichtführenden Amtsrichters (§ 22 Abs. 3 GVG.) handelt, ergibt sich aus § 4 der VO. vom 20. 3. 1935, daß sie der Zentralbehörde obliegt, die aber nach § 18 a.a.O. ihre Befugnisse auf den OLGPräs. übertragen kann.

§ 22 a

(1) Bei den mit einem Präsidenten besetzten Amtsgerichten wird ein Präsidium gebildet.

(2) Das Präsidium besteht aus dem Amtsgerichtspräsidenten als Vorsitzenden, den Amtsgerichtsdirektoren, den Oberamtsrichtern und den beiden dem Dienstalter nach, bei gleichem Dienstalter der Geburt nach ältesten Amtsrichtern.

(3) Das Präsidium entscheidet nach Stimmenmehrheit; bei Stimmengleichheit gibt die Stimme des Amtsgerichtspräsidenten den Ausschlag.

1. a) **Entstehungsgeschichte:** Über die Verteilung der Geschäfte bei den mit mehreren Richtern besetzten Amtsgerichten und über die Vertretung der Richter enthielt das GVG. früher keine Vorschriften; es überließ die Regelung dem Landesrecht (vgl. z. B. für Preußen §§ 23, 24 AGGVG.). Eine reichseinheitliche Regelung trafen §§ 5, 6 der VO. zur einheitlichen Regelung der Gerichtsverfassung vom 20. 3. 1935 (RGBl. I 403). Danach verteilte bei den mit einem Amtsgerichtspräsidenten besetzten Amtsgerichten dieser, im übrigen der Landgerichtspräsident vor Beginn des Geschäftsjahrs und auf dessen Dauer die Geschäfte und regelte in gleicher Weise die Vertretung der Amtsrichter in Behinderungsfällen. Diese Anordnungen durften im Laufe des Geschäftsjahrs nur geändert werden, wenn dies wegen Überlastung, Wechsels oder dauernder Behinderung eines Richters erforderlich war. Die Regelung der Geschäftsverteilung und Vertretung entsprach also den für die Kollegialgerichte geltenden Vorschriften mit der Abweichung, daß nicht ein Präsidium, sondern der Amts- oder Landgerichtspräsident als Justizverwaltungsorgan die erforderlichen Anordnungen zu treffen hatte. Das Ges. über die Gerichtsverteilung bei den Gerichten vom 24. 11. 1937 (RGBl. I 1286), das das Präsidium bei den Kollegialgerichten beseitigte und seine Aufgaben auf die Präsidenten als Justizverwaltungsangelegenheit übertrug, hielt für die Amtsgerichte inhaltlich die in §§ 5, 6 der VO. 1935 getroffene Regelung aufrecht. Im Anschluß an die Wiederherstellung des Präsidiums bei den Kollegialgerichten in den Ländern der britischen Besatzungszone wurde dort durch die VO. des Zentraljustizamts vom 9. 9. 1948 (VOBl. BZ. 261) mit den neu geschaffenen §§ 22a—d die Aufstellung des Geschäftsverteilungsplans auch für die Amtsgerichte durch ein Richterkollegium, das Präsidium des Landgerichts und bei großen Amtsgerichten ein beim Amtsgericht selbst gebildetes Präsidium, eingeführt. Diese Regelung hat das Vereinheitlichungsges. vom 12. 9. 1950 übernommen, da die rechtsstaatlichen Gesichtspunkte, die dazu führen, die Geschäftsverteilung nicht als Justizverwaltungsangelegenheit, sondern als gerichtliche Selbstverwaltungsangelegenheit zu behandeln (vgl. Anm. 3c zu § 16, Anm. 1 zu § 63) in gleicher Weise für die Amtsgerichte gelten.

b) Ein eigenes Präsidium haben nur die mit einem Amtsgerichtspräsidenten besetzten Amtsgerichte. Bei den übrigen Amtsgerichten wird der Geschäftsverteilungsplan vom Präsidium des Landgerichts aufgestellt; ist jedoch einem Amtsgerichtspräsidenten von der Justizverwaltung die Dienstaufsicht über andere im Bezirk des übergeordneten Landgerichts gelegene Amtsgerichte übertragen, so tritt das Präsidium des großen Amtsgerichts für die kleinen Amtsgerichte an die Stelle des Präsidiums des Landgerichts (§ 22c Abs. 1).

2. **Abs. 2** entspricht dem § 64 Abs. 2, jedoch mit der Abweichung, daß dem Präsidium stets die beiden ältesten Amtsrichter angehören, wobei unter „Amtsrichter" hier nur auf Lebenszeit angestellte Richter (Amtsgerichtsräte) — nicht auch Hilfsrichter — zu verstehen sind. Ein verkleinertes Präsidium, wie es § 63 Abs. 3 für große Landgerichte vorsieht, kennt das GVG. für große Amtsgerichte nicht (vgl. aber § 22c Abs. 3). **Abs. 3** entspricht dem § 64 Abs. 4

§ 22b

(1) Bei den mit mehreren Amtsrichtern besetzten Amtsgerichten werden die Geschäfte vor Beginn des Geschäftsjahres auf seine Dauer verteilt. In gleicher Weise wird die Vertretung der Amtsrichter in Behinderungsfällen geregelt.

(2) Die getroffene Anordnung kann im Laufe des Geschäftsjahres nur geändert werden, wenn dies wegen Überlastung, Wechsels oder dauernder Behinderung eines Richters erforderlich ist.

1. § 22b (vgl. dazu Anm. 1 zu § 22a) ist dem § 63 nachgebildet; auf die Anmerkungen dort wird verwiesen. **„Mit mehreren Amtsrichtern"** ist ein Amtsgericht besetzt, wenn dem Amtsgericht für das kommende Geschäftsjahr mehr als eine Richterkraft zugewiesen ist. Daß das Amtsgericht mit mindestens zwei planmäßigen Stellen (zwei „Amtsgerichtsräten") besetzt sein muß, ist nicht erforderlich; § 22b gilt nach seinem Zweck, den „gesetzlichen Richter" von vornherein zu bestimmen (vgl. Anm. 3c zu § 16) auch dann, wenn das Amtsgericht das Geschäftsjahr in der Besetzung mit einem auf Lebenszeit angestellten Richter und einem Hilfsrichter (Assessor, Gerichtsassessor usw.) beginnt. Wird einem mit einem Amtsrichter besetzten Amtsgericht im Lauf des Geschäftsjahrs — wenn auch nur vorübergehend — ein neben dem Amtsrichter tätiger Hilfsrichter zugewiesen, so muß nunmehr vom Präsidium des Landgerichts (§ 22c Abs. 2) ein Geschäftsverteilungsplan aufgestellt werden.

2. **Vertretung.** Bei den höheren (Kollegial)gerichten ist die Vertretung des Vorsitzenden durch § 66 Abs. 1, die der übrigen Mitglieder in der Weise geregelt, daß jedem im Geschäftsverteilungsplan ein regelmäßiger Vertreter (§ 63 Abs. 1) und bei dessen Verhinderung durch den Präsidenten ein zeitweiliger Vertreter bestellt wird (§ 67). Demgegenüber sieht § 22b vor, daß im Geschäftsverteilungsplan „die Vertretung der Amtsrichter in Behinderungsfällen" zu regeln sei. Eine Regelung nach Art der §§ 63, 67 wäre zwar bei den mit einem Amtsgerichtspräsidenten besetzten Amtsgerichten möglich gewesen; sie würde aber bei kleineren, möglicherweise weit vom Sitz des Landgerichts entfernten Amtsgerichten auf Schwierigkeiten stoßen, wenn bei vorübergehender Verhinderung eines Amtsrichters ein Vertreter einspringen muß. Demgemäß beschränkt sich beim Amtsgericht die Regelung der Vertretung nicht auf die Bestellung eines regelmäßigen Vertreters, vielmehr ist Vorsorge auch für den Fall zu treffen, daß der regelmäßige Vertreter verhindert ist; ist eine Vertretung durch ein Mitglied des Amtsgerichts nicht möglich, so muß nach § 70 verfahren werden.

Über die Vertretung der „Amtsrichter" in Behinderungsfällen hat das Präsidium nur zu beschließen, soweit es sich um die den Amtsrichtern zugewiesenen richterlichen Geschäfte handelt; die Vertretung des mit den Aufgaben der Dienstaufsicht betrauten Amtsrichters richtet sich nach § 4 der VO. vom 20. 3. 1935 (vgl. Anm. 3 zu § 22).

3. Eine **Abweichung** vom Geschäftsverteilungsplan berührt — ebenso wie bei den höheren Kollegialgerichten (vgl. Anm. 4b zu § 63) — die Wirksamkeit der richterlichen Handlung nicht; dies spricht § 22d ausdrücklich aus. Dagegen bewirkt ein gesetzwidrig zustande gekommener Geschäftsverteilungsplan, daß das Gericht nicht ordnungsmäßig besetzt ist.

§ 22c

(1) Die in § 22b bezeichneten Anordnungen werden bei den mit einem Präsidenten besetzten Amtsgerichten von dem Präsidium des Amtsgerichts getroffen. Das gleiche gilt für andere zum Bezirk des übergeordneten Landgerichts gehörige Amtsgerichte, über die der Amtsgerichtspräsident an Stelle des Landgerichtspräsidenten die Dienstaufsicht ausübt. Der Amtsgerichtspräsident bestimmt die Abteilung, die er übernimmt.

(2) Bei den übrigen Amtsgerichten werden die in § 22b bezeichneten Anordnungen von dem Präsidium des Landgerichts getroffen.

(3) Sofern eine Entscheidung des Präsidiums nicht rechtzeitig ergehen kann, werden die in §§ 22b bezeichneten Anordnungen bei dem mit einem Präsidenten besetzten und bei anderen seiner Dienstaufsicht unterstehenden Amtsgerichten von dem Amtsgerichtspräsidenten, bei den übrigen Amtsgerichten von dem Landgerichtspräsidenten getroffen. Die Anordnung ist dem Präsidium unverzüglich vorzulegen. Sie bleibt in Kraft, soweit das Präsidium nicht anderweit beschließt.

1. Zu **Abs. 1, 2** vgl. Anm. 1 zu § 22a.

2. Abs. 3 knüpft an die Regelung an, wie sie früher der § 64 Abs. 2 i. d. F. des Ges. vom 4. 7. 1933 (RGBl. I 451) vorsah (vgl. III vor Anm. 1 zu § 64), wie sie aber heute bei den Kollegialgerichten nicht mehr besteht. Nach ihrem Wortlaut bezieht sich die Vorschrift nicht nur auf den Fall, daß eine Änderungsanordnung nach § 22b Abs. 2 nicht rechtzeitig ergehen kann, sondern auch auf den, daß der vor Beginn des Geschäftsjahres aufzustellende Geschäftsverteilungsplan nicht rechtzeitig zustande kommt (vgl. dazu Anm. 2 zu § 22a). § 67 gilt beim Amtsgericht nicht (vgl. Anm. 2 zu § 22b).

§ 22d

Die Gültigkeit der Handlung eines Amtsrichters wird nicht dadurch berührt, daß die Handlung nach der Geschäftsverteilung von einem anderen Richter wahrzunehmen gewesen wäre.

1. Der durch das Vereinheitlichungsges. vom 12. 9. 1950 (vgl. dazu Anm. 1 zu § 22a) eingefügte § 22d legalisiert einen bereits seit langem in der Rechtsprechung anerkannten Rechtsgrundsatz (vgl. RGZ. **1**, 235; RGSt. **14**, 154), der in gleicher Weise gilt, wenn bei den höheren Kollegialgerichten eine Kammer oder ein Senat eine richterliche Handlung vornimmt, die nach der Geschäftsverteilung von einer anderen Kammer oder einem anderen Senat vorzunehmen gewesen wäre (vgl. Anm. 3 zu § 22b). Eine entsprechende Vorschrift enthielt bereits § 6 Abs. 2 der VO. vom 20. 3. 1935 (RGBl. I 403), die — was Eb. Schmidt Lehrkomm. I Nr. 391 Anm. 243 verkennt — nicht deshalb durch Art. 8 II Nr. 7 des Vereinheitlichungsges. vom 12. 9. 1950 aufgehoben worden ist, weil ihr Inhalt Bedenken erweckte, sondern weil sie mit der Übernahme durch § 22d gegenstandslos wurde. Die „Gültigkeit" bedeutet nicht nur, daß die Rechtswirksamkeit einer nicht angefochtenen oder nicht mehr anfechtbaren Handlung nicht in Zweifel gezogen werden kann, sondern daß auch die Anfechtung der Entscheidung nicht darauf gestützt werden kann, ein anderer Richter sei nach der Geschäftsverteilung zuständig gewesen. Wegen des Falls einer offensichtlich willkürlichen Abweichung vom Geschäftsverteilungplan s. dagegen Anm. 4b zu § 63.

2. § 22d spricht nur von der Gültigkeit der Handlung „eines Amtsrichters". Der Grundsatz des § 22d gilt aber nicht nur für den Amtsrichter als Einzelrichter, sondern auch für das **Schöffengericht,** d. h. für den Fall, daß beim Bestehen mehrerer Schöffengerichtsabteilungen nicht die nach dem Geschäftsverteilungsplan zuständige Schöffengerichtsabteilung A, sondern die Abteilung B geurteilt hat. Denn für die Kollegialgremien des Amtsgerichts kann in dieser Hinsicht nichts anderes gelten als für die der höheren Gerichte. Nur eine gesetzwidrige Zusammensetzung des mehrgliedrigen Spruchgremiums macht das Gericht zu einem unvorschriftsmäßig besetzten (vgl. Anm. 2 zu § 338 StPO.).

3. Vgl. nach § 10 der Entlastungsverfügung vom 3. 7. 1943 (Deutsche Justiz 399), wonach die Gültigkeit eines vom Richter wahrgenommenen Geschäfts nicht dadurch berührt wird, daß es zu den dem Rechtspfleger übertragenen Geschäften gehört.

§ 23

Die Zuständigkeit der Amtsgerichte umfaßt in bürgerlichen Rechtsstreitigkeiten, soweit sie nicht ohne Rücksicht auf den Wert des Streitgegenstandes den Landgerichten zugewiesen sind:

1. Streitigkeiten über vermögensrechtliche Ansprüche, deren Gegenstand an Geld oder Geldeswert die Summe von eintausend Deutsche Mark nicht übersteigt;

2. ohne Rücksicht auf den Wert des Streitgegenstandes:

a) Streitigkeiten zwischen dem Vermieter und dem Mieter oder Untermieter von Wohnräumen oder anderen Räumen oder zwischen dem Mieter und dem Untermieter solcher Räume wegen Überlassung, Benutzung oder Räumung, sowie wegen Zurückhaltung der von dem Mieter oder dem Untermieter in die Mieträume eingebrachten Sachen;

b) Streitigkeiten zwischen Reisenden und Wirten, Fuhrleuten, Schiffern, Flößern oder Auswanderungsexpedienten in den Einschiffungshäfen, die über Wirtszechen, Fuhrlohn, Überfahrtsgelder, Beförderung der Reisenden und ihrer Habe und über Verlust und Beschädigung der letzteren, sowie Streitigkeiten zwischen Reisenden und Handwerkern, die aus Anlaß der Reise entstanden sind;

c) Streitigkeiten wegen Viehmängel;

d) Streitigkeiten wegen Wildschadens;

e) alle Ansprüche auf Erfüllung einer durch Ehe oder Verwandtschaft begründeten gesetzlichen Unterhaltspflicht;

f) Ansprüche aus einem außerehelichen Beischlaf;

g) Ansprüche aus einem mit der Überlassung eines Grundstücks in Verbindung stehenden Leibgedings-, Leibzuchts-, Altenteils- oder Auszugvertrag;

h) das Aufgebotsverfahren.

§ 24

(1) In Strafsachen sind die Amtsgerichte zuständig für

1. Übertretungen,

2. Vergehen, wenn nicht die Staatsanwaltschaft wegen der besonderen Bedeutung des Falles Anklage beim Landgericht erhebt oder die Zuständigkeit des Landgerichts nach § 74a oder des Bundesgerichtshofs nach § 134 begründet ist,

3. Verbrechen, wenn nicht die Zuständigkeit des Schwurgerichts oder des Bundesgerichtshofs begründet, im Einzelfall eine höhere Strafe als zwei Jahre Zuchthaus oder der Ausspruch der Sicherungsverwahrung zu erwarten ist oder die Staatsanwaltschaft wegen der besonderen Bedeutung des Falles Anklage beim Landgericht erhebt.

(2) Das Amtsgericht darf nicht auf eine höhere Freiheitsstrafe als zwei Jahre Zuchthaus und nicht auf Sicherungsverwahrung erkennen.

I. Entstehungsgrundlage: Bek. vom 22. 3. 1924 (RGBl. I 301).

II. Spätere Entwürfe: Entw. EGStGB. Art. 68 Ziff. 3.

III. Spätere Vorschriften: VO. vom 6. 10. 1931 (RGBl. I 537, 563), 6. Teil Kap. I § 1; VO. vom 14. 6. 1932 (RGBl. I 285), erster Teil Kap. I Art. 1; ZuständigkeitsVO. vom 21. 2. 1940 (RGBl. I 405), Vereinheitlichungsges. vom 12. 9. 1950 (BGBl. 455) — Aufhebung überholter Vorschriften in Art. 8 II Nr. 3, 4, 15, 16, 43, 52, 54, 55, 61, 62, 64, 67, 75, 87 —, 1. Strafrechtsänderungsges. vom 30. 8. 1951 (BGBl. I 739) Art. 3 Nr. 1, in Berlin übernommen durch Ges. vom 30. 10. 1951 (GVBl. 994).

1. **a) Entstehung der geltenden Regelung** — Die Regelung der erstinstanzlichen Zuständigkeit in Strafsachen hat seit Inkrafttreten des GVG. wiederholt gewechselt. Die ursprüngliche Regelung ging, anknüpfend an die Dreiteilung der Straftaten (§ 1 StGB.), dahin, schwerste Verbrechen dem Schwurgericht, die übrigen Verbrechen und die Mehrzahl der Vergehen der erstinstanzlichen Strafkammer, leichtere Vergehen und Übertretungen dem Schöffengericht zuzuweisen; für Hoch- und Landesverrat gegen das Reich war das Reichsgericht zuständig. Die Emmingerreform 1924 beseitigte die erstinstanzliche Strafkammer und übertrug die bisherigen Strafkammersachen auf die Schöffengerichte, wobei in umfangreichen oder bedeutungsvollen Sachen die Staatsanwaltschaft die Zuziehung eines zweiten Amtsrichters (erweitertes Schöffengericht) beantragen konnte. Gleichzeitig begründete die Emmingerreform die Zuständigkeit des Amtsrichters als Einzelrichter. Dessen Zuständigkeit war teils unbedingt (für sämtliche Übertretungen, für Privatklagevergehen und für im Höchstmaß mit 6 Monaten Gefängnis bedrohte Vergehen), teils eine bedingte, nämlich für Vergehen, bei denen keine schwerere Strafe als Gefängnis bis zu einem Jahre zu erwarten war, und in gewissem Umfang auch für Ver-

brechen (Verbrechen des schweren Diebstahls und der Hehlerei und Rückfallsverbrechen). Voraussetzung dieser bedingten Zuständigkeit war ein dahingehender Antrag der Staatsanwaltschaft, bei Verbrechen außerdem, daß der Beschuldigte nicht widersprach. Soweit nicht die Zuständigkeit des Amtsrichters als Einzelrichter in Frage kam, war für Vergehen das Schöffengericht stets und für Verbrechen in der Mehrzahl der Fälle zuständig nämlich a) für die mit Zuchthaus von höchstens 10 Jahren bedrohten (außer Meineid) und b) für einige bestimmte, einzeln aufgeführte Verbrechen mit Höchststrafe bis zu 15 Jahren (§ 24 Nr. 3a—c a. F.). Für die übrigen mit dem Tode oder mit Zuchthaus von mehr als 10 Jahren bedrohten Verbrechen und für Meineid war das Schwurgericht zuständig. Schließlich wurde die Möglichkeit geschaffen, die in die erstinstanzliche Zuständigkeit des Reichsgerichts fallenden Landesverratssachen (später auch die Hochverratssachen) den Oberlandesgerichten zu überweisen. Die Strafkammer war seitdem nur noch Berufungs-, Beschwerde- und Beschlußgericht. 1931 wurde — zunächst für sog. Monstreprozesse — die Zuständigkeit der erstinstanzlichen Strafkammer wiederhergestellt. Durch die VO. vom 14. 6. 1932 erster Teil Kap. I Art. 1 § 1 wurde den Amtsgerichten ein erheblicher Teil ihrer Zuständigkeit wieder genommen und erneut den (großen) Strafkammern zur Entscheidung in erster Instanz übertragen. Und zwar erhielt die Strafkammer eine unbedingte Zuständigkeit für die mit Zuchthaus von höchstens 10 Jahren bedrohten Verbrechen (von einigen bestimmten Verbrechen abgesehen) und für einige Verbrechen mit höherer Höchststrafe. Für die in der Zuständigkeit der Schöffengerichte verbleibenden Sachen konnte die Strafkammer, wenn Umfang und Bedeutung es rechtfertigten, durch entsprechenden Antrag die Strafkammerzuständigkeit begründen. Das erweiterte Schöffengericht wurde aufgehoben. Bei Beginn des letzten Krieges wurde die Tätigkeit der Schöffen- und Schwurgerichte eingestellt und durch die ZuständigkeitsVO. vom 21. 2. 1940 (RGBl. I S. 405) die Zuständigkeit zwischen dem Amtsrichter und der erstinstanzlichen Strafkammer nach dem Umfang der Strafgewalt dahin abgegrenzt, daß der Strafkammer grundsätzlich die Strafgewalt für alle Delikte, dem Amtsrichter aber ein Ausschnitt aus dieser Strafgewalt, nämlich die Befugnis zuerkannt wurde, ohne Rücksicht auf die Art des Delikts und die Höhe der angedrohten Strafe auf Freiheitsstrafe (Zuchthaus, Gefängnis und Festungshaft) bis zu 5 Jahren zu erkennen. Auf die Einzelheiten ist hier nicht einzugehen, ebensowenig auf die zonenrechtlich unterschiedliche Zuständigkeitsregelung in der Zeit nach dem 8. 5. 1945. Das Rechtsvereinheitlichungsgesetz vom 12. 9. 1950 (BGBl. 455) kehrte insofern zu dem seit der VO. vom 14. 6. 1932 bestehenden Rechtszustand zurück, als es als erstinstanzliche Gerichte das Amtsgericht (Amtsrichter als Einzelrichter und Schöffengericht), die (große) Strafkammer, das Schwurgericht, den Bundesgerichtshof (und an seiner Stelle kraft Überweisung im Einzelfalle das Oberlandesgericht) bestimmte. Die Zuständigkeit des Schwurgerichts und des Bundesgerichtshofs (Oberlandesgerichts) ist danach eine unbedingte, nämlich für der Art nach bezeichnete Delikte (§§ 80, 134). Dagegen ist die Zuständigkeit des Amtsgerichts (Amtsrichter und Schöffengericht) und der (großen) Strafkammer teils unbedingt, teils bedingt. Und zwar ist der Amtsrichter als Einzelrichter unbedingt zuständig a) für alle Übertretungen; b) für Vergehen, die im Wege der Privatklage verfolgt werden; c) für Vergehen, die mit keiner höheren Strafe als Gefängnis von 6 Monaten bedroht sind, hier aber mit der Einschränkung, daß ihm die Zuständigkeit nach § 24 Abs. 1 Nr. 2 entzogen werden kann. Der Amtsrichter ist bedingt zuständig a) für alle übrigen Vergehen unter der doppelten Bedingung, daß die Staatsanwaltschaft Anklage zum Einzelrichter erhebt und keine höhere Strafe als Gefängnis von einem Jahr zu erwarten ist; b) für Straftaten, die nur wegen Rückfalls Verbrechen sind, unter der zu a) bezeichneten doppelten Bedingung. Das Schöffengericht ist (§§ 24, 25, 28) ohne weiteres zuständig a) für die nicht zur Zuständigkeit des Einzelrichters gehörenden Vergehen schlechthin; b) für Verbrechen (soweit nicht Schwurgericht oder Bundesgerichtshof zuständig sind) in den Grenzen seiner Strafgewalt (Strafbanns). Die Strafgewalt des Schöffengerichts umfaßt alle Strafen bis zu 2 Jahren Zuchthaus und alle Maßregeln der Sicherung und Besserung außer Sicherungsverwahrung; das Schöffengericht ist daher für alle Verbrechen zuständig, für die im Einzelfall eine die Grenzen seiner Strafgewalt nicht überschreitende Strafe zu erwarten ist und diese Grenze bei der Verhängung der Strafe innegehalten wird. Die Schöffengerichtszuständigkeit für Vergehen und Verbrechen ist aber negativ dadurch bedingt, daß nicht die Staatsanwaltschaft wegen der besonderen Bedeutung des Falles Anklage bei der (großen) Strafkammer erhebt. Deren Zuständigkeit ist also a) eine unbedingte bei Verbrechen, die die Strafgewalt des Schöffengerichts übersteigen oder bei denen bei Anklageerhebung eine die Schöffengerichtsstrafgewalt übersteigende Strafe zu erwarten ist, b) eine bedingte bei Vergehen und Verbrechen, die in die Zuständigkeit des Schöffengerichts fallen, bei denen aber die Staatsanwaltschaft wegen der besonderen Bedeutung des Falles Anklage vor dem Landgericht erhebt. Dieser durch das Rechtsvereinheitlichungsgesetz geschaffene Rechtszustand hat in der Folgezeit folgende Änderungen erfahren a) durch die Strafrechtsänderungsgesetze vom 30. 8. 1951 (BGBl. I S. 739) u. 4. 8. 1953 (BGBl. I 735) und das am 22. 2. 1955 in Kraft getretene Ges. vom 9. 8. 1954 (BGBl. II 729) wurde die unbedingte Zuständigkeit des Bundesgerichtshofs auf die Verbrechen des Landes- u. Verfassungsverrats und auf einige Vergehen (§§ 100c, 100e, 102, 138 StGB.) sowie auf Völkermord (§ 220a StGB.) ausgedehnt, b) für eine Reihe politischer Vergehen und Verbrechen wurde eine durch die Übernahme der Verfolgung seitens des Oberbundesanwalts bedingte Zuständigkeit des Bundesgerichtshofs begründet — Änderung des § 134 GVG., Einfügung des § 134a GVG. — c) durch das Strafrechtsänderungsges. vom 30. 8. 1951 wurde eine unbedingte Zuständigkeit der erstinstanzlichen (großen) Strafkammer für eine Reihe politischer Verbrechen und Vergehen begründet mit der Maßgabe, daß der Oberbundesanwalt durch Übernahme der Verfolgung wegen der besonderen Bedeutung des Falles die Zuständigkeit des Bundesgerichtshofs begründen kann — Einfügung des § 74a GVG. —, d) durch das Strafrechtsänderungsgesetz vom 4. 8. 1953 wurde das erweiterte Schöffengericht (ohne Begründung einer bestimmten Zuständigkeit) wieder eingerichtet — Einfügung des § 29 Abs. 2 GVG. —. Wegen der gegen die bewegliche Zuständigkeitsregelung erhobenen Bedenken vgl. Anm. 3b zu § 16.

2. § 24 regelt die Zuständigkeit der Amtsgerichte. Und zwar bestimmt § 25, inwieweit eine nach § 24 begründete Zuständigkeit im Verhältnis zum Schöffengericht dem Amtsrichter als Einzelrichter gebührt; die danach verbleibenden amtsgerichtlichen Zuständigkeiten fallen nach § 28 dem Schöffengericht zu.

Zu § 24 Abs. 1 Nr. 2.

3. Für Vergehen, soweit nicht nach §§ 74a, 134 GVG. die ausschließliche Zuständigkeit eines anderen Gerichts begründet ist, ist grundsätzlich das Amtsgericht zuständig. Vergehen sind auch nach der Rechtspr. des RG. u. des BGH. „besonders schwere" Fälle von Zuwiderhandlungen gegen Strafvorschriften, die als Regelstrafe Vergehensstrafe, „in besonders schweren Fällen" aber Zuchthausstrafe androhen (vgl. RGSt. **69,** 49; BGHSt. **2,** 181); die gegen diese „abstrakte Betrachtungsweise" erhobenen Bedenken (vgl. Dalcke-Schäfer [36] Anm. 1 zu § 1 StGB.) sind vorliegend im Hinblick auf § 24 Abs. 1 Nr. 3, Abs. 2 GVG. ohne Bedeutung. Bei allen amtsgerichtszuständigen Vergehen, auch wenn sie nach § 25 Nr. 2b zur unbedingten Zuständigkeit des Einzelrichters gehören (wegen des § 25 Nr. 2a vgl. unten Anm. 5a), kann aber die Staatsanwaltschaft die Zuständigkeit der (großen) Strafkammer begründen, indem sie vor ihr wegen der besonderen Bedeutung des Falles Anklage erhebt (bei den Fällen des § 25 Nr. 2b ist diese Voraussetzung freilich schwer denkbar).

a) Über die **besondere Bedeutung des Falles** als Voraussetzung für das Wahlrecht der Staatsanwaltschaft besagt Nr. 92 RiStV. **1953**: „(1) Dem Ermessen der Staatsanwaltschaft, zwischen dem Amtsgericht und dem Landgericht zu wählen (§ 24 Abs. 1 Nr. 2 und 3 GVG.), sind enge Grenzen gezogen. Nur in Fällen von besonderer Bedeutung hat der Staatsanwalt die Wahl, ob er Anklage beim Landgericht statt beim Schöffengericht erhebt (§ 24 Abs. 1 Nr. 2 und 3 GVG.). Ob die Voraussetzungen dieser Ausnahmevorschrift vorliegen, ist sorgfältig zu prüfen. Die besondere Bedeutung einer Sache kann sich z. B. aus dem Ausmaß der Rechtsverletzung, den Auswirkungen der Straftat auf die Wirtschaft oder dem Interesse der Öffentlichkeit an dem Einzelfall ergeben. Der Umfang der Strafsache allein rechtfertigt es nicht, die Anklage beim Landgericht zu erheben. Dem Bedürfnis, eine grundsätzliche Rechtsfrage höchstrichterlich entscheiden zu lassen, genügt § 121 Abs. 2 GVG. (2) Liegen die Voraussetzungen für die Erhebung der Anklage beim Landgericht nicht vor, ist die Sache aber umfangreich, z. B. wegen der großen Zahl der Angeklagten oder Zeugen, so beantragt der Staatsanwalt, einen zweiten Amtsrichter zuzuziehen (§ 29 Abs. 2 GVG.)." Diesen an die Staatsanwaltschaften gerichteten Weisungen ist hinzuzufügen: Soweit die Rechtspr. vor der Wiedereinführung des erweiterten Schöffengerichts die besondere Bedeutung einer Sache auch in ihrem Umfang sah (so z. B. OLG. Bremen JZ. **1953** 150), ist sie durch die Schaffung des § 29 Abs. 2 GVG. überholt. Daß der Umfang einer Sache allein ihr nicht eine besondere Bedeutung verschafft, ergibt sich schon aus dem Vergleich des Wortlauts des § 24 Abs. 1 Nr. 2 GVG. mit dem des § 1, erster Teil Kap. I Art. 1 der NotVO. vom 14. 6. 1932 (RGBl. I 285). Dort war bestimmt, daß die Staatsanwaltschaft ihr Wahlrecht zugunsten der (großen) Strafkammer nur ausüben solle, „wenn es nach Umfang oder Bedeutung der Sache erforderlich erscheint"; dabei trug die Hervorhebung des Umfangs der Sache (als etwas von der Bedeutung der Sache Verschiedenes) der Tatsache Rechnung, daß es unter der Herrschaft der genannten NotVO. ein erweitertes Schöffengericht nicht gab. Die besondere Bedeutung, die den Fall aus der Masse der Vergehen hervorhebt und seine Aburteilung durch ein Gericht höherer Ordnung rechtfertigt oder erforderlich macht, kann z. B. darin bestehen, daß schwerwiegende öffentl. Interessen, insbes. politischer Natur im Spiel sind oder daß ein Beteiligter (Täter oder Verletzter) an hervorgehobener Stelle im öffentlichen Leben steht (BayObLG. BayJMBl. **1953,** 185; OLGe. Bremen JZ. **1953,** 150 mit zust. Anm. von Busch; Oldenburg MDR. **1952,** 568 mit Anm. von Dallinger = NJW. **1952,** 839). Die von Nr. 92 RiStV. **1953** empfohlene Zurückhaltung bei der Annahme besonderer Bedeutung des Falles rechtfertigt sich aus der Erwägung, daß, wenn der Ausnahmecharakter der Anklageerhebung vor dem Landgericht nicht gewahrt bleibt, eine Überlastung des Bundesgerichtshofs und damit eine Verzögerung beim Abschluß des Strafverfahrens zu befürchten ist; auch ist zu berücksichitgen, daß das Verfahren vor dem AG. dem Angeklagten den Vorteil von 2 Tatsacheninstanzen bietet, der ihm nicht ohne rechtfertigende Veranlassung entzogen werden darf (OLG. Oldenburg a. a. O.).

b) Nachträgliche Änderung der Wahl. Die Staatsanwaltschaft übt ihr Wahlrecht durch Erhebung der Anklage vor dem von ihr gewählten Gericht aus. Eine nachträgliche Änderung ist nur dergestalt möglich, daß sie gemäß § 156 StPO. die erhobene Anklage zurücknimmt und vor dem anderen Gericht Anklage neu erhebt (RGSt. **59,** 57; **62,** 265); nach Eröffnung der Voruntersuchung oder des Hauptverfahrens ist eine Änderung der getroffenen Wahl ausgeschlossen.

c) Gerichtliche Nachprüfung. Erhebt die Staatsanwaltschaft Anklage zum Schöffengericht, so ist der eröffnende Richter an die Auffassung der Staatsanwaltschaft, daß ein Fall von besonderer Bedeutung nicht vorliege, gebunden (vgl. § 209 Abs. 3 StPO.). Erhebt sie dagegen Anklage bei der Strafkammer wegen besonderer Bedeutung des Falles, so ist diese an die Ansicht der Staatsanwaltschaft nicht gebunden; vielmehr kann sie, wenn sie dem Fall besondere Bedeutung abspricht, nach § 209 Abs. 1 Satz 2 StPO. das Verfahren vor dem Schöffengericht eröffnen (BayObLG. BayJMBl. **1953,** 186; OLG. Oldenburg MDR. **1952,** 568). Dies gilt auch dann, wenn die Strafkammer die Zuständigkeit des Einzelrichters nach § 25 Nr. 2b als gegeben ansieht (a. M. KMR. Anm. 4bb (2) zu § 24); denn der Sinn des § 209 Abs. 1 Satz 2 StPO. ist, daß, wenn die Staatsanwaltschaft dem Fall besondere Bedeutung beimißt – und das kann sie ausnahmsweise auch im Fall des § 25 Nr. 2b –, die Hauptverhandlung dann wenigstens vor dem Schöffengericht stattfinden soll; § 209 Abs. 1 Satz 2 StPO. stellt sich also als eine Ausnahme von § 25 Nr. 2b GVG. dar. Eine Eröffnung vor dem Einzelrichter ist nur mit Zustimmung der Staatsanwaltschaft möglich.

d) Hat die Staatsanwaltschaft **irrtümlich** (also nicht wegen der besonderen Bedeutung des Falles) Anklage vor der Strafkammer erhoben, so kann die Strafkammer nicht von sich aus vor dem Landgericht eröffnen, weil sie einen Fall von besonderer Bedeutung für gegeben hält, weil sie damit in das Wahlrecht der Staatsanwaltschaft eingriffe (Dallinger MDR. **1952,** 568); der Staatsanwaltschaft ist es aber unbenommen, auf entsprechenden Hinweis die angenommene Zuständigkeit des Landgerichts nunmehr mit der besonderen Bedeutung des Falles zu begründen.

4. Auch bei Vergehen kann nach der sog. abstrakten Betrachtungsweise die Verhängung von Zuchthaus wegen Annahme eines besonders schweren Falles in Betracht kommen, z. B. nach § 263 Abs. 4 StGB. Die Eröffnung vor dem Schöffengericht setzt also – wie im Fall des § 24 Abs. 1 Nr. 3 – voraus, daß nach der Auffassung des eröffnenden Amtsrichters keine die Strafgewalt des Amtsgerichts übersteigende Strafe oder Maßregel (§ 24 Abs. 2) zu erwarten ist; andernfalls verfährt er nach § 209 Abs. 3 StPO.

5. Sonderfälle.

a) Übernimmt die Staatsanwaltschaft gemäß § 377 Abs. 2, 3 StPO. in einer Strafsache, die der Verletzte im Weg der Privatklage betreibt, im Lauf des Verfahrens die Verfolgung, so gilt folgendes: Die **mit Privatklage verfolgbaren Vergehen** unterliegen der unbedingten Zuständigkeit des Amtsrichters nach § 25 Abs. 1 Nr. 2a nur, wenn sie tatsächlich im Wege der Privatklage verfolgt werden. Abgesehen von § 25 Abs. 1 Nr. 2a gehören zur Zuständigkeit des Amtsrichters nach § 25 Nr. 2b von den mit Privatklage verfolgbaren Vergehen nur der leichte Hausfriedensbruch (§ 123 Abs. 1 StGB.), die Bedrohung (§ 241 StGB.), die Verletzung des Briefgeheimnisses (§ 299 StGB.) und gewisse Verletzungen des Urheberrechts; im übrigen gehören sie, wenn sie nicht mit Privatklage verfolgt werden, zur Zuständigkeit des Schöffengerichts, können aber von der Staatsanwaltschaft sowohl beim Amtsrichter allein (§ 25 Nr. 2c) als auch wegen besonderer Bedeutung bei der Strafkammer angeklagt werden. Es fragt sich nun, ob die durch Erhebung der Privatklage begründete Zuständigkeit erlischt, wenn die Staatsanwaltschaft das Verfahren übernimmt, und ob — im Falle der Bejahung oder der Verneinung dieser Frage — die Staatsanwaltschaft bei oder nach der Übernahme die sachliche Zuständigkeit noch beeinflussen kann.

Nach der Auslegung, die die Rechtsprechung dem § 377 Abs. 2, 3 gegeben hat (vgl. RGSt. **57**, 349) tritt die Staatsanwaltschaft in das laufende Verfahren ein; sie übernimmt es in der Lage, in der sie es vorfindet, und setzt es in dieser Lage fort. Daraus ergibt sich, daß trotz der im vorigen Absatz erwähnten gesetzlichen Regelung die Zuständigkeit des Amtsrichters bestehen bleibt, wenn die Staatsanwaltschaft in das Verfahren eintritt. Allerdings richtet sich von der Übernahme an das Verfahren nach den Vorschriften über das auf öffentliche Klage erhobene Verfahren. Daraus ergibt sich, daß die Staatsanwaltschaft, ohne daß die Folge des § 392 StPO. eintritt, die Klage zurücknehmen kann, solange das Hauptverfahren noch nicht eröffnet ist; und daraus wiederum folgt, daß sie bis zu diesem Zeitpunkt, soweit nicht die Zuständigkeit des Amtsrichters nach § 25 Nr. 2b gegeben ist, die Zuständigkeit durch eine neue Klage vor dem Schöffengericht oder vor der Strafkammer noch ändern kann. Ist dagegen zu der Zeit, zu der die Staatsanwaltschaft die Verfolgung übernimmt, das Hauptverfahren bereits eröffnet, so bleibt der Amtsrichter sachlich zuständig, und es kann auch in den höheren Instanzen nicht mehr Zurückverweisung wegen sachlicher Unzuständigkeit des Amtsrichters verlangt werden (so schon für das frühere Recht von 1924 KGJ. **36** Erg. C 7, Schlegelberger-Nagel Anm. 2 zu § 25; a. M. Werthauer Privatklage 76, 77).

b) Nach § 407 Abs. 1, 2 StPO. kann die Staatsanwaltschaft den Erlaß eines **Strafbefehls** durch den Amtsrichter als Einzelrichter auch in den Fällen beantragen, in denen bei Anklageerhebung nach § 24 Abs. 1 Nr. 2 GVG. das Schöffengericht zur Entscheidung berufen wäre. Trägt aber der Einzelrichter Bedenken, den Strafbefehl zu erlassen, weil er eine Hauptverhandlung für erforderlich hält (§ 408 Abs. 2 StPO.) oder erhebt der Beschuldigte Einspruch gegen den Strafbefehl, so findet die Hauptverhandlung vor dem Amtsrichter als Einzelrichter ohne weiteres nur statt, wenn es sich um eine Tat handelt, für die nach § 25 Nr. 2b GVG. seine gesetzliche Zuständigkeit begründet ist. Bei anderen Sachen dagegen ist er nach § 407 Abs. 4 StPO. nur zuständig, wenn die Staatsanwaltschaft entsprechend § 25 Nr. 2c GVG. Aburteilung durch den Einzelrichter beantragt. Unterläßt die Staatsanwaltschaft einen solchen Antrag oder beantragt sie ausdrücklich die Abhaltung der Hauptverhandlung vor dem Schöffengericht, so gibt der Amtsrichter die Sache zuständigkeitshalber an das Schöffengericht ab (h. M.; vgl. LG. Osnabrück NJW. **1953,** 1277; Kleve NJW. **1954,** 1899 mit zust. Anm. von Schwarz; dort auch weitere Nachweise aus Rechtspr. u. Schrifttum). Eine Nachholung des Antrags oder eine Änderung der getroffenen Wahl ist (trotz des Wortes „zugleich" in § 407 Abs. 4 StPO.) so lange möglich, als nach § 411 StPO. die Staatsanwaltschaft in der Lage ist, die Klage fallen zu lassen, also bis zum Beginn der Hauptverhandlung (vgl. Schäfer-Hartung Anm. 2 zu § 407, Feisenberger Anm. 5 zu § 407, Steinbeck DJZ. **1927** 379 zu 2, OLG. Dresden JW. **1925** 2812 mit Bem. von Goldschmidt, sowie JW. **1928** 3013). Wenn Nr. 161 RiStV. **1953** vorschreibt, daß bei Beantragung eines Strafbefehls gegebenenfalls „gleichzeitig" der in § 407 Abs. 4 StPO. bezeichnete Antrag zu stellen sei, so liegt dem nicht die Rechtsauffassung zugrunde, daß ein solcher Antrag nur gleichzeitig mit dem Strafbefehlsantrag zulässig sei, vielmehr liegt darin der Hinweis an die Staatsanwaltschaft, schon bei dem Strafbefehlsantrag die Notwendigkeit oder Zweckmäßigkeit des Zuständigkeitsantrags zu prüfen.

Ein Antrag auf Aburteilung durch die Strafkammer als Gericht erster Instanz (§ 24 Abs. 1 Nr. 2 GVG.) ist nicht erwähnt und unzulässig. Sieht die Staatsanwaltschaft die Sache als so unbedeutend an, daß sie Strafbefehl beantragt, so ist die Voraussetzung für die Begründung der Zuständigkeit der Strafkammer nicht vorhanden. Indes gibt die Vorschrift des § 411 StPO. auch hier Gelegenheit, noch nachträglich die Sache vom Amtsgericht an die Strafkammer zu bringen. Nur muß dann allerdings die Staatsanwaltschaft die Klage ausdrücklich fallen lassen und demnächst (durch Einreichung einer Anklageschrift) förmlich neu erheben.

c) Gerichtliche Zuständigkeit nach vorangegangenem Verwaltungsstrafverfahren.

I. Steuerstrafsachen. Die Frage des Verhältnisses der besonderen Verfahrensvorschriften der RAbgO. zu den allgemeinen Vorschriften des GVG. bereitet gewisse Zweifel, weil die Vorschriften der RAbgO. auf die im Zeitpunkt der Neufassung der RAbgO. (Mai 1931) bestehende Zuständigkeitsregelung abstellen und diese Vorschriften den mehrfachen Änderungen des GVG. nicht angepaßt wurden.

a) Kommt es dadurch zum gerichtlichen Verfahren, daß der Beschuldigte gegen den Strafbescheid des Finanz(Zoll-)amts Antrag auf gerichtliche Entscheidung gestellt hat, so besagt § 462 Abs. 1 RAbgO. über die sachliche Zuständigkeit des Gerichts lediglich, das Finanzamt habe die Verhandlungen der Staatsanwaltschaft mit dem Antrag zu übersenden, die Entscheidung „des Gerichts" herbeizuführen; die Staatsanwaltschaft legt dann — ohne Einreichung einer Anklageschrift — die Verhandlungen „dem Gericht" vor. Das bedeutete im Mai 1931, als lediglich das Amtsgericht als Gericht 1. Instanz in Betracht kam, daß grundsätzlich das Schöffengericht sachlich zuständiges Gericht war. Demgemäß begnügt sich § 462 Abs. 2 RAbgO. damit, die Voraussetzungen für die Zuständigkeit des erweiterten Schöffengerichts zu regeln. Die Zuständigkeit des Amtsrichters als Einzelrichter nach § 25 Abs. 1 Nr. 2b a. F. GVG. (= heute § 25 Nr. 2b) galt auch für Steuerstrafsachen. Schließlich wurde auch die Möglichkeit bejaht, eine Sache gemäß § 25 Abs. 1 Nr. 2c a. F. GVG. (= jetzt § 25 Nr. 2c) vor den Einzelrichter zu bringen. Und zwar wurde diese Möglichkeit gefolgert aus Abs. 2 des durch das Vereinheitlichungsges. vom 12. 9. 1950 aufgehobenen § 422 StPO. Dort war für das Verfahren bei Zuwiderhandlungen gegen die Vorschriften über die Erhebung öffentlicher Abgaben und Gefälle (§§ 419—429a. F. StPO.) bestimmt, daß bei Antrag auf gerichtliche Entscheidung gegen den Strafbescheid der Verwaltungsbehörde die Staatsanwaltschaft den Antrag auf Entscheidung durch den Amtsrichter auch noch bei Vorlegung der Akten an das Gericht stellen könne und daß sie dies auf Verlangen der Verwaltungsbehörde zu tun habe. § 422 Abs. 2 a. F. StPO. wurde bei vorausgegangenem Strafbescheid nach der RAbgO. für entsprechend anwendbar erklärt (vgl. Hartung Recht **1924,** 201; Schäfer JR. **1932,** 92; weitere Nachw. in der 19. Aufl. dieses Werkes Anm. 3k zu § 24 GVG.). § 422 Abs. 2 StPO. ist zwar — zusammen mit dem 3. Abschnitt des 6. Buches der StPO. — durch das Vereinheitlichungsges. vom 12. 9. 1950 aufgehoben worden, und zwar weil nach § 6 Abs. 2 Nr. 2 EGStPO. i. d. F. von Art. 3 Nr. 206 des Vereinheitlichungsges. landesrechtl. Vorschriften über das Verfahren bei Zuwiderhandlungen gegen die Vorschriften über die Erhebung öffentlicher Abgaben und Gefälle nur noch insoweit zulässig sind, als sie auf die RAbgO. verweisen. Bei dieser Sachlage bestehen aber, auch wenn es nunmehr an einer wenigstens entsprechend anwendbaren gesetzlichen Vorschrift fehlt, keine Bedenken, daß der bisherige Rechtszustand (an dem insoweit das Vereinheitlichungsges. nichts ändern wollte) weiter gilt. — Durch die NotVO. vom 14. 6. 1932 wurde unter Beseitigung des erweiterten Schöffengerichts die erstinstanzliche Zuständigkeit der (großen) Strafkammer wieder in weitem Umfang hergestellt und bei den in der Zuständigkeit des Schöffengerichts verbleibenden Sachen der Staatsanwaltschaft das Recht eingeräumt, wegen der Bedeutung der Sache Eröffnung des Hauptverfahrens vor der großen Strafkammer zu beantragen. Mit dem Wegfall des erweiterten Schöffengerichts wurde § 462 Abs. 2 RAbgO., wonach auf Verlangen des Finanzamts die Hauptverhandlung vor dem erweiterten Schöffengericht stattzufinden hatte, gegenstandslos. Die Vorschrift wurde nunmehr überwiegend (vgl. RGSt. **67,** 123; Koffka-Schäfer, Komm. z. VO. vom 14. 6. 1932, 2. Aufl. S. 25, Anm. 3 kα der 19. Aufl. dieses Werkes; a. M. Hayum JW. **1932,** 2678) dahin ausgelegt, daß statt dessen das Finanzamt (nicht die Staatsanwaltschaft) beantragen könne, daß die Verhandlung der Sache wegen ihres Umfangs oder ihrer Bedeutung vor der großen Strafkammer stattfinde. Durch das 3. Strafrechtsänderungsges. vom 4. 8. 1953 ist das erweiterte Schöffengericht wiedererstanden und damit hat § 462 Abs. 2 RAbgO. in gewissem Umfang (vgl. Anm. 2g zu § 29 GVG.) wieder Bedeutung erlangt. Daraus kann aber nicht gefolgert werden, daß damit das unter der Herrschaft der VO. vom 14. 6. 1932 dem Finanzamt zustehende Recht, die Sache wegen ihrer Bedeutung vor die große Strafkammer zu bringen, beseitigt sei. Vielmehr ist davon auszugehen, daß es den gesetzgeberischen Absichten und der Natur der Sache entspricht, eine Steuerstrafsache auch nach vorausgegangenem Verwaltungsstrafverfahren vor das Gericht bringen zu können, dessen Zuständigkeit bei Anklageerhebung (also ohne vorausgegangenes Verwaltungsstrafverfahren) begründbar wäre (vgl. unten zu b). Demgemäß hat nach § 462 Abs. 2 RAbgO. i. Verb. mit § 24 Abs. 1 Nr. 2 GVG. das Finanzamt (nicht die Staatsanwaltschaft) das Recht, nach Antrag auf gerichtliche Entscheidung gegen den

Strafbescheid bei Übersendung seiner Vorgänge an die Staatsanwaltschaft zu beantragen, daß die Hauptverhandlung wegen der besonderen Bedeutung des Falles vor der großen Strafkammer stattfinde. Das Landgericht ist freilich, so wenig wie bei Anklageerhebung gemäß § 472 RAbgO. (unten zu b), an den Antrag gebunden; es kann vielmehr, wenn es die Sache nicht als besonders bedeutungsvoll ansieht, die Anberaumung eines Hauptverhandlungstermines vor der Strafkammer ablehnen (§ 209 StPO. ist unanwendbar) und dem Finanzamt steht dagegen in entsprechender Anwendung des § 210 Abs. 2 StPO. i. Verb. mit § 467 Abs. 1 RAbgO., §§ 397, 390 Abs. 1 StPO. die Beschwerde zu.

b) Erhebt die Staatsanwaltschaft wegen einer Steuerzuwiderhandlung die öffentliche Klage (§ 472 Abs. 1 RAbgO.), so gelten für die Frage, vor welchem Gericht sie die Anklage erheben kann, ohne weiteres die §§ 24, 25 GVG. Das gleiche gilt, wenn das Finanzamt, weil die Staatsanwaltschaft die Verfolgung ablehnt, gemäß § 472 Abs. 2 RAbgO. selbst die öffentliche Klage erhebt (RGSt. **62**, 268). § 25 Abs. 3 a. F. GVG. enthielt für Gefällsdelikte eine ausdrückliche Vorschrift, wonach die Anklage erhebende Verwaltungsbehörde den Antrag auf Aburteilung vor dem Einzelrichter in gleicher Weise stellen konnte wie die Staatsanwaltschaft. Diese Vorschrift ist zwar nicht wiederaufgenommen worden. Das erklärt sich aber ohne weiteres daraus, daß sie — nach Aufhebung der §§ 419—429 StPO. — nur für das Steuerstrafverfahren nach der RAbgO. Bedeutung hätte haben können, und insoweit gehört sie nicht in das GVG., sondern in die RAbgO. Die Anpassung der RAbgO. an das GVG. aber ist bisher nicht erfolgt. Eine materielle Änderung der Rechtslage gegenüber dem alten Recht ist dadurch nicht eingetreten: § 25 Abs. 3 a. F. GVG. hatte lediglich deklaratorische Bedeutung, denn die Befugnis der Verwaltungsbehörde, Anklage statt beim Schöffengericht vor dem Einzelrichter zu erheben, ergibt sich bereits daraus, daß sie bei der Anklageerhebung an die Stelle der Staatsanwaltschaft tritt und demgemäß bei der Anklageerhebung in gleicher Weise verfahren kann wie diese.

II. Ein weiteres bundesgesetzlich geordnetes Verwaltungsstrafverfahren findet nach §§ 122 bis 125 der **Seemannsordnung** v. 2. 6. 1902 (RGBl. 175) statt. Nach § 5 Abs. 2 a. F. EGStPO. fanden, wenn gegen den Bescheid des Seemannsamts auf gerichtliche Entscheidung angetragen wurde, die §§ 415—418 StPO. (betr. Verfahren nach dem Antrag auf gerichtliche Entscheidung gegen eine polizeiliche Strafverfügung) entsprechende Anwendung. Die Hauptverhandlung fand demgemäß (vgl. § 416 a. F. StPO.) kraft Gesetzes vor dem Amtsrichter als Einzelrichter statt. Da das Vereinheitlichungsges. vom 12. 9. 1950 die polizeiliche Strafverfügung beseitigte, ist folgerichtig durch Art. 3 Nr. 205 der Abs. 2 des § 5 EGStPO. aufgehoben worden. Sachlich hat sich indessen an der Zuständigkeit des Einzelrichters nichts geändert, da die in Betracht kommenden Zuwiderhandlungen nach der angedrohten Strafe unter § 25 Nr. 1 und 2b fallen.

III. In dem Verwaltungsstrafverfahren nach §§ 34ff. **PostG.** kommen nur Straftaten in Frage, die zur Zuständigkeit des Einzelrichters nach § 25 Nr. 2b gehören (da nur mit Geldstrafe bedroht).

6. Entscheidung durch das unzuständige Gericht — (Vgl. Anm. 5 zu § 76). Hat der Amtsrichter in einem Falle entschieden, in dem — weil die Staatsanwaltschaft nicht Anklage zum Einzelrichter erhoben hatte — das Schöffengericht hätte entscheiden müssen, so ist in den Rechtsmittelzügen das Urteil (nach § 328 Abs. 3 oder § 355 StPO.) aufzuheben und die Sache ist an das sachlich zuständige Gericht zurückzuverweisen; denn Amtsrichter und Schöffengericht sind im Sinne der Zuständigkeitsvorschriften Gerichte verschiedener Ordnung (vgl. RGSt. **62** 265, 270; OLG. Hamburg GA. **71** 185 und ZStW. **48** HöchstRRStr. Nr. 31; OLG. Jena SächsArch. **4** 382; OLG. Rostock ZStW. **47** HöchstRRStr. 78 = Alsberg OLGE.StrProz. **2** Nr. 208; OLG. Dresden JW. **1925** 2811, **1928** 838 u. 2375, sowie Mannheim JW. **1925** 2811, **1928** 838; OLG. Naumburg JR. **1931** 1410; KG. Recht **1929** Nr. 1729; vgl. OLG. Dresden JW. **1928** 3013.) Vgl. Anm. 12 zu § 328 StPO. Das Revisionsgericht hat in einem solchen Falle unmittelbar an das Gericht erster Instanz zurückzuverweisen (OLG. Hamburg GA. **71** 114, Mannheim JW. **1925** 2812, **1928** 838; a. M. OLG. Dresden JW. **1928** 3013).

Das Vorhandensein der sachlichen Zuständigkeit ist in jeder Lage des Verfahrens von Amts wegen für alle Instanzen zu prüfen. (Vgl. § 11 der Einleitung und die dort angeführten Nachweise.)

Anders liegt der Fall, wenn statt des Amtsrichters das Schöffengericht entschieden hat. Dann ist die Zurückverweisung nicht zulässig; es steht ihr die Vorschrift des § 269 StPO. entgegen.

(Vgl. RGSt. **62** 265, 270; OLG. Rostock ZStW. **47** HöchstRRStr. 78 = Alsberg OLGE.StrProz. **2** Nr. 209; a. M. OLG. Hamburg GA. **71** 185.) Vgl. Anm. 5 zu § 269 StPO.

Wird eine zur Zuständigkeit des Schöffengerichts gehörige Strafsache bei einem **Amtsgericht ohne Schöffengericht** anhängig gemacht, so ist die Entscheidung über die Anklage abzulehnen oder der Staatsanwaltschaft die Zurücknahme anheimzugeben (BayObLG. JR. **1926** Nr. 641).

Zu § 24 Abs. 1 Nr. 3

7. Die sachliche Zuständigkeit des Schöffengerichts umfaßt alle **Verbrechen,** soweit sie nicht vor den Bundesgerichtshof (§ 134), das Schwurgericht (§ 80) oder (obwohl dies in § 24 Abs. 1 Nr. 3 nicht ausdrücklich hervorgehoben ist) die Strafkammer nach § 74a GVG. gehören. Die sachliche Zuständigkeit der Schöffengerichte ist jedoch beschränkt auf solche Verfahren, bei denen im Einzelfall eine höhere Strafe als zwei Jahre Zuchthaus und die Anordnung von Sicherungsverwahrung nicht zu erwarten ist. Hält der zur Entscheidung über den Eröffnungsbeschluß zuständige Amtsrichter hiernach die Zuständigkeit des Schöffengerichts nicht für gegeben, so lehnt er die Eröffnung des Hauptverfahrens nicht ab, sondern legt gemäß § 209 Abs. 3 StPO. die Sache dem LG. zur Entscheidung vor. Stellt sich erst in der Hauptverhandlung vor dem Schöffengericht heraus, daß eine die schöffengerichtliche Strafgewalt übersteigende Strafe oder Sicherungsverwahrung zu erwarten ist, so verweist das Schöffengericht im Hinblick auf § 24 Abs. 2 die Sache gemäß § 270 StPO. an das zuständige Gericht.

Auch hier kann die Staatsanwaltschaft eine Sache, für die die Zuständigkeit des Schöffengerichts begründet wäre, wegen ihrer besonderen Bedeutung vor dem Landgericht anklagen; es wird insoweit auf die Ausführungen zu Nr. 2 verwiesen.

8. a) Abs. 2 umgrenzt die Strafgewalt des Amtsgerichts (des Schöffengerichts wie des Einzelrichters), die es bei der Urteilsfällung nicht überschreiten darf. Aus § 24 Abs. 1 Nr. 3 würde sich eine solche Begrenzung noch nicht ergeben. Denn wenn dort auch die amtsgerichtliche Zuständigkeit auf Fälle beschränkt ist, in denen die Überschreitung einer bestimmten Strafhöhe und die Anordnung von Sicherungsverwahrung nicht zu erwarten ist (nämlich im Zeitpunkt der Eröffnung des Hauptverfahrens), so würde daraus noch nicht folgen, daß die einmal begründete Zuständigkeit entfiele, wenn sich erst in der Hauptverhandlung die Notwendigkeit einer höheren Strafe oder der Sicherungsverwahrungsanordnung ergibt (vgl. dazu Anm. 5b zu § 25 GVG.). Erst § 24 Abs. 2 begründet diese Folgerung; er gilt im übrigen nicht nur für die Fälle des Abs. 1 Nr. 3, sondern selbstverständlich auch die des Abs. 1 Nr. 2 (vgl. oben Anm. 4).

b) Nur für die schwerste Freiheitsstrafe (Zuchthaus) ist die Strafgewalt der Höhe nach begrenzt. Infolgedessen kann auf die milderen Freiheitsstrafen bis zum gesetzlichen Höchstmaß, also bei Gefängnis bis zu 5 bzw. (bei Gesamtstrafen) bis zu 10 Jahren (§§ 16, 74 Abs. 3 StGB.) erkannt werden; nicht etwa kann aus der Beschränkung der Strafgewalt auf 2 Jahre Zuchthaus entnommen werden, daß das höchstzulässige Maß weniger schwerer Freiheitsstrafen nach dem Umrechnungsmaßstab des § 21 StGB., also bei Gefängnis auf ein Höchstmaß von 3 Jahren beschränkt wäre (BayObLGSt. **1952**, 105; Dallinger MDR. **1952**, 569; KMR. Anm. 4a, dd). Dies gilt auch für die Einschließung, obwohl ihr Höchstmaß 15 Jahre beträgt (§ 17 StGB.), da sie nach dem Strafensystem des StBG. (vgl. §§ 20, 21 StGB.) eine gegenüber Zuchthaus mildere Strafart darstellt. Praktisch wird (mag sie auch theoretisch beim Zweikampf, §§ 205, 206 StGB. möglich sein), die Verhängung einer langjährigen Einschließung für Taten, die in die amtsgerichtliche Zuständigkeit fallen, nicht in Betracht kommen, mindestens aber, wo sie zu erwarten ist, die Annahme eines Falles von besonderer Bedeutung gerechtfertigt sein. Mit einer zwei Jahre nicht übersteigenden Zuchthausstrafe können Haftstrafe (§ 77 StGB.), Geldstrafe, auch wenn die Summe der Ersatzzuchthausstrafe und der primären Zuchthausstrafe 2 Jahre übersteigt, Nebenstrafen und Nebenfolgen sowie sämtliche Maßregeln der Sicherung und Besserung mit Ausnahme der Sicherungsverwahrung verbunden werden, ohne daß die Strafgewalt damit überschritten würde. — Bei einer Wahlfeststellung (vgl. Anm. 6c zu § 267 StPO.) ist, wenn man der Auffassung folgt, daß im Urteilsspruche nur das mildeste Gesetz zu erwähnen ist (vgl. Dalcke-Schäfer [36] Anm. zu § 2b a. F. StGB.), das Amtsgericht auch zuständig, wenn die Sache seine Strafgewalt überstiege, falls der Täter aus dem nichtanzuwendenden schwereren Gesetz zu bestrafen wäre. (RG. DStR. **1938**, 57.)

c) Zwei Jahre Zuchthaus stellt die höchste Strafe dar, die das Amtsgericht in einem Urteil aussprechen kann, gleichviel ob diese Strafe für eine Tat oder als Gesamtstrafe für mehrere Taten verhängt wird. Dies ist im § 462a StPO. bez. der nachträglichen Festsetzung einer Gesamtstrafe durch Beschluß ausdrücklich ausgesprochen und gilt daher auch für die urteilsmäßig gebildete Gesamtstrafe, gleichviel ob das erste Urteil die Gesamtstrafe festsetzt oder ob es sich um eine Gesamtstrafe gemäß § 79 StGB. handelt (h. M.; vgl. z. B. OLG. Hamm JMBl. NRW. **1953,** 287; Schwarz 2 C; KMR. 4 b/aa²). Infolgedessen ist die amtsgerichtliche Zuständigkeit zur Verhängung einer zu einer Gesamtstrafe zu vereinigenden Zusatzstrafe ohne Rücksicht auf deren Höhe ausgeschlossen, wenn bereits eine rechtskräftige Einsatzstrafe von 2 Jahren Zuchthaus oder mehr vorliegt, oder wenn sie zwar geringer ist, aber bei Einbeziehung der vorangegangenen Strafe eine zwei Jahre übersteigende Zuchthausstrafe zu erwarten ist (OLG. Schleswig SchlHA. **1951,** 143.). Ist dagegen die erste Strafe noch nicht rechtskräftig und infolgedessen eine Gesamtstrafenbildung mit einer neu zu erkennenden nicht zulässig, so kann das Amtsgericht bei der neuen Strafe seine Strafgewalt ausschöpfen; die nachträgliche Gesamtstrafenbildung steht dann gemäß § 462a StPO., wenn eine Gesamtstrafe von mehr als 2 Jahren Zuchthaus in Frage steht, dem Landgericht zu.

d) Durch § 24 Abs. 2 ist auch die Strafgewalt der Strafkammer als Berufungsgericht begrenzt. Hält sie eine die Grenze des § 24 Abs. 2 übersteigende Strafe für geboten, so kann sie auf diese selbst erkennen, wenn sie unter Aufhebung des schöffengerichtlichen Urteils als erstinstanzliche Strafkammer unter Beachtung der für die erste Instanz geltenden Verfahrensvorschriften entscheidet, wobei im Sitzungsprotokoll oder in den Urteilsgründen der Wechsel der funktionellen Zuständigkeit zum Ausdruck gebracht werden muß (RGSt. **74,** 139; **75,** 305; OLG. Hamm JWBl. NRW. **1953,** 287). Doch kann auch, wenn der Unterschied unbemerkt blieb, das Berufungsverfahren aber den Anforderungen eines erstinstanzlichen Strafkammerverfahrens genügt, das Berufungsurteil in ein erstinstanzliches, der Revision an den BGH. unterliegendes Urteil 1. Instanz umgedeutet werden (RGSt. **75,** 305; OLG. Hamburg NJW. **1953,** 1931; KMR. Anm. 4b, bb zu § 328 StPO).

e) Überschreitung der Strafgewalt macht die Entscheidung anfechtbar; wird die Entscheidung aber rechtskräftig, so heilt die Rechtskraft den Mangel.

9. Verfahren in Feld- und Forstrügesachen a) Die auf Grund des § 3 Abs. 3 EGStPO. erlassenen landesrechtlichen Vorschriften, nach denen in Feld- und Forstrügesachen der Amtsrichter allein entscheidet (vgl. z. B. § 19 pr. ForstDG. vom 15. 4. 1878 GS. 222 [i. d. F. Ges. vom 1. 7. 1923 GS. 291 und der VO. vom 12. 3. 1924 GS. 127] und § 49 pr. FeldFPolGes. vom 21. 1. 1926 GS. 83), werden durch die Regelung in §§ 24—25 GVG. nicht berührt. Das gilt auch, soweit es sich bei den in diesem Verfahren abzuurteilenden Strafsachen um Vergehen handelt, die mit einer höheren Strafe als Gefängnis von sechs Monaten bedroht sind (§ 8 pr. ForstDG., §§ 17, 18 FeldFPolGes.), also nach den Zuständigkeitsvorschriften des GVG. zur Zuständigkeit des Schöffengerichts (mit Wahlrecht sowohl zum Amtsrichter als auch zur Strafkammer) gehören würden. Hier versagt das Wahlrecht der Staatsanwaltschaft.

b) Es fragt sich, ob diese landesrechtlichen Zuständigkeitsvorschriften auch bei Verfehlungen **Jugendlicher** und **Heranwachsender** gelten, wenn das Landesrecht sie nicht selbst von der Geltung dieser Vorschriften ausnimmt. Unter der Herrschaft des JGG. 1923 wurde allgemein angenommen, daß es mit seinem § 17 Abs. 1 Satz 2: „Jugendgerichte sind die Schöffengerichte" die Befugnis des Landesgesetzgebers aus § 3 Abs. 3 EGStPO., bei Forst- und Feldrügesachen eine Aburteilung durch den Amtsrichter als Einzelrichter vorzuschreiben, auch bei entsprechenden Verfehlungen Jugendlicher nicht beschränkt habe. Wenn § 20 pr. ForstDG. und § 51 pr. FeldFPolG. wörtlich übereinstimmend vorschreiben: „Für das Verfahren gelten, soweit nicht in diesem Gesetze abändernde Bestimmungen getroffen sind, die Vorschriften der Strafprozeßordnung über das Verfahren vor dem Amtsrichter und diejenigen des zweiten Abschnittes des Jugendgerichtsgesetzes", so wurden diese Vorschriften dahin verstanden, daß § 19 pr. ForstDG. und §§ 49, 54 pr. FeldFPolG. (ausschließliche Zuständigkeit des Einzelrichters, Berufungsgericht stets die kleine Strafkammer) den § 17 JGG. abändernde Vorschriften darstellten, zu deren Erlaß das Landesrecht befugt sei (vgl. KG JR. **1927** Nr. 1884; RV. d. pr. JM. v. 17. 9. 1924 — I 4774 —; Hartung Recht **1924,** 197). Als in der Folgezeit Art. 9, 1. Teil Kap. I der VO. v. 14. 6. 1932 (RGBl. I 285) in Abänderung des § 17 JGG. 1923 die Zuständigkeit des Jugendrichters als Einzelrichter reichsrechtlich in dem Umfang begründete, als nach dem GVG. der Amtsrichter als Einzelrichter entschied, wurde angenommen, daß dadurch an den landesrechtlichen Vorschriften, die auf Grund des § 3 EGStPO. die Zuständigkeit des Amtsrichters als Einzelrichter (Jugendrichter) in weiterem Umfang vorsahen, nichts geändert worden sei (vgl. Koffka-Schäfer, Komm. zu den Strafrechtspflegevorschriften der VO. v. 14. 6. 1932 [2] 20, 68). Für das JGG. 1953 kann indessen eine Befugnis des Landesgesetzgebers, die Vorschriften über die Jugendgerichtsverfassung (§§ 33ff.) zu ändern, nicht anerkannt werden; § 3 Abs. 3 EGStPO. ist mithin, wenn es sich um Forst- und Feldrügestrafen gegen Jugendliche und Heranwachsende handelt, insoweit durch das JGG. 1953 als lex posterior eingeschränkt worden. Denn nach § 2 JGG. 1953 gelten die allgemeinen, d. h. die bei Straftaten Erwachsener geltenden Vorschriften einschließlich derjenigen des Landesrechts (vgl. Dallinger-Lackner [1955] Anm. 3 zu § 2 JGG.) nur, soweit das JGG. selbst nichts anderes bestimmt. Dieses hat aber nichts Abweichendes für Feld- und Forstrügesachen zugelassen, vielmehr eine Gesamtregelung getroffen, mit der die Grundkonzeption des landesrechtlichen Forst- und Feldrügeverfahrens — wenigstens nach preuß. Recht — unvereinbar ist. Die Begründung der ausschließlichen Zuständigkeit des Einzelrichters steht in innerem Zusammenhang damit, daß die Ahndung der Forst- und Feldrügesachen grundsätzlich im Strafbefehlsverfahren erfolgt (§ 27 ForstDG., § 53 FeldFPolG.). Ein Strafbefehl ist aber — anders als nach § 39 JGG. 1923 — heute bei Jugendlichen überhaupt (§ 79 JGG.) und bei Heranwachsenden dann ausgeschlossen, wenn nicht der Staatsanwalt nach Anstellung von Ermittlungen gemäß § 43 JGG. zu der Auffassung gelangt ist, daß das allgemeine Strafrecht anzuwenden sei (§ 109 JGG., Richtlinien Nr. 2 zu § 109). Wenn also die Begründung der ausschließlichen Zuständigkeit des Einzelrichters durch Landesrecht auf dem Bestreben beruht, eine beschleunigte Ahndung durch grundsätzliche Anwendung des summarischen schriftlichen Verfahrens herbeizuführen, so greift dieser Gedanke, soweit nicht das JGG. selbst (§ 75, jugendrichterliche Verfügung) entsprechende Möglichkeiten gewährt, nicht mehr durch. Entscheidend kommt aber folgendes hinzu: Die Abgrenzung der sachlichen Zuständigkeit der Jugendgerichte ist von dem Gedanken getragen, eine weitgehende Berücksichtigung der Besonderheiten des einzelnen Falles zu ermöglichen. Deshalb hat nach § 39 JGG. der Einzelrichter (Jugendrichter) keine unbedingte Zuständigkeit; sie ist vielmehr stets nur gegeben, wenn der Staatsanwalt sich entschließt, die Sache vor den Jugendrichter statt vor das Jugendschöffengericht zu bringen und das Jugendschöffengericht (unter Zuziehung besonders ausgewählter Jugendschöffen, § 35 JGG.) ist zuständig, wenn Jugendstrafe zu erwarten ist. Auch die Besetzung der Jugendkammer als Berufungsgericht mit drei (erzieherisch befähigten und in der Jugenderziehung erfahrenen, § 37 JGG.) Richtern und zwei Jugendschöffen beruht auf der Erwägung, ein für Jugendsachen besonders geeignetes und sachkundiges Gremium zu schaffen; die kleine Strafkammer als Berufungsgericht über dem Jugendrichter als Einzelrichter hat das JGG. aus rechtspolitischen Gründen abgelehnt (Dallinger-Lackner Anm. 27 zu § 33 JGG.). Schließlich sollen bei den Jugendgerichten nach §§ 36, 37 JGG. erzieherisch befähigte und in der Jugenderziehung erfahrene Jugendstaatsanwälte mitwirken. Mit diesen Gedankengängen ist die landesrechtliche Begründung einer ausschließlichen Zuständigkeit des Einzelrichters, die Zuweisung der Berufung an die Kleine Strafkammer und die Beteiligung des Forstamtsanwalts (§ 19 Abs. 2 pr. ForstDG., § 49 Abs. 3 pr. FeldFPolG.) unvereinbar. Die gleichen Gründe, die dazu führen, das Verwaltungsstrafverfahren (Anm. 2—4 zu § 13) gegen Jugendliche und Heranwachsende als unzulässig anzusehen (vgl. Richtlinien Nr. 2 zu § 79 JGG. und Dallinger-Lackner Anm. 7 zu § 33, Anm. 3 vor § 79 JGG.) zwingen zu der Auffassung, daß die auf § 3 EGStPO. beruhenden „allgemeinen Vorschriften" des Forst- und Feldrügeverfahrens über die sachliche Zuständigkeit als aufgehoben anzusehen sind, soweit sie von der Regelung des JGG. 1953 abweichen (so wohl auch Dallinger-Lackner Anm. 11 zu § 33 JGG.). Die Besonderheit der Besetzung der Jugendgerichte schlägt so durch, daß ein auch ohne Revisionsrüge zu beachtendes Fehlen einer Verfahrensvoraussetzung (der sachlichen Zuständigkeit) vorliegt, wenn an Stelle des zuständigen Jugendgerichts ein Erwachsenengericht entschieden hat, also z. B. an Stelle der Jugendkammer die Große Strafkammer (BGHSt. **7**, 26 = NJW. **1955**, 273) und an Stelle des Jugendrichters der Amtsrichter (BayObLG. NJW. **1955**, 959). — Das Hess. Feld- und Forststrafges. vom 30. 3. 1954 (GVBl. 39), das im übrigen in § 33 Abs. 1 für die nach diesem Gesetz strafbaren Handlungen, auch soweit sie Vergehen sind, die Zuständigkeit des Amtsrichters als Einzelrichter begründet, bestimmt in §§ 33 Abs. 2, 34, daß bei Verfehlungen Jugendlicher und Heranwachsender die Zuständigkeitsregelung des JGG. gilt.

§ 25

Der Amtsrichter allein entscheidet bei

1. Übertretungen;

2. Vergehen,

a) wenn sie im Wege der Privatklage verfolgt werden;

b) wenn die Tat mit keiner höheren Strafe als Gefängnis von sechs Monaten allein oder in Verbindung mit anderen Strafen oder mit Nebenfolgen bedroht ist;

c) wenn die Staatsanwaltschaft Anklage zum Einzelrichter erhebt und keine höhere Strafe als Gefängnis von einem Jahr zu erwarten ist,

3. Verbrechen, die nur wegen Rückfalls Verbrechen sind, unter den Voraussetzungen der Nr. 2c.

1. Während § 24 die Zuständigkeit des Amtsgerichts gegenüber der des Landgerichts abgrenzt, regelt § 25 die **Aufteilung der amtsgerichtlichen Zuständigkeit** zwischen dem Amtsrichter als Einzelrichter und dem Schöffengericht, dem die nicht dem Einzelrichter nach § 25 übertragene amtsgerichtliche Zuständigkeit zufällt (§ 28).

2. Zu Nr. 1: Übertretungen sind nach der in der Rechtspr. herrschenden „abstrakten Betrachtungsweise" (vgl. Anm. 3 zu § 24) auch die mit Vergehensstrafe bedrohten „besonders schweren Fälle" von Übertretungen, z. B. nach § 30 der NaturschutzVO. v. 18. 3. 1936 – RGBl. I S. 181 – (BGHSt. **3**, 47; BayObLG. NJW. **1952**, 988). Der in § 25 bestimmten Zuständigkeit des Einzelrichters für leichte kriminelle Zuwiderhandlungen entspricht seine Zuständigkeit, bei Ordnungswidrigkeiten nach Antrag auf gerichtliche Entscheidung über den Bußgeldbescheid der Verwaltungsbehörde im gerichtlichen Bußgeldverfahren zu befinden (§ 55 des Ges. über Ordnungswidrigkeiten vom 25. 3. 1952 – BGBl. I 177 –)

3. Zu Nr. 2a: vgl. Anm. 5a zu § 24.

4. Zu Nr. 2b: Hier ist entscheidend, ob die für ein Vergehen der angeklagten Art angedrohte Freiheitsstrafe nicht höher ist als 6 Monate Gefängnis; daß es sich um ein nach Art und Höchstmaß der Strafe leichtes Vergehen handelt, bildet den Grund für die Zuweisung in die einzelrichterliche Zuständigkeit. Infolgedessen greift Nr. 2b – nicht Nr. 2c – auch Platz, wenn eine Mehrheit derartiger Straftaten angeklagt wird, auch wenn eine sechs Monate Gefängnis übersteigende Gesamtstrafe zu erwarten ist. (a. M. KMR. 2c/aa zu § 25, die das Wort „Tat" im verfahrensrechtlichen Sinn verstehen – geschichtlicher Vorgang, der den Gegenstand der Anklage bildet –). Wie bei § 24 Abs. 2 GVG. (vgl. dort Anm. 8b), so ist auch hier nur die Androhung von Gefängnis als der schwersten Strafart maximal begrenzt. Für die leichtere Freiheitsstrafe der Einschließung gilt infolgedessen das Höchstmaß von sechs Monaten nicht, vielmehr fallen unter 2b alle nur mit Einschließung bedrohten Vergehen (also alle mit Einschließung bis zu 5 Jahren, § 1 StGB., bedrohten Straftaten), z. B. Zweikampf nach § 205 StGB. (a. M. die Vorauflage, wonach in Anwendung des § 21 StGB. nur mit Einschließung bis zu 9 Monaten bedrohte Vergehen unter Nr. 2b fallen). Die Voraussetzung der Nr. 2b ist auch gegeben, wenn die Summe mehrerer Ersatzfreiheitsstrafen oder die einer primären Gefängnisstrafe und der Ersatzfreiheitsstrafe für eine daneben angedrohte Geldstrafe 6 Monate überschreiten kann. „Nebenfolgen" sind auch sämtliche neben der angedrohten Freiheitsstrafe zulässigen Maßregeln der Sicherung und Besserung mit Ausnahme der Sicherungsverwahrung (§ 24 Abs. 2). OLG. Tübingen NJW. **1953** 1444. – § 24 Abs. 1 Nr. 2b begründet im Verhältnis zum Schöffengericht die Zuständigkeit des Einzelrichters dergestalt, daß die Staatsanwaltschaft Anklage nur vor ihm, nicht vor dem Schöffengericht erheben kann; dagegen bleibt es der Staatsanwaltschaft unbenommen, wegen der besonderen Bedeutung des Falles gemäß § 24 Abs. 1 Nr. 2 Anklage beim Landgericht zu erheben (vgl. Anm. 3c zu § 24).

5. Zu Nr. 2c. a) Diese Vorschrift stellt – wie § 24 Abs. 1 Nr. 3 –, wenn eine höhere Strafe als Gefängnis von 6 Monaten angedroht ist, auf das Höchstmaß der im Einzelfall zu erwartenden Strafe ab; bei Tatmehrheit kommt es – anders als bei § 25 Nr. 2b – auf die zu erwartende Höhe der Gesamtgefängnisstrafe an. Auch hier gilt (wie bei § 25 Nr. 2b), daß durch neben der Gefängnisstrafe angedrohte andere Strafen – z. B. eine zusätzliche Geldstrafe nach §§ 263, 266

StGB. — und durch zulässige Nebenfolgen (= Nebenstrafen und Maßregeln der Sicherung und Besserung jeder Art außer Sicherungsverwahrung; OLG. Tübingen NJW. **1953,** 1444) die Zuständigkeit nicht berührt wird. Voraussetzung der Zuständigkeit des Einzelrichters ist, daß der Staatsanwalt Anklage zum Einzelrichter erhebt; wegen der Abänderbarkeit einer solchen Anklage vgl. Anm. 3b zu § 24. Sieht der Einzelrichter seine Zuständigkeit nicht als gegeben an, so eröffnet er, wenn er das Schöffengericht für zuständig hält, vor dem Schöffengericht, sofern bei dem Amtsgericht ein Schöffengericht besteht (vgl. Anm. 6 zu § 209 StPO.); hält er auch dessen Zuständigkeit für überschritten, so legt er die Akten gemäß § 209 Abs. 3 StGB. dem Landgericht zur Entscheidung vor. Besteht bei dem Amtsgericht kein Schöffengericht (vgl. § 58 GVG.), so lehnt der Amtsrichter die Eröffnung des Hauptverfahrens ab.

b) Streit besteht, wie der Einzelrichter zu verfahren hat, wenn er nach dem Ergebnis der Hauptverhandlung eine Gefängnisstrafe von mehr als einem Jahr oder (z. B. wegen Annahme eines mit Zuchthausstrafe bedrohten besonders schweren Falles eines Vergehens) eine Zuchthausstrafe bis zu 2 Jahren für verwirkt ansieht. Nach der einen Auffassung begrenzt § 25 Nr. 2c die Strafgewalt des Einzelrichters, dergestalt, daß er auf eine ein Jahr übersteigende Gefängnisstrafe nicht erkennen darf, vielmehr die Sache gemäß § 270 StPO. vor das Schöffengericht verweisen muß (so Schwitzke NJW. **1953** 930; KMR. Anm. 6; Schwarz Anm. 3; Henkel, StrafverfR. [1953] 174). Nach der anderen Auffassung verbleibt es bei der durch Erhebung der Anklage und Eröffnung des Hauptverfahrens begründeten Zuständigkeit des Einzelrichters, dergestalt, daß er auf jede in die Strafgewalt des Amtsgerichts fallende Strafe (§ 24 Abs. 2) erkennen darf (so BayObLGSt. **1951** 452; OLG. Braunschweig NJW. **1951** 674; Brandstetter DRZ. **1950** 514; Geiger SJZ. **1950** 712; Kern, MDR. **1950** 584; Nüse JR. **1950** 517 u. JR. **1951** 31; Peters, Strafpr. [1952] 104; Dalcke [36] Anm. 4, Dallinger Anm. 4). Den Vorzug verdient die letztere Auffassung. § 24 Abs. 2, auf den die Gegenmeinung verweist, ist, wie in Anm. 8a zu § 24 dargelegt ist, keineswegs eine Vorschrift) die lediglich den Sinn des § 24 Abs. 1 Nr. 3 klarstellt, sondern ist eine Vorschrift von selbständiger Bedeutung, die auch für § 24 Abs. 1 Nr. 2 (bei Annahme des mit Zuchthaus bedrohten besonders schweren Falles eines Vergehens) gilt. Daß, wo das Gesetz die Zuständigkeit oder die Zulässigkeit eines bestimmten Verfahrens nach der zu erwartenden Strafe bemißt, eine solche Vorschrift, nicht das Verbot enthält, eine höhere als die bei Anklageerhebung zu erwartende Strafe zu verhängen, zeigt deutlich § 212b StPO. Dort ist bestimmt, daß der Amtsrichter oder das Schöffengericht die Aburteilung einer Sache im beschleunigten Verfahren abzulehnen hat, wenn eine höhere Strafe als ein Jahr Gefängnis zu erwarten ist. Aus § 212b Abs. 1 Satz 2, 3 StPO. („Zuchthaus oder eine Maßregel der Sicherung und Besserung darf in diesem Verfahren nicht verhängt werden ...") erhellt aber ohne weiteres, daß im beschleunigten Verfahren auf eine ein Jahr übersteigende Gefängnisstrafe erkannt werden darf; andernfalls wäre unverständlich, warum sich das Gesetz auf das Verbot der Verhängung von Zuchthausstrafe (deren Erwartung bei Anklageerhebung ja das beschleunigte Verfahren ausschließt), beschränkt (vgl. Anm. 3e zu § 212b). Und in gleicher Weise bestimmt § 39 Abs. 1 JGG., daß der Jugendrichter als Einzelrichter zuständig ist, wenn nur Erziehungsmaßregeln, Zuchtmittel und zulässige Nebenstrafen und -Folgen zu erwarten sind und der Staatsanwalt Anklage beim Einzelrichter erhebt; gleichwohl kann der Jugendrichter, wenn sich entgegen der ursprünglichen Erwartung später herausstellt, daß Jugendstrafe erforderlich ist, auf diese erkennen, denn § 39 Abs. 2 JGG. verbietet dem Jugendrichter nur, auf Jugendstrafe von mehr als einem Jahr oder von unbestimmter Dauer zu erkennen. In § 232 Abs. 1 StPO. ist zwar die Zulässigkeit einer Hauptverhandlung gegen den ausgebliebenen Angekl. auf den Fall beschränkt, daß keine höhere Strafe als Haft, Geldstrafe oder Einziehung zu erwarten ist und zugleich das Verbot der Verhängung einer höheren Strafe ausgesprochen; aber auch hier hat der Gesetzgeber eine ausdrückliche, das Höchstmaß der zulässigen Strafe begrenzende Vorschrift für erforderlich erachtet (§ 232 Abs. 1 Satz 2). Es hätte mithin, um die Strafgewalt des Einzelrichters nach § 25 GVG. zu begrenzen, einer ausdrücklichen Vorschrift bedurft, die, wie die vorgenannten Vorschriften es allgemein oder für bestimmte Verfahrensarten tun, den Strafbann beschränkt. Aus dem Fehlen einer solchen Vorschrift kann nur der Schluß gezogen werden, daß im Fall des § 25 Abs. 1 Nr. 2b, wenn eine Überschreitung der zunächst erwarteten höchsten Strafe sich später als erforderlich erweist, der Einzelrichter, ohne seine Zuständigkeit zu verlieren, diese im Rahmen des § 24 Abs. 2 auszusprechen hat. Dies Ergebnis ist umsoweniger befremdlich, als der Einzelrichter auch nach § 25 Nr. 1 (wegen Annahme eines besonders schweren Falles einer Übertretung, vgl. z. B. § 30 Abs. 2 der NaturschutzVO. vom 18. 3. 1936 — RGBl. I 181 —), nach § 25 Nr. 2a (wegen z. B. § 187 StGB. i. Verb. m. § 374 Abs. 1 Nr. 2 StPO.) und nach § 25 Nr. 2b (bei Tatmehrheit) auf eine ein Jahr übersteigende Gefängnisstrafe erkennen kann.

6. Zu Nr. 3: Nr. 3 erweitert die nach Nr. 2c begründbare Zuständigkeit des Einzelrichters auf bestimmte Verbrechen, und zwar auf solche strafbaren Handlungen, die nur wegen Rückfalls Verbrechen sind; es sind dies Diebstahl, Hehlerei und Betrug (§§ 244, 261, 264 StGB.), dagegen nicht schwerer Diebstahl im Rückfall und schwerer Raub nach § 250 Abs. 1 Nr. 5, da der schwere Diebstahl oder Raub hier nicht nur wegen Rückfalls Verbrechen ist.

§ 26

(1) Für Straftaten Erwachsener, durch die ein Kind oder ein Jugendlicher verletzt oder unmittelbar gefährdet wird, sowie für Verstöße Erwachsener gegen Vorschriften, die dem Jugendschutz oder der Jugenderziehung dienen, sind neben den für allgemeine Strafsachen zuständigen Gerichte auch die Jugendgerichte zuständig. Die §§ 24 und 25 gelten entsprechend.

(2) In Jugendschutzsachen soll der Staatsanwalt Anklage bei den Jugendgerichten nur erheben, wenn in dem Verfahren Kinder oder Jugendliche als Zeugen benötigt werden oder wenn aus sonstigen Gründen eine Verhandlung vor dem Jugendgericht zweckmäßig erscheint.

Hierzu vgl. aus den von den Landesjustizverwaltungen vereinbarten, am 15. 2. 1955 erlassenen „Richtlinien zum JGG." zu § 121 JGG.: „Es empfiehlt sich, nach Möglichkeit bei den Landgerichten im Wge der Geschäftsverteilung die landgerichtlichen Jugendschutzsachen einer bestimmten Strafkammer als Jugendschutzkammer zuzuweisen."

Lit.: Dallinger-Lackner, Komm. z. JGG. (1955) Anm. zu § 121 JGG.

1. Entstehungsgeschichte und allgemeine Bedeutung des § 26. § 26 i. d. F. der Bek. vom 22. 3. 1924 (RGBl. I 361) regelte die Zuständigkeit des Einzelrichters bei Verbrechen; dieser Punkt ist jetzt in § 25 Nr. 3 geregelt. § 26 i. d. F. des Vereinheitlichungsges. vom 12. 9. 1950 bestimmte: „Die Zuständigkeit in Jugendsachen bestimmt sich nach dem Jugendgerichtsgesetz". Diese Vorschrift, deren Bedeutung sich in dem Hinweis auf das Jugendgerichtsgesetz erschöpfte, ist durch § 121 JGG. vom 4. 8. 1953 (BGBl. I S. 751) durch die jetzt geltende Fassung ersetzt. Während das JGG. die sachliche Zuständigkeit des Gerichts in den Fällen regelt, in denen Jugendliche oder Heranwachsende Täter strafbarer Handlungen sind (vgl. dazu den Überblick unten Anm. 6), regelt § 26 die Zuständigkeit in dem Fall, daß sich die Straftat eines Erwachsenen gegen ein Kind oder einen Jugendlichen richtet oder eine dem Jugendschutz oder der Jugenderziehung dienende Vorschrift verletzt; hier wird dem Staatsanwalt ein Wahlrecht eingeräumt, ob er Anklage vor dem an sich zuständigen allgemeinen Gericht (dem „Erwachsenengericht") erheben will oder ob er die Sache vor die (an sich nicht zuständigen) Jugendgerichte (§ 33 Abs. 2—4 JGG.) bringen will. Zweck der Vorschrift ist, in geeigneten Fällen die besondere Sachkunde und Erfahrung des Jugendgerichts nutzbar zu machen, z. B. wenn es sich um die Bewertung der Aussagen von Kindern oder Jugendlichen als Zeugen oder um die für das Ob und Wie der Bestrafung erforderliche sachkundige Abmessung des durch eine Straftat angerichteten Schadens handelt. Nicht hierher gehören die Fälle, daß an einer Straftat der in Frage kommenden Art Erwachsene und Jugendliche beteiligt sind (vgl. hierzu § 103 JGG.) oder daß jemand mehrere der in § 26 bezeichneten Straftaten teils als Erwachsener, teils als Heranwachsender oder Jugendlicher begangen hat, die gleichzeitig abgeurteilt werden (vgl. hierzu § 32 JGG.). § 26 knüpft an die Regelung an, die unter der Herrschaft des RJGG. vom 6. 11. 1943 die sog. Jugendschutzsachen in II der AV. des Reichsjustizministers vom 14. 1. 1944 (Deutsche Justiz S. 37) gefunden hatten; dort waren eine Reihe von Gesetzesverstößen Erwachsener gegen Kinder und Jugendliche und gegen Vorschriften zum Schutz von Kindern und Jugendlichen dem Jugendrichter und der Jugendkammer im Wege der Geschäftsverteilung zur Aburteilung zugewiesen (vgl. dazu Dallinger-Lackner Anm. 1 zu § 121 JGG.).

2. § 26 setzt voraus, daß der Täter die Tat als Erwachsener, d. h. nach Vollendung des 21. Lebensjahres begangen hat. Und zwar kommen als **„Jugendschutzsachen"** in Betracht:

a) Straftaten, durch die ein Kind (= Person unter 14 Jahren, § 1 Abs. 3 JGG.) oder Jugendlicher (= Person unter 18 Jahren, § 1 Abs. 2 JGG.) verletzt oder unmittelbar gefährdet worden ist, z. B. Sittlichkeitsverbrechen oder -vergehen an oder vor Kindern, Mißhandlungen, Verführung von Mädchen, Verletzung der gesetzlichen Unterhaltspflicht, der Sorge oder Aufsichtspflicht (§§ 143, 170b, 170d, 174, 175, 175a Nr. 3, 176 Abs. 1 Nr. 3, 182, 223b StGB.). Straftaten gegen Heranwachsende (18 bis noch nicht 21 jährige, § 1 Abs. 2 JGG.) fallen nicht unter § 26.

b) Verstöße gegen Vorschriften, die dem Jugendschutz oder der Jugenderziehung dienen, z. B. gegen Schulpflichtvorschriften, gegen das Jugendschutzgesetz vom 30. 4. 1938 (RGBl. I 437) betr. Kinderarbeit und Arbeitszeit der Jugendlichen, das Ges. zum Schutz der Jugend in der Öffentlichkeit vom 4. 12. 1951 (BGBl. I 936), das Ges. über die Verbreitung jugendgefährdender Schriften vom 9. 6. 1953 (BGBl. I 377).

Ob die Voraussetzungen des § 26 Abs. 1 gegeben sind, prüft nach allgemeinen Grundsätzen das Gericht (vgl. Anm. 3c zu § 24).

3. Die Anklage vor dem Jugendgericht ist aber, wie Abs. 2 ergibt, als **Ausnahme** gedacht, die durch triftige Gründe gerechtfertigt sein muß („soll nur erheben, wenn . . .“). Abs. 2 will verhindern, daß durch eine großzügige Anklagepraxis die Jugendgerichte in ihrer eigentlichen Aufgabe, über Verfehlungen von Jugendlichen und Heranwachsenden zu entscheiden, gehemmt werden; nur wo die besondere Sachkunde und Erfahrung des Jugendgerichts für die angemessene und richtige Behandlung des Falles ersichtlich bedeutsam ist, soll der Staatsanwalt von seinem Wahlrecht Gebrauch machen. Sind im Wege der Geschäftsverteilung einer bestimmten Abteilung des Amtsgerichts oder Kammer des Landgerichts die Jugendschutzsachen zugewiesen, wie dies die „Richtlinien“ empfehlen, so wird meist kein Bedürfnis zur Angehung der Jugendgerichte bestehen, weil dann ein besonders sachkundiges Gericht bereits zur Verfügung steht (vgl. dazu Dallinger-Lackner Anm. 26 zu § 121 JGG). Die Entscheidung, ob bei Inanspruchnahme der Jugendgerichte rechtfertigende Umstände im Sinn des Abs. 2 gegeben sind, trifft (anders als bei den gesetzlichen Zuständigkeitsvoraussetzungen des Abs. 1) ausschließlich der Staatsanwalt; das angegangene Jugendgericht kann die Eröffnung des Hauptverfahrens z. B. nicht mit der Begründung ablehnen, daß Kinder als Zeugen nicht benötigt würden oder die Verhandlung vor dem Jugendgericht nicht zweckmäßig erscheine.

4. Nach **§ 26 Abs. 1 Satz 2** gelten die §§ 24, 25 entsprechend. Es kann also vor dem Jugendrichter (Einzelrichter) Anklage erhoben werden, wo nach § 25 Anklage zum Amtsrichter als Einzelrichter erhoben werden kann, und Anklage vor dem Jugendschöffengericht in den Fällen, in denen sonst nach § 24 die Sache vor das Schöffengericht gebracht werden könnte. In gleicher Weise kann nach § 74b GVG. (unter den Voraussetzungen des § 26 Abs. 2 GVG.) vor der Jugendkammer als Gericht 1. Instanz Anklage insoweit erhoben werden, als nach §§ 24, 74 sonst Anklageerhebung vor der erstinstanzlichen Strafkammer zulässig oder geboten ist. Die Staatsanwaltschaft kann mithin auch eine in die amtsgerichtliche Zuständigkeit fallende Sache wegen ihrer besonderen Bedeutung bei der Jugendkammer anklagen (§ 24 Abs. 1 Nr. 2, 3). Die besondere Bedeutung des Falles kann aber nicht lediglich damit begründet werden, daß eine 2. Tatsacheninstanz wegen der u. U. notwendig werdenden Wiederholung der Vernehmung kindlicher Zeugen in der Berufungsinstanz unerwünscht sei (Dallinger-Lackner Anm. 17 zu § 121 JGG.).

5. Die Besonderheit des Verfahrens besteht, wenn vor dem Jugendgericht Anklage erhoben ist, lediglich darin, daß das Jugendgericht — und zwar Jugendschöffengericht und Jugendkammer in der Hauptverhandlung in der gemäß § 33 Abs. 3 JGG. vorgeschriebenen Besetzung, also mit Jugendschöffen (Dallinger-Lackner Anm. 14) — die Aufgaben zu erfüllen hat, die sonst dem entsprechenden Erwachsenengericht obliegen. Das Jugendgericht wendet also nicht Jugendstrafverfahrensrecht, sondern die allgemeinen Verfahrensvorschriften des GVG. und der StPO. an. Es gilt mithin auch § 209 StPO., wonach die Jugendkammer, wenn bei ihr gemäß § 24 Abs. 1 Nr. 2 u. 3 GVG. Anklage erhoben ist, unter Verneinung der besonderen Bedeutung des Falles das Hauptverfahren vor dem Jugendschöffengericht eröffnen kann, und die Strafgewalt von Jugendrichter und Jugendschöffengericht bemißt sich nach § 24 Abs. 2. Die in § 74b Satz 2 GVG. angeordnete entsprechende Anwendung des § 74 besagt, daß auch § 74 Abs. 2 anwendbar ist, d. h. daß die Jugendkammer über die Berufung gegen Urteile des Jugendrichters (soweit sie nicht nach § 313 StPO. ausgeschlossen ist), und des Jugendschöffengerichts entscheidet. Und zwar ist sie auch bei Berufung gegen Urteile des Jugendrichters mit 3 Richtern und 2 Jugendschöffen besetzt (§§ 33 Abs. 3, 41 Abs. 2 JGG.). Denn § 76 GVG., der bei Berufung gegen ein Urteil des

Amtsrichters die Besetzung der (kleinen) Strafkammer abweichend regelt, ist in § 74b nicht für entsprechend anwendbar erklärt. Es ist auch, nachdem einmal die Zuständigkeit des Jugendgerichts durch Eröffnung des Hauptverfahrens begründet worden ist, nicht denkbar, daß zur Entscheidung über die Berufung ein anderes Gericht als das Jugendberufungsgericht in der dafür vorgeschriebenen Besetzung zuständig sein könnte. Es liegt daher nicht in der Macht des Präsidiums, im Weg der Geschäftsverteilung die Entscheidung über Berufungen gegen Urteile des Jugendrichters und Jugendschöffengerichts in Jugendschutzsachen einer allgemeinen Strafkammer zuzuweisen (gl. A. Dallinger-Lackner Anm. 21). Über Beschwerden gegen Entscheidungen des Jugendrichters und des Jugendschöffengerichts entscheidet nach § 74b ebenfalls die Jugendkammer.

Wegen der Öffentlichkeit der Hauptverhandlung der Jugendgerichte in Jugendschutzsachen vgl. Anm. 9 zu § 169, wegen der Zuziehung eines zweiten Richters Anm. 2f zu § 29.

6. a) Auf die **Vorschriften des JGG. 1953 über die sachliche Zuständigkeit der Jugendgerichte** bei Straftaten Jugendlicher und Heranwachsender ist hier im einzelnen nicht einzugehen. Nur überblickshalber ist folgendes hervorzuheben: Für Verfehlungen Jugendlicher und Heranwachsender sind die Jugendgerichte zuständig (§§ 33, 107 JGG.); die Erwachsenengerichte sind zuständig, wenn die erstinstanzliche Zuständigkeit des Bundesgerichtshofs, des Oberlandesgerichts und der Strafkammer nach § 74a GVG. gegeben ist (§§ 102, 112). Strafsachen gegen Jugendliche oder Heranwachsende können mit solchen gegen Erwachsene nach den allgemeinen Vorschriften verbunden werden, wenn es zur Erforschung der Wahrheit oder aus anderen wichtigen Gründen geboten ist; in diesem Fall kann die Staatsanwaltschaft den Jugendlichen oder Heranwachsenden vor dem Erwachsenengericht anklagen; liegt das Schwergewicht bei dem Verfahren gegen Jugendliche (oder Heranwachsende), so erhebt sie, auch gegen den Erwachsenen, Anklage vor dem Jugendgericht (§§ 103, 112). Jugendgerichte sind der Jugendrichter (Einzelrichter), das Jugendschöffengericht (ein Richter, zwei Jugendschöffen, kein erweitertes Jugendschöffengericht!) und die Jugendkammer (drei Richter, zwei Jugendschöffen) — § 33 JGG. —. Jugendrichter und Jugendschöffengericht sind Gerichte des 1. Rechtszuges; die Jugendkammer ist sowohl Gericht des 1. Rechtszuges wie Berufungs- und Beschwerdegericht gegenüber Entscheidungen des Jugendrichters und Jugendschöffengerichts (§§ 39—41). Der Jugendrichter ist zuständig für Verfehlungen Jugendlicher und Heranwachsender, wenn nur Erziehungsmaßregeln, Zuchtmittel oder nach dem JGG. zulässige Nebenstrafen und Nebenfolgen zu erwarten sind und der Staatsanwalt Anklage beim Einzelrichter erhebt; seine Strafgewalt ist auf Jugendstrafe von bestimmter Dauer bis zu einem Jahr begrenzt (§ 39). Bei Heranwachsenden ist der Jugendrichter auch zuständig, wenn die Anwendung des allgemeinen Strafrechts zu erwarten ist und nach § 25 GVG. der Amtsrichter allein zu entscheiden hätte (§ 108 Abs. 2 JGG.). Das Jugendschöffengericht ist für alle Verfehlungen Jugendlicher und Heranwachsender zuständig, die nicht zur Zuständigkeit des Jugendrichters oder der Jugendkammer gehören; bis zur Eröffnung des Hauptverfahrens kann es eine Sache wegen ihres besonderen Umfanges der Jugendkammer zur Entscheidung vorlegen, ob diese sie übernehmen will (§§ 40, 108). Bei Verfehlungen Heranwachsender und Anwendung des allgemeinen Strafrechts ist die Strafgewalt des Jugendschöffengerichts — entsprechend § 24 Abs. 2 GVG. — in der Weise beschränkt, daß es nicht auf Zuchthaus von mehr als 2 Jahren und nicht auf Sicherungsverwahrung erkennen darf (§ 108 Abs. 3). Die Jugendkammer ist als Gericht des 1. Rechtszuges zuständig für Sachen, die nach den allgemeinen Vorschriften zur Zuständigkeit des Schwurgerichts gehören, für Sachen, die sie nach Vorlage durch das Jugendschöffengericht wegen ihres besonderen Umfangs übernimmt und für Sachen gegen Heranwachsende, in denen die Strafgewalt des Jugendschöffengerichts nicht ausreicht (§§ 41, 108 Abs. 3 Satz 2). Gegen die Urteile des Jugendrichters und des Jugendschöffengerichts ist (mit den aus § 55 Abs. 1 JGG., § 313 StPO. sich ergebenden Beschränkungen) Berufung an die Jugendkammer gegeben (§ 41 Abs. 2); die Revision (an das Oberlandesgericht) ist nach Maßgabe des § 55 Abs. 2 beschränkt. Über die Revision gegen erstinstanzliche Urteile der Jugendkammer entscheidet der Bundesgerichtshof.

b) Die Jugendgerichte sind zwar keine Sondergerichte (vgl. Anm. 6a zu § 13), auch nicht Gerichte für besondere Sachgebiete i. S. des Art. 101 Abs. 2 GG. (wie Dallinger-Lackner Anm. 5 zu § 121 JGG. annehmen), denn damit sind lediglich die Sondergerichte i. S. des § 13 GVG. gemeint. Sie werden aber wegen der Besonderheit ihrer Zusammensetzung und ihres

Verfahrens doch insofern wie Sondergerichte behandelt, als ein von Amts wegen ohne besondere Verfahrensrüge zu beachtender Verfahrensverstoß anzunehmen ist, wenn an Stelle des Jugendgerichts das Erwachsenengericht entschieden hat, ohne daß die gesetzlichen Voraussetzungen (§§ 102, 103 JGG.) vorlagen (vgl. Anm. 9b zu § 24).

§ 26a

(weggefallen)

Durch das AusfGes. z. Gewohnheitsverbrecherges. vom 24. 11. 1933 (RGBl. I 1000) war ein § 26a eingefügt worden, wonach der Staatsanwalt den Antrag auf Entscheidung durch den Einzelrichter nicht stellen sollte, wenn die Strafschärfung für gefährl. Gewohnheitsverbrecher und bestimmte Maßregeln der Sicherung und Besserung zu erwarten waren. Diese Vorschrift hat durch die Neufassung der §§ 24, 25 ihre Bedeutung verloren und ist deshalb ersatzlos weggefallen.

§ 27

Im übrigen wird die Zuständigkeit und der Geschäftskreis der Amtsgerichte durch die Vorschriften dieses Gesetzes und der Prozeßordnungen bestimmt.

I. Entstehungsgeschichte: Entw. § 13.

II. Keine späteren Änderungen.

1. In Strafsachen ist der Geschäftskreis der **Amtsrichter** folgender: a) die Amtsrichter nehmen die im Vorbereitungsverfahren erforderlichen gerichtlichen Untersuchungshandlungen und sonstigen Aufgaben vor (StPO. §§ 162, 165, 166); insbes. entscheiden sie über körperliche Untersuchungen, Beschlagnahmen und Durchsuchungen, über die Notveräußerung beschlagnahmter Gegenstände, die vorläufige Entziehung der Fahrerlaubnis und die Vermögensbeschlagnahme bei Hoch-, Verfassungs- und Landesverrat (StPO. §§ 81a, 81b, 98 Abs. 2, 101a, 105, 111a, 433); b) sie entscheiden im Falle des § 159 StPO. über die Zulässigkeit der Beerdigung eines Leichnams; c) sie erlassen die nach einer Festnahme erforderlichen Verfügungen (StPO. §§ 128, 129 131) und die Haft- und Unterbringungsbefehle, die der Erhebung der öffentlichen Klage vorausgehen (StPO. §§ 125, 126, 126a) und führen bei Ersatzvorführung die Vernehmung des Ergriffenen durch (StPO. §§ 114c 126a); d) die Führung einer Voruntersuchung sowie die Vornahme einzelner Untersuchungshandlungen in einer solchen und die nachträgliche Belehrung bei Strafaussetzung kann ihnen übertragen werden (StPO. §§ 185, 186, 453a); e) sie sind Mitglieder (Vorsitzende) des Schöffengerichts und erlassen an dessen Stelle die außerhalb (vor oder nach) der Hauptverhandlung erforderlichen Entscheidungen (GVG. §§ 29, 30 Abs. 2; vgl. StPO. §§ 199, 202, 431, Abs. 4, 453, 454, 462, 463a, 469); f) sie werden nach Maßgabe des § 212 StPO. im Schnellverfahren, sowie gemäß den in § 3 Abs. 3 EG.StPO. vorbehaltenen Landesgesetzen in Feld- und Forstrügesachen als erkennende Gerichte tätig; g) sie erlassen die Strafbefehle und — nach Maßgabe des Landesrechts — Strafverfügungen (StPO. §§ 407, 408, 413); h) sie nehmen die Handlungen der Rechtshilfe vor (GVG. § 157; vgl. auch StPO. § 173 Abs. 3); i) die Strafvollstreckung in den amtsgerichtlichen Sachen kann ihnen übertragen werden (StPO. § 451 Abs. 3, § 457 Abs. 3). — Vgl. noch GVG. § 78.

Über die Geschäfte, die den Amtsrichtern bei der Bildung der Schöffengerichte, der Strafkammern und der Schwurgerichte obliegen, s. GVG. §§ 39 bis 56, 77, 84.

2. Den Amtsgerichten sind einzelne Geschäfte besonders übertragen, die die **Geschäftsstellen** zu erledigen haben, ohne daß es der Mitwirkung eines Richters bedarf; vgl. z. B. StPO. §§ 158, 299.

3. Außerhalb von GVG., StPO. und JGG. sind den Amtsgerichten Aufgaben in Verfahren übertragen, die mit dem Strafverfahren eine gewisse Verwandtschaft haben, und zwar

a) nach dem Gesetz über Ordnungswidrigkeiten vom 25. 3. 1952 (BGBl. I 177) — OWiG. — die Vornahme richterlicher Untersuchungshandlungen auf Antrag der Verwaltungsbehörde in dem von dieser betriebenen Bußgeldverfahren (§§ 35, 42 Abs. 1 OWiG.) — näheres darüber s. z. B. Dalcke(-Schäfer) (36. Aufl.) Anm. 7ff. zu § 35 OWiG. —, die Entscheidung über eine von der Verwaltungsbehörde selbst wegen Gefahr im Verzug angeordnete Beschlagnahme (§ 42 Abs. 2 OWiG.), die Nachprüfung des von der Verwaltungsbehörde erlassenen Bußgeldbescheids, wenn der Betroffene dagegen Antrag auf gerichtliche Entscheidung gestellt hat (§§ 54ff. OWiG.) und die Festsetzung von Erzwingungshaft, wenn sich der Betroffene der Zahlung der Geldbuße zu entziehen sucht (§ 69). Die Besonderheit der dem Amtsrichter durch das OWiG. übertragenen Entscheidungsaufgaben besteht darin, daß es sich hier nicht — wie in den Fällen, in denen einer Verwaltungsbehörde durch Delegation der Strafgewalt das Recht übertragen ist, bestimmte Straftaten vorläufig (d. h. mit dem Vorbehalt der Anrufung des Strafrichters gegen den Strafbescheid der Verwaltungsbehörde) zu ahnden — um die Ausübung von Strafgewalt handelt, die aus der Gerichtsbarkeit (Justizhoheit) fließt, sondern um die Nachprüfung von Verwaltungsakten, die wegen der Verwandtschaft der Straftat mit der Ordnungswidrigkeit den Strafgerichten an Stelle der Verwaltungsgerichte übertragen ist (vgl. Anm. 6 zu § 13);

b) nach dem Deutschen Auslieferungsgesetz vom 23. 12. 1929 (RGBl. I S. 239) die Vernehmung des nach Erlaß eines Auslieferungshaftbefehls oder nach vorläufiger Festnahme vorgeführten Verfolgten (§§ 14, 21 DAG.) und die Vernehmung des Verfolgten zum Auslieferungsersuchen (§ 24 DAG.). Auch hier handelt es sich nicht um Maßnahmen in Ausübung deutscher Strafgewalt. Die (politische) Entscheidung, ob dem Auslieferungsersuchen stattzugeben ist, trifft vielmehr die Bundesregierung im Verwaltungswege (§ 44 DAG.); den Strafgerichten ist — wiederum wegen der inneren Verwandtschaft dieser Obliegenheiten mit ihrem eigentlichen Aufgabengebiet — die Aufgabe übertragen, über die rechtliche Zulässigkeit der von dem ausländischen Staat begehrten Hilfe bei der Ausübung seiner Strafgewalt zu entscheiden (wegen der daraus sich für die Anwendbarkeit des Art. 104 Abs. 3 GG. ergebenden Folgerungen s. BGHSt. 2 44).

4. Schließlich obliegen ihnen

a) nach dem Gesetz über die innerdeutsche Rechts- und Amtshilfe in Strafsachen vom 2. 5. 1953 (BGBl. I 161) die Vernehmung eines zur Durchführung von Untersuchungshaft Verhafteten, bez. dessen ein deutsches Gericht oder eine deutsche Behörde außerhalb der Bundesrepublik und Westberlins um Zulieferung oder Zuführung im Wege der Rechts- und Amtshilfe in Strafsachen ersucht hat (§ 4 Abs. 3 Satz 2);

b) nach der RAbgO. im Verwaltungsstrafverfahren wegen Steuerzuwiderhandlungen die Anordnung der Postbeschlagnahme (§ 431), die Einsicht in Papiere und Handelsbücher (§ 437 Abs. 2), die Vernehmung der von den Finanzämtern Festgenommenen (§ 439) und die Festsetzung der Ersatzfreiheitsstrafe bei Nichtbeitreibbarkeit von Geldstrafe oder Wertersatz, die durch Strafbescheid festgesetzt sind (§ 470).

Vierter Titel

Schöffengerichte

Schrifttum über die Beteiligung der Laienrichter in der Strafrechtspflege: Doerner, Deutsche Justiz **1934,** 153; Eb. Schmidt, Lehrkommentar, Teil I Nr. 442ff.; Schorn, Der Laienrichter in der Strafrechtspflege, Münster 1955; Henkel, StrafverfR.² (1953) 155ff. Belehrungsliteratur für Laienrichter: Schulz, Schöffenfibel, Mannheim 1954.

§ 28

Für die Verhandlung und Entscheidung der zur Zuständigkeit der Amtsgerichte gehörenden Strafsachen werden, soweit nicht der Amtsrichter allein entscheidet, bei den Amtsgerichten Schöffengerichte gebildet.

I. Entstehungsgeschichte: Entw. § 11.

II. Spätere Entwürfe: N. E. III Nr. 5 § 23b Nr. 6.

III. Spätere Fassungen: VO. vom 22. 3. 1924 (RGBl. I 303).

1. Wegen des Verhältnisses der Schöffengerichte zu den Amtsgerichten s. § 12 Anm. 3 und § 24 Anm. 2, 6. Schöffengerichte bestehen in den meisten deutschen Ländern nicht bei allen Amtsgerichten. Sie sind vielmehr auf Grund des § 58 GVG. bei einzelnen wenigen Amtsgerichten, im allgemeinen denen der Landgerichtsorte und der größeren Städte zusammengefaßt worden.

§ 29

(1) Das Schöffengericht besteht aus dem Amtsrichter als Vorsitzenden und zwei Schöffen.

(2) Bei Eröffnung des Hauptverfahrens kann auf Antrag der Staatsanwaltschaft die Zuziehung eines zweiten Amtsrichters beschlossen werden, wenn dessen Mitwirkung nach dem Umfang der Sache notwendig erscheint. Eines Antrages der Staatsanwaltschaft bedarf es nicht, wenn ein Gericht höherer Ordnung das Hauptverfahren vor dem Schöffengericht eröffnet.

I. Entstehungsgeschichte: Entw. § 17.

II. Spätere Entwürfe: N. E. III Nr. 6; Entw. EGStGB. Art. 68 Ziff. 5.

III. Spätere Entwicklung: VO. vom 4. 1. 1924 § 10 (RGBl. I 16). Bek. vom 22. 3. 1924 (RGBl. I 303). VO. des Reichspräs. über Maßnahmen auf dem Gebiete der Rechtspflege und Verwaltung vom 14. 6. 1932 (RGBl. I 285) erster Teil Kapitel I Art. 1 § 1 Nr. 3. Art. 1 Nr. 26 des Vereinheitlichungsges. vom 12. 9. 1950. Art. 3 Nr. 1 des 3. Strafrechtsänderungsges. vom 4. 8. 1953 (BGBl. I 735).

1. Frauen als Schöffen. § 29 Abs. 1 i. d. F. der Bek. vom 22. 3. 1924 schrieb in Satz 2 vor: „Mindestens ein Schöffe muß ein Mann sein." Eine entsprechende Vorschrift sah auch der Entw. des VereinheitlGes. vom 12. 9. 1950 (Art. 1 Nr. 25) vor; sie ist in das Ges. nicht aufgenommen worden und wäre mit dem Grundsatz der Gleichberechtigung von Mann und Frau (Art. 3 GG.) unvereinbar. Es können also beide Schöffen Frauen, aber auch beide Schöffen Männer sein. Wenn § 33 Abs. 3 JGG. 1953 bestimmt: „Als Jugendschöffen sollen zu jeder Hauptverhandlung ein Mann und eine Frau herangezogen werden," so liegt dem nicht der Gedanke zugrunde, die Gleichberechtigung von Mann und Frau schematisch zum Ausdruck zu bringen, sondern der ganz andere Gedanke, daß es gerade bei Verfehlungen Jugendlicher und Heranwachsender für die richtige Wertung der Tat erwünscht ist, wenn sie von verschiedenen Blickpunkten aus gesehen wird. Die Eigenschaft als „Frau" ist selbstverständlich kein Grund zur Ablehnung wegen Befangenheit (RG. vom 16. 12. 1926 II 1008/26, RG. DRZ. **1929** Nr. 1120).

2. Erweitertes Schöffengericht. a) Das erweiterte Schöffengericht (§ 29 Abs. 2) wurde durch die EmmingerVO. 1924 eingeführt; dadurch sollte — nach dem Wegfall der erstinstanzlichen Strafkammer — ermöglicht werden, auch solche Sachen sachgemäß vor dem Schöffengericht zu erledigen, die nach ihrem Umfang die Kraft des im Wesentlichen durch die Verhandlungsleitung in Anspruch genommenen Vorsitzenden überstiegen oder deren Bedeutung die Mitwirkung zweier Berufsrichter notwendig erscheinen ließ. Der Bedeutung dieser Sachen entsprach es, daß die Revision gegen Berufungsurteile an das Reichsgericht ging, wenn im 1. Rechtszug das erweiterte Schöffengericht geurteilt hatte. Bei der Wiedereinführung der erstinstanzlichen (großen) Strafkammer durch die VO. des Reichspräs. vom 14. 6. 1932 (RGBl. I S. 285) — erster Teil Kap. I Art. 1 § 1 — wurde gleichzeitig das erweiterte Schöffengericht aufgehoben (§ 1 Nr. 3). Dabei blieb es auch, als das VereinheitlGes. 1950 die Möglichkeit eröffnete, an sich in die Zuständigkeit des Schöffengerichts fallende Sachen dadurch vor die erstinstanzl. (große) Strafkammer zu bringen, daß der Staatsanwalt wegen der besonderen Bedeutung des Falles Anklage beim LG. erhebt (§ 24 Abs. 1 Nr. 2, 3). Die Wiedereinführung des erweiterten Schöffengerichts durch das 3. Strafrechtsänderungsges. vom 4. 8. 1953 will den Fällen Rechnung tragen, in denen zwar nicht die besondere Bedeutung des Falles die Anklageerhebung beim LG. rechtfertigt, aber der Umfang der Sache (z. B. wegen der Zahl der Angeklagten oder des umfangreichen Beweismaterials) die Mitwirkung eines zweiten Richters erforderlich macht, weil es für einen Richter zu schwierig ist, die Verhandlung zu leiten und zugleich ihre Ergebnisse für die Beratung und die Urteilsbegründung festzuhalten. Damit will das Gesetz gleichzeitig eine Entlastung des BGH. erreichen, indem vermieden werden soll, daß Sachen beim LG. angeklagt werden, bei denen in Wirklichkeit nicht die besondere Bedeutung, sondern nur der Umfang der Sache die Staatsanwaltschaft zur Anklage beim Landgericht veranlaßte (Dallinger JZ. **1953** 433).

b) Die Zuziehung des zweiten Amtsrichters war nach § 29 Abs. 2 i. d. F. der Bek. von 1924 zwingend vorgeschrieben, wenn der Staatsanwalt es bei Einreichung der Anklageschrift beantragte. Nach § 29 Abs. 2 n. F. dagegen steht die Zuziehung im Ermessen des die Eröffnung des Hauptverfahrens beschließenden Amtsrichters. Voraussetzung des Zuziehungsbeschlusses ist aber grundsätzlich ein **Antrag** des Staatsanwalts. Er wird im allgemeinen bei Einreichung der Anklageschrift gestellt werden; doch ist dies — wie nach § 29 Abs. 2 a. F. (RGSt. **62** 269) — nicht erforderlich, vielmehr kann der Antrag nach Einreichung der Anklage, insbes. auf Anregung des Gerichts, bis zum Ergehen des Eröffnungsbeschlusses nachgeholt werden. Wird dem Antrag nicht stattgegeben, so begründet dies keine Anfechtbarkeit nach § 210 Abs. 2 StPO., da das erweiterte Schöffengericht gegenüber dem einfachen Schöffengericht nicht ein Gericht höherer Ordnung, sondern nur ein anders besetztes Gericht gleicher Ordnung ist (RGSt. **62** 270). Wird (versehentlich) die Zuziehung beschlossen, ohne daß ein Antrag vorliegt, so besteht nach § 210 Abs. 2 StPO. ebenfalls kein Beschwerderecht. Solange das Hauptverfahren nicht eröffnet ist, kann die Staatsanwaltschaft den Zuziehungsantrag zurücknehmen. Ein innerer Grund, den Antrag, der ja keinen Bestandteil der Anklage bildet, als unwiderruflich anzusehen, ist nicht erkennbar; andernfalls müßte die Staatsanwaltschaft die Anklage zurücknehmen (§ 156 StPO.) und erneut Anklage ohne entsprechenden Antrag erheben (ebenso KMR. 1b1; a. M. Dallinger JZ. **1953** 433 Anm. 13; Schwarz 1 A a). Eines Antrags bedarf es nicht, die Entscheidung über die Zuziehung erfolgt also von Amts wegen, wenn ein Gericht höherer Ordnung das Hauptverfahren vor dem Schöffengericht eröffnet (vgl. §§ 209, 210 Abs. 2 StPO.); in diesem Falle trifft das eröffnende Gericht, nicht der Vorsitzende des Schöffengerichts die Entscheidung über die Zuziehung des 2. Richters (a. M. Kern GA. **1953** 45).

c) Die Zuziehung kann nur **gleichzeitig mit der Eröffnung** beschlossen werden. Nach Eröffnung ist eine nachträgliche Zuziehung ausgeschlossen; das gebietet der Grundsatz des gesetzlichen Richters, Art. 101 Abs. 1 Satz 2 GG. (so mit Recht Dallinger JZ. **1953** 434 und für das frühere Recht RGSt. **62**, 269). Infolgedessen entfällt die Möglichkeit einer Zuziehung überall da, wo eine Sache ohne vorangegangenen Eröffnungsbeschluß zur Aburteilung an das Schöffengericht gelangt (Ausnahme unten g), also im beschleunigten Verfahren (§ 212a StPO.), im Verfahren nach Erlaß eines Strafbefehls (§ 411 StPO.; vgl. dazu Anm. 5b zu § 24), bei Nachtragsanklage (§ 266 Abs. 1 StPO.) und nach Zurückverweisung einer Sache an das Schöffengericht durch das Rechtsmittelgericht (§ 328 Abs. 2, § 354 Abs. 2 StPO. — bei Sprungrevision). Dem zurückverweisenden Rechtsmittelgericht steht ebenfalls nicht das Recht zu, die Sache an das erweiterte Schöffengericht zurückzuverweisen, wenn im ersten Rechtszug das einfach besetzte Schöffengericht geurteilt hat, denn § 29 Abs. 2 hat mit gutem Grund die Entscheidung, ob der Umfang der Sache die Zuziehung eines zweiten Richters fordert, in das Ermessen des das Hauptverfahren eröffnenden Gerichts gestellt (ebenso Dallinger a.a.O. Anm. 14; KMR. 2b; a. M. Schwarz 1). Verweist dagegen der Einzelrichter wegen Überschreitung seiner sachlichen Zuständigkeit die Sache an das Schöffengericht, so ist — jedenfalls dann, wenn bei dem betreffenden Amtsgericht ein Schöffengericht besteht — im Hinblick auf § 270 Abs. 3 StPO. davon auszugehen, daß er auf entsprechenden Antrag der Staatsanwaltschaft die Zuziehung eines zweiten Richters beschließen kann (a. M. Dallinger u. KMR. a.a.O.); eine solche Verweisung kommt aber nicht in Betracht, wenn in den Fällen des § 25 Nr. 2c und 3 entgegen der bei Eröffnung des Hauptverfahrens gehegten Erwartung auf Grund der Hauptverhandlung eine höhere Strafe als Gefängnis von einem Jahr verwirkt erscheint, die nun zu erwartende Strafe aber in der Strafgewalt des Amtsgerichts (§ 24 Abs. 2) bleibt (vgl. Anm. 5b zu § 25).

d) Der Zuziehungsbeschluß **bewirkt**, daß das Schöffengericht in der Hauptverhandlung nur ordnungsmäßig besetzt ist, wenn ein zweiter Richter mitwirkt. Werden mehrere Sachen verbunden, so muß die Hauptverhandlung mit 2 Richtern stattfinden, wenn dies auch nur in einer der Sachen beschlossen war, gleichviel vor welchem Schöffengericht verhandelt wird (Dallinger JZ. **1953** 433). Der einmal erlassene Beschluß kann (in der Zeit zwischen Eröffnungsbeschluß und Hauptverhandlung) selbstverständlich nicht wieder aufgehoben werden; das verstieße gegen Art. 101 Abs. 1 Satz 2 GG. Abweichend von dem Recht der VO. 1924 (vgl. Anm. 2a) ändert sich nichts an der Zuständigkeit des Oberlandesgerichts zur Entscheidung über die Revision (§ 121 Abs. 1 Nr. 1b GVG.). Die einmal begründete Zuständigkeit des erweiterten Schöffengerichts bleibt auch bei Zurückverweisung der Sache an die 1. Instanz durch das Rechtsmittelgericht und ebenso für die erneute Hauptverhandlung im Wiederaufnahmeverfahren bestehen.

e) Wegen der **Abstimmung** beim erweiterten Schöffengericht vgl. § 196 Abs. 4 GVG.; über die Frage, wie Meinungsverschiedenheiten auszutragen sind, die nach der Hauptverhandlung zwischen den beiden Amtsrichtern über die Abfassung des Urteils hervortreten, vgl. Anm. 8 zu § 30.

f) Das JGG. 1953 kennt kein erweitertes Jugendschöffengericht (§ 33 Abs. 3); statt dessen ist in § 40 Abs. 2 dem Jugendschöffengericht das Recht eingeräumt, bis zur Eröffnung des Hauptverfahrens von Amts wegen die Sache der Jugendkammer vorzulegen, ob sie sie wegen ihres besonderen Umfangs übernehmen will. Wird aber vor dem Jugendschöffengericht in einer Jugend**schutz**sache (§ 26 GVG.) Anklage erhoben, so kann auch die Zuziehung eines zweiten Richters beantragt werden, da dann für das Verfahren die allgemeinen Vorschriften des Erwachsenenverfahrensrechts gelten; und so gut wegen der besonderen Bedeutung einer Sache Anklage vor der Jugendkammer erhoben werden kann (§ 26 Abs. 1 Satz 2, § 24 Abs. 1 Nr.2 , 3 GVG.), ebensogut kann auch wegen des besonderen Umfangs der Antrag nach § 29 Abs. 2 gestellt werden (ebenso KMR. Anm. 5; a. M. Dallinger-Lackner Anm. 26 zu § 33 JGG.).

g) Nach § 462 Abs. 2 **RAbgO.** ist, wenn gegen den Strafbescheid des Finanzamts Antrag auf gerichtliche Entscheidung gestellt ist, auf Antrag des Finanzamts zur Hauptverhandlung vor dem Schöffengericht ein zweiter Amtsrichter zuzuziehen. Diese Vorschrift ist bisher nicht aufgehoben; nach dem Entw. eines Ges. z. Änderung des 3. Buches der RAbgO. soll sie aufgehoben werden (vgl. NJW. **1955** 582). Gilt sie noch, so liegt darin eine Abweichung von dem Grundsatz des § 29 Abs. 2, daß die Entscheidung über die Zuziehung nur bei der Eröffnung des Hauptverfahrens getroffen werden kann. Der Auffassung von Schwarz (2 zu § 29), und Dallinger JZ. **1953** 434, Anm. 14, daß sie schon jetzt in vollem Umfang gegenstandslos sei, kann nicht zugestimmt werden. Schwarz meint, da die Zuziehung des zweiten Amtsrichters nicht mehr die Revisionszuständigkeit des Bundesgerichtshofs begründe (vgl. oben Anm. d), habe das Finanzamt an der Mitwirkung des zweiten Richters gar kein Interesse mehr. Nach § 462 Abs. 2 Satz 2 RAbgO. soll aber das Finanzamt den Zuziehungsantrag — entsprechend § 29 Abs. 2 a. F. GVG. — nur stellen, wenn die Zuziehung „nach Umfang und Bedeutung der Sache notwendig erscheint". Die „Bedeutung" der Sache rechtfertigt heute freilich den Zuziehungsantrag nicht mehr (wohl aber den Antrag auf Entscheidung durch die erstinstanzliche Strafkammer, vgl. Anm. 5cI zu § 24) und insofern ist § 29 Abs. 2 n. F. GVG. als derogierende lex posterior anzusehen. Dagegen ist das Interesse des Finanzamts, die Sache wegen ihres Umfangs zwecks Gewährleistung einer besseren Rechtsfindung vor das erweiterte Schöffengericht zu bringen, heute genau so vorhanden und berechtigt wie früher und dies Interesse hat mit der Frage der Revisionszuständigkeit nichts zu tun. So gut das Finanzamt, wenn es selbst die öffentliche Klage vor dem Schöffengericht erhebt (§ 472 Abs. 2 RAbgO.), den Zuziehungsantrag stellen kann, da es in die Stellung des Staatsanwalts einrückt (RGSt. **62** 268), so gut ist es auch befugt, den Zuziehungsantrag zu stellen, wenn es erst nach vorangegangenem Verwaltungsstrafverfahren zur Hauptverhandlung kommt. Nur die Pflicht des Gerichts, dem Zuziehungsantrag zu folgen, ist als beseitigt anzusehen. Die Regelung des § 462 Abs. 2 RAbgO. ging früher auch insofern parallel mit der des § 29 Abs. 2 a. F. GVG., als der Zuziehungsantrag der Staatsanwaltschaft für das Gericht bindend war. Die Bindung ist heute weggefallen (wie sie ja auch bei Erhebung der Anklage durch das Finanzamt nicht mehr besteht) und § 29 Abs. 2 n. F. GVG. auch nach dieser Richtung als derogierende lex posterior anzusehen.

§ 30

(1) Insoweit das Gesetz nicht Ausnahmen bestimmt, üben die Schöffen während der Hauptverhandlung das Richteramt in vollem Umfang und mit gleichem Stimmrecht wie die Amtsrichter aus und nehmen auch an den im Laufe einer Hauptverhandlung zu erlassenden Entscheidungen teil, die in keiner Beziehung zu der Urteilsfällung stehen, und die auch ohne mündliche Verhandlung erlassen werden können.

(2) Die außerhalb der Hauptverhandlung erforderlichen Entscheidungen werden von dem Amtsrichter erlassen.

I. Entstehungsgeschichte: Entw. § 18.

II. Spätere Entwürfe: N. E. III Nr. 7.

III. Keine späteren Änderungen.

1. a) Grundsatz – Bei der Urteilsfällung und den das Urteil ergänzenden und mit dem Erlaß des Urteils zu verbindenden Beschlüssen (§§ 268a, 456c StPO.) wirken die Schöffen uneingeschränkt in gleichem Umfang mit wie die Amtsrichter. Ihre Mitwirkung erstreckt sich aber auch (mit einer Ausnahme, s. b) auf alle sonstigen im Laufe der Hauptverhandlung zu erlassenden **Beschlüsse.** So entscheiden z. B. die Schöffen auch darüber, ob beim Ausbleiben des Beschuldigten zur Verhandlung zu schreiten (StPO. § 232), ob eine Zeugnisverweigerung als berechtigt anzusehen ist usw. Es macht dabei nach der ausdrücklichen Bestimmung des Gesetzes keinen Unterschied, ob eine Entscheidung in Beziehung zu der Urteilsfällung steht oder nicht; daher haben die Schöffen auch bei den Entscheidungen mitzuwirken, die bei Ausübung der Sitzungspolizei vom Gericht zu treffen sind (vgl. §§ 177, 178).

b) Eine **Ausnahme** gilt nur bei der Entscheidung über die Ausschließung oder Ablehnung von Schöffen (StPO. § 31 Abs. 2; vgl. die Anm. das.). Vgl. auch die §§ 52–54, 56. Nach den Entwürfen einer StPO. soll über die Ablehnung von Schöffen stets außerhalb der Hauptverhandlung entschieden werden (N. E. I u. II § 21 Abs. 3 StPO.).

c) Abgesehen von der Beteiligung an den zu erlassenden Entscheidungen steht den Schöffen das Recht der unmittelbaren Befragung von Angeklagten, Zeugen und Sachverständigen zu (§ 240 Abs. 2 StPO.). Der Vorsitzende hat die Verhandlung so zu führen, daß die Laienrichter ihr folgen können (RiStV. **1953** Nr. 108). Nach der Rechtsprechung (vgl. Anm. 7e zu § 243 StPO.) ist es aber nicht zulässig, den Laienrichtern zum besseren Verständnis der Vorgänge in der Hauptverhandlung eine Abschrift der Anklageschrift, in der das wesentliche Ergebnis des Vorverfahrens enthalten ist, auszuhändigen; RiStV. **1953** Nr. 108 Abs. 2 Satz 4 hat sich dieser Auffassung angeschlossen.

2. Befugnisse des Vorsitzenden – Die Bestimmungen, durch die gewisse Verfügungen dem Vorsitzenden als solchem übertragen sind (vgl. z. B. StPO. §§ 231 Abs. 1, 238 Abs. 1; GVG § 176), gelten selbstverständlich auch für das Schöffengericht und werden von der Vorschrift des § 30 nicht berührt.

3. Für die **Abstimmung** vgl. GVG. § 197 und wegen der erforderlichen Stimmenzahl StPO. § 263. Richtlinien für die Durchführung der Beratung bei den mit Schöffen besetzten Kollegialgerichten enthält Nr. 121 RiStV. **1953.**

4. Um die Schöffen von vornherein über ihre Aufgaben und Obliegenheiten zu unterrichten, ist im Verwaltungswege ein Merkblatt geschaffen worden, das ihnen bei der Benachrichtigung von ihrer Wahl übermittelt wird (vgl. RiStV. **1953** Nr. 108 Abs. 1 und §§ 24, 25 der BayBek. vom 30. 5. 1952, GVBl. 169). Z. T. werden die Laienrichter auch durch Vorträge zur Erfüllung ihrer Aufgaben vorbereitet (vgl. für Nordrhein-Westfalen DRiZ. **1955** 54).

Zu Abs. 2. **Außerhalb der Hauptverhandlung.**

5. Amtsrichter – Wenngleich während der Hauptverhandlung die Schöffen auch bei den Beschlüssen mitzuwirken haben, so ist der eigentliche Zweck ihrer Berufung doch nur der, an der Urteilsfällung teilzunehmen. Demgemäß tritt das Schöffengericht nur zur Hauptverhandlung und Urteilsfällung zusammen; außerhalb der Hauptverhandlung handelt und entscheidet der Amtsrichter an Stelle des Schöffengerichts, und zwar bei mehrgliedrigen Amtsgerichten der Amtsrichter, der geschäftsplanmäßig dazu bestimmt ist.

6. vor und nach der Hauptverhandlung – Die Bestimmung des Abs. 2 gilt gleichmäßig für die Entscheidungen, die vor der Hauptverhandlung, wie für die, die nachher zu erlassen sind. Insbesondere beschließt der Amtsrichter an Stelle des Schöffengerichts über die Eröffnung des Hauptverfahrens (§§ 199ff. StPO.). Von den Entscheidungen, die der Hauptverhandlung nachfolgen, sind die hervorzuheben, die die Wiederaufnahme des Verfahrens betreffen (§§ 367ff. StPO.), sowie die richterlichen Entscheidungen, die bei der Strafvollstreckung und nach einer Strafaussetzung zur Bewährung notwendig werden (§§ 453ff., 462 Abs. 1 StPO., § 58 JGG.). Auch die Nachholung der in der Hauptverhandlung versehentlich unterbliebenen Beschlußfassung über die Verpflichtung der Staatskasse für unschuldig erlittene Untersuchungshaft gehört hierher (RGSt. **39** 297, **67** 317).

Abs. 2 findet auch Anwendung, wenn es sich um die zulässige Zurücknahme eines Beschlusses des Schöffengerichts handelt; so darf z. B. der Amtsrichter den Beschluß, durch den das Schöffengericht gegen einen ausgebliebenen Zeugen eine Strafe festgesetzt hat, im Falle der nachträglichen Entschuldigung des Zeugen (§ 51 Abs. 2 StPO.) wieder aufheben.

7. **Form der Entscheidungen** – Die außerhalb der Hauptverhandlung ergehenden Entscheidungen sind unter dem Namen des Amtsgerichts, nicht des Schöffengerichts, zu erlassen (vgl. § 12 Anm. 3).

8. Die Vorschrift, daß außerhalb der Hauptverhandlung der Amtsrichter allein entscheidet, gilt auch für das erweiterte Schöffengericht (bei dem in der Hauptverhandlung zwei Amtsrichter mitwirken). Welcher Richter außerhalb der Hauptverhandlung entscheidet, richtet sich nach der Geschäftsverteilung. Zweifel bestehen darüber, wie ein Streit über die Abfassung des Urteils zu lösen ist, der zwischen den beiden in der Hauptverhandlung mitwirkenden Richtern entsteht (vgl. Sachs DRZ. **1925** 154, Kroffebert und Knoth DRZ. **1926** 176, 177). Der einzig mögliche Weg zur Lösung des Streites ist der, daß „das Schöffengericht" (einschließlich der Schöffen) nochmals zusammentritt und über die Fassung entscheidet.

§ 31

Das Amt eines Schöffen ist ein Ehrenamt. Es kann nur von Deutschen versehen werden.

I. **Entstehungsgeschichte:** Entw. § 19.

II. **Spätere Entwürfe:** N. E. III Nr. 8.

III. **Spätere Änderungen und Ergänzungen:** Ges. vom 25. 4. 1922 (RGBl. I 465). Bek. vom 22. 3. 1924 (RGBl. I 303). Das Vereinheitlichungsges. vom 12. 9. 1950 hat an § 31 nichts geändert.

1. a) Das Amt des Schöffen ist ein **Ehrenamt,** d. h. es ist unentgeltlich zu versehen (Begr. 43). Daran ändert auch nichts die nach § 55 zu gewährende Entschädigung, obwohl sie auch einen etwaigen Verdienstausfall umfaßt. Denn diese Entschädigung bedeutet keine Entlohnung, sondern lediglich einen Ersatz des sonst entstehenden Schadens.

b) An sich erfüllen die Schöffen die Voraussetzungen des strafrechtlichen **Beamtenbegriffs** (§ 359 StGB.), da nach richtiger, wenn auch bestrittener Auffassung zum Begriff der „Anstellung" das Einverständnis des Betrauten mit der Übertragung des Amtes nicht erforderlich ist. Aus der besonderen Erwähnung der Schöffen und Geschworenen in § 334 StGB. (Richterbestechung) ergibt sich aber, daß nach dem Willen des Gesetzes die sonstigen gegen Beamte gerichteten Strafdrohungen des 28. Abschnitts des StGB. für die Laienrichter nicht gelten sollen (BGH. St. **5** 100). – Wegen der Haftung für Amtspflichtverletzungen der Schöffen vgl. RG. JW. **1924** 192.

2. Wegen des Begriffes **„Deutscher"** s. Reichs- und Staatsangehörigkeitsgesetz vom 22. 7. 1913 (RGBl. 583), Art. 116 GG. und Ges. z. Regelung von Fragen der Staatsangehörigkeit vom 22. 2. 1955 (BGBl. I 65); vgl. auch BGH. NJW. **1954** 651 betr. eine in der Sowjetzone durch Verleihung erlangte deutsche Staatsangehörigkeit. Daß der Schöffe auch der deutschen Sprache mächtig ist, ist keine gesetzliche Voraussetzung für die Berufung zu dem Amt (RGSt. **30** 399); immerhin wäre auch in diesem Falle, wenn die Sprachunkenntnis nicht berücksichtigt worden wäre (vgl. § 185 GVG.), ein erheblicher Verfahrensverstoß vorhanden.

3. **Ausländer** – Nichtdeutsche sind, wie der Wortlaut der Bestimmung („kann nur") ergibt, unfähig zum Schöffenamt (Laband **3** 466); die Mitwirkung eines Nichtdeutschen als Schöffen würde einen unbedingten Revisionsgrund (§ 338 Nr. 1 StPO.) darstellen (Prot. 218; vgl. Vorbem. 3 zu §§ 32–35 und Anm. 2 zu § 32). Besitzt ein Deutscher zugleich eine außerdeutsche Staatsangehörigkeit, so ist er fähig, das Amt eines Schöffen zu versehen (RG. JW. **1924** 1529 = DRZ. **1924** 206), das den gleichartigen Fall der Fähigkeit zum Geschworenenamt betrifft (vgl. RGSt. **25** 415).

4. Nach der alten Fassung des § 31 konnten nur Personen männlichen Geschlechts Schöffen sein. Die Reichstagskommission von 1910 hatte einen Antrag, auch **Frauen** zum Schöffendienst zuzulassen, ausdrücklich abgelehnt (N. KommB. S. 3130). Seit dem Ges. vom 25. 4. 1922 (RGBl. I 465) konnten auch Frauen zum Schöffenamt herangezogen werden. Auch ohne eine solche Vorschrift würde sich jetzt die Schöffenfähigkeit der Frauen aus Art. 3, 117 GG. ergeben. Vgl. noch § 33 Abs. 3 JGG. und dazu Anm. 1 zu § 29 GVG., ferner § 35 Nr. 5.

Vorbemerkungen zu §§ 32–35

1. Über die Anwendbarkeit der §§ 32–35 auf das Geschworenenamt s. § 84.

2. Das GVG. hat den von den meisten der früheren Landesgesetze vor dem 1. 10. 1879 befolgten Grundsatz, den Kreis der zum Geschworenen- und Schöffenamt zu berufenden Personen durch Aufstellung besonderer Voraussetzungen (z. B. Vorhandensein eines bestimmten Vermögens oder einer gewissen Bildung) zu beschränken, vollständig aufgegeben. Die Gewähr dafür, daß zu Geschworenen und Schöffen nur Personen berufen werden, die die zu diesen Ämtern erforderlichen Eigenschaften besitzen, wird lediglich in dem festgesetzten Wahlverfahren gefunden. Das Nähere s. in der Begr. (43, 44). Die Reichstagskommission von 1910 wollte in das GVG. folgende Vorschrift aufnehmen: „Bei der Berufung zu dem Amte eines Schöffen oder Geschworenen soll, soweit nicht das Gesetz etwas anderes bestimmt, kein Unterschied nach der Zugehörigkeit zu einer bestimmten Berufsart oder Gesellschaftsklasse gemacht werden" (N. KommB. S. 3036). Eine fast gleichlautende Vorschrift enthält auch N. E. III § 42a. Die entsprechenden Grundsätze ergeben sich jetzt auch aus Art. 3 GG.; über die gesetzlichen Maßnahmen, ihre Befolgung sicherzustellen, vgl. Anm. 1 zu § 36, 3 zu § 40 und 2 zu § 42; s. auch Anm. 6 zu § 42.

3. Das Gesetz unterscheidet Personen, die zu dem Schöffen- und Geschworenenamte unfähig sind (§§ 31, 32), Personen, die nicht berufen werden sollen (§§ 33, 34), und Personen, die die Berufung ablehnen dürfen (§ 35). Unfähige Personen dürfen als Schöffen und Geschworene nicht mitwirken. Das mit einem unfähigen Richter besetzte Gericht ist nicht gehörig besetzt (§ 338 Nr. 1 StPO.), die Unfähigkeit ist von Amts wegen jederzeit und ohne weiteres Verfahren geltend zu machen (§ 52). Personen, die nicht zum Schöffen- und Geschworenendienst berufen werden sollen, sind dagegen zu diesem Dienste nicht unfähig. Die Rücksichten, aus denen ihre Berufung verhindert werden soll, sind nicht von solcher Bedeutung, daß ihre Nichtbeachtung das Urteil anfechtbar macht. Immerhin beruhen aber auch diese Rücksichten auf dem öffentlichen Interesse; deshalb ist die Geltendmachung eines Grundes, aus dem die Berufung nach dem Gesetze nicht erfolgen soll, nicht an den Antrag des Beteiligten und an keine Frist gebunden (§ 52). Die Personen endlich, die die Berufung ablehnen dürfen, finden nur Berücksichtigung aus gewissen Billigkeitsrücksichten, die mit den Interessen der Rechtspflege nicht im Zusammenhange stehen. Die Ablehnungsgründe sollen nicht, aber sie können bei Auswahl der zu berufenden Personen von Amts wegen berücksichtigt werden. Werden sie nicht schon von Amts wegen bei Aufstellung der Vorschlags- und Schöffenlisten berücksichtigt, so müssen sie von den Beteiligten binnen einer Ausschlußfrist geltend gemacht werden (§ 53).

Wird die unter Mitwirkung eines unfähigen Laienrichters erlassene Entscheidung nicht mit dem gesetzlichen Rechtsmittel angefochten, oder ist sie überhaupt nicht anfechtbar, so ist sie wirksam und hat alle Folgen der Rechtskraft (**a. M.** Steinbeck GA. **76** 12). — Tritt die Unfähigkeit erst im Laufe der Verhandlung ein (was insbesondere bei länger dauernden Hauptverhandlungen vorkommen kann), so muß die Verhandlung ausgesetzt werden, falls nicht Ergänzungsschöffen zugezogen waren; die vor dem Eintritt der Unfähigkeit erlassenen Entscheidungen bleiben wirksam (Feisenberger Anm. 1).

4. Verschieden von den Fällen der Untauglichkeit zum Schöffenamt nach den §§ 33–35 GVG. ist der Fall, daß in einer einzelnen Strafsache die Ausschließung oder Ablehnung eines Schöffen begründet ist; hierüber s. § 31 StPO.

§ 32

Unfähig zu dem Amt eines Schöffen sind:

1. Personen, welche die Befähigung infolge strafgerichtlicher Verurteilung verloren haben oder wegen eines Verbrechens oder eines vorsätzlichen Vergehens zu einer Freiheitsstrafe von mehr als sechs Monaten verurteilt sind;

2. Personen, gegen die ein Ermittlungsverfahren wegen eines Verbrechens oder Vergehens schwebt, das die Aberkennung der bürgerlichen Ehrenrechte oder der Fähigkeit zur Bekleidung öffentlicher Ämter zur Folge haben kann;

3. Personen, die infolge gerichtlicher Anordnung in der Verfügung über ihr Vermögen beschränkt sind.

I. Entstehungsgeschichte: Entw. § 20.

II. Spätere Entwürfe: Entw. EG.StGB. Art. 68 Ziff. 6.

III. Die **heutige Fassung** beruht auf dem Vereinheitlichungsges. vom 12. 9. 1950, das die Unfähigkeitsgründe durch Änderung der Nr. 1 und 2 erweiterte.

1. Vgl. wegen des Begriffes der **„Unfähigkeit“** die vorstehenden Bemerkungen zu §§ 32–35, insbesondere Anm. 3. Die Gründe der Unfähigkeit sind in § 31 (fehlende deutsche Staatsangehörigkeit, vgl. dort Anm. 3) und § 32 erschöpfend aufgeführt; lediglich für eine Übergangszeit tritt eine etwaige aus den Entnazifizierungsgesetzen sich ergebende Unfähigkeit hinzu (vgl. Art. 8 III Nr. 96 des Vereinheitlichungsges. vom 12. 9. 1950). Körperliche und geistige Gebrechen fallen, soweit nicht § 32 Nr. 3 vorliegt, nur unter § 33 Nr. 3 (vgl. RGSt. **22** 106, **30** 399; **a. M.** Oetker GA. **49** 98). Vgl. Anm. 4 zu § 33.

2. Maßgebender Zeitpunkt für die Fähigkeit oder Unfähigkeit und die davon abhängige Rechtsbeständigkeit des Urteils ist der der tatsächlichen Ausübung des Schöffenamts, nicht der Zeitpunkt der Bildung der Schöffenliste (RGSt. **2** 241, **21** 292, Feisenberger 198 und GVG. Anm. 1; **a. M.** Friedländer GerS. **46** 433). Die Unfähigkeit ist von Amts wegen zu beachten (vgl. Vorbem. 3 zu §§ 32–35 und RGSt. **25** 415.) Wegen der **Berichtigung** der Schöffenliste s. § 52 Abs. 1.

3. Zu Nr. 1. **a)** Der **infolge strafgerichtlicher Verurteilung** (Zuchthausstrafe, Verlust der bürgerlichen Ehrenrechte, Ausspruch der Unfähigkeit zur Bekleidung öffentlicher Ämter) eintretende Verlust der Befähigung zum Schöffenamt kann dauernd oder zeitweilig sein (vgl. StGB. § 31, §§ 33ff., §§ 85, 98, 101, § 358).

b) Durch das Vereinheitlichungsges. vom 12.9.1950 ist die an eine strafgerichtliche Verurteilung anknüpfende Schöffenunfähigkeit sehr wesentlich gegenüber dem bisherigen Recht erweitert worden, indem schöffenunfähig auch ist, wer wegen Verbrechens oder vorsätzlichen Vergehens zu einer Freiheitsstrafe von mehr als sechs Monaten verurteilt worden ist. Diese Erweiterung beruht auf dem Gedanken, daß ungeeignet ist, über andere zu richten, wer selbst vorsätzliche Gesetzesverstöße begangen hat, die zu einer nicht unerheblichen Freiheitsstrafe geführt haben. Gemeint ist hier — wie auch sonst, wenn an eine Verurteilung Nebenfolgen geknüpft sind — eine rechtskräftige Verurteilung (a. M. KMR. 2b). Die Voraussetzungen der Nr. 1 sind auch dann gegeben, wenn auf Jugendstrafe (§ 17 JGG.) oder wenn wegen mehrerer Verbrechen oder vorsätzlicher Vergehen auf eine sechs Monate übersteigende Gesamtfreiheitsstrafe erkannt worden ist, auch wenn keine der Einzelstrafen 6 Monate erreicht (OVG. Lüneburg MDR **1954**, 126 zu der entsprechenden Vorschrift des § 48 BBG.; vgl. Anm. 3 zu § 8). Die mit der Rechtskraft eines solchen Urteils eintretende Schöffenunfähigkeit ist zeitlich unbeschränkt. Sie wird nicht dadurch ausgeschlossen, daß die Freiheitsstrafe, sei es gemäß §§ 23ff. StGB., sei es im Gnadenwege bedingt ausgesetzt und später erlassen oder daß sie im Gnadenwege auf sechs Monate und weniger herabgesetzt wird. Sie endet erst mit der Tilgung des Strafvermerks im Strafregister (§ 5 Abs. 2 des Straftilgungsgesetzes), nicht aber schon dadurch, daß der Jugendrichter den Strafmakel als beseitigt erklärt (vgl. §§ 100, 101 JGG.). Darüber hinaus kann die Schöffenunfähigkeit auch durch einen Gnadenerweis beseitigt werden, der ausdrücklich den Wegfall der Schöffenunfähigkeit zum Gegenstand hat. Es kann danach sein, daß bei einer sechs Monate übersteigenden Freiheitsstrafe, die mit zeitiger Aberkennung der bürgerlichen Ehrenrechte oder mit dem Ausspruch der Amtsunfähigkeit verbunden ist, zwar mit dem Ablauf der Zeitdauer dieser Ehrennebenstrafen die darauf beruhende Schöffenunfähigkeit endet, die Unfähigkeit aber, soweit sie an die Verurteilung zu einer sechs Monate übersteigenden Freiheitsstrafe anknüpft, bestehen bleibt.

4. Zu Nr. 2 — **Schwebendes Strafverfahren** — **a)** Nach § 32 Nr. 2 a. F. trat Schöffenunfähigkeit ein, wenn das Hauptverfahren wegen eines Verbrechens oder Vergehens eröffnet wurde, das Ehrverlust oder Amtsunfähigkeit zur Folge haben konnte. Durch die auf dem Vereinheitlichungsges. vom 12. 9. 1950 beruhende neue Fassung der Nr. 2 wurde der Eintritt der Schöffenunfähigkeit schon auf den Beginn eines entsprechenden Ermittlungsverfahrens, also auf den Zeitpunkt vorverlegt, in dem die Staatsanwaltschaft gemäß § 160 StPO. oder (insoweit a. M.

KMR. 2c) die Polizei im Wege des ersten Angriffs (§ 163 StPO.) anfängt, den Sachverhalt zu erforschen. Das „Ermittlungsverfahren" dauert bis zum Abschluß des gesamten Strafverfahrens an. — So einleuchtend es ist, daß in völlig klaren Fällen — z. B. der eines schweren Verbrechens Beschuldigte ist von vornherein geständig und an seiner Schuld bestehen keinerlei Zweifel — der Täter nicht Schöffe sein darf, so hat die Neufassung doch die schon gegenüber der alten Fassung bestehenden Bedenken nach der Zweckmäßigkeit der Nr. 2 als Unfähigkeitsgrund beträchtlich verstärkt. Die hier aufgestellte Voraussetzung für das Laienrichteramt ist — zumal in großstädtischen Verhältnissen — auch bei sorgfältiger Beachtung der Nr. 13 Abs. 2 RiStV. **1953** (Befragung des Beschuldigten bei seiner Vernehmung, ob er als Schöffe oder Geschworener gewählt oder ausgelost ist) durch die Gerichte nicht sicher festzustellen und gefährdet nicht selten den Bestand von Urteilen. Der Entw. EG.StGB. (Art. 68 Ziff. 6) hatte deshalb die Überführung der Nr. 2 in den § 33 vorgesehen. Hinzukommt jetzt, daß schon jede Anzeige, die Staatsanwaltschaft und Polizei zu Ermittlungen nötigt, mag sie sich auch in kurzer Zeit als völlig unbegründet erweisen, doch während des schwebenden Ermittlungsverfahrens die Schöffenunfähigkeit auslöst, während Nr. 2 a. F. sich immerhin auf die Fälle beschränkte, in denen nach dem Ergebnis des vorangegangenen Ermittlungsverfahrens das eröffnende Gericht einen hinreichenden Tatverdacht als gegeben ansah.

b) Es kommt nur darauf an, ob die Tat, wie sie den Gegenstand des Ermittlungsverfahrens bildet, die Aberkennung usw. zur Folge haben **„kann"** (vgl. Anm. 3a). Die Unfähigkeit tritt selbst dann ein, wenn nach Lage des Falles mit Sicherheit vorauszusehen ist, daß weder die Aberkennung der bürgerlichen Ehrenrechte noch die der Fähigkeit zur Bekleidung öffentlicher Ämter ausgesprochen werden wird.

5. Zu Nr. 3. — **infolge gerichtlicher Anordnung** — Nr. 3 bezieht sich auf alle wegen Geisteskrankheit, Geistesschwäche, Verschwendung oder Trunksucht Entmündigten oder unter vorläufige Vormundschaft Gestellten (BGB. §§ 6, 104, 114, 1906). Ferner fallen unter Nr. 3 die Gemeinschuldner im Konkurs, Personen, gegen die ein allgemeines Veräußerungsverbot (§ 106 KO., § 59 VerglO.) ergangen ist, auch die Gesellschafter einer offenen Handelsgesellschaft oder Kommanditgesellschaft, wenn durch gerichtliche Anordnung der Konkurs über das Vermögen dieser Gesellschaft eröffnet wird oder gegen diese ein allgemeines Veräußerungsverbot ergangen ist (RGSt. **46** 77; **69** 65). Mit dem Wegfall der Beschränkung hört auch die Unfähigkeit zum Schöffenamt auf. Auch die Einstellung dieses Grundes in die Unfähigkeitsgründe führt zu praktischen Unzuträglichkeiten; im EG.StGB. 1930 war auch für ihn Überführung nach § 33 in Aussicht genommen.

§ 33

Zu dem Amt eines Schöffen sollen nicht berufen werden:

1. **Personen, die zur Zeit der Aufstellung der Vorschlagliste für Schöffen das dreißigste Lebensjahr noch nicht vollendet haben;**
2. **Personen, die zur Zeit der Aufstellung der Vorschlagsliste noch nicht ein Jahr in der Gemeinde wohnen;**
3. **Personen, die wegen geistiger oder körperlicher Gebrechen zu dem Amt nicht geeignet sind.**

I. Entstehungsgeschichte: Entw. § 21.

II. Spätere Entwürfe: N. E. III Nr. 9; E. IV Art. II Nr. 4; Entw. EG. StGB. Art. 68 Ziff. 7.

III. Spätere Änderungen: Durch Ges. vom 11. 3. 1921 (RGBl. 230) Art. I Nr. 6 wurde die frühere Nr. 3, durch Ges. vom 13. 2. 1926 (RGBl. I 99) die frühere Nr. 5 aufgehoben. Durch das Vereinheitlichungsges. vom 12. 9. 1950 wurden die Nr. 1 und 2 geändert.

1. sollen . . . nicht berufen werden — Die hier und im § 34 aufgeführten Personen sind nicht „unfähig" zum Schöffenamt; vgl. oben Vorbem. 3 zu §§ 32—35. Die Berufung der im § 33 genannten Personen soll im Interesse der Rechtspflege (Nr. 1: mangelnde Lebenserfahrung; Nr. 2: mangelnde Vertrautheit mit den örtlichen Verhältnissen) unterbleiben; bei den im § 34 aufgeführten sind andere Rücksichten, insbesondere die auf die allgemeinen Interessen des öffentlichen Dienstes, maßgebend. Beide Paragraphen enthalten lediglich Ordnungsvorschriften, deren Verletzung die Revision nicht begründen kann (RGRspr. **7** 554, RGSt. **39** 307, RG. JW. **1890** 345, Recht **1915** Nr. 2192; OLG. Rostock JR. **1928** Nr. 191). Eine den Vorschriften der §§ 33, 34 verwandte Bestimmung s. in § 90.

2. Die Personen, die zum Schöffenamt nicht berufen werden sollen, sind, wenn sie dennoch berufen werden, berechtigt, die Dienstleistung unter Geltendmachung des Grundes zu verweigern (a. M. KMR. 3, die auf die Anregung zu einer Anordnung nach § 52 Abs. 2 verweisen). Dieses **Weigerungsrecht** unterscheidet sich von dem Ablehnungsrecht (§ 35) dadurch, daß seine Ausübung an keine Frist gebunden ist (Feisenberger 199, GVG. Anm. 2). Vgl. § 52 Abs. 2.

3. Vorschlagsliste: §§ 36, 57. Der zu Nr. 1, 2 maßgebende Zeitpunkt bestimmt sich nach § 57 (RGSt. **39** 277). „Wohnen" i. S. der Nr. 2 erfordert nach dem Zweck der Vorschrift, die eine gewisse Vertrautheit mit den örtlichen Verhältnissen sichern soll, nicht nur rechtliche Wohnsitzbegründung, sondern tatsächlichen Aufenthalt. Wegen der Bedeutung nachträglichen Wohnsitzwechsels vgl. Anm. 6 zu § 52.

4. Darüber, inwiefern **körperliche oder geistige Gebrechen** eines Schöffen einen Revisionsgrund abgeben können, vgl. Anm. 2 zu § 338 StPO. Vgl. auch Anm. 2 zu § 31, Anm. 1 zu § 32.

§ 34

(1) Zu dem Amt eines Schöffen sollen ferner nicht berufen werden:

1. der Bundespräsident;
2. die Mitglieder der Bundesregierung oder einer Landesregierung;
3. Beamte, die jederzeit einstweilig in den Warte- oder Ruhestand versetzt werden können;
4. Richter und Beamte der Staatsanwaltschaft, Notare und Rechtsanwälte;
5. gerichtliche und polizeiliche Vollstreckungsbeamte;
6. Religionsdiener und Mitglieder solcher religiösen Vereinigungen, die satzungsgemäß zum gemeinsamen Leben verpflichtet sind.

(2) Die Landesgesetze können außer den vorbezeichneten Beamten höhere Verwaltungsbeamte bezeichnen, die zu dem Amt eines Schöffen nicht berufen werden sollen.

I. Entstehungsgeschichte: Entw. § 23.

II. Spätere Entwürfe: N. E. III Nr. 10. E. IV Art. II 5, E. V Art. II 3.

III. Spätere Änderungen: § 34 ist geändert worden durch Ges. vom 17. 8. 1920 (RGBl. 1579), Art. II § 3 Abs. 2 — Aufhebung der früheren Nr. 9 betr. Wehrmachtangehörige —; Ges. vom 11. 3. 1921 (RGBl. 230) Art. I Nr. 6 — Aufhebung des früheren Nr. 8 betr. Volksschullehrer —; Ges. vom 25. 4. 1922 (RGBl. I 465). Die auf der Bek. vom 22. 3. 1924 (RGBl. I 303) beruhende Fassung wurde geändert durch Ges. vom 27. 3. 1930 (RGBl. I 96) § 27 IV — Einfügung eines Abs. 3 betr. Reichsminister —. Die heutige Fassung beruht auf dem Vereinheitlichungsges. vom 12. 9. 1950, das die Vorschrift den staatsrechtlichen Verhältnissen anpaßte und in Nr. 4 die Notare und Rechtsanwälte aufnahm.

1. § 34 enthält, ebenso wie § 33 (vgl. dort Anm. 1, 2) lediglich Ordnungsvorschriften (RG. JW. **1927** 793).

2. Zu Nr. 2. Die Bundesregierung besteht nach Art. 62 GG. aus dem Bundeskanzler und den Bundesministern. Wer Mitglied einer Landesregierung ist, bestimmt sich nach Landesverfassungsrecht.

3. Zu Nr. 3. Hierunter fallen sowohl die sog. politischen Beamten des Bundes wie die der Länder. Für die Bundesbeamten vgl. § 36 des Bundesbeamtenges. vom 14. 7. 1953 (BGBl. I 551); die Landesbeamtengesetze bestimmen, welche Landesbeamten politische Beamte i. S. der Nr. 3 sind. Gesetzliche Vorschriften, die bei einer Änderung der Behördeneinrichtung oder bei einem allgemeinen Beamtenabbau die Versetzung von Beamten in den einstweiligen Ruhestand zulassen, kommen nicht in Betracht („jederzeit"). Die im Warte- oder einstweiligen Ruhestand befindlichen Beamten gehören nicht hierher.

4. Zu Nr. 4. **a) Richter** sind zunächst die Berufsrichter aller Gerichtsbarkeitszweige, ohne Rücksicht darauf, ob sie planmäßig angestellt sind oder als Hilfsrichter verwendet werden (also auch die als Anwärter beschäftigten oder übernommenen Assessoren und Gerichtsassessoren) und ohne Rücksicht darauf, ob sie im gegenwärtigen Zeitpunkt richterliche Aufgaben versehen oder kraft Abordnung bei anderen Stellen tätig sind. Richter sind aber auch die auf einen längeren Zeitraum berufenen ehrenamtlichen Richter, z. B. die Arbeits-, Landesarbeits- und Bundesarbeitsrichter, die Sozial-, Landessozial- und Bundessozialrichter (§§ 24, 37, 43 des Arbeitsgerichtsges. vom 3. 9. 1953 – BGBl. I 1267 –, §§ 18, 35, 47 des Sozialgerichtsges. vom 3. 9. 1953 – BGBl. I 1239 –) und die Handelsrichter, die nach § 116 während der Dauer ihres Amtes alle Rechte und Pflichten der Richter haben (Begr. 45). Die ratio der Nr. 4, daß in der Rechtspflege tätige Personen ihrer Aufgabe nicht zwecks Wahrnehmung richterlicher Tätigkeit als Schöffe oder Geschworener entzogen werden sollen, trifft auch für die Handelsrichter und die entsprechenden ehrenamtlichen Richter anderer Gerichtsbarkeitszweige zu.

b) Zu den **Beamten der Staatsanwaltschaft** gehören auch die Amtsanwälte, selbst wenn sie die Amtsanwaltschaft nur als Nebenamt versehen. Vgl. Tit. 10 Vorbem. 4. Dagegen gehören die Hilfsbeamten der Staatsanwaltschaft (§ 152) nicht hierher, möglicherweise aber unter Nr. 5 (AV. d. pr. JM. vom 13. 11. 1933, Deutsche Justiz 673 zu B I 3).

c) Rechtsanwälte und **Notare** sind seit dem Vereinheitlichungsges. vom 12. 9. 1950 befreit, weil auch sie ihrer Aufgabe bei Ausübung der Rechtspflege nicht entzogen werden sollen. „Rechtsanwälte" sind auch die Anwärter für diesen Beruf (Anwaltsassessoren). Ob der Rechtsanwalt neben seiner Anwaltstätigkeit noch eine andere Tätigkeit betreibt (z. B. als Syndikus eines privaten Unternehmens), ist ohne Bedeutung; entscheidend ist, ob jemand nach Maßgabe der in den Ländern geltenden Rechtsanwaltsordnungen als Rechtsanwalt (oder Anwärter) zugelassen ist. Amtlich bestellte Anwaltsvertreter die nicht Rechtsanwälte sind, sind für die Dauer der Vertretung „Rechtsanwälte" i. S. der Nr. 4. Sonstige Personen, die berufsmäßig als Parteivertreter tätig werden, z. B. Verwaltungsrechtsräte, Patentanwälte, Prozeßagenten, Rechtsbeistände fallen nicht unter Nr. 4.

5. Zu Nr. 5. **Gerichtliche und polizeiliche Vollstreckungsbeamte.** Gerichtliche Vollstreckungsbeamte sind in 1. Linie die Gerichtsvollzieher (§ 154 GVG.) und die in den Ländern zur Beitreibung gerichtlicher Gebühren bestellten Justizvollstreckungsassistenten, dagegen nicht die Justizwachtmeister. Polizeiliche Vollstreckungsbeamte sind nicht nur die Vollzugsbeamten der Polizei im engeren Sinn, sondern die mit Vollzugsaufgaben polizeilicher Art betrauten Angehörigen anderer Verwaltungszweige. Nach den früher in Preußen erlassenen Vorschriften zählten dazu u. a. die Forstschutzbeamten, die Beamten des Steueraußendienstes, des Zollfahndungsdienstes, des Grenzzolldienstes und die den Beamten des Grenzzolldienstes gleichgestellten sonstigen Bediensteten der Zollverwaltung, alle jedoch nur, soweit sie zu Hilfsbeamten der Staatsanwaltschaft bestellt waren (AV. d. JM. vom 13. 11. 1933 Deutsche Justiz 673 zu B I 1, 2), nicht dagegen die Oberförster (vgl. für sie dieselbe AV. zu III Abs. 2); ferner nicht die Amts- und Gemeindevorsteher und die Vollstreckungsbeamten der Finanzverwaltung (AV. d. pr. JM. vom 13. 11. 1933 a.a.O. zu B I 3). Polizeibeamte, die nicht Vollstreckungsbeamte sind (Polizeiverwaltungsbeamte), dürfen zum Schöffenamt berufen werden. – Das dienstliche Interesse darf bei Berufung gewisser Gruppen von Beamten, z. B. der Eisenbahnbeamten, nicht außer acht gelassen werden (AV. d. pr. JM. vom 13. 11. 1933 a.a.O. zu B III Abs. 2).

6. Zu Nr. 6. Der Begriff des **Religionsdieners** findet sich auch sonst in der Gesetzessprache, z. B. in § 196 StGB. und in dem – jetzt aufgehobenen – § 130a StGB. („ein Geistlicher oder anderer Religionsdiener"); er entspricht dem im allgemeinen in der neueren Gesetzessprache verwendeten Begriff des „Geistlichen". Darunter fallen die Personen, die von einer Religions- oder Glaubensgemeinschaft zur Vornahme gottesdienstlicher oder entsprechender kultischer Handlungen bestimmt sind, also nicht etwa nur die Geistlichen der mit öffentlichrechtlichen Korporationsrechten ausgestatteten Kirchen und Religionsgemeinschaften. Die Begr. S. 45 bemerkt dazu: „Es mußte bei der Verschiedenheit der Stellung der einzelnen Staaten zu den verschiedenen Religionsgesellschaften davon Abstand genommen werden, den Begriff einzuschränken und etwa einen Unterschied rücksichtlich der staatlich anerkannten oder privilegierten Religionsgesellschaften und bloß geduldeter Religionsübung zu machen. Es wird dies einer der Fälle sein, in denen es leichter vorkommen kann, daß der Befreiungsgrund, statt von Amts wegen berücksichtigt zu sein, von den Beteiligten selbst unter Darlegung der obwaltenden tatsächlichen

Verhältnisse geltend gemacht werden muß." Durch Ges. vom 25. 4. 1922 (RGBl. I 465) sind hinter dem Wort „Religionsdiener" die Worte beigefügt worden „und Mitglieder solcher religiösen Vereinigungen, die satzungsgemäß zu gemeinsamem Leben verpflichtet sind".

7. Abs. 2 trägt den besonderen Verhältnissen der Länder Rechnung. Auch Bundesbeamte dürfen landesgesetzlich von der Berufung zum Schöffenamt ausgeschlossen werden (Prot. 384). Wegen der früher in den Ländern erlassenen Vorschriften vgl. die Aufzählung in Anm. 11 der 19. Aufl.; für Bayern vgl. Bek. vom 30. 5. 1952 (GVBl. 169), § 6.

§ 35

Die Berufung zum Amt eines Schöffen dürfen ablehnen:

1. **Mitglieder des Bundestages, des Bundesrates, eines Landtages oder einer zweiten Kammer;**
2. **Personen, die im letzten Geschäftsjahr die Verpflichtung eines Geschworenen oder an wenigstens zehn Sitzungstagen die Verpflichtung eines Schöffen erfüllt haben;**
3. **Ärzte, Krankenpfleger und Hebammen;**
4. **Apotheker, die keine Gehilfen haben;**
5. **Frauen, die glaubhaft machen, daß ihnen die Fürsorge für ihre Familie die Ausübung des Amtes in besonderem Maße erschwert;**
6. **Personen, die zur Zeit der Aufstellung der Vorschlagsliste das fünfundsechzigste Lebensjahr vollendet haben oder es bis zum Ablauf des Geschäftsjahres vollenden würden.**

I. **Entstehungsgeschichte:** Entw. § 23.

II. **Spätere Entwürfe:** N. E. III Nr. 11; E. IV Art. II 6; E. V Art. II 4. Entw. EG. StGB. Art. 68 Ziff. 8.

III. **Spätere Änderungen:** Ges. vom 25. 4. 1922 (RGBl. I 465) — Einfügung der Krankenpfleger und Hebammen; Ges. vom 4. 7. 1922 (RGBl. I 561 — Streichung der ursprünglichen Nr. 6 betr. Personen, die den Aufwand des Amtes nicht tragen können. — Bek. vom 22. 3. 1924 (RGBl. I 304). VO. vom 14. 6. 1932 (RGBl. I 285) erster Teil Kapitel I Art. 8. Die heutige Fassung beruht auf dem Vereinheitlichungsges. vom 12. 9. 1950, das die Nr. 1 und 2 änderte. Der Entw. dieses Gesetzes wollte die Nr. 6 nach § 33 übernehmen.

1. Die hier bestimmten Ablehnungsgründe — über ihre allgemeine Bedeutung vgl. Vorbem. 3 zu §§ 32—35 — kann schon die Gemeindevertretung (§ 36) und der Ausschuß (§ 40) **von Amts wegen** berücksichtigen, und zwar dadurch, daß sie die Aufnahme in die Vorschlagsliste (§ 36) oder Schöffenliste (§ 44) unterlassen. (**A. M.** Troitzsch Rechtspflege und Immunität der Abgeordneten [1927] 14.) Eine solche Berücksichtigung ist angezeigt, wenn vorauszusehen ist, daß der Berechtigte im Falle der Berufung die Wahl ablehnt. Lehnt er schon vor der Aufstellung der Vorschlags- oder Schöffenliste ab, so wird dies berücksichtigt werden müssen, da sonst die Ablehnung vor dem Amtsrichter voraussichtlich wiederholt, also eine nutzlose Weiterung veranlaßt würde. — Ist der Ablehnungsberechtigte zum Schöffenamt gewählt worden, so greift § 53 ein. Das gilt auch, wenn der Gewählte den Ablehnungsgrund bereits vorher erfolglos geltend gemacht hatte; diese Geltendmachung wird durch die Aufnahme in die Schöffenliste bedeutungslos. Vgl. Anm. 2 zu § 41.

2. Die Ablehnungserklärung ist stets nur für die einzelne Wahlperiode (§ 42) wirksam, der Ausschuß also nicht gehindert, den Berechtigten in die nächste Schöffenliste aufzunehmen. Selbstverständlich kann die Ablehnung, solange der Ablehnungsgrund fortbesteht, in jeder Wahlperiode wiederholt werden.

3. Zu Nr. 1. Der Wortlaut der Nr. 1 ist, ebenso wie dies früher durch die Bekanntmachung vom 22. 3. 1924 geschehen war, jetzt durch das Vereinheitlichungsges. den staatsrechtlichen Verhältnissen angepaßt worden. Der Ablehnungsgrund greift auch außerhalb der Sitzungen des Gesetzgebungsorgans Platz. Macht der Ablehnungsberechtigte von der Berechtigung keinen Gebrauch, so ist doch seine Entbindung von der Dienstleistung an einzelnen Sitzungstagen des Schöffengerichts (§ 54) nicht ausgeschlossen, wenn die Ausübung der Tätigkeit als Abgeordneter usw. es erfordert (Begr. 45).

4. Zu Nr. 2. (Vgl. § 90.) **a)** Die **Verpflichtung eines Geschworenen** hat erfüllt, wer als solcher einberufen war und der Einberufung Folge geleistet hat. Hierbei besteht kein Unterschied zwischen Hauptgeschworenen und Hilfsgeschworenen (RGSt. **12** 373). Bei einem Hilfsgeschworenen genügt es nicht, daß er in der Sitzung des Schwurgerichts erscheint, aber sogleich als überzählig entlassen wird. (Vgl. Oetker in GA. **50** 76, 77). Das Geschäftsjahr fällt überall mit dem Kalenderjahr zusammen.

b) Verpflichtung eines Schöffen. Zur Ablehnung ist berechtigt, wer im letzten Geschäftsjahr an zehn Sitzungstagen als Schöffe tätig gewesen ist, gleichviel, ob er als Hauptschöffe oder als Hilfsschöffe (§§ 48, 49) auf der Schöffenliste gestanden hat oder ob er den Schöffendienst beim gewöhnlichen Schöffengericht (§ 29), beim Jugendschöffengericht (§ 33 JGG.), bei der Strafkammer (§ 77) oder der Jugendkammer (§ 33 JGG.) geleistet hat. – Hat eine Verhandlung des Schöffengerichts mehrere Tage gedauert, so sind ebensoviele Tage anzurechnen.

5. Zu Nr. 3. Der Ausdruck **„Ärzte"** ist nach dem Zweck der Vorschrift, eine Inanspruchnahme ablehnen zu können, die mit den Bedürfnissen einer angemessenen ärztlichen Versorgung nicht zu vereinbaren wäre, im weitesten Sinne zu verstehen, so daß er auch die Zahnärzte und die Tierärzte umfaßt (vgl. die eingehende Erörterung bei Voitus Komm. 34ff.). Er ist aber andererseits nur auf „approbierte" Ärzte i. S. der Reichsärzteordnung vom 13. 12. 1935 (RGBl. I 1433), des Ges. über die Ausübung der Zahnheilkunde vom 31. 3. 1952 (BGBl. I 251) und der Reichstierärzteordnung vom 3. 4. 1936 (RGBl. I 347) zu beziehen (vgl. Stenglein Anm. 4). – Durch Ges. vom 25. 4. 1922 (RGBl. I 465) sind den Ärzten auch die Krankenpfleger (= Krankenpfleger und Krankenschwestern i. S. der Krankenpflegeordnung vom 28. 9. 1938, RGBl. I 1310) und die Hebammen gleichgestellt worden.

6. Zu Nr. 6. Der Zeitpunkt der Aufstellung der Vorschlagsliste bestimmt sich nach § 57. Geschäftsjahr: s. Anm. 4a. Vgl. noch III zu § 35.

Vorbemerkungen zu §§ 36–57

Literatur: Über die Bildung der Schöffengerichte vgl. besonders Oetker GA. **49** 93ff., 203ff., ferner Siegert GerS. **103** 347. – Von neuen landesrechtlichen Ausführungsvorschriften sind zu erwähnen die Bay. Bek. über die Vorbereitung der Sitzungen der Schöffengerichte, Strafkammern und Schwurgerichte vom 30. 5. 1952 (GVBl. 169 = SaBl. 731) i. d. F. vom 19. 7. 1954 (GVBl. 129 = SaBl. 857) und die BayBek. über die Vorbereitung der Sitzungen der Jugendschöffengerichte vom 19. 7. 1954 (GVBl. S. 130).

1. Wesentliche Mängel des Wahlverfahrens machen die gesamte Auswahl der Schöffen und Geschworenen nichtig, d. h. bewirken, daß die Gerichte, die unter Hinzuziehung so ausgewählter Laienrichter tätig werden, im Sinne des § 338 Nr. 1 StPO. „nicht vorschriftsmäßig besetzt" sind, schaffen also einen unbedingten Revisionsgrund.

2. Amtsrichter – Welcher Richter die mit der Auswahl der Schöffen und Geschworenen zusammenhängenden Amtsverrichtungen vorzunehmen hat, bestimmt die Geschäftsverteilung (§ 22b). Durch eine Abweichung von der Geschäftsverteilung wird aber die Gültigkeit der Amtshandlungen nicht berührt (§ 22d). Amtsrichter ist auch der Amtsgerichtspräsident (RG. vom 20. 10. 1930 III 266/30 u. vom 7. 4. 1932 III 172/32). Wegen der Zuständigkeit des Amtsrichters während einer Aussetzung der Hauptverhandlung vgl. JR. **1934** Nr. 1574 = DJ. **1934** 943.

§ 36

(1) Die Gemeinde stellt in jedem zweiten Jahr eine Vorschlagsliste für Schöffen auf. Für die Aufnahme in die Liste ist die Zustimmung von zwei Dritteln der gesetzlichen Zahl der Mitglieder der Gemeindevertretung erforderlich. Die Vorschlagsliste soll außer dem Namen auch den Geburtsort, den Geburtstag und den Beruf des Vorgeschlagenen enthalten.

(2) Die Vorschlagsliste ist in der Gemeinde eine Woche lang zu jedermanns Einsicht auszulegen. Der Zeitpunkt der Auslegung ist vorher öffentlich bekanntzumachen.

(3) In die Vorschlagsliste sind aufzunehmen in Gemeinden

a) mit 500 oder weniger Einwohnern fünf Personen,

b) mit mehr als 500 Einwohnern mindestens sechs Personen, im übrigen für je 200 Einwohner eine Person.

I. Entstehungsgeschichte: Entw. § 24.

II. Spätere Entwürfe: N. E. III Nr. 12; E. IV Art. II 7; E. V Art. II 5. Entw. EGStGB. Art. 68 Ziff. 9.

III. Spätere Änderungen: Ges. vom 11. 7. 1923 (RGBl. I 647). VO. vom 14. 6. 1932 (RGBl. I 285) erster Teil Kapitel I Art. 8. Das Vereinheitlichungsgesetz vom 12. 9. 1950 hat wesentliche Änderungen gebracht (vgl. Anm. 1).

1. a) Nach dem früher geltenden Recht wählte der Ausschuß (§ 40) die Schöffen aus den von den Gemeindevorstehern alle zwei Jahre aufzustellenden Urlisten, in die alle schöffenfähigen Gemeindeeinwohner aufzunehmen waren. Da die Aufstellung der vollständigen Urliste für größere Gemeinden eine erhebliche finanzielle Belastung bedeutete, gestattete das Ges. vom 11. 7. 1923 (RGBl. I 647) den Landesjustizverwaltungen, für eine Gemeinde die Aufstellung (nach den Anfangsbuchstaben der Namen oder der Straßen) beschränkter Urlisten oder die Verwendung bereits anderweit aufgestellter amtlicher Einwohnerverzeichnisse (z. B. Wahl- oder Meldekartei) anzuordnen. Das Vereinheitlichungsgesetz ist — im Anschluß an die nach 1945 in der britischen Besatzungszone und in Hessen getroffenen Regelungen — einen ganz anderen Weg gegangen. Während früher die Aufgabe des „Gemeindevorstehers", auch bei der beschränkten Urliste, lediglich darin bestand, dem Wahlausschuß ein Verzeichnis der nach den gesetzlichen Vorschriften schöffenfähigen Personen zu liefern, trifft jetzt die Gemeindevertretung bereits eine **Vorwahl**, indem sie aus der Zahl der schöffenfähigen Gemeindeeinwohner eine beschränkte Zahl auswählt (Vorschlagsliste) und der Wahlausschuß (§ 40) bei seiner Wahl auf den durch die Vorschlagslisten bezeichneten Personenkreis beschränkt ist. Die Begr. zum Entw. des Vereinheitlichungsges. 1950 bemerkt dazu: „Dadurch wird ein, wie die Vergangenheit lehrt, ungebührlich großer und unnützer Aufwand an Verwaltungsarbeit gespart und dahin gewirkt, daß für das Schöffenamt besonders geeignete Bürger an der Rechtsprechung teilnehmen und auf diese Weise das Laienelement in der Rechtspflege größeren Einfluß gewinnt." Die Überlassung der Vorwahl an die Gemeindevertretungen, deren Mitglieder weithin nach parteipolitischen Gesichtspunkten gewählt werden, birgt freilich die Gefahr in sich, daß auch auf die Auswahl für die Vorschlagsliste parteipolitische Gesichtspunkte Einfluß gewinnen (vgl. Eb. Schmidt, Lehrkommentar I Nr. 453; Potrykus DRiZ. **1952** 202), die gerade hier vermieden werden müssen (vgl. Vorbem. 2 zu §§ 32—35). Um solchen entgegenzuwirken, hatte § 36 Abs. 5 in der gemäß VO. vom 22. 8. 1947 (VOBl.BZ. S. 115) früher in der britischen Besatzungszone geltenden Fassung des GVG. vorgeschrieben: „Die Landesjustizverwaltung stellt durch Anordnungen an die Gemeindevertretungen sicher, daß bei Aufstellung der Vorschlagslisten die Bevorzugung einer Partei, eines religiösen Bekenntnisses, einer wirtschaftlichen oder sonstigen Interessentengruppe oder eines besonderen Gebietes ausgeschlossen ist", ohne freilich erkennbar zu machen, durch welche Maßnahmen eine solche „Sicherstellung" erreicht werden könnte. Das Vereinheitlichungsges. hat, um einer durch unsachliche Gesichtspunkte beeinflußten Auswahl entgegenzuwirken, in § 36 Abs. 1 die Aufnahme in die Vorschlagsliste an die Zustimmung von $^2/_3$ der gesetzlichen Zahl der Mitglieder der Gemeindevertretung (also nicht nur von $^2/_3$ der an der Abstimmung Teilnehmenden) gefordert und in gleicher Weise in § 40 Abs. 3 die Wahl der Vertrauenspersonen geregelt, die dem Wahlausschuß angehören (auch für die Wahl durch den Ausschuß selbst wird in § 42 eine qualifizierte Mehrheit gefordert). Ferner ist die Zahl der vorzuschlagenden Personen gegenüber dem Vorbild der britischen Zone (§ 36 Abs. 3 i. d. F. der VO. vom 29. 6. 1949, VOBl.BZ 269) beträchtlich erhöht und so bemessen worden, daß dem Ausschuß (§ 40) Spielraum für eine echte Auswahl verbleibt. Eine Vorschrift, in welchem Ausmaß Frauen neben Männern vorzuschlagen sind, enthält § 36 — im Gegensatz zu § 36 Abs. 4 der früher in der brit. Zone geltenden Fassung (20% Frauen), aber auch im Gegensatz zu § 38 Abs. 2 JGG. 1953 (ebenso viele Männer wie Frauen, mit Rücksicht auf § 33 Abs. 3 JGG.) — nicht; der Gleichberechtigungsgrundsatz (Art. 3 GG.) zwingt nicht zu einem fest bestimmten Anteil, wohl aber zu einer angemessenen Berücksichtigung der Frauen in der Vorschlagsliste.

b) Besonderheiten gelten für die Wahl der Jugendschöffen. Hier tritt nach § 35 Abs. 3 JGG. an die Stelle der Vorschlagsliste des § 36 GVG. die Vorschlagsliste des Jugendwohlfahrtsausschusses, aus der der Wahlausschuß (§ 40 GVG.) die nötige Zahl von Jugendschöffen wählt.

2. Von der Aufnahme in die Vorschlagsliste sind, wie sich aus § 37 ergibt, nicht nur die Personen auszuschließen, die zum Schöffenamt unfähig sind (§§ 31, 32), sondern auch die, die dazu nicht berufen werden sollen (§§ 33, 34). Personen, denen Ablehnungsgründe zur Seite stehen (§ 35), sind in die Liste aufzunehmen (vgl. aber § 35 Anm. 1.) — Über den Zeitpunkt der Aufstellung der Vorschlagsliste und ihrer Einsendung an das Gericht bestimmt nach § 57 die Landesjustizverwaltung (vgl. preuß. AV. d. JM. vom 13. 11. 1933, Deutsche Justiz 673, zu A I 1, F).

3. Die Gemeinde stellt nur eine Vorschlagsliste für Schöffen auf. Die Scheidung zwischen den zu Schöffen und den zu Geschworenen auszuwählenden Personen geschieht erst durch den Ausschuß (§ 84).

4. Da das GVG. nichts darüber bestimmt, in welcher Art die **Auslegung** der Vorschlagsliste und die öffentliche Bekanntmachung zu geschehen hat, so können hierüber landesgesetzliche und Verwaltungsvorschriften erlassen werden. Die Begr. (46) bemerkt, daß die Art der Bekanntmachung auch der örtlichen Gewohnheit überlassen werden kann. Einen Anhaltspunkt dafür, was als öffentliche Bekanntmachung angesehen werden kann, gibt die Regelung in § 4 der 1. DVO. vom 22. 3. 1935 (RGBl. I 393) zur Deutschen Gemeindeordnung vom 30. 1. 1935 (RGBl. I 49). Die Beachtung des § 36 Abs. 2 prüft nach § 39 der Amtsrichter.

§ 37

Gegen die Vorschlagsliste kann binnen einer Woche, gerechnet vom Ende der Auflegungsfrist, schriftlich oder zu Protokoll mit der Begründung Einspruch erhoben werden, daß in die Vorschlagsliste Personen aufgenommen sind, die nach § 32 nicht aufgenommen werden durften oder nach den §§ 33, 34 nicht aufgenommen werden sollten.

I. Entstehungsgeschichte: Entw. § 25.

II. Spätere Entwürfe: N. E. IV Art. II 7.

III. Spätere Fassungen: Durch das Vereinheitlichungsges. vom 12. 9. 1950 wurde die Fassung der durch § 36 bewirkten Rechtsänderung angepaßt.

1. Nur gegen die irrtümliche Aufnahme der nach § 32 (und, obwohl nicht erwähnt, nach § 31) unfähigen oder nach §§ 33, 34 nicht aufzunehmenden Personen kann Einspruch erhoben werden, nicht gegen die Gesetzmäßigkeit der Wahl („Zustimmung" des § 36 Abs. 1) oder aus anderen Gründen (vgl. aber Anm. 3 zu § 39).

2. Befugnis zum Einspruch — Jedermann ohne Unterschied kann Einspruch erheben, also nicht nur die Person, die von der Unrichtigkeit betroffen wird. „Es kommt darauf an, alles mögliche Material zu gewinnen, um die Jahresliste nachher sachgemäß festzustellen" (Begr. 46, 82, Hahn Mat. I 85, Schlegelberger-Nagel Anm. zu § 37). Im Widerspruch mit diesem Zweck will Oetker (a. a. O. 100f.) das Recht zum Einspruch auf volljährige, im Bezirke wohnhafte, zum Schöffenamt fähige Personen beschränken.

3. Die Einspruchsfrist endet mit dem Ablauf einer Woche nach Beendigung der Auflegungsfrist des § 36 Abs. 2; selbstverständlich kann aber schon während der Auflegungsfrist Einspruch erhoben werden. Verspäteter Einspruch kann dem Gemeindevorsteher Veranlassung zur Anzeige gemäß § 38 Abs. 2 geben.

4. Die **Protokollierung** mündlich erhobener Einsprüche ist erforderlich, weil nicht der Gemeindevorsteher, sondern der Ausschuß über sie zu entscheiden hat (§ 41).

§ 38

(1) Der Gemeindevorsteher sendet die Vorschlagsliste nebst den Einsprüchen an den Amtsrichter des Bezirkes.

(2) Wird nach Absendung der Vorschlagsliste ihre Berichtigung erforderlich, so hat der Gemeindevorsteher hiervon dem Amtsrichter Anzeige zu machen.

I. Entstehungsgeschichte: Entw. § 26.

II. Spätere Entwürfe: N. E. IV Art. II 7.

III. Spätere Fassungen: Bek. vom 22. 3. 1924 (RGBl. I 304). Das Vereinheitlichungsges. vom 12. 9. 1950 brachte die textliche Übereinstimmung mit dem geänderten § 36.

1. **Absendung** — Der Amtsrichter hat in geeigneter Weise dafür zu sorgen, daß ihm die Vorschlagslisten nebst den Einsprüchen rechtzeitig zugehen (Begr. 46). Vgl. § 57 und Anm. 2 zu § 36.

2. Eine **Berichtigung** der Vorschlagsliste wird erforderlich, sobald der Gemeindevorsteher, gleichviel auf welchem Wege, von einem Mangel der in § 37 bezeichneten Art Kenntnis erlangt. Vgl. § 37 Anm. 3, § 52.

§ 39

Der Amtsrichter stellt die Vorschlagslisten des Bezirks zusammen und bereitet den Beschluß über die Einsprüche vor. Er hat die Beachtung der Vorschriften des § 36 Abs. 2 zu prüfen und die Abstellung etwaiger Mängel zu veranlassen.

I. Entstehungsgeschichte: Entw. § 27.

II. Spätere Entwürfe: N. E. IV Art. II 7.

III. Spätere Fassungen: Bek. vom 22. 3. 1924 (RGBl. I 304). Das Vereinheitlichungsges. hat nur „Urliste" durch „Vorschlagsliste" ersetzt.

1. Der **Beschluß über die Einsprüche** steht dem Ausschuß zu (§ 41). Unter der **Vorbereitung** des Beschlusses ist namentlich die Vornahme der Ermittlungen zu verstehen, deren es noch bedarf, wenn die geltend gemachten Tatsachen weder gerichtskundig noch genügend dargetan sind. Darüber hinaus hat der Amtsrichter zur Vorbereitung der Wahl in geeigneter Weise auch bei den nicht durch Einsprüche Betroffenen festzustellen, ob Hinderungsgründe der in § 37 bezeichneten Art vorliegen, z. B. durch Einholung von Strafregisterauszügen, von Auskünften des Konkursrichters (§ 19 der Bayer. Bek. vom 30. 5. 1952, GVBl. 169).

2. **Abstellung von Mängeln** — Findet der Amtsrichter, daß die Vorschriften des § 36 Abs. 2 nicht gehörig befolgt worden sind, so hat er die Nachholung des Versäumten, also z. B. eine neue Auslegung der Vorschlagsliste und erforderlichenfalls auch eine neue Bekanntmachung anzuordnen. Darauf weist die AV. d. pr. JM. vom 13. 11. 1933 (Deutsche Justiz 673) zu A I 4 hin.

3. Der Amtsrichter hat weiter zu prüfen, ob die Vorschlagsliste den Anforderungen des § 36 Abs. 1 Satz 3 entspricht und erforderlichenfalls eine Ergänzung zu veranlassen. Die **Gesetzmäßigkeit des Vorschlags** (§ 36 Abs. 1 Satz 2) vorbereitend zu prüfen, besteht nur Veranlassung, wenn Bedenken hervorgetreten sind (vgl. dazu Anm. 3a zu § 40).

§ 40

(1) Bei dem Amtsgericht tritt jedes zweite Jahr ein Ausschuß zusammen.

(2) Der Ausschuß besteht aus dem Amtsrichter als Vorsitzenden und einem von der Landesregierung zu bestimmenden Verwaltungsbeamten, sowie zehn Vertrauenspersonen als Beisitzern.

(3) Die Vertrauenspersonen werden aus den Einwohnern des Amtsgerichtsbezirks von der Vertretung des ihm entsprechenden unteren Verwaltungsbezirks mit einer Mehrheit von zwei Dritteln der gesetzlichen Mitgliederzahl gewählt. Umfaßt der Amtsgerichtsbezirk mehrere Verwaltungsbezirke oder Teile mehrerer Verwaltungsbezirke, so bestimmt die zuständige oberste Landesbehörde die Zahl der Vertrauenspersonen, die von den Vertretungen dieser Verwaltungsbezirke zu wählen sind.

(4) Der Ausschuß ist beschlußfähig, wenn wenigstens der Vorsitzende, der Verwaltungsbeamte und fünf Vertrauenspersonen anwesend sind.

I. Entstehungsgeschichte: Entw. § 28.

II. Spätere Entwürfe: N. E. III Nr. 13; E. IV Art. II 8; E. V Art. II 6. Entw. EG.StGB. Art. 68 Ziff. 10.

III. Spätere Änderungen: Ges. vom 25. 4. 1922 Art. I Nr. 6 (RGBl. I 465). VO. vom 14 6. 1932. (RGBl. I 285) erster Teil Kapitel I Art. 8. Ges. vom 13. 12. 1934 (RGBl. I 1233) Nr. 3. Durch das Vereinheitlichungsges. vom 12. 9. 1950 ist § 40 in mehrfacher Hinsicht geändert worden (vgl. die nachfolgenden Anm.).

1. Zu Abs. 1. Der **Ausschuß** kann nicht auf unbestimmte Zeit, muß vielmehr in jedem zweiten Jahr neu zusammengesetzt werden. Er muß bei jedem Amtsgericht zusammentreten, auch wenn dieses, wie das jetzt die Regel bildet, selbst gar kein Schöffengericht hat; er hat dann Schöffen für das gemeinsame Schöffengericht und für die Strafkammer sowie Geschworene auszuwählen. Entsprechendes gilt für die Wahl der Jugendschöffen für das gemeinsame Jugendschöffengericht und für die Jugendkammer, wenn bei dem Amtsgericht ein Jugendschöffengericht nicht besteht (§§ 35, 33 Abs. 4 JGG.).

2. Zu Abs. 2. Unter der Landesregierung, die den **Verwaltungsbeamten** zu bestimmen hat, ist nicht notwendig die Zentralbehörde (Ministerium usw.) zu verstehen; vielmehr gilt hier das zu § 22 Anm. 4 Bemerkte. — Der von der Landesregierung zu bestimmende Beamte muß (abweichend vom früheren Recht) nach der auf dem Vereinheitlichungsges. vom 12. 9. 1950 beruhenden Fassung nicht ein Staatsverwaltungsbeamter sein. Es genügt, daß er überhaupt ein Verwaltungsbeamter ist. Die Ernennung eines Kommunalbeamten zum Mitglied des Ausschusses ist hiernach zulässig. Für den Fall seiner Verhinderung darf ein Stellvertreter bestellt werden. Der Vertretene und der Vertreter können abwechselnd an derselben Ausschußsitzung teilnehmen (RG. vom 31. 3. 1921 I 305/21). S. noch AV. d. pr. JM. vom 13. 11. 1933 (Deutsche Justiz 673) zu C II 1 b (Verständigung mit dem Verwaltungsbeamten über den Zeitpunkt des Wahltermins).

3. Zu Abs. 3. **a)** Die Zahl der **Vertrauenspersonen** betrug ursprünglich 7, sie ist durch das Vereinheitlichungsges. vom 12. 9. 1950 auf 10 erhöht worden. Ihre Wahl erfolgte ursprünglich „nach näherer Bestimmung der Landesgesetze durch die Vertretungen der Kreise, Ämter, Gemeinden oder dergleichen Verbände“, beim Fehlen solcher Vertretungen durch den Amtsrichter. Als „Vertretungen der Kreise usw.“ waren nach der Rechtspr. des Reichsgerichts (RGSt. **67** 120) nur Körperschaften der Selbstverwaltung anzusehen, d. h. Organe, auf deren Zusammensetzung die Angehörigen dieser Gebietskörperschaften Einfluß ausüben, daher z. B. nicht ein Beauftragter der Staatsverwaltung („Staatskommissar“), dem die Wahrnehmung der Verwaltungsgeschäfte einer Stadtgemeinde und der Befugnisse der „Vertretung“ übertragen war. Wegen des Wegfalls der Vertretungskörperschaften in der Zeit nach 1933 übertrug das Ges. vom 13. 12. 1934 (RGBl. I 1233) Nr. 3 die Wahl der Vertrauenspersonen dem Amtsrichter. Das Vereinheitlichungsges. vom 12. 9. 1950 hat den früheren Rechtszustand insofern wieder hergestellt, als die Wahl einer Vertretungskörperschaft zusteht. Und zwar ist Wahlorgan nunmehr die Vertretung des dem Amtsgerichtsbezirk räumlich entsprechenden unteren Verwaltungsbezirks, d. h. des Bezirks, in dem in unterster Instanz die Aufgaben der Staatsverwaltung, auch in der Form der Erledigung von Auftragsangelegenheiten durch Gemeinden, wahrgenommen werden (Kreis und kreisfreie Stadt). Art. 28 GG. schreibt bindend vor, daß in den Kreisen und Gemeinden eine von den Gebietseinwohnern gewählte Vertretung bestehen muß; infolgedessen erübrigte sich ein Hinweis auf nähere Regelung des Landesrechts und eine Bestimmung für den Fall, daß eine Vertretung nicht vorhanden sei, wie sie § 40 in seiner ursprünglichen Fassung enthielt. Wie in § 36, so ist auch hier eine qualifizierte Mehrheit bei der Wahl vorgeschrieben. um eine Einwirkung einseitiger parteipolitischer oder sonstiger unsachlicher Gesichtspunkte auf die Auswahl nach Möglichkeit auszuschließen (vgl. Anm. 1a zu § 36). Wird bei der Wahl der Vertrauenspersonen gegen das Gesetz verstoßen, so ist der Ausschuß nicht ordnungsmäßig besetzt; seine Beschlüsse sind unwirksam. Diese Unwirksamkeit kann in den einzelnen Strafsachen geltend gemacht werden, die unter Mitwirkung der von dem Ausschuß gewählten Laienrichter stattfinden (für die Revision gilt § 338 Nr. 1 StPO.) (RGSt. **67** 120, Siegert GerS. **103** 348). Vgl. Anm. 6 zu § 42.

b) Das GVG. gibt für die Vertrauenspersonen nur wenige Vorschriften (vgl. §§ 55, 56). Inwieweit eine Pflicht zur Übernahme dieses Ehrenamts besteht, richtet sich nach Landesrecht. Im übrigen ist davon auszugehen, daß die Unfähigkeitsgründe der §§ 31, 32 auch unfähig zum Amt als Vertrauensperson machen, denn wer selbst nicht gewählt werden kann, kann auch nicht dadurch bei der Ausübung von Rechtspflegeaufgaben mitwirken, daß er die Laienrichter mitwählt. Hervorzuheben ist, daß die Entscheidung über eine Ablehnung des Wahlamtes nur dem für die Wahl zuständigen Vertretungsorgan zusteht; § 56 GVG. gilt hier nicht.

4. Zu Abs. 4. **Die Wahlhandlung** — Wegen des Wahltermins vgl. § 57 (vgl. AV. d. pr. JM. vom 13. 11. 1933, Deutsche Justiz 673, zu C II 1 b, F.) — Leiter der (nicht öffentlichen)

Wahlverhandlung ist der Amtsrichter (vgl. darüber Vorbem. 2 zu §§ 36—57). Die zur Beschlußfähigkeit erforderliche Zahl von Vertrauenspersonen ist durch das Vereinheitlichungsges. vom 12. 9. 1950 von 3 auf 5 erhöht worden. — Die Anzahl der für das Schöffengericht zu wählenden Schöffen hat nach § 43 der Landgerichtspräsident (Amtsgerichtspräsident) zu bestimmen und dem Amtsrichter vor der Wahlhandlung mitzuteilen. Wegen der Zahl der zu wählenden Strafkammerschöffen und Geschworenen vgl. §§ 77, 84, wegen der Jugendschöffen § 35 JGG. (hier soll die gleiche Anzahl von Männern und Frauen gewählt werden). Wegen der für die Auswahl zu beobachtenden Grundsätze vgl. Anm. 6 zu § 42. — Abstimmung: §§ 41, 42. — Bestrafung unentschuldigt ausbleibender Vertrauenspersonen § 56.

§ 41

Der Ausschuß entscheidet mit einfacher Mehrheit über die gegen die Vorschlagsliste erhobenen Einsprüche. Bei Stimmengleichheit entscheidet die Stimme des Vorsitzenden. Die Entscheidungen sind zu Protokoll zu vermerken. Sie sind nicht anfechtbar.

I. Entstehungsgeschichte: Entw. § 29.
II. Spätere Entwürfe: N. E. IV Art. II 9.
III. Das Vereinheitlichungsges. vom 12. 9. 1950 hat die Fassung, aber nicht den Inhalt des § 41 geändert.

1. Einsprüche — Eine Berichtigung der Vorschlagsliste kommt nicht nur in Betracht, soweit Einsprüche erhoben und als berechtigt anerkannt sind, sondern auch wenn nachträglich Gründe der in § 37 bezeichneten Art auf andere Weise (vgl. § 38 Abs. 2 und Anm. 1 zu § 39) hervorgetreten und zur Kenntnis des Ausschusses gebracht sind (Stenglein 1 zu § 42; Schwarz 1; KMR 1; anders die Voraufl. und Oetker GA. **49** 107, Consbruch Recht **1909** 829).

2. Die **Entscheidungen,** die der Ausschuß auf die erhobenen Einsprüche trifft, sind zwar unanfechtbar. Soweit aber Unfähigkeitsgründe (§§ 31, 32, 84; vgl. Anm. 3 zu §§ 32—35) in Betracht kommen, wird durch die Entscheidung des Ausschusses die Anfechtung eines Urteils wegen Mitwirkung eines unfähigen Schöffen oder Geschworenen (StPO. § 338 Nr. 1) nicht ausgeschlossen; in dieser Richtung zeitigt die Entscheidung des Ausschusses keine Rechtswirkungen (s. auch Anm. 10 zu § 52). — Nach der Wahl eintretende oder bekannt werdende Unfähigkeitsgründe und die Gründe der §§ 33, 34 GVG. sind nach Maßgabe des § 52 zu berücksichtigen. Die Nichtberücksichtigung vor der Wahl vorgebrachter Ablehnungsgründe durch den Ausschuß, hindert nicht, sie nach der Wahl erneut vorzubringen (§ 53). Vgl. Vorbem. 3 zu §§ 32—35 und Anm. 1 zu § 35.

3. Es wird angemessen sein, in allen Fällen die **Gründe** der Entscheidung des Ausschusses in das Protokoll aufzunehmen. Daß das Protokoll durch den Urkundsbeamten geführt wird, ist hier (anders als nach § 45 Abs. 4) nicht vorgesehen (gl. A. Turnau **1** 273, Voitus Note 3, Schlegelberger-Nagel; a. M. Oetker GA. **49** 110).

4. Öffentlichkeit — Die Sitzungen des Ausschusses sind nicht öffentlich.

§ 42

Aus der berichtigten Vorschlagsliste wählt der Ausschuß mit einer Mehrheit von zwei Dritteln der Stimmen für die nächsten zwei Geschäftsjahre:

1. die erforderliche Zahl von Schöffen;

2. die erforderliche Zahl der Personen, die in der von dem Ausschuß festgesetzten Reihenfolge an die Stelle wegfallender Schöffen treten (Hilfsschöffen). Zu wählen sind Personen, die am Sitz des Amtsgerichts oder in dessen nächster Umgebung wohnen.

I. Entstehungsgeschichte: Entw. § 30.
II. Spätere Entwürfe: N. E. IV Art. II 10; E. V Art. II 7; Entw. EGStGB. Art. 68 Ziff. 11.
III. Spätere Änderungen: VO. vom 14. 6. 1932 (RGBl. I 285) erster Teil Kapitel I Art. 8. Auf dem Vereinheitlichungsges. vom 12. 9. 1950 beruht die in Anm. 2 erwähnte Neuerung.

1. **„Aus der berichtigten Vorschlagsliste"**, d. h. aus der endgültig festgestellten. Eine Berichtigung der Vorschlagsliste braucht nicht notwendig stattgefunden zu haben.

2. **Zweidrittelmehrheit** – Während nach früherem Recht für die Wahl einfache Stimmehrheit genügte und bei Stimmengleichheit die Stimme des Amtsrichters den Ausschlag gab, ist seit dem Vereinheitlichungsgesetz vom 12. 9. 1950 eine Zweidrittelmehrheit erforderlich, die sich jedoch – anders als nach § 36 Abs. 1, § 40 Abs. 3 GVG., § 35 Abs. 3 JGG. – nicht nach der gesetzlichen Mitgliederzahl (d. h. 12, § 40 Abs. 2), sondern, wie sich aus § 40 Abs. 4 ergibt, nach der Zahl der abgegebenen Stimmen bemißt. Wegen der Gründe für diese Neuerung vgl. Anm. 1 a zu § 36.

3. Die **Ausschußmitglieder** selbst stehen in der Wählbarkeit den übrigen in der Vorschlagsliste verzeichneten Personen gleich; insbesondere begründet die Mitgliedschaft im Ausschuß kein Recht, die Wahl zum Schöffen oder Geschworenen abzulehnen (vgl. Oetker GA. **49** 112.) Jedoch wird man annehmen müssen, daß der zu Wählende sich der Stimme zu enthalten hat.

4. **„die erforderliche Zahl"** – Hierüber s. § 43 und Anm. 4 zu § 40.

5. Die in § 42 Nr. 1 erwähnten **Schöffen** werden im Gegensatz zu den in Nr. 2 genannten Hilfsschöffen auch als Hauptschöffen bezeichnet (§§ 43ff.). – Über den Begriff „Ergänzungsschöffe" s. § 192.

6. Über **die bei der Auswahl zu beachtenden Grundsätze** enthält das Gesetz keine Bestimmungen; sie müssen aus der Natur der Aufgabe entnommen werden. In den Entwurf von 1923 war als § 42a die Bestimmung aufgenommen: „Der Ausschuß darf nur Personen wählen, von denen zu erwarten ist, daß sie das Richteramt gewissenhaft, unparteiisch und mit dem nötigen Verständnis ausüben werden. Nach der Zugehörigkeit zu bestimmten Parteien, Berufsarten, Religionsgemeinschaften oder sonstigen Bevölkerungskreisen darf kein Unterschied gemacht werden." (RTVerh. Bd. 378 Nr. 5884 S. 6985). Diese Handhabung entspricht dem Wesen der Sache und muß auch ohne förmlichen gesetzlichen Niederschlag als Richtschnur für den Ausschuß angesehen werden (s. auch Anm. 1 zu § 36). Im übrigen unterliegt die Beurteilung der Frage, nach welchen Gesichtspunkten die Auswahl vorgenommen werden soll, allein dem pflichtmäßigen Ermessen des Ausschusses selbst; im gerichtlichen Verfahren, insbesondere auf eine darauf gegründete Revisionsrüge, ist dieses Ermessen nicht nachprüfbar (RG. vom 20. 10. 1930 III 266/30 zu I A 3 b, OLG. Hamburg GA. **76** 242). Im Verwaltungswege sind über die bei der Wahl zu berücksichtigenden Grundsätze vielfach Anordnungen ergangen. Sie binden aber den Ausschuß nicht, sind vielmehr als bloße Empfehlungen zu betrachten. Nur der im Ausschuß mitwirkende Verwaltungsbeamte ist an Anweisungen der ihm vorgesetzten Behörden gebunden (vgl. z. B. RdErl. d. pr. MdJ. vom 6. 3. 1928 JMBl. 193). Der Amtsrichter dagegen genießt auch in seiner Eigenschaft als Ausschußvorsitzender das Recht der richterlichen Unabhängigkeit („justizförmiger Verwaltungsakt"; vgl. Anm. 1a zu § 1). Die gegenteilige Ansicht von Siegert (GerS. **103** 347) ist durch nichts begründet.

Die Entscheidungen des Ausschusses sind endgültig und unanfechtbar. Verstößt der Ausschuß bei der Auswahl gegen das Gesetz, so kann in einem Strafverfahren, das unter Mitwirkung eines der gewählten Laienrichter stattfindet, das Urteil mit der Begründung angefochten werden, das erkennende Gericht sei nicht vorschriftsmäßig besetzt gewesen (§ 338 Nr. 1 StPO.) (vgl. Anm. 3a zu § 40). Diese Möglichkeit der Anfechtung besteht aber nur bei Verstößen gegen zwingende gesetzliche Vorschriften; Ermessensentscheidungen des Ausschusses unterliegen, wie schon gesagt, nicht der Anfechtung. Selbstverständlich kann der Ausschuß, wenn er selbst den Verstoß erkennt, den Fehler durch eine den Gesetzen entsprechende Wiederholung der Beschlußfassung wieder gutmachen. Im übrigen ist er aber selbst an seine Beschlüsse gebunden und kann sie nicht – etwa durch Zurücknahme einer Wahl und Neubestellung von Laienrichtern – wieder umstoßen (vgl. hierzu Siegert GerS. **103** 350ff.).

7. **Hilfsschöffen** – **a) Unvereinbarkeit von Haupt- und Hilfsschöffenamt.** Da die Hilfsschöffen an die Stelle (ganz oder vorübergehend) wegfallender Hauptschöffen treten sollen, ist es nicht statthaft, für dasselbe Geschäftsjahr dieselbe Person zugleich zum Hauptschöffen und zum Hilfsschöffen zu wählen.

b) Ersatz wegfallender Hauptschöffen. „Die Hilfsschöffen dienen dazu, den Ersatz für alle Fälle zu bieten, in denen die Zuziehung eines anderen als des zunächst berufenen Schöffen erforderlich ist. Hilfsschöffen sind sowohl diejenigen, welche für den ganzen Dienst eines wegfallenden Schöffen eintreten, als diejenigen, welche den Ersatz für eine einzelne Sitzung bilden" (Begr. 48). Dieser Grundsatz hat nach mehreren Richtungen praktische Folgen: Fällt ein auf der Schöffenliste stehender Hauptschöffe, sei es durch den Tod, sei es auf eine andere Weise (§§ 52, 53), dauernd, d. h. für die ganze Wahldauer oder doch für deren ganzen Rest, weg, so wird er nicht für jede Sitzung besonders ersetzt; vielmehr ist ein Hilfsschöffe als Ersatzmann für den ganzen noch übrigen Dienst des wegfallenden Schöffen zu berufen (das wäre freilich richtiger im Gesetz selbst und nicht nur in der Begründung auszusprechen gewesen). Der Hilfsschöffe tritt in diesem Falle ohne weiteres kraft Gesetzes — ohne daß es einer besonderen Anordnung oder einer Auslosung bedarf — in jeder Beziehung an die Stelle des wegfallenden Hauptschöffen, nimmt also an den Sitzungen teil, für die der Hauptschöffe ausgelost ist, an dessen Stelle er tritt. Folgerichtig hört er damit auch auf, Hilfsschöffe zu sein; er wird Hauptschöffe und muß aus der Schöffenliste der Hilfsschöffen in die der Hauptschöffen übertragen werden (§ 44). (RGSt. **65** 319, **66** 75, RG. JR. **1933** Nr. 1282; BGHSt. **6** 117 = NJW. **1954** 1210; gl. A. von Schwarze 37, Keller 72, Stenglein Anm. 3, Ben.-Beling 52 Anm. 13, Schlegelberger-Nagel Anm. 4; KMR. Anm. 3c; a. M. Voitus Komm. 46, Oetker GA. **49** 218, die annehmen, daß der wegfallende Schöffe für jede Sitzung besonders, und zwar nach Maßgabe des § 49, zu ersetzen sei; ferner Schwarz Anm. 2 B, der annimmt, es müsse in diesem Falle eine Auslosung nach § 45 Abs. 2 vorgenommen werden.) Bei der Ersetzung eines Hauptschöffen für den ganzen noch übrigen Dienst ist die Reihenfolge maßgebend, in der der Ausschuß die Hilfsschöffen in die Schöffenliste aufgenommen hat; es tritt also bei dem ersten (zweiten usw.) Ersetzungsfalle der erste (zweite usw.) Hilfsschöffe ein. Vgl. § 49 Anm. 4. Die Reihenfolge, in der die Hilfsschöffen an die Stelle gänzlich wegfallender Hauptschöffen treten (und somit selbst zu Hauptschöffen werden), ist unabhängig von der Reihenfolge, wie sie bei nur zeitweiliger Verhinderung eines Hauptschöffen nach § 49 eintritt. Der als erster auf der Liste stehende Hilfsschöffe tritt deshalb auch dann an die Stelle des nächsten gänzlich wegfallenden Hauptschöffen, wenn er bereits nach § 49 Dienst getan hat (RGSt. **65** 319; 321; vgl. RG. BayZ. **1932** 123). Alle diese Grundsätze gelten auch für Geschworene (RG. vom 21. 3. 1933 I 109/33; BGHSt. **6** 117 = NJW. **1954** 1210).

c) **Für einzelne Sitzungen** werden die Hilfsschöffen einberufen, wenn das Schöffengericht eine außerordentliche Sitzung hält und die Auslosung von Hauptschöffen wegen Dringlichkeit untunlich ist (§ 48 Abs. 2), wenn die Ersetzung eines Hauptschöffen für eine einzelne Sitzung oder Verhandlung erforderlich wird (§ 49), oder wenn die Zuziehung von Ergänzungsschöffen stattfindet (§ 192). In diesen Fällen hört der Einberufene nicht auf, für den Rest der Wahlperiode Hilfsschöffe zu sein.

d) Der **Schlußsatz der Nr. 2** bezieht sich selbstverständlich nur auf die Hilfsschöffen. Die Zuziehung eines Hilfsschöffen soll möglichst ohne Zeitverlust bewirkt werden können, wenn sich kurz vor Beginn oder erst im Laufe einer Sitzung die Notwendigkeit der Einberufung ergibt. — Vgl. noch § 48 Anm. 5.

8. **Weitere Aufgaben des Ausschusses** — Außer den Hauptschöffen und Hilfsschöffen für das Schöffengericht hat der Ausschuß noch zu wählen die Hauptschöffen für das Landgericht (GVG. § 77), die Hauptgeschworenen (§ 84) und die Jugendschöffen (JGG. § 35). Ferner hat der Ausschuß bei dem Amtsgericht, in dessen Bezirk das Landgericht oder das Schwurgericht seinen Sitz hat, die Hilfsschöffen für das Landgericht und die Hilfsgeschworenen zu wählen (GVG. § 77 Abs. 2, § 84; vgl. auch §§ 78, 92). Entsprechend ist im Fall des § 58 GVG, § 33 Abs. 4 JGG. (Übertragung der Aburteilung für mehrere Gerichte auf eines von ihnen) zu verfahren. Für jede dieser verschiedenen Klassen von Laienrichtern sind gesonderte Verzeichnisse aufzustellen; bei den Jugendschöffen im Hinblick auf § 35 Abs. 5 JGG. unter Trennung der Männer von den Frauen. — **Geschworene.** Da der Ausschuß bei der Wahl der Schöffen zugleich die Geschworenen zu wählen hat (§ 84), und da ferner niemand für dasselbe Geschäftsjahr zu beiden Ämtern berufen werden soll (§ 90), so hat der Ausschuß zu erwägen, für welches Amt der einzelne am besten geeignet ist. Hierbei wird in erster Linie zu berücksichtigen sein, daß das Amt der Geschworenen erheblich schwieriger ist und bei weitem größere Ansprüche an die geistigen Fähigkeiten der zur Entscheidung berufenen Personen stellt.

§ 43

(1) Die für jedes Amtsgericht erforderliche Zahl von Haupt- und Hilfsschöffen wird durch den Landgerichtspräsidenten (Amtsgerichtspräsidenten) bestimmt.

(2) Die Zahl der Hauptschöffen ist so zu bemessen, daß voraussichtlich jeder mindestens zu zwölf ordentlichen Sitzungstagen im Jahr herangezogen wird.

I. Entstehungsgeschichte: Entw. § 31.

II. Spätere Entw.: N. E. III Nr. 15.

III. Spätere Änderungen: Das Vereinheitlichungsges. vom 12.9.1950 hat die in Anm. 1b, 2 bezeichneten Änderungen vorgenommen.

1. a) Die **Zahl** der auf die Schöffenliste zu bringenden Schöffen muß sich nach dem Bedürfnis, also, mit Rücksicht auf die Bestimmung des Abs. 2, nach der Zahl der während des Jahres abzuhaltenden ordentlichen Sitzungen des Schöffengerichts richten; sie ist mithin von dem Umfange der schöffengerichtlichen Geschäfte abhängig. Als Anhalt für die Bestimmung der Zahl dient die im voraus nach Erfahrungssätzen festzulegende Zahl der im Geschäftsjahr erforderlichen Sitzungstage. Diese Zahl, vervielfältigt mit 2 und geteilt durch 12, ergibt die Zahl der erforderlichen Hauptschöffen (Schäfer-Hartung Anm. 1). Für Geschworene vgl. §§ 84, 85.

b) Die Bestimmung der erforderlichen Zahl stand früher den Landesjustizverwaltungen zu, die diese Aufgabe z. T. auf die Landgerichtspräsidenten übertragen hatten. Das Vereinheitlichungsges. vom 12. 9. 1950 übertrug das Bestimmungsrecht den Landgerichtspräsidenten (bei den mit einem Präsidenten besetzten Amtsgerichten diesem); es handelt sich dabei um eine reine Justizverwaltungsaufgabe.

2. Die **Zahl** der nach Auffassung des Gesetzgebers den Hauptschöffen zumutbaren **Sitzungstage** hat gewechselt: früher „höchstens 5", seit dem Vereinheitlichungsges. vom 12. 9. 1950 „mindestens 12" Sitzungstage, da die Schöffen nur durch öftere Teilnahme an den Verhandlungen die Bekanntschaft mit den gesetzlichen Bestimmungen erlangen können, deren sie zur Erfüllung ihrer Aufgabe (§ 30) bedürfen.

3. „Sitzungstage" — Hierzu vgl. § 45 Anm. 2. Ein Schöffe, der im letzten der beiden Geschäftsjahre an wenigstens 10 Sitzungstagen die Schöffenpflicht erfüllt hat, kann nach § 35 Nr. 2 eine erneute Berufung ablehnen.

4. Für die **Hilfsschöffen** besteht keine Bestimmung wie die des Abs. 2, da sich die Zahl der möglichen Einberufungsfälle (§ 42 Anm. 7b, c) nicht im voraus bemessen läßt. Die Zahl der Hilfsschöffen wird, um eine übermäßige Belastung zu vermeiden, in einem angemessenen Verhältnis zu der Zahl der Hauptschöffen stehen müssen.

§ 44

Die Namen der gewählten Hauptschöffen und Hilfsschöffen werden bei jedem Amtsgericht in gesonderte Verzeichnisse aufgenommen (Schöffenlisten).

I. Entstehungsgeschichte: Entw. § 32.

II. Spätere Entwürfe: N. E. III Nr. 16; E IV Art. II 13. Entw. EG.StGB. Art. 68 Ziff. 12.

III. Spätere Änderungen: VO. vom 14. 6. 1932 (RGBl. I 285) erster Teil Kapitel I Art. 8. Unbedeutende Fassungsänderung („gewählt" statt „erwählt") durch das Vereinheitlichungsges. vom 12. 9. 1950.

1. Die **Schöffenlisten** werden von dem Ausschuß endgültig festgestellt. Unmittelbar auf Grund dieser Listen werden die Schöffen nach Maßgabe des § 45 zu den einzelnen Sitzungen herangezogen. Wegen späterer Berichtigung der Schöffenlisten s. § 52. — Über die Geschworenenlisten vgl. §§ 84, 85, für die Strafkammerschöffen §§ 77 und 78, und für die Schöffen bei gemeinschaftlichen Schöffengerichten § 58 Abs. 2. Wegen der Jugendschöffen vgl. § 35 Abs. 5 JGG. Bestehen bei demselben Gericht mehrere Abteilungen des Schöffengerichts, so wird nicht etwa für jede Abteilung eine besondere Schöffenliste gebildet; vielmehr ist die Liste für alle Abteilungen des Gerichts gemeinsam; nur für das Jugendschöffengericht sind besondere Listen aufzustellen.

§ 45

(1) Die Tage der ordentlichen Sitzungen des Schöffengerichts werden für jedes Jahr im voraus festgestellt.

(2) Die Reihenfolge, in der die Hauptschöffen an den einzelnen ordentlichen Sitzungen des Jahres teilnehmen, wird durch Auslosung in öffentlicher Sitzung des Amtsgerichts bestimmt.

(3) Das Los zieht der Amtsrichter.

(4) Über die Auslosung wird von dem Urkundsbeamten der Geschäftsstelle ein Protokoll aufgenommen.

I. Entstehungsgeschichte: Entw. § 33.

II. Spätere Entwürfe: N. E. IV Art. II 14. Entw. EGStGB. Art. 68 Ziff. 13.

III. Spätere Änderungen: Ges. vom 25. 4. 1922 (RGBl. I 467). Ges. vom 9. 7. 1927 (RGBl. I 175). VO. vom 14. 6. 1932 (RGBl. I 285) erster Teil Kapitel I Art. 8. Das Vereinheitlichungsges. vom 12. 9. 1950 hat den früheren Abs. 2 Satz 3, wonach für eine Sitzung nicht mehr als eine Frau ausgelost werden durfte, im Hinblick auf die Änderung des § 29 a. F. gestrichen und aus dem bisherigen Satz 2 des Abs. 2 einen Abs. 3 gemacht.

1. Ob der Amtsrichter oder ein anderes Organ der Justizverwaltung **die Tage der ordentlichen Sitzungen** festzustellen hat, ist im GVG. nicht bestimmt; hierüber entscheidet das Landesrecht. S. AV. d. pr. JM. vom 13. 11. 1933 (Deutsche Justiz 673) zu C III 4, F. Das Präsidium (§§ 22 b u. c) hat damit nichts zu tun.

2. Das Gesetz spricht bei den Schöffengerichten von Sitzungstagen (§ 46), nicht, wie bei den Schwurgerichten (vgl. §§ 83, 85, 86, 87), von Tagungen. Für die Schöffengerichte sind die Ausdrücke **„Sitzung"** und **„Sitzungstag"** gleichbedeutend, und wenn ein solches Gericht zwei oder mehrere aufeinander folgende Tage in Tätigkeit ist, so finden im Sinne des Gesetzes ebenso viele verschiedene Sitzungen statt. Eine Ausnahme gilt nur, wenn die auf einen Sitzungstag anberaumten Sachen (oder eine davon) an diesem Tage nicht zu Ende geführt werden können und deshalb die Fortsetzung der Sitzung an einem späteren Tage erforderlich wird; vgl. § 50. Eine Verlegung der Sitzungstage des Schöffengerichts im Laufe des Geschäftsjahres ist nicht angängig (vgl. Günther DRZ. **1911** 831; a. M. Schorn DRZ. **1933** 163).

3. **Auslosung** — Eine nähere Anordnung darüber, in welcher Weise die Schöffen auf die einzelnen Sitzungstage zu verteilen sind, und in welcher Art der Wechsel unter ihnen stattzufinden hat, ist im Gesetz nicht gegeben. Es bleibt bei dem Auslosungsverfahren Raum für das Ermessen des Richters (KG. JW. **1930** 2590 = JR. **1930** Nr. 1565). Zulässig wäre auch eine allgemeine Regelung durch die Landesjustizverwaltung (vgl. für Bayern § 23 Abs. 2 der Bek. vom 30. 5. 1952, GVBl. 169). Am zweckmäßigsten wird die Auslosung in der Weise vorzunehmen sein, daß die Namen aller Hauptschöffen in eine Urne gelegt und sodann für jede ordentliche Sitzung zwei von ihnen gezogen werden. Die gezogenen Namen werden jedesmal wieder in die Urne zurückgelegt, und zwar so oft, bis bei dem einzelnen Schöffen die Zahl der auf ihn fallenden Sitzungen erschöpft ist. Auf diese Weise ist jede Willkür ausgeschlossen. Ob die zwei Schöffen, die für die erste, zweite usw. Sitzung ausgelost werden, auch bei einer späteren Sitzung wieder zusammentreffen, hängt bei diesem Verfahren lediglich von dem Lose ab (vgl. Keller 69, Hauck 71, andererseits aber Voitus Komm. 43 und Kontr. **1** 272, Meves 14, Oetker GA. **49** 208). Zulässig ist auch, daß jeder Schöffe, dessen Name gezogen wird, gleich für mehrere aufeinander folgende Sitzungstage bestimmt wird (BGH. NJW. **1955** 997); dann treffen immer dieselben beiden Schöffen bei derselben Abteilung zusammen. Bestehen mehrere Abteilungen des Schöffengerichts, so findet die Auslosung für alle aus der gemeinsamen Liste (Anm. 1 zu § 44) statt, zweckmäßig in demselben Termin (KG. JW. **1930** 2590 = JR. **1930** Nr. 1565).

Die Auslosung gilt (vorbehaltlich des § 50) nur für den bestimmten Sitzungstag; es ist unzulässig, bei einer Vertagung oder Unterbrechung der Verhandlung, wenn sie sich nicht in den Grenzen des § 229 StPO. hält, die für die ursprüngliche Verhandlung ausgelosten Schöffen ohne weiteres wieder heranzuziehen (RGSt. **65** 298; OLG. Naumburg DRZ. **1930** Nr. 165); vgl. Anm. 3 zu § 48. Wegen des Zeitpunktes der Auslosung vgl. § 57. Der Auslosung bedarf es nur für die Hauptschöffen; die Hilfsschöffen werden nach der Reihenfolge der Hilfsschöffenliste herangezogen (§ 49). — Für den Fall einer außerordentlichen Sitzung trifft § 48 Abs. 1 Vorsorge.

Die Auslosung ist, obwohl durch die VO. vom 14. 6. 1932 (RGBl. I 285) die Dauer des Schöffenamts auf zwei Jahre ausgedehnt worden ist, stets nur für ein Geschäftsjahr vorzunehmen.

4. An der öffentlichen **Sitzung des Amtsgerichts** nimmt der Amtsrichter, der hierbei eine Justizverwaltungsaufgabe ausübt (vgl. Anm. 3 zu § 77), und der Urkundsbeamte teil. Der Zuziehung der Staatsanwaltschaft bedarf es nicht (Begr. 48). – Daß die Zeit der Sitzung zuvor öffentlich bekanntgemacht wird, ist nicht vorgeschrieben.

5. Das **Protokoll** ist von dem Amtsrichter und von dem Urkundsbeamten zu unterschreiben. Vgl. StPO. § 271. Wegen der Beweiskraft vgl. § 51 Anm. 4; vgl. dort auch Anm. 6.

§ 46

(1) Der Amtsrichter setzt die Schöffen von ihrer Auslosung und von den Sitzungstagen, an denen sie in Tätigkeit zu treten haben, unter Hinweis auf die gesetzlichen Folgen des Ausbleibens in Kenntnis.

(2) In gleicher Weise werden die im Laufe des Geschäftsjahres einzuberufenden Schöffen benachrichtigt.

I. **Entstehungsgeschichte:** Entw. § 34.

II. **Keine späteren Änderungen.**

1. Die Hauptschöffen sollen durch die hier vorgeschriebene, das ganze Geschäftsjahr umfassende **Benachrichtigung** schon vor oder bei Beginn des Geschäftsjahres einen Überblick über die gesamte Tätigkeit erhalten, zu der sie, von Ausnahmefällen (§ 48) abgesehen, im Laufe des Jahres herangezogen werden sollen, um sich in ihren Geschäften und sonstigen Privatangelegenheiten entsprechend einrichten zu können; vgl. auch § 47. Die Hilfsschöffen, die im Laufe des Geschäftsjahrs für dessen ganzen Rest an die Stelle wegfallender Hauptschöffen treten (vgl. § 42 Anm. 7b), erhalten die Nachricht, sobald der Eintritt dieses Falles festgestellt wird. Vgl. Anm. 3. Mit den Benachrichtigungen wird den Schöffen und Geschworenen das in Anm. 4 zu § 30 erwähnte Merkblatt übersandt. – Besondere Ladungen zu den einzelnen Sitzungstagen sind zwar im Gesetz nicht vorgeschrieben, haben sich aber nach den Erfahrungen der Praxis als sehr angezeigt erwiesen; die pr. AV. vom 13. 11. 1933 (Deutsche Justiz 673 zu C III 5) empfiehlt deshalb den Amtsgerichten, besondere Ladungen zu den einzelnen Sitzungen, und zwar etwa drei Tage vor dem Sitzungstage, zu erlassen, verbunden mit der Aufforderung, für den Fall, daß Entschädigung für Verdienstausfall in Anspruch genommen wird, eine Bescheinigung des Arbeitgebers über dessen Höhe mitzubringen. Vgl. § 55.

2. Wegen der **Folgen des Ausbleibens** s. § 56. Die Benachrichtigungen bedürfen zu ihrer Wirksamkeit keiner Zustellung; Bestrafung ist auch ohne Zustellungsnachweis zulässig (vgl. AV. d. pr. JM. vom 13. 11. 1933 a.a.O. zu C III 5.)

3. In Abs. 2 sind die Worte **„In gleicher Weise“** auf den in Abs. 1 erwähnten „Hinweis“ zu beziehen. Die Erlassung einer allgemeinen, d. h. sich auf eine Mehrzahl von Sitzungstagen erstreckenden Benachrichtigung an die im Laufe des Geschäftsjahres einzuberufenden Schöffen ist nur für solche Hilfsschöffen ausführbar, die für die ganze Wahlperiode an die Stelle eines wegfallenden Hauptschöffen treten (§ 42 Anm. 7b). Im übrigen wird es, wiewohl gerade dies in Abs. 2 nicht gesagt ist, angemessen sein, alle zu Hilfsschöffen gewählten Personen (§ 42) bei Beginn des Geschäftsjahres von ihrer Wahl zu benachrichtigen, damit die Einberufung sie nicht unvorbereitet findet; § 24 Abs. 2 der bay. Bek. vom 30. 5. 1952 (GVBl. 169) enthält eine entsprechende Bestimmung.

§ 47

Eine Änderung in der bestimmten Reihenfolge kann auf übereinstimmenden Antrag der beteiligten Schöffen von dem Amtsrichter bewilligt werden, sofern die in den betreffenden Sitzungen zu verhandelnden Sachen noch nicht bestimmt sind. Der Antrag und die Bewilligung sind aktenkundig zu machen.

I. Entstehungsgeschichte: Entw. § 35.

II. Keine späteren Änderungen.

1. Unter der **„Änderung in der bestimmten Reihenfolge"** ist ein Tausch zwischen zwei, zu verschiedenen Sitzungen berufenen Hauptschöffen zu verstehen (Begr. 48); zwischen Hilfsschöffen ist ein Austausch der Sitzungstage, die ihnen ja nicht bekannt sind, nicht möglich. Dieser Tausch kann sich sowohl auf die sämtlichen im voraus bestimmten Sitzungstage der beteiligten Schöffen (§ 45) erstrecken, wie auch auf einzelne Sitzungstage beschränken. Nur der Amtsrichter, nicht die Geschäftsstelle kann den Tausch bewilligen (BGH. MDR. **1953** 598). Vgl. noch Anm. 3 zu § 77.

2. Durch die Worte **„sofern . . . die zu verhandelnden Sachen noch nicht bestimmt sind"** soll – in Wahrung des Grundsatzes des gesetzlichen Richters (§ 16 GVG., Art. 101 GG.) – ausgeschlossen werden, daß die Besetzung des Gerichts für eine bestimmte Strafsache willkürlich geändert wird (Begr. 48). Sobald auf einen Sitzungstag auch nur eine Sache anberaumt ist, darf für diesen Tag kein Tausch mehr gestattet werden.

3. **aktenkundig** – Der Antrag, der an keine Form gebunden ist, und die Bewilligung bedürfen der Beurkundung bei den über die Berufung der Schöffen geführten Generalakten.

4. Eine Änderung der bestimmten Reihenfolge kann auch ohne Tausch eintreten, wenn ein Schöffe gegen **Stellung eines Ersatzmannes** vom Sitzungsdienst entbunden wird. Vgl. § 54 Abs. 2.

§ 48

(1) Wenn die Geschäfte die Anberaumung außerordentlicher Sitzungen erforderlich machen, so werden die einzuberufenden Schöffen vor dem Sitzungstag nach § 45 ausgelost.

(2) Erscheint dies wegen Dringlichkeit untunlich, so erfolgt die Auslosung durch den Amtsrichter lediglich aus der Zahl der am Sitz des Gerichts wohnenden Hilfsschöffen. Die Umstände, die den Amtsrichter hierzu veranlaßt haben, sind aktenkundig zu machen.

I. Entstehungsgeschichte: Entw. § 36.

II. Keine späteren Änderungen.

1. Zu Abs. 1. Die zu außerordentlichen Sitzungen heranzuziehenden Schöffen sind in der Regel (vgl. Abs. 2) „nach § 45", also aus der Liste der Hauptschöffen und unter Beobachtung der in § 45 vorgeschriebenen Förmlichkeiten auszulosen.

2. **Umfang der Auslosung** – Die Auslosung erstreckt sich für jede einzelne außerordentliche Sitzung auf alle auf der Schöffenliste stehenden Hauptschöffen; daß ein Schöffe in demselben Geschäftsjahr bereits ein oder mehrere Male zu einer solchen Sitzung herangezogen worden ist, begründet nicht seine Ausschließung von weiteren Auslosungen. Das gilt auch, wenn gleichzeitig eine Auslosung für mehrere Sitzungen stattfindet.

3. **Zeit der Auslosung** – Die Auslosung wird vorzunehmen sein, sobald die außerordentliche Sitzung anberaumt worden ist. Die Worte „vor dem Sitzungstage" sind nicht rein zeitlich zu verstehen; insbesondere ist es nicht unzulässig, die Auslosung erst an dem Sitzungstage selbst vorzunehmen (obwohl das wenig zweckmäßig wäre) (Schorn DRZ. **1933** 163 zu 3). Sie bringen vielmehr den Grundsatz zum Ausdruck, daß das Schöffengericht niemals für einzelne bestimmte Strafsachen, sondern eben für bestimmte Sitzungstage gebildet wird; nur für diesen Tag sind die Schöffen (vorbehaltlich des § 50) zum Schöffenamt berufen. Danach ist es auch unzulässig, die sämtlichen auf einen ordentlichen Sitzungstag anberaumten Sachen auf eine Sondersitzung zu verlegen und dazu einfach die für den ausgefallenen ordentlichen Sitzungstag ausgelosten Schöffen zu laden; vielmehr müssen für die Sondersitzung neue Schöffen nach § 48 ausgelost werden (RGSt. **65** 298, OLG. Naumburg DRZ. **1930** Nr. 165); vgl. Anm. 3 zu § 45.

4. Zu Abs. 2. Der Fall der **Dringlichkeit** liegt nur vor, wenn aus Gründen, die in der Beschaffenheit der zu verhandelnden Sachen liegen, eine außerordentliche Sitzung auf einen so nahen Tag anberaumt werden muß, daß mit einer rechtzeitigen Einberufung der Hauptschöffen (Abs. 1) nicht zu rechnen ist. Abs. 2 ist also hauptsächlich auf Haftsachen berechnet. Ob dieser Fall vor-

liegt, hat der Richter nach pflichtmäßigem Ermessen zu entscheiden. Mit der Revision ist diese Entscheidung nicht nachprüfbar. Wegen der Aktenkundigmachung (Satz 2) vgl. Anm. 3 zu § 47.

5. Abs. 2 setzt voraus, daß **am Sitze des Gerichts** mindestens drei Hilfsschöffen wohnen. Denn falls nur zwei daselbst vorhanden sind, kann keine Auslosung stattfinden; diese ist aber ein notwendiger Bestandteil des in Abs. 2 bezeichneten Verfahrens, und es steht dem Amtsrichter nicht zu, einfach die beiden vorhandenen Hilfsschöffen einzuberufen (gl. A. Oetker GA. **49** 212 Schwarz Anm. 2; KMR. Anm. 1; a. M. Keller 71, Stenglein 2). Sind nur zwei Hilfsschöffen am Gerichtssitz vorhanden, bleibt nur übrig, nach Abs. 1 zu verfahren. Eben deshalb wird es aber geboten sein, in die Liste der Hilfsschöffen stets mindestens drei am Sitze des Gerichts wohnende Personen aufzunehmen (vgl. § 42 Nr. 2). — Eine Einberufung nach § 48 Abs. 2 berührt nicht die Reihenfolge der Einberufungen nach § 49; vgl. dort Anm. 4.

6. Zu Abs. 1, 2. Erscheint einer der gemäß Abs. 1 oder Abs. 2 einberufenen Schöffen nicht, so ist ein Hilfsschöffe nach Maßgabe des § 49 heranzuziehen.

Die Vorschriften gelten auch für die Einrichtung einer Hilfsstrafkammer (Graßhof DJZ. **1928** 1325).

§ 49

(1) Wird zu einzelnen Sitzungen die Zuziehung anderer als der zunächst berufenen Schöffen erforderlich, so erfolgt sie aus der Zahl der Hilfsschöffen nach der Reihenfolge der Schöffenliste.

(2) Würde durch die Berufung der Hilfsschöffen nach der Reihenfolge der Schöffenliste eine Vertagung der Verhandlung oder eine erhebliche Verzögerung ihres Beginns notwendig, so sind die nicht am Sitz des Gerichts wohnenden Hilfsschöffen zu übergehen.

I. Entstehungsgeschichte: Entw. § 37.

II. Spätere Entwürfe: N. E. III Nr. 17; E. IV Art. II 15; E. V Art. II 8. Entw. EG.StGB. Art. 68 Ziff. 14.

III. Spätere Änderungen: Ges. vom 25. 4. 1922 (RGBl. I 465). Bek. vom 22. 3. 1924 (RGBl. I 305). VO. vom 14. 6. 1932 (RGBl. I 285) erster Teil Kapitel I Art. 8. Das Vereinheitlichungsges. vom 12. 9. 1950 hat den Schlußteil des Abs. 1, wonach tunlichst an Stelle eines zunächst einberufenen Mannes ein Mann, an Stelle einer Frau eine Frau tritt, im Hinblick auf die Änderung des § 29a. F. gestrichen.

Literatur: Schorn Rechtsfragen bei Einberufung von Schöffen DRZ. **1933** 163.

1. Zu Abs. 1. Die Zuziehung zu **einzelnen** Sitzungen bildet den Gegensatz zu der Ersetzung eines wegfallenden Hauptschöffen für die ganze noch übrige Wahldauer; für diese gilt § 42 (vgl. Anm. 7 zu § 42). § 49 bezweckt, entsprechend dem Grundsatz des gesetzlichen Richters (§ 16 GVG., Art. 101 Abs. 1 Satz 2 GG.), den Ersatz eines für eine einzelne Sitzung ausfallenden Hauptschöffen so zu regeln, daß nicht Willkür oder Ermessen, sondern eine feste gesetzliche Ordnung bestimmt, wer als Ersatz an seine Stelle tritt (RG. DRZ. **1928** Nr. 235; BGH. NJW. **1954** 82).

2. § 49 gilt gleichmäßig für die ordentlichen **Sitzungen** (§ 45) wie für die außerordentlichen (§ 48) und gleichviel ob es sich um die Ersetzung der beiden einberufenen Schöffen oder nur eines von ihnen handelt.

3. Die Zuziehung eines anderen Schöffen wird **erforderlich,** sobald feststeht, daß in einer bestimmten Sitzung einer der zunächst berufenen Schöffen aus irgend einem Grunde, z. B. wegen Erkrankung oder weil er von der Dienstleistung entbunden ist (§ 54), nicht tätig sein wird. Ferner gehört hierher der Fall, daß einer der in der Sitzung mitwirkenden Schöffen in einer einzelnen Sache von der Ausübung des Schöffenamts ausgeschlossen oder mit Erfolg abgelehnt ist (StPO. §§ 22, 24, 31). In diesem Fall erstreckt sich aber die Tätigkeit des Ersatzmannes nur auf diese Sache; wenn auf deren Verhandlung noch die Verhandlung anderer Sachen folgt, so hat der ursprünglich berufene Schöffe wieder in das Gericht einzutreten. Endlich findet § 49 auch auf die Zuziehung von Ergänzungsschöffen (§ 192) Anwendung (Begr. 48). Da der Vorsitzende die Einberufung des Ergänzungsschöffen jederzeit zurücknehmen kann, darf der dadurch freiwerdende Ergänzungsschöffe nunmehr zum Ersatz eines inzwischen ausgefallenen Hauptschöffen herangezogen werden (RGSt. **61** 307). — Eine Abweichung von der gemäß § 45 Abs. 2 bestimmten Reihenfolge ist nicht „erforderlich“, wenn das Gericht lediglich aus Zweckmäßigkeitsgründen, z. B. um dem Staat Kosten zu sparen, an Stelle der für den Tag bestimmten andere Personen als Schöffen einberuft; solcher behördlicher Willkür wollte das Gesetz die Besetzung des erkennenden Gerichts gerade entziehen (s. Anm. 1). Für die Zuziehung von Hilfsgeschworenen (ob für die ganze Tagung oder für einzelne Sitzungen oder Sachen der Tagung) vgl. RGSt. **62** 202, **66** 75 und RG. DRZ. **1928** Nr. 735 = JR. Nr. 2152.

4. Eine Auslosung der einzuberufenden Hilfsschöffen findet in den Fällen des § 49 nicht statt; sie werden vielmehr in regelmäßiger Abwechslung, und zwar nach der **Reihenfolge der Hilfsschöffenliste** (§ 44) herangezogen, so daß im ersten Einberufungsfalle der zuerst aufgeführte Hilfsschöffe, im zweiten der zweite einberufen wird usw. Daß ein solcher Wechsel stattzufinden hat, ist zwar im Gesetz nicht ausdrücklich ausgesprochen, muß aber als selbstverständlich gelten, da es nicht die Absicht des Gesetzes sein kann, den zuerst aufgeführten Hilfsschöffen stärker zu belasten als die andern. Er kommt somit, sobald er einmal zugezogen war, erst wieder an die Reihe, wenn alle hinter und vor ihm Stehenden Dienst geleistet haben (RG. JR. **1928** Nr. 1381 = DRZ. **1928** Nr. 235); jedoch wird die frühere Einberufung nicht gezählt, wenn sie vor der neuen als gegenstandslos zurückgenommen worden ist (RG. vom 1. 12. 1925 I 487/25). Abweichungen von der Reihenfolge der Schöffenliste bei der Zuziehung von Schöffen bilden einen unbedingten Revisionsgrund (RG. JR. **1927** Nr. 1487). Ein an späterer Stelle der Schöffenliste stehender Hilfsschöffe darf (abgesehen von den Fällen des Abs. 2, der nur die Übergehung der nicht am Sitz des Gerichts wohnenden Hilfsschöffen zuläßt) immer erst zugezogen werden, wenn feststeht, daß die zunächst zu Berufenden und Berufenen nicht erreichbar oder verhindert sind oder nicht erscheinen. Dagegen darf von der Berufung der am Gerichtsort wohnenden Hilfsschöffen nach der Reihenfolge auch dann nicht abgewichen werden, wenn dies zu einer Vertagung oder wesentlichen Verzögerung des Verhandlungsbeginns führt, etwa weil der zunächst zu Berufende erheblich weiter von der Gerichtsstelle entfernt wohnt als ein Nachmann (BGHSt. **5** 73 = NJW. **1954** 82 = JR. **1954** 34) oder weil der an späterer Stelle stehende Hilfsschöffe durch Fernsprecher erreichbar ist, während der zunächst stehende erst durch Boten herbeigerufen werden müßte (RGSt. **63** 309; OLG. Stuttgart NJW. **1952** 315). Eine entsprechende Anwendung des Abs. 2 ist ausgeschlossen, denn sie würde entgegen dem Grundsatz des Art. 101 Abs. 1 Satz 2 GG. die Reihenfolge der Einberufung dem Ermessen des Vorsitzenden überlassen. Eine Einberufung durch Auslosung nach § 48 Abs. 2 berührt die Reihenfolge der Schöffen nach § 49 nicht, hat also bei Anwendung des § 49 außer Betracht zu bleiben (RG. DRZ. **1928** 735 = JR. **1928** Nr. 2152, BayZ. **1928** 9). Ebensowenig wird die Reihenfolge des § 49 berührt, wenn ein Hilfsschöffe gemäß § 54 freiwillig für einen anderen eintritt. Ist ein Schöffe (ohne dauernd verhindert zu sein) für mehrere einander folgende Sitzungen verhindert, so ist für jeden einzelnen Verhinderungsfall der jedesmal in Betracht kommende, aber nicht ein Hilfsschöffe für alle Fälle heranzuziehen (RG. BayZ. **1932** 123). Auch sonst darf kein Hilfsschöffe unter Nichtbeachtung der Reihenfolge mehrfach hintereinander verwendet werden (RG. BayZ. **1928** 39). Der Entw. EG.StGB. wollte eine Erleichterung insofern schaffen, als es gestattet sein sollte, Hilfsschöffen zu übergehen, deren Berufung eine Vertagung der Verhandlung oder eine erhebliche Verzögerung ihres Beginns nötig machen würde.

Der Ersatz darf für alle Fälle der bloß zeitweiligen Verhinderung **nur** aus der Liste der **Hilfsschöffen** entnommen werden; die Heranziehung anderer als der ursprünglich vorgesehenen Hauptschöffen ist im Falle des § 49 keinesfalls zulässig, auch nicht, wenn dieser Weg bequemer wäre (RG. JW. **1933** 1599 Nr. 21 = JR. **1933** Nr. 1389). Anders in den Fällen der §§ 47, 54 Abs. 2 GVG. (vgl. RG. BayZ. **1932** 124).

Aus dem Gesagten ergibt sich, daß das Gericht ein genaues Verzeichnis der Fälle führen muß, in denen es Hilfsschöffen auf Grund des § 49 einberufen hat.

5. Verhinderung des Hilfsschöffen — Ist ein einberufener Hilfsschöffe am Erscheinen verhindert, so ist ohne weiteres sein nächster Hintermann aus der Liste der Hilfsschöffen einzuberufen. — In dem nächstfolgenden Einberufungsfalle ist sodann der Hintermann des einberufen gewesenen Schöffen, nicht der verhindert gewesene Hilfsschöffe, heranzuziehen; denn das Zurückgreifen auf diesen würde eine Abweichung von der vorgeschriebenen Reihenfolge enthalten, und eine solche Abweichung muß, soweit sie nicht im Gesetz ausdrücklich zugelassen ist (Abs. 2), als unstatthaft angesehen werden (RGSt. **62** 424, RG. DRZ. **1928** 235; Oetker GA. **49** 216).

6. Dauernde Vertretung — Sobald ein Hilfsschöffe dauernd an die Stelle eines Hauptschöffen getreten ist, darf er nicht mehr als Hilfsschöffe einberufen werden; er kommt alsdann bei Anwendung des § 49 Abs. 1 nicht mehr in Betracht; vgl. Anm. 7 zu § 42.

7. Zu Abs. 2. **Vertagung — oder — Verzögerung** — Abs. 2 hat den Fall im Auge, daß erst bei Beginn der Sitzung oder kurz zuvor dem Amtsrichter bekannt wird, die Ersetzung eines der zunächst einberufenen Schöffen durch einen anderen sei notwendig. Die ursprünglich ungenaue Fassung des alten Abs. 2 ist in der Bek. vom 22. 3. 1924 berichtigt worden. Ob die Voraussetzung vorliegt, hat der Richter nach pflichtmäßigem Ermessen zu entscheiden; in der Revisionsinstanz findet keine Nachprüfung dieses Ermessens statt.

8. sind . . . zu übergehen — Im Falle des Abs. 2 ist, wenn die Berufung des ersten der auswärtigen Hilfsschöffen eine Vertagung oder eine erhebliche Verzögerung des Verhandlungsbeginns notwendig macht, auf alle auswärtigen Hilfsschöffen zu verzichten und der nächste nach der Reihenfolge der Schöffenliste der am Gerichtssitz wohnenden Hilfsschöffen zu berufen. BGHSt. **5** 73 = NJW. **1954** 82. Es ist also so zuverfahren, wie wenn in der Hilfsschöffenliste nur die am Sitze des Gerichts wohnenden Hilfsschöffen verzeichnet wären; innerhalb ihres Kreises aber bestimmt sich die Auswahl der zu Berufenden nach dem in Anm. 4 Bemerkten. Wohnen z. B. von 8 Hilfsschöffen die unter Nr. 2, 3, 6, 8 aufgeführten am Sitz des Gerichts und ist in dem zunächst vorhergegangenen Einberufungsfall Nr. 4 in Tätigkeit gewesen, so ist nunmehr Nr. 6 (nicht Nr. 2 und selbstverständlich nicht Nr. 5) zu berufen (gl. A. Oetker GA. **49** 217, Stenglein Anm. 2). In dem nächstfolgenden Einberufungsfalle kommt sodann, je nachdem nach Abs. 1 oder nach Abs. 2 zu verfahren ist, Nr. 5 oder Nr. 8 an die Reihe. Wohnt kein Hilfsschöffe am Sitz des Gerichts, so ist Abs. 2 unanwendbar und sie sind gemäß Abs. 1 nach der Reihenfolge der Schöffenliste zuzuziehen, auch wenn dadurch eine Verlegung der Sitzung notwendig wird (BayObLGSt. **1950 51** 38). Hält das Gericht eine Sitzung außerhalb des Gerichtssitzes ab, so ist, sofern der Ort der Sitzung im Bezirk des Gerichts liegt, Abs. 2 in der Weise anwendbar, daß zunächst die aus der Liste der Hilfsschöffen am Ort der Sitzung zur Verfügung stehenden Hilfsschöffen herangezogen werden (OLG. Schleswig SchlHA. **1953** 67).

Auf Hauptschöffen darf auch im Falle des Abs. 2 keinesfalls zurückgegriffen werden, auch nicht, wenn ein solcher am Gerichtssitz zur Verfügung steht, während Hilfsschöffen dort nicht vorhanden oder nicht erreichbar sind (RG. JW. **1933** 1599 = JR. **1933** Nr. 1389).

9. Verhinderung — Ist ein gemäß Abs. 2 einberufener Hilfsschöffe am Erscheinen verhindert, so ist von den am Sitze des Gerichts wohnenden Hilfsschöffen der nächstfolgende einzuberufen (Anm. 5). Führt aber das Verfahren nach Abs. 2 nicht zum Ziel, so muß nunmehr, sofern nicht etwa die Sitzung aufgehoben wird, eine ganz neue Einberufung nach Abs. 1 stattfinden.

§ 50

Erstreckt sich die Dauer einer Sitzung über die Zeit hinaus, für die der Schöffe zunächst einberufen ist, so hat er bis zur Beendigung der Sitzung seine Amtstätigkeit fortzusetzen.

I. Entstehungsgeschichte: Entw. § 38.

II. Keine späteren Änderungen.

1. über die Zeit hinaus — § 50 betrifft den Fall, daß die Verhandlung der auf einen Sitzungstag (vgl. § 45 Anm. 2) anberaumten Sachen so viel Zeit in Anspruch nimmt, daß die Sitzung auf den folgenden Tag erstreckt werden muß, sei es, daß nur in einer Sache die Verhandlung an dem bestimmten Sitzungstage nicht zu Ende geführt werden kann, sei es, daß von den anberaumten Sachen einzelne überhaupt nicht zur Verhandlung gelangen können. Er findet aber auch Anwendung, wenn die Verhandlung einer Sache wegen eines verfahrensrechtlichen Hindernisses, z. B. wegen des Ausbleibens eines Zeugen, abgebrochen werden muß und an einem anderen Tage innerhalb der Frist des § 229 StPO. fortgesetzt werden soll. Deshalb bedarf es auch nicht der Zuziehung neuer Schöffen, wenn bei einer Verhandlung, die von vornherein auf mehrere Tage berechnet ist, an einem dem ersten Sitzungstag folgenden Tage einer der Berufsrichter ausfällt und infolgedessen nach Hinzuziehung eines Ersatzrichters die bisherige Verhandlung wiederholt werden muß (RG. vom 29. 6. 1931 III 386/31).

2. § 50 ist auch anwendbar, wenn der folgende Tag, auf den sich die Sitzung erstreckt, in ein neues Geschäftsjahr oder gar in eine **neue Wahlperiode** (§ 42) fällt. Vgl. auch § 65. — Aus § 51 Abs. 1 Satz 2 ist nicht zu folgern, daß es in letzterem Fall an dem folgenden Tage einer nochmaligen Beeidigung der Schöffen bedürfe.

§ 51

(1) Die Schöffen sind bei ihrer ersten Dienstleistung in öffentlicher Sitzung zu beeidigen. Die Beeidigung gilt für die Dauer der Wahlperiode (§ 42).

(2) Der Vorsitzende richtet an die zu Beeidigenden die Worte: „Sie schwören bei Gott dem Allmächtigen und Allwissenden, die Pflichten eines Schöffen getreulich zu erfüllen und Ihre Stimme nach bestem Wissen und Gewissen abzugeben."

(3) Die Schöffen leisten den Eid, indem jeder einzeln die Worte spricht: „Ich schwöre es, so wahr mir Gott helfe."

(4) Der Schwörende soll bei der Eidesleistung die rechte Hand erheben.

(5) Ist ein Schöffe Mitglied einer Religionsgesellschaft, der das Gesetz den Gebrauch gewisser Beteuerungsformeln an Stelle des Eides gestattet, so wird die Abgabe einer Erklärung unter der Beteuerungsformel dieser Religionsgesellschaft der Eidesleistung gleichgeachtet.

(6) Der Eid kann auch ohne religiöse Beteuerung geleistet werden.

(7) Über die Beeidigung wird von dem Urkundsbeamten der Geschäftsstelle ein Protokoll aufgenommen.

I. Entstehungsgeschichte: Entw. § 39.

II. Spätere Entwürfe: N. E. III Nr. 18; E. IV Art. II 16; E. V Art. II 9. Entw. EGStG.B. Art. 68 Ziff. 15.

III. Spätere Änderungen: WeimVerf. Art. 136 Abs. 4, Art. 177. Ges. vom 9. 7. 1927 (RGBl. I 175). VO. vom 14. 6. 1932 (RGBl. I 285) erster Teil Kapitel I Art. 8. Durch das Vereinheitlichungsges. vom 12. 9. 1950 ist Abs. 6 eingefügt und durch Art. 3 Nr. 2 des 3. Strafrechtsänderungsges. vom 4. 8. 1953 (BGBl. I 735) der Abs. 1 Satz 2 geändert worden.

1. Zu Abs. 1. **Beeidigung. a)** Nach der ursprünglichen Fassung des § 51 galt die Beeidigung für die Dauer des Geschäftsjahres. Mit der Einführung der zweijährigen Wahlperiode durch die VO. vom 14. 6. 1932 wurde § 51 Abs. 1 Satz 2 dahin geändert, daß die Beeidigung für die Dauer der Wahlperiode gelte. Das Vereinheitlichungsges. vom 12. 9. 1950 behielt zwar die zweijährige Amtszeit der Schöffen und Geschworenen bei, kehrte aber folgewidrig (Redaktionsversehen?) zu der ursprünglichen Fassung zurück, daß die Beeidigung für die Dauer des Geschäftsjahres gelte. Der Bundesgerichtshof (BGHSt. **3** 175; **4** 158) entnahm daraus (trotz der von Becker NJW. **1952** 1305 mit Recht geäußerten Bedenken), daß der im ersten Geschäftsjahr beeidigte Schöffe bei der ersten Dienstleistung im zweiten Geschäftsjahr erneut zu beeidigen sei und die Unterlassung den unbedingten Revisionsgrund des § 338 Nr. 1 StPO. begründe. Das 3. Strafrechtsänderungsges. vom 4. 8. 1953 hat daraufhin die Fassung von 1932 wiederhergestellt.

b) Die Bestimmung, daß jeder Schöffe innerhalb derselben Wahlperiode nur einmal zu beeidigen ist, gilt ganz allgemein. Selbst wenn ein Schöffe zu der Sitzung, in der er den Eid geleistet hat, nur als Ergänzungsschöffe (§ 192) zugezogen war und an der Urteilsfällung nicht teilgenommen hat, ist die Beeidigung für die ganze Wahlperiode wirksam. Vgl. noch § 50 Anm. 2. Unterbleibt die Beeidigung, so ist das Gericht nicht vorschriftsmäßig besetzt. Werden Schöffen oder Geschworene erst im Laufe der Hauptverhandlung vereidigt, so ist die ganze Verhandlung zu wiederholen; ausgenommen bleibt nur der Aufruf der Zeugen und Sachverständigen, der für die Urteilsfindung bedeutungslos ist (BGH. NJW. **1953** 1800). Daran ändert es auch nichts, wenn alle Beteiligten erklären, das bisher Verhandelte solle als nochmals verhandelt gelten; § 51 ist zwingendes Recht, das der Verfügung der Prozeßbeteiligten entzogen und daher unverzichtbar ist (vgl. § 338 Nr. 1 StPO. und Anm. 4b dortselbst; Hahn Mat. I 91; RGSt. **61** 374, **64** 308, RG. DRZ. **1926** Nr. 867 = JR. **1926** Nr. 1579, JR. **1930** Nr. 1178 = GA. **74** 284, RG.

HRR. **1937** Nr. 358; **1938** Nr. 1382; BGH. NJW. **1953** 1800; Gerland Strafprozeß 69). – Über gleichzeitige Beeidigung mehrerer Personen vgl. Anm. 3.

2. in öffentlicher Sitzung – Die Beeidigung eines jeden Schöffen hat öffentlich, und zwar unmittelbar nach Eröffnung der Sitzung, stattzufinden, in der der Schöffe den ersten Dienst für die Wahlperiode leistet. Der Anwesenheit der Angeklagten, gegen die in der Sitzung verhandelt werden soll, bedarf es nicht, da die Beeidigung keinen Bestandteil der Hauptverhandlung in den einzelnen Sachen bildet. Die Anwesenheit der Staatsanwaltschaft ist nicht notwendig, wohl aber angemessen (RGSt. **64** 50; gl. A. Keller 75, Schwarz Anm. 1; KMR. Anm. 2, Ben.-Beling 53 Anm. 17; a. M. Stenglein Anm. 2).

3. Zu Abs. 2–6. **a) Eidesformel** – Vgl. die von der Beeidigung der Zeugen handelnden §§ 66c–e StPO. und die Anm. das.; das dort Gesagte findet auf die Beeidigung der Schöffen entsprechende Anwendung. Haben mehrere Schöffen den Eid zu leisten, so ist jeder einzeln zu beeidigen. Ein gleichzeitiges Nachsprechen der Eidesformel durch mehrere Personen ist wirksam, wenn nachweisbar jeder einzelne mitgesprochen hat (RG. JR. **1926** Nr. 1792; RGSt. **72** 52 – unter Aufgabe von RGSt. **61** 374, RG. vom 2. 11. 1931 III 589/31 –; Schneider-Neuenburg DStR. **1938** 370; (RGSt. **72** 52 läßt aber ausdrücklich offen, ob dies auch für die Beeidigung der Geschworenen gilt). Wird ein Geschworener in der Form des § 51 (oder umgekehrt ein Schöffe in der Form des § 84) beeidigt, so ändert das nichts an der Wirksamkeit der Beeidigung (RG. JR. **1932** Nr. 1900 = JW. **1933** 1330). Die Eidesleistung der Schöffen soll sich an die Worte des Vorsitzenden: „Sie schwören ...“ unmittelbar anschließen (RG. JR. **1928** Nr. 2153). Nach Art. 140 GG. in Verb. m. Art. 136 WeimVerf. darf niemand zur Benutzung einer religiösen Eidesform gezwungen werden. Der durch das Vereinheitlichungsges. vom 12. 9. 1950 eingefügte Abs. 6 spricht daher aus, daß der Eid auch ohne religiöse Beteuerung geleistet werden kann, d. h. die Worte „bei Gott dem Allmächtigen und Allwissenden“ und „so wahr mir Gott helfe“ sind wegzulassen, wenn der Schwörende es verlangt. Eine Belehrung über die Möglichkeit der Eidesleistung in nichtreligiöser Form erfolgt nach RiStV. **1953** Nr. 108 nicht; es bleibt vielmehr dem Schwörenden überlassen, sein Verlangen nach nichtreligiöser Eidesleistung zum Ausdruck zu bringen (vgl. im übrigen Anm. 3 zu § 66c StPO.).

b) Wegen der Religionsgesellschaften, denen das Gesetz den Gebrauch abweichender Eidesformen gestattet, vgl. die Anm. zu § 66e StPO.

4. Zu Abs. 7. **Protokoll** – Der Beurkundung der Eidesleistung bedarf es schon deshalb, weil die Mitwirkung eines nicht beeidigten Schöffen einen unbedingten Revisionsgrund bildet; vgl. Anm. 1. Die Wirksamkeit der Beeidigung wird aber nicht dadurch beeinträchtigt, daß kein Protokoll über die Eidesleistung angefertigt worden ist (RG. JR. **1926** Nr. 1578). Dem Protokoll kommt nicht die Beweiskraft des § 274 StPO. zu; der Beweis der Unrichtigkeit ist nicht ausgeschlossen (RGSt. **64** 50, 52; RG. vom 23. 9. 1927 I 904/27).

5. Wegen der **Unterzeichnung** des Protokolls s. § 45 Anm. 5.

6. Die Protokolle über die Beeidigung der Schöffen gehören zu den die Bildung des Schöffengerichts betreffenden **Generalakten.** Der Mitteilung von Abschriften dieser Protokolle zu den einzelnen Untersuchungsakten bedarf es nur, wenn ein gegen das Urteil eingelegtes Rechtsmittel auf die Behauptung gestützt wird, daß hinsichtlich der Beeidigung der Schöffen das Gesetz verletzt sei.

§ 52

(1) Wenn die Unfähigkeit einer als Schöffe in die Schöffenliste aufgenommenen Person eintritt oder bekannt wird, so ist ihr Name von der Liste zu streichen.

(2) Ein Schöffe, bei dem nach seiner Aufnahme in die Schöffenliste Umstände eintreten oder bekannt werden, bei deren Vorhandensein eine Berufung zum Schöffenamte nicht erfolgen soll, ist zur Dienstleistung ferner nicht heranzuziehen.

(3) Der Amtsrichter entscheidet nach Anhörung der Staatsanwaltschaft und des beteiligten Schöffen.

(4) Die Entscheidung ist nicht anfechtbar.

I. Entstehungsgeschichte: Entw. § 40.
II. Spätere Entwürfe: Entw. EGStGB. Art. 68 Ziff. 16.
III. Spätere Änderungen: Bek. vom 22. 3. 1924 (RGBl. I 306). VO. vom 14. 6. 1932 (RGBl. I 285) erster Teil Kapitel I Art. 8. Das Vereinheitlichungsges. vom 12. 9. 1950 hat § 52 nur redaktionell geändert.

1. Geltungsgebiet — Die Vorschrift hat nur solche Umstände (Gründe der Unfähigkeit oder der Nichtberufung) im Auge, die erst nach Beendigung der Tätigkeit des Ausschusses (§§ 41, 42) eintreten oder bekannt werden. Umstände, die, sei es aus Anlaß eines Einspruchs, sei es ohne einen solchen, bereits Gegenstand einer Entscheidung des Ausschusses gewesen sind, gehören nicht hierher; dem Amtsrichter steht keine Änderung der Entscheidungen des Ausschusses zu. Vgl. jedoch Anm. 10. — Nach RiStV. **1953** Nr. 108 soll der Vorsitzende vor Beginn der Sitzung die Schöffen über die Unfähigkeitsgründe (§§ 31, 32) belehren.

2. ist . . . zu streichen — Die Gründe, die die Unfähigkeit oder Nichtberufung bedingen, sind im öffentlichen Interesse vorgesehen; daher ist § 52 Abs. 1 von Amts wegen anzuwenden.

3. Wegen der **Ersetzung** eines wegfallenden Hauptschöffen s. § 42 Anm. 7b. Die Ersetzung eines gestrichenen Hilfsschöffen ist im Gesetz nicht vorgesehen.

4. Zu Abs. 1. Die **Gründe der Unfähigkeit** bestimmen die §§ 31, 32. Vgl. unten Anm. 7b.

5. Zu Abs. 2. **Gründe der Nichtberufung:** s. die Aufzählung in §§ 33, 34.

6. Verlegung des Wohnsitzes — Abs. 2 findet auch Anwendung, wenn ein Schöffe im Laufe der Wahlperiode seinen Wohnsitz in einen anderen Amtsgerichtsbezirk verlegt (vgl. § 33 Nr. 2). (Gl. A. RGSt. **39** 277, 306; Schwarz Anm. 2, Oetker GA. **49** 206; a. M. Stenglein Anm. 4).

7. ferner **nicht heranzuziehen** — **a)** Auch wenn der Schöffe in der Sitzung erscheint und erst jetzt den Grund zur Sprache bringt, ist er sogleich, d. h. schon für diese Sitzung, von der Dienstleistung zu befreien.

b) Besteht der die Nichtberufung begründende Umstand nur zeitweilig, so ist der Schöffe nach dem Wegfall wieder zum Dienst heranzuziehen; dagegen ist die in Abs. 1 vorgeschriebene Streichung von der Liste für die laufende Wahlperiode endgültig (vgl. Keller 76, Turnau **1** 295, Stenglein Anm. 1; a. M. Oetker GA. **49** 207).

8. Zu Abs. 3. Die **Entscheidung** (Abs. 1, 2) kann sowohl in (mündlich) wie auch außerhalb der Sitzung (schriftlich) erlassen werden. Ebenso können die Staatsanwaltschaft und die beteiligten Schöffen mündlich oder schriftlich gehört werden. Mündliche Erklärungen oder Entscheidungen sind zu Protokoll zu nehmen.

9. Die **Anhörung** des beteiligten Schöffen ist vorgeschrieben, damit er Gelegenheit hat, seine Rechte wahrzunehmen. Die Staatsanwaltschaft hat das öffentliche Interesse geltend zu machen (Begr. 49). Dem Erfordernis der Anhörung des Schöffen ist genügt, wenn ihm Gelegenheit gegeben worden ist, sich zu erklären. Daß er eine Erklärung tatsächlich abgibt, ist nicht erforderlich.

10. Zu Abs. 4. Weder dem beteiligten Schöffen noch der Staatsanwaltschaft steht eine Beschwerde zu, auch nicht, wenn der Amtsrichter einen auf Anwendung des § 52 gerichteten Antrag verworfen hat. — Durch eine solche ablehnende Entscheidung wird aber eine Anfechtung des Urteils wegen angeblicher Mitwirkung eines unfähigen Schöffen nicht ausgeschlossen; das zu § 41 Anm. 2 Bemerkte gilt hier entsprechend. Umgekehrt wird, wenn infolge eines gegen ein Urteil eingelegten Rechtsmittels von dem Gericht höherer Instanz die Unfähigkeit eines Schöffen anerkannt wird, der Amtsrichter den Namen des Schöffen in der Liste zu streichen haben, damit nicht künftig anfechtbare Urteile erlassen werden.

§ 53

(1) Ablehnungsgründe sind nur zu berücksichtigen, wenn sie innerhalb einer Woche, nachdem der beteiligte Schöffe von seiner Einberufung in Kenntnis gesetzt worden ist, von ihm geltend gemacht werden. Sind sie später entstanden oder bekannt geworden, so ist die Frist erst von diesem Zeitpunkt zu berechnen.

(2) Der Amtsrichter entscheidet über das Gesuch nach Anhörung der Staatsanwaltschaft. Die Entscheidung ist nicht anfechtbar.

I. Entstehungsgeschichte: Entw. § 41.
II. Spätere Änderungen: Bek. vom 22. 3. 1924 (RGBl. I 306) und Vereinheitlichungsges. vom 12. 9. 1950 (nur redaktionelle Änderungen).

1. Ablehnungsgründe — § 53 betrifft den Fall, daß ein Schöffe die Berufung zum Schöffenamt überhaupt, d. h. für die ganze Wahlperiode oder deren noch übrigen Teil, aus einem der in § 35 bestimmten Gründe ablehnt. Vgl. aber § 54.

2. a) Die einwöchige **Ausschlußfrist** bezweckt die Weiterungen zu vermeiden, die entstehen könnten, wenn das Ablehnungsrecht unmittelbar vor oder erst in der Sitzung geltend gemacht würde (Begr. S. 49).

b) Die Frist **beginnt** (außer im Fall des Satzes 2) mit dem Ablauf des Tages, an dem der Schöffe (Haupt- oder Hilfsschöffe) von seiner Berufung gemäß § 46 benachrichtigt wird. Ist es unterlassen worden, die Hilfsschöffen im voraus von ihrer Wahl zu benachrichtigen (vgl. § 46 Anm. 3 Schluß), so beginnt für jeden die Frist mit dem Ablauf des Tages, an dem er zuerst zu einer Sitzung einberufen wird. (A. M. Turnau 1 296, Seuffert Erört. über die Besetzung der Schöffengerichte usw. 73, der meint, für die Hilfsschöffen beginne die Frist mit dem zuletzt genannten Tage.)

3. Wegen des **Verfahrens** im Fall des Abs. 2 vgl. § 52 Anm. 8–10.

§ 54

(1) Der Amtsrichter kann einen Schöffen auf dessen Antrag wegen eingetretener Hinderungsgründe von der Dienstleistung an bestimmten Sitzungstagen entbinden.
(2) Die Entbindung des Schöffen von der Dienstleistung kann davon abhängig gemacht werden, daß ein anderer für das Dienstjahr bestimmter Schöffe für ihn eintritt.
(3) Der Antrag und die Bewilligung sind aktenkundig zu machen.

I. Entstehungsgeschichte: Entw. § 42
II. Keine späteren Änderungen.

1. Zu Abs. 1. Über die **Erheblichkeit** des geltend gemachten Hinderungsgrundes, und darüber, ob er glaubhaft ist, hat der Amtsrichter nach pflichtmäßigem Ermessen zu entscheiden. Einer Nachprüfung durch das Revisionsgericht ist die Entscheidung insoweit nicht zugänglich (RG. vom 24. 6. 1931 II 636/30). Auch Ablehnungsgründe (§ 35), die als solche von den Schöffen nicht oder zu spät (§ 53) geltend gemacht worden sind, können für einzelne Sitzungen immer noch als Hinderungsgründe in Betracht kommen; vgl. z. B. § 35 Anm. 3. Der entbundene Schöffe wird nach § 49 ersetzt.

2. Zu Abs. 2. Abs. 2 eröffnet dem Amtsrichter für Fälle, die er für ungeeignet hält, um zum Vorteil des die Entbindung nachsuchenden Schöffen einen andern von Amts wegen heranzuziehen, in denen es aber hart sein würde, das Gesuch abzulehnen, den Ausweg, die Entbindung zu bewilligen, wenn ein anderer Haupt- oder Hilfsschöffe zum Ersatz **einzutreten bereit ist.** „Hierdurch soll indessen dem durch § 47 ausgeschlossenen Austausch der Sitzungstage nach Bestimmung der in der Sitzung zu verhandelnden Sachen nicht auf einem Umwege Raum gegeben werden. Der Schöffe, der auf diese Weise um Entbindung nachsucht, hat kein Recht auf den Tausch; der Tausch ist von dem Amtsrichter nur zu gestatten, wenn er neben der Bereitwilligkeit des Ersatzschöffen einen ausreichenden Grund für die Entbindung als vorhanden annimmt.“ (Begr. 49). Der Grundsatz des gesetzlichen Richters (Art. 101 GG., § 16 GVG.) verlangt, daß nach Bestimmung der zu verhandelnden Sachen der Tausch auf Ausnahmefälle beschränkt bleibt. Die Reihenfolge der Schöffenliste spielt (anders als nach §§ 42, 49) für den an Stelle des entbundenen eintretenden Schöffen oder Hilfsschöffen keine Rolle; ebensowenig kommt, wenn ein Ergänzungsgeschworener für die Sitzung bestimmt ist, dieser in erster Linie in Betracht; wer den Eintretenden zum Eintritt bewogen hat, ist belanglos (RG. DRZ. **1931** Nr. 617). Die Reihenfolge des § 49 wird durch einen solchen freiwilligen Eintritt nicht unterbrochen.

3. Verfahren — Der Amtsrichter entscheidet auch, und zwar allein, wenn während der Sitzung ein Fall des § 54 eintritt. Das gilt insbesondere, wenn die Hauptverhandlung ausgesetzt worden ist (RG. DJ. **1934** 943 = JR. **1934** Nr. 1574). Der Anhörung der Staatsanwaltschaft bedarf es nicht. Wegen der Aktenkundigmachung (Abs. 3) s. Anm. 3 zu § 47. **Beschwerde** findet, wie in den Fällen der §§ 52, 53, nicht statt (so ausdrückl. die Begr. S. 49).

§ 55

(1) Die Schöffen und die Vertrauenspersonen des Ausschusses erhalten eine angemessene Entschädigung für den ihnen durch ihre Dienstleistung entstehenden Verdienstausfall und den mit der Dienstleistung verbundenen Aufwand sowie Ersatz von Fahrkosten. Ist durch die Dienstleistung eine Vertretung des zum Schöffen oder zur Vertrauensperson Berufenen notwendig geworden, so können die Kosten der Vertretung nach billigem Ermessen erstattet werden.

(2) Die Höhe der Aufwandsentschädigung und der Fahrkosten sowie die Höchst- und Mindestgrenzen der Entschädigung für den Verdienstausfall bestimmt der Bundesminister der Justiz mit Zustimmung des Bundesrates durch allgemeine Anordnung.

(3) Entschädigung und Fahrkosten werden nur auf Verlangen gewährt. Der Anspruch erlischt, wenn das Verlangen nicht binnen drei Monaten nach Beendigung der Dienstleistung bei dem Gericht, bei dem die Dienstleistung stattgefunden hat, gestellt worden ist. Beschwerden über die Höhe der Entschädigung und der Fahrkosten werden im Aufsichtsweg entschieden.

I. Entstehungsgeschichte: Entw. —

II. Spätere Entwürfe: N. E. I u. II § 118 Abs. 7; III Nr. 20.

III. Spätere Änderungen: Ges. vom 29. 7. 1913 (RGBl. 617). Durch Ges. vom 5. 2. 1922 (RGBl. I 207) wurde § 55 a. F. gestrichen. An seine Stelle trat der bisherige § 55a, der durch das Ges. vom 29 7 1913 in das GVG. eingefügt worden war. Der Wortlaut des neuen § 55 wurde in der Bek. vom 22. 3. 1924, RGBl. I S. 306 geändert; das Vereinheitlichungsges. vom 12. 9. 1950 hat lediglich den Abs. 2 den staatsrechtlichen Änderungen angepaßt.

1. Auf Grund des **Abs. 2** ist an Stelle der mehrfach geänderten VO. vom 18. 3. 1924 (RGBl. I 282) und der nach 1945 erlassenen landesrechtlichen Vorschriften folgende Anordnung ergangen:

Verordnung über die Entschädigung der Schöffen und Geschworenen vom 1. 8. 1951 (BGBl. I 485).

Auf Grund der §§ 55 Abs. 2, 77 Abs. 1 und 84 des Gerichtsverfassungsgesetzes in der Fassung vom 12. 9. 1950 (BGBl. S. 455, 513) wird mit Zustimmung des Bundesrats verordnet:

§ 1 (1) Die Schöffen und Geschworenen werden für den Verdienstausfall entschädigt, der ihnen durch ihre Dienstleistung entsteht.

(2) Die Entschädigung beträgt für jede angefangene Stunde der versäumten Arbeitszeit wenigstens 0,50 DM und höchstens 2,50 DM. Die Höhe der Entschädigung richtet sich nach dem regelmäßigen Verdienst.

(3) Die Entschädigung wird für höchstens zehn Stunden je Tag gewährt. Sie darf den Gesamtbetrag von 20 DM je Tag nicht übersteigen.

§ 2 Ist durch die Dienstleistung eine Vertretung des zum Schöffen oder Geschworenen Berufenen notwendig geworden, so können die Kosten der Vertretung nach billigem Ermessen erstattet werden (§§ 55 Abs. 1 Satz 2, 77 Abs. 1, 84 des Gerichtsverfassungsgesetzes).

§ 3 (1) Außer der Vergütung für den Verdienstausfall erhalten die Schöffen und Geschworenen eine Entschädigung für den mit ihrer Dienstleistung verbundenen Aufwand.

(2) Schöffen und Geschworene, die innerhalb der politischen Gemeinde, in der die Sitzung stattfindet, weder wohnen noch berufstätig sind, erhalten ein Tagegeld

von fünf DM für jeden Tag, an dem sie aus Anlaß der Dienstleistung mehr als fünf (aber nicht mehr als acht) Stunden, und

von sieben DM für jeden Tag, an dem sie aus Anlaß der Dienstleistung mehr als acht Stunden von ihrem Wohnort abwesend sein müssen. Bei Abwesenheit bis zu fünf Stunden werden die nachgewiesenen notwendigen Auslagen bis zu vier DM erstattet.

(3) Schöffen und Geschworene, die innerhalb der Gemeinde, in der die Sitzung stattfindet, wohnen oder berufstätig sind, erhalten ein Tagegeld

von drei DM, wenn sie an einer Sitzung mehr als vier Stunden teilnehmen. Übersteigen die Auslagen der Schöffen und Geschworenen diesen Betrag, so werden die nachgewiesenen notwendigen Auslagen bis zu insgesamt vier DM je Tag bei einer Sitzungsteilnahme von mehr als vier (aber nicht mehr als acht) Stunden Dauer und bis zu insgesamt sechs DM je Tag bei einer Sitzungsteilnahme von mehr als acht Stunden Dauer

ersetzt. Bei einer Sitzungsteilnahme bis zu vier Stunden Dauer werden die nachgewiesenen notwendigen Auslagen bis zu zwei DM erstattet.

(4) Ist eine auswärtige Übernachtung notwendig, so wird ein Übernachtungsgeld von sieben DM gewährt.

§ 4 (1) Die Schöffen und Geschworenen erhalten für die zur Dienstleistung notwendige Reise vom Wohnort zum Ort der Sitzung und für die Rückreise Ersatz ihrer Fahrtkosten.

(2) Für Wegstrecken, die mit öffentlichen, regelmäßig verkehrenden Beförderungsmitteln zurückgelegt worden sind oder zurückgelegt werden konnten, werden die wirklichen Auslagen einschließlich der Kosten für die Beförderung des notwendigen Gepäcks bis zur Höhe der festgesetzten Tarife erstattet. Bei Eisenbahnen oder Schiffen wird höchstens der Fahrpreis der zweiten Wagenklasse oder der ersten Schiffsklasse ersetzt. Die Mehrkosten für zuschlagspflichtige Züge können erstattet werden, wenn ihre Benutzung nach den Verkehrsverhältnissen zweckmäßig war, insbesondere um die Gesamtdauer der Reise abzukürzen.

(3) Für Wegstrecken, die nicht mit den in Abs. 2 genannten Beförderungsmitteln zurückgelegt werden können, werden für jeden angefangenen Kilometer des Hin- und Rückweges zehn Deutsche Pfennige gewährt. Bei Benutzung eines eigenen oder eines gemieteten Kraftfahrzeugs (mit Ausnahme eines Kraftrades) werden für jeden angefangenen Kilometer des Hin- und Rückweges zwanzig Deutsche Pfennige vergütet. Muß der Schöffe oder Geschworene wegen besonderer Umstände ein Kraftfahrzeug oder ein anderes Fahrzeug benutzen, so werden die nachgewiesenen Mehrauslagen nach billigem Ermessen ersetzt.

(4) Die Auslagen für Fahrten oder Wege innerhalb der politischen Gemeinde des Wohnorts und des Sitzungsorts sind bis zu einer DM je Tag durch das Tagegeld (§ 3 Abs. 2 Satz 1 und Abs. 3 Satz 1) abgegolten. Erhält der Schöffe oder Geschworene kein festes Tagegeld, sondern eine Aufwandsentschädigung für die nachgewiesenen notwendigen Auslagen, so können die Auslagen für Fahrten oder Wege innerhalb der politischen Gemeinde des Wohnorts oder Sitzungsorts bis zu einer DM je Tag nur im Rahmen der vorgeschriebenen Auslagenhöchstsätze (§ 3 Abs. 2 Satz 2 und Abs. 3 Satz 2 und 3) geltend gemacht werden. Soweit die Auslagen eine DM überschreiten, werden sie nach den Vorschriften des Abs. 2 und 3 erstattet.

(5) Für Reisen während der Tagung nach dem Wohnort und zurück werden die Fahrtkosten nur insoweit erstattet, als durch die Reisen Tage- oder Übernachtungsgelder erspart werden, die beim Verbleiben am Sitzungsort gewährt würden.

(6) Tritt der Schöffe oder Geschworene die Reise zum Ort der Sitzung von einem anderen Ort als seinem Wohnort an oder fährt er nach der Sitzung zu einem anderen Ort als seinem Wohnort, so werden die Fahrtkosten bis zur Höhe der bei der Fahrt vom und zum Wohnort zu erstattenden Kosten ersetzt. Mehrkosten werden nach billigem Ermessen ersetzt, wenn der Schöffe oder Geschworene zu diesen Fahrten durch besondere Umstände genötigt war.

§ 5 Der Gesamtbetrag, der nach den §§ 1 bis 4 zu gewähren ist, wird auf volle zehn Deutsche Pfennig aufgerechnet.

§ 6 Die Beträge, auf welche die Schöffen und Geschworenen nach dieser Verordnung Anspruch haben, werden nur auf Verlangen gewährt. Der Anspruch erlischt, wenn das Verlangen nicht binnen drei Monaten nach Beendigung der Dienstleistung bei dem Gericht, bei dem die Dienstleistung stattgefunden hat, gestellt worden ist. Beschwerden über die Höhe der Entschädigung und der Fahrtkosten werden im Aufsichtsweg entschieden (§§ 55 Abs. 3, 77 Abs. 1 und 84 des Gerichtsverfassungsgesetzes).

§ 7 Die Vorschriften der §§ 1 bis 6 dieser Verordnung gelten auch für die Entschädigung der Vertrauenspersonen der Ausschüsse zur Wahl der Schöffen und Geschworenen (§§ 40, 55, 77 Abs. 1 und 84 des Gerichtsverfassungsgesetzes).

§ 8 (betr. Inkrafttreten und Aufhebung älterer Vorschriften.)

2. Die VO. vom 1. 8. 1951 ist erläutert von Dallinger DRpfleger **1951** 390 und Nachtrag 1953 zu „StPO. und GVG." S. 42ff. Auf diese Erläuterungen wird verwiesen. Zu bemerken ist hier lediglich, daß außer den in § 8 der VO aufgehobenen reichs- und landesgesetzlichen Vorschriften auch die früher ergangenen ergänzenden Verwaltungsvorschriften (vgl. z. B. die AVen d. RJM. vom 2. 6. 1934, 5. 10. 1938 und 14. 7. 1939 — DJ. 724, 1672, 1204 —) weitgehend ihre Bedeutung verloren haben. Dies gilt auch für Verwaltungsvorschriften, die die Gewährung von Tagegeld und Fahrtkosten regeln, wenn die Hauptverhandlung außerhalb des Gerichtssitzes stattfindet, denn die §§ 3, 4 der VO. vom 1. 8. 1951 stellen nicht mehr, wie das frühere Recht, auf den „Sitzungsort" (d. h. den Gerichtssitz), sondern auf die „Gemeinde, in der die Sitzung stattfindet" oder auf den „Ort der Sitzung" ab.

3. Zu Abs. 3. Satz 1 und 2 entsprechen dem § 19 der Gebührenordnung für Zeugen und Sachverständige vom 21. 12. 1925 (RGBl. I 471). Die in Satz 3 erfolgte Verweisung Beschwerdeführender auf den Aufsichtsweg, die § 6 der VO. vom 1. 8. 1951 deklaratorisch wiederholt, bedeutet nicht, daß die dort getroffene Entscheidung abschließend wäre; vielmehr steht nach Art. 19 Abs. 4 GG. der Rechtsweg offen, und zwar in Form entsprechender Anwendung der in § 20 der vorgenannten Gebührenordnung 1925 getroffenen Regelung (OLG. Düsseldorf DRZ. **1931** Nr. 895 ist durch die Änderung der Rechtslage überholt).

§ 56

(1) Schöffen und Vertrauenspersonen des Ausschusses, die sich ohne genügende Entschuldigung zu den Sitzungen nicht rechtzeitig einfinden oder sich ihren Obliegenheiten in anderer Weise entziehen, sind zu einer Ordnungsstrafe in Geld sowie in die verursachten Kosten zu verurteilen.

(2) Die Verurteilung wird durch den Amtsrichter nach Anhörung der Staatsanwaltschaft ausgesprochen. Erfolgt nachträglich genügende Entschuldigung, so kann die Verurteilung ganz oder teilweise zurückgenommen werden. Gegen die Entscheidung ist Beschwerde des Verurteilten nach den Vorschriften der Strafprozeßordnung zulässig.

I. Entstehungsgeschichte: Entw. § 44.

II. Spätere Entwürfe: N. E. III Nr. 21; E. V Art. II 10. Entw. EGStGB. Art. 68 Ziff. 17.

III. Spätere Änderungen: Die auf der Bek. vom 22. 3. 1924 (RGBl. I 306) beruhende Fassung hat das Vereinheitlichungsges. vom 12. 9. 1950 nur stilistisch geändert.

1. Geltungsgebiet — Auch auf Personen, die entgegen den gesetzlichen Bestimmungen (vgl. §§ 31ff., und wegen der Vertrauenspersonen § 40 Anm. 3) zu dem Amt eines Schöffen oder einer Vertrauensperson herangezogen worden sind, findet § 56 Anwendung, wenn sie sich der Wahrnehmung dieses Amtes entziehen, ohne den ihrer Heranziehung entgegenstehenden Umstand geltend gemacht zu haben oder in der Schöffenliste gestrichen zu sein (BayObLG. JR. **1926** Nr. 1450).
Vgl. zu § 56 im einzelnen auch die Anm. zu § 51 StPO.

2. Zu Abs. 1. **Nicht rechtzeitig sich einfinden** — Wegen Ausbleibens oder zu späten Erscheinens kann der Ausgebliebene nur verurteilt werden, wenn er in gehöriger Weise zu der Sitzung geladen war. Daß er auf die gesetzlichen Folgen des Ausbleibens hingewiesen worden ist (§ 46), ist nicht Voraussetzung für die Bestrafung (Keller 70). Vgl. § 46 Anm. 2.

Das Gesetz verpflichtet den Amtsrichter nicht, auch unerhebliche Verspätungen zu bestrafen; dem vernünftigen Ermessen des Amtsrichters ist hier Spielraum gelassen (vgl. Prot. 253).

3. **sich entziehen** — Seinen Obliegenheiten entzieht sich auch, wer zwar in der Sitzung erscheint, aber die Ausübung einer ihm gesetzlich obliegenden Pflicht ausdrücklich oder stillschweigend verweigert. So würde z. B. auch die Weigerung eines Schöffen, den Eid zu leisten (§ 51) oder sich bei einer Abstimmung zu beteiligen (vgl. § 195), unter die Bestimmung des § 56 fallen (vgl. Turnau **1** 301, Ullmann 132).

4. **genügende Entschuldigung** — Ob eine vor oder in der Sitzung vorgebrachte Entschuldigung genügend ist, unterliegt dem Ermessen des Amtsrichters; ebenso, ob die tatsächlichen Angaben ohne weiteres glaubhaft sind oder weiterer Nachweise bedürfen. Öffentliche Beamte, die als Schöffen usw. einberufen sind, können nicht vorschützen, daß ihnen ihre vorgesetzte Behörde den Urlaub versagt habe; die Pflicht, der Berufung nachzukommen, ist von einer Urlaubsbewilligung unabhängig (RGRspr. **1** 810). Die Mitteilung von einer Geschäftsreise ist allein keine genügende Entschuldigung (OLG. Hamm Rpfleger **1951** 528).

5. **a) Ordnungsstrafe in Geld** — Nach Art. II der VO. über Vermögensstrafen und Bußen vom 6. 2. 1924 (RGBl. I 45) beträgt die Ordnungsstrafe mindestens eine und höchstens eintausend DM.

b) Eine **Ersatzfreiheitsstrafe** bei Nichtbeitreibbarkeit der Geldstrafe ist hier — anders z. B. als in §§ 51, 70 StPO., aber in Übereinstimmung z. B. mit § 77 StPO. — nicht vorgesehen und daher nicht zulässig; § 29 StGB. findet keine Anwendung, da es sich nicht um eine kriminelle Strafe handelt.

6. Verursachte **Kosten** sind die Kosten, die erwachsen, wenn infolge der Pflichtwidrigkeit eines Schöffen eine Sitzung des Schöffengerichts oder doch eine einzelne Hauptverhandlung, oder wenn durch eine Vertrauensperson eine Sitzung des Ausschusses vereitelt wird, einschl. der Kosten, die durch die Vollstreckung der Ordnungsstrafe entstehen.

7. **Wiederholte Bestrafung** — Macht sich jemand der Pflichtwidrigkeit wiederholt schuldig, so liegen so viele selbständige Straffälle vor, als Sitzungen in Frage stehen. Die angedrohten Folgen (Strafe und Kosten) sind also für jede Sitzung besonders festzusetzen.

8. Zu Abs. 2. **Verfahren** — Die „Verurteilung" erfolgt durch Beschluß (vgl. Vorbem. 3c vor § 33 StPO.). Die Staatsanwaltschaft ist, obwohl sie bei den Verhandlungen des Ausschusses nicht mitwirkt, auch zu hören, wenn es sich um die Festsetzung einer Strafe gegen ein Ausschußmitglied handelt (Begr. 49). Einer der Straffestsetzung vorausgehenden **Anhörung des Schöffen oder der Vertrauensperson** bedarf es nicht, da ihnen das Gesetz nachträgliche Entschuldigung gestattet.

9. **Nachträgliche Entschuldigung a)** Sie ist an keine Frist gebunden. Selbst wenn die Strafe bereits beigetrieben ist, steht das einer Zurücknahme der Straffestsetzung nicht entgegen. (Gl. A. Stenglein Anm. 6; a. M. Keller 79.)

b) Auch bei genügender nachträglicher Entschuldigung gestattet es das Gesetz, die Verurteilung aufrecht zuerhalten („kann"). Damit soll der Fall getroffen werden, daß der Ausgebliebene zwar sein Ausbleiben, nicht aber die Verspätung seiner Entschuldigung zu rechtfertigen vermag. Wären in einem solchen Falle die verursachten Kosten durch eine rechtzeitige Anzeige zu vermeiden gewesen, so kann es angemessen sein, die Verurteilung in die Kosten aufrechtzuerhalten, die Bestrafung dagegen wieder aufzuheben.

c) Die Verurteilung kann **teilweise** zurückgenommen werden, wenn die Entschuldigung zwar nicht genügt, die Strafe aber mit Rücksicht auf die erst jetzt bekannt gewordenen Umstände zu hoch erscheint (Hofmann Recht **1911** 227).

10. **Beschwerde — a)** Zulässigkeit. Die Beschwerde steht nur dem „Verurteilten", nicht aber der Staatsanwaltschaft zu; das gilt auch, wenn der Amtsrichter ihren Antrag abgelehnt hat (KMR. Anm. 4; a. M. Friedländer GerS. **46** 459). Der Verurteilte kann Beschwerde einlegen, ohne zuvor die Zurücknahme der Verurteilung bei dem Amtsrichter beantragt zu haben. Er kann Beschwerde auch lediglich wegen der Höhe der Strafe einlegen.

b) Verfahren. Für die Beschwerde sind die §§ 306ff. StPO. maßgebend; danach ist sie weder frist- noch formgebunden. Die Entscheidung steht der Strafkammer zu (GVG. § 73). Weitere Beschwerde findet nicht statt (StPO. § 310).

§ 57

Bis zu welchem Tag die Vorschlagslisten aufzustellen und dem Amtsrichter einzureichen sind, der Ausschuß zu berufen und die Auslosung der Schöffen zu bewirken ist, wird durch die Landesjustizverwaltung bestimmt.

I. Entstehungsgeschichte: Entw. § 45.
II. Spätere Entwürfe: N. E. Art. II 17.
III. Spätere Änderungen: Das Vereinheitlichungsges. vom 12. 9. 1950 hat lediglich das Wort „Urliste" in „Vorschlagsliste" geändert.

„Landesjustizverwaltung": s. § 22 Anm. 5. Nach § 11 der VO. zur einheitlichen Regelung der Gerichtsverfassung vom 20. 3. 1935 (RGBl. I 403) stand das in § 57 bezeichnete Bestimmungsrecht dem Reichsjustizminister zu, der es aber nicht ausgeübt hat. Diese Vorschrift ist durch Art. 8 Nr. 7 des Vereinheitlichungsges. vom 12. 9. 1950 aufgehoben worden. Vgl. AV. d. pr. JustMin. vom 13. 11. 1933, Deutsche Justiz 673 u. für Bayern § 27 der in den Vorbem. zu §§ 36 bis 57 bezeichneten Bek.

§ 58

(1) Durch Anordnung der Landesjustizverwaltung kann für den Bezirk mehrerer Amtsgerichte einem von ihnen die Entscheidung der Strafsachen ganz oder zum Teil zugewiesen werden.

(2) Der Landgerichtspräsident bestimmt die für dieses Gericht erforderliche Zahl von Haupt- und Hilfsschöffen und die Verteilung der Zahl der Hauptschöffen auf die einzelnen Amtsgerichtsbezirke.

(3) Die übrigen Vorschriften dieses Titels sind entsprechend anzuwenden.

I. Entstehungsgeschichte: Ges. vom 11. 3. 1921 Art. I Nr. 7 (RGBl. 230).
II. Änderungsversuche: Entw. EGStGB. Art. 68 Ziff. 18.
III. Spätere Änderungen: Bek. vom 22. 3. 1924 (RGBl. I 306). — Änderung der Paragraphenzahl —; Vereinheitlichungsges. vom 12. 9. 1950 — Änderung des Abs. 2 („Der Landgerichtspräsident" an Stelle von „Die Landesjustizverwaltung") —.

Hierzu:

VO. d. RPräs. zur Sicherung von Wirtschaft und Finanzen vom 1. 12. 1930 (RGBl. I 517, 604 **neunter Teil § 4:**

> Durch Anordnung der Landesjustizverwaltung können die Rechtshilfeersuchen (§ 157 des Gerichtsverfassungsgesetzes) für die Bezirke mehrerer Amtsgerichte einem von ihnen ganz oder zum Teil zur Erledigung zugewiesen werden. Ergeht eine derartige Anordnung, so gilt insoweit der Bezirk des letzteren Amtsgerichts als die Bezirke der übrigen Amtsgerichte mitumfassend. Die Anordnung ist auch zulässig, wenn die mehreren Amtsgerichte nicht im Bezirke desselben Landgerichts gelegen sind.

1. Bedeutung der Vorschrift — a) Der durch das Entlastungsges. von 1921 eingeführte § 58 ist eine lex fugitiva. Er steht im 4. Titel „Schöffengerichte", gehört aber schon nach seinem Wortlaut in den 3. Titel „Amtsgerichte", da er auch die Zuweisung der dem Einzelrichter zustehenden Sachen an ein gemeinsames Amtsgericht vorsieht. § 58 ist von großer praktischer Bedeutung; er ermöglicht es, die Schöffengerichtssachen bei den größeren Amtsgerichten zu konzentrieren und befreit die Justizverwaltung von der Notwendigkeit, bei jedem Amtsgericht mit erheblichen Kosten- und Personalaufwand ein Gerichtsgefängnis zu unterhalten, indem die Haftentscheidungen des Amtsrichters auf das nächste Amtsgericht mit einem geeigneten und nach seiner Bedeutung den Aufwand rechtfertigenden Gerichtsgefängnis übertragen werden können.

b) Bezirksjugendrichter und gemeinsames Jugendschöffengericht. § 33 Abs. 4 JGG. bestimmt: „Die Landesjustizverwaltung kann einen Amtsrichter zum Jugendrichter für den Bezirk mehrerer Amtsgerichte bestimmen (Bezirksjugendrichter). Sie kann auch bei einem Amtsgericht ein gemeinsames Jugendschöffengericht für den Bezirk mehrerer Amtsgerichte einrichten." Ein Bezirksjugendrichter kommt in Betracht, wenn der Anfall von Jugend- und Heranwachsendensachen in einem Amtsgerichtsbezirk nicht ausreicht, um eine Abteilung auszulasten. Im übrigen ist Zurückhaltung bei der Bestellung geboten, damit die Einheit von Jugendrichter und Vormundschaftsrichter (§ 34 Abs. 2 JGG.) nicht ohne zwingenden Grund aufgegeben wird (amtl. Begr. 44). Eine Anordnung nach § 58 Abs. 1 GVG. gilt nicht für die in die Zuständigkeit des Jugendrichters fallenden Sachen, jedoch können Anordnungen nach § 58 Abs. 1 GVG. und solche nach § 33 Abs. 4 JGG. miteinander verbunden werden (Dallinger-Lackner Anm. 36 zu § 33 JGG.). Bei Bildung eines gemeinsamen Jugendschöffengerichts gelten Abs. 2, 3 des § 58 GVG.

2. Nach dem Gesetz ist nicht erforderlich, daß die Amtsgerichte, für die ein gemeinschaftliches Schöffengericht errichtet wird, demselben Landgericht angehören. (Gl. M. K. Schäfer JR. **1930** 193ff., 205ff. – mit sehr eingehender Begründung –, Koffka-Schäfer [2] 81, Kohlrausch Anm. 2, Feisenberger Anm. 1, Kiesow 33, Dallinger-Lackner Anm. 38 zu §33 JGG. A. M. Schäfer-Hartung Anm. 1, Schlegelberger-Nagel Anm. 1, Gerland Strafprozeß 74, Schwarz Anm. 1D; KMR. Anm. 1c). Der letzte Satz des oben abgedr. § 4 der (noch geltenden) VO. vom 1. 12. 1930 ist als eine authentische Klarstellung der Zweifelsfrage zu werten (s. auch § 120 Abs. 2 Satz 3). Daran hat sich auch nichts dadurch geändert, daß nach § 58 Abs. 2 jetzt der Landgerichtspräsident (früher: die Landesjustizverwaltung, s. unten Anm. 4) die erforderliche Schöffenzahl bestimmt und die Hauptschöffen auf die einzelnen Amtsgerichtsbezirke verteilt. Die Bestimmung und Verteilung ist Sache desjenigen Landgerichtspräsidenten, in dessen Bezirk das gemeinschaftliche Schöffengericht liegt, dem die Zuständigkeit des Amtsgerichts aus dem benachbarten Landgerichtsbezirk übertragen worden ist. Daß dieser Landgerichtspräsident dem bei dem letzteren Amtsgericht bestehenden Wahlausschuß (vgl. Anm. 1 zu § 40) die Zahl der zu wählenden Hauptschöffen vorschreibt, stößt weder auf begriffliche noch auf praktische Bedenken (vgl. auch § 92 Abs. 2 bis 4 und Anm. 5 zu § 92).

3. **Entscheidung** in Strafsachen. **a)** Der Ausdruck ist in der Praxis weit aufgefaßt worden, dergestalt, daß z. B. auch die Rechtshilfesachen nach § 58 übertragen werden könnten. Da diese Stellungnahme indes nicht unangefochten geblieben ist, hat man, um die Bedenken auszuräumen, den § 4 der VO. vom 1. 12. 1930 geschaffen, der den Zweifel in dem vorstehend vertretenen Sinne löst (vgl. Koffka-Schäfer [2] 81). Der Ausdruck „Entscheidung" umfaßt nicht nur die Entscheidung auf Grund der Hauptverhandlung, sondern jede Art der amtsgerichtlichen Entscheidungstätigkeit (insbesondere auch die des Amtsrichters im Vorverfahren) und alles, was zu deren Vorbereitung gehört (gl. M. OLG. Karlsruhe Recht **1928** Nr. 2327). Der Entw. EGStGB. („Bearbeitung der Strafsachen") und (für einen Sonderfall) § 1 des Ges. über das Gerichtswesen in Berlin vom 1. 6. 1933 (RGBl. I 329), der von „amtsgerichtlichen Geschäften" sprach, stellten das unzweideutig klar.

b) „ganz oder zum Teil". Das ist sachlich, nicht örtlich zu verstehen. Die Zuweisung kann sich z. B. auf die Schöffengerichtssachen beschränken oder bei den in die Einzelrichterzuständigkeit fallenden Sachen auf die Haftsachen. Dagegen muß die betreffende Art von Sachen räumlich für den ganzen Amtsgerichtsbezirk („für den Bezirk mehrerer Amtsgerichte") übertragen werden (a. M. die Vorauflage; vgl. auch K. Schäfer JR. **1930** 209). Unzulässig wäre die Bildung eines gemeinsamen Schöffengerichts, das lediglich als erweitertes Schöffengericht (§ 29 Abs. 2) tätig werden soll (ebenso Dallinger JZ. **1953** 434). Das würde schon daran scheitern, daß, wenn Anklage vor dem Schöffengericht erhoben wird, der eröffnende Amtsrichter nicht an den Antrag der Staatsanwaltschaft, einen zweiten Richter zuzuziehen, gebunden ist. Auch erscheint es nicht angängig, ein gemeinsames Schöffengericht nur für die Sachen zu bilden, in denen die Staatsanwaltschaft den in § 29 Abs. 2 bezeichneten Antrag stellt (ohne Rücksicht darauf, ob ihm stattgegeben wird). Denn das widerspräche dem Grundsatz des gesetzlichen Richters (Art. 101 Abs. 1 Satz 2 GG.).

c) Auch der **Bezirksjugendrichter** (vgl. Anm. 1 b) kann für einen Teil der jugendrichterlichen Aufgaben bestellt werden, z. B. für alle Sachen außer für Maßnahmen nach § 45 Abs. 1 und für den Erlaß jugendrichterlicher Verfügungen nach § 75 JGG. (Dallinger-Lackner Anm. 36 zu § 33 JGG.). Eine Aufteilung nach Strafsachen gegen Jugendliche und solche gegen Heranwachsende ist allerdings nicht empfehlenswert (Dallinger-Lackner a.a.O.).

4. Zu Abs. 2. Die in Abs. 2 bezeichneten Maßnahmen standen nach der ursprünglichen Fassung der Landesjustizverwaltung zu. Das Vereinheitlichungsges. vom 12. 9. 1950 hat sie – entsprechend der Änderung des § 36 – den Landgerichtspräsidenten als Justizverwaltungsangelegenheit übertragen (vgl. auch oben Anm. 2).

Wie dieser die **Hauptschöffen** auf die einzelnen Amtsgerichtsbezirke verteilt, ist seinem Ermessen überlassen. Er kann sich dabei von Zweckmäßigkeitsrücksichten (z. B. auch von Sparsamkeitsgesichtspunkten) leiten lassen. Insbesondere ist nicht vorgeschrieben, daß er die Verteilung der Schöffen auf die einzelnen Amtsgerichtsbezirke gleichmäßig — etwa nach der Bevölkerungszahl — zu bewirken habe. Es ist nicht unzulässig, die dem Tagungsort des in Frage kommenden Gerichts zunächst gelegenen Bezirke stärker heranzuziehen, als die entfernter liegenden.

Die **Hilfsschöffen** für das gemeinschaftliche Schöffengericht werden von dem Ausschuß bei dem Amtsgericht gewählt, in dessen Bezirk das gemeinschaftliche Gericht seinen Sitz hat; vgl. § 42 Nr. 2.

5. Das „gemeinschaftliche" Gericht ist ein **einheitliches Gericht.** Das bedeutet u. a., daß bei dem Schöffengericht die Auslosung der Schöffen (auch derjenigen aus den zugelegten Bezirken) für das ganze Gericht einheitlich vorzunehmen ist. Die Schöffen aus den zugelegten Bezirken wirken nicht nur in den Sachen aus diesen Bezirken mit, sondern auch in solchen aus dem ursprünglichen Bezirk des gemeinschaftlichen Gerichts.

6. Eine **gesetzliche Zuständigkeitskonzentration** bei einem Amtsgericht des Landgerichtsbezirkes spricht § 13 des Wirtschaftsstrafges. vom 9. 7. 1954 (BGBl. I 175) aus. — Wegen der Bildung gemeinschaftlicher **Strafkammern** vgl. Anm. 3 zu § 74.

Fünfter Titel

Landgerichte

§ 59

(1) Die Landgerichte werden mit einem Präsidenten und der erforderlichen Anzahl von Direktoren und Mitgliedern besetzt. Von der Ernennung eines Direktors kann abgesehen werden, wenn der Präsident den Vorsitz in den Kammern allein führen kann.

(2) Die Direktoren und die Mitglieder können gleichzeitig Amtsrichter im Bezirk des Landgerichts sein.

I. Entstehungsgeschichte: Entw. § 46.
II. Spätere Entwürfe: N. E. V Art. II 11.
III. Spätere Änderungen: Ges. vom 1. 6. 1909 Art. I Ziff. 2 (RGBl. 475). VO vom 4. 1. 1924 § 4 (RGBl. I 15). Bek. vom 22. 3. 1924 (RGBl. I 307). Das Vereinheitlichungsges. vom 12. 9. 1950 hat den Wortlaut unverändert übernommen (s. unten Anm. 3).

1. Landgerichtspräsident — Daß das Landgericht einen Präsidenten hat, ist zwingende Vorschrift. Wird die Wiederbesetzung einer erledigten Präsidentenstelle über Gebühr verzögert, so kann darin u. U. eine Verletzung des Gesetzes gefunden werden (RGSt. **64** 6). Vgl. § 66 Anm. 8.

2. Direktoren und Mitglieder. a) Der Ausdruck „Mitglieder" wird im 5. Titel nicht einheilich verwendet (vgl. dazu Gilsdorf JZ. **1953** 21). In § 59 bezeichnet er — entsprechend § 115 — die beim Landgericht endgültig planmäßig angestellten (auf Lebenszeit ernannten) Richter, die Landgerichtsräte (vgl. Anm. 2a zu § 83). Einen die Hilfsrichter, deren Verwendung § 10 Abs. 2 gestattet (Amtsgerichtsräte, beauftragte Richter, Assessoren), mitumfassenden Sinn hat der Ausdruck z. B. in §§ 64 Abs. 3, 67, 69. In § 76 Abs 1 bedeutet „Mitglied" nichts weiter als „beim Landgericht tätiger Richter", gleichviel ob Landgerichtspräsident oder Direktor, Landgerichtsrat oder Hilfsrichter; daraus ergibt sich, daß der Vorsitzende grundsätzlich der LGPräs. oder ein Direktor sein muß (§ 62 Abs. 1 Satz 1), daß aber der LGPräs. oder ein Direktor auch als Beisitzer einer Kammer mitwirken kann (vgl. Anm. 2d zu § 66). Den auf Lebenszeit planmäßig beim LG. angestellten Richter, der nicht Direktor (also Landgerichtsrat) ist, bezeichnet § 62 Abs. 1 Satz 2 als „ständiges Mitglied des Landgerichts". „Ständiges Mitglied der Kammer" (§ 63 Abs. 1) dagegen bezeichnet lediglich den Gegensatz zum Vertreter, umfaßt also auch die Hilfsrichter i. S. des § 10.

b) Die **erforderliche Anzahl** von Direktoren und Mitgliedern zu bestimmen, ist ausschließlich Sache der Justizverwaltung. Sie muß die Zahl der Direktoren so bemessen, daß eine gesetzmäßige Ausübung des Vorsitzes in den Kammern gewährleistet ist (§ 62), während sich die erforderliche Zahl der übrigen Mitglieder danach bestimmt, wieviel richterliche Kräfte zu einer **angemessenen** Erledigung der anfallenden Geschäfte benötigt werden (vgl. Anm. 2 zu § 63).

3. Abs. 2, das Gegenstück zu § 22 Abs. 2, ist durch die VO. vom 4. 1. 1924 auf die Direktoren ausgedehnt worden. Es sollte damit insbesondere die Besetzung der erweiterten Schöffengerichte mit Landgerichtsdirektoren ermöglicht werden. Auf den Landgerichtspräsidenten bezieht sich die Vorschrift nicht. § 19 der VO. vom 20. 3. 1935 (RGBl. I 403) entzog dem § 59 Abs. 2, ohne ihn aufzuheben, seine praktische Bedeutung (vgl.Anm. 2 zu § 22). — Gemäß Abs. 2 ist es möglich, daß ein Landgerichtsdirektor zugleich Vorsitzender eines Schöffengerichts und einer Berufungsstrafkammer ist. (Vgl. aber § 23 StPO.) Dieser Zustand mag unzweckmäßig sein; ungesetzlich ist er nicht (RStG. **61** 40, **62** 366).

4. Die **Errichtung oder Aufhebung eines Landgerichts** und die Verlegung eines Gerichtssitzes erfolgen nach § 1 Abs. 1 der VO. zur einheitlichen Regelung der Gerichtsverfassung vom 20. 3. 1935 (RGBl. I S. 403) durch Gesetz, und zwar, nach Rückfall der Justizhoheit auf die Länder, durch Landesgesetz. Die in § 1 Abs. 2 der genannten VO. dem Reichsjustizminister ererteilte Ermächtigung, die Bezirksgrenzen im Verordnungswege zu ändern, ist nach BVerfG. **2.** 307 = JZ. **1953** 567 (vgl. dazu Tasche NJW. **1952** 407, Holzweg NJW. **1953** 48, Schmidt NJW. **1954**, 249) nicht auf die Landesjustizverwaltungen übergegangen (Art. 129 Abs. 1, 2 GG.), sondern nach Art. 129 Abs. 3 GG. erloschen. Die Form, in denen Änderungen der Bezirksgrenzen erfolgen können, richtet sich demgemäß nach Landesrecht; sie erfolgt im Hinblick auf den Grundsatz des gesetzlichen Richters (Art. 101 GG.) grundsätzlich durch förmliches Gesetz.

§ 60

Bei den Landgerichten werden Zivil- und Strafkammern gebildet.

I. Entstehungsgeschichte: Entw. § 47.
II. Keine späteren Änderungen.

1. Bei den Landgerichten — Die Zivil- und Strafkammern sind keine selbständigen Gerichte, sondern Abteilungen (Rechtsprechungskörper) des Landgerichts (RGRspr. **3** 217, RGSt. **42** 264). Die sog. „auswärtige" Strafkammer (§ 78 GVG.) gilt für die örtliche Zuständigkeit als ein vom Landgericht verschiedener Gerichtskörper (RGSt. **17** 230); vgl. § 78 Anm. 4. Im übrigen bildet sie gleichfalls einen Teil des Landgerichts (RGRspr. **2** 30, RGSt. **48** 132).

2. Der **Geschäftskreis der Strafkammern** wird durch die §§ 73 bis 74b GVG., § 41 JGG., durch verschiedene Vorschriften der StPO. und durch Vorschriften außerhalb der StPO. (vgl. Anm. 5 zu § 73) geregelt. Dabei haben §§ 74 bis 74b die Tätigkeit der Strafkammer als erkennenden Gerichts im Auge, während § 73 die Fälle betrifft, in denen die Strafkammer als beschließendes Gericht außerhalb einer bei ihm im Hauptverfahren anhängigen Strafsache entscheidet. Bei dem zuletzt genannten Geschäftskreis lassen sich drei verschiedene Arten von Aufgaben unterscheiden.

a) Die Strafkammern erlassen die im Vorverfahren erforderlichen kollegialgerichtlichen Entscheidungen. — α. In der Voruntersuchung (auch soweit sie nach § 185 StPO. einem Amtsrichter übertragen ist) stehen ihnen die Entscheidungen zu, die das Gesetz dem „Gericht" oder dem „Landgericht" im Gegensatz zu dem Untersuchungsrichter zuweist (GVG. § 73; vgl. StPO. § 124 Abs. 2, § 180 Abs. 1, § 181 Abs. 1, §§ 185, 197). — β. Sie beschließen über die Eröffnung des Hauptverfahrens nach Abschluß der Voruntersuchung (GVG. § 73; vgl. StPO. §§ 198, 202, 204).

b) Die Strafkammern sind berufen, an Stelle des Schwurgerichts die gerichtlichen Entscheidungen zu erlassen, die in den vor dieses Gericht verwiesenen oder von ihm abgeurteilten Sachen außerhalb der Tagung erforderlich werden (GVG. § 82 Abs. 2, § 83 Abs. 4, § 91 Abs. 1, § 92 Abs. 2 GVG., § 27 Abs. 2 StPO.).

c) Die Strafkammern werden als Oberinstanz-Gerichte tätig. — α. Sie sind die Beschwerdegerichte für die Schöffengerichte, die Amtsrichter und die Untersuchungsrichter

(GVG. § 73; vgl. aber §§ 159 u. 181 Abs. 3). — β. Sie haben gegenüber den Schöffengerichten und den Amtsgerichten ihres Bezirks die in der StPO. §§ 4, 12, 13, 14, 15, 19 bezeichneten Verrichtungen des oberen Gerichts wahrzunehmen. — γ. Sie entscheiden über die Ablehnung von Amtsrichtern (StPO. § 27).

Inwieweit die auswärtigen Strafkammern zur Wahrnehmung der unter a—c bezeichneten Aufgaben berufen sind, ist in den Anm. zu § 78 zu erörtern.

Als erkennende Gerichte sind die Strafkammern entweder als Gerichte erster Instanz oder als Berufungsgerichte (nach § 74 GVG.) zuständig.

3. Zahl der Kammern — § 7 Abs. 2 der VO. zur einheitlichen Regelung der Gerichtsverfassung vom 20. 3. 1935 (RGBl. I 403) bestimmt: „Die Zahl der Zivil- und Strafkammern bei den Landgerichten bestimmt der Landgerichtspräsident; der Oberlandesgerichtspräsident kann ihm Weisungen hierfür erteilen". Der Landgerichtspräsident handelt dabei, wie sich schon aus seiner Gebundenheit an Weisungen des Oberlandesgerichtspräsidenten ergibt, nicht als unabhängiger Richter, sondern als Organ der Justizverwaltung. An dem Charakter der Maßnahme als Justizverwaltungsangelegenheit (RG. JW. **1885** 427; RGSt. **42** 263) hat sich also dadurch, daß die VO. vom 20. 3. 1935 zur Entlastung der Justizverwaltung die Delegation auf den LGPräsidenten vornahm, nichts geändert. Die von Baur, Justizaufsicht (1954) 56 gegen die Rechtsbeständigkeit des § 7 VO. 1935 geäußerten Bedenken, er stehe mit dem Grundsatz der Selbstverwaltung der Gerichte in Widerspruch, sind danach unbegründet; die Zahl der ständigen Kammern zu bestimmen ist nicht Sache des Präsidiums (vgl. auch § 130 Abs. 1 Satz 2). Der LGPräsident kann auch die Bildung einer Hilfsstrafkammer wegen Überlastung der ordentlichen Kammern anordnen, deren Besetzung selbstverständlich nach §§ 62, 63 erfolgt. Eine Nachprüfung des Bedürfnisses steht den Gerichten nicht zu (RGSt. **62** 309). Wegen der Frage, ob auch das Präsidium u. U. eine „Hilfskammer" bilden kann, vgl. Anm. 10a zu § 63. Die Frage, ob dieselbe Strafkammer nebeneinander in verschiedenen getrennten Besetzungen tätig sein kann, ist in § 62 Anm. 2b erörtert. Über die Besetzung im allgemeinen vgl. § 76 und Anm. das.

4. Mehrere Strafkammern — **a)** Die verschiedenen Aufgaben der Strafkammer sind sämtlich miteinander vereinbar; sie dürfen von denselben Richtern wahrgenommen werden. Weder im GVG. noch in der StPO. wird das Bestehen verschiedenartiger Strafkammern vorausgesetzt; die Gesetze sprechen — abgesehen von der Unterscheidung zwischen „kleiner" und „großer" Strafkammer (§ 76) und von der Bezeichnung Jugendkammer (s. unten Anm. 5) nur von „der Strafkammer", ohne die Verschiedenartigkeit ihrer Aufgaben durch Aufstellung besonderer Benennungen (z. B. Beschlußkammer, Berufungskammer) zu erwähnen. Der Aufbau des Verfahrens macht die Errichtung einer von der erkennenden Strafkammer verschiedenen Beschlußstrafkammer nicht nötig. Andererseits aber steht auch nichts entgegen, bei Landgerichten, bei denen die Strafkammergeschäfte eine größere Zahl von Richtern erfordern, die Geschäfte nach den verschiedenen Tätigkeiten zu verteilen, also etwa eine besondere Beschlußkammer, eine Berufungskammer und eine Kammer erster Instanz zu bestellen. Derartiges zu bestimmen, ist lediglich eine Angelegenheit der Geschäftsverteilung (RGSt. **2** 353, **23** 234).

b) Bestehen bei einem Landgericht mehrere Strafkammern, so sind sie im Verhältnis zueinander, da sie nur Rechtsprechungskörper des gleichen Landgerichts sind, nicht als verschiedene Gerichte im Sinne der StPO. anzusehen (RGSt. **42** 264). Für die auswärtigen Strafkammern vgl. aber GVG. § 78 Anm. 4. Vgl. noch StPO. § 354 Anm. 7a. — Über die Verteilung der Geschäfte unter mehrere Strafkammern s. § 63.

5. Als **Jugendkammer** bezeichnet das JGG. die Strafkammer des Landgerichts, wenn sie im jugendgerichtlichen Verfahren als erkennendes Gericht des ersten Rechtszuges, als Berufungsgericht oder als Beschlußkammer tätig wird (§ 33 Abs. 2, 41 JGG). Die Jugendkammer unterscheidet sich aber nach Aufgabenbereich (§ 40 JGG.) und Zusammensetzung (Jugendschöffen statt der allgemeinen Schöffen, §§ 33 Abs. 3, 35 JGG., Berufsrichter mit erzieherischer Befähigung und Erfahrung, § 37 JGG.) wesentlich von der großen Strafkammer. Es ist daher ein von Amts wegen zu berücksichtigender Gesetzesverstoß, wenn in der Hauptverhandlung statt der sachlich zuständigen Jugendkammer die große Strafkammer entscheidet (BGHSt. **7** 27; vgl. Anm. 9 zu § 24).

6. Wegen des Ortes der Hauptverhandlung s. StPO. Buch 2 Abschn. 6 Vorbem. 3a (vor § 226).

§ 61

(1) Bei den Landgerichten sind Untersuchungsrichter nach Bedürfnis zu bestellen.

(2) Sie werden durch die Landesjustizverwaltung auf die Dauer eines Geschäftsjahres bestellt.

I. Entstehungsgeschichte: Entw. § 49.

II. Spätere Entwürfe: N. E. III Nr. 23.

III. Spätere Änderungen: § 7 Abs. 3 der VO. vom 20. 3. 1935 (RGBl. I S. 403). Das Vereinheitlichungsges. vom 12. 9. 1950 hat den ursprünglichen Text des § 61 mit lediglich stilistischen Änderungen übernommen.

1. Die Worte **„nach Bedürfnis"** besagen nur, daß die Zahl der bei einem Landgericht zu bestellenden Untersuchungsrichter sich nach dem Bedarf, d. h. nach dem Geschäftsanfall bestimmt. Es muß bei jedem Landgericht aber mindestens ein ständiger Untersuchungsrichter vorhanden sein. Ob mehrere Untersuchungsrichter zu bestellen und wie dann die Geschäfte unter sie zu verteilen sind, ist im Verwaltungswege zu bestimmen; folgerichtiger wäre es, die letztere Aufgabe dem Präsidium zu übertragen. — Vgl. noch § 65.

2. „Landesjustizverwaltung" — Hierüber s. § 22 Anm. 5. Nach § 7 Abs. 3 der VO. zur einheitlichen Regelung der Gerichtsverfassung vom 20. 3. 1935 (RGBl. I 403) wurden Untersuchungsrichter durch die Oberlandesgerichtspräsidenten bestellt, bei vorübergehendem Bedarf auch für kürzere Dauer als ein Geschäftsjahr. Durch Art. 8 Nr. 7 des Vereinheitlichungsges. vom 12. 9. 1950 wurden verschiedene Vorschriften dieser VO., jedoch nicht § 7 Abs. 3 aufgehoben. Da aber diese Vorschrift mit § 61 GVG. unvereinbar ist, ist sie in vollem Umfang gegenstandslos. Möglich ist dagegen, daß die Landesjustizverwaltung ihr Bestellungsrecht zur Ausübung dem Oberlandesgerichtspräsidenten überträgt.

3. Der **Untersuchungsrichter** als solcher hat nur die Aufgabe, die Voruntersuchungen zu führen (StPO. § 184). Eine (auf den Beschlüssen der RTK. beruhende) Abweichung von diesem Grundsatz s. StPO. § 173 Abs. 3. Im Vorbereitungsverfahren (StPO. §§ 162, 165, 166) wirkt der Untersuchungsrichter nicht mit; vgl. StPO. Buch 2 Abschn. 2 Vorbem. 3c (vor § 158).

4. Der zum Untersuchungsrichter bestellte Richter ist nicht verhindert, **andere richterliche Geschäfte** beim Landgericht wahrzunehmen; er darf also auch Mitglied einer Kammer sein. Nur ist er in den Sachen, in denen er die Voruntersuchung führt oder geführt hat, kraft Gesetzes ausgeschlossen (StPO. § 23 Abs. 2).

5. Über das **Verhältnis des Untersuchungsrichters zur Strafkammer** während der Voruntersuchung s. StPO. Buch 2 Abschn. 3 Vorbem. 3b (vor § 178 StPO.).

6. Einem **Amtsrichter** kann die Tätigkeit des Untersuchungsrichters zwar für einzelne Sachen durch Beschluß der Strafkammer übertragen werden (StPO. § 185); dagegen ist die Bestellung eines Amtsrichters (falls er nicht zugleich Mitglied des Landgerichts ist; § 59 Abs. 2) zum ständigen Untersuchungsrichter eines Bezirks im Gesetz nicht vorgesehen und deshalb ausgeschlossen. Das gilt auch von den Amtsgerichten, bei denen eine Strafkammer (§ 78) gebildet ist (Begr. 53) (a. M. mit Unrecht Hauck 117 und Ortloff in ZStW. **2** 512). Durch Übertragung einer Voruntersuchung an einen Amtsrichter wird nichts daran geändert, daß es sich bei der Voruntersuchung um ein landgerichtliches Geschäft handelt; der Amtsrichter handelt dabei als Organ des Landgerichts.

7. Wegen der Bestellung des Untersuchungsrichters in Sachen, die zur erstinstanzlichen Zuständigkeit des Bundesgerichtshof und der Oberlandesgerichte gehören, s. StPO. § 186, wegen des Untersuchungsrichters in Staatsschutzsachen Anm. 2b zu § 74a.

8. Geschäftsjahr — Die Bestellung erfolgt im voraus auf die Dauer eines Geschäftsjahrs, eine Bestellung im Lauf des Geschäftsjahrs (bei nachträglich hervortretendem Bedürfnis oder bei Wegfall oder Verhinderung des bestellten Untersuchungsrichters) für den Rest des Geschäftsjahrs. Der Begriff ist bundesgesetzlich nicht bestimmt, vielmehr von der Justizverwaltung zu bestimmen. Tatsächlich deckt sich das Geschäftsjahr in allen deutschen Ländern mit dem Kalenderjahr.

§ 62

(1) Den Vorsitz in den Kammern führen der Präsident und die Direktoren. Den Vorsitz in der kleinen Strafkammer (§ 76 Abs. 2) kann auch ein ständiges Mitglied des Landgerichts führen, das vom Präsidium für die Dauer eines Geschäftsjahres bestimmt wird.

(2) Vor Beginn des Geschäftsjahres bestimmt der Präsident die Kammer, der er sich anschließt. Über die Verteilung des Vorsitzes in den übrigen Kammern entscheiden der Präsident und die Direktoren nach Stimmenmehrheit; bei Stimmengleichheit gibt die Stimme des Präsidenten den Ausschlag.

I. Entstehungsgeschichte: Entw. § —

II. Spätere Entwürfe: Entw. EGStGB. Art. 68 Ziff. 19.

III. Spätere Änderungen: VO. vom 4. 1. 1924 § 11 Abs. 3 (RGBl. I 16). Bek. vom 22. 3. 1924 (RGBl. I 307). Durch das Ges. vom 4. 7. 1933 (RGBl. I 451) wurden Abs. 2 Satz 1 der seit der Bek. vom 22. 3. 1924 in Kraft gewesenen Fassung nach § 64 Abs. 1, ferner Abs. 1 Satz 2 (zweiter Satzteil) und Abs. 2 Satz 2 nach § 64a Abs. 4 überführt (sachlich unverändert). Durch das Vereinheitlichungsges. vom 12. 9. 1950 ist der bisherige Satz 1 (betr. Vorsitz im Plenum) gestrichen, der jetzige Satz 2 durch Einfügung von „ständiges" vor „Mitglied" und Anfügung des Nebensatzes („das vom ... wird") ergänzt und ein Abs. 2 (unter Änderung des § 63 a.F.) eingestellt worden

Literatur: Helber DRZ. **1929** 48 Das Reichsgericht zur Besetzung der Gerichte und zur Geschäftsverteilung (mit viel Judikatur).

1. § 62 Satz 1 lautete früher: „Den Vorsitz im **Plenum** führt der Präsident." Diese seit langem obsolete Vorschrift — das Plenum hatte keinerlei gesetzliche Aufgaben, es kam ihm auch sonst keine Bedeutung zu — ist durch das Vereinheitlichungsges. vom 12. 9. 1950 gestrichen.

2. a) Der **ordentliche Vorsitz** in den Kammern (mit Ausnahme der kleinen Strafkammern, der auswärtigen Strafkammern — § 78 — und der Kammern für Handelssachen) kann außer dem Präsidenten nur den Direktoren übertragen werden. Die Vorschrift bezweckt, daß nur solche Richter den Kammern vorsitzen, die vermöge ihrer besonderen Auswahl die Güte und Einheitlichkeit der Rechtsprechung ihrer Kammer in besonderem Maße gewährleisten. Demgemäß kann von einer Führung des Vorsitzes nur gesprochen werden, wenn der Präsident oder Direktor stets einen ausreichenden Überblick über die anhängig werdenden Sachen behalten kann und nach seiner allgemeinen Belastung in der Lage ist, den Vorsitz (durch Verteilung der Geschäfte, Anberaumung der Termine, Vorsitz in der Sitzung) in einem Umfang zu führen, der ihm einen richtunggebenden Einfluß auf die Rechtsprechung der Kammer sichert. Eine Umgehung des § 61, die den unbedingten Revisionsgrund des § 338 Nr. 1 StPO. schafft, liegt vor, wenn dem zum Vorsitzenden bestimmten Präsidenten oder Direktor durch die Gesamtgestaltung seiner dienstlichen Verhältnisse die Möglichkeit, auf die Arbeit der Kammer einen richtunggebenden Einfluß auszuüben, tatsächlich genommen ist und in Wahrheit der Vertreter (§ 66) dauernd oder für schlechthin unbestimmte Zeit den Kammervorsitz führt (BGHZ. **9** 291 = NJW **1953** 1302). War ein Gericht zur Zeit der Hauptverhandlung (der letzten mündl. Verhandl. im Zivilprozeß) in diesem Sinne nicht vorschriftsmäßig besetzt, so beruht das Urteil auch dann auf diesem Mangel, wenn der vorsitzführende Richter zur Zeit der Beratung und Urteilsverkündung nachträglich zum Direktor (oder SenPräs.) befördert war (BGHZ. **10** 130).

b) Einzelfälle — Es ist insbesondere nicht zulässig, die Vorschrift des Satzes 1 dadurch zu umgehen, daß bei derselben Kammer zur Erledigung gleichartiger Geschäfte mehrere selbständige Abteilungen mit getrenntem Personal und getrennten Dienstgeschäften gebildet werden, so daß die eine nicht von einem Direktor geleitet wird (RG. JW. **1914** 427 = DRZ. **1913** 897, JW. **1915** 96, RGSt. **55** 238). Das Vorhandensein einer selbständigen direktorlosen Abteilung ist auch anzunehmen, wenn der Vorsitzende einer Abteilung der anderen zwar die Geschäfte zuweist, mit der Zuweisung aber jeden Einfluß auf die weitere Behandlung verliert (Sprinckhardt DJZ. **1914** 299). Anders liegt der Fall, wenn die eigentliche Kammer durch die Verhandlung einzelner größerer Sachen für eine gewisse Zeit in Anspruch genommen ist und nun eine Hilfsabteilung zur Erledigung der übrigen Kammergeschäfte gebildet werden muß und bei dieser der Vorsitz von dem Vertreter des Vorsitzenden geführt wird (RG. JR. **1929** Nr. 471 = DRZ. **1929** Nr. 203, JR. **1929** Nr. 1542, RG. vom 11. 5. 1931 II 216/31). Dabei kann es dann auch vorkommen, daß die beiden Teile der Kammer nebeneinander Sitzungen abhalten. Es ist nicht ausgeschlossen, eine persönliche Verhinderung des ordentlichen Vorsitzenden schon bei Beginn des Geschäftsjahres für bestimmte Sitzungstage anzunehmen, z. B. wenn der Vorsitzende neben dem Sitzungsdienst auch Verwaltungsgeschäfte zu erledigen hat, oder wenn die Tätigkeit an den übrigen Sitzungstagen seine Arbeitskraft vollständig in Anspruch nimmt, vorausgesetzt nur, daß ihm der richtunggebende Einfluß auf die Gesamtarbeit der Kammer gewahrt bleibt (RGSt. **54** 298, **55** 238, **62** 366; BGHSt. **2** 71; vgl. auch RGZ. **115** 162, **126** 97, 243, **130** 154, **132** 295, 301; RG. JR. **1934** Nr. 208). Eine genügende Einflußnahme ist z. B. möglich, wenn der Vorsitzende zwar in der Regel nur alle 14 Tage (OLG. Köln NJW. **1952** 518) oder an jedem zweiten Sitzungstag den Vorsitz führt, aber die übrigen Verhandlungstermine selbst anberaumt und alle Berichterstatter selbst bestellt (BGHSt. **7** 23); sie ist dagegen ausgeschlossen, wenn er von monatlich 8 bis 9 Sitzungen in einer Kammer nur eine wahrnehmen kann (BGHSt. **2** 71). — Es ist auch (immer unter der zu a) erwähnten Voraussetzung) nicht unzulässig, einen Direktor zum Vorsitzenden mehrerer Kammern zu bestimmen (RGSt. **55** 202, 238, BGHSt. **2** 71; a. M. Laband **3** 433 Note 5); eine offenkundige Umgehung des § 62 liegt aber vor, wenn er gleichzeitig für behindert erklärt wird, den Vorsitz in der einen von ihnen zu führen (RGSt. **55** 238, **56** 157, **62** 366, 368). Derselbe Gesichtspunkt ist auch anzuwenden, wenn der Oberlandesgerichtspräsident oder ein Senatspräsident formell den Vorsitz in einem Senat übernimmt, sich aber regelmäßig und dauernd durch den ältesten Rat vertreten läßt (RGZ. **119** 282, **121** 78, **130** 154, RG. DRZ. **1928** Nr. 339, JR. **1928** Nr. 1151, **1930** Nr. 803, 1147, 1855, **1931** Nr. 617, **1932** Nr. 1385, 1386, **1933** Nr. 586; vgl. Helber DRZ. **1929** 48). — Auch für eine aus Anlaß einer ungewöhnlichen vorübergehenden Geschäftsbelastung eingerichtete Hilfsstrafkammer gilt an sich der Grundsatz, daß nur ein Direktor sie führen kann (anders RG. vom 14. 3. 1932 II 5/32, wonach es zulässig sein soll, für eine solche Kammer einen Landgerichtsrat zum ordentlichen Vorsitzenden zu bestellen); es ist aber nicht zu beanstanden, wenn der Direktor in einem solchen Falle von vornherein für ständig behindert erklärt wird, den Vorsitz in der Hilfskammer zu führen (RGSt. **62** 309, RG. JW. **1925** 1401, **1932** 2888, JR. **1930** Nr. 1855, RG. vom 21. 3. 1931 II 976/30). Wiederholt und nicht einheitlich entschieden ist die Frage, ob es zulässig ist, bis zur Bewilligung und Besetzung einer neuen Direktorstelle für die Kammer, die dieser neue Direktor übernehmen soll, eine vorläufige Regelung dahin eintreten zu lassen, daß ein anderer Direktor den Vorsitz in der Kammer nur dem Namen nach führt, in Wirklichkeit aber nach § 66 Abs 1 ständig vertreten wird (bejahend RGSt. **55** 201, andererseits RG. vom 4. 10. 1921 IV 994/21; vgl. auch RGSt. **56** 157 und RG. JW. **1925** 1401; dagegen Schreiber JW. a.a.O. Anm. 1); sie wird mit BGHZ. **9** 291 = NJW. **1953** 1302 zu verneinen sein, wenn die neue Stelle beantragt, vom Gesetzgeber aber noch nicht durch Festsetzung im Stellenplan genehmigt ist, während für die Zeit nach solcher Bewilligung bis zur Besetzung eine formelle Besetzung mit einem anderen Direktor ausreicht. Handelt es sich dagegen nur um die Wiederbesetzung einer bereits vorhandenen erledigten Direktorstelle, so liegt für die Zeit bis zur Wiederbesetzung eine nur vorübergehende Verhinderung i. S. des § 66 Abs. 1 vor, wenn die direktorlose Zeit einen angemessenen Umfang (etwa bis zu 5 Monaten) nicht überschreitet (BGH. NJW. **1955**, 1447). Wegen des Falles, daß der Vorsitzende einer Kammer in einen anderen Geschäftsbereich abgeordnet wird und die Frage seiner weiteren Verwendung längere Zeit in der Schwebe bleibt, vgl. Anm. 2 a zu § 66. Für eine ordentliche Kammer, deren künftige Aufhebung zu erwarten ist, gelten keine Besonderheiten; sie muß, solange sie besteht, mit einem Direktor ordnungsmäßig besetzt sein. (RG. JR. **1932** Nr. 1502). — Darüber, wieweit die Vorschrift des § 62 auch für die Ferienstrafkammer gilt, vgl. RGSt. **56** 143 (auch RG. vom 14. 7. 1921 IV 802/21, 26. 6. 1931 I 270/31). S. auch Anm. 1 zu § 201. — Es besteht kein rechtliches Bedenken dagegen, daß der Vorsitzende einer Berufungsstrafkammer gleichzeitig als Amtsgerichtsrat (§ 59 Abs. 2) den Vorsitz in einem zum Bezirk gehörigen Schöffengericht führt (nur daß er dann in der Berufungskammer in den Sachen, in denen er beim Schöffengericht mitgewirkt hat, ausgeschlossen ist) (RGSt. **61** 40, **62** 366). — Ein Landgerichtsdirektor, der Landtagsabgeordneter ist (soweit Landesrecht sein Verbleiben im Amt gestattet, vgl. Anm. 3 zu § 8), ist nicht ohne weiteres als derart behindert anzusehen, daß er die Aufgabe eines Vorsitzenden in dem zu a) erörterten Sinne nicht erfüllen könne; die Übertragung des Vorsitzes in einer Kammer an ihn ist für zulässig erachtet worden (RGSt. **66** 435; vgl. RGZ. **131** 31).

3. Für die **Vertretung des ordentlichen Vorsitzenden** gilt ausschließlich § 66 Abs. 1. Vgl. dort.

4. Für den **Vorsitz in der kleinen Strafkammer** — die als solche aber nur in der Hauptverhandlung in die Erscheinung tritt (§ 76) — ist in § 62 eine Sonderregelung getroffen. Den ordent-

lichen Vorsitz kann auch ein ständiges Mitglied des Landgerichts (also ein Landgerichtsrat, niemals ein Hilfsrichter) führen (Nüse JR. **1950** 518). Den regelmäßigen Vertreter des ordentlichen Vorsitzenden bestimmt das Präsidium (vgl. Anm. 1b zu § 66 und BayObLG. DRZ. **1932** Nr. 294). Werden einer kleinen Strafkammer zwei Richter zugewiesen, die jeweils abwechselnd den Vorsitz führen und auch die die Hauptverhandlung vorbereitende Tätigkeit des Vorsitzenden jeweils für ihre Sitzung wahrnehmen sollen, so liegt nicht die Bestellung eines Vorsitzenden und seines Vertreters, sondern tatsächlich die Bildung von zwei kleinen Strafkammern vor, die nur zulässig ist, wenn schon im Geschäftsverteilungsplan nach allgemeinen Merkmalen (vgl. Anm. 2 zu § 63) bestimmt ist, wie die anfallenden Geschäfte auf beide Kammern verteilt werden (SchlHolst. OLG. SchlHA. **1953** 68).

5. Über den Vorsitz in der **auswärtigen Strafkammer** enthält § 78 eine Sonderregelung. Vgl. dort.

6. Die **Verteilung des Vorsitzes** beschließt nicht mehr, wie nach früherem Recht (§ 63a. F.), das Präsidium, sondern das aus dem Präsidenten und den Direktoren bestehende Vorsitzendenkollegium. Das Vorsitzendenkollegium unterscheidet sich von dem Präsidium dadurch, daß ihm stets sämtliche Direktoren angehören, die für das Präsidium nach § 64 Abs. 3 geltenden Beschränkungen also nicht in Betracht kommen, und daß andere Mitglieder des Landgerichts — anders als beim Präsidium nach § 64 Abs. 2, 3 — ihm nicht angehören. Das Vorsitzendenkollegium beschließt auch über den Vorsitz in der kleinen Strafkammer; insoweit ist aber das Bestimmungsrecht des Vorsitzendenkollegiums dadurch beschränkt, daß es, wenn es keinen Direktor bestimmt, den Vorsitz nur dem oder (bei mehreren kleinen Strafkammern) den Landgerichtsräten übertragen kann, die das Präsidium für die Dauer des Geschäftsjahres bestimmt hat. Für die Abstimmung im Vorsitzendenkollegium gelten die für das Präsidium maßgebenden Grundsätze (vgl. Anm. 3 zu § 64).

Die Bestimmungsbefugnis des Vorsitzendenkollegiums ist weiter dadurch beschränkt, daß nicht dieses, sondern der **LGPräs.** die Kammer bestimmt, der er sich anschließt. Der LGPräs. muß den Vorsitz in einer Kammer übernehmen, selbst dann, wenn seine Justizverwaltungsgeschäfte ihn hindern, überhaupt oder doch jedenfalls in dem Umfang an der Rechtsprechung der Kammer teilzunehmen, daß er auf diese bestimmenden Einfluß hat. In letzterem Falle genügt es aber, wenn als ständiger Vertreter (vom Präsidium, § 66) ein Landgerichtsdirektor bestellt ist und dieser in einem Maße mitwirkt, daß er auf die Rechtsprechung der Kammer maßgebenden Einfluß hat (BGHSt. **7** 23 = NJW. **1955** 152).

7. Die Fassung des Abs. 2 ist wenig glücklich. Sein Sinn ist selbstverständlich der, daß nicht nur der LGPräs. vor Beginn des Geschäftsjahres über seine Verwendung als Vorsitzender Bestimmung trifft, sondern daß auch die Verteilung des Vorsitzes im übrigen vor Beginn des Geschäftsjahres zu erfolgen hat. Eine **Änderung** der vor Beginn des Geschäftsjahres beschlossenen Regelung im Laufe des Geschäftsjahres ist nur unter den in § 63 Abs. 2 bestimmten Voraussetzungen zulässig. Solange auch die Verteilung des Vorsitzes Sache des Präsidiums und in § 63a. F. mitgeregelt war, bezog sich der mit § 63 Abs. 2 n. F. gleichlautende § 63 Abs. 2 a. F. ohne weiteres auf den Beschluß über die Zuteilung des Vorsitzes; die Herausnahme der Materie aus § 63 und die Zuweisung der Vorsitzendenverteilung an das in § 62 Abs. 2 bezeichnete Gremium hat — schon der Natur der Sache nach — an der Bedeutung des § 63 Abs. 2 auch für den Beschluß nach § 62 Abs. 2 nichts geändert.

8. Wegen der **Revision** vgl. § 338 Nr. 1 StPO. und die Anm. dazu.

§ 63

(1) Vor Beginn des Geschäftsjahres werden auf seine Dauer die Geschäfte unter die Kammern derselben Art verteilt und die ständigen Mitglieder der einzelnen Kammern sowie für den Fall ihrer Verhinderung die regelmäßigen Vertreter bestimmt. Jeder Richter kann zum Mitglied mehrerer Kammern bestimmt werden.

(2) Die Anordnung kann im Laufe des Geschäftsjahres nur geändert werden, wenn dies wegen Überlastung einer Kammer oder infolge Wechsels oder dauernder Verhinderung einzelner Mitglieder des Gerichts erforderlich wird.

I. Entstehungsgeschichte: Entw. —
II. Spätere Entwürfe: N.E. III Nr. 24; E. V Art. II 12.
III. Spätere Änderungen: Bek. vom 22. 3. 1924 (RGBl. I 307). Ges. vom 4. 7. 1933 (RGBl. I 451). VO. vom 20. 3. 1935 (RGBl. I 403), Art. 7 Abs. 1. Durch das Ges. über die Geschäftsverteilung bei den Gerichten vom 24. 11. 1937 (RGBl. I 1286) wurden unter Aufhebung der §§ 63 bis 64a a. F., das Präsidium beseitigt und die ihm bisher obliegenden Aufgaben auf die Präsidenten der Gerichte als Justizverwaltungsangelegenheit übertragen. Das Vereinheitlichungsges. vom 12. 9. 1950 hat die Rechte des Präsidiums wiederhergestellt mit der Maßgabe, daß die nach § 63 a. F. ebenfalls dem Präsidium zustehende Aufgabe, die Vorsitzenden der einzelnen Kammern zu bestimmen, einem anderen richterlichen Gremium, dem Vorsitzendenkollegium (§ 62 Abs. 2 n.F.) übertragen wurde.

1. Allgemeine Bedeutung des § 63 — Die §§ 62 Abs. 2, 63, 64, 66 Abs. 1 dienen der Verwirklichung des Grundsatzes, daß Ausnahmegerichte unzulässig sind und niemand seinem gesetzlichen Richter entzogen werden darf (Art. 101 GG., § 16 GVG.). Dieser Grundsatz fordert, daß nicht nur die sachliche und örtliche Zusändigkeit des zur Entscheidung berufenen Gerichts durch gesetzliche Vorschriften im voraus feststeht, sondern daß grundsätzlich auch der bei dem betreffenden Gericht zuständige Rechtsprechungskörper und damit die Person der bei der Entscheidung mitwirkenden Richter von vornherein nach allgemeinen Merkmalen (vgl. unten Anm. 4b) und unter Ausschluß jeder Einflußnahme von dritter Seite, auch der Justizverwaltung, festgelegt ist. Demgemäß legt § 64 die Geschäftsverteilung auf die einzelnen Kammern als justizförmigen Verwaltungsakt (vgl. Anm. 1a zu § 1) in die Hand des Präsidiums, eines richterlichen, also an keine Weisungen gebundenen Kollegialorgans. Die §§ 63, 66 übertragen ihm gleichzeitig die Aufgabe, die Beisitzer, ihre Vertreter und die ständigen Vertreter des Vorsitzenden vor Beginn des Geschäftsjahrs den einzelnen Kammern zuzuweisen, während die Verteilung des Vorsitzes in den Kammern in gleicher Weise durch ein anderes richterliches Kollegialorgan, das Vorsitzendenkollegium (§ 62 Abs. 2) erfolgt. Diese Zuteilung der Richter durch richterliche Kollegien auf die Dauer des Geschäftsjahrs bedeutet zugleich, daß neben die Unabsetzbarkeit und Unversetzbarkeit als weitere persönliche Garantie der richterlichen Unabhängigkeit die der Einwirkung der Justizverwaltung entzogene Unverschiebbarkeit im Kollegialgericht (die Bindung an den einmal übertragenen Aufgabenbereich beim Amtsgericht, § 22 b Abs. 2) tritt. Mit den §§ 62ff. ist auf einem Teilgebiet der Gedanke der richterlichen Selbstverwaltung (vgl. dazu Anm. 4 a zu § 6) verwirklicht. — Über die wechselvolle Geschichte des Geschäftsverteilungssystems vgl. Eb. Schmidt, Lehrkomm. I Nr. 391.

2. Grundsätze für die Geschäftsverteilung — a) Die Aufgabe des Präsidiums besteht darin, für alle Aufgaben, die nach gesetzlicher Vorschrift dem Landgericht zufallen, die zur Erledigung berufene Kammer zu bestimmen, und zwar in der Weise, daß, soweit sich dies übersehen läßt, die einzelnen Kammern einigermaßen gleichmäßig belastet sind. Eine schwierige Lage entsteht, wenn nach der Überzeugung des Präsidiums die zur Verfügnng stehenden Kräfte nicht ausreichen, um die anfallenden Geschäfte sachgemäß zu erledigen. Ist dann das Präsidium, wenn die Versuche, auf dem Weg des § 70 Abs. 1 Abhilfe zu schaffen, vergeblich geblieben sind, gleichwohl verpflichtet, alle Geschäfte zu verteilen, obwohl es voraussieht, daß der Geschäftsverteilungsplan undurchführbar ist, oder ist es befugt, die Geschäfte nur insoweit zu verteilen, als ihre Erledigung nach seiner Überzeugung möglich ist, und die übrigen (minder bedeutsamen) Geschäfte einstweilen unberücksicht zu lassen? Nach Bockelmann JZ. **1952** 641 ist die Frage im Sinne der ersten Alternative zu beantworten; ein „Streik“ des Präsidiums wäre eine ungesetzliche Justizverweigerung und die Nichtbestellung des gesetzlichen „Richters“ ein Verstoß gegen Art. 101 GG. (§ 16 GVG.). Dem kann mit Breithaupt, DRiZ. **1952**, 128; Heim DRiZ. **1953** 3; KMR Anm. 1a nicht zugestimmt werden. Mit Recht verlangt BGH. NJW. **1955** 680 vom Präsidium die Aufstellung eines Geschäftsverteilungsplans, der nicht nur auf dem Papier steht, sondern im Regelfall eingehalten werden kann; die ordnungsmäßige Besetzung aller Kammern könne in Frage gestellt sein, wenn ein Landgericht im Vergleich zu seiner Geschäftslast allzuwenig Richterkräfte hätte und daher bei Aufstellung des Geschäftsverteilungsplans vorauszusehen sei, daß er im wesentlichen nicht eingehalten werden könne und die Regelung der Zusammensetzung der Kammer hauptsächlich auf dem Weg des § 67 erfolgen müsse. Solche Erwägungen zwingen das Präsidium geradezu zum „Streik“; nicht das Präsidium, das gewisse Geschäfte nicht verteilen würde, weil die Kräfte zu ihrer Bewältigung nicht vorhanden sind, sondern die Justizverwaltung (oder die Finanzverwaltung oder das Parlament bei Festsetzung des Hauhaltsplans!), die die erforderliche Zahl von Kräften nicht bereitstellt, würde gegen Art. 101 GG. verstoßen.

b) Wo mehrere Strafkammern bestehen (vgl. die Anm. zu § 60), muß das Präsidium sämtliche dem Landgericht anfallenden Geschäfte (§§ 73 bis 74 b GVG., §§ 33 Abs. 2, 41 JGG., § 59 des Ges. über Ordnungswidrigkeiten vom 25. 3. 1952 — BGBl. I 177 —) unter sie verteilen. Die Art der Verteilung ist — ebenso wie bei der Verteilung der Mitglieder des Landgerichts — dem **pflichtmäßigen Ermessen des Präsidiums** überlassen (RGSt. **28** 215). (Das gleiche gilt natürlich für die Geschäftsverteilung bei den übrigen Gerichten.) Nur ausnahmsweise finden sich gesetzliche Vorschriften, die das Ermessen einschränken oder für seine Ausübung Richtlinien aufstellen. So bestimmt § 113 GVG. und § 7 Abs. 2 des Ges. über das gerichtliche Verfahren in Landwirtschaftssachen vom 21. 7. 1953 (BGBl. I 667), daß die Entscheidung über die Amtsenthebung ehrenamtlicher Beisitzer dem 1. Zivilsenat des OLG. zufällt. Ferner müssen Staatsschutzsachen einer Kammer zugewiesen werden (vgl. § 74 a). Richtlinien für die Ermessensausübung enthalten § 34 JGG. Abs. 2 (Grundsatz der Einheit von Jugendrichter und Vormundschaftsrichter) und § 37 JGG., wonach die Richter bei den Jugendgerichten erzieherisch befähigt und in der Jugenderziehung erfahren sein sollen.

Die Möglichkeit einer weiteren Ermessensbeschränkung des Präsidiums sah § 7 Abs. 1 der VO. zur einheitlichen Regelung der Gerichtsverfassung vom 20. 3. 1935 (RGBl. I 403) vor: „Der Reichsminister der Justiz kann Grundsätze für die Verteilung der Geschäfte bei den Landgerichten .... aufstellen". Diese Vorschrift ist zwar bisher nicht förmlich aufgehoben; Art. 8 II Nr. 7 des Vereinheitlichungsges. vom 12. 9. 1950 beschränkt sich auf die Aufhebung der §§ 5, 6, 10, 11, 20 der VO. Dieser Katalog der durch das Vereinheitlichungsges. gegenstandslos gewordenen Vorschriften der VO. 1935 ist aber nicht erschöpfend (vgl. die Vorbem. zu der VO. im Anhang unter B), und zu den auch ohne förmliche Aufhebung gegenstandlos gewordenen Vorschriften gehört § 7 Abs. 1 (ebenso Breithaupt DRiZ. **1952** 129; Baur, Justizaufsicht [1954] 56). Denn da Inhalt und Umfang der „Grundsätze", wenn die an die Stelle des Reichsjustizministers getretenen Landesjustizverwaltungen solche mit verbindlicher Wirkung erlassen könnten, in keiner Weise begrenzt ist, so wäre damit die Möglichleit gegeben, im Verwaltungswege praktisch die Geschäftsverteilungsbefugnis der Präsidiums auszuhöhlen und damit den Grundsatz des „blindlings" durch unabhängige Organe zu bestellenden gesetzlichen Richters (vgl. Anm. 1 u. 4) mehr oder weniger beiseite zu schieben. Das wäre aber mit Art. 101 GG. unvereinbar. Die Befugnis der Justizverwaltung, in allgemeiner Form den Präsidien bestimmte Maßnahmen (ohne jede verbindliche Wirkung) zu empfehlen — zu denken wäre etwa daran, daß größeren Landgerichten die Konzentration bestimmter Delikte, deren sachgemäße Aburteilung besondere Kenntnisse und Erfahrungen erfordert, wie z. B. Devisensachen, bei einer Kammer empfohlen würde — wird dadurch nicht berührt.

c) Die Beschlüsse des Präsidiums sind **unanfechtbar**. Gegenvorstellungen eines Richters oder eines Rechtsprechungsgremiums, die sich durch den Beschluß beschwert fühlen, kann das Präsidium nur insoweit Raum geben, als es nach § 63 Abs. 2 zu einer Änderung des Beschlusses befugt ist (vgl. Schulte DRiZ. **1955** 112). Der Referentenentw. 1954 eines Richterges. (vgl. Vorbem. 2c vor § 1) schlägt vor, dem Richter die Anrufung eines erweiterten Präsidiums zu ermöglichen, aber nur, wenn er nach seiner Auffassung durch den Präsidialbeschluß überlastet ist (vgl. DRiZ. **1954** 182).

3. Vor Beginn — Der Wortlaut des § 63 ergibt, daß das Präsidium (und ebenso das Vorsitzendenkollegium nach § 62 Abs. 2), Anordnungen nur für die Zukunft treffen können. Das Präsidium kann nicht nachträglich eine Anordnung des Präsidenten mit der Wirkung genehmigen, daß dadurch der Mangel einer nicht vorschriftsmäßigen Gerichtsbesetzung geheilt wird (RGSt. **23** 166; vgl. RGSt. **66** 122). S. aber § 22c Abs. 3.

4. Verteilung der Geschäfte — Das Ermessen des Präsidiums (Anm. 2b) findet seine Grenze in der Bestimmung des Art. 101 Abs. 1 Satz 2 GG., § 16 GVG., daß niemand seinem gesetzlichen Richter entzogen werden darf. Es gehört zum Begriff des gesetzlichen Richters, daß die Zuweisung von Sachen an eine bestimmte Kammer nach allgemeinen Merkmalen erfolgt, die durch möglichst genaue Festlegung einem willkürlichen Verfahren vorbeugen, so daß die einzelne Sache gewissermaßen „blindlings" an die zuständige Kammer kommt. Solche allgemeinen Merkmale können etwa der Anfangsbuchstabe des Angekl., die Endziffer, das Aktenzeichen, die Herkunft aus einem Bezirk, das verletzte Strafgesetz sein. Unzulässig wäre es **daher**, bestimmte, bei Beginn des Geschäftsjahres noch anhängige Sachen als solche, also ohne daß sie nach allgemeinen Merkmalen bezeichnet würden, auf die Kammern zu verteilen, wenn eine Anordnung nach § 65 nicht ergangen ist (BGH. NJW. **1955** 152; vgl. auch RG. JR. **1934** 451 = JW. **1934** 565). Auf Abweichungen vom Geschäftsverteilungsplan kann die Revision nicht gestützt werden; der Plan ist keine „Rechtsnorm" im Sinne des § 337 StPO. Nur daß er gesetzwidrig zustande gekommen sei, kann, wie sich auch aus § 22d ergibt, unter dem Gesichtspunkt der unvorschriftsmäßigen Besetzung des Gerichts (§ 338 Nr. 1 StPO.) gerügt werden (RGSt. **36** 321, **45** 260, 351; BGHSt. **3** 535; a. M. Niese JZ. **1953** 595; s. auch Bockelmann DÖV. **1953**, 527) Lediglich bei offensichtlich willkürlicher Abweichung vom Geschäftsverteilungsplan könnte von einer Verletzung des Grundsatzes des gesetzlichen Richters (Art. 101 GG., § 16 GVG.) gesprochen werden (vgl. Anm. 3 d zu § 16). — Der Ausdruck **„Kammern derselben Art"** bezieht sich auf die Unterscheidung zwischen Zivilkammern und Strafkammern.

5. Verteilung des Personals — a) Vorsitzende. Die Verteilung der Vorsitzenden auf die Kammern regelt § 62 Abs. 2, die Vertretung des Vorsitzenden § 66 Abs. 1.

b) Mitglieder — Über den Begriff „ständiges Mitglied" vgl. Anm. 2a zu § 59. Danach ist es nicht unzulässig, eine Kammer mit einem Direktor als Vorsitzenden und zwei Hilfsrichtern (auch Assessoren) zu besetzen (BGHSt. **1** 274; BGHZ. **12** 1 = NJW. **1954**, 505; BGH. NJW **1953** 1034; vgl. aber Anm. 2 zu § 10). Einer Strafkammer können mehr richterliche Mitglieder zugewiesen werden, als zu der einzelnen Sitzung benötigt werden; über die Reihenfolge der Mitwirkung bestimmt dann der Vorsitzende (§ 69), nicht das Präsidium (RG. JW. **1930** 69 = JR. **1929** Nr. 1705; RGZ. **133** 29). BGHZ **15** 135 sieht zwar in der Überbesetzung einer Kammer eine „Gefährdung" des Grundsatzes des gesetzlichen Richters, ohne sie indessen — vgl. Pagendarm LM. Nr. 3 zu § 66 — als unzulässig zu bezeichnen. (Vgl. dazu Anm. 3 c zu § 16.) Aus Abs. 1 Satz 2 ist nicht zu folgern, daß jeder Richter zum Mitglied einer Kammer ernannt werden muß; vielmehr ist es auch zulässig, einem Richter ausschließlich die Erledigung von Verwaltungsgeschäften zu übertragen (RGSt. **46** 255). Desgleichen ist es statthaft, einzelne richterliche Mitglieder des Landgerichts überhaupt keiner Kammer als ständige Mitglieder zuzuweisen, sondern sie von vornherein zu sog. Vertretungsrichtern zu bestimmen (RG. JR. **1928** Nr. 2328). — Ein von der Justizverwaltung zur Vertretung eines dauernd verhinderten Mitgliedes überwiesener Hilfsrichter tritt nicht von selbst in die Tätigkeit des verhinderten Mitgliedes ein; vielmehr hat das Präsidium über seine Verwendung zu bestimmen (RGSt. **37** 301, RG. GA. **51** 408, RG. Recht **1904** 507; Gilsdorf JZ. **1953** 21). Vgl. Anm. 3e zu § 70. Bei Verlängerung des Auftrags gilt der Zuteilungsbeschluß weiter (RG. vom 30. 4. 1925 II 87/25).

c) Die in der Geschäftsordnung als **ständige Mitglieder** einer Kammer bezeichneten, aber nur im Bedarfsfall zu den öffentlichen Sitzungen einer Kammer heranzuziehenden Richter sind in Wirklichkeit als Stellvertreter zu betrachten und zu behandeln (RG. GA. **55** 109).

6. Vertreter eines verhinderten Mitglieds — a) Über den Begriff der **Verhinderung** vgl. § 66 Anm. 2b. Ein ständiges Mitglied der Strafkammer ist auch verhindert, wenn der Landgerichtspräsident es zu der Sitzung einer anderen Kammer, der es als Vertreter angehört, einberufen hat; ob diese Einberufung zulässig war, unterliegt nicht der Prüfung der Strafkammer, der das Mitglied entzogen ist, und folglich auch nicht der des Revisionsgerichts (RGSt. **2** 51).

b) An die Stelle eines verhinderten Mitglieds tritt zunächst der **regelmäßige Vertreter.** Der regelmäßige Vertreter braucht nicht namentlich bestimmt zu sein; es genügt z. B. die Bestimmung, daß ein Mitglied durch das jeweils dem Dienstalter nach jüngste Mitglied des Landgerichts oder der Strafkammern zu vertreten sei. Nach RG. GA. **74** 284 (noch weitergehend RG. BayZ. **1933** 245; vgl. auch RG. Recht **1907** 716, RG. vom 23. 6. 1931 I 540/31) ist es nicht unzulässig, die Vertretung dahin zu ordnen, daß alle Mitglieder zweier Kammern einander gegenseitig vertreten, und daß es dem Landgerichtspräsidenten überlassen bleibt, von Fall zu Fall zu bestimmen, wer von den mehreren zur Vertretung berufenen Richtern als Vertreter einzutreten hat. Mit § 67 ist eine derart weitgehende Regelungsbefugnis des Landgerichtspräsidenten aber schwerlich in Einklang zu bringen (vgl. auch die oben Anm. 2a angeführte Entscheidung BGH. NJW. **1955**, 680). — Ist der regelmäßige Vertreter verhindert, so wird nach § 67 verfahren.

c) Eine weitere Bestimmung über die **Vertretung** verhinderter Mitglieder s. in § 70. Eine Vertretung ist nur auf Grund einer nach den §§ 63, 67 getroffenen Bestimmung, nicht aber ohne eine solche durch einen sich zur Übernahme freiwillig erbietenden Richter zulässig; hieran kann durch Landesgesetz nichts geändert werden (RGRspr. **7** 41).

7. Über den Begriff **„Geschäftsjahr"** vgl. Anm. 8 zu § 61.

8. Auf den **Ergänzungsrichter** findet die Vorschrift keine Anwendung, da er nicht der regelmäßige Stellvertreter eines Mitglieds des erkennenden Gerichts sein muß (RGSt. **59** 20).

9. Wegen der Bildung der **Ferienstrafkammer** vgl. Anm. 1 zu § 201.

10. Die in Abs. 2 vorgesehene **Änderung** im Lauf des Geschäftsjahrs kann eine anderweitige Verteilung der Geschäfte oder eine anderweite Besetzung der Kammer zum Gegenstand haben.

a) Die Änderung der Geschäftsverteilung wegen **Überlastung** einer Kammer kann darin bestehen, daß ihr Geschäfte abgenommen und einer anderen Kammer übertragen werden. In diesem Fall gelten die gleichen Grundsätze wie bei der Geschäftsverteilung vor Beginn des Geschäftsjahres (vgl. oben Anm. 4), d. h. die Änderung darf sich nicht auf einzelne bestimmte Sachen beziehen, sondern muß nach allgemeinen Merkmalen vorgenommen werden. (BGHSt. **7**, 23 = NJW **1955** 152.). Dies gilt auch, wenn es sich um eine besonders umfangreiche Sache handelt, die die Überlastung bewirkt. In diesem Falle kann diese Sache der bisher zuständigen Kammer belassen und alle anderen Sachen anders verteilt werden; eine Entlastung der Kammer durch Abnahme der besonders umfangreichen Sache aber ist nur durch Übertragung von allgemein bezeichneten Sachen, unter die auch diese fällt, möglich. Ist die Überlastung eine vorübergehende, so kann nicht nur der Landgerichtspräsident auf Grund des § 60 (vgl. dort Anm. 3), sondern auch nach § 63 Abs. 2 das Präsidium für die voraussichtliche Dauer der Verhinderung innerhalb des Geschäftsjahrs eine Hilfsstrafkammer bilden; der Beschluß des Präsidiums muß dann von vornherein die Geschäfte auf die ständige und auf die Hilfsstrafkammer verteilen (RGSt. **62**, 309; BGH. NJW. **1953** 1034; GA. **1953** 49), und zwar, wie vorerwähnt, durch Bezeichnung nach allgemeinen Merkmalen. Wegen der Besetzung der Hilfsstrafk. s. Anm. 2 zu § 62.

b) Wechsel eines Mitglieds ist sowohl das Ausscheiden eines Mitglieds wie der Eintritt eines neuen (RGSt. **20**, 385). Eine **dauernde Verhinderung** (über den Begriff der Verhinderung vgl. Anm. 2b zu § 66) liegt nicht nur vor, wenn der Nichtwiedereintritt feststeht, sondern schon, wenn das Mitglied für ungewisse oder längere Zeit verhindert ist (RGSt. **46**, 255). Das neu eintretende Mitglied braucht dann auch nicht für die ganze Dauer des Geschäftsjahres überwiesen zu werden, sondern nur für die Zeit der Verhinderung; das gilt auch für Fälle der Beurlaubung, insbesondere auch für den regelmäßigen Ferienurlaub (RGSt. **20** 385, RG. JR. **1932** Nr. 1).

§ 64

(1) Die im § 63 bezeichneten Anordnungen trifft das Präsidium.

(2) Das Präsidium wird durch den Präsidenten als Vorsitzenden, die Direktoren und das dem Dienstalter nach, bei gleichem Dienstalter das der Geburt nach älteste Mitglied gebildet; ist kein Direktor ernannt, so besteht das Präsidium aus dem Präsidenten und den beiden ältesten Mitgliedern.

(3) Sind bei einem Landgericht zu Beginn des Geschäftsjahres mehr als zehn Direktoren angestellt, so gelten folgende besondere Vorschriften: Das Präsidium wird durch den Präsidenten als Vorsitzenden, seinen ständigen Vertreter (§ 66 Abs. 2), die acht dem Dienstalter nach, bei gleichem Dienstalter der Geburt nach ältesten Direktoren und drei Mitglieder gebildet, die von der Gesamtheit der Mitglieder des Landgerichts für die Dauer des Geschäftsjahres gewählt werden.

(4) Das Präsidium entscheidet nach Stimmenmehrheit; bei Stimmengleichheit gibt die Stimme des Präsidenten den Ausschlag.

I. Entstehungsgeschichte: Entw. –

II. Spätere Entwürfe: N.E. V Art. II 13; Entw. EGStGB. Art. 68 Ziff. 20, 21.

III. Spätere Änderungen: Durch das Ges. vom 4. 7. 1933 (RGBl. I 451) zur Änderung der Vorschriften des GVG. über die Präsidien der Gerichte wurde der bisherige Abs. 2, der die Zusammensetzung und das Verfahren des Präsidiums regelte, ausgeschieden und in veränderter Form als § 64a eingefügt. Danach gehörten bei größeren Landgerichten (mit mehr als 6 Direktoren) nicht mehr, wie bisher, sämtliche Direktoren dem Präsidium an, sondern nur 5 von der Gesamtheit der Direktoren für die Dauer des Geschäftsjahres zu wählende, zu denen zwei Mitglieder des Landgerichts hinzutraten, die die Gesamtheit der Mitglieder des Landgerichts wählte. Der Zweck dieser Umgestaltung war, die Schwierigkeiten, die sich für die rasche Beschlußfassung aus einer großen Mitgliederzahl ergeben, durch Verkleinerung der Präsidien zu beheben. In einem neuen Abs. 2 des § 64 wurde bestimmt, daß der Präsident die in § 63 Abs. 2 bezeichneten Anordnungen, sofern eine Entscheidung des Präsidiums nicht rechtzeitig ergehen konnte, selbst treffen konnte, vorbehaltlich einer späteren Abänderung durch das Präsidium. Mit der Aufhebung des Präsidiums durch das Ges. vom 24. 11. 1937 (s. zu § 63) wurden die §§ 64, 64a aufgehoben. Bei der Wiedererrichtung des Präsidiums durch das Vereinheitlichungsges. vom 12. 9. 1950 ist (unter Wegfall des § 64a) die Zusammensetzung des Präsidiums wieder in § 64 geregelt worden. Dabei wurde an dem durch das Ges. vom 4. 7. 1933 durchgeführten Grundsatz der Verkleinerung des Präsidiums bei großen Landgerichten festgehalten, jedoch mit folgenden Abweichungen: a) große Landgerichte sind nur diejenigen mit mehr als 10 (früher 6) Direktoren; b) 8 (bisher 5) Direktoren gehören – neben dem ständigen Vertreter des Präsidenten – dem Präsidium an; c) diese werden nicht gewählt, sondern die Zugehörigkeit bestimmt sich nach dem Dienstalter; d) hinzutreten 3 (nicht 2) von den übrigen Mitgliedern gewählte Mitglieder; e) das vorläufige Anordnungsrecht des Präsidenten im Falle des § 63 Abs. 2 ist beseitigt (vgl. aber § 22c Abs. 3).

1. Rechtliche Stellung des Präsidiums – Das Präsidium handelt im Rahmen des § 64 als richterliches Selbstverwaltungsorgan, nicht als Organ der Justizverwaltung. Hat die Landesjustizverwaltung über ein Mitglied des Landgerichts – z. B. durch Bestellung zum Untersuchungsrichter – verfügt, so ist das Präsidium nicht gehindert, ihm noch weitere Geschäfte zuzuweisen (RG. vom 29. 5. 1922 II 136/22).

Das Präsidium kann die erforderlichen Anordnungen nicht dem Präsidenten zum selbständigen Befinden überlassen noch sie, wenn er sie getroffen hat, durch nachträgliche Genehmigung rückwärts wirksam machen; seine Beschlüsse wirken stets nur ex nunc (RGSt. **23** 166, **37** 59, 301, **38** 416; BGHSt. **3** 353). Über selbständige Befugnisse des Präsidenten vgl. §§ 65, 67. Sondervorschrift für die Geschäftsverteilung beim Amtsgericht: § 22c Abs. 3.

Zu Abs. 1.

2. Die sachliche Zuständigkeit des Präsidiums – Abs. 1 ist keine Ordnungsvorschrift sondern zwingendes Recht. Seine Befolgung ist erforderlich für den rechtlichen Bestand der daraufhin entfalteten richterlichen Tätigkeit (RG. JW. **1904** 246). Die Verteilung der Geschäfte und der Mitglieder hat für das ganze Geschäftsjahr – nicht für Teile davon – zu geschehen (RGSt. **38** 416). Wegen der Verteilung des Vorsitzes vgl. § 62 Abs. 2, wegen der Stellvertretung des Vorsitzenden § 66 Abs. 1. Dem Präsidium liegt nicht nur die Feststellung des Verteilungsplans für das Geschäftsjahr (§ 63 Abs. 1) ob, sondern grundsätzlich auch dessen Änderung, soweit eine solche nach § 63 Abs. 2 zulässig ist. – Einen gemäß § 192 GVG. zu einer Verhandlung zuzuziehenden Ergänzungsrichter zu bestimmen, ist nicht Sache des Präsidiums, sondern der Justizverwaltung; ihr liegt es ob, auf den die Zuziehung eines Ergänzungsrichters anordnenden Beschluß des Gerichts die Person des zuzuziehenden Richters aus der Zahl der Mitglieder des Landgerichts, einschließlich der ihm überwiesenen Hilfsrichter, zu bestimmen (RGSt. **59** 20). – Über die Befugnis des Präsidiums, in gewissen Fällen eine Hilfsstrafkammer einzurichten, vgl. Anm. 10a zu § 63. – Zu den dem Präsidium obliegenden Geschäften gehört auch die Bildung der Ferienstrafkammern und -Senate und die Verteilung der Geschäfte unter sie (RGSt. **37** 59, **40** 85).

Zu Abs. 2.

3. Der **Präsident** ist auch in seiner Eigenschaft als Vorsitzender des Präsidiums Richter, nicht Organ der Justizverwaltung, und daher nach § 1 GVG. unabhängig und an keine Verwaltungsanweisungen gebunden. Doch kann sich die Justizverwaltung seiner bedienen, um dem Präsidium ihre Ansicht über bestimmte Fragen zur Kenntnis zu bringen. Als Vorsitzender des Präsidiums leitet der Präsident dessen Sitzungen, hat aber bei Abstimmungen nur gleiches Stimmrecht wie die übrigen Mitglieder, mit der Maßgabe, daß nach Abs. 4 bei Stimmengleichheit seine Stimme den Ausschlag gibt.

4. Zu den **Direktoren** gehören auch die, die gleichzeitig Amtsrichter im Bezirk des Landgerichts (und infolgedessen vielleicht beim Landgericht gar nicht tätig) sind, und ebenso die Amtsrichter, die zugleich Direktoren beim Landgericht sind (§ 59 Abs. 2, § 22 Abs. 2). Ebenso sind bei der Frage, welches die **ältesten Mitglieder** sind, die Amtsrichter mit zu berücksichtigen, die zugleich Mitglieder des Landgerichts sind. Zu den Direktoren gehören auch die Direktoren, die als Vorsitzende einer auswärtigen Strafkammer oder Kammer für Handelssachen ihren Dienstsitz am Orte dieser Kammer haben (§§ 78, 93 Abs. 2). Für das Dienstalter sind die landesrechtlichen Vorschriften maßgebend.

5. Für die Mitglieder des Präsidiums ist im Gesetz keine **Stellvertretung** vorgesehen. Ist ein Mitglied weggefallen oder verhindert oder enthält es sich der Mitwirkung bei der Beschlußfassung, so tritt keine Beschlußunfähigkeit ein; vielmehr beschließen die übrigen Mitglieder des Präsidiums (RG. vom 21. 12. 1909 V 941/09, Feisenberger ZStW. **38** 532, Keller DJZ. **1915** 1082). Bei dauernder Verhinderung (nicht nur beim Wegfall) des dienstältesten Rates (Abs. 2 Halbsatz 1) – wobei der Begriff der „dauernden" Verhinderung dem § 63 Abs. 2 zu entnehmen sein würde – tritt an seiner Stelle der nächstälteste ein, da nach Sinn und Zweck der Vorschrift die Mitglieder vertreten sein sollen. Das gleiche muß gelten, wenn von den zwei ältesten Räten, die beim Fehlen eines Direktors dem Präsidium angehören (Abs. 2 Halbsatz 2) einer wegfällt oder dauernd verhindert ist, da sonst das Präsidium nur aus 2 Mitgliedern bestünde und stets die Stimme des Präsidenten maßgebend wäre (Abs. 4). Wird dem Landgericht ein Mitglied zugeteilt, das dienstälter als das oder eines der bisher dem Präsidium angehörenden Mitglieder ist, so tritt es an dessen Stelle.

Zu Abs. 3.

6. Für die Anwendbarkeit des Abs. 3 kommt es auf den bei **Beginn des Geschäftsjahres** bestehenden Zustand an. Maßgebend ist – so ist der Ausdruck „angestellt" offenbar gemeint – die Anzahl der im Haushaltsplan für das Landgericht vorgesehenen Direktorenstellen. Ob diese Stellen gerade alle besetzt sind, ist ohne Belang; die Zusammensetzung des Präsidiums und die Wirksamkeit seiner Beschlüsse kann nicht davon abhängig sein, ob zufällig unmittelbar vor Jahresschluß noch ein Direktor ausfällt oder durch Besetzung einer offenen Planstelle hinzutritt. Im Laufe des Geschäftsjahres eintretende Änderungen in der Zahl der Direktoren-Planstellen sind für das laufende Jahr ohne Einfluß.

7. Über die **Wahl** der drei Mitglieder des Präsidiums enthält das GVG., soweit das aktive Wahlrecht in Betracht kommt, nur die Vorschrift, daß sie durch die Gesamtheit der Mitglieder, die nicht Direktoren sind, vorzunehmen ist. Soweit das passive Wahlrecht in Frage kommt, fehlen Vorschriften. Sonst ist aus dem Gesetz selbst nur zu entnehmen, daß die Wahl „für die Dauer des Geschäftsjahrs" gilt. Die neugewählten Mitglieder des Präsidiums treten also ihr Amt mit dem 1. Januar des Geschäftsjahres an, und ihre Befugnis endet mit dem Schluß des Jahres. Daraus ergibt sich, daß die nach § 63 Abs. 1 GVG. „vor Beginn des Geschäftsjahres" auf seine Dauer vorzunehmende Verteilung dem „alten Präsidium", dem Präsidium des Vorjahres, obliegt.

Die Wahl herbeizuführen und zu leiten, ist Sache des Präsidenten; das Präsidium ist dafür nicht zuständig. Der Präsident handelt dabei als Organ der Justizverwaltung. Daraus ergibt sich, daß er mit Durchführung der Wahlhandlung einen Direktor oder einen anderen Richter beauftragen kann. Leitet er die Wahlhandlung selbst, ist er nicht stimmberechtigt. Die Form der Wahl – Reihenfolge der Abstimmung, offen oder verdeckt, Zettelwahl, Wahl durch Zuruf – hat die Wahlkörperschaft zu bestimmen. Sie hat auch die Entscheidung über Meinungsverschiedenheiten zu treffen, die sich wegen der Durchführung der Wahl ergeben. Auch schriftliche Wahl ist zulässig (vgl. aber Anm. 9). Mangels anderer Bestimmung ist für jeden Beschluß Stimmenmehrheit der ihr Stimmrecht ausübenden Wahlberechtigten nötig; bei Stimmengleichheit ist der zur Abstimmung stehende Antrag abgelehnt.

Ebenso wie bei den Beschlüssen des Präsidiums selbst bedarf es zu den Beschlüssen der Wahlkörperschaft nicht der Anwesenheit aller Stimmberechtigten oder eines bestimmten Teils davon; es genügt, daß Ort und Zeit der Wahl in geschäftsüblicher Weise den Stimmberechtigten vor der Wahlhandlung bekanntgegeben worden sind. Um Schwierigkeiten zu vermeiden, wird es sich empfehlen, die Einladung von jedem Stimmberechtigten bescheinigen zu lassen. Ebensowenig ist es Voraussetzung für die Gültigkeit der Wahl, daß alle anwesenden Stimmberechtigten auch wirklich abgestimmt haben. Bei den detachierten Strafkammern (§ 78), Kammern für Handelssachen (§ 93 Abs. 2), vor allem bei den häufig weit vom Sitz des Gerichts entfernten detachierten Senaten (§ 116 Abs. 2, 130 Abs. 2) ist zur Vermeidung einer Reise nicht nur eine schriftlich übermittelte Stimmabgabe, sondern auch die (zu einer zweifelsfreien Legitimation Schriftform erfordernde) Bevollmächtigung eines Mitgliedes durch die auswärtigen Mitglieder zur Stimmabgabe als zulässig anzusehen; die Zulässigkeit lediglich einer schriftlichen Stimmabgabe durch die Auswärtigen würde diesen die Ausübung ihres Stimmrechts in den Fällen nicht voll wahren, in denen mehrfache Wahlvorgänge stattfinden oder annahmebereite Kandidaten überhaupt noch nicht nominiert sind. Das Stimmrecht steht in der Wahlkörperschaft der Mitglieder auch den Hilfsrichtern zu, die häufig genug einen nicht geringen Anteil der Mitglieder des Land- oder Oberlandesgerichts stellen und deshalb ein Anrecht darauf haben, bei der Bildung des für ihre Belange bedeutungsvollen Präsidiums mitzuwirken (so z. B. die Wahlpraxis beim OLG. Frankfurt a. M.; a. M. Wittland Preuß. Justiz **1933** 398). Desgleichen steht es den sog. Doppelrichtern zu (auch hier teilw. a. M. Wittland). Wählbar sind dagegen die Hilfsrichter nicht. Es ist anzunehmen, daß der Gesetzgeber das passive Wahlrecht auf die beim Landgericht fest angestellten Mitglieder hat beschränken wollen; denn die Wahl erfolgt für die Dauer des Geschäftsjahres und der häufige Wechsel der Hilfsrichter im Laufe des Geschäftsjahres würde die vom Gesetzgeber angestrebte Kontinuität in der Zusammensetzung des Präsidiums unmöglich machen. Zum mindesten wäre aus diesen Erwägungen die Wahl eines Hilfsrichters unzweckmäßig. Beurlaubte Richter verlieren durch die Beurlaubung nicht ihr Amt, sind also zur Wahlhandlung mit zu laden; dasselbe gilt für Erkrankte. Dagegen sind Mitglieder, die zwar im Stellenhaushalt für das Landgericht enthalten, aber als Hilfsrichter zu einem anderen Gericht oder als Hilfsarbeiter zu einer sonstigen Behörde abgeordnet sind, für die Zeit dieser Abordnung aus dem Kreise der Wahlberechtigten ausgeschieden (a. M. Wittland a.a.O.).

Da von der Gültigkeit der Wahl die Legitimation des Präsidiums und die Wirksamkeit seiner Beschlüsse abhängt, empfiehlt es sich, den Hergang der Wahlhandlung, insbesondere auch die bei den einzelnen Beschlüssen erzielten Mehrheiten, durch Protokoll urkundlich festzulegen. Hiervon ist aber die Wirksamkeit der gefaßten Beschlüsse nicht abhängig.

Abschnitt 16 GVG. ist für die hier fragliche Wahl nicht anwendbar; er bezieht sich nur auf die Entscheidung in den Kammern, Senaten und sonstigen Gerichtskörpern.

Eine Wahl von Stellvertretern für ausfallende Mitglieder ist nicht vorgesehen und daher unzulässig. Fällt ein gewähltes Mitglied des Präsidiums im Laufe des Geschäftsjahres — auch durch Beförderung zum Direktor bei dem gleichen Gericht — weg, muß eine Nachwahl vorgenommen werden (a. M. Wittland a.a.O.); das gleiche gilt bei dauernder Verhinderung (vgl. Anm. 5 u. dazu auch Wittland a.a.O. 401).

8. **Ist eine Wahl überhaupt nicht oder nicht wirksam zustande gekommen,** so wird man — obwohl das nicht ausdrücklich bestimmt ist — die Legitimation des „alten Präsidiums" als fortdauernd ansehen müssen. Es kann nicht der Wille des Gesetzgebers gewesen sein, einen präsidiumlosen Zustand zu schaffen.

Zu Abs. 4.

9. Auch über die **Beschlüsse des Präsidiums** hat das Gesetz keine erschöpfenden Bestimmungen getroffen. Mangels entgegenstehender Vorschriften ist auch schriftliche Abstimmung (durch Umlauf) als zulässig anzusehen; ein Beschluß ist in diesem Falle aber erst gefaßt, wenn allen an der Abstimmung zu beteiligenden Mitgliedern des Präsidiums Gelegenheit zur Stimmabgabe gewährt worden ist (RGSt. **65** 299) und dem Verlangen eines Präsidiumsmitgliedes, zwecks Aussprache und mündlicher Abstimmung eine Sitzung des Präsidiums anzusetzen, muß stattgegeben werden. Nicht erforderlich ist, daß sich alle Stimmberechtigten an der Abstimmung beteiligen. Über die Art der Abstimmung entscheidet das Präsidium selbst; §§ 192ff. GVG. sind dafür nicht maßgebend. Beurkundung der Präsidialbeschlüsse ist keine Voraussetzung ihrer Gültigkeit (RG. GA. **60** 426). Die Beschlüsse des Präsidiums unterliegen keiner Anfechtung, weder im Rechts- noch im Verwaltungswege. Die Mitglieder des Präsidiums handeln in diesem unter dem Schutze des § 1 GVG.

§ 64a

§ 64a (weggefallen) (s. Anm. III zu § 64).

§ 65

Der Präsident kann bestimmen, daß einzelne Untersuchungen von dem Untersuchungsrichter, dessen Bestellung mit dem Ablauf des Geschäftsjahres erlischt, zu Ende geführt werden, sowie daß in einzelnen Sachen, in denen während des Geschäftsjahres eine Verhandlung bereits stattgefunden hat, die Kammer in ihrer früheren Zusammensetzung auch nach Ablauf des Geschäftsjahres verhandle und entscheide.

I. **Entstehungsgeschichte:** Entw. —.

II. **Spätere Entwürfe:** N.E. III Nr. 25.

III. **Keine späteren Änderungen.**

1. Die die Zusammensetzung der Kammer regelnde Bestimmung greift auch und gerade dann Platz, wenn die nach Ablauf des Geschäftsjahres vorzunehmende **Verhandlung** im Sinne des § 229 der StPO. (vgl. dort Anm. 6) neu ist.

2. a) **Kammer** — Unter diesen Begriff fällt auch die Ferienstrafkammer (RG. GA. **56** 85).

b) **„in ihrer Zusammensetzung"** — Die Anordnung ist unzulässig, wenn ein Mitglied, das früher mitgewirkt hat, an der Teilnahme verhindert, z. B. versetzt ist. Sie bezieht sich aber ihrem Wesen nach nur auf die berufsrichterlichen Mitglieder, nicht auf die Schöffen (für diese vgl. § 50, § 77 Abs. 1). War die frühere Verhandlung über den zulässigen Zeitraum (§ 229 StPO.) hinaus vertagt, so müssen also, wenn von § 65 Gebrauch gemacht wird, neben den alten Berufsrichtern neue Schöffen mitwirken (gl. M. Kohlrausch und Schlegelberger-Nagel zu § 65, KMR. Anm. 2; a. M. Schwarz ebenda).

Die Bestimmung ist auch zulässig, wenn ein Mitglied der Kammer inzwischen zum Direktor an demselben Gericht ernannt worden ist (RG. JW. **1905** 501).

3. **Mit dem Ablauf des Geschäftsjahres** — Die Vorschrift ist auch (entsprechend) anwendbar, wenn innerhalb des Geschäftsjahrs die Geschäftsverteilung geändert wird (RG. DJZ. **1907** 69, GA. **53** 445).

4. Die Anordnung kann auch ergehen, wenn die früheren Verhandlungen gar nicht in dem Geschäftsjahr, in das die Sache fällt, verhandelt worden sind (z. B. wegen umfangreicher Beweisaufnahme), sondern in einem früheren (RG. JW. **1909** 322). Sie wirkt nicht nur für das folgende Geschäftsjahr, sondern bis zur Beendigung der Sache in dem Rechtszuge; es bedarf also am Ende des nächsten Geschäftsjahrs keiner Erneuerung der Vfg. (RGZ. **71** 79). Bei Zurückweisung einer Sache aus der Revisionsinstanz oder bei Wiederaufnahme des Verfahrens kann die Anordnung dagegen nicht mehr getroffen werden und ist eine frühere Anordnung nicht mehr wirksam; sie ist nur möglich und wirkt nur bis zur Entscheidung in der Instanz.

§ 66

(1) Bei Verhinderung des ordentlichen Vorsitzenden führt den Vorsitz in der Kammer das von dem Präsidium vor Beginn des Geschäftsjahres zum regelmäßigen Vertreter bestellte Mitglied der Kammer; ist ein solcher Vertreter nicht bestellt, oder ist auch er verhindert, so führt das Mitglied der Kammer, das dem Dienstalter nach, bei gleichem Dienstalter der Geburt nach das älteste ist, den Vorsitz.

(2) Der Präsident wird in seinen übrigen durch dieses Gesetz bestimmten Geschäften, wenn ein Direktor zu seinem ständigen Vertreter ernannt ist, durch diesen, sonst durch den Direktor vertreten, der dem Dienstalter nach, bei gleichem Dienstalter der Geburt nach der älteste ist. Ist kein Direktor ernannt, so wird der Präsident, wenn nicht ein Mitglied des Landgerichts zu seinem ständigen Vertreter ernannt ist, durch das Mitglied vertreten, das dem Dienstalter nach, bei gleichem Dienstalter der Geburt nach das älteste ist.

I. Entstehungsgeschichte: Entw. –.

II. Spätere Entwürfe: N. E. III Nr. 26; E. V Art. II 14.

III. Spätere Änderungen: Ges. vom 8. 7. 1922 Art. I Nr. 3 (RGBl. I 569). Bek. vom 22. 3. 1924 (RGBl. I 307). Ges. vom 4. 7. 1933 (RGBl. I 451). Ges. vom 27. 10. 1933 (RGBl. I 780) Art. 3. VO. vom 20. 3. 1935 (RGBl. I 403) § 7 Abs. 1. Durch das Vereinheitlichungsges. vom 12. 9. 1950 ist § 66 Abs. 1 Satz 2 (betr. Bestellung des regelmäßigen Vertreters der kleinen Strafkammer) gestrichen. Die früheren Abs. 2, 3 sind (ohne sachliche Änderung) in dem jetzigen Abs. 2 zusammengefaßt worden.

Zu Abs. 1.

1. Bedeutung und Zusammenhang – Abs. 1 des § 66 ordnet in Ergänzung der §§ 62, 63 die Vertretung des Kammervorsitzenden.

a) Große Strafkammer und Beschlußstrafkammer. Hier ist es in das pflichtmäßige Ermessen des Präsidiums gestellt, ob es dem Vorsitzenden einen regelmäßigen Vertreter bestellen oder ob es die Regelung der Vertretung unmittelbar dem Gesetz überlassen will.

α) Unterläßt es die Bestellung eines regelmäßigen Vertreters, so ergibt sich die Berechtigung zur Vertretung des Vorsitzenden nach der Voraussetzung („Verhinderung") und nach der Person des Vertreters (das „älteste Mitglied der Kammer") aus dem Gesetz selbst. (Näheres Anm. 3). Diese Regelung greift auch ein, wenn der vom Präsidium bestellte Vertreter verhindert ist.

β) Das Präsidium kann ein Mitglied der Kammer zum **regelmäßigen Vertreter** bestellen. Dies kann das im Zeitpunkt der Bestellung älteste Mitglied der Kammer sein; dessen Bestellung hat aber nur dann Sinn, wenn damit die Vertretung auch für den Fall sichergestellt werden soll, daß ein dienstälteres Mitglied als er während des Geschäftsjahres in die Kammer eintritt. Das Präsidium kann aber auch – und gerade das ist der Sinn der Vorschrift – ein anderes als das dienstälteste Mitglied zum regelmäßigen Vertreter bestellen. Immer aber muß der Vertreter ein Mitglied der Kammer, und zwar ein ständiges Mitglied, sein (RGSt. **66**, 435; **69**, 325), wobei ständige Zugehörigkeit nicht gleichbedeutend ist mit der Pflicht, an allen der Kammer übertragenen Geschäften mitzuwirken (RG. JW. **1925** 1012). Das Präsidium ist auch nicht, wie es dem Wortlaut nach scheinen könnte, darauf beschränkt, einen Vertreter des Vorsitzenden zu bestimmen; es kann auch für den Fall der Verhinderung des ersten einen zweiten Vertreter abweichend von der Regelung zu α) bestellen (so RGSt. **69**, 325 in einem Fall, in dem bei Beginn des Geschäftsjahrs eine freigewordene Direktorstelle noch nicht besetzt war). Die Befugnis des Präsidiums zur Bezeichnung des Vertreters des Vorsitzenden beschränkt sich auch nicht, wie wiederum aus dem Wortlaut geschlossen werden könnte, auf die Bestimmung „vor Beginn des Geschäftsjahres"; vielmehr gilt auch für die Bezeichnung des Vertreters des Vorsitzenden § 63 Abs. 2 (vgl. Anm. 7 zu § 62). Unter den dort aufgestellten Voraussetzungen kann das Präsidium die Bezeichnung auch im Laufe des Geschäftsjahres vornehmen oder ändern.

b) Kleine Strafkammer. Bei der kleinen Strafkammer, die nur mit einem Berufsrichter besetzt ist (§ 62 Abs. 1 Satz 2, § 76 Abs. 2 GVG.), versagt die zu a α) erörterte Möglichkeit der Vertretung, da keine anderen ständigen Mitglieder der Kammer als der ordentliche Vorsitzende vorhanden sind. Hier bleibt also nur die zweite Möglichkeit, die Bezeichnung des Vertreters durch das Präsidium; es ist bei der zu treffenden Auswahl nicht auf die (außer dem Vorsitzenden gar nicht vorhandenen) ständigen Mitglieder der Kammer beschränkt, sondern kann jedes (ständige) Mitglied des Landgerichts (Direktor oder Rat) zum regelmäßigen Vertreter des Vorsitzenden bestimmen. Eine entsprechende Vorschrift war früher ausdrücklich in § 66 Abs. 1 Satz 2 aF und ebenso in § 66 Abs. 1 Satz 2 i. d. F. des Entw. des Vereinheitlichungsges. vom 12. 9. 1950 enthalten; sie ist in der jetzt Gesetz gewordenen Fassung offenbar als entbehrlich weggefallen, weil eine andere Lösung ja nicht denkbar ist. Bei Verhinderung des regelmäßigen Vertreters gilt § 67. Vgl. noch Anm. 4 zu § 62. – Die kleine Strafkammer tritt aber als solche (vgl. § 76) nur in der Hauptverhandlung auf; der Beschluß des Präsidiums über die Person des Vertreters wirkt deshalb nur für diese. Außerhalb der Hauptverhandlung tritt auch für die Sachen der kleinen Strafkammer die aus drei Berufsrichtern bestehende Beschlußkammer (§ 76) ein; für sie gilt die gesetzliche Regel des § 62 Abs. 1 Satz 1 und des § 66 Abs. 1 uneingeschränkt (RGSt. **54** 252, RG. JW. **1930** 2141; Schneidler JW. **1924** 1701).

2. Vertretungsfall – **a)** Die Vertretung im Vorsitz tritt – einerlei, ob das Präsidium den Vertreter des Vorsitzenden bestimmt hat oder nicht – grundsätzlich nur im Falle der vorübergehenden Verhinderung des ordentlichen Vorsitzenden ein. Bei dauernder muß nach § 62, § 63 Abs. 2 verfahren, d. h. es muß ein neuer Vorsitzender bestellt werden; es geht im Interesse der eindeutigen Ermittlung des gesetzlichen Richters (Art. 101 GG.) nicht etwa an, neben dem dauernd verhinderten Vorsitzenden einen weiteren ordentlichen Vorsitzenden zu bestellen. (BGHZ. **15**, 135 = NJW. **1955** 103). S. noch unten zu b) Abs. 3. Eine vorübergehende Verhinderung liegt auch vor, wenn der Vorsitzende zunächst vorübergehend in einen anderen Geschäftsbereich abgeordnet wird und eine länger dauernde Abordnung oder Versetzung zwar in Aussicht genommen oder in Erwägung gezogen ist, aber noch nicht sofort angeordnet werden soll. Hier kann aber die Frage, ob und wann die vorübergehende Verhinderung in eine dauernde übergeht, nicht unbegrenzte Zeit in der Schwebe bleiben. Nach BGHZ. **16**, 254 = NJW. **1955** 587 muß nach einem äußerstenfalls drei Monate betragenden Zeitraum die Verwaltungsbehörde eine endgültige Anordnung treffen, die dem Präsidium eine klare Entscheidung ermöglicht, ob noch (für eine begrenzte Zeit) von einer vorübergehenden Verhinderung gesprochen werden kann oder ob wegen der langen Dauer oder der Ungewißheit der Dauer der Abordnung eine dauernde Verhinderung vorliegt, die zur Bestellung eines neuen Vorsitzenden zwingt. — Für die Frage, ob eine (vorübergehende) Verhinderung vorliegt, kommt es auf den Zeitpunkt der in Frage stehenden Amtshandlung an; spätere Umstände sind belanglos (RG. Recht **1928** Nr. 1128). „Verhinderung" ist ein Rechtsbegriff; es reicht dazu jede tatsächliche oder rechtliche Unmöglichkeit aus, als Vorsitzender tätig zu werden. Ob seine Merkmale aber im einzelnen vorgelegen haben, ist Tatfrage, die im Revisionsverfahren nicht nachgeprüft wird (RGSt. **55** 237, **62** 310, RG. GA. **56** 74, **62** 482; BGH. JZ. **1951** 528). Ist ein Fall der Verhinderung zu Unrecht angenommen worden, so bildet das einen unbedingten Revisionsgrund nach § 338 Nr. 1 StPO.

b) Darüber, wann eine den Eintritt des regelmäßigen Vertreters rechtfertigende **Verhinderung** vorliegt, besteht eine reichhaltige Spruchpraxis.

Abs. 1 gilt nicht nur bei Krankheit oder körperlicher Unfähigkeit, z. B. Heiserkeit, Augenleiden, geschwächte Gesundheit, die kein anhaltendes Sprechen gestattet (RGSt. **10** 318, **18** 302, RG. SächsArch. **15** 35), sondern auch bei Beurlaubung, geschäftlicher Überlastung (RG. GA. **47** 159, **62** 482, RGSt. **54** 298), sowie bei der auf anderen Gründen beruhenden Unmöglichkeit einer rechtzeitigen Vorbereitung und der hierdurch bedingten Unkenntnis der Prozeßakten (RGSt. **56** 63, **62** 273, 274, RG. vom 10. 3. 1922 V 1816/21). Ein Fall einer rechtlichen Verhinderung ist nicht nur die Vernehmung des Vorsitzenden als Zeugen in der Sache (§ 22 Nr. 5 StPO.), sondern schon das Erscheinen als Zeuge auf Ladung, im Hinblick auf § 245 StPO. (BGH. NJW. **1955** 152), dagegen nicht schon die Ladung, da sonst ein Angekl. jeden ihm nicht genehmen Richter an der Amtsausübung hindern könnte (RGSt. **42**, 1; BGH. a.a.O.).

Verhinderung liegt auch vor, wenn der ordentliche Vorsitzende verstorben, aus dem Amte geschieden und ein Nachfolger noch nicht ernannt ist oder sein Amt noch nicht angetreten hat (RG. LZ. **1915** 138, RGSt. **56** 63; **69**, 321), dagegen nicht, wenn der Vorsitzende in eine andere Richterstellung berufen ist, diese aber noch nicht angetreten hat (RGSt. **9** 197, RG. vom 15. 1. 1920 I 690/19, RG. Recht **1925** Nr. 1082, **1926** Nr. 177). Ebenso ist zu entscheiden, wenn ein Richter zum Staatsanwalt ernannt worden ist, sein neues Amt aber noch nicht angetreten hat (RGSt. **26** 412), oder wenn ein Vorsitzender unerwartet seinen Abschied nimmt. Wenn die Wiederbesetzung der Stelle eines infolge der Erreichung der Altersgrenze in den Ruhestand getretenen Direktors verzögert wird, kann ein Fall der Verhinderung gegeben sein, wenn besondere Umstände die Verzögerung der Wiederbesetzung rechtfertigen (RGSt. **62** 273, **64** 6; a. M. OLG. Dresden JW. **1928** 2738). Die Vertretung eines verstorbenen Direktors durch ein Mitglied wird nicht dadurch unzulässig, daß die Landeszentralbehörde beschließt, die Stelle nicht wieder zu besetzen, wenn das Präsidium zu dieser Entscheidung noch keine Stellung hat nehmen können (RG. vom 13. 4. 1931 III 219/31).

c) Darüber, wann in der tatsächlichen Handhabung der Vertretung des Vorsitzenden eine unzulässige **Umgehung der Vorschrift des § 62** liegt, vgl. die Anm. 2 zu § 62. Das Präsidium kann bei der Geschäftsverteilung im voraus bestimmen, in welchen Sitzungen der Vorsitzende als regelmäßig verhindert anzusehen ist und demgemäß der Vertreter den Vorsitz zu führen hat (RGSt. **69**, 321). In gleicher Weise kann im voraus bestimmt werden, wann der regelmäßige Vertreter als am stellvertretenden Vorsitz verhindert anzusehen ist. Bei einer solchen generellen Regelung des Vertretungsfalles greift aber der in Anm. 4 zu § 63 dargelegte Grundgedanke ein, daß sie nur nach allgemeinen Merkmalen, die in der Sache selbst begründet sind, vorgenommen werden darf (z. B.

wegen der Belastung des ordentl. Vorsitzenden mit anderen Geschäften beschränkt sich sein Vorsitz auf jede zweite Sitzung); dagegen ist es unzulässig, den Verhinderungsfall für bestimmte Gruppen von Sachen (z. B. für politische Strafsachen) auszusprechen und diese dem Vertreter zuzuweisen (RG. JW. **1938** 311 Nr. 5).

d) Ist der ordentliche Vorsitzende nur an der **Führung des Vorsitzes,** nicht aber an einer sonstigen Mitwirkung in der Verhandlung verhindert, so ist es nicht unzulässig, daß er in dieser als Beisitzer tätig wird (RGSt. **3** 310, **10** 318, **18** 302, **23** 99, RG. GA. **55** 109).

e) Wegen der Vertretung der Vorsitzenden in einer **Hilfsstrafkammer** vgl. Anm. 2b zu § 62.

3. Die Person des Vertreters.

a) Im Falle der Verhinderung des Vorsitzenden steht (wenn das Präsidium keine Bestimmung über die Vertretung getroffen hat oder auch der von ihm bestellte Vertreter verhindert ist) der Vorsitz dem ältesten **ständigen Mitglied der Kammer** zu, sollte auch der eintretende Stellvertreter den Dienstjahren nach älter sein (RGSt. **1** 238, RG. vom 10. 11. 1919 I 495/19); dies gilt auch für die detachierte Strafkammer (§ 78) (BGH. MDR. **1951**, 539). Ist auch das zunächst berufene älteste ständige Mitglied der Kammer verhindert, so geht der Vorsitz auf das nächstälteste ständige Mitglied über (RGSt. **23** 99). Das älteste Mitglied in diesem Sinne ist aber nicht das älteste der für die einzelne Sitzung eingeteilten Mitglieder, sondern (vorausgesetzt, daß die Kammer aus einer größeren, als der gesetzlich nötigen Zahl von Mitgliedern besteht) das älteste der der Kammer überhaupt zugeteilten Mitglieder, indes nur das jeweilig dienstlich verfügbare älteste Mitglied (RGSt. **18** 302, **25** 389, **41** 184, **62** 276). Richter, die in der Geschäftsordnung als ständige Mitglieder bezeichnet sind, aber nur im Bedarfsfalle herangezogen werden, sind in Wirklichkeit nur Stellvertreter (RG. GA. **55** 109). Wenn für eine Hauptverhandlung als einziges ständiges Mitglied der großen Strafkammer nur ein Assessor verfügbar ist (vgl. die folgende Anm.), im übrigen aber neben einem regelmäßigen nur ein nach § 67 bestimmter zeitweiliger Vertreter eintritt, so führt der dienstältere der beiden Vertreter, also u. U. der zeitweilige Vertreter, den Vorsitz (RG. vom 11. 5. 1931 II 216/31).

b) Nur ein **ordentliches Mitglied** des Landgerichts darf (einerlei, ob die Vertretung durch das Präsidium geordnet wird oder nicht) vertretungsweise den Vorsitz führen, nicht aber (auch nicht in den Gerichtsferien) ein der Kammer als ständiges Mitglied zugeteilter Hilfsrichter, also nicht ein Amtsrichter (RGSt. **18** 307), ein beauftragter Richter oder Assessor (einhellige Meinung; vgl. z. B. RGSt. **54** 253, **60** 259, 261, RG. JW. **1930** 2141; BGHSt. **1** 265; OLG. Dresden SächsRpflArch. **2** 220, GA. **72** 151, OLG. Karlsruhe JW. **1927** 869, OLG. Naumburg DRZ. **1929** Nr. 459 = JR. **1929** Nr. 982, OLG. Frankfurt — 8 U 52/54 —); ebensowenig ein zu einer einzelnen Sitzung einberufener Amtsrichter (RG. LZ. **1916** 406). Das gilt auch für die Beschlußstrafkammer (RGSt. **54** 252, RG. JW. **1930** 2141) und für die kleine Strafkammer (OLG. Dresden GA. **72** 151, OLG. Naumburg JR. **1929** Nr. 982). Die Rüge der unvorschriftsmäßigen Besetzung (§ 338 Nr. 1 StPO.), wenn ein nicht ordentliches Mitglied des Gerichts als stellvertretender Vorsitzender mitwirkt, wird nicht dadurch ausgeschlossen, daß der Vertreter demnächst mit Rückwirkung zum ordentlichen Mitglied ernannt wird; eine solche mitwirkende Ernennung hat nur beamtensachliche Wirkung (BGHSt. **1** 265).

4. Tritt im Laufe einer Verhandlung, zu der ein **Ergänzungsrichter** zugezogen ist (§ 192), eine Verhinderung des Vorsitzenden ein und befindet sich (bei mehr als 3 der Kammer zugewiesenen Mitgliedern) das älteste ständige Mitglied der Kammer nicht unter den in der Verhandlung mitwirkenden Richtern (vgl. Anm. 1 zu § 76), so muß der Vorsitz auf den ältesten unter diesen übergehen, da die Ersetzung des Vorsitzenden durch jenes Mitglied eine Wiederholung der Verhandlung erforderlich machen würde, während die Zuziehung des Ergänzungsrichters gerade den Zweck hat, die Notwendigkeit einer solchen Wiederholung auszuschließen (vgl. § 192 Anm. 3, 11). Diesen Fall hat § 66 nicht im Auge (gl. A. Struckmann-Koch **2** 523, Stenglein Anm. 1; a. M. Turnau **1** 338).

5. Wegen der **Revision** s. StPO. § 338 Nr. 1 und die Anm. das.

Zu Abs. 2.

6. Tragweite der Vorschrift — Abs. 2 bezieht sich nur auf die Vertretung des Landgerichtspräsidenten in den ihm nach dem GVG. obliegenden Geschäften, soweit sie nicht in Abs. 1 (Vorsitz in der Kammer, der sich der Präsident angeschlossen hat) besonders geregelt sind. Auf die

Tätigkeit, die der Präsident als Organ der Justizverwaltung (Dienstaufsicht usw.) ausübt, bezieht Abs. 2 sich nicht; insoweit beruhen die Aufgaben des Präsidenten nicht auf dem GVG. Für diese Fälle regelt sich die Vertretung nach § 13 Abs. 2 (beim Amtsgericht nach § 4 Abs. 2) der VO. z. einheitl. Regelung der Gerichtsverfassung vom 20. 3. 1935 (RGBl. I 403), abgedr. Anm. 3 zu § 22 und Anm. 3c zu § 4 EGGVG.

In Betracht kommt hiernach für Abs. 2 insbesondere die Vertretung in der Tätigkeit, die dem Präsidenten außerhalb seiner Tätigkeit als Kammervorsitzender nach § 43, 58 Abs. 2, 62 Abs. 2, 64 Abs. 2 §§ 65, 67, 77, § 83 Abs. 2, 3, §§ 86, 87, 88, § 92 Abs. 2, 3 GVG. obliegt. In diesen Fällen ist der Präsident in der Regel Organ der Rechtspflege (nicht der Justizverwaltung) und als solches i. S. des § 1 „unabhängig und nur dem Gesetz unterworfen". Infolgedessen bedurfte es für diese Geschäfte einer gesetzlichen Regelung der Vertretung.

7. Das Gesetz kennt **zwei Formen der Vertretung** des Präsidenten: entweder durch einen eigens bestellten „ständigen Vertreter" oder durch einen unmittelbar vom Gesetz bestimmten Vertreter.

a) Den ständigen Vertreter bestellt die Landesjustizverwaltung. Das ist in § 7 Abs. 1 Satz 2 der VO. zur einheitlichen Regelung der Gerichtsverfassung vom 20. 3. 1935 (RGBl. I 403) ausdrücklich ausgesprochen: „Er (der Reichsminister der Justiz) bestellt den ständigen Vertreter des Präsidenten (§ 66 Abs. 2 GVG.)"; an die Stelle des Reichsjustizministers ist nach dem Rückfall der Justizhoheit auf die Länder die Landesjustizverwaltung getreten. Diese ist hinsichtlich der Person des zu Bestellenden durch § 66 Abs. 2 insofern gebunden, als sie grundsätzlich nur einen Direktor, ausnahmsweise auch ein anderes Mitglied bestellen kann, nämlich dann, wenn bei dem Landgericht kein Direktor ernannt ist. Der ständige Vertreter ist kraft Gesetzes Mitglied des nach § 64 Abs. 3 verkleinerten Präsidiums; die Zahl der dem Präsidium angehörigen Direktoren erhöht sich also, wenn ein ständiger Vertreter bestellt ist, auf 9. Eine Bestellung von zwei und mehr ständigen Vertretern sieht § 66 — im Gegensatz zu §§ 64a, 66 a.F., die vorzugsweise die Verhältnisse des Landgerichts Berlin im Auge hatten — nicht mehr vor. Ein ständiger Vertreter wird regelmäßig bei den sog. großen (d. h. mit einem Präsidenten in einer Besoldungsgruppe der Einzelgehälter besetzten) Landgerichten bestellt; dort ist er auch besoldungsmäßig gegenüber den übrigen Direktoren hervorgehoben.

b) Ist kein ständiger Vertreter ernannt, so vertritt kraft Gesetzes der dienstälteste und, wenn auch dieser verhindert ist, der nächstdienstälteste Direktor den Präsidenten. Der Landgerichtspräsident ist (anders als bei Justizverwaltungsgeschäften) nicht berechtigt, einen anderen Direktor mit seiner Vertretung in einer der hier fraglichen Angelegenheiten zu beauftragen (RGSt. **41** 186, **60** 32, RG. vom 23. 6. 1931 I 540/31; vgl. auch RGSt. **57** 269). S. dazu auch Anm. 4 zu § 67, Anm. 6c zu § 83.

8. Vertretungsfall — Darüber, wann der Vertretungsfall gegeben ist, wird im wesentlichen das für die Verhinderung im Vorsitz Gesagte entsprechend heranzuziehen sein. Wie dort dürfen die Vorschriften über die Vertretung nicht benutzt werden, um die Vorschrift des § 59, nach der das Landgericht einen Präsidenten haben muß, zu umgehen. (Vgl. RGSt. **64** 6; die Entscheidung betrifft einen Fall, in dem sich nach dem Übertritt des Präsidenten in den Ruhestand die Wiederbesetzung der Stelle längere Zeit verzögert hatte.) Vgl. § 59 Anm. 1. Nach § 7 Abs. 1 Satz 1 der VO. vom 20. 3. 1935 kann die an Stelle des Reichsjustizministers getretene Landesjustizverwaltung Grundsätze für die Vertretung des Landgerichtspräsidenten aufstellen.

§ 67

Bei Verhinderung des regelmäßigen Vertreters eines Mitgliedes wird ein zeitweiliger Vertreter durch den Präsidenten bestimmt.

I. Entstehungsgeschichte: Entw. —.

II. Keine späteren Änderungen.

1. Geltungsbereich — a) § 67 gilt nur für den Fall, daß in einer Kammer ein ordentlicher Beisitzer wie auch sein (gemäß § 63 vom Präsidium bestimmter) regelmäßiger Vertreter verhindert sind. Auf die Vertretung des Vorsitzenden als solchen ist er nicht anwendbar (vgl. § 66, Anm. 2 zu § 70). Desgleichen gilt er der Natur der Sache nach nicht für die Bestimmung eines Ergänzungsrichters (§ 192 GVG.) (RGSt. **59** 20).

In der Praxis bietet § 67 auch die Handhabe, um bei nötigen Änderungen der Personalverteilung bis zur Herbeiführung eines Beschlusses des Präsidiums eine vorläufige Regelung zu treffen (vgl. RGSt. **65** 299). Dabei ist aber vorausgesetzt, daß es sich um eine nicht vorhersehbare, also nur eine „zufällige" Verhinderung des regelmäßigen Vertreters handelt. § 67 ist unanwendbar, wenn ein Geschäftsverteilungsplan, weil die erforderlichen Kräfte fehlen, von vornherein so aufgestellt ist, daß er im Regelfall gar nicht durchgeführt werden kann und die jeweils auftretenden Lücken durch Bestellung eines Richters ad hoc ausgefüllt werden müssen (vgl. Anm. 2a zu § 63).

b) Als **zeitweilige Vertreter** kann der Präsident zunächst Mitglieder des Landgerichts bestimmen, auch sich selbst oder einen Direktor (RGSt. **36** 379, **40** 436, RG. LZ. **1918** 926). Zu den Mitgliedern rechnen auch die als Hilfsrichter zum Landgericht abgeordneten Amtsrichter und Assessoren (RGSt. **60** 410, RG. GA. **56** 212). Gemäß § 70 Abs. 3 kann der Präsident auch auf Amtsrichter des Bezirks zurückgreifen, die nicht als Hilfsrichter beim Landgericht tätig sind, wenn die Landesgesetzgebung das zuläßt; vgl. z. B. § 38 pr. AG. GVG. (RGSt. **26** 94). Das gilt aber nur für auf Lebenszeit ernannte Amtsrichter, nicht für die beim Amtsgericht als Hilfsrichter beschäftigten Assessoren (RGSt. **3** 236, 242, **22** 134, 168, **32** 284, **60** 260). Schreibt das Landesrecht vor, daß die Amtsrichter eines Bezirks in einer bestimmten Reihenfolge zu berufen sind, so bildet die willkürliche Abweichung von dieser Reihenfolge einen Revisionsgrund im Sinne des § 338 Nr. 1 (RG. Recht **1922** 1027; s. aber RG. LZ. **1917** 484). Freiwillige Vertretung durch ein dazu bereites Mitglied (ohne die Verfügung des Präsidenten) ist unzulässig (RGSt. **3** 241, **23** 119, **29** 228, **66** 122).

Sind **mehrere Mitglieder** einer Kammer gleichzeitig verhindert, so kann der Präsident auch mehrere zeitweilige Vertreter bestellen (RGZ. **16** 415, RGSt. **40** 437).

2. Vertretungsfall — Voraussetzung für die Maßnahme des Präsidenten ist, daß sowohl das ordentliche Mitglied als auch der regelmäßige Vertreter verhindert sind (vgl. darüber § 66 Anm. 2.) — Stets muß es sich um eine vorübergehende, d. h. kurzfristige Verhinderung des regelmäßigen Vertreters handeln („zeitweiliger Vertreter"). § 67 ist sowohl unanwendbar bei einer dauernden Verhinderung wie bei einer Verhinderung auf längere Zeit; in diesem Falle beschränkt sich die Regelungsbefugnis des Landgerichtspräsidenten auf Maßnahmen für den Augenblick, während im übrigen die Regelung der Vertretung Sache des Präsidiums (§ 63 Abs. 2) ist. Ob ein von ihm zu regelnder Verhinderungsfall vorliegt, hat der Präsident nach pflichtmäßigem Ermessen zu entscheiden; in der Revisionsinstanz ist nicht nachprüfbar, ob er von diesem Ermessen den richtigen Gebrauch gemacht hat (RGSt. **2** 51, **3** 241, **23** 169, **40** 268 und öfter). Auch vorübergehende Überlastung kann einen Hinderungsgrund im Sinne des § 67 abgeben; vgl. § 66 Anm. 2.

3. Die **Befugnis des Präsidenten** bezieht sich auch auf Fälle, in denen (z. B. in einem Ferienplan) kein regelmäßiger Vertreter vorgesehen ist (RG. DJZ. **1903** 178). Bei schriftlicher Abstimmung des Präsidiums darf der Präsident den von ihm als neues Kammermitglied vorgeschlagenen Richter einstweilen zum Vertreter des zu ersetzenden Mitglieds bestimmen (RGSt. **65** 299).

4. a) Nur der Präsident selbst (im Falle der Verhinderung sein Vertreter — § 66 Abs. 2 —) kann die hier fragliche Befugnis ausüben (vgl. RG. Recht **1902** 158). Eine **Übertragung** der Befugnis des Präsidenten auf die Vorsitzenden der Kammern ist unzulässig (RGSt. **41** 186, **60** 32), ebenso die Übertragung der Auswahl des beizuziehenden Amtsrichters auf den Vorstand des Amtsgerichts (RGSt. **57** 269). Vgl. Anm. 7b zu § 66.

b) Die Bestimmung erfolgt durch **schriftliche Anordnung,** in der zweckmäßig festgestellt wird, daß und aus welchen Gründen das ordentliche Mitglied und sein regelmäßiger Vertreter verhindert sind (vgl. BGH. NJW. **1955** 680).

5. Keine Rückwirkung — Die Anordnung des Präsidenten wirkt nicht zurück. Eine Verhandlung, die unter Zuziehung eines nicht gesetzmäßig bestimmten Vertreters begonnen worden ist, wird nicht wirksam, wenn der Präsident im Verlauf der Verhandlung den als Vertreter mitwirkenden Richter gemäß § 67 als zeitweiligen Vertreter bestimmt (RGSt. **41** 184, **55** 225, **66** 122).

6. Die Ernennung eines Vertreters für den verhinderten regelmäßigen Vertreter beim Schwurgericht regelt § 83 Abs. 3 Satz 2.

§ 68

Die Vorschriften der §§ 62 bis 67 sind auf die Kammern für Handelssachen nicht anzuwenden.

§ 69

Innerhalb der Kammer verteilt der Vorsitzende die Geschäfte auf die Mitglieder.

I. Entstehungsgeschichte: Entw. —.

II. Spätere Entwürfe: N. E. V Art. II 15.

III. Keine späteren Änderungen.

Die Bestimmung bezieht sich nur auf die Geschäfte, die die Prozeßordnungen den beisitzenden Richtern zuweisen (z. B. Berichterstattungen, Abfassung von Beschlüssen und Urteilen, Beweisaufnahmen durch geauftragte Richter), nicht aber auf Geschäfte des Vorsitzenden. Vgl. StPO. § 238 Abs. 1 und die Anm. dazu. Die Art der Verteilung steht im Ermessen des Vorsitzenden. Sind einer Kammer mehr als zwei Beisitzer zugewiesen (vgl. Anm. 5b zu § 63, Anm. 3c zu § 16), so nötigt der Grundsatz des gesetzlichen Richters (Art. 101 GG., § 16 GVG.) nicht dazu, daß der Vorsitzende in allgemeiner Form von vornherein festlege, in welcher Reihenfolge die einzelnen Beisitzer an den Sitzungen teilnehmen oder daß die einzelnen Sachen „blindlings" (nach Maßgabe der Endziffer des Aktenzeichens o. dgl.) an den jeweiligen Berichterstatter gelangen. Solche Anordnungen mögen im allgemeinen zweckmäßig sein; notwendig sind sie nicht. Schon eine etwaige erheblich verschiedene physische Belastungsfähigkeit der einzelnen Kammermitglieder verlangt, daß der Vorsitzende durch individuelle Zuweisung darauf Rücksicht nehmen kann; ebenso muß er, wenn einer Kammer Spezialmaterien zugewiesen sind, in der Lage sein, die besonderen Kenntnisse und Erfahrungen der einzelnen Kammermitglieder durch individuelle Zuweisung nutzbar zu machen. — Daß der Vorsitzende bei Wahrnehmung der in § 69 bezeichneten Aufgabe nicht Justizverwaltungsorgan, sondern unabhängiges Organ der richterlichen Selbstverwaltung ist, ist selbstverständlich; auch das Präsidium kann auf seine Maßnahmen keinen Einfluß nehmen (ebenso Baur, Justizaufsicht und richterliche Unabhängigkeit [1954] 27).

§ 70

(1) Soweit die Vertretung eines Mitgliedes nicht durch ein Mitglied desselben Gerichts möglich ist, wird sie auf den Antrag des Präsidiums durch die Landesjustizverwaltung geordnet.

(2) Die Beiordnung eines nicht auf Lebenszeit ernannten Richters darf, wenn sie auf eine bestimmte Zeit erfolgte, vor Ablauf dieser Zeit, wenn sie auf unbestimmte Zeit erfolgte, solange das Bedürfnis, durch das sie veranlaßt wurde, fortdauert, nicht widerrufen werden. Ist mit der Vertretung eine Entschädigung verbunden, so ist diese für die ganze Dauer im voraus festzustellen.

(3) Unberührt bleiben die landesgesetzlichen Bestimmungen, nach denen richterliche Geschäfte nur von auf Lebenszeit ernannten Richtern wahrgenommen werden können, sowie die, welche die Vertretung durch auf Lebenszeit ernannte Richter regeln.

I. Entstehungsgeschichte: Entw. —.

II. Spätere Fassungen: Bek. vom 22. 3. 1924 (RGBl. I 308). Das Vereinheitlichungsges. vom 12. 9. 1950 hat Abs. 2, 3 nur stilistisch geändert („auf Lebenszeit ernannt" statt „ständig").

Zu Abs. 1.

1. Bedeutung des § 70 — § 70 regelt verschiedene Dinge: Einmal in Abs. 1 den Fall, daß ein Mitglied des Landgerichts vertreten werden muß, die beim Landgericht vorhandenen Richterkräfte aber nicht ausreichen, weil auch der regelmäßige Vertreter verhindert ist und Maßnahmen nach § 67 nicht ausreichen. Abs. 2 enthält in Ergänzung des § 10 Abs. 2 allgemeine (also nicht nur den Fall einer Vertretung nach Abs. 1 betreffende) Vorschriften, die bei Beschäftigung von Hilfskräften beim Landgericht zu beachten sind. Abs. 3 schließlich gibt der Landesgesetzgebung die Möglichkeit, eine bundesgesetzlich nach § 10 mögliche Heranziehung von Hilfskräften beim Landgericht zu beschränken oder die Vertretung von Mitgliedern des Landgerichts durch Richter anderer Gerichte abweichend von § 70 Abs. 1 zu regeln.

2. Vertretung eines Mitglieds — § 70 bezieht sich nicht auf die Vertretung des Vorsitzenden als solchen; das Amt des Vorsitzenden kann einem Richter nur nach Maßgabe der §§ 62, 66 zufallen, nicht aber von der Landesjustizverwaltung übertragen werden (RGSt. **18** 9). Vgl. § 62 Anm. 2a, § 66 Anm. 1, 3, § 67 Anm. 1.

3. Möglichkeit der Vertretung — **a)** Die Frage, ob die Vertretung des verhinderten Mitglieds durch ein anderes Mitglied desselben Gerichts möglich ist, oder ob das Bedürfnis zur Zuziehung eines Hilfsrichters eingetreten ist, unterliegt lediglich dem Ermessen der in Abs. 1 bezeichneten Organe. Der Nachprüfung durch das Revisionsgericht ist sie verschlossen (RGSt. **8** 231, **23** 119); nur wenn erkennbar das Bedürfnis aus einem Rechtsirrtum angenommen worden ist, z. B. weil Präsident und Direktoren nicht zu den heranzuziehenden Mitgliedern des Landgerichts gehörten (vgl. Anm. 1b zu § 67), ist auch die Revision gegeben (RGSt. **36** 379, RG. LZ. **1918** 926).

b) Antrag des Präsidiums — Ein Antrag des Präsidenten genügt also nicht (Keller DJZ. **1915** 1081); doch kann ihm — unbeschadet des Grundsatzes, daß im übrigen die Aufgaben des Präsidiums nicht übertragbar sind (vgl. Anm. 1 zu § 64) — das Präsidium ausdrücklich oder stillschweigend zum Ausdruck bringen, daß bei eintretendem Bedürfnis nach Einberufung eines Hilfsrichters ein entsprechender Antrag als gestellt anzusehen sei. Zum mindesten liegt in dem Beschluß des Präsidiums über die Verwendung des Hilfsrichters (vgl. Anm. 3e) eine (zulässige) Nachholung des Antrags. Darüber, daß der Antrag des Präsidiums auch nach Beiordnung des Hilfsrichters durch die Landesjustizverwaltung nachgebracht werden kann, vgl. OLG. Dresden GA. **72** 386).

c) Über den Begriff **„Landesjustizverwaltung"** vgl. § 22 Anm. 5. **Delegation** auf ein nachgeordnetes Justizverwaltungsorgan (z. B. den Oberlandesgerichtspräsidenten) ist also möglich. KMR. Anm. 1b.

d) Zum **Vertreter** eines Direktors kann auch ein Landgerichtsdirektor bestimmt werden, der einem anderen Gericht angehört (RG. vom 6. 5./12. 7. 1917 I 656/16).

e) Verwendung des Vertreters — Der durch die Justizverwaltung zugewiesene Vertreter tritt nicht von selbst in die Tätigkeit des verhinderten Richters ein; vielmehr wird seine Verwendung gemäß § 62 Abs. 2, § 64 Abs. 1 durch das Präsidium bzw. Vorsitzendenkollegium oder gemäß § 67 vorläufig durch den Präsidenten bestimmt (RGSt. **37** 301, **42** 295, 297; BayObLGSt. **1951**, 346). Vgl. Anm. 5b zu § 63.

Zu Abs. 2.

4. Die Zulässigkeit der Einberufung eines **Hilfsrichters** (§ 10 GVG.) beschränkt sich nicht auf den in § 70 Abs. 1 genannten Fall der Vertretung eines verhinderten Mitglieds. Vielmehr ist die Heranziehung von Hilfsrichtern auch dann zulässig, wenn sie durch andere Gründe, insbes. erhöhten Geschäftsanfall erforderlich wird. Denn auch diesen Fall umfaßt den Ausdruck Beiordnung in Abs. 2 (RGSt. **22** 168; **23** 119; BGHZ. **12**, 1 = NJW. **1954** 505). Wegen der Besetzung einer Strafkammer mit einem Direktor und zwei Hilfsrichtern als Beisitzern vgl. Anm. 5b zu § 63. Die Bedeutung des § 70 Abs. 2 besteht darin, daß er für alle Fälle einer zulässigen Heranziehung von Hilfsrichtern an das Landgericht bundesrechtlich Mindestgrundsätze aufstellt, die im Interesse der richterlichen Unabhängigkeit einen gewissen Ausgleich für die dem nicht auf Lebenszeit ernannten Richter nach Bundesrecht fehlenden persönlichen Garantien der richterlichen Unabhängigkeit (Unabsetzbarkeit und Unversetzbarkeit, festes Gehalt, §§ 7, 8 GVG.) schaffen.

5. Wegen der **Hilfsrichter bei den Oberlandesgerichten** s. § 118.

7. Abs. 3 überläßt es zunächst dem Landesrecht, in Einschränkung des § 10 Abs. 2 GVG. zu bestimmen, daß beim Landgericht als Hilfsrichter nur auf Lebenszeit ernannte Richter verwendet werden dürfen. Darüber hinaus kann das Landesrecht Vorschriften über die Vertretung der Mitglieder des Landgerichts durch auf Lebenszeit ernannte Richter anderer Gerichte erlassen; § 70 Abs. 1, 2 sind dann unanwendbar. Es kann z. B. vorschreiben, daß — abweichend von § 70 Abs. 1 — nicht die Landesjustizverwaltung, sondern der Landgerichtspräsident oder das Präsidium einen Amtsrichter — ohne Bestellung zum Hilfsrichter — als Vertreter für einzelne Sitzungen zum Landgericht einberufen kann. Vgl. für das Gebiet des ehem. Preußen § 38 AG. GVG. und dazu RGSt. **22**, 134; **26**, 94; **32**, 283; **40**, 87. Schließlich gibt § 70 Abs. 3 dem Landesrecht auch die Ermächtigung, die Vertretung eines Amtsrichters durch den Amtsrichter eines benachbarten Bezirks zu regeln (vgl. für den ehemaligen Freistaat Hessen Art. 10 HessAG. GVG. vom 3. 9. 1878, RegBl. 101, der noch gilt — RdErl. d. Hess.JustMin. vom 11. 6. 1953, JMBl. 45 —). — § 10 Abs. 1 der VO. vom 20. 3. 1935 (RGBl. I 403), der allgemein die Richter an den Amtsgerichten und den Landgerichten verpflichtete, richterliche Geschäfte an anderen Gerichten des Landgerichtsbezirks und am übergeordneten Oberlandesgericht wahrzunehmen, ist durch Art. 8 II Nr. 7 des Vereinheitlichungsges. vom 12. 9. 1950 (BGBl. 455) aufgehoben worden. Auf Lebenszeit ernannte Richter sind also nur nach Maßgabe landesgesetzlicher Vorschriften der in § 70 Abs. 3 Halbsatz 2 bezeichneten Art verpflichtet, an einem anderen Gericht tätig zu werden.

§ 71

(1) Vor die Zivilkammern, einschließlich der Kammern für Handelssachen, gehören alle bürgerlichen Rechtsstreitigkeiten, welche nicht den Amtsgerichten zugewiesen sind.

(2) Die Landgerichte sind ohne Rücksicht auf den Wert des Streitgegenstandes ausschließlich zuständig:

1. für die Ansprüche, die auf Grund der Beamtengesetze gegen den Fiskus erhoben werden;

2. für die Ansprüche gegen Richter und Beamte wegen Überschreitung ihrer amtlichen Befugnisse oder wegen pflichtwidriger Unterlassung von Amtshandlungen.

(3) Der Landesgesetzgebung bleibt überlassen, Ansprüche gegen den Staat oder eine Körperschaft des öffentlichen Rechts wegen Verfügungen der Verwaltungsbehörden sowie Ansprüche wegen öffentlicher Abgaben ohne Rücksicht auf den Wert des Streitgegenstandes den Landgerichten ausschließlich zuzuweisen.

§ 72

Die Zivilkammern, einschließlich der Kammern für Handelssachen, sind die Berufungs- und Beschwerdegerichte in den vor den Amtsgerichten verhandelten bürgerlichen Rechtsstreitigkeiten.

§ 73

(1) Die Strafkammern sind zuständig für die die Voruntersuchung und deren Ergebnisse betreffenden Entscheidungen, die nach den Vorschriften der Strafprozeßordnung von dem Gericht zu erlassen sind; sie entscheiden über Beschwerden gegen Verfügungen des Untersuchungsrichters und des Amtsrichters sowie gegen Entscheidungen des Amtsrichters und der Schöffengerichte.

(2) Die Strafkammern erledigen außerdem die in der Strafprozeßordnung den Landgerichten zugewiesenen Geschäfte.

I. Entstehungsgeschichte: Entw. § 52.

II. Spätere Entwürfe: N. E. III Nr. 27; E. IV Art. II 19; E. V Art. II 16. Entw. EG StGB. Art. 68 Ziff. 22.

III. Spätere Änderungen: Bek. vom 22. 3. 1924 (RGBl. I 308). Das Vereinheitlichungsges. vom 12. 9. 1950 hat in Abs. 1 den Satz 2 („Die Bestimmungen über die Zuständigkeit der Oberlandesgerichte und des Reichsgerichts werden hierdurch nicht berührt") gestrichen, da sich damals die erstinstanzliche Zuständigkeit in Hochverratssachen nach der Übergangsvorschrift in Art. 143 Abs. 5 GG. richtete (vgl. jetzt unten Anm. 4).

Zu Abs. 1.

1. Im Gegensatz zu den §§ 74, 74a, 74b, 76, die die Zuständigkeit der Strafkammern in ihrer Eigenschaft als erkennende Gerichte regeln, handelt § 73 von der **Zuständigkeit** der Strafkammern außerhalb eines bei ihnen anhängigen Hauptverfahrens. Wegen des Kreises der hier in

Betracht kommenden Geschäfte vgl. im einzelnen § 60 Anm. 2. Im jugendgerichtlichen Verfahren trifft die Jugendkammer die in § 73 Abs. 1 bezeichneten Entscheidungen (§ 41 Abs. 2 JGG.). Wegen der Zuständigkeit der Staatsschutzstrafkammer vgl. Anm. 3b zu § 74a.

2. Die Strafkammern erlassen alle in § 73 bezeichneten Entscheidungen in der **Besetzung** von drei Mitgliedern (§ 76 Abs. 1). Näheres dort.

3. Über den Instanzenzug bei **Beschwerden** enthalten die §§ 159, 181 GVG. abweichende Bestimmungen. Im übrigen vgl. §§ 304, 310 StPO.

4. Für die **Zuständigkeit** der Oberlandesgerichte und des Bundesgerichtshofs enthalten die §§ 120 Abs. 1 Satz 2, 121 Abs. 1 Nr. 2 u. 134 Abs. 3 die hier in Betracht kommenden Vorschriften, die von § 73 nicht berührt werden. Das ist (anders als in § 73 Abs. 1 Satz 2 a.F.) jetzt nicht mehr besonders ausgesprochen, versteht sich aber von selbst.

Zu Abs. 2.

5. Die Verweisung auf die in der StPO. **den Landgerichten zugewiesenen** Geschäfte bringt zum Ausdruck, daß das GVG. keine erschöpfende Aufzählung der zum Arbeitsgebiet der Strafkammern gehörenden Gegenstände enthält. Im übrigen spricht der Absatz den nach § 60 eigentlich selbstverständlichen Satz aus, daß die Entscheidungen, die im Strafverfahren den Landgerichten zustehen, von den Strafkammern zu erlassen sind, oder mit anderen Worten, daß, wo die StPO. von dem Landgericht redet, hierunter die Strafkammer dieses Gerichts zu verstehen ist. Hierbei ist zu bemerken, daß die StPO., soweit sie nicht die allgemeine Bezeichnung „Gericht" gewählt hat, in der Regel (vgl. z. B. § 27 Abs. 3, §§ 185, 209) den Ausdruck „Landgericht" gebraucht und nur an wenigen Stellen (z. B. § 23, § 27 Abs. 2) von der Strafkammer spricht.

6. Außerhalb des GVG. und der StPO. kommen für die Zuständigkeit der Strafkammer noch in Betracht die §§ 32, 42, 59, 69 des Ges. über Ordnungswidrigkeiten vom 25. 3. 1952 (BGBl. I 177). Sie weisen der Strafkammer die Zuständigkeitsüberprüfung zu, d. h. die Entscheidung bei einem negativen Zuständigkeitsstreit zwischen Staatsanwaltschaft und Verwaltungsbehörde, ob ein Gesetzesverstoß als Ordnungswidrigkeit oder Straftat zu verfolgen ist, und bei Zweifeln der Staatsanwaltschaft, ob ein von der Verwaltungsbehörde als Ordnungswidrigkeit gewürdigter und durch Bußgeldbescheid geahndeter Gesetzesverstoß nicht als Straftat gerichtlich zu verfolgen ist. Ferner entscheidet die Strafkammer über die Beschwerde gegen gewisse Entscheidungen des Amtsrichters im Bußgeldverfahren der Verwaltungsbehörde.

73a

§ 73a (weggefallen).

§ 73a war in die nach 1945 in der amerikanischen Besatzungszone geltende Fassung des GVG. eingestellt und gab den Inhalt des § 2 der ZuständigkeitsVO. vom 21. 2. 1940 (RGBl. I 405) wieder: „Die Strafgewalt der Strafkammern umfaßt alle Strafen und Maßregeln der Sicherung und Besserung, die das Gesetz vorsieht." Die Vorschrift ist als entbehrlich (s. jetzt § 74 Abs. 1) gestrichen.

§ 74

(1) Die Strafkammern sind als erkennende Gerichte des ersten Rechtszuges zuständig für alle Verbrechen, die nicht zur Zuständigkeit des Amtsgerichts, des Schwurgerichts oder des Bundesgerichtshofes gehören. Sie sind auch zuständig für alle Vergehen und Verbrechen, die von der Staatsanwaltschaft bei ihnen angeklagt werden (§ 24 Nr. 2, 3) oder vom Amtsgericht an sie verwiesen sind, weil seine Strafgewalt zu ihrer Aburteilung nicht ausreicht.

(2) Die Strafkammern sind außerdem zuständig für die Verhandlung und Entscheidung über das Rechtsmittel der Berufung gegen die Urteile des Amtsrichters und des Schöffengerichts.

I. Entstehungsgeschichte: Entw. § 8.

II. Spätere Entwürfe: N. E. III Nr. 29; E. IV Art. II 21; E. V Art. II 18; Entw. EGStGB. Art. 68 Ziff. 22.

III. Spätere Änderungen: VO. vom 4. 1. 1924 §§ 6 bis 11 (RGBl. I 16), Bek. vom 22. 3. 1924 (RGBl. I 308), VO. vom 6. 10. 1931 (RGBl. I 537, 563), 6. Teil Kap. I § 1; VO. vom 14. 6. 1932 (RGBl. I 285), 1. Teil, Kap. I Art. 1 § 1; ZuständigkeitsVO vom 21. 2. 1940 (RGBl. I 405). Der jetzige Abs. 1 ist durch das Vereinheitlichungsges. vom 12. 9. 1950 eingefügt.

Zu Abs. 1.

1. a) Wegen der Entwicklung, die die Gesetzgebung auf dem Gebiet der erstinstanzlichen Zuständigkeit der Strafkammer als **erkennendes Gericht** genommen hat, wird auf Anm. 1 zu § 24 verwiesen. Die Zuständigkeit der erstinstanzlichen Strafkammer ist eine von vornherein feststehende nur im Falle des § 74a und bei Verbrechen, die mit einer die Strafgewalt des Amtsgerichts (§ 24 Abs. 2) übersteigenden Mindeststrafe bedroht sind (vgl. z. B. § 316a StGB.). Im übrigen richtet sich die Zuständigkeit der Strafkammer nach den Verhältnissen des Einzelfalles. Sie ist bei Verbrechen und bei Vergehen, die in besonders schweren Fällen mit Zuchthaus bedroht sind, dadurch bedingt, daß im Einzelfall eine die Strafgewalt des Amtsgerichts übersteigende Strafe oder Sicherungsverwahrung zu erwarten ist und die Staatsanwaltschaft deshalb beim Landgericht Anklage erhebt oder daß das Amtsgericht, bei dem Anklage erhoben ist, die Sache dem Landgericht vorlegt — § 209 StPO. — oder in der Hauptverhandlung gemäß § 270 StPO. an die Strafkammer verweist. Bei anderen Verbrechen und Vergehen ist die Strafkammer zuständig, wenn die Staatsanwaltschaft wegen der besonderen Bedeutung des Falles Anklage bei ihr erhebt; die Strafkammer kann aber, weil sie einen Fall von besonderer Bedeutung nicht für gegeben hält, vor dem Schöffengericht eröffnen (§ 209 StPO.). Wegen der Einzelheiten wird auf die Anm. zu §§ 24, 25 Bezug genommen. Die Zuständigkeit der Strafkammer entfällt bei Verbrechen, die zur Zuständigkeit des Schwurgerichts gehören (§ 80) und bei Verbrechen und Vergehen, die nach § 134 in die erstinstanzliche Zuständigkeit des Bundesgerichtshofs fallen. Wird aber wegen einer Tat, die nach dem Inhalt der Anklage vor das Schwurgericht gehört, zu Unrecht vor der großen Strafkammer eröffnet, so ist diese zuständig, wenn sie lediglich wegen einer Tat verurteilt, die zu ihrer sachlichen Zuständigkeit gehört. Für eine Verweisung nach § 270 StPO. ist dann kein Raum. Der im Eröffnungsbeschluß enthaltene Fehler kann nicht zur Aufhebung des Urteils führen, weil das Urteil nicht auf ihm beruht (RGSt. **16**, 39; BGHSt. **1**, 346). Wird eine Sache vor der Großen Strafkammer angeklagt, für die sie die Zuständigkeit des Bundesgerichtshofs für gegeben hält, so legt sie gemäß § 209 Abs. 2 StPO. die Akten dem Bundesgerichtshof zur Entscheidung vor; solange sie freilich mangels Zustellung der Anklageschrift oder aus sonstigen verfahrensrechtlichen Gründen über eine Eröffnung des Hauptverfahrens nicht befinden könnte, ist auch für eine Aktenvorlage nach § 209 Abs. 2 kein Raum (BGHSt. **6**, 109 = NJW. **1954**, 1375).

b) Wegen der Zuständigkeit der **Jugendkammer** als erstinstanzliches Gericht vgl. § 41 Abs. 1, § 108 Abs. 1, 3 JGG., § 74b GVG.

2. Das beschleunigte Verfahren (§ 212 StPO.) ist vor der großen Strafkammer unzulässig.

3. Eine **Zusammenfassung** mehrerer Landgerichte zu einem Strafkammerbezirk entsprechend § 58 ist im GVG., von § 74a abgesehen, nicht vorgesehen. Dagegen läßt § 74 Abs. 2 des Ges. über Ordnungswidrigkeiten vom 25. 3. 1952 (BGBl. I 177) für die dort bezeichneten Entscheidungen die Bildung einer gemeinsamen Strafkammer zu. Auch das Wirtschaftsstrafgesetz i. d. F. vom 25. 3. 1952 (BGBl. I 190) sah in § 100 Abs. 2 die Möglichkeit der Bildung einer gemeinsamen Strafkammer vor; das Wirtschaftsstrafgesetz vom 9. 7. 1954 (BGBl. I 175) kennt — außer bei Devisenzuwiderhandlungen — diese Möglichkeit nicht mehr (§§ 13, 20).

Zu Abs. 2.

4. Über den Umfang der **Strafgewalt** der Berufungsstrafkammer und über den Übergang vom Berufungs- zum erstinstanzlichen Verfahren s. Anm. 8d zu § 24. Über die Anfechtbarkeit eines Urteils nach Verbindung einer Berufungssache mit einer erstinstanzlichen Sache s. Anm. 6 zu § 121. — Die Zuständigkeit der Jugendkammer als Berufungsgericht ist in § 41 Abs. 2 Satz 1 JGG. geregelt.

5. In **Rheinschiffahrtssachen** entscheidet über die Berufung gegen Entscheidungen des Amtsgerichts als Rheinschiffahrtsgericht das Oberlandesgericht (s. Anm. zu § 14).

§ 74a

(1) Eine Strafkammer des Landgerichts, in dessen Bezirk das Oberlandesgericht seinen Sitz hat, ist für den Bezirk des Oberlandesgerichts als erkennendes Gericht des ersten Rechtszuges zuständig für die Vergehen und Verbrechen

der Verbreitung hochverräterischer Schriften (§ 84 des Strafgesetzbuchs),
der Staatsgefährdung (§§ 90 bis 97 des Strafgesetzbuchs),
der Agententätigkeit in den Fällen des § 100d Abs. 2 und 3 des Strafgesetzbuchs,
der Beteiligung an verbotenen Vereinigungen (§§ 129, 129a des Strafgesetzbuchs),
der Verschleppung (§ 234a des Strafgesetzbuchs) und
der politischen Verdächtigung (§ 241a des Strafgesetzbuchs).

(2) Die Zuständigkeit der Strafkammer entfällt, wenn der Oberbundesanwalt wegen der besonderen Bedeutung des Falles vor der Eröffnung des Hauptverfahrens die Verfolgung übernimmt, es sei denn, daß durch Abgabe oder Überweisung nach § 134a Abs. 2 oder 3 die Zuständigkeit der Strafkammer begründet wird.

(3) Im Rahmen des Absatzes 1 erstreckt sich der Bezirk des Landgerichts auf den Bezirk des Oberlandesgerichts.

Zu Abs. 1.

1. § 74a ist eingefügt durch Art. 3 Nr. 2 des 1. Strafrechtsänderungsges. vom 30. 8. 1951 (BGBl. I S. 739) — in Berlin übernommen durch Ges. vom 30. 10. 1951, GVBl. S. 994 —. Er begründet zunächst die sachliche Zuständigkeit der erstinstanzlichen Strafkammer für die in § 74a bezeichneten Vergehen und Verbrechen. Er entzieht ferner (Abs. 3) den Strafkammern der übrigen Landgerichte das OLG.-Bezirkes die örtliche Zuständigkeit zugunsten der Strafkammer des LG. am Sitz des OLG. Es ist also kraft Gesetzes für die in § 74a bezeichneten Sachen eine gemeinsame Strafkammer geschaffen, vergleichbar der Bildung eines gemeinsamen Amtsgerichts nach § 58 oder eines gemeinsamen Jugendschöffengerichts nach § 33 Abs. 4 JGG. Zugleich legt § 74a, wenn bei diesem LG. mehrere Strafkammern bestehen, nach dem Sinne der Vorschrift dem Präsidium (§ 64) die Pflicht auf, bei der Geschäftsverteilung für die in Frage stehenden Sachen die Aufgaben der erkennenden wie z. T. der beschließenden Strafkammer (s. Anm. 3b) einer Strafkammer zuzuweisen. Diese **Zuständigkeitskonzentration** bezweckt, eine gleichmäßige Rechtshandhabung auf dem Spezialgebiet der politischen Delikte zu gewährleisten. Eine solche Erweiterung der örtlichen Zuständigkeit auf Spezialgebieten ist auch sonst der Gesetzgebung bekannt (vgl. z. B. § 74 Abs. 2, 3 des Ges. über Ordnungswidrigkeiten vom 25. 3. 1952 — BGBl. I S. 177 —, § 13 des Wirtschaftsstrafges. vom 9. 7. 1954 — BGBl. I S. 175 —; vgl. auch § 9 EGGVG.). Eine solche Regelung ist mit dem GG. durchaus vereinbar. Denn wenn es nach Art. 101 Abs. 2 GG. zulässig ist, für besondere Sachgebiete durch Gesetz besondere Gerichte zu errichten, so ist es erst recht zulässig, innerhalb der ordentlichen Gerichte durch Regelung der örtlichen und sachlichen Zuständigkeit Zuständigkeitskonzentrationen herbeizuführen. Ein Ausnahmegericht i. S. des Art. 101 Abs. 1 Satz 1 GG. ist die Staatsschutzstrafkammer nach § 74a schon deshalb nicht, weil sie weder nachträglich für einen Einzelfall oder eine Gruppe von Einzelfällen noch aus anderen als rechtstechnischen Gründen eingesetzt ist (vgl. Anm. 2 zu § 16 GVG.; ebenso im Ergebnis die bei Dallinger MDR. **1954** 400 und Ruhrmann NJW. **1954** 1512 Anm. 3 angeführten Entscheidungen des BGH.).

2. a) Die **Bedeutung des Abs. 3** erschöpft sich (vgl. Anm. 1) darin, den Strafkammern der übrigen Landgerichte im Bezirk des Oberlandesgerichts die örtliche Zuständigkeit zu entziehen. Die Staatsschutzstrafkammer ist gegenüber den Strafkammern der übrigen Landgerichte nicht etwa ein Gericht höherer Ordnung (ebenso Dallinger JZ. **1951** 621 u. Nachtrag 1953 zu „StPO. u. GVG." Anm. 2 zu § 74a; KMR Anm. 1 zu § 74a GVG., Anm. 4 zu § 209 StPO. [freilich im Widerspruch zu Anm. 2b zu § 2 StPO.]; Dalcke [= Fuhrmann] 36. Anm. 4; a.M. Schwarz Anm. 1). Das bedeutet: ist versehentlich vor einer anderen Strafkammer als der nach § 74a zuständigen angeklagt und eröffnet, so kommt eine Unzuständigkeitserklärung nur im Rahmen der §§ 16, 18 StPO. in Betracht; eine Verweisung nach § 270 StPO. an die Staatsschutzstrafkammer ist ausgeschlossen. Das läßt sich für die verhältnismäßig wenigen Fälle durchaus ertragen. Auf die Frage von Schwarz a.a.O.: „Sollte denn wirklich die versehentliche Eröffnung bei nicht rechtzeitiger Rüge die gewöhnliche Strafkammer zur Aburteilung der Staatsgefährdung ... befähigen?" läßt sich nur antworten: warum nicht? Schließlich ist ja auch diese Strafkammer nach ihrer Zusammensetzung zur Aburteilung solcher Delikte „befähigt". – Der Grundgedanke der Zuständigkeitskonzentration verbietet es grundsätzlich, daß in die örtliche Zuständigkeit der Staatsschutzstrafkammer fallende Sachen ihr durch Verbindung mit anderen Sachen (§ 13 StPO.) zugunsten der Strafkammer eines anderen Landgerichts entzogen werden, während nichts entgegensteht, daß wegen Sachzusammenhangs andere Sachen bei der Staatsschutzstrafkammer verbunden werden oder die Zuständigkeit eines höheren Gerichts begründet wird (ebenso KMR. Anm. 1).

b) Bei Verdacht einer Straftat nach § 74a hat die Staatsanwaltschaft bei einem örtlich unzuständigen Landgericht die Vorgänge unverzüglich dem örtlich zuständigen Staatsanwalt zu übersenden, unbeschadet der Pflicht, Amtshandlungen, bei denen Gefahr im Verzug ist, selbst vorzunehmen (RiStV. **1953** Nr. 203).

c) Bei der nach § 74a zuständigen Strafkammer wirken lediglich die **Schöffen** aus dem Bezirk dieses Landgerichts mit.

3. a) Die **sachliche** Zuständigkeit nach § 74a umfaßt auch die erfolglose Anstiftung und die sonstigen in § 49a StGB. genannten Vorbereitungshandlungen zu den im Zuständigkeitskatalog aufgeführten Verbrechen (vgl. Anm. 1 zu § 80). – Die Strafkammer ist auch für die in § 74a bezeichneten Straftaten Jugendlicher und Heranwachsender zuständig; Sachen von geringer Bedeutung kann aber die Strafkammer mit Zustimmung des Staatsanwalts an das Jugendschöffengericht abgeben (§§ 102, 112 JGG.).

b) Wenn § 74a auch nur von der Staatsschutzstrafkammer als **erkennendem Gericht** des 1. Rechtszugs spricht, so erstreckt sich nach Sinn und Zweck der Vorschrift, auf dem ihr zugewiesenen Sachgebiet eine einheitliche Rechtsanwendung zu gewährleisten, ihre Zuständigkeit auch auf die nach Anklageerhebung außerhalb der Hauptverhandlung zu treffenden Entscheidungen (Entscheidung über die Eröffnung des Hauptverfahrens, über die Voruntersuchung, § 73). (OLG. Frankfurt NJW. **1955** 960.) Die Voruntersuchung ist demgemäß durch den Untersuchungsrichter desjenigen Landgerichts zu führen, dem die Staatsschutzstrafkammer angehört. Dagegen entscheidet im Vorbereitungsverfahren über Beschwerden die nach § 73 zuständige gewöhnl. Strafk. (OLG. München NJW. **1955,** 1808).

Zu Abs. 2.

4. Der **Oberbundesanwalt** kann durch Übernahme der Verfolgung die Zuständigkeit der Strafkammer aufheben und die des Bundesgerichtshofs begründen. Das Übernahmerecht ist sachlich und zeitlich begrenzt; es kann nur ausgeübt werden:

a) wegen der besonderen Bedeutung des Falles. Sie liegt vor (vgl. RiStV. **1953** Nr. 203), wenn die Tat nach ihrem Umfang und ihrer Gefährlichkeit, nach der Persönlichkeit und Stellung des Beschuldigten oder aus anderen Gründen sich von den durchschnittlichen Fällen unterscheidet. Die Staatsanwaltschaft beim Landgericht hat, wenn sie diese Voraussetzungen für gegeben hält, den Oberbundesanwalt zu unterrichten (näheres RiStV. a.a.O.). Ob die besondere Bedeutung der Tat ihre Übernahme rechtfertigt, entscheidet ausschließlich der Oberbundesanwalt. Der Bundesgerichtshof ist jedoch an seine Auffassung nicht gebunden, sondern kann bei der Eröffnung des Hauptverfahrens die Verhandlung und Entscheidung der Sache dem Landgericht überweisen;

b) bis zur Eröffnung des Hauptverfahrens. Dagegen steht Eröffnung einer Voruntersuchung der Übernahme nicht entgegen, die Übernahme der Sache wirkt wie die Zurücknahme der öffentlichen Klage.

c) Das Übernahmerecht kann ferner nicht mehr ausgeübt werden, wenn der Oberbundesanwalt eine Sache, deren Verfolgung er übernommen hatte, wieder an die Landesstaatsanwaltschaft nach § 134a Abs. 2 abgegeben hat, auch wenn es noch nicht zur Eröffnung des Hauptverfahrens vor der Staatsschutzstrafkammer gekommen ist (ebenso Schwarz Anm. 2 B; a. M. KMR. Anm. 2b/bb). Der Wortlaut des § 74a Abs. 2 („durch Abgabe ... die Zuständigkeit der Strafkammer begründet wird") ist allerdings mehrdeutig. Der Grundgedanke des gesetzlichen Richters (Art. 101 GG., vgl. dazu Anm. 3b zu § 16 GVG.) verlangt aber eine enge Auslegung (vgl. demgegenüber Anm. 4 zu § 120). Aus dieser Erwägung rechtfertigt es sich, den Abs. 2 dahin zu verstehen, daß mit der Rückgabe der Sache an die Landesstaatsanwaltschaft die Zuständigkeit der Staatsschutzstrafkammer endgültig begründet wird. Der Verdeutlichung wegen ist ausdrücklich ausgesprochen, daß das Übernahmerecht auch entfällt, wenn der Bundesgerichtshof bei Eröffnung des Hauptverfahrens die Sache dem Landgericht überwiesen hat (§ 134a Abs. 3), was sich bereits daraus ergeben hätte, daß die durch die Eröffnung begründete Zuständigkeit nicht mehr geändert werden kann.

§ 74b

In Jugendschutzsachen (§ 26 Abs. 1 Satz 1) ist neben der für allgemeine Strafsachen zuständigen Strafkammer auch die Jugendkammer als erkennendes Gericht des ersten Rechtszuges zuständig. § 26 Abs. 2 und §§ 73 und 74 gelten entsprechend.

Der durch § 121 Ziff. 2 JGG. vom 4. 8. 1953 (BGBl. I 751) eingefügte § 74b ergänzt den § 26 GVG. dahin, daß, soweit die Zuständigkeit der erstinstanzlichen Strafkammer nach § 74 gegeben ist, der Staatsanwalt bei Jugendschutzsachen unter den Voraussetzungen des § 26 Abs. 2 die Wahl hat, vor der allgemeinen Strafkammer oder vor der Jugendkammer die Anklage zu erheben. Auf die Erläuterungen zu § 26 wird verwiesen. Hat im 1. Rechtszug in einer Jugendschutzsache der Jugendrichter oder das Jugendschöffengericht entschieden, so ist, wie die Verweisung auf §§ 73, 74 Abs. 2 ergibt, die Jugendkammer auch als Berufungs- und Beschwerdegericht zuständig, ohne daß es — gegen Schwarz Anm. 2B — darauf ankommt, ob ihr diese Zuständigkeit im Geschäftsverteilungsplan des Landgerichts beigelegt ist (vgl. Anm. 5 zu § 26).

§ 75

Die Zivilkammern sind, soweit nicht nach den Vorschriften der Prozeßgesetze an Stelle der Kammer der Einzelrichter zu entscheiden hat, mit drei Mitgliedern einschließlich des Vorsitzenden besetzt.

§ 76

(1) Die Strafkammern entscheiden außerhalb der Hauptverhandlung in der Besetzung von drei Mitgliedern mit Einschluß des Vorsitzenden.

(2) In der Hauptverhandlung ist die Strafkammer besetzt:

mit dem Vorsitzenden und zwei Schöffen (kleine Strafkammer), wenn sich die Berufung gegen ein Urteil des Amtsrichters richtet;

mit drei Richtern mit Einschluß des Vorsitzenden und zwei Schöffen (große Strafkammer) in allen übrigen Fällen.

I. Entstehungsgeschichte: Entw. § 57.

II. Spätere Entwürfe: N. E. III Nr. 30; E. IV Art. II 22; E. V Art. II 19, 20. Entw. EGStGB. Art. 68 Ziff. 23.

III. Spätere Änderungen: VO. vom 4. 1. 1924 § 11 (RGBl. I 16). Bek. vom 22. 3. 1924 (RGBl. I 308). Das Vereinheitlichungsges. vom 12. 9. 1950 hat in Abs. 2 den letzten Halbsatz, „wenn sich die Berufung gegen ein Urteil des Schöffengerichts richtet" durch die Worte „in allen übrigen Fällen" ersetzt.

1. Zahl der Mitglieder — Wenngleich die Strafkammern bei der einzelnen Entscheidung stets nur mit der in § 76 vorgeschriebenen Richterzahl besetzt sein dürfen (§ 192), so kann doch die Zahl der Richter, die einer Strafkammer zugeteilt werden, mehr als drei betragen; die Besetzung der Kammern in den einzelnen Sitzungen zu bestimmen ist dann gemäß § 69 Sache des Vorsitzenden (vgl. Anm. 5b zu § 63). Wenn auch dem Grundgedanken des gesetzlichen Richters (vgl. dazu Anm. 3c zu § 16) am besten entsprochen wird, wenn in den einzelnen Sitzungen ein Wechsel der Richter nach einer vom Vorsitzenden im voraus zu bestimmenden Reihenfolge stattfindet, so ist doch die Aufstellung eines festen Geschäftsverteilungsplans durch den Vorsitzenden nicht vorgeschrieben (vgl. Anm. zu § 69) und, wo sie erfolgt, eine interne Angelegenheit ohne verfahrensrechtliche Bedeutung.

2. Die Strafkammern (vgl. § 60) entscheiden **in der Hauptverhandlung** teils in der Besetzung mit einem Richter und zwei Schöffen (kleine Strafkammer), teils in der Besetzung mit drei Richtern und zwei Schöffen (große Strafkammer). **Außerhalb der Hauptverhandlung** — einerlei ob die Zuständigkeit auf § 73 oder auf § 74 beruht — entscheiden die Strafkammern stets in der Besetzung mit drei Richtern, und zwar selbst dann, wenn sie Beschlüsse erlassen, denen die Bedeutung eines Urteils beiwohnt (vgl. z. B. StPO. §§ 367, 462). Der Vorsitzende darf also auch nicht in Sachen der kleinen Strafkammer allein entscheiden. § 30 Abs. 2 findet auf ihn keine Anwendung (OLG. Naumburg ZStW. **45** 535, OLG. Celle GA. **70** 22). In der Beschlußstrafkammer muß ordentlicher Vorsitzender der Präsident oder ein Direktor sein; § 62 Abs. 1 Satz 2 gilt nicht für sie (OLG. Celle GA. **70** 22, Freymuth JW. **1925** 929, DJZ. **1924** 731).

3. Über die Zuständigkeit der großen Strafkammer in **erster Instanz** ist in den Anm. zu §§ 24, 74, 74a das Erforderliche gesagt.

4. Jugendsachen — **a)** Die Jugendkammer ist in der Hauptverhandlung als Gericht des 1. Rechtszuges in entsprechender Weise wie die große Strafkammer (3 Richter, 2 Jugendschöffen) besetzt (§ 33 Abs. 3 JGG.). Für die Besetzung außerhalb der Hauptverhandlung gilt § 76 Abs. 1 GVG. (§ 2 JGG.). Eine Abweichung von der Regelung in § 76 Abs. 2 besteht darin, daß die Jugendkammer als Berufungsgericht stets, wie als erstinstanzliches Gericht, mit 3 Richtern und 2 Jugendschöffen besetzt ist, also ohne Unterschied, ob sich die Berufung gegen ein Urteil des Jugendrichters oder des Jugendschöffengerichts richtet; eine Unterscheidung zwischen „kleiner" und „großer" Jugendkammer kennt das JGG. nicht. In dieser Besetzung entscheidet die Jugendkammer auch als Jugendschutzkammer (§ 74b).

b) Wegen der Frage, ob die **landesrechtlichen** Vorschriften für das Verfahren in Feld- und Forstrügesachen, denen zufolge im 1. Rechtszug stets der Amtsrichter als Einzelrichter und in der Berufungsinstanz die kleine Strafkammer entscheidet, auch bei Verfehlungen Jugendlicher gelten, vgl. Anm. 9 zu § 24.

5. Ungesetzmäßige Besetzung. Hat statt der großen Strafkammer die kleine entschieden, so hat das Revisionsgericht diesen Mangel (als Verfahrensvoraussetzung) von Amts wegen zu beachten und die Sache unter Aufhebung des angefochtenen Urteils an die große Strafkammer zurückzuverweisen (OLG. Dresden LZ. **1928** 1004). Hat dagegen statt der kleinen Strafkammer die große entschieden, so ist der Rechtsfehler nach § 269 StPO. unschädlich. Wegen des Falles, daß statt des zuständigen Jugendgerichts das Erwachsenengericht entschieden hat, vgl. Anm. 9b zu § 24.

§ 77

(1) Für die Schöffen der Strafkammer gelten entsprechend die Vorschriften über die Schöffen des Schöffengerichts mit folgender Maßgabe:

(2) Die Landesjustizverwaltung verteilt die Zahl der erforderlichen Hauptschöffen auf die zum Bezirk des Landgerichts gehörenden Amtsgerichtsbezirke. Die Hilfsschöffen wählt der Ausschuß bei dem Amtsgericht, in dessen Bezirk das Landgericht seinen Sitz hat. Hat das Landgericht seinen Sitz außerhalb des Bezirkes, so bestimmt die Landesjustizverwaltung, welcher Ausschuß der zum Bezirk des Landgerichts gehörigen Amtsgerichte die Hilfsschöffen wählt. Die Namen der gewählten Hauptschöffen und der Hilfsschöffen werden von dem Amtsrichter dem Landgerichtspräsidenten mitgeteilt. Der Landgerichtspräsident stellt die Namen der Hauptschöffen zur Schöffenliste des Landgerichts zusammen.

(3) An die Stelle des Amtsrichters tritt für die Auslosung der Reihenfolge, in der die Hauptschöffen an den einzelnen ordentlichen Sitzungen der Strafkammer teilnehmen, und für die Streichung eines Schöffen von der Schöffenliste des Landgerichts der Landgerichtspräsident; im übrigen tritt an die Stelle des Amtsrichters der Vorsitzende der Strafkammer.

(4) Niemand soll für dasselbe Geschäftsjahr zugleich als Schöffe für das Schöffengericht und für die Strafkammer bestimmt werden. Ist dies dennoch geschehen, oder ist jemand für dasselbe Geschäftsjahr in mehreren Bezirken zu diesen Ämtern bestimmt worden, so hat der Einberufene das Amt zu übernehmen, zu welchem er zuerst einberufen wird.

I. Entstehungsgeschichte: VO. vom 4. 1. 1924 § 18 (RGBl. I 17). Bek. vom 22. März 1924 (RGBl. I 308).

II. Spätere Entwürfe: Entw. EG StGB. Art. 68 Ziff. 24.

III. Spätere Änderungen: Durch § 11 der VO. zur einheitlichen Regelung der Gerichtsverfassung vom 20. 3. 1935 (RGBl. I 403) waren die der Landesjustizverwaltung nach § 77 Abs. 2 zustehenden Aufgaben den Landgerichtspräsidenten übertragen worden. Dieser § 11 ist durch Art. 8 Nr. 7 des Vereinheitlichungsges. vom 12. 9. 1950 aufgehoben und damit der ursprüngliche Rechtszustand wiederhergestellt worden. Im übrigen hat das Vereinheitlichungsges. in Abs. 4 die Worte „dieselbe Wahlperiode (§ 42)" durch „dasselbe Geschäftsjahr" ersetzt.

1. Die **Zusammenstellung der Schöffenliste** des Landgerichts besteht in der Vereinigung der Teillisten (vgl. dazu AV. d. pr. JM. vom 13. 11. 1933 [Deutsche Justiz 673] zu C III 2–5.) Dem Landgerichtspräsidenten ist es überlassen, zu bestimmen, nach welchen Gesichtspunkten er die Ordnung vornehmen will; die Reihenfolge hat hier keine rechtliche Bedeutung.

Die **Reihenfolge der Hilfsschöffenliste** (die wegen § 42 – vgl. dort Anm. 7 – und § 49 erheblich ist) wird von dem Ausschuß bei dem Amtsgericht bestimmt, der die Hilfsschöffen zu wählen hat.

Die **Auslosung** findet in öffentlicher Sitzung statt, bei der nur der Landgerichtspräsident und der Urkundsbeamte witwirken.

2. Dem **Landgerichtspräsidenten** liegt außer der Zusammenstellung der Schöffenliste und der Auslosung (§ 45 Abs. 2) nur noch die im § 52 Abs. 1 und wohl auch die in § 52 Abs. 2 und § 53 (so KMR. Anm. 2b) bezeichnete Tätigkeit ob. Die in §§ 47, 48, 49, 51, 54, 56 bezeichneten Aufgaben obliegen dem Strafkammervorsitzenden, d. h. dem ordentlichen Vorsitzenden, nicht etwa demjenigen, der in seiner Vertretung demnächst den Vorsitz in der betreffenden Sitzung führt (BGHSt. **3** 68). Landgerichtspräsident und Strafkammervorsitzender handeln dabei – ebenso wie die Amtsrichter – nicht in Ausübung richterlicher Tätigkeit, sondern üben „justizförmige" Verwaltungsmaßnahmen aus. Daraus ergibt sich z. B., daß eine Maßnahme des Strafkammervorsitzenden nicht deshalb unwirksam ist, weil er nach § 22 StPO. ausgeschlossen oder er demnächst mit Erfolg abgelehnt oder seine Selbstablehnung für begründet erklärt wird; denn dieser Ausschluß bezieht sich nur auf eine echte richterliche Tätigkeit (BGHSt. **3** 68).

3. Abs. 4 enthält einen allgemeinen Grundsatz, der für Geschworene noch durch § 90 ergänzt wird. Die Vorschrift bezieht sich nicht nur auf Hauptschöffen, sondern auch auf Hilfsschöffen. Unter „Einberufung" ist die entsprechend § 46 ergehende Nachricht zu verstehen. Für die Hilfsschöffen vgl. noch Anm. 4 zu § 90.

§ 78

(1) Durch Anordnung der Landesjustizverwaltung kann wegen großer Entfernung des Landgerichtssitzes bei einem Amtsgericht für den Bezirk eines oder mehrerer Amtsgerichte eine Strafkammer gebildet und ihr für diesen Bezirk die gesamte Tätigkeit der Strafkammer des Landgerichts oder ein Teil dieser Tätigkeit zugewiesen werden.

(2) Die Kammer wird aus Mitgliedern des Landgerichts oder Amtsrichtern des Bezirks besetzt, für den sie gebildet wird. Der Vorsitzende und die übrigen Mitglieder werden nach § 63 durch das Präsidium des Landgerichts bezeichnet.

(3) Die Landesjustizverwaltung verteilt die Zahl der erforderlichen Hauptschöffen auf die zum Bezirk der Strafkammer gehörenden Amtsgerichtsbezirke. Die Hilfsschöffen wählt der Ausschuß bei dem Amtsgericht, bei dem die auswärtige Strafkammer gebildet worden ist. Die im § 77 dem Landgerichtspräsidenten zugewiesenen Geschäfte nimmt der Vorsitzende der Strafkammer wahr.

I. Entstehungsgeschichte: Entw. § 58.

II. Spätere Entwürfe: N. E. IV Art. II 24; E. V Art. II 21.

III. Spätere Änderungen: VO. vom 4. 1. 1924 § 18 Abs. 4 (RGBl. I 17). Bek. vom 22. 3. 1924 (RGBl. I 309). §§ 7 Abs. 5, § 11 Abs. 3 der VO. zur einheitlichen Regelung der Gerichtsverfassung vom 20. 3. 1935 (RGBl. I 403). Das Vereinheitlichungsges. vom 12. 9. 1950 hat die Bestellung des Vorsitzenden und der Amtsrichter, die der Landesjustizverwaltung zustand (Abs. 2 Satz 2), dem Präsidium übertragen.

Zu Abs. 1.

1. Die **Einsetzung** von Strafkammern außerhalb des Sitzes des Landgerichts (auswärtige Strafkammern) steht der Landesjustizverwaltung zu. Sie entscheidet über das Bedürfnis; sie bestimmt die Sitze und die Bezirke der auswärtigen Strafkammern. Ebenso steht es der Landesjustizverwaltung zu, eine Strafkammer wieder aufzuheben oder über ihren Sitz oder Bezirk eine neue Bestimmung zu treffen.

Zu unterscheiden von der Tätigkeit einer auswärtigen Strafkammer ist der Fall, daß die Strafkammer des Landgerichts außerhalb des Gerichtssitzes tagt (RGSt. **11** 352, **22** 396, **39** 348). Vgl. Vorbem. 3b zu Buch Abschn. 6.

2. Der **Bezirk** einer auswärtigen Strafkammer muß mit dem Bezirk eines Amtsgerichts oder den Bezirken mehrerer Amtsgerichte zusammenfallen; die Teilung eines Amtsgerichtsbezirks ist nicht statthaft. (Gl. A. Turnau **1** 381, Friedländer GerS. **64** 397, Feisenberger 155, StPO. Anm. 1; a. M. Keller 106). — Ob die mehreren Amtsgerichte demselben Landgerichtsbezirk angehören müssen, ist streitig; vgl. § 58 Anm. 2.

3. a) Der **Geschäftskreis** der auswärtigen Strafkammern (die sachliche Zuständigkeit im weiteren Sinne) ist nicht gesetzlich festgelegt; vielmehr überläßt das Gesetz die Bestimmung der Landesjustizverwaltung. Diese kann allgemeine, d. h. für alle auswärtigen Strafkammern geltende Grundsätze aufstellen, ebenso aber auch den Geschäftskreis für die einzelne Strafkammer besonders bestimmen; sie kann die getroffenen allgemeinen oder besonderen Bestimmungen ändern und den Geschäftskreis neu bestimmen.

b) Die Worte **„ein Teil dieser Tätigkeit"** sind nur auf die Verschiedenheit der Tätigkeiten der Strafkammer (§ 60 Anm. 2) zu beziehen; die eine Tätigkeit kann den auswärtigen Strafkammern übertragen, die andere den Strafkammern der Landgerichte vorbehalten werden. Z. B. kann bestimmt werden, daß den auswärtigen Strafkammern die Tätigkeit der kleinen Strafkammer des Landgerichts als erkennenden Gerichts (also nicht die Tätigkeit der Beschlußkammer und nicht die Tätigkeit der großen Strafkammer in der ersten und in der Berufungsinstanz) zugewiesen wird. Dagegen ist es — unbeschadet des § 74a — nicht statthaft, eine Teilung nach Delikten anzuordnen und gewisse Delikte, wie etwa die Verbrechensfälle, von der Zuständigkeit der auswärtigen Strafkammer auszunehmen (vgl. Keller 107, Ullmann 126. A.M. Feisenberger 155 Anm. 90, StPO. Anm. 2).

c) Wird einer Strafkammer für ihren Bezirk **die gesamte Tätigkeit** der Strafkammer des Landgerichts zugewiesen, so besteht zwischen beiden Strafkammern kein weiterer Unterschied als der, daß dieser die Geschäfte verbleiben, die sie an Stelle des Schwurgerichts (§ 82) wahrzunehmen hat (diese Geschäfte können übrigens auch bei einzelnen Landgerichten ganz fehlen; s. § 92 Abs. 2) (OLG. Jena JW. **1931** 1139). Im übrigen ist gesetzlich keine Strafkammeraufgabe (vgl. § 60 Anm. 2) von dem Geschäftskreise der auswärtigen Strafkammern ausgeschlossen, so z. B. auch nicht die Wahrnehmung der Verrichtungen des oberen Gerichts (StPO. §§ 12, 13, 14, 15, 19, 27) gegenüber den Amtsgerichten und den Schöffengerichten des Strafkammerbezirks. — Darüber, daß am Sitze einer auswärtigen Kammer kein ständiger Untersuchungsrichter bestellt wird, s. § 61 Anm. 6.

4. Das **Verhältnis der auswärtigen Strafkammer zu dem Landgericht** ist im Gesetz nicht näher geregelt. Wenn auch die auswärtigen Strafkammern im allgemeinen einen den übrigen Strafkammern gleichstehenden Rechtsprechungskörper, eine Abteilung des Landgerichts bilden (vgl. § 60 Anm. 1, 4b), so muß doch für die örtliche Zuständigkeit eine auswärtige Strafkammer in gewissen Beziehungen als ein selbständiges, von der Strafkammer des Landgerichts verschiedenes Gericht betrachtet werden. Denn nach § 78 wird jede auswärtige Strafkammer für einen bestimmten Bezirk bestellt; sie ist für diesen Bezirk zuständig, und das Recht des Beschuldigten, vor den zuständigen Richter gestellt zu werden, muß auch im Verhältnis der beiden Strafkammern zueinander gelten (RGSt. **17** 230, **48** 132, **50** 159, RG. LZ. **1917** 1331. Gl. A. Keller 107, Turnau **1** 383, Friedländer a.a.O. 389, 404, Feisenberger 156; a. M. von Schwarze 57, Stenglein Anm. 8). Zuständigkeitsstreitigkeiten entscheidet der Strafsenat des Oberlandesgerichts (V. d. pr. JM. vom 9. 8. 1880 I 3397 = Müller Justizverw. [6] I 29). Soweit nicht der auswärtigen Strafkammer die Geschäfte der Strafkammer übertragen sind, bleibt es bei der allgemeinen Regel, daß die Strafkammer des Landgerichts zu entscheiden hat (RGSt. **41** 117). Aus dem Gesagten ergeben sich folgende Sätze:

a) Einer auswärtigen Strafkammer dürfen ohne gesetzlichen Anlaß weder Sachen, für die sie örtlich zuständig ist, entzogen, noch Sachen, für die sie nicht zuständig ist, zugewiesen werden.

b) Ob die auswärtige Strafkammer im einzelnen an der Ausübung des Richteramts verhindert oder ob von der Verhandlung vor ihr eine Gefährdung der öffentlichen Sicherheit zu besorgen ist (StPO. § 15), hat das Oberlandesgericht zu entscheiden. Für die etwa erforderliche Übertragung einer Strafsache wird hier in der Regel die Strafkammer des Landgerichts in Betracht kommen; die Verweisung an ein anderes Gericht ist aber statthaft. Ist umgekehrt die Sache von einem Landgericht mit auswärtiger Strafkammer hinwegzuverweisen, so braucht sie nicht gerade auf die auswärtige Strafkammer übertragen zu werden, da diese nur zur Entscheidung der Sachen ihres Bezirks bestellt ist.

c) Wird gegen einen oder mehrere Richter der auswärtigen Strafkammer ein Ablehnungsgesuch angebracht, so liegt Beschlußunfähigkeit (StPO. § 27) schon vor, wenn dort die zur Entscheidung über das Gesuch erforderliche Richterzahl nicht mehr vorhanden ist; die Entscheidung steht alsdann dem Oberlandesgericht zu (OLG. Kassel GA. **37** 449); vgl. Anm. 11 zu § 27 StPO.

d) Streit besteht, ob die Revision gegen das Urteil einer auswärtigen Strafkammer nur bei dieser oder auch beim Landgericht eingelegt werden kann. Der Gesichtspunkt der selbständigen örtlichen Zuständigkeit spricht für die erstere Auffassung (so auch RGSt. **1**, 267; Friedländer a.a.O. 409; Schwarz Anm. 2; a.M. RGRspr. **2**, 30; RG. vom 6. 11. 1935 VI 265/35; OLGe. Gera NJW. **1947** 221; Düsseldorf JMBl. NRW. **1954** 230; KMR. Anm. 3; vgl. auch Anm. 2 zu § 116). — Von der Frage, wo das Rechtsmittel einzulegen ist, unabhängig ist die Frage, welches Gericht über dessen Zulässigkeit zu beschließen hat.

Für den Fall der Zurückverweisung einer Strafsache in die Vorinstanz s. StPO. § 354 Anm. 7a a. E.

Zu Abs. 2.

5. Die Richter. Durch das Vereinheitlichungsges. vom 12. 9. 1950 ist Abs. 2 geändert worden. Nach der ursprünglichen Fassung der Vorschrift wurden der Vorsitzende ständig, die Amtsrichter für die Dauer des Geschäftsjahres durch die Landesjustizverwaltung berufen, während die übrigen Mitglieder durch das Präsidium des Landgerichts zu bestellen waren. § 7 Abs. 5 der VO. zur einheitlichen Regelung der Gerichtsverfassung vom 20. 3. 1935 übertrug die Bestellung des Vorsitzenden und der Amtsrichter (als Mitglieder oder Vertretern von Mitgliedern) dem Landgerichtspräsidenten. Das Vereinheitlichungsges. vom 12. 9. 1950 änderte — ohne freilich, wie andere Vorschriften der VO. vom 20. 3. 1935 (vgl. Art. 8 Nr. 7), so auch deren § 7 Abs. 5 förmlich aufzuheben — diesen Rechtszustand dahin ab, daß die Bestellung aller Mitglieder der auswärtigen Kammer und ihrer Vertreter Sache des Präsidiums ist. Im einzelnen gilt folgendes:

a) Die **Zahl** der Mitglieder der auswärtigen Strafkammer bestimmt die Justizverwaltung (ebenso KMR. Anm. 1a [5]); vgl. dazu Anm. 1 zu § 76. Ihre Auswahl aus den Richtern des Land- und des oder der Amtsgerichte dagegen ist Sache des Präsidiums. Die auswärtige Strafkammer wird dadurch, daß nach Maßgabe des Abs. 2 bestimmte Richter zu ihren Mitgliedern bestellt werden, für je ein Geschäftsjahr als ständiges Gericht aufgestellt. Zu Mitgliedern können die Mitglieder des Landgerichts und die Richter der Amtsgerichte des Landgerichtsbezirks in der Weise bestellt werden, daß sie ausschließlich aus der einen oder — mit Einschluß des Vorsitzenden, s. unten c) — aus der anderen der beiden Gruppen von Richtern, wie auch teils aus der einen, teils aus der anderen entnommen werden. Zu den Mitgliedern des Landgerichts gehören auch die diesem zugewiesenen Hilfsrichter; in gleicher Weise bedeutet „Amtsrichter": jeder beim Amtsgericht verwendete Richter, auch ein Hilfsrichter.

b) Vertreter — Da die Strafkammer eine vom Amtsgericht verschiedene Behörde ist und die Amtsrichter zu der Mitgliedschaft für ihre Person besonders berufen werden, so kann ein Vertreter eines Amtsrichters in dessen amtsrichterlichen Geschäften als sein Vertreter in der Strafkammer nur tätig sein, wenn er ausdrücklich gem. § 63 GVG. zum regelmäßigen Vertreter des Amtsrichters auch in der Strafkammer bestimmt worden ist. Eine nachträgliche Bestellung gemäß § 63 Abs 2 heilt den Mangel nicht (so schon für das frühere Recht RGSt. **22** 203, **55** 225). Ebenso ist, wenn ein Mitglied des Landgerichts zugleich dort und bei der auswärtigen Strafkammer verwendet wird, sein regelmäßiger Vertreter beim Landgericht nur bei entsprechender ausdrücklicher Bestellung auch Vertreter in der auswärtigen Strafkammer. § 67 bleibt unberührt.

c) Auch die Bestellung des **Vorsitzenden** erfolgt (ebenfalls für die Dauer des Geschäftsjahrs) durch das Präsidium. Das bedeutet eine Abweichung von dem Grundsatz des § 62 Abs. 2 Satz 2, wonach über den Vorsitz in den Kammern das Vorsitzendenkollegium entscheidet. Eine Abweichung von dem Grundsatz des § 62 Abs. 1, wonach der Vorsitzende einer Strafkammer (außer der „kleinen") ein Direktor sein muß, läßt § 78 zwar nicht ausdrücklich zu; indessen läßt schon die von der Regel abweichende Bestellungsform erkennen, daß, dem praktischen Bedürfnis entsprechend, dem Präsidium freie Hand gelassen werden soll (ebenso BGH. MDR. **1951** 539; KMR. Anm. 2, Schwarz Anm. 1B; a.M. Dallinger MDR. **1951** 539). Der Vorsitzende muß aber, rechtsstaatlichen Forderungen entsprechend, beim Landgericht oder einem Amtsgericht des Bezirks planmäßig angestellt sein (BGHSt. **1**, 265 u. BGH. LM. Nr. 2). Für die Vertretung des Vorsitzenden gilt § 66; auch Vertreter kann entsprechend den allgemeinen Grundsätzen (vgl. Anm. 3b zu § 66) nur ein ordentliches Mitglied des Land- oder Amtsgerichts, nicht ein Hilfsrichter sein (BGHSt. **1**, 265).

6. Über die Wahrnehmung der Geschäfte der **Staatsanwaltschaft** bei den auswärtigen Strafkammern s. Anm. 1b zu § 141.

7. Zu Abs. 3: Die Verteilung der Zahl der Hauptschöffen hatte § 11 Abs. 3 der VO. zur einheitlichen Regelung der Gerichtsverfassung vom 20. 3. 1935 den Landgerichtspräsidenten zugewiesen. Diese Vorschrift ist durch Art. 8 Nr. 7 des Vereinheitlichungsges. vom 12. 9. 1950 aufgehoben und der ursprüngliche Rechtszustand wieder hergestellt worden. Vgl. im übrigen die Anm. zu § 77.

8. Der **Urkundsbeamte** des Landgerichts kann nach Landesrecht (so z. B. im früheren Preußen) den Urkundsbeamten der auswärtigen Strafkammer bei der Erteilung von Urteilsausfertigungen vertreten (RGSt. **48** 132).

Sechster Titel

Schwurgerichte

§ 79

Für die Verhandlung und Entscheidung von Strafsachen treten bei den Landgerichten nach Bedarf Schwurgerichte zusammen.

I. Entstehungsgeschichte: Entw. § 48.

II. Spätere Entwürfe: N. E. V Art. II 23.

III. Spätere Änderungen: VO. vom 4. 1. 1924; Bek. vom 22. 3. 1924 (RGBl. I 309).

1. Durch die VO. vom 4. 1. 1924 und die darauf beruhende Bek. vom 22. 3. 1924 wurde § 79 dahin geändert, daß an die Stelle des Wortes „periodisch" die Worte **„nach Bedarf"** traten. Die Änderung hatte ihren Grund in der starken Beschränkung der Zuständigkeit der Schwurgerichte, die durch jene VO. herbeigeführt wurde (und auch nach dem Vereinheitlichungsges. vom 12. 9. 1950 bestehen geblieben ist) und ein periodisches Zusammentreten zu vorher festgelegten Zeiten unpraktisch macht. Aus demselben Grunde ist in dem ganzen Abschnitt der Ausdruck „Sitzungsperiode" durch das Wort „Tagung" ersetzt worden. Nach Bedarf bedeutet: sobald ein Fall bereit ist. Die Bestimmung über den Zusammentritt des Schwurgerichts trifft nach § 87 der Landgerichtspräsident. Wenn — was die Regel bildet — nicht zu übersehen ist, wie häufig das Schwurgericht während des Geschäftsjahres zusammentreten muß, ist es nicht geraten, die Sitzungen im voraus auf bestimmte Tage festzulegen, da sonst die Gefahr der Verzögerung verhandlungsreifer Sachen besteht (RiStV. **1953** Nr. 97). Vgl. Anm. 7 zu § 83.

2. bei den Landgerichten — Die Schwurgerichte schließen sich in ähnlicher Weise an die Landgerichte an, wie die Schöffengerichte (§ 28) an die Amtsgerichte; vgl. § 12 Anm. 3. Doch braucht nicht notwendig mit jedem Landgericht ein Schwurgericht verbunden sein (§ 92). Wegen der Abhaltung einer Schwurgerichtssitzung außerhalb des Landgerichtssitzes s. § 91.

§ 80

Die Schwurgerichte sind zuständig für die Verbrechen

der Unzucht und Notzucht mit Todesfolge (§ 178 StGB.),
des Mordes (§ 211 StGB.),
des Totschlags (§ 212 StGB.),
der Kindestötung (§ 217 StGB.),
der Aussetzung mit Todesfolge (§ 221 Abs. 3 letzter Halbsatz StGB.),
der Körperverletzung mit Todesfolge (§ 226 StGB.),
der Vergiftung mit Todesfolge (§ 229 Abs. 2 letzter Halbsatz StGB.),
der Freiheitsberaubung mit Todesfolge (§ 239 Abs. 3 StGB.),
des schweren Raubes (§ 251 StGB.),
des räuberischen Diebstahls und der räuberischen Erpressung (§§ 252, 255 StGB), wenn die Strafe aus § 251 StGB. zu entnehmen ist,
der besonders schweren Brandstiftung (§ 307 StGB.),
der Zerstörung durch explodierende Stoffe (§ 311 StGB.), wenn die Strafe aus § 307 StGB. zu entnehmen ist,
der Überschwemmung mit Todesfolge (§ 312 Abs. 1 letzter Halbsatz StGB.),
der Beschädigung wichtiger Bauten mit Todesfolge (§ 321 Abs. 2 letzter Halbsatz StGB.),
der gemeingefährlichen Vergiftung mit Todesfolge (§ 324 letzter Halbsatz StGB.),
der Freiheitsberaubung im Amt mit Todesfolge (§§ 341, 239 Abs. 3 StGB.),
der Tötung durch Sprengstoffe (§ 5 Abs. 2, Abs. 3 Sprengstoffgesetz).

I. Entstehungsgeschichte: Entw. § 62.

II. Spätere Entwürfe: N. E. III Nr. 32; E. IV Art. II 26; E. V Art. II 24.

III. Spätere Änderungen: VO. vom 4. 1. 1924 § 6 (RGBl. I 17). Bek. vom 22. 3. 1924 (RGBl. I 309). Die jetzige Fassung beruht auf dem Vereinheitlichungsges. vom 12. 9. 1950.

1. Nach der früheren auf der VO. vom 4. 1. 1924 beruhenden Fassung war das Schwurgericht für alle Verbrechen zuständig, die nicht zur erstinstanzlichen Zuständigkeit eines anderen Gerichts gehörten. Diese negative Zuständigkeitsbestimmung hat das Vereinheitlichungsges. vom 12. 9. 1950 in Anlehnung an ähnliche, nach 1945 geschaffene Regelungen in der britischen Besatzungszone (VO. vom 22. 8. 1947, VOBl. BZ. S. 115) und Bayerns (VO. vom 14. 7. 1948,- GVBl. S. 243) durch einen festen Zuständigkeitskatalog ersetzt. Dieser ist dadurch gekennzeichnet, daß er grundsätzlich die Straftaten umfaßt, bei denen im Falle der Vollendung durch eine vorsätzliche Handlung der Tod eines Menschen (mindestens fahrlässig, vgl. § 56 StGB.) verursacht worden ist. Auf die Erscheinungsform des Verbrechens (Täterschaft, Versuch, Beihilfe) kommt es dabei nicht an; infolgedessen fallen auch die in § 49a bezeichneten Vorbereitungshandlungen, da sie eine Erscheinungsform des Verbrechens darstellen (BGHSt. 2, 360) unter § 80 (OLG. Nürnberg NJW. **1950** 200 = HESt. **2**, 226). — In Berlin ist das Schwurgericht ferner zuständig bei politischer Verschleppung mit Todesfolge (§ 4 des Berliner Ges. zum Schutz der persönlichen Freiheit vom 14. 6. 1952 (GVBl. 417). Der früheren gesetzgeberischen Übung, den Meineid den Schwurgerichten zuzuweisen, ist das Vereinheitlichungsges. nicht gefolgt; rechtspolitische Bedenken dagegen bei Peters Strafpr. [1952] 107.

2. § 6 EGGVG., der die (vor Inkrafttreten des GVG.) bestehenden landesrechtlichen Vorschriften über die Zuständigkeit des Schwurgerichts für die durch die **Presse** begangenen strafbaren Handlungen bestehen ließ, ist durch Art. 1 Nr. 8 des Vereinheitlichungsges. vom 12. 9. 1950 aufgehoben worden.

3. Beschränkt ist die Zuständigkeit des Schwurgerichts

a) durch das JGG. bei Straftaten Jugendlicher und Heranwachsender, insoweit ist nach §§ 41, 108 JGG. die Jugendkammer an Stelle des Schwurgerichts zuständig;

b) durch die des Bundesgerichtshofs (der Oberlandesgerichte) nach § 134 GVG., wenn eine in die Zuständigkeit des Bundesgerichtshofs fallende Straftat mit einer der in § 80 aufgezählten Gesetzesverletzungen in Tateinheit begangen wurde;

c) durch § 430 Abs. 2 StPO., wonach im selbständigen Einziehungsverfahren, auch wenn durch Urteil entschieden wird, an die Stelle des Schwurgerichts die Strafkammer tritt.

4. Das Schwurgericht ist **immer Gericht des ersten Rechtszuges,** auch wenn das Revisionsgericht das auf Berufung gegen ein schöffengerichtliches Urteil ergangene Urteil der Strafkammer aufhebt und die Sache (gemäß § 355 StPO.) zur erneuten Verhandlung und Entscheidung an das Schwurgericht zurückverweist (RG. vom 1. 8. 1927 I 182/27).

§ 81

Das Schwurgericht besteht aus drei Richtern mit Einschluß des Vorsitzenden und sechs Geschworenen.

I. Entstehungsgeschichte: Entw. § 59.

II. Spätere Entwürfe: N. E. III Nr. 33; E. V Art. II 25.

III. Spätere Änderungen: VO. vom 4. 1. 1924 (RGBl. I 16) § 12 Abs. 1.

1. Die frühere Trennung des Schwurgerichts in zwei selbständige Körper mit verschiedenen Aufgaben, Rechten und Pflichten — „Gericht" und „Geschworenenbank", von denen die Geschworenenbank über die Schuld-, die Richterbank über die Straffrage entschied — wurde durch die Umwandlung des Schwurgerichts in ein großes Schöffengericht (durch die VO. vom 4. 1. 1924) beseitigt. In der Nachkriegszeit griff die BayVO. über die Wiedereinführung der Schwurgerichte vom 14. 7. 1948 (GVBl. S. 243) auf den ursprünglichen Rechtszustand zurück. Demgegenüber hat das Vereinheitlichungsges. vom 12. 9. 1950 das seit 1924 bestehende Recht wieder hergestellt.

2. Wegen der bei längeren Verhandlungen statthaften **Zuziehung von Ergänzungsrichtern oder Ergänzungsgeschworenen** s. GVG. § 192.

§ 82

(1) Die Richter und die Geschworenen entscheiden über die Schuld- und Straffrage gemeinschaftlich; während der Hauptverhandlung üben die Geschworenen das Richteramt im gleichen Umfang wie die Schöffen aus.

(2) Außerhalb der Hauptverhandlung entscheiden während der Tagung die richterlichen Mitglieder des Schwurgerichts; außerhalb der Tagung entscheidet die Strafkammer des Landgerichts.

I. Entstehungsgeschichte: Entw. § 36.

II. Spätere Entwürfe: N. E. V Art. II 26.

III. Spätere Änderungen: VO. vom 4. 1. 1924 (RGBl. I 16) § 12 Abs. 2. Keine Änderungen durch das Vereinheitlichungsges. vom 12. 9. 1950.

1. Das **Schwurgericht** bildet während der ganzen Dauer der Tagung einen besonderen Gerichtskörper, der nicht nur innerhalb, sondern auch außerhalb der Hauptverhandlung, also in beratender Sitzung (vgl. die Anm. zu § 33 StPO.) Beschlüsse fassen kann, so z. B. über die Erlassung oder Aufhebung eines Haftbefehls.

2. Bei dem Schwurgericht **anhängig** ist eine Sache, sobald das Hauptverfahren vor dem Schwurgericht eröffnet ist (§ 203 StPO.); bis zum Beginn der Tagung entscheidet an Stelle des Schwurgerichts die Strafkammer (vgl. Anm. 4).

3. **Abs. 1** wiederholt für das Schwurgericht den Grundsatz des § 30 (vgl. Anm. 1 zu § 81).

4. a) Nach **Abs. 2** hat **außerhalb der Tagung** des Schwurgerichts (§ 79) an dessen Stelle die Strafkammer (vgl. § 76) die erforderlichen Entscheidungen zu erlassen. Diese ist auch für die Entscheidungen zuständig, die zwar während einer Tagung, jedoch in Sachen zu erlassen sind, die in einer früheren Tagung abgeurteilt worden sind (vgl. z. B. StPO. §§ 367ff., 462, BayObLGSt. 6 253) oder erst in einer späteren Tagung zur Aburteilung gelangen. Umfaßt der Schwurgerichts-

bezirk mehrere Strafkammerbezirke (§ 92), so stehen die Entscheidungen in den bei dem Schwurgericht anhängigen Sachen (Anm. 2) der Strafkammer zu, die sich am Sitze des Schwurgerichts befindet. Bestehen am Sitz des Landgerichts mehrere Strafkammern, so ist nach § 63 GVG. zu bestimmen, welche Kammer die Geschäfte des Schwurgerichts wahrzunehmen hat.

b) außerhalb der Hauptverhandlung — Vgl. § 30 und die Anm. dort.

5. Mit der **Beendigung der Tagung** erlischt das Schwurgericht dergestalt, daß alle seine Aufgaben auf das Landgericht übergehen; daher können nach diesem Zeitpunkt die Revision und die Revisionsanträge nicht mehr wirksam bei dem Vorsitzenden des Schwurgerichts angebracht werden (RGSt. **13** 156).

§ 83

(1) Vor Beginn des Geschäftsjahres ernennt der Oberlandesgerichtspräsident für jede Tagung des Schwurgerichts aus der Zahl der Mitglieder des Oberlandesgerichts oder der in seinem Bezirk angestellten Richter einen Vorsitzenden des Schwurgerichts.

(2) In gleicher Weise ernennt der Landgerichtspräsident für jede Tagung des Schwurgerichts aus der Zahl der Mitglieder des Landgerichts und der in seinem Bezirk angestellten Amtsrichter einen Stellvertreter des Vorsitzenden, die übrigen richterlichen Mitglieder und ihre Stellvertreter.

(3) Wird im Laufe des Geschäftsjahres eine Schwurgerichtstagung erforderlich, für die richterliche Mitglieder nicht ernannt worden sind, so können sie nachträglich ernannt werden. Ebenso können nachträglich Stellvertreter ernannt werden, wenn eine Vertretung erforderlich wird und die regelmäßigen Vertreter verhindert sind.

(4) Solange noch nicht bestimmt ist, wann das Schwurgericht zusammentritt, erledigt der Vorsitzende der Strafkammer des Landgerichts die in diesem Gesetze und in der Strafprozeßordnung dem Vorsitzenden zugewiesenen Geschäfte. Das gleiche gilt, nachdem die Tagung geschlossen ist.

I. Entstehungsgeschichte: Entw. § 64.

II. Spätere Entwürfe: N. E. IV Art. II 27; E. V Art. II 27.

III. Spätere Änderungen: VO. vom 4. 1. 1924 § 13 (RGBl. I 17). Bek. vom 22. 3. 1924 (RGBl. I 309). Das Vereinheitlichungsgesetz hat nur unwesentliche stilistische Änderungen vorgenommen.

Zu Abs. 1.

1. **a)** Für jede Tagung des Schwurgerichts wird ein besonderer **Vorsitzender** ernannt. Die Ernennung erfolgt durch den OLGPräs. Er wird dabei nicht als Organ der Justizverwaltung, sondern als unabhängiger Richter tätig wird (BGHSt. **2**, 10); aber auch in dieser Gestalt handelt es sich um eine schwer zu rechtfertigende Durchbrechung des Prinzips, daß die Besetzung eines Gerichts durch Präsidium oder Vorsitzendenkollegium erfolgt (vgl. Niese JZ. **1953** 596; Bockelmann DÖV. **1953** 527). Die gleichzeitige oder (Abs. 3) wiederholte Ernennung desselben Richters zum Vorsitzenden für mehrere Tagungen, auch für das ganze Geschäftsjahr oder Teile davon, ist zulässig (RG. Recht **1928** Nr. 1667). Die Ernennung ist bereits vor Beginn des Geschäftsjahrs auszusprechen. Hierdurch soll verhindert werden, daß für bestimmte Strafsachen ein bestimmter Vorsitzender ausgesucht wird. Über nachträgliche Ernennungs. b. — Die Zuständigkeit des Vorsitzenden zur Erledigung der ihm durch das GVG. und die StPO. übertragenen Geschäfte beginnt mit dem Zeitpunkt, in dem der Anfang der Tagung festgesetzt wird (Abs. 4), also mit dem Erlaß der in § 87 bezeichneten Verfügung des Landgerichtspräsidenten. Sie endigt mit dem Zeitpunkt, in dem die Tagung geschlossen wird. Vorher und nachher ist der Vorsitzende der Strafkammer berechtigt und verpflichtet, die Geschäfte des Vorsitzenden des Schwurgerichts zu erledigen.

b) Eine **nachträgliche** Ernennung ist zulässig a) wenn die Ernennung vor Beginn unterblieben ist, noch am Anfang des Geschäftsjahres, b) bei Wegfall des Ernannten während des Geschäftsjahrs (s. Anm. 5), c) nach Abs. 3 Satz 1 (s. Anm. 7a). Nur wenn ersichtlich unsachliche Gesichtspunkte dabei obgewaltet haben, kann sie beanstandet werden (RGSt. **60** 327, RG. JR. **1929** Nr. 271, **1931** Nr. 1495.

2. a) Zu den **Mitgliedern** des Oberlandesgerichts gehören auch der Oberlandesgerichtspräsident und die Senatspräsidenten (RG. vom 4. 2. 1924 II 44/1924). Dieser Auslegung steht die Fassung des § 59 („Direktoren und Mitglieder") nicht entgegen; dort ist der Ausdruck „Mitglieder" nur gebraucht, weil man den Ausdruck „Räte" (vgl. § 115) vermeiden und die Bestimmung darüber, ob bei den Landgerichten alle Richter außer dem Präsidenten und den Direktoren den Amtstitel „Räte" führen sollten, den Ländern überlassen wollte. Die Präsidenten und Direktoren der Landgerichte gehören — wie die Land- und Amtsgerichtsräte — zu den im Oberlandesgerichtsbezirk angestellten Richtern.

b) Angestellte Richter im Sinne des Abs. 1 sind nur die auf Lebenszeit ernannten Richter, nicht die Hilfsrichter (RGSt. **60** 259, RG. JR. **1927** Nr. 200).

3. a) Die **Mitglieder der Landgerichte** können, gleichviel welchem Landgericht sie angehören, bei jedem Schwurgericht des Oberlandesgerichtsbezirks zu Vorsitzenden bestellt werden. Es kommt nur darauf an, daß der zum Vorsitzenden ernannte Richter im Bezirk des Oberlandesgerichts angestellt ist.

b) Zum Vorsitzenden des Schwurgerichts kann auch jeder **Amtsrichter** ernannt werden, der im Bezirk des Oberlandesgerichts angestellt ist (vgl. unten Anm. 5d). In § 13 der VO. vom 4. 1. 1924 war das ausdrücklich hervorgehoben. Das Gesetz stellt hier also geringere Anforderungen als für den Vorsitz bei der Strafkammer (§ 62 Abs. 1).

Zu Abs. 2, 3.

4. a) Auch der **Stellvertreter** des Vorsitzenden und die **übrigen Richter** des Schwurgerichts werden für jede Tagung besonders ernannt. Der zur Ernennung zuständige Landgerichtspräsident wird dabei, ebenso wie der OLGPräs. (vgl. Anm. 1) als Richter, nicht als Justizverwaltungsorgan tätig. Auch diese Ernennungen sind schon vor Beginn des Geschäftsjahres auszusprechen, um zu verhüten, daß die richterlichen Mitglieder des Schwurgerichts für einzelne Sachen nach politischen oder persönlichen Gesichtspunkten ausgewählt werden. Eine nachträgliche Ernennung ist unschädlich, wenn nicht ersichtlich ist, daß dabei unsachliche Gesichtspunkte obgewaltet haben (RG. JR. **1931** Nr. 1495; vgl. RG. vom 5. 8. 1931 I 685/31).

b) Ob ein **Vertretungsfall** tatsächlich vorliegt, insbesondere ob der zum Vorsitzenden Ernannte an der Übernahme dieses Amtes durch anderweitige Geschäfte verhindert ist, ist in der Revisionsinstanz nicht nachzuprüfen (RGSt. **40** 268, **60** 327, RG. JW. **1929** 1058, RG. vom 9. 1. 1930 III 1237/30, vom 16. 6. 1930 III 213/30). Nur wenn ein zuverlässiger Anhalt dafür gegeben ist, daß das eingeschlagene Verfahren dem Grundgedanken des GVG., eine willkürliche Zusammensetzung des Gerichts zu verhindern, zuwiderläuft, ist Raum für eine Verfahrensrüge (RG. JW. **1932** 3091; DR. **1939** 1317). Als Fall der Verhinderung ist anerkannt worden: Bekanntschaft eines der als Beisitzer bestimmten Richter mit einem Angeklagten (RG. JW. **1932** 3091), Verhinderung durch anderweite Inanspruchnahme (RG. JR. **1931** Nr. 1615), Vorhandensein eines Ablehnungsgrundes gegen einen zur Mitwirkung berufenen Richter, auch wenn noch kein Ablehnungsgesuch vorliegt (RG. vom 9. 8. 1926 II 615/26).

5. Über den **Stellvertreter des Vorsitzenden** gibt das Gesetz keine näheren Vorschriften. Es sind hier folgende Punkte hervorzuheben: a) Die Ernennung des Stellvertreters wird alsbald nach der des Vorsitzenden selbst vorzunehmen sein, da schon vor Beginn der Tagung (vgl. Anm. 1) Vertretungsfälle vorkommen können. — b) Der Stellvertreter ist nur berufen, in einzelnen Sitzungen oder in anderen einzelnen Geschäften den Vorsitzenden zu vertreten. Kann also der zum Vorsitzenden Ernannte seine Tätigkeit überhaupt nicht antreten (z. B. weil eine schwere Erkrankung ihm voraussichtlich während der ganzen Tagungsdauer die Ausübung des Vorsitzes unmöglich macht), so daß ein Vorsitzender überhaupt nicht mehr vorhanden ist, so muß der Präsident des Oberlandesgerichts, gemäß § 83 Abs. 1, einen anderen Vorsitzenden ernennen; für die Bestellung eines Vertreters durch den LGPräs. ist dann kein Raum (RGSt. **60** 327; BGHSt. **3**, 186; Feisenberger Anm. 2). Dasselbe wird gelten müssen, wenn das Hindernis zwar erst im Laufe der Tagung, jedoch für ihren ganzen Rest, eintritt und die Ernennung eines andern Vorsitzenden noch rechtzeitig geschehen kann (a. M. Stenglein Anm. 3). In beiden Fällen hat der Stellvertreter (als solcher) den Vorsitz so lange zu führen, als die Ernennung eines neuen Vorsitzenden noch nicht stattgefunden oder dieser seine Tätigkeit noch nicht angetreten hat. Selbstverständlich kann der ursprünglich zum Stellvertreter bestimmte Richter demnächst zum Vorsitzenden ernannt werden; dann wird ein neuer Stellvertreter zu bestimmen sein, sofern dies mit Rücksicht auf die Dauer der Tagung erforderlich ist. —

c) Nur im Falle der Verhinderung hat der Stellvertreter die Geschäfte des Vorsitzenden zu übernehmen; das Gesetz gestattet dem Vorsitzenden nicht, sich beliebig vertreten zu lassen oder gar mit dem Stellvertreter im Vorsitz abzuwechseln. Das in Anm. 2 zu § 62 Gesagte gilt entsprechend auch hier. Wird der Vorsitzende in der Hauptverhandlung abgelehnt, so ist der Stellvertreter zu der Entscheidung über das Ablehnungsgesuch zuzuziehen. — d) Zum Stellvertreter kann der Präsident jedes Mitglied des Landgerichts, insbesondere auch sich selbst, ernennen, ebenso jeden im Bezirk des Landgerichts angestellten Amtsrichter; es ist also nicht erforderlich, daß gerade einer der Beisitzer des Schwurgerichts zum Stellvertreter ernannt wird. Angestellte Amtsrichter im Sinne des Abs. 2 sind nur auf Lebenszeit angestellte Amtsrichter (RGSt. **60** 259, RG. DRZ. **1927** Nr. 67 = JR. **1927** Nr. 200). — e) Sind der Vorsitzende des Schwurgerichts und sein Vertreter an der Wahrnehmung des Vorsitzes verhindert, so kann der Landgerichtspräsident auch für eine einzelne Sitzung einen anderen Vertreter des Vorsitzenden bestellen und zwar von vornherein, wenn sich die künftige Verhinderung bereits übersehen läßt (RG.GA. **43**, 113; RGSt. **40**, 268); bei unvorhergesehener Verhinderung gilt § 83 Abs. 3 Satz 2. — f) Tritt im Laufe einer Hauptverhandlung, zu der ein Ergänzungsrichter zugezogen ist (§ 192), eine Verhinderung des Vorsitzenden ein, so geht der Vorsitz auf den ältesten der mitwirkenden Richter über (vgl. Keller 112; Schwarz Anm. 1B und die abw. Ansicht von Turnau **1** 408).

6. Beisitzer — **a)** Die Ernennung der Beisitzer muß für ihre Person unter dem Gesichtspunkt der individuellen Eignung erfolgen; es genügt also nicht die Ernennung der jeweiligen Beisitzer der großen Strafkammern (RGSt. **71**, 204), ganz abgesehen von der unzweckmäßigen Einengung des zur Ernennung in Betracht kommenden Personenkreises. Das Gesetz schreibt nicht vor, daß für die ganze Tagung neben dem Vorsitzenden gerade nur zwei richterliche Mitglieder zu ernennen sind; vielmehr steht es dem Landgerichtspräsidenten frei, eine größere Zahl heranzuziehen und für jeden einzelnen Sitzungstag die beiden Beisitzer besonders zu bestimmen (gl. A. Stenglein Anm. 4, Turnau **1** 409; a. M. Keller 112). Er kann also mehr als zwei richterliche Mitglieder und Stellvertreter ernennen, darf aber dann die Bestimmung darüber, welche von den ernannten Richtern an der Schwurgerichtstagung teilzunehmen haben, nicht dem Vorsitzenden überlassen, muß vielmehr selbst im voraus, notfalls nachträglich Anordnung treffen; dabei ist es unbedenklich, daß er dem Vorschlag des Vorsitzenden folgt, falls er nur selbst die Vfg. zeichnet. Dabei darf er die Anordnung auch dahin ergehen lassen, daß die für die Tagung bestimmten mehreren Beisitzer miteinander abwechseln (RG. JR. **1928** Nr. 575 = DRZ. **1928** Nr. 72, RG. vom 13. 1. 1928 I 698/27, RG. JW. **1928** 1309, 1312, **1929** 1058, JR. **1931** Nr. 1495, JW. **1932** 3091). Vgl. unten Anm. 6c. Indes wird ein solcher Wechsel tunlichst zu vermeiden sein, da die Gleichmäßigkeit in der Behandlung der einzelnen Sachen besser verbürgt ist, wenn das Gericht an allen Sitzungstagen der Tagung mit denselben Richtern besetzt wird.

b) Auch ein Direktor des Landgerichts kann Beisitzer im Schwurgericht sein (RGSt. **3** 310). Desgleichen können die beim Landgericht tätigen Hilfsrichter einschl. der Assessoren zu Beisitzern ernannt werden; § 83 verlangt hier — anders als bei den Richtern des Amtsgerichts — nur, daß sie Mitglieder des Landgerichts seien (so RG. in ständiger Rspr.; die abweichende Entscheidung des Feriensenats DRZ. **1926** Nr. 869 = JW. **1928** 413 ist von keinem der ordentlichen Revisionssenate gebilligt worden; vgl. im einzelnen RGRspr. **1** 807, RG. vom 15. 12. 1919 I 648/19, RGSt. **60** 410, **65** 400, RG. DRZ. **1927** Nr. 66, 166, RG. vom 29. 3. 1927 I 264/27, RG. DRZ. **1927** Nr. 1080, Recht **1928** Nr. 2564 = JR. **1929** Nr. 271, RG. JR. **1933** Nr. 1813). Es entspricht aber nicht der Bedeutung der richterlichen Mitwirkung beim Schwurgericht, wenn beide Beisitzer Assessoren sind; dies ist zu vermeiden (RGSt. **71**, 205; RG. HRR. **1939** Nr. 448; vgl. auch Anm. 2 zu § 117). Die beim Amtsgericht tätigen beauftragten Richter und Assessoren können dagegen nicht ernannt werden („angestellte Amtsrichter") (RGSt. **60** 259, RG. JR. **1927** Nr. 200, RG. vom 6. 7. 1931 III 420/31).

c) Die Bestimmung der stellvertretenden Vorsitzenden und der Beisitzer, auch wenn sie nachträglich vorgenommen wird, kann **nur der Präsident** (im Fall seiner Verhinderung nur der in § 66 Abs. 2 genannte Vertreter) vornehmen. Er darf sie nicht einem Beauftragten übertragen. Vgl. Anm. 7b zu § 66 sowie oben Anm. 6a. — Das Präsidium hat mit den hier fraglichen Ernennungen nichts zu tun (RG. BayZ. **1928** 248, RGSt. **65** 400). — Fällt ein Beisitzer aus, so tritt ein für ihn überwiesener Hilfsrichter nicht ohne weiteres auch für den Beisitz im Schwurgericht an die Stelle des verhinderten Beisitzers; es bedarf dazu vielmehr einer besonderen Bestellung durch den Präsidenten (RGSt. **65** 399).

Zu Abs. 3.

7. a) Außerordentliche Tagung. Das Gesetz hat es vermieden, zu bestimmen, daß die Termine der einzelnen Tagungen zeitlich von vornherein festgelegt werden. Die Schwurgerichte treten vielmehr nach Bedarf zusammen; im allgemeinen wird daher der Landgerichtspräsident eine Tagung erst anberaumen (§ 87), sobald Sachen bereit sind (vgl. Anm. 1 zu § 79). An diesen nicht von vornherein zeitlich bestimmten Tagungen nehmen die Geschworenen nach der Reihenfolge der Jahresliste teil (§ 86). Ist die Liste durchlaufen, so wird vorn neu begonnen. Die Berufsrichter werden grundsätzlich vor Beginn des Geschäftsjahres „für jede Tagung" (§ 83 Abs. 1, 2) ernannt, d. h. — da die Termine ja nicht von vornherein feststehen — „für die erste, zweite, dritte ... Tagung" (falls sie nicht einfach für das ganze Geschäftsjahr oder Teile davon bestimmt werden). Der Fall, daß eine „außerordentliche" Tagung nötig wird, kann (anders als beim Schöffengericht — vgl. §§ 45, 48 —) bei solcher Handhabung beim Schwurgericht kaum eintreten. Höchstens kann sich — am Schluß des Geschäftsjahrs, wenn die Zahl der Tagungen unerwartet groß gewesen ist und die richterlichen Mitglieder nicht einfach für das Geschäftsjahr oder Teile davon bestimmt sind — der Fall ergeben, daß eine Tagung nötig wird, für die keine richterlichen Mitglieder mehr bestimmt sind, weil die ganze Reihenfolge bereits durchlaufen ist. Für diesen Fall trifft Abs. 3 Vorsorge. Aber auch dann findet Abs. 3 Anwendung, wenn der Landgerichtspräsident in der Annahme, den Bedarf von vornherein übersehen zu können, ausnahmsweise den Zeitpunkt der Tagungen von vornherein festgelegt hat und sich in der Zeit zwischen zwei Tagungen das Bedürfnis für den Zusammentritt des Schwurgerichts zur Aburteilung einer verhandlungsreifen Sache ergibt, weil bis zur planmäßigen nächsten Tagung zuzuwarten untunlich wäre. Eine solche Handhabung ist zwar zulässig (RGSt. **61**, 423; vgl. auch RGSt. **65**, 435; a. M. die Vorauflage), aber nach Möglichkeit zu vermeiden. Denn sie führt zu dem unerfreulichen, dem Grundgedanken des Art. 101 Abs. 1 GG. zuwiderlaufenden Ergebnis (das der Gesetzgeber gerade hat vermeiden wollen), daß die Möglichkeit gegeben ist, für eine bestimmte Sache ein Schwurgericht zusammenzusetzen. Unanwendbar ist Abs. 3, wenn der Landgerichtspräsident (was zulässig ist) von vornherein bestimmte Termine für die voraussichtlich notwendige Anzahl von Tagungen „in Aussicht nimmt" (ohne sie bestimmt festzulegen) und das auch nach außen hin verlautbart. Erweist sich dann die vorgesehene Zahl von Tagungen als unzulänglich, so ist für die „eingeschobene" Tagung ohne weiteres die Richter- und Geschworenengruppe heranzuziehen, die für die zeitlich nächste Tagung vorgesehen war. Muß eine der „in Aussicht genommenen" Tagungen wegfallen, weil keine verhandlungsreifen Sachen vorhanden sind, so fällt die für die „ausgefallene" Tagung vorgesehene Besetzung nicht einfach weg, sondern ist für die nächste Tagung heranzuziehen.

b) Die Notwendigkeit einer außerordentlichen Tagung ist **nicht nachprüfbar** (RGSt. **61**, 423), außer wenn ein zuverlässiger Anhalt dafür gegeben ist, daß das eingeschlagene Verfahren dem Grundgedanken des GVG., eine willkürliche Zusammensetzung der Richterbank zu verhindern, zuwiderläuft (vgl. oben Anm. 4b).

c) Die **nachträgliche Ernennung von Stellvertretern für verhinderte regelmäßige Vertreter** (Abs. 3 Satz 2) ist eine Notmaßnahme für **Ausnahmefälle.** Grundsätzlich ist die Vertretung nach Abs. 2 so zu regeln, daß sie voraussichtlich im allgemeinen eingehalten werden kann. Dies läßt sich erreichen, wenn jedem ordentlichen Mitglied nötigenfalls zwei oder drei regelmäßige Vertreter bestellt werden, die in einer im voraus festgelegten Reihenfolge eintreten (BGH. v. 18. 10. 1955 — 5 StR. 408/55 —).

Zu Abs. 4.

8. Zuständig ist der **Vorsitzende der Strafkammer** desjenigen Landgerichts, bei dem das Schwurgericht gebildet ist; vgl. § 82 Anm. 4a.

9. Sobald dem **Vorsitzenden des Schwurgerichts** die Bestimmung des Termins für den Zusammentritt des Gerichts bekanntgemacht worden ist, hat er die Geschäfte zu übernehmen, die die StPO. (vgl. insbes. §§ 219, 221) dem Vorsitzenden überträgt. — Von demselben Zeitpunkt ab liegt in Verhinderungsfällen die Vertretung des Schwurgerichtsvorsitzenden nicht mehr dem Vorsitzenden der Strafkammer, sondern dem ernannten Stellvertreter ob (der übrigens selbstverständlich mit jenem personengleich sein kann). In dringlichen Fällen kann der Umstand, daß sich der Vorsitzende nicht am Orte des Schwurgerichts befindet, den Anlaß zur Vertretung bieten.

§ 84

Für die Geschworenen gelten die Vorschriften der §§ 31 bis 57, 77 entsprechend, soweit nicht die §§ 85 bis 90 Abweichendes bestimmen.

I. Entstehungsgeschichte: VO. vom 4. 1. 1924 § 19 (RGBl. I 18). Bek. vom 22. 3. 1924 (RGBl. I 309).

II. Spätere Änderungen: Das Vereinheitlichungsgesetz vom 12. 9. 1950 hat den früheren Abs. 2 („Mindestens die Hälfte der zu einer Tagung heranzuziehenden Geschworenen müssen Männer sein") im Hinblick auf den Gleichberechtigungsgrundsatz (Art. 3 GG.) gestrichen und die Vorschrift im übrigen stilistisch geändert.

1. Der in § 40 bezeichnete Ausschuß wählt auch die für den Amtsgerichtsbezirk erforderlichen Hauptgeschworenen aus, deren Zahl durch die Landesjustizverwaltung bestimmt wird (§ 77 Abs. 2). Die Hilfsgeschworenen werden nur von dem Ausschuß des Amtsgerichts gewählt' in dessen Bezirk das Schwurgericht seinen Sitz hat (vgl. RG. JR. **1927** Nr. 92a). Der Vorsitzende eines jeden Ausschusses teilt dem Landgerichtspräsidenten die Namen der gewählten Hauptgeschworenen — gegebenenfalls auch die der gewählten Hilfsgeschworenen in der vom Ausschuß festgesetzten Reihenfolge — mit. Der Landgerichtspräsident stellt die Namen der Hauptgeschworenen zu einer Geschworenenliste zusammen; in welcher Reihenfolge und Form das geschieht, ist rechtlich belanglos. In öffentlicher Sitzung des Landgerichts (vgl. dazu § 77 Anm. 1) lost er alsdann die Hauptgeschworenen aus. Das Los zieht der Landgerichtspräsident (§ 45 Abs. 2). Nach dieser Auslosung bestimmt sich die Reihenfolge, in der die Geschworenen zur Teilnahme an den ordentlichen Tagungen des Schwurgerichts im Laufe des Geschäftsjahres heranzuziehen sind (§ 77 Abs. 2 u. 3, § 86). Die Auslosung gilt aber nur für das Geschäftsjahr, nicht für die Wahlperiode (§ 45), muß also bei Beginn des zweiten Geschäftsjahres einer Wahlperiode wiederholt werden. Der Präsident des Landgerichts setzt die Geschworenen von der Auslosung in Kenntnis (§ 86) und ordnet nach Bestimmung der Termine für jede einzelne Tagung des Schwurgerichts die Ladung der Hauptgeschworenen zu diesen Terminen an. Zwischen der Zustellung der Ladung und dem Beginn der Tagung soll eine Frist von zwei Wochen liegen (§ 87). Die durch die Auslosung bestimmte Reihenfolge kann auf übereinstimmenden Antrag der beteiligten Geschworenen geändert werden, solange die in der Tagung zu verhandelnden Sachen noch nicht bestimmt sind (§ 47). Zuständig für die Bewilligung ist (anders als bei der Strafkammer) nicht der Vorsitzende der Strafkammer oder des Schwurgerichts, der mit der Bildung des Schwurgerichts überhaupt nichts zu tun hat, sondern der Landgerichtspräsident, der die Jahresliste der Hauptgeschworenen zusammenstellt (§ 77 Abs. 2) und auf dem laufenden hält (§ 88), auch die Einberufung der Hauptgeschworenen für die einzelne Tagung anordnet (§ 87) (Feisenberger StPO. Anm. zu § 84). Gegen die hier vertretene Ansicht scheint allerdings der Wortlaut des § 77 Abs. 3 zu sprechen (vgl. Kiesow StPO. 50); allein § 84 Abs. 2 bestimmt nur, daß die Vorschrift des § 77 für die Geschworenen „entsprechend" (also sinngemäß) gelten soll. — Die Frist des § 53 gilt auch für Ablehnungsgründe, die von Geschworenen geltend gemacht werden. Über die von den Geschworenen vorgebrachten Ablehnungsgründe (§ 35) entscheidet der Präsident des Landgerichts (§ 88). Er hat auch zu entscheiden, ob ein Geschworener zur Dienstleistung nicht mehr heranzuziehen ist (§ 52 Abs. 2, § 88). Der Landgerichtspräsident ist auch befugt, einen Geschworenen von der Jahresliste zu streichen (§ 52 Abs. 1, § 77 Abs. 3, § 84 Abs. 1). Wegen der Ersetzung eines endgültig ausgefallenen Geschworenen vgl. Anm. 7b zu § 42 (RGSt. **65** 319 und RG. JR. **1933** Nr. 1282; BGHSt. **6**, 116). Die Zuziehung von Hilfsgeschworenen zu einzelnen Sitzungen (§ 49) hat nicht der Landgerichtspräsident, sondern der Vorsitzende des Schwurgerichts zu veranlassen. Der Vorsitzende der Strafkammer scheidet hier praktisch aus, da sich die Notwendigkeit der Zuziehung eines Hilfsgeschworenen erst ergeben kann, wenn der Tag bestimmt ist, an dem das Schwurgericht zusammentritt (§ 83 Abs. 4). Hilfsgeschworene (§ 49; vgl. dazu Anm. 1 Abs. 2 zu § 77) werden nicht ausgelost, sondern nach der vom Amtsgericht festgestellten Reihenfolge der Liste berufen (vgl. RG. JR. **1927** Nr. 92a). Vgl. insbesondere die Anm. zu § 49. Sondervorschriften für einzelne Fälle (Vertagung einer Verhandlung oder Verzögerung ihres Beginns, Abhaltung einzelner Sitzungen an einem anderen Ort) sind in § 49 Abs. 2, § 91 Abs. 2 enthalten. Der für einen einberufenen, aber verhinderten Hauptgeschworenen eintretende Hilfsgeschworene tritt für die ganze Dauer der Verhinderung, möglicherweise also für die ganze Tagung, an die Stelle des Verhinderten (RGSt. **62** 202, **66** 75, RG. DRZ. **1928** Nr. 735.

= JR. 1928 Nr. 2152). Ist ein Hilfsgeschworener für einen nur an einer bestimmten Sitzung verhinderten Hauptgeschworenen eingetreten, so gilt seine Einberufung nur für diese, nicht auch für andere Sitzungen derselben Schwurgerichtstagung, bei denen — wegen erneuter Verhinderung desselben oder wegen Verhinderung eines anderen Geschworenen — die Zuziehung eines Hilfsgeschworenen von neuem erforderlich wird (RGSt. **62** 202). Ist ein einberufener Hilfsgeschworener an der Dienstleistung verhindert, so darf er, wenn später ein neuer Verhinderungsfall eintritt, nicht außer der Reihe nochmals zugezogen werden (RGSt. **62** 424). Ein Hilfsgeschworener, der für eine Sache als Ergänzungsgeschworener einberufen ist, kann für einen ausfallenden Hauptgeschworenen eintreten, wenn die Einberufung als Ergänzungsgeschworener zurückgenommen wird (RGSt. **61** 307). — Über den Antrag eines Geschworenen, von der Dienstleistung an bestimmten Sitzungstagen entbunden zu werden (§ 54), entscheidet der Vorsitzende des Schwurgerichts. Der Vorsitzende der Strafkammer (§ 83 Abs. 4) kommt für die Bescheidung des Antrags nicht in Frage; solange nicht feststeht, an welchem Tage das Schwurgericht zusammentritt, kann auch kein Antrag auf Entbindung von der Dienstleistung an bestimmten Sitzungstagen gestellt werden. (A. M. Kiesow 50.) — Die Vorschriften über Vereidigung (§ 51), über Entschädigung (§ 55) und über Ordnungsstrafen (§ 56) finden auch auf Geschworene Anwendung. Ob es zur wirksamen Beeidigung ausreicht, daß die Eidesformel von sämtlichen Geschworenen gleichzeitig gesprochen wird, läßt RGSt. **72**, 53 ausdrücklich offen (vgl. Anm. 3 zu § 51); wird ein Geschworener irrtümlich als Schöffe beeidigt, so ist das unschädlich. Weibliche Geschworene können nicht deshalb abgelehnt werden, weil der Angeklagte erklärt, er könne sich vor weiblichen Geschworenen über den in Betracht kommenden Vorgang nicht frei äußern. Das Gesetz hat es nicht für erforderlich erachtet, hinsichtlich der Art des zu verhandelnden Gegenstands zwischen der Zuziehung von Männern und Frauen zum Geschworenendienst einen Unterschied zu machen. Vgl. Anm. 6 zu § 24 StPO.

Die **Vertretung des Landgerichtspräsidenten** ist durch § 66 Abs. 2 geregelt. Vgl. die Anm. dort, sowie die Anm. 6c zu § 83.

§ 85

Die Zahl der Hauptgeschworenen ist so zu bestimmen, daß voraussichtlich jeder Hauptgeschworene nur zu einer Tagung des Schwurgerichts im Geschäftsjahr herangezogen wird.

I. Entstehungsgrundlage: VO. vom 22. 3. 1924 (RGBl. I 310).

II. Keine späteren Änderungen.

Nach der ursprünglichen Fassung des GVG. (§ 91 Abs. 2) durften Geschworene, die in einer früheren Sitzungsperiode (Tagung) desselben Geschäftsjahrs ihre Verpflichtung erfüllt hatten, für eine neue Sitzungsperiode nur ausgelost werden, wenn sie es besonders beantragten. Eine solche Beschränkung kennt § 85 nicht mehr (vgl. aber § 35 Nr. 2, § 84). Es besteht also kein Hindernis, Geschworene, die in demselben Geschäftsjahr bereits zu einer Tagung herangezogen worden sind, auch ohne ihr Einverständnis ein zweites Mal heranzuziehen, wenn eine weitere Sitzung des Schwurgerichts nötig wird, nachdem die durch Auslosung bestimmte Reihenfolge der Geschworenen einmal durchlaufen ist.

§ 86

Die Reihenfolge, in der die Hauptgeschworenen an den Tagungen des Schwurgerichts teilnehmen, wird für das ganze Geschäftsjahr im voraus durch Auslosung bestimmt; der Landgerichtspräsident setzt die Geschworenen von der Auslosung mit dem Hinzufügen in Kenntnis, daß ihnen darüber, ob und zu welchem Tage sie einberufen werden, eine weitere Nachricht zugehen werde.

I. Entstehungsgrundlage: VO. vom 22. 3. 1924 (RGBl. I 310).

II. Keine späteren Änderungen.

1. Die Hauptgeschworenen werden nach der **Reihenfolge der Auslosung** zu den ordentlichen Tagungen einberufen, zu der ersten Tagung also in der Regel die Nummern 1—6, zu der zweiten

Tagung die Nummern 7–12 usw. (Kiesow 50). Ist die Reihenfolge durchlaufen, so beginnt sie von neuem (vgl. Anm. 7 zu § 83, Anm. 1 zu § 84). – Für das zweite Geschäftsjahr der Wahlperiode findet jedoch eine neue Auslosung statt (vgl. Anm. 3 zu § 45, Anm. 1 zu § 84).

2. Ist ein Hauptgeschworener durch Krankheit oder durch ähnliche Umstände verhindert, an der Tagung teilzunehmen, so ist er nicht etwa zur nächsten Tagung einzuberufen; vielmehr geht die ursprüngliche Reihenfolge der Hauptgeschworenen unverändert weiter (RGSt. **62** 202). Nach einer Entscheidung des Feriensenats des RG. (JR. **1932** 2224) soll es unschädlich sein, wenn – nachdem zu einer Tagung versehentlich nicht die zunächst an der Reihe befindlichen Geschworenen, sondern Nachmänner von ihnen einberufen worden waren – bei der nächsten Tagung die versehentlich übergangenen einberufen werden.

§ 87

Der Landgerichtspräsident bestimmt, wann das Schwurgericht zusammentritt, und ordnet die Einberufung der Hauptgeschworenen für die einzelne Tagung nach der Reihenfolge ihrer Auslosung an. Zwischen der Zustellung der Ladung und dem Beginn der Tagung soll eine Frist von zwei Wochen liegen.

I. Entstehungsgrundlage: VO. vom 22. 3. 1924 (RGBl. I 310).

II. Spätere Änderungen: Das Vereinheitlichungsges. vom 12. 9. 1950 hat in Satz 2 das Wort „Mitteilung" wieder durch „Zustellung" ersetzt und damit den Rechtszustand wiederhergestellt, wie er vor der Ersetzung von „Zustellung" durch „Mitteilung" durch Art. V der VO. vom 17. 6. 1933 (RGBl. I 394) bestand.

1. Vgl. Anm. 1 zu § 79.

§ 88

Der Landgerichtspräsident entscheidet über die von den Geschworenen vorgebrachten Ablehnungsgründe sowie darüber, ob ein Geschworener ferner zur Dienstleistung heranzuziehen st.

I. Entstehungsgrundlage: VO. vom 22. 3. 1924 (RGBl. I 310).

II. Keine späteren Änderungen.

1. vgl. Anm. 1 zu § 84.

§ 89

Erstreckt sich eine Tagung des Schwurgerichts über den Endtermin des Geschäftsjahres hinaus, so bleiben die Geschworenen, die dazu einberufen sind, bis zum Schluß der Tagung zur Mitwirkung verpflichtet.

I. Entstehungsgrundlage: VO. vom 22. 3. 1924 (RGBl. I 310).

II. Lediglich stilistische Änderungen durch das Vereinheitlichungsges. vom 12. 9. 1950.

1. vgl. Anm. 2 zu § 50.

§ 90

(1) Niemand soll für dasselbe Geschäftsjahr als Geschworener und als Schöffe bestimmt werden.

(2) Ist dies dennoch geschehen, oder ist jemand für dasselbe Geschäftsjahr in mehreren Bezirken zu diesen Ämtern bestimmt worden, so hat der Einberufene das Amt zu übernehmen, zu dem er zuerst einberufen wird.

I. Entstehungsgeschichte: Entw. § 78.

II. Spätere Entwürfe: Entw. EGStGB. Art. 68 Ziff. 26.

III. Spätere Änderungen: VO. vom 14. 6. 1932 (RGBl. I 285) erster Teil Kapitel I Art. 8. Die dort erfolgte Ersetzung der Worte „dasselbe Geschäftsjahr" durch „dieselbe Wahlperiode (§ 42)" ist durch das Vereinheitlichungsges. vom 12. 9. 1950 wieder rückgängig gemacht worden.

1. soll — Die Bestimmung ergänzt die §§ 33, 34. Es wird also hier kein bloßes Ablehnungsrecht (§ 35) gewährt; vielmehr hat der Ausschuß (§§ 42, 84) die Bestimmung stets von Amts wegen zu beachten. Vgl. auch § 77 Abs. 4.

2. Geschworener und Schöffe — Es macht keinen Unterschied, ob die erste Einberufung für das Haupt- oder für das Hilfsschöffen- (Haupt- oder Hilfsgeschworenen-) Amt geschieht; jede Einberufung zu irgendeinem Schöffen- oder Geschworenenamt begründet für spätere Einberufungen zu demselben oder zu einem anderen dieser Ämter die hier fraglichen Folgen.

3. Mehrfache Berufung zu demselben Amt — Abs. 2 umfaßt zwei verschiedene Fälle. Der erste Fall ist der, daß jemand für dasselbe Geschäftsjahr zu beiden Ämtern (Schöffen- und Geschworenenamt) berufen wird; in diesem Falle ist es nach Abs. 1 gleichgültig, ob die Berufung in verschiedenen Gerichtsbezirken oder in demselben Gerichtsbezirk ausgesprochen ist. Der andere Fall ist der, daß jemand in verschiedenen Bezirken zu **demselben** Amte berufen wird; dieser Fall ist denkbar, wenn jemand einen doppelten Wohnsitz hat (Begr. 57).

4. zuerst einberufen — Nach Abs. 2 ist nicht die frühere Bestimmung (Abs. 1), sondern die frühere Einberufung maßgebend. Bei den Hauptschöffen stellt die für das ganze Geschäftsjahr im voraus zu bewirkende Benachrichtigung (§ 46 Abs. 1) die Einberufung i. S. des § 90 dar. Dasselbe muß bei den Hilfsschöffen gelten, die an die Stelle eines wegfallenden Hauptschöffen für dessen ganzen Dienst treten (vgl. § 42 Anm. 7, § 46 Anm. 1, 3); im übrigen aber ist bei den Hilfsschöffen Einberufung nur die Ladung zu einer bestimmten Sitzung, nicht die allgemeine Benachrichtigung von der Wahl zum Hilfsc höffen, aus der allein noch nicht notwendig folgt, daß der Gewählte zur Ausübung des Schöffenamtes auch wirklich herangezogen wird (vgl. § 46 Abs. 2 und Anm. 3 dazu). Bei den Hauptgeschworenen ist die in § 86 vorgeschriebene Mitteilung des Landgerichtspräsidenten von der Auslosung entscheidend. Bei den Hilfsgeschworenen ist Einberufung die Ladung zu einer bestimmten Tagung oder einem Teil davon; wegen der allgemeinen Benachrichtigung der Hilfsgeschworenen gilt das, was vorstehend für die Hilfsschöffen gesagt ist. — Die Einberufung ist erst mit Zugang der Benachrichtigung oder Ladung bewirkt; es ist also der Tag der Mitteilung oder Zustellung, nicht der der Verfügung maßgebend.

§ 91

(1) Die Strafkammer des Landgerichts kann bestimmen, daß einzelne Sitzungen des Schwurgerichts nicht am Sitz des Landgerichts, sondern an einem anderen Ort innerhalb des Schwurgerichtsbezirks abzuhalten seien.

(2) Wird in einem solchen Fall die Zuziehung anderer als der zunächst berufenen Geschworenen erforderlich, so werden die Hilfsschöffen des für den Sitzungsort zuständigen Schöffengerichts nach Maßgabe des § 49 herangezogen.

I. Entstehungsgeschichte: Entw. § 79.

II. Spätere Entwürfe: N. E. III Nr. 45; E. IV Art. II 34; E. V Art. II 35. Entw. EGStGB. Art. 68 Ziff. 27.

III. Spätere Änderungen: Bek. vom 22. 3. 1924 (RGBl. I 310). Das Vereinheitlichungsges. vom 12. 9. 1950 hat nichts geändert.

1. a) Die **Begründung** (57) bemerkt: „Die Bestimmung beruht auf geschäftlichen Rücksichten. Sie wird namentlich dann von praktischem Werte sein, wenn besonderer Verhältnisse wegen die Abhaltung der Sitzung an dem Sitze des Landgerichts mit unverhältnismäßigen Kosten oder sonstigen Unzuträglichkeiten verknüpft sein würde, z. B. wenn eine große Anzahl von Zeugen zu laden ist, die größtenteils an demselben vom Landgerichte weit entfernten Orte wohnen, wenn wegen Ausbruchs einer Epidemie am Orte des Landgerichts die Abhaltung von

Schwurgerichtssitzungen an diesem Orte vermieden werden muß, oder wenn zur Verhandlung eines in einer Gefangenenanstalt verübten Verbrechens Gefangene, als Angeklagte oder Zeugen, zu laden sind, deren Transport nach dem Orte des Schwurgerichts schwierig und gefährlich wäre. In solchen Fällen kann es den Umständen nach angemessen sein, die Sitzungen an dem geeigneten anderen Orte abzuhalten." — Der hier vorgesehene Fall ist nicht zu verwechseln mit dem des § 15 StPO.; die Sache geht nicht auf ein anderes Gericht über, sondern das Gericht tritt an einem anderen Orte seines Bezirks zusammen.

b) Grundsätzlich ist zu § 91 **Abs. 1** folgendes zu sagen: seine Bedeutung liegt nicht darin, daß damit die Abhaltung von Sitzungen außerhalb des Gerichtssitzes zugelassen würde. Daß das Gericht dazu die Befugnis hat, ist selbstverständlich; es hätte dazu keinerlei besonderer Vorschriften bedurft. Dieses Recht ist nicht einmal auf den Gerichtsbezirk (und nicht einmal auf das Land, dem das Gericht angehört) beschränkt; vielmehr kann jedes deutsche Gericht unter den Voraussetzungen des § 166 GVG. Hauptverhandlungen außerhalb seines Bezirkes im gesamten Geltungsgebiet des GVG. abhalten (vgl. Vorbem. 3b z. 2. Buch 6. Abschn.) Selbstverständlich kann ebenso wie die ganze auch ein Teil der Hauptverhandlung außerhalb des Gerichtssitzes stattfinden (RGSt. **11** 352, **22** 396, **39** 348; RG. vom 5. 5. 1930 III 930/29, RG. JW. **1895** 121). Vgl. Anm. 1 zu § 166.

Die Bedeutung des § 91 Abs. 1 besteht hiernach lediglich darin, daß die Strafkammer die Anordnung (und die erforderlichen Vorbereitungen) trifft, während man nach § 83 Abs. 4 erwarten sollte, daß der Vorsitzende der Strafkammer oder nach Bestimmung des Tagungstermins der Vorsitzende des Schwurgerichts (dem nach § 213 StPO. die Terminsbestimmung mit den dazu nötigen Anordnungen zusteht) sie zu treffen hätte. Selbstverständlich steht dem Schwurgericht selbst während der Tagung gemäß § 82 Abs. 2 das Recht zu, selbständig — auch im Gegensatz zu der Stellungnahme der Strafkammer — über die Frage zu befinden

2. Obwohl das Gesetz nur von **„einzelnen Sitzungen"** spricht, kann die Anordnung doch für alle Sitzungen einer Tagung getroffen werden. Das ergibt sich schon aus dem von der Begr. (Anm. 1) angeführten Beispiel des Ausbruchs einer Epidemie.

3. Zu Abs. 2. **a) Abs. 2** ermöglicht, Hilfsgeschworene möglichst ohne Zeitverlust heranzuziehen.

b) Mit den zunächst berufenen Geschworenen sind die Haupt- und Hilfsgeschworenen gemeint. Erst wenn ein wegfallender Haupt- oder Hilfsgeschworener aus dem Kreise der zunächst berufenen Hilfsgeschworenen nicht ohne Verzögerung ersetzt werden kann und damit die Berufung anderer Personen zu Geschworenen erforderlich wird, soll auf die Hilfsschöffen zurückgegriffen werden (RGSt. **60** 415).

4. Die **Revision** kann nicht darauf gestützt werden, daß die Strafkammer von § 91 einen unzweckmäßigen Gebrauch gemacht habe (RGSt. **51** 122).

§ 92

(1) Die Landesjustizverwaltung kann bestimmen, daß die Bezirke mehrerer Landgerichte zu einem Schwurgerichtsbezirk zusammengelegt und die Sitzungen des Schwurgerichts bei einem der Landgerichte abgehalten werden.

(2) In diesem Falle haben das Landgericht, bei dem die Sitzungen des Schwurgerichts abgehalten werden, und dessen Präsident die ihnen in den §§ 82 bis 91 zugewiesenen Geschäfte für den Umfang des Schwurgerichtsbezirkes wahrzunehmen.

(3) Die Mitglieder des Schwurgerichts mit Einschluß des Stellvertreters des Vorsitzenden können aus der Zahl der im Bezirk des Schwurgerichts angestellten Richter bestimmt werden.

(4) Die Zahl der erforderlichen Hauptgeschworenen wird auf sämtliche Amtsgerichte des Schwurgerichtsbezirks verteilt.

I. Entstehungsgeschichte: Entw. § 89.

II. Spätere Entwürfe: N. E. V Art. II 36.

III. Spätere Änderungen: § 2 Nr. 3 der VO. zur einheitlichen Regelung der Gerichtsverfassung vom 20. 3. 1935 (RGBl. I 403). Die heutige Fassung beruht auf der Bek. vom 22. 3. 1924 (RGBl. I 310), die das Vereinheitlichungsges. vom 12. 9. 1950 nur stilistisch geändert hat.

Zu Abs. 1.

1. **„Landesjustizverwaltung“** – Hierüber s. § 22 Anm. 5. Die bei § 58 erörterte Frage, ob Gerichte verschiedener Oberbezirke (hier Landgerichte verschiedener Oberlandesgerichtsbezirke) vereinigt werden können, ist hier zu verneinen (vgl. K. Schäfer JR. **1932** 195). Bejaht man sie, so ist die Ernennung des Vorsitzenden (§ 83 Abs. 1) – entsprechend der Regelung in § 92 Abs. 2 – Sache desjenigen Oberlandesgerichtspräsidenten, in dessen Bezirk das Landgericht liegt, bei dem die Sitzungen des Schwurgerichts abgehalten werden.

2. **bei einem der Landgerichte** – Das gemeinsame Schwurgericht muß mit einem der Landgerichte dauernd verbunden sein; ein Wechsel unter den mehreren Landgerichten in der Art, daß die Sitzungen dse Schwurgerichts bald bei dem einen, bald bei dem anderen abzuhalten wären, ist nicht zugelassen. Vgl. aber § 91 Abs. 1.

Zu Abs. 2.

3. Ein **Landgericht, mit dem das Schwurgericht nicht verbunden ist,** hat nicht an Stelle des Schwurgerichts (§§ 82, 91) Entscheidungen in schwurgerichtlichen Strafsachen zu erlassen. Das gilt entsprechend auch von den Geschäften, die dem Vorsitzenden der Strafkammer (§ 83 Abs. 4) obliegen (Begr. 57).

4. Über die **Zuständigkeit des Landgerichts, mit dem das Schwurgericht verbunden ist,** vgl. § 82 Anm. 4, und über den Zeitpunkt, von dem ab die einzelnen Sachen als bei dem Schwurgericht anhängig anzusehen sind, Anm. 2 das.

Zu Abs. 3.

5. Der Landgerichtspräsident kann zum Stellvertreter des Vorsitzenden, zu Beisitzern im Schwurgericht und zu ihren Stellvertretern auch Richter ernennen, die einem der **anderen Landgerichtsbezirke** angehören. Wesentlich ist nur, daß sie im Bezirk des Schwurgerichts angestellt sind. „Angestellt“ kann hier nichts anderes bedeuten als in § 83 Abs. 2 („angestellte Amtsrichter“), d h. auf Lebenszeit ernannt (vgl. Anm. 5d zu § 83). Doch erstreckt sich diese Befugnis nur auf die Mitglieder der anderen Landgerichte und die in deren Bezirken angestellten Amtsrichter, nicht auf die Mitglieder des übergeordneten Oberlandesgerichts, wenn dieses seinen Sitz im gemeinsamen Schwurgerichtsbezirk hat; denn daran, daß diese nur dem Oberlandesgerichtspräsidenten als Vorsitzende des Schwurgerichts zur Verfügung stehen, wollte § 92 Abs. 3 nach Sinn und Zweck nichts ändern. Unberührt bleibt die Befugnis des LGPräs., Hilfsrichter seines Landgerichts zu Beisitzern und deren Vertreter zu bestellen (s. Anm. 6b zu § 83). Die Befugnis des Landgerichtspräsidenten, Richter aus anderen Landgerichtsbezirken heranzuziehen, beruht unmittelbar auf dem Gesetz. Eine besondere Ermächtigung durch die Landesjustizverwaltung ist nicht erforderlich. Selbstverständlich schließt das aber nicht aus, daß sich der Präsident über die Ernennung von Richtern aus den zugelegten Bezirken mit deren Präsidenten verständigt. (Gl. A. Keller 125, von Schwarze 65; vgl. Stenglein Note 2. A. M. frühere Auflagen.) In dieser Weise vorzugehen, ist vielmehr ein selbstverständliches Gebot geschäftlicher Zweckmäßigkeit.

Siebenter Titel

Kammern für Handelssachen

§ 93

(1) Soweit die Landesjustizverwaltung ein Bedürfnis als vorhanden annimmt, können bei den Landgerichten für deren Bezirke oder für örtlich abgegrenzte Teile davon Kammern für Handelssachen gebildet werden.

(2) Solche Kammern können ihren Sitz innerhalb des Landgerichtsbezirks auch an Orten haben, an denen das Landgericht seinen Sitz nicht hat.

§ 94

Ist bei einem Landgericht eine Kammer für Handelssachen gebildet, so tritt für Handelssachen diese Kammer an die Stelle der Zivilkammern nach Maßgabe der folgenden Vorschriften.

§ 95

Handelssachen im Sinne dieses Gesetzes sind die bürgerlichen Rechtsstreitigkeiten, in denen durch die Klage ein Anspruch geltend gemacht wird:

1. gegen einen Kaufmann im Sinne des Handelsgesetzbuchs aus Geschäften, die für beide Teile Handelsgeschäfte sind;
2. aus einem Wechsel im Sinne des Wechselgesetzes oder aus einer der im § 363 des Handelsgesetzbuchs bezeichneten Urkunden;
3. auf Grund des Scheckgesetzes;
4. aus einem der nachstehend bezeichneten Rechtsverhältnisse:
   a) aus dem Rechtsverhältnis zwischen den Mitgliedern einer Handelsgesellschaft oder zwischen dieser und ihren Mitgliedern oder zwischen dem stillen Gesellschafter und dem Inhaber des Handelsgeschäfts, sowohl während des Bestehens als auch nach Auflösung des Gesellschaftsverhältnisses, und aus dem Rechtsverhältnis zwischen den Vorstehern oder den Liquidatoren einer Handelsgesellschaft und der Gesellschaft oder deren Mitgliedern;
   b) aus dem Rechtsverhältnis, welches das Recht zum Gebrauch der Handelsfirma betrifft;
   c) aus den Rechtsverhältnissen, die sich auf den Schutz der Warenbezeichnungen, Muster und Modelle beziehen;
   d) aus dem Rechtsverhältnis, das durch den Erwerb eines bestehenden Handelsgeschäfts unter Lebenden zwischen dem bisherigen Inhaber und dem Erwerber entsteht;
   e) aus dem Rechtsverhältnis zwischen einem Dritten und dem, der wegen mangelnden Nachweises der Prokura oder Handlungsvollmacht haftet;
   f) aus den Rechtsverhältnissen des Seerechts, insbesondere aus denen, die sich auf die Reederei, auf die Rechte und Pflichten des Reeders oder Schiffseigners, des Korrespondentreeders und der Schiffsbesatzung, auf die Bodmerei und die Haverei, auf den Schadensersatz im Falle des Zusammenstoßes von Schiffen, auf die Bergung und Hilfeleistung und auf die Ansprüche der Schiffsgläubiger beziehen;
5. auf Grund des Gesetzes gegen den unlauteren Wettbewerb vom 7. Juni 1909 (Reichsgesetzbl. S. 499);
6. aus den §§ 45 bis 48 des Börsengesetzes (Reichsgesetzbl. 1908 S. 215).

§ 96

(1) Die Verhandlung des Rechtsstreits erfolgt vor der Kammer für Handelssachen, wenn der Kläger dies in der Klageschrift beantragt hat.

(2) Ist ein Rechtsstreit nach den Vorschriften der §§ 276, 506 der Zivilprozeßordnung vom Amtsgericht an das Landgericht zu verweisen, so hat der Kläger den Antrag auf Verhandlung vor der Kammer für Handelssachen in der mündlichen Verhandlung vor dem Amtsgericht zu stellen.

§ 97

(1) Wird vor der Kammer für Handelssachen eine nicht vor sie gehörige Klage zur Verhandlung gebracht, so ist der Rechtsstreit auf Antrag des Beklagten an die Zivilkammer zu verweisen.

(2) Gehört die Klage oder die im Falle des § 506 der Zivilprozeßordnung erhobene Widerklage als Klage nicht vor die Kammer für Handelssachen, so ist diese auch von Amts wegen befugt, den Rechtsstreit an die Zivilkammer zu verweisen, solange nicht eine Verhandlung zur Hauptsache erfolgt und darauf ein Beschluß verkündet ist. Die Verweisung von Amts wegen kann nicht aus dem Grund erfolgen, daß der Beklagte nicht Kaufmann ist.

§ 98

(1) Wird vor der Zivilkammer eine vor die Kammer für Handelssachen gehörige Klage zur Verhandlung gebracht, so ist der Rechtsstreit auf Antrag des Beklagten an die Kammer für Handelssachen zu verweisen. Ein Beklagter, der nicht in das Handelsregister eingetragen ist, kann den Antrag nicht darauf stützen, daß er Kaufmann ist.

(2) Der Antrag ist zurückzuweisen, wenn die im Falle des § 506 der Zivilprozeßordnung erhobene Widerklage als Klage vor die Kammer für Handelssachen nicht gehören würde.

(3) Zu einer Verweisung von Amts wegen ist die Zivilkammer nicht befugt.

(4) Die Zivilkammer ist zur Verwerfung des Antrags auch dann befugt, wenn der Kläger ihm zugestimmt hat.

§ 99

(1) Wird in einem bei der Kammer für Handelssachen anhängigen Rechtsstreit die Klage nach § 280 der Zivilprozeßordnung durch den Antrag auf Feststellung eines Rechtsverhältnisses erweitert oder eine Widerklage erhoben und gehört die erweiterte Klage oder die Widerklage als Klage nicht vor die Kammer für Handelssachen, so ist der Rechtsstreit auf Antrag des Gegners an die Zivilkammer zu verweisen.

(2) Unter der Beschränkung des § 97 Abs. 2 ist die Kammer zu der Verweisung auch von Amts wegen befugt. Diese Befugnis tritt auch dann ein, wenn durch eine Klageänderung ein Anspruch geltend gemacht wird, welcher nicht vor die Kammer für Handelssachen gehört.

§ 100

Die §§ 96 bis 99 sind auf das Verfahren im zweiten Rechtszuge vor den Kammern für Handelssachen entsprechend anzuwenden.

§ 101

(1) Der Antrag auf Verweisung des Rechtsstreits an eine andere Kammer ist nur vor der Verhandlung des Antragstellers zur Sache zulässig.

(2) Über den Antrag ist vorab zu verhandeln und zu entscheiden.

§ 102

Die Entscheidung über Verweisung eines Rechtsstreits an die Zivilkammer oder an die Kammer für Handelssachen ist nicht anfechtbar. Erfolgt die Verweisung an eine andere Kammer, so ist diese Entscheidung für die Kammer, an die der Rechtsstreit verwiesen wird, bindend. Der Termin zur weiteren mündlichen Verhandlung wird von Amts wegen bestimmt und den Parteien bekanntgemacht.

§ 103

Bei der Kammer für Handelssachen kann ein Anspruch nach § 64 der Zivilprozeßordnung nur dann geltend gemacht werden, wenn der Rechtsstreit nach den Vorschriften der §§ 94, 95 vor die Kammer für Handelssachen gehört.

§ 104

(1) Wird die Kammer für Handelssachen als Beschwerdegericht mit einer vor sie nicht gehörenden Beschwerde befaßt, so ist die Beschwerde von Amts wegen an die Zivilkammer zu verweisen. Ebenso hat die Zivilkammer, wenn sie als Beschwerdegericht in einer Handelssache mit einer Beschwerde befaßt wird, diese von Amts wegen an die Kammer für Handelssachen zu verweisen. Die Vorschriften des § 102 Satz 1, 2 sind entsprechend anzuwenden.

(2) Eine Beschwerde kann nicht an eine andere Kammer verwiesen werden, wenn bei der Kammer, die mit der Beschwerde befaßt wird, die Hauptsache anhängig ist, oder diese Kammer bereits eine Entscheidung in der Hauptsache erlassen hat.

§ 105

(1) Die Kammern für Handelssachen entscheiden in der Besetzung mit einem Mitglied des Landgerichts als Vorsitzenden und zwei Handelsrichtern, soweit nicht nach den Vorschriften der Prozeßgesetze an Stelle der Kammer der Einzelrichter zu entscheiden hat.

(2) Sämtliche Mitglieder der Kammer für Handelssachen haben gleiches Stimmrecht.

(3) In Streitigkeiten, welche sich auf das Rechtsverhältnis zwischen Reeder oder Schiffer und Schiffsmannschaft beziehen, kann die Entscheidung im ersten Rechtszug durch den Vorsitzenden allein erfolgen.

§ 106

Im Falle des § 93 Abs. 2 kann ein Amtsrichter Vorsitzender der Kammer für Handelssachen sein.

§ 107

(1) Das Amt der Handelsrichter ist ein Ehrenamt.

(2) Die Handelsrichter, die weder ihren Wohnsitz noch ihre gewerbliche Niederlassung am Sitz der Kammer für Handelssachen haben, erhalten Tage- und Übernachtungsgelder sowie Ersatz der verauslagten Fahrkosten nach den für Landgerichtsräte geltenden Vorschriften.

(3) Handelsrichtern, die ihren Wohnsitz oder ihre gewerbliche Niederlassung am Sitz der Kammer für Handelssachen haben, werden die notwendigen Fahrtkosten erstattet, wenn ihr Weg zum Gerichte mehr als zwei Kilometer beträgt.

§ 108

Die Handelsrichter werden auf gutachtlichen Vorschlag der Industrie- und Handelskammern für die Dauer von drei Jahren ernannt; eine wiederholte Ernennung ist nicht ausgeschlossen.

§ 109

(1) Zum Handelsrichter kann jeder Deutsche ernannt werden, der das dreißigste Lebensjahr vollendet hat und als Kaufmann, als Vorstand einer Aktiengesellschaft, als Geschäftsführer einer Gesellschaft mit beschränkter Haftung oder als Vorstand einer sonstigen juristischen Person in das Handelsregister eingetragen ist oder eingetragen war.

(2) Zum Handelsrichter soll nur ernannt werden, wer in dem Bezirk der Kammer für Handelssachen wohnt oder, wenn er als Kaufmann in das Handelsregister eingetragen ist, dort eine Handelsniederlassung hat; bei Personen, die als Vorstand einer Aktiengesellschaft, als Geschäftsführer einer Gesellschaft mit beschränkter Haftung oder als Vorstand einer sonstigen juristischen

Person in das Handelsregister eingetragen sind, genügt es, wenn die Gesellschaft oder juristische Person eine Niederlassung in dem Bezirk hat.

(3) Personen, die infolge gerichtlicher Anordnung in der Verfügung über ihr Vermögen beschränkt sind, können nicht zu Handelsrichtern ernannt werden.

§ 110

An Seeplätzen können Handelsrichter auch aus dem Kreise der Schiffahrtskundigen ernannt werden.

§ 111

Die Handelsrichter sind vor ihrem Amtsantritt auf die Erfüllung der Obliegenheiten des ihnen übertragenen Amtes eidlich zu verpflichten.

§ 112

Die Handelsrichter haben während der Dauer ihres Amts in Beziehung auf dasselbe alle Rechte und Pflichten eines Richters.

§ 113

(1) Ein Handelsrichter ist seines Amtes zu entheben, wenn er eine der für die Ernennung erforderlichen Eigenschaften nachträglich verliert.

(2) Es entscheidet der erste Zivilsenat des Oberlandesgerichts nach Anhörung des Beteiligten.

§ 114

Über Gegenstände, zu deren Beurteilung eine kaufmännische Begutachtung genügt, sowie über das Bestehen von Handelsgebräuchen kann die Kammer für Handelssachen auf Grund eigener Sachkunde und Wissenschaft entscheiden.

Achter Titel

Oberlandesgerichte

1. Zur Zeit bestehen im Bundesgebiet (einschl. Berlin) 18 Oberlandesgerichte, und zwar das Kammergericht in Berlin und die Oberlandesgerichte zu Celle, Hamm, Köln, Düsseldorf, Frankfurt a. M., München, Bamberg, Nürnberg, Stuttgart, Karlsruhe, Braunschweig, Oldenburg, Hamburg, Bremen, Koblenz, Neustadt, Schleswig. Im Saargebiet besteht das OLG. Saarbrücken.

2. Für die Länder, in denen mehrere Oberlandesgerichte bestehen, vgl. EG. § 9 und die Anm. das.

3. Wegen der Errichtung und Aufhebung von Oberlandesgerichten, der Verlegung des Gerichtssitzes und die Änderung der Bezirksgrenzen gilt das in Anm. 4 zu § 59 Gesagte auch für die Oberlandesgerichte.

§ 115

Die Oberlandesgerichte werden mit einem Präsidenten und der erforderlichen Anzahl von Senatspräsidenten und Räten besetzt.

I. **Entstehungsgeschichte:** Entw. § 93

II. **Spätere Entwürfe:** N. E. V Art. II 37.

III. **Keine späteren Änderungen.**

1. Mindestens ein Senatspräsident muß vorhanden sein, da eine Vorschrift nach Art des § 59 Abs. 1 Satz 2 hier fehlt.

§ 115a

(weggefallen)

1. § 115a in der in der britischen Besatzungszone nach 1945 geltenden Fassung des GVG enthielt die dem § 115 GVG. entsprechende Bestimmung.

§ 116

(1) Bei den Oberlandesgerichten werden Zivil- und Strafsenate gebildet.

(2) Durch Anordnung der Landesjustizverwaltung können außerhalb des Sitzes des Oberlandesgerichts für den Bezirk eines oder mehrerer Landgerichte Zivil- oder Strafsenate gebildet und ihnen für diesen Bezirk die gesamte Tätigkeit des Zivil- oder Strafsenats des Oberlandesgerichts oder ein Teil dieser Tätigkeit zugewiesen werden.

I. **Entstehungsgeschichte:** Entw. § 94.

II. **Spätere Änderungen:** Durch das Vereinheitlichungsges. vom 12. 9. 1950 wurde Abs. 2 eingefügt.

1. Nach § 8 Abs. 2 der VO. zur einheitlichen Regelung der Gerichtsverfassung vom 20. 3. 1935 (RGBl. I 403) bestimmt der Oberlandesgerichtspräsident die **Zahl** der Zivil- und Strafsenate; die (an die Stelle des Reichsjustizministers getretene) Landesjustizverwaltung kann ihm hierfür Weisungen erteilen. Vgl. im übrigen die Anm. zu § 60.

2. Abs. 2 ist dem § 78 Abs. 1 GVG. nachgebildet; das dort in Anm. 1–4 Ausgeführte gilt hier sinngemäß (vgl. auch § 130 Abs. 2). **Detachierte Senate** gibt es z. Z. bei den OLG. Frankfurt a. M. (vgl. Anordnung d. Hess. Just. Min. vom 23. 9. 1950 — Staatsanzeiger S. 418 —: zwei Zivilsenate in Kassel und ein Zivilsenat in Darmstadt), München (ein Zivilsenat in Augsburg) und Karlsruhe (Zivilsenat in Freiburg). Der detachierte Senat hat für die örtliche Zuständigkeit die Rechtsstellung eines selbständigen Gerichts (vgl. Anm. 4 zu § 78). Die Berufung gegen das Urteil einer ihm im Instanzenzug nachgeordneten Zivilkammer ist daher nur rechtzeitig, wenn sie innerhalb der Frist bei dem detachierten Senat als dem zuständigen Berufungsgericht (§ 518 ZPO.) eingeht (so die ständige Rechtspr. der detachierten Senate des OLG. Frankfurt, vgl. NJW. **1954** 1150). Wegen der Beteiligung der Mitglieder der detachierten Senate am Präsidium des OLG. vgl. Anm. 7 zu § 63 und wegen der Bedeutung des § 8 für die Abordnung der Richter zu detachierten Senaten und ihre Verwendung am Sitz des Oberlandesgerichts Anm. 3e zu § 8.

§ 117

Die Vorschriften der §§ 62 bis 69 und des § 70 Abs. 1 sind mit der Maßgabe anzuwenden, daß zu dem Präsidium stets die beiden ältesten Mitglieder des Gerichts zuzuziehen sind.

I. **Entstehungsgeschichte:** Entw. —.

II. **Spätere Änderungen:** Ges. vom 4. 7. 1933 (RGBl. I 451) Nr. 3. VO. vom 20. 3. 1935 zur einheitlichen Regelung der Gerichtsverfassung (RGBl. I 403), § 8. Das Ges. vom 24. 11. 1937 (RGBl. I 1286) beseitigte auch das Präsidium des Oberlandesgerichts unter Aufhebung des § 117 (vgl. III vor Anm. 1 zu § 63). Das Vereinheitlichungsges. vom 12. 9. 1950 ersetzte die Worte „finden entsprechende Anwendung“ durch die Worte „sind mit der Maßgabe anzuwenden, daß zu dem Präsidium stets die beiden ältesten Mitglieder des Gerichts zuzuziehen sind“ und stellte insoweit die ursprüngliche, vor der Änderung durch das Ges. vom 4. 7. 1933 geltende Fassung des § 117 wieder her. Ferner fügte das Ges. vom 12. 9. 1950 zu den anzuwendenden Vorschriften den § 70 Abs. 1 hinzu.

1. Über die **sinngemäße Anwendung** der §§ 62, 65 bis 69 ist nur zu bemerken, daß ständiger Vertreter des OLGPräs. (§ 66 Abs. 2) der Vizepräsident ist (§ 8 der VO. vom 20. 3. 1935, RGBl. I S. 403) und daß zu den Geschäften i. S. des § 66 Abs. 2 die in § 83 Abs. 1 bezeichnete Aufgabe gehört. § 62 Abs. 1 Satz 2 und § 68 sind beim Oberlandesgericht ohne Bedeutung. Von § 64 sind die Absätze 1, 4 ohne weiteres anwendbar. Dagegen ist durch die Wiederherstellung der ursprünglichen Fassung des § 117 durch das Vereinheitlichungsges. vom 12. 9. 1950 („mit der Maßgabe, daß zu dem Präsidium stets die beiden ältesten Mitglieder des Gerichts zuzuziehen sind") der Wortlaut des § 117 ungenau geworden, weil die neue Fassung die durch das Ges. vom 4. 7. 1933 geschaffene und vom Vereinheitlichungsges. in veränderter Form beibehaltene Einrichtung des verkleinerten Präsidiums bei großen Gerichten (§ 63 Abs. 3 n. F.) unberücksichtigt läßt. Nach der ursprünglichen Fassung des GVG. bewirkte § 117 bei dem damals geltenden Rechtsszutand, daß dem Präsidium des Oberlandesgerichts statt des nach § 64 Abs. 2 beim Landgericht beizuziehenden einen Mitglieds (des ältesten Landgerichtsrats) zwei Mitglieder (die beiden ältesten Oberlandesgerichtsräte) anzugehören hatten; der Fall des § 64 Abs. 2 Halbsatz 2 ist beim Oberlandesgericht unpraktisch, da stets ein Senatspräsident ernannt sein muß (vgl. Anm. zu § 115). Die Eindeutigkeit der Rechtslage blieb auch erhalten, als das verkleinerte Präsidium (5 Direktoren, 2 Mitglieder, alle durch Wahl zu berufen) geschaffen wurde und dem normalen Präsidium nunmehr die beiden ältesten Mitglieder neben den Direktoren anzugehören hatten. Indem der gleichzeitig geänderte § 117 den § 64 in seiner neuen Form für entsprechend anwendbar erklärte, bedeutete dies für das normale Präsidium des Oberlandesgerichts, daß ihm nach wie vor die beiden ältesten Mitglieder angehörten, während sich die Zusammensetzung des verkleinerten Präsidiums völlig nach den für das Landgericht geltenden Vorschriften richtete. Das Vereinheitlichungsgesetz vom 12. 9. 1950 hat für das normale Präsidium des Landgerichts den ursprünglichen Rechtszustand (nur ein Mitglied neben den Direktoren) wiederhergestellt; es hat aber gleichzeitig beim verkleinerten Präsidium die Zahl der zu wählenden Mitglieder auf drei erhöht. Unter diesen Umständen kann der in Wiederherstellung des ursprünglichen Wortlauts des § 117 bewirkte Zusatz „mit der Maßgabe, daß ..." nur die gleiche Bedeutung haben wie unter der Herrschaft der ursprünglichen Fassung des § 64. D. h. der Zusatz bezieht sich nur auf das normale Präsidium (§ 64 Abs. 2 n. F.), dem beim Oberlandesgericht stets die beiden dienstältesten Oberlandesgerichtsräte angehören, während für das verkleinerte Präsidium (§ 64 Abs. 3 n. F.) auch beim Oberlandesgericht gilt, daß ihm drei zu wählende Mitglieder neben den 8 ältesten Senatspräsidenten angehören (a. M. Geiger, „Das Deutsche Bundesrecht" II B 10 S. 43ff. Anm. zu § 117: die Richterversammlung habe nur noch ein Mitglied des Präsidiums zu wählen).

2. Als weiterhin anwendbare Vorschrift hat das Vereinheitlichungsgesetz vom 12. 9. 1950 den **§ 70 Abs. 1** hinzugefügt; die Begründung bemerkt dazu, dies sei geschehen, weil er „bisher in diesem Zusammenhang von der Praxis analog angewendet wurde". (Abs. 2, 3 haben angesichts des § 118 keinerlei Bedeutung.) Daraus, daß nur der Abs. 1 des § 70, der die Heranziehung von Hilfsrichtern zur Vertretung verhinderter Mitglieder regelt, in § 117 angeführt ist, darf nicht gefolgert werden, daß eine Verwendung von Hilfsrichtern beim Oberlandesgericht aus anderen Gründen (s. Anm. 4 zu § 70) ausgeschlossen wäre (so auch BGH. NJW. **1954**, 505 = BGHZ. **12**, 1). Auch beim OLG. ist es möglich, wegen Zunahme der Geschäfte Hilfsrichter einzuberufen und es ist demgemäß rechtlich nicht unzulässig, daß ein Senat nur in der Besetzung mit einem Senatspräsidenten (oder gar einem Oberlandesgerichtsrat) und zwei Hilfsrichtern verhandelt und entscheidet. Eine solche Besetzung ist aber höchst unerwünscht, sie mindert die Autorität der Entscheidung des OLG. und sollte grundsätzlich vermieden werden. Daß die Verwendung von Hilfsrichtern unzulässig ist, wenn sie nur dazu dient, einen dauernden personellen Bedarf zu befriedigen (vgl. Anm. 3b zu § 10), gilt für das OLG. in besonderem Maße.

§ 118

Zu Hilfsrichtern dürfen nur auf Lebenszeit ernannte Richter berufen werden.

I. **Entstehungsgeschichte:** –

II. **Spätere Änderungen:** Das Vereinheitlichungsges. vom 12. 9. 1950 hat § 118 nur durch Ersetzung der Worte „ständig angestellte" durch „auf Lebenszeit ernannte" dem neuen Sprachgebrauch angepaßt.

1. § 10 läßt die Verwendung von **Hilfsrichtern,** d. h. nicht planmäßig bei dem Gericht ihrer Verwendung auf Lebenszeit angestellter Richter nur bei den Amts- und Landgerichten zu. § 118 erweitert diese Vorschrift, indem er die Verwendung von Hilfsrichtern auch beim Oberlandesgericht gestattet, aber nur unter der Voraussetzung, daß sie bei einem anderen deutschen Gericht der ordentlichen Gerichtsbarkeit auf Lebenszeit zum Richter ernannt sind (vgl. dazu die jetzt durch Zeitablauf erledigte Übergangsvorschrift für Bremen u. Hessen in Art. 8 III Nr. 98 des Vereinheitlichungsges. vom 12. 9. 1950, BGBl. 455). Vgl. im übrigen Anm. 2 zu § 117 und die Anm. zu § 70. Hilfrichter können nur mit ihrem Einverständnis einberufen werden (vgl. Anm. 7 zu § 70).

2. § 118 gilt nur für die Heranziehung von Hilfsrichtern zur Erledigung richterlicher Aufgaben. Zur Erledigung von Justizverwaltungsaufgaben können auch Assessoren einberufen werden (vgl. Anm. 3 d zu § 10).

§ 119

Die Oberlandesgerichte sind in bürgerlichen Rechtsstreitigkeiten zuständig für die Verhandlung und Entscheidung über die Rechtsmittel:

1. der Berufung gegen die Endurteile der Landgerichte,

2. der Beschwerde gegen Entscheidungen der Landgerichte.

§ 120

(1) Die Oberlandesgerichte sind zur Verhandlung und Entscheidung im ersten und letzten Rechtszug in den Strafsachen zuständig, die nach § 134a Abs. 1 von dem Oberbundesanwalt an die Landesstaatsanwaltschaft abgegeben werden oder in denen der Bundesgerichtshof nach § 134a Abs. 3 bei Eröffnung des Hauptverfahrens die Verhandlung und Entscheidung dem Oberlandesgericht überweist. In den von dem Oberbundesanwalt an die Landesstaatsanwaltschaft abgegebenen Sachen trifft das Oberlandesgericht auch die im § 73 Abs. 1 bezeichneten Entscheidungen.

(2) Für den Gerichtsstand gelten in diesen Fällen die allgemeinen Vorschriften. Sind jedoch in einem Land mehrere Oberlandesgerichte errichtet, so können die im Abs. 1 den Oberlandesgerichten zugewiesenen Aufgaben durch die Landesjustizverwaltung einem oder einigen der Oberlandesgerichte oder dem Obersten Landesgericht übertragen werden. Durch Vereinbarung der beteiligten Länder können diese Aufgaben dem hiernach zuständigen Gericht eines Landes auch für das Gebiet eines anderen Landes übertragen werden.

(3) Will ein Oberlandesgericht bei seiner Entscheidung von einer nach dem 1. April 1950 ergangenen Entscheidung eines anderen Oberlandesgerichts oder von einer Entscheidung des Bundesgerichtshofs abweichen, so hat es die Sache diesem vorzulegen.

I. Entstehungsgrundlage: VO. vom 4. 1. 1924 (RGBl. I 17) § 15. Bek. vom 22. 3. 1924 (RGBl. I 313).

II. Spätere Entwürfe: Entw. EGStGB. Art. 68 Ziff. 28.

III. Spätere Änderungen: VO. vom 18. 3. 1933 (RGBl. I 131) Art. 3 § 3, Ges. vom 24. 4. 1934 (RGBl. I 341), VO. zur einheitlichen Regelung der Gerichtsverfassung vom 20. 3. 1935 (RGBl. I 403) § 2 Nr. 5, ZuständigkeitsVO. vom 21. 2. 1940 (RGBl. I 405) § 38, Art. 143 Abs. 5 GG., Vereinheitlichungsges. vom 12. 9. 1950. Die Fassung von Abs. 1 Satz 1 beruht auf dem 1. Strafrechtsänderungsges. vom 30. 8. 1951 (BGBl. I 739), das auch den Abs. 3 eingefügt hat.

Zu Abs. 1.

1. Außer seinen Aufgaben als Revisions- und Beschwerdegericht (§ 121) und den ihm durch die StPO. und andere Gesetze zugewiesenen Aufgaben (vgl. Anm. 13 zu § 121) hat das Oberlandesgericht seit 1924 auch eine **erstinstanzliche Zuständigkeit** in hochpolitischen Strafsachen. Diese ist aber nicht von vornherein begründet, sondern entsteht im Einzelfall dadurch, daß der Oberbundesanwalt eine Sache, die an sich zur erstinstanzlichen Zuständigkeit des Bundesgerichtshofs gehört, an die Landesstaatsanwaltschaft abgibt oder daß der Bundesgerichtshof, nachdem

bei ihm Anklage erhoben ist, bei der Eröffnung des Hauptverfahrens die Sache dem Oberlandesgericht zur Verhandlung und Entscheidung überweist (§ 134a Abs. 1, 3). Und zwar soll der Oberbundesanwalt grundsätzlich solche Sachen abgeben, die sich überwiegend gegen die Interessen eines Landes richten; er kann — zur Entlastung des Bundesgerichtshofs — auch Sachen, in denen diese Voraussetzung nicht gegeben ist, abgeben, soll dies aber nur bei Sachen von minderer Bedeutung tun. Die Entscheidung, ob die Abgabevoraussetzungen gegeben sind, trifft ausschließlich der Oberbundesanwalt nach pflichtmäßigem Ermessen; der Landesstaatsanwaltschaft oder dem Oberlandesgericht steht eine Nachprüfung nicht zu. Die Überweisungsbefugnis des eröffnenden Bundesgerichtshofs ist gesetzlich nicht beschränkt. Richtlinien für die Behandlung der hier einschlägigen Strafsachen enthalten die Nr. 200 bis 202, 204 RiStV. **1953.**

2. Die Zuweisung nach § 120 begründet die oberlandesgerichtliche Zuständigkeit nicht nur für die Verhandlung und Entscheidung, sondern in vollem Umfange (OLG. Hamm bei Alsberg OLGEStrProz. **1** Nr. 8). Hat der Oberbundesanwalt auf Grund des § 134a Abs. 1 die Strafverfolgung an den Generalstaatsanwalt bei dem Oberlandesgericht abgegeben, so bezieht sich die Abgabe nicht nur auf den in der Abgabeverfügung namentlich bezeichneten Beschuldigten, sondern auch auf andere erst im Verlauf der Ermittlungen bekannt werdende Teilnehmer.

3. Für **die Zuständigkeit und das Verfahren** gilt im wesentlichen dasselbe, was auch für den Bundesgerichtshof gilt (vgl. dazu die Anm. zu § 134), jedoch mit dem Unterschied, daß sich die Einrichtung der besonderen Ermittlungsrichter (§ 168a StPO.) nicht auf die Oberlandesgerichte erstreckt; dagegen gelten auch hier die besonderen Vorschriften über den Untersuchungsrichter (§ 186 Abs. 4 StPO.). Die Entscheidungen des Oberlandesgerichts nach § 120 sind durch Rechtsmittel ebensowenig anfechtbar wie die des Bundesgerichtshofs nach § 134. Wegen der Besetzung der Strafsenate des Oberlandesgerichts in erstinstanzlichen Sachen vgl. § 122 Abs. 2.

4. Unter der Herrschaft des § 120 a. F. ist eine **Zurücknahme** durch den Oberreichsanwalt oder das Reichsgericht im Einvernehmen der beteiligten Staatsanwaltschaften und Gerichte für zulässig erachtet worden (Bumke 61 Note 7, Schäfer-Hartung Anm. 5, Schlegelberger-Nagel Anm. 4 zu § 134). Jetzt ergibt § 74a eine Grundlage für die Beantwortung der Frage durch Gegenschluß. Nach § 74 a Abs. 2 ist mit der Eröffnung des Hauptverfahrens vor der Staatsschutzstrafkammer, sei es durch diese selbst, sei es gemäß § 134 a Abs. 3, ein Zuständigkeitswechsel ausgeschlossen; im Sinne dieser Regelung ist auch, wenn der Oberbundesanwalt eine Sache von der Landesstaatsanwaltschaft übernommen und sie ihr zurückgegeben hat, eine erneute Übernahme durch den Oberbundesanwalt als unzulässig anzusehen (vgl. Anm. 4 c zu § 74 a). Bei den erheblich bedeutsameren Sachen, die nach § 134 Abs. 1 in die Zuständigkeit des Bundesgerichtshofes fallen, fehlt es an einer dem § 74 a Abs. 2 entsprechenden beschränkenden Vorschrift, die eine Auslegung, wie sie die §§ 120, 134 a F. fanden, hindern könnte. Von der Möglichkeit einer Rückübernahme durch den Oberbundesanwalt geht auch Nr. 202 Abs. 3 RiStV. **1953** aus, indem er nach Abgabe des Verfahrens gemäß § 134 a Abs. 1 eine Unterrichtung des Oberbundesanwalts vorschreibt, sobald es wegen neuer Ermittlungsergebnisse geboten erscheint, daß er das Verfahren wieder übernimmt. Dann erscheint aber auch die Rücknahme einer Überweisung nach § 134 a Abs. 3 zulässig, wenn neue, in der Sache selbst begründete Umstände hervorgetreten sind, die das im Zeitpunkt der Überweisung bestehende Bild so wesentlich änderten, daß die Überweisung nicht mehr als angebracht erscheint und bei Kenntnis der neuen Umstände nicht erfolgt wäre. Eine Zurücknahme ohne diese (engen) Voraussetzungen wäre mit dem Grundsatz des Art. 101 Abs. 1 (gesetzlicher Richter) unvereinbar.

5. Die Oberlandesgerichte üben, auch soweit sie nach § 120 tätig werden, Gerichtsbarkeit des Landes aus. Das hat vor allem Bedeutung für das **Gnadenrecht** (vgl. Vorbem. 15 a vor § 12). Das Land trägt die Kosten bei Freispruch und erhält die einkommenden **Geldstrafen, Einziehungsgegenstände** und **Kosten** (a. M. Anschütz zu Art. 49 WeimVerf.).

Die Verteilung der Kosten zwischen dem Reich und den Ländern in den abgegebenen oder überwiesenen Sachen regelte früher die Bek. d. RJM. vom 8. 7. 1925 (RMBl. 371 = pr, JMBl. 276).

Zu Abs. 2.

6. Ein **Oberstes Landesgericht** besteht nur in Bayern (Bay. Ges. Nr. 124 i. d. F. vom 13. 11. 1953 (GVBl. S. 191); vgl. Anm. 3a zu § 9 EGGVG.

Zu Abs. 3.

7. a) **Abs. 3** bringt eine dem § 121 Abs. 2 entsprechende Bestimmung, die notwendig war, weil dort die Vorlagepflicht auf den Fall beschränkt ist, daß das Oberlandesgericht als Revisionsgericht tätig wird. Im übrigen gilt das zu § 121 Abs. 2 Gesagte auch hier. Die Vorlagepflicht besteht nur für eine durch Urteil zu treffende Entscheidung, nicht für die in § 120 Abs. 1 S. 2 bezeichneten Entscheidungen, die keine endgültige Sachentscheidung bedeuten. Andrerseits ist die Vorlagepflicht nicht auf den Fall beschränkt, daß das andere Oberlandesgericht oder der Bundesgerichtshof als erstinstanzliches Gericht entschieden hat oder daß es sich um die Auslegung einer Hoch-, Verfassungs- oder Landesverrat betreffenden Vorschrift handelt. Denn der gesetzgeberische Gedanke des § 120 Abs. 3 ist nicht nur, eine gleichmäßige, mit der des Bundesgerichtshofs übereinstimmende Rechtsanwendung der Oberlandesgerichte in erstinstanzlichen Sachen zu gewährleisten, sondern überhaupt ein Auseinandergehen in der Rechtsprechung der Oberlandesgerichte und des Bundesgerichtshofs auszuschließen.

b) Abweichend von dem in Anm. 23 zu § 121 Ausgeführten beschränkt sich die in Beschlußform ergehende Entscheidung des BGH. stets nur auf die vorgelegte Rechtsfrage. Die Durchführung des weiteren Verfahrens ist Sache des Oberlandesgerichts.

§ 121

(1) Die Oberlandesgerichte sind in Strafsachen ferner zuständig für die Verhandlung und Entscheidung über die Rechtsmittel:

1. der Revision gegen
a) die mit der Berufung nicht anfechtbaren Urteile des Amtsrichters;
b) die Berufungsurteile der kleinen und großen Strafkammer;
c) die Urteile der großen Strafkammer und des Schwurgerichts, wenn die Revision ausschließlich auf die Verletzung einer in den Landesgesetzen enthaltenen Rechtsnorm gestützt wird;

2. der Beschwerde gegen strafrichterliche Entscheidungen, soweit nicht die Zuständigkeit der Strafkammer oder des Bundesgerichtshofes begründet ist.

(2) Will ein Oberlandesgericht bei seiner Entscheidung nach Abs. 1 Nr. 1a oder b von einer nach dem 1. April 1950 ergangenen Entscheidung eines anderen Oberlandesgerichts oder von einer Entscheidung des Bundesgerichtshofes abweichen, so hat es die Sache diesem vorzulegen.

I. Entstehungsgrundlage: VO. vom 4. 1. 1924 § 16 (RGBl. I 17). Bek. vom 22. 3. 1924 (RGBl. I 313).

II. Spätere Entwürfe: Entw. EGStGB. Art. 68 Ziff. 29, 30.

III. Spätere Änderungen: VO. vom 14. 6. 1932 (RGBl. I 285) 1. Teil, Kap. I Art. 1, 2, 9. Das Vereinheitlichungsges. vom 12. 9. 1950 hat die frühere Nr. 1c („die Urteile der großen Strafkammer, wenn in erster Instanz das mit einem Richter und zwei Schöffen besetzte Schöffengericht entschieden hat") gestrichen und Abs. 2 eingefügt.

1. **Zur Entstehungsgeschichte.** Die VO. vom 4. 1. 1924, die erstinstanzliche, nur mit der Revision anfechtbare Urteile der Strafkammer nicht mehr vorsah, begründete die Revisionszuständigkeit des Oberlandesgerichts a) für die mit der Berufung nicht anfechtbaren Urteile des Amtsrichters, b) für die Berufungsurteile der kleinen Strafkammer (wenn im 1. Rechtszug der Amtsrichter geurteilt hatte) c) für die der großen Strafkammer, wenn in 1. Instanz das mit einem Richter und zwei Schöffen besetzte Schöffengericht entschieden hatte, und d) wenn die Revision gegen ein Urteil des Schwurgerichts oder ein Urteil der großen Strafkammer als Berufungsgericht über dem erweiterten Schöffengericht ausschließlich auf die Verletzung von Landesrecht gestützt war. Dagegen entschied das Reichsgericht über die Revision, wenn im ersten Rechtszug das erweiterte Schöffengericht (zwei Richter, zwei Schöffen, § 29 Abs. 2) oder das Schwurgericht geurteilt hatte (und nicht ausschließlich Verletzung von Landesrecht gerügt wurde). In diesen Rechtszustand griff die NotVO. des Reichspräs. vom 14. 6. 1932 ein. Sie führte unter Aufhebung des erweiterten Schöffengerichts die erstinstanzliche Zuständigkeit der großen Strafkammer allgemein wieder ein und beschränkte die Rechtsmittel in der Weise,

daß sie bei Urteilen des Amtsrichters und des Schöffengerichts an Stelle von Berufung und Revision dem Berechtigten nur noch ein Rechtsmittel, nämlich nach seiner Wahl entweder Berufung oder Revision, gestattete. Die Revision gegen erstinstanzliche Strafkammerurteile beschied nunmehr das Reichsgericht (außer bei ausschließlicher Rüge von Landesrecht); während, wenn im ersten Rechtszug der Amtsrichter oder das Schöffengericht gesprochen hatte, die Revisionszuständigkeit dem Oberlandesgericht zukam. Bei dieser Verteilung der Revisionszuständigkeit beließ es das Vereinheitlichungsges. vom 12. 9. 1950, das die Rechtsmittelbeschränkung der VO. vom 14. 6. 1932 wieder beseitigte. Es konnte sich dabei des Wortlauts des § 121 in der Fassung der VO. vom 4. 1. 1924 bedienen, die es — unter Streichung der bisherigen Nr. 1c — vereinfachte, indem es von der Revisionszuständigkeit des Oberlandesgerichts gegenüber „Berufungsurteilen der kleinen und großen Strafkammer" spricht. Diese Fassungsvereinfachung trug der Tatsache Rechnung, daß das Vereinheitlichungsges. nur das mit einem Richter und zwei Schöffen besetzte Schöffengericht kannte. Diese Fassung blieb aber auch unverändert, als das 3. Strafrechtsänderungsges. vom 4. 8. 1953 (RGBl. I S. 735) das erweiterte Schöffengericht wieder einführte (vgl. § 29 Abs. 2 n. F.). Dadurch ist aus der ursprünglichen Fassungsvereinfachung eine sachliche Abweichung gegenüber dem Recht der VO. vom 4. 1. 1924 geworden, indem das OLG. auch Revisionsinstanz geblieben ist, wenn im 1. Rechtszug das erweiterte Schöffengericht geurteilt hat.

2. Nach diesen Grundsätzen beurteilt sich auch die Revisionszuständigkeit des Oberlandesgerichts und des Bundesgerichtshofs im Verfahren nach dem JGG. 1953 bei Straftaten **Jugendlicher** und **Heranwachsender.** Jugendgerichte sind nach § 33 JGG. der Amtsrichter (als Jugendrichter), das Schöffengericht (Jugendschöffengericht) und die (große) Strafkammer (Jugendkammer). Gemäß § 2 JGG. sind daher die §§ 121, 135 GVG. unmittelbar anzuwenden und es entscheidet, wenn im ersten Rechtszug der Jugendrichter oder das Jugendschöffengericht geurteilt haben, über die Revision (soweit sie nach § 55 JGG. zulässig ist) das Oberlandesgericht, über die Revision gegen erstinstanzliche Urteile der Jugendkammer (§ 41 JGG.) der Bundesgerichtshof, sofern nicht ausschließlich Verletzung von Landesrecht gerügt wird.

3. Bei **Änderungen** des Prozeßgesetzes, die den Aufbau der Gerichte und die Zulässigkeit von Rechtsmitteln betreffen, gilt, wo es an einer ausdrücklichen Regelung fehlt, der allgemeine Grundsatz, daß Rechtsmittel gegen Entscheidungen, die vor dem Inkrafttreten der neuen Prozeßvorschriften erlassen sind, auch nach dem Inkrafttreten noch nach altem Recht und durch die nach bisherigem Recht zuständigen Gerichte zu erledigen sind (BGH. NJW. **1950** 877 = DRZ. **1950** 499).

Zu Nr. 1.

4. **Nicht mit der Berufung anfechtbar** (§ 121 Abs. 1 Nr. 1a) sind die in § 313 (vgl. § 334) StPO. bezeichneten Urteile. Nicht erwähnt in dem Zuständigkeitskatalog ist die Sprungrevision (§ 335 StPO.), die an Stelle einer zulässigen Berufung eingelegt werden kann. Diese Lücke schließt § 335 Abs. 2 StPO., wonach über die Sprungrevision das Gericht entscheidet, das zur Entscheidung berufen wäre, wenn die Revision nach durchgeführter Berufung eingelegt worden wäre, also das Oberlandesgericht gemäß § 121 Abs. 1 Nr. 1b.

5. **Beschränkungen der Revision** finden sich in § 55 JGG. 1953 und z. T. in den landesrechtlichen Vorschriften über das Verfahren bei Feld- und Forstzuwiderhandlungen (§ 3 Abs. 3 EGStPO.), so z. B. im § 32 des preuß. Forstdiebstahlges. und § 55 des preuß. Feld- und Forstpolizeiges. Diese letzteren Vorschriften sind auch noch in Kraft, soweit sie die Berufung ausschließen und bewirken, daß es gegen das erstinstanzliche Urteil kein Rechtsmittel gibt (BGH. NJW. **1953**, 1073). — Nach dem Gesetz über das gerichtliche Verfahren in Binnenschiffahrts- und Rheinschiffahrtssachen vom 27. 9. 1952 (BGBl. I 641) findet in Strafsachen gegen das Urteil des Binnenschiffahrts- und des Rheinschiffahrtsgerichts (Amtsgerichts) stets die Berufung (keine Revision) an das Binnenschiffahrts- und Rheinschiffahrtsobergericht (Oberlandesgericht) statt; vgl. Anm. 1 zu § 14.

6. Soweit bei der großen Strafkammer eine **Verbindung erstinstanzlicher mit Berufungssachen** erfolgt ist, (vgl. Anm. 8 zu § 4 StPO., Anm. 3 zu § 237 StPO. u. BGHSt. **4**, 152), fragt sich, ob für die Revision gegen das einheitliche Urteil nur der Bundesgerichtshof oder das Oberlandesgericht in dem Umfang entscheidet, als es ohne Verbindung zuständig wäre. Die Rechtsprechung

(RGSt. **31** 125, **48** 93, **59** 363, **74**, 392; vgl. auch BayObLGSt. **1949/51** S. 398; OLG. Düsseldorf MDR. **1952**, 313; BGHSt. **4**, 208, NJW. **1955** 1198, 1890), nimmt mit Recht an, daß der Bundesgerichtshof zuständig ist, da aus zwingenden praktischen Gründen für die Revision über ein Urteil ein und dasselbe Revisionsgericht zuständig sein muß, und zwar das Gericht, dem die höhere Zuständigkeit zukommt (vgl. auch Anm. 7a; zweifelnd die Vorauflage: es sei nicht einzusehen, warum in Fällen der Verbindung mehrerer Strafverfahren keine Trennung des Rechtsmittelzuges möglich sein sollte).

7. Zu § 121 Nr. 1c. **Ausschluß der Zuständigkeit des Bundesgerichtshofs, wenn die Revision nur Verletzung des Landesrechts rügt.**

a) Wird nicht **nur** die Verletzung einer landesrechtlichen Norm, sondern auch die Verletzung einer bundesrechtlichen Norm behauptet, so ist der Bundesgerichtshof zuständig (RGSt. **33** 110, **57** 88). Hiernach kann das Oberlandesgericht niemals zuständig sein, wenn die Verletzung einer Bestimmung der StPO. gerügt wird; eine Ausnahme von diesem Grundsatz tritt nur ein, wenn die Verfahrensrüge unzulässig begründet ist; durch Erhebung einer unzulässigen Prozeßbeschwerde wird die Zuständigkeit des Oberlandesgerichts nicht ausgeschlossen (RGSt. **40** 221, RG. Recht **1924** 879, RG. Beschl. vom 3. 2. 1903 4830/02, 12. 6. 1906 V 256/06, 18. 5. 1912 III 484/12). Im übrigen ist es gleichgültig, ob die angeblich verletzte Rechtsnorm dem Strafrecht, dem sonstigen öffentlichen Recht oder dem Privatrecht angehört.

Stützt von mehreren Rechtsmittelberechtigten (mehrere Angekl. oder Angekl. und Staatsanwaltschaft) einer die Revision auf Verletzung bundesrechtlicher, der andere auf Verletzung landesrechtlicher Normen, so ist nur der Bundesgerichtshof zuständig, weil dasselbe Urteil nicht der Prüfung verschiedener Revisionsgerichte unterbreitet werden kann (RG. GA. **45** 29; BGHSt. **4**, 207 = NJW. **1953**, 1313 = JR. **1953**, 347). Es entspricht dies dem Grundgedanken des § 335 Abs. 3 StPO., wonach bei einer Verschiedenheit der von mehreren Rechtsmittelberechtigten zulässigerweise eingelegten Rechtsmittel (Berufung neben Sprungrevision) zunächst nur ein Gericht (das Berufungsgericht) einheitlich zur Entscheidung berufen ist. A. M. die Vorauflage u. Hartung JR. **1925** 51 für den Fall, daß mehrere Angekl. Rechtsmittel einlegen, da es sich bei mehreren Angeklagten immer auch um mehrere Strafsachen handele, die nur zum Zwecke gemeinsamer Verhandlung verbunden sind (§ 3 StPO.), und ein Mitangeklagter in dem gegen den Angeklagten gerichteten Verfahren nicht „Beteiligter" i. S. des § 335 StPO. sei (vgl. dazu Anm. 3 zu § 335; wie hier auch Dallinger-Lackner Anm. 42 zu § 55 JGG.).

b) Die Frage, auf welche Gesetzesverletzung die Revision **„gestützt"** und welche Rechtsnorm als verletzt bezeichnet ist, muß das Revisionsgericht, dem die Staatsanwaltschaft gemäß § 347 Abs. 2 StPO. die Akten vorlegt, nach Lage des Falles prüfen und beantworten. Es kommt nicht nur auf die von dem Beschwerdeführer ausdrücklich bezeichneten Rechtsnormen an; vgl. StPO. §§ 334, 352 und die Anm. das. Andererseits muß jede ausdrückliche Bezeichnung für die Zuständigkeit des Revisionsgerichts Berücksichtigung finden, sollte auch ohne weiteres klar sein, daß nicht die bezeichnete, sondern nur eine andere Rechtsnorm verletzt sein kann. — Rechtsnormen, die zwar bei der Entscheidung über die Revisionsbeschwerde in den Kreis der Beurteilung zu ziehen sind, deren Verletzung aber nicht in Frage steht, bleiben für die Frage der Zuständigkeit außer Betracht.

c) Zwischen dem Bundesrecht und dem Landesrecht bestehen mannigfache **Zusammenhänge.** Die Grundsätze des allgemeinen Teils des StGB. gelten auch für die Tatbestände, die in den Landesstrafgesetzen vorgesehen sind. Diese enthalten ferner vielfach (ausdrücklich oder stillschweigend) Verweisungen auf das StGB. Umgekehrt enthält auch das StGB. Bestimmungen, die, anstatt in sich den Tatbestand eines Deliktes erschöpfend zu bestimmen, das Handeln gegen gewisse landesrechtliche Gebote oder Verbote mit Strafe bedrohen, also in dem Landesrecht ihre Ergänzung finden (sog. Blankettstrafgesetze; vgl. z. B. StGB. § 368 Nr. 8, § 369 Nr. 3). Hiernach wird über die vorstehend zu b bezeichnete Frage bisweilen eine Meinungsverschiedenheit möglich sein. Es kommt im wesentlichen auf die Revisionsbegründung an (vgl. § 344 Anm. 2 und 4; BayObLG. JW. **1916** 502), unter Umständen auch auf den Wortlaut der angeblich verletzten Rechtsvorschrift (RG. JW. **1911** 855). Im Zweifel muß die Zuständigkeit des Bundesgerichtshofs Platz greifen, da sie die regelmäßige ist; im übrigen lassen sich keine allgemeinen Regeln aufstellen (vgl. von Schwarze 70, Voitus Komm. 77).

d) Ein **Zuständigkeitsstreit** zwischen dem Bundesgerichtshof und dem Oberlandesgericht ist durch § 348 Abs. 2 StPO. ausgeschlossen (RGSt. **67** 59).

e) In **Preußen** war früher gemäß EGGVG. § 9 und § 50 prAGGVG. für die hier fraglichen Revisionen für das ganze Land das **Kammergericht** zuständig.

8. Hat ein **Oberlandesgericht** über die Revision **erkannt, obwohl der Bundesgerichtshof sachlich zuständig gewesen wäre,** so darf der Bundesgerichtshof darüber nicht mehr entscheiden. Dem Urteil des Oberlandesgerichts wird durch den Mangel der Zuständigkeit nicht die Eigenschaft eines der Rechtskraft fähigen Urteils entzogen; die Rechtskraft der Entscheidung verhindert eine erneute Prüfung durch das sachlich zuständige Gericht (RGSt. **9** 14, 20–22, 324, 330; **22** 113, 114; **32** 89, 93; **56** 351, 352; RG. JW. **1930** 1872; vgl. auch die einen Fall des § 346 StPO. betreffende Entsch. RGSt. **55** 100, sowie für den Fall, daß ein Oberlandesgericht statt des Bundesgerichtshofs gegen die Versäumung der Revisionsfrist oder der Begründungsfrist Wiedereinsetzung in den vorigen Stand gewährt hat, RGSt. **40** 271, 272 und RG. Beschl. vom 10. 12. 1926 1 TB. 43/26 oder daß statt des Oberlandesgerichts das Landgericht über eine Rechtsbeschwerde nach § 56 OWiG. entschieden hat, KG. JR. **1955** 350 mit zustimmender Anm. von Sarstedt.

9. Für die Entscheidung der Frage, **ob ein in der ersten Instanz oder ein in der Berufungsinstanz erlassenes Urteil vorliegt,** kommt es nicht auf die Verpflichtung der Strafkammer, als Gericht erster oder zweiter Instanz zu erkennen, sondern nur darauf an, in welcher Eigenschaft sie tatsächlich erkannt hat (RG. vom 14. 5. 1901 1719/01; 7. 5. 1909 II 436/09; 11. 6. 1909 V 574/09; 5. 5. 1911 IV 182/11; 23. 12. 1911 I 994/11); vgl. Anm. 8d zu § 24.

Zu Nr. 2.

10. a) Inwieweit in Strafsachen **Beschwerde** zulässig ist, bestimmen die §§ 304, 305, 310 StPO.

b) Strafrichterliche **Entscheidungen** sind die Beschlüsse und Verfügungen, die ein Gericht in Strafsachen, gleichviel in welchem Abschnitt des Verfahrens, erläßt; vgl. Anm. 12.

11. Die **Zuständigkeit des Oberlandesgerichtes für Beschwerden ist ausgeschlossen,** wenn die Zuständigkeit der Strafkammer oder die des Bundesgerichtshofs für die Entscheidung auf die Beschwerde begründet ist.

a) Wegen der **Zuständigkeit der Strafkammer** zur Entscheidung über Beschwerden s. § 73.

b) Der **Bundesgerichtshof** kommt als für Beschwerden zuständig insofern in Betracht, als in erstinstanzlichen Strafsachen (§ 134) der durch den Geschäftsverteilungsplan bestimmte Strafsenat die Geschäfte wahrzunehmen hat, die in § 73 Abs. 1 der Strafkammer zugewiesen sind (§ 134 Abs. 3 Satz 2). Weitere Beschwerdezuständigkeiten ergeben sich aus § 134 Abs. 3 Satz 2 (Beschwerden gegen Verfügungen des nach § 168a StPO. bestellten Ermittlungsrichters des Bundesgerichtshofs) und aus § 159 GVG.

12. Eine **Zuständigkeit des Oberlandesgerichts für Beschwerden** in Strafsachen **besteht** nach dem in Anm. 11 Ausgeführten und nach §§ 159 u. 181 in folgenden Fällen:

a) gegen Beschlüsse und Verfügungen in Strafsachen erster Instanz, wenn sie erlassen sind α) von dem Landgericht, einschließlich der auswärtigen Strafkammern (§ 78). Ob eine Strafkammer oder der Vorsitzende oder ein beauftragter Richter (vgl. StPO. § 304 und die Anm. das.) die angefochtene Entscheidung erlassen hat, ist gleichgültig; nur die Entscheidungen des Untersuchungsrichters machen eine Ausnahme (§ 73); — β) von dem Schwurgericht, von dem Vorsitzenden oder von einem beauftragten Richter. — γ) Die Entscheidung über Beschwerden gegen Entscheidungen der Untersuchungsrichter, der Amtsrichter und der Schöffengerichte steht dem Oberlandesgericht nur im Falle des § 181 (Sitzungspolizei), gegen Entscheidungen der Amtsrichter außerdem im Falle des § 159 (Rechtshilfe) zu; im übrigen in Strafsachen erster Instanz, die von dem Oberbundesanwalt an die Landesstaatsanwaltschaft abgegeben worden sind (§ 120 Abs. 1 Satz 2);

b) gegen Beschlüsse und Verfügungen, die von den Strafkammern **in der Berufungsinstanz,** also aus Anlaß der Berufung gegen ein schöffengerichtliches oder amtsrichterliches Urteil, nicht aus Anlaß einer Beschwerde, erlassen werden. Selbstverständlich wird auch hier vorausgesetzt, daß die Entscheidung überhaupt durch Beschwerde anfechtbar ist; hierüber s. StPO. § 305 und die Anm. das. Die Beschwerde steht z. B. einem Zeugen zu, gegen den die Strafkammer wegen Verweigerung des Zeugnisses eine Strafe oder die Zwangshaft (StPO. § 70) verhängt, ebenso einem Angeklagten, gegen den sie einen Haftbefehl erlassen hat usw. — Auch Verfügungen des Vorsitzenden der Strafkammer, soweit sie anfechtbar sind, fallen unter die Vorschrift der Nr. 2 (vgl. OLG. Dresden SächsOLG. 4 483).

c) Gegen die **Entscheidungen, die von den Strafkammern in der Beschwerdeinstanz erlassen sind,** findet weitere Beschwerde nur statt, wenn sie Verhaftungen oder die einstweilige Unterbringung betreffen (StPO. § 310).

13. Weitere, außerhalb des GVG. geregelte **Zuständigkeiten** des Oberlandesgerichts (Strafsenats) ergeben sich

a) aus § 172 Abs. 4 StPO. sowie aus den Aufgaben, die dem Oberlandesgericht als zunächst oberem oder gemeinschaftlichem oberen Gericht nach §§ 4, 12, 14, 15, 19, 27 StPO. obliegen,

b) aus dem Deutschen Auslieferungsgesetz vom 23. 12. 1929 (RGBl. I 239): die Entscheidungen über die Auslieferungshaft und über die Zulässigkeit der Auslieferung, Durchlieferung, Herausgabe von Gegenständen und der sonstigen Rechtshilfe in Strafsachen gegenüber dem Ausland (§§ 7, 11, 33, 37, 41),

c) aus dem Gesetz über die innerdeutsche Rechts- und Amtshilfe in Strafsachen vom 2. 5. 1953 (BGBl. I 161): die Entscheidung über die Zulässigkeit der Rechts- und Amtshilfe zugunsten deutscher Gerichte und Behörden außerhalb der Bundesrepublik und Berlin (West), die Entscheidung über die Durchführung eines Verfahrens im Bundesgebiet, wenn ein solches deutsches Gericht bereits die Untersuchung eröffnet hat, die Entscheidung über die Durchführung eines neuen Verfahrens im Bundesgebiet nach einer außerhalb des Bundesgebiets erfolgten Verurteilung und die Entscheidung über die Unzulässigkeit der Vollstreckung einer Strafe, die ein deutsches Gericht außerhalb des Bundesgebiets verhängt hat (§§ 5, 9, 10 Abs. 2, 11 Abs. 2, 15),

d) aus dem Gesetz über Ordnungswidrigkeiten vom 25. 3. 1952 (BGBl. I 177): die Entscheidung über die (revisionsartige) Rechtsbeschwerde gegen Entscheidungen der Strafkammer im gerichtlichen Zuständigkeitsüberprüfungsverfahren (vgl. Anm. 5 zu § 73) und vor allem über die Rechtsbeschwerde gegen Entscheidungen des Amtsrichters, wenn der Betroffene gegen den Bußgeldbescheid der Verwaltungsbehörde gerichtliche Entscheidung beantragt hatte (vgl. Anm. 3 zu § 27) (§§ 32, 56, 60, 66).

Zu Abs. 2. **Literatur:** Baur, Der Gedanke der „Einheitlichkeit der Rechtsprechung" im geltenden Prozeßrecht. JZ. **1953** 326.

14. Grundsätzliche Bedeutung. a) Eine Neuerung von großer praktischer Bedeutung ist die durch Abs. 2 (eingefügt durch das Vereinheitlichungsges. vom 12. 9. 1950) begründete Vorlegungspflicht. Sie ist ein wesentlicher Bestandteil der Maßnahmen, die die neuere Gesetzgebung ergriffen hat, um die Einheitlichkeit der Rechtsprechung sicherzustellen, d. h. eine verschiedenartige Beantwortung der gleichen Rechtsfrage durch die letztinstanzlich entscheidenden oberen Gerichte auszuschließen. Zu diesem Problem sei grundsätzlich folgendes bemerkt: Um die Einheitlichkeit der Rechtsprechung zwischen den oberen Bundesgerichten, den höchsten Gerichten der verschiedenen Gerichtsbarkeitszweige (Bundesgerichtshof, Bundesarbeitsgericht, Bundesverwaltungsgericht, Bundesfinanzhof und Bundessozialgericht) zu wahren, schreibt Art. 95 GG. die Errichtung eines Obersten Bundesgerichts vor (bisher noch nicht errichtet). Um die Einheitlichkeit der Rechtsprechung innerhalb des einzelnen oberen Bundesgerichts, also zwischen den verschiedenen Senaten des gleichen Gerichts zu wahren, schreibt, soweit es sich um den Bundesgerichtshof als das höchste Gericht der ordentlichen Gerichtsbarkeit handelt, § 136 GVG. die Pflicht zur Anrufung der großen Senate für Zivil- oder Strafsachen oder der Vereinigten Großen Senate vor, wenn die Senate in einer Rechtsfrage voneinander abweichen wollen. Entsprechende Vorschriften bestehen für die übrigen oberen Bundesgerichte (vgl. Anm. 2 zu § 136). Die Einheitlichkeit der Rechtsprechung zwischen den verschiedenen Oberlandesgerichten, wenn sie in Strafsachen letztinstanzlich entscheiden, und zwar untereinander und zwischen dem Bundesgerichtshof, zu gewährleisten, ist der Zweck der §§ 120 Abs. 3, 121 Abs. 2. In gleicher Weise trifft § 56 Abs. 5 des Ges. über Ordnungswidrigkeiten vom 29. 3. 1952 (RGBl. I 177) — s. darüber unten Anm. 24 — Vorsorge zur Erhaltung einheitlicher Gesetzesauslegung, wenn die Oberlandesgerichte auf dem dem Kriminalrecht aufs engste verwandten Gebiet des Ordnungsunrechts letztinstanzlich auf Rechtsbeschwerde im Bußgeldverfahren zur Entscheidung berufen sind. Außerhalb des Strafverfahrens (im engeren Sinn) und des Bußgeldverfahrens finden sich Vorschriften, die durch Begründung einer Pflicht zur Vorlegung oder

Zulassung der (sonst nicht gegebenen) Revision eine Abweichung des entscheidenden Oberlandesgerichts von Entscheidungen anderer Oberlandesgerichte oder wenigstens des Bundesgerichtshofs ausschließen wollen, in § 27 des Deutschen Auslieferungsgesetzes vom 23. 12. 1929 (RGBl. I 239), in § 28 FGG., § 79 Abs. 2 GBO., § 546 Abs. 2 ZPO. Wegen der Wahrung einheitlicher Rechtsprechung in der Verfassungsgerichtsbarkeit vgl. Art. 100 Abs. 3 GG. — Für die Auslegung des § 121 Abs. 2 kann die Auslegung, die die vorgenannten, gleichfalls die Erhaltung einer einheitlichen Rechtsprechung bezweckenden Vorschriften erfahren haben, herangezogen werden. Doch dürfen die Unterschiede nicht verwischt werden; insbesondere geht es nicht an, die zu § 136 GVG. entwickelten Grundsätze uneingeschränkt der Auslegung des § 121 Abs. 2 zugrunde zu legen (a. M. BayObLG. JZ. **1952**, 89; Schwarz Anm. 4B; vgl. unten Anm. 16f., 19c).

b) Ausdrückliche gesetzliche Vorschriften zur Gewährleistung einer einheitlichen Gesetzesauslegung **innerhalb desselben Oberlandesgerichts,** also zwischen seinen verschiedenen Senaten, kennt das GVG. nicht. Der Landesgesetzgebung ist es allerdings überlassen, im Rahmen des § 9 EGGVG. bei Errichtung eines obersten Landesgerichts nach dem Vorbild des § 136 GVG. die Einrichtung Großer Senate vorzusehen und davon hat Bayern bei dem Bayerischen Obersten Landesgericht Gebrauch gemacht (§ 13 des Ges. Nr. 124 i. d. F. des Ges. vom 23. 11. 1953, GVBl. S. 191). Für die übrigen Oberlandesgerichte entsprechende Bindungen vorzuschreiben würde einen die Befugnisse des Landesgesetzgebers überschreitenden Eingriff in die bundesrechtlich geregelte Materie des GVG. bedeuten. Eine andere Frage ist, ob nicht bereits § 121 Abs. 2 unmittelbar auch den Fall erfaßt, daß bei einem Oberlandesgericht mehrere Strafsenate bestehen und einer von dem anderen abweichen will, ohne daß darin (bei einer vom Bundesgerichtshof noch nicht behandelten Rechtsfrage) zugleich eine Abweichung vom Bundesgerichtshof läge. Die Frage hat erhöhte Bedeutung, seitdem § 116 Abs. 2 die Errichtung detachierter Strafsenate ermöglicht. Diese werden ihren Sitz im allgemeinen in beträchtlicher Entfernung vom Sitz des Oberlandesgerichts haben, so daß Bereinigungen von Kontroversen durch persönliche Aussprache der Senatsmitglieder erschwert sind. Außerdem können solche detachierten Strafsenate ein gewisses Eigenleben führen, namentlich wenn sie an die Stelle eines aufgehobenen Oberlandesgerichts getreten und vielleicht — mehr oder weniger unbewußt — geneigt sind, dessen Rechtsprechungstradition fortzusetzen. Der aus den Ausführungen zu a) erkennbare gesetzgeberische Gedanke, Kontroversen zwischen letztinstanzlich entscheidenden oberen Gerichten nach Möglichkeit auszuschließen, spricht zugunsten der Auffassung, unter einem „anderen Oberlandesgericht" auch einen anderen Senat des gleichen Oberlandesgerichts zu verstehen (vgl. im übrigen unten Anm. 16d).

15. a) Die Vorlegungspflicht besteht für das Oberlandesgericht nur, wenn es **bei der Entscheidung über die Revision,** also bei einer die Instanz abschließenden Entscheidung über das Rechtsmittel selbst abweichen will; soweit das Oberlandesgericht als Beschwerdeinstanz tätig wird (Abs. 1 Nr. 2) oder andere ihm nach der StPO. obliegende Aufgaben erfüllt, (z. B. nach § 172 StPO. oder als gemeinschaftliches oberes Gericht nach §§ 14, 19 StPO.), entfällt schon nach dem Wortlaut des Abs. 2 die Pflicht zur Vorlage; dies gilt auch im Fall des § 305a Abs. 2 StPO. Sie ist aber auch dann nicht gegeben, wenn das Revisionsgericht nicht über die Revision, sondern z. B. über ein Gesuch um Wiedereinsetzung gegen die Versäumung der Frist zur Einlegung der Revision (§ 46 Abs. 1 StPO.) entscheidet (BayObLGSt. **1950/51**, 556 = JR. **1952**, 207) oder eine Ungebührstrafe verhängt (§ 178 GVG.). Gleichgültig ist, ob das Oberlandesgericht über die Revision nach durchgeführter Hauptverhandlung durch Urteil oder außerhalb der Hauptverhandlung nach § 206a StPO. durch Beschluß (vgl. dazu Anm. 5 zu § 206a u. OLG. Bremen JZ. **1951**, 653) entscheiden will. Auch der letztere Fall muß unter Abs. 2 fallen. Denn da Vorlegungspflicht bei beabsichtigter Einstellung des Verfahrens durch Urteil wegen eines Verfahrenshindernisses (§ 354 StPO.; z. B. wenn die Revision Nichtberücksichtigung der Verjährung oder fehlenden Strafantrag rügt) besteht, kann ein entsprechender Beschluß außerhalb der Hauptverhandlung, soweit er zulässig ist, nicht anders behandelt werden (a. M. BayObLG. MDR. **1952**, 427). Anders liegt es, wenn das Verfahrenshindernis erst nach dem angefochtenen Urteil entstanden ist (Amnestie, in der Revisionsinstanz eingetretene Verjährung) oder wenn die Einstellung ohne entsprechende Revisionsrüge von Amts wegen erfolgt; dann enthält eine einstellende Entscheidung keine Entscheidung über die Revision, d. h. die von ihr gerügte Gesetzesverletzung.

b) Vorzulegen hat das Oberlandesgericht auch, wenn die zu bescheidende Revision eine **Sprungrevision** (§ 335 Abs. 1 StPO.) ist. Dieser Fall ist zwar in Abs. 2 nicht erwähnt, weil schon der Zuständigkeitskatalog des Abs. 1 Nr. 1 unvollständig ist (vgl. oben Anm. 4). Es kann aber nicht zweifelhaft sein, daß es sich hier um eine offensichtlich ungenaue Fassung handelt, und daß nach Sinn und Zweck des Abs. 2 die Vorlegungspflicht, wenn statt der Berufung Revision eingelegt ist, genau so besteht, wie wenn nach vorgängigem Berufungsverfahren Revision eingelegt ist (BGHSt. **2**, 63).

c) **Keine Vorlegungspflicht** besteht im Fall des **Abs. 1 Nr. 1 c,** auch wenn die Entscheidung über die ausschließlich auf die Verletzung von Landesrecht gestützte Revision unter Anwendung von Bundesrecht erfolgt und dabei eine Abweichung von früheren oberstgerichtlichen Entscheidungen zur gleichen Rechtsfrage erfolgt. Über die Gründe für diese Beschränkung der Vorlegungspflicht ist aus der Begründung nichts zu entnehmen. Möglicherweise liegt ihr der Gedanke zugrunde, daß es sich in solchen Fällen um Nebenpunkte handele und daß es nicht angebracht sei, den Abschluß des Verfahrens durch die Klärung von Rechtsfragen zu verzögern, die meist für den Bestand des erstinstanzlichen Urteils im übrigen von geringer Bedeutung sein dürften. Jedenfalls kann der Grund der Beschränkung nicht darin liegen, daß der Bundesgerichtshof nicht zur Bescheidung von Streitfragen, die auf dem Boden des Landesrechts erwachsen sind, herangezogen werden solle, denn in den Fällen des Abs. 1 Nr. 1a und b ist die Vorlegungspflicht unabhängig davon, ob die beabsichtigte Abweichung Bundes- oder Landesrecht betrifft (vgl. unten Anm. 17).

16. Die Vorlegungspflicht setzt voraus, daß nach dem 1. 4. 1950 eine Entscheidung eines anderen Oberlandesgerichts oder des Bundesgerichtshofs ergangen ist.

a) **Bundesgerichtshof.** Die Vorlegungspflicht besteht nicht, wenn das Oberlandesgericht von einer nach dem 1. 4. 1950 ergangenen Entscheidung des früheren Obersten Gerichtshofs für die britische Zone oder des früheren Deutschen Obergerichts für das Vereinigte Wirtschaftsgebiet abweichen will, aber auch nicht bei beabsichtigter Abweichung von der Entscheidung des oberen Bundesgerichts eines anderen Gerichtsbarkeitszweiges (der Verwaltungsgerichtsbarkeit usw.).

b) **Stellungnahmen** des Bundesgerichtshofs, die er abgibt, wenn ein Gericht der ordentlichen Gerichtsbarkeit die Entscheidung des Bundesverfassungsgerichts gemäß Art. 100 Abs. 1 GG. in Verb. mit § 80 BVerfGG. einholt, sind keine Entscheidungen i. S. des § 121 Abs. 2 GVG.

c) Schwierigkeiten ergeben sich, wenn zu der Rechtsfrage, mit der sich das Oberlandesgericht zu befassen hat, **unter sich voneinander abweichende Entscheidungen des Bundesgerichtshofs** vorliegen. Stammen sie von dem gleichen Senat des Bundesgerichtshofs, so kann sich das Oberlandesgericht, auch wenn dies in der zuletzt ergangenen Entscheidung nicht ausdrücklich hervorgehoben wird, darauf verlassen, daß der betreffende Senat des Bundesgerichtshofs seine frühere Rechtsprechung damit aufgegeben hat. Liegen abweichende Entscheidungen verschiedener Senate des Bundesgerichtshofs vor, so ist die Vorlagepflicht selbstverständlich, wenn das Oberlandesgericht von beiden abweichen und sich zu einer dritten Meinung bekennen will. Will es sich aber einer der Auffassungen des Bundesgerichtshofs anschließen (und damit von der anderen abweichen), so ist nach BGHSt. **5**, 136 = NJW. **1954**, 202 das Oberlandesgericht vorlagepflichtig, auch wenn beim Bundesgerichtshof die Anrufung des großen Senats unterblieben ist. Das Oberlandesgericht könne nicht beurteilen, ob wirklich beim Bundesgerichtshof eine Anrufungspflicht nach § 136 bestanden habe oder nicht z. B. deshalb entfallen sei, weil die Entscheidung des einen oder anderen Senats nicht auf der Entscheidung der Rechtsfrage, in der sie voneinander abwichen, beruhte. Sehr mit Recht hebt OLG. Karlsruhe NJW. **1954**, 1945 (gl.M. im Ergebnis OLG. Oldenburg NJW. **1953**, 1725; a. M. freilich OLG. Braunschweig NJW. **1955**, 200) die Bedenken hervor, denen diese Auffassung bisher begegnete. Solange der Bundesgerichtshof an dem Grundsatz festhielt, daß die Abweichung von einer Entscheidung keine Anrufung nach § 136 erforderlich mache, wenn diese Entscheidung ihrerseits von einer früher ergangenen abweicht und der zuletzt erkennende Senat sich der ersten Entscheidung anschließt (vgl. Anm. 4a zu § 136), war von einer Vorlegung nach § 121 Abs. 2 eine maßgebliche Klärung der Zweifelsfrage, wie sie § 121 Abs. 2 im Auge hat, nicht zu erwarten. Denn von diesem Standpunkt aus ist auch der über die Vorlage entscheidende Senat nicht verpflichtet, den großen Senat anzurufen, wenn er seinerseits der zuerst geäußerten Auffassung den Vorzug gibt. In einem solchen Falle aber müßte, da ja die Entscheidung des nach der Geschäftsverteilung zur Bescheidung von Vorlagen berufenen Senats des Bundesgerichtshofs keinerlei Vorrang gegenüber den Entscheidungen der anderen Senate hat, jedes Oberlandesgericht, das künftig über die Rechtsfrage

zu entscheiden hat, trotz der einmal auf Vorlage ergangenen Entscheidung immer wieder von neuem vorlegen, denn indem sie sich der Entscheidung des Senats, der über die Vorlage entschieden hat, anschließen, weichen sie damit von der Entscheidung, die der andere Senat des Bundesgerichtshofs erlassen hat, ab. Eine Vorlageentscheidung nach § 121 Abs. 2 verfehlt also ihren Zweck, solange nicht eine innerhalb des Bundesgerichtshofs bestehende Kontroverse, die den Anlaß zur Vorlage bildet, beim Bundesgerichtshof selbst, und zwar, wenn eine Einigung nicht anders gelingt, auf dem Wege des § 136 oder § 137 geklärt wird. Die Vorlegung hat nur Sinn, wenn sie den Senat, an den die Vorlage gelangt, zur Anrufung des Großen Senats zwingt; andernfalls ermangelt der Spruch des auf die Vorlage entscheidenden Senats der inneren Autorität, wenn der abweichende Senat des Bundesgerichtshofs bei seiner Auffassung verharrt. Nachdem neuestens aber der GrSen. des BGH. (vgl. NJW. **1956,** 351) die Pflicht zur Anrufung des Gr.Sen. in allen Fällen einer beabsichtigten Abweichung in Abkehr von der bisherigen Rechtspr. bejaht hat, ergibt sich jetzt zwangsläufig, daß auch bei von einander abweichenden Entscheidungen des BGH. das OLG. vorlegungspflichtig ist, wenn es von einer dieser Entscheidungen abweichen will.

d) eines anderen Oberlandesgerichts. Dazu gehört auch das Bayerische Oberste Landesgericht, das auf seinem Zuständigkeitsgebiet die Aufgaben wahrnimmt, die sonst den bayerischen Oberlandesgerichten zuständen (§ 9 EGGVG.). Entsprechend dem Zweck der Vorschrift, die einheitliche Rechtsauslegung im Geltungsbereich des § 121 Abs. 2 zu gewährleisten, kommen nur die in diesem Gebiet bestehenden Oberlandesgerichte in Betracht, also nicht das Oberlandesgericht Saarbrücken oder ein dem Oberlandesgericht entsprechendes Gericht der Ostzone (ebenso OLG. Hamm NJW. **1954**, 724 betr. § 28 FGG.). Ob auch ein **anderer Senat des gleichen Oberlandesgerichts** ein „anderes" Oberlandesgericht ist, wird für andere Gesetze, die eine ähnliche Vorlegungspflicht begründen (vgl. Anm. 14a) vielfach verneint (z. B. von OGHZ. **1**, 13 = NJW. **1947/48**, 554 = MDR. **1948**, 408; Baur JZ. **1953**, 327 Anm. 12; s. ferner Keidel, FGG., 5. Aufl. Anm. 3 cα zu § 28 FGG.; die Frage wird offengelassen vom Bundesverwaltungsgericht in NJW. **1954**, 852 für den Fall, daß ein Senat eines obersten Verwaltungsgerichts eines Landes von einer Entscheidung eines anderen Senats des gleichen Gerichts abweichen will und die Prozeßordnung die Möglichkeit einer Plenarentscheidung nicht vorsieht). Für § 121 Abs. 2 aber wird die Frage aus den in Anm. 14b dargelegten Gründen bejahend beantwortet werden müssen. Der Fall, daß zwei beim gleichen Oberlandesgericht gebildete Strafsenate sich auch bei Aussprache nicht über eine gemeinsame Auslegung einigen, mag nicht häufig sein, kann aber, insbesondere im Verhältnis zwischen einem detachierten Strafsenat und einem Strafsenat am Sitz des Oberlandesgerichts, vorkommen, und die Folgen einer ungleichmäßigen Rechtsauslegung wären mindestens so bedenklich, ja noch bedenklicher als die Abweichung zwischen verschiedenen Oberlandesgerichten: der Zufall, ob der Angeklagte vor den einen oder den anderen Strafsenat des gleichen Gerichts kommt, könnte für die Entscheidung ausschlaggebend sein, was gewiß dem Rechtsgefühl widerstreitet und nicht verstanden würde. Der Wortlaut des § 121 Abs. 2 steht einer seinem Sinn entsprechenden Auslegung nicht entgegen; ohne Zwang können die Worte „Entscheidung eines anderen Oberlandesgerichts" im Sinne von „anderen oberlandesgerichtlichen Entscheidungen" verstanden werden. Wenn ein solcher Wortlaut nicht gewählt wurde, so doch wohl deshalb, weil sie eine (nicht gewollte) Bindung des entscheidenden Senats an seine eignen früheren Entscheidungen bedeutet hätte. Auch von dem hier vertretenen Standpunkt aus besteht keine Vorlegungspflicht, wenn bei einer Verteilung der Senatszuständigkeit nach Materien (Verkehrsdelikte, Rechtsbeschwerden im Bußgeldverfahren usw.) die Zuständigkeit zwischen mehreren Strafsenaten gewechselt hat und der jetzt zuständige Senat von einer Entscheidung seines Vorgängers in der Zuständigkeit abweichen will; dieser Fall liegt nicht anders, als wenn ein Senat seine eigne Rechtsprechung ändert.

Auch die nach 1.4.1950 ergangene Entscheidung eines **nicht mehr bestehenden Oberlandesgerichts** — seitdem sind die Oberlandesgerichte Tübingen und Freiburg aufgehoben worden (vgl. Bad-Württ. Ges. vom 27. 4. 1953, GBl. 31) — ist zu beachten, denn die Entscheidungen haben auch nach Wegfall der Gerichte ihre Bedeutung behalten (vgl. aber RGZ. **122**, 273 u. BGH. NJW. **1952**, 744: keine Vorlagepflicht nach § 28 FGG., wenn von der Entscheidung eines Oberlandesgerichts abgewichen werden soll, das seinen Sitz in einem jetzt abgetretenen Gebiet hatte; vgl. auch die abweichende Auslegung des § 136 — dort Anm. 4b —). Anders liegt es nur, wenn das Oberlandesgericht, das territorial die Nachfolge des aufgehobenen Oberlandesgerichts übernommen hat, sich von der Rechtsansicht des aufgehobenen OLG. abkehrt; das entspricht dann der im vorhergehenden Absatz (a. E.) erörterten Rechtslage. — Die **Vorlegungspflicht**

entfällt, wenn das andere Oberlandesgericht seine Rechtsprechung aufgegeben hat oder auf Anfrage erklärt, daß es an seiner früheren Entscheidung nicht mehr festhalte.

e) Eine zur Vorlage zwingende Abweichung von der Entscheidung eines anderen Oberlandesgerichts liegt nicht vor, wenn nach dieser eine abweichende Entscheidung des Bundesgerichtshofs ergangen ist und das jetzt entscheidende Oberlandesgericht sich dem Bundesgerichtshof anschließt; **mit dem Ergehen einer Entscheidung des Bundesgerichtshofs verlieren die zeitlich vorangegangenen Entscheidungen der Oberlandesgerichte zu der gleichen Rechtsfrage ihre Bedeutung** für die Frage der Vorlegungspflicht (ebenso BGH. LM. Nr. 4 zu § 24 LandwVerfGes.). Das muß aber auch gelten, wenn nach dem Ergehen einer Entscheidung des Bundesgerichtshofs ein Oberlandesgericht (in Unkenntnis dieser Entscheidung oder Übersehung der Vorlegungspflicht) abweichend entschieden hat; ein anderes Oberlandesgericht, das sich dem Bundesgerichtshof anschließt und damit von dem anderen Oberlandesgericht abweicht, braucht nicht vorzulegen. Denn die Bedeutung einer oberlandesgerichtlichen Entscheidung gegenüber einer solchen des Bundesgerichtshofs in Ansehung der Vorlegungspflicht kann nicht gut verschieden sein, je nachdem sie vor oder nach Ergehen der Entscheidung des Bundesgerichtshofs erlassen worden ist (so auch – zu § 28 FGG. – BGHZ. **15**, 151 = NJW. **1955**, 105).

f) Weicht ein Oberlandesgericht von der vorher ergangenen Entscheidung eines anderen Oberlandesgerichts ab, **ohne die Vorlegungspflicht zu erkennen oder zu beachten,** so ist jedes Oberlandesgericht, das von neuem über die Rechtsfrage zu entscheiden hat, zur Vorlegung verpflichtet, gleichviel, ob es sich der einen oder der anderen der vorausgegangenen Entscheidungen anschließen will. Auch das Oberlandesgericht, das zuerst entschieden hat, muß, wenn es bei seiner Auffassung beharren und damit von der zeitlich späteren Entscheidung des anderen Oberlandesgerichts abweichen will, vorlegen; es darf sich nicht darauf berufen, daß es nicht vorlegungspflichtig sei, weil das andere Oberlandesgericht seine Vorlegungspflicht verletzt habe. Allerdings wurde mit solchen Erwägungen im Fall des § 136 eine Anrufungspflicht verneint (vgl. dort Anmerkung 4a). Aber diese schon im Rahmen des § 136 mehr als bedenkliche Praxis (vgl. auch oben Anm. 16c) auf das Gebiet des § 121 Abs. 2 zu übertragen (wie dies BayObLG. NJW. **1952**, 313 mit zustimmender Anm. von Lichti u. KMR. Anm. 2b wollen), wäre schlechthin unerträglich, da dies entgegen den mit der Vorschrift verfolgten Absichten, zu einer Verewigung der Streitfrage führen würde (ebenso BGH. NJW. **1953**, 181 – zu § 28 FGG. –). Im übrigen ist zu bedenken, daß Fälle einer bewußten Abweichung kaum vorstellbar sind (während natürlich denkbar ist, daß das Vorliegen einer Abweichung verneint wird, während sie in Wirklichkeit vorliegt); beruht die Abweichung aber nur darauf, daß das später entscheidende Gericht sich der Abweichung nicht bewußt wurde oder gar (wenn auch „fahrlässig“) die vorangegangene Entscheidung übersah, von der es abwich, so ist dies für jedes in der Folgezeit zur Entscheidung berufene Oberlandesgericht kein Grund, der nunmehrigen Klärung der Zweifelsfrage auf dem Weg des § 121 Abs. 2 sich zu versagen.

17. Ohne Bedeutung ist es, ob die frühere Entscheidung des Bundesgerichtshofs die eines Zivil- oder eines Strafsenats ist und ob die beabsichtigte Abweichung sich auf die Auslegung einer strafrechtlichen oder einer irgendeinem anderen Rechtsgebiet angehörenden Vorschrift bezieht. Dagegen zwingt die beabsichtigte Abweichung von der Entscheidung eines anderen Oberlandesgerichts nur dann zur Vorlage, wenn dieses **in einer Revisionssache** im Sinn von § 121 Abs. 1 Nr. 1a oder b entschieden hat (ebenso BGH MDR. **1955**, 754; OLG Hamburg NJW **1955**, 1729; a. M. OLG. Braunschweig NJW. **1954**, 1344). Der Wortlaut des § 121 Abs. 2 geht zwar weiter. Aber wenn ein Oberlandesgericht bei Beschlüssen nach § 121 Abs. 1 Nr. 2 nicht an Urteile eines anderen Oberlandesgerichts gebunden ist, so kann umgekehrt ein Oberlandesgericht bei einer Revisionssache nicht an minder bedeutsame Beschlüsse eines anderen Oberlandesgerichts, die dieses gemäß § 121 Abs. 1 Nr. 2 erlassen und noch weniger an Urteile und Beschlüsse gebunden sein, die dieses außerhalb eines Strafverfahrens erlassen hat. In gleicher Weise beschränken § 28 FGG., § 79 GBO. die Vorlagepflicht des zur Entscheidung über eine weitere Beschwerde (Rechtsbeschwerde) berufenen Oberlandesgerichts auf den Fall, daß es von der auf weitere Beschwerde ergangenen Entscheidung eines anderen Oberlandesgerichts abweichen will. – Ohne Bedeutung für die Vorlagepflicht ist es, ob der Auslegungsstreit Bundes- oder Landesrecht betrifft (BGHSt. **4** 138).

18. § 121 Abs. 2 setzt lediglich voraus, daß die frühere Entscheidung **„ergangen“** ist. Veröffentlicht braucht sie nicht zu sein und es sind auch unveröffentlichte Entscheidungen, gleichviel auf welchem Wege sie dem zur Entscheidung berufenen Revisionsgericht bekannt geworden sind (z. B. durch Mitteilung eines Verfahrensbeteiligten, durch Anfrage bei dem anderen OLG.) zu beachten. Zuverlässige Zeitungsnachrichten über vorangegangene Entscheidungen müssen daher, wenn sie dienstlich bekannt werden und eine abweichende Auffassung genügend deutlich erkennbar machen, den jetzt entscheidenden Strafsenat zur Einforderung einer Abschrift der Entscheidung veranlassen. Erst recht gilt dies, wenn Teilabdruck in einer Fachzeitschrift die Abweichung wahrscheinlich macht, aber nicht zweifelsfrei erkennen läßt (abw. anscheinend Schwarz Anm. 1B a. E.).

19. a) Die beabsichtigte Abweichung muß sich, da die Oberlandesgerichte als Revisionsgerichte nur über Rechtsfragen zu entscheiden haben (§ 337 StPO.), auf eine **Rechtsfrage** beziehen, und zwar auf eine die zu treffende **Entscheidung tragende** Rechtsfrage, dergestalt, daß die Entscheidung des Revisionsgerichts verschieden ausfallen muß, je nachdem ob die Rechtsfrage so oder anders beantwortet wird. § 121 Abs. 2 ist demgemäß, da es sich nicht um die Abweichung in einer Rechtsfrage handelt, z. B. unanwendbar, wenn in Fällen fahrlässiger Tötung, die in tatsächlicher Hinsicht ähnlich gelagert ist, zwei Oberlandesgerichte zwar den Rechtsbegriff der Fahrlässigkeit in gleicher Weise verstehen, aber darin abweichen, mit welchen Umständen der Angeklagte bei gehöriger Aufmerksamkeit habe rechnen müssen; die Frage, ob der Erfolg bei gehöriger Aufmerksamkeit voraussehbar und vermeidbar war, ist keine allgemein beantwortbare Rechtsfrage i. S. des § 121 Abs. 2, sondern hat die Würdigung des Einzelfalles nach Maßgabe seiner tatsächlichen Umstände und Besonderheiten zum Gegenstand (BGHSt. **1**, 358). Eine Abweichung von entscheidungstragender Bedeutung liegt nicht vor, wenn sich die Abweichung nicht auf das Ergebnis, sondern nur auf die Begründung einer Auslegung bezieht, wenn also das Revisionsgericht zwar die Erwägungen, mit denen der Bundesgerichtshof oder ein anderes Oberlandesgericht ihre Auslegung der Vorschrift begründen, verwirft, aber aus anderen Gründen zu der gleichen Auslegung kommt. (BayObLG. NJW. **1955**, 1370). Ebensowenig besteht Vorlagepflicht, wenn das Revisionsgericht bei einer Aufhebung aus anderen Gründen lediglich in (rechtlich unverbindlichen) Empfehlungen für die weitere Behandlung durch das Untergericht sich mit einer Entscheidung des Bundesgerichtshofs oder eines anderen Oberlandesgerichts in Widerspruch setzt; auch hier fehlt es an einer Abweichung in den die aufhebende Entscheidung tragenden Gründen (BGHSt. **3**, 234 = NJW. **1953**, 36; BGH. NJW. **1954**, 1933 — letztere zu § 28 FGG. —). Die Vorlagepflicht entfällt ferner, wenn das Revisionsgericht zwar von einer anderen Entscheidung abweichen will, aber nur deshalb, weil eine spätere Änderung der Gesetzgebung oder eine allgemeine Änderung der Rechtsprechung eine neue Lage geschaffen hat, dergestalt, daß dadurch die tragende Grundlage der früheren abweichenden Entscheidung weggefallen ist, und keine Zweifel bestehen, daß zwangsläufig das andere Gericht, heute zur Entscheidung berufen, anders entscheiden müßte. Dagegen erübrigt sich die Vorlegung nicht deshalb, weil — ohne daß eine solche wesentliche Änderung der maßgeblichen Verhältnisse eingetreten wäre — das Oberlandesgericht seine abweichende Auffassung auf einen rechtlichen Gesichtspunkt stützen will, den die frühere Entscheidung nicht gewürdigt hat (a. M. OLG. Köln NJW. **1953**, 1156). Wollte man § 121 Abs. 2 auf die Fälle beschränken, in denen sich das später entscheidende Gericht lediglich mit den bereits in der früheren Entscheidung gewürdigten Gesichtspunkten auseinandersetzt, ohne neue, nach seiner Meinung maßgebliche und bisher nicht gewürdigte Gesichtspunkte für seine abweichende Meinung ins Feld zu führen, so würde das das Anwendungsgebiet des § 121 Abs. 2 in einem Maße einengen, wie es den gesetzgeberischen Absichten nicht entspricht, denn über die Tragweite eines neuen Gesichtspunktes — soweit er nicht in einer wesentlichen, die Grundlage der bisherigen Auslegung aufhebenden Änderung der Rechtslage besteht — läßt sich oft streiten.

b) Eine Abweichung in einer Rechtsfrage kommt nicht nur in Betracht, wenn der Meinungsstreit die Auslegung ein und derselben Vorschrift betrifft. Es genügt, wenn es sich um einen **Rechtsbegriff** handelt, der in verschiedenen Vorschriften, aber im gleichen Sinne verwendet wird, wie z. B. der der Geringwertigkeit in §§ 248a, 264a StGB. (BGHSt. **6**, 42; vgl. auch Anm. 4c zu § 136).

c) Die Rechtsfrage in, der das Oberlandesgericht abweichen will, muß zwar für **seine eigene Entscheidung** entscheidungstragend sein. Dagegen ist es ohne Bedeutung, ob ihr die gleiche Bedeutung auch in der Entscheidung des anderen Gerichts zukommt, von der das Oberlandesgericht abweichen will (a. M. BGHSt. **7** 314; MDR. **1955**, 564). Zwar wird bei der Anrufungspflicht nach § 136 verlangt, daß die Rechtsfrage, in der zwei Senate des Bundesgerichtshofs voneinander abweichen wollen, für die frühere wie für die neue Entscheidung den tragenden Entscheidungsgrund bilde (vgl. Anm. 4a zu § 136) und das gleiche gilt für die Einholungspflicht in der Verfassungsgerichtsbarkeit nach Art. 100 Abs. 3 GG. (BVerfG. NJW. **1954**, 505). Dieser Gedanke kann aber auf die Vorlegungspflicht nach § 121 Abs. 2 nicht ohne weiteres übertragen werden (a. M. Schwarz Anm. 4B; BGH. MDR. **1955**, 564). Beim Bundesgerichtshof (und entsprechend früher beim Reichsgericht) ist jeder Senat ohne weiteres in der Lage, sich Kenntnis vom vollen Wortlaut der früheren Entscheidungen zu verschaffen und die Bedeutung der Rechtsfrage für diese Entscheidung zu überblicken. Darüber hinaus ist es sinnvoll, die Rechtsprechung des Bundesgerichtshofs nicht ohne Not vor der Zeit durch eine Entscheidung des Großen Senats festzulegen, vielmehr in Fällen, in denen zwar in einer vorangegangenen Entscheidung eine abweichende Rechtsauffassung vertreten wurde, die Entscheidung aber nicht darauf beruhte, zu ermöglichen, daß neue Revisionsfälle zu erneuter Durchdenkung der Frage führen. Es ist ja gerade die Aufgabe eines höchsten Gerichts, einmal ausgesprochene Rechtsansichten an Hand neuer praktischer Fälle auf ihre Richtigkeit zu prüfen, sie schrittweise auszubauen, die Auswirkung neuer Verhältnisse zu klären usw. und eben diese langsam sich vollziehende Entwicklung darf nicht — das ist der Sinn der oben erwähnten Auslegung des § 136 — ohne zwingende Veranlassung durch eine Festlegung, wie sie eine Entscheidung des Großen Senats mehr oder weniger bewirken würde, ausgeschlossen werden. Wesentlich anders liegt es, wenn ein Oberlandesgericht abweichen will. Zunächst könnte es in vielen Fällen gar nicht übersehen, ob die Rechtsfrage für die andere Entscheidung entscheidungstragende Bedeutung hatte, denn oberlandesgerichtliche Entscheidungen werden in Fachzeitschriften meist in mehr oder weniger gekürzter Form abgedruckt, so daß aus den Ausführungen zu der betreffenden Rechtsfrage nicht ohne weiteres die Bedeutung der behandelten Rechtsfrage für die zu treffende Entscheidung erkennbar ist. Aber abgesehen davon: der Sinn des § 121 Abs. 2 ist, daß, wenn einmal eine Streitfrage hervortritt, sie alsbald vor den Bundesgerichtshof gebracht wird, um auszuschließen, daß für einen mehr oder weniger langen Zeitraum die Oberlandesgerichte voneinander abweichen. Damit wird weder die oben gekennzeichnete Erprobung eines neu aufgestellten Rechtssatzes an Hand neuer Fälle ausgeschlossen noch der Anteil der oberlandesgerichtlichen Revisionstätigkeit an der Entwicklung der Rechtsauslegung verkleinert. Denn die auf die Vorlegung ergehende Entscheidung des nach der Geschäftsverteilung zuständigen Senats des Bundesgerichtshofs hat nicht, wie eine solche des Großen Senats, mehr oder weniger endgültige kontroversenbereinigende Wirkung für die Praxis, sondern ist der Idee nach dazu bestimmt, fürs erste die Rechtsprechung der Oberlandesgerichte im Sinne einer einheitlichen Auslegung zu bestimmen. Weder dieser und die anderen Senate des Bundesgerichtshofs noch auch die Oberlandesgerichte werden dadurch der Pflicht enthoben, die Richtigkeit der auf Vorlegung ergangenen Entscheidung an Hand neuer Fälle zu erproben. Für die übrigen Senate des Bundesgerichtshofs hat die Vorlegungsentscheidung keine weitergehende Bedeutung als irgendeine Revisionsentscheidung eines Senats und sie stehen ihr mit der gleichen Freiheit selbständiger Entschließung gegenüber. Die Oberlandesgerichte aber werden erneut vorlegen, wenn neue Fälle Zweifel an der praktischen Brauchbarkeit der auf Vorlegung ergangenen Entscheidung hervorrufen und sie sind nicht gehindert, ohne erneute Vorlegung den vom Bundesgerichtshof ausgesprochenen Rechtssatz zu nuancieren, zu verfeinern und auszudehnen, soweit darin nicht eine erkennbare Abweichung, eine Mißbilligung der Entscheidung liegt. Die Vorlegungspflicht hat also, richtig verstanden, nicht den Sinn (und auch nicht die Wirkung), eine Kontroverse gewissermaßen im Keim durch ein Machtwort zu ersticken, noch bevor sie durch Beibringung mannigfacher Gesichtspunkte von den verschiedensten Seiten für eine nach allen Richtungen abwägende Entscheidung reif geworden ist; vielmehr soll erreicht werden, daß die Entscheidung stets bei einem Gericht, dem Bundesgerichtshof, liegt, auf dessen Entscheidung durch ihre Vorlegungen und ihre dabei abzugebenden Stellungnahmen einzuwirken Recht und Pflicht der Oberlandesgerichte ist.

d) Ist somit die Vorlegungspflicht auch nicht davon abhängig, daß die Rechtsfrage für die andere Entscheidung entscheidungstragend war, so muß andrerseits doch erkennbar sein, daß es sich um eine **feste, endgültige Stellungnahme** des anderen Gerichts zu der Rechtsfrage handelt. Das ist nicht der Fall, wenn das andere Gericht nur zu einer Auffassung „neigt" oder zwar die Gründe für eine bestimmte Auffassung darlegt, aber erklärt, daß „abschließend" dazu nicht Stellung genommen zu werden brauche oder es „nicht entscheidend darauf ankomme", weil die Entscheidung sich aus anderen Erwägungen rechtfertige. Denn mit solchen Wendungen gibt das Gericht zu erkennen, daß es eine endgültige Stellungnahme, die es zur Grundlage seiner Entscheidung machen würde, noch nicht bezogen hat. Das gilt auch für beiläufige, nicht näher begründete Bemerkungen. Dagegen wird nach dem zu c) Ausgeführten die Vorlegungspflicht nicht dadurch berührt, daß das andere Gericht seine Entscheidung auf verschiedene Erwägungen stützt, also sowohl auf eine bestimmte Auslegung einer Vorschrift als auch auf eine andere Vorschrift (etwa: „Unabhängig davon rechtfertigt sich die Entscheidung aus folgendem Grunde"); und wenn es gar diese Unabhängigkeit in der Weise zum Ausdruck bringt, die Entscheidung müsse aus einem anderen Grunde im gleichen Sinn ergehen, wenn man der von ihm vertretenen Auslegung nicht folge.

20. Keine Vorlegungspflicht besteht, wenn das Oberlandesgericht an seine abweichende Auffassung **verfahrensrechtlich gebunden** ist. Hat also ein Oberlandesgericht, ohne die Abweichung zu erkennen oder zu beachten, auf Revision aufgehoben und zurückverwiesen, so ist es bei erneuter Revision an seine Rechtsauffassung gebunden, auch wenn es jetzt erst die Abweichung erkennt. Diese Bindung an die frühere Auffassung, die eine Vorlegung ausschließt, besteht auch dann, wenn zwischen der Aufhebung und der zweiten Revisionsentscheidung eine abweichende Entscheidung eines anderen Gerichts ergangen ist (BGH. NJW. **1954**, 1445 — zu § 28 FGG.). S. Anm. 22.

21. a) Eine vorgelegte Sache kann das Oberlandesgericht **zurücknehmen,** wenn es nachträglich erkennt, daß die vorbezeichneten Voraussetzungen der Vorlegung nicht gegeben sind. Das bedarf keiner weiteren Begründung. Die Zurücknahme ist aber auch möglich, wenn es sich nachträglich entschließt, von seiner abweichenden Auffassung abzugehen. Denn die Vorlegung (der „Vorlagebeschluß") ist keine Sachentscheidung, an die das vorlegende Gericht gebunden wäre. Man kann auch nicht sagen, daß durch die (zulässige) Vorlegung die Zuständigkeit einer höheren Instanz begründet wäre, in die nicht mehr eingegriffen werden könnte. Der Bundesgerichtshof kann zwar nach erfolgter Vorlegung an Stelle des Oberlandesgerichts über die Revision selbst entscheiden; er braucht sich nicht auf die Beantwortung der Rechtsfrage zu beschränken (vgl. unten Anm. 23). Aber es handelt sich, wenn er von dieser Möglichkeit Gebrauch macht, lediglich um eine aus Zweckmäßigkeitsgründen erfolgende Verfahrensvereinfachung und, solange er die Entscheidung in der Sache selbst nicht an sich gezogen hat, bleibt die Sache beim Oberlandesgericht anhängig (sie wird ja auch nicht „zurückverwiesen"). Im übrigen besteht kein Bedürfnis für eine Entscheidung zur Herbeiführung einheitlicher Gesetzesauslegung, wenn ein Streit über die Auslegung nicht mehr besteht.

b) Legt ein Oberlandesgericht wegen beabsichtigter Abweichung von einem anderen Oberlandesgericht vor und ergeht nach erfolgter Vorlegung, aber unabhängig von ihr, eine Entscheidung des Bundesgerichtshofs, so erledigt sich die Vorlage ohne Entscheidung (vgl. Anm. 16 e und 23 b). Das vorlegende Oberlandesgericht ist durch die Vorlage nicht gehindert, bei erneuter Befassung mit der gleichen Rechtsfrage in einer anderen Sache die in dem Vorlagebeschluß geäußerte Rechtsauffassung aufzugeben; auch dann erledigt sich die Vorlage ohne weiteres.

22. Ergeht eine Revisionsentscheidung, ohne daß § 121 Abs. 2 beachtet wurde, so wird ihre Wirksamkeit dadurch nicht beeinträchtigt. Die Nichtvorlegung ist ein Verfahrensverstoß, der keine weitergehende Wirkung haben kann als jeder andere Gesetzesverstoß in einem letztinstanzlichen Verfahren. Insbesondere ist bei einer Aufhebung des Urteils und Zurückverweisung der Tatrichter ebenso an die Rechtsauffassung des Oberlandesgerichts gebunden (§ 358 StPO), wie er es ist, wenn ein Senat des Bundesgerichtshofs bei der Aufhebung und Zurückverweisung von der Rechtsauffassung eines anderen Senats abweicht, ohne nach § 136 zu verfahren (ebenso Sarstedt NJW. **1955**, 1629; a. M. Becker NJW. **1955**, 1262). Auch der Umstand, daß ein später entscheidendes Oberlandesgericht nunmehr vorlegt und der BGH. die Rechtsfrage anders beantwortet als das Oberlandesgericht, das ohne Vorlegung entschieden hat, kann nur dazu führen, daß die Gnadeninstanz zu Maßnahmen Veranlassung findet, wenn ein verurteilendes Erkenntnis auf der vom Bundesgerichtshof abgelehnten Rechtsauffassung beruht. Von einer Wiederaufnahme des Verfahrens kann keine Rede sein (vgl. Anm. 3a vor § 359 StPO.); ein Ausnahmefall wie der des § 79 Abs. 1 BVerfGG. liegt nicht vor, vielmehr hat das Revisionsgericht auf Grund eines gültigen Gesetzes entschieden und lediglich einen Verfahrensverstoß begangen, der, wie jeder andere, durch die Rechtskraft geheilt wird.

23. Vorlegungsverfahren. a) Die Vorlegung, über deren Förmlichkeiten das Gesetz schweigt, erfolgt durch einen Vorlagebeschluß, in dem das Gericht, der Natur der Sache entsprechend, die Gründe darzulegen hat, aus denen es abweichen will. Dieser Beschluß setzt, da das Revisionsgericht grundsätzlich seine Rechtsansicht nur als Ergebnis einer Hauptverhandlung schöpfen kann (§ 349 Abs. 2 StPO. scheidet ja aus), die Durchführung der Hauptverhandlung voraus. Der Bundesgerichtshof prüft, ob die in den vorangegangenen Anm. dargelegten Voraussetzungen der Vorlegung gegeben sind. Verneinendenfalls gibt er die Sache dem Oberlandesgericht zur Entscheidung in eigner Zuständigkeit zurück. Für den Fall der Bejahung überläßt § 121 Abs. 2 stillschweigend die weitere Behandlung dem Ermessen des Bundesgerichtshofs, der nach den Erfordernissen der Prozeßökonomie verfährt. Er kann sich auf die Beantwortung der Rechtsfrage beschränken und entscheidet darüber in Beschlußform; er kann aber auch, etwa wenn die Sache im übrigen nach Maßgabe des § 354 Abs. 1 StPO. entscheidungsreif ist, selbst an Stelle des Oberlandesgerichts die Revisionsentscheidung (durch Urteil auf Grund einer Hauptverhandlung) treffen (BGHSt. **2**, 63 [= JZ. **1952**, 149]; **3**, 72; **4**, 33); a. M. Baur JZ. **1953**, 326, der seine Auffassung, der BGH. müsse stets selbst in der Sache entscheiden, mit der befremdlichen Erwägung begründet, der BGH. nehme nach der Vorlage wieder „seine" Revisionszuständigkeit wahr, die nur zu seiner Entlastung auf die Oberlandesgerichte übertragen worden sei. Beschränkt der BGH. sich auf die Bescheidung der Rechtsfrage und ist hiernach die Revision unbegründet, so kann das Oberlandesgericht sie nunmehr als offensichtlich unbegründet (§ 349 Abs. 2 StPO.) durch Beschluß verwerfen; andernfalls entscheidet es auf Grund einer neuen Hauptverhandlung durch Urteil. Eine Bindung des Oberlandesgerichts an die Rechtsauffassung des Bundesgerichtshofs spricht § 121 Abs. 2 nicht ausdrücklich aus; sie ergibt sich praktisch daraus, daß das Oberlandesgericht, wenn es abweichen wollte, erneut vorlegen müßte.

b) Eine Entscheidung des BGH. erübrigt sich, wenn sich durch eine nach der Vorlegung erfolgende Gesetzesänderung die Streitfrage erledigt (BGH. NJW. **1955**, 304 zu § 79 Abs. 2 GBO.); von einer solchen Erledigung kann aber nur die Rede sein, wenn Fälle, die nach bisherigem Recht zu beurteilen sind, künftig nicht in Betracht kommen, also auch in bereits anhängigen Fällen (wie dem vorgelegten) nach neuem Recht zu entscheiden ist. Eine Entscheidung des BGH. erübrigt sich auch, wenn — dem vorlegenden Oberlandesgericht unbekannt — der zur Entscheidung über die Vorlage zuständige Senat des BGH. schon **vor** der Vorlage über die Rechtsfrage auf Grund der früheren Vorlage eines anderen OLG. entschieden hatte (BGH. LM. Nr. 11) oder wenn die Entscheidung eines anderen Senats des BGH ergangen war, dem der zur Entscheidung über die Vorlage zuständige Senat beitritt. (Wegen des Falles, daß **nach** der Vorlage eine Entscheidung des BGH. ergeht, vgl. Anm. 16e und 21b). Daß der BGH. in diesen Fällen **befugt** ist, die weitere Entscheidung dem Oberlandesgericht zu überlassen, kann nicht zweifelhaft sein, nachdem der Zweck der Vorlage erreicht ist. Den BGH. aber auch jetzt noch für befugt anzusehen, in der Sache selbst zu entscheiden (so BGH. LM. Nr. 3 zu § 121; ihm zustimmend Jagusch in der Anm. aaO.), läßt sich, wenn es keinerlei weiterer Stellungnahme zu der vorgelegten Rechtsfrage mehr bedarf, nicht rechtfertigen. Da der Gesichtspunkt der Prozeßökonomie, der allein die Verbindung einer Entscheidung über die vorgelegte Rechtsfrage mit der Entscheidung in der Sache selbst rechtfertigt (vgl. Anm. 23a), eine Sachentscheidungsbefugnis des BGH. nicht mehr trägt, würde die Sachentscheidung durch den BGH einen Eingriff in die Revisionszuständigkeit des OLG. bedeuten.

24. § 56 Abs. 2 des Ges. über Ordnungswidrigkeiten vom 25. 3. 1952 (BGBl. I 177) erklärt den § 121 Abs. 2 für entsprechend anwendbar. Die entsprechende Anwendung bedeutet, daß das Oberlandesgericht im gerichtlichen Stadium des Bußgeldverfahrens als Rechtsbeschwerdegericht in gleicher Weise vorlegungspflichtig ist wie als Revisionsgericht in Strafsachen (BGH. DRiZ. **1955** Beil. Nr. 325; BayObLGSt. **1953**, 17). Es ist dabei nicht nur vorlegungspflichtig, wenn es von einer Entscheidung abweichen will, die ein anderes Oberlandesgericht als Rechtsbeschwerdeinstanz oder der Bundesgerichtshof nach Vorlegung gemäß § 56 Abs. 2 OWiG. erlassen hat, vielmehr löst, in gleicher Weise wie bei dem Oberlandesgericht als Revisionsgericht in Strafsachen (vgl. oben Anm. 17) jede beabsichtigte Abweichung von der Entscheidung eines anderen Oberlandesgerichts als Revisionsgericht in Strafsachen oder des Bundesgerichtshofs, gleichviel welches Rechtsgebiet sie betrifft, die Vorlegungspflicht aus. Eine Abweichung von § 121 Abs. 2 besteht nach Sinn und Zweck des § 56 Abs. 5 OWiG. lediglich darin, daß maßgebender Stichtag nicht der 1. 4. 1950, sondern der 1. 4. 1952 (Tag des Inkrafttretens des OWiG.) ist (BGHSt. **6** 8 = NJW. **1954** 1129; OLG. Hamm NJW. **1952** 1106; Dalcke-Schäfer [36] Anm. 11 zu § 56 OWiG.).

§ 122

(1) Die Senate der Oberlandesgerichte entscheiden, soweit nicht nach den Vorschriften der Prozeßgesetze an Stelle des Senats der Einzelrichter zu entscheiden hat, in der Besetzung von drei Mitgliedern mit Einschluß des Vorsitzenden.

(2) Die Strafsenate sind in der Hauptverhandlung des ersten Rechtszuges mit fünf Mitgliedern einschließlich des Vorsitzenden zu besetzen. Im ersten Rechtszug entscheiden sie in dieser Besetzung auch darüber, ob das Hauptverfahren zu eröffnen oder der Angeklagte außer Verfolgung zu setzen oder das Verfahren nach Eröffnung des Hauptverfahrens wegen eines Verfolgungshindernisses einzustellen ist.

I. Entstehungsgeschichte: Entw. § 96.

II. Spätere Fassungen: VO. vom 4. 1. 1924 § 1 (RGBl. I 15). Bek. vom 22. 3. 1924 (RGBl. I 314). Das 1. Strafrechtsänderungsges. vom 30. 8. 1951 (BGBl. I 739) Art. 3 Nr. 4 hat den Satz 2 des Abs. 2 angefügt (in Berlin übernommen durch Ges. vom 30. 10. 1951, GVBl. 994).

1. Die Einschränkung in Abs. 1 („soweit nicht ... hat") gilt für den Strafsenat nicht.

2. Abs. 2 Satz 2 schreibt, entsprechend § 139 Abs. 2, die gleiche Besetzung wie in der Hauptverhandlung für solche außerhalb der Hauptverhandlung ergehenden Beschlüsse vor, die für den Beschuldigten von besonders schwerwiegender Bedeutung sind (Eröffnungsbeschluß einschl. der gleichzeitig zu treffenden Entscheidung nach § 207 Abs. 2 StPO.) oder das Verfahren abschließen (Außerverfolgungsetzung nach der zwingend vorgeschriebenen Voruntersuchung, § 178 StPO., Verfahrenseinstellung nach § 206a StPO.). Nach OLG. Celle NdsRpfl. **1954**, 175 sind auch Beschlüsse nach § 431 Abs. 4 StPO. in dieser Besetzung zu erlassen, da der Beschluß das sonst von 5 Richtern zu erlassende Urteil ersetze.

Neunter Titel

Bundesgerichtshof

1. Nach dem Zusammenbruch 1945 wurde dem Reichsgericht seine Rechtsprechungsbefugnis durch Anordnung der Besatzungsbehörden (Art. I Abs. 2 des MilRegGes. Nr. 2) entzogen; mit dem Kontrollratsges. Nr. 4 traten die §§ 123ff. a. F. GVG. außer Kraft. An die Stelle des Reichsgerichts ist das nach Art. 96 GG. für das Gebiet der ordentlichen Gerichtsbarkeit zu errichtende obere Bundesgericht getreten, das durch das Vereinheitlichungsges. vom 12. 9. 1950 die Bezeichnung Bundesgerichtshof erhalten hat.

2. Die **Zuständigkeit des Bundesgerichtshofs** in Strafsachen wird durch §§ 134, 135 in Verbindung mit einzelnen Vorschriften der Prozeßordnungen (s. z. B. StPO. § 4 Abs. 2, § 12 Abs. 2, § 13 Abs. 2, 3, § 13a, §§ 14, 15, 19, § 27 Abs. 1, § 172 Abs. 4, § 462 Abs. 3) bestimmt. Für Zivilsachen s. § 133.

Außerdem regelt sich der Geschäftskreis des Bundesgerichtshofs noch durch eine Anzahl von Vorschriften, die teils die Zuständigkeit erweitern, teils ihm einige besondere, außerhalb der Zivil- und Strafrechtspflege liegende Geschäfte zuweisen. Als solche Vorschriften sind z. B. anzuführen: § 159 Abs. 1, §§ 120 Abs. 3, 121 Abs. 2 GVG.; § 3 Abs. 2 EGGVG.; §§ 11 Abs. 2 Nr. 2, 17 EGGVG.; § 19 des Zuständigkeitsergänzungsges. vom 7. 8. 1952 (BGBl. I 407), § 56 Abs. 2 des Ges. über Ordnungswidrigkeiten vom 25. 3. 1952 (BGBl. I 177), § 27 des Deutschen Auslieferungsges. vom 23. 12. 1929 (RGBl. I 239). — Nach Art. 8 III Nr. 88 des Vereinheitlichungsges. vom 12. 9. 1950 (BGBl. 455) ist, wo in gesetzlichen Vorschriften dem Reichsgericht oder dem Obersten Gerichtshof für die Britische Zone Aufgaben zugewiesen worden sind, an deren Stelle der Bundesgerichtshof getreten. Gleichzeitig ist in Nr. 88 Abs. 2 a. a. O. vorgesehen, daß der Bundesgerichtshof ferner zuständig ist, wenn ihm durch eine Gesetzgebung außerhalb des Geltungsbereichs des Vereinheitlichungsges. Zuständigkeiten in Übereinstimmung mit diesem Gesetz übertragen werden. Dies ist durch das Berliner Gesetz vom 9. 1. 1951 (VOBl. S. 99) geschehen.

3. Wegen der **Staatsanwaltschaft** bei dem Bundesgerichtshof s. § 142 Abs. 1 Nr. 1 und Anm. 5 das.

4. Wegen der **Urkundsbeamten** der Geschäftsstellen s. § 153, wegen der **Gerichtsvollzieher** § 154.

5. Wegen der **Rechtsanwälte** bei dem Bundesgerichtshof s. Art. 8 III Nr. 89 des Vereinheitlichungsges. vom 12. 9. 1950.

6. Wegen des Fortbestehens eines **obersten Landesgerichts** neben dem Bundesgerichtshof s. EGGVG. § 9.

§ 123

Sitz des Bundesgerichtshofes ist Karlsruhe.

I. Entstehungsgeschichte: Entw. § 97. § 123 a. F. besagte, daß der Sitz des Reichsgerichts durch besonderes Gesetz bestimmt werde. § 2 des Ges. über den Sitz des Reichsgerichts vom 11. 4. 1877 (RGBl. 415) legte Leipzig als Sitz fest.

II. Spätere Änderungen: Die jetzige Fassung beruht auf dem Vereinheitlichungsges. vom 12. 9. 1950.

§ 124

Der Bundesgerichtshof wird mit einem Präsidenten und der erforderlichen Zahl von Senatspräsidenten und Bundesrichtern besetzt.

I. Entstehungsgeschichte: Entw. § 98.

II. Spätere Änderungen: Das Vereinheitlichungsges. vom 12. 9. 1950 hat das Wort „Räten" durch „Bundesrichter" ersetzt.

1. Die Verwendung von **Hilfsrichtern** ist beim Bundesgerichtshof nicht zulässig; sie müßte im Falle eines Bedarfs durch besonderes Bundesgesetz ermöglicht werden. Das entspricht dem ursprünglich auch für das Reichsgericht geltenden Rechtszustand; § 132 a. F. erklärte die Zuziehung von Hilfsrichtern ausdrücklich für unzulässig. Doch ist durch besondere Gesetze später die Zuziehung von Hilfsrichtern wiederholt auf Zeit gestattet worden (Art. XII des Ges. vom 22. 5. 1910 — RGBl. 772 —, Art. II des Ges. vom 24. 3. 1920 — RGBl. 342 — und zuletzt Ges. vom 1. 3. 1930 — RGBl. I 31 —, das, in seiner Geltungsdauer wiederholt verlängert, bis Kriegsende galt). Nicht zu verwechseln mit der Einrichtung der Hilfsrichter ist die der beim Bundesgerichtshof verwendeten Hilfskräfte (jüngerer planmäßig angestellter Landesrichter). Sie nehmen keine richterlichen Aufgaben wahr, sondern unterstützen die Bundesrichter lediglich durch vorbereitende Tätigkeit (vgl. dazu Anm. 3 zu § 193).

§ 125

(1) Die Mitglieder des Bundesgerichtshofes werden durch den Bundesminister der Justiz gemeinsam mit dem Richterwahlausschuß gemäß dem Richterwahlgesetz berufen und vom Bundespräsidenten ernannt.

(2) Zum Mitglied des Bundesgerichtshofes kann nur berufen werden, wer die Fähigkeit zum Richteramt in einem deutschen Land erlangt und das fünfunddreißigste Lebensjahr vollendet hat.

I. Entstehungsgeschichte: Entw. § 99.

II. Spätere Änderungen: Durch Ges. vom 27. 3. 1923 Art. I Nr. 4 (RGBl. I 218) wurde ein Abs. 3 eingefügt, der das Dienstalter der Mitglieder des Reichsgerichts regelte. Durch Bek. vom 22. 3. 1924 (RGBl. I 314) wurde § 125 Abs. 1 neugefaßt. Abs. 3 wurde durch § 28 der VO. vom 28. 2. 1939 (RGBl. I 359) aufgehoben. Die jetzige Fassung der Abs. 1, 2 beruht auf dem Vereinheitlichungsges. vom 12. 9. 1950. Abs. 3 ist weggefallen. Abs. 1 gibt den Rechtszustand wieder, der sich aus Art. 60, 96 Abs. 2 GG. ergibt. Vgl. im übrigen das Anh. A abgedr. Richterwahlgesetz vom 25. 8. 1950 (BGBl. 368).

§§ 126—129

(weggefallen)

1. Die früheren §§ 126—129 regelten abschließend die beamtenrechtlichen Verhältnisse der Mitglieder des Reichsgerichts; diese privilegierenden Vorschriften wurden durch das Deutsche Beamtenges. vom 26. 1. 1937 (RGBl. I 39) aufgehoben und die Mitglieder des Reichsgerichts den allgemeinen beamtenrechtlichen Vorschriften in Verbindung mit den allgemein für Richter geltenden Vorschriften des GVG. unterstellt. Art. 96 Abs. 2, Art. 98 Abs. 1 GG. ordnen an, daß Dienstverhältnisse und Rechtsstellung der Bundesrichter durch besonderes Bundesges. zu regeln sind. Bis zu dessen Erlaß gelten neben den allgemein für die Richter geltenden Vorschriften in Art. 97 GG. und §§ 5 bis 10 GVG. für die Bundesrichter die Vorschriften des Bundesbeamtenges. vom 14. 7. 1953 (BGBl. I 551), § 189. Wegen der in Art. 98 Abs. 2 GG. geregelten Richteranklage gegen Bundesrichter vor dem Bundesverfassungsgericht vgl. Anm. 3b zu § 8.

§ 130

(1) Bei dem Bundesgerichtshof werden Zivil- und Strafsenate gebildet. Ihre Zahl bestimmt der Bundesminister der Justiz.

(2) Der Bundesminister der Justiz wird ermächtigt, Zivil- und Strafsenate auch außerhalb des Sitzes des Bundesgerichtshofes zu bilden.

I. Entstehungsgeschichte: Entw. § 104.

II. Spätere Entwürfe: N. E. III Nr. 47.

III. Spätere Änderungen: Bek. v. 22. 3. 1924 (RGBl. I 314). Das Vereinheitlichungsges. vom 12. 9. 1950 hat den Abs. 2 hinzugefügt

1. Zu Abs. 2.

Die Errichtung und Aufhebung auswärtiger Senate erfolgt durch Verwaltungsanordnung des Bundesjustizministers. Z. Z. besteht ein detachierter Strafsenat in Berlin. Die Besetzung des detachierten Senats ist Sache des Präsidiums; über die Verschiebbarkeit der Mitglieder des BGH zwischen Karlsruhe und Berlin s. Anm. 3e zu § 8.

§ 131

Die Vorschriften der §§ 62 bis 69 sind mit der Maßgabe anzuwenden, daß das Präsidium aus dem Präsidenten, den Senatspräsidenten und den vier dem Dienstalter nach, bei gleichem Dienstalter der Geburt nach ältesten Mitgliedern des Gerichts besteht.

I. Entstehungsgeschichte: Entw. § —.

II. Spätere Änderungen: Ges. vom 4. 7. 1933 (RGBl. I 451). Durch das Ges. vom 24. 11. 1937 (RGBl. I S. 1286) wurde § 131 aufgehoben. Das Vereinheitlichungsges. vom 12. 9. 1950 hat bei der Wiederherstellung des Präsidiums vor dem Wort „ältesten" die Worte „dem Dienstalter nach, bei gleichem Dienstalter der Geburt nach" eingefügt.

1. Hiernach gilt — obwohl seine Voraussetzungen an sich vorlägen — für den Bundesgerichtshof der Abs. 3 des § 64 über das verkleinerte Präsidium nicht. Ein **ständiger Vertreter** des Präsidenten (§ 66 Abs. 2) ist beim Bundesgerichtshof nicht vorgesehen.

§ 131 a

(weggefallen)

§ 131a, eingefügt durch Ges. vom 28. 6. 1935 (RGBl. I 844), enthielt die Vorschriften über die Großen Senate und die Vereinigten Großen Senate (jetzt § 132).

§ 132

(1) Beim Bundesgerichtshof wird ein Großer Senat für Zivilsachen und ein Großer Senat für Strafsachen gebildet.

(2) Jeder Große Senat besteht aus dem Präsidenten und acht Mitgliedern.

(3) Die Mitglieder und ihre Vertreter werden durch das Präsidium des Bundesgerichtshofs für die Dauer von zwei Geschäftsjahren bestellt.

(4) Die Vereinigten Großen Senate bestehen aus dem Präsidenten und sämtlichen Mitgliedern der Großen Senate.

(5) Den Vorsitz in den Großen Senaten und den Vereinigten Großen Senaten führt der Präsident des Bundesgerichtshofes, im Falle seiner Verhinderung sein Vertreter. In den Fällen des § 136 können die Präsidenten der beteiligten Senate, in den Fällen des § 137 der Präsident des erkennenden Senats oder von ihnen bestimmtes Mitglied ihres Senats an den Sitzungen des Großen Senats oder der Vereinigten Großen Senate mit den Befugnissen eines Mitgliedes teilnehmen. Bei Stimmengleichheit gibt die Stimme des Vorsitzenden den Ausschlag.

1. **Entstehungsgeschichte:** § 136 a. F. GVG. (i. d. F. des Ges. vom 17. 3 1886, RGBl. 61) sah zur Erhaltung einer einheitlichen Rechtsprechung innerhalb des Reichsgerichts folgende Regelung vor: wollte ein Zivilsenat in einer Rechtsfrage von der Entscheidung eines anderen Zivilsenats abweichen, so hatte er die Entscheidung der vereinigten Zivilsenate und in gleicher Weise ein Strafsenat, der von der Entscheidung eines anderen Strafsenats abweichen wollte, die Entscheidung der vereinigten Strafsenate einzuholen. Das Plenum des Reichsgerichts war zur Entscheidung berufen, wenn ein Zivilsenat von einem Strafsenat (oder umgekehrt) abweichen wollte. Dieser infolge der Vielzahl der mitwirkenden Personen schwerfällige Apparat zeitigte den vielgenannten horror pleni, d. h. das Bestreben, im Wege der Auslegung die Voraussetzungen für die Einholung einer Entscheidung der Plenargremien weitgehend einzuengen. Aus dem Entscheidungsbuch des Reichsgerichts ergibt sich, daß in den Jahre 1879—1926 nur 31 Plenarentscheidungen der vereinigten Strafsenate erlassen worden sind. (Eine Zusammenstellung s. in dem Aufsatz von Schneidewin in der Schrift „Fünfzig Jahre Reichsgericht" 270ff.). Zwischen der Entscheidung vom 13. 1. 1915 (RGSt. **49** 129) und der nächsten vom 14. 5. 1926 lag ein Zeitraum von mehr als 11 Jahren. Das Ges. vom 28. 6. 1935 (RGBl. I 844), brachte, an ältere Reformvorschläge anknüpfend, eine Vereinfachung in der Weise, daß an die Stelle der vereinigten Zivilsenate und der vereinigten Strafsenate ein Großer Senat für Zivilsachen und ein Großer Senat für Strafsachen trat, während die Aufgabe des Plenums den Vereinigten Großen Senaten zufiel. Die Zusammensetzung dieser 3 Rechtsprechungsgremien wurde in dem neu eingestellten § 131 a geregelt; Aufgabenbereich und Verfahren ergaben sich aus den durch das gleiche Gesetz neugefaßten §§ 136—138. Das Vereinheitlichungsges. vom 12. 9. 1950 hat im wesentlichen diese Regelung beibehalten und dem bisherigen § 131a die Paragraphenzahl 132 gegeben, während eine dem § 132 a. F. (Verbot der Zuziehung von Hilfsrichtern) entsprechende ausdrückliche Vorschrift für entbehrlich gehalten wurde, da die Verwendung von Hilfsrichtern nur insoweit zulässig ist, als das Gesetz sie ausdrücklich (§§ 10, 70, 117, 118) gestattet (vgl. Anm. 1 zu § 124). Die Abweichung des neuen § 132 von § 131 a besteht darin, daß die Mitglieder der Großen Senate nicht von der Justizverwaltung, sondern vom Präsidiun (§ 131) bestellt werden; ferner bestand früher jeder Große Senat aus dem Präsidenten, dem Vizepräsidenten und 7 Mitgliedern, während jetzt, da es einen Vizepräsidenten beim Bundesgerichtshof nicht mehr gibt, außer dem Präsidenten je 8 Mitglieder den Großen Senaten angehören.

2. Die vom Präsidium zu bestellenden Mitglieder und Vertreter wählt das Präsidium nach freiem Ermessen aus der Zahl der Senatspräsidenten und Bundesrichter. Daß die Mitglieder des Großen Zivilsenats aus der Zahl der Mitglieder der Zivilsenate (und entsprechend für den Großen Strafsenat) zu entnehmen seien, ist nicht vorgeschrieben. Fällt während der zweijährigen Bestellungsperiode ein Mitglied weg oder ist es dauernd verhindert, so tritt der bestellte Vertreter an seine Stelle; für ihn ist für den Rest der Bestellungsperiode ein Vertreter zu bestellen.

3. Die Zahl der im Einzelfall an der Entscheidung Beteiligten ist insofern unbestimmt, als es im Ermessen der in Abs. 5 bezeichneten Präsidenten steht, ob sie an der Sitzung (einschl. der Abstimmung) selbst teilnehmen oder ein Senatsmitglied teilnehmen lassen wollen. Da die Entschei-

dung mit einfacher Stimmehrheit getroffen wird, mußte deshalb der Fall geregelt werden, daß bei einer geraden Zahl von Teilnehmern sich Stimmengleichheit ergibt. § 22 StPO. betr. Ausschließung von Richtern ist unanwendbar, da es sich nur um die Entscheidung einer von dem Einzelfall losgelösten Rechtsfrage in einem nicht gegen eine bestimmte Person gerichteten Zwischenstreit handelt (a. M. Lobe ArchRPhilos. **20**, 209).

§ 133

In bürgerlichen Rechtsstreitigkeiten ist der Bundesgerichtshof zuständig für die Verhandlung und Entscheidung über die Rechtsmittel

1. der Revision gegen die Endurteile der Oberlandesgerichte sowie gegen die Endurteile der Landgerichte im Falle des § 566a der Zivilprozeßordnung,

2. der Beschwerde gegen Entscheidungen der Oberlandesgerichte in den Fällen des § 519b Abs. 2 der Zivilprozeßordnung.

§ 134

(1) In Strafsachen ist der Bundesgerichtshof zuständig für die Untersuchung und Entscheidung im ersten und letzten Rechtszug:

bei Hochverrat und Verfassungsverrat in den Fällen der §§ 80–83 und 89 des Strafgesetzbuchs, bei Landesverrat in den Fällen der §§ 100–100c, 100d Abs. 1, 100e und 100f des Strafgesetzbuchs, bei einem Anschlag gegen ausländische Staatsmänner nach § 102 des Strafgesetzbuchs, bei Parlamentsnötigung nach § 105 des Strafgesetzbuchs, bei Nichterfüllung der Pflichten nach § 138 des Strafgesetzbuchs, wenn die Unterlassung eine Straftat betrifft, die zur Zuständigkeit des Bundesgerichtshofes gehört, und bei Völkermord nach § 220a des Strafgesetzbuchs.

(2) Der Bundesgerichtshof ist ferner für die Untersuchung und Entscheidung im ersten und letzten Rechtszug zuständig bei den in § 74a Abs. 1 bezeichneten Straftaten, wenn der Oberbundesanwalt wegen der besonderen Bedeutung des Falles die Verfolgung übernimmt.

(3) In den Sachen, in denen der Bundesgerichshof nach Abs. 1 und 2 zuständig ist, trifft er auch die in § 73 Abs. 1 bezeichneten Entscheidungen. Er entscheidet ferner über die Beschwerde gegen eine Verfügung des Ermittlungsrichters des Bundesgerichtshofes (§ 168a der Strafprozeßordnung).

I. Entstehungsgeschichte: Entw. § 107.

II. Spätere Entwürfe: N. E. III Nr. 48; E IV Art. II 37; E V Art. II Nr. 40; Entw. EGStGB. Art. 68 Ziff. 32.

III. Spätere Änderungen: Ges. gegen den Verrat militärischer Geheimnisse vom 3. 7. 1893 (RGBl. 207) § 12 und Ges. gegen der Verrat militärischer Geheimnisse vom 3. 6. 1914 (RGBl. 195) § 18. Ges. betr. Aufhebung der Militärgerichtsbarkeit vom 17. 8. 1920 (RGBl. 1580) § 4 Abs. 3. Bek. vom 22. 3. 1924 (RGBl. I 315). Ges. vom 31. 3. 1926 (RGBl. I 190) Art. I und II. VO. vom 18. 3. 1933 (RGBl. I 131) Art. 1 und Art. 3 § 3 — Abgabe an Landesstaatsanwaltschaft und Überweisung an das Oberlandesgericht auch in Hochverratssachen —. Ges. vom 24. 4. 1934 (RGBl. I 341) — Übergang der erstinstanzlichen Zuständigkeit des Reichsgerichts auf den neuerrichteten Volksgerichtshof —. Ges. vom 16. 9. 1939 (RGBl. I 1841), §§ 3, 8 — Bildung eines „Besonderen Strafsenats des Reichsgerichts" zur Entscheidung nach außerordentlichem Einspruch gegen rechtskräftige Urteile und zur Entscheidung in Sachen, die der Oberreichsanwalt wegen der Bedeutung der Sache vor dem Besonderen Strafsenat anklagte —, ZuständigkeitsVO. vom 21. 2. 1940 (RGBl. I 405), § 9 (der § 8 des Ges. vom 16. 9. 1939 ersetzte), § 35 — Zuständigkeit des Reichsgerichts zur Entscheidung über die Nichtigkeitsbeschwerde des Oberreichsanwalts gegen rechtskräftige Urteile. — Art. 143 GG. (Zuständigkeit bei Hochverrat). Nach § 134 i. d. F. des Vereinheitlichungsges. vom 12. 9. 1950, durch den Art. 143 GG. gegenstandslos wurde, beschränkte sich die erstinstanzliche Zuständigkeit des Bundesgerichtshofs zunächst auf Hochverrat und Parlamentssprengung. Durch das 1. Strafrechtsänderungsges. vom 30. 8. 1951 (BGBl. I 739) Art. 3 wurden Landesverrat, Verfassungsverrat und Anzeigenunterlassung (§ 138 StGB.)

sowie die in § 134 Abs. 2 bezeichneten Straftaten hinzugefügt und die bisherigen Abs. 2 und 3 in den neu gebildeten § 134a als Abs. 1 und 3 übernommen. Das 3. Strafrechtsänderungsges. vom 4. 8. 1953 (BGBl. I 735) erweiterte den Zuständigkeitskatalog um den Anschlag gegen ausländische Staatsmänner (§ 102 StGB.). Schließlich änderte Art. 3 des gem. Bek. vom 14. 3. 1955 (BGBl. II 210) am 22. 2. 1955 in Kraft getretenen Ges. vom 4. 8. 1954 (BGBl. II 729) den § 134 Abs. 1 dahin, daß auch Völkermord (§ 220a StGB.) in die erstinstanzliche Zuständigkeit des Bundesgerichtshofs fällt. Besondere Zuständigkeitsvorschriften für die in Anhang A des „Truppenvertrags" bezeichneten Tatbestände (vgl. Anh. C in diesem Werk) sind bisher nicht ergangen, aber zu erwarten. Vgl. noch RiStV. **1953** Nr. 202.

1. Bei der Aufteilung der erstinstanzlichen sachlichen Zuständigkeit in Strafsachen an die Gerichte der verschiedenen Ordnungen sind dem Bundesgerichtshof gewisse hochpolitische Delikte, die sich gegen den inneren und äußeren Bestand des Staates richten, zugewiesen worden. Und zwar ist die Zuständigkeit des Bundesgerichtshofs in den Fällen des § 134 Abs. 1 negativ, nämlich dadurch bedingt, daß keine Abgabe nach § 134a Abs. 1, 3 erfolgt, dagegen in den Fällen des Abs. 2 zugleich positiv und negativ bedingt, nämlich positiv durch eine Übernahme wegen besonderer Bedeutung und negativ durch das Unterbleiben einer Rückgabe (§ 134a Abs. 2, 3). Bei der Wahrnehmung dieser Aufgaben neben seiner Revisionstätigkeit (§ 135) und den ihm sonst zugewiesenen Geschäfte (vgl. Vorbem. 2 vor § 123) handelt der Bundesgerichtshof selbstverständlich nicht als Ausnahmegericht (dies nicht im technischen Sinn des Art. 101 GG., § 16 GVG., sondern im Sinn einer gewissen Zuständigkeitsanomalie), sondern als das ordentliche Erstinstanzgericht höchster Ordnung (§ 12); eine solche Regelung ist mit dem rechtsstaatlichen Prinzip nicht unvereinbar, da zum Begriff des Rechtsstaats (Art. 28 Abs. 1 GG.) wohl die Offenhaltung des Rechtswegs (Art. 19 Abs. 4, 104 GG.) und im gerichtlichen Verfahren der Grundsatz des rechtlichen Gehörs (Art. 103 Abs. 1), aber nicht gehört, daß ausnahmslos jede gerichtliche Entscheidung in einem Instanzenzug nachprüfbar ist (vgl. BVerfG. NJW. **1955**, 18). Die bei den parlamentarischen Erörterungen des 1. Strafrechtsänderungsges. vom 30. 8. 1951 (BGBl. I 739) hervorgetretenen Wünsche, einen Rechtzug gegen erstinstanzliche Entscheidungen des Bundesgerichtshofs — etwa in Form eines Rechtsmittels an den Großen Strafsenat — zu schaffen und die Mitwirkung von Laienrichtern in der Hauptverhandlung vorzusehen (vgl. 160. Sitzung des Bundestags vom 11. 7. 1951, Prot. S. 6485), haben keine Verwirklichung gefunden, nachdem sich der Bundesjustizminister in einer Denkschrift vom 30. 10. 1951 — 4000/1 — 27883/51 — gegen solche Änderungen und für die Aufrechterhaltung des derzeitigen Rechtszustandes ausgesprochen hat.

2. Die Organe der erstinstanzlichen Gerichtsbarkeit des Bundesgerichtshofs sind: a) der durch den Geschäftsverteilungsplan bestimmte Strafsenat, der — einschließlich des Vorsitzenden — in der Hauptverhandlung in der Besetzung von fünf, außerhalb der Hauptverhandlung grundsätzlich in der Besetzung von drei Mitgliedern entscheidet (§ 139); b) der Untersuchungsrichter und die als seine Vertreter oder auf sein Ersuchen handelnden Richter (§ 186 StPO.); c) der Ermittlungsrichter des Bundesgerichtshofs (§ 168a StPO.); d) Wegen der Bundesanwaltschaft s. GVG. § 142 Nr. 1.

Nach der ursprünglichen Fassung des GVG. bestanden für die Strafsachen erster Instanz beim Reichsgericht zwei verschiedene Abteilungen, der erste Strafsenat, der die Zuständigkeit der beschließenden Strafkammer im Sinne des § 73 hatte, und der vereinigte zweite und dritte Strafsenat, der als erkennendes Gericht tätig wurde. Seit dem Ges. vom 27. 3. 1923 (RGB. I 218) erledigten die nach der Geschäftsverteilung zuständigen Strafsenate alle richterlichen Geschäfte in Strafsachen erster Instanz, mit Einschluß der in § 73 bezeichneten. Dieser Rechtszustand ist auch beim Bundesgerichtshof beibehalten worden (§ 134 Abs. 3). Zur Zeit bearbeitet der 6. Strafsenat die erstinstanzlichen Strafsachen.

3. Der Versuch, die Teilnahme (Anstiftung und Beihilfe) und die nach § 49a StGB. strafbaren Vorbereitungshandlungen stehen für die Zuständigkeit dem Verbrechen selbst gleich; vgl. Anm. 1 zu § 80. Die Zuständigkeit des Bundesgerichtshofs erstreckt sich auch auf Straftaten, die mit den in den Zuständigkeitskatalog fallenden tateinheitlich zusammentreffen, auch wenn sie eine schwerere Strafe androhen (z. B. Hochverrat gegen ein Land in Tateinheit mit Mord oder Sprengstoffverbrechen; vgl. Ebermayer LZ **1916**, 103). Bei hochverräterischem Anschlag (§ 83 StGB.) ist trotz der Subsidiaritätsklausel die Zuständigkeit des Bundesgerichshofs auch dann gegeben, wenn die primäre Vorschrift eine schwerere Strafe androht (ebenso

Dallinger JZ **1951**, 621 Anm. 2). — Dagegen erstreckt sich die Zuständigkeit des Bundesgerichtshofs an sich nicht auf die Begünstigung, da sie ein selbständiges Vergehen (StGB. § 257) darstellt.

4. Der Bundesgerichtshof (und das Oberlandesgericht im Rahmen des § 134a) ist auch zuständig, wenn eine der im § 134 bezeichneten Straftaten von einem **Jugendlichen** oder Heranwachsenden begangen ist (§§ 102, 112 JGG.). Eine Abgabe an das Jugendgericht, wie sie nach § 102 Satz 2 JGG. die Strafkammer, soweit ihre Zuständigkeit nach § 74a begründet ist, in Fällen von geringer Bedeutung vornehmen kann, ist hier nicht vorgesehen. Auch infolge Verbindung mit Strafsachen gegen Erwachsene, die vor den Bundesgerichshof oder das Oberlandesgericht gehören, können Straftaten Jugendlicher und Heranwachsender vom Bundesgerichtshof oder vom Oberlandesgericht abgeurteilt werden (§§ 103, 112 JGG.).

5. Steht eine zur Zuständigkeit des Bundesgerichtshofs gehörige Strafsache mit einer anderen im **Zusammenhang**, so kann das Verfahren auch auf diese erstreckt werden; die §§ 2—5 StPO. finden in vollem Umfange auch für die Zuständigkeit des Bundesgerichtshofs im ersten Rechtszuge Anwendung. Die hiergegen bei Schaffung des GVG. in der Reichtagskommission geäußerten Bedenken haben schon im älteren Schrifttum weitaus überwiegend keine Zustimmung gefunden (vgl. dazu die eingehende Darstellung in der 19. Aufl. Anm. 3g, 4); die Anwendbarkeit der §§ 2—5 StPO. wird heute nicht mehr in Zweifel gezogen.

6. Über die **verfahrensrechtliche Behandlung der Zuständigkeitsfrage im Falle des Abs. 1** hat das Gesetz, abgesehen von § 209 Abs. 1 StPO. keine besonderen Bestimmungen getroffen; auch hier finden also die allgemeinen Bestimmungen Anwendung.

a) Sollte der Fall eintreten, daß das Landgericht gemäß § 209 Abs. 2 StPO. eine Sache dem Bundesgerichtshof vorlegt, dieser aber die Eröffnung der Voruntersuchung ablehnt — weil Meinungsverschiedenheiten über die rechtliche Natur der Tat bestehen — so würde ein negativer Zuständigkeitsstreit vorliegen, für dessen Beseitigung kein Mittel gegeben ist, da es hier an einem gemeinschaftlichen oberen Gericht fehlt. Aus der Eigenschaft des Bundesgerichtshofs als Gericht höchster Instanz ist nicht zu folgen, daß auch die Entscheidungen, die er in der Eigenschaft als Gericht erster Instanz erläßt, für die übrigen Gerichte bindend sind; das hätte ausdrücklich vorgeschrieben werden müssen (Ebermayer LZ. **1916** 104; a. M. John 1 139). Es wird sich aber für die Landgerichte stets empfehlen, sich bei ihren Zuständigkeitsentscheidungen der Ansicht des Bundesgerichtshofs unterzuordnen und auf diese Weise einen Zuständigkeitsstreit zu vermeiden. — Nach Eröffnung der Voruntersuchung, sei es durch den Bundesgerichtshof, sei es durch das Landgericht, kann kein solcher Zuständigkeitsstreit mehr entstehen. Eröffnet der Bundesgerichtshof nach einer bei ihm anhängig gewesenen Voruntersuchung oder auf Vorlage gemäß § 209 Abs. 2 StPO. das Hauptverfahren vor einem anderen erkennenden Gericht (vgl. Anm. 4 zu § 209 StPO.), so muß dieses sich der Hauptverhand lung unterziehen; indes ist es an die Ansicht des Bundesgerichtshofs nicht gebunden, also nicht gehindert, sich (aber nur durch einen auf Grund der Hauptverhandlung ergehenden Beschluß; vgl. BGHSt. **6**, 109) für unzuständig zu erklären, weil der Bundesgerichshof zuständig sei. Auf Grund einer solchen Unzuständigkeitserklärung geht dann das Hauptverfahren auf den Bundesgerichtshof über (§ 270 StPO.), und dieser darf sich nun nicht mehr für unzuständig erklären (§ 269). Dasselbe gilt, wenn auf Grund der Unzuständigkeitserklärung eines erkennenden Gerichts eine Sache an den Bundesgerichtshof gelangt, mit der er noch nicht befaßt gewesen ist. Daß der Bundesgerichtshof, wenn er einmal das Hauptverfahren vor diesem eröffnet hat, sich nicht mehr für unzuständig erklären kann, ergibt sich aus § 269 StPO.

b) Ist dieselbe Sache sowohl bei dem Bundesgerichtshof als auch bei einem anderen Gericht anhängig geworden, so wird das andere Gericht ohne Rücksicht darauf, wie es den Fall beurteilt, sein Verfahren einzustellen und die Akten an den Bundesgerichtshof abzugeben haben; Näheres s. Einl. § 11 D 2 (S. 40).

7. Wegen der Begründung der Zuständigkeit im Falle des **§ 134 Abs. 2** wird auf die Anm. zu § 74a verwiesen.

8. a) Die **Gestaltung des Verfahrens** ist folgende: Die Staatsanwaltschaften der Länder haben, sobald sie von einer Straftat Kenntnis erhalten, die die Zuständigkeit des Bundesgerichtshof begründet oder (§ 134 Abs. 2) begründen könnte, dem Oberbundesanwalt Bericht zu erstatten, zugleich aber die Amtshandlungen vorzunehmen, die nicht ohne Gefahr aufgeschoben werden können (RiStV. **1953** Nr. 202), insbesondere also, wenn es auf schleunige Vornahme gerichtlicher Untersuchungshandlungen ankommt, die erforderlichen Anträge bei dem zuständigen Amtsrichter (StPO. § 162) zu stellen. Die Amtsrichter haben hier wie in anderen Strafsachen zu verfahren (StPO. §§ 162, 166), also nötigenfalls auch von Amts wegen einzuschreiten (§ 165). Die besonderen Ermittlungsrichter des Bundesgerichtshofs (§ 168a StPO), haben die Stellung und die Zuständigkeit des Amtsrichters im Vorverfahren. Durch ihre Bestellung wird aber der örtlich zuständige Amtsrichter rechtlich nicht ausgeschlossen, vielmehr sein Aufgabenkreis nur tatsächlich beschränkt.

b) Im übrigen liegt die Strafverfolgung dem Oberbundesanwalt ob (GVG. § 142 Nr. 1). Er kann, bevor er über die Erhebung der öffentlichen Klage seine Entschließung faßt, alle von ihm für erforderlich erachteten gerichtlichen oder außergerichtlichen Ermittlungen vornehmen lassen, wobei er sich neben den allgemeinen Polizeibehörden der Länder auch des Bundeskriminalamts bedienen kann (in diesem Falle findet § 4 Abs. 2 des Ges. über das Bundeskriminalamt vom 8. 3. 1951 — BGBl. I 165 — keine Anwendung; vgl. Dallinger Nachtrag zur StPO., Anm. 2 zu § 4). Es findet auf ihn alles Anwendung, was in der StPO. Buch 2 Abschn. 2 für die Staatsanwaltschaft bestimmt ist. Die Erhebung der öffentlichen Klage (vgl. auch § 172 Abs. 4, § 175 StPO.) geschieht durch den Antrag auf Eröffnung der gerichtlichen Voruntersuchung (§§ 170, 178 StPO.) nach vorgängiger Bestellung des Untersuchungsrichters durch den Präsidenten des Bundesgerichtshofs (§ 186 Abs. 1 StPO.). Auf das weitere Verfahren sind die Bestimmungen der StPO. über die Voruntersuchung, insbesondere auch die §§ 184, 180, mit der Maßgabe anwendbar, daß die Aufgaben der Strafkammer von dem durch den Geschäftsverteilingsplan bestimmten Strafsenat des Bundesgerichtshofs wahrgenommen werden (§ 134 Abs. 3 GVG.); wegen der Stellung des Untersuchungsrichters s. noch § 186 Abs. 2, 3 StPO. Dem Senat steht sodann die Entscheidung über das Ergebnis der Voruntersuchung zu. Für das Hauptverfahren sind die Bestimmungen der StPO. Buch 2 Abschn. 5, 6 maßgebend; das Verfahren ist dasselbe wie vor der Strafkammer. Wegen der Verteidigung s. § 140 Abs. 1 Nr. 1 StPO.

c) Gegen die Entscheidungen der **Senate** des Bundesgerichtshofs findet **kein Rechtsmittel** statt (§ 134 GVG, § 304 Abs. 4 StPO.; vgl. §§ 312, 333 StPO.). Wegen der Beschwerde gegen die Verfügungen des Amtsrichters im Vorverfahren, des Ermittlungsrichters des Bundesgerichtshofs, des Untersuchungsrichters oder eines an ihrer Stelle handelnden Richters s. Anm. 9.

d) Wegen der **Kosten** des Verfahrens s. § 474 StPO.

e) Die **Strafvollstreckung** liegt dem Oberbundesanwalt ob (StPO. § 451). Bei der Vollstreckung von Freiheitsstrafen bedarf er der Mitwirkung der Staatsanwaltschaften der deutschen Länder, die ihm nach Art. 35 GG. Amtshilfe zu leisten haben. In der Vollstreckung von Geldstrafen besteht zwischen den Urteilen des Bundesgerichtshofs und denen anderer Gerichte kein Unterschied; vgl. § 163 Anm. 8.

f) Wegen der **Begnadigung** s. § 452 StPO. Vgl. auch GVG. Tit. 2 Vorbem. 15.

g) Die **Wiederaufnahme** eines durch rechtskräftiges Urteil geschlossenen Verfahrens (StPO. Buch 4) ist in erstinstanzlichen Strafsachen des Bundesgerichtshofs ebenso wie in anderen statthaft.

9. Gegen die **Verfügungen des Untersuchungsrichters** (§ 186 Abs. 1, 2 StPO.) und der für diesen handelnden Richter (ebenda Abs. 2, 3) findet, wie sich aus § 304 Abs. 1 StPO. in Verbindung mit der in § 134 Abs. 3 GVG. enthaltenen Verweisung auf § 73 Abs. 1 GVG. ergibt, die **Beschwerde** statt. Die Entscheidung darüber steht dem durch den Geschäftsverteilungsplan bestimmten Strafsenat des Bundesgerichtshofs, also nicht dem Gericht zu, das sonst die Beschwerdeinstanz für den Richter bildet. Dasselbe gilt, was Abs. 3 Satz 2 ausdrücklich ausspricht, für die **Verfügungen der besonderen Ermittlungsrichter.** Dasselbe gilt schließlich auch von den **Verfügungen des Amtsrichters im Vorbereitungsverfahren** (§§ 162, 165, 166 StPO.), soweit solche neben denen der besonderen Ermittlungsrichter des Bundesgerichtshofs noch nötig werden (vgl. oben Anm. 8a). Im letzten Falle (also während der Bundesgerichtshof mit der Sache noch nicht befaßt ist) wird eine Strafsache als zur Zuständigkeit dieses Gerichts gehörig anzusehen sein, wenn entweder der Oberbundesanwalt bereits eingeschritten ist oder der für den Oberbundesanwalt handelnde Staatsanwalt oder der von Amts wegen einschreitende Amtsrichter (§ 165 StPO.) die Sache als zur Zuständigkeit des Bundesgerichtshof gehörig bezeichnet hat.

Hat im Vorbereitungsverfahren eine sachlich unzuständige Strafkammer an Stelle des Bundesgerichtshofs über eine Haftbeschwerde entschieden, so ist diese Entscheidung unwirksam, da sie einen unzulässigen Eingriff in die Gerichtsbarkeit des Bundes enthält (vgl. RG. I Beschl. vom 5. 12. 1921 VIII 2362, I Beschl. vom 23. 1. 1923 VIII 84/23, IV Beschl. vom 19. 12. 1926 14a I 289/26).

§ 134a

(1) Richtet sich eine in § 134 Abs. 1 bezeichnete Tat überwiegend gegen die Interessen eines Landes, so soll der Oberbundesanwalt das Verfahren an die Landesstaatsanwaltschaft abgeben, sofern nicht besondere Umstände entgegenstehen. Der Oberbundesanwalt kann auch andere Sachen abgeben; er soll von dieser Befugnis nur bei Sachen von minderer Bedeutung Gebrauch machen.

(2) Der Oberbundesanwalt kann eine Sache, die er nach § 74a Abs. 2 übernommen hat, wieder an die Landesstaatsanwaltschaft abgeben.

(3) Der Bundesgerichtshof kann bei der Eröffnung des Hauptverfahrens die Verhandlung und Entscheidung in den Sachen, in denen er nach § 134 Abs. 1 zuständig ist, dem Oberlandesgericht und in den Sachen, in denen er nach § 134 Abs. 2 zuständig ist, dem Landgericht überweisen.

1. Wegen der Entstehung der Vorschrift vgl. die Übersicht vor Anm. 1 zu § 134.

2. Über die Bedeutung der Vorschrift ist das Nähere in den Anm. zu §§ 74a, 120 dargelegt. Der Oberbundesanwalt kann eine Sache an die Landesstaatsanwaltschaft nur solange abgeben, als er die öffentliche Klage noch nicht erhoben hat oder sie noch gem. § 156 StPO zurücknehmen kann; nach diesem Zeitpunkt, insbes. nach Eröffnung der Voruntersuchung ist nur Überweisung nach Abs. 3 möglich. — Ist Anklage bei dem Bundesgerichtshof nach § 134 Abs. 1 erhoben, sieht er aber die Zuständigkeit der Strafkammer nach § 74a als gegeben an, so kann er in entsprechender Anwendung des § 209 Abs. 1 StPO. vor der Staatsschutzstrafkammer eröffnen (ebenso Dallinger, „Das Deutsche Bundesrecht" II B. 10 S. 43ff., Anm. zu § 134a).

§ 135

In Strafsachen ist der Bundesgerichtshof ferner zuständig zur Verhandlung und Entscheidung über das Rechtsmittel der Revision gegen die Urteile der Schwurgerichte und die Urteile der großen Strafkammern im ersten Rechtszuge, soweit nicht die Zuständigkeit der Oberlandesgerichte begründet ist.

Über die **Zuständigkeit des Bundesgerichtshofs für Revisionen** in Strafsachen ist bei § 121 alles Erforderliche gesagt worden. Vgl. die Anm. dortselbst.

§ 136

(1) Will in einer Rechtsfrage ein Zivilsenat von der Entscheidung eines anderen Zivilsenats oder des Großen Senats für Zivilsachen oder ein Strafsenat von der Entscheidung eines anderen Strafsenats oder des Großen Senats für Strafsachen abweichen, so entscheidet im ersten Fall der Große Senat für Zivilsachen, im zweiten Fall der Große Senat für Strafsachen.

(2) Die Vereinigten Großen Senate entscheiden, wenn ein Zivilsenat von der Entscheidung eines Strafsenats oder des Großen Senats für Strafsachen oder ein Strafsenat von der Entscheidung eines Zivilsenats oder des Großen Senats für Zivilsachen oder ein Senat von der früher eingeholten Entscheidung der Vereinigten Großen Senate abweichen will.

Literatur: Baur, Der Gedanke der „Einheitlichkeit der Rechtsprechung" im geltenden Prozeßrecht, JZ. **1953**, 326.

1. **Allgemeines.** Wie in Anm. 1 zu § 132 dargelegt, hat das Ges. vom 28. 6. 1935 den § 136 a. F. dahin abgeändert, daß es die Vereinigten Zivilsenate, die Vereinigten Strafsenate und das Plenum, die bis dahin zur Entscheidung des Streites über eine Rechtsfrage zwischen verschiedenen Senaten berufen waren, durch den Großen Senat für Zivilsachen, den Großen Senat für

Strafsachen und die Vereinigten Großen Senate ersetzt und deren Zusammensetzung sowie das Stimmenverhältnis in § 132 regelte. Bezüglich der Frage, wann eine Entscheidung dieser Gremien herbeizuführen war, beließ es das Ges. vom 28. 6. 1935 — abgesehen davon, daß es eine Abweichung von Entscheidungen, die vor dem 1. 9. 1935 ergangen waren, frei zuließ — beim bisher geltenden Recht und diese Regelung bildet jetzt den Inhalt des § 136. Während aber früher eine Anrufung des Großen Senate erst in Betracht kam, wenn bereits ein Senat des Reichsgerichts über eine Rechtsfrage entschieden hatte und ein anderer Senat davon abweichen wollte, sah das Gesetz vom 28. 6. 1935 als wesentliche Neuerung eine Anrufung der Großen Senate auch für den Fall vor, daß eine aktuelle Abweichung zwischen zwei Senaten nicht in Frage stand, sondern, auch ohne daß das Reichsgericht bisher entschieden hätte, eine Frage von grundsätzlicher Bedeutung vorlag, bei der die Fortbildung des Rechts oder die Sicherung einer einheitlichen Rechtsprechung eine Entscheidung des Großen Senats wünschenswert machte, um der Rechtsprechung die Bahn zu weisen. Diese Vorschrift wurde als § 137 eingefügt. Die bisherigen Absätze 3 bis 5 wurden aus § 136 ausgeschieden und als § 138 eingefügt. Das Vereinheitlichungsges. vom 12. 9. 1950 hat — abgesehen von einer bei § 137 zu erörternden Abweichung —diese Regelung unverändert übernommen.

2. Eine dem § 136 **entsprechende Regelung** ist auch für das Bundesverfassungsgericht (§ 16 BVerfGG.) und für die übrigen oberen Bundesgerichte getroffen; vgl. für den Bundesfinanzhof § 66 RAbgO. (nur bei Abweichung von veröffentlichten Entscheidungen), für das Bundesverwaltungsgericht § 47 des Ges. über das Bundesverwaltungsgericht vom 23. 9. 1952 (BGBl. I 625), für das Bundesarbeitsgericht § 45 des Arbeitsgerichtsges. vom 3. 9. 1953 (BGBl. I 1267), für das Bundessozialgericht §§ 42—44 des Sozialgerichtsges. vom 3. 9. 1953 (BGBl. I 1239). Wegen weiterer Maßnahmen zur Erhaltung einer einheitlichen Rechtsprechung vgl. die Anm. zu § 120 Abs. 2, 121 Abs. 2 GVG.

3. Anwendungsgebiet — Voraussetzung für die Anwendung des § 136 ist lediglich daß in einer Rechtsfrage ein Senat des Bundesgerichtshofs von der Entscheidung (über diese[illegible] ff vgl. Buch 1 Abschnitt 4 Vorbem. 3, S. 133) eines anderen abweisen will. Ohne Bedeutung ist es, welchem Rechtsgebiet die Rechtsfrage angehört, ohne Bedeutung aber auch, ob die vorangegangene oder die jetzt von dem anrufenden Senat zu treffende Entscheidung eine Revisionsentscheidung oder eine erstinstanzliche Entscheidung (§ 134) oder eine auf Vorlegung (§§ 120 Abs. 2, 121 Abs. 2, § 56 Abs. 5 OWiG., § 27 DAG., § 28 FGG.) getroffene oder zu treffende Entscheidung ist, ob sie als Urteil oder in der Form des Beschlusses ergangen ist oder zu ergehen hat.

4. a) Eine **Abweichung** von einer Entscheidung in einer Rechtsfrage liegt nur vor, wenn eine Rechtsansicht die Grundlage der Entscheidung bildet, wenn also der Urteilssatz ohne diese Auslegung nicht so ergehen durfte wie der andere Senat ihn erlassen hatte oder nicht so ergehen darf, wie der anrufende Senat ihn erlassen will (RG DRechtspfl. **1938** Nr. 57, BGHSt. **7**, 314). Das Verfahren des § 136 ist also nicht erforderlich, wenn die abweichende Rechtsansicht nicht die Grundlage der früheren Entscheidung gebildet hat, sondern nur nebenbei in den Gründen geäußert worden ist (RGSt. **59** 219, **60** 66, 269, **61** 79, 242, 366, **62** 91, **65** 434; BGH. NJW. **1954**, 970). Die Anrufung ist danach auch nicht erforderlich, wenn trotz abweichender Begründung dieselbe Entscheidung zu treffen ist (RGSt. **58** 19, 24, **65** 85, 88; BGH. NJW. **1954**, 969). Dasselbe gilt, wenn der Senat, von dessen Entscheidung abgewichen werden soll, auf Anfrage erklärt, daß er an dieser Entscheidung nicht mehr festhalte (RG. Recht **1917** Nr. 922, RGZ. **93** 142, 144, RGSt. **48** 400, **53** 81, 89, **55** 13, 230, 261, **57** 60, 349, **63** 144, **65** 265, BGHSt. **4**, 319; **a. M.** Jourdain JW. **1925** 924, Friedländer LZ. **1927** 206, Oetker JW. **1928** 2266, Fuchs LZ. **1927** 86), ferner wenn der Senat die Rechtsauffassung, von der ein anderer Senat abweichen will, bereits wieder aufgegeben hat (RGSt. **49** 137, **53** 190). Schließlich hat schon das Reichsgericht den Grundsatz aufgestellt, daß die Pflicht zur Anrufung entfalle, wenn ein Senat — bewußt oder unbewußt — von der älteren Entscheidung eines anderen Senats abgewichen ist, ohne nach § 136 zu verfahren, und der jetzt entscheidende Senat sich der älteren Entscheidung anschließen will (RGSt. **45** 97, **49** 180, **55** 45, 184, **57** 85, 95, 136, **58** 19, 24, **60** 269, **61** 242, **64** 202, **65** 411, II. ZS. JW. **1926** 2363). Dieser Anfassung hat sich auch der Bundesgerichtshof angeschlossen (BGHSt. **4**, 35; **5**, 136 u. NJW. **1954**, 970, ebenso KMR. Anm. 2 b ee). In Wirklichkeit handelt es sich hier um ein Fossil aus den Zeilen des horror pleni. Mit dem Gedanken, die Einheitlichkeit der Rechtsprechung in der Spitze der Gerichtsorganisation zu garantieren, ist diese künstlich geschaffene Ausnahme von der Anrufungspflicht schlechthin unvereinbar. Die unglücklichen Folgerungen, die sich aus einer solchen Verewigung von Kontroversen ergeben, zeigt mit besonderer Deutlichkeit der Streit um die Auslegung des § 121 Abs. 2 (vgl. dort Anm. 16f.). Denn einmal berufen sich nach „bewährtem" Vorbild nunmehr auch die Oberlandesgerichte darauf, daß eine Vorlegungspflicht entfalle, wenn ein Oberlandesgericht, ohne vorzulegen, von der vorangegangenen Entscheidung eines anderen Oberlandesgerichts abgewichen ist und bei erneuter Nötigung zur Entscheidung der Rechtsfrage das erste Oberlandesgericht bei seinem Standpunkt verharrt oder ein drittes ihm zustimmt. Und im übrigen ist die zwingende Folgerung aus dem abgelehnten Grundsatz, daß ein Oberlandesgericht nicht vorlegungspflichtig ist, wenn bei einem unausgetragenen Streit zwischen zwei Senaten der Bundesgerichtshof ein Oberlandesgericht sich der einen, ein anderes Oberlandesgericht sich der anderen Auffassung anschließt und damit auch die beiden Oberlandesgerichte voneinander abweichen (vgl. Anm. 16c zu § 121). Sehr mit Recht hat neuestens der Gr.Str.Sen. des BGH. die bisherige Rechtsprechung des RG. und des BGH. aufgegeben (vgl. NJW. **1956**, 351).

Die Entscheidung des Großen Strafsenats ist von dem Senat anzurufen, der von der zuerst ergangenen Entscheidung eines anderen Senats abweichen will (RGSt. **45** 97, **57** 85, 304, RG. vom 4. 6. 1926 I 272/26).

b) Ebenfalls aus den Zeiten des horror pleni stammt der Grundsatz, § 136 sei unanwendbar, wenn von einer **Entscheidung eines Feriensenats oder eines als Revisionssenat nicht mehr bestehenden Senats** abgewichen werden soll (RGSt. **58** 383, 425, **60** 178, 411, **61** 79, 341, 367, **63** 250, **65** 338, 352, RGZ. **108** 58 a. E., Schwarz u. Baumbach-Lauterbach, je Anm. 1; a. M. Fuchs LZ. **1927** 88, Lobe ArchRPhilos. **20** 206). Dem ist entgegenzuhalten, daß eine Entscheidung ihre Bedeutung als Stellungnahme eines höchsten Gerichts zu einer Rechtsfrage nicht dadurch einbüßt, daß das Kollegium, das diese Entscheidung getroffen hat, nicht mehr besteht; sonst müßte folgerichtig eine Entscheidung eines bestehenden Senats ihre Bedeutung verlieren, wenn seine personelle Zusammensetzung vollständig gewechselt hat und keines der Mitglieder, die an jener Entscheidung teilgenommen, mehr in dem Senat tätig ist. Die einmal ergangene Entscheidung ist nun einmal in der Welt, die Abweichung davon führt zu einer Streitfrage, die der Bereinigung bedarf. Und auch für die Vorlegungspflicht nach § 121 Abs. 2 kann es nicht von Bedeutung sein, ob der Senat des BGH., von dem das Oberlandesgericht abweichen will, nicht mehr besteht (vgl. dazu Anm. 16 d Abs. 2 zu § 121).

c) § 136 gilt nicht nur, wenn sich die unterschiedliche Auslegung auf dasselbe Gesetz bezieht, sondern auch, wenn **derselbe Rechtsbegriff** mit gleicher Bedeutung in verschiedenen Gesetzen verwendet wird (s. Anm. 19b zu § 121) oder wenn es sich um den gleichen Rechtsgrundsatz handelt, der in verschiedenen Gesetzesbestimmungen seinen Niederschlag gefunden hat (BGH.NJW. **1953**, 821; teilw. abw. die Vorauflage). Anders kann es liegen, wenn ein Rechtsgebiet neu geregelt worden ist, selbst wenn dabei die Bestimmung, um deren Auslegung es sich handelt, im Wortlaut unverändert übernommen worden ist (vgl. RGSt. **56** 429, **58** 110, 425), denn in solchen Fällen handelt es sich darum, die Vorschrift nach Sinn und Bedeutung im Rahmen der neuen Gesamtregelung neu auszulegen. Das würde z. B., wenn ein neues StGB. erlassen wird, für die auf Grund des alten erlassenen Entscheidungen gelten (Neumann Vhdlgn. des 36. Juristentages).

5. Von seinen **eigenen Entscheidungen** darf jeder Senat abweichen (RGZ. **19** 275, **21** 305). Eine dem entsprechende Lage ergibt sich, wenn die Zuständigkeit auf einem Spezialgebiet von dem bisher allein damit befaßten Senat auf einen anderen übergeht und dieser in einer Frage, die bei den übrigen Senaten nicht auftauchen kann, von der Entscheidung des früher zuständigen Senats abweichen will (BGH. NJW. **1955**, 429).

§ 137

Der erkennende Senat kann in einer Frage von grundsätzlicher Bedeutung die Entscheidung des Großen Senats herbeiführen, wenn nach seiner Auffassung die Fortbildung des Rechts oder die Sicherung einer einheitlichen Rechtsprechung es erfordert.

1. Entstehungsgeschichte: § 137 i. d. F. der Bek. v. 22. 3. 1924 (RGBl. I 315) (= § 138 der ursprüngl. Fassung des GVG.) wurde aufgehoben durch Art. II des Ges. vom 31. 3. 1926 (RGBl. I S. 190); er entsprach dem heutigen § 134 Abs. 3 Satz 1. Die so entstandene Lücke wurde ausgefüllt durch § 137 i. d. F. des Ges. vom 28. 6. 1935 (RGBl. I S. 844). Die auf dem Rechtsvereinheitlichungsges. vom 12. 9. 1950 beruhende Fassung entspricht dem § 137 Abs. 1 i. d. F. von

1935. Abs. 2. der Fassung von 1935 bestimmte, daß, wenn in einer Strafsache der Oberreichsanwalt die Entscheidung durch den Großen Senat für erforderlich hielt, auf seinen Antrag der erkennende Senat die Verweisung vor den Großen Senat auszusprechen hatte; diese Vorschrift hat das Vereinheitlichungsges. vom 12. 9. 1950 ersatzlos weggelassen.

2. Frage von grundsätzlicher Bedeutung: a) Während § 136 den Fall regelt, daß zu einer Rechtsfrage bereits eine Entscheidung eines Senats des BGH. vorliegt, der erkennende Senat aber davon abweichen will, ermöglicht § 137, den Großen Senat alsbald anzurufen, insbes. wenn der BGH. erstmalig zu einer Rechtsfrage Stellung zu nehmen hat oder wenn zwar eine frühere Entscheidung vorliegt, die darin geäußerte Rechtsauffassung aber die ergangene Entscheidung nicht trägt (vgl. Anm. 4a zu § 136). Und zwar muß es sich um eine Rechtsfrage von grundsätzlicher Bedeutung handeln, d.h. um eine Rechtsfrage, die voraussichtlich auch künftig häufig auftauchen wird, so daß die ergehende Entscheidung für die Rechtsanwendung von erheblicher präjudizieller Bedeutung ist. Hinzukommen muß, daß entweder die Fortbildung des Rechts die Vorlage erfordert (s. unten b), oder daß wegen bereits in der Rechtsprechung nachgeordneter Gerichte oder im Schrifttum geäußerter abweichender Auffassungen oder wegen des Zweifels, ob die Rechtsprechung des erkennenden Senats die Zustimmung der übrigen Senate finden würde, die Sicherung einer einheitlichen Rechtsprechung die Vorlegung gebietet.

b) Die **Fortbildung des Rechts** bedeutet selbstverständlich nicht, daß der gesetzesgebundene Richter (Art. 97 GG.) an Stelle des Gesetzgebers änderungsbedürftiges Recht durch neues ersetzen könnte, sondern gemeint ist lediglich die Rechtsfortbildung durch geläuterte Auslegung im Rahmen und auf der Grundlage des gesetzten Rechts. Daß eine solche Rechtsfortbildung, wie sie § 137 im Auge hat, keine grundgesetzwidrige Verlagerung gesetzgeberischer Aufgaben auf den Richter bedeutet, ergibt sich schon aus der Erwägung, daß Gesetz und Recht keine Gegensätze sind (vgl. Art. 20 Abs. 3 GG.: „... die Rechtsprechung ist an Gesetz und Recht gebunden"), sondern daß unter „Recht" in diesem Sinn die Summe der Rechtsgrundsätze zu verstehen ist, die bei richtiger Auslegung dem Gesetz zu entnehmen ist; die Fortbildung des Rechts durch Fortentwicklung der Auslegung aber gehört zu den vornehmsten Aufgaben, die der Gesetzgeber dem gesetzesgebundenen Richter anvertraut hat (vgl. BGH. JZ. **1952**, 105). Eine Fortbildung des Rechts kommt insbesondere in Betracht, wenn es sich darum handelt, mit einer hergebrachten Rechtsauslegung zu brechen (Beispiele: die Aufgabe der reichsgerichtlichen Rechtsprechung zum Verbotsirrtum, BGHSt. **2**, 292, oder zum Begriff des umschlossenen Raumes in § 243 Abs. 1 Nr. 2 StGB., BGHSt. **1**, 158). Vgl. noch Anm. 3a zu § 1.

c) Die Entscheidung darüber, ob die Vorlagevoraussetzungen gegeben sind, steht im **Ermessen** des erkennenden Senats. Die amtl. Begr. zu dem Ges. vom 28. 6. 1935, das den § 137 eingefügt hat (Amtl. Sonderveröffentl. der Deutschen Justiz Nr. 10) bemerkt dazu: „Bei dem Ansehen, das das Reichsgericht genießt, wird auf diese Weise der gesunden Fortbildung des .... Rechts am ehesten gedient und zugleich vermieden, daß ein ungeklärter Zweifel über eine grundsätzliche Rechtsfrage längere Zeit das Rechtsleben beeinflußt. Zwar ist nicht zu verkennen, daß es unter Umständen erwünscht sein mag, das Reichsgericht (soll heißen: den Großen Senat) erst dann zur Entscheidung auf den Plan zu rufen, nachdem eine zweifelhafte Rechtsfrage in der Rechtsprechung der unteren Gerichte und in der Rechtslehre eingehend erörtert worden ist. Diesem Bedürfnis genügt die Vorschrift in der Weise, daß sie die Anrufung des Großen Senats in das Ermessen des erkennenden Senats stellt. Die Auffassung des erkennenden Senats darüber, ob die Voraussetzungen für die Anrufung des Großen Senats gegeben sind, bindet jedoch den Großen Senat; diesem selbst steht insoweit eine Nachprüfung nicht zu." Dieser Auffassung ist zuzustimmen (a.M. KMR. Anm. 2c, wonach über die Frage, ob eine Frage von grundsätzlicher Bedeutung vorliegt, auch der Große Senat entscheidet). Ein Antrag des Oberbundesanwalts, die Rechtsfrage dem Großen Senat vorzulegen, hat nur die Bedeutung einer Anregung für den erkennenden Senat; eine dem § 136 Abs. 2 i. d. F. von 1935 entsprechende Bestimmung, die auf einen Antrag des Oberreichsanwalts hin den erkennenden Senat zur Vorlegung verpflichtete, hat das Rechtsvereinheitlichungsges. vom 12. 9. 1950 nicht übernommen.

3. Auch wenn es in § 137 nicht ausdrücklich ausgesprochen ist, setzt aber die Vorlegung voraus, daß die betreffende Rechtsfrage für den erkennenden Senat von **sachentscheidender** Bedeutung ist, daß also die Entscheidung des Senats in der vorliegenden Sache von der Beantwortung der Rechtsfrage abhängt. Das ergibt sich aus § 138 Abs. 2 (auch BGH. NJW.

1954, 1073 geht offensichtlich davon aus, daß der vorlegende Senat die Rechtsfrage als entscheidungserheblich ansehen muß). Ein Senat ist also nicht berechtigt, eine Rechtsfrage von grundsätzlicher Bedeutung vorzulegen, wenn diese zwar im Zusammenhang mit der ihm obliegenden Entscheidung auftaucht, die Entscheidung aber nicht von der Beantwortung der Frage abhängt. Der Große Senat ist zwar an die Anffassung des vorlegenden Senats, daß die im § 137 bezeichneten Voraussetzungen vorlägen, gebunden (s. Anm. 2c); er kann aber seine Entscheidung mit der Begründung ablehnen, daß die Entscheidung in der vorliegenden Sache nicht von der Beantwortung der Rechtsfrage abhänge; davon geht auch ersichtlich § 9 der Geschäftsordnung des Bundesgerichtshofs aus (s. Anm. 4 zu § 138). Ohne Bedeutung ist es, ob der vorlegende Senat als erstinstanzliches oder als Revisions- oder als Vorlagegericht (§ 121 Abs. 2, § 56 Abs. 2 des Ges. über Ordnungswidrigkeiten vom 25. 3. 1952, § 27 DAG. usw.) zur Entscheidung berufen ist.

4. Da die Vorlegung im Ermessen des erkennenden Senats steht, ist er, solange eine Entscheidung des Großen Senats nicht ergangen ist, berechtigt, die Vorlegung **zurückzunehmen,** sei es, daß neu hervorgetretene Gesichtspunkte (z. B. eine Gesetzesänderung) die Entscheidung des Großen Senats entbehrlich machen, sei es, daß er bei nochmaliger Würdigung das Bedürfnis für eine Entscheidung des Großen Senats verneint (offen gelassen in BGH. NJW. **1954**, 1073).

§ 138

(1) Die Großen Senate und die Vereinigten Großen Senate entscheiden ohne mündliche Verhandlung nur über die Rechtsfrage.

(2) Vor der Entscheidung des Großen Senats für Strafsachen oder der Vereinigten Großen Senate sowie in Ehe- und Entmündigungssachen und in Rechtsstreitigkeiten, welche die Feststellung des Rechtsverhältnisses zwischen Eltern und Kindern oder die Anfechtung einer Todeserklärung zum Gegenstand haben, ist der Oberbundesanwalt zu hören. Der Oberbundesanwalt kann auch in der Sitzung seine Auffassung darlegen.

(3) Die Entscheidung ist in der vorliegenden Sache für den erkennenden Senat bindend.

(4) Erfordert die Entscheidung der Sache eine erneute mündliche Verhandlung vor dem erkennenden Senat, so sind die Beteiligten unter Mitteilung der ergangenen Entscheidung der Rechtsfrage zu der Verhandlung zu laden.

1. Entstehungsgeschichte: § 138 beruht auf dem Ges. vom 28. 6. 1955 (RGBl. I S. 844); das Vereinheitlichungsges. vom 12.9.1950 hat die Vorschrift unverändert beibehalten. § 138 enthält die Bestimmungen, die früher in den Abs. 3—5 des § 136 a. F. enthalten waren. Der damalige Abs. 4 (jetzt Abs. 2) war durch Ges. vom 17. 8. 1898 eingefügt worden; er sah nur eine schriftliche Anhörung des Oberreichsanwalts vor, während jetzt der Oberbundesanwalt auch Gelegenheit zu mündlicher Darlegung seiner Auffassung in der Sitzung des Großen Senats oder der Vereinigten Großen Senate hat.

2. In Ergänzung des § 321 regelt § 138 das **Verfahren** vor den Großen Senaten und den Vereinigten Großen Senaten.

a) Mit der Verweisung durch den erkennenden Senat wird vor dem Großen Senat ein Zwischenverfahren anhängig, das der Rechtshängigkeit bei einer höheren Instanz vergleichbar ist (BGH. NJW. **1954**, 1073).

b) In dem Verfahren, das nur die Entscheidung der vorgelegten Rechtsfrage zum Gegenstand hat (Abs. 1) ist in Strafsachen und in den außerstrafrechtlichen Angelegenheiten des Abs. 2, in denen die Staatsanwaltschaft zur Mitwirkung berufen ist (vgl. §§ 607, 632, 634, 640, 646 ZPO. usw.), die Anhörung des **Oberbundesanwalts** zwingend vorgeschrieben, d. h. es ist ihm Gelegenheit zur schriftlichen Äußerung zu geben. Die Pflicht zur Anhörung des Oberbundesanwalts gilt auch für das Bußgeldverfahren (§ 56 Abs. 5 OWiG.), da in der Rechtsbeschwerdeinstanz auch die Staatsanwaltschaft gehört wird (§ 56 Abs. 4 OWiG.). § 138 geht davon aus, daß eine Beratungssitzung stattfindet; in dieser kann der Oberbundesanwalt, gleichviel ob er vorher eine schriftliche Stellungnahme abgegeben hat oder nicht, seine Auffassung darlegen.

c) Eine **Anhörung des Angekl.** ist nicht vorgesehen. Soweit aber für die rechtliche Beurteilung wesentliche neue Umstände eintreten wie z. B. bei einer Gesetzesänderung, erfordert — wie in

Zivilrechtsstreitigkeiten; vgl. BGH. NJW. **1954**, 1073 — der Grundsatz des rechtlichen Gehörs (Art. 103 Abs. 1 GG.), daß auch der Angeklagte bzw. sein Verteidiger Gelegenheit zu schriftlicher Äußerung erhält; die Möglichkeit zu Ausführungen vor dem erkennenden Senat (§ 351 StPO.) macht im Hinblick auf die bindende Wirkung der Entscheidung des Großen Senats (§ 138 Abs. 3) eine solche Anhörung durch den Großen Senat nicht entbehrlich.

3. Die Entscheidung des Großen Senats **erübrigt sich,** wenn der erkennende Senat seine Vorlage zurücknimmt (Anm. 4 zu § 137). Dagegen ist der Große Senat nicht befugt, bei Gesetzesänderungen, die eine neue Rechtslage schaffen, sich der Entscheidung zu enthalten und die Sache dem vorlegenden Senat zurückzugeben; er hat vielmehr selbst zu prüfen, welche Folgerungen sich daraus für die ihm vorgelegte Rechtsfrage ergeben (BGH. NJW. **1954**, 1073 = JZ. **1954**, 489).

4. Ergänzende Vorschriften über das Verfahren des Großen Senats und der Vereinigten Großen Senate enthält § 9 der Geschäftsordnung des Bundesgerichtshofs vom 3. 3. 1952 (Bundesanz. Nr. 83). Hervorzuheben ist, daß nach § 9 Abs. 6 der Beschluß auch dahin lauten kann, daß die Entscheidung der Rechtsfrage mangels der Voraussetzungen der §§ 136, 137 GVG. abgelehnt werde.

5. a) Die Entscheidung des Großen Senats ist in der vorliegenden Sache für den erkennenden Senat **bindend.** Daraus folgt, daß der Große Senat nur insoweit zu der grundsätzlichen Frage Stellung zu nehmen hat, als es erforderlich ist, um dem erkennenden Senat die notwendige Richtschnur für die Entscheidung in der ihm vorliegenden Sache zu geben. Für den Großen Senat gilt wie für jedes andere Gericht der Grundsatz, daß er nicht aus Anlaß eines Einzelfalles allgemeine Grundsätze aufstellen darf, die über das in der zu entscheidenden Sache Notwendige hinausgreifen und deren Tragweite an Hand des Einzelfalles vielleicht nicht voll übersehbar ist (RGSt. 72, 94).

b) Die Bindung des erkennenden Senats nach Abs. 3 bedeutet keinen Verstoß gegen den Grundsatz, daß der erkennende Richter nur dem Gesetz unterworfen ist (Art. 97 GG.). Denn eine Unterwerfung gegen das Gesetz liegt nach hergebrachter Auffassung auch vor, wenn zur Sicherung eines geordneten Rechtsgangs ein Gericht in einem bestimmten Verfahren an die Rechtsauffassung eines im Instanzenzug höheren Gerichts gebunden ist (vgl. z. B. §§ 565 Abs. 2, 575 ZPO, § 358 StPO.); eine entsprechende Lage liegt vor, wenn die Entscheidung der Rechtsfrage durch die Vorlegung von dem erkennenden auf den Großen Senat übergegangen ist (BGH. JZ. **1952,** 405; **1954,** 489 = NJW. **1954,** 1073).

c) Die Bedeutung der Entscheidung des Großen Senats für andere Sachen als die vorliegende, besteht darin, daß ein Senat, der abzuweichen beabsichtigt, nach § 136 erneut den Großen Senat anrufen muß.

§ 139

(1) Die Senate des Bundesgerichtshofes entscheiden in der Besetzung von fünf Mitgliedern mit Einschluß des Vorsitzenden.

(2) Die Strafsenate entscheiden im ersten Rechtszug außerhalb der Hauptverhandlung in der Besetzung von drei Mitgliedern einschließlich des Vorsitzenden. Dies gilt nicht für den Beschluß, durch den darüber entschieden wird, ob das Hauptverfahren zu eröffnen oder der Angeschuldigte außer Verfolgung zu setzen oder das Verfahren nach Eröffnung des Hauptverfahrens wegen eines Verfahrenshindernisses einzustellen ist.

I. Entstehungsgeschichte: Entw. § 111.

II. Spätere Änderungen: Ges. vom 27. 3. 1923 Art. I Nr. 7 (RGBl. I 218). Ges. vom 31. 3. 1926 (RGBl. I 190) Art. II. Das Vereinheitlichungsges. vom 12. 9. 1950 strich den früheren, durch das Ges. vom 27. 3. 1923 eingefügten Satz 2, der die Besetzung der erstinstanzlichen Strafsenate außerhalb der Hauptverhandlung regelte. Art. 3 des 1. Strafrechtsänderungsges. vom 30. 8. 1951 (BGBl. I 739) hat den früheren Satz 2 des § 139 als Abs. 2 wieder eingestellt, aber den früheren Grundsatz, daß die erstinstanzlichen Strafsenate außerhalb der Hauptverhandlung mit drei Mitgliedern besetzt sind, eingeschränkt.

1. Die Revisionssenate entscheiden nach Abs. 1 wie in außerhalb der Hauptverhandlung (§§ 206a, 349 StPO.) in der Besetzung mit 5 Mitgliedern. Wegen der Bedeutung des Abs. 2 wird auf die Anm. zu § 122 Abs. 2 verwiesen.

§ 140

Der Geschäftsgang wird durch eine Geschäftsordnung geregelt, die das Plenum beschließt; sie bedarf der Bestätigung durch den Bundesrat.

I. Entstehungsgeschichte: Entw. § 112.

II. Das **Vereinheitlichungsges.** vom 12. 9. 1950 hat die Vorschrift den staatsrechtlichen Verhältnissen angepaßt.

1. Bekanntmachung der Geschäftsordnung des Bundesgerichtshofs vom 3. 3. 1952 (Bundesanz. Nr. 83 vom 30. 4. 1952). Es handelt sich hier um den einzigen Fall, in dem dem Plenum des Bundesgerichtshofs gesetzlich eine Aufgabe zugewiesen ist. Wegen der früher für das Reichsgericht geltenden Geschäftsordnung vgl. die Bek. des Reichskanzlers vom 8. 4. 1880 und vom 25. 6. 1886 (RZBl. 1880 190, 1886 300).

Zehnter Titel

Staatsanwaltschaft

Aus dem umfangreichen **Schrifttum** sei etwa hervorgehoben: Wulffen, Staatsanwaltschaft und Kriminalpolizei in Deutschland 1908; Elling, Die Einführung der Staatsanwaltschaft in Deutschland (Strafrechtliche Abh., Heft 131) 1911; Otto, Die preußische Staatsanwaltschaft 1899; von Marck und Kloß-Schwedersky, Die Staatsanwaltschaft bei den Land- und Amtsgerichten in Preußen 3. Aufl. (1913); Laband **3** 440; Friedersdorff, Einführung in die staatsanwaltschaftliche Praxis 1927; Vorträge, gehalten auf der Tagung der Vereinigung preuß. Staatsanwälte zu Essen (Berlin 1929), insbesondere Werner Staatsanwalt und Öffentlichkeit, Graf zu Dohna, Die Stellung der Staatsanwaltschaft zu Gericht, Polizei und Regierung, Grimm, Die Stellung des öffentlichen Anklägers im deutschen und französischen Recht; Dehler, Die Stellung der Polizei zu Staatsanwaltschaft und Untersuchungsrichter (Lübeck 1930); Carsten, Geschichte der Staatsanwaltschaft in Deutschland (Strafrechtl. Abhandl. Heft 299) 1932; Floegel, Zur Geschichte der Staatsanwaltschaft in Deutschland, DJZ. **1935,** 411; Becker, Legalität und Opportunität, DJ. **1936** 1159ff.; derselbe, Das Verhältnis der Staatsanwaltschaft zur Kriminalpolizei, DStR. **1938** 167ff.; Dahm, Legalität und Opportunität, ZStW. **54** 401ff.; Exner u. Henkel, Ergebnisse der Aussprache der Strafrechtslehrer-Tagung, ZStW. **54** 1ff., 35ff.; Grunau, Staatsanwalt Untersuchungsführer oder Anklagevertreter, DJZ. **1936** 794ff.; Hegler, Zur Strafprozeßerneuerung, Stuttgart 1936; Klaiber, Staatsanwalt und Kriminalpolizei, GerS. **106** 158ff., **110** 301ff.; Oetker, Die Stellung des Staatsanwalts im kommenden Strafverfahren, Jahrb. der AkDR. **1936** 80ff.; Peters, Zur Neuordnung des Strafverfahrens, ZStW. **56** 34ff.; Schneidenbach, Staatsanwalt und Kriminalpolizei, GerS. **106** 50ff.; Eb. Schmidt, Staatsanwalt und Gericht, Festschrift für Kohlrausch 1944; Börker, Über 100 Jahre Staatsanwaltschaft im einstigen Preußen JR. **1953,** 237; Kern, Gerichtsverfassungsrecht 1949, 108; Henkel, Strafverfahrensrecht, 1953, 121ff., 179ff.; Peters, Strafprozeß, 1952, 127ff.; Eb. Schmidt, Die Rechtsstellung der Staatsanwaltschaft MDR. **1951,** 1ff. und Lehrkommentar, Teil I S. 56ff.; Kern, Die beamtenrechtliche Stellung der Staatsanwälte DRiZ. **1951,** 119; Amelunxen, Die Staatsanwaltschaft als Symbol des Gerechtigkeitswillens des Staates DRiZ. **1955,** 92.

1. Der 10. Titel regelt hauptsächlich die **Einrichtung der Staatsanwaltschaft,** jedoch — abgesehen von der Bundesanwaltschaft — nur „fragmentarisch", so daß die Bestimmungen in mehrfacher Richtung der Ergänzung bedürfen. Das Nähere s. bei §§ 142, 148.

2. Über den **Aufgabenbereich** der Staatsanwaltschaft enthält der 10. Titel in § 151 nur eine negative Vorschrift. Von einzelnen Vorschriften des GVG. im übrigen (vgl. z. B. §§ 24, 25, § 52 Abs. 2, § 53 Abs. 2, § 56, § 74a Abs. 2, § 84, § 134a, § 138 Abs. 2) abgesehen, ist vielmehr der Wirkungskreis der Staatsanwaltschaft in den Verfahrensvorschriften geregelt. Nach § 4 EGGVG. kann die Landesgesetzgebung bestimmen, ob und welche Tätigkeit außerhalb des Gebietes der Prozeßordnungen der Staatsanwaltschaft zu übertragen, insbesondere auch, ob ihr eine Mitwirkung bei der Justizverwaltung und der Dienstaufsicht, bei Dienststrafsachen und bei der Ausübung der nichtstreitigen Gerichtsbarkeit zuzuweisen sei.

a) Auf dem Gebiete der **Strafrechtspflege** ist der bundesgesetzlich bestimmte Wirkungskreis der Staatsanwaltschaft folgender. α) Die Staatsanwaltschaft ist das Organ, das die Strafverfolgung betreibt; das Nähere hierüber s. bei §§ 152, 155 StPO.; — β) sie ist in der Regel auch die Vollstreckungsbehörde (StPO. §§ 36, 451; vgl. auch § 214); — γ) sie wirkt nach Maßgabe des Ges. über die innerdeutsche Rechts- und Amtshilfe in Strafsachen vom 2. 5. 1953 (BGBl. I 161) — §§ 2, 4 — mit bei der Gewährung von Rechts- und Amtshilfe zugunsten deutscher Gerichte und Behörden außerhalb der Bundesrepublik und Westberlins.

b) Nur beschränkt ist ihre Mitwirkung bei der Verfolgung des **Ordnungsunrechts** (Ges. über Ordnungswidrigkeiten vom 25. 3. 1952 — BGBl. I 177). Sie trifft, wenn eine Sache an sie gelangt, die Entscheidung, ob ein Gesetzesverstoß als Straftat zu verfolgen oder als Ordnungswidrigkeit von der Verwaltungsbehörde zu ahnden ist (§§ 27, 31) — vorbehaltlich des Rechts der Verwaltungsbehörde, eine gerichtliche Entscheidung herbeizuführen, weil nach ihrer Auffassung eine Straftat vorliegt (§ 32) —; sie überprüft die Bußgeldbescheide der Verwaltungsbehörde und führt die gerichtliche Entscheidung herbei, wenn nach ihrer Auffassung der durch Bußgeldbescheid geahndete Verstoß eine gerichtlich zu verfolgende Straftat darstellt (§§ 58, 60); sie wird gehört, wenn im gerichtlichen Stadium des Bußgeldverfahrens gegen den Beschluß des Amtsgerichts die Verwaltungsbehörde oder der Betroffene Rechtsbeschwerde zum Oberlandesgericht erhoben hat (§ 56 Abs. 4).

c) Sie wirkt nach Maßgabe der Bestimmungen des Deutschen Auslieferungsges. vom 23. 12. 1929 (RGBl. I 239) im **Auslieferungsverfahren** und bei sonstigen Rechtshilfemaßnahmen zugunsten des Auslands mit (§§ 8, 17, 21ff., 30, 31, 33, 37, 39, 41, 42).

d) Auch **außerhalb der Strafrechtspflege** (im weiteren Sinn) sind der Staatsanwaltschaft als der Vertreterin des öffentlichen Interesses eine Reihe von Aufgaben zugewiesen, von denen die Mitwirkung in den in § 138 Abs. 2 bezeichneten Angelegenheiten im Zivilprozeß und im Verfahren der freiwilligen Gerichtsbarkeit hervorzuheben ist. Das Ges. vom 15. 7. 1941 (RGBl. I 383), das eine allgemeine Mitwirkung der Staatsanwaltschaft an Prozessen jeglicher Art vorsah, ist durch Art. 8 Nr. 20 des Vereinheitlichungsges. vom 12. 9. 1950 aufgehoben worden.

3. Wegen der **Ausschließung und Ablehnung** staatsanwaltschaftlicher Beamter in einzelnen Strafsachen s. die Vorbem. 5 vor § 22 StPO.

4. Zum **Sprachgebrauch** des Gesetzes ist folgendes zu bemerken. Der Ausdruck „Staatsanwaltschaft" wird im GVG. und in der StPO. regelmäßig im allgemeinen Sinne gebraucht, so daß er die ganze Einrichtung einschließlich der Bundesanwaltschaft und der Amtsanwaltschaft (vgl. z. B. GVG. §§ 53, 56) umfaßt. Zum Teil verwendet die Gesetzessprache aber statt des Ausdrucks „die Staatsanwaltschaft" den Ausdruck „der Staatsanwalt" (so schon § 9 DAG. 1929). Die Gesetzgebung der Jahre 1933—1945 war allgemein dazu übergegangen, von „dem Staatsanwalt" zu sprechen, worunter nicht etwa ein Beamter der Staatsanwaltschaft mit der Amtsbezeichnung „Staatsanwalt" oder ein Beamter der Staatsanwaltschaft beim Landgericht oder einem höheren Gericht zu verstehen war, sondern jeder Amtsträger, der die Funktionen der Staatsanwaltschaft in dem betreffenden Verfahren zu versehen hatte. Das Vereinheitlichungsges. vom 12. 9. 1950 ist zwar zu der früheren Terminologie zurückgekehrt, doch spricht das JGG. 1953 wieder von „dem Staatsanwalt" (vgl. §§ 42, 44, 45, 62). Der gleiche Ausdruck wird allgemein auch in den „Richtlinien für das Strafverfahren" 1953 gebraucht (vgl. z. B. Nr. 1, 101, 104, 105, 139 usw.). Dem entspricht es, daß das JGG. 1953 nicht mehr von „dem Gericht", sondern von „dem Richter" spricht (vgl. z. B. §§ 20ff.). Dagegen verwendet der 10. Titel des GVG. den Begriff „Staatsanwalt" in einem anderen Sinn, nämlich zur Kennzeichnung eines mit der Befähigung zum Richteramt ausgestatteten Beamten der Staatsanwaltschaft, im Gegensatz zu den Amtsanwälten (§ 142, 145, 148).

5. Rechtliche Stellung — Die Staatsanwaltschaft bildet eine selbständige Behörde neben dem Gericht. Infolgedessen ist sie in ihren Amtsverrichtungen von dem Gericht unabhängig (GVG. § 150 Anm. 2); sie steht zwar unter der Sitzungspolizei, aber nicht unter der Dienststrafgewalt des Gerichts (GVG. § 176 Anm. 3a, § 178 Anm. 1b). Unbestritten ist, daß die Staatsanwaltschaft in allen Abschnitten des Verfahrens eine Amtsstellung hat (vgl. Anm. 7 zu § 155 StPO.). Bestritten ist, ob sie in einzelnen Verfahrensabschnitten gleichzeitig eine Parteistellung hat. Sachlich ist die Staatsanwaltschaft niemals Partei, da sie keine besondere Rechtspersönlichkeit bildet und daher eigene Rechte überhaupt nicht haben kann (Sauer

Grundlagen 302, 309, Graf zu Dohna 4, 48; vgl. auch RG. Recht **1926** Nr. 1253). Der Form nach nimmt die Staatsanwaltschaft in der Hauptverhandlung in gewissem Umfang eine Parteistellung insofern ein, als nach einer Reihe von Vorschriften Staatsanwalt und Angeklagter gleichberechtigt sind (vgl. Vorbem. 3d vor § 226 StPO.). Auch in anderen Verfahrensabschnitten finden sich Vorschriften, die eine förmliche Gleichberechtigung aussprechen und damit zu der Vorstellung einer wenigstens formellen Parteieigenschaft der Staatsanwaltschaft Veranlassung gegeben haben, so § 193 StPO. für die Voruntersuchung, soweit es sich um eine vorweggenommene Beweisaufnahme handelt und § 169 Abs. 2 StPO. für das vorbereitende Verfahren, wenn der Beschuldigte richterlich vernommen worden ist oder sich in Untersuchungshaft befindet. Der in diesem Umfang ausgesprochene Grundsatz der Waffengleichheit nötigt sogar dazu, die „Gleichberechtigung" über die gesetzlichen Vorschriften hinaus in gewissem Umfang auszudehnen (vgl. Anm. 3 zu § 193 StPO). Diese „Waffengleichheit" rechtfertigt aber nicht die Vorstellung, als sei hier die Staatsanwaltschaft „formell" Partei. „Von Parteien läßt sich nur sprechen, wo die vor dem Gericht erscheinenden Rechtnehmenden Interessen vertreten, die, vom Staat aus gesehen, auf gleicher Wertebene liegen" (Eb. Schmidt, Lehrkommentar I 62f.). Das ist im Strafprozeß in keinem Stadium der Fall (vgl. Henkel, StrafverfR. [1953] 121ff.). Da die Frage, ob die Staatsanwaltschaft Partei sei, de lege lata wissenschaftlich wie praktisch gleich unergiebig ist („ziemlich müßig", so von Lilienthal, StrafprozeßR. [1923] 20; „Scheinproblem ohne alle Bedeutung", so Eb. Schmidt a.a.O.; „nur ein Wortstreit", so Henkel 132), sollte man, schon wegen der Gefahr der Irreführung bei schlagwortartiger Verwendung des Begriffs, im Strafprozeß überhaupt nicht von Parteien, sondern nur von Beteiligten sprechen vgl. Einl. § 10).

Die Amtsstellung der Staatsanwaltschaft findet äußerlich ihren Ausdruck in dem Platz, den der Staatsanwalt in der Hauptverhandlung einnimmt. Die Forderung, ihm einen Platz zuzuweisen, der dem des Verteidigers entspricht, ihn also auf die Ebene des Beschuldigten stellt (so z.B. Sauer NJW. **1947/48,** 683; Preissler NJW. **1949,** 417; Brangsch NJW. **1951,** 59), steht im Widerspruch mit den Aufgaben der Staatsanwaltschaft (so auch Peters Strafproz. [1952] 129; KMR. 1 zu § 141; s. auch Strunk NJW. **1949,** 416; Bader NJW. **1949,** 737). Daß andererseits die Platzzuweisung so zu wählen ist, daß sie die Selbständigkeit des Gerichts gegenüber der Staatsanwaltschaft deutlich erkennen läßt, ist selbstverständlich (RdErl. d. Hess. Just.Min. v. 6. 5. 1952 — 4115 IVa[1] 3272 —).

6. Nach **§ 36 JGG.** 1953 werden für Verfahren, die zur Zuständigkeit der Jugendgerichte gehören, besondere Jugendstaatsanwälte bestellt, die erzieherisch befähigt und in der Jugenderziehung erfahren sein sollen (§ 37). Vgl. Anm. 6 zu § 142.

7. Wegen der **Bezeichnung der staatsanwaltschaftlichen Behörden und Beamten** vgl. Anm. 2 zu § 142.

§ 141

Bei jedem Gericht soll eine Staatsanwaltschaft bestehen.

I. Entstehungsgeschichte: Entw. § 113.
II. Spätere Entwürfe: Entw. EG. StGB. Art. 68 Ziff. 33.

1. — bei jedem Gericht — a) Bei den Schwurgerichten und den Schöffengerichten werden die staatsanwaltschaftlichen Geschäfte durch die Staatsanwaltschaft des Landgerichts oder des Amtsgerichts versehen, bei denen diese Gerichte zusammentreten. Der Entw. EG. StGB. wollte eine Ausnahme von § 141 für die Amtsgerichte machen, die (nach § 58) nicht mit Strafsachen befaßt sind.

b) Bei den auswärtigen Strafkammern (§ 78) werden die staatsanwaltschaftlichen Geschäfte von der Staatsanwaltschaft des Landgerichts wahrgenommen. Nach § 6 der AV. d. Reichsjustizministers vom 18. 12. 1934 (Deutsche Justiz S. 1608) — die noch gilt, soweit die Landesjustizverwaltungen nichts Abweisendes bestimmt haben — können aber auch mit Genehmigung der Landesjustizverwaltung am Sitz des Amtsgerichts Zweigstellen der Staatsanwaltschaft beim Landgericht errichtet werden. Der Leiter einer solchen Zweigstelle hat bei Unterordnung unter den Oberstaatsanwalt des Landgerichts die Stellung eines Abteilungsvorstehers der landgerichtlichen Staatsanwaltschaft.

2. — **eine Staatsanwaltschaft** — § 141 will nicht vorschrei n, daß bei jedem Gericht ein besonderer Beamter der Staatsanwaltschaft angestellt sein muß; vielmehr kann für mehrere Gerichte (derselben oder verschiedener Ordnung) eine gemeinschaftliche staatsanwaltschaftliche Behörde bestellt werden (vgl. RGSt. 58 105). Insbesondere ist es statthaft, einen bei dem Landgericht tätigen Staatsanwalt zugleich bei der Amtsanwaltschaft bei einem oder mehreren Amtsgerichten zu verwenden (Begr. 76). Desgleichen ist es zulässig, für mehrere Amtsgerichte eine gemeinsame Amtsanwaltschaft (Bezirksamtsanwaltschaft) einzurichten.

3. Über den Fall, daß **mehrere Amtsanwälte** für ein Amtsgericht bestellt werden, s. § 142 Anm. 5.

§ 142

(1) Das Amt der Staatsanwaltschaft wird ausgeübt:

1. **bei dem Bundesgerichtshof durch einen Oberbundesanwalt und durch einen oder mehrere Bundesanwälte;**
2. **bei den Oberlandesgerichten und den Landgerichten durch einen oder mehrere Staatsanwälte;**
3. **bei den Amtsgerichten durch einen oder mehrere Staatsanwälte oder Amtsanwälte.**

(2) Die Zuständigkeit der Amtsanwälte erstreckt sich nicht auf das amtsrichterliche Verfahren zur Vorbereitung der öffentlichen Klage in den Strafsachen, die zur Zuständigkeit anderer Gerichte als der Amtsgerichte gehören.

I. **Entstehungsgeschichte:** Entw. § 114.

II. **Spätere Entwürfe:** N. E. IV Art. II 38; E. V Art. II 42.

III. **Spätere Fassungen:** Bek. vom 22. 3. 1924 (RGBl. I 316). Das Vereinheitlichungsges. vom 12. 9. 1950 hat — abgesehen von der Anpassung des Abs. 1 Nr. 1 an die veränderten Verhältnisse — in Nr. 2 die hinter „Landgerichten" folgenden Worte „und den Schwurgerichten" und in Nr. 3 die hinter „Amtsgerichten" folgenden Worte „und den Schöffengerichten" gestrichen (keine sachliche Änderungen, da das Schwurgericht ein Teil des Landgerichts, das Schöffengericht ein Teil des Amtsgerichts ist).

Zu Abs. 1.

1. Die **Gliederung der Staatsanwaltschaft** schließt sich an die der ordentlichen Gerichte an; wie bei diesen, so ist auch bei den Beamten der Staatsanwaltschaft von einer sachlichen und einer örtlichen Zuständigkeit die Rede (§ 142 und § 143). Demgemäß teilt sich die Staatsanwaltschaft in eine der Zahl der Gerichte etwa (§ 141 Anm. 2) entsprechende Anzahl selbständiger Behörden. Die Selbständigkeit ist aber insofern beschränkt, als die Staatsanwaltschaft in gewissem Maße wiederum einen einheitlichen Körper bildet, dessen Haupt die oberste Justizverwaltungsstelle ist. Die Auffassung des französischen Rechts von der Einheit und Unteilbarkeit der Staatsanwaltschaft („le ministère public est un et indivisible") war, wenngleich mit Einschränkungen, schon vor dem GVG. in die Mehrzahl der deutschen Landesgesetze übergegangen und liegt, gleichfalls in eingeschränkter Weise, auch dem GVG. zugrunde (vgl. Laband 3 442). Im einzelnen ist folgendes hervorzuheben. a) Mit Rücksicht auf die Justizhoheit der deutschen Länder kommt der Grundsatz der Einheit der Staatsanwaltschaft nur innerhalb des einzelnen Landes, nicht für das gesamte Bundesgebiet zur Geltung. — b) Innerhalb des einzelnen Landes steht der Landesjustizverwaltung und den vorgesetzten staatsanwaltschaftlichen Behörden (§ 147) das Recht der Aufsicht und Leitung in der Art zu, daß sie jederzeit durch Anweisung in die Tätigkeit der ihnen unterstellten Behörden eingreifen dürfen (§ 146 und Anm. 3 das.). — c) Innerhalb desselben Oberlandesgerichtsbezirks und Landgerichtsbezirks steht der vorgesetzten Behörde das sog. „Devolutions- und Substitutionsrecht" zu; das Nähere s. zu § 145 (dessen Abs. 2 eine Einschränkung dieses Rechtes enthält). — d) Aus den vorbezeichneten Befugnissen (b, c) ist indes nicht die Auffassung herzuleiten, als seien die unteren Behörden nur als Vertreter der vorgesetzten tätig; vielmehr sind sie überall kraft eigenen Rechts zur Ausübung ihres Amtes berufen; und sie sind nach außen hin, insbesondere den Gerichten gegenüber, völlig selbständig; vgl. § 146 Anm. 4. — e) Besteht eine staatsanwaltschaftliche Behörde aus mehreren Beamten, so ist der erste Beamte allein der Träger des Amts, und die ihm beigegebenen Beamten handeln überall nur als seine Vertreter

(§ 144). — f) In dem Verhältnis der staatsanwaltschaftlichen Behörden verschiedener Bezirke zueinander greift der Gesichtspunkt der Einheit der Staatsanwaltschaft im allgemeinen nicht Platz (§ 143). Der Staatsanwalt beim Landgericht A kann daher beim Landgericht B kein Rechtsmittel einlegen (BayObLGSt. **1** 223 = Alsberg OLGE.StrProz. **1** Nr. 9). Die eine Behörde kann die Geschäfte der anderen nur auf Grund einer „Substitution" (§ 145 Abs. 1) sowie dann wahrnehmen, wenn bei einer Amtshandlung Gefahr im Verzuge ist (§ 143 Abs. 2). Auch kann die Landesjustizverwaltung einen Beamten der Staatsanwaltschaft zur Erledigung oder Beendigung bestimmter Geschäfte einer anderen Staatsanwaltschaft überweisen (RGSt. **44** 78). Sie kann sogar denselben Staatsanwalt bei mehreren Gerichten derselben oder verschiedener Ordnung bestellen und diese Bestellung jederzeit wieder ändern. Die Bestellung kann für den ganzen Umfang oder nur für einen Teil der zur Zuständigkeit der Staatsanwaltschaft gehörigen Dienstgeschäfte ausgesprochen werden (RGSt. **58** 105; a.M. Henkel StrafverfR. [1953] 192). Dagegen können die Generalstaatsanwälte benachbarter Bezirke desselben Landes nicht ohne Beteiligung der Landesjustizverwaltung vereinbaren, daß ein Staatsanwalt des einen Bezirks die Anklage vor einem Gericht des anderen Bezirks vertrete; doch liegt, wenn es gleichwohl geschieht, kein absoluter Revisionsgrund vor, da es, um § 338 Nr. 5 StPO. auszuschließen, genügt, das überhaupt ein Staatsanwalt mitwirkt (RGSt. **73** 86; Schneider-Neuenburg DStrR. **1936,** 316).

2. Das GVG. regelte bei seinem Inkrafttreten nur die **Amtsbezeichnungen** der bei der Staatsanwaltschaft beim Reichsgericht tätigen Beamten (Oberreichsanwalt und Reichsanwalt). Im übrigen überließ es die Festsetzung von Amtsbezeichnungen für die Beamten der Staatsanwaltschaft den Ländern; im GVG. erhielten sie die Sammelbezeichnung „Staatsanwalt". Nur für die bei den Amtsgerichten anzustellenden Beamten wurde eine besondere Benennung gewählt; das beruhte im wesentlichen auf Fassungsrücksichten; die in mancher Hinsicht eigenartige Stellung dieser Beamten machte die Aufstellung einiger besonderer Bestimmungen (§ 142 Abs. 2, § 145 Abs. 2 GVG., § 451 Abs. 2 StPO.) für sie nötig. Bei dieser Regelung beließ es das Vereinheitlichungsges. vom 12. 9. 1950, obwohl inzwischen die weitgehend übereinstimmenden, in Einzelheiten aber z. T. voneinander abweichenden landesrechtlichen Vorschriften durch einheitliche Bestimmungen über die Organisation, die Bezeichnung der Behördenleiter und der staatsanwaltschaftlichen Beamten ersetzt waren. Zunächst bestimmte die AV. des Reichsjustizministers zur Vereinheitlichung der Staatsanwaltschaft vom 18. 12 1934 (Deutsche Justiz S. 1608), daß die Leiter der Staatsanwaltschaft bei den Oberlandesgerichten die Amtsbezeichnung „Generalstaatsanwalt", die der Staatsanwaltschaft bei den Landgerichten die Bezeichnung „Oberstaatsanwalt" (in Berlin „Generalstaatsanwalt") führen; die landesrechtlichen Vorschriften über die Amtsbezeichnungen der übrigen Beamten der Staatsanwaltschaft blieben zunächst bestehen (§ 3 Abs. 2). § 14 der VO. zur einheitlichen Regelung der Gerichtsverfassung vom 20. 3. 1935 (RGBl. I 403) legte die zunächst durch Verwaltungsanordnung bestimmten Bezeichnungen „Generalstaatsanwalt" und „Oberstaatsanwalt" für die Leiter der Staatsanwaltschaften bei den Oberlandes- und Landgerichten gesetzlich fest. In der Folgezeit brachte die Reichsbesoldungsordnung vom 9. 12. 1937 (RGBl. I 1355, 1361, 1362) die gesetzliche Festlegung einheitlicher Amtsbezeichnungen für die übrigen Beamten der Staatsanwaltschaft („Oberstaatsanwalt" für den ständigen Vertreter des Generalstaatsanwalts, „Erster Staatsanwalt" für die Staatsanwälte bei den Oberlandesgerichten, die Abteilungsvorsteher bei größeren Staatsanwaltschaften bei den Landgerichten und Leiter größerer Anwaltschaften, „Staatsanwalt" für die übrigen planmäßig angestellten Beamten der Staatsanwaltschaft mit der Befähigung zum Richteramt). Daran ist seither nichts geändert worden und das Ges. über die innerdeutsche Rechts- und Amtshilfe in Strafsachen vom 2. 5. 1953 (BGBl. I 161) hat daraus die Folgerung gezogen, indem es nur noch von dem „Generalstaatsanwalt" spricht (vgl. §§ 3ff.), während z. B. das DAG. 1929 noch, dem Sprachgebrauch des GVG entsprechend, dieselbe Behörde mit „Staatsanwalt bei dem Oberlandesgericht" bezeichnete (§ 8). Neben den planmäßig angestellten Staatsanwälten werden Hilfsarbeiter des höheren Dienstes (Assessoren, Gerichtsassessoren) bei den Staatsanwaltschaften der Oberlandesgerichte und Landgerichte nach Bedarf verwendet (§ 3 der AV. vom 18. 12. 1934).

Zu Nr. 1.

3. Die Tätigkeit der **Bundesanwaltschaft** umfaßt: a) die staatsanwaltschaftlichen Verrichtungen in den an den Bundesgerichtshof gelangenden Strafsachen (§ 120 Abs. 3, 121 Abs. 2

135, 138 Abs. 2); b) die Strafverfolgung und die Strafvollstreckung in den Strafsachen, für die der Bundesgerichtshof in erster Instanz zuständig ist (§§ 74a, 134a); — c) die Bestimmung der zuständigen Staatsanwaltschaft im Falle des § 143 Abs. 3; — d) die staatsanwaltschaftlichen Verrichtungen in den an den Bundesgerichtshof gelangenden, zu einer Mitwirkung der Staatsanwaltschaft geeigneten Zivilsachen (§ 138 Abs. 2); — e) die Mitwirkung in bestimmten strafverfahrensähnlichen Verfahren, mit denen der Bundesgerichtshof befaßt wird (§ 27 Abs. 2 DAG. 1929, § 56 Abs. 5 des Ges. über Ordnungswidrigkeiten vom 25. 3. 1952, BGBl. I 177).

Zu Nr. 2.

4. Aufbau und Gliederung der Staatsanwaltschaften bei den **Oberlandesgerichten und Landgerichten** ist, soweit die Länder nicht inzwischen abweichende Vorschriften erlassen haben, geregelt in der AV. des Reichsjustizministers zur Vereinheitlichung der Staatsanwaltschaft vom 18. 12. 1934 (Deutsche Justiz 1608). Bei den mit mehreren Staatsanwälten besetzten Behörden bestimmt deren Leiter, wie die Geschäfte unter die einzelnen Beamten sich verteilen (§ 23 der AV.; vgl. auch § 144).

Zu Nr. 3.

5. a) „Bei den Amtsgerichten": Zu den „Amtsgerichten" gehören selbstverständlich auch die Schöffengerichte, auch wenn sie abweichend von der früher geltenden Fassung nicht mehr besonders erwähnt sind, da Amtsgericht (vgl. § 24) stets auch das Schöffengericht ist (OLG. Oldenburg NJW. **1952,** 1230).

b) Die **Organisation** der staatsanwaltschaftlichen Verrichtungen bei den Amtsgerichten und die Abgrenzung des Aufgabenbereichs, wenn bei einem Amtsgericht eine Amtsanwaltschaft eingerichtet ist, gegenüber derjenigen der Staatsanwaltschaft bei dem Landgericht hat das GVG dem Landesrecht überlassen. Die AV. vom 18. 12. 1934 (vgl. Anm. 4) hat an dem damals in organisatorischer Hinsicht bestehenden Rechtszustand nichts geändert; ihr § 2 bestimmt: „Soweit in den Ländern am Sitze von Amtsgerichten Amtsanwaltschaften errichtet oder Amtsanwälte im Haupt- oder Nebenamt, örtliche Stellvertreter des Amtsanwalts, örtliche Sitzungsvertreter u. dgl. bestellt sind, behält es bei der bestehenden Regelung mit den aus dieser Verfügung sich ergebenden Einschränkungen sein Bewenden." Sind bei einer Amtsanwaltschaft mehrere Amtsanwälte bestellt, so ist auch „der Landesgesetzgebung überlassen, zu bestimmen, ob die mehreren Amtsanwälte voneinander unabhängig zu stellen sind oder ob sie für die Amtsanwaltschaft desselben Amtsgerichts die Einheitlichkeit der Behörde durchzuführen ist" (Begr. 79). Man hat hierbei hauptsächlich an die in mehreren deutschen Ländern vorgefundene Einrichtung gedacht, nach der bei gewissen Arten von Strafsachen (z. B. bei Forst-, Jagd-, Zoll- und Steuerstrafsachen) Beamte der betroffenen Verwaltungszweige das Amt der Staatsanwaltschaft, unabhängig von der ordentlichen staatsanwaltschaftlichen Behörde (Amtsanwaltschaft), versehen, so daß bei einem Gericht mehrere amtsanwaltschaftliche Behörden bestehen können, deren Geschäftskreise sachlich verschieden sind. Im früheren Preußen können nach der Gemeinschaftl. Verfg. des Reichsjustizministers und des Reichsforstmeisters vom 2. 4. 1937 (Deutsche Justiz 532) die Generalstaatsanwälte zur Bearbeitung von Zuwiderhandlungen gegen das pr. Forstdiebstahlsges. das Amt des Amtsanwalts hauptamtlich besonderen Forstamtsanwälten (d. h. Staats- oder Gemeindeforstverwaltungsbeamten) übertragen. Übrigens würde es auch statthaft sein, bei einem Amtsgericht mehrere selbständige Amtsanwaltschaften in der Art zu bestellen, daß ihnen verschiedene Bezirke angewiesen werden; insbesondere könnte für Bezirke, in denen Gerichtstage abgehalten werden, eine besondere Amtsanwaltschaft bestellt werden. Im früheren Preußen waren fast durchweg sog. Bezirksamtsanwaltschaften für mehrere Amtsgerichte (zumeist an den Landgerichtssitzen für alle Amtsgerichte des Bezirks) eingerichtet (mit hauptamtlichen Amtsanwälten besetzt). Für Berlin vgl. AV. über die Errichtung einer Amtsanwaltschaft vom 20. 6. 1950 (VOBl. 567). — Die Voraussetzungen einer Bestellung zum planmäßigen hauptamtlichen Amtsanwalt sind geregelt in der AV. d. RJM. vom 20. 1. 1940 (Deutsche Justiz 179), an deren Stelle in Hessen die Ausbildungsordnung für Amtsanwälte (RdErl. vom 17. 12. 1954, HessJMBl. 1955 S. 37) u. in Rheinl.-Pfalz die VO vom 20. 8. 1955 (GVBl. 81 = SaBl. 1041) getreten ist. Die Zeichnungsbefugnisse der Beamten der Amtsanwaltschaft sind im früheren Preußen geregelt durch die AV. d. pr. JM. vom 16. 2. 1931 (JMBl. S. 62) mit Änderungen und Ergänzungen durch AV. vom 11. 9. 1933, 1. 10. 1934 (JMBl. S. 377,

DJ. S. 1232) – in Hessen ersetzt durch RdErl. des JM. vom 17. 2. 1955 (JMBl. 16). – Wegen der Strafvollstreckung durch Amtsanwälte vgl. § 451 Abs. 2 StPO.

c) Ist jemand zum Amtsanwalt (= zur Wahrnehmung der Aufgaben eines Amtsanwalts) beim Amtsgericht bestellt, so ist er **nach außen** zur Wahrnehmung aller der Staatsanwaltschaft zustehenden Befugnisse berufen, soweit sie nach § 142 Abs 2. von der Amtsanwaltschaft wahrgenommen werden können. Er kann also z. B. wirksam Berufung einlegen, gleichviel ob er Amtsanwalt im Haupt- oder Nebenamt ist, oder er als örtlicher Stellvertreter des Amtsanwalts, örtlicher Sitzungsvertreter usw. bezeichnet wird und unterzeichnet und ob interne Anordnungen der Justizverwaltung, z. B. über die Abgrenzung der Zuständigkeit zwischen Amtsanwälten und Staatsanwälten bei der Amtsanwaltschaft die Berufungseinlegung einem anderen vorbehalten (OLG. Oldenburg NJW. **1952,** 1230; s. auch BayObLG. GA. **71,** 112).

Zu Abs. 2.

6. Für die sachliche **Zuständigkeit** der Beamten der Staatsanwaltschaft sind grundsätzlich die Bestimmungen maßgebend, die die sachliche Zuständigkeit der erkennenden Gerichte regeln (Begr. 79). Daher steht in den Sachen, die im Hauptverfahren zur Zuständigkeit der Strafkammer, des Schwurgerichts oder des Bundesgerichtshofs (Oberlandesgerichts) gehören, die Strafverfolgung von Anfang an, also auch während des Verfahrens zur Vorbereitung der öffentlichen Klage (StPO. §§ 158ff.), nur der landgerichtlichen Staatsanwaltschaft oder der Bundesanwaltschaft (Staatsanwaltschaft des Oberlandesgerichts), nicht aber der Amtsanwaltschaft zu. Bei den in die Zuständigkeit der Amtsgerichte fallenden Sachen (§§ 24, 25) steht es nach Abs. 1 Nr. 3 im Ermessen der Länder, inwieweit sie die Aufgaben der Staatsanwaltschaft der Amtsanwaltschaft oder der Staatsanwaltschaft bei dem Landgericht zuweisen wollen. Durch die §§ 24ff. der AV. vom 18. 12. 1934 (vgl. oben Anm. 5b) ist die Zuständigkeitsverteilung in der Weise erfolgt, daß im allgemeinen Sachen, in denen der Amtsrichter als Einzelrichter entscheidet, von der Amtsanwaltschaft, Schöffengerichtssachen dagegen von der Staatsanwaltschaft bei dem Landgericht bearbeitet werden; demgemäß vertritt in der Hauptverhandlung vor dem Einzelrichter der Amtsanwalt die Anklage (vgl. Cordier Rpfleger **1953** 210). In Hessen ist – unter Aufhebung der §§ 24–31 der AV. vom 18. 12. 1934 – die Geschäftsverteilung zwischen Staats- und Amtsanwaltschaft neu geregelt durch RdErl. vom 16. 2. 1955 (Hess. JMBl. 15); in Nordrh.-Westf. gilt die AV. vom 22. 5. 1952 (JMBl. 129), in Rheinl.-Pfalz die AV. vom 18. 12. 1934 i. d. F. der LV vom 6. 9. 1954 (JBl. 65). – Wird der Amtsanwaltschaft eine strafbare Handlung angezeigt, zu deren Verfolgung sie sachlich nicht zuständig ist, so hat sie die Anzeige an die zuständige Staatsanwaltschaft abzugeben; bei Gefahr im Verzug ist die Sache an den Amtsrichter zu leiten, damit dieser in den Stand gesetzt werde, nötigenfalls von Amts wegen (StPO. § 165) einzuschreiten.

§ 36 JGG., der die Bestellung von Jugendstaatsanwälten anordnet, schließt an sich nicht aus, daß auch in Jugendstrafsachen Amtsanwälte in den vor den Jugendrichter und das Jugendschöffengericht gehörenden Sachen tätig werden; doch sind durch die landesrechtlichen Vorschriften Jugendsachen den Amtsanwälten nur in sehr engem Umfang zugewiesen (vgl. Dallinger-Lackner Anm. 12ff. zu § 36 JGG.).

7. Erweiterung der Zuständigkeit. – Die Vorschrift des Abs. 2 schließt nicht aus, daß in einzelnen Terminen vor dem Amtsrichter (StPO. §§ 162, 166, 185) ein Amtsanwalt infolge Auftrages eines Vorgesetzten die Tätigkeit der Staatsanwaltschaft wahrnehmen kann (Begr. 79; KMR. Anm. 1c, bb). Ob und in welchen Fällen derartige Aufträge erteilt werden dürfen, bestimmt sich nach Landesrecht. – Vgl. noch § 145 Abs. 2.

§ 143

(1) Die örtliche Zuständigkeit der Beamten der Staatsanwaltschaft wird durch die örtliche Zuständigkeit des Gerichts bestimmt, für das sie bestellt sind.

(2) Ein unzuständiger Beamter der Staatsanwaltschaft hat sich den innerhalb seines Bezirkes vorzunehmenden Amtshandlungen zu unterziehen, bei denen Gefahr im Verzug ist.

(3) Können die Beamten der Staatsanwaltschaft verschiedener Länder sich nicht darüber einigen, wer von ihnen die Verfolgung zu übernehmen hat, so entscheidet der ihnen gemeinsam vorgesetzte Beamte der Staatsanwaltschaft, sonst der Oberbundesanwalt.

I. Entstehungsgeschichte: Entw. § 115.

II. Spätere Entw.: Bek. vom 22. 3. 1924 (RGBl. I 316).

III. Spätere Fassungen: Entw. EGStGB. Art. 68 Ziff. 34.

Das Vereinheitlichungsges. vom 12. 9. 1950 hat — abgesehen von der Ersetzung des Worts „Oberreichsanwalt" durch „Oberbundesanwalt" in Abs. 3 — nur stilistische Änderungen vorgenommen.

Literatur: Hartung, Amtshandlungen der Staatsanwaltschaft außerhalb ihres Bezirks JR. **1925,** 1163.

Zu Abs. 1. **Örtliche Zuständigkeit.**

1. Wegen der Bedeutung der örtlichen Zuständigkeit vgl. § 142 Anm. 1f. Geht eine Strafsache von einem Gericht auf ein anderes über (vgl. z. B. §§ 15, 354 Abs. 2 StPO.), so hat dies ohne weiteres die Folge, daß die staatsanwaltschaftlichen Verrichtungen auf die Staatsanwaltschaft des neuen Gerichtes übergehen.

2. Der örtliche zuständige Staatsanwalt ist bei der Ausübung seiner Amtsobliegenheiten nicht an seinen Bezirk und auch nicht an die Grenzen seines Landes gebunden; er kann innerhalb des ganzen Bundesgebiets die Amtshandlungen vornehmen, die ihm zur Verfolgung notwendig erscheinen. Es besteht für ihn, wenn er außerhalb seines Bezirks tätig wird, keine Vorschrift nach Art des § 166 (Hartung JR. **1925,** 1163, Peters, Strafprozeß [1952] 131; KMR. Anm. 2 b). Der Entw. EGStGB. (Art. 68 Ziff. 34) wollte diesen Zustand ändern.

Zu Abs. 2. **Örtliche Unzuständigkeit.**

3. Es ist hierbei nur von den örtlich unzuständigen Beamten die Rede; vgl. § 21 StPO. Wegen der sachlichen Zuständigkeit vgl. § 142 Abs. 2 und Anm. 6 das. sowie § 145.

4. Unter Amtshandlungen sind hier insbesondere auch die Anträge zu verstehen, die bei dem Amtsrichter zu stellen sind, falls es auf schleunige Vornahme einer gerichtlichen Untersuchungshandlung ankommt (StPO. § 162) (OLG. Hamburg in Alsberg OLGEStrProz. **1** Nr. 265).

Zu Abs. 3 **Streit über die örtliche Zuständigkeit.**

5. Die Worte „der ihnen gemeinsam vorgesetzte Beamte" haben den Fall im Auge, daß Teile verschiedener deutscher Länder zu einem Landgerichtsbezirk oder zu einem Oberlandesgerichtsbezirk vereinigt und demzufolge einem oberen Beamten der Staatsanwaltschaft Beamte verschiedener Länder untergeordnet sind; vgl. Tit. 2 Vorbem. 19.

6. Der Fall der Nichteinigung unter Beamten desselben deutschen Landes ist nicht ausdrücklich vorgesehen, weil es sich nach § 147 von selbst versteht, daß in diesem Falle die Entscheidung dem gemeinsam vorgesetzten Beamten (Oberstaatsanwalt, Generalstaatsanwalt) und beim Fehlen eines solchen der Landesjustizverwaltung zusteht. Sachlich ist dieser Fall von dem in Abs. 3 behandelten nicht verschieden; daher findet das in den folgenden Anm. (7, 8) Bemerkte auch auf ihn entsprechende Anwendung.

7. a) Besteht die Meinungsverschiedenheit der beteiligten Beamten darin, daß sich jeder für allein zuständig oder jeder für unzuständig hält, so ist, falls keine Einigung zu erzielen ist, die Entscheidung der gemeinsam vorgesetzten Stelle notwendig. Bis zu dieser wird in dem ersteren Fall der zeitlich später mit der Sache befaßte Beamte dem zuerst damit befaßten den Betrieb der Sache einstweilen zu überlassen haben. In dem zweiten Fall hat sich der zuerst befaßte Beamte der Bearbeitung der Sache einstweilen, soweit erforderlich, zu unterziehen; für den später befaßten Beamten ist einstweilen § 143 Abs. 2 maßgebend.

b) Eine solche Meinungsverschiedenheit kann nicht nur zwischen gleichgeordneten Beamten, sondern auch zwischen einem landgerichtlichen Staatsanwalt und einem dem Bezirk eines anderen Landgerichts angehörigen Amtsanwalt bestehen, nämlich dann, wenn eine Straftat, für die in zwei Landgerichtsbezirken ein Gerichtsstand begründet ist, in beiden zur Anzeige gelangt, jedoch unter verschiedener Kennzeichnung der Tat (z. B. als Raub und als Diebstahl), so daß in dem einen Bezirk der Staatsanwalt, in dem anderen ein Amtsanwalt in der Sache tätig wird. Da hier der Amtsanwalt dem Staatsanwalt nicht untergeordnet und somit an dessen

Ansicht nicht gebunden ist, würde ein Streit durch den gemeinsam vorgesetzten Beamten zu entscheiden sein. Es wird sich indes für den Amtsanwalt regelmäßig empfehlen, sich der Ansicht des Staatsanwalts unterzuordnen, mindestens, wenn dieser die Zuständigkeit zur Verfolgung für sich in Anspruch nimmt. — Hat die eine staatsanwaltschaftliche Behörde bereits die öffentliche Klage erhoben, so ist wegen der Rechtshängigkeit der Sache eine Verfolgung durch die andere Behörde unstatthaft. Wegen des Falles, daß dennoch eine Sache mehrfach, und zwar bei Gerichten verschiedener Ordnung, anhängig geworden ist, s. Einleitung § 11 D 2 (S. 40).

c) Zwischen einem Amtsanwalt und dem ihm vorgesetzten Staatsanwalt kann angesichts des § 146 kein Streit wie zu b entstehen. Die Anweisung des Staatsanwalts, die Verfolgung eines Straffalles zu übernehmen oder sie unterlassen, und die dieser Anweisung zugrunde liegende Auffassung der Sache ist für den Amtsanwalt bindend.

8. Besteht die Meinungsverschiedenheit darüber, bei welchem von mehreren zuständigen Gerichten eine Sache anhängig zu machen ist, oder darüber, ob zusammenhängende Sachen zu verbinden oder bei welchem Gericht sie im Falle der Verbindung anhängig zu machen sind, so wird durch den Mangel der Einigung eine Entscheidung der gemeinsam vorgesetzten Instanz noch nicht unbedingt erforderlich. Vgl. hierzu Anm. 5 zu § 12, Anm. 7 zu § 13 StPO.

§ 144

Besteht die Staatsanwaltschaft eines Gerichts aus mehreren Beamten, so handeln die dem ersten Beamten beigeordneten Personen als dessen Vertreter; sie sind, wenn sie für ihn auftreten, zu allen Amtsverrichtungen desselben ohne den Nachweis eines besonderen Auftrags berechtigt.

I. Entstehungsgeschichte: Entw. § 116.

II. Keine späteren Änderungen oder Änderungsversuche.

1. Die Kollegialverfassung ist der Einrichtung der weisungsgebundenen Staatsanwaltschaft ihrem Wesen nach fremd.

2. Die dem Behördenleiter zugewiesenen Beamten handeln als dessen **Vertreter,** bedeutet: ihre Handlungen werden hinsichtlich ihrer rechtlichen Wirksamkeit als Handlungen des ersten Beamten angesehen, wobei die Wirksamkeit der Amtshandlung nach außen unabhängig davon ist, ob sie den für den inneren Dienst der Staatsanwaltschaft getroffenen Anordnungen zuwiderläuft (vgl. Anm. 5c zu § 142). „In Vertretung" zeichnen nur diejenigen Beamten der Staatsanwaltschaft, die zu Vertretern des Behördenleiters bestellt sind; die übrigen zeichnen „Im Auftrage" (§ 13 der AV. vom 18. 12. 1934, Deutsche Justiz 1608); für die Anwendbarkeit des § 144 ist diese Unterscheidung bedeutungslos.

3. Auf das Verhältnis mehrerer Amtsanwälte bei demselben Amtsgericht bezieht sich diese Bestimmung nur, soweit einem von ihnen die Aufsicht und Leitung übertragen worden ist; vgl. Anm. 5b zu § 142.

4. Wegen der **Zeichnungsbefugnisse** der Beamten der Staatsanwaltschaft vgl. §§ 13ff. der AV. des Reichsjustizministers zur Vereinheitlichung der Staatsanwaltschaft vom 18. 12. 1934 (Deutsche Justiz 1608).

§ 145

(1) Die ersten Beamten der Staatsanwaltschaft bei den Oberlandesgerichten und den Landgerichten sind befugt, bei allen Gerichten ihres Bezirkes die Amtsverrichtungen der Staatsanwaltschaft selbst zu übernehmen oder mit ihrer Wahrnehmung einen anderen als den zunächst zuständigen Beamten zu beauftragen.

(2) Amtsanwälte können das Amt der Staatsanwaltschaft nur bei den Amtsgerichten versehen.

I. Entstehungsgeschichte: Entw. § 117.

II. Spätere Entwürfe: N. E. III Nr. 52.

III. Spätere Fassungen: Bek. vom 22. 3. 1924 (RGBl. I 316). Das Vereinheitlichungsges. vom 12. 9. 1950 hat in Abs. 3 die Worte „und den Schöffengerichten" hinter „Amtsgerichten" (ohne sachliche Änderung, da das Schöffengericht ein Teil des Amtsgerichts ist) gestrichen.

Zu Abs. 1.

1. a) Der § 145 behandelt das auf dem Gedanken der Einheit der Staatsanwaltschaft (vgl. § 142 Anm. 1) beruhende sog. **„Devolutions- und Substitutionsrecht"** der oberen staatsanwaltschaftlichen Beamten. Vermöge dieses Rechtes kann (mit der in Abs. 2 bestimmten Einschränkung) innerhalb desselben Oberlandesgerichtsbezirks oder Landgerichtsbezirks jeder dem Bezirk angehörige Beamte der Staatsanwaltschaft kraft Auftrages die staatsanwaltschaftlichen Geschäfte bei jedem Gerichte des Bezirks versehen. In gemeinschaftlichen Gerichtsbezirken, die sich aus Gebietsteilen verschiedener deutscher Länder zusammensetzen, kann die Substitution ohne Rücksicht auf die Landesangehörigkeit des zu beauftragenden Beamten erfolgen (RGRspr. **8** 369).

b) Seinem Wortlaut nach gilt § 145 nur für die ersten Beamten der Staatsanwaltschaft des Landgerichts und des Oberlandesgerichts, nicht auch für die übergeordneten **Zentralbehörden.** Das ihnen zustehende Recht der Leitung (§ 147) schließt aber vermöge des Grundsatzes der Einheitlichkeit der Behörde die Befugnis zu der Anordnung in sich, daß ein Staatsanwalt eine bestimmte amtliche Verrichtung bei einer Staatsanwaltschaft ausübe, bei der er nicht angestellt ist. Ein solcher Auftrag hat die Wirkung, daß der Staatsanwalt, solange und soweit es die Ausführung des Auftrags erfordert, als zu dieser Staatsanwaltschaft gehörig anzusehen ist (RG. vom 24. 6. 1931 II 636/30 zu B III; vgl. RGSt. **44** 75, **58** 105 und Anm. 1 zu § 142). Die Auffassung von v. Hippel, Strafprozeß (1941) 241 und Henkel StrafverfR. (1953) 192, nur im Einzelfall, nicht für bestimmte Gruppen von Strafsachen könne das auf dem Leitungsrecht beruhende Substitutionsrecht der Landesjustizverwaltung ausgeübt werden, findet in § 145 keine Stütze. Der § 145a des früher in der amerik. Besatzungszone geltenden Strafgerichtsverfassungsges. 1946 bestimmte ausdrücklich, daß der Minister der Justiz einen Beauftragten mit der Befugnis bestellen könne, bei allen Gerichten des Landes die Amtsverrichtungen der Staatsanwaltschaft zu übernehmen; diese Vorschrift ist von dem Vereinheitlichungsges. vom 12. 9. 1950 nicht übernommen worden, weil sie nach der amtl. Begründung überflüssig erschien.

c) Wegen des **Verhältnisses der Bundesanwaltschaft zu den Staatsanwaltschaften der Länder** vgl. Anm. 5 zu § 146, § 145 gilt dafür nicht.

2. **Die ersten Beamten** — Die ihnen beigelegten Befugnisse stehen im Falle einer Vertretung auch dem **Vertreter** zu.

3. — **zu übernehmen** — In der Befugnis der oberen Behörde, die Amtsverrichtungen der unteren zu übernehmen, ist insbesondere die Berechtigung enthalten, die dieser Behörde zustehenden Rechtsmittel zu ergreifen und die von der unteren Behörde abgegebenen Erklärungen (Anträge usw.) zurückzunehmen, soweit eine solche Zurücknahme überhaupt statthaft ist. Vgl. dazu RiStV. 1953 Nr. 150 Abs. 2, 3 (Rücknahme der Revision durch den Generalstaatsanwalt, wenn er sie nicht für angebracht hält oder sich von ihr keinen Erfolg entspricht).

4. — **selbst zu übernehmen** — Hat der obere Beamte die Amtsverrichtungen einer ihm untergeordneten Behörde (z. B. der Generalstaatsanwalt des Oberlandesgerichts die des Oberstaatsanwalts bei dem Landgericht oder die eines Amtsanwalts) übernommen, so kann er die fraglichen Verrichtungen durch die ihm beigeordneten Personen ausüben lassen, ohne daß es einer besonderen Beauftragung bedarf. Das Wort **„selbst"** bezieht sich nur auf den Gegensatz zwischen den verschiedenen Behörden, nicht auf den zwischen den verschiedenen Beamten derselben Behörde.

5. **Zeit der Übernahme** — Die Ausübung dieser Befugnisse ist in jeder Lage der Sache und zu jedem Zeitpunkt zulässig. Sie kann selbst im Laufe einer Hauptverhandlung stattfinden, ohne daß jedoch hierdurch etwas an dem Gange der Verhandlung geändert werden darf. Vgl. § 227 StPO.

6. — **zu beauftragen** — Der Generalstaatsanwalt kann auch die eigenen Geschäfte bei diesem Gericht einem bei einem Landgericht tätigen Staatsanwalt auftragen. Ein Beamter, der in einer früheren Instanz die Geschäfte der Staatsanwaltschaft versehen hat, kann sie in höherer Instanz abermals wahrnehmen.

7. Die **Beauftragung eines örtlich nicht zuständigen Beamten** (§ 143) muß dem Gericht gegenüber nachgewiesen werden; vgl. § 142 Anm. 1f.

Zu Abs. 2. **Amtsanwälte.**

8. Abs. 2 enthält eine **Beschränkung des Beauftragungsrechts.** Sie beruht darauf, daß zu Amtsanwälten in der Regel Personen ohne die Befähigung zum Richteramt (§ 148 Abs. 2) bestellt werden (Begr. 80). — Besitzt ein Amtsanwalt die Befähigung zum Richteramt, so kann er nach Maßgabe der landesrechtlichen Vorschriften mit der einstweiligen Wahrnehmung von Geschäften der Staatsanwaltschaft bei einem Landgericht beauftragt werden (RGSt. **51** 222). Zu den „Amtsgerichten" gehören auch die Schöffengerichte und die Jugendrichter und Jugendschöffengerichte (unbeschadet des § 36 JGG. 1953 über die Bestellung besonderer „Jugendstaatsanwälte" bei den Jugendgerichten). Vgl. § 142 Abs. 2 und dort Anm. 6.

§ 145a

(weggefallen; vgl. Anm. 1b zu § 145)

§ 146

Die Beamten der Staatsanwaltschaft haben den dienstlichen Anweisungen ihres Vorgesetzten nachzukommen.

I. Entstehungsgeschichte: Entw. § 118.

II. Spätere Änderungen: Der frühere Abs. 2 des § 146 lautete: „In Sachen, für welche das Reichsgericht in erster und letzter Instanz zuständig ist, haben alle Beamten der Staatsanwaltschaft den Anweisungen des Oberreichsanwalts Folge zu leisten." Durch Ges. vom 28. 6. 1935 (RGBl. I 844) wurde folgender Satz 2 eingefügt: „In Sachen, in denen das Reichsgericht als Revisionsgericht entscheidet, kann nach eingelegter Revision der Oberreichsanwalt die Beamten der Staatsanwaltschaft unmittelbar mit Weisungen zu versehen." Das Vereinheitlichungsges. vom 12. 9. 1950 hat den Abs. 2 gestrichen; damit sollte klargestellt werden, daß dem Oberbundesanwalt ein Anweisungsrecht gegenüber den Staatsanwaltschaften der Länder nicht zusteht.

Literatur: Spaeth, Die Gehorsamspflicht des Staatsanwalts nach § 146 GVG. Freib. Diss. 1934.

1. Vgl. die Bemerkungen über die **Einheit der Staatsanwaltschaft** in § 142 Anm. 1.

2. Der Begriff des **„Vorgesetzten"** ergibt sich aus § 147 in Verbindung mit § 144. Vgl. auch § 145 Anm. 1b.

3. a) Unter **„dienstlichen Anweisungen"** sind nicht nur allgemeine Anordnungen, insbes. die RiStV. **1953,** sondern auch Verfügungen zu verstehen, die die Behandlung der einzelnen Sachen betreffen (RGSt. **44** 77). Insbesondere gilt die Bestimmung des Abs. 1 auch für den Gebrauch (Einlegung und Zurücknahme) von Rechtsmitteln. Nr. 131 Abs. 2 RiStV. 1953 verbietet der Staatsanwaltschaft, in einer Rechtsmittelschrift zum Ausdruck zu bringen, daß das Rechtsmittel auf Weisung eingelegt werde.

Zu den dienstlichen Weisungen „ihrer Vorgesetzten" gehören selbstverständlich auch die Weisungen der Landesjustizverwaltung (des Justizministers) an die Staatsanwaltschaft (§ 147 Nr. 2) (RG. BayZ. **1933,** 245). Der Justizminister hat aber gegenüber den Behörden der Staatsanwaltschaft kein weitergehendes Anweisungsrecht als etwa der Generalstaatsanwalt gegenüber dem Oberstaatsanwalt oder der Behördenleiter gegenüber den „beigeordneten Personen" i. S. des § 144. Das bedeutet, daß die Justizverwaltung insbes. wenn es sich um Weisungen betr. die Erhebung der öffentlichen Klage handelt, in gleicher Weise dem Legalitätsprinzip unterliegt wie die Staatsanwaltschaft (vgl. Anm. 10 zu § 152 StPO. u. Henkel StrafvR. [1953] 147). Die Weisungsgebundenheit bedeutet lediglich, daß, wo Meinungsverschiedenheiten insbesondere bei Ermessensfragen möglich sind, die Auffassung des in die Stufenordnung Höheren, also letztlich die Auffassung des Justizministers als des Chefs der Staatsanwaltschaft den Vorzug hat; wo aber keine Meinungsverschiedenheit bestehen kann, sondern eine Weisung offensichtlich rechtswidrig ist, ist sie für den Weisenden strafbar (§ 346 StGB.) und für den Angewiesenen unverbindlich. Gänzlich verfehlt und mit rechtsstaatlichen Vorstellungen unvereinbar ist es also, den § 146 GVG. unter den Begriff der Abolition zu bringen, wie dies früher einzelne Schriftsteller getan haben (John StPO. 1 110 und Binding Hdb. 1 870; vgl. Max Ernst Mayer, Der allgemeine Teil des deutschen Strafrechts [1915] 531). Von einer Abolition kann nur da gesprochen werden, wo das Landesverfassungsrecht dem Träger des Gnadenrechts das Recht der Niederschlagung im Einzelfall zuspricht (vgl. Vorbem. 16c zum 2. Titel) und dem Justizminister die Ausübung dieses Rechts übertragen ist. — In neuerer Zeit mehren sich die Stimmen, die aus rechtsstaatlichen Erwägungen über die allgemein erhobene Forderung hinaus, daß die Weisungsgewalt der Justizverwaltung sich auf das unumgänglich notwendige Maß beschränke (vgl. Henkel StrafverfR. [1953] 183), für eine Einschränkung der Weisungsgebundenheit des Staatsanwalts eintreten, sei es im Sinne einer gesetzlichen Festlegung der Grenzen der Weisungsgebundenheit, sei es in dem Sinn, daß dem Staatsanwalt gegen unzumutbare Weisungen die Anrufung einer richterlichen Stelle offensteht (vgl. den Vermerk über die Beratung eines Richterrahmengesetzes DRiZ. **1954,** 247; ferner Hoberg, Die Unabhängigkeit des Staatsanwalts DRiZ. **1958,** 136; Haussmann DRiZ. **1954,** 193 u. Bader NJW. **1949,** 737 und DRiZ. **1954,** 238). Noch weiter geht die Forderung nach dem „unabhängigen Staatsanwalt", der völlig weisungsfrei sein soll. Sie verkennt indessen die schon in der Funktionsbezeichnung zum Ausdruck kommende Aufgabe des Staatsanwalts, die Auffassung des „Staates" (letztlich also der Regierung) vor dem unabhängigen Richter zu vertreten (vgl. Kern DRiZ. **1951,** 122; s. auch DRiZ. **1954,** 207); neben dem unabhängigen Richter hätte ein ihm wesensgleicher unabhängiger Staatsanwalt keinen abgrenzbaren und sinnvollen Aufgabenbereich.

b) Anweisungen für die Hauptverhandlung — Die RTK. hatte in den § 147 folgende Bestimmung eingeschaltet: „Bei den Ausführungen und Anträgen nach dem Schlusse der Beweisaufnahme sind die Beamten der Staatsanwaltschaft an dienstliche Anweisungen ihrer Vorgesetzten nicht gebunden" (Hahn Mat. z. GVG. **1** 637). Die Bestimmung wurde indes infolge des Widerspruchs der Regierungsvertreter wieder gestrichen (Prot. der 170. Sitzung S. 14). Aus diesen Vorgängen und aus der „Natur der Sache" haben frühere Aufl. dieses Kommentars schließen wollen, daß ein Unterschied zwischen den tatsächlichen und rechtlichen Ausführungen der Staatsanwaltschaft gemacht werden müsse. Für die rechtlichen Ausführungen könnten die Vorgesetzten auf Grund der Akten bindende Anweisungen erteilen. Für die tatsächlichen Ausführungen sei dagegen ausschließlich das Ergebnis der Hauptverhandlung maßgebend (§ 261 StPO.). Eine Ausnahme sollte nur für den Fall gelten, daß in derselben Hauptverhandlung mehrere Beamte der Staatsanwaltschaft mitwirken (§ 227 StPO.), weil in diesem Fall die Anträge und Ausführungen übereinstimmen müßten. Dieser Ansicht kann nicht zugestimmt werden. Der vorgesetzte Beamte kann dem in der Hauptverhandlung tätigen Beamten der Staatsanwaltschaft jederzeit vor und in der Hauptverhandlung Anweisungen für seine Stellungnahme nicht nur zu den Rechtsfragen, sondern auch zur Tatfrage geben; dabei ist es gleichgültig, auf welche Weise sich der Vorgesetzte über den Hergang der Hauptverhandlung unterrichtet hat, ob auf Grund eigener Wahrnehmungen oder auf Grund des Berichts des amtierenden oder anderer Beamter. (Gl. M. RG. BayZ. **1933** 243, 245; von Liszt DJZ. **1901** 180; Gerland 110; Schlegelberger-Nagel Anm. 1, KMR. Anm. 1b, c. A.M. Otto Die preußische Staatsanwaltschaft 175, 177; Rosenberg Mitt. der JKV. **16** 253, HirthsAnm. **1909** 585; Feisenberger 231 Anm. 8, StPO. Anm. 1, DRZ. **1925** 385; Chrzescinsky DJZ. **1925** 1772; N. KommB. 3143—3144; vgl. auch Reichensperger, Lasker, Struckmann in der Reichsjustizkommission bei Hahn Mat. z. GVG. **1** 632ff.) Doch wird man bei Weisungen, die vor der Hauptverhandlung erteilt sind, im allgemeinen davon ausgehen können, daß sie nur so weit gelten sollen, als die Hauptverhandlung keine wesentlichen Änderungen des Sachverhalts ergeben hat, von dem der Weisende ausging (so mit Recht Henkel StrafverfR. [1953] 191 mit Nachweisen; s. auch Peters, Strafpr. (1952) 13; Kern DRiZ. **1951,** 122), so daß in einem solchen Falle der Sitzungsvertreter Handlungsfreiheit erhält, soweit ihm nicht neue, der veränderten Sachlage Rechnung tragende Weisungen erteilt werden. — In der Geschäftsordnung für die sächsischen Justizbehörden (§ 842) war bestimmt: „Der Staatsanwalt soll, wenn er gegen seine Ansicht die Anklage durchführen muß, auch in der Hauptverhandlung die Anklage vertreten. Eine Bekämpfung im Schlußvortrage wird nur dann beanzeigt sein, wenn die Beweisaufnahme neue Ergebnisse geliefert hat, durch die wesentliche Voraussetzungen der Anklage hinfällig werden." — In Frankreich sind die Beamten der Staatsanwaltschaft befugt, nach den Erwägungen, die ihnen von ihren Vorgesetzten vorgeschrieben sind, ihre persönliche Meinung zu äußern (Lebon

Das Verfassungsrecht der französischen Republik [1909] 159; vgl. auch Dalloz Rep. v. Ministère public No. 47, 54, Suppl. No. 25, 29; vgl. auch Trüssel Das Institut der Staatsanwaltschaft im Bernischen Recht 1909 [Abh. zum schweizerischen Recht Bd. 31 S. 17]). In Deutschland besteht keine derartige Vorschrift.

4. **Wirkung der Anweisung** — Die Anweisung ist lediglich eine innere Angelegenheit der Staatsanwaltschaft; dem Gericht gegenüber ist sie ohne Bedeutung. Demzufolge hängt die rechtliche Wirksamkeit der Handlungen oder Unterlassungen eines Staatsanwalts nicht davon ab, ob sein Verhalten der an ihn ergangenen Anweisung entspricht oder nicht; sie sind wirksam, auch wenn er gegen die ihm gegebene Anweisung gehandelt hat (vgl. Anm. 2 zu § 144). — Auch die Rechtzeitigkeit einer auf Anweisung vorgenommenen Handlung der Staatsanwaltschaft ist stets nur nach dem Zeitpunkt der Vornahme, nicht nach dem der Anweisung zu beurteilen.

5. Der **Oberbundesanwalt** hat nach § 146 ein Weisungsrecht nur gegenüber den Beamten der Bundesanwaltschaft. Maßnahmen mit bindender Wirkung für die Staatsanwaltschaften der Länder kann er nach § 74a Abs. 2, § 134a Abs. 1, 2 und § 143 Abs. 3 treffen. Im übrigen hat er — nach Aufhebung des früheren § 146 Abs. 2 durch das Vereinheitlichungsges. vom 12. 9. 1950 (vgl. vor Anm. 1) — weder in den zur erstinstanzlichen Zuständigkeit des Bundesgerichtshofs gehörigen Strafsachen noch in Revisionssachen ein Weisungsrecht; er kann also weder die Zurücknahme einer Revision anordnen noch sie selbst zurücknehmen. Er ist aber selbstverständlich nicht gehindert, nach eingelegter Revision den Generalstaatsanwalt auf Bedenken hinzuweisen, ebensowenig, wie er gehindert ist, die Verwerfung einer Revision zu beantragen, die er für unbegründet hält (Kohlhaas NJW. **1951,** 179). Wegen der Behandlung der unter §§ 74a, 134 fallenden Strafsachen durch die Landesstaatsanwaltschaften vgl. Nr. 202, 203 RiStV. 1953. Einen Zuständigkeitsstreit zwischen dem Oberbundesanwalt und einer Landesstaatsanwaltschaft, ob eine bestimmte Sache zur erstinstanzlichen Zuständigkeit des Bundesgerichtshofs gehört, kann es nach den in § 11 D Nr. 2 der Einleitung dargelegten Grundsätzen trotz Fehlens einer dem früheren § 146 Abs. 2 entsprechenden Vorschriften nicht geben.

6. Wegen der Weisungsbefugnis des Generalstaatsanwalts bei dem **BayObLG.** gegenüber den übrigen bayer. Landesstaatsanwaltschaften vgl. KMR. Anm. 3.

§ 147

Das Recht der Aufsicht und Leitung steht zu:

1. **dem Bundesminister der Justiz hinsichtlich des Oberbundesanwalts und der Bundesanwälte;**
2. **der Landesjustizverwaltung hinsichtlich aller staatsanwaltschaftlichen Beamten des betreffenden Landes;**
3. **dem ersten Beamten der Staatsanwaltschaft bei den Oberlandesgerichten und den Landgerichten hinsichtlich aller Beamten der Staatsanwaltschaft ihres Bezirks.**

I. Entstehungsgeschichte: Entw. § 119.

II. Spätere Fassungen: Bek. vom 22. 3. 1924 (RGBl. I 316). Das Vereinheitlichungsges. vom 12. 9. 1950 hat nur Nr. 1 dem bestehenden Rechtszustand redaktionell angepaßt.

1. Während die **Aufsicht** über die Gerichte, von § 151 abgesehen, im GVG. nicht geregelt wurde (vgl. EG. § 2 Anm. 2b), ist wegen der Aufsicht über die Staatsanwaltschaft im GVG. selbst Bestimmung getroffen worden, weil hier das Aufsichtsrecht im engsten Zusammenhange mit dem Recht der **Leitung** steht und dieses von großer Bedeutung für das Verfahren ist. In der Dienstaufsicht liegt die Befugnis, die ordnungswidrige Ausführung eines Amtsgeschäfts zu rügen und zu seiner sachgemäßen Erledigung zu ermahnen (§ 16 der VO. zur einheitlichen Regelung der Gerichtsverfassung vom 20. 3. 1935 — RGBl. I 403 —). Das Recht der Leitung enthält namentlich die Befugnis, durch Anweisungen an die nachgeordneten Organe unmittelbar in den Betrieb der einzelnen Sachen einzugreifen; vgl. Anm. 3 zu § 146.

2. In dem Recht der Aufsicht und Leitung ist auch das Recht enthalten, über **Aufsichtsbeschwerden** zu entscheiden, die gegen die Verfügungen oder gegen das Verfahren der Staatsanwaltschaft erhoben werden. Eine Anrufung des Gerichts gegen Maßnahmen der Staats-

anwaltschaft ist nur in Ausnahmefällen vorgesehen (§ 172 StPO., § 5 des Ges. über die innerdeutsche Rechts- und Amtshilfe in Strafsachen vom 2. 5. 1953 — BGBl. I 161 —, § 32 des Ges. über Ordnungswidrigkeiten vom 25. 3. 1952 — BGBl. I 177 —); den Ersatz bietet die überall zulässige Dienstaufsichtsbeschwerde. Auch Beschwerden über ungerechtfertigte Verzögerung des Verfahrens gehören nicht zur Zuständigkeit der Gerichte, sondern zur Zuständigkeit der Aufsichtsbehörde (OLG. Hamburg LZ. **1917** 494). Der Zahl der Instanzen sind bei der Aufsichtsbeschwerde im allgemeinen keine Schranken gesetzt; es ist z. B. dem, der sich über den Amtsanwalt bei dem Oberstaatsanwalt des Landgerichts erfolglos beschwert hat, nicht verwehrt, die Beschwerde noch an den Generalstaatsanwalt des Oberlandesgerichts und an die Landesjustizverwaltung zu bringen. — Wegen der Beschwerde, die die Erhebung der öffentlichen Klage zum Gegenstande hat, vgl. die Anm. zu § 172 StPO., wegen der Dienstaufsichtsbeschwerde im übrigen § 17 der VO. z. einheitlichen Regelung der Gerichtsverfassung vom 20. 3. 1935 (RGBl. I 403).

Zu Nr. 1.

3. Bundesminister der Justiz — Das Recht des Bundesministers der Justiz zur Aufsicht und Leitung beschränkt sich auf den Oberbundesanwalt, dessen Vorgesetzter i. S. des § 196 StGB. er ist (RGSt. **57**, 420) und auf die Bundesanwälte. Den Landesjustizverwaltungen und den Staatsanwaltschaften der Länder gegenüber hat er kein Aufsichts- und Leitungsrecht; vgl. aber Art. 84 Abs. 3, 4 GG. wegen der Bundesaufsicht der Bundesregierung über die Länder bei Ausführung der Bundesgesetze.

Zu Nr. 2. **Landesjustizverwaltung.**

4. Wegen des Aufsichts- und Leitungsrechts der Landesjustizverwaltung vgl. Anm. 3 zu § 146.

Zu Nr. 3. **Staatsanwaltschaft.**

5. Dem Generalstaatsanwalt bei dem Oberlandesgericht sind untergeordnet die ihm beigeordneten Beamten (§ 144), die sämtlichen Beamten der Staatsanwaltschaft bei den Landgerichten und die sämtlichen Amtsanwälte des Oberlandesgerichtsbezirks. Dem Oberstaatsanwalt bei dem Landgericht sind untergeordnet die ihm beigeordneten Beamten einschließlich der bei einer auswärtigen Strafkammer tätigen (§ 141 Anm. 1b) und die sämtlichen Amtsanwälte des Landgerichtsbezirks.

6. In Ergänzung des § 147 bestimmt § 14 Abs. 1 Nr. 7 der VO. zur einheitlichen Regelung der Gerichtsverfassung vom 20. 3. 1935 (RGBl. I 403), daß bei der **Amtsanwaltschaft** deren Leiter die Dienstaufsicht ausübt; sie beschränkt sich aber, sofern er nicht Oberstaatsanwalt ist, auf die nicht dem höheren oder dem Amtsanwaltsdienst angehörigen Beamten.

§ 148

(1) Der Oberbundesanwalt und die Bundesanwälte sind nichtrichterliche Beamte.

(2) Zu diesen Ämtern sowie zu dem Amt eines Staatsanwalts können nur zum Richteramt befähigte Personen ernannt werden.

I. Entstehungsgeschichte: Entw. § 120.

II. Spätere Entwürfe: N. E. III Nr. 53; E. IV Art. II 39; E. V Art. II 43.

III. Spätere Fassungen: Bek. vom 22. 3. 1924 (RGBl. I 316). VO. zur einheitlichen Regelung der Gerichtsverfassung vom 20. 3. 1935 (RGBl. I 403), §§ 9, 19 Abs. 2. Das Vereinheitlichungsges. vom 12. 9. 1950 hat in Abs. 1 die Worte „Oberreichsanwalt" und „Reichsanwälte" durch „Oberbundesanwalt" und „Bundesanwälte" ersetzt und Abs. 2 stilistisch („befähigte Personen" statt „befähigte Beamte" geändert).

Literatur: Kern, Die beamtenrechtliche Stellung der Staatsanwälte, DRiZ. **1951,** 119.

Zu Abs. 1.

1. Bei Schaffung des GVG. boten sich für die Besetzung der Stelle eines Staatsanwalts — d. h. des bei allen Gerichten verwendbaren Beamten der Staatsanwaltschaft, im Gegensatz zu den nur bei den Amtsgerichten verwendbaren Amtsanwälten, §§ 142, 145 — zwei Möglichkeiten: entweder die widerrufliche Beauftragung von Richtern mit den Aufgaben des Staatsanwalts oder die Besetzung mit ständigen Beamten. Im letzteren Falle bestand die Möglichkeit, die beamtenrechtliche Stellung der Staatsanwälte denen der Richter in der Weise anzugleichen, daß zwar — angesichts der Weisungsgebundenheit (§ 146) — die sachliche Unabhängigkeit (§ 1) bei der Amtsausübung entfiel, ihnen aber die die Amtsstellung des Richters kennzeichnenden Merkmale der Ernennung auf Lebenszeit und der Unabsetzbarkeit (§§ 6, 8) beigelegt wurden. Das GVG traf eine Entscheidung nur für die Beamten der Reichsanwaltschaft (Oberreichsanwalt und Reichsanwälte), indem es in § 148 Abs. 1 aussprach, sie seien nichtrichterliche Beamte. Damit war klargestellt, daß diese Stellen mit ständigen Beamten zu besetzen waren und daß ihre beamtenrechtliche Stellung nicht denen der Richter entspreche; ergänzende Vorschriften traf § 149 a. F. (betr. Versetzung des Oberreichsanwalts und der Reichsanwälte in den Ruhestand, ihr Ruhegehalt und die jederzeitige Versetzbarkeit in den einstweiligen Ruhestand mit Wartegeld). Dagegen überließ es das GVG. den Ländern, die beamtenrechtliche Stellung der Beamten der Landesstaatsanwaltschaften zu regeln, mit der einzigen Einschränkung, daß zu dem Amt des Staatsanwalts nur Personen mit der Befähigung zum Richteramt ernannt werden konnten (§ 148 Abs. 2). (Über die früheren landesrechtl. Vorschriften vgl. die Vorauflage Anm. 1.) Bei dieser Regelung hat es — dem Wortlaut nach — das Vereinheitlichungsges. vom 12. 9. 1950 belassen, indem es lediglich den Abs. 1 den veränderten Verhältnissen anpaßte und den § 149 durch eine andere Vorschrift ersetzte, den § 148 Abs. 2 aber sachlich unverändert ließ. Indessen ist eine einheitliche Regelung auch für die Staatsanwälte bei den dem Reichsgericht nachgeordneten Gerichten bereits durch die VO. zur einheitlichen Regelung der Gerichtsverfassung vom 20. 3. 1935 (RGBl. I 403) erfolgt, deren § 9 bestimmt: „Die Beamten der Staatsanwaltschaft sind nichtrichterliche Beamte.“ In Verfolg dieser Vorschrift bestimmte § 19 Abs. 2 der VO., daß, soweit in Ländern das Amt eines Staatsanwalts von Richtern auf Grund eines Auftrags ausgeübt wurde, diese Beamten mit Ablauf des 20. 4. 1935 endgültig zur Staatsanwaltschaft überträten. § 9 der VO. vom 20. 3. 1935 ist durch das Vereinheitlichungsges. vom 12. 9. 1950 nicht berührt worden (vgl. Art. 8 II Nr. 8 dieses Ges.); er ergänzt also den § 148 Abs. 1 dahin, daß die gleiche Regelung auch für die Staatsanwälte bei den Landesstaatsanwaltschaften gilt und läßt insoweit keinen Raum für abweichende landesrechtliche Vorschriften. Vgl. Anm. 1 zu § 149.

Zu Abs. 2.

2. Nur Personen mit der **Befähigung zum Richteramt** können als Staatsanwalt verwendet werden (vgl. Anm. 8 zu § 145). Referendare können, da eine dem § 10 Abs. 1 entsprechende Vorschrift fehlt, nicht tätig werden, wo das Gesetz die Mitwirkung des Staatsanwalts fordert; dagegen ist ihr Auftreten in der Sitzung (zu Ausbildungszwecken) in der Form, daß sich der anwesende Staatsanwalt ihre Ausführungen — auch stillschweigend — zu eigen macht, nicht unzulässig (RGSt. **48**, 237). Nach Maßgabe landesrechtlicher Vorschriften können sie die Aufgaben des Amtsanwalts wahrnehmen. Wirkt beim Landgericht und den höheren Gerichten als Staatsanwalt eine Person mit, die nicht die Befähigung zum Richteramt hat, so ist dies ein absoluter Revisionsgrund gem. § 338 Nr. 5 StPO. (RGSt. **20**, 40). Die abw. Entscheidung des KG. Berlin HESt. **1**, 205 = JR **1948**, 168 trug wohl den besonderen Verhältnissen Rechnung, die vorübergehend in der Zeit nach dem 8. 5. 1945 herrschten, als es bei dem Mangel ausreichender Unterlagen nicht zuverlässig möglich war, die gesetzliche Qualifikation eines Bewerbers nachzuprüfen.

3. Ob im Fall der Dringlichkeit die **Vertretung** eines verhinderten Beamten der Staatsanwaltschaft einem Richter aufgetragen werden kann, entscheidet das Landesrecht. Die zeitweilige Übertragung staatsanwaltschaftlicher Geschäfte auf einen Richter, wenn er in dieser Zeit keine richterliche Tätigkeit ausübt, steht nicht mit dem GVG. in Widerspruch (RG. LZ. **1918** 284, 285). — Vgl. pr. AGGVG. §§ 66, 67.

4. Für die **Amtsanwälte** stellt das GVG. keine Fähigkeitsvoraussetzungen auf; es überläßt die Regelung dem Landesrecht (vgl. Anm. 5 zu § 142).

§ 149

Der Oberbundesanwalt und die Bundesanwälte werden auf Vorschlag des Bundesministers der Justiz, der der Zustimmung des Bundesrates bedarf, vom Bundespräsidenten ernannt.

I. **Entstehungsgeschichte:** Entw. § 121.

II. **Spätere Entwürfe:** N. E. IV Art. II 40; E. V Art. II 44.

III. **Spätere Fassungen:** Ges. vom 11. 3. 1921 Art. I Nr. 9 (RGBl. 230). Bek. vom 22. 3. 1924 (RGBl. I 316). Das Vereinheitlichungsges. vom 12. 9. 1950 hat den früheren Satz 2 des Abs. 1 („Für die Versetzung in den Ruhestand und das zu gewährende Ruhegehalt finden die Vorschriften des § 128 entsprechende Anwendung") und den früheren Abs. 2 („Der Oberreichsanwalt und die Reichsanwälte können durch Verfügung des Reichspräsidenten jederzeit mit Gewährung des gesetzlichen Wartegeldes einstweilig in den Ruhestand versetzt werden") weggelassen.

1. Die beamtenrechtlichen Verhältnisse des Oberbundesanwalts und der Bundesanwälte regelt das Bundesbeamtenges. vom 14. 7. 1953 (BGBl. I 551). Nach dessen § 36 kann der Bundespräsident den Oberbundesanwalt (aber, abweichend vom früheren Recht, nicht mehr die Bundesanwälte) jederzeit in den einstweiligen Ruhestand versetzen. Für die General- oder Oberstaatsanwälte enthält das Landesrecht z. T. entsprechende Vorschriften; so sind z. B. nach § 71 Abs. 4 Hess. Beamtenges. auch die Oberstaatsanwälte sog. „politische Beamte". Vgl. dazu Kern DRiZ. **1951** 119ff.

§ 150

Die Staatsanwaltschaft ist in ihren amtlichen Verrichtungen von den Gerichten unabhängig.

I. **Entstehungsgeschichte:** Entw. § 122.

II. Das **Vereinheitlichungsges.** vom 12. 9. 1950 hat § 150 nur stilistisch („amtliche Verrichtungen" statt „Amtsverrichtungen") geändert.

1. Die Bestimmung ist aus dem Entwurf in das Gesetz übergegangen, obwohl es nach den Beschlüssen, die die RTK. zur StPO. gefaßt hatte, richtiger gewesen wäre, sie zu streichen. Daß die Staatsanwaltschaft eine selbständige, neben den Gerichten stehende Behörde ist, ergibt sich schon aus den sonstigen Bestimmungen des Titels, insbesondere aus § 148 (vgl. Vorbem. 5 vor § 141); das brauchte also nicht besonders ausgesprochen zu werden. Wenn § 150 darüber hinaus besagt, daß die Staatsanwaltschaft **in ihren amtlichen Verrichtungen** von den Gerichten **unabhängig** sei, so ist dieser Satz nach der StPO. nicht richtig. Denn danach ist die Staatsanwaltschaft in ihren Amtsverrichtungen von den Gerichten in mehrfacher Beziehung abhängig. Sie ist das namentlich in der wichtigsten ihrer Tätigkeiten, der Erhebung der öffentlichen Klage (StPO. §§ 172, 175). Vgl. ferner u. a. StPO. § 208, § 458 Abs. 2, 3, § 32 des Ges. über Ordnungswidrigkeiten vom 25. 3. 1952 (BGBl. I 177).

2. Die Gerichte einerseits und die Staatsanwaltschaft andererseits bilden zwei selbständige Zweige der Rechtspflege, die zueinander in dem Verhältnis **gleichgeordneter Behörden** stehen. Dieser Gesichtspunkt ist in dem gesamten Verkehr zwischen beiden Behörden festzuhalten, und zwar auch da, wo die Staatsanwaltschaft in ihren Amtsverrichtungen von dem Gericht abhängig ist (Anm. 1). Demzufolge hat das Gericht der Staatsanwaltschaft weder „Anweisungen" zu erteilen, noch „Auflagen" zu machen; auch wäre es nicht angemessen, die Staatsanwaltschaft bei Mitteilung einer Entscheidung ausdrücklich zu etwas „aufzufordern", was sie schon kraft gesetzlicher Vorschrift zu tun verpflichtet ist. Insbesondere ist die Staatsanwaltschaft zu Hauptverhandlungen und sonstigen Terminen nicht „vorzuladen"; vielmehr ist sie davon einfach in Kenntnis zu setzen.

3. Inwieweit die Beamten der Staatsanwaltschaft der **Sitzungspolizei der Gerichte** unterworfen sind, darüber s. § 176 Anm. 3a.

§ 151

Die Staatsanwälte dürfen richterliche Geschäfte nicht wahrnehmen. Auch darf ihnen eine Dienstaufsicht über die Richter nicht übertragen werden.

I. Entstehungsgeschichte: Entw. § –.

II. Keine späteren Änderungen oder Änderungsversuche.

1. Aus Satz 1 folgt, daß Staatsanwälte, solange sie ihr abhängiges Amt bekleiden, auch wenn sie es nicht ausüben, nicht mit Geschäften der ordentlichen Gerichtsbarkeit betraut werden dürfen (RGSt. **60** 25; gl. A. Alsberg JW. **1926** 1229; a. M. Menges JW. **1926** 1228). Wegen des umgekehrten Falles vgl. Anm. 3 zu § 148.

Wenn Staatsanwälte von ihrem Amt entbunden sind, so steht ihrer Ernennung zu Richtern nichts entgegen, ebensowenig wie umgekehrt unter der gleichen Voraussetzung der Ernennung von Richtern zu Staatsanwälten.

§ 152

(1) Die Hilfsbeamten der Staatsanwaltschaft sind in dieser Eigenschaft verpflichtet, den Anordnungen der Staatsanwaltschaft ihres Bezirks und der dieser vorgesetzten Beamten Folge zu leisten.

(2) Die Landesregierung bezeichnet im Einvernehmen mit der Landesjustizverwaltung die Beamtenklassen, auf die diese Vorschrift anzuwenden ist.

I. Entstehungsgeschichte: Entw. § 123.

II. Spätere Entwürfe: N. E. III Nr. 54; E. IV Art. II 41; E. V Art. II 45. Entw. EGStGB. Art. 68 Ziff. 35.

III. Spätere Fassungen: Bek. vom 22. 3. 1924 (RGBl. I 317). § 152 Abs. 1 lautete ursprünglich im Eingang: „Die Beamten des Polizei- und Sicherheitsdienstes sind Hilfsbeamte der Staatsanwaltschaft und sind in dieser Eigenschaft verpflichtet, den Anordnungen der Staatsanwälte ihres Bezirkes und der ... Folge zu leisten". Abs. 2 lautete: „Die nähere Bezeichnung der Beamtenklassen, auf welche diese Bestimmung Anwendung findet, erfolgt durch die Landesregierungen." Das Ges. vom 13. 12. 1934 (RGBl. I 1233) ersetzte in Abs. 2 das Wort „Landesregierungen" durch „Reichsregierung". Die jetzige Fassung beruht auf dem Vereinheitlichungsges. vom 12. 9. 1950 (BGBl. 455).

Literatur: Müller, Die Disziplinargewalt über die Hilfsbeamten der Staatsanwaltschaft (KrimMonH. **1931** 169); derselbe, Die Befehlsgewalt über die Hilfsbeamten der Staatsanwaltschaft (KrimMonH. **1932** 126); K. Schäfer, Preuß.Justiz. **1933,** 568; E. Kaufmann (u. a.), Der polizeiliche Eingriff in Freiheiten und Rechte (1951), 35ff.; Peters, Strafpr. (1952) 145. Allgemein über das Verhältnis des Staatsanwalts zur Kriminalpolizei: Henkel, StrafverfR. (1953) 195ff. mit Schrifttumsnachweisen S. 200.

1. Entstehungsgeschichte und allgemeine Bedeutung der Vorschrift. Die Staatsanwaltschaft als „Herrin des vorbereitenden Verfahrens" und als die zur Vollstreckung gerichtlicher Entscheidungen berufene Behörde (§ 36 StPO.) entbehrt eines eignen Vollzugsapparates. Sie ist in weitestem Umfang darauf angewiesen, zur Durchführung von Vernehmungen, zur Vollstreckung von Haftbefehlen oder den Anordnungen einer vorläufigen Festnahme, einer Durchsuchung oder Beschlagnahme usw. die Mitwirkung anderer staatlicher Organe in Anspruch nehmen. Das wichtigste dieser Organe ist die Polizei. Um ihr Verhältnis zur Staatsanwaltschaft zu regeln, boten sich hauptsächlich zwei Möglichkeiten an: entweder die organisatorische Selbständigkeit der Polizeibehörden zu erhalten und sie der Staatsanwaltschaft gegenüber für amtshilfepflichtig zu erklären oder aber die einzelnen Beamten der Polizei in der Weise in die Staatsanwaltschaft einzugliedern, daß sie – ohne Inanspruchnahme der Polizeibehörde, der sie angehören – unmittelbar der Staatsanwaltschaft unterstellt werden und von dieser ihre Weisungen empfangen (sog. „gerichtliche Polizei", wie sie der Code d'instr. crim. kennt). Vor dem Inkrafttreten des GVG. i. J. 1879 bestand innerhalb Deutschlands eine eigene Einrichtung der gerichtlichen Polizei nur in dem Geltungsgebiet des französischen Rechts und in Braunschweig; in beschränkterer Weise war ein Anordnungsrecht der Staatsanwaltschaft gegenüber der Polizei auch in einigen anderen deutschen Ländern anerkannt. In den meisten Ländern aber, insbesondere auch in Preußen (ausschließlich des Bezirks von Köln), durfte die Staatsanwaltschaft nur mittels Ersuchens die Mitwirkung der Polizeibehörde in Anspruch nehmen. — StPO. und GVG. trafen eine Regelung, in der die beiden vorbezeichneten Möglichkeiten kombiniert sind: nach § 161 StPO. (s. auch § 189 StPO.) ist die Polizeibehörde grundsätzlich amtshilfepflichtig; sie hat die an sie ergehenden „Ersuchen" der Staatsanwaltschaft durch ihre Beamten ausführen zu lassen und auch ohne Ersuchen obliegen der Polizeibehörde und ihren Beamten die Aufgaben des „ersten Angriffs" (§ 163 StPO.). Darüber hinaus aber schuf — in Übernahme des Gedankens der gerichtlichen Polizei — das GVG. die Einrichtung der Hilfsbeamten der Staatsanwaltschaft, die mit der Staatsanwaltschaft in gewisser Weise organisatorisch verbunden wurden. § 152 GVG. in seiner ursprünglichen Fassung sah vor, daß bestimmte Klassen von „Beamten des Polizei- und Sicherheitsdienstes", die das Landesrecht zu bestimmen hatte, als Hilfsbeamte der Staatsanwaltschaft den Anordnungen der Staatsanwälte ihres Bezirkes Folge zu leisten hätten. Diesen Hilfsbeamten konnten also — unbeschadet ihres Verbleibs im polizeilichen Bereich und der Unterstellung unter ihre polizeilichen Vorgesetzten im übrigen — unmittelbar Weisungen („Aufträge" i. S. des § 161 StPO.) erteilt werden. Sie waren für deren Ausführung unmittelbar der Staatsanwaltschaft verantwortlich und konnten nach Maßgabe des Landesrechts durch die Staatsanwaltschaft zur Erfüllung ihrer Dienstpflichten angehalten werden. Diesen „Hilfsbeamten" verlieh die StPO. gleichzeitig Befugnisse, die über die der Polizei und ihren Beamten allgemein bei der Mitwirkung zur Verbrechensverfolgung zustehenden Rechte hinausgehen: wo bei Gefahr im Verzug eine sonst nur dem Richter zustehende Untersuchungshandlung in Form der Anordnung eines Zwangseingriffs auch der Staatsanwaltschaft zu treffen erlaubt ist, wurde diese Erlaubnis auch auf die Hilfsbeamten der Staatsanwaltschaft erstreckt (vgl. §§ 81a, 81c, 98, 101a, 105 StPO.). Die nähere Regelung des Verhältnisses der Hilfsbeamten zur Staatsanwaltschaft überließ das GVG. dem Landesrecht (für Preußen vgl. §§ 80, 81 AGGVG. und GV. vom 17. 10. 1933, PrJust. 528 = MBliV. 1327 = Krug-Schäfer-Stolzenburg, Strafrechtl. Verwaltungsvorschriften 3. Aufl. S. 1070; vgl. dazu K. Schäfer, PrJust. 1933, 568). Da § 152 nur die Ernennung von „Beamten des Polizei- und Sicherheitsdienstes" zuließ, bedurfte es, um die Beamten aus anderen Verwaltungszweigen und Nichtbeamte zu Hilfsbeamten der Staatsanwalt zu bestellen, grundsätzlich ihrer Bestellung zu Hilfspolizeibeamten nach Maßgabe des Landesrechts, soweit nicht Sondergesetze ihnen diese Stellung unmittelbar zuerkannten.

Dieser Rechtszustand erfuhr im Lauf der Zeit folgende Veränderungen: Nach dem Übergang der Justizhoheit auf das Reich i. J. 1934 wurde durch Ges. vom 13. 12. 1934 (RGBl. I 1233) der Abs. 2 des § 152 dahin geändert, daß die Bezeichnung der Beamtenklassen der Reichsregierung zustand. Gleichzeitig erließ zur Vereinheitlichung der in den Ländern bestehenden Vorschriften der Reichsjustizminister auf Grund ihm erteilter Ermächtigung Vorschriften, durch die allgemein die Rechtsstellung der Hilfsbeamten geregelt und Bestimmung getroffen wurde, in welchem Umfang bisheriges Landesrecht weitergelte (§§ 32—34 der AV. vom 18. 12. 1934, Deutsche Justiz S. 1608). Nach dem Rückfall der Justizhoheit auf die Länder durch die Ereignisse des Jahres 1945 änderten die in der brit. und amerik. Besatzungszone geltenden Fassungen des GVG den § 152 in unterschiedlicher Weise. In der amerik. Zone wurde lediglich Abs. 2 dahin geändert, daß die Bezeichnung der Beamtenklassen dem Ministerpräsidenten zustehe. In der brit. Zone dagegen wurde die Beschränkung auf „Beamtenklassen" fallen gelassen (also auch die Bestellung einzelner für ihre Person ausdrücklich zugelassen), ferner neben den Beamten auch Angestellte und neben den Beamten und Angestellten der Polizei auch die anderen Verwaltungen als bestellungsfähig bezeichnet, dem Leiter der Staatsanwaltschaft die Dienstaufsicht über die Hilfsbeamten zuerkannt und die Bestellung dem Zentraljustizamt für die brit. Zone übertragen. Im übrigen galten im allgemeinen in den Ländern dies bisherigen reichsrechtlichen Vorschriften als Landesrecht weiter; diese beschränkten sich darauf, z. T. die „Beamtenklassen" neu zu bezeichnen (vgl. z. B. die Zusammenstellung bei E. Kaufmann u. a. S. 50 Anm. 8 und 9). Das Vereinheitlichungsges. vom 12. 9. 1950 hat (obwohl die amtl. Begr. zu Nr. 61 des RegEntw. meint, es werde lediglich der Rechtszustand vor dem 1. 1. 1933 wiederhergestellt) Gedanken des früheren Rechts und des Rechts der brit. Besatzungszone für die neue Regelung verwendet. Aus dem früheren Recht wurde beibehalten die Beschränkung des bestellungsfähigen Personenkreises auf Beamte; fallen gelassen wurde aber in Übereinstimmung mit dem Recht der brit. Besatzungszone die Beschränkung der Bestellbarkeit auf Polizei- und Sicherheitsbeamte. Die Änderung in Abs. 1 von „Anordnungen der Staatsanwälte" in „Anordnungen der Staatsanwaltschaft" hat eine Unterstellung der Hilfsbeamten auch unter die Amtsanwaltschaft zur Folge (vgl. Anm. 2). Schließlich ist zwar die Bezeichnung der Beamtenklassen wieder Sache der Landesregierung, die aber nur im Einvernehmen mit der Landesjustizverwaltung Anordnungen treffen kann (vgl. dazu Anm. 3). Im übrigen bleibt wie früher die nähere Ausgestaltung der Unterstellung der Hilfsbeamten der Regelung der Länder überlassen; sie haben, soweit ersichtlich, neue allgemeine, über die Bezeichnung der Beamtenklassen hinausgehende Vorschriften bisher nicht erlassen, so daß das frühere Recht insoweit weitergilt. In Bayern sind zwar durch die VO. vom 22. 9. 1955 (vgl. unten Anm. 3) die §§ 32—34 der AV. vom 18. 12. 1934 aufgehoben worden (§ 4 Nr. 20), neue Vorschriften aber nicht ergangen. — Außerhalb des § 152 sind (vgl. Anm. 4a) bundesgesetzlich Personengruppen zu Hilfsbeamten bestellt oder ihnen deren Befugnisse beigelegt.

2. a) Hilfsbeamte der Staatsanwaltschaft. — Unter der Herrschaft des § 152 a. F. wurde unter Berufung auf den Wortlaut („Anordnungen der Staatsanwälte") allgemein die Auffassung vertreten, daß die Leitung der „gerichtlichen Polizei" nur den Staatsanwälten und den ihnen vorgesetzten Stellen, dagegen nicht den Amtsanwälten zustehe. Zu einer solchen Unterordnung, meint die Vorauflage (Anm. 2), fehle ein Bedürfnis; auch würde ihr der Umstand entgegenstehen, daß zu Amtsanwälten vielfach Verwaltungsbeamte von geringerer Rangstellung bestellt werden müßten (so auch jetzt noch Schwarz Anm. 1; E. Kaufmann u. a. S. 38). Mit dem neuen Wortlaut („Anordnungen der Staatsanwaltschaft") ist diese Auffassung nicht mehr vereinbar (ebenso KMR Anm. 1a); im übrigen bestehen die erwähnten Bedenken bei der heutigen Organisation der Amtsanwaltschaft auch kaum mehr.

b) Bei Verfolgung der zur Zuständigkeit des Reichsgerichts in erster Instanz gehörigen Verbrechen (§ 134) wurden die zu Hilfsbeamten der Staatsanwaltschaft bestellten Polizei- und Sicherheitsbeamten in allen Teilen Deutschlands zugleich als **Hilfsbeamte des Oberreichsanwalts** angesehen. „Es folgt dies daraus, daß in diesen Strafsachen nach § 147 Abs. 2 alle Beamten der Staatsanwaltschaft den Anweisungen des Oberreichsanwalts Folge zu leisten haben, der Oberreichsanwalt also in dieser Beziehung Vorgesetzter der Staatsanwälte bei allen Landgerichten ist." (Begr. 83). Mit dem Wegfall eines Weisungsrechts des Oberbundesanwalts gegenüber den Landesstaatsanwaltschaften in den zur erstinstanzlichen Zuständigkeit des Bundesgerichtshofs gehörigen Strafsachen (vgl. Anm. 5 zu § 146) ist auch die Unterstellung der Hilfsbeamten der Staatsanwaltschaft unter den Oberbundesanwalt entfallen. Auch die Beamten des Bundeskriminalpolizeiamtes sind, wenn sie auf Weisung des Oberbundesanwalts handeln, keine Hilfsbeamten der Staatsanwaltschaft (vgl. Dallinger, Nachtrag zu StPO. 1953, Anm. 2 zu § 4 und Anm. 2 zu § 5 des Ges. vom 8. 3. 1951, BGBl. I 165). Das Recht des Oberbundesanwalts zur Inanspruchnahme der Polizei im gesamten Bundesgebiet (§ 161 StPO.) wird dadurch nicht berührt; auch stehen hier die besonderen Ermittlungsrichter des Bundesgerichtshofs zur Verfügung (§§ 162, 165, 168a StPO.).

c) Sachliche und örtliche Zuständigkeit der Hilfsbeamten. Soweit die Hilfsbeamten auf Anweisung der Staatsanwaltschaft tätig werden, wird ihre örtliche und sachliche Zuständigkeit durch die der Auftraggeberin bestimmt (vgl. § 142 Anm. 6, § 143 Anm. 2; a. M. E. Kaufmann u. a. S. 42; KMR. Anm. 1c). Soweit sie aus eigener Entschließung handeln (§§ 81a, 81c, 98, 101a, 105 StPO.) wird ihre örtliche und sachliche Zuständigkeit dagegen durch die Zuständigkeit in ihrem Hauptamte begrenzt. Denn nur für dieses Amt und innerhalb dieses Amts sind sie nach § 32 Abs. 2 der AV. d. RJM. vom 18. 12. 1934 (Deutsche Justiz 1608) zu Hilfsbeamten der Staatsanwaltschaft bestellt; vgl. unten Anm. 3 (so richtig schon RGSt. **66** 339, 340.) In einzelnen älteren Entscheidungen (RGSt. **37** 32, **38** 218) hatte das RG. zwar (ohne daß die Entscheidungen darauf beruhen) die Meinung vertreten, daß sich auch bei selbständigem Auftreten die Zuständigkeit der Hilfsbeamten durch die Zuständigkeit der örtlichen Staatsanwaltschaft bestimme. Dem war schon für die Zeit vor der AV. vom 18. 12. 1934 nicht beizustimmen. (Gl. M. AV. d. pr. JM. vom 17. 10. 1933, pr. Justiz 528 zu III; Schäfer pr. Justiz **1933** 568 — mit eingehender Begründung —.) — Unterstellt sind die Hilfsbeamten der Staatsanwaltschaft „ihres Bezirks", d. h. der Amtsanwaltschaft, Staatsanwaltschaft des Landgerichts oder der Landgerichte sowie des Oberlandesgerichts, zu deren örtlichem Bereich der Bezirk des Hauptamtes des Hilfsbeamten gehört; auf den Dienstsitz als solchen kommt es nicht an.

d) Die Unterstellung bewirkt, daß der Staatsanwalt einem bestimmten Hilfsbeamten **unmittelbar Weisungen** erteilen kann. Im Verwaltungswege kann ein solches Anweisungsrecht aber eingeschränkt werden; so bestimmt Abschn. IV der preuß. GV. vom 17. 10. 1933, daß eine unmittelbare Beanspruchung nur bei Gefahr im Verzug zulässig sei, während im übrigen die Aufträge an die Polizeibehörde zu richten seien, gegebenfalls mit dem Ersuchen, einen bestimmten Beamten mit der Ausführung zu betreuen.

3. Nähere Bezeichnung der Beamtenklassen — Das GVG. hat sich darauf beschränkt, die Einrichtung der „gerichtlichen Polizei" im Grundsatz aufzunehmen; der Aufbau im einzelnen ist den Ländern überlassen worden. Die Bezeichnung erfolgt durch die Landesregierung. Was darunter zu verstehen ist — die Gesamtheit der Minister (das Kabinett) oder nur die beteiligten Fachminister — richtet sich nach Landesverfassungsrecht. Da dem Bundesgesetzgeber aber daran lag, daß auf jeden Fall die Belange der Justiz gewährt würden, erfordert § 152 Abs. 2 zu einer Regelung das Einvernehmen (= Einverständnis) der Landesjustizverwaltung (= des Justizministers). Bestellbar sind (abweichend von dem vor dem Vereinheitlichungsges. vom 12. 9. 1950 geltenden Recht) nicht nur die Polizeibeamten, sondern alle Klassen von Beamten, von denen nach Tätigkeitsbereich und allgemeiner Eignung eine sachgemäße Mitwirkung bei der Verbrechensverfolgung erwartet werden kann, z. B. die Forstbeamten bei Zuwiderhandlungen gegen die Vorschriften zum Schutz des Forstes, die Fischereibeamten bei Fischereizuwiderhandlungen usw.; es bedarf bei ihnen nicht (wie nach dem vor dem Vereinheitlichungsges. geltenden Recht) der vorgängigen Bestellung zu Hilfspolizeibeamten. Die Bezeichnung von Beamtenklassen bedeutet ein Dreifaches: a) es muß sich um Beamte handeln, so daß (Behörden-)Angestellte nicht bestellbar sind, sofern sie nicht zu Hilfspolizeibeamten ernannt werden, b) die Bestellung einzelner Beamter für ihre Person findet grundsätzlich nicht statt, vielmehr werden regelmäßig nur die Angehörigen bestimmter Klassen oder Gruppen von Beamten allgemein zu Hilfsbeamten bestellt (vgl. § 32 der AV. d. RJM. zur Vereinheitlichung der Staatsanwaltschaft vom 18. 12. 1934, Deutsche Justiz 1608), c) die Bestellung ist verbunden mit dem Hauptamt, das der Bestellte bekleidet (§ 32 der genannten AV.). Für die Polizeivollzugsbeamten war die Bestellung zu Hilfsbeamten der Staatsanwaltschaft zuletzt einheitlich geregelt durch die Gemeinschaft. Verfügung des Reichsjustizministers und des Reichsmin. d. Innern vom 4. 4. 1940 (Deutsche Justiz 428). Nunmehr sind für die Beamten des Bundesgrenzschutzes (einschl. des Bundespaßkontrolldienstes), der Bundesfinanzverwaltung (Steueraufsichts- und Zollgrenzdienst), der Bundesbahn (Bahnpolizei und Fahndungsdienst der Bundesbahn), der Bundespost (Postüberwachungsdienst) und der Polizei sowie der Forst-, Fischerei- und Bergverwaltung gemäß Beschlüssen der 22. Justizministerkonferenz vom 10. 6. 1954 inhaltlich übereinstimmende Vorschriften der Länder ergangen (so in Bremen VO. vom 25. 2. 1955, GVBl. 23, Hessen VO. vom 7. 4. 1955, GVBl. 15, Niedersachsen VO. vom 10. 5. 1955, GVBl. S. 192 = SaBl. S. 624, Rheinland-Pfalz VO. vom 17. 5. 1955, GVBl. S. 61 = SaBl. S. 679, Nordrhein-Westf. VO. vom 7. 6. 1955, GVBl. 137 = SaBl. 750, Bayern VO. vom 22. 9. 1955, GVBl. 183 = SaBl. 1122). — Ebenso wie Bundesbeamte, so können in einem Land auch Beamte eines anderen Landes zu Hilfsbeamten der StA. des eignen Landes bestellt werden (vgl. z. B. Hess. VO. über die Bestellung von Wasserschutzpolizeibeamten des Landes Niedersachsen zu Hilfsbeamten der StA. vom 19. 7. 1955, GVBl. 38).

4. Sondervorschriften. § 152 wird durch eine Reihe von Vorschriften ergänzt, die entweder die Bestellung zum Hilfsbeamten der Staatsanwaltschaft unmittelbar aussprechen oder die Bestellungsvoraussetzungen abweichend von § 152 regeln.

a) Eine **gesetzliche** Zuerkennung der Hilfsbeamteneigenschaft ist ausgesprochen 1. in § 25 Abs. 2 des Bundesjagdges. vom 29. 11. 1952 (BGBl. I 780): „Die bestätigten Jagdaufseher haben innerhalb ihres Dienstbezirkes in Angelegenheiten des Jagdschutzes die Rechte und Pflichten der Polizeibeamten und sind Hilfsbeamte der Staatsanwaltschaft, sofern sie Berufsjäger oder forstlich ausgebildet sind", 2. in § 5 Abs. 1 des Ges. über die Einrichtung eines Bundeskriminalpolizeiamtes vom 8. 3. 1951 (BGBl. I 165): „Vollzugsbeamte des Bundeskriminalamtes, die einen schriftlichen Ermittlungsauftrag besitzen, können in den Fällen des § 4 Abs. 2 (d. h. wenn das Bundeskriminalamt eine strafbare Handlung selbst verfolgt, weil die zuständige Landesbehörde darum ersucht oder der Bundesminister des Innern es aus schwerwiegenden Gründen anordnet) im ganzen Bundesgebiet Amtshandlungen vornehmen; sie sind insoweit Hilfsbeamte der zuständigen Staatsanwaltschaft" (vgl. dazu oben Anm. 2b), 3. in

§§ 19, 22 des Ges. über die Finanzverwaltung vom 6. 9. 1950 (BGBl. 448) betr. die Beamten der Zollfahndungsstellen und des Steuerfahndungsdienstes, 4. in Art. 5 Abs. 4 Satz 2 des noch geltenden AHKGes. Nr. 33 über Devisenbewirtschaftung vom 2. 8. 1950 (Amtsbl. 514) betr. die Beamten des Zollfahndungsdienstes und des Zollgrenzdienstes bei der Verfolgung von Verstößen gegen die Devisenbewirtschaftungsgesetze, 5. in § 30 der AusfVO. zum Maß- u. Gewichts-Ges. vom 20. 5. 1936 (RGBl. I 459) für die Beamten der Eichbehörden in Maß- und Gewichtsangelegenheiten.

b) Eine die Bestellungsvoraussetzungen **abweichend** regelnde Vorschrift ist § 29 des Ges. über Ordnungswidrigkeiten vom 25. 3. 1952 (BGBl. I 177): „(1) Die mit der Ermittlung von Zuwiderhandlungen betrauten Verwaltungsangehörigen können zu Hilfsbeamten der Staatsanwaltschaft im Sinne des Gerichtsverfassungsgesetzes und der Strafprozeßordnung bestellt werden. (2) Die Bestellung von Angehörigen der Verwaltungsbehörden des Bundes zu Hilfsbeamten der Staatsanwaltschaft erfolgt durch den Bundesminister der Justiz im Einvernehmen mit dem zuständigen Fachminister und dem zuständigen Landesjustizminister.“ Diese Vorschrift (vgl. Anm. 8) ermöglicht es, die mit der Ermittlung von Ordnungswidrigkeiten betrauten Verwaltungsangehörigen, auch wenn sie nicht Beamte, sondern Angestellte sind, (allgemein oder für ihre Person) zu Hilfsbeamten der Staatsanwaltschaft zu bestellen, damit sie die Ermittlungen fortsetzen können, wenn sich herausstellt, daß die Zuwiderhandlung nicht eine (von der Verwaltungsbehörde zu ermittelnde) Ordnungswidrigkeit, sondern eine (von der Staatsanwaltschaft zu verfolgende) Straftat ist oder sein kann. In den Ländern sind die Verwaltungsangehörigen, die mit der Preisüberwachung im Außendienst beschäftigt sind, sofern sie mindestens 4 Jahre im Dienst dieser Verwaltung oder im Polizeidienst tätig sind, zu Hilfsbeamten der Staatsanwaltschaft bestellt worden (vgl. z. B. § 2 der in Anm. 3 genannten Hess. VO. vom 7. 4. 1955, GVBl. 15).

5. **Rechtsbehelfe** gegen Maßnahmen der Hilfsbeamten. Wird ein Hilfsbeamter im Auftrag der Staatsanwaltschaft tätig oder trifft er aus eigner Initiative eine Maßnahme, die er nur in seiner Eigenschaft als Hilfsbeamter treffen kann (vgl. oben Anm. 1), so handelt er nicht in Erfüllung einer Obliegenheit seines Hauptamts, sondern als Organ der Staatsanwaltschaft. § 40 Abs. 2 des preuß. Polizeiverwaltungsges. vom 1. 6. 1931 (GS. 77) bringt einen allgemeinen Rechtsgedanken zum Ausdruck, wenn er bestimmt, daß solche Maßnahmen eines Polizeibeamten nicht als polizeiliche Verfügung anfechtbar sind; vielmehr kommt lediglich Dienstaufsichtsbeschwerde an die Staatsanwaltschaft in Betracht.

6. **Erzwingungsmaßnahmen.** Aus der Unterordnung des Hilfsbeamten unter die Staatsanwaltschaft ergibt sich ohne weiteres deren Befugnis, die ordnungswidrige Ausführung eines Amtsgeschäfts zu rügen und zu seiner sachgemäßen Erledigung zu ermahnen. Landesrecht sah darüber hinaus z. T. vor, daß der Leiter der Staatsanwaltschaft befugt ist, gegen den Hilfsbeamten Ordnungsstrafen zu verhängen (vgl. oben Anm. 1). Von dieser Befugnis durfte er nach § 34 der AV. d. RJM. zur Vereinheitlichung der Staatsanwaltschaft vom 18. 12. 1934 (Deutsche Justiz 1608) erst Gebrauch machen, wenn er die dem Hilfsbeamten im Hauptamt vorgesetzte Dienststelle erfolglos um Abhilfe ersucht hatte. Aus § 16 Abs. 2 der VO z. einheitlichen Regelung der Gerichtsverfassung vom 20. 3. 1935 (RGBl. I 403) ergibt sich, daß die Dienstaufsicht die Befugnis zum Erlaß von Erzwingungsstrafen nicht umfaßt.

7. **Beamtenklassen, auf die Abs. 1 keine Anwendung findet** — § 152 läßt die Frage unberührt, wieweit die Polizeibehörden und die Polizeibeamten, die nicht Hilfsbeamte der Staatsanwaltschaft sind, bei der Strafverfolgung mitzuwirken haben. Das bestimmt sich nach den Vorschriften der StPO. (vgl. Anm. 1). Die vorgesetzten Polizeibeamten, die nicht selbst Hilfsbeamte der Staatsanwaltschaft sind, dürfen Beschlagnahmen, Haussuchungen usw. weder selbst anordnen noch den Hilfsbeamten der Staatsanwaltschaft befehlen (vgl. Hagemann DJZ. **1927** 451). Ihre Anweisungen haben nur die rechtliche Natur von Anregungen oder Vorschlägen. Die selbständige Prüfungspflicht und Verantwortlichkeit der Hilfsbeamten bleibt trotz der Anweisung durch die polizeilichen Vorgesetzten bestehen (vgl. KG. I. vom 11. 12. 1925 und Falck „Polizei“ **1926** 208, 210, Lassar Allgemeines Polizeirecht [1927] 117). Infolgedessen dürfen die polizeilichen Vorgesetzten den Hilfsbeamten der Staatsanwaltschaft auch nicht Handlungen verbieten, deren Vornahme die Staatsanwaltschaft angeordnet hat (Finger GS. **93** 95).

8. **Bußgeldverfahren.** Die Hilfsbeamten der Staatsanwaltschaft sind eine dem Strafverfahren eigentümliche Einrichtung. Dem Bußgeldverfahren bei Ordnungswidrigkeiten

nach dem Ges. über Ordnungswidrigkeiten vom 25. 3. 1952 (BGBl. I 177) ist eine den Hilfsbeamten der Staatsanwaltschaft entsprechende Einrichtung fremd. Die das Bußgeldverfahren betreibende Verwaltungsbehörde hat zwar das Recht, die Polizei um Ermittlungen zu ersuchen und die Polizei ist zur Befolgung solcher Ersuchen verpflichtet (§ 35 OWiG.) und in gleicher Weise wie im Strafverfahren hat auch im Bußgeldverfahren die Polizei das Recht und die Pflicht des ersten Angriffs (§ 28 OWiG., der § 163 Abs. 1 StPO. für anwendbar erklärt). Den Polizeibeamten, die Hilfsbeamte der Staatsanwaltschaft sind, stehen aber in Bußgeldsachen die besonderen Befugnisse, die sie in Strafsachen haben (vgl. oben Anm. 1), nicht zu; zu solchen Anordnungen, soweit sie im Bußgeldverfahren überhaupt zulässig sind (vgl. darüber Dalcke-Schäfer [36] Anm. 7 zu § 35 OWiG.) ist nur die Verwaltungsbehörde selbst (Beschlagnahme, § 42 OWiG.), im übrigen nur der Richter auf Ersuchen der Verwaltungsbehörde (§ 35 Abs. 1 Satz 3 OWiG.) zuständig. Ergibt sich aber bei Ermittlungen in einem Bußgeldverfahren der Verdacht, daß der verfolgte Gesetzesverstoß nicht eine Ordnungswidrigkeit, sondern eine (kriminelle) Straftat darstellt, so sind Polizeibeamte und Angehörige der Verwaltungsbehörde, die zu Hilfsbeamten der Staatsanwaltschaft bestellt sind (vgl. oben Anm. 4b), nunmehr befugt, für die Staatsanwaltschaft Ermittlungen vorzunehmen und dabei die den Hilfsbeamten vorbehaltenen Anordnungen zu treffen.

Elfter Titel

Geschäftsstelle

§ 153

Bei jedem Gericht wird eine Geschäftsstelle eingerichtet, die mit der erforderlichen Zahl von Urkundsbeamten besetzt wird. Die Geschäftseinrichtung bei dem Bundesgerichtshof wird durch den Bundesminister der Justiz, bei den Landesgerichten durch die Landesjustizverwaltung bestimmt.

I. Entstehungsgeschichte: Entw. § 124.

II. Spätere Entwürfe: N. E. II Nr. 56.

III. Spätere Änderungen: Bek. vom 22. 3. 1924 (RGBl. I 317). Durch das Ges. vom 9. 7. 1927 (RGBl. I 175; dazu VO. vom 30. 11. 1927, RGBl. I 334) wurde die bisherige Bezeichnung „Gerichtsschreiberei" durch „Geschäftsstelle" ersetzt und die Funktionsbezeichnung des „Urkundsbeamten der Geschäftsstelle" geschaffen. Die Folgerungen aus dem Übergang der Justizhoheit auf das Reich zog für den Satz 2 des § 153 der § 12 der VO. zur einheitlichen Regelung der Gerichtsverfassung vom 20. 3. 1935 (RGBl. I 403): „Der Reichsminister der Justiz erläßt die allgemeinen Anordnungen für die Geschäftsstellen der Gerichte und der Staatsanwaltschaften und für die Gerichtsvollzieher". Das Vereinheitlichungsges. vom 12. 9. 1950 hat die seit dem Ges. vom 9. 7. 1927 geltende Fassung wieder (unter Anpassung des Satz 2 an den jetzigen Rechtszustand) übernommen.

Literatur: Reichel, Die Stellung des Rechtspflegers in der Gerichtsorganisation, Bielefeld 1951. Über Reformbestrebungen s. Anm. 4 zu § 10.

1. Bei jedem Gericht muß eine Geschäftsstelle eingerichtet werden; Geschäftsstellen bestehen auch bei der Staatsanwaltschaft.

2. Der **Geschäftskreis** der Urkundsbeamten in Strafsachen, soweit er verfahrensrechtliche Bedeutung hat, ergibt sich aus der StPO. und einzelnen Bestimmungen des GVG. Er umfaßt a) die hauptsächlich in der Führung des Protokolls bestehende Mitwirkung bei den gerichtlichen Verhandlungen (StPO. §§ 168, 187, 188, 226, 271; GVG. §§ 45, 51); b) die Aufnahme von Erklärungen (Anträgen, Rechtsmitteln usw.) der Prozeßbeteiligten außerhalb der gerichtlichen Verhandlungen; hierüber s. StPO. Buch 1 Vorbem. 9, 10 (S. 76f.); c) die Mitwirkung bei Ladungen und Zustellungen (StPO. § 37, § 385 Abs. 2, § 390 Abs. 3; GVG. § 161); d) die

Beglaubigung und Erteilung von Ausfertigungen und Abschriften gerichtlicher Entscheidungen und von Auszügen aus ihnen (StPO. § 275 Abs. 4, § 406b Satz 1, § 451 Abs. 1); e) den Dolmetscherdienst (§ 190 GVG.); f) die Festsetzung der erstattungspflichtigen Kosten und Auslagen (§ 464 Abs. 2 StPO.); g) bei den zu Rechtspflegern bestellten Beamten (s. Anm. 4 zu § 10 GVG.), die ihnen nach Maßgabe der Art. VI des Entlastungsges. vom 11. 3. 1921 (RGBl. I 229) in Verb. m. § 6 der Strafvollstreckungsordnung (AV. des RJM. vom 7. 12. 1935 Deutsche Justiz 1800, i. d. F. der AV. vom 13. 9. 1944, Deutsche Justiz 241) und der Reichs-Entlastungsverfügung vom 3. 7. 1943 (Deutsche Justiz 399) zur selbständigen Erledigung übertragenen Geschäfte der Strafvollstreckung, soweit sie der Staatsanwaltschaft und dem Amtsrichter zustehen.

Die Geschäftsstelle übt selbständige staatliche Dienstverrichtungen aus und steht damit dem Gericht als der Rechtsprechungsbehörde wie ein Dritter gegenüber (RGSt. **56** 100). Soweit der Urkundsbeamte als Organ des Gerichts (§§ 451 Abs. 1, 464 Abs. 2 StPO.) und als Rechtspfleger an Stelle des Amtsrichters in Angelegenheiten der Strafvollstreckung tätig wird, entscheidet über Rechtsbehelfe gegen seine Maßnahmen das Gericht bzw. der Amtsrichter, während im übrigen im Weg der Dienstaufsichtsbeschwerde Abhilfe gesucht werden muß.

3. Wegen der **Ausschließung** oder **Ablehnung** eines Urkundsbeamten in Strafsachen s. § 31 StPO.

4. Das **Aktenwesen** ist einheitlich geregelt durch die Aktenordnung für die Deutschen Justizbehörden vom 28. 11. 1934 (Amtl. Sonderveröffentl. der Deutschen Justiz Nr. 6a).

Zwölfter Titel

Zustellungs- und Vollstreckungsbeamte

§ 154

Die Dienst- und Geschäftsverhältnisse der mit den Zustellungen, Ladungen und Vollstreckungen zu betrauenden Beamten (Gerichtsvollzieher) werden bei dem Bundesgerichtshof durch den Bundesminister der Justiz, bei den Landesgerichten durch die Landesjustizverwaltung bestimmt.

I. Entstehungsgeschichte: Entw. § 125.

II. Spätere Entwürfe: N. E. III Nr. 57.

III. Spätere Fassungen: Bek. vom 22. 3. 1924 (RGBl. I 317). Nachdem die in § 12 der VO. vom 20. 3. 1935 (RGBl. I 403) dem Reichsjustizminister erteilte Ermächtigung, allgemeine Anordnungen für die Gerichtsvollzieher zu erlassen (vgl. III vor Anm. 1 zu § 153), durch den Rückfall der Justizhoheit auf die Länder gegenstandslos geworden ist, hat das Vereinheitlichungsges. vom 12. 9. 1950 den § 154 a. F. unter Anpassung an den jetzigen Rechtszustand beibehalten.

1. Der Ausdruck **„Gerichtsvollzieher"** bezeichnet hier wie in den Prozeßordnungen keine bestimmte Klasse von Beamten, sondern wird als Tätigkeitsbezeichnung gebraucht, so daß er alle Personen umfaßt, die die Justizverwaltung mit Gerichtsvollziehergeschäften betraut.

2. Die **Bestimmungen,** die § 154 im Auge hat, sind im Verwaltungswege zu erlassen. Und zwar gelten mit Wirkung vom 1. 1. 1955 folgende von den Landesjustizverwaltungen und dem Bundesjustizminister bundeseinheitlich vereinbarte Dienstvorschriften a) die Geschäftsanweisung für Gerichtsvollzieher (GVGA.) vom 1. 4. 1954, b) die Gerichtsvollzieherordnung (GVO.) vom 1. 4. 1954, die — mit landesrechtlichen Ergänzungsvorschriften versehen — als Sonderdrucke veröffentlicht sind (für Nordrh.-Westf. VO. über die Dienst- und Geschäftsverhältnisse der Gerichtsvollzieher vom 14. 12. 1954 — GVBl. 347 = SaBl. 1955, 133). Vgl. dazu Holzweg NJW. **1955,** 12. Die Beitreibung von Ansprüchen der Staatskasse in Justizangelegenheiten erfolgt durch besondere Vollziehungsbeamte (Justizvollstreckungsassistenten), für deren Tätigkeit im Rahmen einer besonderen Dienstordnung (vgl. z. B. für Hessen RdErl. vom 30. 10. 1954, JMBl. S. 75; für Nordrh.-Westf. die DienstO. vom 23. 12. 1954, GVBl. 353 = SaBl. 1955, 136) die Vorschriften der GVO. z. T. entsprechend gelten.

3. Im Strafverfahren wird der Gerichtsvollzieher bei der unmittelbaren Ladung (§ 38 StPO.) tätig. Er handelt dabei (trotz des Ausdrucks „beauftragen") nicht kraft privatrechtlichen Dienst- oder Werkvertrags, sondern stets als Beamter in Erfüllung seiner amtlichen Aufgaben (allg. Meinung, insbes. RGZ. **82,** 85).

§ 155

Der Gerichtsvollzieher ist von der Ausübung seines Amtes kraft Gesetzes ausgeschlossen:

I. in bürgerlichen Rechtsstreitigkeiten:

1. wenn er selbst Partei oder gesetzlicher Vertreter einer Partei ist oder zu einer Partei in dem Verhältnis eines Mitberechtigten, Mitverpflichteten oder Schadensersatzpflichtigen steht;

2. wenn sein Ehegatte Partei ist, auch wenn die Ehe nicht mehr besteht;

3. wenn eine Person Partei ist, mit welcher er in gerader Linie verwandt, verschwägert oder durch Annahme an Kindes Statt verbunden, in der Seitenlinie bis zum dritten Grad verwandt oder bis zum zweiten Grad verschwägert ist, auch wenn die Ehe, durch welche die Schwägerschaft begründet ist, nicht mehr besteht;

II. in Strafsachen:

1. wenn er selbst durch die strafbare Handlung verletzt ist;

2. wenn er der Ehegatte des Beschuldigten oder Verletzten ist oder gewesen ist;

3. wenn er mit dem Beschuldigten oder Verletzten in dem vorstehend unter Nr. I 3 bezeichneten Verwandtschafts- oder Schwägerschaftsverhältnisse steht.

I. Entstehungsgeschichte: Entw. § 126.

II. Spätere Entwürfe: Entw. EG.StGB. Art. 68 Ziff. 36.

III. Spätere Änderungen und Fassungen: G. vom 11. 7. 1922 (RGBl. I 573) Art. I Nr. 2, II Nr. 2. Bek. vom 22. 3. 1924 (RGBl. I 317). Das Vereinheitlichungsges. vom 12. 9. 1950 hat die Vorschrift (von geringfügigen stlistischen Änderungen abgesehen) unverändert übernommen.

1. § 155 II ist dem § 22 Nr. 1 bis 3 StPO. nachgebildet; dabei weicht § 155 II Nr. 2 von § 22 Nr. 2 StPO. insofern ab, als in ihr die Worte „oder Vormund" fehlen. Eine Ablehnung des Gerichtsvollziehers wegen Befangenheit kennt das Gesetz nicht. An die Stelle eines nach § 155 II ausgeschlossenen Gerichtsvollziehers tritt der zuständige Vertreter.

2. Ein Verstoß gegen § 155 hat die Ungültigkeit (Nichtigkeit) der Amtshandlung (Ladung) zur Folge (h. M.; so schon Begr. 89; Peters Strafpr. (1952) 126; a. M. von Kries 143; Gerland 71; von Hippel 149). (S. auch Anm. 7 zu § 22 StPO.)

Dreizehnter Titel

Rechtshilfe

Vorbemerkung

1. Die neuere Gesetzessprache verwendet die Begriffe **Rechtshilfe** und **Amtshilfe.** Rechtshilfe ist dabei — im Gegensatz zur Amtshilfe — die Unterstützung, die ein Gericht einem anderen Gericht auf dessen Ersuchen bei Ausübung seiner Rechtspflegeaufgaben leistet, Amtshilfe dagegen diejenige Unterstützung, die a) ein Gericht einer Behörde, die nicht Gericht ist (Verwaltungsbehörde) oder einer anderen Stelle oder die b) eine Verwaltungsbehörde einem Gericht oder c) eine Verwaltungsbehörde einer anderen Verwaltungsbehörde bei der Erfüllung ihrer Amtsobliegenheiten leistet. Das Wesen der Amtshilfe, die ein Gericht leistet, besteht in der Regel darin, daß es eine Amtshandlung vornimmt, zu deren eigner Vornahme die ersuchende Stelle nicht zuständig wäre. Doch ist der Sprachgebrauch nicht einheitlich. Mitunter wird jede von einem Gericht geleistete Hilfe als Rechtshilfe bezeichnet, auch wenn sie einer Verwaltungsbehörde oder einer anderen Stelle zuteil wird; so haben z. B. nach Art. 44 Abs. 3 GG. einem Untersuchungsausschuß des Bundestags — also einer Stelle, die weder Gericht noch Verwaltungsbehörde ist — die Gerichte „Rechtshilfe“ und die Verwaltungsbehörden Amtshilfe zu leisten. Dagegen bestimmt — technisch einwandfrei — § 35 Abs. 3 des Ges. über Ordnungswidrigkeiten vom 25. 3. 1952 (BGBl. I 177), daß im Bußgeldverfahren die Gerichte der Verwaltungsbehörde „Amtshilfe“ zu leisten haben. Aber auch die von Gericht zu Gericht geleistete Hilfe ist nicht stets Rechtshilfe. Rechtshilfe im eigentlichen Sinn liegt vielmehr nur vor, wenn die ersuchende Behörde die Amtshandlung ihrer sachlichen Zuständigkeit nach selbst vornehmen könnte und nur Zweckmäßigkeitsgründe (z. B. weite Entfernung) für die Vornahme durch die ersuchte sprechen (RG. DR. **1940,** 695). Amtshilfe dagegen kommt in Betracht, wenn das ersuchte Gerichte darüber hinaus die Erreichung der Zwecke des ersuchenden Gerichts unterstützen soll. Amtshilfe — nicht Rechtshilfe — steht also z. B. in Frage, wenn ein Gericht ein anderes Gericht, an dessen Sitz es eine Vernehmung selbst durchführen will, ersucht, ihm ein Amtszimmer zur Verfügung zu stellen und einen Protokollführer zu gestellen (RG.Recht **1927,** 1257). Über die Bedeutung der Unterscheidung zwischen Rechts- und Amtshilfe s. unten Anm. 3 c, d.

2. Art. 35 GG. bestimmt: „Alle Behörden des Bundes und der Länder leisten sich gegenseitig Rechts- und Amtshilfe“. Durch diese Vorschrift, die eine wesentliche Neuerung gegenüber dem bisherigen Recht darstellt (vgl. von Mangoldt, Komm. z. GG., Anm. 1 zu Art. 35), ist eine allgemeine gegenseitige Unterstützungspflicht aller Behörden — dazu gehören auch die Gerichte aller Gerichtsbarkeitszweige — innerhalb des Geltungsbereichs des Grundgesetzes begründet worden. Nicht nur die Unterstützungspflicht im Verhältnis von Bund und Land und im Verhältnis der Länder untereinander (von Mangoldt aaO. Anm. 2), sondern auch die Hilfepflicht der Bundesbehörden untereinander und der Behörden innerhalb desselben Landes untereinander spricht Art. 35 GG. aus. Daß zu den „Behörden der Länder“ auch die Gemeindebehörden gehören, kann nach dem Sinn der Vorschrift nicht zweifelhaft sein (vgl. Bonner Komm. z. GG. Anm. 3 zu Art. 35). Diese Pflicht jeder Behörde, im Rahmen ihrer eignen Befugnisse einer anderen zur Durchführung ihrer gesetzlichen Aufgaben Beistand zu leiten, gilt auf allen Gebieten und „in weitestmöglichem Umfang“ (von Mangoldt aaO.). Die zahlreichen bundes- und landesrechtlichen Vorschriften, die für bestimmte Behörden und für bestimmte Gebiete die Verpflichtung zur Rechts- und Amtshilfe aussprechen, die Voraussetzungen, die Zuständigkeiten und das Verfahren regeln, haben gegenüber der allgemeinen Vorschrift des Art. 35 GG. die Bedeutung von Ausführungsvorschriften; sie stehen zu Art. 35 GG. im Verhältnis der lex specialis zur lex generalis, wobei für Gesetze aus der Zeit vor Erlaß des Grundgesetzes, soweit sie in der Natur der Sache begründete Einschränkungen der allgemeinen Rechts- und Amtshilfepflicht vorsehen, der Grundsatz „lex posterior generalis non derogat legi priori speciali“ gilt.

3. a) Die §§ 156ff. GVG. regeln nur die Rechtshilfe, die sich die Organe der **ordentlichen Gerichtsbarkeit** in bürgerlichen Rechtsstreitigkeiten und Strafsachen gegenseitig zu leisten haben (§ 2 EG.GVG., § 156 GVG.; RGZ. **102,** 368). Die Rechtshilfepflicht der Justizgerichte in den ihnen bundesgesetzlich übertragenen Angelegenheiten der freiwilligen Gerichtsbarkeit regelt § 2 FGG. (s. auch §§ 1, 194 FGG.). Für die Rechtshilfe in Angelegenheiten der streitigen Gerichtsbarkeit der Sondergerichte gilt das Rechtshilfeges. vom 21. 6. 1869 (BGBl. 305). Die Rechts- und Amtshilfepflicht gegenüber dem Bundesverfassungsgericht regeln die §§ 26, 27 BVerfGG. Die Rechtshilfe im Bereich der übrigen Gerichtsbarkeitszweige bestimmt sich bei den Arbeitsgerichten nach § 13 des Arbeitsgerichtsges. vom 3. 9. 1953 (BGBl. I 1267), bei den allgemeinen Verwaltungsgerichten nach §§ 7, 26 des Ges. über das Bundesverwaltungsgericht vom 23. 9. 1952 (BGBl. I 625), bei den Sozialgerichten nach § 5 des Sozialgerichtsgesetzes vom 3. 9. 1953 (BGBl. I 1239), bei den Finanzgerichten nach §§ 277, 295 RAbgO. Zahlreiche Vorschriften regeln die Rechtshilfepflicht der ordentlichen Gerichte gegenüber berufsständischen Ehrengerichten, so bei den Ehrengerichten der Rechtsanwälte § 86 der Reichsrechtsanwaltsordnung (an dessen Stelle z. T. inhaltlich gleichlautende Vorschriften der seit 1945 erlassenen landesrechtlichen Rechtsanwaltsordnungen getreten sind), beim Börsenehrengericht § 26 des Ges. vom 27. 5. 1908 (RGBl. 215), bei den Berufsgerichten der Ärzte § 63 der ReichsärzteO. vom 13. 12. 1935 (RGBl. I 1433), und bei denjenigen der Tierärzte § 63 der ReichstierärzteO. vom 3. 4. 1935 (RGBl. I 347) usw.

b) Besondere Vorschriften über die **Amtshilfepflicht** der Justizgerichte gegenüber Verwaltungsbehörden finden sich, abgesehen von den oben Anm. 1 genannten Vorschriften, u. a.: zugunsten der Postbehörden in § 38 des PostGes. vom 28. 10. 1871 (RGBl. 347), zugunsten der Finanzbehörden in §§ 182, 188 RAbgO., zugunsten der Jugendämter in § 5 Jugendwohlfahrtsges. vom 9. 7. 1922 (RGBl. I 59), zugunsten der Seeämter in § 32 des Ges. vom 28. 9. 1935 (RGBl. I 183), zugunsten des Seemannsamts in § 125 der SeemannsO. vom 2. 6. 1902 (RGBl. 55).

c) Wird in einer Angelegenheit der ordentlichen streitigen Gerichtsbarkeit die Gewährung von **Rechtshilfe verweigert,** so kann das ersuchende Gericht auf dem Weg des § 159 GVG. um Abhilfe nachsuchen. Das gleiche gilt, wenn bei Rechtshilfeersuchen anderer Gerichte (der Gerichte anderer Gerichtsbarkeitszweige) die Vorschriften des 13. Titels des GVG. für entsprechend anwendbar erklärt sind (so z. B. § 13 des Arbeitsgerichtsges., § 5 des Sozialgerichtsges.). Aber auch da, wo es an einer ausdrücklichen Vorschrift fehlt, die die Rechtshilfevorschriften des GVG. für entsprechend anwendbar erklärt, ist eine Vorschrift, daß die Gerichte Rechtshilfe zu leisten hätten, im allgemeinen so zu verstehen, daß die Rechtshilfe in gleicher Weise zu leisten sei, als ob ein Justizgericht in einer Angelegenheit der ordentlichen streitigen Gerichtsbarkeit um Rechtshilfe ersuche, und es ergibt sich daraus die entsprechende Anwendbarkeit des § 159 GVG.

d) Die Rechtsbehelfe gegen **Verweigerung der Amtshilfe** durch ein Gericht regelt sich, wo bundesrechtliche Vorschriften fehlen, nach Landesrecht. In § 35 Abs. 3 des Ges. über Ordnungswidrigkeiten, wonach die Gerichte im Bußgeldverfahren wegen Ordnungswidrigkeiten den Gerichten Amtshilfe zu leisten haben, fehlt es zwar an einer den Rechtsbehelf bei Verweigerung ausdrücklich regelnden Vorschrift; aus der inneren Verwandtschaft des Bußgeldverfahrens mit dem Strafverfahren ergibt sich aber, daß der ersuchenden Verwaltungsbehörde der gleiche Rechtsbehelf zustehen muß, wie ihn die Staatsanwaltschaft bei Verweigerung der den Gerichten im vorbereitenden Verfahren obliegenden Amtshilfe (§ 162 StPO.) hat, d. h. die Beschwerde an die Strafkammer (vgl. Dalcke-[Schäfer] [36] Anm. 10 zu § 35 OWiG.). In den früheren preuß. Gebietsteilen gilt § 87 Abs. 2 des PrAG.GVG. vom 24. 4. 1878 (GS. S. 230) i. d. F. vom 21. 9. 1899 (GS. S. 249), in Hessen i. d. F. des Art. 108 Hess. FGG. vom 12. 4. 1954 (GVBl. S. 59), wonach über Beschwerden anderer als gerichtlicher Behörden wegen einer vom Gericht verweigerten Beistandsleistung die Oberlandesgerichte entscheiden. Für Bayern vgl. Art. 77 bay.AG.GVG. Wo es sich aber nicht um Beistandsleistung durch Vornahme einer richterlichen Handlung (z. B. Vernehmung von Zeugen), sondern um Beistandsleistung anderer, verwaltungsmäßiger Art (z. B. Zuverfügungstellung eines Amtsraumes, Gestellung eines Protokollführers) handelt, führt die Verweigerung nur zur Dienstaufsichtsbeschwerde.

4. Rechts- und Amtshilfe ist von den Gerichten (und Staatsanwaltschaften) des Bundesgebiets allen deutschen Gerichten und Staatsanwaltschaften zu leisten, in Strafsachen zugunsten deutscher Gerichte und Behörden **außerhalb der Bundesrepublik** und West-Berlins (also zugunsten der Behörden der Sowjetzone und des Saargebiets) aber im Hinblick auf die besonderen staatsrechtlichen Verhältnisse des Saargebiets und auf die von den Rechtsvorstellungen der Bundesrepublik z. T. wesentlich abweichende Rechtshandhabung in der Ostzone nur unter den Einschränkungen, die das Ges. über die innerdeutsche Rechts- und Amtshilfe in Strafsachen vom 2. 5. 1953 (BGBl. I 161) i. d. F. des Ges. vom 17. 7. 1954 (BGBl. I 203) — dazu DVO. vom 23. 12. 1953 (BGBl. I 1569) — vorsieht. S. die Erläuterungen zu dem Ges. im Anhang unter D.

5. Rechtshilfeverkehr **mit dem Ausland** in Strafsachen.

Literatur: Jescheck, Die internationale Rechtshilfe in Strafsachen in Europa ZStrW. **66** (1954) 518ff.; Grützner, Internationaler Rechtshilfeverkehr in Strafsachen, R. v. Deckers Verlag 1955.

I. Die Gewährung von Rechtshilfe **gegenüber dem Ausland,** d. h. die Unterstützung ausländischer Strafverfolgungs- oder Strafvollstreckungsbehörden erfolgt nach den Vorschriften des Deutschen Auslieferungsges. (DAG.) vom 23. 12. 1929 (RGBl. I 239). Sie darf, soweit es sich um Auslieferungen handelt, im Rahmen des Art. 16 GG. nur gewährt werden, wenn das Oberlandesgericht, in dessen Bezirk der Verfolgte ergriffen oder ermittelt wird, sie für rechtlich zulässig oder der Verfolgte sich mit ihr einverstanden erklärt (§ 8). Bei anderen Rechtshilfemaßnahmen (Durchlieferung, Herausgabe von Gegenständen, behördliche Auskünfte, insbes. aus dem Strafregister, Vernehmung von Beschuldigten, Zeugen und Sachverständigen usw.)

bedarf es keiner sie für rechtlich zulässig erklärenden Entscheidung des Oberlandesgerichts; auf Antrag der Staatsanwaltschaft (bei Herausgabe von Gegenständen auch auf Antrag eines Beteiligten, d. h. jemandes, der an dem Gegenstand ein Recht geltend macht) hat aber das Oberlandesgericht zu entscheiden, ob die gesetzlichen Voraussetzungen der begehrten Rechtshilfe vorliegen und deren Leistung ist unzulässig, wenn das Gericht sie für unzulässig erklärt (§§ 33, 37, 41). Die (politische) Entscheidung, ob einem ausländischen Ersuchen um rechtlich zulässige Rechtshilfe stattzugeben ist, trifft die Bundesregierung (§ 44), die ihre Befugnisse z. T. auf die Länder übertragen hat (Zuständigkeitsvereinbarung vom 20. 2. 1952 i. d. F. vom 4. 11. 1954, Bundesanz. Nr. 78/52 und Nr. 215/54). Auf die Einzelheiten ist hier nicht einzugehen; es sei auf das einschlägige Schrifttum, insbes. Mettgenberg-Dörner, Komm. z. DAG., 2. Auflage 1953 und die unten zu II erwähnten „Richtlinien" verweisen. Hervorzuheben ist lediglich folgendes: Deutsche dürfen weder ausgeliefert (Art. 16 GG.) noch durchgeliefert (§ 33 DAG.) werden. Bei politischen Taten ist Auslieferung (§ 3 DAG.), Durchlieferung (§ 33) und Herausgabe von Gegenständen (§ 34 Abs. 2) unzulässig. Das Auslieferungsverbot des § 3 DAG. ist durch Art. 16 Abs. 2 Satz 2 GG. erweitert, wonach politisch Verfolgte Asyl genießen (BGHSt. **3** 392). Der Auslieferungsverkehr mit dem Ausland erfolgt z. T. auf der Grundlage zwischenstaatlicher Rechtshilfeverträge, z. T. ohne solche. Durch das DAG. sind die früher abgeschlossenen Auslieferungsverträge, soweit sie noch oder wieder gelten, nicht berührt worden (RG. DRZ. **1932** Nr. 161); sie gehen dem DAG. vor (RGSt. **70** 286). Wegen der z. Z. geltenden Auslieferungsverträge vgl. Herlan MDR. **1951** 182; Grützner Bundesanz. Nr. 172/1954; Pursch, Polizei **1955** 234. Mit Frankreich ist ein neuer Auslieferungsvertrag (vom 29. 11. 1951, BGBl. 1953 II 131) abgeschlossen worden, aber noch nicht in Kraft gesetzt. Wieder in Kraft gesetzt oder durch den 2. Weltkrieg nicht berührt sind z. B. die Auslieferungsverträge mit Belgien vom 24. 12. 1874 (RGBl. 1875, 73) u. 28. 11. 1900 (RGBl. 1901, 203) mit Wirkung vom 11. 8. 1952 (Bek. vom 23. 7. 1952, BGBl. II 684), mit Spanien vom 2. 5. 1878 (RGBl. 213, 226) (Mitteilung des BJM. vom 28. 10. 1952 — 9361 S. 6 — 23810), mit Italien vom 12. 6. 1942 (RGBl. 1943 II 73) — mit Ausnahme des Art. IV Abs. 2 — mit Wirkung vom 1. 3. 1953 (Bek. vom 5. 6. 1953, BGBl. II 149), mit Norwegen vom 19. 1. 1878 und 7. 3. 1909 (RGBl. 110, 239) (Bek. vom 4. 7. 1953, BGBl. II 257), mit Luxemburg (Bek. vom 29. 3. 1955, BGBl. II 596). Weitere Auslieferungsverträge bestehen mit Brasilien, Dänemark, Griechenland, Liechtenstein, Österreich, Schweden, der Schweiz und der Türkei (s. auch Anm. II). Vertragsloser Auslieferungsverkehr findet z. Z. statt mit Argentinien, Frankreich, Jugoslawien, Kanada, Lybien, Niederlande, Nikaragua, Portugal, Tschechoslowakei, Ungarn, Ekuador. Mit Australien, Großbritannien, der Südafrikanischen Union und den Vereinigten Staaten von Nordamerika findet z. Z. kein Auslieferungsverkehr statt, doch sind z. T. Verhandlungen über die Wiederinkraftsetzung der früher abgeschlossenen und noch durch den 2. Weltkrieg suspendierten Auslieferungsverträge im Gange.

II. Rechtshilfeverkehr, wenn in deutschen Strafverfahren **Rechtshilfe des Auslands** begehrt wird, erfolgt (ebenso wie zu I) teils vertraglich, teils vertragslos, soweit die zwischenstaatlichen Vereinbarungen noch nicht wieder in Kraft gesetzt worden sind. Die früheren Abkommen werden aber von den meisten Staaten auch jetzt schon berücksichtigt; deshalb ist nach ihnen zu verfahren, soweit sie nicht Regelungen über den Beförderungsweg enthalten (RdErl. d. Hess. JustMin. vom 20. 10. 1951 i. d. F. vom 5. 3. 1954, JMBl. 105, 27). Mit Belgien ist gegenseitige Rechtshilfe i. S. des § 41 DAG. vereinbart, soweit nicht wesentliche Interessen des ersuchten Staates gefährdet werden (RdErl. d. Hess. JustMin. vom 16. 11. 1954, JMBl. 84), ferner Rechtshilfe in Verfahren, die strafbare Handlungen auf dem Gebiet des Fahrzeugverkehrs auf Straßen, Wasserwegen und in der Luft zum Gegenstand haben (RdErl. d. Hess. JustMin. vom 26. 2. 1953, JMBl. 19). Die Südafrikanische Union, mit der kein Auslieferungsverkehr besteht, leistet vertragslos andere Rechtshilfe in nichtpolitischen Strafsachen, jedoch nicht durch Herausgabe von Gegenständen (RdErl. d. Hess. JustMin. vom 29. 9. 1953, JMBl. 75). Betr. Dänemark gilt wieder die Vereinbarung zur vorläufigen Regelung des Rechtshilfeverkehrs in Strafsachen vom 23. 6. 1931 — RGBl. II 531 (Bek. vom 30. 6. 1953, BGBl. II 186). Zum Teil ist unmittelbarer Rechtshilfeverkehr (also ohne Inanspruchnahme des diplomatischen Weges) vereinbart, so mit Belgien in dringenden Fällen (RdErl. d. Hess. JustMin. vom 20. 10. 1951, JMBl. 105), mit Österreich in Devisenstrafsachen (RdErl. d. Hess. JMin. vom 16. 9. 1953, JMBl. S. 72) (wegen des Rechtshilfeverkehrs mit Österreich im übrigen s. Bundesanz. Nr. 8/1953 S. 7), mit der Schweiz gem. Übereinkunft vom 1./10. 12. 1878 u. 30. 4. 1910 (Bek. vom 15. 9. 1953,

Bundesanz. Nr. 188/53 S. 1). Z. T. läßt das Ausland auch eine Rechtshilfe durch Tätigkeit der deutschen Konsuln zu (so die USA. in Strafsachen auch die Vernehmung von Zeugen nichtdeutscher Staatsangehörigkeit, wenn sie damit einverstanden sind; RdErl. d. Hess. JustMin. vom 5. 3. 1954, JMBl. 27). — Für den Rechtshilfeverkehr gelten nach Nr. 192 RiStV **1953** die von dem Reichsjustizminister herausgegebenen Richtlinien für den Rechtshilfeverkehr mit dem Ausland in Strafsachen vom 27. 3. 1934 (Amtl. Sonderveröffentlichungen der Deutschen Justiz Nr. 3; RMBl. 1934, 141) i. d. F. der AV. vom 16. 1. 1935 (Deutsche Justiz 93) sinngemäß weiter. Vgl. weiter aus den RiStV. **1953** Nr. 193 (deutsche Strafgerichtsbarkeit kann regelmäßig nur innerhalb der Grenzen Deutschlands ausgeübt werden; jede amtlich Betätigung außerhalb dieser Grenzen setzt das Einverständnis des ausländischen Hoheitsträgers voraus. Die Justizbehörden dürfen daher, abgesehen von den in RiStV Nr. 197—199 genannten Fällen, weder Maßnahmen im Ausland vornehmen noch Anordnungen treffen, die in das Ausland hinüberwirken sollen), Nr. 196 (für die Inanspruchnahme deutscher konsularischer Vertretungen im Ausland zur Unterstützung eines deutschen Strafverfahrens gelten die Vorschriften über den innerdeutschen Rechtshilfeverkehr; die Nr. 207—230 der Richtlinien für den Rechtshilfeverkehr mit dem Ausland in Strafsachen in Verb. mit dem Konsularges. vom 8. 11. 1867 — BGBl. 137 — i. d. F. des Ges. vom 14. 5. 1936 — RGBl. I 447 — und vom 16. 12. 1950 — BGBl. 784 — sind unter Berücksichtigung der staatsrechtlichen Veränderungen anzuwenden), Nr. 197 (für die Nacheile und die Entsendung von Beamten ins Ausland gilt Nr. 253 der Richtlinien für den Rechtshilfeverkehr mit dem Ausland in Strafsachen), Nr. 198 (die Strafverfolgungsbehörden dürfen mit im Ausland wohnenden Personen, auch mit deutschen Staatsangehörigen, unmittelbar auf dem Postwege nur in Verbindung treten, wenn dies zugelassen oder üblich ist; Aufzählung unzulässiger Mitteilungen), Nr. 199 (betr. Ersuchen an ausländische Regierungen, gegen einen Ausländer wegen einer in der Bundesrepublik verfolgbaren Handlung ein Strafverfahren einzuleiten). — Die zoll- und devisenrechtlichen Bestimmungen über die Herausgabe und Hereinschaffung von Gegenständen im zwischenstaatlichen Rechtshilfeverkehr in Strafsachen sind in einer Bekanntmachung d. BundesjustMin. im Bundesanz. Nr. 59/1955 vom 28. 3. 1955 neu zusammengestellt. — Wegen der Unterstützung der fremden Militärgerichte bei Ausübung der Gerichtsbarkeit über die **in Deutschland stationierten fremden Truppen** durch die deutschen Behörden nach dem „Truppenvertrag" s. Anhang unter C.

III. Verfahren nach Auslieferung.

a) Die Frage, wegen welcher Delikte eine von einer ausländischen Macht ausgelieferte Person verurteilt werden darf, läßt sich nicht auf Grund einer allgemeinen Regel für alle Fälle gleichmäßig beantworten. In erster Linie sind die Erklärungen maßgebend, die der ausliefernde Staat im einzelnen Falle abgibt. Lehnt er die Auslieferung wegen eines bestimmten Delikts ab, so darf eine Strafverfolgung wegen dieses Delikts nicht stattfinden (vgl. die AV. d. pr. JM. vom 3. 7. 1900 JMBl. 447). In zweiter Linie kommt es auf den Inhalt des Auslieferungsvertrages an (RGSt. **31** 235, **34** 195). In dritter Linie endlich kommt der völkerrechtliche Grundsatz der sog. „Spezialität" (vgl. § 6 DAG.) zur Anwendung (RGSt. **29** 289, **31** 235, **55** 285, Günther ZStW. **48** 487). Die Auslieferungsverträge lassen sich hierzu in zwei Gruppen teilen. Nach den Verträgen der ersten Gruppe darf nur der Tatbestand abgeurteilt werden, für den die Auslieferung ausdrücklich bewilligt ist. Eine Klageänderung ist zulässig, sofern der Tatbestand, nach dem die Tat abgeurteilt werden soll, gleichfalls zu den Auslieferungsdelikten gehört und der Vertrag keine abweichende Bestimmung enthält. Dagegen darf wegen einer anderen Tat ohne Einwilligung des ausliefernden Staates keine Verurteilung ausgesprochen werden. Zu dieser Gruppe gehören die Verträge mit Großbritannien (RGSt. **32** 425, **34** 68, **45** 275) und mit den Niederlanden (RGSt. **31** 429, **34** 196, 199). Nach den Verträgen der zweiten Gruppe — z. B. mit der Schweiz, Belgien, Luxemburg, Schweden, Norwegen und Spanien — ist nicht nur eine Klageänderung in dem vorstehend dargelegten Sinne zulässig, sondern auch die Aburteilung wegen eines mit der Auslieferungstat in Tatmehrheit zusammentreffenden Delikts, vorausgesetzt, daß dieses gleichfalls im Auslieferungsvertrage vorgesehen ist (vgl. RGSt. **66** 172). Fehlen die vorbezeichneten Voraussetzungen einer Verurteilung, so muß das Verfahren wegen Mangel der Verfahrensvoraussetzung eingestellt werden (RGSt. **70** 286; Einleitung § 11 F. 4 — S. 49 —). Der Spezialitätsgrundsatz hindert aber nicht die Aburteilung des Ausgelieferten unter einem anderen (zusätzlichen) Gesichtspunkt als dem, der dem Auslieferungsersuchen zugrunde lag (BGH. GA. **1955** 149). Eine Änderung in der Gesetzgebung des ausliefernden Staates hat auf seine vertragsmäßigen Pflichten keinen Einfluß (RGSt. **21** 181, **36** 348, **54** 109, **66** 87, Delius, Auslieferungsrecht 26, Rosenblatt ZStW. **35** 177, 180. A. M. Mettgenberg, Zeitschrift für internationales Privat- u. öffentl. Recht **18** 418).

b) In den Verträgen wird die **Auslieferung wegen eines politischen Delikts** regelmäßig für unzulässig erklärt, auch die sonstige (d. h. nicht in Auslieferung bestehende) Rechtshilfe in Strafsachen wird nach den Verträgen häufig nur bei nichtpolitischen Delikten gewährt. Der **Begriff des politischen Delikts** ist sehr bestritten. Vgl. im einzelnen das Schrifttum zu § 3 DAG. und RGSt. **67** 150. Es ist Sache des um die Auslieferung ersuchten Staates, sich vor seiner Entschließung über die politische oder unpolitische Natur der Straftat zu entscheiden (RG. BayZ. **1926** 390, Lammasch, Auslieferungspflicht und Asylrecht [1887] 764). Bestehen Zweifel oder Meinungsverschiedenheiten darüber, ob das Delikt, wegen dessen die Auslieferung begehrt wird, politisch ist, so entscheidet die Ansicht des ersuchten Staates (Goldschmidt ZStW. **47** 625). Stellt sich erst nach der Auslieferung heraus, daß es sich um ein politisches Delikt handelt, so hindert dieser Umstand nicht die Fortsetzung des Verfahrens, soweit nicht durch Vereinbarung oder einseitigen Vorbehalt des ersuchten Staates das Gegenteil bestimmt ist (RGSt. **60** 202).

c) Verzicht des Ausgelieferten. Die Auslieferungsverträge sind Normen des öffentlichen Rechts. Die Person, die ausgeliefert werden soll oder ausgeliefert worden ist, kann auf Beobachtung der vertraglichen Bestimmungen nicht verzichten (RGSt. **34** 199, **41** 274, **45** 278, RMilG. **4** 75, **6** 300; a. M. Delius GA. **39** 126, Auslieferungsrecht 73, Lammasch 717).

d) Prüfung der Gesetzmäßigkeit. Der Ausgelieferte kann sich nicht darauf berufen, daß er mit Unrecht ausgeliefert worden sei, sofern ihm kein solches Recht durch Gesetz oder Vertrag eingeräumt ist. Die Auslieferungsverträge begründen lediglich Rechte und Pflichten zwischen den beteiligten Regierungen. Den Gerichten steht keine Nachprüfung zu, ob die Auslieferung den Bestimmungen eines Staatsvertrages entspricht (RGSt. **29** 24, 64, 290, **33** 101, **42** 311, LZ. **1915** 985, RGSt. **59** 313, **70** 286, Lammasch 738, Delius Auslieferungsrecht 55). Dagegen haben die Gerichte entsprechend den oben zu a dargelegten Grundsätzen zu prüfen, ob sich die Bewilligung der Auslieferung auch auf die Straftat erstreckt, die Gegenstand der Anklage ist. Die Verurteilung wegen einer anderen Straftat würde die Verletzung eines allgemein anerkannten völkerrechtlichen Grundsatzes enthalten, der gemäß Art. 25 GG. bindender Bestandteil des Bundesrechts ist (vgl. RGSt. **60** 202). — Die Gerichte können auch nicht den Einwand beachten, daß die Förmlichkeiten der Auslieferung durch einfache Abschiebung des Beschuldigten über die Grenze umgangen worden seien (RG. JW. **1922** 1588). Selbst außervertragliche Auslieferungen kann der Ausgelieferte nicht beanstanden (RGSt. **42** 309; vgl. auch RGSt. **59** 313 und RG. BayZ. **1926** 391).

e) Neues Strafverfahren. Der vertragsmäßige oder völkerrechtliche Grundsatz der „Spezialität" kommt nicht zur Anwendung, wenn es der Ausgelieferte versäumt, innerhalb einer bestimmten oder angemessenen Frist das Land zu verlassen (RGSt. **38** 116, **41** 275, RG. Recht **1915** Nr. 2210). Die Frist beginnt erst mit der endgültige Erledigung des Verfahrens, wegen dessen die Auslieferung bewilligt ist (RGSt. **38** 116, KG. LZ. **1918** 1342). Des Fristablaufs bedarf es nicht, wenn der Ausgelieferte selbst erklärt, er wolle nicht in den ausliefernden Staat zurückkehren, sondern dauernd in dem Staate bleiben, an den er ausgeliefert worden ist (RGSt. **32** 430).

f) Relative Rechtskraft der im ersten Verfahren ergangenen Entscheidung. Soweit die Vorschriften des Auslieferungsvertrages einer Klageänderung entgegenstehen, kommt der Grundsatz ne bis in idem nicht zur Anwendung; vielmehr ist nach Beendigung des Strafverfahrens ein neues Strafverfahren unter einem anderen rechtlichen Gesichtspunkt zulässig (RGSt. **37** 91, **38** 118, **41** 275).

IV. Wegen des Rechtshilfeverkehrs mit dem Ausland **in bürgerlichen Rechtsstreitigkeiten** wird auf die Darstellung in den Erläuterungswerken zur ZPO., z. B. Baumbach-Lauterbach (23) Anhang nach § 168 GVG., verwiesen.

6. Die Rechtshilfe nach dem GVG.

a) Sachliche Zuständigkeit des ersuchenden Gerichts. — Unter **„Rechtshilfe"** versteht das GVG. — abgesehen von den Sonderbestimmungen der §§ 162, 163, wo es sich in Wirklichkeit um Amtshilfe handelt, die das GVG. (s. insbes. § 164) aber als Rechtshilfe bezeichnet und gewertet wissen will, und von § 165 (vgl. dort Anm. 1) — die Hilfe, die ein Gericht dem anderen leistet, wenn es dieser Hilfe bedarf. Eine solche Beistandsbedürftigkeit ergibt sich aber nicht schon daraus, daß die Entscheidung eines Gerichts außerhalb seine Bezirks zu vollstrecken ist. „Nach dem Grundgedanken, auf dem die Vorschriften der Prozeßordnungen und des GVG. beruhen, erstreckt sich die Gerichtsgewalt eines jeden deutschen Gerichts auf alle sich im Deutschen Reiche aufhaltenden Personen, dieselben mögen dem Bundesstaate des Prozeßgerichts oder einem anderen Bundesstaate angehören. Hieraus ergibt sich ohne ausdrückliche Bestimmung von selbst, daß die Entscheidungen eines deutschen Gerichts durch ganz Deutschland vollstreckbar sind“ usw. (Begr. 90). (Vgl. Vorbem. 1 zum zweiten Titel.) — Dieser Grundgedanke des Gesetzes kommt besonders in den §§ 160, 161 zum Ausdruck; vgl. die Anm. zu diesen Paragraphen. Im übrigen ist noch folgendes hervorzuheben. Die von einem deutschen Gericht oder einer deutschen Staatsanwaltschaft erlassenen Gebote oder Verbote haben auch da, wo keine Vollstreckung in Frage steht, im ganzen Bundesgebiet dieselbe rechtliche Wirkung; sie müssen somit, ihre sonstige Rechtsverbindlichkeit vorausgesetzt, auch von denjenigen der durch sie betroffenen Personen befolgt werden, die sich außerhalb des Bezirks der gebietenden oder verbietenden Behörde aufhalten; es bedarf keiner von der Behörde des Aufenthaltsortes zu erlassenden Anweisung zur Folgeleistung und keiner sonstigen Mitwirkung dieser Behörde. Hierbei macht es keinen Unterschied, ob die verschiedenen Gerichtsbezirke demselben deutschen Lande oder verschiedenen Ländern angehören. Das gilt z. B. von Verfügungen, die eine Beschlagnahme aussprechen. Danach liegt eine gerichtliche Rechtshilfe nur vor, wenn ein Gericht eine ihm nach Vorschrift der Prozeßordnungen obliegende richterliche, d. h. den Gerichten als solchen obliegende Handlung einem anderen Gericht überträgt. Das Ersuchen um Rechtshilfe muß also eine Amtshandlung zum Gegenstande haben, die an sich in den Geschäftskreis des ersuchenden Gerichtes fällt, also zu dessen sachlicher Zuständigkeit gehört (RGSt. **20** 103, **46** 176, RG. Recht **1913** Nr. 1661, RGSt. **52** 21). Es muß dahin gehen, daß das ersuchte Gericht die Prozeßhandlung selbständig erledige. Das ist nicht der Fall, wenn das ersuchte Gericht um Hergabe eines Zimmers oder Abordnung eines Protokollführers zur Wahrnehmung eines Termins angegangen wird (RG. vom 15.2.1927 1 TB. 14/27) — Amtshilfe —, vgl. oben Anm. 1. Es ist nicht notwendig, daß die Handlung richterlich ist, d. h. von dem Amtsrichter persönlich vorgenommen werden muß. Das Ersuchen um Rechtshilfe kann sich auch auf Handlungen beziehen, die zur Zuständigkeit des Urkundsbeamten gehören (RGSt. **46** 176, OLG. München BayZ. **1916** 233, Feisenberger 127). — Wird ein Gericht von einem anderen Gericht um eine Amtshandlung ersucht, die nicht zur sachlichen Zuständigkeit des ersuchenden Gerichts, sondern zur eigenen Zuständigkeit des ersuchten Gerichts gehört, so liegt kein Ersuchen um Rechtshilfe, sondern eine Anregung vor, über die das ersuchte Gericht nach seinem Ermessen befinden kann (RG. JW. **1913** 215, OLG. Celle OLGRspr. **12** 184). — Über den Fall, daß die vorzunehmende Handlung nicht zum Geschäftskreis des ersuchten Gerichts gehört, vgl. § 158 Anm. 5. — Die Bestimmungen des GVG. über Rechtshilfe gelten nicht für die von der Staatsanwaltschaft bei den Gerichten gestellten Anträge (OLG. Dresden SächsArch. **20** 97 = Alsberg OLGE. StrProz. **1** Nr. 19).

b) Sondervorschriften. Neben der Übertragung einer bestimmten einzelnen richterlichen Handlung im Wege der Rechtshilfe auf das ersuchte Gericht, während das Verfahren im übrigen bei dem ersuchenden Gericht verbleibt, kennen die Prozeßordnungen auch in engen Grenzen die Übertragung der Zuständigkeit zum Erlaß der erforderlichen, im einzelnen aber noch nicht übersehbaren Entscheidungen, nämlich zu den nachträglichen Entscheidungen nach Aussetzung zur Bewährung oder nach bedingter Entlassung (§ 453 Abs. 2, § 454 Abs. 3 StPO.) sowie im Jugendstrafverfahren zu den nachträglichen Entscheidungen über Weisungen und Pflichten (§§ 65, 109 Abs. 2 JGG.) und bei Aussetzung der Jugendstrafe (§ 58) und Entlassung zur Bewährung (§ 88 Abs. 5, § 89 Abs. 2, § 110 JGG.). Um Rechtshilfe im techn. Sinn der §§ 156ff. GVG. handelt es sich bei dieser Zuständigkeitsübertragung nicht; das angegangene Gericht kann vielmehr nach den angeführten Vorschriften auch aus anderen als den in § 158 Abs. 2 GVG. bezeichneten Gründen Bedenken gegen die Übernahme äußern und es entscheidet dann nicht das in § 159 Abs. 1 bezeichnete Oberlandesgericht, sondern das gemeinschaftliche obere Gericht.

c) Örtliche Zuständigkeit des ersuchten Gerichts. (Vgl. § 158 Anm. 4.) — Die StPO. sieht zwar an verschiedenen Stellen (z. B. in §§ 166, 173, 185, 223, 233, 453a) die Mitwirkung eines ersuchten Gerichts ausdrücklich vor; sie hat aber keine allgemeine Vorschrift darüber aufgestellt, unter welchen Voraussetzungen die Übertragung einer Untersuchungshandlung von dem zuständigen Gericht auf ein anderes statthaft sein soll. Sie betrachtet es als selbstverständlich, daß das mit einer Sache befaßte Gericht in der Regel auch alle einzelnen in dieser Sache erforderlichen Untersuchungshandlungen vorzunehmen hat. Die Übertragung eine Untersuchungshandlung auf ein anderes Gericht enthält eine Abweichung von der Regel und darf demgemäß, soweit sie nicht überhaupt durch die Mündlichkeit des Hauptverfahrens (vgl. §§ 250, 251, 332 StPO.) ausgeschlossen ist, nur aus erheblichen Gründen stattfinden, also nur, wenn die Vornahme der Handlung durch das zuständige Gericht selbst mit einer unnötigen Erschwerung des Verfahrens oder mit einer unnötigen Vermehrung der Kosten verbunden sein würde (RGZ. **67** 419, OLG. Düsseldorf RheinArch. **111** I 33). Der Grund der Übertragung wird in den meisten Fällen der sein, daß die Handlung außerhalb des Bezirks des Gerichts vorzunehmen ist. Indes ist der Fall, daß ein Gericht eine Handlung dem Gericht eines anderen Bezirkes überträgt, nicht der einzige Fall der Rechtshilfe; vielmehr haben die Amtsgerichte auch den im Instanzenzuge vorgesetzten Gerichten Rechtshilfe zu leisten (vgl. z. B. §§ 185, 223, 225 StPO.). — Unangemessen ist es, wenn das Landgericht eine Beweisaufnahme dem an demselben Orte befindlichen Amtsgericht überträgt, statt sie durch eins der eigenen Mitglieder zu bewirken. Für ein solches Verfahren fehlt jeder sachliche Grund; es führt zu einer unnötigen Vermehrung der Arbeit, da sich der ersuchte Richter, um die Beweisaufnahme vornehmen zu können, über die Sache erst unterrichten muß. Sind nun auch nach der ausdrücklichen Bestimmung des § 158 (vgl. dort Anm. 4) die Amtsgerichte nicht befugt, ein Ersuchen wegen Unzweckmäßigkeit abzulehnen, so ist es doch angezeigt, dem Mißbrauch, der in einem solchen Verfahren liegt, im Aufsichtswege entgegenzutreten (RV. des pr.JM. vom 16. 10. 1883 I 3788, Müller, Justizverw. [6] 25).

7. Zum **Sprachgebrauch** der StPO. ist zu bemerken:

a) Die Aufforderung zur Leistung der Rechtshilfe bezeichnet § 157 als „Ersuchen", auch wenn sie von einem vorgesetzten Gericht ausgeht.

b) Die Unterscheidung zwischen dem „ersuchten Richter" und dem „beauftragten Richter" steht in keiner Beziehung zu der Unterscheidung zwischen gleichgeordneten Gerichten einerseits und über- und untergeordneten Gerichten andererseits. Unter dem „ersuchten Richter" wird überall das Gericht verstanden, das einem anderen (nämlich dem mit der Sache befaßten) Gericht die Rechtshilfe leisten und an Stelle dieses Gerichts eine Untersuchungshandlung vornehmen soll. Dagegen bezieht sich der Ausdruck „beauftragter Richter" lediglich auf den Fall, daß eine Untersuchungshandlung statt von dem mit der Sache befaßten Gericht selbst (dem „Kollegium") von einem einzelnen Mitgliede dieses Gerichts in seinem Auftrag vorgenommen wird (BGHSt. **2** 1). Wie sich hieraus ergibt, sind zwar die Ausdrücke „ersuchtes Gericht" und „ersuchter Richter" gleichbedeutend; dagegen kann statt „beauftragter Richter" nicht „beauftragtes Gericht" gesagt werden. Vgl. noch Anm. 6 zu § 173 StPO.

8. Ersuchen der **Staatsanwaltschaft** fallen nicht unter den Begriff und die Regeln der Rechtshilfe; nur für die Strafvollstreckung (§§ 162, 163) gilt eine Ausnahme (Begr. 90 und oben Anm. 6a). Vgl. §§ 160, 161 und die Anm. das. Hier ist noch hervorzuheben: a) Die Anträge, die die Staatsanwaltschaft im Vorbereitungsverfahren bei den Amtsgerichten stellt (§ 162 StPO.), sind nicht Ersuchen um Rechtshilfe, sondern um Amtshilfe; „der ersuchte Richter hat solche Anträge lediglich nach den Vorschriften der StPO. unter Prüfung seiner Zuständigkeit und der gesetzlichen Zulässigkeit der verlangten Maßregel zu behandeln, mag die ersuchende Staatsanwaltschaft demselben oder einem anderen Bundesstaate angehören" (Begr. 90) (SächsOLG. **20** 97, KG. pr. JMBl. **1925** 392); dasselbe gilt in Steuerstrafsachen für die Ersuchen des Finanzamts an das Amtsgericht, da hier das Finanzamt an die Stelle der Staatsanwaltschaft tritt (KG. JR. **1930** Nr. 1566). Wegen der Ersuchen der Verwaltungsbehörden an den Amtsrichter um Vornahme einer richterlichen Untersuchungshandlung im Bußgeldverfahren nach § 35 des Ges. über Ordnungswidrigkeiten vom 25. 3. 1952 (BGBl. I 177) vgl. oben Anm. 3d. — b) Amtshilfeersuchen von Staatsanwaltschaft zu Staatsanwaltschaft, abgesehen von dem besonders geregelten Falle der Strafvollstreckung (§§ 162, 163 GVG.), sind nicht ausgeschlossen; die Begr. (90) bemerkt hierüber: „Ist der ersuchte Beamte dem ersuchenden untergeordnet, so entscheiden die allgemeinen Grundsätze über das Recht der Aufsicht und Leitung (§ 147). In allen anderen Fällen hat die ersuchte Staatsanwaltschaft selbständig ihre Zuständigkeit und die Gesetzmäßigkeit der verlangten Maßregel zu prüfen und, falls sie auf das Ersuchen eingeht, auch die Verantwortlichkeit für die Handlung zu übernehmen." Bei unbegründeter Ablehnung des Ersuchens ist die Beschwerde im Aufsichtswege gegeben. Es wird sich z. B. die eine Staatsanwaltschaft an die andere wenden können, wenn es sich um eine in einem anderen Bezirk polizeilich auszuführende Maßregel handelt und darauf ankommt, daß ein besonders geeigneter Beamter mit der Ausführung betraut wird; hier kann die Rücksicht auf die zu treffende Auswahl für die ersuchende Staatsanwaltschaft ein Anlaß sein, statt unmittelbaren Ersuchens an die Polizeibehörde (§ 161 StPO.) die Hilfe der Staatsanwaltschaft des Bezirks in Anspruch zu nehmen.

9. Wegen des Falles, daß ein Amtsgericht als **Strafvollstreckungsbehörde** (§ 451 Abs. 3 StPO.) an ein anderes Amtsgericht ein Ersuchen richtet, s. Anm. 4a zu § 159, Anm. 4 zu § 163.

§ 156

Die Gerichte haben sich in bürgerlichen Rechtsstreitigkeiten und in Strafsachen Rechtshilfe zu leisten.

I. **Entstehungsgeschichte:** Entw. § 127.

II. **Keine späteren Änderungen oder Änderungsversuche.**

1. a) § 156 regelt nur die Rechtshilfe zwischen deutschen Gerichten, und zwar die Rechtshilfe zwischen Gerichten der ordentlichen streitigen Gerichtsbarkeit (vgl. Vorbem. 3a zu Titel 13, OLG. Hamburg Recht **1924** 714).

b) § 156 gilt für **Strafsachen** nicht nur innerhalb der Untersuchung, sondern auch im Vorbereitungsverfahren (vgl. StPO. § 166 Abs. 2).

2. Es macht keinen Unterschied, ob das Ersuchen von einem **Gericht** oder von einem einzelnen Richter, z. B. dem Untersuchungsrichter, ausgeht.

3. Bei Erledigung des Ersuchens stehen dem ersuchten Richter im allgemeinen dieselben **Befugnisse** zu, die dem ersuchenden zugestanden haben würden, wenn dieser selbst in seinem Amtsbezirk die Handlung vorgenommen hätte (KG. GA. **59** 474). Ausdrückliche Bestimmungen hierüber s. in § 51 Abs. 3, § 70 Abs. 3 StPO. Ein vom Erscheinen in der Hauptverhandlung entbundener Zeuge, der vor dem ersuchten Richter nicht zur Vernehmung erscheint, kann auf Verlangen des Prozeßgerichts festgenommen und dem ersuchten Richter vorgeführt werden (gl. A. KG. GA. **59** 473, Mamroth JW. **1927** 2074; vgl. auch Plumeyer. JR. **1928** 182).

§ 157

Das Ersuchen um Rechtshilfe ist an das Amtsgericht zu richten, in dessen Bezirk die Amtshandlung vorgenommen werden soll.

I. **Entstehungsgeschichte:** Entw. § 128.

II. **Spätere Entwürfe:** Entw. EG.StGB. Art. 68 Ziff. 37.

III. Das **Vereinheitlichungsges.** vom 12. 9. 1950 hat die Vorschrift unverändert übernommen.

Hierzu: **VO. d. RPräs.** zur Sicherung von Wirtschaft und Finanzen **vom 1. 12. 1930** (RGBl. I 517, 604) **neunter Teil § 4;** abgedr. zu § 58.

1. **Amtsgericht.** — Die Leistung der Rechtshilfe gehört stets ausschließlich zu dem Geschäftskreise der Amtsgerichte.

2. Wegen der **örtlichen Zuständigkeit** vgl. § 158 Anm. 4 sowie Vorbem. 6c zum Tit. 13.

3. Wegen der Bedeutung des neunten Teils § 4 der **VO. vom 1. 12. 1930** vgl. Anm. 2, 3a zu § 58. Auf Grund der Vorschrift wurde durch AV. d. pr. JM. vom 21. 6. 1933 (JMBl. 196 zu A II 2) die Erledigung der Rechtshilfeersuchen für alle im Stadtbezirk Berlin liegenden Amtsgerichte dem Amtsgericht Berlin und in Hamburg durch AV. vom 1. 7. 1952 die Vernehmung mehrerer Personen in derselben Rechtssache dem AG. Hamburg übertragen (vgl. RdErl. d. Hess. JustMin. vom 27. 3. 1952, JMBl. 59).

§ 158

(1) Das Ersuchen darf nicht abgelehnt werden.

(2) Das Ersuchen eines nicht im Rechtszuge vorgesetzten Gerichts ist jedoch abzulehnen, wenn die vorzunehmende Handlung nach dem Recht des ersuchten Gerichts verboten ist. Ist das ersuchte Gericht örtlich nicht zuständig, so gibt es das Ersuchen an das zuständige Gericht ab.

I. Entstehungsgeschichte: Entw. § 129.

II. Spätere Änderungen: § 158 Abs. 2 lautete ursprünglich: „... ist jedoch abzulehnen, wenn dem ersuchten Gericht die örtliche Zuständigkeit mangelt oder die vorzunehmende Handlung ...“. Die in der Zeit nach 1945 in der britischen und amerikanischen Besatzungszone geltende Fassung des § 158 Abs. 2 sah im Anschluß an § 17 der 2. KriegsmaßnahmenVO. vom 27. 9. 1944 (RGBl. I 229) bei örtlicher Unzuständigkeit aus Vereinfachungsgründen nicht die Ablehnung, sondern die Abgabe des Ersuchens an das zuständige Gericht vor. Diese Regelung hat das Vereinheitlichungsges. vom 12. 9. 1950 übernommen.

1. § 158 kennt, im Gegensatz zum früheren Recht (vgl. II vor Anm. 1) nur noch einen förmlichen Ablehnungsgrund, nämlich **„wenn die vorzunehmende Handlung nach dem Recht des ersuchten Gerichts verboten ist“.** Bei örtlicher Unzuständigkeit des ersuchten Gerichts erfolgt nicht mehr Ablehnung, sondern Abgabe des Ersuchens an das örtlich zuständige Gericht.

a) Abs. 2 setzt nicht voraus, daß für die vorzunehmende Handlung in dem Bezirk des ersuchten Gerichts ein anderes Recht als in dem Bezirk des ersuchenden besteht. Vielmehr ist unter dem **„Recht des ersuchten Gerichts“** auch das Recht zu verstehen, das sowohl in dem Bezirk des einen wie in dem des anderen Gerichts gilt. Sonach ist auch eine Ablehnung des Ersuchens auf Grund einer bundesrechtlichen Bestimmung, wenn diese von dem ersuchten Gericht anders als von dem ersuchenden aufgefaßt wird, möglich (vgl. z. B. hinsichtlich des § 57 Nr. 3 StPO. OLG. Dresden in Alsberg OLGE. StrProz. **1** Nr. 12).

b) Verboten ist eine Handlung nicht nur dann, wenn ihre Vornahme im Gesetz ausdrücklich untersagt ist, sondern auch, wenn sie nach dem Sinn der gesetzlichen Bestimmungen unzulässig ist (RGZ. **162** 316; OLG. Dresden in Alsberg OLGE. StrProz. **1** Nr. 12 und JR. **1928** Nr. 2155; OLGe Frankfurt MDR. **1952** 499, Freiburg NJW. **1953** 834 (vgl. auch BGH. JZ. **1952** 230). Demgemäß ist die Beeidigung des Diebes in dem Verfahren gegen den Hehler verboten (OLG. Dresden aaO.). Die Ausführung eines Ersuchens nach § 223 StPO. ist unzulässig, wenn die nach § 224 vorgeschriebene Benachrichtigung der Beteiligten nicht durchführbar ist, außer bei Gefahr im Verzug (OLG. Dresden JR. **1928** Nr. 2155). Unzulässig ist (nach Eröffnung des Hauptverfahrens) das Rechtshilfeersuchen um Anordnung der Vorführung des Angeklagten, damit er eine Erklärung darüber abgebe, ob er von dem Erscheinen in der Hauptverhandlung entbunden werden wolle (KG. GA. **74** 213, 306). Justizverwaltungsanordnungen enthalten keine Verbote im Sinne des § 158, da sie keine Rechtsnormen sind (RGZ. **69** 375). Es kann daher z. B. das Ersuchen eines einem anderen deutschen Lande angehörenden Gericht um Vernehmung eines Sachverständigen nicht mit der Begründung abgelehnt werden, daß das ersuchende Gericht nach den für das ersuchte Gericht bestehenden Dienstvorschriften ein schriftliches Gutachten hätte verlangen sollen (RG. LZ. **1909** 146). Eine Ablehnung des Ersuchens ist nur statthaft, wenn die Handlung „schlechthin“ (in abstracto) unzulässig ist (BGH. LM. Nr. 2) Darüber, ob sie in concreto zulässig ist, d. h. ob die gesetzlichen Voraussetzungen ihrer Vornahme im einzelnen Fall zutreffen, hat nur das ersuchende Gericht zu entscheiden (OLG. Hamburg in Alsberg OLGE. StrProz. **1** Nr. 10, OLG. Dresden LZ. **1927** 1169). Daher darf z. B. das ersuchte Gericht ein Rechtshilfeersuchen nicht ablehnen, weil nach seiner Auffassung die verfolgte Handlung unter ein Straffreiheitsgesetz fällt (KG. GA. **67**, 460); es darf die Anwendung der Zwangshaft gegen einen das Zeugnis verweigernden Zeugen nicht deshalb ablehnen, weil es, abweichend von der Ansicht des ersuchenden Gerichts, die Weigerung des Zeugen für gesetzlich begründet hält (vgl. § 70 StPO. Anm. 12c) (gl. A. LG. Nürnberg BayZ. **1915** 247, OLG. Kolmar ElsLothZ. **41** 418, Stenglein Anm. 4, in der Sache auch von Kries 179, der nur die Fassung bemängelt, Jourdan LZ. **1925** 540; s. auch OLG. Celle NdsRpfl. **1953** 30; a. M. Glaser **2** 278, Dalcke in GA. **45** 407ff.); erst recht nicht deshalb, weil es glaubt, der zu vernehmende Zeuge könne seine Aussage verweigern (OLG. Dresden LZ. **1927** 1169). Der gemäß § 233 StPO. um Vernehmung des Angeklagten ersuchte Richter darf die Gewährung der Rechtshilfe nicht ablehnen, weil nach seiner Meinung die Entbindung vom Erscheinen in der Hauptverhandlung nicht zulässig ist (OLG. Dresden JW. **1930** 2815). Ausnahmsweise soll eine generell (in abstracto) zulässige Maßnahme „verboten" sein, wenn das Ersuchen um ihre Vornahme ganz offensichtlich auf einer rechtsfehlerhaften Ermessensausübung des ersuchenden Richters beruhe (so OLG Köln GA. **1953** 186); aber eine solche Nachprüfung überschreitet die bewußt eng gehaltenen Grenzen des § 158 Abs. 2 (ebenso KMR. Anm. 2a). — Daß ein „verboten sein" einer Zeugenvernehmung nicht schon deshalb angenommen werden kann, weil die den Gegenstand der Vernehmung bildende Tat nach dem Rechte des ersuchten Gerichts nicht strafbar ist, ist selbstverständlich (vgl. Helber DJZ. **1905** 732).

2. a) „Nicht abgelehnt" werden darf das Ersuchen, wenn es von einem vorgesetzten Gericht ausgeht. Man hielt es, wie die Begr. (91) bemerkt, nicht für angemessen, das vorgesetzte Gericht gegenüber dem ersuchten Amtsrichter auf den Beschwerdeweg zu verweisen (vgl. § 159 Anm. 6). Wie sich hieraus ergibt, ist die Ablehnung des Ersuchens nicht nur unzulässig, wenn das vorgesetzte Gericht in seiner Eigenschaft als Rechtsmittelgericht das Ersuchen stellt, wenn also die Sache bei ihm im Verfahren höherer Instanz anhängig ist, sondern auch, wenn das ersuchende Gericht (das Landgericht und in den Fällen des § 134 der Bundesgerichtshof oder das Oberlandesgericht) als Gericht erster Instanz mit der Sache befaßt ist. Vgl. indes oben Vorbem. 6c (Schluß) zu Tit. 13.

b) „Im Rechtszuge vorgesetzt" ist, außer dem Bundesgerichtshof, nur das Oberlandesgericht und Landgericht, zu dessen Bezirk das ersuchte Amtsgericht gehört; die Bestimmung ist nicht etwa, wie sie früher vereinzelt ausgelegt wurde (von Schwarze 90) so aufzufassen, als ob jedes deutsche Oberlandesgericht oder Landgericht jedem deutschen Amtsgericht vorgesetzt wäre. — Vgl. noch Anm. 6.

3. Ablehnung aus anderen Gründen — Aus einem anderen als dem in § 158 bezeichneten Grund darf das Ersuchen nicht abgelehnt werden, also namentlich nicht, weil das ersuchte Gericht die Handlung für unzweckmäßig hält oder ihre Übertragung als unstatthaft oder ungehörig ansieht und der Ansicht ist, daß sie von dem ersuchenden Gericht selbst oder von einem beauftragten Richter vorgenommen werden müsse (vgl. z. B. RGZ. **67** 419, 420, **69** 274 a. E., **95** 288, KG. LZ. **1918** 342, OLG. Stuttgart in Alsberg OLGE. StrProz. **1** Nr. 11, OLG. MünchenSt. **9** 85, OLG. Jena JR. **1930** Nr. 56 = JW. **1930** 81; OLGe. Celle Nds.Rpfl. **1952** 151; **1953** 30; Düsseldorf MDR. **1955** 426). Ein Rechtshilfeersuchen um Vernehmung soll aber nach OLG. Schleswig MDR. **1955** 298 abgelehnt werden können, wenn es nur die Aufklärung völlig neben der Sache liegender Tatsachen bezweckt. Aber das läuft (vgl. das Anm. 1b am Ende Ausgeführte) auf eine Nachprüfung des Ermessens des ersuchenden Gerichts hinaus, die § 158 Abs. 2 gerade grundsätzlich ausschließen will. Das ersuchte Gericht ist nicht dazu da, das ersuchende Gericht zu belehren, wenn dieses Tatsachen für erheblich hält, die nach Auffassung des ersuchten Gerichts für die Sachentscheidung unerheblich sind. Vgl. auch Anm. 6c (Schluß) zu Tit. 13.

4. a) Das ersuchte Gericht ist **örtlich nicht zuständig,** wenn der Ort, der für die Erlassung des Ersuchens bestimmend ist, nicht im Bezirk des ersuchten Gerichtes liegt. Gewisse Handlungen, wie die Einnahme eines Augenscheins und die Durchsuchung, sind ihrer Natur nach an einen bestimmten Ort gebunden. Betrifft das Ersuchen die Vernehmung einer Person, so ist regelmäßig der zeitige Aufenthaltsort der Person der maßgebende Ort. Ist das Ersuchen auf Gegenüberstellung oder eine aus anderen Gründen zweckmäßig gleichzeitige Vernehmung mehrerer Personen gerichtet, die sich nicht sämtlich im Bezirk des ersuchten Gerichts befinden, so muß dieses auch die außerhalb seines Bezirks befindlichen vor sich laden. Stets muß jedoch ein „besonderer" Grund vorhanden sein, der die Vernehmung der sich außerhalb des Gerichtsbezirks aufhaltenden Personen durch das zuständige Gericht rechtfertigt. Ein solcher Grund soll nicht schon darin liegen, daß die zu vernehmenden Personen zu dem ersuchten Gericht eine kürzere, bequemere oder billigere Eisenbahnfahrt haben als zu einem anderen Gericht (RG. JW. **1912** 305; a. M. — wohl mit Recht — KMR. Anm. 2). Jedenfalls ist dieser Grundsatz auf den Fall zu beschränken, daß sich alle zu vernehmenden Personen außerhalb des Gerichtsbezirks befinden. Die örtl. Unzuständigkeit bei Vernehmung von Zeugen und Sachverständigen ergibt sich also nicht schon daraus, daß sie im Bezirk des ersuchten Gerichts weder wohnen noch sich aufhalten. Vgl. zu der Frage der Zuständigkeit bei Rechtshilfeersuchen um die Vernehmung von

Auskunftspersonen das ausführliche Gutachten des KG. vom 17. 7. 1925 (pr. JMBl. 391 = JW. **1925** 2494) sowie § 162 StPO. Anm. 6 (vgl. auch KG. JR. **1929** Nr. 1976). Vgl. Vorbem. 6 zum 13. Tit. und Anm. 3 zu § 156.

b) Gibt das ersuchte Gericht das Ersuchen wegen örtlicher Unzuständigkeit ab, so ist das Gericht, an das abgegeben wird, an die Auffassung des abgebenden Gerichts nicht gebunden. Es kann seine eigene örtliche Zuständigkeit verneinen, und wenn es ein drittes Gericht für zuständig hält, das Ersuchen an dieses abgeben; es kann auch, wenn es der Meinung ist, daß das ersuchte Gericht seine örtliche Zuständigkeit zu Unrecht verneint habe, das Ersuchen an dieses zurückgeben. Die letztere Handhabung ist aber, da negative Zuständigkeitstreitigkeiten unerfreulich sind und das Verfahren verzögern, nur angezeigt, wenn die örtliche Zuständigkeit des abgebenden und die Unzuständigkeit des zweiten Gerichts außer Zweifel sind; bloße Bedenken sollte das zweite Gericht im Interesse der Sache unterdrücken. Erfolgt aber eine Rückgabe, so muß nunmehr der zuerst ersuchte Amtsrichter, da eine Abgabe nach Abs. 2 Satz 2 sich als nicht möglich erwiesen hat, nach Abs. 1 aber eine Ablehnung des Ersuchens (außer im Fall des Abs. 2 Satz 1) nicht möglich ist, dem Ersuchen entsprechen (a. M. KMR. Anm. 2b, die eine Ablehnung zulassen wollen, wenn der ersuchte 1. Richter bei seiner Auffassung, er sei unzuständig, beharrt). Das Ersuchen eines im Rechtszug vorgesetzten Gerichts darf das Amtsgericht — anders als nach dem früher geltenden Recht, wo es dem Ersuchen grundsätzlich entsprechen mußte und allenfalls Gegenvorstellungen erheben konnte — bei örtlicher Unzuständigkeit ebenfalls abgeben. Eine solche Abgabe wird sich aber auf die Fälle beschränken müssen, in denen das vorgesetzte Gericht irrtümlich, insbes. in Unkenntnis von Umständen, die eine Änderung der örtlichen Zuständigkeit bewirkten, sein Ersuchen an das betreffende Amtsgericht gerichtet hat. Hat das vorgesetzte Gericht in Kenntnis der für die örtliche Zuständigkeit maßgeblichen Umstände das ersuchte Gericht als zuständig angesehen, so entspricht eine Abgabe wegen örtlicher Unzuständigkeit an ein anderes Gericht, weil das ersuchte Amtsgericht entgegen der Auffassung des vorgesetzten Gerichts seine örtliche Zuständigkeit verneint, nicht den Absichten des Gesetzgebers, die zu der Änderung des § 158 Abs. 2 geführt haben. Wie die amtl. Begr. zu Art. I Nr. 66 des Entw. des Vereinheitlichungsges. vom 12. 9. 1950 ergibt, war lediglich an eine Vereinfachung des früheren Rechts gedacht: „Das Rechtshilfeersuchen darf von dem örtlich unzuständigen ersuchten Gericht nicht mehr wie früher kurzer Hand abgelehnt werden, sondern muß an das zuständige Gericht abgegeben werden." Eine Ablehnung „kurzer Hand" wegen örtlicher Unzuständigkeit war aber früher nur bei Ersuchen des nicht im Rechtszug vorgesetzten Gerichts möglich; demnach sollte die Änderung des Abs. 2 sich grundsätzlich nur auf Ersuchen eines solchen Gerichts beziehen. Das ist zwar in der Gesetz gewordenen Fassung nicht zum Ausdruck gebracht. Wenn aber das ersuchte Gericht sogar eine Handlung vornehmen muß, die es als „verboten" ansieht, falls das im Rechtszug vorgesetzte Gericht darum ersucht, so ergibt sich a maiori ad minus, daß es auch der Auffassung des vorgesetzten Gerichts über die örtliche Zuständigkeit (falls sie nicht erkennbar auf einem Irrtum über die für die örtliche Zuständigkeit maßgeblichen Umstände beruht) Rechnung tragen muß.

5. Ersuchen um andere Handlungen — Wird die Mitwirkung eines Gerichts für eine Handlung in Anspruch genommen, die überhaupt nicht in den Bereich der Rechtshilfe fällt (vgl. oben Vorbem. 6a zu Tit. 13) und für die also jene Mitwirkung überflüssig ist, so würde das ersuchte Gericht sie allerdings abzulehnen befugt sein; indes wird sich selbst in derartigen Fällen die Bereitwilligkeit zur Hilfeleistung, wo sie aus verständlichen Gründen erbeten wird, unter dem Gesichtspunkt der Amtshilfe, die sich alle Behörden gegenseitig zu leisten haben (vgl. Vorbem. 1 vor § 156), empfehlen. — Zu diesen Fällen gehört das Ersuchen um Vollstreckung eines Haftbefehls im Hinblick auf § 160 (RGSt. **26** 338) sowie um Zuführung eines Verhafteten vor das verhandelnde Gericht (SächsOLG. **24** 293, Feisenberger 128), um mündliche Bekanntgabe eines Strafaufschubs (KG. DStrZ. **4** 437, OLG. Kiel ZStW. **46** 234) oder dessen Ablehnung (KG. DJZ. **1919** 941), um Erledigung einer Zustellung (OLG. Dresden in Alsberg OLGE. StrProz. **1** Nr. 17), um die Auswahl eines Pflegers aus den im Bezirk des ersuchten Gerichts wohnhaften Personen (OLG. Jena RsprOLG. **5** 261) und das Ersuchen, einen Urkundsbeamten und Zimmer zur Vornahme von Vernehmungen zur Verfügung zu stellen (OLG. Hamburg V. ZS. Beschl. vom 2. 2. 1927; RG. Beschl. vom 15. 2. 1927 1 TB. 14/27). Dagegen gehört nicht hierher das Ersuchen, eine Durchsuchung richterlich auszuführen; denn auch die Ausführung dieser Maßregel gehört in den Kreis der richterlichen Handlungen, wenngleich bei ihr die Mitwirkung des Richters nicht notwendig ist (vgl. § 105 StPO. und die Anm. das.). Ob die richterliche Ausführung erforderlich ist, ist Sache des Ermessens im einzelnen Falle, und dieses Ermessen steht nur dem ersuchenden Gericht zu. Daher darf das Ersuchen nicht deshalb abgelehnt werden, weil nach Ansicht des ersuchten Gerichts die Mitwirkung des Richters im vorliegenden Falle nicht erforderlich sei.

6. Für die **Voruntersuchung** wird § 158 durch § 185 Satz 3 StPO. eingeschränkt; s. dort Anm. 13.

§ 159

(1) Wird das Ersuchen abgelehnt oder wird der Vorschrift des § 158 Abs. 2 zuwider dem Ersuchen stattgegeben, so entscheidet das Oberlandesgericht, zu dessen Bezirk das ersuchte Gericht gehört. Die Entscheidung ist nur anfechtbar, wenn sie die Rechtshilfe für unzulässig erklärt und das ersuchende und das ersuchte Gericht den Bezirken verschiedener Oberlandesgerichte angehören. Über die Beschwerde entscheidet der Bundesgerichtshof.

(2) Die Entscheidungen ergehen auf Antrag der Beteiligten oder des ersuchenden Gerichts ohne mündliche Verhandlung.

I. Entstehungsgeschichte: Entw. § 130.

II. Spätere Fassungen: Bek. vom 22. 3. 1924 (RGBl. I 317). Das Vereinheitlichungsges. vom 12. 9. 1950 hat § 159 nur stilistisch geändert.

Zu Abs. 1.

1. Satz 1 handelt von der **Anfechtung** der Entschließung, die das ersuchte Gericht über die Zulässigkeit der beanspruchten Rechtshilfe faßt. Aus dem Wortlaut des Satzes („so entscheidet") ist nicht zu folgern, daß die Entscheidung des Oberlandesgerichts auch ohne Anfechtung einzuholen ist. Wenn dem Ersuchen stattgegeben wird, versteht sich von selbst, daß die Nachprüfung nur mittels ausdrücklicher Anfechtung erreicht werden kann; dasselbe gilt aber auch bei Ablehnung des Ersuchens. — Die Anfechtung geschieht mittels Beschwerde; aus welchem Grund der Gesetzgeber die Bezeichnung „Beschwerde" nur für die Anfechtung der Entscheidung des Oberlandesgerichts anwendet, ist nicht ersichtlich, da zwischen dem einen und dem anderen Fall der Anfechtung kein sachlicher Unterschied besteht. Übrigens handelt es sich hier nur um eine Beschwerde im weiteren Sinn, nicht um eine Prozeßbeschwerde im Sinn der Prozeßordnungen (h. M.; vgl. RGZ. **64** 180; Begr. 91; Hahn Materialien zum GVG. 170; § 9 EG.GVG. Anmerk. 2; Baumbach-Lauterbach Anm. 1. Abw. Meinungen früher bei Ferdinand Das Rechtsmittel der Beschwerde im heutigen deutschen Strafprozeß 1908 [Freib. Abh. Heft 15] 29 Text und Anm. 68, 68a; von Kries Lehrbuch 694 Anm. 3).

2. Die **„Ablehnung des Ersuchens"** umfaßt auch den Fall, daß über die Ausführung des Ersuchens Meinungsverschiedenheit zwischen den beiden Gerichten besteht; denn eine „dem Ersuchen nicht völlig entsprechende Ausführung enthält eine teilweise Ablehnung" (Begr. 91; OLG. Darmstadt HRR. **1932** Nr. 1106; OLG. Naumburg Deutsche Justiz **1943** 142). Eine Ablehnung liegt also z. B. vor bei unzureichender Erledigung eines Antrags auf Vernehmung eines Sachverständigen (KG. Recht **1929** Nr. 839). Die Weitergabe des Rechtshilfeersuchens an ein anderes Gericht wurde unter der Herrschaft des § 158 Abs. 2 a. F. als Ablehnung angesehen (KG. JR. **1929** Nr. 1976). Das muß auch heute gelten, wenn das ersuchte Gericht das Ersuchen gemäß § 158 Abs. 2 Satz 2 abgibt, denn das ersuchende Gericht kann z. B. im Einzelfall ein Interesse daran haben, daß die Vernehmung eines Zeugen vor einem bestimmten Gericht stattfindet (vgl. Anm. 4a zu § 158). Jedenfalls liegt aber eine Ablehnung i. S. des § 159 vor, wenn das ersuchte Gericht entgegen der Auffassung des im Rechtszug vorgesetzten Gerichts seine örtliche Zuständigkeit verneint, und ebenso, wenn der ersuchte Richter sich auf örtliche Unzuständigkeit beruft, eine Abgabe nach § 158 Abs. 2 Satz 2 aber am Widerspruch des Gerichts, an das abgegeben werden sollte, gescheitert ist (vgl. Anm. 4b zu § 158). Eine Teilablehnung liegt auch vor, wenn über die Pflicht zur Tragung der Kosten Streit entsteht, z. B. das ersuchte Gericht deren Tragung ganz oder teilweise verweigert (OLG. Dresden Ann. **14** 196, 199; RGSt. **24** 1; vgl. auch RG. JW. **1915** 266). Dagegen liegt keine Teilablehnung vor, wenn nur ein Streit über die Höhe der durch die Ausführung des Ersuchens entstandenen Auslagen (soweit solche überhaupt zu erstatten sind) besteht (OLG Hamm JMBlNRW. **1955** 139). Jedenfalls muß ersichtlich sein, daß das ersuchte Amtsgericht dem Ersuchen ganz oder teilweise nicht entsprechen will. Eine Bitte oder ein Vorschlag wegen einer anderweitigen Erledigung genügt nicht, um die Beschwerde zu begründen (OLG. Kolmar in Alsberg OLGE.StrProz. **1** Nr. 20). — Abhilfe gegen Verzögerungen oder sonstige Unregelmäßigkeiten ist nicht auf dem Wege des § 159, sondern durch Anrufung der dem ersuchten Gericht vorgesetzten Aufsichtsbehörde herbeizuführen.

3. Eine Beschwerde darüber, daß **dem § 158 Abs. 2 zuwider dem Ersuchen stattgegeben** worden sei, war im Entwurf nicht vorgesehen; dieser ging davon aus, daß eine solche Beschwerde das Gebiet der Rechtshilfe nicht berühre, sich vielmehr in Wahrheit gegen die Anordnung des ersuchenden Gerichts wende und daß deshalb das diesem Gericht vorgesetzte Gericht zur Entscheidung über sie berufen sei. Dieser Auffassung ist die RTK. nicht beigetreten. Die Zulässigkeit einer Beschwerde gegen die Anordnung des ersuchenden Gerichts wird aber von § 159 nicht berührt. Vgl. Anm. 4c zu § 304 StPO.

4. a) Der hier bestimmte **Rechtsmittelzug** ist insofern außergewöhnlich, als die Beschwerde über das Amtsgericht nicht an das Landgericht (§ 73), sondern an das Oberlandesgericht geht, und als unter gewissen Voraussetzungen noch eine weitere Beschwerde an den Bundesgerichtshof (vgl. § 139) zugelassen ist. Dieser Rechtsmittelzug greift aber nur in den Fällen der §§ 156, 157, d. h. nur dann Platz, wenn es sich um ein innerhalb der ordentlichen streitigen Gerichtsbarkeit von Gericht zu Gericht ergangenes Ersuchen handelt (vgl. oben Vorbem. 3a, 6a, 9 zu Tit. 13) oder wo in anderen Fällen § 159 für (entsprechend) anwendbar erklärt ist, wie z. B. in § 39 Abs. 2, § 42 Satz 2 des Deutschen Auslieferungsges. bei der Rechtshilfe in Strafsachen gegenüber dem Ausland, in § 13 Abs. 2 des Arbeitsgerichtsges. vom 3. 9. 1953 (BGBl. I 1267) betr. Rechtshilfepflicht der Amtsgerichte gegenüber den Gerichten der Arbeitsgerichtsbarkeit, § 5 Abs. 3 des Sozialgerichtsges. vom 3. 9. 1953 (BGBl. I 1239) betr. Rechtshilfepflicht der Amtsgerichte gegenüber den Gerichten der Sozialgerichtsbarkeit. Außerhalb dieser Fälle ist die unmittelbare Anrufung des Oberlandesgerichts und insbesondere die Anrufung des Bundesgerichtshofs unstatthaft. (H. M.; z. B. OLGMünchenSt. 8 284, RGZ. **102** 369, OLG. Dresden DRZ. **1932** Nr. 774; OLG Hamm vom 19. 11. 1954 DRspr. IV 478 Bl. 81; ferner für das Ersuchen der mit einem Verwaltungsstrafverfahren befaßten Finanzbehörde RGSt. **19** 438, KG. JR. **1930** Nr. 1566.) Landesrecht enthält mitunter eine dem § 159 entsprechende Regelung dahin, daß über die Beschwerde anderer als gerichtlicher Behörden wegen einer vom Gericht verweigerten Beistandsleistung (Amtshilfe) das Oberlandesgericht entscheidet, so z. B. § 87 Abs. 2 preuß. AGGVG. i. d. F. des Art. 130 preuß. FGG. (vgl. dazu OLG. Köln JR. **1932** Nr. 1580). Streitig ist, ob solche Vorschriften auch gelten, wenn es sich um eine bundesgesetzlich geregelte Angelegenheit handelt und die Verpflichtung des Amtsgerichts zur Amtshilfe im Rahmen dieser Regelung durch Bundesgesetz begründet ist (Übersicht über den Stand der Meinungen bei OLG.Hamm vom 19. 11. 1954 DRspr. IV 478 Bl. 81). Die Frage ist grundsätzlich zu verneinen: beruht die Amtshilfepflicht auf Bundesrecht, so kann Landesrecht nicht in der Weite eingreifen, daß es bei Verweigerung der Amtshilfe andere Beschwerdemöglichkeiten eröffnet, als sie sich bei Anwendung der allgemeinen, für das Tätigwerden der Gerichte geltenden bundesrechtlichen Vorschriften ergeben. Im Bußgeldverfahren ist demgemäß, wenn die Verwaltungsbehörde die Amtshilfe des Gerichts durch Antrag auf Vornahme richterlicher Untersuchungshandlungen in Anspruch nimmt (§ 35 des Ges. über Ordnungswidrigkeiten vom 25. 3. 1952 — BGBl. I S. 177), bei deren Verweigerung nach dem entsprechend anwendbaren § 162 StPO. die Beschwerde an die Strafkammer (§ 304 StPO.) gegeben (Dalcke[-Schäfer], 36. Aufl. Anm. 9, 10 zu § 35 OWiG.). — Unanwendbar ist § 159 insbesondere auch, wenn ein Amtsgericht als Strafvollstreckungsbehörde (§ 451 Abs. 3 StPO.) an ein anderes Amtsgericht ein Ersuchen um Strafvollstreckung gerichtet hat (GVG. § 163 Anm. 3); hier ist, ebenso wie in dem Fall eines an die Staatsanwaltschaft gerichteten Ersuchens (§ 163 Anm. 6), nur die Beschwerde an die Aufsichtsbehörde statthaft (RGSt. **20** 101; RGZ. **33** 426; RG. BayZ. **1927** 124; RG. Beschl. vom 26. 10. 1926 10 TB. 77/26; OLG. Köln RheinArch. **83** 174, **92** I 165; KG. GA. **56** 344, DJZ. **1919** 941; BayOb.-LGSt. **13** 107; OLGe. Kiel in Alsberg OLGE.StrProz. **1** Nr. 14b; Breslau ZStW. **47** Beil. 35; Celle LZ. **1929** 137 = GA. **73** 274; Düsseldorf DRZ. **1934** Nr. 427).

b) Die vorbezeichnete (a) Abweichung von dem sonstigen Rechtsmittelzug beschränkt sich auf die beiden im § 159 vorgesehenen Fälle. Wird z. B. von einer durch die Verfügung des Amtsgerichts betroffenen Person darüber Beschwerde geführt, daß das Gericht bei der (zulässigen und deshalb an sich nicht angefochtenen) Erledigung des Ersuchens eine ungesetzliche Anordnung erlassen habe, so bewendet es bei § 73 GVG.; die Beschwerde geht an das Landgericht.

5. Die **Beschwerde an den Bundesgerichtshof** findet nur statt, wenn die beiden in Abs. 1 bezeichneten Voraussetzungen, Ablehnung des Ersuchens und Verschiedenheit des Oberlandesgerichtsbezirks, zusammentreffen (RGZ. **33** 426). Wo die Verpflichtung der Gerichte zur Leistung der Rechtshilfe nicht auf § 156ff. GVG., sondern auf Landesrecht beruht, gibt es gegen ablehnende Beschlüsse der OLG. keine Beschwerde an den Bundesgerichtshof (RG. vom 17. Juni 1933 1. TB. 49/33, BayZ. **1934** 210; OLG. Köln JR. **1932** Nr. 1580).

6. Der Fall, daß das **Ersuchen von einem im Rechtszug vorgesetzten Gericht** ausgeht, wird von § 159 nicht berührt. Da die Ablehnung des Ersuchens unstatthaft ist, kann selbstverständlich auch keine Beschwerde darüber erhoben werden, daß dem Ersuchen stattgegeben worden sei. Sollte aber, dem Gesetze zuwider, das Ersuchen abgelehnt werden, so würde das ersuchte Gericht im Aufsichtswege zur Erledigung des Ersuchens anzuhalten sein (vgl. Begr. 91, 92). Es bedarf in diesem Falle keiner Entscheidung des OLG. (KGJ. **1** 173, OLG. Augsburg BayZ. **1930** 257). Anders liegt es, wenn das Rechtshilfeersuchen des vorgesetzten Gerichts wegen örtlicher Unzuständigkeit abgegeben wird, da hier — abweichend von dem früheren Recht — eine Bindung des ersuchten Gerichts an das Rechtshilfeersuchen nicht mehr ausdrücklich vorgeschrieben ist (vgl. Anm. 4b zu § 158, Anm. 2 zu § 159).

Zu Abs. 2.

7. Von einer **Beschwerde der „Beteiligten“** (Staatsanwaltschaft, Beschuldigter usw.) kann in Strafsachen nur die Rede sein, wenn dem Ersuchen stattgegeben wird; über die Ablehnung kann nur das ersuchende Gericht Beschwerde führen (a. M. KMR. Anm. 2b). Dagegen würden die „Beteiligten“, wenn das ersuchende Gericht die Erhebung der Beschwerde unterläßt, geeignetenfalls wegen dieser Unterlassung über das ersuchende Gericht Beschwerde führen können. Vgl. noch § 39 Abs. 2, § 42 Satz 2 DAG., wonach bei ausländischen Ersuchen um Rechtshilfe durch Herausgabe von Gegenständen und in anderer Weise als durch Aus- und Durchlieferung die Entscheidungen nach § 159 GVG. auf Antrag des Generalstaatsanwalts erfolgen. — Nach einer in der Praxis verbreiteten Meinung (OLG. Hamburg DStrZ. **4** 374, KG. JR. **1929** Nr. 1976) soll auch das ersuchte Gericht, das das Ersuchen nicht ausführen will, zuständig sein, die Entscheidung des Oberlandesgerichts anzurufen. Diese Auslegung steht mit dem Wortlaut des Gesetzes in Widerspruch. Auch ist für eine solche Befugnis des ersuchten Gerichts kein praktisches Bedürfnis ersichtlich.

§ 160

Vollstreckungen, Ladungen und Zustellungen werden nach Vorschrift der Prozeßordnungen bewirkt ohne Rücksicht darauf, ob sie in dem Land, dem das Prozeßgericht angehört, oder in einem anderen deutschen Land vorzunehmen sind.

I. **Entstehungsgeschichte:** Entw. § 131.

II. **Spätere Fassungen:** Bek. vom 22. 3. 1924 (RGBl. I 318). Das Vereinheitlichungsges. vom 12. 9. 1950 hat die Fassung nur stilistisch vereinfacht.

1. § 160 enthält eine besondere Anwendung der allgemeinen Grundsätze, auf denen das GVG. und die Prozeßordnungen beruhen (vgl. oben Vorbem. 6a zu Tit. 13); er spricht aus, daß zur Bewirkung der hier bezeichneten Handlungen regelmäßig keine Mitwirkung des Gerichts, in dessen Bezirk sie vorgenommen werden sollen, erforderlich ist. „Eine ausdrückliche Bestimmung in dieser Beziehung erschien zweckmäßig, um dem bisher geltenden Rechte gegenüber (§§ 3—12, 20, 40 des Rechtshilfeges. vom 21. 6. 1869) jeden Zweifel darüber zu beseitigen, daß es bei **Ladungen, Zustellungen und Vollstreckungen** des Ersuchens um Rechtshilfe nicht bedarf“ (Begr. 92). Das ersuchte Gericht ist daher in solchen Fällen zur Ablehnung des Ersuchens berechtigt (RGSt. **26** 338, OLG. München BayZ. **1916** 233, 234; s. aber Anm. 5 zu § 158).

2. Überall, wo eine **Tätigkeit des Gerichtsvollziehers** erforderlich ist, hat sie das mit der Sache befaßte Gericht, die Staatsanwaltschaft oder der Prozeßbeteiligte (vgl. StPO. § 220 Abs. 1, § 386 Abs. 2) durch unmittelbaren Auftrag zu veranlassen, ohne Rücksicht darauf, ob

das Gericht oder die Staatsanwaltschaft und der Gerichtsvollzieher demselben deutschen Land angehören oder nicht. Wegen der Mitwirkung des Urkundsbeamten s. § 161.

3. a) Der Ausdruck **„Vollstreckungen"** umfaßt Vollstreckungen jeder Art mit Ausnahme derjenigen von Freiheitsstrafen; für diese sind in den §§ 162, 163 besondere Bestimmungen getroffen. In Strafsachen ist § 160 insbesondere bei der Vollstreckung von Geldstrafen anwendbar.

b) Ist ein **Haft- oder Vorführungsbefehl** gegen eine Person zu vollstrecken, die sich in einem anderen Gerichtsbezirk aufhält, so kann das Gericht oder die Staatsanwaltschaft die Polizeibehörde des Aufenthaltsortes unmittelbar um die Vollstreckung ersuchen, auch wenn dieser Ort nicht in dem Land der ersuchenden Behörde liegt. Es bedarf dazu keiner Mitwirkung des Gerichtes des Aufenthaltsortes. Dasselbe gilt, wenn es sich um eine in einem anderen Gerichtsbezirk vorzunehmende **Beschlagnahme oder Durchsuchung** handelt; vgl. aber Anm. 5 zu § 158.

4. Wird in den vorstehend (Anm. 2, 3b) behandelten Fällen die Erledigung des Auftrages oder Ersuchens verweigert, so kann dagegen **Dienstaufsichtsbeschwerde** bei der der ersuchten Behörde oder dem ersuchten Beamten vorgesetzten Dienstaufsichtsbehörde, nicht aber Beschwerde bei dem Gericht (als solchem) eingelegt werden.

5. Jeder, der sich in Deutschland aufhält, hat jeder **Ladung vor ein deutsches Gericht** nachzukommen, gleichviel in welchem deutschen Land er sich befindet.

§ 161

Gerichte, Staatsanwaltschaften und Geschäftsstellen der Gerichte können wegen Erteilung eines Auftrags an einen Gerichtsvollzieher die Mitwirkung der Geschäftsstelle des Amtsgerichts in Anspruch nehmen, in dessen Bezirk der Auftrag ausgeführt werden soll. Der von der Geschäftsstelle beauftragte Gerichtsvollzieher gilt als unmittelbar beauftragt.

I. Entstehungsgeschichte: Entw. § 132.

II. Spätere Änderungen: Ges. vom 9. 7. 1927 (RGBl. I 175) Art. 2; VO. vom 30. 11. 1927 (RGBl. I 334). Das Vereinheitlichungsges. vom 12. 9. 1950 hat § 161 unverändert gelassen.

1. § 161 bezweckt, den Geschäftsverkehr zu erleichtern, und will dem Umstand Rechnung tragen, daß in vielen Fällen der Name des zu beauftragenden Gerichtsvollziehers der mit der Sache befaßten Behörde unbekannt ist und die zulässige unmittelbare Inanspruchnahme des Gerichtsvollziehers dadurch auf Schwierigkeiten stößt (Begr. 92).

§ 162

Hält sich ein zu einer Freiheitsstrafe Verurteilter außerhalb des Bezirks der Strafvollstreckungsbehörde auf, so kann diese Behörde die Staatsanwaltschaft des Landgerichts, in dessen Bezirk sich der Verurteilte befindet, um die Vollstreckung der Strafe ersuchen.

I. Entstehungsgeschichte: Entw. § 133.

II. Spätere Entwürfe: Entw. EGStGB. Art. 68 Ziff. 38.

III. Spätere Fassungen: Bek. vom 22. 3. 1924 (RGBl. I 318). Ges. vom 13. 12. 1934 (RGBl. I 1233). Das Vereinheitlichungsges. vom 12. 9. 1950 hat § 162 unverändert i. d. F. des Ges. vom 13. 12. 34 übernommen.

1. a) § 162 in seiner ursprünglichen Fassung bestimmte: „Eine Freiheitsstrafe, welche die Dauer von sechs Wochen nicht übersteigt, ist in dem Lande zu vollstrecken, in welchem der Verurteilte sich befindet." Danach regelte § 162 die Rechtshilfe bei der Vollstreckung von Freiheitsstrafen in den Fällen, in denen der von einem Gericht des Landes A Verurteilte bei Einleitung der Strafvollstreckung sich in einem anderen deutschen Land aufhielt. Es sollte dann bei kürzeren Strafen (d. h. von nicht mehr als 6 Wochen Dauer) die Vollstreckungshilfe in der Form geleistet werden, daß die für den Aufenthaltsort örtlich zuständige Staatsanwaltschaft auf Ersuchen der Vollstreckungsbehörde des anderen Landes die Vollstreckung übernahm, während bei längeren Strafen (d. h. von mehr als 6 Wochen Dauer) die Vollstreckung in dem Land zu erfolgen hatte, dem das erkennende Gericht angehörte und die Vollstreckungshilfe der Staatsanwaltschaft des Aufenthaltsortes darin bestand, daß sie auf Ersuchen der Vollstreckungsbehörde den Verurteilten ergriff und an die ersuchende Behörde ablieferte (§ 163 GVG.). Diese Regelung hatte ihren Grund darin, daß nach den bei Schaffung des GVG. bestehenden Vorstellungen „die Vollstreckung von längeren Freiheitsstrafen eine Last ist, deren Übernahme einem Staate auf Grund eines in einem anderen Staate ergangenen Straferkenntnisses nicht zugemutet werden kann" (Begr.). Im Laufe der Zeit stellte sich das Bedürfnis heraus, zur Ersparung von Transportkosten und Verwaltungsarbeit, aber auch mit Rücksicht auf die Belange des Verurteilten, kürzere Freiheitsstrafen in weiterem Umfang im Lande des Aufenthaltsorts zu vollstrecken; in Erweiterung des § 162 wurde deshalb durch Vereinbarung der deutschen Länder (Bek. d. RJM. vom 7. 1. 1925, RMBl. 11, pr. JMBl. 56) bestimmt, daß Freiheitsstrafen von 6 Wochen bis zu 3 Monaten sowie Restfreiheitsstrafen, die die Dauer von 3 Monaten nicht übersteigen, auf Ersuchen der Vollstreckungsbehörde in dem Lande vollstreckt werden, in dem sich der Verurteilte dauernd aufhält. Diese Vereinbarung ist später (Bek. d. RJM. vom 7. 7. 1928, RMBl. 393, pr. JMBl. 375) auf Freiheitsstrafen und Restfreiheitsstrafen erweitert worden, die die Dauer von sechs Monaten nicht übersteigen. Ferner war, um zu vermeiden, daß Gesamtstrafen (§ 79 StGB., § 460 StPO.), deren Einzelstrafen von Gerichten verschiedener Länder ausgesprochen waren, stückweise in den Anstalten verschiedener Länder vollstreckt werden müßten, durch Beschluß des Bundesrats vom 11. 6. 1885 (RZBl. 270, pr. JMBl. 309) bestimmt worden, daß grundsätzlich die Vollstreckung der Gesamtstrafe von dem Land zu bewirken sei, dessen Gericht sie festgesetzt hatte und daß auf Ersuchen der zuständigen Behörde dieses Landes das Land die Vollstreckung zu übernehmen habe, daß nach dem Verhältnis der von seinen Gerichten erkannten Einzelstrafen am höchsten an der Gesamtstrafe beteiligt war. Dieser Beschluß ist durch spätere Vereinbarungen der Landesjustizverwaltungen nach mehreren Richtungen ergänzt worden (wegen der Einzelheiten vgl. die 19. Aufl. Anm. 9 zu § 162 u. Grau-Schäfer, Strafvollstreckung, 2. Aufl. 1932 S. 76ff.).

b) Mit dem Übergang der Justizhoheit der Länder auf das Reich mit Wirkung vom 1. 1. 1935 entfiel der Gesichtspunkt, der bisher für die Unterscheidung zwischen längeren und kürzeren Freiheitsstrafen und die daran anknüpfende Verschiedenartigkeit der Vollstreckungshilfe maßgebend war. Durch das Ges. vom 13. 12. 1934 (RGBl. I 1233) erhielt § 162 folgende Fassung: „Hält sich ein zu Freiheitsstrafe Verurteilter außerhalb des Bezirkes der Strafvollstreckungsbehörde auf, so kann diese Behörde die Staatsanwaltschaft des Landgerichts, in dessen Bezirk sich der Verurteilte befindet, um die Vollstreckung der Strafe ersuchen." Danach hatte die Staatsanwaltschaft des Aufenthaltsort stets auf Ersuchen der Vollstreckungsbehörde Vollstreckungshilfe durch Vollstreckungsübernahme zu leisten, unabhängig von der Höhe der Strafe und unabhängig davon, ob der Aufenthaltsort des Verurteilten in demselben Land oder in einem anderen Land lag als dem, in dem die Vollstreckungsbehörde ihren Sitz hatte. Damit war freilich dem Wortlaut nach die Pflicht der Vollstreckungsbehörde — und insoweit hatte der Verurteilte einen entsprechenden Rechtsanspruch —, kleinere Strafen im Aufenthaltsland vollstrecken zu lassen, beseitigt, denn § 162 n. F. stellte es („kann") in das Ermessen der Vollstreckungsbehörde, sich der Vollstreckungshilfe zu bedienen. Es lag aber keinesfalls im Sinne der neuen Vorschrift, den Verurteilten zur Vollstreckung aus dem Bereich seines Aufenthaltsorts zu entfernen, denn sie wollte ja die Möglichkeit, außerhalb des Bezirks der Vollstreckungsbehörde zu vollstrecken, über die durch § 162 und die erweiternden Ländervereinbarungen gezogenen engen Grenzen hinaus erweitern und eine solche Vollstreckung allgemein zulassen; die Vollstreckung im Bereich des Aufenthaltsorts sollte vielmehr die Regel bilden. In folgerichtiger Fortführung dieses Gedankens bestimmte demnächst die StrafvollstreckungsO. vom 7. 12. 1935 (Deutsche Justiz 1800), daß im ganzen Reichsgebiet für die einzelnen Gerichtsbezirke Vollstreckungspläne aufzustellen seien, die die Vollzugsanstalten bezeichneten, in denen die Strafen bestimmter Art und Höhe zu vollziehen waren (§ 12). Für die Bestimmung der örtlichen Zuständigkeit einer Vollzugsanstalt war grundsätzlich der Gerichtsbezirk maßgebend, in dem der Verurteilte (bei Einleitung der Strafvollstreckung) wohnte oder sich aufhielt (§ 12b). In diese örtlich zuständige Vollzugsanstalt hatte nach § 13 die Vollstreckungsbehörde einen im Reichsgebiet auf freiem Fuß befindlichen Verurteilten unmittelbar (also ohne Inanspruchnahme der Amtshilfe einer anderen Vollstreckunsbehörde) zum Strafantritt zu laden. Kam der Verurteilte der Ladung nicht nach, so hatte nach § 16 die Vollstreckungsbehörde einen Vorführungs- oder Haftbefehl

(§ 457 Abs. 1 StPO.) zu erlassen, um dessen Ausführung die Polizeibehörden ersucht werden konnten. Mit dieser Regelung hatten die §§ 162, 163 GVG. ihre praktische Bedeutung im wesentlichen verloren. Sie behielten sie, da die StrafvollstrO. sich nur auf die Vollstreckung strafgerichtlich erkannter Kriminalstrafen bezieht, für die Fälle, in denen nicht eine kriminelle Freiheitsstrafe, sondern eine Freiheitsstrafe anderer Art zu vollstrecken war (vgl. Anm. 2).

c) Das Vereinheitlichungsges. vom 12. 9. 1950 hat unverändert den § 162 i. d. F. des Ges. vom 13. 12. 1934 und den § 163 in seiner ursprünglichen Fassung übernommen. Mit dem Rückfall der Justizhoheit auf die Länder haben sie auch ihre praktische Bedeutung wieder erlangt. Denn das in der StrafvollstreckungsO vorgeschriebene Verfahren setzte eine einheitliche Vollzugsorganisation und -gewalt voraus, dergestalt, daß die Vollstreckungsbehörde in jede Vollzugsanstalt im Reichsgebiet, die nach Maßgabe des Vollstreckungsplans sachlich und örtlich zuständig war, Verurteilte durch Aufnahmeersuchen einweisen konnte und die Anstalten kraft der ihnen erteilten Weisungen diesen Aufnahmeersuchen zu entsprechen hatten. Eine entsprechende Handhabung wäre jetzt, da die Vollstreckungsbehörden nicht befugt sind, Vollzugsanstalten eines anderen Landes um Aufnahme eines Verurteilten zu ersuchen, nur möglich, wenn die Landesjustizverwaltungen Vereinbarungen über die Aufstellung von Vollstreckungsplänen träfen und jedes Land seine Vollzugsanstalten anwiese, auch Aufnahmeersuchen der Vollstreckungsbehörden anderer Länder zu entsprechen. Da das nicht geschehen ist, hat § 13 StrafvollstreckungsO. 1935, nur die Bedeutung, daß die Vollstreckungsbehörde nur unmittelbar (ohne Inanspruchnahme der Amtshilfe einer anderen Vollstreckungsbehörde) in die zuständige Vollzugsanstalt des eigenen Landes zum Strafantritt zu laden hat (so auch RdErl. d. Hess. JustMin. vom 3. 12. 1948, JMBl. **1949** 3). Hält sich der Verurteilte in einem anderen Lande auf, so kann die Vollstreckungsbehörde ohne Rücksicht auf Art und Höhe der Freiheitsstrafe die Staatsanwaltschaft des Aufenthaltsorts um Vollstreckung ersuchen. Nach den §§ 9, 27 der neuen, zwischen Ländern und Bund vereinbarten StrafvollstreckungsO. v. 15. 2. 1956 (in Kraft ab 1. 4. 1956) lädt demgemäß die Vollstreckungsbehörde den auf freiem Fuß befindlichen Verurteilten unmittelbar zum Strafantritt, falls die zuständige Vollzugsanstalt innerhalb ihres Landes liegt; soll dagegen die Vollstreckung außerhalb des Landes der Vollstreckungsbehörde durchgeführt werden, so ist die nach den §§ 162, 163 GVG. zuständige Staatsanwaltschaft um Vollstreckung zu ersuchen.

2. Die §§ 162, 163 gelten ohne Unterschied für alle **Freiheitsstrafen,** mithin auch für die Ordnungsstrafen (vgl. z. B. §§ 51, 70 StPO., § 178 GVG.). Die Ausdrücke „Strafvollstreckungsbehörde" und „Verurteilter" sind demgemäß hier in einem weiteren Sinne zu verstehen. Die Vorschriften gelten auch für die mit Freiheitsentziehung verbundenen Maßregeln der Sicherung und Besserung; jedoch ist nach § 35 der StrafvollstreckungsO. vom 7. 12. 1935, abweichend von den für die Vollstreckung von Freiheitsstrafen geltenden Vorschriften (s. Anm. 1b und c), für die örtliche Zuständigkeit der Vollzugsanstalt regelmäßig der Sitz des Gerichts maßgebend, das auf Unterbringung erkannt hat. — Für die Vollstreckung von Jugendstrafe und Jugendarrest gelten §§ 84, 85, 110 JGG.

3. **Widerspruch des Verurteilten** — Der Verurteilte, der sich in einem anderen Land aufhält, hat (anders als früher nach § 162 a. F. bei kürzeren Freiheitsstrafen) kein Recht darauf, daß die Staatsanwaltschaft des Aufenthaltsorts um Übernahme der Vollstreckung ersucht wird; ihm bleibt, wenn ihn die Vollstreckungsbehörde aus besonderen Gründen in eine Vollzugsanstalt des eignen Landes lädt, nur der Weg der Dienstaufsichtsbeschwerde. Wegen der Kosten der Vollstreckungshilfe vgl. § 164.

4. **Rechtshilfe** — Zur Leistung der Vollstreckungshilfe ist jede Staatsanwaltschaft verpflichtet, in deren Bezirk sich der Verurteilte zur Zeit, wenn auch nur vorübergehend „aufhält"; auf die Staatsangehörigkeit, den Wohnsitz oder den gewöhnlichen Aufenthaltsort („sich befindet") kommt es nicht an. Somit liegt im Falle eines Steckbriefes (§ 457 Abs. 2 StPO.) die Pflicht zur Vollstreckungshilfe der Staatsanwaltschaft ob, in deren Bezirk der Verurteilte betroffen wird. Um die Vollstreckungshilfe ist stets die landgerichtliche Staatsanwaltschaft zu ersuchen, nicht der Amtsrichter, wenn er für eine Strafe der in Frage stehenden Art Vollstreckungsbehörde wäre.

5. Wegen der Vollstreckungshilfe bei Ersuchen einer deutschen Behörde außerhalb der Bundesrepublik und von Westberlin vgl. das Ges. über die innerdeutsche Rechts- und Amtshilfe in Strafsachen vom 2. 5. 1953 (BGBl. I 161), abgedr. im Anhang unter D.

§ 163

Soll eine Freiheitsstrafe in dem Bezirk eines anderen Gerichts vollstreckt oder ein in dem Bezirk eines anderen Gerichts befindlicher Verurteilter zum Zwecke der Strafverbüßung ergriffen und abgeliefert werden, so ist die Staatsanwaltschaft bei dem Landgericht des Bezirks um die Ausführung zu ersuchen.

I. Entstehungsgeschichte: Entw. § 134.
II. Spätere Entwürfe: Entw. EGStGB. Art. 68 Ziff. 38.
III. Das **Vereinheitlichungsges.** vom 12. 9. 1950 hat § 163 unverändert übernommen.

1. Es sind hier die Bemerkungen zu § 162 zu vergleichen. Die Änderung, die § 162 durch das Ges. vom 13. 12. 1934 erfuhr und die das Vereinheitlichungsges. vom 12. 9. 1950 aufrechterhalten hat (vgl. Anm. 1 zu § 162), hat auch auf die Bedeutung des § 163 eingewirkt. Solange § 162 bestimmte, daß Freiheitsstrafen von nicht mehr als 6 Wochen in dem Land zu vollstrecken seien, in dem der Verurteilte sich befinde, wies § 163 den Weg, den die Strafvollstreckungsbehörde zu beschreiten hatte, um die Vollstreckung in dem anderen Land, in dem der Verurteilte sich befand, herbeizuführen. Darüber hinaus regelte § 163 den Fall, daß der Verurteilte sich zwar in dem Land des erkennenden Gerichts befand, die Vollstreckung aber in einem anderen Gerichtsbezirk erfolgen sollte. Schließlich betraf § 163 den Fall, daß die Vollstreckung im Bezirk des erkennenden Gerichts durchgeführt werden sollte und es hierzu einer Ergreifung und Ablieferung am Aufenthaltsort bedurfte. Wenn jetzt § 162 bestimmt, daß die zuständige Strafvollstreckungsbehörde die Staatsanwaltschaft des Aufenthaltsorts um Vollstreckung ersuchen kann, so spricht § 163 in seiner ersten Alternative etwas aus, was sich bereits aus § 162 ergibt. Im übrigen ist in Anm. 1 zu § 162 bereits ausgeführt, daß es in den Fällen, in denen sich der Verurteilte in dem gleichen Land wie die Vollstreckungsbehörde befindet, zur Vollstreckung außerhalb des Bezirks der Strafvollstreckungsbehörde einer Rechtshilfe der Staatsanwaltschaft der Aufenthaltsort nicht mehr bedarf, die Vollstreckungsbehörde vielmehr unmittelbar den Verurteilten zum Strafantritt in die zuständige Vollzugsanstalt lädt. Die Bedeutung des § 163 beschränkt sich mithin auf den Fall, daß die Vollstreckung im Bezirk des erkennenden Gerichts durchgeführt werden soll und es hierzu einer Ergreifung und Ablieferung durch die Staatsanwaltschaft des Aufenthaltsortes bedarf. Denn trotz seines Wortlauts „ist ... zu ersuchen", will § 163 nicht besagen, daß Gestellungszwang nur im Wege des Vollstreckungshilfeersuchens an die Staatsanwaltschaft des fremden Bezirks zulässig sei, vielmehr bleiben die unmittelbaren Zwangsbefugnisse der Vollstreckungsbehörde aus § 457 StPO. unberührt, und sie hat grundsätzlich von ihnen Gebrauch zu machen (§ 16 StrafvollstreckungsO. 1935, vgl. Anm. 1b zu § 162). Der Anwendungsbereich der Vorschrift ist hiernach sehr eng.

2. Ist eine **Ablieferung** erforderlich, so ist nach § 163 zu verfahren, ohne Unterschied, ob der Verurteilte an die ersuchende Behörde oder anderswohin, z. B. an eine in einem dritten Gerichtsbezirk befindliche Strafanstalt, abgeliefert werden soll.

3. Die (landgerichtliche) **Staatsanwaltschaft** ist zum Organ der Rechtshilfe bei der Vollstreckung von Freiheitsstrafen bestellt, ohne Unterschied, ob im einzelnen Falle eine Staatsanwaltschaft oder ein Gericht die Behörde ist, die die Strafvollstreckung betreibt und die Rechtshilfe nachsucht (vgl. § 451 StPO., § 179 GVG.). Die Begr. (92) bemerkt hierüber: „Es empfiehlt sich, bei Regelung der Rechtshilfe nur ein bestimmtes Organ als dasjenige zu bezeichnen, an welches alle die Rechtshilfe zum Zweck der Vollstreckung einer Freiheitsstrafe betreffenden Ersuchen zu richten sind. Jede Unterscheidung, welche in dieser Beziehung das Gesetz treffen wollte, würde in der Praxis in vielen Fällen zu Schwierigkeiten führen, z. B. wenn der ersuchenden Behörde nicht bekannt ist, ob in einem anderen Bundesstaate der Amtsrichter zur Vollstreckung der Urteile der Schöffengerichte berufen ist." — § 163 schließt aber nicht aus, daß die Justizverwaltung die Amtsrichter als Vollstreckungsbehörde (§ 451 Abs. 3 StPO.) anweist, Vollstreckungshilfeersuchen anderer Amtsgerichte auszuführen.

4. Dem **Ersuchen** um Vollstreckung oder um Ablieferung ist eine mit der Bescheinigung der Vollstreckbarkeit versehene beglaubigte Abschrift der Urteilsformel beizufügen; vgl. § 451 StPO. Abs. 1. Der Beifügung sonstiger Urkunden bedarf es nicht.

5. Die ersuchte Staatsanwaltschaft hat lediglich die Zulässigkeit des gestellten Ersuchens und die Erfüllung der Formerfordernisse zu prüfen; besteht in diesen Beziehungen kein Anstand, so muß sie dem Ersuchen stattgeben. — **Gesuche um Aufschub** der Strafvollstreckung, die bei der ersuchten Staatsanwaltschaft angebracht werden, unterliegen der Entscheidung der ersuchenden Behörde und sind daher an diese abzugeben; doch ist die ersuchte Behörde in den geeigneten Fällen befugt und verpflichtet, eine vorläufige Anordnung zu treffen.

6. Lehnt die ersuchte Staatsanwaltschaft das Ersuchen ab, so ist die **Aufsichtsbeschwerde** an den vorgesetzten Generalstaatsanwalt statthaft; dessen ablehnender Bescheid kann wiederum durch Beschwerde bei der Landesjustizverwaltung angefochten werden; vgl. § 147 Anm. 2. Eine Mitwirkung der Gerichte findet auch in diesen Fällen nicht statt; die Begr. (92) sagt: „Ein Bedürfnis, unter Durchbrechung der Organisation der Staatsanwaltschaft die Entscheidung über solche Beschwerden den Gerichten zu überweisen, kann nicht anerkannt werden." Vgl. auch § 159 Anm. 4a a. E.

7. Wegen des Falles, daß der Verurteilte **flüchtig** ist oder **sich verborgen hält**, s. § 457 StPO. Abs. 2, 3. Vgl. § 162 Anm. 4 GVG.

8. Die Vollstreckung von **Geldstrafen** ist in § 163 nicht erwähnt, weil die Vollstreckung außerhalb des Bezirks des erkennenden Gerichts keine Rechtshilfe im Sinne des GVG. (vgl. oben Vorbem. 6a zu Tit. 13) erfordert. Weder wirkt in diesem Fall die Staatsanwaltschaft des anderen Bezirks mit noch wird das Gericht dieses Bezirks in der Eigenschaft als Strafgericht tätig. Vielmehr hat die Vollstreckungsbehörde die erforderlichen Vollstreckungsmaßnahmen unmittelbar selbst zu betreiben (vgl. § 463 StPO. und § 37 StrafvollstreckungsO. 1935, der auf die AV. d. RJM. über Einforderung und Beitreibung von Vermögensstrafen und Verfahrenskosten vom 28. 5. 1937 — Deutsche Justiz 840 — verweist). Die Landesjustizverwaltungen haben i. J. 1953 eine Vereinbarung getroffen (mitgeteilt z. B. durch RdErl. d. Hess. JustMin. vom 30. 4. 1953, JMBl. S. 38), daß Vermögensstrafen und Verfahrenskosten dem Land zustehen sollen, dessen Gericht auf Strafe erkannt hat, und daß abweichend von § 87 Abs. 2 JustizkassenO. und von § 11 Abs. 3 der vorerwähnten AV. vom 28. 5. 1937 die auf Grund eines Vollstreckungsersuchens eingezogenen Vermögensstrafen und Verfahrenskosten von dem Vollstreckungsbeamten an die für die ersuchende Vollstreckungsbehörde zuständige Gerichtskasse abzuführen sind, wenn die ersuchende Vollstreckungsbehörde einem anderen Land angehört als der Vollstreckungsbeamte; dies gilt auch im Verhältnis zwischen den Ländern und dem Bund. Vgl. dazu noch Anm. 3 zu § 164. Diese Regelung ist nunmehr auch in die neue, von den Ländern und dem Bund vereinbarte „Anordnung über die Einforderung und Beitreibung von Vermögensstrafen und Kosten" v. 15. 2. 1956 (vgl. §§ 4ff., 11) übernommen worden.

§ 164

(1) Kosten und Auslagen der Rechtshilfe werden von der ersuchenden Behörde nicht erstattet.

(2) Gebühren oder andere öffentliche Abgaben, denen die von der ersuchenden Behörde übersendeten Schriftstücke (Urkunden, Protokolle) nach dem Recht der ersuchten Behörde unterliegen, bleiben außer Ansatz.

I. Entstehungsgeschichte: Entw. § 135.

II. Spätere Entwürfe: Entw. EGStGB. Art. 68 Ziff. 39.

III. Spätere Fassungen: Bek. vom 22. 3. 1924 (RGBl. I 318). Danach lautete § 164: „(1) Im Falle der Rechtshilfe unter den Behörden verschiedener deutscher Länder sind die baren Auslagen, welche durch eine Ablieferung oder Strafvollstreckung entstehen, der ersuchten Behörde von der ersuchenden zu erstatten. (2) Im übrigen werden Kosten der Rechtshilfe von der ersuchenden Behörde nicht erstattet. (3) Ist eine zahlungspflichtige Partei vorhanden, so sind die Kosten von ihr durch die ersuchende Behörde einzuziehen und der eingezogene Betrag der ersuchten Behörde zu übersenden. (4) Stempel, Einregistrierungsgebühren oder andere öffentliche Abgaben, denen die von der ersuchenden Behörde übersendeten Schriftstücke (Urkunden, Protokolle) nach dem Rechte der ersuchten Behörde unterliegen, bleiben außer Ansatz."

Das Vereinheitlichungsges. vom 12. 9. 1950 hat die früheren Abs. 1 und 3 gestrichen und die früheren Abs. 2 und 4 in geänderter Fassung übernommen.

Zu Abs. 1. **Allgemeine Bedeutung.**

1. Die frühere Fassung des § 164 regelte den Fall, daß bei der Inanspruchnahme von Rechtshilfe i. S. der §§ 156, 161—163 die ersuchende und die ersuchte Behörde verschiedenen

Ländern angehörten. In diesem Falle waren nur die durch eine Ablieferung oder Strafvollstreckung (§§ 162, 163) der ersuchten Behörde entstehenden baren Auslagen zu ersetzen. Im übrigen bestand keine Erstattungspflicht der Länder untereinander; soweit jedoch eine kostenpflichtige Partei vorhanden war, waren die Kosten von ihr durch die ersuchende Behörde einzuziehen und der ersuchten Behörde zu übersenden. Wegen der Einzelheiten bestanden Ländervereinbarungen; vgl. darüber die 19. Aufl. Anm. 2. § 164 regelte nicht die Erstattungspflicht im Verhältnis des Reichs zu den Ländern. Über den Kostenausgleich zwischen dem Reich und den Ländern in den zur Zuständigkeit des Reichsgerichts gehörenden Strafsachen bestanden ebenfalls Vereinbarungen (RMBl. **1925** 1278, pr. JMBl. **1925** 276, sächs. JMBl. **1925** 103); vgl. ferner die Vereinbarung zwischen dem Reich und den Ländern über den Kostenausgleich in der Strafrechtspflege vom 22.8.1925 (RMBl. 371, pr. JMBl. 276, sächs. JMBl. 69). Schließlich regelte § 164 nicht die Kosten des Rechtshilfe zwischen Behörden des gleichen Landes; insoweit galt Landesrecht.

Mit dem Übergang der Justizhoheit auf das Reich zum 1. 1. 1935 verlor § 164 seine Bedeutung; eine Erstattungspflicht der Behörden aus den Bereichen der verschiedenen ehemaligen Landesjustizverwaltungen untereinander kam der Natur der Sache nach, im übrigen aber auch deshalb nicht mehr in Betracht, weil die §§ 162, 163 bedeutungslos wurden (vgl. die Anm. zu §§ 162, 163). Diesen Rechtszustand hat trotz des nach 1945 erfolgten Rückfalls der Justizhoheit an die Länder das Vereinheitlichungsges. vom 12. 9. 1950 beibehalten, und zwar gibt es nach § 164 n. F. nicht nur keinerlei Erstattungspflicht im Verhältnis der Länder untereinander, sondern auch nicht im Verhältnis des Bundes zu den Ländern. Ebenso ist jetzt jede Erstattung der Rechtshilfekosten innerhalb eines Landes ausgeschlossen und abweichendes Landesrecht nicht mehr möglich. Schließlich ist die Verpflichtung, die von einer zahlungspflichtigen Partei eingezogenen Kosten an die ersuchte Behörde eines anderen Landes abzuliefern, weggefallen.

2. § 164 gilt nur für die Kosten und Auslagen der **Rechtshilfe i. S. des GVG.** Hierher gehören insbes. die Zeugengebühren bei Vernehmungen durch den ersuchten Richter. Keine Rechtshilfe, sondern Amtshilfe (vgl. Anm. 3) liegt dagegen z. B. vor, wenn ein Gericht ein anderes lediglich um die Entgegennahme und Übersendung eines Gutachtens ersucht. Dann hat das ersuchende Gericht die Kosten für das Gutachten zu tragen (RGSt. **24,** 1). Bei Rechtshilfe der ordentlichen Gerichte zugunsten der Gerichte anderer Gerichtsbarkeitszweige gilt § 164 nur, wenn er für entsprechend anwendbar erklärt ist, wie z. B. in § 13 des Arbeitsgerichtsges. vom 3. 9. 1953 (BGBl. I 1267) und § 5 Abs. 3 des Sozialgerichtsges. vom 3. 9. 1953 (BGBl. I 1269).

3. § 164 bezieht sich nicht auf die Kosten und Auslagen der **Amtshilfe** zwischen Justizbehörden, soweit sie nicht vom GVG. (§§ 162, 163) als Rechtshilfe angesehen wird. Infolgedessen ist § 164 nicht anwendbar auf die Kosten eines Vollstreckungsbeamten (Gebühren und Auslagen), die anläßlich der Ausführung von Vollstreckungs- und Zustellungsaufträgen der Justizbehörden eines anderen Landes oder von entsprechenden Aufträgen des Bundesgerichtshofs entstehen, aber beim Schuldner nicht eingezogen werden können; die Länder haben aber vereinbart, daß solche Kosten dem auftraggebenden Land (dem Bund) nicht in Rechnung gestellt werden und auf ihre Erstattung verzichtet wird (mitgeteilt z. B. Hess. JMBl. 1951, 59; s. ferner § 11 Abs. 3 der in Anm. 8 a. E. zu § 163 bezeichneten Anordnung v. 15. 2. 1956). Ebenso gilt § 164 nicht, wenn die Vernehmung von Zeugen oder Sachverständigen nicht im Wege der Rechtshilfe von Gericht zu Gericht (§ 156), sondern im Wege der Amtshilfe auf Ersuchen eines Richters oder Staatsanwalts durch die Justizbehörde eines anderen Landes durchgeführt wird. Auch insoweit haben die Landesjustizverwaltungen in Erweiterung des Grundgedankens des § 164 die nachstehende Verzichtsvereinbarung (mitgeteilt z. B. Hess. JMBl. **1955** 9; JMBl.NRW. **1955** 74) getroffen:

„Die Landesjustizverwaltungen des Bundesgebiets und von Berlin (West) haben die folgende Vereinbarung getroffen:

1. Nimmt ein Richter oder Staatsanwalt die Amtshilfe einer Justizbehörde eines anderen Landes bei der Vernehmung von Zeugen oder Sachverständigen in Anspruch, so zahlt die in Anspruch genommene Justizbehörde auf sein Ersuchen Zeugen- und Sachverständigengebühren ebenso aus, wie wenn es sich um einen Richter oder Staatsanwalt der eigenen Behörde handeln würde.

2. Die in Anspruch genommene Justizbehörde teilt die Zahlung unverzüglich zu den Sachakten mit. Die Mitteilung kann durch Hingabe oder Übersendung einer Durchschrift der Aus-

zahlungsanordnung geschehen. Auf der Auszahlungsanordnung ist zu bescheinigen, daß die Anzeige zu den Sachakten erstattet ist.

3. Die Länder verzichten gegenseitig auf die Erstattung der Auslagen, die bei dieser Amtshilfe geleistet worden sind.

4. Dieser Verzicht auf Erstattung gilt auch für die in der Vergangenheit bereits geleisteten Zahlungen."

§ 164 ist schließlich unanwendbar auf die Kosten der Amtshilfe zwischen Justiz- und anderen Behörden, insbes. der Amtshilfe, die in einem Strafverfahren auf Ersuchen des Gerichts oder des Staatsanwalts von der Polizei des eignen oder eines anderen Landes geleistet wird.

Zu Abs. 2.

4. Abs. 2 (Abs. 4 a. F.), der mit Rücksicht auf in Elsaß-Lothringen bestehende Vorschriften eingefügt war (vgl. dazu die 19. Aufl. Anm. 9), ist z. Z. ohne Bedeutung.

§ 165

(1) Für die Höhe der den geladenen Zeugen und Sachverständigen gebührenden Beträge sind die Vorschriften maßgebend, die bei dem Gericht gelten, vor das geladen wurde.

(2) Sind die Beträge nach dem Recht des Aufenthaltsorts der geladenen Personen höher, so können die höheren Beträge gefordert werden.

(3) Bei weiterer Entfernung des Aufenthaltsorts der geladenen Personen ist ihnen auf Antrag ein Vorschuß zu bewilligen.

I. Entstehungsgeschichte: Entw. § 136.

II. Spätere Fassungen: Bek. vom 22. 3. 1924 (RGBl. I 318). Das Vereinheitlichungsges. vom 12. 9. 1950 hat Abs. 1 lediglich stilistisch geändert.

Zu Abs. 1, 2.

1. Die Vorschrift hat nicht, wie es nach ihrer Stellung im Tit. 13 scheinen könnte, den Fall im Auge, daß ein Zeuge oder Sachverständiger statt vor das mit dem Verfahren befaßte vor ein ersuchtes Gericht geladen wird (denn in diesem Falle versteht es sich von selbst, daß die Gebühren nicht nach den für das ersuchende Gericht geltenden Bestimmungen zu berechnen sind); vielmehr behandelt der Paragraph den Fall, wenn jemand statt vor das Gericht des Bezirks seines Aufenthaltsortes vor das **Gericht eines anderen Bezirks** geladen wird. Für diesen Fall trägt Abs. 2 dem Umstand Rechnung, daß auch nach der Gebührenordnung für Zeugen und Sachverständige i. d. F. vom 21. 12. 1925 (RGBl. I 471; mehrfach geändert) die Höhe der Zeugen- nnd Sachverständigengebühren in gewissem Umfang von den Verhältnissen an dem Ort des Gerichts, vor das geladen wurde (vgl. § 16 Abs. 1) oder von landesrechtlichen Vorschriften (vgl. § 17) abhängt. Dieser Fall berührt nun freilich das Gebiet der Rechtshilfe im Sinne des GVG. nicht, und die Aufnahme der Bestimmung in den Tit. 13 erklärt sich lediglich daraus, daß sie den § 40 des Rechtshilfegesetzes vom 21. 6. 1869 (vgl. Vorbem. 3a vor § 156) zur Grundlage hat (dessen Standpunkt indes wesentlich anders war als der des GVG.). Vgl. auch Anm. 2.

Zu Abs. 3. **Vorschuß bei weiter Entfernung.**

2. Abs. 3 bezieht sich, trotz seiner Anreihung an die Abs. 1 und 2 nicht nur auf den Fall, daß jemand vor das **Gericht eines anderen Bezirks** (des gleichen oder eines anderen Landes) geladen wird; er ist vielmehr nach seinem Wortlaut und den Verhandlungen der RTK. (Prot. 680) auch anwendbar, wenn die Auskunftsperson vor das Amtsgericht des Bezirks oder ein **Gericht desselben Landgerichtsbezirks** geladen wird. Somit steht die Bestimmung an unrichtiger Stelle; sie gehört ausschließlich zu § 71 StPO. und § 401 ZPO.

3. ist — zu bewilligen — Abs. 3 macht den Anspruch auf Bewilligung des Vorschusses nicht davon abhängig, ob die geladene Person bedürftig, d. h. außerstande ist, ohne Vorschuß die Reise zu unternehmen; es kann aber eine Entfernung, die für den Unbemittelten weit ist, bei einem Wohlhabenden als nicht weit angesehen werden (gl. A. Struckmann u. Koch 2 583, Keller 207, Stenglein Anm. zu § 166). Bei einem Mittellosen liegt eine „weitere Entfernung" vor, wenn die Zurücklegung des Weges Kosten verursacht, deren Vorlegung ihm nicht zuzumuten ist.

4. Zuständigkeit für die Entscheidung — Über den Antrag auf Bewilligung eines Vorschusses entscheidet das Gericht, vor dem der Geladene erscheinen soll, ohne Unterschied, ob die Ladung durch das Gericht selbst oder durch die Staatsanwaltschaft bewirkt worden ist. — Vgl. AV. d. RJM. vom 12. 10. 1935 (Deutsche Justiz 1171) und RiStV. **1953** Nr. 103.

5. § 165 gilt (vgl. Abs. 1) nur für Zeugen und Sachverständige, nicht für den **Beschuldigten.** Die Justizverwaltungsvorschriften (s. Anm. 4) sehen aber vor, dem außerhalb des Gerichtsorts wohnenden mittellosen Angeklagten durch Gewährung von Reisegeld oder einer Fahrkarte die Fahrt zur Hauptverhandlung zu ermöglichen.

§ 165 gilt ferner (vgl. Abs. 1) nur für Ladungen vor **Gericht.** Will die Staatsanwaltschaft selbst Vernehmungen durchführen, so gilt § 165 sinngemäß in gleicher Weise, wie die GebOZuS. sinngemäß anzuwenden ist, wenn die Staatsanwaltschaft außerhalb eines gerichtlichen Verfahrens Zeugen und Sachverständige zuzieht (vgl. RdErl. d. Hess. JustMin. vom 12. 1. 1953, JMBl. 13 und die früher für Preußen erlassenen AVen. vom 4. 3. 1929 — JMBl. 71 — und vom 10. 10. 1931 — S. 328).

§ 166

Ein Gericht darf Amtshandlungen außerhalb seines Bezirks ohne Zustimmung des Amtsgerichts des Ortes nur vornehmen, wenn Gefahr im Verzug ist. In diesem Falle ist dem Amtsgericht des Ortes Anzeige zu machen.

I. Entstehungsgeschichte: Entw. § 137.

II. Spätere Entwürfe: Entw. EGStGB. Art. 68 Ziff. 40.

III. Das **Vereinheitlichungsges.** vom 12. 9. 1950 hat § 166 nur (unwesentlich) stilistisch geändert.

1. „Amtshandlungen außerhalb des Bezirks" sind die richterlichen Handlungen, zu deren Vornahme sich der mit der Sache befaßte Richter selbst in einen fremden Gerichtsbezirk begibt; es gehört hierher z. B. die Einnahme des Augenscheins. Die Begr. (93) sagt: „Es können Umstände vorliegen, unter denen es für die sachliche Behandlung eines vorliegenden Falles von Nachteil sein würde, wenn ein außerhalb des eigenen Gerichtsbezirks vorzunehmender Akt einem ersuchten Richter übertragen werden müßte. In solchen Fällen muß es dem Gericht möglich sein, die Grenzen seines Bezirks zu überschreiten; regelmäßig freilich nur so, daß der örtlich zuständige Amtsrichter seine Zustimmung erteilt." Um einen Akt der Rechtshilfe handelt es sich somit in § 166 nicht; vielmehr hat das Verfahren nach § 166 gerade die Folge, daß die Leistung der Rechtshilfe entbehrlich wird. — Aus dem allgemeinen Grundsatz, daß die Gerichtsgewalt der ordentlichen Gerichte über ganz Deutschland wirkt, ergibt sich, daß das Gericht aus besonderen Gründen auch eine Haupthandlung außerhalb seines Bezirks, ja auch in einem anderen deutschen Land abhalten darf (K. Schäfer JR. **1927** 553, Breetzke JR **1928** 66; vgl. auch Hartung JR. **1925** 1163; a. M. z. T. frühere Auflagen dieses Komm.). Es ist — mag auch die Begr. vorzugsweise diesen Fall im gefaßt Auge haben — nicht der Sinn des § 166, daß gerichtliche Amtshandlungen nur insoweit außerhalb der Grenzen des Gerichtsbezirks vorgenommen werden könnten, als sie Gegenstand einer Rechtshilfe sein können. Der Entw. EGStGB. (Art. 68 Ziff. 40) wollte das ausdrücklich klarstellen. Zweifelhaft kann nur sein, ob auch in solchen Fällen § 166 GVG. anwendbar ist, ob es also einer Zustimmung des Amtsrichters des Ortes bedarf. Dagegen könnte eingewendet werden, daß § 166 nach seiner Stellung im 13. Titel nur solche Prozeßakte zustimmungspflichtig machen wolle, um deren Vornahme im Wege der Rechtshilfe der Amtsrichter ersucht werden könne. Für die bejahende Antwort (vgl. Schäfer u. Breetzke a.a.O., KMR. Anm. 1 und Vorbem. 3b vor § 226 StPO.) spricht aber nicht nur der Wortlaut der Vorschrift, sondern auf die Erwägung, daß es aus Gründen der äußeren Ordnung sinnvoll ist, den Richter, dem die Rechtspflegeausübung im Bezirk zusteht, allgemein (durch Einholung seiner Zustimmung) zu beteiligen (a. M. die Vorauflage). Vgl. noch Anm. 1b zu § 91 u. Anm. 2 zu § 143.

2. Ob die Gerichtsbezirke demselben Land oder verschiedenen Ländern angehören, ist gleichgültig. — Die Vorschrift findet keine Anwendung, wenn ein Schöffengericht, dessen Bezirk mehrere Amtsgerichte umfaßt, eine Amtshandlung an einem Orte vornehmen will, der zwar im Bezirk des Schöffengerichts, aber nicht im Bezirk des Amtsgerichts liegt, bei dem das Schöffengericht errichtet ist (Bucher JR. **1926** 397). — § 166 ist unanwendbar auf die Untersuchungsrichter und Ermittlungsrichter des Bundesgerichtshofs (§§ 186, 168a StPO.), da ihre örtliche Zuständigkeit sich auf das ganze Bundesgebiet erstreckt.

3. Eine **Beschwerde** über das die Zustimmung verweigernde Amtsgericht ist nicht ausgeschlossen; sie ist eine Aufsichtsbeschwerde und geht daher an die vorgesetzte Aufsichtsbehörde, nicht an das übergeordnete Landgericht oder Oberlandesgericht (§ 159), da kein Akt der Rechtshilfe in Frage steht (vgl. Anm. 1) und nur Verwaltungsinteressen obwalten (gl. A. KG. RsprOLG. **12** 189, Delius [4.] 31, Friedländer 48, Kloß BuschsZ. **28** 171, Stenglein Anm. 3, Baumbach-Lauterbach Anm. 1; Schwarz Anm. 1; a. M. Keller 875, Laband **3** 147, die die Beschwerde ganz ausschließen, OLG. Kiel RsprOLG. **5** 267, OLG. Köln RsprOLG. **17** 43, OLG. Dresden LZ. **1916** 1068, Struckmann u. Koch **2** 584, Hauck 202, die das Oberlandesgericht für zuständig halten, Feisenberger 79 Anm. 11, der eine Beschwerde an das Landgericht für zulässig erklärt).

4. Ein Fall der **Gefahr im Verzug** liegt z. B. vor, wenn sich der Richter zur Vornahme einer Leichenschau oder Leichenöffnung an Ort und Stelle begeben hat, die Leiche aber inzwischen auf einen Begräbnisplatz geschafft worden ist, der in einem anderen Gerichtsbezirk liegt.

§ 167

(1) Die Polizeibeamten eines deutschen Landes sind ermächtigt, die Verfolgung eines Flüchtigen auf das Gebiet eines anderen deutschen Landes fortzusetzen und den Flüchtigen dort zu ergreifen.

(2) Der Ergriffene ist unverzüglich an das nächste Gericht oder die nächste Polizeibehörde des Landes, in dem er ergriffen wurde, abzuführen.

I. **Entstehungsgeschichte:** Entw. § 138.

II. **Spätere Entwürfe:** Entw. EG. StGB. Art. 68 Ziff. 41.

III. **Spätere Fassungen:** Bek. vom 22. 3. 1924 (RGBl. I 318). Das Vereinheitlichungsges. vom 12. 9. 1950 hat im Eingang des Abs. 1 das Wort „Sicherheitsbeamten“ durch „Polizeibeamten“ ersetzt.

1. § 167, der die **Nacheile** regelt, zieht die Folgerung daraus, daß die Polizeihoheit den Ländern zusteht und die Polizeigewalt des einzelnen Landes nicht über die Landesgrenzen hinaus reicht. Es bedurfte deshalb einer ausdrücklichen bundesrechtlichen Vorschrift, die den Polizeibeamten, wenn sie bei der Verfolgung strafbarer Handlungen (im weitesten Sinn; vgl. unten Anm. 3, 4b) mitwirken, ein Tätigwerden außerhalb der Landesgrenzen ermöglicht. Als nach 1933 die Länderhoheitsrechte auf das Reich übergegangen waren, verlor § 167 praktisch seine Bedeutung; RGSt. **71**, 122 erklärte demgemäß eine außerhalb des eignen Landes vorgenommene polizeiliche Amtshandlung auch dann für rechtmäßig, wenn die Voraussetzungen des § 167 nicht vorlagen. Mit dem Rückfall der Polizeihoheitsrechte an die Länder im Jahre 1945 gewann § 167 seine alte Bedeutung wieder und verlor RGSt. **71**, 122 seine Bedeutung.

2. a) § 167 regelt das Verfolgungsrecht der **Polizeibeamten.** § 167 a. F. sprach von „Sicherheitsbeamten“. Wenn das Vereinheitlichungsges. vom 12. 9. 1950 diesen Ausdruck durch „Polizeibeamten“ ersetzte, so war damit ,wie sich aus der amtl. Begr. zu Art. 1 Nr. 70, 71 des Entw. dieses Gesetzes ergibt, keine sachliche Änderung, sondern lediglich eine Anpassung an den Sprachgebrauch der StPO. (vgl. § 163 StPO. n. F.: „Behörden und Beamten des Polizeidienstes“ gegenüber § 163 a. F.: „Behörden und Beamten des Polizei- und Sicherheitsdienstes“) bezweckt. Zu den „Polizeibeamten“ gehören deshalb nicht nur die polizeilichen Vollzugsbeamten im engeren Sinn (einschl. der Gendarmerie- und Kriminalpolizeibeamten), sondern auch die kraft ihres Amtes mit den Aufgaben der Verhütung und Verfolgung strafbarer Handlungen und der Vollstreckung von Strafen betrauten Beamten anderer Verwaltungen, gleichviel, ob sie zu

Hilfspolizeibeamten oder zu Hilfsbeamten der Staatsanwaltschaft (§ 152) bestellt sind oder nicht. Polizeibeamte sind z. B. die Forstschutzbeamten (RGRspr. 8, 835) und die Strafanstaltsbeamten, wenn es sich um die Verfolgung eines aus einer Strafanstalt Entwichenen handelt (Begr. 14).

b) § 167 spricht nur von den Landespolizeibeamten, weil die Verfolgung strafbarer Handlungen Sache der Länder ist. Zu den Landespolizeibeamten gehören auch die zu Hilfsbeamten der Staatsanwaltschaft in den Ländern bestellten Bundesbeamten (vgl. Anm. 3 zu § 152). Ausnahmsweise können Vollzugsbeamte des Bundes, nämlich die des Bundeskriminalamts unter den Voraussetzungen des § 4 Abs. 2 des Bundeskriminalamtsges. vom 8. 3. 1951 (BGBl. I 165) aus eigener Iniative bei der Verfolgung strafbarer Handlungen tätig werden; sie dürfen dann nach § 5 dieses Gesetzes im ganzen Bundesgebiet ohne Rücksicht auf Landesgrenzen Amtshandlungen vornehmen.

c) Soweit Hilfsbeamte der Staatsanwaltschaft nicht aus eigener Iniative, sondern auf ausdrückliche Weisung der Staatsanwaltschaft tätig werden, ist § 167 unanwendbar, denn sie können dann, ebenso wie der Staatsanwalt selbst im Rahmen seiner örtlichen und sachlichen Zuständigkeit, Amtshandlungen an allen Orten im Geltungsbereich von StPO. und GVG. vornehmen (vgl. Anm. 2 zu § 143, Anm. 2c zu § 152).

3. Flüchtiger ist nicht nur, wer sich einer drohenden Bestrafung entziehen will, sondern auch der Verurteilte, der sich der Strafverbüßung entzieht (Begr. 93). Flüchtiger ist ferner nicht nur, wer sich im eigentlichen Sinne auf der Flucht befindet, sondern auch, wer auf frischer Tat oder unmittelbar nachher betroffen ist, sich jedoch der Festnahme tatsächlich entzogen hat (vgl. Auth. Interpret. der Beschlüsse der RTK. Anl. J zum Prot. der 184. Sitzung S. 15). Wer nach Verübung einer in einem deutschen Land begangenen strafbaren Handlung unbehelligt und unverfolgt an seinen in einem anderen Land gelegenen Wohnort zurückkehrt, ist nicht mehr flüchtig im Sinn des § 167 GVG. (OLG. München bei Alsberg OLGEStrProz. **1** Nr. 279).

4. a) Der Begriff der **Verfolgung** ist nicht auf ein Folgen auf Sicht oder Gehör zwecks Einholens zu beschränken, sondern umfaßt alle Maßregeln, die auf die Ergreifung des Flüchtigen abzielen, also insbesondere z. B. auch ein Vorauseilen zur Besetzung von Wegen, die der Verfolgte voraussichtlich einschlagen wird (RGSt. **30** 386, Lassar Allgemeines Polizeistrafrecht [1927] 118). Vgl. Anm. 6 zu § 104 StPO. und Anm. 6 zu § 127 StPO.

b) § 167 ist auch anwendbar, wenn die Verfolgung nur die **Feststellung der Person** bezweckt und durch diese die Festnahme überflüssig wird (RGRspr. 8 735). Bei Ordnungswidrigkeiten i. S. des OWiG. vom 25. 3. 1952 (BGBl. I 177) ist nach richtiger Ansicht (vgl. Dalcke-Fuhrmann-Schäfer, 36. Aufl. Anm. 7h zu § 35) zwar eine vorläufige Festnahme i. S. des § 127 StPO. nicht zulässig. Die Verfolgung eines Flüchtigen zur Feststellung seiner Personalien, gegebenenfalls unter Sistierung zur Polizeiwache, ist aber auch bei Begehung von Ordnungswidrigkeiten zulässig.

c) Die Befugnis zur Nacheile ist weder auf eine bestimmte Entfernung jenseits der Landesgrenze noch auf das Gebiet des zunächst angrenzenden Landes beschränkt; vielmehr darf sich die Verfolgung nötigenfalls auf die **Gebiete mehrerer Ländern** erstrecken (Prot. 13, 14). Voraussetzung für die Anwendbarkeit des § 167 GVG. ist aber stets, daß die Verfolgung in dem Land begonnen hat, dem der Polizeibeamte angehört. Ohne diese Voraussetzung dürfen Polizeibeamte in dem Gebiet eines anderen Landes nur tätig werden, wenn letzteres, sei es einseitig, sei es auf Grund einer Vereinbarung mit anderen Ländern, fremden Polizeibeamten das Einschreiten gestattet (OLG. Hamm NJW. **1954** 206). Eine einseitige Gestattung enthalten z. B. § 11 des Polizeiorganisationsges. von Nordrh.-Westf. vom 11. 8. 1953 (GVBl. S. 330), § 71 des Polizeiverwaltungsges. von Rheinl.-Pf. vom 26. 3. 1954 (GVBl. 31 = SaBl. 504), § 46 des Hess. Polizeiges. vom 10. 11. 1954 (GVBl. 203 = SaBl. 1200), wonach Polizeivollzugsbeamte eines angrenzenden Landes oder des Bundes auf fremdem Gebiet tätig werden dürfen, wenn ein örtlich zuständiger Polizeivollzugsbeamter des eigenen Landes nicht oder nicht rechtzeitig die notwendigen Maßnahmen treffen kann. Eine Ländervereinbarung, daß unabhängig von den Voraussetzungen des § 167 GVG. Polizeibeamte in Eilfällen zur Verfolgung strafbarer Handlungen in einem anderen Land zuständig sind, besteht z. B. zwischen Niedersachsen und Nordrh.-Westf. (vgl. GVBl. NRW. 1953 S. 431; GVBl. Nds. 1953 S. 85).

d) § 167 regelt nicht, inwieweit Polizeibeamte zur **Verhinderung** strafbarer Handlungen oder aus sonstigen polizeilichen Gründen in einem anderen Land einschreiten dürfen. Auch hier gilt der Grundsatz, daß die Amtsbefugnisse eines Polizeibeamten an der Grenze seines Landes enden (vgl. BGHSt. **4**, 110 [113]), soweit nicht die Polizeigesetze der Länder (vgl. vorstehend zu c) das Tätigwerden von Polizeibeamten anderer Länder zulassen. Eine bundesrechtliche Erweiterung der örtlichen Zuständigkeit der Polizeibehörden und -beamten bei Gefahr im Verzug sieht § 47 Abs. 3 der Straßenverkehrsordnung i. d. F. vom 24. 8. 1953 (BGBl. I 1201) vor.

5. Zur Befolgung des Abs. 2 sind die verfolgenden Polizeibeamten unter allen Umständen verpflichtet; sie dürfen den Ergriffenen selbst dann nicht ohne weiteres mit sich nehmen, wenn dieser auf die **Abführung** an die Behörde des Landes, in dem er ergriffen worden ist, ausdrücklich verzichtet.

6. Gericht oder Polizeibehörde — An welche dieser beiden Behörden der Ergriffene abzuführen sei, unterliegt dem Ermessen des Beamten, der die Ergreifung bewirkt. Sofern nicht das Gericht leichter erreichbar ist, wird sich die Abführung an die Polizeibehörde empfehlen.

7. Das **Verfahren** der Behörde, an die der Ergriffene abgeführt wird, richtet sich, da nichts Besonderes vorgeschrieben ist, nach den Bestimmungen der StPO.; es wird also auf die Lage der Sache und den Anlaß der Verfolgung ankommen; der Umstand, daß bei der Nacheile eine Landesgrenze überschritten worden ist, hat keinen weiteren als den in Anm. 5 bezeichneten Einfluß. — Ist der Ergriffene an die Polizeibehörde abgeführt worden und liegt eine Festnahme im Sinn der §§ 127ff. StPO. vor, so muß die Polizeibehörde den Gefangenen notwendig dem Amtsrichter vorführen (§ 128 StPO.). Liegt der Ergreifung ein Haftbefehl oder Steckbrief zugrunde, so greifen §§ 114b, 114c und § 131 Abs. 4 StPO. ein. Ist kein Grund zur Vorführung vorhanden, so hat die Polizeibehörde den Ergriffenen dem verfolgenden Beamten wieder zu überantworten, der nunmehr befugt ist, ihn mitzunehmen und der zuständigen Behörde zu überliefern. Die Befugnis, den Ergriffenen wider den Willen des verfolgenden Beamten in Freiheit zu setzen, ist der Polizeibehörde nicht zuzugestehen. — Wird der Ergriffene vor den Amtsrichter geführt, so hat dieser, gleichviel ob dies unmittelbar durch den verfolgenden Beamten oder durch die Polizeibehörde geschehen ist, nach Maßgabe der angezogenen Gesetzesbestimmungen zu prüfen, ob ein Haftbefehl (§ 128) zu erlassen oder etwa die Freilassung (§§ 114c Abs. 3, 128 StPO.) zu verfügen ist; kommt keine dieser Maßnahmen in Betracht, so ist der Ergriffene dem verfolgenden Beamten zu überantworten. Ein Fall dieser Art liegt z. B. vor, wenn ein aus einer Strafanstalt Entflohener (vgl. Anm. 3) alsbald verfolgt und nach Überschreitung einer Landesgrenze ergriffen wird.

8. Die Überschreitung der Landesgrenzen ist nach § 167 GVG. nur zwecks **Ergreifung** des Flüchtigen, nicht auch zur Vornahme sonstiger Verfolgungsmaßnahmen zulässig, insbesondere nicht zur Durchsuchung einer Person nach Sachen oder zur Beschlagnahme von in ihrem Besitz befindlichen Sachen (RGSt. **26** 211). Selbstverständlich ist aber für die Befugnis, einen Ergriffenen auch zu durchsuchen, der Ort der Ergreifung ohne Bedeutung.

9. Für die Nacheile und die sonstige Entsendung von Beamten ins **Ausland** gilt Nr. 253 der „Richtlinien für den Rechtshilfeverkehr mit dem Ausland in Strafsachen" (vgl. Vorbem. 5 II 1 vor § 156 u. RiStV. **1953** Nr. 197).

§ 168

Die in einem deutschen Land bestehenden Vorschriften über die Mitteilung von Akten einer öffentlichen Behörde an ein Gericht dieses Landes sind auch dann anzuwenden, wenn das ersuchende Gericht einem anderen deutschen Land angehört.

I. Entstehungsgeschichte: Entw. —

II. Spätere Fassungen: Bek. vom 22. 3. 1924 (RGBl. I 318). Das Vereinheitlichungsges. vom 12. 9. 1950 hat § 168 nur stilistisch geändert.

1. Entstehungsgeschichte und Geltungsgebiet — Die Bestimmung ist erst von der RTK. aufgenommen worden. Der § 168 betrifft nicht einen Akt der Rechtshilfe, sondern der Amtshilfe, da es sich um die Unterstützung des Gerichts durch eine andere Behörde als ein Gericht handelt. § 168 besagt, daß eine solche Behörde die Gerichte anderer Länder in gleichem Umfang nach Maßgabe für die Behörde geltenden landesrechtlichen Vorschriften durch Mitteilung von Akten zu unterstützen hat wie die Gerichte des eigenen Landes. Im Strafverfahren ist die Pflicht der Behörden, die Gerichte durch Mitteilung ihrer Akten zu unterstützen, durch § 96 StPO. bundesrechtlich geregelt; insoweit bleibt, insbesondere angesichts der allgemeinen Amtshilfepflicht nach Art. 35 GG., wenig Raum für landesrechtliche Regelungen, bei denen der Gesichtspunkt der amtshilferechtlichen Gleichberechtigung der übrigen deutschen Gerichte zu beachten wäre (vgl. Anm. 9, 10 zu § 96 StPO.). Über die Behandlung der mitgeteilten Akten bei Gewährung des Einsichtsrechts in die gerichtlichen Akten vgl. RiStV. **1953** Nr. 176 Abs. 2.

2. Den umgekehrten Fall der Amtshilfe, die Unterstützung anderer Behörden durch Mitteilung **gerichtlicher** Akten, hat § 168 nicht geregelt. Insoweit gilt Art. 35 GG. (vgl. Vorbem. 2 vor § 156) und Nr. 174 RiStV. **1953.**

3. Bei Verweigerung der Amtshilfe gibt es nur Dienstaufsichtsbeschwerde (vgl. Anm. 11 zu § 96 StPO.).

Vierzehnter Titel

Öffentlichkeit und Sitzungspolizei

Vorbemerkung

1. Der 14. Titel des GVG regelt zwei Angelegenheiten, die das Verfahren betreffen und mit der Gerichtsverfassung an sich nichts zu tun haben, die Öffentlichkeit und die Sitzungspolizei.

a) § 169, der den Grundsatz der **Öffentlichkeit** der Verhandlung vor dem erkennenden Gericht aufstellt, gilt gemäß § 2 EG.GVG. zwar nur für die ordentliche streitige Gerichtsbarkeit, also für die ordentlichen Gerichte bei Ausübung der Zivil- und Strafrechtspflege. Es handelt sich aber um einen aus den politischen Forderungen des 19. Jahrhunderts (zur Entstehungsgeschichte vgl. Eb. Schmidt, Lehrkomm. I Nr. 333) erwachsenen Grundsatz, der zu den kennzeichnenden Merkmalen der modernen Rechtsprechung überhaupt gehört, soweit die das Verfahren abschließende Entscheidung auf Grund einer mündlichen Verhandlung erfolgt und soweit die Öffentlichkeit an der Durchführung solcher Verfahren besonderen Anteil nimmt (vgl. BVerfG. NJW. **1955** 18). Der Öffentlichkeitsgrundsatz findet sich nicht nur in den Verfahrensvorschriften der sonstigen Gerichtsbarkeitszweige, die im allgemeinen die Vorschriften des 14. Titels des GVG. für entsprechend anwendbar erklären (vgl. § 17 BVerfGG., § 52 Arbeitsgerichtsges., § 14 BVerwGG., § 202 Sozialgerichtsges.), sondern ist auch z. T. in den Landesverfassungen niedergelegt (z. B. BayVerf. Art. 90) und gilt auch für das gerichtsähnliche Verfahren der Untersuchungsausschüsse des Bundestags (Art. 44 Abs. 1 GG.). Die Öffentlichkeit ist „eine wesentliche Bedingung des öffentlichen Vertrauens zur Rechtsprechung der Gerichte"; sie verhindert, daß „die gesamte Tätigkeit des Gerichts hinter verschlossenen Türen in ein Dunkel gehüllt und dadurch Mißdeutungen und Argwohn ausgesetzt" wird (RGSt. **70** 112). — Grundsätzlich ausgeschlossen ist die Öffentlichkeit insbes. im Disziplinarverfahren gegen Beamte (§ 60 BundesdisziplinarO.) und in ehrengerichtlichen Verfahren gegen Angehörige von Berufsständen und zwar teils im Interesse des Beschuldigten, teils wegen der geringeren Bedeutung des Verfahrens für die Öffentlichkeit; das Vorliegen eines echten gerichtlichen Verfahrens wird hier durch den Ausschluß der Öffentlichkeit nicht in Frage gestellt (BVerfG. NJW. **1955** 18).

b) Die **Sitzungspolizei** umfaßt nicht nur die (teils dem Gericht, teils dem Vorsitzenden zustehenden) Befugnisse zur Aufrechterhaltung der Ordnung in einer Sitzung, sondern die Wahrung der Ordnung bei der Vornahme richterlicher Amtshandlungen überhaupt (vgl. § 180).

2. Nach Art. 6 Abs. 1 der **Menschenrechtskonvention** (vgl. Vorbem. vor § 184) hat jedermann Anspruch darauf, daß „seine Sache ... öffentlich ... gehört wird. ... Das Urteil muß öffentlich verkündet werden, jedoch kann die Presse und Öffentlichkeit während der gesamten Verhandlung oder eines Teiles derselben im Interesse der Sittlichkeit, der öffentlichen Ordnung oder der nationalen Sicherheit in einem demokratischen Staat ausgeschlossen werden oder wenn die

Interessen von Jugendlichen oder der Schutz des Privatlebens der Prozeßparteien es verlangen oder, und zwar unter besonderen Umständen, wenn die öffentliche Verhandlung die Interessen der Gerechtigkeit beeinträchtigen würde, in diesem Falle jedoch nur in dem nach Auffassung des Gerichts erforderlichen Umfang". Mit diesen Grundsätzen befindet sich die Regelung der §§ 169ff. und der Vorschriften des JGG. (vgl. zu § 169) in Einklang (v. Weber ZStrW. **65** 338; Jescheck NJW. **1954** 785).

3. Literatur: Delius Die sitzungspolizeilichen Befugnisse der Behörden (1893); Levin Richterliche Prozeßleitung und Sitzungspolizei (1913); Engeler Die Öffentlichkeit der Hauptverhandlung im Reichsstrafprozeß (1912); Schuckert, Der Grundsatz der Volksöffentlichkeit im Deutschen Zivil- und Strafprozeßrecht, Freib. Diss. 1936; Beese Die Grundsätze der Öffentlichkeit im deutschen Strafprozeß, Münch. Diss. 1938; Eb. Schmidt Lehrkomm. I 175ff.

§ 169

Die Verhandlung vor dem erkennenden Gericht einschließlich der Verkündung der Urteile und Beschlüsse ist öffentlich.

I. Entstehungsgeschichte: Entw. § 139.

II. Spätere Fassungen: Bek. vom 22. 3. 1924 (RGBl. I 318). Das Vereinheitlichungsges. vom 12. 9. 1950 hat nichts geändert.

Hierzu aus dem:

Jugendgerichtsgesetz vom 4. 8. 1953 (BGBl. I 751).

a) § 48:

„(1) Die Verhandlung vor dem erkennenden Gericht einschließlich der Verkündung der Entscheidungen ist nicht öffentlich.

(2) Neben den am Verfahren Beteiligten ist dem Verletzten, den Beamten der Kriminalpolizei und, falls der Angeklagte unter Schutz- oder Bewährungsaufsicht steht, dem Helfer die Anwesenheit gestattet. Andere Personen kann der Vorsitzende aus besonderen Gründen, namentlich zu Ausbildungszwecken, zulassen.

(3) Sind in dem Verfahren auch Heranwachsende oder Erwachsene angeklagt, so ist die Verhandlung öffentlich. Die Öffentlichkeit kann ausgeschlossen werden, wenn dies im Interesse der Erziehung jugendlicher Angeklagter geboten ist."

b) § 104 Abs. 2, wonach im Verfahren gegen Jugendliche vor den für allgemeine Strafsachen zuständigen Gerichten in den Fällen der §§ 102, 103 (nämlich vor dem Bundesgerichtshof oder dem Oberlandesgericht im 1. Rechtszug sowie vor der Staatsschutzkammer [§ 74a GVG.] sowie bei Verbindung von Strafsachen gegen Jugendliche und Erwachsene) die Anwendung derjenigen Verfahrensvorschriften des JGG., die § 104 Abs. 1 nicht vorschreibt, im Ermessen des Richters steht; dazu gehört auch § 48.

c) § 109 Abs. 1 Satz 2 (betr. Verfahren gegen Heranwachsende): „Die Öffentlichkeit kann ausgeschlossen werden, wenn dies im Interesse der Erziehung des Angeklagten geboten ist." Vgl. dazu die von den Landesjustizverwaltungen vereinbarten „Richtlinien zum JGG." zu § 48 (abgedr. Dallinger-Lackner Anm. 1 zu § 48).

1. Die StPO. (vgl. Buch 2 Abschn. 5, 6) nennt die **Verhandlung vor dem erkennenden Gericht** „Hauptverhandlung". Sie beginnt mit dem Aufruf der Zeugen und Sachverständigen und endet mit der Verkündung des Urteils (§§ 243, 260 StPO.). § 338 Nr. 6 StPO. verwendet bei der Regelung der Folgen, die sich aus der Verletzung der Vorschriften über die Öffentlichkeit ergeben, den Begriff der „mündlichen Verhandlung". Darunter ist aber nicht etwa der Teil der Hauptverhandlung zu verstehen, der der Urteilsverkündung vorausgeht, sondern, wie § 173 GVG. ergibt, die Hauptverhandlung in ihrem ganzen Umfang (BGHSt. **4,** 280). — Auf die „mündliche Verhandlung" vor dem Amtsgericht im gerichtlichen Bußgeldverfahren nach § 55 Abs. 3 des Ges. über Ordnungswidrigkeiten vom 25. 3. 1952 (BGBl. I 177) sind nach Satz 3 a. a. O. die für die Hauptverhandlung im Strafverfahren geltenden Vorschriften sinngemäß anwendbar, also auch die Vorschriften über die Öffentlichkeit der Hauptverhandlung.

2. Der Grundsatz das § 169 gilt gleichmäßig für alle Rechtszüge.

3. Der Grundsatz der **Öffentlichkeit** verlangt, daß die Hauptverhandlungen in Räumen stattfinden, zu denen während der Dauer der Verhandlung grundsätzlich jedermann der Zutritt offen steht (RGJW. **1938**, 1019). Muß die Hauptverhandlung bei beengtem Raum durchgeführt werden, so ist die Öffentlichkeit auch dann gewahrt, wenn Zuhörer nur in sehr begrenzter Zahl die Möglichkeit des Zutritts haben; dagegen ist die Öffentlichkeit grundsätzlich (Ausnahme bei Augenscheinseinnahme, s. u.) gesetzwidrig beschränkt, wenn der Raum so eng ist, daß Zuhörer nicht teilnehmen können (BGH. NJW. **1954**, 283 = BGHSt. **5**, 75). Im einzelnen gilt folgendes:

a) Schon mit Rücksicht auf die Raumverhältnisse der Gerichtszimmer hat nicht jeder, der einer Verhandlung beizuwohnen wünscht, einen unbedingten Anspruch auf Einlaß in das Gerichtszimmer. Maßregeln, die darauf gerichtet sind, eine Überfüllung des für die Zuhörer bestimmten Raumes zu verhindern, sind statthaft; insbesondere liegt keine unzulässige Beschränkung der Öffentlichkeit vor, wenn die Türen des Sitzungszimmers geschlossen werden, nachdem so viele Personen Einlaß gefunden haben, als der Raum gestattet (RGRspr. **2** 360). Dasselbe gilt von der Anordnung, daß der Zutritt zum Zuhörerraum auf eine begrenzte Anzahl von Personen beschränkt wird (RG. LZ. **1924** 703). Ein Rechtssatz, daß von dem Zuhörerraum stets bis nahe an die Grenzen der Überfüllung Gebrauch zu machen sei, ist nicht anzuerkennen (RG. vom 6. 5. 1924 IV 416/24). Ob der Raum noch Platz für weitere Zuhörer bietet, hat der Vorsitzende zu ermessen (RG. vom 8. 9. 1930 III 772/30). Auch die Anordnung, daß Einlaß nur mit Einlaßkarten gewährt wird, ist nur eine die Öffentlichkeit ordnende Maßregel, nicht eine unzulässige Beschränkung der Öffentlichkeit, vorausgesetzt, daß die Erlangung der Einlaßkarten für jeden in derselben Weise möglich ist (RG. GA. **36** 408, **53** 443, **69** 89, RGSt. **54** 225, RG. Recht **1922** 691, JW. **1930** 3404, JR. **1931** Nr. 169, BayZ. **1932** 174, Engeler 32. Vgl. noch RGSt. **2** 301, RGRspr. **4** 268, RG. vom 17. 1. 1907 I 1467/06). Die Öffentlichkeit wird ferner nicht dadurch aufgehoben, daß die Türen des Sitzungssaales vorübergehend geschlossen werden, um die Flucht einer im Zuschauerraum befindlichen Person zu verhindern, vorausgesetzt, daß anderen Personen, die sich außerhalb des Saales an den geschlossenen Türen melden, der Eintritt gestattet wird (RG. Recht **1912** Nr. 3514). War von mehreren Türen des Sitzungssaales die zum Zuschauerraum führende aus Versehen kurze Zeit geschlossen, so hebt dies die Öffentlichkeit nicht auf, wenn der Zutritt zum Sitzungssaal durch die andere Türe jedermann freistand (RG. LZ. **1916** 1433; vgl. auch OLG. Bremen MDR. **1955**, 757). Zur Öffentlichkeit soll schon ausreichen, daß die Vorgänge in dem durch die Prozeßbeteiligten ausgefüllten Sitzungssaal von den Unbeteiligten durch die nicht verschlossene Tür wahrgenommen werden können (RG. vom 17. 6. 1907 I 360/07). Daß ein zum Sitzungssaal gehöriger Nebenraum (Galerie, Loge) der Allgemeinheit nicht zugänglich ist, bedeutet keine unzulässige Beschränkung der Öffentlichkeit (RG. GA. **69** 89, JR. **1926** Nr. 880). Das gleiche gilt von der (zur Vermeidung von Störungen getroffenen) Anordnung des Vorsitzenden, die das Betreten und Verlassen des Zuhörerraums während einzelner Verfahrensakte, wie z. B. der Vernehmung des Angeklagten und der Zeugen, verbietet und den Einlaß von Zuhörern auf die zwischen den einzelnen Vernehmungen entstehenden Pausen beschränkt (RG. Recht **1929** Nr. 2453; BGH. MDR. **1952**, 410 mit Anm. von Dallinger). Die Öffentlichkeit der Verhandlung, die in einer Strafanstalt stattfindet, ist nicht dadurch ausgeschlossen, daß die Zuhörer den Verschluß der Anstalt durchschreiten müssen (RG. vom 4. 4. 1927 III 110/27, RG. JW. **1930** 3404). Ebenso ist es auf die Öffentlichkeit ohne Einfluß, wenn die Polizeibehörde zum Schutze gegen Unruhen den Zugang zum Gerichtsgebäude nur Personen gestattet, die sich über ihre Persönlichkeit gegenüber den Polizeibeamten ausweisen (RGSt. **54** 225). Dasselbe gilt, wenn der Eingang zum Gerichtsgebäude wegen drohender Störungen abgeschlossen oder abgesperrt ist, der Zutritt aber den Personen, die Einlaß verlangen, nach Prüfung ihrer Ausweise ohne Beschränkung gestattet wird (RG. LZ. **1922** 167). Der Grundsatz der Öffentlichkeit hindert auch nicht, daß der Vorsitzende bei Einnahme eines richterlichen Augenscheins unbeteiligten Zuschauern zur Aufrechterhaltung der Ordnung in der Sitzung (§ 176) den Eintritt in die zu besichtigenden Räume untersagt, wenn für sie neben den unmittelbar Beteiligten kein ausreichender Platz ist (RGSt. **47** 322; RG. JW. **1937** 3100 Nr. 29; BGH. St. **5**, 83 = NJW. **1954** 283). Der Grundsatz der Öffentlichkeit findet dann seine natürliche Schranke in der Unmöglichkeit, ihn zu befolgen (RGSt. **52** 137). Die Öffentlichkeit der Verhandlung wird schließlich nicht dadurch in Frage gestellt, daß der den Einlaß überwachende Wachtmeister in der irrigen Annahme, der

Zuschauerraum sei voll besetzt, einzelnen Personen den Eintritt verwehrt. Über das eigenmächtige Schließen der Türen durch einen Justizwachtmeister vgl. § 174 GVG. Anm. 6, § 338 StPO. Anm. 14.

b) Eine **unzulässige** Beschränkung der Öffentlichkeit liegt dagegen auch vor, wenn nur einzelnen oder auch nur einer einzelnen Person der Zutritt oder die weitere Anwesenheit im Verhandlungsraum ohne gesetzlichen Grund versagt wird. Gesetzliche Versagungsgründe ergeben sich aber nicht nur aus §§ 175, 177; die abweichende Auffassung RGSt. **64**, 385 ist vereinzelt geblieben und vom RG. in anderen Entscheidungen — 3 D 462/31 vom 9. 11. 1931 und 2 D 408/40 vom 13. 3. 1941 — nicht geteilt worden. Weitere gesetzl. Gründe, einzelne Personen von der Teilnahme auszuschließen, regeln §§ 58 Abs. 1, 243 Abs. 4 StPO. Aus § 58 Abs. 1 StPO. (Vernehmung eines Zeugen in Abwesenheit der später zu Hörenden) ergibt sich, daß es zulässig ist, wenn ein Zuhörer zum Verlassen des Sitzungssaals aufgefordert wird, weil er als Zeuge vernommen werden soll, ja schon dann, wenn mit der Möglichkeit zu rechnen ist, daß er als Zeuge in Betracht kommt, insbes. wenn ein Prozeßbeteiligter die Absicht kundgibt, sich auf den Zuhörer als Zeugen zu berufen (BGHSt. **3** 386). Ebenso ist es zulässig, einen Zuhörer, gegen den auf Grund der den Gegenstand der Hauptverhandlung bildenden Vorgänge ein Ermittlungsverfahren wegen Teilnahme, Hehlerei oder Begünstigung schwebt, des Raumes zu verweisen, denn die Hauptverhandlung ist praktisch ein Bestandteil des gegen den Zuhörer gerichteten nichtöffentlichen Ermittlungsverfahrens, in dem er als Beschuldigter kein Recht darauf hat, der Vernehmung von Zeugen oder Mitbeschuldigten beizuwohnen (BGHSt. **3** 386). In diesen Fällen darf der Vorsitzende kraft der Sitzungspolizei die nötigen Anordnungen treffen; eines Gerichtsbeschlusses bedarf es nicht. Keine Beschränkung der Öffentlichkeit, die schon durch die Möglichkeit des Zutritts überhaupt gewahrt ist, stellt es dar, wenn einem Presseberichterstatter wegen Nichterfüllung der ihm auferlegten Bedingungen die Vergünstigung eines besonderen Arbeitsplatzes (vgl. RiStV. **1953** Nr. 107 Abs. 4) entzogen wird (RG. vom 9. 11. 1931 — III 462/31 —; Hachenburg DJZ. **1927**, 651).

c) Ist die Öffentlichkeit für die ganze Dauer der Verhandlung ausgeschlossen, aber ohne Anordnung des Vorsitzenden durch ein Versehen wiederhergestellt worden, so bedarf es keines Gerichtsbeschlusses, um den Ausschluß der Öffentlichkeit wieder in Kraft treten zu lassen (RG. vom 10. 5. 1926 II 236/26). Hat das Gericht beschlossen, die Öffentlichkeit während der Vernehmung eines bestimmten Zeugen auszuschließen, so bedarf es keines erneuten Gerichtsbeschlusses über die Ausschließung, wenn der Zeuge im Laufe der Verhandlung ein zweites und drittes Mal vernommen wird; der Beschluß wird auch nicht dadurch unwirksam, daß eine Zwischenvernehmung des Zeugen in öffentlicher Sitzung vor sich gegangen ist (RG. Deutsche Justiz **1934**, 1059).

4. Wegen der **Beratung und Abstimmung** s. § 193, wegen der **Verkündung** der Entscheidungen § 173.

5. Wegen der **Beurkundungen der Öffentlichkeit** durch das Protokoll s. StPO. § 272 Nr. 5.

6. Zu der Frage der **Anfechtbarkeit** eines Urteils wegen **Verletzung** der Vorschriften über die Öffentlichkeit s. § 338 Nr. 6, § 328 Abs. 2 StPO.

7. Indem § 169 für die Hauptverhandlung die Öffentlichkeit vorschreibt, spricht er zugleich aus, daß alle übrigen gerichtlichen Verhandlungen, insbesondere also die der Voruntersuchung, nicht öffentlich sind. Das gilt selbst von den Verhandlungen, die nach Eröffnung des Hauptverfahrens statt vor dem erkennenden Gericht selbst vor einem ersuchten oder beauftragten Richter stattfinden; für sie gilt nur der Grundsatz der Parteien-Öffentlichkeit (§§ 223—225). (A. M. Engeler 29, der in diesen Fällen die Zulassung der Öffentlichkeit von dem Ermessen des Gerichts abhängig machen will.)

8. Wegen der Öffentlichkeit von Gerichtssitzungen, die nicht zum Zweck einer Hauptverhandlung stattfinden, s. noch GVG. § 45 Abs. 2, § 84 Abs. 1.

9. In **Jugendsachen** gelten die Vorschriften des JGG. (vgl. vor Anm. 1) über den Ausschluß der Öffentlichkeit auch für die Berufungs- und Revisionsinstanz (RGSt. **59** 374, OLG. Königsberg ZStW. **47** HöchstRR. 148, Dallinger-Lackner Anm. 1 zu § 48 JGG.). In Jugendschutzsachen (§§ 26, 74b GVG.), in denen sich die Hauptverhandlung ausschließlich gegen Erwachsene richtet, gelten auch für die Verhandlungen der Jugendgerichte die allgemeinen Vorschriften der §§ 169ff. GVG. über die Öffentlichkeit (BGH. MDR. **1955**, 246).

10. Eine Vorschrift, wie sie Art. 42 Abs. 3 GG., § 12 StGB. für die Verhandlungen der Volksvertretungen kennt, besteht für öffentliche Gerichtsverhandlungen nicht. Die Wiedergabe von Teilen der Verhandlung macht, wenn sie den Tatbestand einer strafbaren Handlung erfüllt, den Mitteilenden strafbar (RGSt. 62 145).

§ 170

Die Verhandlung in Ehesachen ist nicht öffentlich.

§ 171

(1) In dem auf die Klage wegen Anfechtung oder Wiederaufhebung der Entmündigung einer Person wegen Geisteskrankheit oder wegen Geistesschwäche eingeleiteten Verfahren (§§ 664, 679 der Zivilprozeßordnung) ist die Öffentlichkeit während der Vernehmung des Entmündigten auszuschließen, auch kann auf Antrag einer der Parteien die Öffentlichkeit der Verhandlung überhaupt ausgeschlossen werden.

(2) Das Verfahren wegen Entmündigung oder Wiederaufhebung der Entmündigung (§§ 645 bis 668, 675 bis 678 der Zivilprozeßordnung) ist nicht öffentlich.

§ 171 a

Die Öffentlichkeit kann für die Hauptverhandlung oder für einen Teil davon ausgeschlossen werden, wenn das Verfahren die Unterbringung des Beschuldigten in einer Heil- oder Pflegeanstalt neben einer Strafe oder ausschließlich zum Gegenstand hat.

I. Entstehungsgeschichte: Entw. EG.StGB. Art. 68 Ziff. 42.

II. § 171a ist **eingefügt** durch Art. 1 Ziff. 2 des Ges. vom 24. 11. 1933 (RGBl. I 1000). Das Vereinheitlichungsges. vom 12. 9. 1950 hat die Vorschrift unverändert übernommen.

1. § 171 ermöglicht den Ausschluß der Öffentlichkeit bei Klagen wegen Anfechtung oder Wiederaufhebung der Entmündigung einer Person wegen Geisteskrankheit oder Geistesschwäche. Die Gründe, die in diesen Fällen den Ausschluß der Öffentlichkeit rechtfertigen, treffen auch zu, wenn es sich um die Unterbringung eines Zurechnungsfähigen oder vermindert Zurechnungsfähigen in einer Heil- oder Pflegeanstalt handelt. § 171a ermächtigt daher das Gericht, den Ausschluß der Öffentlichkeit ohne nähere Begründung anzuordnen, wenn das Verfahren die Unterbringung des Beschuldigten in einer Heil- oder Pflegeanstalt neben einer Strafe oder ausschließlich zum Gegenstand hat. In Betracht kommt also sowohl das subjektive Strafverfahren (§ 42b Abs. 2 StGB.) wie das Sicherungsverfahren (§§ 429a ff. StPO.).

2. Das Verfahren hat die Unterbringung neben einer Strafe „zum Gegenstand", wenn deswegen Erörterungen gemacht werden, insbes. wenn mit der Unterbringung zu rechnen ist (vgl. § 140 Abs. 1 Nr. 3 StPO. und dort Anm. 9 sowie § 246a StPO.).

Vorbemerkungen zu §§ 172—175

1. Die §§ 172—175 sind durch Art. I des Ges. vom 5. 4. 1888 (RGBl. 133) und durch die VO. vom 9. 3. 1932 (RGBl. I 121, 124) zweiter Teil Art. II Nr. 1 abgeändert worden. Das Vereinheitlichungsges. vom 12. 9. 1950 hat sie in dieser Fassung (mit geringfügigen stilistischen Änderungen) übernommen.

2. Die Art. II—IV des Ges. vom 5. 4. 1888 enthalten Strafvorschriften. Sie lauten (in der Fassung, die sie durch die VO. über Vermögensstrafen und Bußen vom 6. 2. 1924 [RGBl. I 44] und die VO. vom 9. 3. 1932 [RGBl. I 121, 125] zweiter Teil Artikel III erhalten haben):

Artikel II

Wer die nach § 175 (jetzt § 174) Abs. 2 des Gerichtsverfassungsgesetzes ihm auferlegte Pflicht der Geheimhaltung durch unbefugte Mitteilung verletzt, wird mit Geldstrafe oder mit Haft oder mit Gefängnis bis zu sechs Monaten bestraft.

Artikel III

(1) Soweit bei einer Gerichtsverhandlung die Öffentlichkeit wegen Gefährdung der Staatssicherheit oder eines Geschäfts- oder Betriebsgeheimnisses ausgeschlossen war, dürfen Berichte über die Verhandlung durch die Presse nicht veröffentlicht werden. Das gleiche gilt auch nach der Beendigung des Verfahrens in betreff der Veröffentlichung der Anklageschrift oder anderer amtlicher Schriftstücke des Prozesses.

(2) Zuwiderhandlungen unterliegen der im Art. II bestimmten Strafe.

Artikel IV

(Die Vorschrift bildet in der Fassung des Ges. betr. Änderungen und Ergänzungen des StGB. vom 25. 6. 1900 RGBl. 300 den § 184b StGB.)

§ 172

In allen Sachen kann durch das Gericht für die Verhandlung oder für einen Teil davon die Öffentlichkeit ausgeschlossen werden, wenn sie eine Gefährdung der öffentlichen Ordnung, insbesondere der Staatssicherheit, eine Gefährdung der Sittlichkeit oder die Gefährdung eines wichtigen Geschäfts- oder Betriebsgeheimnisses besorgen läßt.

I. Entstehungsgeschichte: Entw. § 140 Abs. 1.

II. Spätere Entwürfe: Entw. EG.StGB. Art. 68 Ziff. 42, 43.

III. Spätere Fassungen: Ges. vom 5. 4. 1888 (RGBl. 133). Bek. vom 22. 3. 1924 (RGBl. I 318). VO. vom 9. 3. 1932 (RGBl. I 121, 124) zweiter Teil Art. II Nr. 1. Das Vereinheitlichungsges. vom 12. 9. 1950 hat die Vorschrift nur (unwesentlich) stilistisch geändert.

1. a) Der Fall, daß die Öffentlichkeit eine **Gefährdung der Staatssicherheit** besorgen läßt, ist besonders hervorgehoben, weil in diesem Falle mit der Ausschließung der Öffentlichkeit besondere rechtliche Wirkungen verbunden sind (§ 174 Abs. 2 und Art. II, III des Ges. vom 5. 4. 1888). Die Ausdrucksweise „Gefährdung der öffentlichen Ordnung, insbesondere der Staatssicherheit" ist aber nicht ganz zutreffend, da eine Gefährdung der Staatssicherheit (z. B. durch Bekanntwerden von Plänen von Befestigungsanlagen u. dgl.) auch möglich ist, ohne daß von einer Gefährdung der öffentlichen Ordnung die Rede sein kann. Das Gesetz will aber jede Gefährdung der Staatssicherheit treffen (so auch von Kries 259 Anm. 2; vgl. RG. GA. **46** 383). „Staatswohl" ist nicht gleichbedeutend mit „Staatssicherheit" (RG. GA. **47** 383); eine Gefährdung der Staatssicherheit liegt also z. B. nicht vor, wenn der Ruf einer im öffentlichen Leben an bedeutsamer Stelle stehenden Persönlichkeit angegriffen ist. — § 172 GVG. ist entsprechend anzuwenden, wenn in Verhandlungen vor deutschen Gerichten eine Gefährdung der Sicherheit der im Bundesgebiet stationierten ausländischen Streitkräfte oder ihrer Mitglieder zu besorgen ist (Art. 14 des „Truppenvertrages", abgedr. im Anhang unter C).

Der Fall, daß die Öffentlichkeit zu einer **Störung der Verhandlung** oder zu einer **Erschwerung der Wahrheitsermittlung** führt, ist nicht besonders hervorgehoben, weil darin eine Gefährdung der öffentlichen Ordnung liegen kann (Begr. 93). So rechtfertigt z. B. fortwährende Störung des Ganges der Hauptverhandlung durch die Zuhörer den Ausschluß der Öffentlichkeit wegen Gefährdung der öffentl. Ordnung. (OLG. Düsseldorf HESt. **1**, 206; vgl. dazu auch § 177 Anm. 4.) Ein Fall der Erschwerung der Wahrheitsermittlung liegt noch nicht vor, wenn dem Zeugen durch wahrheitsgemäße Aussage in öffentl. Verhandlung bloße Unannehmlichkeiten drohen, wie sie sich aus der Erfüllung der Zeugnispflicht unvermeidbar ergeben können, wohl aber bei einer Gefahr für Leib und Leben durch den Angeklagten oder dessen Anhang, wobei es genügt, daß Personen, die der öffentl. Verhandlung als Beteiligte oder Zuhörer beiwohnen, Dritten die Kenntnis der Aussage vermitteln können, von denen dann die Gefährdung des Zeugen ausgehen kann (BGHSt. **3** 344 = NJW. **1953**, 315. Vgl. dazu noch RGSt. **30** 244, RG. Recht **1930** Nr. 2271 = BayZ. **1931** 140, Hellwig JR. **1931** 259, Feisenberger DJZ. **1932** 452, Meyer JR. **1932** 138; vgl. auch RG. JW. **1896** 511, GA. **47** 290.)

Die Besorgnis einer **Gefährdung der öffentlichen Ordnung** ist auch begründet, wenn die Gefahr besteht, daß (nicht allgemein bekannte) Maßnahmen und Einrichtungen der Polizei und anderer Stellen, die der Verhütung oder Aufklärung strafbarer Handlungen dienen, durch ihre Erörterung in öffentl. Verhandlung allgemein oder bestimmten Täterkreisen bekannt werden und dadurch an Wirksamkeit verlieren (z. B. bei der Vernehmung eines Fingerabdrucksachverständigen [BGH. MDR. **1954**, 400]) oder daß durch die Erörterung von Einzelheiten über neue oder eigenartige Begehungsformen von Straftaten Zuhörer zur Nachahmung angeregt werden; s. dazu Nr. 114 RiStV. **1953**. Besonders gilt das für Münzstrafsachen (RiStV. **1953** Nr. 216).

b) Der Begriff des **Geschäfts- oder Betriebsgeheimnisses** ist aus § 17 UnlWG. zu entnehmen. (Vgl. die Kommentare dazu.) Die Ausdehnung der Vorschriften über den Ausschluß der Öffentlichkeit auf die Gefährdung von Betriebsgeheimnissen in der VO. vom 9. 3. 1932 steht in engem Zusammenhang mit den in dieser VO. an dem UnlWG. vorgenommenen Änderungen, die den Zweck verfolgen, den bis dahin recht mangelhaften Schutz der Geschäfts- und Betriebsgeheimnisse im volkswirtschaftlichen Interesse zu verbessern. Demgemäß ist als Geschäfts- oder Betriebsgeheimnis jede nicht offenkundige, Unberufenen jedenfalls unbekannte Tatsache zu verstehen, an deren Geheimhaltung der Geschäftsinhaber ein verständiges Interesse hat und die geheimzuhalten er auch gewillt ist (RGSt. **38** 108, **40** 406, **42** 394, **48** 12, RG. vom 9. 7. 1931 III 1016/30 u. a.). Es müssen also die („objektive") Geheimniseigenschaft und der Geheimhaltungswille des Geheimnisinhabers zusammentreffen.

c) Gefährdung der Sittlichkeit. Die Gefahren, die der heranwachsenden Jugend drohen, wenn in der Presse über den Hergang von Verhandlungen, die auf dem geschlechtlichen Gebiete liegende Straftaten zum Gegenstand haben, in „sensationeller" Weise berichtet wird, haben in dem Entw. EG. StGB. (Art. 68 Ziff. 43ff.) zu Vorschlägen geführt, die darauf hinauslaufen, den Ausschluß der Öffentlichkeit wegen Gefährdung der Sittlichkeit (unter dem Gesichtspunkt des Jugendschutzes) zu erleichtern. Im Sinne dieser Bestrebungen liegt es, wenn RiStV. **1953** Nr. 113 darauf hinweist, der Ausschluß der Öffentlichkeit wegen Gefährdung der Sittlichkeit könne schon dann gerechtfertigt sein, wenn die heranwachsende Jugend durch die öffentliche Erörterung sittlicher Verfehlungen erheblich gefährdet würde. — Auch wenn die Öffentlichkeit nicht ausgeschlossen wird, kann der Gesichtspunkt des Jugendschutzes dazu führen, unerwachsenen Personen den Zutritt zur Verhandlung gem. § 175 Abs. 1 zu untersagen.

Ausschluß der Öffentlichkeit wegen Gefährdung „der guten Sitten" oder „im Interesse" der guten Sitten ist regelmäßig als Ausschluß wegen „Gefährdung der Sittlichkeit" zu verstehen (RG. vom 26. 11. 1900 III 3505/00, vom 12. 7. 1904 IV 1287/04, vom 27. 6. 1910 III 468/10, vom 18. 1. 1916 II 708/15).

2. Ob die Besorgnis einer Gefährdung der öffentlichen Ordnung usw. begründet ist, unterliegt dem **Ermessen des Gerichts;** die Anträge und Erklärungen der Prozeßbeteiligten sind dabei nach keiner Richtung hin maßgebend (RGSt. **26** 396, **66** 113, RG. vom 16. 4. 1929 I 310/29). Vgl. § 174 Anm. 2.

3. — für die Verhandlung oder für einen Teil davon — Die Ausschließung der Öffentlichkeit kann sowohl bei Beginn der Verhandlung wie auch zu jedem Zeitpunkt in deren Verlauf und ebensowohl für die ganze Verhandlung wie für einen Teil ausgesprochen werden; im Zweifel ist sie als für die ganze noch folgende Verhandlung beschlossen anzusehen. — Abgesehen von den in § 173 bezeichneten Verfahrensakten kann die Öffentlichkeit für jeden Verfahrensabschnitt ausgeschlossen werden; insbes. besteht keine Vorschrift, daß der Eröffnungsbeschluß öffentlich verlesen werden muß (RG. vom 13. 5. 1927 I 392/27). Ist die Öffentlichkeit durch Beschluß für einen bestimmten Verfahrensabschnitt ausgeschlossen, so bedeutet es einen Verstoß gegen die Vorschriften über die Öffentlichkeit, wenn ohne Änderung oder Ergänzung des Beschlusses die Öffentlichkeit für weitere Verfahrensabschnitte ausgeschlossen bleibt, wenn also der lediglich für die Dauer der Vernehmung des Angekl. beschlossene Ausschluß der Öffentlichkeit ohne weiteres auf die Vernehmung eines oder mehrerer Zeugen erstreckt wird (RG. JW. **1926** 820; BGHSt. **1** 334; **4** 279; NJW. **1955** 759) oder wenn die nur für die Dauer der Vernehmung des Angekl. und der Zeugen ausgeschlossene Öffentlichkeit vom Vorsitzenden erst nach den Schlußvorträgen wiederhergestellt wird (RG. JR. **1935** 822). Jedoch ist ein Ausschließungsbeschluß der Auslegung fähig. So kann z. B. der Ausschluß der Öffentlichkeit für die Dauer der Vernehmung eines Zeugen dahin ausgelegt werden, daß der Ausschluß noch weitere Verfahrensvorgänge umfaßt, die mit der Vernehmung in enger Verbindung stehen oder sich unmittelbar aus ihr entwickeln und daher zu dem Verfahrensabschnitt gehören, für den sinngemäß die Öffentlichkeit ausgeschlossen werden sollte (RGSt. **48** 367; **70** 110; HRR. **1939** Nr. 449), z. B. die gemäß § 247 Abs. 1 Satz 3 StPO. dem Angeklagten zu machende Mitteilung (RGSt. **60** 164; vgl. auch RG. vom 8. 6. 1923 IV 279/23 u. RG. Recht **1930** Nr. 2154). Ist die Öffentlichkeit nur für einen bestimmten Verfahrensabschnitt ausgeschlossen, so liegt nach BGH. NJW. **1955** 759 sogar dann eine gesetzwidrige Beschränkung der Öffentlichkeit vor, wenn nach Beendigung dieses Abschnitts das Gericht einer Person nach § 175 Abs. 2 die Anwesenheit gestattet und damit die Absicht zu erkennen gibt, weiterhin nicht öffentlich zu verhandeln, einen förmlichen Beschluß über die weitere Ausschließung der Öffentlichkeit aber unterläßt (wohl zu weitgehend). Ist die Öffentlichkeit „für die Verhandlung" ausgeschlossen, so handelt der Gerichtswachtmeister gesetzmäßig, wenn er vor der Urteilsverkündung ohne förmliche Anordnung des Gerichts die Türen des Sitzungssaals wieder öffnet (RGSt. **53** 271). Ist durch Gerichtsbeschluß bestimmt worden, daß die Öffentlichkeit „bis zur Urteilsverkündung" ausgeschlossen werde, so tritt die Öffentlichkeit mit der Urteilsverkündung von selbst wieder ein. Es bedarf in diesem Falle nicht der Verkündung eines besonderen Beschlusses oder einer besonderen Anordnung des Vorsitzenden (RG. 18. 3. 1926 II 49/26); vgl. Anm. 6. Wenn während der Verhandlung ein Richter erkrankt und kein Ergänzungsrichter vorhanden ist, muß die Verhandlung von neuem beginnen; ein bereits gefaßter Beschluß über Ausschließung der Öffentlichkeit wird wirkungslos (RGSt. **62** 198). — Wird mit einer Strafsache, die nicht öffentlich verhandelt wird, im Laufe der Verhandlung eine andere Strafsache verbunden, so bedarf es, wenn auch diese unter Ausschluß der Öffentlichkeit verhandelt werden soll, eines besonderen Beschlusses (RG. vom 17. 6. 1905 II 5902/04). — Der Beschluß über Ausschließung der Öffentlichkeit wirkt nicht nur für die Erklärungen und Vorgänge, die als solche die befürchtete Gefährdung in sich schließen, sondern für den ganzen Verfahrensabschnitt, in dem Erörterungen der fraglichen Art erwartet werden (RG. vom 24. 8. 1917 V 596/17; vgl. RGSt. **48** 367).

4. **Änderung des Beschlusses** — Das Gericht kann seinen die Öffentlichkeit betreffenden Beschluß, gleichviel ob er die Ausschließung oder die Ablehnung eines Antrages auf Ausschließung ausgesprochen hat, ändern, wenn die Verhandlung hierzu Veranlassung bietet.

5. **Anfechtung des Urteils** — Da die Ausschließung der Öffentlichkeit eine in das Ermessen des Gerichts gestellte Maßnahme ist (vgl. oben Anm. 2), so kann das auf Grund der Verhandlung ergehende Urteil nicht mit der Begründung angefochten werden, daß ein Fall, der die Ausschließung der Öffentlichkeit gerechtfertigt hätte, zu Unrecht angenommen worden sei, es sei denn, daß der Beschluß des Gerichts erkennbar durch einen Rechtsirrtum (z. B. Verkennen des Begriffs der öffentlichen Ordnung, der Sittlichkeit) beeinflußt gewesen ist. Die Nichtausschließung der Öffentlichkeit ist, da das Gesetz in der Öffentlichkeit eine Gewähr für die Richtigkeit der Entscheidung findet und der Angeklagte keinen Anspruch auf Ausschließung hat, niemals ein Grund zur Anfechtung des Urteils (RG. HRR. **1939** Nr. 278; KG. JR. **1950** 119). Deshalb ist eine Anfechtung auch nicht darauf zu gründen, daß, entgegen einem die Ausschließung anordnenden Beschluß, ein Teil der Verhandlung dennoch öffentlich stattgefunden habe (vgl. Anm. 14 zu § 338 StPO.). Auch im Jugendstrafverfahren ist ein Verstoß gegen die durch § 48 Abs. 1 JGG. vorgeschriebene Nichtöffentlichkeit kein absoluter Revisionsgrund (§ 338 Nr. 6 StPO.), kann aber dort mit Rücksicht auf die mit dem Grundsatz der Nichtöffentlichkeit verfolgten Zwecke ein relativer Revisionsgrund (§ 337 StPO.) sein (näheres Dallinger-Lackner Anm. 6, 7 zu § 48 JGG.).

6. Zur **Wiederherstellung der Öffentlichkeit** ist keine ausdrückliche Anordnung des Gerichts nötig (RGSt. **53** 271); vgl. Anm. 3.

§ 173

(1) Die Verkündung des Urteils erfolgt in jedem Falle öffentlich.

(2) Durch einen besonderen Beschluß des Gerichts kann unter den Voraussetzungen des § 172 auch für die Verkündung der Urteilsgründe oder eines Teiles davon die Öffentlichkeit ausgeschlossen werden.

I. Entstehungsgeschichte: Entw. § —.

II. Spätere Entwürfe: Entw. EG.StGB. Art. 68 Ziff. 44.

III. Spätere Fassungen: Ges. vom 5. 4. 1888 (RGBl. 13). Bek. vom 22. 3. 1924 (RGBl. I 319). VO. vom 9. 3. 1932 (RGBl. I 121, 124) zweiter Teil Art. II Nr. 2. Das Vereinheitlichungsges. vom 12. 9. 1950 hat keine Änderungen gebracht.

Zu Abs. 1.

1. Die **Urteilsformel** ist stets öffentlich zu verkünden. War die Öffentlichkeit im Laufe der Verhandlung ausgeschlossen, so muß die Wiederherstellung aus dem Sitzungsprotokoll ersichtlich sein (RG. vom 8. 10. 1926 I 502/26; BGHSt. **4** 280).

Wird im gerichtlichen **Bußgeldverfahren** auf Grund einer mündlichen Verhandlung entschieden (§ 55 Abs. 3 des Ges. über Ordnungswidrigkeiten vom 25. 3. 1952; vgl. Anm. 1 zu § 169), so ergeht die Entscheidung durch Beschluß, der nach richtiger Auffassung nicht verkündet, sondern lediglich zugestellt wird (vgl. Dalcke [-Schäfer] [36] Anm. 4 zu § 55). Folgt man aber der Auffassung, die einen verkündeten Beschluß gem. §§ 260, 268 StPO. verlangt (so OLG. Celle NdsRpfl. **1953**, 231), so würde die sinngemäße Anwendung der für die Hauptverhandlung geltenden Vorschriften (§ 55 Abs. 3 Satz 3 OWiG.) bedeuten, daß die Beschlußformel stets öffentlich zu verkünden ist. — Über die Bedeutung eines Verstoßes gegen § 173 Abs. 1 besteht Streit; es fragt sich, ob er lediglich einen Revisionsgrund nach § 337 oder einen absoluten Revisionsgrund nach § 338 Nr. 6 StPO. begründet. Nach BGHSt. **4** 279 ist — in Übereinstimmung mit der früheren Rechtspr. des RG. (RGSt. **1** 90; **60** 279), aber entgegen dessen späterer Rechtsprechung (RGSt. **69** 175; **71** 377) — ein absoluter Revisionsgrund anzunehmen (ebenso OGHSt. **3** 83). Käme nur ein Revisionsgrund nach § 337 StPO. in Betracht, so wäre, wie BGHSt. **4** 282 meint, der Nachweis, daß das Urteil auf dem Gesetzesverstoß beruht, ohne Verletzung des Beratungsheimnisses nicht zu führen und eine Verletzung des § 173 GVG. damit praktisch unrügbar (vgl. Anm. 14 zu § 338 StPO.). Dieser Auffassung ist Poppe NJW. **1955**, 6 (s. auch Niethammer SJZ. **1948**, 195; OLG. Köln HESt. **1**, 207) mit gewichtigen Gründen entgegentreten. In der Tat läßt sich bezweifeln, ob wirklich eine offensichtlich versehentliche Unterlassung, die während der Verhandlung ausgeschlossene Öffentlichkeit vor der Urteilsverkündung wiederherzustellen, es stets geboten erscheinen läßt, das Urteil aufzuheben und das Verfahren zu wiederholen (man denke an die sog. Monstreprozesse mit großem Aufgebot an Zeugen und Sachverständigen). Auch wenn man die Rücksichtnahme auf das Vertrauen der Öffentlichkeit (vgl. Vorbem. 1a vor § 169) noch so nachdrücklich betont, so ist doch zu bedenken, daß es schwerlich dem Vertrauen in die Rechtspflege dient, wenn ein Versehen, daß auf den Inhalt des Urteils keinerlei Einfluß gewinnen konnte, zur Wiederholung der Verhandlung unter großem Zeit- und Kostenaufwand führen müßte. Die Erwägung des BGH., daß bei Annahme eines einfachen Revisionsgrundes eine Revisionsrüge im Hinblick auf das Beratungsgeheimnis ausgeschlossen und damit ein Verstoß gegen § 173 praktisch unrügbar sei, verliert ihr Gewicht, wenn man mit den Ausführungen in Anm. 3b zu § 198 annimmt, daß bei konkreter Behauptung eines Zusammenhangs zwischen der Beratung oder ihrem Ergebnis und dem Ausschluß der Öffentlichkeit eine Anhörung der beteiligten Richter möglich ist. Im übrigen würde auch eine aus eigner Iniative erfolgende dienstliche Erklärung der Richter, daß die Nichtwiederherstellung der Öffentlichkeit lediglich auf einem Versehen beruhe, schon nach ihrem Inhalt keine Preisgabe eines Beratungsgeheimnisses darstellen. Auch bei solcher Betrachtung wird § 173 Abs. 1 keineswegs ohne weiteres zur lex imperfecta, denn wo nicht eindeutig feststeht, daß lediglich ein für den Inhalt der Entscheidung bedeutungsloses Versehen vorliegt, muß das Revisionsgericht aufheben (Poppe a.a.O.)

Zu Abs. 2.

2. Die **Urteilsgründe,** die nach der ursprünglichen Fassung der Vorschrift gleichfalls stets öffentlich zu verkünden waren, dürfen unter Ausschluß der Öffentlichkeit bekannt gegeben werden, wenn einer der Gründe des § 172 vorliegt.

Der Beschluß, der für die Verhandlung oder einen Teil davon die Öffentlichkeit ausgeschlossen hat, rechtfertigt nicht die nichtöffentliche Verkündung der Urteilsgründe; vielmehr bedarf es hierfür stets eines besonderen, ausdrücklich darauf gerichteten und gemäß § 174 Abs. 1 Satz 3 begründeten Beschlusses (RGSt. **20** 383). Auch bedarf es für diesen Beschluß einer besonderen Verhandlung (§ 174 Anm. 2, RGSt. **35** 103, **60** 280), die naturgemäß erst am Schlusse der Beweisaufnahme stattfinden kann (RGSt. **60** 279, **69** 175; BGHSt. **4** 280. A. M. Prot. der ReformKomm. **2** 242, 385, Beschl. Nr. 39, N. E. I GVG. § 175, Begr. 185). Die Verhandlung ist auch noch zulässig, wenn mit der Verkündung des Urteils bereits begonnen worden ist und die Verlesung der Urteilsformel bereits stattgefunden hat (RG. Recht **1922** Nr. 911). —

Auch die Verletzung des § 173 Abs. 2 stellt — ebenso wie die des Abs. 1, vgl. Anm. 1 — nach BGHSt. **4**, 279 einen absoluten Revisionsgrund (§ 338 Nr. 6 StPO.) dar.

3. Im **jugendgerichtlichen Verfahren** erfolgt, abweichend von § 173, auch die Verkündung des Urteils grundsätzlich in nichtöffentlicher Verhandlung (§ 48 JGG., abgedr. zu § 169; vgl. dazu Anm. 9 zu § 169, Anm. 5 zu § 172).

§ 174

(1) Über die Ausschließung der Öffentlichkeit ist in nicht öffentlicher Sitzung zu verhandeln, wenn ein Beteiligter es beantragt oder das Gericht für angemessen erachtet. Der Beschluß, der die Öffentlichkeit ausschließt, muß öffentlich verkündet werden. Bei der Verkündung ist in den Fällen der §§ 172, 173 anzugeben, aus welchem Grund die Öffentlichkeit ausgeschlossen worden ist.

(2) Ist die Öffentlichkeit wegen Gefährdung der Staatssicherheit oder eines Geschäfts- oder Betriebsgeheimnisses ausgeschlossen, so kann das Gericht den anwesenden Personen die Geheimhaltung von Tatsachen, die durch die Verhandlung, durch die Anklageschrift oder durch andere amtliche Schriftstücke des Prozesses zu ihrer Kenntnis gelangen, zur Pflicht machen. Der Beschluß ist in das Sitzungsprotokoll aufzunehmen. Er ist anfechtbar. Die Beschwerde hat keine aufschiebende Wirkung.

I. Entstehungsgeschichte: Entw. § 141.

II. Spätere Entwürfe: Entw. EG.StGB. Art. 68 Ziff. 45, 46.

III. Spätere Fassungen: Ges. vom 5. 4. 1888 (RGBl. 133). Bek. vom 22. 3. 1924 (RGBl. I 319). VO. vom 9. 3. 1932 (RGBl. I 121, 124) zweiter Teil Art. II Nr. 3. Das Vereinheitlichungsges. vom 12. 9. 1950 hat § 174 nur stilistisch geändert.

Literatur: Käckell Der Schweigebefehl (1920).

Zu Abs. 1.

1. Beschluß über die Ausschließung — Über die Ausschließung der Öffentlichkeit ist auf Antrag oder von Amts wegen zu entscheiden. Es ist Sache der Staatsanwaltschaft, in den Fällen, in denen sie die Ausschließung für angemessen hält, einen Antrag zu stellen (RiStV. **1953** Nr. 112). Auf jeden Antrag, auch wenn er von dem Beschuldigten oder von dem Privatkläger oder dem Nebenkläger gestellt ist, hat das Gericht eine ausdrückliche Entscheidung zu fällen. Eine Anregung zum Ausschluß der Öffentlichkeit wird auch von einem Geschworenen und insbesondere auch von einem Zeugen gegeben werden können; indessen sind diese Personen nicht zu den Beteiligten zu rechnen, die über den Ausschluß zu verhandeln haben (vgl. Anm. 2). Auch bei mehrmaliger Ausschließung der Öffentlichkeit ist jeweils gem. § 174 zu verfahren. Über Fälle, in denen es keines erneuten Ausschließungsbeschlusses bedarf, vgl. Anm. 3c zu § 169. Der Beschluß, für einen bestimmten Teil der Verhandlung die Öffentlichkeit auszuschließen, kann erlassen werden, ohne daß ihm dieser Verhandlungsteil sofort folgt; es kann dem Vorsitzenden überlassen werden, die Zeit der Ausführung des Beschlusses zu bestimmen.

2. Verhandlung über die Ausschließung — Bevor die Ausschließung der Öffentlichkeit beschlossen werden kann, muß über sie verhandelt, d. h. es muß der Staatsanwaltschaft und dem (anwesenden) Angeklagten, von mehreren Angeklagten jedem einzelnen, und der Verteidigung (RG. GA. **48** 133) Gelegenheit zur Abgabe von Erklärungen gegeben werden. Ist die Anhörung unterblieben, so ist auch hier streitig, ob ein absoluter Revisionsgrund (§ 338 Nr. 6 StPO.) vorliegt — so die ältere Rechtsprechung des RG. (RGSt. **35** 103, RGSt. **57** 26, 264, **60** 280, RG. JW. **1928** 2146 und JW. **1934**, 1365) sowie OLG. Düsseldorf HESt. **1**, 206 — oder nur ein Revisionsgrund nach § 337 StPO. — so RGSt. **69**, 175, 401; RG. HRR. **1939** Nr. 1567; BGH. DRiZ. **1954** Heft 7 Beil. S. 86 Nr. 651 —; den Vorzug verdient die letztere Auffassung (vgl. auch Anm. 1 zu § 173). Wird die Öffentlichkeit in weiterem Umfange ausgeschlossen, als bei der Verhandlung angegeben war, so gilt die Verhandlung als nicht geschehen (RG. JR. **1926** Nr. 1211). Der Umstand, daß der Angeklagte auf Grund des § 247 StPO. zeitweise aus dem Sitzungszimmer entfernt war, macht seine Anhörung nicht entbehrlich; vielmehr muß ihn das Gericht, um ihn zu hören, wieder in den Sitzungssaal führen lassen; es genügt nicht, daß in seiner Abwesenheit sein Verteidiger gehört ist (RGSt. **18** 138; vgl. auch RG. vom 18. 1. 1906

I 1732/05). Auch der Nebenkläger oder sein Vertreter ist zu hören (StPO. § 397) (RG. GA. **43** 242, RGSt. **35** 103, RG. JW. **1931** 2505); desgleichen im Privatklageverfahren der Privatkläger (StPO. § 385). Doch kann der Angeklagte keine Verfahrensrüge darauf stützen, daß der Privatkläger oder der Nebenkläger nicht gehört worden sei (OLG. Braunschweig JR. **1929** Nr. 1180). Daß jeder einzelne der Beteiligten ausdrücklich zu einer Erklärung aufgefordert werden müsse (wie RG. GA. **43** 242 angenommen hatte) ist nicht erforderlich; es genügt, daß den Beteiligten allgemein Gelegenheit zur Stellungnahme gewährt wird (RGSt. **37** 437, **47** 343; RG. JW. **1934**, 1365; OGHSt. **2**, 113; BGH JZ. **1951**, 655 = LM. Nr. 2). Nötig ist stets auch die Anhörung des Verteidigers (RG. SeuffBl. **71** 448, BayZ. **1909** 211, JW. **1931** 2505; a. M. RG. vom 16. 2. 1906 IV 40/06 und vom 26. 2. 1931 III 61/31 — bedenklich —). Dem Erfordernis, daß über die Ausschließung verhandelt werden muß, ist genügt, wenn der Staatsanwalt die Ausschließung beantragt und der Verteidiger ihm widersprochen hat (OLG. Dresden JW. **1932** 3657); desgl., wenn sich aus dem Protokoll ergibt, daß der Vorsitzende die Ausschließung der Öffentlichkeit angeregt, aber niemand von den Beteiligten widersprochen hat (RG. vom 18. 5. 1912 III 448/12). Auf jeden Fall muß aus dem Sitzungsprotokoll ersichtlich sein, daß den Prozeßbeteiligten Gelegenheit gegeben worden ist, sich über die beabsichtigte oder beantragte Maßregel des Ausschlusses der Öffentlichkeit zu äußern (RGSt. **1** 50, RGRspr. **2** 480, RGSt. **10** 92, **20** 21, 52, **57** 26, RG. vom 10. Dez. 1917 I 470/17). Fehlt eine Beurkundung hierüber im Protokoll, so gilt die Förmlichkeit als nicht erfüllt (RG. Recht **1918** 460, RG. JW. **1934**, 1365). Wenn in dem Sitzungsprotokoll beurkundet ist, daß der Verteidiger zu der beabsichtigten Ausschließung eine Erklärung abgegeben hat, so muß in der Regel angenommen werden, daß auch der Angeklagte Gelegenheit gehabt hat, eine Erklärung abzugeben (RG. vom 19. 3. 1901 II 549/01, vom 30. 4. 1903 I 474/03, vom 12. 2. 1926 I 40/26). — Daß der zur Erklärung Aufgeforderte der Aufforderung nachkommt und eine Erklärung abgibt, ist nicht erforderlich (BGH. MDR. **1951**, 539; OGHSt. **2**, 113).

Eine Beweiserhebung, die zur Frage der Ausschließung der Öffentlichkeit nötig wird, ist nicht an die Formen der Beweisaufnahme zur Schuld- und Straffrage gebunden, sondern kann formlos geschehen (RGSt. **66** 113).

3. Öffentlichkeit der Verhandlung — Über die Ausschließung wird öffentlich verhandelt, sofern nicht die geheime Verhandlung von einem Prozeßbeteiligten beantragt oder von dem Gericht für angemessen erachtet wird. Einem derartigen Antrage muß das Gericht Folge geben. § 175 Abs. 2 gilt auch hier (RGSt. **33** 311). (Nach der ursprünglichen Fassung der Vorschrift mußte über die Ausschließung der Öffentlichkeit stets in nichtöffentlicher Sitzung verhandelt werden, was meistens eine unnötige Weiterung enthielt.)

4. Verkündung des Beschlusses — Der Beschluß, der die Öffentlichkeit ausschließt, muß seinem ganzen Inhalt (Anm. 5) nach öffentlich verkündet und der Beschluß sowie die Tatsache seiner öffentlichen Verkündung (§ 272 Nr. 5 StPO.) in das Protokoll aufgenommen werden (RG. GA. **38** 195, Recht **1918** Nr. 46; BGH. vom 18. 8. 1955 I 278/55, mitgeteilt bei Herlan MDR. **1955**, 653). Das gilt auch für den Beschluß nach § 173 Abs. 2 (RG. GA. **51** 399). Unzulänglich ist eine Beurkundung im Protokoll: „Auf allseitigen Wunsch wurde die Öffentlichkeit wegen ... ausgeschlossen"; sie läßt nicht zweifelsfrei erkennen, ob die Öffentlichkeit durch das Gericht und nicht nur durch den Vorsitzenden ausgeschlossen wurde (BGH. vom 18. 8. 1955 I 278/55). — War die Öffentlichkeit zunächst nur für einen Teil der Verhandlung ausgeschlossen, und beschließt das Gericht demnächst, sie noch weiter auszuschließen, so gilt das Vorbemerkte auch für den neuen Beschluß (KG. JR. **1932** Nr. 693; RG. HRR. **1939** Nr. 1567; RGSt. **70**, 109). Dieselbe Regel ist anzuwenden, wenn die Öffentlichkeit im Laufe der Verhandlung wieder hergestellt worden ist, demnächst aber von neuem ausgeschlossen werden soll (RG. Recht **1911** Nr. 3789). Der Beschluß über Wiederherstellung der Öffentlichkeit braucht nicht in öffentlicher Sitzung verkündet zu werden (RG. vom 23. 7. 1900 2683—00). Ist die Öffentlichkeit bereits wegen Gefährdung der Sittlichkeit ausgeschlossen und wird dann weiter beschlossen, sie auch wegen Gefährdung der Staatssicherheit auszuschließen (oder umgekehrt), so braucht der Beschluß hierüber nicht öffentlich verkündet zu werden; denn durch ihn kann keine weitere Beschränkung der Öffentlichkeit mehr eintreten; die Ausschließung, die auf Grund des ersten Beschlusses besteht, gilt für alle Prozeßhandlungen, die während der Ausschließung vorzunehmen sind, auch für den hier fraglichen Beschluß (RG. JR. **1935** Nr. 1283 = JW. **1935** 2496 Nr. 11).

5. Einer **Begründung** bedarf der Beschluß nur insofern, als er die Angabe enthalten muß, aus welchem der im Gesetz bezeichneten Gründe die Öffentlichkeit ausgeschlossen wird; eine weitere Begründung ist nicht vorgeschrieben (RGSt. **26** 396; BGHSt. **1** 334). Das Fehlen jener Angabe begründet den absoluten Revisionsgrund des § 338 Nr. 6 StPO. (RGSt. **70** 112; BGH. St. **2** 56; RGZ. **128** 216). Das gilt auch dann, wenn sich der Grund aus der Natur der zu verhandelnden Sache oder aus dem Sachzusammenhang (z. B. aus einem dem Beschluß vorangegangenen begründeten Antrag) erkennen läßt (RGSt. **25** 248, RGZ. **128** 216; BGHSt. **1** 334; **2** 56). Notwendig ist die Angabe auch deshalb, weil die rechtlichen Wirkungen des Beschlusses verschieden sind, je nachdem er auf den einen oder auf den anderen Ausschließungsgrund gestützt wird; vgl. § 174 Abs. 2, sowie Art. III des Ges. vom 5. 4. 1888.

6. **Heilung von Verstößen** — Ein Verstoß gegen die Vorschriften über die Öffentlichkeit kann durch eine ordnungsmäßige Wiederholung des in Betracht kommenden Teiles der Verhandlung geheilt werden (RGSt. **35** 353; vgl. auch RGSt. **62** 198). — Ein **rein tatsächlicher Ausschluß der Öffentlichkeit,** der dem Gericht oder dem Vorsitzenden nicht bekannt geworden ist, begründet nicht die Revision (RG. DJZ. **1905** 171, RG.St. **43** 188; **71** 377; offen gelassen in BGHSt. **4** 283). Insbesondere begründet das Verschulden eines Gerichtswachtmeisters nicht die Aufhebung des Urteils; vgl. § 169 GVG. Anm. 3, § 338 StPO. Anm. 14.

Zu Abs. 2.

7. Abs. 2 ist erst durch das Ges. vom 5. 4. 1888 eingefügt worden; er behandelt den sog. **Schweigebefehl.** Zulässig ist der Befehl nur, wenn die Ausschließung der Öffentlichkeit wegen Gefährdung der Staatssicherheit oder eines Geschäfts- oder Betriebsgeheimnisses beschlossen wird (vgl. § 172 Anm. 1). Der Schweigebefehl bedarf keiner Begründung. Es empfiehlt sich, ihn mit einem Hinweis auf die Strafbarkeit einer Verletzung des Schweigegebots (vgl. Vorbem. 2 vor §§ 172—175) zu verbinden (RiStV. **1953** Nr. 112). — Ist Berichterstattern von Presse und Rundfunk die Anwesenheit gestattet und ist zu befürchten, daß geheimzuhaltende Tatsachen über den Kreis der Zeugen und Zuhörer hinaus durch Presse und Rundfunk verbreitet werden, so sollen, wenn das Gericht von einem Schweigegebot absieht, Vorsitzender und Staatsanwalt die Berichterstatter zu einer freiwilligen Beschränkung in ihrem Bericht veranlassen (RiStV. **1953** Nr. 112).

8. Eine ins einzelne gehende Bezeichnung der geheimzuhaltenden **Tatsachen** ist nicht erforderlich; vielmehr können sie in dem Beschluß unter einer Gesamtbezeichnung (z. B. „die auf die Anlagen in A. bezüglichen Tatsachen“) zusammengefaßt werden (vgl. Ber. der IX. Komm. des RT. vom 18. 2. 1888 S. 7).

9. Der Schweigebefehl tritt mit der **Verkündung** in Kraft; die Protokollierung dient nur zum Zwecke des Beweises (ebenso Schwarz Anm. 1; A. M. Baumbach-Lauterbach Anm. 2).

10. **Aufhebung** — Das Gericht kann den Schweigebefehl jederzeit zurücknehmen (RG. vom 30. 1. 1926 6 J. 344/21).

11. Die Anfechtung mit der **Beschwerde** setzt voraus, daß der Schweigebefehl von einem Gericht erlassen worden ist, dessen Beschlüsse nach § 304 StPO. überhaupt der Beschwerde unterliegen; gegen einen von dem Bundesgerichtshof oder von einem Oberlandesgericht erlassenen Schweigebefehl findet daher keine Beschwerde statt. — Die Beschwerde ist fristlos. Sie steht den Prozeßbeteiligten sowie jedem zu, der von dem Schweigebefehl betroffen ist.

§ 175

(1) Der Zutritt zu öffentlichen Verhandlungen kann unerwachsenen und solchen Personen versagt werden, die sich nicht im Besitz der bürgerlichen Ehrenrechte befinden oder die in einer der Würde des Gerichts nicht entsprechenden Weise erscheinen.

(2) Zu nicht öffentlichen Verhandlungen kann der Zutritt einzelnen Personen vom Gericht gestattet werden. Einer Anhörung der Beteiligten bedarf es nicht.

(3) Die Ausschließung der Öffentlichkeit steht der Anwesenheit der die Dienstaufsicht führenden Beamten der Justizverwaltung bei den Verhandlungen vor dem erkennenden Gericht nicht entgegen.

I. Entstehungsgeschichte: Entw. § 142.
II. Spätere Entwürfe: Entw. EG.StGB. Art. 68 Ziff. 47.
III. Spätere Fassungen: Ges. vom 5. 4. 1888 (RGBl. S. 133). Das Vereinheitlichungsges. vom 12. 9. 1950 hat keine Änderungen vorgenommen.

Zu Abs. 1.

1. § 175 bezieht sich nur auf solche Personen, die bei der Verhandlung selbst nicht beteiligt sind. Wann einer bei der Verhandlung beteiligten Person wegen dieser Beteiligung der Zutritt zu dem Sitzungszimmer versagt werden darf, darüber s. §§ 58, 243 Abs. 4 StPO. und Anm. 3b zu § 169. — Im übrigen sind die Gründe, aus denen einzelnen Personen der Zutritt verwehrt werden kann, hier erschöpfend angegeben. So kann z. B., wenn zu befürchten ist, daß die Anwesenheit einzelner Personen die Wahrheitsermittlung erschwert, nur gemäß § 172 geholfen werden; vgl. dort Anm. 1a. (RGSt. **30** 244.)

2. a) unerwachsen — Entscheidend ist kein bestimmtes Lebensalter, sondern der Grad der körperlichen Entwicklung, die äußere Erscheinung (RGSt. **47** 375). Die Versagungsmöglichkeit beruht einmal auf der Erwägung, daß die Anwesenheit von Personen, die nach dem Grad ihrer körperlichen und geistigen Entwicklung die Bedeutung und den Ernst einer Strafverhandlung nicht erfassen können, nicht der Würde des Gerichts und eines gerichtlichen Verfahrens entspricht, zum anderen auf der Erwägung, daß auch dann, wenn die gesetzlichen Voraussetzungen für den Ausschluß der Öffentlichkeit nicht gegeben sind, der Unerwachsene durch Teilnahme an der Verhandlung gefährdet werden kann (vgl. Anm. 1c zu § 172 u. Heinen DRiZ. **1951**, 197). Volljährige sind nie „unerwachsen" (so auch Kern GVerfR. 131; KMR. Anm. 1a).

b) Einem **unter Polizeiaufsicht Stehenden,** dem die bürgerlichen Ehrenrechte nicht aberkannt worden sind (vgl. z. B. § 262 StGB.), darf der Zutritt nicht versagt werden.

3. Unter Personen, die **in einer Würde des Gerichts nicht entsprechenden Weise** erscheinen, sind namentlich angetrunken oder betrunkene oder anstößig gekleidete, aber auch geisteskranke oder geistesschwache Personen zu verstehen; auch können Personen hierher gerechnet werden, die ohne besondere Berechtigung Waffen bei sich führen.

4. kann — versagt werden — Die Befugnis, den hier bezeichneten Personen den Zutritt zu dem Sitzungszimmer zu versagen oder sie wieder hinauszuweisen, ist von dem mit der Bewachung des Zuhörerraumes betrauten Justizwachtmeister als Organ des Vorsitzenden auszuüben (RiStV. **1953** Nr. 110 Abs. 4), sofern nicht dieser selbst, von Amts wegen oder auf Antrag, eine Anordnung trifft. Die Frage, ob gegenüber der Anordnung des Vorsitzenden die Anrufung des Gerichts zulässig ist, wird mit Rücksicht auf § 177 und auf die Fassung des § 175 Abs. 2 (vgl. Anm. 6) zu bejahen sein (gl. A. Stenglein Anm. 2, Feisenberger 82 Anm. 6, StPO. Anm. 2; a. M. Levin 240; KMR. Anm. 1c). — (Vgl. noch RGSt. **2** 301, RGRspr. **4** 268.)

Zu Abs. 2.

5. Nur **einzelnen Personen** darf der Zutritt gestattet werden. Es verstößt gegen den Sinn und die Absicht des Gesetzes und kommt einer Aufhebung des Ausschlusses der Öffentlichkeit gleich, wenn einer größeren Zahl von Personen der Zutritt gewährt wird; doch kann auf einen solchen Verstoß, da er ja keine ungesetzliche Beschränkung der Öffentlichkeit bedeutet, die Revision nicht gestützt werden (RGSt. **77,** 186; vgl. unten Anm. 6). — Nach Art. 105 Abs. 5 des Genfer Abkommens vom 12. 8. 1949 (BGBl. II 1954, 838) über die Behandlung der Kriegsgefangenen (vgl. Ges. vom 21. 8. 1954, BGBl. II 781, gem. Bek. vom 4. 11. 1954, BGBl. II 1133 in Kraft seit dem 3. 3. 1955) haben die Vertreter einer Schutzmacht das Recht, den Verhandlungen gegen Kriegsgefangene beizuwohnen, sofern diese nicht ausnahmsweise im Interesse der Staatssicherheit unter Ausschluß der Öffentlichkeit stattfinden müssen. — Nach Art. 8 Abs. 5 des „Truppenvertrages" (abgedr. Anh. C) sind die deutschen Gerichte bei Verhandlungen wegen strafbarer Handlungen gegen die in der Bundesrepublik stationierten ausländischen Streitkräfte und ihre Mitglieder sowie gegen deren Eigentum verpflichtet, den Vertretern der zuständigen ausländischen Behörden zu gestatten, der Hauptverhandlung beizuwohnen, „soweit nicht Sicherheitserwägungen dem entgegenstehen".

6. Durch das Ges. vom 5. 4. 1888 ist die ursprüngliche Bestimmung dahin abgeändert worden, daß die Gestattung des Zutritts nicht mehr dem Vorsitzenden, sondern dem **Gericht**

zusteht. Die Gestattung erfolgt also in Form eines Beschlusses. Ein solcher kann jedoch ausnahmsweise auch stillschweigend in der Weise ergehen, daß das Gericht gegen das Verbleiben einzelner Personen keinen Widerspruch erhebt, wie dies in Zivilprozessen bei den auf die nächsten anstehenden Sachen wartenden Anwälten in der Praxis üblich ist, oder daß der Vorsitzende ohne Widerspruch von anderer Seite die Anwesenheit gestattet (so RG. vom 12. 6. 1906 I 743/06; RG. HRR. **1934** Nr. 999). Der Vorsitzende kann kraft seines Leitungsrechts Personen, denen die Anwesenheit gemäß § 175 Abs. 2 gestattet worden war, nachträglich aus dem Sitzungszimmer entfernen; darin liegt keine Verletzung des Grundsatzes der Öffentlichkeit (RG. GA. **50** 119). Übrigens würde der Umstand, daß jemand unbefugt der Verhandlung beigewohnt hat, die Rechtsbeständigkeit des Verfahrens nicht berühren (vgl. § 172 Anm. 5).

Zu Abs. 3.

7. Den **Beamten,** die die Dienstaufsicht über die am Verfahren beteiligten Richter, Staatsanwälte oder Urkundsbeamten führen (vgl. Anm. 3 zu § 22), steht der Zutritt zu nichtöffentlichen Verhandlungen unbedingt offen; Abs. 2 findet auf sie keine Anwendung.

8. Wegen der **Beratung** des Gerichts s. § 193 und Anm. 3 das.

9. Für das **Jugendgerichtsverfahren** gilt § 48 Abs. 2 JGG. (abgedr. vor Anm. 1 zu § 169). Die Dienstaufsichtsbeamten sind hier — anders als nach § 23 Abs. 3 JGG. 1923 — nicht mehr besonders erwähnt; ihr Anwesenheitsrecht ergibt sich aber unmittelbar aus § 169 Abs. 3 GVG. Über die Zulassung anderer Personen entscheidet hier, abweichend von § 175 Abs. 2 GVG., der Vorsitzende (nicht das Gericht); seine diesbezüglichen Maßnahmen sind unanfechtbar (Dallinger-Lackner Anm. 23 zu § 48 JGG.).

§ 176

Die Aufrechthaltung der Ordnung in der Sitzung obliegt dem Vorsitzenden.

I. Entstehungsgeschichte: Entw. § 143.
II. Keine späteren Änderungen.

Literatur: Schorn, Bildberichterstattung und Rundfunkübertragung im Strafprozeß (LZ. **1932** 1408); Schmidt, Ordnung und Würde in den Gerichtssitzungen (pr. Justiz **1933** 403); Wild, Die Sitzungspolizei in Strafsachen (Diss. 1933); Heidelberg, Justizreportage, Heidelb. Diss. 1932; Kirschbaum, Zulässigkeit von Rundfunkübertragungen aus dem Gerichtssaal, Bonner Diss. 1934; Gerland, ZStW. **55,** 705; Kohlhaas, Bild- und Tonberichterstattung im Gerichtsverfahren, DRiZ. **1956,** 2. Vgl. auch das in der Vorbem. zum 14. Titel angeführte Schrifttum.

1. in der Sitzung — a) Unter Sitzung ist die Verhandlung zu verstehen, gleichviel an welchem Orte sie stattfindet (RGSt. **47** 322). Demgemäß erstrecken sich auch die hier bestimmten Befugnisse des Gerichts und des Vorsitzenden auf alle für die Verhandlung erforderlichen Räumlichkeiten, mit Einschluß der Beratungszimmer des Gerichts. Findet im Rahmen einer Hauptverhandlung eine Augenscheinseinnahme auf öffentlicher Straße statt, so ist der Vorsitzende befugt, die Öffentlichkeit durch Absperrung und sonstige Regelung des allgemeinen Verkehrs auf der Straße einzuschränken, soweit dies zur Sicherung der geordneten Vornahme des Augenscheins erforderlich ist (RG.HRR. **1938** Nr. 715). Welche Maßregeln zur Aufrechterhaltung der Ordnung zu ergreifen sind, wenn die Sitzung durch Vorgänge gestört wird, die außerhalb des Sitzungsraumes stattfinden, bestimmt sich nach den landesrechtlich bestehenden Möglichkeiten (Inanspruchnahme polizeilichen Einschreitens usw.). Wegen des Bannkreises um das Bundesverfassungsgericht vgl. § 106a StGB.

b) Die §§ 176ff. gelten während der Dauer der Sitzung. Die Sitzung beginnt nicht erst, wie die Hauptverhandlung, mit dem Zeugenaufruf (§ 243 StPO.), sondern mit der Bereitschaft zur amtlichen Tätigkeit und endet mit der Aufhebung durch den Vorsitzenden. Zur Sitzung gehören nicht (längere) Pausen, die im Lauf einer Sitzung gemacht werden. Die Beratungen des Gerichts bilden Bestandteile der Sitzung; die Zeit, während der das Gericht sich zu einer Beschlußfassung im Beratungszimmer befindet, ist keine Pause (OLGMünchenSt. **4** 446; SächsOLG. **23** 289; Levin 235; Erich, Recht **1914** 196).

c) Die Sitzungspolizeigewalt ist dem Vorsitzenden zwar zugleich mit der Verhandlungsleitung anvertraut, von ihr aber doch nach Zweck und Wesen verschieden. Kraft dieser Gewalt hat der Vorsitzende zunächst allein und nach pflichtmäßigem Ermessen darüber zu befinden, ob hinreichender Anlaß zu einem sitzungspolizeilichen Einschreiten gegeben ist. Verneint er das, so hat es hierbei sein Bewenden. Nur gegen die zur Sachleitung gehörigen Anordnungen des Vorsitzenden (§ 238 StPO.), nicht gegen seine sitzungspolizeilichen Maßnahmen, kann die Entscheidung des Gerichts angerufen werden (§ 238 Abs. 2 StPO.) (RG. DRZ. **1927** Nr. 829 = DJZ. **1927** 1694). Soweit es sich lediglich um die Aufrechterhaltung der Ordnung in den Sitzungen handelt, kann auf Maßnahmen, die der Vorsitzende innerhalb seiner Polizeigewalt ergreift oder unterläßt, nicht die Revision gestützt werden. Dasselbe gilt für die Ausübung sitzungspolizeilicher Befugnisse durch das Gericht, das zu einer Mitwirkung nur nach §§ 177ff. berufen ist (RG. DRZ. **1927** Nr. 829; dort auch Ausführungen über die Grenzen zwischen Sachleitung und Sitzungspolizei).

2. a) Das Gesetz (vgl. die Überschrift des Titels) faßt (im Ausdruck nicht einwandfrei) alles, was zur **Aufrechthaltung der Ordnung** in der Sitzung oder **aus Anlaß einer begangenen Ordnungswidrigkeit** zu geschehen hat, unter dem Ausdruck „Sitzungspolizei" zusammen. Ihre Handhabung steht teils dem Gericht, teils dem Vorsitzenden zu. Dem Gericht sind alle Maßregeln vorbehalten (§§ 177—179), die die Bedeutung einer Strafe haben. Zweifelhaft ist, ob die Anordnung von Zwangsmaßnahmen gegen die Person, soweit sie in deren Entfernung aus dem Sitzungssaal bestehen, wenn anders die Ordnung nicht herzustellen ist, zu den sitzungspolizeilichen Befugnissen des Vorsitzenden gehören kann, oder ob sie nur als Ungehorsamsfolge nach § 177 zulässig ist und nur dem Gericht zusteht. Die Bedeutung der Frage zeigt sich darin, daß dem Verteidiger gegenüber die Entfernung als Strafe nach § 177 nicht angeordnet werden kann, so daß, wenn sie nicht von den sitzungspolizeilichen Befugnissen des Vorsitzenden umfaßt wird, eine Entfernung des Verteidigers aus dem Sitzungszimmer schlechthin ausgeschlossen ist.

Die Streitfrage ist aus Anlaß eines Sonderfalls lebhaft erörtert worden, in dem der Vorsitzende einen Wahlverteidiger, der sich seinen Anordnungen nicht fügte, mit Gewalt aus dem Sitzungssaale entfernen ließ. Das Verfahren des Vorsitzenden wurde damals theoretisch für zulässig erklärt von dem Reichsjustizminister Frenken in der Reichstagssitzung vom 11. 4. 1925 [StenBer. 1017], ferner von Kern JW. **1925** 900 u. GVerfR. 138 („Notwehrmaßnahme"), Baumbach DJZ. **1925** 466, Klee GA. **69** 269, Mahn DRZ. **1925** 424, Mezger ZStW. **46** 170, sowie von dem Verfasser des namenlosen Aufsatzes „Verteidiger und Sitzungspolizei" in der JR. **1925** 264; gl. A. auch Schlegelberger-Nagel § 177 Anm. 5, Gerland Stpr. 280 Anm. 12 und RG. in dem Deutsche Justiz **1934,** 1121 erörterten Fall. Dagegen wurde und wird die Zulässigkeit des von dem Vorsitzenden eingeschlagenen Verfahrens bestritten von Drucker, Bendix, Graf Pestalozza JW. **1925** 901, 909, Brandt a. a. O., Rosenberg DRZ. **1925** 427 und in der 18. Aufl. dieses Komm.; Eb. Schmidt, Lehrkomm. II Vorbem. 10 vor § 137 StPO.; KMR. Anm. 2d zu § 176; vgl. auch KG. JW. **1933** 484, Graf zu Dohna JW. **1932** 3673; pr. OVG. DJZ. **1928** 946. Man wird annehmen müssen, daß in äußersten Fällen — aber auch nur in diesen — die Justiz nicht vor dem verantwortunglos renitenten Verteidiger zu kapitulieren braucht und daß die Polizeigewalt, die nach § 176 dem Vorsitzenden zur Durchführung der Verhandlung zusteht, ihm dann auch das Recht gibt, jedes Hindernis, das der geordneten Abwickelung der Verhandlung entgegentritt, nötigenfalls mit Gewalt zu beseitigen (vgl. den Aufsatz JR. **1925** 264). Solche Fälle werden sehr selten sein. In weniger krassen Fällen bleibt der Weg, die Sitzung zu unterbrechen und nach § 145 Abs. 4 StPO. zu verfahren (vgl. Rosenberg DRZ. **1925** 429).

b) Der Inhalt der **Befugnisse des Vorsitzenden** im übrigen läßt sich nicht durch einen einzigen Ausdruck bezeichnen. Dem Vorsitzenden steht die Ergreifung aller Maßnahmen zu, die nicht die Natur einer Strafe haben und nicht die Öffentlichkeit der Verhandlung berühren. Er hat zunächst alle zur Aufrechterhaltung der Ordnung und Ruhe erforderlichen Anordnungen zu treffen. Hierher gehört auch die Anordnung, den Angeklagten, Zeugen oder Zuhörer auf den Besitz von Waffen untersuchen und ihnen die Waffen abnehmen zu lassen (Hartung JR. **1925** 626) und die Anordnung, Rundfunkreportern, die entgegen seinen Anordnungen Übertragungen vorbereiten, die Geräte wegzunehmen (vgl. den Fall OLG. Koblenz HESt. **3**, 59). Er hat ferner das Recht und die Pflicht, den Ordnungswidrigkeiten entgegenzutreten, deren sich jemand durch sein Betragen oder durch seine Ausdrucksweise schuldig macht; insbesondere darf er die vor dem Gericht sprechenden Personen zur Ruhe und Mäßigung ermahnen, sie in ihren Auslassungen unterbrechen, unangemessene Ausdrücke sowie ein unpassendes, die Ordnung in der Sitzung störendes Verhalten rügen (Entsch. des Ehrengerichtshofs für RA. **3** 307). Er darf auch den Verteidiger beim Schlußvortrag unterbrechen und ermahnen, ihm unter Umständen auch das Wort entziehen (RG. JW. **1938,** 3161). Die (zur Vermeidung von Störungen getroffene) Anordnung, den Zuhörerraum während der Vernehmung des Angeklagten und der Zeugen nicht zu betreten oder zu verlassen, ist eine zulässige Maßnahme der Sitzungspolizei und erhält keinen Verstoß gegen den Grundsatz der Öffentlichkeit (vgl. Anm. 3 zu § 169). Die Anweisung des Vorsitzenden an den Angeklagten, auf der umfriedeten Anklagebank Platz zu nehmen (die nur getroffen werden sollte, wenn besondere Umstände vorliegen, RiStV. **1953** Nr. 107), ist gleichfalls eine sitzungspolizeiliche Maßnahme (BayObLG. DRZ. **1931** Nr. 373). Vgl. Anm. 2c Abs. 2 zu § 178. Der Vorsitzende darf auch Maßregeln androhen, zu deren Verhängung ein Gerichtsbeschluß erforderlich ist (RG. JW. **1913** 161). Dagegen kann der Vorsitzende dem Angeklagten auf Grund seiner sitzungspolizeilichen Befugnisse nicht verbieten, sich Aufzeichnungen über die Vorgänge in der Sitzung zu machen, gleichviel, ob sie den Zwecken der Verhandlung selbst oder einer späteren Verbreitung von Nachrichten über die Verhandlung dienen sollen; auch ist er nicht befugt, die Wegnahme solcher Aufzeichnungen zu verfügen (RGSt. **54** 113, Löwenstein Revision 69). Anders liegt es, wenn dadurch nur die Aufmerksamkeit des Angekl. von dem Gang der Hauptverhandlung abgelenkt wird, ohne ihm die Verteidigung zu erleichtern; dann kann der Vorsitzende auf Grund seiner verfahrensrechtlichen Sachleitungsbefugnis solche Aufzeichnungen untersagen (BGHSt. **1** 322 = JZ. **1952,** 42 mit abl. Anm. von Eb. Schmidt). Aufzeichnungen durch einen Zuhörer kann er unterbinden, wenn der Verdacht besteht, daß dieser sie zur Unterrichtung noch nicht vernommener Zeugen verwenden will (vgl. RiStV. **1953** Nr. 110 Abs. 2). Nach dem Entwurf sollte der Vorsitzende befugt sein, die anwesenden (bei der Verhandlung nicht amtlich beteiligten) Personen „zur Ordnung zu rufen" (§ 143 Abs. 2 und Begr., Hahn, Mat. z. GVG. **1** 19, 175); die Bestimmung wurde indes von der RTK. gestrichen, weil man es weder für erforderlich noch für angemessen hielt, das Einschreiten des Vorsitzenden an eine bestimmte Formel, wie sie in den Versammlungen der Volksvertretungen üblich ist, zu binden (Prot. 36; vgl. Levin 238). Falls kein anderes Mittel ausreicht, verbleibt dem Vorsitzenden schließlich noch die Aufhebung der Sitzung (vgl. RGZ. **32** 390). Wegen der Befugnis zur Entziehung des Wortes und zur Zurückweisung ungeeigneter Fragen s. § 258 und § 241 StPO. sowie die Anm. das.

c) Zu der viel erörterten Frage nach den Grenzen der sog. **mittelbaren Öffentlichkeit,** d. h. der Frage, inwieweit im Gerichtssaal Zeichnen, Photographieren und Aufnahme der Verhandlung für eine Rundfunkübertragung zuzulassen ist, wird in Nr. 110 Abs. 3 RiStV. **1953** in wohlabgewogener Würdigung der in dem Meinungsaustausch zutage getretenen rechtlichen Bedenken (vgl. etwa die eingehende Darstellung bei Eb. Schmidt, Lehrkomm. I S. 177ff. mit reichen Schrifttumsangaben) ausgeführt: „Nur den Presse- und Rundfunkberichterstattern soll gestattet werden, im Gerichtssaal zu zeichnen, zu photographieren oder eine Übertragung der Verhandlung für den Rundfunk aufzunehmen. Die Entscheidung trifft der Vorsitzende (§ 176 GVG). Ihm wird empfohlen, folgende Gesichtspunkte gegeneinander abzuwägen:

Presse und Rundfunk dienen der Strafrechtspflege durch eine wahrheitsgetreue Berichterstattung, da sie die Tätigkeit von Richter und Staatsanwalt der Öffentlichkeit näherbringen. Sie dürfen in ihrer Berichterstattung nicht mehr beschränkt werden, als es der Zweck der Hauptverhandlung gebietet. Die Aufgabe des Gerichts, die Wahrheit zu erforschen, darf aber nicht vereitelt oder erschwert, das Recht des Angeklagten, sich ungehindert zu verteidigen, nicht beeinträchtigt werden. Bild- und Tonaufnahmen können zur Folge haben, daß Angeklagte und Zeugen von der Hauptverhandlung abgelenkt und in ihrer Unbefangenheit beeinträchtigt werden. Daher empfiehlt es sich nicht, Bild- und Tonaufnahmen während der Vernehmung des Angeklagten und während der Beweisaufnahme zuzulassen. Auch im übrigen wird der Vorsitzende berechtigte Wünsche der Beteiligten berücksichtigen.

Bei Bildaufnahmen sind außerdem die §§ 22, 23 des Ges. betr. das Urheberrecht an Werken der bildenden Künste und der Photographie vom 2. 1. 1907 (RGBl. 7) i. d. F. des Ges. vom 22. 5. 1910 (RGBl. 793) zu berücksichtigen."

Der Widerspruch des Angekl., des Verteidigers oder eines Zeugen hindert den Vorsitzenden nicht, eine Tonbandaufnahme zuzulassen, wenn er im übrigen eine Störung der Ordnung nicht für gegeben hält (Bay.ObLG. NJW. **1956,** 390; Kohlhaas DRiZ. **1956,** 2).

Der Vorsitzende kann das Photographieren aus dem Zuhörerraum erforderlichenfalls durch Wegnahme des Apparats bis zum Sitzungsschluß verhindern (vgl. OLG. Koblenz HESt. **3,** 59).

d) **Beschwerde** — Hat der Vorsitzende eine Rüge ausgesprochen oder eine sonstige sitzungspolizeiliche Maßnahme ergriffen, so steht es der von ihr betroffenen Person nicht zu, auf die Entscheidung des Gerichts anzutragen, damit dieses die Maßnahme wieder aufhebe oder zurücknehme; die sitzungspolizeilichen Maßnahmen des Vorsitzenden sind auch der verfahrensrechtlichen Beschwerde entzogen (vgl. SächsOLG. **12** 289 = GA. **39** 377; OLG. Koblenz HESt. **3**, 59 [außer wo die Maßnahme über die Sitzung hinausdauernde Wirkung hat wie bei Wegnahme und Verwahrung von Sachen], Delius, Sitzungspolizeiliche Befugnisse der Behörden 13, Feisenberger 82, StPO. Anm. 2, Levin 239, Baumbach-Lauterbach Anm. 3). Umgekehrt aber wird das Gericht nicht durch die Rüge gehindert, eine der in den §§ 177—179 bezeichneten Strafmaßregeln anzuwenden, wenn es der Ansicht ist, daß die Rüge keine hinreichende Ahndung der Ordnungswidrigkeit ist.

3. **Personen, auf die sich die Sitzungspolizei erstreckt** — Der Sitzungspolizei sind alle im Sitzungszimmer anwesenden Personen, jedoch in verschiedenem Maße, unterworfen. Es ist hier zwischen den Befugnissen des Vorsitzenden und den Befugnissen des Gerichts zu unterscheiden.

a) Die **Befugnisse des Vorsitzenden** (vgl. Anm. 2) greifen gegenüber allen Personen gleichmäßig Platz. Insbesondere hat der Staatsanwalt in dieser Beziehung keine Ausnahmestellung; das ist auch in der RTK. (Prot. 37ff.; Anl. J z. Prot. der 164. Sitzung) ausdrücklich anerkannt worden und heute unstreitig (vgl. RGSt. **11** 135, Binding Grundr. 100, von Kries 547, Ben.-Beling 430, Delius a. a. O. 12, Rosenfeld § 33, Feisenberger 81 Text und Anm. 4, StPO. Anm. 1, Levin 231; Schwarz Anm. 1; Baumbach-Lauterbach Anm. 3). Selbstverständlich wird jedoch der Vorsitzende stets zu beachten haben, daß der Staatsanwalt der Vertreter einer gleichgeordneten Behörde ist; sein Verhalten gegenüber dem Staatsanwalt ist wesentlich eine Sache des richtigen Taktes. Eine Ausschreitung des Staatsanwalts würde unter Umständen eine Vertagung der Verhandlung und eine Anzeige bei seinem Vorgesetzten nötig machen. — Sollte sich eine der Gerichtspersonen (Richter, Schöffen, Geschworene, Urkundsbeamte) einer Ordnungswidrigkeit schuldig machen, so hat zwar der Vorsitzende für deren Abstellung Sorge zu tragen; er hat indes in einem solchen Falle selbstverständlich jede das Ansehen des Gerichts schädigende öffentliche Erörterung zu vermeiden (vgl. Levin 230).

b) **Befugnisse des Gerichts** — Bei den Strafmaßregeln, deren Verhängung dem Gericht zusteht, unterscheidet das Gesetz: α) die bei der Verhandlung amtlich beteiligten Personen, zu denen insbesondere der Staatsanwalt gehört (Hahn, Mat. z. GVG. **1** 175, Begr. zu § 145 Entw.); gegen sie gibt es keine Strafmaßregeln. Bei Ordnungswidrigkeiten von Schöffen oder Geschworenen gilt insofern eine Ausnahme, als § 56 (vgl. § 84) anwendbar wird, wenn die Ordnungswidrigkeit derart ist, daß sich der Schöffe oder Geschworene durch sie zugleich „seinen Obliegenheiten entzieht"; — β) die übrigen bei der Verhandlung beteiligten sowie die nicht beteiligten Personen. Das Nähere s. bei §§ 177, 178. — Die Schöffen und Geschworenen wirken auch bei den die Handhabung der Sitzungspolizei betreffenden Entscheidungen mit (§§ 30, 82). Findet die Hauptverhandlung vor dem Amtsrichter allein statt, so gebührt ihm auch die Ausübung aller in den §§ 177—179 dem Gericht zugewiesenen Strafbefugnisse. Vgl. § 180.

4. Wegen der Ahndung von Ungebühr, die vor deutschen Gerichten von Mitgliedern der in der Bundesrepublik stationierten **ausländischen Streitkräfte** begangen wird, vgl. Art. 12 des „Truppenvertrags", abgedr. im Anhang unter C.

§ 177

Parteien, Beschuldigte, Zeugen, Sachverständige oder bei der Verhandlung nicht beteiligte Personen, die den zur Aufrechterhaltung der Ordnung erlassenen Befehlen nicht gehorchen, können auf Beschluß des Gerichts aus dem Sitzungszimmer entfernt, auch zur Haft abgeführt und während einer in dem Beschluß zu bestimmenden Zeit, die vierundzwanzig Stunden nicht übersteigen darf, festgehalten werden.

I. **Entstehungsgeschichte:** Entw. § 144.
II. **Spätere Entwürfe:** Entw. EG.StGB. Art. 68 Ziff. 48.
III. **Spätere Änderungen der Vorschrift sind nicht erfolgt.**

1. **„auf Beschluß des Gerichts“** — Hierzu vgl. § 176 Anm. 3b.

2. Zu den **Parteien** im Sinne dieses Paragraphen gehören auch der Privatkläger und der Nebenkläger. Dagegen ist der Verteidiger nicht Partei; gegen ihn ist die Strafbestimmung des § 177 nicht anwendbar (vgl. § 176 Anm. 2a, § 178 Anm. 1b). Andere Parteivertreter, die nicht Rechtsanwälte oder Verteidiger sind, ebenso Beistände von Parteien, sind den Parteien gleich zu achten (OLG. Darmstadt JW. **1935,** 2073).

3. Der **Beschuldigte** (Angeklagte) ist besonders erwähnt, weil im Verfahren auf öffentliche Klage der Ausdruck „Partei“ nicht auf ihn paßt. Die StPO. schließt eine zwangsweise Entfernung des Beschuldigten aus der Hauptverhandlung nicht aus; sie setzt vielmehr in § 247 Abs. 2 die Anwendbarkeit des § 177 auch auf den Beschuldigten voraus. Allerdings wird im Interesse der Wahrheitsermittlung und mit Rücksicht auf das Verteidigungsrecht von der Befugnis, den Beschuldigten aus der Sitzung zu entfernen, nur im Notfall Gebrauch zu machen sein; auch ist aus § 247 Abs. 2 StPO. in Verbindung mit Abs. 1 zu folgern, daß das Gericht die beschlossene Maßregel sobald als tunlich wieder aufheben, also wenigstens versuchen soll, ob sich der Beschuldigte demnächst ordnungsmäßig beträgt. Ist das nach Lage der Sache ausgeschlossen, so kann die Verhandlung auch ohne den Beschuldigten zu Ende geführt werden. (RGSt. **35** 433, RG. JW. **1933** 964 = DRZ. **1933** Nr. 200, OLG. Darmstadt JR. **1931** Nr. 2004, Gerland Stpr. 280, 348; vgl. für Zivilsachen RG. LZ. **1931** 769.) In der Begründung des Beschlusses, durch den die Entfernung des Angekl. angeordnet wird, muß im einzelnen angegeben werden, inwiefern er den zur Aufrechterhaltung der Ordnung erlassenen Anordnungen nicht gehorcht hat (RG. **HRR.** 1939 Nr. 450). Wegen der Bekanntmachung des Urteils vgl. die Anm. zu StPO. § 268. — Beschließt das Gericht die Entfernung des Beschuldigten, so wird es regelmäßig angemessen sein, ihn auch zur Haft abführen zu lassen, damit das Gericht jederzeit in der Lage bleibt, sein Wiedererscheinen in der Sitzung herbeizuführen.

4. **Bei der Verhandlung nicht beteiligte Personen** sind die Zuhörer. Wegen der Befugnis des Gerichts, die Entfernung aller Zuhörer, also die Räumung des Sitzungszimmers, anzuordnen, s. § 172 Anm. 1a. Will das Gericht, obwohl es zu dieser Maßregel schreitet, die Öffentlichkeit aufrecht erhalten, so muß es nach der Räumung die Zuhörer von neuem einlassen, kann aber die ausschließen, die einer Störung der Ordnung verdächtig sind. (Vgl. RGRspr. **4** 152, RGSt. **30** 104, RG. GA. **47** 290, LZ. **1916** 309.) Die Entfernung eines Zuhörers aus dem Sitzungsraum wegen Gefährdung der Wahrheitsermittlung (indem er die draußen befindlichen Zeugen über das Ergebnis der Verhandlung unterrichtet) ist erst nach erfolgloser Androhung zulässig (RGSt. **64** 385; weitergehend Kern GVerfR. 132).

5. Ein **„Nichtgehorchen“** gegenüber einem zur Aufrechterhaltung der Ordnung erlassenen Befehl liegt vor, sobald jemand diesen Befehl kennt und ihm bewußt und mit Willen zuwiderhandelt. Der Ungehorsam erfordert also ein vorsätzliches Handeln (g. A. Baumbach-Lauterbach Anm. 1). Enthält der Ungehorsam gleichzeitig eine Ungebühr, so kommt § 178 zur Anwendung (a. M. OLG. Dresden bei Alsberg OLGEStrProz. **1** Nr. 40, das neben der Abführung zur Haft, die eine Sicherungsmaßregel sei, auch noch eine Ordnungsstrafe wegen Ungebühr zulassen will); vgl. § 178 Anm. 3a u. unten Anm. 7b.

6. Ob nur die Entfernung des Ungehorsamen oder auch seine **Abführung** zur Haft anzuordnen ist, unterliegt lediglich dem Ermessen des Gerichts und richtet sich nach den gesamten Umständen des Einzelfalls.

7. **a)** Die **Haft** besteht in einfacher Freiheitsentziehung, die (insbes. wenn am Gerichtsort keine Vollzugsanstalt ist) auch in einem verschlossenen Raum des Gerichtsgebäudes vollstreckt werden kann.

b) während einer zu bestimmenden Zeit festgehalten — Nach Levin (242) und Kern GVerfR. 138 beendigt der Schluß der Sitzung ohne weiteres die Haft. Diese Ansicht kann nicht gebilligt werden (ebenso KMR Anm. 1d), da eine Sitzung (= die Versammlung an der Gerichtsstelle, Levin 234), schwerlich 24 Stunden und noch länger dauert. Die im Gesetz bestimmte Zeitgrenze hätte also keinen Sinn. In Wirklichkeit hat die Festhaltung bis zur Höchstdauer von 24 Stunden den Charakter einer Ordnungsstrafe (BGHSt. **4** 309), nicht den einer Sicherungsmaßregel, die mit der Beendigung der Sitzung ihre Bedeutung verliert; vgl. Anm. 2a zu § 176.

8. **Einschreiten von Amts wegen** — Die in § 177 zugelassenen Maßregeln sind vom Gericht von Amts wegen zu treffen. Doch ist die Staatsanwaltschaft entsprechend ihrer Stellung im Strafverfahren (vgl. Anm. 7 Abs. 2 zu § 155 StPO.) befugt, unter Umständen sogar verpflichtet, eine Ordnungsstrafe anzuregen (vgl. RiStV. **1953** Nr. 110 Abs. 1). Über einen solchen „Antrag" muß das Gericht jedenfalls Beschluß fassen. (A. M. Kallmann DRZ. **1911** 795.)

9. **Anhörung des Betroffenen** — Bevor gegen eine bei der Verhandlung beteiligte Person eine der zulässigen Maßregeln beschlossen wird, ist sie zu hören; es soll ihr damit die Möglichkeit gegeben werden, sich zu entschuldigen. Auch gegenüber den bei der Verhandlung nicht beteiligten Personen wird in der Regel in derselben Weise zu verfahren sein. Unerläßlich ist die Anhörung nicht, da es zahlreiche Fälle gibt, in denen sie nicht nur überflüssig, sondern geradezu unzweckmäßig ist (vgl. § 178 Anm. 5 u. OLG. Darmstadt JR. **1934** Nr. 920 u. JW. **1935**, 2073 Nr. 48).

10. Der Beschluß ist sofort vollstreckbar. Gegen ihn ist **keine verfahrensrechtliche Beschwerde** zulässig; das ergibt sich aus § 181 (RGZ. **43** 427; OLG. München St. **3** 581; Delius 42; Hellwig, Lehrbuch des deutschen Zivilprozeßrechts **2** 289 [1907]; Feisenberger 84, StPO. Anm. 2; KMR. Anm. 2c; vgl. auch den Bericht des Reichsjustizkommission bei Hahn, Mat. z. GVG. **2** 982; a. M. Baumbach-Lauterbach Anm. 2C, wonach § 181 entsprechend anwendbar ist, außer wo eine bei der Verhandlung nicht beteiligte Person entfernt wird). Das Gericht ist befugt, den Beschluß wieder zurückzunehmen oder die Vollstreckung auszusetzen oder zu unterbrechen, z. B. wenn der Ungehorsame bei der Verhandlung beteiligt ist und seine Anwesenheit dabei wieder erforderlich wird; vgl. Anm. 3.

11. Die **Revision** kann auf sitzungspolizeiliche Maßnahmen, die der Vorsitzende innerhalb der Grenzen seines Ermessens ergreift oder unterläßt, nicht gestützt werden. Dasselbe gilt für Ausübung sitzungspolizeilicher Befugnisse durch das Gericht. Vgl. dazu Anm. 1c zu § 176.

§ 178

Das Gericht kann gegen Parteien, Beschuldigte, Zeugen, Sachverständige oder bei der Verhandlung nicht beteiligte Personen, die sich in der Sitzung einer Ungebühr schuldig machen, vorbehaltlich der strafgerichtlichen Verfolgung, eine Ordnungsstrafe in Geld oder bis zu drei Tagen Haft festsetzen und sofort vollstrecken lassen.

I. **Entstehungsgeschichte:** Entw. § 145.

II. **Spätere Entwürfe:** Entw. EG.StGB. Art. 68 Ziff. 49.

III. **Spätere Änderungen:** Ges. vom 11. 3. 1921 (RGBl. 230). Bek. vom 22. 3. 1924 (RGBl. I 319). Das Vereinheitlichungsges. vom 12. 9. 1950 hat nichts geändert.

Literatur: Levin Richterliche Prozeßleitung und Sitzungspolizei (1913), Kern Ungebühr im schriftlichen Verkehr mit den Gerichten (GerS. **103** 317).

1. **a)** Vgl. § 176 Anm. 2, 3, desgl. die auch für § 178 geltenden Bemerkungen in § 177 Anm. 2 bis 4, 7—9, 11. Der Ausdruck **Gericht** bezeichnet den Richter, dem gegenüber die Ungebühr begangen worden ist; nur dieser kann die Ungebührstrafe verhängen (OLG. Hamburg DStrZ. **4** 95, OLG. Dresden bei Alsberg OLGEStrProz. **1** Nr. 22). Auch der bereits abgelehnte Richter kann eine Ungebührstrafe festsetzen, da es sich nicht um einen die anhängige Untersuchung betreffenden Akt handelt (OLG. Hamburg GA. **70**, 54).

b) Parteien — § 178 gilt nicht für den Staatsanwalt; er unterliegt überhaupt nicht der Disziplinargewalt des Gerichts (vgl. § 176 Anm. 3a, Dittenberger JW. **1911** 304). Er gilt auch nicht für den Rechtsanwalt oder Verteidiger, gegen die bis zum Erlaß des Ges. vom 11. 3. 1921 die Sondervorschrift des § 180 (der alten Fassung des GVG.) bestand (KG. JW. **1925** 80; a. M. Baumbach DJZ. **1925** 469 und Klee GA. **69** 269/274; dagegen mit überzeugenden Gründen JR. **1925** 264 und das RG. in dem Deutsche Justiz **1934** 1121 berichteten Falle). Daß die Aufhebung des § 180 a. F., die aus der Erwägung erfolgte, die Ehrengerichtsbarkeit über die Rechtsanwälte böte genügende Handhabe, nicht unbedenklich war, beweisen manche Vorkommnisse der späteren Zeit (vgl. z. B. den von Keller DJZ. **1927** 366 mitgeteilten Fall).

Dagegen findet § 178 auf alle übrigen Parteivertreter Anwendung (OLG. Darmstadt JW. **1935** 2073; Hergenhahn BuschsZ. **19** 322). Demgemäß kann auch der Vertreter der Verwaltungsbehörde in den Fällen der §§ 467, 472 RAbgO. und des § 55 Abs. 3, 4 des Ges. über Ordnungswidrigkeiten vom 25. 7. 1952 (BGBl. I 177) wegen Ungebühr bestraft werden (OLG. Komar ElsLothZ. **33** 171), desgl. ein für einen Rechtsanwalt auftretender Referendar (OLG. München BayZ. **1929** 229).

c) Macht sich ein **Bundestagsabgeordneter** einer Ungebühr schuldig, so fragt es sich, ob die Immunität nach Art. 46 Abs. 2, 3 GG. einer Bestrafung entgegensteht. Nach Abs. 2 darf ein Abgeordneter „wegen einer mit Strafe bedrohten Handlung" nur mit Genehmigung des Bundestags „zur Verantwortung gezogen" oder verhaftet werden, es sei denn, daß er bei Begehung der „Tat" ... „festgenommen" wird; nach Abs. 3 ist „bei jeder anderen Beschränkung der persönlichen Freiheit" eines Abgeordneten die Genehmigung des Bundestages erforderlich. Die Anwendbarkeit des Art. 46 GG. bei Verhängung von Ungebührstrafen wird verneint von Bockelmann, Die Unverfolgbarkeit der Abgeordneten nach deutschem Immunitätsrecht (1951) 43, weil kein Zurverantwortungziehen vorliege, von Schwarz Anm. 1 (ohne Angabe von Gründen) und von Baumbach-Lauterbach Anm. 2 unter Berufung auf KGJ. **41** 358 (vom 4. 7. 1911). Diese letztere Entscheidung befaßt sich mit der Frage, ob die Belegung eines Rechtsanwalts, der Abgeordneter war, mit einer Ungebührstrafe in Geld aus dem (heute nicht mehr geltenden; vgl. Anm. 1b) § 180 a. F. an der mit Art. 31 Abs. 1 Reichsverf. 1871 inhaltlich übereinstimmenden Vorschrift des Art. 84 Abs. 2 PreußVerf. 1850 scheitere. Das wird verneint, weil ein Abgeordneter, der als Rechtsanwalt auftrete, damit zu erkennen gebe, daß er zur Zeit sein Abgeordnetenamt nicht ausüben wolle. Auch werde er durch die Verhängung einer Ordnungsstrafe nicht in eine „Untersuchung" (= Maßnahmen zur Aufdeckung einer Straftat) verwickelt, da die Ordnungsstrafe ohne vorgängige Untersuchung „auf dem Fleck" verhängt werde und die Aufdeckung einer strafbaren Handlung nicht in Frage stehe. Diese Entscheidung geht also von einem Wortlaut der einschlägigen Vorschriften aus, wie er heute nicht mehr gilt, und kann deshalb für die Auslegung des Art. 46 GG. nicht ohne weiteres in Anspruch genommen werden. Im übrigen waren unter der Herrschaft der Reichsverf. 1871 die Auffassungen, ob aus dem heutigen § 178 eine Ungebührstrafe verhängt werden könne, geteilt (vgl. die Nachweise in KGJ. **41** 358 und in Anm. 1c der Vorauflage). Unter der Herrschaft des Art. 37 WeimVerf. wurde die Verhängung einer Ungebührstrafe in Geld für zulässig erklärt, da es sich nicht um ein „zur Untersuchung Ziehen" handele, und die Verhängung einer Ungebührhaftstrafe insoweit, als die Ausübung des Abgeordnetenberufs nicht beeinträchtigt wurde (vgl. Anm. 1c der Vorauflage). — Unzweifelhaft ist heute die Festsetzung und sofortige Vollstreckung einer Haftstrafe ebenso unzulässig wie die spätere ungenehmigte Vollstreckung einer Haft- oder Ersatzhaftstrafe (vgl. Anm. 6b). Denn sie enthält eine Beschränkung der persönlichen Freiheit i. S. des Art. 46 Abs. 3 GG.; darauf, ob dadurch die Ausübung des Abgeordnetenberufs beeinträchtigt wird, kommt es — im Gegensatz zu Art. 37 Abs. 2 WeimVerf. — nicht mehr an. Eine andere Frage ist, ob die Verhängung einer Ungebührgeldstrafe und die Festsetzung einer Haftstrafe (ohne Vollstreckung) ein „zur Verantwortung Ziehen" wegen einer „mit Strafe bedrohten Handlung" darstellt. Daß die Verhängung einer Strafe ein „zur Verantwortung Ziehen" bedeutet, kann nicht zweifelhaft sein; dieser Begriff ist weiter als der des „zur Untersuchung Ziehen" im Sinn der früheren Immunitätsvorschriften (a. M. Bockelmann 42) und umfaßt auch eine Bestrafung „auf dem Fleck" wie etwa eine Bestrafung im beschleunigten Verfahren (§ 212 StPO.) wegen einer Verkehrsübertretung an Ort und Stelle durch ein „fliegendes" Verkehrsgericht. Es kann sich demnach nur fragen, ob eine Ungebühr eine „mit Strafe bedrohte Handlung" darstellt. Darunter verstand man früher nicht nur die mit Kriminalstrafe (§ 1 StGB.), sondern auch die mit Disziplinarstrafe bedrohten Handlungen, soweit sie zur Einleitung einer förmlichen Disziplinaruntersuchung führen (so Anschütz, WeimVerf. [13. Aufl.] Anm. 2 mit Nachweisen); die ohne besonderes Untersuchungsverfahren erfolgende Verhängung einer disziplinaren Ordnungsstrafe (Warnung, Verweis, Geldbuße) sollte ohne Genehmigung des Parlaments zulässig sein (vgl. Anschütz aaO.). Ohne weitere Einschränkung sieht Schneider im Bonner Komm. zum GG. Anm. 2 zu Art. 46 in einer „kriminell oder disziplinär" strafbaren Handlung eine mit Strafe bedrohte Handlung i. S. des Art. 46 GG. Eine solche Erweiterung des Begriffs der „mit Strafe bedrohten Handlung" — zu denken wäre auch an die mit Geldbuße bedrohten Ordnungswidrigkeiten (OWiG. 1952), die schon im geltenden Recht in beträchtlichem Umfang an die Stelle bisheriger Kriminalstraftaten getreten sind und künftig voraussichtlich in weitem Umfang das Kriminalstrafrecht ersetzen (vgl. Anm. 5 zu § 13) — läge im Zug der ideenmäßigen Umgestaltung des Immunitätsgrundsatzes als eines Schutzes des Parlaments gegen „tendenziöse Verfolgung" (vgl. Eb. Schmidt, Lehrkomm. I Nr. 137) und müßte folgerichtig dazu führen, auch die „auf dem Fleck" erfolgende Ahndung einer Ungebühr aus § 178 als ein „zur Verantwortung Ziehen" wegen einer „mit Strafe bedrohten Handlung" anzusehen. Aus zwingenden praktischen Gründen kann aber eine solche Folgerung nicht gezogen werden. Eine Ungebührstrafe kann nur in der Sitzung, in der die Ungebühr begangen wurde, verhängt werden (vgl. Anm. 5b). Während also sonst bei den „mit Strafe bedrohten Handlungen" die fehlende Genehmigung des Parlaments nur zu einem Aufschub der Verfolgung bis längstens zur Beendigung des Abgeordnetenmandats führt, würde das Erfordernis der Genehmigung bei Ungebührstrafen dazu führen, daß Abgeordnete für ihre Ungebühr überhaupt nicht bestraft werden könnten. Das kann nicht rechtens sein; darauf hat schon KGJ. **41** 358 hingewiesen und insofern hat die Entscheidung — trotz der im übrigen veränderten Rechtslage — ihre Bedeutung behalten.

Entsprechendes gilt für **Landtagsabgeordnete** (vgl. § 152a StPO.).

d) Für **Jugendliche (und Heranwachsende)** gilt nichts Besonderes. Das JGG. 1953 regelt nur die Sonderbehandlung bei kriminellen Zuwiderhandlungen (Dallinger-Lackner Anm. 30, 31 zu § 1 JGG.). § 13 des Ges. über Ordnungswidrigkeiten vom 28. 3. 1952 (BGBl. I 177), besagt, daß Jugendliche wie Erwachsene zu behandeln sind, lediglich die Vorschriften des JGG. über die Strafunmündigkeit noch nicht 14 Jahre alter und über die relative Strafmündigkeit der Jugendlichen zwischen 14 und 18 Jahren (§ 1 Abs. 3, § 3 Satz 1) werden für entsprechend anwendbar erklärt; das gilt der Natur der Sache nach auch hier (vgl. auch Anm. 5 zu § 177).

2. a) „Ungebühr" ist ein Verhalten, das geeignet ist, die Würde des Gerichts erheblich zu verletzen oder die Ruhe und Ordnung einer gerichtlichen Verhandlung gröblich zu stören (KG. BuschsZ. **12** 239; OLG. Kolmar ElsLothZ. **28** 59, **37** 129 = = RsprOLG. **23** 316; OLG. Darmstadt JW. **1934** 705 Nr. 8). Der Eintritt eines bestimmten Erfolgs ist nicht notwendig; auch Vorsatz ist — mag vorsätzliches Handeln auch die Regel bilden — nicht erforderlich (KG. GA. **58** 230, Feisenberger 85, StPO. Anm. 2, von Staff, DStrZ. **1** 34; OLG. Darmstadt JW. **1935** 2073; a. M. OLGe Dresden SächsAnn. **40** 6, BayObLG. DRZ. **1930** Nr. 432; OLG. München HRR. **1937** Nr. 186; Levin 249 Anm. 1).

b) Ob die Handlung gegen das Gericht, eine Partei, einen Zeugen oder eine unbeteiligte Person gerichtet ist, ist belanglos (KG. GA. **58** 230, OLG Hamburg HansRGZ. **1928** 588). **Grobe Beleidigungen der Gegenpartei oder eines Zeugen** — z. B. der Vorwurf der Lüge oder des Meineides — können Ungebühr sein, wenn sie nach den Umständen des Falles geeignet sind, die Würde des Gerichts zu verletzen (OLGe Bamberg RsprOLG. **1** 219, Kolmar RsprOLG. **23** 316, Darmstadt JW. **1935** 2073; Hamburg GA. **72** 235; Hamm JMBl. NRW. **1954** 60) oder den Gerichtsfrieden zu stören (Levin 248). Ein Fehlgreifen im Ausdruck enthält aber noch keine Ungebühr (KG. BuschsZ. **12** 237, OLG. Bamberg BayZ. **1930** 288, BayObLG. JR. **1933** Nr. 1471) und die Grenzen einer zulässigen Verteidigung dürfen nicht zu eng gezogen werden. Die zur Verteidigung vorgebrachte Behauptung des Angeklagten, der Zeuge habe einen falschen Eid geschworen, kann daher nicht ohne Hinzutritt besonderer Umstände als Ungebühr angesehen werden (OLG. Hamburg bei Alsberg, OLGE.StrProz. **1** Nr. 32), desgl. nicht der Vorwurf des Angeklagten, der das Vorgehen der Polizeibehörden gegen ihn als „Schikane" bezeichnet hat (BayObLG. DJZ. **1933** 1380). Erklärt eine wegen Beleidigung angeklagte Person, daß sie den Beleidigten nicht anders bezeichnen könne, als sie getan habe, so soll auch hierin keine Ungebühr zu finden sein (OLG. Hamburg LZ. **1917** 356). — **Tätlichkeiten**, die eine Partei gegenüber der anderen oder gegenüber einem Zeugen verübt, sind im allgemeinen Ungebühr (OLG. München Rspr.-OLG. **27** 6).

c) Andere Verhaltensweisen. Erscheint ein Beschuldigter in Sportkleidung — z. B. im Radfahreranzug —, so kann hierin allein noch keine Ungebühr gefunden werden (OLG. Kolmar ElsLothZ. **24** 74, **33** 168; BayObLG. DRZ. **1931** Nr. 805; vgl. auch SächsOLG. **29** 290. A. M. BayObLG. JW. **1930** 3431 = JR. **1930** Nr. 2039; vgl. auch JW. **1930** 2578 = DRZ. **1930** Nr. 432). Dasselbe gilt, wenn eine Partei den Richter in angeblich drohender oder geringschätziger Weise ansieht („fixiert"), ohne gleichzeitig eine in die äußere Erscheinung tretende Körperbewegung (Gebärde) zu machen (OLG. Darmstadt BuschsZ. **36** 354). Führen Zeugen im Flüsterton ein die Sitzung störendes Gespräch, so liegt eine Ungebühr erst vor, wenn sie der Aufforderung zum Stillschweigen keine Folge leisten (OLG. Kolmar ElsLothZ. **24** 73). Auch Kritik an der Entscheidung des Gerichts ist nicht ohne weiteres Ungebühr, z. B. die Erklärung, Berufung einlegen zu wollen sowie die Erkundigung, in welcher Weise Berufung eingelegt werden könne (OLG. Kolmar ElsLothZ. **33** 374; vgl. auch BayObLG. ZStW. **47** Beil. 224 und DRZ. **1933** Nr. 207); dagegen liegt eine Ungebühr vor, wenn der Angekl. in unangemessenem Ton seine Verurteilung als Justizirrtum bezeichnet, die er sich nicht gefallen lassen werde (OLG. Hamm Rpfleger **1951** 135). Auch die Weigerung, in der deutschen Gerichtssprache zu verhandeln, ist nicht ohne weiteres Ungebühr (OLG. Kolmar ElsLothZ. **28** 83). Weigert sich der Angeklagte, in der Hauptverhandlung auf die Anklage etwas zu erwidern, so ist dies schon deshalb keine Ungebühr, weil er dazu nicht verpflichtet ist (KG. GA. **37** 239). Aber auch prozessualer Ungehorsam ist keine Ungebühr, so die Nichtbeantwortung der dem Zeugen gestellten Fragen (anders, wenn er die Weigerung damit begründet, daß das Gericht ihn nur „fangen" wolle. BGH. JZ. **1951** 791) oder wenn sich ein geladener und erschienener Zeuge vor oder nach Beginn seiner Vernehmung ohne Erlaubnis des Gerichts entfernt (KG. DJZ. **1908** 484; vgl. auch Anm. 5 zu § 51 StPO.). Aufnahme eines Lichtbildes von einem schwörenden Zeugen ist noch keine Ungebühr (KG. JW. **1933** 1604).

Die wiederholte Weigerung eines Angeklagten, seinen Platz auf der Anklagebank einzunehmen, kann die Bestrafung wegen Ungebühr nach sich ziehen (OLG. Hamburg bei Alsberg OLGE. StrProz. **1** Nr. 29, BayObLG. DRZ. **1931** Nr. 373), ebenso das Dazwischenreden trotz wiederholter Vermahnung (OLG. Stuttgart bei Alsberg OLGE. StrProz. **1** Nr. 37). Vgl. Anm. 2b zu § 176.

Eine an sich zulässige Äußerung kann durch das Hinzutreten besonderer Umstände ungebührlich werden (KG. BuschsZ. **12** 237, BayObLG. JR. **1933** Nr. 1471). So können Hartnäckige, trotz Abmahnung in gereiztem Tone gegen den Vorsitzenden geführte Widerreden eine Ungebühr darstellen (OLG. München Recht **1917** Nr. 708). Die Wahrnehmung berechtigter Interessen schützt zwar vor der Bestrafung wegen Beleidigung, aber nicht vor der Bestrafung wegen Ungebühr (KG. GA. **58** 230; OLGe. Düsseldorf MDR. **1953** 555; Hamm JMBl. NRW. **1954** 60). Nicht nur die Form, sondern auch der Inhalt einer Äußerung kann eine Ungebühr darstellen (KG. aaO.).

Kundgebungen des Beifalls und des Mißfallens sind als Ungebühr strafbar (OLG. Düsseldorf GA. **57** 241).

3. a) Ob das eine Ungebühr darstellende Verhalten zugleich den **Tatbestand einer strafrechtlich zu ahndenden Handlung** enthält, ist für die Anwendbarkeit des § 178 belanglos. Die Ordnungsstrafe und die kriminelle Strafe sind nebeneinander statthaft und voneinander unabhängig; der Grundsatz ne his in idem findet keine Anwendung (BayObLGSt. **25** 107). Das Wort „vorbehaltlich" hat nicht den Sinn, als habe das Gericht in seinem Beschlusse den Vorbehalt einer strafgerichtlichen Verfolgung ausdrücklich auszusprechen. Der Bestrafung gemäß § 178 GVG. steht also z. B. einer Strafverfolgung wegen Beleidigung nicht entgegen (OLG. Stuttgart bei Alsberg OLGE.StrProz. **1** Nr. 26). Es ist vielleicht nicht zweckmäßig, aber jedenfalls nicht unzulässig, die Verkündung des die Ordnungsstrafe verhängenden Beschlusses mit dem am Schlusse der Verhandlung ergehenden Urteil zu verbinden (OLG. Dresden SächsAnn. **39** 7; vgl. auch OLG. Hamburg bei Alsberg OLGE.StrProz. **1** Nr. 25).

b) Insbesondere kann eine in der Sitzung begangene **Beleidigung des Gerichts, eines Richters, des Staatsanwalts, des Verteidigers oder eines Prozeßbevollmächtigten** als Ungebühr geahndet werden. Im Falle der Beleidigung eines Richters findet § 22 Nr. 1 StPO. keine Anwendung; der Beleidigte ist von der Mitwirkung bei dem die Ordnungsstrafe verhängenden Beschlusse nicht ausgeschlossen (Begr. 94). Beleidigungen des Staatsanwalts kann dieser zum Anlaß nehmen, eine Ordnungsstrafe anzuregen; eine bestimmte Maßnahme soll er grundsätzlich nicht anregen und, wenn die Ungebühr auf Ungewandtheit, Unerfahrenheit oder verständliche Erregung zurückzuführen ist, soll er es dem Ermessen des Vorsitzenden überlassen, ob eine Zurechtweisung geboten ist (RiStV. **1953** Nr. 110).

4. In der Sitzung ist eine Ungebühr auch begangen, wenn die Handlung verübt wird, während sich das Gericht zur Beratung zurückgezogen hat (vgl. § 176 Anm. 1b; OLGMünchenSt. **4** 446; SächsOLG. **28** 289; OLG. Stuttgart bei Alsberg OLGE.StrProz. **1** Nr. 26; Feisenberger 85, StPO. Anm. 2; von Staff DStrZ. **1**, 37. A. M. Delius 33). — Die „Sitzung" umfaßt ferner die Zeit, die zwischen der Verkündung einer Entscheidung und dem Aufruf der nächsten Sache liegt

(OLGe. München Rspr. OLG. **27** 6, Hamm Rpfleger **1951** 135). – Eine verhängte Ungebührstrafe wird nicht dadurch hinfällig, daß der Teil der Verhandlung, während dessen sie verhängt wurde, wegen eines Mangels wiederholt werden muß.

5. a) „kann“ – Das Gericht kann die Ordnungsstrafe verhängen; es kann sich aber auch darauf beschränken, die Entfernung des Schuldigen (§ 177) anzuordnen. Diese Maßregel ist auch neben der Ordnungsstrafe statthaft.

b) Wird die Ordnungsstrafe verhängt, so muß der Beschluß noch **während der Sitzung** verkündet werden (BayObLGSt. 8 58, BayObLG. BayZ. **1924** 181; OLGe. Karlsruhe BadRpr. **1905** 169; München HRR. **1937** Nr. 186; Harburger BayZ. **1912** 123; Feisenberger 87, StPO. Anm. 6). Mit dem Schlusse der Sitzung endet die Dingpflicht, das besondere Verhältnis der Unterordnung unter die Sitzungspolizei, in dem die in § 178 genannten Personen zu dem Gericht stehen (a. M. OLG. Kolmar DStrZ. **1** 1143, Delius DStrZ. **1** 422).

c) Streitig ist, ob der zu bestrafenden Person vor Verhängung der Ordnungsstrafe **rechtliches Gehör** gewährt werden muß. Verneint wird diese Frage von den OLGen. Bremen NJW. **1956,** 113, Darmstadt JW. **1935** 2073; **1937** 780; Hamm Rpfleger **1951** 135; Düsseldorf und Neustadt MDR. **1953** 555 (Anhörung im Einzelfall aber zweckmäßig, z. B. wenn das Verhalten des zu Bestrafenden mißdeutet worden sein kann), Stenglein § 179 Anm. 3, Drucker JW. **1926** 1239, Feisenberger 87, von diesem jedoch mit der Einschränkung, daß in der Hauptverhandlung die Anhörung nötig sei; bejaht wird die Frage vom BayObLGSt. **8** 58, **15** 129 u. in BayZ. **1926** 140, Alsberg OLGE.StrProz. **1** Nr. 44, JW. **1926** 1233, wo jedoch eine Ausnahme für ganz besondere Fälle zugelassen wird, DRZ. **1933** 207; von OLG. München BayJMBl. **1954** 17 u. KMR. Anm. 2a; ferner von Harburger BayZ. **1912** 121—123; dieser räumt jedoch ein, daß Fälle denkbar sind, „in denen mit Rücksicht auf das rohe, exzessive oder leidenschaftliche Benehmen des wegen Ungebühr zu Bestrafenden, wegen der Unflätigkeit der von ihm gebrauchten Ausdrücke oder aus ähnlichen Erwägungen, z. B. wegen seines trunkenen Zustandes“, die Anhörung unterbleiben könne (122). Den Vorzug verdient die Ansicht, daß die vorherige Anhörung der zu bestrafenden Person im Hinblick auf den Grundsatz des Art. 103 Abs. 1 GG. im allgemeinen angezeigt ist, jedoch da entfällt, wo der Ungebührwille außer Frage steht, so daß eine Anhörung nicht nur nichts zur Klärung des Falles beitragen könnte, sondern es auch mit der dem Gericht geschuldeten Achtung nicht vereinbar wäre, dem Ungebührlichen noch Gelegenheit zu weiteren Ausfällen zu geben. Eine Anhörung ist insbesondere überflüssig, wenn der zu Bestrafende bereits wiederholt verwarnt, mit Ordnungsstrafe bedroht oder bestraft worden ist.

Der Angeklagte braucht bei Bestrafung anderer Personen nicht gehört zu werden (vgl. RG. DJZ. **1908** 251, GA. **56** 214).

Wegen der Anhörung der Staatsanwaltschaft vgl. Anm. 4a zu § 33 StPO. u. RiStV. **1953** Nr. 110.

6. Die Strafmittel.

a) Geldstrafe – Der Mindestbetrag und der Höchstbetrag der Geldstrafe regeln sich nach Art. II Abs. 2 der VO. über Vermögensstrafen und Bußen vom 6. 2. 1924 (RGBl. I 45). Danach beträgt die Geldordnungsstrafe 1—1000 DM.

b) Haft – Die Geldstrafe und die Haft sind wahlweise angedroht. Da hier die Haft überhaupt zugelassen ist, ist auch eine Ersatzstrafe (im Höchstbetrage von drei Tagen) für den Fall, daß die Geldstrafe nicht beizutreiben ist, statthaft (so die herrschende und in der neueren Rechtsprechung ganz ausschließlich vertretene Auffassung, vgl. KGJ. **51** 442, LZ. **1919** 614, unter Aufgabe seiner früheren abweichenden Ansicht; OLG. Kolmar GA. **39** 377, ElsLothZ. **28** 59, LZ. **1914** 972; OLG. Marienwerder GA. **54** 101; OLG. Breslau RsprOLG. **25** 277 = GA. **60** 136; OLG. Nürnberg BayZ. **1916** 75; OLG. Königsberg ZStW. **41** 222; BayObLG. BayZ. **1919** 389, gleichfalls unter Aufgabe seiner früheren Rechtsprechung, BayZ. **1926** 142, BayObLGSt. **25** 209; OLG. Hamburg GA. **70** 54; OLG. Hamm DRZ. **1927** Nr. 576; KG. Westberlin Rpfleger **1952** 599; Delius 45; Stenglein § 179 Anm. 2; Ben.-Beling 433 Note 24; Baumbach-Lauterbach Anm. 3 B.; Schwarz Anm. 3, KMR. Anm. 3a. A. M. OLG. Kassel GA. **37** 454, BuschsZ. **19** 321; KG. SeuffArch. **52** 341, DRZ. **1927** 79, KGJ. **38** C 11/12; OLG. Celle SeuffArch. **52** 555; OLG. Dresden SächsOLG. **20** 94; OLG. Darmstadt RsprOLG. **1** 222, Recht **1911** Nr. 827; OLG. Breslau GA. **51** 68, Recht **1910** Nr. 168; BayObLGSt. **1** 377, **2** 139, GA. **51** 379, BayObLGSt. **9** 435, **15** 129; OLG. Karlsruhe BadRpr. **1905** 107, 124, RsprOLG. **11** 337, **28** 328; OLG. Hamburg bei Alsberg

OLGE.StrProz. 1 Nr. 46, RsprOLG. **20** 98; OLG. Rostock ZStW. **42** 521; Preger ArchÖffR. **7** 403, 410; Rosenfeld § 47 Anm. 5; Krakenberger [Strafr. Abh. Heft 156] 100; Feisenberger 85, StPO. Anm. 3; Levin 254).

Die Umwandlung nichtbeitreibbarer nichtkrimineller Geldstrafen entspricht — über § 29 StGB. hinaus — einem allgemeinen Grundsatz. So ist z. B. für die (nichtkriminelle) Polizeistrafe des Zwangsgeldes (als Strafe der Übertretung von Polizeiverordnungen) nach § 33 des preuß. Polizeiverwaltungsges. vom 1. 6. 1931 (GV. 77) die Umwandlung in Zwangshaft bei Nichtbeitreibbarkeit des Zwangsgeldes vorgesehen und selbst das Ges. über Ordnungswidrigkeiten vom 25. 3. 1952 (BGBl. I 177), das grundsätzlich die Ahndung einer Ordnungswidrigkeit mit primärer Freiheitsentziehung als mit dem Wesen der Ordnungswidrigkeit unvereinbar ansieht, läßt in § 69 Erzwingungshaft zu, wenn nach fruchtloser Vollstreckung wegen der Geldbuße begründeter Anlaß zu der Annahme besteht, daß der Betroffene sich der Zahlung der Geldbuße zu entziehen sucht. — Auch die neuen Entwürfe zum GVG. lassen die Umwandlung der Geldstrafe in Haftstrafe zu (vgl. N. E. I § 179, Begr. 186; II § 179, Begr. 54).

Da die Ordnungsstrafe des § 178 keine Kriminalstrafe ist, so finden die Vorschriften des StGB. über den Maßstab der Umwandlung (§ 29 Abs. 1) und über den Mindestbetrag der Freiheitsstrafe (§ 29 Abs. 2) keine Anwendung (OLG. Hamburg RsprOLG. **25** 276, OLG. Breslau GA. **60** 137). Nach Art. II Abs. 4 der VO. über Vermögensstrafen und Bußen vom 6. 2. 1924 (RGBl. I 45) darf die Ersatzstrafe bei Ordnungsstrafe nur nach vollen Tagen bmessen werden. — Auch gegen Jugendliche ist die Verhängung von Ersatzhaftstrafen ohne Einschränkung zulässig (Dallinger-Lackner Anm. 31 zu § 1 JGG.).

c) Begeht der Bestrafte in der gleichen Sitzung **erneut eine Ungebühr,** so kann erneut eine Ungebührstrafe bis zum gesetzlichen Höchstbetrag, also auch wiederholt je 3 Tage Haft festgesetzt werden (OLGe. Hamm JMBl. NRW. **1952** 86; Bremen NJW. **1953** 598).

7. **Vollstreckung** — Ob die verhängte Freiheitsstrafe sofort zu vollstrecken oder ob aus einem besonderen Grunde von der Vollstreckung einstweilen abzusehen ist, unterliegt dem Ermessen des Gerichts (Püschel DJZ. **1911** 1554). Dagegen ist die sofortige Vollstreckung einer Ersatzfreiheitsstrafe nicht gerechtfertigt (Harburger 150). Um die sofortige Vollstreckung zu ermöglichen, kann der zu Bestrafende bis zu der Entscheidung über die Ungebührstrafe im Sitzungssaal festgehalten werden (OLG. Königsberg GA. **70** 253).

8. Nach vielfach vertretener Ansicht dürfen gegen einen **Untersuchungsgefangenen,** der sich vor Gericht einer Ungebühr schuldig macht, neben der Strafe des § 178 keine anderen Disziplinarstrafen mehr verhängt werden (KG. GA. **56** 98, BayObLG. DRZ. **1927** Nr. 970, OLG. Breslau GA. **58** 468, Greffrath DJZ. **1904** 1034, Feisenberger 84 Anm. 17, StPO. Anm. 5, Klein-Wackermann-Wutzdorff Strafvollzug in Preußen 4. Aufl. 175 Anm. 2). Diese Ansicht entspricht nicht dem praktischen Bedürfnis. Das Gericht hat in diesem Falle kein Machtmittel, um seine Stellung gegenüber einem Untersuchungsgefangenen zu wahren, der eine längere Freiheitsstrafe zu erwarten hat. Es muß für zulässig angesehen werden, denselben Tatbestand, wegen dessen eine Ordnungsstrafe auf Grund des § 178 verhängt worden ist, auch disziplinarisch zu ahnden (gl. A. Pade DJZ. **1904** 853, Levin 223, 255, Eisner DJZ. **1909** 1438; Schwarz Anm. 1). Rechtliche Bedenken bestehen dagegen nicht. Nach Nr. 67 Abs. 1 der 1953 von den Ländern vereinbarten Untersuchungshaftvollzugsordnung (UVollzugsO.) setzt die Verhängung einer Hausstrafe (durch den Richter) einen schuldhaften Verstoß des Untersuchungsgefangenen gegen die Ordnung und Sicherheit in der Anstalt voraus. Die UVollzugsO., die lediglich eine Verwaltungsanordnung darstellt, kann und will die gesetzlichen Voraussetzungen, unter denen nach § 116 Abs. 2 StPO. dem Verhafteten Beschränkungen (wozu auch Hausstrafen gehören) auferlegt werden können, nicht einengen (OLG. Düsseldorf JMBl. NRW. **1955** 9). Die Verhängung einer Hausstrafe ist danach zulässig, wenn sie zur Sicherung des Zwecks der Haft oder zur Aufrechterhaltung der Ordnung im Gefängnis notwendig ist. Wird die Ungebühr in der Anstalt während einer richterlichen Vernehmung begangen, so ist eine Hausstrafe zur Aufrechterhaltung der Ordnung im Gefängnis zulässig, denn es müßte auf die Anstaltsdisziplin ungünstig einwirken, wenn die Mitgefangenen erkennen könnten, daß die Strafmöglichkeiten aus § 178 GVG. dem Ungebühr Verübenden gegenüber wirkungslos bleiben. Dieser Gesichtspunkt rechtfertigt aber auch die Zulässigkeit einer Hausstrafe, wenn die Ungebühr im Gerichtssaal erfolgt. Maßnahmen zur Aufrechterhaltung der Ordnung im Gefängnis setzen nicht voraus, daß der Verstoß innerhalb der Anstalt begangen worden ist; entscheidend ist vielmehr, ob ein außerhalb

der Anstalt begangener Verstoß Rückwirkungen für die Aufrechterhaltung der Ordnung in der Anstalt äußern kann (vgl. OLG. Düsseldorf aaO. betr. Fluchtversuch eines Untersuchungsgefangenen während einer Ausführung aus der Anstalt). Diese Voraussetzung kann aber in gleicher Weise wie bei einer Ungebühr in der Anstalt bei einer solchen in einer Verhandlung außerhalb der Anstalt gegeben sein. Das Verbot der Doppelbestrafung (Art. 103 Abs. 3 GG.) steht einer nichtkriminellen Würdigung unter verschiedenen Gesichtspunkten hier so wenig entgegen wie der disziplinarischen Bestrafung eines Beamten, der wegen seiner Ungebühr vor Gericht bereits eine Ordnungsstrafe aus § 178 erhalten hat.

9. Über die **Verjährung** der Ordnungsstrafen bestehen keine Vorschriften (vgl. Preger ArchÖffR. **7** 403, 410, Biensfeldt SeuffBl. **76** 235, Levin 255, Krakenberger 102).

10. Wegen der **Beschwerde** s. § 181.

11. Ungebühr im schriftlichen Verkehr mit den Gerichten. § 178 bezieht sich nur auf Ungebühr bei der Verhandlung. Auf Ungebühr, die im schriftlichen Verkehr gegenüber den Gerichten verübt wird, bezieht er sich nicht. Darüber vgl. Näheres bei Kern (GerS. **103** 317); s. auch RiStV. **1953** Nr. 238 Abs. 2.

Nach gemeinem Recht stand den Gerichten die Befugnis zu, Verletzungen der ihnen gebührenden Achtung in schriftlichen Eingaben durch eine von ihnen festzusetzende Strafe, deren Art und Höhe in ihrem Ermessen stand, zu ahnden. Diese gemeinrechtliche Bestimmung ist nach Einführung des GVG. für **Hamburg** in Kraft geblieben (HansGZ. **1892** 60, OLG. Hamburg Beschl. GA. **71** 274; vgl. Heuer DJZ. **1903** 365, **1910** 182). Ungebühr in Briefen von Untersuchungsgefangenen ist danach gleichfalls strafbar (OLG. Hamburg GA. **71** 274).

12. Art. 44 Abs. 2 Satz 1 GG bestimmt für die **Untersuchungsausschüsse des Bundestags:** „Auf Beweiserhebungen finden die Vorschriften über den Strafprozeß sinngemäß Anwendung." Diese Vorschrift bedeutet nach ihrer Entstehungsgeschichte, daß dem Untersuchungsausschuß die Befugnisse zustehen sollen, wie sie in einem Strafprozeß das Gericht oder der Vorsitzende nach StPO. oder GVG. hat. Daraus folgt, daß dem Ausschuß auch die Befugnis zur Verhängung von Ungebührstrafen nach Maßgabe des § 178 GVG. zusteht mit der Besonderheit, daß die Verhängung als Aufgabe des Vorsitzenden anzusehen ist, vorbehaltlich der Befugnis den Bestraften, dagegen die Entscheidung der Mitglieder des Ausschusses anzurufen (Sprenger, DÖV. **1955** 461).

§ 179

Die Vollstreckung der vorstehend bezeichneten Ordnungsstrafen hat der Vorsitzende unmittelbar zu veranlassen.

I. Entstehungsgeschichte: Entw. § 146.
II. Keine späteren Änderungen.
„unmittelbar" — d. h. ohne Vermittlung der Staatsanwaltschaft (RGSt. **15** 230).

§ 180

Die in den §§ 176 bis 179 bezeichneten Befugnisse stehen auch einem einzelnen Richter bei der Vornahme von Amtshandlungen außerhalb der Sitzung zu.

I. Entstehungsgeschichte: Entw. § 147.
II. Spätere Entwürfe: N. E. III Nr. 60.
III. Spätere Gesetze: Ges. vom 11. 3. 1921 (RGBl. 230) Art. I Nr. 10.

§ 180 des alten GVG., der die Verhängung von Ordnungsstrafen gegen Rechtsanwälte und Verteidiger betraf, ist durch Ges. vom 11. 3. 1921 Art. I Nr. 10 (RGBl. 230) aufgehoben worden. (Vgl. dazu § 176 Anm. 2a, § 177 Anm. 2, § 178 Anm. 1b). An seine Stelle ist der frühere § 182 getreten (vgl. dazu Levin Richterliche Prozeßleitung und Sitzungspolizei [1903] 233).

1. Die Bestimmung des § 180 gilt für die Amtshandlungen, die ein Richter **außerhalb einer Sitzung** (d. h. einer Verhandlung vor dem erkennenden Gericht i. S. des § 169) vornimmt, also für die Termine, in denen Zeugen, Sachverständige oder Beschuldigte vernommen werden, für Augenscheinseinnahme, Haussuchungen usw. Immer aber wird eine Verhandlung vorausgesetzt. Ein gelegentlicher mündlicher Verkehr zwischen dem Richter und einem zum Strafantritt erschienenen Verurteilten ist keine Amtshandlung im Sinne des § 180 (OLG. Stuttgart Alsberg OLGE.StrProz. **1** Nr. 27; OLG. Darmstadt JR. **1934** Nr. 920).

2. Unter dem **„einzelnen Richter“** ist der Untersuchungsrichter, der Amtsrichter, der Ermittlungsrichter des Bundesgerichtshofs (§ 168a StPO.) und der beauftragte Richter (vgl. Vorbem. 8b zu Tit. 13) zu verstehen. Als beauftragter Richter kann (abgesehen von den Mitgliedern der Landgerichte) auch ein Mitglied eines Oberlandesgerichts oder des Bundesgerichtshofs in Betracht kommen (Feisenberger 86, StPO. Anm. 1).

3. Wegen der **Vollstreckbarkeit** der von einem einzelnen Richter außerhalb der Sitzung verhängten Ordnungsstrafen s. § 181 Abs. 2 und Anm. 6 das.

4. Wegen des Falles, daß der Amtsrichter **in der Sitzung als Einzelrichter** tätig wird, s. § 176 Anm. 3b am Ende. In diesem Falle greift die Beschränkung der Vollstreckbarkeit nach § 181 Abs. 2 nicht Platz.

5. Vgl. noch § 164 StPO. und die Anm. das.

§ 181

(1) Ist in den Fällen der §§ 178, 180 eine Ordnungsstrafe festgesetzt, so kann gegen die Entscheidung binnen der Frist von einer Woche nach ihrer Bekanntmachung Beschwerde eingelegt worden, sofern sie nicht von dem Bundesgerichtshof oder einem Oberlandesgericht getroffen ist.

(2) Die Beschwerde hat in dem Falle des § 178 keine aufschiebende Wirkung, in dem Falle des § 180 aufschiebende Wirkung.

(3) Über die Beschwerde entscheidet das Oberlandesgericht.

I. Entstehungsgeschichte: Entw. § —.

II. Spätere Entwürfe: E. III Nr. 61; E. IV Art. II 42; E. V Art. II 46.

III. Spätere Fassungen: Bek. vom 22. 3. 1924 (RGBl. I 319). § 18 der 2. Kriegsmaßnahmen-VO. vom 27. 9. 1944 (RGBl. I 229). Das Vereinheitlichungsges. hat die Änderung durch den vorgenannten § 18 beseitigt und im übrigen nur stilistische Änderungen vorgenommen.

Zu Abs. 1.

1. „festgesetzt“ — Voraussetzung der Beschwerde ist die Festsetzung einer Ordnungsstrafe. Gegen die Ablehnung eines Antrags auf Bestrafung ist keine Beschwerde zulässig (OLG. Jena DJZ. **1907** 832).

2. „Beschwerde“ — Das in § 181 gewährte fristgebundene Rechtsmittel ist eine **sofortige** Beschwerde im Sinne der Prozeßgesetze (§ 577 ZPO., § 311 StPO.). Dies ergibt sich aus der Entstehungsgeschichte, denn die ausdrückliche Bezeichnung als sofortige Beschwerde ist nur deshalb unterblieben, weil die Frist für diese Beschwerde im Strafprozeß anders bemessen ist als im Zivilprozeß (StPO. § 311, ZPO. § 577) (vgl. Hahn Materialien z. GVG. **1** 19 [Entw. § 145 Abs. 2], 338, 339, 345, 348, 837, 838. Gl. A. BayObLGSt. **1** 97, **2** 140; KGJ. **38** C 9; OLGe. Düsseldorf Rhein-Arch. **108** 257; Hamm JZ. **1954** 171 = MDR. **1954** 179; Harburger BayZ. **1912** 151; Schwarz Anm. 1. A. M. (Rechtsmittel eigner Art, auf das die Vorschriften von ZPO. und StPO. keine Anwendung finden) KG. DJZ. **1900** 397; Delius, DJZ. **1913** 678; Baumbach-Lauterbach, ZPO [23] Anm. 2 B.

Aus dieser rechtlichen Natur des Rechtsmittels folgt, daß das Gericht, das die Ordnungsstrafe verhängt hat, seine Entscheidung nach Einlegung der Beschwerde nicht mehr aufheben oder ändern kann (KGJ. **38** C 9; OLG. München RsprOLG. **23** 317, BayZ. **1919** 62; Wachtel DJZ. **1909** 707; Harburger BayZ. **1912** 152. OLG. Neustadt MDR. **1953** 555, das die Frage der Rechtsnatur der Beschwerde offen läßt, kommt zum gleichen Ergebnis, weil nach allgemeinen verfahrensrechtl. Grundsätzen eine der Rechtskraft fähige Bestrafung der Abänderung durch den verhängenden Richter entzogen sei. A. M. OLG. Dresden JW. **1930** 734; Delius DJZ. **1913** 678; vgl. OLG. Königsberg DRZ. **1932** Nr. 306 = JR. **1932** Nr. 1179).

Die Beschwerde wird nicht gegenstandslos, wenn die Ordnungsstrafe bereits vollstreckt ist (BayObLGSt. **23** 15, HRR. **1935** Nr. 823, OLG. Jena SächsRpflArch. **8** 384, OLG. Königsberg DJZ. **1927** 1046, JR. **1928** Nr. 4, Nr. 393, OLG. Hamm bei Alsberg OLGE.StrProz. **1** Nr. 47; a. M. frühere Auflagen dieses Komm. und Feisenberger StPO. Anm. 3). Eine Wiedereinsetzung in den vorigen Stand wegen Versäumung der Frist ist nach allgemeinen Grundsätzen trotz Schweigens des Gesetzeswortlauts zulässig (OLGe. Düsseldorf RheinArch. **108** 253; Hamm JZ. **1954** 171 = MDR. **1954** 179 = JMBl. NRW. **1954** 64).

3. Staatsanwaltschaft — Die Beschwerde gegen eine Ordnungsstrafe steht nur dem Bestraften zu. Die Staatsanwaltschaft hat kein Beschwerderecht, denn es kann keinen Unterschied machen, ob die Bestrafung in einem Strafverfahren oder in einem Zivilprozeß, an dem die Staatsanwaltschaft nicht beteiligt ist, erfolgt (BayObLGSt. **13** 307.)

4. Verfahren — Für die Einlegung der Beschwerde gelten mangels besonderer Vorschriften die Prozeßordnungen. In Strafsachen beginnt die Beschwerdefrist mit der Verkündung, wenn die Entscheidung in Anwesenheit der betroffenen Person ergangen ist, in anderen Fällen mit der Zustellung (§§ 35, 311 StPO). In Privatklagesachen ist die Vertretung durch einen Rechtsanwalt (§ 378 StPO.) nicht notwendig (OLG. Hamburg LZ. **1920** 583). Die Frist für die Anfechtung nach Berichtigung des Beschlusses über Festsetzung der Ordnungsstrafe rechnet von dem berichtigten (nicht von dem berichtigenden) Beschluß an (OLG. Königsberg JR. **1932** Nr. 1179 = DRZ. **1932** Nr. 306). — In Zivilsachen kann der Prozeßbevollmächtigte einer Partei für diese Beschwerde einlegen (OLG. München RsprOLG. **27** 6). Die Einlegung bei dem Beschwerdegericht ist zulässig, aber nicht notwendig (KG. RsprOLG. **21** 191, OLG. Düsseldorf GA. **57** 241, OLG. München RsprOLG. **25** 276; a. M. OLG. Naumburg Recht **1910** Nr. 378).

5. Kosten — Die Entscheidung des Oberlandesgerichts auf die Beschwerde ist gebührenfrei. § 69 GKG. bezieht sich nur auf Strafsachen, wie sich schon aus seiner Stellung im vierten Abschnitt dieses Gesetzes ergibt; in § 1 GKG. ist das GVG. nicht genannt (vgl. OLGe. München BayZ. **1917** 228, **1919** 62, Hamm RsprOLG. **40** 174, Nürnberg BayZ. **1930** 133; a. M. OLGe. Köln JW. **1929** 520, München BayZ. **1931** 314, Darmstadt JW. **1935** 2073).

Zu Abs. 2.

6. aufschiebende Wirkung — Abs. 2 stellt für den einzelnen Richter, der außerhalb einer Hauptverhandlung tätig wird (vgl. § 180), eine Ausnahmebestimmung auf; er schließt die sofortige Vollstreckbarkeit der von einem solchen Richter verhängten Ordnungsstrafen in allen Fällen aus.

Zu Abs. 3.

7. Für die Fälle, in denen die Ordnungsstrafe von einem Schöffengericht, einem Amtsrichter oder einem Untersuchungsrichter verhängt worden ist, weicht der in Abs. 3 bestimmte **Rechtsmittelzug** von der Regel des § 73 ab. Die Gründe dieser (von der RTK. beschlossenen) Abweichung sind nicht ersichtlich; sie dürfte auch schwerlich zu rechtfertigen sein. Jedenfalls kann sie zu eigentümlichen Ergebnissen führen. Hat z. B. das Schöffengericht den Beschuldigten in der Hauptsache zu Gefängnis verurteilt und daneben gegen ihn wegen einer Ungebühr eine Geldstrafe festgesetzt, so hat über die in der Hauptsache eingelegte Berufung die Strafkammer des Landgerichts, dagegen über die die geringfügige Ordnungsstrafe betreffende Beschwerde das Oberlandesgericht zu entscheiden. — Ist die Ordnungsstrafe von einem beauftragten Richter oder einem Untersuchungsrichter des Landgerichts oder des Oberlandesgericht verhängt worden, so geht die Beschwerde gleichfalls an das Oberlandesgericht (Delius DJZ. **1913** 679). Hat ein beauftragter Richter, ein Untersuchungs- oder Ermittlungsrichter (§ 168a StPO.) des Bundesgerichtshofs die Ordnungsstrafe ausgesprochen, so ist nach § 134 Abs. 3 der Bundesgerichtshof zuständig.

Für die Entscheidung über Beschwerden gegen die Art und Weise der **Vollstreckung** einer vom Amtsgericht rechtskräftig festgesetzten Ordnungsgeldstrafe ist gemäß § 463 StPO., §§ 766, 793 ZPO. nicht das Oberlandesgericht, sondern das Landgericht zuständig (OLG. Frankfurt JZ. **1953** 243).

8. **„das Oberlandesgericht"** —, d. h. der Zivil- oder Strafsenat, der nach der Geschäftsverteilung zuständig ist (Delius DJZ. **1913** 679, Feisenberger 86, StPO. Anm. 4). — Auch in Bayern entscheidet nicht das BayObLG., sondern das OLG. (§ 4 Nr. 2f des Ges. über die Wiedererrichtung des BayObLG. i. d. F. vom 23. 11. 1953, GVBl. 215).

§ 182

Ist eine Ordnungsstrafe wegen Ungebühr festgesetzt oder eine Person zur Haft abgeführt oder eine bei der Verhandlung beteiligte Person entfernt worden, so ist der Beschluß des Gerichts und dessen Veranlassung in das Protokoll aufzunehmen.

I. **Entstehungsgeschichte:** Entw. § 148.
II. **Spätere Entwürfe:** Entw. EGStGB. Art. 68 Ziff. 50.
III. **Keine späteren Änderungen.**

1. **Geltungsgebiet** — § 182 gilt für die Hauptverhandlungen wie für die Amtshandlungen eines einzelnen Richters außerhalb einer solchen (§ 180).

2. Die in den §§ 177—180 bezeichneten Maßregeln sind sämtlich durch das **Protokoll** zu beurkunden; eine Ausnahme gilt nur, wenn eine unbeteiligte Person aus dem Sitzungszimmer entfernt wird, ohne zugleich zur Haft abgeführt zu werden (§ 177).

3. **Veranlassung des Beschlusses.** Über die Bedeutung der im § 182 vorgeschriebenen Protokollierung der „Veranlassung" besteht Streit. Es ist davon auszugehen, daß § 182, wenn er außer der Aufnahme des Beschlusses auch noch besonders die Aufnahme der Veranlassung in das Protokoll fordert, damit bezweckt, daß der gesamte Geschehensablauf, der zu dem Beschluß geführt hat, unter dem unmittelbaren frischen Eindruck des Geschehens von dem Vorsitzenden und dem Protokollführer schriftlich niedergelegt wird, um dem Beschwerdegericht (§ 181) ein möglichst objektives, von Erinnerungsfehlern freies und so umfassendes Bild des Vorgangs zu geben, daß es Grund und Höhe der Bestrafung in der Regel ohne weitere Ermittlungen nachprüfen kann. Es genügt danach nicht, daß die Veranlassung der Bestrafung in den Gründen des Beschlusses erwähnt und dieser Beschluß in das Protokoll aufgenommen wird, denn damit wäre nur die Darstellung des bestrafenden Richters über den Hergang, nicht auch die des Protokollführers niedergelegt. Das Protokoll muß also eine gesonderte Darstellung der Vorgeschichte (die „Veranlassung") und den Beschluß selbst enthalten. Fehlt die gesamte Feststellung der Veranlassung im Protokoll, so muß der Beschluß auf Beschwerde hin aufgehoben werden; die fehlende Feststellung kann auch wegen der Unzuverlässigkeit der Erinnerung nicht durch nachträgliche dienstliche Erklärungen des Vorsitzenden und des Urkundsbeamten ersetzt werden. Zu dieser Auffassung bekennt sich die herrschende Meinung: KG DJZ. **1904** 269; BayObLGSt. **7**, 234; **12**, 315; **15**, 129; JW **1930** 3432; HRR. **1935** Nr. 823; OLGe Marienwerder SeuffA. **48** Nr. 230; Hamburg Rspr. OLG. **1**, 352; Bamberg Rspr. OLG. **3**, 315; München Rspr. OLG. **25**, 276; **27**, 6; BayJMBl. **1952** 74; **1954** 17; Kolmar ElsLothZ. **40**, 131; Dresden Sächs. RpflArch. **1**, 181; Hamm DRZ. **1927** Nr. 576; JMBl. NRW. **1955** 139; Celle GA. **59**, 368; Recht **1930** Nr. 1769; Köln JR. **1952** 484; Koblenz NJW. **1955** 348; KMR. Anm. 2 Die Gegenmeinung (OLGe. Kolmar DJZ. **1915** 1142; Bremen JR. **1951** 693; Hamburg NJW. **1952** 59; Stuttgart MDR, **1955** 364; von Staff, DStrafrZ. **1914** 39, 206; Stumpf, GerS. **73**, 331; Baumbach-Lauterbach Anm. 1) macht geltend, daß die h. M. dem Protokoll eine übertriebene Bedeutung beimesse, schon weil die Darstellung des Sachverhalts im Protokoll für das Beschwerdegericht nicht bindend sei (so OLG. Bremen a. a. O.) und weil der Gesichtspunkt einer übereinstimmenden Darstellung des Sachverhalts durch Vorsitzenden und Urkundsbeamten entfalle, wenn im Zivilprozeß gem. § 163 Abs. 3 ZPO. von der Zuziehung eines Protokollführers abgesehen werde (so OLG. Stuttgart a. a. O.). Ob in diesem letzteren Fall die besondere Darstellung der Veranlassung im Protokoll bei entsprechender Darstellung in dem Beschluß verzichtbar ist, kann hier unerörtert bleiben. Denn im Strafverfahren kann auf die Zuziehung eines Protokollführers nicht verzichtet werden (§§ 115d, 168, 187, 188, 226 StPO.), und auch im Zivilprozeß bildet die Zuziehung eines Protokollführers die Regel, und die Behandlung des Regelfalls kann nicht davon abhängig gemacht werden, ob der Ausnahmefall etwa anders zu beurteilen ist. Richtig ist, daß die Darstellung des Sachverhalts im Protokoll für das Beschwerdegericht nicht bindend ist;

§ 274 StPO., § 164 ZPO. sind weder unmittelbar noch entsprechend anzuwenden. Indessen wird — und darauf kommt es nach den gesetzgeberischen Absichten entscheidend an — eine Ergänzung der tatsächlichen Grundlagen der Bestrafung durch das Beschwerdegericht die seltene Ausnahme bilden, wenn eine umfassende, von der übereinstimmenden Bekundung beider Urkundspersonen getragene Darstellung der „Veranlassung" im Protokoll vorliegt. Wo freilich in einem Ausnahmefall eine weitere Sachaufklärung nötig erscheint, ist sie auch zulässig (OLG. Bremen JR **1951** 693 mit zustimmender Anmerkung von Dallinger; OLG. Hamm JMBl. NRW. **1952** 86). Es ist daher auch zulässig, daß Vorsitzender und Protokollführer die Darstellung des Protokolls in bestimmten Einzelheiten im Hinblick auf die Ausführungen des beschwerdeführenden Bestraften ergänzen (OLG. Hamm aaO.); an dem Grundsatz, daß eine völlig fehlende (oder, was dem gleichsteht, eine gänzlich unzulängliche) Darstellung des Sachverhalts im Protokoll zur Aufhebung des Beschlusses führen muß, wird dadurch nichts geändert. A. M. OLG. Hamm JMBl. NRW. **1955** 139, wonach jede nachträgliche Aufklärung ausgeschlossen sein soll, weil sie dem Zweck des § 182 — schleunigste Erledigung des gesamten Vorgangs — widerspreche, selbst wenn dadurch eine Ungebühr ungeahndet bliebe; aber eine so weit gehende Absicht läßt sich dem § 182 nicht entnehmen.

4. Beschluß des Gerichts — Der Beschluß kann nur von dem Richter erlassen werden, der den Termin wahrgenommen hat. Ist das ein Referendar, so darf nicht an seiner Stelle ein anderer Richter die Ungebührstrafe verhängen (OLG. Hamburg LZ. **1917** 149). Vorgänge, die der Wahrnehmung durch die beteiligten Urkundspersonen entzogen waren, können nicht mit einer Ungebührstrafe geahndet werden (OLG. Dresden GA. **64** 569). Der Beschluß ist zu begründen (§ 34 StPO.) und mit den Gründen in das Protokoll aufzunehmen (BayObLG. BayZ. **1933** 251 = JR. **1933** Nr. 1471), wobei wegen des Sachverhalts die ausdrückliche oder stillschweigende Bezugnahme auf die dem Beschluß voraufgehende Sachdarstellung im Protokoll genügt (OLG. Bremen JR. **1951** 693). Der Beschwerde muß auch stattgegeben werden, wenn der Beschluß nur in einem Nachtrag zum Sitzungsprotokoll steht und von dem Richter allein unterschrieben ist (OLG. Kolmar Recht **1910** Nr. 767).

§ 183

Wird eine strafbare Handlung in der Sitzung begangen, so hat das Gericht den Tatbestand festzustellen und der zuständigen Behörde das darüber aufgenommene Protokoll mitzuteilen. In geeigneten Fällen ist die vorläufige Festnahme des Täters zu verfügen.

I. Entstehungsgeschichte: Entw. § 149.

II. Keine späteren Änderungen.

1. „in der Sitzung" — Hierzu vgl. § 176 Anm. 1. Bei Amtshandlungen außerhalb der Sitzung (§ 180) besteht keine Pflicht (aber ein Recht), nach § 183 Satz 1 zu verfahren.

2. das Gericht — § 183 gilt für die Sitzungen der Strafgerichte wie die der Zivilgerichte (RGSt. **73**, 335).

3. In einigen der früheren Landesgesetze war nach dem Vorbilde des Code d'instr. crim. bestimmt, daß über eine in der Sitzung eines erkennenden Strafgerichts begangene strafbare Handlung unter gewissen Voraussetzungen sofort verhandelt und erkannt werden könne. Für eine solche Vorschrift sah das GVG. kein Bedürfnis. — Auf eine von einem Angeklagten in der Sitzung begangene strafbare Handlung würde allerdings § 266 StPO. seinem Wortlaut nach anwendbar sein; indes wäre es schwerlich angemessen, ihn ein einem solchen Falle über seine Zustimmung zur sofortigen Aburteilung zu befragen. Möglich wäre die sofortige Aburteilung nach § 212 StPO., soweit seine Voraussetzungen vorliegen.

4. Trotz seiner Stellung hinter den Bestimmungen über die Sitzungspolizei bezieht sich § 183 nicht nur auf strafbare Handlungen, die sich als Störung der Ordnung in der Sitzung darstellen, sondern auf **alle strafbaren Handlungen.** Insbesondere kann gegen einen Zeugen, der eines in der Verhandlung begangenen Meineides oder seiner falschen uneidlichen Aussage hinreichend verdächtig ist, gemäß § 183 verfahren werden.

5. In welcher Weise das Gericht **„den Tatbestand festzustellen"** hat, hängt von den besonderen Umständen des Falles ab. Wenn die Mitglieder des Gerichts die strafbare Handlung selbst gesehen und gehört haben, so bedarf es keiner weiteren Beweiserhebung. Es genügt die Darstellung des Vorgangs im Sitzungsprotokoll. Ist die strafbare Handlung nicht von dem Vorsitzenden, sondern von einzelnen Beisitzern oder anderen Personen beobachtet worden, so sind die Erklärungen der Tatzeugen und des Täters in das Sitzungsprotokoll aufzunehmen. In manchen Fällen kann auch die Durchsuchung verdächtiger Personen sowie die Einnahme des richterlichen Augenscheins zweckmäßig sein.

6. Feststellung von Amts wegen — Das Einschreiten des Gerichts ist nicht von einem Antrag der Staatsanwaltschaft abhängig (Levin 263). Unberührt bleibt Recht und Pflicht der Staatsanwaltschaft, geeignete Anträge zu stellen, insbes. bei begründetem Verdacht einer Eidesverletzung oder falscher uneidlicher Aussage die Niederschrift der beanstandeten Aussage zu beantragen (RiStV. **1953** Nr. 117 Abs. 2).

7. Die **zuständige Behörde,** der das Protokoll mitzuteilen ist, ist regelmäßig die Staatsanwaltschaft. Befindet sich indes die (sachlich zuständige) Staatsanwaltschaft (vgl. § 142 Abs. 2) nicht am Ort, und ist die schleunige Vornahme gerichtlicher Untersuchungshandlungen erforderlich, so ist das Protokoll dem Amtsrichter mitzuteilen (vgl. § 163 Abs. 2 StPO.); dieser hat sodann gemäß § 165 StPO. zu verfahren. Dem Amtsrichter ist das Protokoll auch mitzuteilen, wenn ihm der festgenommene Täter vorgeführt wird; vgl. Anm. 8.

8. Während § 127 StPO. unter der **vorläufigen Festnahme** eine Ergreifung ohne vorgängigen richterlichen Befehl versteht, wird hier mit diesem Ausdruck eine richterlich angeordnete Ergreifung bezeichnet. Der Sache nach handelt es sich aber um eine vorläufige Festnahme i. S. des § 127 Abs. 2 StPO., zu der § 183 das Gericht ermächtigt, nicht um eine Verhaftung. Zum Erlaß eines **Haftbefehls** ist das die Festnahme verfügende Gericht als solches nicht zuständig, sondern nur, wenn es dazu nach den allgemeinen Vorschriften zuständig und befugt ist (vgl. RG. vom 29. 3. 1927 I 247/27, OLGe. Kolmar GA. **38** 379, Jena ThürBl. **19** 274 = Alsberg, OLGEStrProz. **1** Nr. 261, München St. **9** 378; Hamm NJW. **1949** 191; von Kries 311, Levin 264, Feisenberger StPO. Anm. 4), da ja die Ergreifung auch in der Sitzung eines Zivilgerichts geschehen kann, das zur Erlassung eines Haftbefehls nicht befugt ist. Eine Festnahme in der Sitzung hat die gleiche Wirkung wie eine außergerichtliche Festnahme; es muß also gemäß § 128 StPO. verfahren werden. Der Amtsrichter hat nach seinem freien Ermessen, unabhängig von der Ansicht des Gerichts, das die Festnahme beschlossen hat, darüber zu entscheiden, ob genügender Grund zum Erlaß eines Haftbefehls vorliegt. In dem Antrag der Staatsanwaltschaft auf Verhaftung und vorläufige Festnahme gemäß § 183 GVG. liegt die Einleitung einer Untersuchung im Sinn des § 158 StPO. (RG. vom 29. 3. 1927 I 247/27). Auch die Anordnung der vorläufigen Festnahme in einem bürgerlichen Rechtsstreit (z. B. gegen den des Meineids Verdächtigen) bedeutet die Einleitung einer Untersuchung gemäß §§ 158, 163 Abs. 3 StPO. (RGSt. **73,** 335).

9. Darüber, daß eine in der Sitzung begangene strafbare Handlung u. U. auch als Ungebühr geahndet werden kann, s. § 178 Anm. 3.

Fünfzehnter Titel

Gerichtssprache

Vorbemerkung

1. Die Bestimmungen dieses Titels gelten für den Bereich der ordentlichen streitigen Gerichtsbarkeit (EGGVG. § 2 Anm. 2).

2. Die Konvention zum Schutze der **Menschenrechte** und Grundfreiheiten, der die Bundesrepublik durch Ges. vom 7. 8. 1952 (BGBl. II 685, 953) zugestimmt hat und die gemäß Bek. vom 15. 12. 1953 (BGBl. 1954 II 14) in Kraft getreten ist, bestimmt, daß jeder Festgenommene unverzüglich und in einer ihm verständlichen Sprache über die Gründe seiner Festnahme und über die gegen ihn erhobenen Beschuldigungen unterrichtet werden muß (Art. 5 Abs. 2), und daß jeder Angeklagte das Recht hat, unverzüglich in einer für ihn verständlichen Sprache über die Art und den Grund der gegen ihn erhobenen Beschuldigung in Kenntnis gesetzt zu werden und die unentgeltliche Beiziehung eines Dolmetschers zu verlangen, wenn er die Verhandlungssprache des Gerichts nicht versteht oder sich nicht darin ausdrücken kann (Art. 6 Abs. 3 a, e). Diesen Anforderungen entsprechen die Vorschriften des 15. Titels des GVG. (vgl. Jescheck NJW. **1954** 785). Dagegen geht Art. 105 Abs. 4 des **Genfer Abkommens** vom 12. 8. 1949 (BGBl. II 1954, 838) über die Behandlung der Kriegsgefangenen (vgl. Ges. vom 21. 8. 1954, BGBl. II 781, gem. Bek. vom 4. 11. 1954, BGBl. II 1133 in Kraft seit dem 3. 3. 1955), wonach im Verfahren gegen Kriegsgefangene die Anklageschrift und sonstige bekanntzugebende Schriftstücke in einer dem Beschuldigten verständlichen Sprache zugestellt werden müssen, über § 184 GVG. hinaus (Jescheck, ZStrW. **65**, „Mitteilungsblatt", 130). — Nach § 11 des Ges. über die Rechtsstellung heimatloser Ausländer vom 25. 4. 1951 (BGBl. I 269) sind heimatlose Ausländer (über diesen Begriff s. § 1 a. a. O.) im Verfahren vor allen deutschen Gerichten den deutschen Staatsangehörigen gleichgestellt; es gelten also für sie die allgemeinen Vorschriften.

§ 184

Die Gerichtssprache ist deutsch.

I. Entstehungsgeschichte: Entw. § 150.

II. Spätere Fassungen: Bek. vom 22. 3. 1924 (RGBl. I 320). Das Verinheitlichungsges. vom 12. 9. 1950 hat nichts geändert

1. „Deutsche Sprache" umfaßt alle **Mundarten.** § 185 findet auf deutsche Dialekte keine Anwendung; vielmehr steht es im Ermessen des Gerichts, ob es zu deren Verständnis einen Dolmetscher zuziehen will (RGRspr. **8** 160, OLG. Oldenburg JR. **1928** Nr. 392, Rasch, Recht **1916** 8; ebenso zu der gleichlautenden Vorschrift in § 115 der alten MStGO. RMG. DJZ. **1916** 344). Die Übertragung eines in „jiddischer" Sprache verfaßten, jedoch mit hebräischen Schriftzeichen geschriebenen Schriftstücks ist dagegen eine Übersetzung aus einer fremden Sprache (RG. vom 7. 9. 1901 3346/01). — Verwaltungsvorschriften: Preuß. Dolmetscherordnung vom 15. 2. 1928 (JMBl. 100), 11. 6. 1930 (JMBl. 198); AV. d. RJM. vom 18. 5. 1937 (DJ. S. 767); Brem. PrüfungsO. vom 20. 12. 1948 (GBl. 1949, 16).

2. a) Das Gesetz berücksichtigt den Umstand, daß jemand der deutschen Sprache nicht mächtig ist, nur bei gerichtlichen Verhandlungen; vgl. §§ 185, 188. Hieraus und aus § 184 wird gefolgert, daß es den **Prozeßbeteiligten** nicht gestattet ist, **schriftliche Erklärungen** in einer anderen Sprache abzugeben und daß in fremder Sprache abgefaßte Eingaben, durch die Rechtsmittel eingelegt werden oder Fristen gewahrt werden sollen, unwirksam sind (RGZ. **31** 428, RG. vom 24. 3. 1906 I 318/06, OLG. München HRR. **1941** Nr. 46; RMG. DJZ. **1916** 344, 1170, Stenglein Anm. 1, von Kries 280, Ben.-Beling 285, Rasch Recht **1916** 8, Baumbach-Lauterbach Anm. 1, KMR. Anm. 1. Dem ist grundsätzlich zuzustimmen, jedoch mit einer Ausnahme. In Grenzbezirken kommt es häufig vor, daß eine verhaftete Person, die der deutschen Sprache nicht mächtig ist, dem Gericht eine schriftliche Haftbeschwerde in ihrer Muttersprache einreicht. Solange diesen Personen nicht von Amts wegen ein Verteidiger bestellt wird (§ 140 Abs. 2 StPO.), muß ihnen gestattet sein, sich in der ihnen geläufigen Sprache zu verteidigen. Wenn das Gericht trotz des § 184 den mündlichen Vortrag eines Prozeßbeteiligten in fremder Sprache zulassen darf (vgl. Hahn, Mat. z. GVG. **1** 178), so muß es auch befugt sein, eine schriftliche Erklärung in fremder Sprache entgegenzunehmen. (Vgl. RGZ. **9** 430, 436, BayObLG. SeuffA. **46** Nr. 75; a. M. OLG. München HRR **1941** Nr. 46.) — Die Zustellung fremdsprachiger Schriftstücke im Wege der zwischenstaatlichen Rechtshilfe in Strafsachen wird durch § 184 nicht gehindert (RGSt. **67** 221).

b) Auch **schriftliche Erklärungen und Entscheidungen des Gerichts** ergehen grundsätzlich in deutscher Sprache, auch wenn der Empfänger Ausländer ist. Es ist seine Sache, sich über den Inhalt zu unterrichten. So ist z. B. auch bei einem der deutschen Sprache nicht mächtigen Angeklagten den Vorschriften der §§ 200, 201 StPO. durch Zustellung einer deutschen Anklageschrift genügt; es bedarf nicht der Beifügung einer Übersetzung (RG. DRZ. **1930** Nr. 21). Aus Art. 6 Abs. 3a der Menschenrechtskonvention (s. Vorbem. vor § 184) ergibt sich jedoch, daß der Angeschuldigte das Recht hat, eine Übersetzung der Anklageschrift in eine für ihn verständliche Sprache zu verlangen, wenn er die deutsche Sprache nicht versteht.

3. § 184 ist **zwingender Natur** und jeder Verfügungsbefugnis der Beteiligten entzogen (RGSt. **67**, 223). § 184 schließt aber nicht aus, daß der Vorsitzende im Rahmen der in deutscher Sprache geführten Verhandlung sich mit dem Angekl. teilweise in einer beiden geläufigen fremden Sprache unterhält, wenn Frage und Antwort vom Vorsitzenden ins Deutsche übertragen werden (KG. HRR. **1935** Nr. 991)

§ 185

(1) Wird unter Beteiligung von Personen verhandelt, die der deutschen Sprache nicht mächtig sind, so ist ein Dolmetscher zuzuziehen. Ein Nebenprotokoll in der fremden Sprache wird nicht geführt; jedoch sollen Aussagen und Erklärungen in fremder Sprache, wenn und soweit der Richter dies mit Rücksicht auf die Wichtigkeit der Sache für erforderlich erachtet, auch in der fremden Sprache in das Protokoll oder in eine Anlage niedergeschrieben werden. In den dazu geeigneten Fällen soll dem Protokoll eine durch den Dolmetscher zu beglaubigende Übersetzung beigefügt werden.

(2) Die Zuziehung eines Dolmetschers kann unterbleiben, wenn die beteiligten Personen sämtlich der fremden Sprache mächtig sind.

I. Entstehungsgeschichte: Entw. § 151.

II. Das **Vereinheitlichungsges.** vom 12. 9. 1950 hat die Vorschrift nur stilistisch geändert.

Literatur: Sommer, Der Dolmetscher im Strafprozeß (GerS. **70** 99); Kallee, Der Übersetzer im Strafprozeß (Strafrechtliche Abhandlungen herausgegeben von Lilienthal Heft 130) 1911.

Zu Abs. 1.

1. Jemand ist **der deutschen Sprache „nicht mächtig"**, wenn er ihrer überhaupt nicht mächtig ist, d. h. sie nicht oder so wenig versteht, daß er der Verhandlung nicht folgen kann; nur in diesem Fall ist die Anwesenheit eines Dolmetschers für die ganze Dauer der Hauptverhandlung erforderlich (s. Anm. 3c). Ist der Beteiligte, wenn auch nicht voll, so doch in dem Umfang der deutschen Sprache kundig, daß eine Verständigung möglich ist, so unterliegt es dem pflichtgemäßen Ermessen des Tatrichters, in welchem Umfang er unter oder ohne Mitwirkung eines Dolmetschers verhandeln will (RG. GA. **47**, 384; **50** 394; BGHSt. **3** 285). Das Gericht ist nicht an die Erklärungen des Beteiligten über seine Sprachkenntnis gebunden (RG. vom 14. 9. 1918 III 332/1918; vgl. RG. vom 6. 7. 1903 III 2525/03, GA. **47** 384, **50** 394). Auch der Umstand, daß der zu Vernehmende Ausländer ist, ist nicht entscheidend (RGSt. **1** 137). Dem Revisionsgericht ist die Nachprüfung dieser rein tatsächlichen Ermessensfrage entzogen (RG. ElsLothZ. **27** 73). — Ist jemand außerstande, sich verständlich deutsch auszudrücken, während er das deutsch Gesprochene genügend versteht, so ist es statthaft, ihn nur für seine eigenen Erklärungen als der deutschen Sprache nicht mächtig zu behandeln, die Mitwirkung des Dolmetschers also auf die Übertragung dieser Erklärungen zu beschränken. Insoweit ist die Zuziehung eines Dolmetschers aber auch dann erforderlich, wenn der Beteiligte durch eine mitgebrachte, beider Sprachen kundige Vertrauensperson (z. B. seine Ehefrau) seine Erklärungen abgeben will; ggf. muß die Vertrauensperson als Dolmetscher zugezogen und (§ 189) beeidigt werden (OLG. Frankfurt NJW. **1952** 1310).

2. Verhandlung ist jeder gerichtliche Termin, an dem der Beteiligte teilnahmeberechtigt ist und teilnimmt. Die bei den Verhandlungen in Strafsachen **beteiligten Personen,** die hier in Betracht kommen, sind der Beschuldigte und die sonstigen von der Strafverfolgung betroffenen Personen (vgl. z. B. § 431 Abs. 2 StPO.), der Privatkläger und der Nebenkläger, die Zeugen, die Sachverständigen, die auf Grund des § 149 StPO. zugelassenen Beistände des Beschuldigten und die Verteidiger, die als solche nur mit Genehmigung des Gerichts auftreten können (§ 138 Abs. 2 StPO.; übrigens darf das Gericht unbedenklich gerade daraus, daß der zum Verteidiger Gewählte der deutschen Sprache nicht mächtig ist, einen Anlaß zur Versagung der Genehmigung entnehmen.) Außerdem sind hier die Schöffen und die Geschworenen zu nennen, da das GVG. (§§ 31—35, 84) Personen, die der deutschen Sprache nicht mächtig sind, nicht grundsätzlich von der Berufung zum Schöffen- oder Geschworenenamt ausschließt.

3. a) In der **Hauptverhandlung** müssen, wenn eine der beteiligten Personen, abgesehen von den Zeugen und Sachverständigen, der deutschen Sprache nicht mächtig ist, alle wesentlichen Verhandlungsakte, die in Gegenwart der Person in deutscher Sprache vorgenommen werden, in die fremde Sprache übertragen werden (RGSt. **43** 443). Das gilt insbesondere von der Verlesung des Eröffnungsbeschlusses (§ 243 Abs. 2 StPO.), von der Vernehmung der Mitbeschuldigten, der Zeugen und der Sachverständigen (vgl. jedoch RG. GA. **43** 253 = JW. **1895** 572, wo die Übertragung der Begründung eines Gutachtens nur bei Verlangen eines Beteiligten für notwendig erklärt wird), von der Verlesung von Schriftstücken, der Stellung von Anträgen (vgl. RG. GA. **47** 384 = JW. **1900** 782), der Verkündung der Entscheidungen usw. (RGSt. **43** 443), in der Berufungsverhandlung von der Verlesung des Urteils erster Instanz (OLG. Dresden JW. **1931** 1640), falls es dem Beteiligten nicht schon bekannt ist. Dagegen ist es nicht notwendig, daß jede Äußerung eines Zeugen oder Sachverständigen wörtlich übertragen wird (RG. Recht **1913** Nr. 1836). Nach der Ansicht von Rasch (Recht **1915** 595) soll die Mitteilung der Angaben über die Person von Zeugen und Sachverständigen nur erforderlich sein, wenn sie für die Sache von irgendwelcher Bedeutung sind. Allein ob dies der Fall ist, kann das Gericht häufig noch gar nicht beurteilen. Richtiger wird es daher sein, diese Angaben der Zeugen und Sachverständigen in allen Fällen zu übertragen. Für die Schlußvorträge der Staatsanwaltschaft und des Verteidigers enthält § 259 StPO. eine Einschränkung (vgl. dort Anm. 3). Eine Übertragung der Eide ist nicht erforderlich, da der Inhalt des Eides in allen Strafsachen derselbe ist.

b) Der deutschen Sprache nicht Mächtige kann auf die nach dem Vorstehenden (a) notwendige Übertragung nicht verzichten (gl. A. Ben.-Beling 286 Anm. 12; a. M. Glaser **1** 429).

c) Der Dolmetscher gehört, unter der Voraussetzung des Abs. 1 Satz 1, zu den Personen, „deren Anwesenheit das Gesetz vorschreibt“ (§ 338 Nr. 5 StPO.). Wird ohne Dolmetscher verhandelt, so ist das ein unbedingter Revisionsgrund. Das gilt, wenn sich die Tatsache, daß der Beteiligte der deutschen Sprache nicht mächtig ist, erst im Laufe der Hauptverhandlung herausstellt, auch für die früheren Abschnitte der Hauptverhandlung (RG. GA. **47** 384). Ein Rechtsmittelverzicht, den ein der deutschen Sprache nicht mächtiger Angeklagter ohne Zuziehung eines Dolmetschers z. H. eines Gefängnisbeamten erklärt, ist wirkungslos (RG. vom 6. 2. 1902 III 5328/01).

4. Es genügt stets die Zuziehung eines Dolmetschers. Das Gericht kann zwar, auf Antrag oder von Amts wegen, die **Zuziehung mehrerer Dolmetscher** beschließen, wenn es hierzu besondere Veranlassung findet; ein Anspruch hierauf steht indes keinem der Prozeßbeteiligten zu.

5. Die **Auswahl des Dolmetschers** steht dem Gericht zu (vgl. § 191 Anm. 4); es hat nach freiem, nicht revisiblem Ermessen darüber zu befinden, ob jemand befähigt ist, den Dienst des Dolmetschers der fremden Sprache wahrzunehmen (RG. GA. **68** 348; RGSt. **76** 177). Das Vorliegen dieser Befähigung braucht nicht durch das Sitzungsprotokoll festgestellt zu werden (RGSt. **1** 397). Ist bei dem Gericht ein für die Sprache im allgemeinen verpflichteter Dolmetscher vorhanden, so wird regelmäßig dieser zuzuziehen sein (vgl. § 189 GVG. Anm. 4, § 191 Anm. 4, § 73 Abs. 2 StPO.). — Über Dolmetscher-Ordnungen vgl. § 184 GVG. Anm. 1, über den Vorsitzenden als Dolmetscher s. Anm. 3 zu § 184.

6. Übersetzung von Schriftstücken — Die Zuziehung eines Dolmetschers ist nach Abs. 1 nur erforderlich, wenn unter Beteiligung von Personen, die der deutschen Sprache nicht mächtig sind, verhandelt wird; die Aufgabe des Dolmetschers besteht also darin, den Prozeßverkehr des Gerichts mit den der Gerichtssprache unkundigen anderen Prozeßbeteiligten durch Übertragung der schriftlichen oder mündlichen zum Prozeß abgegebenen Erklärungen zu ermöglichen. Dagegen ist die Zuziehung eines nach § 189 vereidigten Dolmetschers nicht erforderlich, wenn lediglich der Sinn einer außerhalb des Prozeßverkehrs abgegebenen und als Beweismittel verwendeten fremdsprachigen Erklärung zu ermitteln ist. Bedarf es zur Ermittlung des Sinnes einer zulässigerweise verlesbaren fremdsprachigen Urkunde in Ermangelung eigner Sprachkunde des Gerichts der Zuziehung eines Sprachkundigen in der Hauptverhandlung, und überträgt dieser sie erst in der Hauptverhandlung oder verliest er eine vorher angefertigte Übersetzung in der Hauptverhandlung, so wird er als Sachverständiger tätig und seine Beeidigung richtet sich nach den für Sachverständige geltenden Vorschriften (§ 79 StPO.). Wie hier BGHSt. **1** 4 = JR. **1951** 90; a. M. RGSt. **27** 268 und die Vorauflage (mit weiteren Nachweisen über die

Streitfrage). Wegen der Verlesung einer vorher angefertigten Übersetzung in der Hauptverhandlung ohne Beteiligung des Übersetzers vgl. Anm. 11 zu § 249 StPO. Zulässig ist es jedenfalls, eine amtlich angefertigte Übersetzung in die deutsche Sprache zu verlesen, die ein auswärtiger Staat, der um Zeugenvernehmung ersucht worden war, den in der fremden Sprache aufgenommenen Protokollen beigefügt hatte (RGSt. **36** 371).

7. Dem Dolmetscher sind erforderlichenfalls Fragen über Umstände vorzulegen, die seine **Unbefangenheit** (Glaubwürdigkeit) in der vorliegenden Sache betreffen; vgl. §§ 72, 68 StPO.

8. Die Zuziehung des Dolmetschers und die Veranlassung dazu muß durch das **Protokoll** beurkundet werden. Ergibt dieses, daß die Zuziehung des Dolmetschers für die ganze Verhandlung (vgl. Anm. 3a) angeordnet worden ist, so ist es nicht erforderlich, bei jedem einzelnen Verhandlungsakt die Mitwirkung des Dolmetschers noch besonders zu erwähnen (RGSt. **1** 397, **43** 442, RG. vom 6. 2. 1902 III 5328/01; Rasch Recht **1916** 12). Das gilt auch für § 259 StPO. (RG. JW. **1890** 270).

9. in der fremden Sprache niedergeschrieben — **a)** Ob eine Aussage oder Erklärung, außer in der deutschen auch in der fremden Sprache niederzuschreiben ist, entscheidet das Ermessen des Richters; das gilt auch von der Beifügung einer Übersetzung. In der Hauptverhandlung steht nach Maßgabe des § 238 StPO. die Entscheidung zunächst dem Vorsitzenden und nur gegebenenfalls dem Gericht zu (gl. A. Stenglein Anm. 7). — Die RTK. hat einen Antrag abgelehnt, nach dem ein nicht in der Sprache des Beschuldigten aufgenommenes Protokoll zum Beweise eines Geständnisses nicht sollte benutzt werden dürfen (Prot. 45).

b) Wird Niederschrift in der fremden Sprache angeordnet, so liegt diese, gleichviel ob sie in das Protokoll selbst oder in eine Anlage aufgenommen wird, dem Dolmetscher ob, dem Urkundsbeamten also nur, wenn er zugleich als Dolmetscher tätig ist (§ 192) (a. M. Stenglein Anm. 7; vgl. auch Ben.-Beling Anm. 27).

Zu Abs. 2.

10. Geltungsgebiet — Der (in der Begr. nicht weiter erläuterte) Abs. 2 ist hauptsächlich für das Vorverfahren und für die sonstigen Vernehmungen außerhalb der Hauptverhandlung von Bedeutung. In der Hauptverhandlung wird er im allgemeinen nur die Bedeutung haben, daß einzelne Aussagen in einer fremden Sprache der Verdolmetschung nicht bedürfen, falls alle bei der Verhandlung beteiligten Personen der fremden Sprache mächtig sind. Unzulässig wäre es, eine Hauptverhandlung vollständig in der von dem Beschuldigten gesprochenen fremden Sprache zu führen, sollten auch alle mitwirkenden Gerichtspersonen und sonstigen Beteiligten dieser Sprache mächtig sein; die Leitung der Verhandlungen, die Verkündung der Entscheidungen, die Vorträge der Staatsanwaltschaft und der Rechtsanwälte müssen in deutscher Sprache stattfinden. (Gl. A. Keller 225, Geyer 457, Stenglein Anm. 9; a. M. Ben.-Beling 285 Anm. 10.) Sonst aber kann die ganze Verhandlung, ja selbst die ganze Hauptverhandlung, fremdsprachig geführt werden (Gerland Stpr. 179). Daß das Protokoll stets in der deutschen Sprache geführt werden muß, ist selbstverständlich.

§ 186

Zur Verhandlung mit tauben oder stummen Personen ist, sofern nicht eine schriftliche Verständigung erfolgt, eine Person als Dolmetscher zuzuziehen, mit deren Hilfe die Verständigung in anderer Weise erfolgen kann.

I. Entstehungsgeschichte: Entw. § 152.

II. Keine späteren Änderungen.

Literatur: Rasch Recht **1915** 593.

1. Taub ist eine Person, deren Gehör für immer oder zeitweise vollständig aufgehoben ist (RG. vom 7. 1. 1915 III 1090/14); **stumm** ist eine Person, deren Fähigkeit, zu sprechen, für immer oder zeitweise vollständig aufgehoben ist (RG. GA. **59** 337). § 186 gilt nicht für Personen, die nur, wenn auch hochgradig schwerhörig (BGH. JZ. **1952** 730) oder in ihrem Ausdrucksvermögen durch einen Fehler der Sprachorgane beeinträchtigt oder durch eine Verletzung vorübergehend am Sprechen verhindert sind (RG. vom 11. 3. 1895 I 661/95). Auch in solchen Fällen hat der Vorsitzende — bei Beanstandung seiner Anordnungen das Gericht — die geeigneten Maßnahmen zu treffen, um dem Angeklagten das Verständnis der Verhandlung oder die Verständigung mit den Beteiligten zu ermöglichen; die hierzu erforderlichen Maßnahmen unterliegen jedoch dem richterlichen Ermessen (RGSt. **15** 172, RG. Recht **1910** Nr. 4224; RG. vom 17. 10. 1935 — 3 D 678/35 —; OLG. Freiburg JZ. **1951** 23). Verständigung mittels eines Hörrohrs kann als derartige Maßnahme in Frage kommen (vgl. RG. vom 7. 1. 1915 III 1090/14), ferner die Vermittlung der Verständigung durch eine im Umgang mit dem Schwerhörigen vertraute Persan z. B. einem Angehörigen (BGH. DRiZ. **1952** Heft 10 Beil. Nr. 1795a). Wird das Verständnis durch Zuziehung einer andern Person vermittelt, so ist es zulässig (nicht geboten), sie durch den Dolmetschereid zu verpflichten (RGSt. **38** 181; BGH. JZ. **1952** 730) — RiStV. **1953** Nr. 22 empfiehlt bei Verhandlungen mit Schwerhörigen, sie aufzufordern, das, was sie von Fragen, Zeugenaussagen oder mündl. Erörterungen verstanden haben, zu wiederholen.

2. In der RTK. (Prot. 46) wurde die Meinung ausgesprochen, eine **schriftliche Verständigung** im Sinne des § 186 sei nur eine solche, die sich beiderseits schriftlich, also durch Niederschreibung der Fragen und der Antworten, vollzieht. Da der Wortlaut nicht zu dieser Auslegung zwingt und eine solche Bestimmung jedes Grundes entbehren würde, ist im Gegensatz zu früheren Auflagen dieses Kommentars anzunehmen, daß auch eine einseitig schriftliche Verhandlung, also z. B. die Vorlegung schriftlicher Fragen an eine taube, aber des Sprechens fähige Person oder die schriftliche Beantwortung mündlich gestellter Fragen durch eine stumme, aber hörfähige Person nicht ausgeschlossen ist (RGSt. **31** 313). Ist keine solche Verständigung möglich, so darf nicht von der Zuziehung eines Dolmetschers abgesehen werden; ist sie möglich, so hängt es von dem Ermessen des Gerichts ab, ob es in der einen oder in der anderen Art mit der tauben oder stummen Person verhandeln will (Rasch Recht **1915** 594). Auch eine Verbindung beider Verhandlungsarten ist statthaft. So kann z. B. dem tauben Angekl. der Eröffnungsbeschluß zum Durchlesen vorgelegt werden, während ihm die Aussagen der Zeugen und sonstige wesentliche Vorgänge der Verhandlung (z. B. Fragen des Gerichts) durch Vermittlung eines Taubstummenlehrers oder eines Angehörigen schriftlich ihrem wesentlichen Inhalt nach zur Kenntnis gebracht und seine eignen mündlichen Äußerungen von den Mittelspersonen entgegengenommen und weitergegeben werden (RG HRR. **1939** Nr. 298). In der Regel empfiehlt sich die Zuziehung eines Sachverständigen (Dolmetschers), um dem tauben Angekl. die erforderliche Kenntnis von allen für die Schuld- und Straffrage wesentlichen Vorgängen zu geben (RiStV. **1953** Nr. 22 Abs. 2). Ein Verzicht des Tauben, gegen den ohne Dolmetscher verhandelt wird, auf schriftliche Mitteilung aller wesentlichen Vorgänge ist unzulässig (RG. JW. **1904** 21, Rasch 595).

3. Verständigung **„in anderer Weise“** ist nicht nur eine Verständigung durch Zeichensprache; es gibt sehr viele Personen, die, obwohl taub, doch imstande sind, anderen Personen die Worte von den Lippen abzulesen (vgl. dazu RG. GA. **68** 348). Auf der Vermittlung dieser Fähigkeit beruht der ganze moderne Taubstummenunterricht. Hiernach sind unter Dolmetschern im Sinne des § 186 nicht lediglich der Zeichensprache Kundige, sondern in erster Linie Taubstummenlehrer zu verstehen.

4. Das zu § 185 in Anm. 3, 4, 5, 7, 8 Bemerkte gilt entsprechend für die Zuziehung der in § 186 genannten **Dolmetscher** (vgl. auch RGSt. **36** 355).

5. Wegen der **Beeidigung** stummer oder tauber Personen s. § 66d StPO.

6. Wegen des Falles, daß der **Beschuldigte** taub oder stumm und die hier fragliche Verständigung nicht möglich ist, s. Vorbem. 12d zu Buch 2 Abschn. 1 der StPO. (S. 406).

§ 187

(1) Ob einer Partei, die taub ist, bei der mündlichen Verhandlung der Vortrag zu gestatten sei, bleibt dem Ermessen des Gerichts überlassen.

(2) Dasselbe gilt in Anwaltsprozessen von einer Partei, die der deutschen Sprache nicht mächtig ist.

I. Entstehungsgeschichte: Entw. § 153.

II. Keine späteren Änderungen.

Nicht nur Abs. 2, sondern auch Abs. 1 findet nur auf Zivilprozeßsachen Anwendung. (**Gl. A.** Glaser **2** 257; KMR. Anm. 1, **a. M.** Stenglein Anm. zu § 189.)

§ 188

Personen, die der deutschen Sprache nicht mächtig sind, leisten Eide in der ihnen geläufigen Sprache.

I. Entstehungsgeschichte: Entw. § 154.

II. Spätere Entwürfe: Entw. EGStGB. Art. 68 Ziff. 51.

III. Keine späteren Änderungen.

1. Wegen der Eidesnorm s. §§ 66c, 79 StPO.

2. Eine **Übertragung** des von einem Zeugen oder Sachverständigen in fremder Sprache geleisteten Eides in die deutsche Sprache ist nicht erforderlich; vgl. § 185 Anm. 3a (Schluß).

§ 189

(1) Der Dolmetscher hat einen Eid dahin zu leisten:
daß er treu und gewissenhaft übertragen werde.

(2) Ist der Dolmetscher für Übertragungen der betreffenden Art im allgemeinen beeidigt, so genügt die Berufung auf den geleisteten Eid.

I. Entstehungsgeschichte: Entw. § 155.
II. Spätere Entwürfe: Entw. EGStGB. Art. 68 Ziff. 52.
III. Keine späteren Änderungen.

Lit.: Rasch Recht **1916** 11, Meyer-Collings KrimMH. **1934** 106.

1. **Notwendigkeit der Beeidigung** — Die Übertragung bedarf stets der eidlichen Bekräftigung in der einen (Abs. 1) oder anderen (Abs. 2) Form; einzige Ausnahme: § 190; vgl. dort Anm. 3. Ein Verzicht der Prozeßbeteiligten auf die Beeidigung ist in Strafsachen nicht statthaft (RG. Recht **1903** Nr. 2526). Vgl. aber § 185 Anm. 6. Wer nicht beeidigt werden kann, darf auch nicht als Dolmetscher tätig sein (Rasch Recht **1916** 12).

2. **Beeidigung in jeder einzelnen Sache** — Die eidliche Bekräftigung der Übertragung (nach Abs. 1 oder Abs. 2) bildet, da nichts Entgegenstehendes vorgeschrieben ist, gleich der Beeidigung eines Gutachtens einen Bestandteil der einzelnen Verhandlung; mithin muß sie, wenn in einer Sitzung mehrere die Zuziehung des Dolmetschers erfordernde Sachen zur Verhandlung kommen, in jeder besonders abgegeben werden. Das ist allerdings ein Übelstand, wenn ein Gerichtsbeamter als Dolmetscher tätig und als solcher im allgemeinen beeidigt ist; es wäre angemessener gewesen, die eidliche Bekräftigung in diesem Falle für entbehrlich zu erklären. Vgl. Anm. 3.

3. **Beeidigung in derselben Sache** — Der Fall, daß der Dolmetscher bei einer späteren Verhandlung in derselben Sache abermals zugezogen wird, ist im Gesetz nicht geregelt. Es läßt sich mangels einer ausdrücklichen Bestimmung nicht behaupten, daß die einmal abgegebene eidliche Bekräftigung auch für alle folgenden Verhandlungen in derselben Sache wirksam sei. Sonach muß sich der Dolmetscher, wenn er im allgemeinen beeidigt ist, in der späteren Verhandlung von neuem auf den allgemeinen Eid berufen. War der Dolmetscher bei der ersten Zuziehung gemäß Abs. 1 besonders beeidigt worden und wird er dann in demselben Vorverfahren oder in demselben Hauptverfahren abermals zugezogen, so genügt, wie bei Zeugen und Sachverständigen (vgl. §§ 67, 72 StPO), die Versicherung auf den früher geleisteten Eid (RG. v. 12. 9. 1903 4011/03, RG. Recht **1906** Nr. 3469, DJZ. **1921** 204). Wird der Dolmetscher im Hauptverfahren erneut zugezogen, während er früher im Vorverfahren tätig war, so ist die nochmalige Beeidigung erforderlich, wenn er nicht allgemein beeidet war (**Gl. A.** Stenglein Anm. 2). Vgl. Anm. 2.

4. **a)** Wegen der **Beeidigung im allgemeinen** vgl. StPO. § 79 Abs. 3 und dort Anm. 12 — Für die ehemals preuß. Gebietsteile s. die Dolmetscherordnung v. 15. 2. 1928 (JMBl. 100), 11. 6. 1930 (JMBl. 198).

b) Die Worte **„der betreffenden Art"** beziehen sich zunächst auf die Verschiedenheit der in § 185 und der in § 186 behandelten Fälle. Außerdem besagen sie, daß die Berufung auf den allgemeinen Eid unstatthaft ist, wenn es sich um eine andere fremde Sprache handelt als um die, für die der Dolmetscher im allgemeinen beeidigt ist.

5. Der Dolmetschereid nach Abs. 1 ist — im Gegensatz zu § 59 StPO. — als Voreid zu leisten („daß er . . . übertragen werde"); doch kann ein Urteil regelmäßig nicht darauf beruhen, wenn der Dolmetscher erst nach Beendigung seiner Tätigkeit beeidigt wird (RG. HRR. **1939** Nr. 1117). Wegen der **Formel** des vom Dolmetscher nach Abs. 1 zu leistenden Eides und wegen der Art der Ableistung sind für Strafsachen die Vorschriften des § 66c StPO. maßgebend. Vgl. § 191 Anm. 4, § 72 StPO. — Der Eid des Dolmetschers bezieht sich nicht nur auf die eigentliche Übertragung; er deckt die gesamte Aussage, die der Dolmetscher bei Erfüllung seiner Aufgaben zu machen hat. Infolgedessen umfaßt er auch die Erklärung, daß der Zeuge nach der Überzeugung des Dolmetschers von dem Wesen des Eides keine Vorstellung habe (RG. LZ. **1921** 694). — Der Dolmetscher, der bewußt unrichtig überträgt, begeht — wie der Sachverständige, der bewußt ein unrichtiges Gutachten erstattet (vgl. § 191) — einen nach § 154 StGB. zu beurteilenden Meineid (BGHSt. **4** 154).

6. Die **Berufung** auf den im allgemeinen geleisteten Eid erfordert eine ausdrückliche Erklärung des Dolmetschers selbst (RGRspr. **7** 426, RG. JR. **1933** Nr. 1153); eine Verweisung durch das Gericht genügt nicht; vgl. Anm. 17 zu § 79 StPO. Die Form der Bezugnahme muß deutlich erkennen lassen, daß der Dolmetscher gerade durch den Eid zu treuer und gewissenhafter Übertragung verbunden ist; eine bloße Versicherung treuer und gewissenhafter Übertragung genügt deshalb den Anforderungen nicht (RGSt. **75** 332). Auch die Berufung hat, wie der Eid nach Abs. 1, vor Beginn der Tätigkeit des Dolmetschers zu erfolgen.

§ 190

Der Dienst des Dolmetschers kann von dem Urkundsbeamten der Geschäftsstelle wahrgenommen werden. Einer besonderen Beeidigung bedarf es nicht.

I. **Entstehungsgeschehte:** Entw. § 156.

II. **Spätere Entwürfe:** Entw. EGStGB. Art. 68 Ziff. 53.

III. **Das Vereinheitlichungsges.** vom 12. 9. 1950 hat in Satz 1 „kann von einem Urkundsbeamten" in „kann von dem Urkundsbeamten" geändert.

1. Nur der **Urkundsbeamte,** nicht aber der Richter, darf in einer Verhandlung, in der er sein Amt ausübt, zugleich als Dolmetscher tätig sein (a. M. KG. JR. **1935** 991; vgl. Anm. 3 zu § 184). Auch mit der Tätigkeit des Staatsanwalts und des Verteidigers ist die des Dolmetschers unvereinbar. Vgl. § 191 Anm. 2.

2. **kann** — Ob der Urkundsbeamte fähig ist, die Aufgabe des Dolmetschers in der fremden Sprache zu erfüllen, muß selbstverständlich bei ihm wie bei anderen Personen geprüft werden (vgl. § 185 Anm. 5).

3. Die Begr. (95) bemerkt: „Indem der Paragraph den Urkundsbeamten von besonderer Leistung des Dolmetschereides entbindet, erklärt er für den Fall der Heranziehung des Urkundsbeamten zum Dolmetscherdienst die treue und gewissenhafte Übertragung für eine Amtspflicht." Wie sich hieraus ergibt, ist nicht nur die **„besondere" Beeidigung** des Urkundsbeamten als Dolmetscher (§ 189 Abs. 1) entbehrlich, sondern er braucht auch nicht „im allgemeinen" (§ 189 Abs. 2) als Dolmetscher beeidigt zu sein (RGSt. **1** 397). — Satz 2 bezieht sich nur auf den Urkundsbeamten, der als solcher in der Verhandlung mitwirkt. Wird ein anderer Urkundsbeamter als Dolmetscher zugezogen, so findet auf ihn § 189 Anwendung (RGSt. **2** 372); das wird durch die neue Fassung („dem" statt „einem" Urkundsbeamten) verdeutlicht.

§ 191

Auf den Dolmetscher sind die Vorschriften über Ausschließung und Ablehnung der Sachverständigen entsprechend anzuwenden. Es entscheidet das Gericht oder der Richter, von dem der Dolmetscher zugezogen ist.

I. Entstehungsgeschichte: Entw. § 157.

II. Spätere Entwürfe: Entw. I § 193, Begr. 186; Entw. II § 193, Begr. 54.

III. Das Vereinheitlichungsges. vom 12. 9. 1950 hat die Vorschrift nur stilistisch geändert.

1. Die hier bezeichneten **Bestimmungen** enthält § 74 StPO. und § 406 ZPO. Beide Prozeßordnungen kennen nur die Ablehnung, keine Ausschließung von Sachverständigen; Tatsachen, auf Grund deren ein Richter kraft Gesetzes ausgeschlossen ist, sind bei einem Sachverständigen nur geeignet, die Ablehnung zu begründen; vgl. § 74 Abs. 1, § 24 Abs. 1 StPO. Es beruht daher auf einem Versehen, daß in § 191 auch von einer Ausschließung die Rede ist. (**Gl. A.** RGRspr. **7** 501; Kallee Der Übersetzer im Strafprozeß 7.) In den neuen Entwürfen zum GVG (s. II vor Anm. 1) ist der Fassungsfehler verbessert worden.

2. Ein **Zeuge** kann zugleich als Dolmetscher tätig sein (vgl. § 74 Abs. 1 StPO.) (RG. Recht **1914** Nr. 1936).

3. Im Schöffengericht nehmen die Schöffen an der **Entscheidung** über die Ablehnung teil (GVG. § 30; vgl. StPO. § 31).

4. Entsprechende Anwendung — Streitig ist, ob der Dolmetscher zu den Sachverständigen gehört (vgl. die Literaturangaben bei Kallee 10—16). Das Reichsgericht hat diese Frage verschieden beantwortet. In einigen Entscheidungen wird ausgeführt, daß der Dolmetscher auf dem Gebiet des Strafverfahrens die Stellung eines Sachverständigen habe (RGSt. **9** 53, **25** 354, 45 304, RG. JW. **1924** 707); in anderen dagegen wird der Dolmetscher als Sachverständiger im weiteren Sinne, nicht in juristisch-technischem Sinne, bezeichnet (RGRspr. 8 97, RG. LZ. **1921** 693). Nach BGHSt. **4** 154 ist die Stellung des Dolmetschers der eines Sachverständigen nur „in vielem ähnlich“; das gemeinsame sei, daß sie kraft ihrer besonderen Fachkenntnisse Gehilfen der Richter seien. Ben.-Beling 286 unterscheidet zwei Klassen von Dolmetschern, Beweisdolmetscher und Verkehrsdolmetscher; jene sollen Sachverständige sein, diese dagegen nicht. Kallee (49, 50) teilt auch die Verkehrsdolmetscher in zwei Gruppen ein. Aus § 191 muß gefolgert werden, daß die Dolmetscher nicht zu den Sachverständigen gehören, da nur einzelne Bestimmungen „entsprechende“ Anwendung finden sollen (RGRspr. 8 203; Rasch Recht **1916** 11, Gerland Stpr. 180; Kern GVerfR. 142). Für diese Ansicht spricht auch § 189, der eine besondere Eidesformel aufstellt und die Beeidigung — im Gegensatz zu dem für den Sachverständigen geltenden § 79 StPO. — zwingend vorschreibt (RG. JW. **1936** 464). Demgemäß gelten für den Dolmetscher ausschließlich die Vorschriften des GVG., für den Sachverständigen dagegen die Vorschriften der Prozeßordnungen. § 68 StPO. findet auf Dolmetscher keine Anwendung; die Vorlegung der Fragen nach der Person unterliegt dem richterlichen Ermessen (RGRspr. 8 203). Aus § 75 StPO. kann keine Pflicht zur Übernahme des Amtes eines Dolmetschers hergeleitet werden (Ben.-Beling 287, Gerland Stpr. 180), was nicht ausschließt, daß durch Verwaltungsverfügung eine solche Pflicht für bestimmte Klassen der Justizbeamten eingeführt wird (vgl. die preuß. Dolmetscherordnung — Anm. 1 zu § 184 —). Auch § 245 ist nicht auf Dolmetscher anwendbar (RGRspr. 8 97). Die in § 274 geregelte Beweiskraft des Sitzungsprotokolls bezieht sich nicht auf die Tätigkeit des Dolmetschers (RGSt. **43** 442). § 22 Nr. 5 StPO. gilt zwar für Sachverständige, aber nicht für Dolmetscher; vgl. § 22 Anm. 19 Abs. 3 StPO.

Zu den Vorschriften, die entsprechend anwendbar sind, gehören die §§ 67, 72 StPO. (RG. LZ. **1920** 900); vgl. § 189 Anm. 3.

Sechzehnter Titel

Beratung und Abstimmung

Zu diesem Titel sind die Vorbemerkungen zur StPO. Buch 1 Abschn. 4 und zu den §§ 33, 34 das. zu vergleichen, die sich auf die Erlassung, Begründung und Benennung der strafgerichtlichen Entscheidungen beziehen.

§ 192

(1) Bei Entscheidungen dürfen Richter nur in der gesetzlich bestimmten Anzahl mitwirken.

(2) Bei Verhandlungen von längerer Dauer kann der Vorsitzende die Zuziehung von Ergänzungsrichtern anordnen, die der Verhandlung beizuwohnen und im Falle der Verhinderung eines Richters für ihn einzutreten haben.

(3) Diese Vorschriften sind auch auf Schöffen und Geschworene anzuwenden.

I. Entstehungsgeschichte: Entw. § 158.

II. Spätere Fassungen: Bek. vom 22. 3. 1924 (RGBl. I 320). Das Vereinheitlichungsges. vom 12. 9. 1950 hat die Vorschrift nur stilistisch geändert.

1. **gesetzlich bestimmt** — Durch Abs. 1 in Verbindung mit Abs. 3 ist zunächst ausgesprochen, daß die Zahl der bei der Entscheidung mitwirkender Gerichtspersonen nur die im Gesetz bestimmte (keine größere und keine geringere) sein darf; für die mit Laienrichtern besetzten Gerichtskörper ist darin ferner die Bestimmung enthalten, daß innerhalb dieser Gerichtskörper die Zahl der Schöffen und Geschworenen nur die im Gesetz bestimmte sein darf; ein Laienrichter kann nicht durch einen Richter, ein Richter nicht durch einen Laienrichter ersetzt werden.

2. Die Bestimmungen über die **Anzahl** der Richter, Schöffen und Geschworenen sind in den §§ 22, 29, 76, 81, 122, 132, 139 GVG. enthalten. Für Entscheidungen der Großen Senate und der Vereinigten Großen Senate des Bundesgerichtshofs ist nur die Mindest- und Höchstzahl der mitwirkenden Richter bestimmt (§ 132). Wegen der Jugendgerichte vgl. § 33 JGG.

3. Nach dem Grundsatz der Mündlichkeit dürfen bei einer auf Grund einer Hauptverhandlung zu erlassenden Entscheidung nur die Richter, Schöffen und Geschworenen **mitwirken,** die an der ganzen Hauptverhandlung ununterbrochen teilgenommen haben (vgl. § 226 StPO.). Hieraus folgt, daß, wenn im Lauf der Verhandlung eine dieser Gerichtspersonen durch Erkrankung oder in anderer Weise an der ferneren Mitwirkung verhindert wird, die bisherige Verhandlung wiederholt werden muß (vgl. RGSt. **62** 198), es sei denn, daß auch der zur Ersetzung des Verhinderten Berufene an der Verhandlung von Anfang an teilgenommen hat (vgl. Anm. 9). Der danach bestehenden Gefahr, eine Verhandlung von längerer Dauer wegen nachträglich eintretender Verhinderung eines Richters wiederholen zu müssen, will das Gesetz nach Möglichkeit dadurch vorbeugen, daß es die Zuziehung von Ergänzungsrichtern usw. gestattet.

4. **kann** — Die Zuziehung von Ergänzungspersonen ist in das Ermessen des Vorsitzenden des verhandelnden Gerichts, nicht des Gerichtsvorstandes (Landgerichtspräsidenten usw.) gestellt (RGSt. **56** 138).

5. **„Ergänzungsrichter“,** „Ergänzungsschöffe“, „Ergänzungsgeschworener“ ist nicht gleichbedeutend mit „Hilfsrichter“ (§§ 10, 70, 118), „Hilfsschöffe“ (§ 42), „Hilfsgeschworener“ (§ 84).

6. **Zahl und Art** — Der Vorsitzende kann die Zuziehung von Ergänzungspersonen der einen Art (z. B. der Geschworenen) anordnen, ohne daß es deshalb für die andere Art (Richter) derselben Maßregel bedarf. Ebenso ist die Zahl der zuzuziehenden Ergänzungspersonen in das Ermessen des Vorsitzenden gestellt. In der Regel wird für jede der verschiedenen Arten von Gerichtspersonen eine Ergänzungsperson genügen, und jedenfalls wird die Zahl zwei nur ausnahmsweise bei Verhandlungen von voraussichtlich sehr langer Dauer zu überschreiten sein.

7. **Ausnahme** — Es ist nicht statthaft, im Lauf einer schöffengerichtlichen Verhandlung den einzigen in ihr mitwirkenden Richter (§ 29) durch einen anderen zu ersetzen. Geht man

hiervon aus, so kann die Zuziehung eines Ergänzungsrichters nur bei den mit einer Mehrzahl von Richtern besetzten Gerichten stattfinden.

8. anordnen — In welcher Weise die Anordnung des Vorsitzenden auszuführen ist, ist für die Ergänzungsrichter im GVG. nicht geregelt, so daß Raum für landesrechtliche Regelung bleibt (Begr. 96). Fehlt es an solchen Vorschriften, so erfolgt die Bezeichnung des Ergänzungsrichters durch die Justizverwaltung; die §§ 63, 66, 67, 70 GVG. sind hier nicht anwendbar (gl. A. von Kries 147, KMR. Anm. 2b; a. M. Keller 228, Stenglein Anm. 4, Ben.-Beling 386). Der Ergänzungsrichter braucht nicht der regelmäßige oder zeitweilige Vertreter eines der Mitglieder des erkennenden Gerichts zu sein (RGSt. **59** 20). Vgl. Anm. 8 zu § 63, Anm. 4 zu § 66, Anm. 1 zu § 67. Die Ergänzungsschöffen sind nach Maßgabe des § 49 einzuberufen. Dasselbe gilt entsprechend für die Ergänzungsgeschworenen (§ 84).

9. beizuwohnen — **a)** Nur wer auf Grund der Anordnung des Vorsitzenden, also in der amtlichen Eigenschaft als Ergänzungsrichter usw., der Verhandlung von Anfang an ununterbrochen beigewohnt hat, kann für einen verhinderten Richter eintreten, nicht dagegen ein Richter usw., der zwar ununterbrochen, jedoch nur als Zuhörer in der Verhandlung anwesend war. Vgl. Anm. 10.

b) Die Ergänzungspersonen haben der Verhandlung auf bestimmten, ihrer amtlichen Eigenschaft entsprechenden Plätzen beizuwohnen. Es dürfte am angemessensten sein, den Ergänzungsrichtern, Ergänzungsschöffen und Ergänzungsgeschworenen Plätze an oder neben dem Gerichtstisch anzuweisen.

c) Die Anordnung über die Zuziehung eines Ergänzungsrichters kann jederzeit zurückgenommen werden (RGSt. **56** 138, **61** 307); doch wird sich eine solche Zurücknahme nicht vor dem Schluß der Beweisaufnahme empfehlen (vgl. RGSt. **14** 211).

10. Solange die Ergänzungsperson noch keine Gerichtsperson ersetzt hat, ist sie nur berufen, **der Verhandlung** beizuwohnen; da sie bis dahin nicht an den Entscheidungen teilzunehmen hat, darf sie auch nicht bei der Beratung im Beratungszimmer zugegen sein (§ 193; vgl. RGSt. **65** 40); indes begründet die Anwesenheit einer Ergänzungsperson bei der Beratung die Revision nur, wenn sie die Entscheidung beeinflußt hat (RG. JW. **1926** 1227). Der Verhandlung wohnt sie aber als Richter und nicht als bloßer Zuhörer bei. Daraus folgt, daß sie sich an der Beweisaufnahme zu beteiligen hat und daß ihr gemäß § 240 Abs. 1 StPO. zu gestatten ist, an Zeugen und Sachverständige Fragen zu stellen, an einer Augenscheinseinnahme teilzunehmen usw. (RGSt. **27** 172; **67** 277).

11. Der **Eintritt** der Ergänzungsperson in das Richterkollegium setzt einen Gerichtsbeschluß voraus; der Beschluß kann außerhalb der Hauptverhandlung und ohne Anhörung der Beteiligten ergehen (RGSt. **65** 322). Nur bei wirklicher **Verhinderung** einer Gerichtsperson ist ihre Ersetzung durch die Ergänzungsperson statthaft; der Umstand, daß eine Gerichtsperson aus irgendwelchem Grund, z. B. wegen eines Gewissenszweifels, aus der Verhandlung auszuscheiden wünscht, kann die Ersetzung nicht begründen. Im übrigen aber entscheidet das Gericht nach pflichtmäßigem Ermessen; so kann z. B. darin, daß ein Richter oder Geschworener nach Unterbrechung einer Sitzung bei Wiederbeginn der Verhandlung nicht anwesend ist, eine Verhinderung gefunden werden (RGSt. **30** 227). Eine Nachprüfung nach der Richtung, ob das Gericht von seinem Ermessen den richtigen Gebrauch gemacht hat, findet in der Revisionsinstanz nicht statt (RG. JR. **1931** Nr. 1995). Die Entscheidung darüber, ob der Fall einer Verhinderung vorliegt und die Ersetzung stattzufinden hat, steht nicht dem Vorsitzenden, sondern dem Gericht zu (so [bez. der Ergänzungsgeschworenen] RGSt. **13** 191); jedoch kann der Vorsitzende als Vertreter des Richterkollegiums die Zuziehung anordnen, falls keiner der Beteiligten widerspricht (RGSt. **38** 43). Auch eine rechtliche Verhinderung, z. B. das nachträgliche Bekanntwerden eines Ausschließungsgrundes, kann die Ersetzung veranlassen (RGSt. **35** 372). Die Notwendigkeit der Ersetzung ist genügend bekundet, wenn das Gericht die Entbindung der verhinderten Person von ihrer Tätigkeit mit Rücksicht auf den von ihr geltend gemachten Verhinderungsgrund ausdrücklich beschlossen hat (RGSt. **7** 284). Der Anhörung des Angeklagten vor der Beschlußfassung bedarf es nicht, sofern er nicht das Wort zu einem Antrage verlangt (RGSt. **7** 284, RG. JR. **1931** Nr. 1995). Bei Verhinderung des Vorsitzenden übernimmt der älteste der anwesenden Beisitzer den Vorsitz; kennt nur der Berichterstatter die Akten genügend, um die Verhandlung führen zu können, so kann er den Vorsitz übernehmen (RGSt. **56** 63). Vgl. § 66 Anm. 4. Das

Gericht ist nicht ohne weiteres verpflichtet, nach dem Eintritt der Ergänzungsperson vor dem Urteil von neuem über einen Gegenstand zu entscheiden, über den eine Entscheidung in der Hauptverhandlung unter Mitwirkung des ausgeschiedenen Richters ergangen ist (RGSt. **67** 276).

12. Werden mehrere Ergänzungsrichter oder mehrere Ergänzungsschöffen (vgl. Anm. 6) zugezogen, so wird bei ihrer Zuziehung zugleich die **Reihenfolge** festzusetzen sein, in der sie einzutreten haben. Ist das nicht ausdrücklich geschehen, so ist die Reihenfolge, in der sie in der Verfügung aufgeführt sind, und bei nicht gleichzeitiger Berufung deren Zeit maßgebend. Jedenfalls ist eine Abänderung der Reihenfolge nur bis zum Beginn der Verhandlung statthaft.

§ 193

Bei der Beratung und Abstimmung dürfen außer den zur Entscheidung berufenen Richtern nur die bei demselben Gericht zu ihrer juristischen Ausbildung beschäftigten Personen zugegen sein, soweit der Vorsitzende deren Anwesenheit gestattet.

I. Entstehungsgeschichte: Entw. § 139 Abs. 2.

II. Spätere Entwürfe: Entw. EGStGB. Art. 68 Ziff. 54.

III. Spätere Fassungen: G. vom 5. 4. 1888 (RGBl. 133). Das Vereinheitlichungsges. vom 12. 9. 1950 hat an der Fassung nichts geändert.

1. Geltungsgebiet — Die Bestimmung gilt für die Beratung der Urteile wie der Beschlüsse des Gerichts.

2. a) Eine **Beratung** liegt nur vor, wenn das Gericht als solches eine Aussprache mit dem Ziel einer gerichtlichen Willensbildung abhält; ein Kennzeichen dafür, daß eine Beratung i. S. des § 193 stattgefunden hat, ist regelmäßig darin zu erblicken, daß auf Grund der Aussprache eine Entscheidung erlassen wird (RG. HRR. **1940** Nr. 50). Die Beratung ist beendigt, wenn der Zweck der Aussprache erreicht ist, also z. B. bei Beratung eines Urteils mit der Willensbildung über den Inhalt des Urteils. Es liegt deshalb kein Verstoß gegen § 193 vor, wenn eine irrtümlich niedergeschriebene Urteilsformel, nachdem die Verkündung des Urteils unterbrochen worden ist, in Gegenwart des Urkundsbeamten (vgl. Anm. 3a) mit der zuvor schon beschlossenen Entscheidung in Einklang gebracht wird, ohne daß eine neue Beratung und Abstimmung stattfindet (RG. HRR. **1940** Nr. 51; vgl. RGSt. **43** 51; **46** 374; **64** 167).

b) § 193 erfordert nicht, daß sich das Gericht bei Erlassung einer jeden Entscheidung in das **Beratungszimmer** zurückziehen müßte; es ist vielmehr, und zwar selbst bei Anwesenheit von Zuhörern, statthaft, daß sich die Mitglieder des Gerichts im Sitzungszimmer mit leiser Stimme über die Entscheidung verständigen; nur dürfen, zwecks Wahrung des Beratungsgeheimnisses, ihre Worte nicht für andere hörbar sein. (Gl. A. RGSt. **22** 396, **30** 230, **42** 86, **46** 374, RG. Recht **1930** Nr. 390; JR. **1934** Nr. 1331; HRR. **1939** Nr. 361; OGHSt. **2** 193; Feisenberger 167.) Indes wird sich ein derartiges Verfahren nur bei Beschlüssen und auch nur dann empfehlen, wenn es sich um die Entscheidung einfacher Fragen handelt. Bei Urteilen wird es zur Verhütung von Übereilungen und Irrungen stets angemessen sein, die Beratung und Abstimmung im Beratungszimmer vorzunehmen. RiStV. **1935** Nr. 218 empfahl auch dem Einzelrichter, im Interesse des Ansehens der Rechtspflege das Urteil nicht unmittelbar nach dem letzten Wort des Angekl. zu verkünden, sondern sich zur Würdigung des Verhandlungsergebnisses und zur Niederschrift der Urteilsformel in das Beratungszimmer zu begeben. Es ist nicht ausgeschlossen, daß die Richter schon vor dem Schluß der Hauptverhandlung über die zu treffende Entscheidung beraten; in diesem Falle muß aber zwischen den Schlußvorträgen und der Urteilsverkündung nochmals (wenn auch nur im Sitzungssaal) eine Verständigung unter den Richtern stattfinden. Das ist jetzt durch die auf dem Vereinheitlichungsges. vom 12. 9. 1950 beruhende Fassung des § 260 Abs. 1 Satz 1 StPO. („mit der auf die Beratung folgenden Verkündung des Urteils") klargestellt und war auch vorher in der Rechtspr. (RGSt. **42** 86, **43** 51, **46** 347, RG. JW. **1930** 55,; OGHSt. **2**, 191) anerkannt (vgl. dazu Anm. 12 zu § 258 StPO.). Bei einem Verstoß gegen diesen Grundsatz ist in der Regel anzunehmen, daß das Urteil darauf beruht (§ 337 StPO.). Etwas anderes kann aber ausnahmsweise gelten, wenn sich nach Wiedereintritt in die Verhandlung keinerlei neuer Prozeßstoff ergeben hat und die Entscheidung durch eine nochmalige Beratung nicht beeinflußt werden konnte, wie z. B. wenn nach einem Hinweis auf die Veränderung des rechtlichen Gesichtspunkts die Prozeßbeteiligten weder neue Erklärungen abgeben noch neue Anträge stellen (RG. vom 7. 7. 1915 — I 704/15), oder wenn der Angekl. bei nochmaliger Befragung eine ganz unerhebliche Erklärung abgibt, z. B. daß er das Urteil nicht anerkenne (RG. LZ. **1921** 509) oder wenn die weitere Verhandlung nur zur Nachholung versäumter Prozeßhandlungen diente (BGH. NJW. **1951** 206), z. B. zur nachträglichen Beeidigung eines Zeugen, mit der das Gericht bei der Beratung bereits gerechnet hatte (RG. DJZ. **1922** 558; Recht **1928** Nr. 128).

c) Beratung und Abstimmung sind, selbst wenn sie im Sitzungssaal in Gegenwart der am Verfahren Beteiligten stattfinden, nicht im **Protokoll** zu beurkunden; zu ihrem Nachweis ist daher Raum für freie Beweiswürdigung (§ 274 StPO. gilt nicht) (RG. St. **27,** 2; OGHSt. **3,** 121; BGHSt. **5,** 294).

3. — nur — die zu ihrer juristischen Ausbildung beschäftigten Personen — a) Die ursprüngliche Fassung der Vorschrift gab zu Zweifeln Veranlassung, insbesondere darüber, ob ein Aufsichtsbeamter und ob der Urkundsbeamte (vgl. RGSt. **64** 167) der Beratung und Abstimmung beiwohnen dürfe; das ist durch die spätere Fassung verneinend entschieden worden. „Zu ihrer juristischen Ausbildung beschäftigt" sind die Referendare. Auch Personen im Besitz der Befähigung zum Richteramt können zur „juristischen Ausbildung beschäftigt" sein, wenn sie einem Gericht nicht zur Erledigung von Rechsprechungsaufgaben, sondern lediglich zur Einarbeitung zugewiesen sind; deshalb hat RGSt. **76,** 322 zutreffend einen zum Hilfsrichter bestellten Volksdeutschen, dem zwar die Befähigung zum Richteramt zuerkannt war, der aber dem Landgericht nur zur Einarbeitung in das deutsche Recht zugewiesen war, als zur juristischen Ausbildung beschäftigt angesehen. Beim Bundesgerichtshof wird z. T. auch die Zuziehung der Hilfskräfte (Richter anderer Gerichte), die den einzelnen Senaten zur Unterstützung der Bundesrichter bei der Vorbereitung der Sitzung und bei der Absetzung von Entscheidungen zugewiesen sind (vgl. Anm. 1 zu § 124) zur Beratung als zulässig angesehen (a. M. für die Teilnahme eines einem Verwaltungsgericht als Hilfsarbeiter zugewiesenen Assessors OVG. Berlin DÖV. **1954** 568). Eine solche Teilnahme ist gewiß sinnvoll, wenn die Hilfsperson den Richter bei der Absetzung des Urteils wirksam unterstützen soll, aber mit dem Wortlaut des § 193, bei dessen Schaffung die Einrichtung solcher rechtsgelehrter Hilfspersonen zur Entlastung der Richter unbekannt war, schwerlich zu vereinbaren. Wenn der Amtsrichter als Einzelrichter mit einem beim Amtsgericht zugelassenen Rechtsstudenten „berät", so ist dies keine Beratung i. S. des § 193, die nur bei einem Kollegialgericht möglich ist (KG. JR. **1934** Nr. 1107 = JW. **1935** 1256). Die Anwesenheit eines zu seiner Ausbildung bei dem Gericht beschäftigten Referendars bei der Beratung wird nicht dadurch unzulässig, daß er in der Sitzung als Urkundsbeamter tätig wird (RGSt. **18** 161, RG. Recht **1916** Nr. 604, JR. **1928** Nr. 291; OGHSt. **2** 62). Dagegen darf ein Referendar der Beratung nicht beiwohnen, wenn er — über die Anwesenheit als Zuhörer zu Ausbildungszwecken hinaus — an der Hauptverhandlung beteiligt war, z. B. in der Sache als Zeuge vernommen wurde (RGSt. **66,** 252) oder an Stelle des auf kurze Zeit abwesenden Verteidigers zum Verteidiger bestellt war, auch wenn er sich in dieser Eigenschaft lediglich zuhörend betätigte (RGH. HRR. **1937** Nr. 538). Das gleiche gilt für einen der Berufungskammer zugewiesenen Referendar, der im 1. Rechtszug den Angekl. verteidigt hatte; auch hier ist die Möglichkeit einer unzulässigen Beeinflussung des Gerichts durch Anwesenheit bei der Beratung nicht ausgeschlossen (OLG. Hamburg NJW. **1955,** 1938). Wegen der Ergänzungsrichter s. § 192 Anm. 10.

b) Ein Verstoß gegen § 193 bildet keinen unbedingten Revisionsgrund im Sinne des § 338 StPO.; vielmehr ist das Urteil nur aufzuheben, wenn es auf dem Verstoß beruht (§ 337), d. h. wenn die Möglichkeit besteht, daß die Anwesenheit der dazu nicht berechtigten Person auf die Entscheidung Einfluß gehabt hat (RGRspr. **10** 640, RGSt. **46** 374, RG. JW. **1925** 1227 = JR. **1926** Nr. 340, JR. **1926** Nr. 643, BGH. vom 7. 1. 1955 V 609/54), was allerdings in solchen Fällen schwer auszuschließen sein wird (vgl. RGSt. **64** 167). Daß die Entscheidung nicht auf der Anwesenheit beruht, wird z. B. angenommen werden können, wenn Zeugen im Nachbarzimmer an der Luftheizung lauschen (RG. DRZ. **1927** Nr. 500; a. M. Stenglein Anm. 2). Dagegen hat BGH. vom 7. 1. 1955 (mitgeteilt von Dallinger MDR. **1955** 272) das Urteil als auf der Verletzung des § 193 beruhend in einem Fall angesehen, in dem der Vorsitzende den Staatsanwalt ins Beratungszimmer rufen ließ und ihn zur Aufklärung von Zweifeln über den Inhalt seines

Strafantrags vor den übrigen Mitgliedern des Gerichts befragte, und hat ausgesprochen, daß bei den zu stellenden strengen Anforderungen für den Nachweis der Wirkungslosigkeit eines Verstoßes gegen § 193 auf das Urteil durch erst längere Zeit nach der Hauptverhandlung abgegebene dienstliche Äußerungen angesichts der Unzulänglichkeit der menschlichen Erinnerung nicht mit Sicherheit auszuschließen sei, daß der Staatsanwalt nicht auch gleichzeitig seinen Antrag begründet und dies nachteilig für den Angeklagten auf die Meinungsbildung des Gerichts eingewirkt habe.

4. Im Beratungszimmer darf **kein Akt der Beweisaufnahme** stattfinden, insbesondere auch keine nochmalige Befragung eines in der Hauptverhandlung vernommenen Zeugen oder Sachverständigen; ein Verstoß hiergegen begründet die Revision gemäß § 338 Nr. 5 StPO. (RGSt. **17** 287). Deshalb ist es auch unzulässig, daß das Gericht die Beratung am Tatort abhält, um auf diese Weise den Eindruck einer vorangegangenen Augenscheinseinnahme festzuhalten (RGSt. **66** 28; BGHSt. **3** 187). Dagegen ist es nicht unzulässig, daß das Gericht in der Beratung einfache technische Versuche anstellt, um sich ein Urteil darüber zu bilden, ob es eines Sachverständigen bedürfe (RG. JR. **1930** Nr. 851 = GA. **74** 200), oder daß es Überführungsstücke und andere Augenscheinsgegenstände in das Beratungszimmer mitnimmt (RG. BayZ. **1930** 370). Vgl. im einzelnen StPO. § 261 Anm. 4. Vgl. auch RGSt. **67** 279 (Privatgespräch eines Geschworenen mit einem vernommenen Sachverständigen vor Beginn der Beratung).

5. Beratung und Abstimmung — a) Sie ist eine **innere Angelegenheit des Gerichts;** ob und welche Meinungsverschiedenheiten bestanden haben und mit welcher Stimmenzahl sie entschieden worden sind, darf weder in den Entscheidungsgründen irgendwie erkennbar gemacht werden, noch sind hierüber Vermerke in den Akten statthaft. Zwischen einer mit Einstimmigkeit und einer mit Stimmenmehrheit beschlossenen Entscheidung darf nach außen hin keinerlei Unterschied bestehen; jede Entscheidung gilt als Entscheidung des ganzen Gerichtskörpers (RGRspr. **2** 70). Für alle übrigen Fälle enthält das Gesetz keine Vorschrift. — Die Frage, ob ein überstimmtes Mitglied berechtigt ist, ein schriftliches **„Separatvotum“** abzugeben, war von der RTK. in der ersten Lesung (Prot. 59ff.) bejaht, und es war folgende Bestimmung aufgenommen worden: „Jeder Richter ist befugt, seine von dem Beschlusse des Gerichts abweichende Ansicht in den Geheimakten desselben niederzulegen.“ Die Bestimmung wurde indes in der zweiten Lesung wieder gestrichen, nachdem sie teils als sachlich unangemessen, teils als „unnötig“ bekämpft worden war (Prot. 694). Die Zulässigkeit eines solchen Sondergutachtens ist aber auch ohne eine es ausdrücklich zulassende Vorschrift ohne Bedenken zu bejahen, da es gegen keinerlei gesetzliche Vorschriften und auch nicht gegen den Grundgedanken des Beratungsgeheimnisses (vgl. § 198 und die Anm. dort) verstößt (so auch Eb. Schmidt, Lehrkomm. I S. 236). Es besteht dafür auch mindestens in den Fällen ein praktisches Bedürfnis, in denen sich bei einer unrichtigen Entscheidung die Gefahr einer Inanspruchnahme der beteiligten Richter ergeben kann. Unter solchen Gesichtspunkten war das Sondergutachten schon, z. B. im preuß. allg. Landrecht T. 2 Tit. 10 § 144 erwähnt und darauf aufbauend in einigen späteren preuß. Gesetzen betr. OVG. und Landeswasseramt (vgl. Friedrichs, Verwaltungsrechtspflege [1920] **1** 173) ausdrücklich zugelassen. Eine entsprechende reichsrechtliche Bestimmung enthielt für das Reichsgericht § 15 der auf Grund des § 140 GVG erlassenen Geschäftsordnung; sie ist in § 10 der Geschäftsordnung für den Bundesgerichtshof (vgl. Anm. 1 zu § 140) übernommen: „Jedes Mitglied ist ... berechtigt, seine von der gefaßten Entscheidung abweichende Ansicht mit kurzer Begründung in den Senatsakten (§ 19 Abs. 2) niederzulegen.“ Vgl. zu der Frage des Separatvotums nach Rotberg, Zu einem Richtergesetz S. 29, Kohlhaas NJW. **1953** 404. Selbstverständlich darf das Separatvotum nicht zu den Prozeßakten genommen werden, wo auch eine Aufbewahrung in einem verschlossenen Umschlag keine Gewähr gegen unbefugte Eröffnung und Einsichtnahme böte und im übrigen schon die Tatsache des Vorhandenseins eines solchen Umschlags die die Akten Einsehenden darauf hinwiese, daß keine Einstimmigkeit des Kollegiums vorlag; vielmehr gehört das Separatvotum, wo landesrechtliche Aufbewahrungsvorschriften fehlen, entweder in die Personalakten des betreffenden Richters oder, wenn nicht die Urschrift, sondern nur eine Ausfertigung der Entscheidung zu den Prozeßakten genommen wird, wie bei den Oberlandesgerichten, zu der Sammlung der Vorschriften der Entscheidungen (Senatsakten) oder zu den allgemeinen Präsidialakten des Gerichts (vgl. Eb. Schmidt a. a. O. S. 236). — Ein Separatvotum dieser Art hat nichts zu tun mit dem für die Öffentlichkeit bestimmten Sondervotum eines von der Mehrheit des Kollegiums überstimmten Richters, wie es sich in ausländischen Rechten findet, und das nur denkbar ist, wenn der Grundsatz des Beratungsgeheimnisses (vgl. § 198) aufgegeben wird. Die Zulässigkeit eines solchen Sondervotums wurde für das Bundesverfassungsgericht bei den parlamentarischen Erörterungen des BVerfGG. vorgeschlagen, fand aber keine Anerkennung (vgl. v. Mangoldt Anm. 5 zu Art. 94 GG.).

b) Ausnahme — Das vorstehend (a) Bemerkte erfährt eine Einschränkung, wenn im einzelnen Fall gerade die Art des Abstimmens (§ 194 Abs. 2) den Gegenstand der Meinungsverschiedenheit bildet. Fällt die Entscheidung selbst verschieden aus, je nachdem die Abstimmung nach der einen oder nach der anderen Ansicht vorgenommen wird, so ist das Gericht befugt und verpflichtet, die von ihm bei der Abstimmung befolgten Grundsätze in der Niederschrift der Entscheidungsgründe darzulegen, damit bei Anfechtung der Entscheidung die höhere Instanz diese Grundsätze prüfen und eine aus einer unrichtigen Abstimmung hervorgegangene Entscheidung aufheben kann (vgl. Anm. 7 zu § 263 StPO.; ebenso Spendel ZStrW. **65** [1953], 411f. mit weiteren Schrifttumsnachweisen). Das Reichsgericht hat solche Ausführungen im Urteil nicht beanstandet, sondern auf ihrer Grundlage die Gesetzmäßigkeit der Entscheidung nachgeprüft (vgl. RG. Rspr. **4** 198; RGSt. **2** 379; **5** 404; **8** 218). Erst recht ist es nicht nur zulässig, sondern geboten, daß die schriftliche Urteilsbegründung nicht schweigt, wenn bei Absetzung des Urteils feststeht, daß es auf einem offensichtlichen Gesetzesverstoß beruht, mag es sich um ein Versehen (z. B. es wurde irrtümlich die nach § 263 StPO. erforderliche Mehrheit als vorliegend angesehen) oder um einen bewußten Verstoß (z. B. eine Minderheit sieht zwar den Tatbestand eines Vergehens gegen § 175 StGB. als erwiesen an, stimmt aber gesetzwidrig für Freispruch, weil sie Vergehen gegen § 175 StGB. nicht als strafwürdig ansehen könne) handeln. Ob in solchen Fällen Recht und Pflicht, die Vorgänge bei der Abstimmung zu offenbaren, schon aus dem richtig verstandenen Begründungszwang für Gerichtsentscheidungen (vgl. insbes. § 267 Abs. 5 StPO. für den durch gesetzwidrige Abstimmung erzwungenen Freispruch) folgt (so Spendel a.a.O. 413 und die dort Anm. 46 Angeführten; a. M. freilich Alsberg JW. **1926** 2164; s. auch JW. **1930** 762 u. 2521) oder ob das Offenbarungsrecht aus dem allgemeinen Satz herzuleiten ist, daß grundsätzlich (bei Landesverrat mit der aus § 100 Abs. 3 StGB. sich ergebenden Beschränkung) jede Geheimhaltungspflicht entfällt, wenn infolge der Geheimhaltung ein höheres Rechtsgut nicht gewahrt werden könnte (so RGSt. **60** 296: „Die Pflicht zur Amtsverschwiegenheit hat ihre Grenze an der höheren Pflicht, ein gesetzwidriges Verfahren zu offenbaren, um dessen Besserung zu ermöglichen"; ferner BayObLG. JW. **1929** 1062 mit zust. Anm. Mannheim; Eb. Schmidt, Lehrkomm. I Nr. 434), kann dabei hier auf sich beruhen. — Über die Frage, inwieweit den Teilnehmern an der Beratung und Abstimmung außerhalb der Urteilsgründe ein Recht zusteht, die Beratungs- und Abstimmungsvorgänge zu offenbaren, vgl. Anm. 3 zu § 198.

§ 194

(1) Der Vorsitzende leitet die Beratung, stellt die Fragen und sammelt die Stimmen.

(2) Meinungsverschiedenheiten über den Gegenstand, die Fassung und die Reihenfolge der Fragen oder über das Ergebnis der Abstimmung entscheidet das Gericht.

I. Entstehungsgeschichte: Entw. § 159.

II. Keine späteren Änderungen.

1. Über die Durchführung der Beratung bei Mitwirkung von Laienrichtern vgl. RiSt. **1953** Nr. 121.

2. Soweit über den Gegenstand, die Fassung und die Reihenfolge der vom Gericht zu entscheidenden Fragen keine Meinungsverschiedenheit besteht, ist ihre Aufstellung lediglich **Aufgabe des Vorsitzenden.** Anders verhält es sich bei Meinungsverschiedenheiten; sie können nur durch Beschluß des Gerichts selbst erledigt werden, da schon „die Aufstellung der Fragen unter Umständen in die Sachentscheidung selbst hineingreift und für sie präjudizierlich sein kann" (Begr. 96). Hier hat die Fragestellung des Vorsitzenden nur die Bedeutung „eines von dem Gericht zu genehmigenden oder zu berichtigenden Vorschlages". Auch eine Meinungsverschiedenheit darüber, was als das Ergebnis der Abstimmung anzusehen ist, kann nur von dem Gericht selbst entschieden werden.

3. Art der Abstimmung. Abstimmung nach Gründen oder nach dem Endergebnis?

Über die Art (den Inhalt) der Abstimmungen enthält das **Gesetz** keine Vorschrift, insbesondere hat es nicht die sehr streitige Frage berührt, ob in den Gerichtskörperschaften nach Gründen oder nach dem Endergebnis, für das sich die einzelnen Mitglieder entscheiden, abzustimmen ist. Die Begr. (96) sagt dazu, es sei nicht Sache des Gesetzes, „in diesen theoretischen Streit durch positive Bestimmungen einzugreifen". Demgegenüber wurde in der RTK. von verschiedenen Seiten die Notwendigkeit geltend gemacht, die Streitfrage im Gesetz zu lösen; die dahin gerichteten Anträge wurden indes nach längerer Beratung (Prot. 47ff.) abgelehnt. (Eine Übersicht des die Streitfrage behandelnden Schrifttums s. Zacke, Über Beschlußfassungen in Versammlungen und Richterkollegien 60ff. Außerdem s. besonders von Bar, Zur Lehre von der Abstimmung in den Richterkollegien KrVJSchr. **10** 467ff.; Binding, Grundr. 171ff., Abh. **2** 140; Glaser **2** 165ff.; von Kries 439ff.; Birkmeyer 471ff.; Beling, Lehrb. 245ff.; Beling ZStW. **37** 365, **42** 599ff., GA. **67** 141ff.; Rosenfeld § 49; Stenglein Anm. 1, 2 zu § 262; Graf zu Dohna 77; Gerland, Lehrb. 284ff.; Henkel, StrafverfR. [1953] 362; KMR. Anm. 1; Peters, Strafpr. [1952] 382; Heinemann ZStW. **15** 1ff., 217ff.; Zeiler ZStW. **41** 528; Feisenberger 168–175; endlich noch gegen die Streitfrage als solche Facilides ZStW. **16** 790ff.).

b) In früheren Auflagen ist als **Grundsatz** für die Abstimmung in Strafsachen aufgestellt worden, wenn eine Entscheidung von der Beantwortung mehrerer rechtlicher oder tatsächlicher Fragen abhängig ist, müsse über jede getrennt, also nach Gründen, abgestimmt werden. Mit Recht hat jedoch Binding (Abh. **2** 140ff.) ausgeführt, daß den Gegensatz zu der Abstimmung nach dem Endergebnis (Gesamtabstimmung) nicht die Abstimmung nach Gründen, sondern die Abstimmung nach Teilen bilde. Der Grundsatz für die Abstimmung in Strafsachen ist also dahin zu fassen: Wenn eine Entscheidung von der Beantwortung mehrerer rechtlicher oder tatsächlicher Fragen abhängig ist, muß über jede getrennt, also nach Teilen, abgestimmt werden. — In welcher Reihenfolge die einzelnen Teilfragen zu stellen sind, kann nicht für alle Fälle einheitlich bestimmt werden. Maßgebend sind die Gesichtspunkte der Folgerichtigkeit und der Zweckmäßigkeit. Aus beiden Gesichtspunkten folgt, daß zunächst die Fragen zu erledigen sind, die Prozeßvoraussetzungen und Prozeßhindernisse betreffen (vgl. Buch 2 Abschn. 1 Vorbem. 14ff. und Anm. 6 zu § 263 StPO.). Eine Abstimmung lediglich nach dem Endergebnis würde Entscheidungen hervorrufen können, für die sich gar kein von dem Gericht als solchem, d. h. von der Mehrheit, gebilligter Grund anführen ließe. Beispiel: Die Revision gegen ein Urteil ist auf zwei Anfechtungsgründe gestützt; die Richter A, B halten nur den ersten, die Richter C, D nur den zweiten für zutreffend, während der Richter E beide für unzutreffend hält. Hier muß die Revision verworfen werden, obwohl im Ergebnis vier Stimmen die Aufhebung des Urteils wollen; denn, da jeder der beiden Anfechtungsgründe mit drei gegen zwei Stimmen verworfen wird, so ist das Revisionsgericht außerstande, eine Aufhebung des Urteils zu begründen. Selbstverständlich wäre es unzulässig und geradezu sinnlos, das Urteil aufzuheben und beide Anfechtungsgründe für zutreffend zu erklären; denn das Revisionsgericht würde auf diese Weise dahin gelangen, Rechtsansichten auszusprechen, die es in seiner Mehrheit für unrichtig hält und die es vielleicht unmittelbar darauf in einer anderen Sache, in der es sich nur um einen der beiden Anfechtungsgründe handelt, verwerfen würde. Oder: von 5 Richtern nehmen zwei fehlenden Strafantrag, zwei Verjährung und einer Niederschlagung durch Straffreiheitsgesetz an; hier fehlt es, obwohl alle Richter für Einstellung stimmen, an einem tragfähigen Einstellungsgrund (ebenso KMR. Anm. 1b, aa; a. M. Peters, Strafpr. [1952] 384). Nach dem aufgestellten Grundsatz versteht es sich insbesondere, daß bei der Beratung über das Strafurteil die Schuldfrage und die Straffrage (vgl. Anm. 5e, 6 zu § 263 StPO.) gesondert zu entscheiden sind und nicht miteinander vermischt werden dürfen (Beling ZStW. **37** 367); erst nach der Entscheidung der ersten kann die zweite Gegenstand der Beratung und Abstimmung sein.

c) α) Eine wesentliche **Ausnahme** von dem Grundsatz, daß über einzelne Teilfragen abzustimmen ist, gilt jedoch bei der Entscheidung der **Schuldfrage** (eine Einschränkung s. unter d). Die Schuldfrage (ist der Beschuldigte der ihm zur Last gelegten strafbaren Handlung schuldig?) setzt sich zusammen aus der Beweisfrage (ist die Tat und die Täterschaft erwiesen?) und aus der Frage der Gesetzesanwendung (erfüllen die erwiesenen Tatsachen den im Strafgesetz bezeichneten Tatbestand?); zu diesen beiden Fragen kann die dritte hinzutreten, ob ein die Schuld oder die Rechtswidrigkeit ausschließender Umstand vorliegt. Bei der Abstimmung über die Schuldfrage, d. h. über die Frage, ob der Beschuldigte schuldhaft und rechtswidrig den gesetzlichen Tatbestand einer bestimmten strafbaren Handlung verwirklicht hat, ist jede der drei Unterfragen von gleichwertiger Bedeutung. Dem muß bei der Entscheidung über die Schuldfrage dadurch Rechnung getragen werden, daß über die Schuldfrage ungeteilt abgestimmt wird. Ergibt sich für die Schuldigerklärung nicht die erforderliche Mehrheit der Stimmen, gleichviel, welches Element der Schuldigerklärung verneint wird, so muß der Beschuldigte für nichtschuldig erklärt werden, sollten auch die einzelnen für das Nichtschuldig stimmenden Mitglieder in ihren Gründen auseinandergehen. Eine Abstimmung lediglich nach Teilen oder Gründen, d. h. über die vorbezeichneten Unterfragen, würde auf eine künstliche, dem Wesen der Sache widerstreitende Zergliederung der „Tat" hinauslaufen und dahin führen können, daß jemand verurteilt würde, den die Mehrheit nicht für schuldig hält und freisprechen will. Eine solche Verurteilung aber wäre mit dem obersten Grundsatz des Strafprozesse unvereinbar; sie würde die Verurteilung eines Nichtschuldigen sein. Beispiel: Von den 9 Mitgliedern des Schwurgerichts wollen drei freisprechen, weil der Beschuldigte zur Zeit der Tat unzurechnungsfähig gewesen sei; drei wollen freisprechen, weil er in Notwehr gehandelt habe; drei wollen verurteilen. Hier muß freigesprochen werden, obwohl eine $^2/_3$Mehrheit des Kollegiums (nämlich je sechs Stimmen) annimmt, daß der Beschuldigte zurechnungsfähig gewesen sei, und daß er nicht in Notwehr gehandelt habe. Für die Notwendigkeit einer ungeteilten Abstimmung über die Schuldfrage hat sich auch das RG. wiederholt ausgesprochen (RGSt. **2** 379, RGRspr. **3** 797, RGSt. **8** 218. Vgl. auch Glaser **2** 271, Stenglein Anm. 2 zu § 262 StPO., von Kries 441, Heinemann a.a.O. 20ff., Rosenfeld § 49 IV, von Lilienthal [1923] 53, 59, Graf zu Dohna [3.] 82, Rosenfeld, Strafprozeßrecht **1** 32, Feisenberger 171, StPO. Anm. 4, Beling ZStW. **37** 365ff., 376, **42** 599ff., GA. **67** 152, Gerland Stpr. [1927] 285, Henkel, StrafverfR. [1953] 302, Peters, Strafpr. [1952] 382, KMR. Anm. 1b, bb; a. M. Binding Abh. **2** 155, der behauptet, daß diese Art der Urteilsfindung auf der allertiefsten Stufe richterlicher Gründlichkeit stehe und daher nur in ganz einfachen, durchsichtigen Fällen angewendet werden dürfe; ferner Sachse ZStW. **49** [1928] 306, der neben der Gesamtabstimmung eine Abstimmung nach Gründen zulassen will. Demgegenüber ist darauf hinzuweisen, daß bei dem früheren Schwurgericht mit seiner Trennung von Richter- und Geschworenenbank schon der damals geltende § 293 StPO. von den Geschworenen eine einheitliche Antwort auf die Schuldfrage verlangte und daß nach der Begr. zu dieser Vorschrift der Gesetzgeber die Unterscheidung zwischen Tatfrage und Rechtsfrage vorbehaltlos aufgegeben hat. Wird der Beschuldigte von der erforderlichen Mehrheit für schuldig befunden, so ist selbstverständlich auch bei jeder der einzelnen Unterfragen, aus denen sich die Schuldfrage zusammensetzt, die erforderliche Mehrheit für die dem Beschuldigten ungünstige Beantwortung vorhanden, da kein Richter für das Schuldig stimmen kann, der auch nur eine dieser Unterfragen zugunsten des Beschuldigten beantwortet. Eine Abstimmung über die einzelnen Unterfragen hat daher nur die Bedeutung einer näheren Prüfung, ob sich die auf schuldig lautende Stimmabgabe der einzelnen Mitglieder wirklich begründen und rechtfertigen läßt.

β) Die Notwendigkeit einheitlicher Erledigung der gesamten Schuldfrage besteht auch, wenn die Tat im Beweisergebnis, nicht wegen verschiedener Auslegung des Strafgesetzes, eine verschiedene rechtliche Beurteilung zuläßt und daher die Meinungen in der strafrechtlichen Einordnung der Tat auseinandergehen. Beispiel: von fünf Richtern halten zwei den Beschuldigten des Raubversuchs, zwei ihn des Notzuchtversuchs, einer ihn für nicht schuldig. Hier muß, wenn keine Mehrheit zu erzielen ist, wegen der Unmöglichkeit, das Schuldig durch einen Mehrheitsbeschluß zu begründen, das Nichtschuldig ausgesprochen werden (ebenso Henkel, StrafverfR. [1953] 302; KMR. Anm. 1b, bb). Denn die Schuldfrage kann nur für ein bestimmtes Strafgesetz gestellt werden; es ist nicht statthaft, zunächst darüber abzustimmen, ob der Beschuldigte überhaupt einer strafbaren Handlung schuldig sei, und sodann darüber, welches Strafgesetz er verletzt habe. Ein Streit über die rechtliche Einordnung der Tat kann vielmehr nur in der Art zum Austrag gebracht werden, daß zunächst über den einen Tatbestand (z. B. den des Raubversuchs) und sodann, falls hier nicht die erforderliche Mehrheit für das Schuldig vorhanden ist, über den anderen Tatbestand (z. B. den des Notzuchtversuchs) abgestimmt wird. Eine Einschränkung gilt aber, wenn die Tat lediglich durch das Hinzutreten eines straferhöhenden oder strafmindernden Nebenumstandes eine besondere strafrechtliche Würdigung erfährt; vgl. unten Anm. d β. Eine weitere Einschränkung muß gelten, wenn sich die in Frage stehenden rechtlichen Würdigungen der Tat lediglich wie Mehr und Weniger zueinander verhalten; in diesen Fällen enthält die Bejahung des Mehr auch die Bejahung des Weniger, z. B. wenn ein Teil des Gerichts Raub oder schweren Diebstahl, ein anderer Teil einfachen Diebstahl annimmt (vgl. Binding, Grundr. 173, 174, Abh. 2 146, Stenglein Anm. 2 zu § 262 StPO., von Kries 446, v. Hippel 356, Peters, Strafpr. [1952] 382. — Bei Wahlfeststellung muß zunächst über die einzelnen in Frage stehenden Straftatbestände, sodann über die Wahlfeststellung abgestimmt werden.

Wird bei der Anklage wegen eines vorsätzlichen Delikts der Vorsatz nicht mit der erforderlichen Stimmenzahl bejaht, so besteht kein rechtliches Hindernis, denselben geschichtlichen Vorgang auch unter dem Gesichtspunkt der Fahrlässigkeit zu prüfen (RGSt. **59** 83). In diesem Falle handelt es sich nicht um eine andere Tat, sondern nur um eine andere Schuldform derselben Tat. Handelt es sich darum, ob eine Tat mit bedingtem Vorsatz oder mit bewußter Fahrlässigkeit begangen ist, ob also der Angekl. den voraussehbaren Erfolg für den Fall seines Eintritts innerlich billigte oder ablehnte, so ist abstimmungsmäßig die bewußte Fahrlässigkeit nicht ein aliud, sondern ein minus gegenüber dem bedingten Vorsatz. Aus der Natur des mehrgliedrigen Gerichtskörpers folgt, daß ein Richter, der bei der Abstimmung über einen höheren Schuldgrad in der Minderheit geblieben ist, diese Frage als durch die Entscheidung des Gerichts erledigt betrachten muß. Wenn jedes Mitglied eines Gerichts ohne Rücksicht auf frühere Abstimmungen an seiner Ansicht über die Schuldform oder den Schuldgrad festhalten dürfte, so wäre es nur in ganz einfachen Sachen möglich, einen brauchbaren Gerichtsbeschluß herbeizuführen (RGRspr. **4** 203, RG. JW. **1902** 301, RGSt. **41** 391; vgl. § 195 Anm. 1b). Der überstimmte Richter befindet sich in solchen Fällen in keiner anderen Lage als der, der bei Beantwortung der Schuldfrage überstimmt ist und später über das Strafmaß mitbeschließen muß (Graf zu Dohna [3.] 83, Gerland Stpr. 286, Henkel, StrafverfR. [1953] 302).

γ) Da die Schuldfrage die Beweisfrage mit umfaßt, ergibt sich, daß, um zur Entscheidung zu gelangen, auch keine vorherige besondere Abstimmung über die einzelnen Beweisgründe stattzufinden hat. Würde die Beantwortung der Beweisfrage und damit der Schuldfrage überhaupt von der Abstimmung über die einzelnen Beweisgründe abhängig gemacht, so würde dies dem ersten Grundsatz des geltenden Beweisrechts widersprechen. (A. M. Sachse ZStW. **49** 306.) Denn indem das Gesetz für die Entscheidung der Beweisfrage den Richter lediglich auf seine Überzeugung verweist, ohne ihn an Beweisregeln zu binden, gestattet es zugleich, daß sich diese Überzeugung bei den verschiedenen Richtern in verschiedener Weise bildet. Eine Übereinstimmung der Mehrheit ist daher nur darüber erforderlich, daß alle wesentlichen Merkmale der strafbaren Handlung sowie die Täterschaft des Beschuldigten erwiesen sind, oder daß der etwa in Rede stehende Schuld- oder Rechtswidrigkeitsausschließungsgrund nicht erwiesen ist. Besteht darin Übereinstimmung, so kommt es nicht weiter darauf an, ob über die einzelnen Beweistatsachen und Beweismittel, z. B. die Glaubwürdigkeit eines Zeugen oder den Wert eines Belastungsgrundes oder über die Frage, ob die als Belastungsgrund zu verwertende Tatsache überhaupt erwiesen ist, die Meinungen auseinandergehen. Vgl. hierzu für die schriftliche Abfassung der Urteilsgründe § 267 StPO. und die Anm. daselbst. Eine andere Frage ist, inwieweit im Einzelfall das den einzelnen Beweisgründen zugrunde liegende Stimmenverhältnis in den Urteilsgründen zu offenbaren angezeigt ist, weil mit Revisionsangriffen gegen die Verwertung bestimmter Beweismittel gerechnet werden kann, und nur eine solche Offenlegung eine sichere Nachprüfung durch die Rechtsmittelinstanz ermöglicht (vgl. dazu Anm. 5b zu § 193 und Spendel ZStrW. **65** 411f.).

d) Der Satz, daß über die Schuldfrage ungeteilt abzustimmen ist (c), erfährt aber wiederum eine doppelte Einschränkung.

α) Für die **Strafaufhebungsgründe,** d. h. die Umstände, die nach Begehung einer strafbaren Handlung eintreten und die Wirkung haben, den bereits entstandenen Strafanspruch zu vernichten. Die Abstimmung über diese Umstände ist von der Abstimmung über die Schuldfrage zu trennen. (Gl. A. von Kries 447, Binding 175, Oetker Verfahren § 26 S. 210, Feisenberger 172/173, StPO. Anm. 4b, Schwarz Anm. 1; a. M., Heinemann a. a. O. 69ff., Ben.-Beling 359, Beling ZStW. **42** 614 Anm., Rosenfeld § 49.) Strafaufhebungsgründe sind z. B. die Fälle der §§ 46, 49a Abs. 3, 4, 49b Abs. 3, 129 Abs. 4, 129a Abs. 2, 163 Abs. 2, 204, 209, 310 StGB. Nicht zu den Strafaufhebungsgründen in diesem Sinn gehört die Gewährung von Straffreiheit durch ein Amnestiegesetz; sie ist vielmehr abstimmungsmäßig unter dem Gesichtspunkt eines Verfolgungshindernisses (s. Anm. 3b) vorweg zu prüfen. Ebenso ist die Verjährung, auch wenn man ihr materielle Bedeutung zuspricht, abstimmungsmäßig nur als Prozeßhindernis zu werten (§ 263 Abs. 3 StPO.).

β) Für die **im Strafgesetz besonders hervorgehobenen Umstände, die die Strafbarkeit erhöhen oder vermindern** (§ 263 Abs. 2, § 265 Abs. 2, § 267 Abs. 2 StPO.). Diese Umstände gehören allerdings zur Schuldfrage; sie betreffen aber nicht die Frage, ob der Angeklagte schuldig ist, sondern die Frage, in welchem Umfang er schuldig ist. Ihre Feststellung wird erst erforderlich, wenn das Gericht beschlossen hat, die Schuldfrage zu bejahen. Zulässig ist in diesen Fällen sowohl die Gesamtabstimmung als auch die Teilabstimmung. Welches Verfahren den Vorzug verdient, hängt von den Umständen des Falles ab. Entscheidend ist der Gesichtspunkt der Zweckmäßigkeit. Die Frage ist jedoch bestritten (vgl. einerseits Binding 174, Abh. **2** 160, von Kries 444, Ben.-Beling 390, Heinemann 86, Rosenfeld § 49; andererseits Oetker Verfahren 19/20, Feisenberger 172, StPO. Anm. 4, KMR. Anm. 1b, cc).

e) **Mehrere Abstimmungen** — Darüber, wie ein bei der einen Abstimmung in der Minderheit gebliebenes Mitglied bei den ferneren Abstimmungen zu stimmen hat, s. § 195 Anm. 1.

4. Über Abstimmungen in der **Berufungsinstanz** vgl. § 323 Anm. 2 StPO.; in der **Revisionsinstanz** vgl. § 352 Anm. 4 StPO., in den Großen Senaten und in den Vereinigten Großen Senaten des Bundesgerichtshofes vgl. Anm. 3 zu § 132 GVG.

5. Ein Mitglied kann seine **Stimmabgabe** in der Zeit zwischen der Feststellung des Abstimmungsergebnisses und der Urteilsverkündung jedenfalls dann ändern, wenn das Gericht eine nochmalige Beratung und Abstimmung beschließt; denn bis zur Verkündung stellt das beschlossene Urteil nur einen Entwurf dar, an den das Gericht nicht gebunden ist (RGSt. **3** 117, **27** 118). Das zuletzt genannte Urteil geht aber wohl zu weit, wenn es auch den einzelnen Richtern die Befugnis einräumt, von ihrer früheren Stimmabgabe zurückzutreten. Wäre das zulässig, so könnte jedes Mitglied bis zur Verkündung des Urteils die übrigen zwingen, auf bereits erledigte Punkte zurückzukommen (Oetker GerS. **65** 439; Schwarz Anm. 2; a. M. KMR. Anm. 3).

§ 195

Kein Richter, Schöffe oder Geschworener darf die Abstimmung über eine Frage verweigern, weil er bei der Abstimmung über eine vorhergegangene Frage in der Minderheit geblieben ist.

I. Entstehungsgeschichte: Entw. § 160.

II. Keine späteren Änderungen.

1. a) **Verpflichtung zur Abstimmung** — § 195 schreibt vor, daß auch der Überstimmte an den ferneren Abstimmungen teilnehmen muß, gibt aber keine Vorschrift darüber, wie er demnächst zu stimmen hat. Die Begr. (96) bemerkt hierüber: „Die vielerörterte Frage, ob das bei einer Vorfrage überstimmte Mitglied des Kollegiums sich bei den ferneren Abstimmungen auf den Standpunkt der früheren Mehrheit zu stellen hat oder berechtigt ist, den eigenen früheren Standpunkt festzuhalten, läßt sich durch positive gesetzliche Vorschriften nicht beantworten und wird nach logischen Grundsätzen in Gemäßheit der Verschiedenheit der Fälle verschieden beantwortet werden müssen.“ Vgl. § 194 Anm. 3a.

b) **Verbindlichkeit des Mehrheitsbeschlusses** — Für Strafsachen ist bei Beantwortung der vorstehend zu a) gestellten Frage zunächst daran zu erinnern, daß nach Anm. 3c, d zu § 194 über die Schuldfrage ungeteilt abzustimmen ist und nur die unter d) bezeichneten Tatsachen eine Ausnahme machen; danach kann, von diesen Ausnahmen abgesehen, nicht davon die Rede sein, daß ein Richter durch den Verlauf der Abstimmung genötigt werden könnte, über die Schuldfrage in einem nicht von ihm gewollten Sinne abzustimmen. Unter dieser Voraussetzung folgt aus dem Wesen des mehrgliedrigen Gerichts allerdings, daß sich der bei der einen Abstimmung Überstimmte bei den ferneren Abstimmungen auf den Standpunkt der Mehrheit stellen, also das von dieser Beschlossene als maßgebend anerkennen muß. Abzulehnen ist die Auffassung Peters Strafpr. (1952) 92f., 379, der überstimmte Richter brauche bei einer mit seiner Auffassung unvereinbaren Frage wegen des Gewissenskonfliktes und aus Gründen der Logik nicht mehr mitzuwirken (vgl. dazu Anm. 3b zu § 1) und seine Stimme sei dann bei den weiteren Abstimmungen der für den Beschuldigten günstigsten Meinung zuzuzählen; es bedeutet eben keinen Gewissenskonflikt, sondern ergibt sich aus dem Grundgedanken des Kollegialgerichts, daß der Überstimmte die Auffassung der Mehrheit des Kollegiums respektieren muß. Er darf sich sonach bei den ferneren Abstimmungen nicht lediglich von dem Bestreben leiten lassen, eine Entscheidung herbeizuführen, die der von ihm ursprünglich gewollten im Ergebnis am nächsten kommt; ein derartiges Verhalten des Überstimmten würde mit dem Erfordernis einer folgerichtigen Begründung der Gerichtsentscheidung im Widerspruch stehen (obwohl regelmäßig der Fehler in den Entscheidungsgründen nicht erkennbar sein würde). Am deutlichsten zeigt sich das bei der Abmessung der Strafe; der bei der Entscheidung der Schuldfrage Überstimmte darf nicht lediglich deshalb, weil er den Beschuldigten für nicht schuldig hält, für eine milde Strafe oder gar für das gesetzliche Mindestmaß stimmen; denn das würde, wie von Bar (KrVJSchr. **10** 489) treffend sagt, mittelbar zur Verhängung von Verdachtsstrafen führen. (G. A. Binding 176; Henkel StrafverfR. [1953] 303; KMR. Anm. 1; a. M. Geyer Lb. 611; Glaser **2** 269; von Kries 448; Beling Lehrb. 253; Graf zu Dohna 82.) Derselbe Gesichtspunkt ist bei der Abstimmung über das Vorliegen mildernder Umstände oder eines bestimmten Strafmilderungsgrundes und das Absehen von Strafe maßgebend; auch hier wird der, der für Nichtschuldig gestimmt hat, die dem Beschuldigten günstige Ansicht nur aus Gründen vertreten dürfen, deren Geltendmachung auch vom Standpunkt der Mehrheit aus möglich ist. Ebenso verhält es sich mit der Abstimmung über die die Strafbarkeit erhöhenden Tatsachen; es wäre z. B. nicht folgerichtig, wenn der bei der Schuldfrage Überstimmte, der den des Diebstahls Beschuldigten für nicht überführt hält, lediglich deshalb auch die zweifelsfrei ermittelte Tatsache, daß der Diebstahl mittels Einsteigens begangen worden ist, für nicht erwiesen erklären wollte (a. M. von Bar KrVJSchr. **10** 499; Binding 174; von Kries 444). Der aufgestellte Satz gilt ferner auch für die Abstimmung über Tatsachen, die die an sich begründete Strafbarkeit wieder aufheben; so darf z. B. der bei der Schuldfrage Überstimmte, der den der fahrlässigen Ableistung eines falschen Eides Beschuldigten für nicht überführt hält, nicht lediglich aus diesem Grunde die Frage bejahen, ob der Beschuldigte seine Aussage rechtzeitig widerrufen habe. — Anders liegt es, wenn eine „Vorfrage" bereits die Schuldfrage zum Gegenstand hat. Entsteht z. B. bei der Beratung des Urteils die Vorfrage, ob es zur Aufklärung der Sache noch einer weiteren Beweiserhebung bedürfe und wird diese Vorfrage von der Mehrheit verneint, weil der Sachverhalt bereits völlig aufgeklärt sei, so muß der, der für die Beweiserhebung gestimmt hat, demnächst zwar in der Hauptsache, also über die Schuld des Beschuldigten, abstimmen; er ist aber selbstverständlich nicht an die Gründe der Mehrheit, die den Beschuldigten als überführt ansah, gebunden, vielmehr berechtigt und verpflichtet, für Nichtschuldig zu stimmen. — Nicht in den Bereich der hier erörterten Frage gehört streng genommen der Fall, daß nach Verneinung der ersten Schuldfrage darüber abzustimmen ist, ob nicht die Tat des Beschuldigten unter einen anderen strafrechtlichen Gesichtspunkt fällt, z. B. ob der des Mordes für nichtschuldig erklärte Beschuldigte einer vorsätzlichen Körperverletzung mit tödlichem Ausgang (§ 226 StGB.) schuldig ist. Denn die Verneinung der ersten Schuldfrage hat eben keine andere Bedeutung als die einer Verneinung; die Gründe für das Nichtschuldig können bei den verschiedenen Abstimmenden ganz verschieden gewesen sein; über die Verneinung hinaus ist von einem „Standpunkt der Mehrheit" überhaupt nicht, wenigstens nicht in abstracto, die Rede. Ob der, der die erste Schuldfrage bejaht hat, demnächst für die Bejahung oder aber für die Verneinung der zweiten Schuldfrage zu stimmen haben wird, hängt davon ab, ob in dem von ihm in erster Linie angenommenen Tatbestand der in der zweiten Schuldfrage bezeichnete mitenthalten ist oder nicht. In dem Beispielsfall wird, wer für schuldig wegen Mordes gestimmt hat, die zweite Schuldfrage unbedenklich zu bejahen haben. Ebenso verhält es sich, wenn die erste Schuldfrage die vorsätzliche, die zweite Schuldfrage dagegen die fahrlässige Begehung der Tat zum Gegenstand hat (RGRspr. **4** 198, RGSt. **59** 83, von Bar a.a.O. 494).

2. Wegen des **„Sondervotums"** des überstimmten Richters s. Anm. 5a zu § 193.

§ 196

(1) Das Gericht entscheidet, soweit das Gesetz nicht ein anderes bestimmt, mit der absoluten Mehrheit der Stimmen.

(2) Bilden sich in Beziehung auf Summen, über die zu entscheiden ist, mehr als zwei Meinungen, deren keine die Mehrheit für sich hat, so werden die für die größte Summe abgegebenen Stimmen den für die zunächst geringere abgegebenen solange hinzurechnet, bis sich eine Mehrheit ergibt.

(3) Bilden sich in einer Strafsache, von der Schuldfrage abgesehen, mehr als zwei Meinungen, deren keine die erforderliche Mehrheit für sich hat, so werden die dem Beschuldigten nachteiligsten Stimmen den zunächst minder nachteiligen so lange hinzugerechnet, bis sich die erforderliche Mehrheit ergibt. Bilden sich in der Straffrage zwei Meinungen, ohne daß eine die erforderliche Mehrheit für sich hat, so gilt die mildere Meinung.

(4) Ergibt sich in dem mit zwei Richtern und zwei Schöffen besetzten Schöffengericht in einer Frage, über die mit einfacher Mehrheit zu entscheiden ist, Stimmengleichheit, so gibt die Stimme des Vorsitzenden den Ausschlag.

I. Entstehungsgeschichte: Entw. § 161.

II. Spätere Entwürfe: N. E. V Art. II 47.

III. Spätere Änderungen: Bek. vom 22. 3. 1924 (RGBl. I 320). Mit der Aufhebung des erweiterten Schöffengerichts durch VO. d. RPräs. vom 14. 6. 1932 (RGBl. I 285) erster Teil Kap. I Art. 1 § 1 Nr. 3 wurde Abs. 3 Satz 3, der die Abstimmung beim erweiterten Schöffengericht regelte, gegenstandslos; er wurde demgemäß in der auf dem Vereinheitlichungsges. vom 12. 9. 1950 beruhenden Fassung des § 196 weggelassen; im übrigen änderte das genannte Gesetz die Fassung nur (unwesentlich) stilistisch. Bei der Wiedereinführung des erweiterten Schöffengerichts durch das 3. Strafrechtsänderungsges. vom 4. 8. 1953 (BGBl. I 735) wurde der frühere Abs. 3 Satz 3 als neuer Abs. 4 eingefügt. Dabei ist die frühere Fassung: „Ergibt sich ... besetzten Schöffengericht, von der Schuld- und Straffrage abgesehen, Stimmengleichheit", in Anpassung an § 263 Abs. 1 StPO. in der Weise abgeändert, daß die Stimme des Vorsitzenden bei Stimmgleichheit nur den Ausschlag bei Fragen gibt, über die mit einfacher Mehrheit zu entscheiden ist.

1. absolute Mehrheit — Zu Abs. 1. Darüber, wann der Grundsatz des Abs. 1 gilt, also einfache Mehrheit genügt, vgl. Anm. 6 zu § 263 StPO.; s. auch Anm. 4 zu § 194. Als Fall einer Abstimmung mit einfacher Mehrheit ist noch die Frage der eigenen Sachkunde (RG. JR. **1925** Nr. 546) zu erwähnen. Über das Erfordernis einer qualifizierten Stimmenmehrheit s. § 263 Abs. 1, 2 StPO. und dort Anm. 4, 5.

2. Summen — Abs. 2 gilt für Zivilprozeßsachen sowie in Strafsachen, in denen die Zuerkennung einer Entschädigung oder Buße verlangt wird (§§ 403ff., 406d StPO.).

3. Zu Abs. 3. Über den Begriff der **Schuldfrage** s. § 194 GVG. Anm. 3c, § 263 StPO. Anm. 5. Nach dem zu § 194 Anm. 3b Bemerkten können auch innerhalb der **Straffrage** mehrere Abstimmungen erforderlich werden; so ist bei wahlweiser Androhung verschiedener Strafarten zunächst über die Strafart und erst dann über die Höhe der durch die vorangegangene Abstimmung ermittelten Strafart abzustimmen. Die Abstimmung über die zu § 263 Anm. 5 unter b—d bezeichneten Punkte darf nicht mit der Abstimmung über die Strafe vermischt werden; § 196 Abs. 3 bezieht sich nur auf die Abstimmung über die Strafe (vgl. Anm. 5e zu § 263 StPO.). Kommen außer der Hauptstrafe noch **Nebenstrafen**, Nebenfolgen und Maßregeln der Sicherung, und Besserung in Betracht, so ist zunächst über jene und sodann in besonderen Abstimmungen über diese zu entscheiden. — Eine Verurteilung ist nur möglich, wenn im (gewöhnl.) Schöffengericht, im Jugendschöffengericht und in der kleinen Strafkammer zwei, im erweiterten Schöffengericht drei, in der großen Strafkammer und in der Jugendkammer, in den Strafsenaten des Oberlandesgerichts und des Bundesgerichtshofs (bei erstinstanzlichen Sachen) vier und im Schwurgericht sechs Mitglieder die Schuldfrage bejahen. Die gleiche Mehrheit muß in der Straffrage bei jeder Abstimmung vorhanden sein. Stimmen also von den 5 Mitgliedern der großen Strafkammer zwei für ein Jahr Gefängnis, zwei für 8 Monate Gefängnis und einer für 6 Monate Gefängnis, so ist auf 8 Monate erkannt; stimmen drei Mitglieder für 6 Monate und zwei für 4 Monate, so lautet die Strafe auf 4 Monate.

4. Zu Abs. 4. Über die Streifrage, wie zu verfahren ist, wenn sich die beiden **im erweiterten Schöffengericht** zusammenwirkenden Berufsrichter über die Fassung der Urteilsgründe nicht einigen können, vgl. Anm. 8 zu § 30. Vgl. noch § 132 Abs. 5 letzter Satz.

§ 197

Die Richter stimmen nach dem Dienstalter, bei gleichem Dienstalter nach dem Lebensalter, Handelsrichter, Schöffen und Geschworene nach dem Lebensalter; der jüngere stimmt vor dem älteren. Die Schöffen und Geschworenen stimmen vor den Richtern. Wenn ein Berichterstatter ernannt ist, so stimmt er zuerst. Zuletzt stimmt der Vorsitzende.

I. Entstehungsgeschichte: Entw. § 162.

II. Spätere Entwürfe: N. E. III Nr. 62; E. IV Art. II 43; E. V Art. II 48.

III. Spätere Fassungen: VO. vom 4. 1. 1924 § 20 Abs. 1 (RGBl. I 18). Bek. vom 22. 3. 1924 (RGBl. 321). Das Vereinheitlichungsges. vom 12. 9. 1950 hat nichts geändert.

Literatur: Kern, Die Reihenfolge der Abstimmung im Ratsgericht ZAkadDR. **1939** 562.

1. § 197 regelt nur die Abstimmung. Über die Reihenfolge, in der sich die Mitglieder bei der **Beratung** äußern, bestimmt der Vorsitzende (§ 194).

2. Lebensalter — Sind zwei Schöffen an demselben Tag des gleichen Jahres geboren, so muß das Los über die Reihenfolge der Abstimmung entscheiden (Hümmer LZ. **1918** 33).

3. „Berichterstatter" im Sinne des § 197 ist nur der Richter, der auf Grund einer gesetzlichen Vorschrift (vgl. §§ 324, 351 StPO.) zu dieser Tätigkeit bestellt worden ist (vgl. Ber. der RTK. von 1910, N. KommB. 3152), nicht der beim erstinstanzlichen Kollegialgericht als künftiger Verfasser des Urteilsentwurfs zum „Berichterstatter" bestellte Richter (a. M. Kern ZAkadDR. **1939** 564 und GVerfR. 46). Das RG. (RGSt. **40** 155) hat nur die Frage entschieden, ob ein aus Zweckmäßigkeitsrücksichten ernannter Berichterstatter bei der Beratung zuerst seine Ansicht äußern darf. Dagegen ist die Frage, ob er zuerst stimmberechtigt ist, nicht beantwortet worden.

§ 198

Schöffen und Geschworene sind verpflichtet, über den Hergang bei der Beratung und Abstimmung Stillschweigen zu bewahren.

I. Entstehungsgeschichte: Entw. § 163.

II. Keine späteren Änderungen; das Vereinheitlichungsges. vom 12. 9. 1950 hat § 198 nur stilistisch („bewahren" statt „beobachten") geändert.

Literatur: von Coelln, Das Beratungsgeheimnis 1931; Semar, Das richterliche Beratungsgeheimnis, Freib. Diss. 1937; Eb. Schmidt, Lehrkomm. I Nr. 434; Kohlhaas, NJW. **1953** 401; Spendel ZStW. **65** 403; Scheuerle, Richterliches Beratungsgeheimnis und richterliche Meinungsfreiheit, ZZP. Bd. **68** (1955) 317.

1. § 193 bestimmt, daß Beratung und Abstimmung nicht öffentlich, also geheim zu erfolgen haben. Diese Vorschrift in Verbindung mit § 198 bildet die gesetzliche Grundlage des Beratungsgeheimnisses, dessen Inhalt dahin zu verstehen ist, daß grundsätzlich weder in der Entscheidung selbst, die den Gegenstand der Beratung und Abstimmung bildete, noch außerhalb der Entscheidung Mitteilung über den Hergang bei der Beratung und Abstimmung gemacht werden darf.

2. § 198 erklärt nur die Schöffen und Geschworenen für schweigepflichtig; die beteiligten **Richter** und die bei der Beratung anwesenden Referendare (vgl. § 193) sind nicht genannt. Daß auch sie eine entsprechende Schweigepflicht treffen soll, ist selbstverständlich; der Gesetzgeber ging davon aus, daß sie bei ihnen bereits nach anderen Vorschriften bestehe und daß es lediglich einer ergänzenden Vorschrift für die Laienrichter bedürfe. Gemeinhin wird die Pflicht zur Wahrung des Beratungsgeheimnisses aus der beamtenrechtlichen Pflicht zur Amtsverschwiegenheit hergeleitet (vgl. z. B. Eb. Schmidt, Lehrkomm. I Nr. 434 mit Nachweisen in Anm. 347). Aber die entsprechenden Vorschriften des Bundesbeamtengesetzes (§ 61 BBG.) und der Landesbeamtengesetze kennen kein Amtsgeheimnis gegenüber dem Dienstvorgesetzten, während das Beratungsgeheimnis, wie sich schon aus § 193 GVG. ergibt, gerade auch gegenüber den Justizverwaltungsorganen zu wahren ist. Man müßte also, wenn man auf die beamtenrechtlichen Vorschriften zurückgreift, nicht in den besonderen Vorschriften über die Amtsverschwiegenheit, sondern in den allgemeinen Vorschriften über die gewissenhafte Erfüllung der Amtspflichten die gesetzliche Grundlage suchen. Man hat versucht, die Schweigepflicht aus der richterlichen Unabhängigkeit (so von Coelln, Das Beratungsgeheimnis [1931] S. 8f.) oder aus § 198 vermittels eines Schlusses a minori ad maius (so Rotberg, Zu einem Richtergesetz [1950], 27) herzuleiten; aber auch diese Konstruktionen begegnen Bedenken (vgl. Spendel ZStrW. **65**, 409). Die RTK. von 1910 hatte beschlossen, die Vorschrift des § 198 auch auf Berufsrichter auszudehnen (N. KommB. 3152). Unbedenklich ist jedenfalls, solange eine ausdrückliche Vorschrift fehlt, die Annahme eines entsprechenden Gewohnheitsrechts (so auch Spendel a.a.O.; a. M. Scheuerle a.a.O. 320ff., der unter Hinweis auf die Fälle, in denen Rechtsprechung und Schrifttum ausnahmsweise eine Durchbrechung des Beratungsgeheimnisses zulassen [vgl. unten Anm. 3], von einer der Bildung eines Gewohnheitsrechts entgegenstehenden „Neigung" spricht, sich des Beratungsgeheimnisses „gerade in Fällen von sog. besonderer Bedeutung zu entledigen". Nach Scheuerle ist der Berufsrichter, da es eine gesetzliche Grundlage für ein spezifisches Beratungsgeheimnis nicht gebe, nach den allgemeinen beamtenrechtlichen Vorschriften nur schweigepflichtig, wenn der Gegenstand einer Beratung nach seiner Natur und Bedeutung geheim ist, also nur in Ausnahmefällen. Mit § 198 ist diese Auffassung schlechthin unvereinbar).

3. Sehr umstritten ist, welche **Folgerungen** sich aus der Pflicht zur Wahrung des Beratungsgeheimnisses ergeben. In Anm. 5b zu § 193 ist ausgeführt, in welchem Umfang und unter welchen Voraussetzungen ausnahmsweise Vorgänge bei der Beratung und Abstimmung in den Gründen der Entscheidung selbst offenbart werden dürfen; hier bleibt zu erörtern, wann ausnahmsweise ein Recht (oder auch eine Pflicht) besteht, in anderer Weise das grundsätzlich gebotene Stillschweigen zu durchbrechen. In der Rechtsprechung der Strafsenate des Reichsgerichts ist der Satz ausgebildet worden, daß die Verschwiegenheitspflicht den Richter im Strafverfahren hindere, als Zeuge über Vorgänge bei der Beratung und Abstimmung auszusagen, daß sich daraus für das Gericht ein Vernehmungsverbot ergebe und daß demzufolge eine Revision nicht auf die — aus den Entscheidungsgründen des angefochtenen Urteils nicht belegbare — Behauptung gestützt werden könne, es sei bei Beratung und Abstimmung gesetzwidrig verfahren worden, auch dann nicht, wenn unter Verletzung der Schweigepflicht ein Schöffe oder Geschworener eine diesbezügliche Äußerung getan habe (vgl. RGSt. **26** 202; **36** 373; **61** 218; **67** 267, 280; RG. GA. **56** 212; **64** 553; JW. **1928** 1310; **1930** 2561). An dem strikten Aussage- und Vernehmungsverbot wird entgegen den im Schrifttum seit geraumer Zeit erhobenen Bedenken (vgl. u. a. Mannheim JW. **1929** 1062; Hartmann JW. **1929** 236; weitere Nachweise bei Eb. Schmidt, Lehrkomm. I S. 235 Anm. 350) auch heute noch weitgehend festgehalten (vgl. z.B. Anm. 9 zu § 54, Anm. 7 zu § 263 StPO.; Schwarz Anm. 1; Henkel, StrafverfR [1953] 255; Peters Strafpr. [1952] 273; weitere Nachweise bei Eb. Schmidt, a.a.O. Anm. 349; vgl. auch BGHSt. **4** 282 und dazu Anm. 1 zu § 173). Die neue Einrichtung der Richteranklage (vgl. Anm. 3b zu § 8) eröffnet aber neue Gesichtspunkte, die zu einer Überprüfung des Fragenbereichs im ganzen zwingen und es ist kennzeichnend, daß die neuesten eingehenderen Erörterungen des Problems (Eb. Schmidt, Lehrkomm. I S. 235f.; Kohlhaas NJW. **1953** 401; Spendel ZStrW. **65** 403ff.; KMR. Anm. 1 zu § 54 StPO. und Anm. 2 zu § 198 GVG), wenn auch zu verschiedenen Ergebnissen gelangend, doch einig sind in der Ablehnung eines strikten Aussage- und Vernehmungsverbots.

Erforderlich ist zunächst eine Besinnung auf den Zweck des Beratungsgeheimnisses. Es dient einmal dazu, im Interesse des Ansehens (der „Autorität") des Richterspruchs Bedenken, namentlich des Verurteilten, gegen seine Richtigkeit, die sich daraus ergeben könnten, daß nicht alle mitwirkenden Richter hinter ihm stehen, von vornherein auszuschließen; die Entscheidung ist nach außen nicht der Spruch eines Teils des Kollegiums, sondern des Gerichts in seiner Gesamtheit. Das Beratungsgeheimnis soll ferner den mitwirkenden Richtern die volle Unbefangenheit bei der Kundgabe ihrer Auffassung sichern. Und es soll schließlich der einzelne Richter dagegen geschützt werden, daß bei Urteilsschelte, namentlich bei öffentlicher Urteilskritik gerade ihm — etwa dem Vorsitzenden — die Verantwortung für das Zustandekommen des Spruchs zugeschoben wird; welches Zerrbild würde auch entstehen, wenn bei öffentlicher Kritik an einem Urteil und den dabei beteiligten Richtern ein Mitglied des

Kollegiums sich dagegen in der Weise wehren dürfte, daß er in die Kritik an dem Urteil einstimmt und seine Bemühungen um das Nichtzustandekommen schildert.

a) Die Verschwiegenheitspflicht muß aber entfallen, wo es — über bloße Kritik hinaus — rechtlich möglich ist, den einzelnen Richter gerade wegen seiner Mitwirkung an einem Spruch persönlich zur Verantwortung zu ziehen. Das Beratungsgeheimnis würde dann entweder ihm ein Schutzschild sein, sich der persönlichen Verantwortung zu entziehen und dem Kollegialrichter eine nicht gerechtfertigte Vorzugsstellung vor dem Einzelrichter verschaffen (so mit Recht Eb. Schmidt a.a.O.) oder es würde umgekehrt ihm die Verteidigung und den als Zeugen angerufenen Kollegen die Entlastung unmöglich machen. RGZ. **89** 14 hat denn auch (sehr mit Recht; a. M. die Vorauflage) im Zivilregreßprozeß wegen Amtspflichtverletzung den Beweis zugelassen, daß der Berufsrichter überstimmt worden war. Und noch weniger darf bei einem Disziplinarverfahren oder gar einer Richteranklage, wo für den betroffenen Richter wichtigste Belange auf dem Spiel stehen, die Verteidigung durch das Beratungsgeheimnis gehindert werden. Wenn Art. 98 GG., obwohl bei den Beratungen des Parlamentarischen Rates die Frage nach der Bedeutung des Beratungsgeheimnisses in dem Verfahren einer Richteranklage erörtert wurde (vgl. v. Mangoldt, Komm. z. GG., Anm. 4 zu Art. 98), sich einer Regelung enthielt, so ist das aus der Erwägung verständlich, daß solche Einzelheiten jedenfalls nicht in das GG. gehören; es kann daraus aber kein anderer Schluß gezogen werden, als bei dem durch das 3. Strafrechtsänderungsges. vom 4. 8. 1953 (BGBl. I 735) eingeschlagenen Verfahren, das die Geheimhaltungspflicht der Ärzte in § 300 StGB. regelte, ohne zugleich die bisher in § 13 Abs. 3 der Reichsärzteordnung vom 13. 12. 1935 (RGBl. I 1433) und ähnlichen Vorschriften getroffene ausdrückliche Regelung der Grenzen der Geheimhaltungspflicht zu übernehmen. So gut dort der nunmehr wieder ungeschriebene, aber nicht bezweifelte Grundsatz gilt, daß bei einer Rechts- oder Pflichtenkollision nach dem Prinzip der Güterabwägung die Geheimhaltungspflicht endet, wenn die Wahrung eines höheren Rechtsguts zur Offenbarung nötigt (vgl. statt vieler Lk. III zu § 300 StGB.; s. auch Vorbem. 9 Abs. 2 vor §§ 52—55 StPO.), so gut gilt dies auch hier: so wesentlich auch die Wahrung des Beratungsgeheimnisses für die Belange der Rechtspflege ist, so muß es doch ein noch wesentlicheres Anliegen sein, die Verteidigung des zur Verantwortung gezogenen Richters im Interesse einer gerechten Rechtsfindung nicht auszuschließen. Der Betroffene selbst und die als Zeugen aufgerufenen Beratungsteilnehmer — letztere gleichviel ob sie ihn entlasten oder belasten — müssen also über die Beratungsvorgänge aussagen dürfen. Dabei wird es nicht darauf ankommen dürfen, ob im Einzelfall für den Betroffenen schwererer oder geringerer Nachteil droht (gl. M. — gegen Mannheim NJW. **1929** 1062; v. Coelln, Beratungsgeheimnis S. 85; Kohlhaas NJW. **1953** 403 — Eb. Schmidt a.a.O. S. 236 Anm. 353; Spendel a.a.O. S. 419).

b) Nicht anders kann dann aber der Fall behandelt werden, daß — ohne daß dies aus den Urteilsgründen erkennbar wäre — aus gewichtigen Gründen ein hinreichender Verdacht besteht, es sei bei der Abstimmung gesetzwidrig verfahren worden. Auch hier erlaubt das höhere Interesse an einem gesetzmäßigen gerechten Urteil den beteiligten Richtern die Durchbrechung der Geheimhaltungspflicht. Die gleichen Gründe, die die Offenbarung von Abstimmungsvorgängen im Urteil rechtfertigen (vgl. Anm. 5b zu § 193), müssen auch hier gelten; es ist in der Tat ein nicht wegzuleugnender Widerspruch in der Rechtsprechung des Reichsgerichts, wenn es in dem einen Fall erlaubt, was es in dem anderen versagt. Der BGH. hat in dem Urteil vom 7. 1. 1955 (vgl. Anm. 3b am Ende zu § 193) dienstliche Äußerungen der Richter über Vorgänge in der Beratung nicht als unzulässig zurückgewiesen, sondern ihnen nur in dem entschiedenen Fall wegen der zu stellenden besonders hohen Beweisanforderungen die Beweiskraft abgesprochen. Von einem Vernehmungsverbot, das ja nur aus einer strikten Schweigepflicht hergeleitet werden könnte, kann dann keine Rede sein. Eine Flut, von Revisionen, gestützt auf die bloße Behauptung, es sei falsch abgestimmt, ist dabei nicht zu befürchten. Dem steht schon § 344 Abs. 2 Satz 2 StPO. entgegen, der konkrete Behauptungen erfordert und ein Antrag, alle mitwirkenden Richter zu hören, wäre ein unbeachtlicher Beweisermittlungsantrag (Kohlhaas a.a.O.).

c) Eine andere Frage ist, ob der **Richter als Zeuge** im Verfahren ein Aussagerecht oder auch eine Aussagepflicht hat, dergestalt, daß das vernehmende Gericht die Entscheidung trifft, ob ausnahmsweise die Voraussetzungen einer Offenbarung vorliegen und er, wenn es dies bejaht, die prozessuale Zeugenpflicht zu erfüllen hat. Nach § 54 StPO. gelten „für die Vernehmung von Richtern, Beamten und anderen Personen des öffentlichen Dienstes als Zeugen über Umstände, auf die sich ihre Pflicht zur Amtsverschwiegenheit bezieht, und für die Genehmigung zur Aussage die besonderen beamtenrechtlichen Vorschriften". Diese Vorschrift gilt nicht für das Beratungsgeheimnis, denn dafür gibt es keine „besonderen beamtenrechtlichen Vorschriften" (vgl. Anm. 2), insbesondere entfällt die Möglichkeit einer Entbindung des Richters durch den Dienstvorgesetzten, da ja auch dem Dienstaufsichtsvorgesetzten gegenüber das Beratungsgeheimnis zu wahren ist und er infolgedessen keine Befugnis hat, über dessen Offenbarung zu befinden. Da auch ein besonderes Zeugnisverweigerungsrecht hinsichtlich des Beratungsgeheimnisses den Richtern nicht eingeräumt ist, bejahen Eb. Schmidt a. a. O. S. 236 Anm. 353 und Spendel a.a.O. S. 419 die aus den allgemeinen Vorschriften sich ergebende Aussagepflicht des Richters. Man wird indessen soweit nicht gehen dürfen. Freilich gibt es keine ein Zeugnisverweigerungsrecht aussprechende Vorschrift, aber das hat wenig Gewicht angesichts der Tatsache, daß es ja nicht einmal eine ausdrückliche Vorschrift gibt, die den Richter zur Wahrung des Beratungsgeheimnisses verpflichtet und erst recht keine Vorschrift, die dessen Durchbrechung regelt. Grundsätzlich korrespondiert der materiellrechtlichen Geheimhaltungspflicht ein prozessuales Zeugnisverweigerungsrecht des Geheimnisträgers, das bei der allgemeinen beamtenrechtlichen Verschwiegenheitspflicht dahin abgewandelt ist, daß nicht der einzelne Beamte, sondern der Dienstherr, vertreten durch den Dienstvorgesetzten, das Verweigerungsrecht in der Form der Erteilung oder Verweigerung der Aussagegenehmigung ausübt. Da das Beratungsgeheimnis, unverzichtbar durch Dritte, den Beratungsteilnehmern anvertraut ist, wird man es den einzelnen Beratungsteilnehmern, in deren Interesse es im übrigen ja auch besteht, überlassen müssen, die Interessenabwägung selbst vorzunehmen (so auch Peters Strafpr. [1952] 384; KMR. Anm. 1a zu § 54 StPO.; Kohlhaas NJW. **1953** 403). — Soweit Mitglieder eines Gerichts freiwillig Angaben über die Vorgänge bei Beratung und Abstimmung gemacht haben, sind sie ohne weiteres verfahrensrechtlich verwertbar (OGHSt. **1** 222f. = MDR. **1949** 305 u. BGH. oben Anm. 3b).

d) Der Grundsatz der Güterabwägung erlaubt unter ganz besonderen Umständen schließlich eine Durchbrechung des Beratungsgeheimnisses auch in anderen als den vorstehend zu a) und b) behandelten Fällen, so wenn in einer Frage von größter politischer Tragweite das Bundesverfassungsgericht sich veranlaßt sieht, das Stimmenverhältnis, mit dem die Entscheidung getroffen wurde, zu offenbaren (vgl. Plenarbeschluß vom 8. 12. 1952, NJW. **1953** 17 u. dazu Spendel a.a.O. 413) oder wenn ein Mitglied eines (nicht mehr bestehenden) Gerichts lange Zeit nach Erlaß eines viel angegriffenen Urteils die Ausnahmelage offenbart, aus der die Entscheidung erwachsen ist (vgl. die Darlegungen von Hartung JZ. **1954** 430 über die Hintergründe von RGSt. **74** 85).

4. Die **Verletzung des Beratungsgeheimnisses** kann — abgesehen von Disziplinarmaßnahmen für die Berufsrichter — in krassen Fällen nach § 353b StGB. strafbar sein (a. M. Kohlhaas NJW. **1953** 402, 404). Die Laienrichter wird man als „für eine Behörde tätige Personen" i. S. des § 353b Abs. 2 ansehen können; zur Erfüllung des Merkmals, daß sie „zur Verschwiegenheit besonders verpflichtet" worden sind, reicht schon die Belehrung über die Geheimhaltungspflicht aus, die durch das „Merkblatt" (vgl. Anm. 4 zu § 30) erfolgt und erforderlichenfalls durch den Vorsitzenden in der Beratung gemäß Nr. 121 Abs. 2 RiStV. **1953** wiederholt wird (vgl. Dalcke-[Schäfer] [36] Anm. 12 zu § 353b).

Siebzehnter Titel

Gerichtsferien

Vorbemerkung: Die Gerichtsferien wurden durch Ges. vom 7. 3. 1935 (RGBl. I S. 352) abgeschafft, durch Art. 1 Ziff. 79 des Vereinheitlichungsges. vom 12. 9. 1950 aber wieder eingeführt. Die Zweckmäßigkeit der Gerichtsferien ist umstritten (vgl. Müller DRiZ. **1954** 69). Bei den übrigen Gerichtsbarkeitszweigen (Verwaltungsgerichtsbarkeit usw.) gibt es keine Gerichtsferien (vgl. Mellwitz NJW. **1954** 781 und BVerwG. NJW **1955**, 1535 betr. Verwaltungsstreitverfahren).

§ 199

Die Gerichtsferien beginnen am 15. Juli und enden am 15. September.

I. **Entstehungsgeschichte:** Entw. § 164.

1. Der **15. 9.** fällt noch in die Gerichtsferien (RG. JW. **1916** 52).

§ 200

(1) Während der Ferien werden nur in Feriensachen Termine abgehalten und Entscheidungen erlassen.

(2) Feriensachen sind:

1. Strafsachen;
2. Arrestsachen und die eine einstweilige Verfügung betreffenden Sachen;
3. Meß- und Marktsachen;
4. Streitigkeiten zwischen dem Vermieter und dem Mieter oder Untermieter von Wohnräumen oder anderen Räumen oder zwischen dem Mieter und dem Untermieter solcher Räume wegen Überlassung, Benutzung oder Räumung sowie wegen Zurückhaltung der von dem Mieter oder dem Untermieter in die Mieträume eingebrachten Sachen;
5. Ansprüche aus dem außerehelichen Beischlaf;
6. Wechselsachen;
7. Regreßansprüche aus einem Scheck;
8. Bausachen, wenn über Fortsetzung eines angefangenen Baues gestritten wird.

(3) In dem Verfahren vor den Amtsgerichten hat das Gericht auf Antrag auch andere Sachen als Feriensachen zu bezeichnen. Werden in einer Sache, die durch Beschluß des Gerichts als Feriensache bezeichnet ist, in einem Termin zur mündlichen Verhandlung einander widersprechende Anträge gestellt, so ist der Beschluß aufzuheben, sofern die Sache nicht besonderer Beschleunigung bedarf.

(4) In dem Verfahren vor den Landgerichten sowie in dem Verfahren in den höheren Instanzen soll das Gericht auf Antrag auch solche Sachen, die nicht unter die Vorschrift des Abs. 1 fallen, soweit sie besonderer Beschleunigung bedürfen, als Feriensachen bezeichnen. Die Bezeichnung kann vorbehaltlich der Entscheidung des Gerichts durch den Vorsitzenden erfolgen.

I. **Entstehungsgeschichte:** Entw. § 165.

II. **Spätere Änderungen:** G. vom 1. 6. 1909 (RGBl. 476). Bek. vom 22. 3. 1924 (RGBl. I 321). Die heutige Fassung beruft auf dem Vereinheitlichungsges. vom 12. 9. 1950.

1. Da alle **Strafsachen** Feriensachen sind, haben die Gerichtsferien für das Strafverfahren vor den ordentlichen Gerichten keine weitere Bedeutung als die, daß sie wegen der Beurlaubung eines Teiles der Richter unter Umständen ein spärlicheres Anberaumen der Hauptverhandlungen rechtfertigen können und daß an die Stelle der regelmäßigen Kammern und Senate die Ferienkammern und Feriensenate (§ 201) treten (vgl. RGSt. **56** 144). Auf den Beginn und den Lauf der Fristen im Strafverfahren haben die Ferien keinerlei Einfluß. Zu den Strafsachen i. S. des Abs. 2 Nr. 1 gehören auch die den ordentlichen Gerichten nach den Vorschriften des Ges. über Ordnungswidrigkeiten vom 25. 3. 1952 (BGBl. I 177) im Bußgeldverfahren zufallenden Aufgaben.

§ 201

Zur Erledigung der Feriensachen können bei den Landgerichten Ferienkammern, bei den Oberlandesgerichten und dem Bundesgerichtshof Feriensenate gebildet werden.

Entstehungsgeschichte: Entw. § –.

1. Zur Bildung der **Ferienkammern** und **Feriensenate** ist eine Anordnung des Präsidiums erforderlich; die §§ 62 Abs. 2, 63, 64, 66, 117, 131 sind, wie sich insbesondere aus § 63 Abs. 2

ergibt, entsprechend anzuwenden (RGSt. **37** 59, **40** 85, **54** 253). Von der Anwendung des § 62 Abs. 1 Satz 1 darf während der Gerichtsferien ausnahmsweise abgesehen werden, wenn die Geschäftsverhältnisse die Befolgung dieser Vorschrift nicht gestatten (RGSt. **56** 143); doch muß der Vorsitzende mindestens ein ständiges Mitglied des Landgerichts sein, das nach dem entsprechend anwendbaren § 62 Abs. 2 bestellt wird (vgl. OLG Karlsruhe Recht **1927** Nr. 139). Vgl. Anm. 2b zu § 62.

2. Ist nicht die erforderliche Zahl von Mitgliedern des Landgerichts vorhanden, so ist das Präsidium befugt, die **Zuziehung von Hilfsrichtern** zur Bildung der Ferienkammern anzuordnen (RGSt. **40** 85). Vgl. § 70 und die Anm. dazu.

§ 202

Auf das Kostenfestsetzungsverfahren, das Mahnverfahren, das Zwangsvollstreckungsverfahren, das Konkursverfahren und das Vergleichsverfahren zur Abwendung des Konkurses sind die Ferien ohne Einfluß.

I. Entstehungsgeschichte: Entw. § 166.

II. Spätere Änderungen: G. vom 1. 6. 1909 (RGBl. 477); G. über den Vergleich zur Abwendung des Konkurses (Vergleichsordnung) vom 5. 7. 1927 (RGBl. I 150) § 97.

ANHANG

A. Richterwahlgesetz

Vom 25. 8. 1950 (BGBl. S. 368)

B. Verordnung zur einheitlichen Regelung der Gerichtsverfassung

Vom 20. 3. 1935 (RGBl. I 403)

C. Auszug aus dem „Truppenvertrag"

(Vertrag über die Rechte und Pflichten ausländischer Streitkräfte und ihrer Mitglieder in der Bundesrepublik Deutschland)

Ges. v. 24. 3. 1955 (BGBl. II 213); Bek. v. 30. 3. 1955 (BGBl. II 301), Text: BGBl. 1955 II 321ff.

D 1. Gesetz über die innerdeutsche Rechts- und Amtshilfe in Strafsachen

Vom 2. Mai 1953 (BGBl. I 161)

D 2. Verordnung zur Durchführung des Gesetzes über die innerdeutsche Rechts- und Amtshilfe in Strafsachen

Vom 23. Dezember 1953 (BGBl. I 1596)

E. Zuständigkeitsergänzungsgesetz

Vom 7. August 1952 (BGBl. I 407) — Auszug

F. Gesetz über die Zuständigkeit der Gerichte bei Änderungen der Gerichtseinteilung

Vom 6. Dezember 1933 (RGBl. 1933 I 1037)

A. Richterwahlgesetz

vom 25. 8. 1950 (BGBl. S. 368)

Schrifttum: Geiger, Erläuterungen zum Richterwahlges. 1950 in „Das Deutsche Bundesrecht" B II 11 S. 5ff, derselbe DÖV. **1950** 522, Holtkotten im Bonner Komm. z. GG. Anm. 4 zu Art. 95, Anm. B zu Art. 96.

Vorbemerkung

1. Art. 95 Abs. 3 GG. bestimmt: „Über die Berufung der Richter des Obersten Bundesgerichts entscheidet der Bundesjustizminister gemeinsam mit einem Richterwahlausschuß, der aus den Landesjustizministern und einer gleichen Anzahl von Mitgliedern besteht, die vom Bundestage gewählt werden." Ferner bestimmt Art. 96 Abs. 2 Satz 1 GG.: „Auf die Richter der oberen Bundesgerichte findet Art. 95 Abs. 3 mit der Maßgabe Anwendung, daß an die Stelle des Bundesjustizministers und der Landesjustizminister die für das jeweilige Sachgebiet zuständigen Minister treten." Der Durchführung dieser Verfassungsbestimmungen dient, wie seine Präambel selbst hervorhebt, das vorliegende Gesetz, das die Zusammensetzung und das Verfahren des Richterwahlausschusses regelt. — Über die Bedeutung dieses im Grundgesetz vorgeschriebenen Richterberufungsverfahrens im allgemeinen und die daran anknüpfenden Reformwünsche vgl. Anm. 4 zu § 6 GVG.

2. Geltungsbereich. a) Das vorliegende Gesetz befaßt sich nur mit der Berufung der Richter des nach Art. 95 GG. zu errichtenden Obersten Bundesgerichts und der Richter an den nach Art. 96 Art. 1 GG. zu errichtenden oberen Bundesgerichten. Da das Oberste Bundesgericht bisher nicht errichtet worden ist, hat es zur Zeit praktische Bedeutung nur für die Berufung der Richter des Bundesgerichtshofs, des Bundesverwaltungsgerichts, des Bundesfinanzhofs, des Bundesarbeitsgerichts und des Bundessozialgerichts. Es gilt also weder für die sonstigen Richter des Bundes, d. h. (vgl. Art. 92, 96 Abs. 3, 108 Abs. 5 GG. und Vorbem. 1 zum 2. Titel des GVG.) die Richter des Bundesverfassungsgerichts, die hauptamtlichen Richter der Bundesdisziplinargerichte und — falls solche in dem nach Art. 108 Abs. 5 GG. vorgesehenen künftigen Finanzgerichtsbarkeitsgesetz gebildet werden sollten — die Richter der dem Bundesfinanzhof nachgeordneten Bundesfinanzgerichte, noch für die Richter der Länder. Für die Berufung der Richter des Bundesverfassungsgerichts gelten Art. 94 GG. und die §§ 4ff. des Ges. über das Bundesverfassungsgericht v. 12. 3. 1951 (BGBl. I 243), Vorschriften, die insbesondere im Zusammenhang mit dem Ges. über die im September 1955 fällige Wahl von Richtern des Bundesverfassungsgerichts v. 5. 8. 1955 (BGBl. I 473) Gegenstand lebhafter Auseinandersetzungen gewesen sind (vgl. BTProt. S. 5928ff., auszugsweise abgedr. DRiZ. **1955**, 294). Die hauptamtlichen Richter der Bundesdisziplinargerichte (Bundesdisziplinarhof und Bundesdisziplinarkammern) werden ohne besonderes Wahlverfahren vom Bundespräsidenten ernannt (§§ 36, 41 der BundesdisziplinarO. i. d. F. v. 28. 10. 1952, BGBl. I 761). Der Bundesdisziplinarhof ist zwar nach § 41 a. a. O. beim Bundesverwaltungsgericht errichtet, aber nicht ein Teil dieses Gerichts, so daß die hauptamtlichen Richter des Bundesdisziplinarhofs in dieser Eigenschaft nicht Richter eines oberen Bundesgerichts sind. Wegen der Berufung der **Landesrichter** vgl. Art. 98 Abs. 4 GG. und Anm. 4b zu § 6 GVG.

b) Das Richterwahlgesetz bezieht sich nur auf die **Berufsrichter,** auf die hauptamtlich und planmäßig endgültig anzustellenden Richter i. S. des Art. 97 Abs. 2 GG. Das ist zwar in Art. 96 Abs. 2 GG. nicht ausdrücklich gesagt, ergibt sich aber schon aus Art. 98 Abs. 4 GG., der die Mitwirkung von Richterwahlausschüssen bei der Anstellung der Landesrichter regelt. Auch Art. 96 Abs. 2 GG. befaßt sich nur mit solchen Richtern, die (im Falle ihrer Berufung) der Bundespräsident durch Ernennung (Art. 60 GG.) anstellt. Infolgedessen fallen ehrenamtliche Richter bei den oberen Bundesgerichten, da sie nicht „angestellt" werden, nicht unter das Gesetz, also nicht die landwirtschaftlichen Beisitzer, die beim Bundesgerichtshof in Landwirtschaftssachen mitwirken (§ 2 Abs. 2 des Ges. über das gerichtliche Verfahren in Landwirtschaftssachen v. 21. 7. 1953, BGBl. I 667; über ihre Berufung vgl. § 4 Abs. 6 a. a. O.), und nicht die Bundesarbeits- und Bundessozialrichter (vgl. § 43 des Arbeitsgerichtsges. v. 3. 9. 1953 — BGBl. I 1267 — und §§ 45ff. des Sozialgerichtsges. v. 3. 9. 1953 — BGBl. I 1239 —), die in den Senaten des Bundesarbeits- und des Bundessozialgerichts als Beisitzer tätig werden. § 1 Abs. 1 des vorliegenden Gesetzes stellt diese Rechtslage dadurch klar, daß er die Berufung der Richter (vgl. Anm. 1 zu § 1) in Zusammenhang mit ihrer Ernennung durch den Bundespräsidenten stellt und damit ausspricht, daß nur solche Richter nach Maßgabe des Richterwahlgesetzes zu berufen sind, die einer Ernennung (Anstellung) durch den Bundespräsidenten bedürfen.

3. Berlin. Die auf Grund des § 15 Abs. 2 des 3. Überleitungsges. v. 4. 1. 1952 (BGBl. I 1) erlassene VO. der Bundesregierung vom 16. 7. 1954 (BGBl. I 210) bestimmt: „Das Richterwahlgesetz vom 25. 8. 1950 (BGBl. 368) gilt auch im Land Berlin, sofern es im Land Berlin in Kraft gesetzt wird". Letzteres ist durch Berliner Ges. vom 4. 8. 1954 (GVBl. 470) geschehen.

4. Für die Berufung des **Oberbundesanwalts** und der Bundesanwälte beim Bundesgerichtshof und des Oberbundesanwalts beim Bundesverwaltungsgericht (§ 8 BVerwGG. vom 23. 9. 1952, BGBl. I 625) enthält das GG. keine Vorschriften; für die ersteren gilt § 149 GVG., für den letzteren bestehen keine besonderen Vorschriften.

5. Entstehungsgeschichte. Dem Gesetz liegen der Entw. der SPD-Fraktion (BTDrucks. Nr. 327) und ein solcher der Regierungskoalition (BTDrucks. Nr. 955) zugrunde; auf ihrer Grundlage entstand der Vorschlag des Ausschusses für Rechtswesen und Verfassungsrecht (BTDrucks. Nr. 1088), der den Gegenstand der 2. und 3. Lesung des Bundestags bildete (Prot. der 75. BTSitzung, Prot. S. 2727ff.).

Der Bundestag hat zur Ausführung der Artikel 95 Absatz 3 und 96 Absatz 2 des Grundgesetzes das folgende Gesetz beschlossen:

§ 1

(1) Die Richter des Obersten Bundesgerichtes und der oberen Bundesgerichte werden von dem zuständigen Bundesminister gemeinsam mit dem Richterwahlausschuß berufen und vom Bundespräsidenten ernannt.

(2) Bei der Berufung eines Richters an das Oberste Bundesgericht wirkt der Bundesminister der Justiz, bei der Berufung eines Richters an ein oberes Bundesgericht der für das jeweilige Sachgebiet zuständige Bundesminister mit.

1. Über die Bedeutung des **Abs. 1** vgl. Vorbem. 2b am Ende. Die Bestellung der unter § 1 fallenden Richter zerfällt in zwei Abschnitte: die Berufung und die Ernennung. Die Berufung ist nach Art. 95 Abs. 3, Art. 96 Abs. 2 Satz 1 Sache des zuständigen Bundesministers gemeinsam mit dem Richterwahlausschuß; für die Ernennung ist nach Art. 60 Abs. 1 GG. der Bundespräsident zuständig. Die vom GG. offen gelassene Frage, wie sich die gemeinsame Mitwirkung von Bundesminister und Richterwahlausschuß vollzieht, beantwortet das Richterwahlgesetz. Die Berufung setzt sich danach ihrerseits wiederum aus zwei Akten zusammen: der Wahl durch den Richterwahlausschuß, bei der der zuständige Bundesminister vorbereitend und vorsitzführend mit Vorschlags-, aber ohne Stimmrecht (§ 9 Abs. 1 Satz 2) mitwirkt, und der Beantragung der Ernennung des Gewählten beim Bundespräsidenten durch den zuständigen Bundesminister, falls er der Wahl des Richterwahlausschusses zustimmt (§ 13).

2. Abs. 2, der den nach Abs. 1 zuständigen Minister näher bestimmt, bringt lediglich — um ein geschlossenes Bild der maßgebenden Gesetzesvorschriften zu geben —, eine Wiederholung dessen, was sich schon aus Art. 95 Abs. 3, 96 Abs. 2 Satz 1 GG. darüber ergibt, welcher Bundesminister für die gemeinsame Mitwirkung bei der Berufung eines Richters zuständig ist. Der „für das jeweilige Sachgebiet zuständige Bundesminister" ist grundsätzlich derjenige, zu dessen Geschäftsbereich (vgl. Art. 65 GG.) federführend die Ausarbeitung und Bearbeitung der Gesetze gehört, die die Gerichtsverfassung und das gerichtliche Verfahren des betreffenden

Gerichtsbarkeitszweiges (nicht etwa das anzuwendende materielle Recht) regeln, von dem das obere Bundesgericht, dessen Besetzung in Frage steht, haushaltsmäßig „ressortiert“ und der demzufolge die Dienstaufsicht darüber führt. Das ist für den Bundesgerichtshof der Bundesjustizminister, für das Bundesverwaltungsgericht der Bundesinnenminister, für den Bundesfinanzhof der Bundesfinanzminister, für das Bundesarbeits- und das Bundessozialgericht der Bundesarbeitsminister. Diese Zuständigkeit ist für die Richter des Bundesarbeits- und des Bundessozialgerichts förmlich festgelegt, und zwar durch § 42 Abs. 1 Satz 2 ArbGG. vom 3. 9. 1953 (BGBl. I 1267): „Zuständiger Minister im Sinne des § 1 Abs. 1 des Richterwahlgesetzes ist der Bundesminister für Arbeit; er entscheidet im Benehmen mit dem Bundesminister der Justiz“ und durch § 38 Abs. 2 Satz 4 SozialGG. vom 3. 9. 1953 (BGBl. I 1239): „Zuständiger Minister im Sinne des § 1 Abs. 1 des Richterwahlgesetzes ist der Bundesminister für Arbeit.“ Aber auch für die übrigen drei oberen Bundesgerichte ergibt sich die Zuständigkeit, wenn auch nicht, wie in den vorgenannten beiden Fällen durch förmliche Ausführungsgesetze zu § 1 des Richterwahlgesetzes, unmittelbar oder mittelbar aus dem Gesetz, und zwar bei den Richtern des Bundesgerichtshofs aus § 125 GVG. („Die Mitglieder des Bundesgerichtshofs werden durch den Bundesminister der Justiz gemeinsam mit dem Richterwahlausschuß gemäß dem Richterwahlgesetz berufen und vom Bundespräsidenten ernannt“), bei den Richtern des Bundesverwaltungsgerichts aus § 4 Abs. 2 BVerwGG. vom 23. 9. 1952 (BGBl. I 625), wonach der Bundesinnenminister vor der Berufung eines Richters das Präsidium des Bundesverwaltungsgerichts zu hören hat, und bei den Richtern des Bundesfinanzhofs aus § 9 BFH G. vom 29. 6. 1950 (BGBl. 257), der — vor Erlaß des Ges. über den Richterwahlausschuß — bei der Berufung der ersten Richter des Bundesfinanzhofs dem Bundesfinanzminister die Aufgaben des „zuständigen“ Ministers übertrug. Für die Richter des (noch nicht errichteten) Obersten Bundesgerichts ist kraft Grundgesetzes (Art. 95 Abs. 3) der Bundesjustizminister zuständig; diese Zuständigkeit kann — anders als bei den Ressortministern nach Art. 96 Abs. 2 GG. — weder durch eine Änderung des Geschäftsbereichs noch durch einfaches Bundesgesetz berührt werden. — Die Reformbestrebungen gehen dahin, daß die Verwaltung aller Gerichtsbarkeitszweige beim Bund und in den Ländern bei den Justizministerien konzentriert wird; diese Forderung haben auch die Justizminister der Länder auf der 24. Justizministerkonferenz (November 1955) erhoben (vgl. DRiZ. **1955** 293). Die Verwirklichung dieser Forderung würde zur Folge haben, daß die Federführung für die Regelung des gerichtlichen Verfahrens und der Gerichtsverfassung aller Gerichtsbarkeitszweige auf den Bundesjustizminister übergeht und er daher stets der zuständige Ressortminister i. S. des § 1 Abs. 2 des Richterwahlgesetzes (gegebenenfalls im Benehmen mit den übrigen Fachministern) ist, ein Ergebnis, das im Interesse gleichmäßiger Auswahlgrundsätze ohne Zweifel zu begrüßen wäre (vgl. Geiger a. a. O. S. 6 am Ende). Vgl. auch Anm. 1 zu § 2 über die bei Schaffung des Art. 96 Abs. 2 GG. zutage getretenen Wünsche. — Der Gedanke, daß für die allgemeinen Anliegen der Rechtsprechung in erster Linie der Bundesjustizminister zuständig ist, kommt im Richterwahlgesetz in gewisser Weise dadurch zum Ausdruck, daß die Verpflichtung aller Ausschußmitglieder, also auch der Landesminister, die nicht Justizminister sind, auf gewissenhafte Pflichterfüllung (§ 6), die Befreiung von der Geheimhaltungspflicht im gerichtlichen Verfahren (§ 6 Abs. 2) und die Einberufung des Ausschusses zu Sitzungen, auch wenn es sich um die Besetzung anderer oberer Bundesgerichte als des Bundesgerichtshofs handelt, Sache des Bundesjustizministers ist (§ 8 Abs. 1)

§ 2

Der Richterwahlausschuß besteht aus den Mitgliedern kraft Amtes und einer gleichen Zahl von Mitgliedern kraft Wahl.

1. Bei Schaffung des Art. 96 Abs. 2 GG. wurden verschiedene Möglichkeiten der Gestaltung des Richterwahlausschusses erwogen (vgl. dazu Holtkotten im Bonner Komm. z. GG Anm. I 2 [S. 88f.] zu Art. 96). Die schließlich Gesetz gewordene Fassung beruht auf dem Gedanken daß weder für jedes obere Bundesgericht ein besonderer Richterwahlausschuß zu bilden sei, noch daß die Berufung aller Richter der oberen Bundesgerichte einem Ausschuß obliege, der sich neben Mitgliedern, die vom Bundestag gewählt werden, stets aus den Justizministern der Länder zusammensetzt. Vielmehr ist nur ein Richterwahlausschuß, dieser aber mit wechselnder Besetzung zu bilden, indem zwar die vom Bundestag gewählten Mitglieder stets die gleichen sind, die Landesminister und der Vorsitzende aber wechseln, je nachdem, welches obere

Bundesgericht zu besetzen ist. An diese Konstruktion war das Richterwahlgesetz gebunden. § 2 in Verbindung mit § 3 Abs. 1 wiederholt also inhaltlich die Regeln über die Zusammensetzung des Richterwahlausschusses, die sich bereits aus Art. 95 Abs. 3, 96 Abs. 2 Satz 1 GG. ergeben. Er führt für die Landesressortminister die Bezeichnung „Mitglieder kraft Amtes", für die vom Bundestag gewählten Mitglieder die Bezeichnung „Mitglieder kraft Wahl" ein.

§ 3

(1) Mitglieder kraft Amtes im Ausschuß, der die Richter eines oberen Bundesgerichts wählt, sind die Landesminister, zu deren Geschäftsbereich die diesem oberen Bundesgericht im Instanzenzug untergeordneten Gerichte des Landes gehören.

(2) Sie können sich nur nach den gleichen Regeln vertreten lassen, die für ihre Vertretung in der Landesregierung gelten.

1. **Abs. 1** verdeutlicht den in Art. 96 Abs. 2 Satz 1 GG. verwendeten Begriff der „für das jeweilige Sachgebiet zuständigen (Landes-)Minister" dahin, daß zuständig sind die Landesminister (in Berlin, Bremen und Hamburg diejenigen Senatsmitglieder), zu deren Geschäftsbereich die Landesgerichte gehören, die dem in Frage stehenden oberen Bundesgericht im Instanzenzug nachgeordnet sind. Der Geschäftsbereich der Landesminister bestimmt sich nach Landesverfassungsrecht.

2. **Abs. 2** beschränkt die Möglichkeit für die Mitglieder kraft Amtes, sich im Richterwahlausschuß vertreten zu lassen. Vertreter eines Ministers im Richterwahlausschuß kann nur sein, wer nach Landesverfassungsrecht den Minister in der Landesregierung (im Kabinett) vertritt. Der allgemeine Vertreter eines Landesministers (Staatssekretär usw.) ist also nicht ohne weiteres Vertreter des verhinderten Ministers im Richterwahlausschuß, sondern nur dann, wenn er nach Landesverfassungsrecht auch befugt ist, ihn im Landeskabinett zu vertreten. Diese Beschränkung der Vertretungsbefugnis soll verhüten, daß im Richterwahlausschuß die weisungsgebundene „Ministerialbürokratie" Sitz und Stimme erhält, vielmehr soll ein (wenn auch nur stellvertretendes) Kabinettsmitglied unabhängig und ohne Bindung an Weisungen des Kabinetts nach pflichtmäßigem eignem Ermessen (vgl. § 6 Abs. 1) seine Stimme abgeben (vgl. Geiger a. a. O. S. 7). Eine entsprechende Vorschrift für die Vertretung des zuständigen Bundesministers enthält § 9 Abs. 1.

3. Abs. 2 schließt zwar die Vertretung eines Ministers durch seinen Personalreferenten aus, verbietet aber nicht, daß dieser an der Sitzung teilnimmt (vgl. Anm. 4 zu § 9), gegebenenfalls auch das Wort auf Wunsch des Ministers ergreift.

§ 4

(1) Die Mitglieder kraft Wahl müssen zum Bundestag wählbar und im Rechtsleben erfahren sein.

(2) Verändert sich die Zahl der Mitglieder kraft Amtes, so verändert sich die Zahl der Mitglieder kraft Wahl entsprechend. Ihre Neuwahl ist notwendig.

(3) Jedes dieser Mitglieder kann sich durch seinen Stellvertreter vertreten lassen.

1. Über die Mitglieder kraft Wahl bestimmt Art. 95 Abs. 3 GG. lediglich, daß sie vom Bundestag zu wählen seien. § 4 Abs. 1 stellt zwei Voraussetzungen für die **Wählbarkeit** zum Mitglied des Richterwahlausschusses auf:

a) Sie müssen zum Bundestag wählbar sein, d. h. das 25. Lebensjahr vollendet haben (Art. 38 Abs. 2 GG.) und den weiteren Anforderungen genügen, die die jeweiligen auf Grund des Art. 38 Abs. 3 GG. erlassenen Wahlgesetze aufstellen. Der Bundestag kann auch Personen wählen, die nicht Mitglieder des Bundestages sind;

b) Sie müssen im Rechtsleben erfahren sein. Dieses sehr vage Erfordernis, das sich auch z. B. in § 1 des Hess. Richterwahlges. vom 6. 3. 1954 (GVBl. 25) findet, beinhaltet keine konkreten Anforderungen an Vorbildung und Beruf; insbes. ist eine juristische Ausbildung, geschweige denn eine Befähigung zum Richteramt, nicht erforderlich. Bei den parlamentarischen Erörterungen wurde Gewicht auf die Feststellung gelegt, daß es sich trotz der Muß-Vorschrift um eine Ermessensentscheidung des Bundestages handele, „die nicht der Nachprüfung durch das Bundesverfassungsgericht unterliegt" (vgl. die Ausführungen des Berichterstatters Dr. v. Merkatz in der 75. Sitzung des Bundestages vom 14. 7. 1950, Prot. 2729). Vgl. auch Anm. 4 zu § 13.

Die dringend erwünschte Beteiligung der Richterschaft bei der Berufung (vgl. Anm. 4a zu § 6 GVG.) ist nach geltendem Recht, da aktive Richter nicht Bundestagsabgeordnete sein können (vgl. Anm. 3 zu § 8 GVG.), allgemein nur in der Weise möglich, daß der Bundestag Richter, die nicht Bundestagsabgeordnete sind, zu Ausschußmitgliedern kraft Wahl beruft. Im übrigen ist der Gedanke einer Beteiligung der Richterschaft bisher nur auf Teilgebieten in gewissem Umfang verwirklicht worden. Nach § 4 Abs. 2 BVerwGG. vom 23. 9. 1952 (BGBl. I 625) hat der Bundesinnenminister nach der erstmaligen Besetzung des Bundesverwaltungsgerichts vor der Berufung eines Richters zu diesem Gericht das Präsidium des Bundesverwaltungsgerichts zu hören. Eine entsprechende Vorschrift findet sich in § 41 Abs. 3 der BundesdisziplinarO. i. d. F. vom 28. 10. 1952 (BGBl. I 761) für die Berufsrichter des Disziplinarhofs. Obwohl es sich hier um einen Gedanken von allgemeiner Bedeutung handelt — denn es sind keine Gründe erkennbar, die es rechtfertigten, die Anhörung gerade nur bei den Richtern des Bundesverwaltungsgerichts und des Bundesdisziplinarhofs vorzuschreiben — haben die zeitlich späteren Gesetze über die Gerichtsverfassung der Gerichte der Arbeits- und Sozialgerichtsbarkeit entsprechende Vorschriften nicht aufgenommen.

2. Da nach Art. 95 Abs. 3 GG. die Zahl der Mitglieder kraft Wahl stets die gleiche sein muß wie die der Mitglieder kraft Amtes, so ergibt sich zwangsläufig, daß eine **Veränderung** der Zahl der Mitglieder kraft Amtes durch Erhöhung oder Verminderung (zu denken ist an den Fall einer Neugliederung des Bundesgebiets, Art. 29, 118 GG., während einer Bundestagsperiode) zu einer entsprechenden Erhöhung oder Verminderung der Zahl der Mitglieder kraft Wahl führen muß. Das spricht Abs. 2 Satz 1 nochmals ausdrücklich aus. Die eigentliche Bedeutung des Abs. 2 besteht in seinem Satz 2: wie bei einer Neuwahl des Bundestages (§ 5 Abs. 5) sind sämtliche Mitglieder kraft Wahl neu zu wählen.

3. Nach § 5 Abs. 1 wird für jedes Mitglied kraft Wahl ein bestimmter **Stellvertreter** gewählt. Abs. 3 bestimmt, unter welchen Voraussetzungen der Stellvertreter für das Mitglied eintritt. Die Stellvertretung ist danach nicht auf bestimmte Verhinderungsgründe beschränkt, vielmehr liegt es im Ermessen des Mitglieds, ob er an einer Sitzung selbst teilnehmen oder ihre Wahrnehmung dem Stellvertreter überlassen will. Einen Fall notwendiger Vertretung regelt § 7. Falls auch der Stellvertreter an der Teilnahme verhindert wird, ist eine Vertretung des Mitglieds nicht möglich; Stellvertreter von Stellvertretern sind nicht vorgesehen. — Daß die Stellvertreter nicht von Weisungen des Mitglieds abhängig sind, versteht sich von selbst.

§ 5

(1) Die Mitglieder kraft Wahl und ihre Stellvertreter beruft der Bundestag nach den Regeln der Verhältniswahl.

(2) Jede Fraktion kann einen Vorschlag einbringen. Aus den Summen der für jeden Vorschlag abgegebenen Stimmen wird nach dem Höchstzahlverfahren (d'Hondt) die Zahl der auf jeden Vorschlag gewählten Mitglieder errechnet. Gewählt sind die Mitglieder und ihre Stellvertreter in der Reihenfolge, in der ihr Name auf dem Vorschlag erscheint.

(3) Scheidet ein Mitglied aus, so wird sein Stellvertreter Mitglied. Scheidet ein Stellvertreter aus, so wird er durch den nächsten aus der Reihe der nicht mehr Gewählten ersetzt.

(4) Mitgliedschaft und Stellvertretung enden durch Neuwahl oder durch Verzicht, der schriftlich dem Bundesminister der Justiz zu erklären ist.

(5) Jeder neu gewählte Bundestag nimmt eine Neuwahl vor.

1. **Abs. 1, 2** regeln den **Wahlmodus** für die Mitglieder kraft Wahl und ihre Stellvertreter. Abs. 2 ist wörtlich in § 6 Abs. 2 des Ges. über das Bundesverfassungsgericht vom 12. 3. 1951 (BGBl. I 243) übernommen worden, der die Berufung der Wahlmänner regelt, denen die Wahl der vom Bundestag zum Bundesverfassungsgericht zu wählenden Richter obliegt. Das Verhältniswahlsystem setzt mindestens zwei Vorschläge voraus. Es ist danach zwar möglich, daß sich mehrere Fraktionen auf einen gemeinsamen Vorschlag einigen, dagegen entspricht ein Verfahren, wie es der Bundestag bei der ersten Wahl der Mitglieder zum Richterwahlausschuß am 12. 9. 1950 einschlug, daß nämlich keine Fraktion eine eigene Vorschlagsliste einbrachte,

der Bundestag vielmehr in offener Abstimmung einen gemeinsamen Antrag der Fraktionen annahm, nicht dem § 5 (vgl. Geiger a. a. O. S. 8). Solche Verstöße berühren indessen die Wirksamkeit einer vom Bundespräsidenten ausgesprochenen Ernennung (vgl. § 13) nicht. Gegenstand der Abstimmung sind nur Vorschläge einer Fraktion, d. h. des Zusammenschlusses mehrerer Bundestagsabgeordneten, deren Mindestzahl die Geschäftsordnung des Bundestages bestimmt.

2. Die Mitglieder kraft Wahl und die Stellvertreter werden zwar vom Bundestag gewählt. Der Richterwahlausschuß wird aber dadurch nicht zu einem Bestandteil des Bundestages; er ist kein Bundestagsausschuß (vgl. auch § 14). Seine Mitglieder, gleichviel ob kraft Amtes oder kraft Wahl, genießen daher nicht die Indemnität der Abgeordneten (Art. 46 Abs. 1 GG.), und zwar ein Mitglied kraft Wahl auch dann nicht, wenn er Bundestagsabgeordneter ist.

3. **Abs. 3** regelt den Fall, daß ein Mitglied nicht nur vorübergehend verhindert ist — dann gilt § 3 Abs. 2 —, sondern endgültig **ausscheidet,** z. B. durch Tod, Verlust der Wählbarkeit (§ 4 Abs. 1) oder Verzicht (§ 5 Abs. 4). Dann wird kraft Gesetzes der bisherige Stellvertreter Mitglied. Scheidet ein Stellvertreter aus den erwähnten Gründen oder dadurch aus, daß er Mitglied an Stelle eines ausgeschiedenen Mitgliedes wird, so wird er durch den nächsten der nicht mehr gewählten Kandidaten in der Reihenfolge ersetzt, in der die Namen auf dem Vorschlag genannt sind.

4. **Abs. 4** zählt bestimmte **Gründe** auf, **die die Mitgliedschaft** (oder Stellvertretung) **beenden.** Diese Aufzählung ist nicht erschöpfend (vgl. Anm. 3). Wenn Abs. 4 von einer Beendigung der Mitgliedschaft durch **Neuwahl** spricht, so kann dies nicht bedeuten, daß der Bundestag, wenn er einmal die Mitglieder kraft Wahl gewählt hat, diese beliebig während der Dauer der Wahlperiode durch Neuwahl ablösen und ersetzen könnte, etwa weil er mit den Wahlergebnissen nicht einverstanden ist oder weil ihm dieses oder jenes Mitglied nicht mehr genehm ist. Dies wäre mit der Unabhängigkeit der Ausschußmitglieder (vgl. dazu Anm. 2 zu § 3) unverträglich und würde den Bedenken Berechtigung verschaffen, die ohnehin gegen das in Art. 95 Abs. 3, 96 Abs. 2 GG. vorgesehene Berufungsverfahren erhoben worden sind (vgl. dazu Geiger, Komm. z. BVerfGG. Anm. 3 zu § 6 betr. Unzulässigkeit einer Neuwahl oder Nachwahl bei dem Wahlmännerkollegium für die Richter des Bundesverfassungsgerichts). Eine Neuwahl ist vielmehr nur insoweit zulässig, als das Richterwahlgesetz sie ausdrücklich vorsieht (vgl. § 4 Abs. 2 Satz 2, § 5 Abs. 5).

Zur Wirksamkeit eines **Verzichts** ist eine schriftliche Erklärung gegenüber dem Bundesjustizminister erforderlich. Die Erklärung muß den Verzichtswillen unzweideutig erkennen lassen und ist unwiderruflich. Wegen des Erfordernisses der Schriftlichkeit kann auf die allgemeinen Vorschriften (vgl. z. B. §§ 126, 127 BGB. und wegen der Schriftlichkeit im Strafverfahren Vorbem. 9 zum 1. Buch der StPO.) verwiesen werden. Telegraphische Verzichterklärung ist als ausreichend anzusehen (so auch der Bundesjustizminister in dem von Geiger a. a. O. S. 8 berichteten Fall).

5. **Zu Abs. 5:** Da die Mitgliedschaft nach Abs. 4 erst durch die Neuwahl endet, bleibt der Richterwahlausschuß **nach Beendigung der Wahlperiode** des Bundestags bis zur Neuwahl der Ausschußmitglieder durch den neugewählten Bundestag bestehen. Entsprechendes gilt, wo eine Neuwahl gemäß § 4 Abs. 2 erforderlich wird; da jedoch eine Veränderung der Zahl der Mitglieder kraft Amtes kraft Gesetzes zu einer entsprechenden Veränderung der Zahl der Mitglieder kraft Wahl führt, so wird man bei einem bis zu der erforderlichen Neuwahl fortbestehenden Ausschuß annehmen müssen, daß bei einer Verminderung der in der Reihenfolge der Gewählten (§ 5 Abs. 2) Letzte ausscheidet und bei einer Erhöhung der nächste in der Reihenfolge der nicht mehr Gewählten (entsprechend § 5 Abs. 3) hinzutritt.

§ 6

(1) Der Bundesminister der Justiz verpflichtet die Mitglieder des Richterwahlausschusses und ihre Stellvertreter durch Handschlag auf gewissenhafte Pflichterfüllung.

(2) Die Mitglieder sind zur Verschwiegenheit verpflichtet. Die Genehmigung zur Aussage in gerichtlichen Verfahren erteilt der Bundesminister der Justiz.

1. Die **Verpflichtung** nach Abs. 1 ist stets Sache des Bundesjustizministers, auch wenn es sich nicht um die Landesjustizminister, sondern um die Landesminister anderer Ressorts handelt,

die bei der Berufung der Richter zum Bundesverwaltungsgericht, zum Bundesfinanzhof und zum Bundesarbeits- und Bundessozialgericht mitwirken (vgl. § 3 Abs. 1). Abs. 1 ist eine Ordnungsvorschrift, deren Nichtbeachtung die Verschwiegenheitspflicht (Abs. 2) nicht berührt.

2. a) Abs. 2 begründet eine **Verschwiegenheitspflicht** für alle Mitglieder des Ausschusses (einschl. der Stellvertreter), die „nach der Fassung des § 6 Abs. 2 im Sinne der allgemeinen Verschwiegenheitspflicht der Beamten ausgelegt werden soll. Danach ist nur die Weitergabe an Dritte verboten, die nicht legitimiert sind, in die Sache hineingezogen zu werden" (Berichterstatter Dr. v. Merkatz in der 75. Sitzung des Bundestags vom 15. 7. 1950, Prot. 2729). Sie erstreckt sich auf alle Umstände, von denen die Ausschußmitglieder kraft ihrer Mitgliedschaft Kenntnis erhalten haben. Es ist also nicht nur Stillschweigen über die Vorgänge in der Sitzung, insbesondere über die Ausführungen der Ausschußmitglieder, über das Ergebnis der Wahl (vgl. aber Anm. 4 zu § 12), über die Zahl der Abstimmenden und das Abstimmungsverhältnis zu beobachten, sondern auch über Umstände, die dem Mitglied in dieser seiner Eigenschaft außerhalb einer Sitzung bekannt werden, insbes. über den Inhalt der ihm zugänglich gemachten Personalakten und Beurteilungen eines Vorgeschlagenen (vgl. § 10 Abs. 2) oder darüber, von wem er vorgeschlagen ist (vgl. § 10 Abs. 1, ebenso Geiger a. a. O. S. 9). Nach allgemeinen Grundsätzen bleibt die Verschwiegenheitspflicht auch nach Beendigung der Mitgliedschaft bestehen.

b) Im gerichtlichen Verfahren begründet die Schweigepflicht ein **Vernehmungsverbot,** das nur entfällt, wenn der Bundesjustizminister eine Aussagegenehmigung erteilt. Wann das Geheimhaltungsbedürfnis hinter dem Interesse an der Verwirklichung des richtigen Rechts zurück tritt, entscheidet der Bundesjustizminister nach pflichtgemäßen Ermessen; Richtlinien nach Art des § 62 des Bundesbeamtenges. bestehen hier nicht, wenn sie auch einen gewissen Anhaltspunkt geben können, wann eine Aussagegenehmigung in Betracht kommt. Nur für Zwecke eines gerichtlichen Verfahrens kann der Bundesjustizminister von der Geheimhaltungs pflicht entbinden; doch ist die außerprozessuale Geheimnispreisgabe unter den Voraussetzungen des übergesetzlichen Notstandes nicht rechtswidrig. — Eine unbefugte Geheimnispreisgabe ist strafbar, wenn die Voraussetzungen der §§ 353b, 353c StGB. gegeben sind.

§ 7

Ein Mitglied des Richterwahlausschusses ist von der Mitwirkung bei der Wahl eines Richters ausgeschlossen, wenn die Voraussetzungen des § 41 Nr. 3 der Zivilprozeßordnung vorliegen.

1. § 7 kennt nur eine **Ausschließung kraft Gesetzes** wegen naher Verwandtschaft oder Verschwägerung des Mitglieds (und selbstverständlich auch des Stellvertreters, wenn bei ihm die Voraussetzungen vorliegen) mit einem Richter, dessen Wahl in Frage steht. Warum die Ausschließung nicht auch auf die Fälle erstreckt ist, in denen die eigene Wahl des Mitglieds (§ 41 Nr. 1 ZPO.) oder die seines Ehegatten (§ 41 Nr. 2) in Frage steht, ist aus der Entstehungsgeschichte der Vorschrift nicht zu entnehmen und auch nicht recht verständlich. Der Berichterstatter Dr. v. Merkatz hat in der 75. Sitzung des Bundestags vom 14. 7. 1950 (Prot. S. 2729) dazu ausgeführt: „Der Rechtsausschuß hat sich dafür entschieden, nur diesen gesetzlichen Ausschließungsgrund (d. h. den des § 41 Nr. 3 ZPO.) bestehen zu lassen, eine Ablehnung wegen Besorgnis der Befangenheit aber mit Rücksicht auf den Charakter des Richterwahlausschusses nicht zuzulassen". Damit wird aber die Nichterwähnung der Ausschließungsgründe nach § 41 Nr. 1 u. 2 nicht erklärt. Daß das Mitglied aber auch hier ausgeschlossen sein muß, folgt ohne weiteres aus der Erwägung, daß, wenn schon das familienrechtliche Verhältnis zu dem Verwandten des eigenen Ehegatten einen Ausschließungsgrund bildet, dann erst recht die die Schwägerschaft begründende Ehe zur Ausschließung führen muß. Daß ein Mitglied auch dann ausgeschlossen ist, wenn es sich um seine eigene Wahl handelt, ergibt sich aus der Natur der Sache: eine unparteiische Abstimmung ist ihm ja begrifflich unmöglich. (Das hess. Richterwahlges. vom 6. 3. 1954 kennt übrigens eine dem § 7 entsprechende Vorschrift nicht.) Der Ausschließungsgrund gilt nur für die Mitglieder des Ausschusses (kraft Wahl wie kraft Amtes), nicht für den zuständigen Bundesminister; da er kein Stimmrecht hat, wurde eine Ausschließung vom Vorsitz usw. für entbehrlich angesehen (vgl. die Ausführungen des Berichterstatters a. a. O. Prot. 2729). Eine Ablehnung wegen Besorgnis der Befangenheit kennt, wie erwähnt, § 7 nicht. — Die gesetzwidrige Mitwirkung eines ausgeschlossenen Mitglieds wird bedeutungslos, sobald der Gewählte vom Bundespräsidenten ernannt ist (vgl. Anm. 4 zu § 13; die in §§ 11, 12 des Bundesbeamtenges. geregelten Gründe, eine Ernennung für nichtig zu erklären oder zurückzunehmen, liegen bei Mitwirkung eines ausgeschlossenen Ausschlußmitgliedes nicht vor).

2. Die **Mitwirkung bei der Wahl** umfaßt nicht nur die Abstimmung (§ 12) und die Beteiligung an der der Abstimmung vorangehenden Erörterung einschl. der Berichterstattung (§ 10 Abs. 3), sondern auch die Ausübung des Vorschlagsrechts (§ 10 Abs. 1).

§ 8

(1) Der Bundesminister der Justiz beruft den Richterwahlausschuß ein.

(2) Die Einladung muß die Tagesordnung für die Sitzung des Richterwahlausschusses enthalten und den Mitgliedern mindestens eine Woche vor der Sitzung zugehen.

1. Die **Einberufung** der Mitglieder zu einer Sitzung des Richterwahlausschusses ist auch dann Sache des Bundesjustizministers, wenn nicht die Besetzung des Bundesgerichtshofs, sondern die eines anderen oberen Bundesgerichts in Frage steht, so daß die Mitwirkung bei der Richterberufung zum Geschäftsbereich anderer Bundesminister gehört. Die Einberufung durch den Bundesjustizminister zu veranlassen und die Tagesordnung (Abs. 2) aufzustellen, obliegt dann dem zuständigen anderen Bundesminister.

2. Für die Einberufung („Einladung", Abs. 2) ist eine besondere Form nicht vorgeschrieben. Der Bundesjustizminister wird zweckmäßig eine Form wählen, die den Zeitpunkt des Zugangs sicher erkennen läßt und eine Prüfung ermöglicht, ob die einwöchige Ladungsfrist des Abs. 2 gewahrt ist. Die Tagesordnung muß die bis dahin vorliegenden Vorschläge (§ 10 Abs. 1) enthalten. Nichtinnehaltung der Ladungsfrist gibt dem betroffenen Ausschußmitglied das Recht, die Anberaumung eines neuen, die Ladungsfrist wahrenden Termins zu verlangen („muß ... zu gehen").

§ 9

(1) Der zuständige Bundesminister oder sein Vertreter in der Bundesregierung führt den Vorsitz. Er hat kein Stimmrecht.

(2) Die Sitzungen sind nicht öffentlich.

(3) Über jede Sitzung wird eine Niederschrift gefertigt.

1. In der Sitzung des Richterwahlausschusses beschränken sich die Befugnisse des zuständigen Bundesministers (§ 1 Abs. 2) auf die Führung des **Vorsitzes.** Ein Stimmrecht bei der Abstimmung (§ 12 Abs. 1) hat er nicht, denn er ist nicht Mitglied des Ausschusses. Vielmehr besteht sein Anteil an der gemeinsamen Richterberufung — vom Vorschlagsrecht und der Beteiligung an einer Aussprache abgesehen — darin, daß er der von der Mehrheit des Ausschusses getroffenen Wahl zustimmen oder sie ablehnen kann (§ 13). Seine Stimme hat also Kraft des Ablehnungsrechts das gleiche Gewicht wie das der Ausschußmehrheit: lehnt er die von der Ausschußmehrheit getroffene Wahl ab, so ist eine „Berufung" nicht zustande gekommen.

2. Inhalt des Vorsitzrechts. Die Führung des Vorsitzes beinhaltet die Befugnis, die Sitzung zu leiten, ihren äußeren Gang zu bestimmen, die Reihenfolge zu regeln, in der die gemachten Vorschläge erörtert werden, das Wort zu Ausführungen zu erteilen usw. Dem Richterwahlausschuß ist es zwar unbenommen, eine Geschäftsordnung aufzustellen und darin Grundsätze für seine Arbeitsweise niederzulegen. Eine solche Geschäftsordnung könnte der zuständige Bundesminister seiner vorsitzführenden Tätigkeit zugrunde legen; er wäre aber daran nicht gebunden (ebenso Geiger, Anm. 3 zu § 6 BVerfGG. betr. die Befugnisse des Ältesten der Wahlmänner bei Leitung der Sitzung gemäß § 6 Abs. 3 BVerfGG., in die die vom Bundestag zum Bundesverfassungsgericht zu berufenden Richter gewählt werden). Siehe jedoch Anm. 2 zu § 12 wegen der Reihenfolge der Abstimmungen. Dagegen ist die Bestellung von Berichterstattern nicht Sache des Vorsitzenden, sondern des Wahlausschusses (§ 10 Abs. 3) und die insoweit getroffenen Vorschriften einer etwaigen Geschäftsordnung sind auch für den vorsitzführenden Bundesminister verbindlich.

3. Der zuständige Bundesminister kann sich in der Sitzung **vertreten** lassen. Als Vertreter kommt aber, entsprechend der in § 3 Abs. 2 für die Landesminister als Mitglieder kraft Amtes getroffenen Regelung, nur in Frage, wer nach der Geschäftsordnung der Bundesregierung befugt ist, den zuständigen Bundesminister in der Bundesregierung (im „Bundeskabinett") zu vertreten, also grundsätzlich ein anderer Bundesminister. Bei den Erörterungen im Bundestagsausschuß hervorgetretene Wünsche, eine Vertretung des zuständigen Bundesministers durch den Staatssekretär als seinen allgemeinen Vertreter zuzulassen, weil nur dieser, nicht aber ein vertretender Bundesminister über die nötige Sachkunde verfüge, wurden mit der Erwägung zurückgewiesen, daß bei Behinderung des zuständigen Ressortministers in aller Regel keine Sitzung angesetzt werden dürfe (vgl. Berichterstatter Dr. v. Merkatz a. a. O. 2729). Doch kann der vertretende Bundesminister den Staatssekretär und Referenten des verhinderten zuständigen Ressortministers zuziehen und ihnen das Wort erteilen (vgl. Anm. 4).

4. Die Sitzungen des Richterwahlausschusses sind **nicht öffentlich.** Das bedeutet aber nicht, daß die Sitzungen geheim sind, also andere Personen als die Ausschußmitglieder und der Vorsitzende keinen Zutritt haben — nur die Abstimmung ist nach § 12 Abs. 1 geheim —, sondern bedeutet, daß andere Personen als die Ausschußmitglieder, der Vorsitzende und der Protokollführer (§ 9 Abs. 3) nur anwesend sein dürfen, wenn und soweit ihnen der Vorsitzende die Anwesenheit gestattet. Als solche Dritte kommen insbesondere die Personalreferenten des zuständigen Bundesministers und der Mitglieder kraft Amtes (vgl. Anm. 3 zu § 3) in Betracht. Diese sind nach den für sie geltenden beamtenrechtlichen Vorschriften zur Verschwiegenheit über die Vorgänge in der Ausschußsitzung verpflichtet. Andere Dritte, denen der Vorsitzende ausnahmsweise die Anwesenheit gestattet, werden zwar von der Verschwiegenheitspflicht nach § 6 Abs. 2 nicht erfaßt. Sie können aber von dem Vorsitzenden kraft seiner aus dem Verhandlungsleitungsrecht sich ergebenden Befugnisse ausdrücklich zur Geheimhaltung von Mitteilungen, die in der Sitzung erfolgen, verpflichtet werden und machen sich bei unbefugter Weitergabe nach Maßgabe des § 353c Abs. 2 StGB. strafbar.

5. Über die **Niederschrift,** die nach **Abs. 3** über jede Sitzung zu fertigen ist, enthält das Gesetz keine näheren Vorschriften; ihre Gestaltung ist dem Ermessen des Vorsitzenden überlassen. Ihr Zweck besteht darin, einen urkundlichen Nachweis über die Gesetzmäßigkeit der Wahl zu schaffen. Daraus ergibt sich, daß die Niederschrift zum mindesten die Namen des Vorsitzenden und der erschienenen Ausschußmitglieder, das Ergebnis der Abstimmung und das Stimmverhältnis enthalten und die Unterschrift des Vorsitzenden sowie des hinzugezogenen Protokollführers aufweisen muß. Ob die Niederschrift in oder nach der Sitzung gefertigt wird, ob ein Protokollführer zuzuziehen ist und ob die Protokollführung durch ein Ausschußmitglied oder eine dritte Person erfolgt, bestimmt der Vorsitzende nach seinem Ermessen. In der Praxis wird ein Protokoll von einem Beamten des zuständigen Bundesministeriums geführt, das den Mitgliedern des Ausschusses zugestellt wird (vgl. Geiger a. a. O. S. 10).

§ 10

(1) Der zuständige Bundesminister und die Mitglieder des Richterwahlausschusses können vorschlagen, wer zum Bundesrichter zu berufen ist.

(2) Der zuständige Bundesminister legt dem Richterwahlausschuß die Personalakten der für ein Richteramt Vorgeschlagenen vor.

(3) Zur Vorbereitung der Entscheidung bestellt der Richterwahlausschuß zwei seiner Mitglieder als Berichterstatter.

1. Das **Vorschlagsrecht** nach Abs. 1 steht sowohl dem zuständigen Bundesminister (§ 1 Abs. 2) wie sämtlichen Ausschußmitgliedern, also den Mitgliedern kraft Wahl in gleicher Weise wie den Mitgliedern kraft Amtes, zu; jeder Vorschlag hat gleichen Rang und die Bedeutung, daß er den Richterwahlausschuß zur Prüfung (§ 11) und zur Abstimmung (§ 12) zwingt. Die Vorschlagsberechtigten unterliegen bei der Ausübung des Vorschlagsrechts keinerlei Beschränkungen. Die Regel des Art. 36 GG. („Bei den obersten Bundesbehörden sind Beamte aus allen Ländern in angemessenem Verhältnis zu verwenden") hindert die Landesminister nicht, andere Kandidaten als Angehörige ihres Landes vorzuschlagen. § 10 Abs. 2, 3 gehen davon aus, daß das Vorschlagsrecht grundsätzlich vor der Sitzung ausgeübt wird.

2. Der Vorschlag richtet sich nur auf die Berufung zum **Bundesrichter,** d. h. zum Richter eines bestimmten oberen Bundesgerichts (Art. 96 Abs. 2 GG.). Es ist also nur die Berufung

als Mitglied dieses oberen Bundesgerichts Gegenstand des Vorschlags, der Prüfung (§ 11) und der Abstimmung (§ 12), dagegen nicht, welches Amt dieses Mitglied an dem oberen Bundesgericht bekleiden soll, ob das eines Bundesrichters (im technischen, d. h. im Sinn der Amtsbezeichnung für die — grundsätzlich als Beisitzer tätigen — Berufsrichter, die nicht Präsident oder Senatspräsident sind) oder das eines Senatspräsidenten oder des Präsidenten des Gerichts, dessen Besetzung in Frage steht. Über die alsbaldige Ernennung eines Gewählten zum Senatspräsidenten oder Präsidenten befinden also allein der zuständige Bundesminister und der ernennende Bundespräsident ohne Beteiligung des Richterwahlausschusses; es gilt nichts anderes als in dem Fall, daß ein Bundesrichter, der schon lange dieses Amt bekleidet hat, zum Senatspräsidenten befördert wird. Eine solche Beförderung eines längst zum Bundesrichter Berufenen und Ernannten fällt schon nach dem Wortlaut des Gesetzes nicht unter § 10 Abs. 1. Die im Entwurf des Vereinfachungsges. vom 12. 9. 1950 zu § 125 GVG. vorgesehene Fassung: „Der Präsident, die Senatspräsidenten und die Bundesrichter werden vom Bundesminister der Justiz gemeinsam mit dem Richterwahlausschuß berufen" war unzweckmäßig, weil sie zu dem Mißverständnis verleiten konnte, als sei es Sache des Richterwahlausschusses, auch — über die Berufung zum Mitglied am Bundesgerichtshof hinaus — über das Einrücken in die Ämter des Präsidenten und des Senatspräsidenten zu befinden; die Gesetz gewordene Fassung des § 125 GVG.: „Die Mitglieder des Bundesgerichtshofs werden durch den Bundesminister der Justiz gemeinsam mit dem Richterwahlausschuß gemäß dem Richterwahlgesetz berufen und vom Bundespräsidenten ernannt" ist gewählt, um die erwähnte Möglichkeit einer mißverständlichen Auslegung auszuräumen (vgl. Geiger a. a. O. S. 11f.; Dallinger in „Das Deutsche Bundesrecht" II B 10 S. 64 zu § 125 GVG.). Von § 125 GVG. weicht § 42 Abs. 1 des Arbeitsgerichtsgesetzes vom 3. 9. 1953 — BGBl. I 1267 — zwar im Wortlaut, aber nicht in der Sache ab. Wenn es dort heißt: „Für die Berufung der Bundesrichter (Präsident, Senatspräsidenten und berufsrichterliche Beisitzer) gelten die Vorschriften des Richterwahlgesetzes", so ist mit dem Klammerzusatz nur klargestellt, daß der Ausdruck „Bundesrichter" nicht nur die Träger der Amtsbezeichnung „Bundesrichter", sondern alle berufsrichterlichen Mitglieder des Bundesarbeitsgerichts umfaßt; über die Ernennung des zum „Bundesrichter" Gewählten zum Präsidenten oder Senatspräsidenten aber entscheiden auch hier lediglich der zuständige Bundesminister und der Bundespräsident. Diese Beschränkung der Prüfung des Richterwahlausschusses auf die allgemeine Eignung zum Mitglied eines oberen Bundesgerichts entspricht auch allein den mit der Beteiligung des Richterwahlausschusses verfolgten gesetzgeberischen Absichten (vgl. Anm. 4a zu § 6 GVG.). § 4 Abs. 2 BVerGG. vom 23. 9. 1952 (BGBl. I 625) legt dem Bundesinnenminister die Pflicht auf, vor der Ernennung eines Senatspräsidenten das Präsidium des Bundesverwaltungsgerichts zu hören.

3. Nach Abs. 2 hat der zuständige Bundesminister dem Richterwahlausschuß die **Personalakten** der Vorgeschlagenen vorzulegen. Gedacht ist an amtliche Personalakten, die über den Vorgeschlagenen als Landesrichter, Bundes- oder Landesbeamter, als Rechtsanwalt usw. geführt werden. Soweit solche Personalakten nicht im Geschäftsbereich des zuständigen Bundesministers geführt werden, sind die aktenführenden Stellen gemäß Art. 35 GG. verpflichtet, sie dem zuständigen Minister zur Verfügung zu stellen. Auch sonstige Unterlagen wie Urkunden und Akten, die bei der Wahl von Bedeutung sein können, hat der zuständige Bundesminister dem Ausschuß vorzulegen (ebenso Geiger a. a. O. S. 11). Die Vorlage hat so rechtzeitig vor Beginn der Sitzung zu erfolgen, daß den Berichterstattern (Abs. 3) eine angemessene Zeit zur Durchsicht der Unterlagen bleibt. — Abs. 2 schließt das Recht der Ausschußmitglieder, im Rahmen ihrer Möglichkeiten selbst Informationen über einen Vorgeschlagenen einzuholen, nicht aus.

4. Die Bestellung der **Berichterstatter** (Abs. 3) ist Sache des Richterwahlausschusses, nicht des Vorsitzenden. Aus Abs. 3 ergibt sich, daß bei jedem Vorschlag der Abstimmung (§ 12 Abs. 1) die Ausführungen von zwei Berichterstattern vorausgehen müssen („zur Vorbereitung der Entscheidung"), die das Vorliegen der in § 11 bezeichneten Voraussetzungen zum Gegenstand haben. Wie Geiger (a. a. O. S. 11) mitteilt, hat der Richterwahlausschuß in der 1. Wahlperiode des Bundestages für jeden Vorschlag je ein Mitglied kraft Amtes und ein Mitglied kraft Wahl zu Berichterstattern bestellt.

§ 11

Der Richterwahlausschuß prüft, ob der für ein Richteramt Vorgeschlagene die sachlichen und persönlichen Voraussetzungen für dieses Amt besitzt.

1. Gegenstand der Prüfung. Der Richterwahlausschuß hat zunächst zu prüfen, ob der Vorgeschlagene die gesetzlichen Voraussetzungen für die Berufung zum Mitglied des zu besetzenden oberen Bundesgerichts erfüllt, insbesondere ob er das gesetzlich vorgeschriebene Mindestalter (vgl. z. B. § 125 Abs. 2 GVG.) hat, ob ein für das Bundesarbeitsgericht Vorgeschlagener die in § 42 Abs. 2 ArbGG. geforderten besonderen Kenntnisse und Erfahrungen auf den Gebieten des Arbeitsrechts und des Arbeitslebens hat, ob bei einem zum Bundesverwaltungsgericht Vorgeschlagenen die Anhörung des Präsidiums dieses Gerichts erfolgt ist (§ 4 Abs. 2 BVerwGG.) usw. Darüber hinaus prüft er, ob der Vorgeschlagene nach seinen fachlichen Leistungen und seinen menschlichen Qualitäten den hohen Anforderungen entspricht, die an einen Richter an einem oberen Bundesgericht gestellt werden müssen. Die Prüfung der „Voraussetzungen für dieses Amt" bedeutet (vgl. Anm. 5 zu § 10), daß lediglich die allgemeine Eignung für ein Richteramt an dem in Frage stehenden oberen Bundesgericht zu prüfen ist, nicht die besondere Eignung zur Ernennung zum Präsidenten oder Senatspräsidenten, die etwa im Anschluß an die Wahl von dem zuständigen Bundesminister erwogen wird.

§ 12

(1) Der Richterwahlausschuß entscheidet in geheimer Abstimmung mit der Mehrheit der abgegebenen Stimmen.

(2) Der Richterwahlausschuß ist beschlußfähig, wenn die Mehrzahl sowohl der Mitglieder kraft Amtes als auch der Mitglieder kraft Wahl anwesend ist.

1. Über jeden Vorschlag, der aufrechterhalten wird (also nicht über einen Vorschlag, den der Vorschlagende auf Grund der bei einer Aussprache in der Sitzung gemachten Einwendungen zurücknimmt) ist **geheim abzustimmen.** Die geheime Abstimmung ist gewählt, „um so einer kontrollierbaren Fraktionsbindung oder sonstigen Bindungen in etwa vorzubeugen" (Berichterstatter Dr. v. Merkatz, Prot. der 75. Sitzung vom 14. 7. 1950 S. 2729). Sie wird also nicht dadurch entbehrlich, daß alle Anwesenden formlos einem Vorschlag zustimmen. Wird auf die ersten Vorschläge in der Reihenfolge der Abstimmungen eine zur Besetzung ausreichende Zahl von Vorgeschlagenen gewählt, so erübrigt sich in der Regel eine weitere Abstimmung; die unerledigten Vorschläge sind als abgelehnt anzusehen, da nicht anzunehmen ist, daß die Ausschußmitglieder sich bei einer Fortsetzung der Abstimmung mit der bisherigen Ausübung ihres Stimmrechts in Widerspruch setzen. Man wird aber einen Vorschlagenden das Recht nicht absprechen können, ausnahmsweise eine weitere förmliche Abstimmung zu verlangen, wenn er sich davon einen Erfolg in Form der Änderung des bisherigen Abstimmungsergebnisses verspricht.

2. Da das Gesetz über das **Wahlverfahren** im einzelnen nicht enthält, bleibt Raum für ergänzende Beschlüsse des Richterwahlausschusses, sei es allgemein in einer Geschäftsordnung, sei es für die einzelne Sitzung. So kann z. B., wenn mehr Vorschläge vorliegen, als Stellen zu besetzen sind, der Ausschuß (der Vorsitzende als Sitzungsleiter nur, wenn der Ausschuß nicht widerspricht) eine Reihenfolge beschließen, in der über die einzelnen Vorschläge abzustimmen ist; er kann, wenn von mehr als zwei Vorschlägen für eine Stelle keiner die zur Wahl erforderliche Mehrheit erhält, eine Stichwahl zwischen den zwei Vorschlägen mit den höchsten Stimmenzahlen beschließen (Geiger a. a. O. S. 12), ohne dadurch einem Ausschußmitglied, das darauf beharrt, das Recht zu nehmen, eine förmliche Abstimmung über seinen Vorschlag mit einer niedrigeren Stimmzahl zu verlangen.

3. Die Wahl erfolgt mit der **absoluten Mehrheit** der abgegebenen Stimmen. Nach Abs. 2 ist, da der Ausschuß zur Zeit aus 10 Mitglieder kraft Amtes und 10 Mitgliedern kraft Wahl besteht, zur Beschlußfähigkeit die Anwesenheit von mindestens je 6 Mitgliedern erforderlich. Durch Stimmenthaltung bei Anwesenheit wird die Beschlußfähigkeit nicht berührt; infolgedessen ist es möglich, daß eine Wahl mit weniger als 12 abgegebenen Stimmen durchgeführt wird. Stimmengleichheit bedeutet Ablehnung.

4. Eine **Benachrichtigung** der Vorgeschlagenen über den Ausgang der Wahl ist im Gesetz nicht vorgesehen, aber auch nicht verboten. Zwar findet eine Bewerbung um das Amt eines Richters an einem oberen Bundesgericht nicht statt. Da aber ein Vorschlag im allgemeinen nur erfolgen wird, wenn sich der Betreffende bereit erklärt hat, im Falle einer Wahl das Amt anzutreten, so kann ein berechtigtes Interesse bestehen, ihn wissen zu lassen, ob er gewählt worden ist oder nicht. Ist er gewählt und stimmt der zuständige Bundesminister zu, so läge eine Bekanntgabe des Wahlergebnisses ja schon in der Tatsache der Ernennung. Den negativen Ausgang einer Wahl würde ein Vorgeschlagener schließlich daran erkennen, daß in der Angelegenheit nichts mehr geschieht. Erfolgt aber in dieser Form eine „Benachrichtigung" zwangsläufig, so kann eine förmliche Mitteilung vom Ausgang alsbald nach der Wahl nicht unzulässig sein und die Verschwiegenheitspflicht (§ 6 Abs. 2) hindert die Mitglieder nicht, Tatsachen an „Legitimierte" (vgl. Anm. 2a zu § 6) alsbald bekanntzugeben, die ja früher oder später zwangsläufig offenbar werden. Dagegen verbietet es die Verschwiegenheitspflicht den Ausschußmitgliedern, Dritten Mitteilung über die in der Sitzung gemachten Äußerungen, über das Stimmenverhältnis usw. zu machen; lediglich die Tatsache, ob ein Vorgeschlagener gewählt oder nicht gewählt ist, ist von der Verschwiegenheitspflicht ausgenommen. Auch der zuständige Bundesminister und die Personalreferenten, denen die Anwesenheit bei der Sitzung gestattet worden ist (vgl. Anm. 4 zu § 9) dürfen der Natur der Sache nach keine weitergehenden Mitteilungen machen, als sie den Ausschußmitgliedern erlaubt sind.

5. Die **Wirkung einer Nichtwahl** ist für den Vorgeschlagenen eine andere, als wenn ein nach Landesrecht gebildeter Richterwahlausschuß die Berufung eines Anwärters zum Landesrichter auf Lebenszeit ablehnt. Denn einer solchen Entscheidung geht eine mehr oder weniger lange Tätigkeit als Richter auf Widerruf (also als Hilfsrichter i. S. des § 10 GVG.) voraus, und die Ablehnung bedeutet den Ausspruch des Ausschusses, daß er sich in der Probezeit nicht bewährt hat oder daß ihm die in den Landesgesetzen geforderten Eigenschaften für die Übertragung eines Richteramtes fehlen. Eine solche Ablehnung bedeutet einen schweren Eingriff in die Sphäre des Betroffenen; sie entzieht ihm die Anwartschaft und diskriminiert ihn. Dem entspricht die Anfechtbarkeit der Ablehnung nach Maßgabe der landesrechtlichen Vorschriften über die verwaltungsgerichtliche Anfechtung beschwerender Verwaltungsakte (vgl. für Berlin Anm. 4c zu § 6 GVG.). Anders liegt es bei der Ablehnung eines Vorschlags durch den Richterwahlausschuß nach dem vorliegenden Gesetz. Hier geht es nicht darum, ob ein Anwärter die für alle Richter geforderten Normativvoraussetzungen erfüllt, sondern ob jemand besondere, ihrer Natur nach nicht näher umschreibbare Vorzüge aufweist, die Richter in besonders hervorgehobener Stellung aufweisen müssen und ob die Qualitäten des einzelnen Vorgeschlagenen ihm einen Vorrang vor den übrigen einräumen, die ebenfalls für die Berufung in ein solches hervorgehobenes Richteramt vorgeschlagen sind. Es fehlt also bei einer Nichtwahl eines Vorgeschlagenen sowohl der diskriminierende Charakter der Ablehnung — und zwar schon deshalb, weil ihm Gründe der Ablehnung nicht eröffnet werden — als auch die Vernichtung einer Anwartschaft, wie sie bei den Landesrichtern durch die widerrufliche Anstellung begründet wird. So wenig die Nichtberücksichtigten in ihren Rechten verletzt sind, wenn von mehreren Vorgeschlagenen nur einer die Stelle erhalten kann, so wenig liegt eine Verletzung eines Vorgeschlagenen „in seinen Rechten durch die öffentliche Gewalt" (Art. 19 Abs. 4 GG.) vor, wenn nur ein Vorschlag für eine Stelle vorliegt und dieser Vorschlag nicht die in § 12 geforderte Mehrheit findet. Eine Anfechtung der Ablehnung kommt mithin ebensowenig als in dem Falle in Betracht, daß der zuständige Minister der Wahl nicht zustimmt (§ 13) oder als in dem Fall, daß über die Berufung in ein Amt, ohne daß ein Rechtsanspruch oder eine rechtlich begründete Anwartschaft darauf besteht, die Anstellungsbehörde ohne die Beteiligung eines Wahlausschusses entscheidet und eine Bewerbung nicht berücksichtigt.

§ 13

Stimmt der zuständige Bundesminister zu, so hat er die Ernennung des Gewählten beim Bundespräsidenten zu beantragen.

1. Der Akt der Berufung, der der Ernennung und damit der Erlangung des Amts vorausgehen muß, zerfällt in die Wahl und die **Zustimmung des zuständigen Bundesministers** (vgl. Anm. 1 zu § 1; Anm. 1 zu § 9). Der Bundesminister prüft in eigner Verantwortung und ohne jede Bindung an die Wahl durch den Richterwahlausschuß, ob er sich den Vorschlag des Richterwahlausschusses zu eigen machen will. Eine zeitliche Grenze, binnen deren er sich zu entschließen hat, ist ihm nicht gesetzt; eine Vorschrift entsprechend dem § 9 Abs. 4 des Gesetzes über den Bundesfinanzhof v. 29. 6. 1950 (BGBl. 257), das vor dem Erlaß des Ges. über den Richterwahlausschuß eine vorläufige Regelung traf: „Der Bundesfinanzminister hat im Anschluß an die Wahl zu erklären, ob er ihr zustimmt oder nicht" ist in das vorliegende Gesetz nicht aufgenommen. Er kann

z. B. seine Entschließung aussetzen, um sich von dem Gewählten einen persönlichen Einblick zu verschaffen ohne einen Kabinettbeschluß herbeizuführen. Es bedarf auch keiner förmlichen Zustimmungserklärung. Die Zustimmung kann vielmehr stillschweigend dadurch erklärt werden, daß der Minister den Antrag auf Ernennung beim Bundespräsidenten stellt. Dieser Antrag kann auch dahin gehen, den Gewählten zum Senatspräsidenten oder zu Präsidenten des oberen Bundesgerichts zu ernennen (vgl. Anm. 2 zu § 10).

2. Der in der Wahl liegende Anteil an der Berufung wird durch die Ernennung des Gewählten zum Mitglied des oberen Bundesgerichts nicht konsumiert; die Wahl behält vielmehr eine **zeitlich unbeschränkte Wirkung.** Würde also ein Bundesrichter aus seinem Amt ausscheiden und zum Verwaltungsbeamten ernannt werden, so würde eine Wiederanstellung als Mitglied des oberen Bundesgerichts, dem er vorher angehörte, lediglich erfordern, daß der zuständige Bundesminister die Ernennung zum Mitglied dieses Gerichts beantragt; einer erneuten Wahl würde es nicht bedürfen. Die Wahl schafft aber lediglich die Voraussetzung zur Anstellung bei einem bestimmten oberen Bundesgericht. Ein Wechsel von einem zu einem anderen oberen Bundesgericht (z. B. ein Bundesrichter am Bundesgerichtshof soll zum Senatspräsidenten am Bundesverwaltungsgericht ernannt werden), würde eine erneute Wahl dieses Richters durch den Richterwahlausschuß erfordern, der dann ja auch anders zusammengesetzt wäre als bei der früheren Wahl.

In gleicher Weise behält, soweit Landesrecht nichts anderes bestimmt, eine Wahl zum Landesrichter durch den in dem betreffenden Land bestehenden Richterwahlausschuß für alle Zukunft ihre Bedeutung. Verläßt also ein Landesrichter sein Amt, um in den Bundesjustizdienst überzugehen, so erfordert seine Rückkehr in den Gerichtsbarkeitszweig des Landes, in dem er früher tätig war, nicht die erneute Mitwirkung des Landesrichterwahlausschusses.

3. Die **Ernennung** ist Sache des Bundespräsidenten (Art. 60 GG.), der dazu der Gegenzeichnung des Bundeskanzlers oder des zuständigen Bundesministers (Art. 58 GG.) bedarf. Streitig ist, ob die Ernennung ein Formalakt ist, den der Bundespräsident antragsgemäß vollziehen muß oder ob der Bundespräsident eine selbständige politische Entscheidungsbefugnis hat. Diese Frage war schon bei den parlamentarischen Erörterungen des Richterwahlgesetzes umstritten (vgl. einerseits die Ausführungen der Abg. Dr. v. Merkatz, Dr. Laforet und Zinn in der 75. Sitzung des Bundestags v. 14. 7. 1950, Prot. S. 2730, 2732 — im Sinn der ersten Alternative —, andrerseits die des Abg. Höpker-Aschoff a. a. O. S. 2733 — im Sinn der 2. Alternative —). Ein im Entw. des Rechtsausschusses vorgesehener § 14, der die Ernennungpflicht des Bundespräsidenten zum Ausdruck bringen sollte, wurde gestrichen, weil es über die Aufgaben des Richterwahlges. hinausgegangen wäre, die an Art. 60 GG. anknüpfende Zweifelsfrage zu beantworten. Auch im Schrifttum hat sich der Streit fortgesetzt (für Ernennungszwang Holtkotten im Bonner Kom. z. GG. Anm. 4b zu Art. 95; Geiger a. a. O. S. 13; a. M. Belau DÖV. **1951,** 339ff; v. Mangoldt Anm. 2 zu Art. 60). Zugunsten des Ernennungszwangs wird geltend gemacht, daß der Bundespräsident — ohne eigene Entschließungsbefugnis — auch verpflichtet sei, die Richter des Bundesverfassungsgerichts zu ernennen. Allerdings muß § 10 BVerfGG. („Der Bundespräsident ernennt die Gewählten“) so verstanden werden (ebenso Geiger Komm. z. BVerfGG. Anm. 2 zu §10; a. M. Arndt DVBl. **1951,** 298). Aber hier erfolgt die Wahl durch Bundestag und Bundesrat, also durch Gesetzgebungsorgane des Bundes, während der Richterwahlausschuß aus Landesministern und aus Mitgliedern besteht, die der Bundestag lediglich wählt, ohne daß sie Bundestagsabgeordnete sein müssen. Die Wahl durch den Richterwahlausschuß hat nur die Bedeutung einer Vorentscheidung. Sie engt die Ernennungsbefugnis des Bundespräsidenten ein, indem er andere als gewählte und von dem zuständigen Bundesminister gebilligte Personen nicht ernennen kann. Wenn aber der zuständige Bundesminister nicht an die Wahl gebunden ist (§ 13), so ist schwer einzusehen, warum der Bundespräsident in weiterem Umfang als dieser gebunden sein sollte. Freilich müßten es Gründe ganz besonderer Art sein, die den Bundespräsidenten veranlassen könnten, sich der übereinstimmenden Auffassung des Richterwahlausschusses, dessen Aufgabe es ist, alle für die Ernennung wesentlichen Gesichtspunkte zu prüfen, und des zuständigen Fachministers, der seinerzeits die Ressortbelange abgewogen hat, zu versagen und die Ernennungswürdigkeit zu verneinen.

4. Die Ernennung erfolgt durch **Aushändigung einer Ernennungsurkunde,** die die Bestellung zu dem Amt „unter Berufung in das Richterverhältnis“ ausspricht (vgl. Anordnung des Bundespräsidenten über die Ernennung und Entlassung der Bundesbeamten und Bundesrichter v. 17. 5. 1950 — BGBl. 209 — mit Durchfbest. v. 14. 10. 1955 — BGBl. I 681 — [§ 8]). Diese Ernennung ist nach § 189 BBG. nur nichtig oder zurücknehmbar, soweit die in §§ 11, 12 BBG. bezeichneten Voraussetzungen vorliegen (vgl. dazu Anm. 3 zu § 8 GVG.). Mängel des Wahlverfahrens die nicht diese Voraussetzungen begründen, werden daher durch die Ernennung geheilt (so auch Geiger a. a. O. S. 13). Eine andere Frage ist, ob die Mitwirkung eines Richters, in dessen Person nicht die Voraussetzungen erfüllt sind, die das Gesetz für die Anstellung zwingend fordert, unter dem Gesichtspunkt einer unvorschriftsmäßigen Besetzung des Gerichts die Anfechtbarkeit eines Urteils nach den Verfahrensvorschriften begründet. So wird z. B. aus § 42 Abs. 2 ArbGG., wonach die Ernennung zum Bundesrichter am Bundesarbeitsgericht besondere Kenntnisse und Erfahrungen auf den Gebieten des Arbeitsrechts und des Arbeitslebens voraussetzt, im Schrifttum (vgl. Dersch-Volkmar, 6. Aufl. 1955 Anm. 7 zu § 42) gefolgert, daß das Bundesarbeitsgericht nicht vorschriftsmäßig besetzt i. S. des § 579 Abs. 1 Nr. 1 ZPO. sei, wenn bei einem Urteil ein Richter ohne solche Kenntnisse und Erfahrungen mitwirke. Dieser Auffassung kann jedoch, soweit es sich um — wenn auch zwingend vorgeschriebene — Anstellungsvoraussetzungen handelt, deren Feststellung dem Ermessen Spielraum läßt, nicht zugestimmt werden. Die Feststellung, ob ein zum Bundesarbeitsgericht Vorgeschlagener die vorbezeichneten Kenntnisse und Erfahrungen hat, haben abschließend die Berufungsorgane, also Richterwahlausschuß (§ 11) und der zuständige Bundesminister (§ 13), und der ernennende Bundespräsident (vgl. oben Anm. 3) zu treffen; nur an sie richtet sich § 42 Abs. 2 ArbGG. So wenig eine solche Ernennung mit der Begründung, daß die Kenntnisse und Erfahrungen fehlen, für nichtig erklärt oder zurückgenommen werden kann — die Anstellungsvoraussetzung in § 7 Abs. 1 Nr. 3 BBG. ist mit gutem Grund nicht in den Katalog der §§ 11, 12 BBG. aufgenommen worden —, so wenig kann später die von den zuständigen Organen einmal getroffene Ermessensentscheidung in einem gerichtlichen Verfahren nachgeprüft werden.

§ 14

Die Mitglieder kraft Wahl erhalten für ihre Tätigkeit die gleiche Entschädigung wie die Mitglieder des Bundestages für die Teilnahme an der Sitzung eines Bundestagsausschusses.

1. Vgl. Ges. über die Entschädigung der Mitglieder des Bundestages v. 24. 6. 1954 (BGBl. II 637). Die Entschädigungsansprüche der Mitglieder kraft Amtes regeln sich nach den landesrechtlichen Vorschriften über Dienstreisen.

§ 15

Dieses Gesetz tritt mit dem Tag nach der Verkündung in Kraft.

Das Gesetz ist am 27. 8. 1950 in Kraft getreten. Wegen des Landes Berlin vgl. Vorbem. 3 vor § 1.

B. Verordnung zur einheitlichen Regelung der Gerichtsverfassung

vom 20. 3. 1935 (RGBl. I 403)

Vorbemerkung

Mit dem Übergang der Justizhoheit auf das Reich ergab sich das Bedürfnis, eine Reihe von das Gebiet der Gerichtsverfassung betreffenden oder berührenden Angelegenheiten, die bis dahin durch Landesrecht geregelt oder Landesorganen zur Wahrnehmung zugewiesen waren, im Interesse der Rechtseinheit, aber auch wegen des Wegfalls der bisher zum Erlaß von Anordnungen und zur Erfüllung von Aufgaben berufenen Landesorgane rechtseinheitlich zu regeln. Diese Aufgabe übernahm auf einem Teilgebiet die VO. v. 20. 3. 1935. Sie war nach ihren Eingangsworten nur als Übergangsregelung („übergangsweise") gedacht, blieb aber, da die umfassende Neuordnung des Verfahrens- und Gerichtsverfassungsrechts, die das „Dritte Reich" plante, nicht zustande kam, bis zum 8. 5. 1945 unverändert bestehen. Durch die Ereignisse des Jahres 1945 fiel die Justizhoheit an die Länder zurück; damit verlor ohne weiteres der Artikel 5 des 1. Gesetzes zur Überleitung der Rechtspflege auf das Reich v. 16. 2. 1934 (RGBl. I 91), der die Rechtsgrundlage für den Erlaß des VO. v. 20. 3. 1935 bildete, seine Bedeutung. Der Wegfall der Ermächtigungsgrundlage berührte indessen nach allgemeinen Rechtsgrundsätzen (vgl. BGHSt. **5** 14; OLG. Tübingen NJW. **1949,** 957; Oldenburg NJW. **1953,** 1318 betr. die auf Grund der VO. über die Polizeiverordnungen der Reichsminister v. 14. 11. 1938 [RGBl. I 1582] erlassenen reichsministeriellen Polizeiverordnungen) die Weitergeltung der zur Zeit des Bestehens der Ermächtigungsgrundlage wirksam erlassenen VO. nicht. In der Zeit nach dem 8. 5. 1945 blieb in der damaligen amerikanischen und britischen Besatzungszone — selbstverständlich unter stillschweigender Anpassung an die Änderung der staatsrechtlichen Verhältnisse — die VO. v. 20. 3. 1935 als Landesrecht unverändert in Geltung. Wegen ihrer Geltung in der früheren französischen Besatzungszone vgl. Anm. zu § 4.

Das Vereinheitlichungsges. v. 12. 9. 1950 (BGBl. 455) hob in Art. 8 II Nr. 7 die §§ 5, 6, 10, 11 und 20 der VO. 1935 auf. Das war zwangsläufig im Hinblick auf die in §§ 10, 22a ff., 36 ff., 70 Abs. 3 GVG., § 79 Abs. 3 StPO. getroffenen Regelungen. Unzweifelhaft haben aber auch andere Vorschriften, obwohl nicht förmlich aufgehoben, durch die vom Vereinheitlichungsges. vorgenommene Neutextierung des GVG. ihre Bedeutung verloren. So bestimmte § 7 Abs. 3 der VO., daß die Untersuchungsrichter durch den Oberlandesgerichtspräsidenten — und zwar bei vorübergehendem Bedarf auch für kürzere Zeit als ein Geschäftsjahr — bestellt würden. Wenn aber nach § 61 Abs. 2 GVG. die Bestellung durch die Landesjustizverwaltung auf die Dauer eines Geschäftsjahres erfolgt, so ist damit § 7 Abs. 2 VO. 1935 unvereinbar und durch die lex posterior aufgehoben. Ebenso ist § 7 Abs. 5 (Bestellung der Mitglieder der detachierten Strafkammer) ohne weiteres durch die abweichende Regelung in § 78 Abs. 2 GVG. aufgehoben. Es kann also keine Rede davon sein, daß der Katalog der in Art. 8 II Nr. 7 des Vereinheitlichungsges. aufgehobenen Vorschriften erschöpfend sei mit der Wirkung, daß die nicht erwähnten Vorschriften der VO. 1935 — immer mit dem Vorbehalt der Anpassung an die staatsrechtlichen Veränderungen — in vollem Umfang nach dem Willen des Bundesgesetzgebers als fortgeltend anzusehen seien. Es bedarf vielmehr der Prüfung, ob nicht einzelne Vorschriften unzweifelhaft durch die Neutextierung der Verfahrens- und Gerichtsverfassungsvorschriften überholt sind, die Nichtaufnahme in den Aufhebungskatalog also nur durch ein Redaktionsversehen zu erklären ist. Soweit solche offensichtlichen Versehen nicht vorliegen, muß allerdings aus der Beschränkung der Aufhebung auf einzelne bestimmte Vorschriften der VO. die Folgerung gezogen werden, daß die nichtaufgehobenen Vorschriften nach der Absicht des Gesetzgebers weitergelten sollten. Wegen der Abänderbarkeit der so aufrechterhaltenen Bestimmungen durch Landesrecht vgl. die Anm. zu §§ 3, 4 der VO.

Auf Grund des Artikels 5 des ersten Gesetzes zur Überleitung der Rechtspflege auf das Reich v. 16. 2. 1934 (RGBl. I 91) wird für den Bereich der ordentlichen Gerichtsbarkeit übergangsweise verordnet:

Artikel I

Gliederung der Gerichte

§ 1

(1) Die Errichtung und Aufhebung eines Gerichts und die Verlegung eines Gerichtssitzes wird durch [Reichs]**gesetz angeordnet.**

(2) Änderungen in der Abgrenzung der Gerichtsbezirke verordnet der [Reichs]**minister der Justiz.**

(3) Stadt- und Landgemeinden, die mit ihrem ganzen Gebiet einheitlich einem Amtsgericht zugeteilt sind, gehören dem Bezirk dieses Gerichts mit ihrem jeweiligen Gebietsumfang an.

Abs. 1 und 3 sind geltendes Recht, Abs. 1 mit der Maßgabe, daß es bei Landesgerichten (der ordentlichen Gerichtsbarkeit) eines Landesgesetzes bedarf. Wegen der Bedeutung des Abs. 2 vgl. Anm. 4 zu § 59 GVG.

§ 2

Der [Reichs]**minister der Justiz entscheidet über**

1. **die Zuweisung von Strafsachen aus den Bezirken mehrerer Amtsgerichte an ein Amtsgericht (§ 58 des Gerichtsverfassungsgesetzes),**
2. **die Errichtung von Strafkammern bei den Amtsgerichten (§ 78 des Gerichtsverfassungsgesetzes),**

3. die Zusammenlegung von Landgerichtsbezirken zu einem Schwurgerichtsbezirk (§ 92 des Gerichtsverfassungsgesetzes),
4. die Bildung von Kammern für Handelssachen (§ 93 des Gerichtsverfassungsgesetzes),
5. die Zuweisung von Hoch- und Landesverratssachen aus den Bezirken mehrerer Oberlandesgerichte an ein Oberlandesgericht (§ 120 des Gerichtsverfassungsgesetzes),
6. die Zuweisung von Angelegenheiten der freiwilligen Gerichtsbarkeit aus den Bezirken mehrerer Oberlandesgerichte an ein Oberlandesgericht.

1. Die Vorschrift hat ihre praktische Bedeutung verloren. Sie beschränkte sich von vornherein auf den deklaratorischen Ausspruch, daß die nach den genannten Vorschriften des GVG. bisher der Landesjustizverwaltung zustehenden Befugnisse infolge des Übergangs der Justizhoheit auf das Reich und den Wegfall der Landesjustizverwaltungen nunmehr der Reichsjustizverwaltung zuständen. Dieser Ausspruch wurde schon mit dem Rückfall der Justizhoheit auf die Länder gegenstandslos, und vollends auch förmlich dadurch, daß jetzt im Text der einschlägigen Vorschriften des GVG. der Landesjustizverwaltung wieder die Befugnis zur Bildung gemeinschaftlicher Amtsgerichte (§ 58) usw. zugesprochen ist.

Artikel II

Amtsgerichte

§ 3

Der [Reichs]minister der Justiz kann anordnen, daß außerhalb des Sitzes eines Amtsgerichts Zweigstellen errichtet oder Gerichtstage abgehalten werden.

§ 3 gab dem Reichsjustizminister die Befugnis, im Verwaltungsweg Anordnungen über die Errichtung von Zweigstellen und die Abhaltung von Gerichtstagen zu treffen, und zwar unabhängig davon, welcher Form (Gesetz, Verordnung, Verwaltungsanordnung) es nach bisherigem Landesrecht zu entsprechenden Maßnahmen bedurfte. Die Anordnungsbefugnis steht jetzt der Landesjustizverwaltung zu. § 3 gilt, da es sich um ausgesprochene Justizverwaltungsangelegenheiten handelt, als Landesrecht weiter (vgl. Anm. 1 zu § 4). Landesrecht ist daher befugt, den § 3 durch neue Vorschriften zu ersetzen, wie dies z. B. in Hessen geschehen ist. Vgl. im übrigen Anm. 1a zu § 22 GVG.

§ 4

(Der Text des § 4 ist abgedr. in Anm. 3 zu § 22 GVG. Ausführungsvorschriften: AV. d. RJM. über Dienstaufsicht und Erledigung der Verwaltungsgeschäfte bei den Amtsgerichten v. 2. 4. 1935 — Deutsche Justiz 549 —).

1. Nach § 22 Abs. 3 a. F. GVG., der wörtlich mit der heute geltenden Fassung dieser Vorschrift übereinstimmt, konnte die Landesjustizverwaltung die Dienstaufsicht über das Amtsgericht dem übergeordneten Landesgerichtspräsidenten übertragen, und zwar gleichviel, ob das Amtsgericht mit einem oder mit mehreren Richtern besetzt war. Sah sie von einer solchen Anordnung ab, so mußte sie bei den mit mehreren Richtern besetzten Amtsgerichten einem von ihnen die Dienstaufsicht übertragen; bei den mit mehr als 15 Richtern besetzten Amtsgerichten konnte die Landesjustizverwaltung mehrere Richter zur Führung der Dienstaufsicht bestellen. Über den Inhalt der Dienstaufsicht und über die Vertretung des Dienstaufsichtführenden enthielt (und enthält) § 22 keine Bestimmungen; er überließ im Rahmen der reichsgesetzlichen Vorschrift die nähere Regelung dem Landesrecht (vgl. die Aufzählung der landesrechtlichen Vorschriften in Anm. 4 zu § 22 GVG. der Vorauflage). In diesen Rechtszustand griff § 4 in Verbdg. mit §§ 14—16 der VO. 1935 (die letzteren Paragraphen sind abgedr. in Anm. 3c zu § 4 EGGVG.), ohne den Wortlaut des § 22 Abs. 3 zu ändern, materielländernd ein. Nach § 4 Abs. 1 bestellte der Reichsminister der Justiz (oder die von ihm gemäß § 18 der VO. ermächtigten Oberlandesgerichtspräsidenten) bei den mit mehreren Amtsrichtern besetzten Amtsgerichten den aufsichtsführenden Amtsrichter, d. h. es wurde in allen Fällen ein Richter des Amtsgerichts zur Führung der Dienstaufsicht bestellt, und es wurde ohne Rücksicht auf die Zahl der beim Amtsgericht tätigen Richter (auch wenn sie 15 überstieg) stets nur ein Aufsichtsrichter bestellt. Dieser Dienstaufsichtsrichter aber führte die

Dienstaufsicht über die Richter des Amtsgerichts nur, wenn er Amtsgerichtspräsident war (außer in Bayern, wo nach V der AV. v. 2. 4. 1935 — Deutsche Justiz 549 — den aufsichtsführenden Amtsrichtern mit der Befugnis zur Regelung der Geschäftsverteilung auch die Dienstaufsicht über die Richter übertragen worden war). Andernfalls beschränkten sich seine Dienstaufsichtsbefugnisse auf die nichtrichterlichen Beamten, Angestellten und Arbeiter, während der übergeordnete Landgerichtspräsident die Dienstaufsicht über die Richter führte; die Dienstaufsichtsaufgaben waren also dann zwischen dem Landgerichtspräsidenten und dem Dienstaufsichtsrichter aufgeteilt. Die Dienstaufsicht über die mit einem Richter besetzten Amtsgerichte übte in vollem Umfang der Landgerichtspräsident aus. Dessen Dienstaufsichtsbefugnisse über die Richter bei den mit mehreren Richtern besetzten Amtsgerichten und über die mit nur einem Richter besetzten Amtsgerichte entfielen, soweit nach § 14 Abs. 3 der VO. 1935 der Reichsjustizminister einem Amtsgerichtspräsidenten die Dienstaufsicht über andere Amtsgerichte des Landgerichtsbezirks an Stelle des Landgerichtspräsidenten übertrug, wie dies in Berlin und Hamburg in VI der AV. d. RJustMin. v. 2. 4. 1935 geschah. Da die bisher bei mehr als 15 Richtern zugelassene Aufteilung der Dienstaufsicht zwischen mehreren Richtern nicht mehr möglich war, sah § 4 der VO. 1935 vor, dem einzigen Dienstaufsichtsrichter einen oder mehrere ständige Vertreter zu bestellen; durch die AV. v. 2. 4. 1935 wurden die bisher neben dem Dienstaufsichtrichter bestellten aufsichtsführenden Amtsrichter zu ständigen Vertretern des ersteren bestellt. Unterblieb die Bestellung eines ständigen Vertreters, so wurde der Dienstaufsichtrichter durch den dienstältesten Amtsrichter vertreten. § 16 umgrenzte den Inhalt der Dienstaufsicht. Das Vereinheitlichungsges. v. 12. 9. 1950 hat einerseits den alten Wortlaut des § 22 Abs. 3 GVG. unverändert wieder übernommen, andrerseits aber auch die §§ 14ff. VO. 1935 nicht angetastet. Dadurch ist die Rechtslage einigermaßen unklar geworden. § 22 Abs. 3 läßt der Landesjustizverwaltung die Wahl, bei den mit mehreren Richtern besetzten Amtsgerichten die Dienstaufsicht dem Landesgerichtspräsidenten oder einem Richter des Amtsgerichts zu übertragen; sie muß („ist zu übertragen") den letzteren Weg wählen, wenn und soweit sie die Dienstaufsicht nicht dem Landgerichtspräsidenten überträgt. Die §§ 4, 14 Abs. 1 Nr. 3, 4 und Abs. 2, 3, § 15 der VO. 1935 setzen dagegen dem Ermessen der Landesjustizverwaltung engste Grenzen. Denn kraft Gesetzes steht dem Amtsgerichtspräsidenten die Dienstaufsicht in vollem Umfang zu; sie kann ihm nicht zugunsten des Landgerichtspräsidenten entzogen werden. Andrerseits hat es, wenn ein Amtsgerichtspräsident nicht bestellt ist, die Landesjustizverwaltung nicht in der Hand, die Dienstaufsicht einem Richter des Amtsgerichts in vollem Umfang zu übertragen; die Dienstaufsicht ist vielmehr kraft Gesetzes aufgeteilt zwischen dem Landgerichtspräsidenten (über die Richter des Amtsgerichts) und dem aufsichtsführenden Richter, den die Justizverwaltung bestellen muß (über das sonstige Personal des Amtsgerichts). Auch eine Aufteilung der Dienstaufsicht bei Amtsgerichten mit mehr als 15 Richtern ist nicht möglich; es gibt stets nur einen aufsichtsführenden Amtsrichter, dem lediglich Vertreter bestellt werden können. Schließlich ist § 14 Abs. 3 der VO. 1935, wonach die Justizverwaltung einem Amtsgerichtspräsidenten die Dienstaufsicht über ein anderes Amtsgericht des Bezirks an Stelle des Landgerichtspräsidenten übertragen kann, mit § 22 Abs. 3 GVG. jedenfalls insoweit unvereinbar, als das andere Amtsgericht mit mehreren Richtern besetzt ist, denn § 22 Abs. 3 läßt der Landesjustizverwaltung nur die Wahl, die Dienstaufsicht dem Landgerichtspräsidenten oder einem Richter des Amtsgerichts zu übertragen. § 22 Abs. 3 GVG. und die die Dienstaufsicht über das Amtsgericht regelnden Vorschriften der VO. 1935 können also nicht nebeneinander bestehen: entweder gilt Ermessensfreiheit der Landesjustizverwaltung in den Grenzen des § 22 Abs. 3 oder es gilt die das Ermessen weitestgehend ausschließende Regelung der VO. 1935.

Tatsächlich werden die §§ 4, 13ff. der VO. 1935 — selbstverständlich unter Anpassung an die staatsrechtlichen Änderungen — in allen Ländern als geltendes Recht angesehen. In der früheren franz. Besatzungszone hatte allerdings das ehemalige Land Württemberg-Hohenzollern auf Grund der damals dort geltenden Rechtsanordnung v. 13. 8. 1946 (ABl. 230) eine Weitergeltung der §§ 13—17 der VO. 1935 verneint und eine neue VO. betr. die Dienstaufsicht über die Gerichte v. 12. 4. 1951 (RegBl. 43 = SaBl. 524) erlassen. § 4 f. dieser VO. erklärte die §§ 13—17 VO. 1935 für nicht mehr anwendbar und regelte in § 3 die Dienstaufsicht beim Amtsgericht abweichend von § 15 VO. 1935. § 1 Abs. 4 der VO. („Die Ausübung der Dienstaufsicht darf die Unabhängigkeit der Gerichte und die persönliche Unabhängigkeit der Richter nicht beeinträchtigen") enthält dagegen nichts von der VO. 1935 Abweichendes. Das Land Baden-Württemberg hat indessen durch VO. v. 1. 7. 1953 (GBl. 94 = SaBl. 919) die §§ 13—16 VO. 1935 für weiterhin anwendbar erklärt und sie in einer den staatsrechtlichen Verhältnissen angepaßten

Fassung bekanntgegeben. Lediglich für die Gerichte des ehemaligen Landes Württemberg-Hohenzollern ließ es die VO. v. 12.4.1951 bestehen, hob aber deren § 3 und § 4f. auf, so daß auch dort ein mit dem Recht des übrigen Bundesgebiets sachlich übereinstimmender Rechtszustand besteht. In Rheinland-Pfalz wird angenommen, das Vereinheitlichungsges. v. 12. 9. 1950 habe, indem es die §§ 4, 13ff. der VO. 1935 unberührt ließ, diese stillschweigend wieder in Kraft gesetzt, sofern und soweit sie durch die in Rheinland-Pfalz in den Jahren 1946/47 ergangenen Rechtsordnungen aufgehoben worden sein sollte (vgl. Baur, Justizaufsicht [1954] 57). Streit besteht lediglich, ob die entsprechenden Vorschriften der VO. 1935, deren Weitergeltung also nicht bezweifelt wird, in den Ländern als durch sie frei abänderbares Landesrecht weitergelten oder sie Bundesrecht gemäß Art. 125 GG. geworden sind und deshalb einer Abänderung durch die Landesgesetzgebung entzogen sind (s. darüber Anm. 2). Aber ob man diese letztere Frage so oder so beantwortet, ist für die hier aufgeworfene Frage nach dem Verhältnis der VO. 1935 zu § 22 Abs. 3 GVG. bedeutungslos: auch wenn sie nur als Landesrecht weitergelten sollten, wären die Vorschriften über die Dienstaufsicht beim Amtsgericht mit § 22 Abs. 3 GVG. zum Teil nicht vereinbar. Denn die in § 22 Abs. 3 der Landesjustizverwaltung durch Bundesgesetz eingeräumte Ermessensfreiheit könnte ein Landesgesetz nicht beseitigen; Art. 31 GG. würde dem entgegenstehen. Es kann sich also nur fragen, ob § 22 Abs. 3, soweit er eine von der VO. 1935 abweichende Regelung trifft, auf einem Redaktionsversehen beruht oder ob umgekehrt die in der Praxis allgemein geteilte Annahme, das Vereinheitlichungsges. v. 12. 9. 1950 habe die §§ 4, 13ff. VO. 1935, indem es sie in dem Aufhebungskatalog des Art. 8 II Nr. 7 nicht erwähnte, fortgelten lassen wollen, abgelehnt werden muß. Letzteres würde voraussetzen, daß die Nichterwähnung der §§ 4, 13ff. entweder auf einem Versehen beruht (wie dies ja auch bei anderen Vorschriften der VO. 1935 der Fall ist, vgl. die Vorbem.) oder sich etwa daraus erklärt, daß das Vereinheitlichungsges. es als Sache der Länder angesehen hat, über die Aufhebung der §§ 4, 13ff. zu bestimmen, weil die Dienstaufsicht eine in die Regelungszuständigkeit der Länder fallende Justizverwaltungsangelegenheit sei. Von dieser letzteren Möglichkeit geht Baur, Justizaufsicht (1954) 55 aus. Sie erledigt sich aber ohne weiteres durch die Erwägung, daß in § 22 Abs. 3 GVG. der Bundesgesetzgeber eine Rahmenvorschrift über die Dienstaufsicht beim Amtsgericht erlassen hat und es dann auch seine Sache war, die damit unvereinbaren Vorschriften des früheren Reichsrechts förmlich außer Kraft zu setzen. Ebensowenig ist aber die Annahme eines Redaktionsversehens, begangen durch Nichtaufhebung der §§ 14ff., gerechtfertigt. Die §§ 22a und 22c GVG., wonach die mit einem Amtsgerichtspräsidenten besetzten Amtsgerichte ein Präsidium haben, das die Geschäfte verteilt, während bei den übrigen Amtsgerichten diese Aufgabe dem Präsidium des übergeordneten Landgerichts zufällt, knüpfen gedanklich offensichtlich an die Regelung der VO. 1935 an, daß das „große“ Amtsgericht eine dem Landgericht vergleichbare Verwaltungseinheit bildet und es deshalb gerechtfertigt ist, dem Amtsgerichtspräsidenten an Stelle des Landgerichtspräsidenten die volle Dienstaufsicht zu übertragen, während bei den übrigen Amtsgerichten der Landgerichtspräsident die Dienstaufsicht über die Richter des Amtsgerichts führt. Die Parallelisierung von Amtsgerichtspräsidium und Dienstaufsicht des Amtsgerichtspräsidenten wird völlig zweifelsfrei durch § 22c Abs. 1 Satz 2 GVG., der förmlich anknüpft an § 14 Abs. 3 VO. 1935, wonach die Justizverwaltung einem Amtsgerichtspräsidenten die Dienstaufsicht über andere Amtsgerichte an Stelle des Landgerichtspräsidenten übertragen kann, während § 22 Abs. 3 GVG., wie erwähnt, eine solche Möglichkeit überhaupt nicht kennt. Weiter zeigt § 22a Abs. 2, der als Mitglieder des Präsidiums neben dem Amtsgerichtspräsidenten u. a. die Amtsgerichtsdirektoren erwähnt, daß das GVG. von der Regelung in § 4 VO. 1935 ausgeht, wonach — unter Ablehnung der Möglichkeit, die Dienstaufsicht unter mehrere Richter des Amtsgerichts aufzuteilen — die Dienstaufsicht nur der Amtsgerichtspräsident führt und ihm lediglich ständige Vertreter — die Amtsgerichtsdirektoren — beigegeben werden können. Wenn danach aber ganz offensichtlich das GVG. an die Regelung der VO. 1935 anknüpft, so beruft die Wiederaufnahme des § 22 Abs. 3, soweit er damit unvereinbar ist, erkennbar auf einem Versehen.

2. Mit diesen Erwägungen ist aber in gewisser Weise auch die weitere Frage beantwortet, ob die VO. 1935 gemäß Art. 125 GG. als der landesrechtlichen Abänderung entzogenes Bundesrecht oder nur als landesrechtlich frei abänderbares Landesrecht weitergilt. Nach Art. 125 wird nur solches Recht Bundesrecht, das Gegenstände der konkurrierenden Gesetzgebung des Bundes betrifft. Darüber, ob das bei den Vorschriften über die Dienstaufsicht der Fall ist, gehen die Auffassungen auseinander. Nach Baumbach-Lauterbach [23] Anhang hinter § 21 GVG. u. Bülow-Butteweg, ZPO. usw. (1950) 184 gehören Angelegenheiten der Justizverwaltung nicht zu den

Gegenständen der konkurrierenden Gesetzgebung des Art. 74 GG. und sind deshalb nicht Bundesrecht nach Art. 125 GG. geworden. Nach Baur 54ff. gehört die Dienstaufsicht, obwohl Teil der Justizverwaltung, doch auch dem Gerichtsverfassungsrecht an, insofern sich der Umfang der sachlichen und persönlichen Unabhängigkeit der Richter nur bei klarer Abgrenzung von den Befugnissen der Dienstaufsicht festlegen lasse. Die §§ 13ff. VO. 1935 enthielten also zum mindesten auch Gerichtsverfassungsgesetz, so daß sie nach Art. 74 Ziff. 1 in Verb. mit Art. 125 GG. Bundesrecht geworden seien (a. a. O. 56 Anm. 162). Gleichwohl bejaht Baur 55f. die Änderungsbefugnis der Länder, weil sie sonst bei der Regelung der Rechtsstellung der Landesrichter durch besondere Landesgesetze nach Art. 98 Abs. 3 GG. durch die VO. 1935 gebunden seien, obwohl die Organisation der Rechtspflege im Rahmen des GVG. wieder Sache der Länder sei und sie offensichtlich nur durch die Bestimmungen der Art. 92ff. GG. und der Rahmenvorschriften des Bundes für die Landesrichtergesetze (Art. 98 Abs. 3 Satz 2 GG.) gebunden werden sollten. Mit Baur ist davon auszugehen, daß die Regelung der Dienstaufsicht jedenfalls auch einen Teil des Gerichtsverfassungsrechts i. S. des Art. 74 Nr. 1 GG. in dem umfassenden Sinn darstellt, wie ihn die Bundesregierung in der Vorbem. 2 vor Titel 1 des GVG. wiedergegebenen Stellungnahme zutreffend dargelegt hat. Das beweist nichts mehr als die Tatsache, daß das GVG. in § 22 Abs. 3 — wenn auch nur für die Amtsgerichte und wenn auch nur rahmenhaft — unter der Herrschaft des GG. Vorschriften über die Dienstaufsicht getroffen hat und daß es im übrigen in §§ 22a, 22c GVG., wie (Anm. 1) dargelegt, von einer bestimmten Regelung der Dienstaufsicht außerhalb des GVG. ausgegangen ist und sich diese somit zu eigen gemacht hat. War das aber, wie von keiner Seite bezweifelt worden ist, zulässig, so ist nicht einzusehen, warum bei einer Erstreckung der Dienstaufsichtsvorschriften auf die übrigen Landesgerichte der ordentlichen Gerichtsbarkeit und bei Erweiterung des Rahmens solche Vorschriften den Bereich des Gerichtsverfassungsrechts verlassen sollten. So gesehen hielt sich der Bundesgesetzgeber durchaus in den Grenzen seiner grundgesetzmäßigen Zuständigkeit, wenn Art. 8 II Nr. 7 des Vereinheitlichungsges. durch Nichtaufnahme der § 4, 13ff. in den Aufhebungskatalog sie für weitergeltend erklärte. Sind die die Dienstaufsicht betreffenden Vorschriften der VO. 1935 aber Bundesrecht geworden, so ist ihre Änderung aus Anlaß von Landesrichtergesetzen dem Landesgesetzgeber verwehrt (Art. 72 Abs. 1 GG.). Nicht verboten wäre dagegen eine landesrechtliche Ergänzung der VO. 1935 durch Vorschriften, die den Bereich der Dienstaufsicht, den § 16 Abs. 2 VO. 1935 ja nur ganz allgemein und in ergänzungsbedürftiger oder mindestens ergänzungsfähiger Weise umschreibt, im Interesse der richterlichen Unabhängigkeit einschränken und die Anrufung eines richterlichen Gremiums gegen Dienstaufsichtsmaßnahmen vorsehen, die die Unabhängigkeit berühren. § 17 VO. 1935 schließt das keinesfalls aus.

§§ 5, 6

(betr. Geschäftsverteilung bei den Amtsgerichten, aufgehoben durch Art. 8 II Nr. 7 des Vereinheitlichungsges. v. 12. 9. 1950, BGBl. 455; vgl. §§ 22aff. GVG.).

Artikel III

Landgerichte

§ 7

(1) **Der** [Reichs]**minister der Justiz kann Grundsätze** für die Verteilung der Geschäfte bei den Landgerichten und **für die Vertretung des Landgerichtspräsidenten aufstellen. Er bestellt den ständigen Vertreter des Präsidenten (§ 66 Abs. 2 des Gerichtsverfassungsgesetzes).**

(2) Die Zahl der Zivil- und Strafkammern bei den Landgerichten bestimmt der Landgerichtspräsident; der Oberlandesgerichtspräsident kann ihm Weisungen hierfür erteilen.

(3) Die Untersuchungsrichter werden vom Oberlandesgerichtspräsidenten bestellt. In Fällen vorübergehenden Bedarfs können sie für kürzere Dauer als ein Geschäftsjahr bestellt werden.

(4) Die Vorsitzenden der Kammern für Handelssachen und ihre regelmäßigen Vertreter werden vor Beginn des Geschäftsjahres für seine Dauer vom Landgerichtspräsidenten bestellt. Sind mehrere Kammern für Handelssachen gebildet, so verteilt er in gleicher Weise die Geschäfte unter sie.

(5) Der Landgerichtspräsident bestellt den Vorsitzenden der bei einem Amtsgericht gebildeten Strafkammer. Er bestimmt für die Dauer des Geschäftsjahres die Amtsrichter, die der Strafkammer als Mitglieder oder als Vertreter von Mitgliedern angehören sollen.

1. Obwohl durch Art. 8 II Nr. 7 des Vereinheitlichungsges. nicht förmlich aufgehoben, ist Abs. 3 durch § 61 Abs. 2 GVG. und Abs. 5 durch § 78 Abs. 2 aufgehoben (vgl. Vorbem. vor § 1). Ebenso ist Abs. 1 Satz 1, soweit er die Justizverwaltung zur Aufstellung (verbindlicher) Grundsätze für die Verteilung der Geschäfte ermächtigt, überholt, weil mit § 63 Abs. 1 GVG. unverträglich (vgl. dort Anm. 2).

2. Die Abs. 1 im übrigen und Abs. 2 — Abs. 4 interessiert hier nicht — stellen fortgeltendes Bundesrecht dar. Das gilt unzweifelhaft von Abs. 1 Satz 2, dessen Weitergeltung § 66 Abs. 2 GVG. i. d. F. des Vereinheitlichungsges. geradezu voraussetzt, aber auch von Abs. 2, denn die Fortsetzung der Zahl der Kammern ist — unbeschadet der Zuständigkeit des Präsidiums zur vorübergehenden Errichtung einer Hilfskammer (vgl. Anm. 10a zu § 63 GVG) — von jeher Justizverwaltungsangelegenheit gewesen (vgl. Anm. 4 zu § 60 GVG. und § 130 Abs. 1 Satz 2 GVG.).

Artikel IV

Oberlandesgerichte

§ 8

(1) **Der** [Reichs]**minister der Justiz kann Grundsätze** für die Verteilung der Geschäfte bei den Oberlandesgerichten und **für die Vertretung des Oberlandesgerichtspräsidenten aufstellen. Der ständige Vertreter des Präsidenten (§ 66 Abs. 2, § 117 des Gerichtsverfassungsgesetzes) ist der Vizepräsident des Oberlandesgerichts.**

(2) Die Zahl der Zivil- und Strafsenate bei den Oberlandesgerichten bestimmt der Oberlandesgerichtspräsident; der [Reichs]**minister der Justiz kann ihm hierfür Weisungen erteilen.**

1. Vgl. Anm. 2 zu § 7.

Artikel V

Staatsanwaltschaft

§ 9

Die Beamten der Staatsanwaltschaft sind nichtrichterliche Beamte.

1. Die Weitergeltung der Vorschrift (vgl. dazu Anm. 1 zu § 148 GVG.) unterliegt keinen Bedenken. Auch kann im Hinblick auf § 148 Abs. 1 GVG. nicht zweifelhaft sein, daß sie Gerichtsverfassungsrecht enthält und deshalb nach Art. 74 Nr. 1, Art. 125 GG. als Bundesrecht weitergilt. Vgl. noch § 19 Abs. 2.

Artikel VI

Hilfsrichter

§ 10

(aufgehoben durch Art. 8 II Nr. 7 des Vereinheitlichungsges. v. 12. 9. 1950, BGBl. 455). Vgl. die Anm. zu § 10 GVG. und Anm. 7 zu § 70 GVG.

Artikel VII

Schöffen und Geschworene

§ 11

(aufgehoben durch Art. 8 II Nr. 7 des Vereinheitlichungsges. v. 12. 9. 1950, BGBl. 455. Vgl. Vorbem. vor § 1).

Artikel VIII

Geschäftsstellen und Gerichtsvollzieher

§ 12

Der [Reichs]minister der Justiz erläßt die allgemeinen Anordnungen für die Geschäftsstellen der Gerichte und der Staatsanwaltschaften und für die Gerichtsvollzieher.

1. Nach §§ 153, 154 a. F. stand die nähere Bestimmung über Einrichtung und Betrieb der Geschäftsstellen der Gerichte und die Dienst- und Geschäftsverhältnisse der Gerichtsvollzieher beim Reichsgericht dem Reichsjustizminister, bei den Landesgerichten der Landesjustizverwaltung zu. Für die im GVG. nicht erwähnten Geschäftsstellen der Staatsanwaltschaft galt das gleiche. § 12 zog lediglich — ebenso wie § 2 — rein deklaratorisch die Folgerung aus dem Übergang der Justizhoheit auf das Reich und hat mit deren Rückfall auf die Länder seine Bedeutung verloren (vgl. §§ 153, 154 n. F.).

Artikel IX

Justizverwaltung

(Art. IX — §§ 13 bis 17 — ist abgedr. in Anm. 3c zu § 4 EGGVG.).

1. Das Nötige zu den §§ 13 bis 17 ist zu § 4 der VO. und Anm. 6 zu § 1 GVG. ausgeführt. Ergänzend ist zu bemerken, daß § 16 Abs. 2 die Mittel der Dienstaufsicht auf Rügen und Ermahnungen beschränkt. Weitergehende Möglichkeiten des früheren Landesrechts, z. B. die Erzwingung der Vornahme von Amtsgeschäften durch Ordnungsstrafen, sind aufgehoben; wo Rügen und Ermahnungen nicht ausreichen, muß disziplinarrechtlich vorgegangen werden.

2. Art. IX gilt nach seinen Eingangsworten lediglich für den Bereich der ordentlichen Gerichtsbarkeit. Über die Dienstaufsicht bei anderen Gerichten ist zu bemerken: Das BVerfGG. enthält keine Bestimmungen über die Dienstaufsicht. Da auch die allgemeinen beamtenrechtlichen Vorschriften für die Richter des Bundesverfassungsgerichts nicht gelten (vgl. § 105 BVerfGG.), unterliegen sie keiner Dienstaufsicht (Baur, Justizaufsicht 58). Das gleiche gilt beim Fehlen einschlägiger Vorschriften im BVerwGG. und im Ges. über den Bundesfinanzhof v. 29. 6. 1950 (BGBl. 231) für die Richter des Bundesverwaltungsgerichts und des Bundesfinanzhofs (Baur 61f.). Für die Richter der Arbeitsgerichtsbarkeit gelten die §§ 15, 34, 40 ArbGG., für die der Sozialgerichtsbarkeit die §§ 9, 30, 38 SGG.; besondere Vorschriften über den Inhalt der Dienstaufsicht fehlen (vgl. Baur 60).

Artikel X

Schluß- und Übergangsvorschriften

§ 18

Der [Reichs]minister der Justiz kann die Ausübung der ihm in dieser Verordnung übertragenen Befugnisse auf die ihm unmittelbar nachgeordneten Präsidenten der Gerichte und Leiter der Staatsanwaltschaften übertragen.

1. §18 hat nur noch Bedeutung für die §§3, 4 und 14 Abs. 3. Er gestattet der Landesjustizverwaltung, die an die Stelle des Reichsjustizministers getreten ist, ihre dort geregelten Befugnisse auf die Oberlandesgerichtspräsidenten zu übertragen.

§ 19

(1) Richter, die auf Grund des § 22 Abs. 2, § 59 Abs. 2 des Gerichtsverfassungsgesetzes oder des § 3 des Neunten Teils der Verordnung des Reichspräsidenten v. 1. Dezember 1930 (RGBl. I S. 517, 604) zugleich zu Richtern bei einem anderen Gericht ernannt worden sind, scheiden mit Ablauf des 30. April 1935 aus den Gerichten aus, bei denen sie keine Planstelle innehaben.

(2) Soweit in Ländern das Amt eines Staatsanwalts von Richtern auf Grund eines Auftrags ausgeübt wird, treten diese Beamten mit Ablauf des 30. April 1935 endgültig zur Staatsanwaltschaft über. Bis zu diesem Zeitpunkt verbleibt es bei der landesrechtlichen Regelung.

1. Abs. 1 des § 19 hob weder die Vorschriften des § 22 Abs. 2 und § 59 Abs. 2 GVG noch den § 3 des 9. Teils der VO. v. 1. 12. 1930 (abgedr. in Anm. 2 zu § 22 GVG) auf. Seine Bedeutung bestand ausschließlich darin, daß er die auf Grund der genannten Vorschriften ausgesprochenen Doppelrichterbestellungen zum 30. 4. 1935 beseitigte, weil für solche Doppelämter damals kein Bedürfnis bestand. Einer erneuten Bestellung bei eintretendem Bedürfnis hätte § 19 Abs. 1 nicht im Wege gestanden. Es bedeutete deshalb keine Änderung der Rechtslage, wenn das Vereinheitlichungsges. die Absätze 2 der §§ 22, 59 mit ihrem früheren Wortlaut wiederaufstellte.

2. Abs. 2 zog die Folgerung aus § 9 der VO. 1935 in der Weise, daß er die mit dem Amt eines Staatsanwalts beauftragten Richter zur Staatsanwaltschaft überführte. Der Sinn der §§ 9, 19 war, den Richter als Staatsanwalt kraft Auftrags als eine ständige landesrechtliche Einrichtung zu beseitigen. Dagegen ist die aus besonderen Gründen erfolgende zeitweilige Wahrnehmung der Aufgaben des Staatsanwalts durch Richter, die von ihren richterlichen Aufgaben entbunden sind, nicht ausgeschlossen (vgl. Anm. 3 zu § 148).

§ 20

(aufgehoben durch Art. 8 II Nr. 7 des Vereinheitlichungsges. v. 12. 9. 1950, BGBl. 455). § 20 Abs. 1 hob die in den Ländern erlassenen Vorschriften, nach denen Sachverständige für gerichtliche Angelegenheiten im allgemeinen vereidigt werden konnten, auf; Abs. 2 entzog einer allgemeinen Vereidigung, auch einer solchen auf Grund anderer als landesrechtlicher Vorschriften, mit Ablauf des 30. 4. 1935 ihre Wirkung. Damit verlor § 79 Abs. 3 StPO. insoweit seine Bedeutung. Zur Ausführung ergingen die AV. d. RJM. v. 11. 4. 1935 (Deutsche Justiz S. 613) und die RV. d. RJM. v. 10. 7. 1936 — 4103 III a 27845/36 — (abgedr. bei Krug-Schäfer-Stolzenburg, Strafrechtl. Verwaltungsvorschriften 3. Aufl. S. 93). § 20 Abs. 1 ließ die reichsrechtlichen Vorschriften, die eine allgemeine Beeidigung und „öffentliche Anstellung“ von Sachverständigen zuließen (vgl. insbes. § 36 GewO.) unberührt; aus § 20 Abs. 2 wurde aber gefolgert, daß ein solcher Eid die Bezugnahme auf § 79 StPO. bei gerichtlichen Vernehmungen nicht ermögliche (vgl. RV. d. RJM. v. 21. 10. 1937 u. 21. 4. 1939 bei Krug-Schäfer-Stolzenburg a. a. O. S. 94f.). Dolmetscher waren nicht Sachverständige i. S. des § 20 (RG JW **1936**, 464). Die Aufhebung des § 20 (die übrigens in Art. 8 II Nr. 6 des Entw. des Vereinheitlichungsges. nicht vorgesehen war) muß dahin gewertet werden, daß die durch Abs. 1 aufgehobenen landesrechtlichen Vorschriften (vgl. dazu Anm. 12 zu § 79 StPO.) wieder in Kraft getreten sind und früher erfolgte Beeidigungen die ihnen durch Abs. 2 entzogene Bedeutung wieder erlangt haben. Die praktische Bedeutung der Aufhebung des § 20 besteht aber vor allem darin, daß bei den auf Grund bundesrechtlicher Vorschriften öffentlich bestellten und beeideten Sachverständigen die Eidesleistung in der Form des § 79 Abs. 3 StPO erfolgen kann.

§ 21

(1) Diese Verordnung tritt mit dem 1. April 1935 in Kraft.

(2) Die auf Grund der bisherigen Vorschriften getroffenen Anordnungen bleiben in Kraft, soweit nichts Abweichendes in dieser Verordnung bestimmt ist oder noch bestimmt wird.

C. Auszug aus dem „Truppenvertrag“

(Vertrag über die Rechte und Pflichten ausländischer Streitkräfte und ihrer Mitglieder in der Bundesrepublik Deutschland)

Ges. v. 24. 3. 1955 (BGBl. II 213); Bek. v. 30. 3. 1955 (BGBl. II 301), Text: BGBl. 1955 II 321ff.

Vorbemerkung

1. Mit der Wiedererlangung der Souveränität der Bundesrepublik am 5. 5. 1955 endete grundsätzlich die Befugnis der bisherigen Besatzungsmächte, Gerichtsbarkeit in Strafsachen nach Maßgabe besatzungsrechtlicher Vorschriften durch eigene Gerichte auszuüben oder sonst den Umfang der Strafgerichtsbarkeit der deutschen Gerichte, wie er sich bei Anwendung der

Vorschriften des deutschen Rechts ergibt, einzuschränken. Das Ges. Nr. 13 der Alliierten Hohen Kommission betr. Gerichtsbarkeit auf den vorbehaltenen Gebieten v. 25. 11. 1949 (Amtsbl. der AHK. Nr. 6) wurde demgemäß durch AHK.-Ges. A 37 (Amtsbl. 3267) aufgehoben. Nur für eine zeitlich begrenzte Übergangszeit können nach Art. 3 Abs. 2, Abs. 3 b, Art. 4 des Ersten Teils des „Überleitungsvertrags" (BGBl. 1955 II 405) die bisherigen Besatzungsgerichte noch Strafgerichtsbarkeit ausüben. Die nach Art. 4 des Deutschlandvertrages (BGBl. II 213, 305) vorbehaltene Stationierung fremder Truppen in der Bundesrepublik führte zu deren vertraglicher Exemtion von der deutschen Strafgerichtsbarkeit, entsprechend dem allgemeinen völkerrechtlichen Grundsatz des „Rechtes der Fahne", nach dem Truppen in fremdem Land ihr Heimatrecht mit sich führen. Die nachstehend abgedruckten Vorschriften des Truppenvertrages beruhen auf dem Grundgedanken, daß die fremden Truppen der Strafgerichtsbarkeit ihres Staates unterliegen und daß nur insoweit die der Souveränität entsprechende umfassende deutsche Strafgerichtsbarkeit eingeschränkt ist.

2. Die Regelung des „Truppenvertrages" ist nur eine vorläufige. Sie gilt — abgesehen von der Überprüfungsmöglichkeit nach Art. 51 — nach Art. 8 des „Deutschlandvertrags" (BGBl. II 1955, 213, 305) nur so lange, bis neue Vereinbarungen auf der Grundlage des Nato-Abkommens in Kraft treten, wobei zu bemerken ist, daß die Abgrenzung der fremden Strafgerichtsbarkeit im Truppenvertrag ungünstiger für die Bundesrepublik ist als die entsprechende Regelung im Nato-Truppenstatut (Näheres s. Jescheck ZStrW. Bd. **65** Mitteilungsbl. S. 58f.).

3. Schrifttum: Wohlfarth, Gerichtsbarkeit über fremde Streitkräfte, DRiZ. **1955**, 232ff., 261ff., H. Maier, Fragen der Gerichtsbarkeit im Pariser Vertragswerk NJW. **1955**, 894, Leiber, Die Befugnisse der deutschen Polizei gegenüber ausländischen Streitkräften, „Die Polizei" **1955**, 229, von Grolman, Fragen der Gerichtsbarkeit im Truppenvertrag ArchÖffR. Bd. **78**, 438, Jescheck, Das Strafrecht nach dem Truppenvertrag ZStrW. Bd. **65** (1953), Mitteilungsblatt S. 51ff., Schwenk, Deutsche und ausländische Gerichtsbarkeit nach den Pariser Verträgen MDR. **1955** 703; Erläuterungen zum Truppenvertrag von Maier und Tobler in „Das Deutsche Bundesrecht" I N. 40, S. 43ff.

Erster Teil

Allgemeine Bestimmungen

Artikel 1

Begriffsbestimmungen

(Art. 1 Nr. 7 ist abgedr. in Anm. 2 b zu Art. 6; Art. 1 Nr. 10 ist abgedr. in Anm. 5 c zu Art. 6).

Artikel 2

Beachtung des deutschen Rechts. Politische Betätigung

(1) Soweit in diesem Vertrage oder in anderen einschlägigen Verträgen nichts anderes bestimmt ist, beachten die Mitglieder der Streitkräfte das deutsche Recht, und die Behörden der Streitkräfte übernehmen die Verpflichtung und Verantwortung für die Durchsetzung dieses Rechts gegenüber den Mitgliedern der Streitkräfte.

(2) . . .

1. Die Mitglieder der Streitkräfte sind, soweit sie der Gerichtsbarkeit ihrer Militärgerichte unterliegen (Art. 6 Abs. 1), grundsätzlich dem materiellen Strafrecht ihres Heimatlandes unterworfen (Art. 6 Abs. 6). Nur soweit dieses eine Tat, die nach deutschem Recht strafbar ist, nicht mit Strafe bedroht (vgl. dazu Anm. 4 a α zu Art. 6), wenden die Militärgerichte das deutsche Recht an (Art. 6 Abs. 6 Satz 2). Soweit Mitglieder der Streitkräfte nach Art. 6 Abs. 2, 4 nicht der fremden Militärgerichtsbarkeit, sondern der deutschen Gerichtsbarkeit unterliegen, wenden die deutschen Gerichte das deutsche Strafrecht an. Das ist zwar für die Fälle des Abs. 2 in Art. 6 Abs. 6, 7 nicht ausdrücklich gesagt, ergibt sich aber daraus, daß Art. 6 Abs. 2 von einer „nach deutschem Recht strafbaren Handlung" spricht. Mit Rücksicht auf diese Rechtslage schreibt Art. 2 Abs. 1 nicht eine Erstreckung des deutschen Strafrechts bei Taten, die Streitkräftemitglieder in der Bundesrepublik begehen, vor, sondern beschränkt sich auf die Vorschrift, daß die

Streitkräftemitglieder das deutsche Recht „beachten“. Die Beachtungspflicht bedeutet also eine Erstreckung des deutschen Strafrechts auf die Streitkräftemitglieder nur für die Fälle, in denen die Militärgerichte nach Art. 6 Abs. 6, die deutschen Gerichte nach Art. 6 Abs. 2, 7 deutsches materielles Strafrecht anwenden. Die in Art. 2 Abs. 1 den Streitkräftebehörden auferlegte Verpflichtung, für die Beachtung des deutschen Rechts durch die Streitkräftemitglieder zu sorgen, kann auch in der Weise erfolgen, daß erstere ihren Mitgliedern die Beachtung des deutschen Rechts anbefehlen; dann kann eine an sich nicht nach dem fremden Recht, wohl aber nach deutschem Recht strafbare Handlung als militärischer Ungehorsam strafbar sein, den die Organe der Streitkräftegerichtsbarkeit nach Art. 6 Abs. 1 unter Anwendung ihres eigenen Rechts ahnden.

Artikel 3

Allgemeine Verpflichtungen

(1) u. (2) ...

(3) Die Vorschriften des Anhangs A zu diesem Vertrag treten gleichzeitig mit diesem Vertrag in Kraft. Sie finden auch Anwendung auf strafbare Handlungen, die im Bundesgebiet gegen die in Berlin stationierten Truppen der Drei Mächte begangen werden. Die Bundesrepublik wird den durch diesen Anhang gewährleisteten Rechtsschutz nicht vermindern.

Zweiter Teil

Gerichtsbarkeit und Verfahren

Abschnitt I

Strafverfahren

Artikel 6

Strafbare Handlungen: Gerichtsbarkeit und anwendbares Recht

(1) In Strafsachen üben die Behörden der Streitkräfte die ausschließliche Gerichtsbarkeit über Mitglieder der Streitkräfte aus, soweit in diesem Vertrage nichts anderes bestimmt ist. Die Behörden der Streitkräfte vollstrecken im Bundesgebiet kein Todesurteil, solange das deutsche Recht die Todesstrafe nicht vorsieht.

(2) Soweit die Militärgerichte nach dem Recht der beteiligten Macht zur Ausübung der Strafgerichtsbarkeit über ein Mitglied der Streitkräfte nicht zuständig sind, können die deutschen Gerichte und Behörden die Strafgerichtsbarkeit hinsichtlich einer nach deutschem Recht strafbaren Handlung, die sich gegen deutsche Interessen richtet, nach Maßgabe der folgenden Bestimmungen ausüben:

(a) Die Strafverfolgung, mit Ausnahme der in Artikel 7 dieses Vertrags vorgesehenen oder von dringenden, möglichst nach Konsultation mit den Behörden der Streitkräfte vorzunehmenden Ermittlungen, wird durch die deutschen Gerichte oder Behörden erst dann eingeleitet, wenn die zuständige deutsche Behörde die Behörden der Streitkräfte konsultiert hat und diesen Gelegenheit gegeben worden ist, innerhalb von einundzwanzig Tagen nach dem Empfang der Mitteilung über den Sachverhalt Vorstellungen zu erheben oder Empfehlungen abzugeben über die Auswirkung der Strafverfolgung auf die Sicherheit der Streitkräfte; die deutschen Gerichte und Behörden legen jeder derartigen Vorstellung oder Empfehlung angemessenes Gewicht bei. Eine solche Konsultation ist jedoch nicht erforderlich, wenn die zur Last gelegte strafbare Handlung nach deutschem Recht nur mit Haft bis zu sechs Wochen oder mit Geldstrafe bis zu 150 DM (Übertretung) bedroht ist, es sei denn, die deutschen Behörden sind der Ansicht, daß in dem betreffenden Fall die Sicherheit der Streitkräfte berührt ist oder sein könnte.

(b) Die deutschen Gerichte und Behörden sehen im Rahmen der ihnen nach deutschem Recht gewährten Ermessensfreiheit von der Strafverfolgung in allen Fällen ab, in denen

(i) dies nach deutschem Recht zulässig ist; oder

(ii) der Täter durch Disziplinarmaßnahmen der Behörden der Streitkräfte angemessen bestraft worden ist.

(c) Die deutschen Gerichte und Behörden entscheiden nach deutschem Recht hinsichtlich Festnahme, Haft sowie Strafvollzug. Die Behörden der Streitkräfte werden jede Anordnung auf Festnahme oder Haft vollziehen. Ein Beschuldigter, der dementsprechend von den Behörden der Streitkräfte in Gewahrsam genommen worden ist, verbleibt in deren Gewahrsam, bis er durch rechtskräftige richterliche Entscheidung freigelassen oder verurteilt ist. Die Behörden der Streitkräfte ergreifen die geeigneten Maßnahmen, um jede Verdunkelungsgefahr zu unterbinden. Sie halten den so in Gewahrsam genommenen Beschuldigten zur Verfügung der deutschen Gerichte und Behörden, gewähren deren Beauftragten jederzeit Zutritt zu ihm und führen ihn auf Antrag der deutschen Gerichte oder Behörden zur Durchführung von Untersuchungshandlungen, der Hauptverhandlung und der Verbüßung einer Freiheitsstrafe, auf die erkannt worden ist, vor. Ist der Beschuldigte nicht in Gewahrsam genommen, so treffen die Behörden der Streitkräfte Maßnahmen, um sicherzustellen, daß er den deutschen Gerichten und Behörden für die genannten Zwecke zur Verfügung steht.

(d) Jede Freiheitsstrafe wird in einer deutschen Strafvollzugsanstalt verbüßt.

Für die Zwecke dieses Absatzes bedeutet der Ausdruck „nach deutschem Recht strafbare Handlung, die sich gegen deutsche Interessen richtet“ jede nach deutschem Recht strafbare Handlung, soweit sie sich nicht gegen die Streitkräfte, deren Mitglieder oder das Eigentum der Streitkräfte oder deren Mitglieder richtet.

(3) Die ausschließliche Gerichtsbarkeit der deutschen Behörden über Personen, die der deutschen Strafgerichtsbarkeit unterliegen, umfaßt auch die Fälle, in denen sich die strafbare Handlung gegen die Streitkräfte, deren Mitglieder oder das Eigentum der Streitkräfte oder deren Mitglieder richtet.

(4) Die Behörden der Streitkräfte können mit Zustimmung der deutschen Behörden Gruppen von Strafsachen oder einzelne Strafsachen, für die sie nach Absatz (1) dieses Artikels ausschließlich zuständig sind, den deutschen Gerichten oder Behörden zur Untersuchung, Verhandlung und Entscheidung abgeben.

(5) Die deutschen Behörden können mit Zustimmung der Behörden der Streitkräfte einzelne Strafsachen der in Absatz (3) dieses Artikels bezeichneten Art an die Behörden der Streitkräfte zur Untersuchung, Verhandlung und Entscheidung abgeben, sofern der Täter nicht Deutscher ist.

(6) In den Strafsachen, die unter die Absätze (1) oder (5) dieses Artikels fallen, wenden die Behörden der Streitkräfte ihr eigenes Recht an. Soweit es sich um strafbare Handlungen handelt, die zwar nach deutschem Recht, nicht aber nach dem Recht der beteiligten Macht strafbar sind, ist das deutsche Recht anzuwenden.

(7) In den Fällen der Absätze (3) und (4) dieses Artikels ist deutsches Recht anzuwenden.

1. Grundsatz a): Abs. 1 spricht den Grundsatz aus, daß die Behörden der Streitkräfte die ausschließliche Strafgerichtsbarkeit über die Mitglieder der Streitkräfte ausüben, und zwar durch ihre Militärgerichte (vgl. Art. 6 Abs. 2). Diese wenden nach Art. 6 Abs. 6 des Truppenvertrags grundsätzlich ihr eigenes Recht an, auch wenn die Tat dort mit wesentlich geringerer Strafe bedroht ist als nach deutschem Recht (a. M. v. Grolman 445: dann Anwendung des deutschen Rechts). Nur wenn die Tat nach dem Heimatstrafrecht überhaupt nicht strafbar ist, wenden sie deutsches Recht an. Dieser Fall liegt auch vor, wenn das Heimatstrafrecht zwar Strafdrohungen für entsprechendes Verhalten kennt, sie aber streng gebietsmäßig auf die in der Heimat begangenen Handlungen beschränkt, es sei denn, daß in solchen Fällen die Beobachtung des deutschen Rechts den Streitkräftemitgliedern durch Dienstvorschriften anbefohlen und eine Zuwiderhandlung als militärischer Ungehorsam strafbar ist (vgl. Anm. zu Art. 2 und v. Grolman 445f.).

b) „Strafsachen“ i. S. des Abs. 1 liegen zunächst vor, wenn Gesetzesverstöße begangen sind, die nach deutschem Recht mit Kriminalstrafe i. S. des § 1 StGB. bedroht sind. Der Ausschluß der deutschen Gerichtsbarkeit bedeutet, daß nicht nur eine Aburteilung (und das ihr vorangehende Ermittlungsverfahren) durch die deutschen Strafgerichte, sondern — wie Art. 35 Abs. 2 Satz 2 des Truppenvertrags klarstellt — auch eine vorläufige Ahndung durch Verwaltungsbehörden kraft delegierter Kriminalstrafgewalt (vgl. Anm. 2 bis 4 zu § 13 GVG.) ausgeschlossen ist. Darüber hinaus ergibt sich aus Art. 12, daß der Ausschluß der deutschen Strafgerichtsbarkeit auch die Ahndung der Nichtbefolgung von Anordnungen der deutschen Strafverfolgungsorgane (Ladungen) und von Verfahrensvorschriften (Pflicht der Zeugen zur Aussage und Beeidigung usw.) und die Bestrafung der Ungebühr vor deutschen Gerichten umfaßt (vgl. die Anm. zu Art. 12). Daraus folgt, daß der Begriff „Strafsachen“ im weitesten Sinn zu verstehen ist und eine Strafsache immer vorliegt, wo die Ahndung eines Gesetzesverstoßes in Frage steht. Infolgedessen entfällt auch die Befugnis der deutschen Behörden, Ordnungswidrigkeiten i. S. des Ges. über Ordnungswidrigkeiten v. 25. 3. 1952 (BGBl. I 177) durch Bußgeldbescheid zu ahnden oder Zwangsgeld wegen Nichtbefolgung einer etwa für die Streitkräftemitglieder verbindlichen Polizeiverordnung (§ 33 des Preuß. PolVerwGes. v. 1. 6. 1931) festzusetzen. Ausgeschlossen ist demgemäß auch die surrogatorische Befugnis zur Erteilung gebührenpflichtiger Verwarnungen, z. B. nach § 8 des OWiG. oder (trotz der in Art. 17 Abs. 3 des Truppenvertrags bestimmten Geltung der deutschen Verkehrsvorschriften für die Streitkräftemitglieder) nach § 22 des Straßenverkehrsges. v. 19. 12. 1952 (BGBl. I 837) durch deutsche Stellen.

2. a) „Streitkräfte" sind nach Art. 1 Nr. 5 des Truppenvertrages die im Bundesgebiet stationierten Truppen der „Drei Mächte" (Vereinigte Staaten von Amerika, Vereinigtes Königreich von Großbritannien und Nordirland und Französische Republik) und anderer Entsendestaaten (über den Begriff des Entsendestaates vgl. Art. 1 Nr. 3 des Truppenvertrags). „Behörden der Streitkräfte" sind nach Art. 1 Nr. 6 des Truppenvertrags die Behörden der Streitkräfte der jeweils beteiligten Macht, wobei sich der Begriff der „beteiligten Macht" aus Art. 1 Nr. 4 des Truppenvertrags ergibt.

b) Den Begriff **„Mitglieder der Streitkräfte"** umschreibt die Begriffsbestimmung in Art. 1 Nr. 7 des Truppenvertrages folgendermaßen:

„a) Personen, die auf Grund ihres militärischen Dienstverhältnisses im Dienste der Truppen der Drei Mächte oder anderer Entsendestaaten stehen und sich im Bundesgebiet befinden (militärisches Personal);

b) andere Personen, die im Dienst dieser Truppen stehen oder ihnen dienstlich zugeteilt sind, mit Ausnahme von Personen, die weder die Staatsangehörigkeit einer der Drei Mächte noch die eines anderen Entsendestaates haben und im Bundesgebiet angeworben sind, ferner mit der Maßgabe, daß solche anderen Personen, die außerhalb des Bundesgebietes oder Berlins stationiert sind, nur dann als Mitglieder der Streitkräfte gelten, wenn sie sich dienstlich im Bundesgebiet befinden (Gefolge).

Als ‚Mitglieder der Streitkräfte' gelten: Angehörige, worunter Ehegatten und Kinder von Personen im Sinne der Unterabsätze a) und b) oder nahe Verwandte, die von solchen Personen unterhalten werden und für die ihnen materielle Unterstützung seitens der Streitkräfte zusteht, zu verstehen sind. Der Begriff ‚Mitglieder der Streitkräfte' umfaßt Deutsche nur dann, wenn sie im Staatsgebiet der beteiligten Macht in deren Truppen eingetreten oder von ihnen eingezogen oder angestellt worden sind und dort zu diesem Zeitpunkt entweder ihren ständigen Wohnsitz gehabt oder sich dort seit mindestens einem Jahr aufgehalten haben."

3. Einzelheiten a) Aus den vorstehenden Bestimmungen ergibt sich, daß die diplomatischen und konsularischen Vertretungen der Drei Mächte und anderer Entsendestaaten, da sie weder zum militärischen Personal noch zum Gefolge gehören, nicht unter die Bestimmungen des Truppenvertrags fallen. Für sie gelten §§ 18—21 GVG.

b) Beim **militärischen Personal** kommt es auf die Staatsangehörigkeit nicht an. Eine Ausnahme gilt nur insofern, als Deutsche (im Sinne des deutschen Staatsangehörigkeitsrechts, s. Art. 1 Nr. 8 des Truppenvertrags) nur dann dazu gehören, wenn sie a) im Staatsgebiet der beteiligten Macht in deren Truppen eingetreten sind und außerdem b) dort im Zeitpunkt des freiwilligen Eintritts oder der (ohne Rücksicht auf ihren Willen erfolgten) Einziehung ihren ständigen Wohnsitz gehabt oder sich dort seit mindestens einem Jahr aufgehalten haben. Diese Ausnahme berücksichtigt den Fall, daß nach ausländischem Recht Deutsche ohne Verlust ihrer Staatsangehörigkeit oder Erwerb der Staatsangehörigkeit des fremden Staates zur Ableistung militärischen Dienstes eingezogen werden oder freiwillig in die Armee eintreten können. Hat ein Streitkräftemitglied gleichzeitig die deutsche und eine fremde Staatsangehörigkeit, so ist es von der deutschen Strafgerichtsbarkeit eximiert. Die Strafgerichtsbarkeit beschränkt sich nicht auf das im Bundesgebiet stationierte militärische Personal, vielmehr genügt, daß der Täter sich im Bundesgebiet befindet, so daß auch ein im Ausland stationierter Soldat unter Art. 6 Abs. 1 fällt, wenn er dienstlich (z. B. auf einer Kurierreise) oder privat (als Urlauber) in die Bundesrepublik einreist.

c) Zum Begriff des **Gefolges** (s. dazu Art. 36 Abs. 6 des Truppenvertrags) gehört eine Tätigkeit im Rahmen eines öffentlichrechtlichen Dienstverhältnisses. Ziviles Arbeitspersonal (Art. 44) und die Mitglieder der zivilen Dienstgruppen (Art. 45) fallen nicht darunter. Auch beim Gefolge spielt die Staatsangehörigkeit keine Rolle, soweit es außerhalb des Bundesgebietes angeworben ist, doch gilt für Deutsche die gleiche Ausnahme wie beim militärischen Personal. Ist der nichtdeutsche Gefolgeangehörige dagegen im Bundesgebiet angeworben, so fällt er nur dann unter Art. 6 Abs. 1, wenn er die Staatsangehörigkeit einer der Drei Mächte oder eines anderen Entsendestaates besitzt. Anders als beim militärischen Personal unterliegt ferner ein Gefolgeangehöriger, der außerhalb des Bundesgebiets oder Berlins stationiert ist, der Strafgerichtsbarkeit der Streitkräftebehörden nur, wenn er sich dienstlich (also nicht rein privat) im Bundesgebiet befindet.

d) Die Mitglieder der Streitkräfte werden grundsätzlich durch **Personalausweise** und auf Grund eines Marschbefehls in Gruppen unter militärischer Führung reisende Mitglieder durch ihre Uniform ausgewiesen. Im Zweifel entscheidet endgültig die zuständige Behörde der beteiligten Macht durch Ausstellung einer Bescheinigung, ob Mitgliedschaft zu den Streitkräften gegeben ist (Art. 24 des Truppenvertrags). Die „Endgültigkeit" schließt zwar die Nachprüfung der sachlichen Richtigkeit der Bescheinigung durch die deutschen Behörden aus, läßt aber die Zuständigkeit des in Art. 9 des Deutschlandvertrags (BGBl. 1955 II 213, 305) vorgesehenen Schiedsgerichts im Falle eines Streites über die Zugehörigkeit einer Person zu den Streitkräften unberührt (Jescheck a. a. O. 57).

e) Soweit hiernach eine ausschließliche Zuständigkeit der Strafgerichtsbarkeit der Streitkräftebehörden nicht besteht, ist die ausschließliche Zuständigkeit der deutschen Strafgerichtsbarkeit gegeben. Sie besteht, wie Art. 6 Abs. 3 erläuternd hervorhebt, auch dann, wenn sich die Straftat gegen die Streitkräfte oder ihre Mitglieder richtet.

4. Ausnahmen — Der Grundsatz der ausschließlichen Strafgerichtsbarkeit der Streitkräftebehörden über die Streitkräftemitglieder und der deutschen Gerichtsbarkeit über Nichtmitglieder ist nach mehreren Richtungen durchbrochen:

a) wenn die Militärgerichte nach dem Recht der beteiligten Macht zur Ausübung der Strafgerichtsbarkeit über ein Mitglied der Streitkräfte **nicht zuständig** sind, kann deutsche Strafgerichtsbarkeit ausgeübt werden, und zwar unter der Voraussetzung, daß die Tat

aa) nach deutschem Recht strafbar ist, und

bb) daß sie sich gegen deutsche Interessen richtet.

α) Mangelnde Zuständigkeit — Den Militärgerichten kann nach dem für sie geltenden nationalen Recht die Befugnis zur Ausübung von Strafgerichtsbarkeit aus persönlichen oder sachlichen Gründen fehlen. Aus sachlichen Gründen fehlt sie, wenn die Tat nur nach deutschem Recht strafbar ist, das Militärgericht aber, das nach Art. 6 Abs. 6 Satz 2 dann deutsches Recht anwenden muß, nach dem Recht seines Heimatstaates dazu nicht in der Lage ist (vgl. dazu näher Wohlfarth a. a. O. 233, s. auch Jescheck a. a. O. 59). Dagegen schließt sie Tatsache allein, daß die Tat nur nach deutschem, nicht nach dem Recht der beteiligten Macht strafbar ist, die ausschließliche Zuständigkeit der fremden Militärgerichte nicht aus, da Art. 6 Abs. 6 ihnen die Befugnis zur Anwendung des deutschen Rechts zuspricht (Schwenk MDR. **1955,** 706), und diese Befugnis entfällt nur, wenn das innerstaatliche Recht des fremden Militärgerichts entgegen dem zwischenstaatlich vereinbarten Recht die Anwendung des deutschen Rechts ausschließt.

Aus persönlichen Gründen fehlt die fremde Gerichtsbarkeit, wenn der Täter zwar Mitglied der Streitkräfte ist, das Militärgericht aber nach seinem nationalen Recht nicht über alle Mitglieder der Streitkräfte dieses Staates Gerichtsbarkeit besitzt. So beschränkt sich nach britischem (nicht nach amerikanischem und französischem) Recht die Gerichtsbarkeit der Militärgerichte auf das militärische Personal, so daß Gefolge und Familienangehörige unter Art. 6 Abs. 2 fallen (Näheres Jescheck a. a. O. 57 Anm. 11).

β) „Gegen deutsche Interessen gerichtet" ist nach der Legaldefinition des Art. 6 Abs. 2 letzter Teil (hinter d) jede nach deutschem Recht strafbare Handlung, soweit sie sich nicht gegen die Streitkräfte, deren Mitglieder oder das Eigentum der Streitkräfte oder deren Mitglieder richtet. Eine gegen deutsche Interessen gerichtete Handlung ist danach also z. B. auch jede gegen fremde Staatsangehörige, auch gegen solche der Drei Mächte oder eines anderen Entsendestaates, soweit sie nicht Mitglieder der Streitkräfte sind, begangene Handlung. Richtet sich eine Handlung zugleich gegen deutsche Interessen wie auch gegen die der Streitkräfte oder deren Mitglieder, so ist die deutsche Gerichtsbarkeit nur insoweit ausgeschlossen, als sich die Tat gegen die Streitkräfte usw. richtet (Wohlfarth 233, Jescheck 57, a. M. Maier-Tobler Anm. zu Art. 6: keinerlei deutsche Gerichtsbarkeit). — Die Unterscheidung zwischen Straftaten „gegen die Streitkräfte" und solchen gegen „das Eigentum der Streitkräfte" findet sich schon in Art. 1b I des Ges. Nr. 13 der

Alliierten Hohen Kommission betr. Gerichtsbarkeit auf den vorbehaltenen Gebieten v. 25. 11. 1949 (Amtsbl. der AHK. Nr. 6). Unter „Eigentum“ — im Gegensatz zu sonstigen Angriffen auf die Rechtssphäre — ist dabei nicht nur das körperliche Eigentum, sondern das Vermögen als solches zu verstehen, so daß als strafbare Handlungen gegen das Eigentum außer Diebstahl, Unterschlagung, Sachbeschädigung usw. auch die gegen das Vermögen gerichteten Straftaten wie Betrug usw. anzusehen sind (vgl. Dalcke [= Schäfer] 36. Aufl. Anm. 5 zu Art. 1 AHK. = Ges. Nr. 13).

γ) Soweit hiernach die deutsche Strafgerichtsbarkeit gegen Streitkräftemitglieder gegeben ist, gilt für das Verfahren — abgesehen von der in Art. 6 Abs. 2a vorgesehenen Konsultationspflicht und der Einschränkung der strafprozessualen Befugnisse, die sich aus Art. 6 Abs 2c, Art. 7 Abs. 2, 3, 5a (vgl. unten Anm. 5) ergibt — die Besonderheit, daß die deutschen Strafverfolgungsorgane verpflichtet sind, von einer Strafverfolgung abzusehen, soweit eine solche Abstandnahme nach deutschem Strafverfahrensrecht zulässig ist (Art. 6 Abs. 2b). Nach Art. 6 Abs. 2b i ist die Abstandnahme „im Rahmen der nach deutschem Recht gewährten Ermessensfreiheit“ geboten in den Fällen, „in denen dies nach deutschem Recht zulässig ist“. Gedacht ist hier in erster Linie an § 153 StPO. Dabei bringen die Worte „in denen ... zulässig ist“ zum Ausdruck, daß eine Abstandnahme nur in Betracht kommt, soweit das deutsche Recht sie zuläßt, während die Worte „im Rahmen ... Ermessensfreiheit“ klarstellen, daß die deutschen Stellen frei über die Ermessensfrage entscheiden und dabei an die Einschränkungen der Ermessensfreiheit gebunden sind, die sich aus der nach § 153 Abs. 2 erforderlichen Zustimmung des Amtsrichters im vorbereitenden Verfahren und der nach § 153 Abs. 3 erforderlichen Zustimmung der Staatsanwaltschaft nach der Klagerhebung ergeben. Schwierigkeiten ergeben sich bei der Auslegung der Vorschrift in Abs. 6b ii. Die Fassung „oder der Täter ... angemessen bestraft“ ist, legt den Gedanken nahe, daß hier die Voraussetzungen eines Absehens von der Strafverfolgung über die im deutschen Recht vorgesehenen Fälle hinaus erweitert seien. Andrerseits setzt aber auch die Anwendung von ii voraus, daß die deutschen Organe der Strafgerichtsbarkeit sich im Rahmen einer ihren nach deutschem Recht gewährten Ermessensfreiheit halten müssen, und eine Ermessensfreiheit kommt nur dort in Betracht, wo das deutsche Recht ein Absehen von der Verfolgung zuläßt. So gesehen kann ii gegenüber i nicht die Bedeutung eines neuen selbständigen, dem deutschen Prozeßrecht unbekannten Einstellungsgrundes haben, sondern die angemessene disziplinarische Bestrafung wird nur beispielhaft als ein Fall genannt, in dem in der Regel eine Abstandnahme von der Verfolgung auf Grund des § 153 StPO. zulässig und damit geboten ist (ebenso Jescheck a. a. O. 58; a. M. — Erweiterung der Einstellungsvoraussetzungen des deutschen Rechts — v. Grolmann 442 und Wohlfarth a. a. O. 233, nach dessen Auffassung Abs. 6b ii bedeutet, daß im vorbereitenden Verfahren die Staatsanwaltschaft ohne Zustimmung des Amtsrichters, nach Klageerhebung das Gericht ohne Zustimmung der Staatsanwaltschaft das Verfahren einstellt, wenn sie eine angemessene disziplinarische Bestrafung als gegeben ansehen). Einigkeit besteht darin, daß die Frage, ob eine disziplinarische Bestrafung als angemessen anzusehen ist, von den deutschen Stellen im Rahmen ihrer Ermessensfreiheit entschieden wird.

b) Nach **Art. 6 Abs. 4** können die Behörden der Streitkräfte Gruppen von Strafsachen oder einzelne Strafsachen, für die sie nach Art. 6 Abs. 1 ausschließlich gerichtsbarkeitszuständig sind, den deutschen Gerichten oder Behörden abgeben. Die Abgabe kann nur mit Zustimmung der zuständigen deutschen Behörde erfolgen; sie begründet unwiderruflich die deutsche Gerichtsbarkeit, deren Organe unter Anwendung des deutschen Rechts verfahren (Art. 6 Abs. 7). Der Sinn der Abgabebefugnis ist der, in Fällen des Zusammenhangs die einheitliche Durchführung des Strafverfahrens vor demselben Gericht zu ermöglichen.

c) Umgekehrt können sich nach **Art. 6 Abs. 5** die deutschen Behörden der an sich begründeten deutschen Gerichtsbarkeit in beschränktem Umfang zugunsten derjenigen der Behörden der Streitkräfte begeben. Voraussetzung ist, daß a) sich die Straftat gegen die Streitkräfte oder deren Mitglieder richtet, b) der Täter nicht Deutscher ist (mit Rücksicht auf Art. 16 Abs. 2 GG.), c) die zuständige Behörde der Streitkräfte zustimmt. Eine solche Abgabe ist — anders als in den Fällen des Art. 6 Abs. 4 — nur bei einzelnen Strafsachen (also nicht bei Gruppen von Strafsachen) möglich. Die Streitkräftebehörden wenden nach Art. 6 Abs. 6 hier eigenes Recht an.

5. Aus der Gerichtsbarkeit über eine Person folgt, daß die Organe dieser Gerichtsbarkeit nicht nur zur Aburteilung, sondern auch für alle vorangehenden Untersuchungshandlungen und für die Zwangsmaßnahmen ausschließlich zuständig sind, die die künftige Aburteilung (durch Ergreifung und Festhaltung des Verdächtigen) ermöglichen und sichern sollen. Auch dieser Grundsatz ist nach mehreren Richtungen durchbrochen, indem gewisse, aus der Gerichtsbarkeit fließende Befugnisse der deutschen Strafgerichtsbarkeitsorgane beschränkt wurden und durch Befugnisse der Streitkräftebehörden ergänzt werden. Ferner ist für die Organe der inländischen wie der ausländischen Gerichtsbarkeit in gewissem Umfang Recht und Pflicht zu Eil- und Amtshilfemaßnahmen gegenüber Personen, die der anderen Gerichtsbarkeit unterworfen sind, geschaffen worden. Im einzelnen:

a) die deutschen Behörden dürfen Mitglieder der Streitkräfte auch dann nicht **festnehmen,** wenn sie der deutschen Strafgerichtsbarkeit unterliegen (Art. 6 Abs. 2, 4), vielmehr ist die Festnahme Sache der Streitkräftebehörden (Art. 7 Abs. 1, Abs. 5a). Die deutschen Behörden haben jedoch unter den in Art. 7 Abs. 2 bezeichneten Voraussetzungen das Recht, ein Mitglied der Streitkräfte vorübergehend in Gewahrsam zu nehmen, um es unverzüglich den nächstgelegenen zuständigen Streitkräftebehörden zu übergeben. Es ist dabei ohne Bedeutung, ob das Mitglied der Streitkräfte der ausschließlichen Gerichtsbarkeit der Streitkräftebehörden unterliegt (Art. 6 Abs. 1) oder ob nach Art. 6 Abs. 2, 4 die deutsche Strafgerichtsbarkeit begründet ist. Im letzteren Falle sind also die aus der Gerichtsbarkeit fließenden Befugnisse der deutschen Strafgerichtsbarkeitsorgane eingeschränkt: nach Art. 6 Abs. 2c treffen sie zwar die Entscheidung über Festnahme und Haft; der Vollzug der Entscheidung obliegt aber den Behörden der Streitkräfte und die deutschen Behörden sind nach Art. 7 Abs. 2 darauf beschränkt, diesen Vollzug auf Ersuchen im Wege der Amtshilfe oder in Eil- und Notfällen aus eigener Initiative durch vorläufige Ingewahrsamnahme vorzubereiten. Der Verdächtige bleibt bis zur rechtskräftigen Entscheidung durch das deutsche Gericht in Gewahrsam der Streitkräftebehörden; der Vollzug einer Freiheitsstrafe erfolgt jedoch durch die deutschen Behörden (Art. 6 Abs. 2c, d).

Die Übernahme zur Ingewahrsamnahme bei Mitgliedern der Streitkräfte, die der deutschen Strafgerichtsbarkeit unterliegen, setzt voraus, daß die Behörden der Streitkräfte nach ihrem Recht zur Ingewahrsamnahme berechtigt sind. Bei den britischen Streitkräften (vgl. Anm. 4a α) ist eine Ingewahrsamnahme ohne (deutschen) Haftbefehl nicht möglich. Die britischen Behörden übernehmen daher, wenn ein Haftbefehl noch nicht vorliegt, eine festgenommene Person nur in Gewahrsam, wenn sie erklärt, daß sie nicht gegen die Streitkräftebehörden wegen Freiheitsberaubung gerichtlich vorgehen werde und mit der Einbehaltung des Passes einverstanden sei. Weigert sie sich, eine solche Erklärung abzugeben, so bleibt nichts übrig, als sie bis zum Erlaß eines Haftbefehls durch den deutschen Richter in deutschem Gewahrsam zu behalten. In diesem Fall liegt eine unverzügliche Übergabe i. S. des Art. 7 Abs. 2 vor, wenn die Überstellung unverzüglich nach dem Erlaß des Haftbefehls erfolgt (vgl. Wohlfarth a. a. O. 234).

b) In ähnlicher Weise ist die **persönliche Durchsuchung** eines Mitglieds der Streitkräfte, die Durchsuchung der von ihm mitgeführten Sachen und deren Beschlagnahme („Abnahme") als Beweismittel beschränkt (Art. 7 Abs. 3). Eine körperliche Untersuchung (§§ 81a, 81c StPO.) ist nicht zulässig. Unterliegt jedoch das Streitkräftemitglied als Beschuldigter der deutschen Gerichtsbarkeit, so haben die Streitkräftebehörden es nach Art. 6 Abs. 2c den deutschen Stellen zur Durchführung von Untersuchungshandlungen vorzuführen oder zur Verfügung zu stellen. Im übrigen haben, soweit es sich um eine die Streitkräfte oder ihre Mitglieder berührende Beschaffung von Beweismitteln für ein deutsches Strafverfahren handelt, die Streitkräftebehörden nach Art. 11 Abs. 3 Rechtshilfe zu leisten.

c) Schließlich ist auch die **Durchsuchung von Räumen** durch die deutschen Stellen bei Mitgliedern der Streitkräfte, gleichviel ob sie der deutschen Gerichtsbarkeit unterliegen oder nicht und gleichviel, ob sie tat- oder teilnahmeverdächtig sind oder nicht, nach Maßgabe des Art. 7 Abs. 3c beschränkt. Danach darf die dienstliche Unterkunft oder die Wohnung, die das Mitglied mit Genehmigung der Streitkräftebehörden innehat, nur auf Ansuchen der Streitkräftebehörden von den deutschen Behörden durchsucht werden. Soweit die Haussuchung in einer „Anlage" erforderlich ist, ist diese Beschränkung der Durchsuchung die Folgerung aus Art. 22 des Truppenvertrags. Ist eine solche Wohnung keine „Anlage", so genügt zur Durchsuchung die Zustimmung des betreffenden Mitglieds der Streitkräfte oder die der Streitkräftebehörden. Unter „Anlage" sind nach Art. 1 Nr. 10 des Truppenvertrags zu verstehen „Grundstücke, Gebäude oder Teile davon und alle ständig damit verbundenen Sachen, die gemäß den Bestimmungen dieses Vertrages im ausschließlichen Besitz der Streitkräfte stehen". Es fallen darunter also nicht nur die militärischen Anlagen wie Kasernen usw., sondern alle Gebäude und Gebäudeteile und Grundstücke, die sich im ausschließlichen Besitz der Streitkräfte befinden.

d) Ausgeschlossen ist schließlich die Befugnis der deutschen Gerichte, das Erscheinen vorgeladener Mitglieder der Streitkräfte als Beschuldigte, Zeugen oder Sachverständige durch Vorführung oder Bestrafung zu **erzwingen.** In Haft befindliche Beschuldigte werden vielmehr nach Art. 6 Abs. 2c vorgeführt. Für das Erscheinen geladener Streitkräftemitglieder im übrigen tragen nach Art. 11 Abs. 1 die Streitkräftebehörden Sorge und ahnden nach Art. 12 die Nichtbefolgung so, wie die Nichtbefolgung der Vorladung vor das eigene Gericht. Entsprechendes gilt bei Verweigerung der Aussage oder des Eides als Zeuge oder Sachverständiger (Näheres Anm. zu Art. 12).

e) Eine **Mitwirkung** der Streitkräftebehörden im vorbereitenden Verfahren gegen in Untersuchungshaft genommene Personen, die der deutschen Gerichtsbarkeit unterliegen, mit der Wirkung, daß die aus der Strafgerichtsbarkeit fließenden Befugnisse der deutschen Behörden in gewissem Umfang zurücktreten, ist in Art. 7 Abs. 6 für den Fall vorgesehen, daß nach Auffassung der Streitkräftebehörden eine strafbare Handlung gegen die Strafvorschriften zum Schutz der Drei Mächte, der Streitkräfte und ihrer Mitglieder (Anhang A zum Truppenvertrag §§ 1 bis 11) begangen worden ist. Dabei wird unterschieden, ob der Verdächtige Deutscher oder Nichtdeutscher ist.

aa) Ist er Deutscher, so verbleibt der Beschuldigte im Hinblick auf Art. 16 Abs. 2 GG. in deutschem Gewahrsam. Die Streitkräftebehörden können aber für die Zeit bis zu 21 Tagen seit der Festnahme die Ermittlungstätigkeit der Staatsanwaltschaft insoweit an sich ziehen, als es sich um die Vernehmung des Beschuldigten handelt, die sie durch eigene Untersuchungsführer vornehmen lassen können. Daß sie auch im eigenen Machtbereich weitere Ermittlungen anstellen können (z. B. durch Vernehmung von Streitkräftemitgliedern), ist zwar nicht ausdrücklich gesagt, wird aber in Art. 7 Abs. 6a letzter Satz („alles während der Ermittlungen angefallene Beweismaterial“) stillschweigend vorausgesetzt. Die deutsche Strafverfolgungsbehörde trifft dann in dieser Zeit von Amts wegen lediglich Maßnahmen zur Verhütung der Verdunklungsgefahr. Im übrigen stellt sie bei dem deutschen Gericht auf Ersuchen des Untersuchungsführers die Anträge auf Vornahme der im vorbereitenden Verfahren erforderlichen richterlichen Entscheidungen, enthält sich aber einer eigenen Ermittlungstätigkeit, soweit nicht der Untersuchungsführer um solche (z. B. Beschlagnahme, Durchsuchung) ersucht. Spätestens 21 Tage nach der Festnahme geht das weitere Verfahren auf die deutschen Behörden über, denen der Untersuchungsführer das angefallene Beweismaterial aushändigt, „soweit nicht Sicherheitserwägungen dem entgegenstehen“.

bb) Ist der Verdächtige Nichtdeutscher, so gilt das zu aa) Ausgeführte mit drei Abweichungen: einmal dürfen die Streitkräftebehörden den Verdächtigen für die Dauer von höchstens 21 Tagen (seit der Festnahme) in eigenen Gewahrsam nehmen, ferner können die Untersuchungsführer über die Vernehmung des Beschuldigten hinaus sonstige Ermittlungen führen, wobei sie, wenn die Beweismittel (Zeugen usw.) sich im deutschen Machtbereich befinden, die Rechts- und Amtshilfe der deutschen Stellen in Anspruch nehmen müssen (Art. 11 Abs. 2, 3), und schließlich wird dem deutschen Gericht ein nach dem Recht der beteiligten Macht zur Ausübung richterlicher Funktionen befugtes Mitglied der Streitkräfte als Beisitzer zugewiesen, das aber nur beratend, nicht stimmberechtigt mitwirkt.

6. Bei Streitigkeiten, die sich aus der Kollision der deutschen Gerichtsbarkeit und derjenigen der Militärgerichte der Streitkräftebehörden ergeben, entscheidet das im Art. 9 des Deutschlandvertrags (BGBl. 1955 II 213, 305) vorgesehene Schiedsgericht.

Artikel 7

Festnahme, Durchsuchung und Beschlagnahme

(1) Mitglieder der Streitkräfte, die sich durch einen gemäß Artikel 24 dieses Vertrages ausgestellten Personalausweis ordnungsgemäß ausweisen, unterliegen nicht der Festnahme durch deutsche Behörden.

(2) Deutsche Behörden dürfen jedoch ein Mitglied der Streitkräfte, ohne es dem gewöhnlichen Haftverfahren zu unterwerfen, in Gewahrsam nehmen, um es unverzüglich, zusammen mit etwa ihm abgenommenen Waffen oder Gegenständen, den nächstgelegenen zuständigen Behörden der Streitkräfte zu übergeben:

(a) auf Ansuchen der Behörden der Streitkräfte,

(b) in folgenden Fällen, in denen ein rechtzeitiges Eingreifen der Behörden der Streitkräfte nicht möglich ist:

(i) bei der Ergreifung auf frischer Tat,

1. wenn eine strafbare Handlung begangen oder versucht worden ist, die ernstliche Schäden an Personen oder Vermögen oder eine ernstliche Beeinträchtigung an anderen Rechtsgütern zur Folge hat oder hätte haben können,
oder
2. soweit es zur Beseitigung einer bereits eingetretenen schweren Störung der öffentlichen Ordnung erforderlich erscheint;

(ii) bei Fluchtverdacht, in Fällen der Begehung oder versuchten Begehung von Landesverrat oder Spionage zum Nachteil der Bundesrepublik.

(3) (a) Die deutschen Behörden dürfen ein Mitglied der Streitkräfte oder die von ihm mitgeführten Sachen durchsuchen

(i) auf Ansuchen der Behörden der Streitkräfte;

(ii) wenn es gemäß Absatz (2) dieses Artikels in Gewahrsam genommen worden ist, und soweit dies erforderlich ist, um es zu entwaffnen oder ihm Beweismittel für die strafbare Handlung abzunehmen, derentwegen es in Gewahrsam genommen worden ist.

(b) Die Vorschrift in Satz 4 des Absatzes (5) des Artikels 35 dieses Vertrages bleibt unberührt.

(c) Die dienstliche Unterkunft eines Mitgliedes der Streitkräfte oder, in Ermangelung einer solchen, die Wohnung, die er mit Genehmigung der Behörden der Streitkräfte innehat, darf von deutschen Behörden nur auf Ansuchen der Behörden der Sreitkräfte durchsucht werden. Ist eine derartige Wohnung eines Mitgliedes der Streitkräfte keine Anlage, so genügt für die Durchsuchung seine Zustimmung oder die der Behörden der Streitkräfte.

(4) Die deutschen Behörden machen zuständigen Behörden der Streitkräfte von der Festnahme einer im Dienste der Streitkräfte arbeitenden Person Mitteilung.

(5) Die zuständigen Behörden der Streitkräfte dürfen

(a) Mitglieder der Streitkräfte festnehmen;

(b) eine der deutschen Strafgerichtsbarkeit unterliegende Person, ohne sie dem gewöhnlichen Haftverfahren zu unterwerfen, in Gewahrsam nehmen, um sie unverzüglich, zusammen mit etwa ihr abgenommenen Waffen oder Gegenständen den nächstgelegenen zuständigen deutschen Behörden zu übergeben:

(i) auf Ansuchen der deutschen Behörden;

(ii) in folgenden Fällen, in denen ein rechtzeitiges Eingreifen der deutschen Behörden nicht möglich ist:

1. bei Ergreifung auf frischer Tat, wenn eine strafbare Handlung begangen oder versucht worden ist, die sich gegen die Streitkräfte, ihre Mitglieder oder gegen die Sicherheit, das Eigentum oder andere Rechtsgüter derselben richtet; oder
2. bei Fluchtverdacht in Fällen der Begehung oder versuchten Begehung einer strafbaren Handlung im Sinne der §§ 1 bis 9 von Anhang A zu diesem Vertrage;

(iii) innerhalb einer Anlage, wenn der dringende Verdacht besteht, daß sie sich dort unbefugt aufgehalten hat, oder daß sie eine strafbare Handlung innerhalb der Anlage begangen hat.

(6) Sind die Behörden der Streitkräfte der Auffassung, daß sich eine der deutschen Gerichtsbarkeit unterliegende Person einer strafbaren Handlung im Sinne der §§ 1 bis 11 des Anhanges A zu diesem Vertrag schuldig gemacht hat, so kommen die folgenden besonderen Bestimmungen zur Anwendung:

(a) Wenn der Verdächtige von den deutschen Behörden festgenommen werden soll, so wird dies den Behörden der Streitkräfte, soweit durchführbar, rechtzeitig mitgeteilt, und sie können Untersuchungsführer benennen, um bei der Festnahme des Verdächtigen anwesend zu sein. Diese können auch bei Durchsuchungen und Beschlagnahmen anwesend sein, die im Zusammenhang mit der Untersuchung vorgenommen werden. Die Behörden der Streitkräfte haben das ausschließliche Recht, bis spätestens einundzwanzig Tage nach der Festnahme den Verdächtigen über die ihm zur Last gelegten strafbaren Handlungen und die damit zusammenhängenden Fragen zu vernehmen. Zu diesem Zweck haben ihre Untersuchungsführer jederzeit Zutritt zu dem Verdächtigen. Ein von der deutschen Untersuchungsbehörde benannter Beamter kann bei der Vernehmung anwesend sein, deren Abhaltung den deutschen Untersuchungsbehörden rechtzeitig mitzuteilen ist. Die deutsche Untersuchungsbehörde ergreift die geeigneten Maßnahmen, um jede Verdunkelungsgefahr zu unterbinden, und enthält sich jeder eigenen Ermittlungstätigkeit, falls nicht die Untersuchungsführer der Streitkräfte darum

ansuchen. Sie wird während der Vernehmungstätigkeit der Untersuchungsführer der Streitkräfte auf deren Ansuchen die in der deutschen Strafprozeßordnung vorgesehenen Anträge stellen und darauf hinwirken, daß die zur Förderung des Ermittlungsverfahrens geeigneten Maßnahmen durchgeführt werden. Nach Abschluß der Ermittlungen durch die Untersuchungsführer der Streitkräfte, jedoch spätestens einundzwanzig Tage nach der Festnahme, werden die Vernehmungen und das sonstige Ermittlungsverfahren von der deutschen Untersuchungsbehörde fortgeführt. Die Untersuchungsführer der Streitkräfte händigen der deutschen Untersuchungsbehörde alles während der Ermittlungen angefallene Beweismaterial aus, soweit nicht Sicherungserwägungen dem entgegenstehen.

(b) Wenn der Verdächtige nicht Deutscher ist, so gelten die Bestimmungen von Unterabsatz (a) dieses Absatzes mit folgender Maßgabe:

Die zuständigen Behörden der Streitkräfte dürfen den Verdächtigen für die Dauer von einundzwanzig Tagen in eigenen Gewahrsam nehmen und selbst alle Vernehmungen und sonstigen Ermittlungen führen. Für die während dieser Zeit erforderlichen richterlichen Maßnahmen wird den zuständigen deutschen Gerichten ein zur Ausübung richterlicher Funktionen ermächtigtes Mitglied der Streitkräfte als nicht stimmberechtigter Beisitzer zugeteilt.

(7) Die Behörden der Streitkräfte dürfen eine der deutschen Gerichtsbarkeit unterliegende Person oder die von ihr mitgeführten Sachen durchsuchen:

(a) auf Ansuchen der deutschen Behörden;

(b) wenn sie gemäß Unterabsatz (b) des Absatzes (5) dieses Artikels in Gewahrsam genommen worden ist, und soweit dies erforderlich ist, um sie zu entwaffnen oder ihr Beweismaterial für die strafbare Handlung abzunehmen, derentwegen sie in Gewahrsam genommen worden ist.

(8) Die verfassungsmäßig festgelegten Immunitätsrechte des Bundespräsidenten und der Mitglieder der deutschen gesetzgebenden Körperschaften des Bundes und der Länder werden durch die Bestimmungen dieses Artikels nicht berührt.

1. Wegen der Bedeutung des **Abs. 1** vgl. Anm. 5a zu Art. 6. Der Legitimierung durch Personalausweis steht die durch Uniform im Fall des Art. 24 Abs. 5 gleich (ebenso Maier-Tobler Anm. zu Art. 7).

2. Abs. 2a begründet für die deutschen Behörden nicht eine Pflicht, sondern nur das Recht („dürfen, vgl. Wohlfarth a. a. O. 234; Maier a. a. O. 895 Anm. 5), auf **Ansuchen** der Streitkräftebehörden Streitkräftemitglieder zwecks unverzüglicher Ablieferung an die Streitkräftebehörden **vorübergehend in Gewahrsam** zu nehmen. Die materielle Verantwortung dafür, ob die Voraussetzungen für die in der Ergreifung liegende Freiheitsentziehung vorliegen, trifft die ansuchende Streitkräftebehörde. Die deutsche Behörde — in der Regel die Polizei — hat bei dem Amtshilfeakt insoweit weder ein Prüfungsrecht, noch gar eine Prüfungspflicht. Es ist insbes. nicht von ihr zu prüfen, ob etwa nach dem Inhalt der erhobenen Beschuldigung die Voraussetzungen einer vorläufigen Festnahme (§ 127 StPO.) vorliegen. **Unverzüglich** ist die Übergabe, wenn sie ohne schuldhaftes Zögern (vgl. § 121 BGB.) erfolgt. Eine Verpflichtung der deutschen Polizei, einen Ergriffenen spätestens bis zum Ende des Tages nach der Ingewahrsamnahme dem deutschen Richter vorzuführen, besteht hier nicht. Art. 104 Abs. 3 GG. ist unanwendbar. Wenn der Ergriffene nicht der deutschen Gerichtsbarkeit unterliegt, ergibt sich dies daraus, daß Art. 104 Abs. 3 nur für das deutsche Strafverfahren gilt (BGHSt. **2** 44). Unterliegt er ihr aber, so darf nach Art. 6 Abs. 2a die Strafverfolgung erst eingeleitet werden, wenn die deutsche Behörde die Streitkräftebehörden konsultiert und ihnen Gelegenheit gegeben hat, binnen 3 Wochen Vorstellungen zu erheben. Erst wenn die Strafverfolgung eingeleitet werden darf, ist grundsätzlich die Möglichkeit gegeben, einen Haftbefehl zu erlassen. Anders liegt es nur dann, wenn die Streitkräftebehörden nach ihrem Heimatrecht nicht befugt sind, das ihrer Gerichtsbarkeit unterliegende Streitkräftemitglied ohne Haftbefehl in Gewahrsam zu übernehmen (vgl. Anm. 4aα zu Art. 6). Auch Art. 104 Abs. 2 GG. erscheint unanwendbar. Dort ist der Polizei untersagt, jemanden **aus eigner Machtvollkommenheit** länger als bis zum Ende des Tages nach dem Ergreifen in eigenem Gewahrsam zu halten; diese Voraussetzung dürfte nicht gegeben sein, wenn die deutsche Polizei die vorläufige Inverwahrungnahme auf Ersuchen der in diesem Stadium zur Entscheidung über die Freiheitsentziehung zuständigen Streitkräftebehörde vornimmt, auch wenn die deutsche Polizei nur befugt, nicht verpflichtet ist, einem solchen Ersuchen nachzukommen. Auch die Worte „ohne es dem gewöhnlichen Haftverfahren zu unterwerfen“ lassen erkennen, daß die nach deutschem Recht bestehenden Beschränkungen des polizeilichen Freiheitsentziehungsrechts hier unanwendbar sind. Vgl. noch Anm. 3.

Welche Dienststellen oder Behörden als „Behörden der Streitkräfte" anzusehen sind, ob z. B. Streifen der Militärpolizei darunter fallen, richtet sich nach dem Organisationsrecht der beteiligten Macht und den mit den deutschen Stellen getroffenen Vereinbarungen (vgl. Wohlfarth a. a. O. 237). Zu der Frage, ob ein von deutschen Stellen in Gewahrsam genommenes Mitglied der Streitkräfte, das als politisch Verfolgter **Asylrecht** begehrt (Art. 16 Abs. 2 Satz 2 GG.), den Streitkräftebehörden überstellt werden darf — was einer Auslieferung gleichkäme —, vgl. Wohlfarth a. a. O. 234 und BGH. MDR. **1955** 752.

3. a) Abs. 2b gibt in dem dort bestimmten Umfang den deutschen Stellen das Recht der vorläufigen Ingewahrsamnahme **aus eigener Initiative.** Das Recht der Ergreifung steht nur deutschen **Behörden** zu; ein Festnahmerecht von Privatpersonen (§ 127 StPO.) gibt es gegenüber Streitkräftemitgliedern nicht (unberührt bleiben aber die aus Notwehr sich ergebenden Befugnisse). Hier erhebt sich die Frage nach der Anwendbarkeit des Art. 104 Abs. 2 Satz 3 GG., wenn es der deutschen Polizei nicht gelingt, den in Gewahrsam Genommenen bis zum Ende des Tages nach dem Ergreifen den Behörden der beteiligten Macht zu überstellen. Denn anders als im Fall der Ergreifung auf Ansuchen (vgl. Anm. 2) hält hier die Polizei den Ergriffenen aus eigener Machtvollkommenheit in Gewahrsam. Ein solcher Fall ist denkbar, wenn die Ergreifung in einem Gebiet der Bundesrepublik erfolgt, in dem die beteiligte Macht keine Behörden unterhält, z. B. wenn ein französischer Soldat in Norddeutschland ergriffen wird. Eine Vorführung vor den deutschen Richter ist auch hier grundsätzlich ausgeschlossen (vgl. Anm. 2). Gegen die Auffassung von Wohlfarth a. a. O. 234, daß Art. 104 Abs. 2 Satz 3 GG. die Polizei, wenn eine rechtzeitige Überstellung nicht gelingt, nötige, den Ergriffenen freizulassen, erheben sich Bedenken. Art. 104 Abs. 2 GG. geht von der Vorstellung aus, daß stets ein ohne weiteres erreichbarer deutscher Richter (notfalls der „nächste "Richter, d. h. der Richter des Bezirks) gegeben sei, der über die Fortdauer der Freiheitsentziehung entscheiden könne. Der Fall, daß die deutsche Gerichtsbarkeit auf deutschem Boden zugunsten einer fremden Gerichtsbarkeit eingeschränkt ist und der zur Entscheidung befugte fremde Richter nicht ohne weiteres erreichbar ist, liegt außerhalb des Regelungsbereiches, den Art. 104 Abs. 2 GG. im Auge hat. Zum mindesten liegt eine nähere gesetzliche Regelung i. S. des Art. 104 Abs. 2 Satz 4 GG. vor, wenn sich Art. 7 Abs. 2 des Truppenvertrages damit begnügt, die unverzügliche Überstellung ohne Bestimmung einer Höchstdauer des eignen Gewahrsams zu fordern. Folgt man dieser Auffassung nicht, so dürfte es genügen, daß die deutsche Polizei ein Ansuchen der Streitkräftebehörden (Art. 7 Abs. 2a) herbeiführt, um eine erforderliche Überschreitung des Gewahrsams über den der Ergreifung folgenden Tag hinaus zu rechtfertigen.

b) Die Befugnis, ein Streitkräftemitglied aus eigner Initiative zwecks Überstellung vorübergehend in Gewahrsam zu nehmen, ist zunächst dadurch **eingeschränkt,** daß sie nur ausgeübt werden darf, wenn ein **rechtzeitiges Eingreifen** der Streitkräftebehörden nicht möglich ist; darüber hinaus ist erforderlich entweder

α) Ergreifung auf frischer Tat (wegen dieses Begriffs vgl. etwa die Auslegung des § 252 StGB.) und zwar entweder wegen einer **erheblichen** Rechtsverletzung oder zur Beseitigung einer bereits eingetretenen **schweren Störung der öffentlichen Ordnung,** z. B. bei Schlägereien, Ausschreitungen Betrunkener, Gefahr der Fortsetzung des strafbaren Tuns (es klingr hier die durch das Ges. v. 28. 6. 1935 — RGBl. I — eingeführte, durch das Vereinheitlichungsges. v. 12. 9. 1950 — BGBl. 455 — wieder beseitigte Erweiterung der Haftgründe des § 112 StPO. an), oder

β) Fluchtverdacht, der aber nur bei Landesverrat oder Spionage zum Nachteil der Bundesrepublik (Vollendung oder Versuch, §§ 99ff. StGB.) zur Ergreifung ausreicht. Daß im deutschen Text des Art. 7 Abs. 2b ii hinter „Fluchtverdacht" ein Komma steht, beruht auf einem Redaktionsversehen und darf nicht dahin verstanden werden, als sei Fluchtverdacht ein allgemeiner Ergreifungsgrund (ebenso Wohlfarth a. a. O. 234 Fußnote 5).

4. Zu Abs. 3 vgl. Anm. 5a—c zu Art. 6.

5. Abs. 5b begründet für die Streitkräftebehörden, insbes. für ihre Polizeikräfte, die nach Art. 23 des Truppenvertrags zu Streifengängen auf öffentlichen Straßen, in öffentlichen Lokalen und öffentlichen Verkehrsmitteln im Bundesgebiet befugt sind, gegenüber Personen, die der deutschen Strafgerichtsbarkeit unterliegen — dazu gehören nicht die Mitglieder der Streit-

kräfte in den Fällen des Art. 6 Abs. 2, 4, für diese gilt vielmehr Art. 7 Abs. 5a — in gewissem Umfang das Recht (auch hier nicht die Pflicht, „dürfen") der vorläufigen Ingewahrsame zwecks unverzüglicher Überstellung an die deutschen Behörden. Dieses Recht ist gegenüber dem nach Art. 7 Abs. 3 geregelten Ergreifungsrecht der deutschen Behörden teils enger, teils weiter. Es besteht

a) bei **Ansuchen** der deutschen Behörde, d. h. der zuständigen deutschen Strafverfolgungsorgane, die ihrerseits das Ansuchen nur stellen können, wenn nach deutschem Recht die strafprozessualen Voraussetzungen einer Freiheitsentziehung vorliegen;

b) aus eigner Initiative unter der Voraussetzung, daß ein rechtzeitiges Eingreifen der deutschen Behörden nicht möglich ist

α) bei Ergreifung **auf frischer Tat,** aber nur bei Begehung oder Versuch einer strafbaren Handlung, die sich gegen die Streitkräfte oder deren Mitglieder richtet. Eine **erhebliche** Rechtsverletzung (entsprechend Art. 7 Abs. 2b i Nr. 1) ist hier nicht erforderlich; dagegen besteht hier nicht der Ergreifungsgrund nach Art. 7 Abs. 2b i Nr. 2;

β) bei **Fluchtverdacht,** aber nur bei Begehung oder Versuch einer strafbaren Handlung im Sinne der §§ 1 bis 9 des Art. 7 Abs. 2b ii — bei Verrat oder Spionage zum Nachteil der Drei Mächte oder der Streitkräfte;

c) **innerhalb einer Anlage** (vgl. Anm. 5c zu Art. 6) bei dringendem Verdacht, daß sich die Person dort unbefugt aufgehalten oder dort eine strafbare Handlung begangen hat. Eine solche Ergreifung innerhalb einer Anlage setzt also weder Ergreifung auf frischer Tat noch Fluchtverdacht voraus, noch ist sie auf die in Art. 7 Abs. 5b bezeichneten Straftaten beschränkt. Diese Erweiterung der Voraussetzungen des Ergreifungsrechts erklärt sich daraus, daß nach Art. 22 des Truppenvertrags den deutschen Behörden grundsätzlich der Zutritt zu den „Anlagen" verwehrt ist. Der „unbefugte Aufenthalt" in einer Anlage stellt aber als solcher eine von der deutschen Strafgerichtsbarkeit verfolgbare strafbare Handlung im allgemeinen nur dar, wenn er die Tatbestandsmerkmale des Hausfriedensbruchs (§ 123 StGB. in Verb. mit § 16 e des Anhangs A zum Truppenvertrag) erfüllt, oder wenn das Betreten der Anlage in der in § 5 des Anhangs A zum Truppenvertrag bezeichneten Absicht erfolgt.

6. Schließlich haben die Streitkräftebehörden nach Abs. 7 ein beschränktes Recht zur körperlichen Durchsuchung, aber kein Haussuchungsrecht.

Artikel 8

Verfahren und Zusammenarbeit in strafrechtlichen Angelegenheiten

(1) Die Behörden der Streitkräfte werden gegen Mitglieder der Streitkräfte, die eine strafbare Handlung gegen deutsche Interessen begangen haben, die gleichen Maßnahmen ergreifen, wie wenn die strafbare Handlung gegen die beteiligte Macht, die Streitkräfte, ihre Mitglieder oder gegen das Eigentum derselben begangen wäre.

(2) Die deutschen Behörden werden gegen Personen, die ihrer Strafgerichtsbarkeit unterliegen, wegen strafbarer Handlungen gegen die Streitkräfte und ihre Mitglieder sowie gegen das Eigentum derselben die gleichen Maßnahmen ergreifen, wie wenn die strafbare Handlung gegen die Bundesrepublik, deren Länder, ihre Staatsangehörigen sowie das Eigentum derselben begangen wäre.

(3) (a) Die Behörden der Streitkräfte werden den deutschen Behörden auf deren Ansuchen die Festnahme einer Person wegen einer strafbaren Handlung im Sinne von Absatz (1) dieses Artikels mitteilen.

(b) Die deutschen Behörden werden den Behörden der Streitkräfte auf deren Ansuchen die Festnahme einer Person wegen einer strafbaren Handlung im Sinne von Absatz (2) dieses Artikels mitteilen.

(4) Die Verhandlung gegen ein Mitglied der Streitkräfte wegen einer im Bundesgebiet begangenen strafbaren Handlung im Sinne von Absatz (1) dieses Artikels findet innerhalb dieses Gebietes statt, soweit nicht militärische Erfordernisse dem entgegenstehen. Wenn militärische Erfordernisse es gebieten, daß die Verhandlung wegen einer solchen strafbaren Handlung außerhalb des Bundesgebietes stattfindet, so werden die Behörden der Streitkräfte den deutschen Behörden dies unter Angabe von Ort und Termin der Hauptverhandlung mitteilen. Die deutschen

Behörden sind berechtigt, sich durch Beobachter vertreten zu lassen, soweit nicht Sicherheitserwägungen dem entgegenstehen, und werden von dem Ergebnis der Verhandlung in Kenntnis gesetzt.

(5) Die deutschen Behörden und die Behörden der Streitkräfte werden sich bei der Verfolgung von strafbaren Handlungen der in Absatz (1) und (2) dieses Artikels genannten Art gegenseitig unterstützen. Sie werden, soweit nicht Sicherheitserwägungen dem entgegenstehen, den Vertretern der zuständigen Behörden gestatten, der Hauptverhandlung beizuwohnen, und diesen dabei Gelegenheit geben, im Rahmen der anwendbaren Bestimmungen tatsächliche und rechtliche Ausführungen zu machen. Außer in den sonst im deutschen Strafverfahrensrecht vorgesehenen Fällen können die Streitkräfte oder ihre Mitglieder auch als Nebenkläger vor deutschen Gerichten auftreten, soweit es sich um strafbare Handlungen handelt, die in dem Anhang A zu diesem Vertrage aufgeführt sind, oder die sich gegen die Sicherheit oder das Eigentum der Streitkräfte oder ihrer Mitglieder richten. Auf Ansuchen werden die Behörden der Streitkräfte und die deutschen Behörden sich gegenseitig von ihrer Absicht, ein Straf- oder Disziplinarverfahren in die Wege zu leiten, davon Abstand zu nehmen oder es einzustellen sowie von der Entscheidung unterrichten.

1. Abs. 1 verpflichtet die Streitkräftebehörden, auch soweit nach ihrem nationalen Recht kein Verfolgungszwang besteht, von der ihnen nach Art. 6 Abs. 1 zustehenden Strafgerichtsbarkeit Gebrauch zu machen, wenn die Straftat sich gegen deutsche Interessen richtete, und zwar in dem Sinn, daß die deutschen Interessen den gleichen Strafschutz genießen wie entsprechende Angriffe gegen die Interessen der beteiligten Mächte, ihre Streitkräfte und Mitglieder. Bietet das nationale Recht keinen Strafschutz, so ist deutsches Recht anzuwenden (Art. 6 Abs. 6 Satz 2). Eine Begriffsbestimmung, wann eine Tat gegen deutsche Interessen gerichtet ist, ist — anders als in Art. 6 Abs. 2 letzter Satz — hier nicht aufgestellt, weil die Formulierungsversuche mißlangen. Der Begriff der Straftat gegen „deutsche Interessen“ ist im weitesten Sinn zu verstehen; es fällt darunter jeder Angriff auf die durch die deutsche Strafrechtsordnung geschützten Rechtsgüter, also nicht nur strafbare Handlungen gegen die Bundesrepublik und die deutschen Länder, gegen Person und Eigentum von Deutschen, sondern auch solche gegen Ausländer und ausländisches Eigentum in der Bundesrepublik einschließlich solcher Straftaten, die sich sowohl gegen deutsche Interessen wie gegen die der beteiligten Mächte, ihrer Streitkräfte und deren Mitglieder richten (ebenso v. Grolman 441; Maier u. Tobler Anm. zu Art. 8).

2. Die materiellrechtlichen Grundlagen für ein Einschreiten der deutschen Behörden nach Art. 8 **Abs. 2** bieten die allgemeinen Vorschriften des deutschen Strafrechts, die durch die Vorschriften des Anhangs A zum Truppenvertrag ergänzt werden. Die letzteren stellen gemäß Art. 25 GG. ebenfalls unmittelbar geltendes innerdeutsches Strafrecht dar (vgl. Jescheck a. a. O. 61; OLG. Hamm NJW. **1956** 307). Ihre Übernahme in das StGB. durch ein Bundesgesetz ist in Vorbereitung.

3. a) Verfahrensrechtlich gelten bei Ausübung deutscher Strafgerichtsbarkeit im Fall des Art. 8 Abs. 2 zunächst in vollem Umfang die allgemeinen deutschen Vorschriften. Mitglieder der Streitkräfte können insbesondere gegen Personen, die der deutschen Strafgerichtsbarkeit unterliegen, nach Maßgabe der §§ 374ff. StPO. Privatklage erheben (doch ist Widerklage ausgeschlossen, sofern keine Abgabe nach Art. 6 Abs. 4 erfolgt, denn das Streitkräftemitglied kann auf die Exemtion nicht verzichten) und sich nach §§ 395ff. StPO. dem Verfahren als Nebenkläger anzuschließen. Darüber hinaus erweitert Art. 8 **Abs. 5** die Voraussetzungen des § 395 StPO., sich einem Verfahren als Nebenkläger anzuschließen. Und zwar können — so ist die Vorschrift wohl zu verstehen — die Streitkräftebehörden sich anschließen, soweit es sich um die im Anhang A aufgeführten Straftaten und um andere Straftaten handelt, die sich gegen die Sicherheit oder das Eigentum der Streitkräfte richten, während das einzelne Streitkräftemitglied nebenklageberechtigt ist, soweit die Tat sich gegen seine Sicherheit oder sein Eigentum richtete. Im ersteren Fall wird — ähnlich wie etwa das Finanzamt im Steuerstrafverfahren nach §§ 467, 472 RAbgO. — die fremde Behörde zur Wahrung der ihr anvertrauten allgemeinen Belange tätig, im letzteren Fall der Verletzte wegen der ihn persönlich berührenden Rechtsverletzung. Über den Begriff der Straftat gegen das Eigentum vgl. Anm. 4 a β zu Art. 6. Auf die Nebenklage finden im übrigen die §§ 395ff. StPO. Anwendung; sie erfolgt also durch schriftliche Anschlußerklärung und hat die dort bezeichneten Wirkungen.

b) Abs. 5 Satz 2 legt den deutschen Stellen die Verpflichtung auf, den Vertretern der Streitkräftebehörden die Anwesenheit in der Hauptverhandlung zu gestatten, soweit nicht Sicherheitserwägungen dem entgegenstehen. Das steht im Einklang mit dem geltenden Recht, wonach die Hauptverhandlung öffentlich ist und bei Ausschluß der Öffentlichkeit das Gericht einzelnen Personen den Zutritt gestatten kann (§§ 169, 175 Abs. 2 GVG.). Abs. 5 Satz 3 verpflichtet ferner die deutschen Stellen, den Vertretern der Streitkräftebehörden Gelegenheit zu geben, in der Hauptverhandlung „im Rahmen der anwendbaren Bestimmungen“ tatsächliche und sachliche Ausführungen zu machen (ohne daß sich die Streitkräftebehörde als Nebenkläger anschließt). Die Verweisung auf die anwendbaren Bestimmungen ergibt, daß an den Beweisvorschriften des geltenden Rechts nichts geändert werden sollte. Vielmehr handelt es sich darum, daß der Vertreter wie ein Nebenkläger Gelegenheit haben soll, neben dem Staatsanwalt das Wort zu ergreifen. Das ist ein Minus gegenüber der Stellung eines Nebenklägers und hält sich, wie ähnliche Anhörungsrechte (des Beistands, 149 StPO., des Erziehungsberechtigten, § 67 JGG. oder des Vertreters der Jugendgerichtshilfe, § 50 Abs. 3 JGG.) zeigen, „im Rahmen der anwendbaren Bestimmungen“.

Abschnitt II

Nicht-strafrechtliche Verfahren

(Artikel 9 und 10)

Abschnitt III

Gemeinsame Bestimmungen für strafrechtliche und nicht-strafrechtliche Verfahren

Artikel 11

Erscheinen vor Gericht, Zeugen, Zustellungen

(1) Die Behörden der Streitkräfte tragen, sofern nicht militärische Erfordernisse dem entgegenstehen, dafür Sorge, daß Mitglieder der Streitkräfte, die von deutschen Gerichten oder Behörden geladen werden, der Ladung Folge leisten, soweit dies nach deutschem Recht erforderlich ist. Falls militärische Erfordernisse dem Erscheinen entgegenstehen, erteilen die Behörden der Streitkräfte eine Bescheinigung, in der Grund und Dauer der Behinderung anzugeben sind.

(2) Die deutschen Gerichte und Behörden tragen im Einklang mit den Vorschriften des deutschen Rechts dafür Sorge, daß Personen, die von einem Militärgericht oder einer anderen Behörde der Streitkräfte als Zeugen oder Sachverständige geladen werden, der Ladung Folge leisten.

(3) Die Vorschriften der Absätze (1) und (2) dieses Artikels gelten entsprechend für alle Verfahren, in denen Beweismittel vorzulegen sind.

(4) Sofern nicht in diesem Vertrag oder einem anderen anwendbaren Abkommen etwas anderes bestimmt ist, genießen Zeugen und Sachverständige vor deutschen Gerichten oder Behörden und vor Militärgerichten oder Behörden der Streitkräfte diejenigen Rechte und Vorrechte, die ihnen nach dem Recht zustehen, das vor dem betreffenden Gericht oder der betreffenden Behörde gilt. Dabei werden auch die Rechte und Vorrechte angemessen berücksichtigt, welche Zeugen und Sachverständige, wenn sie nicht Mitglieder der Streitkräfte sind, vor einem deutschen Gericht, und wenn sie Mitglieder der Streitkräfte sind, vor einem Militärgericht der beteiligten Macht haben würden.

(5) Die Behörden der Streitkräfte werden Zustellungen an Personen innerhalb der Anlagen und an Mitglieder der Streitkräfte entweder zulassen oder selbst durchführen. In allen anderen Fällen werden Zustellungen von den zuständigen deutschen Gerichten oder Behörden entweder durchgeführt oder zugelassen.

(6) Die deutschen Gerichte oder Behörden können Zustellungen an Mitglieder der Streitkräfte nicht durch öffentliche Zustellung bewirken.

1. Art. 11 begründet für die Organe der deutschen Gerichtsbarkeit wie für die Streitkräftebehörden die Verpflichtung, die jeweilige andere Gerichtsbarkeit durch Mitwirkung bei der Beschaffung der von dieser bezeichneten Beweismittel, die ihrer Gewalt unterliegen, **im Wege der Rechtshilfe zu unterstützen.** Dies gilt für die Gestellung von Zeugen und Sachverständigen (Art. 11 Abs. 1, 2) und für die „Vorlegung von Beweismitteln“ (Abs. 3). Den Streitkräftebehörden obliegt außerdem die Einwirkung auf die Streitkräftemitglieder, die der deutschen

Gerichtsbarkeit unterliegen, einer Ladung als Beschuldigte vor das deutsche Gericht (Art. 6 Abs. 2, 4) Folge zu leisten (Abs. 1); gedacht ist dabei an die auf freiem Fuß Befindlichen, denn inhaftierte Streitkräftemitglieder werden nach Art. 6 Abs. 2c Satz 5 gestellt.

2. Zu Abs. 1. Mitglieder der Streitkräfte, deren Erscheinen geboten ist, werden vor die deutschen Gerichte nach den deutschen Verfahrensvorschriften geladen; sie sind, wie sich aus Art. 2 Abs. 1 i. V. m. Art. 12 ergibt, verpflichtet, der Ladung Folge zu leisten. Das gleiche gilt für das Erscheinen vor der Staatsanwaltschaft oder der deutschen Polizei („Gerichten oder Behörden"), soweit nach deutschem Landespolizeirecht eine erzwingbare Verpflichtung besteht, auf Vorladung vor ihr zur Ermittlung oder Aufklärung eines Verbrechens oder Vergehens zu erscheinen (vgl. § 17 Preuß. PolVerwGes. v. 1. 6. 1931 und Dalcke [= Schäfer] 36. Aufl. Anm. * zu der genannten Vorschrift). Über die Zustellung der Ladung enthalten Abs. 5 und 6 (Verbot der öffentlichen Zustellung) Vorschriften, die der Ergänzung durch Vereinbarungen bedürfen. Nach Art. 22 unterliegen Anlagen (i. S. von Art. 1 Nr. 10; vgl. Anm. 5c zu Art. 6) nicht dem Zutritt deutscher Zustellungsorgane, soweit nicht die Streitkräftebehörden Ausnahmen zulassen. Art. 11 Abs. 5 Satz 1 verpflichtet deshalb die Streitkräftebehörden, wenn Zustellungen an Personen (Nichtmitglieder) innerhalb der Anlagen bewirkt werden sollen, entweder die unmittelbare Zustellung zuzulassen oder die Zustellung selbst durchzuführen; das gleiche gilt für Zustellungen an Streitkräftemitglieder, auch wenn sie nicht in einer Anlage bewirkt werden sollen (vgl. dazu Art. 7 Abs. 3c).

Für die Zeit bis zu einer näheren Regelung der Bewirkung von Zustellungen ist eine vorläufige Regelung getroffen und durch die Landesjustizverwaltungen bekanntgegeben worden. So bestimmt der RdErl. d. Hess. JustMin. v. 21. 5. 1955 (JMBl. 59):

„..... Richtlinien werden ergehen, sobald die Besprechungen mit den Vertretern der drei Mächte abgeschlossen sind. Für die Übergangszeit ist bei Ladungen und Zustellungen wie folgt zu verfahren:

Ladungen und Zustellungen deutscher Gerichte, die für Mitglieder der Streitkräfte bestimmt sind, sollen gerichtet werden

1. bei Mitgliedern der amerikanischen Streitkräfte an Headquarters United States Army in Heidelberg,
2. bei Mitgliedern der britischen Streitkräfte:
   a) bei Ladungen von militärischem Personal als Zeugen an die Land Liaison Officers in den Landeshauptstädten der ehemaligen britischen Besatzungszone,
   b) bei Ladungen aller übrigen Mitglieder der britischen Streitkräfte als Zeugen durch Postzustellung unmittelbar an den Empfänger. Soweit dies nicht durchführbar ist, soll die Ladung gleichfalls unmittelbar an den Empfänger durch einen Justizwachtmeister erfolgen, der vorher den zuständigen Einheitsführer um Genehmigung und Unterstützung zu ersuchen hat. Ist der Einheitsführer nicht bekannt, erteilen die Land Liaison Officers die notwendigen Auskünfte.
   c) bei allen übrigen Zustellungen und Ladungen, insbesondere bei Zustellungen von Klagen, wie unter b), und zwar ohne Unterschied, ob es sich um militärisches Personal oder um sonstige Mitglieder der britischen Streitkräfte handelt.
3. bei Mitgliedern der französischen Streitkräfte an Direction pour Affaires Judiciaires et Contentieuses in Baden-Oos.

Die Vertreter der Streitkräfte haben darum gebeten, die Ladungs- und Zustellungsersuchen, soweit sie über Dienststellen der Streitkräfte gehen und nicht unmittelbar erfolgen, mit einem Begleitschreiben zu übersenden, in dem der Gegenstand der Ladung oder Zustellung kurz angegeben wird.

Sämtliche Schriftstücke sind nur in deutscher Sprache zu übersenden, und zwar unmittelbar. Bei den Ladungsvordrucken ist die Strafandrohung zu streichen.

Zustellungs- und Ladungsersuchen der Gerichte der Streitkräfte, die für Deutsche bestimmt sind, werden für die Übergangszeit den Landesjustizverwaltungen zugeleitet werden.

Bei der Abgabe von Strafsachen, die in die Zuständigkeit von Militärgerichten der ehemaligen Besatzungsmächte fallen, ist das Anschreiben zunächst an die unter Nr. 1 bis 3 genannten Dienststellen zu richten."

Nichtbefolgung der Ladung ahnden, soweit es sich um Streitkräftemitglieder handelt, die Streitkräftebehörden nach Art. 12. Falls militärische Erfordernisse die Befolgung der Ladung zeitweise unmöglich machen, wird der Geladene durch eine von den Streitkräftebehörden auszustellende Bescheinigung entschuldigt; selbstverständlich gibt Abs. 1 den Streitkräftebehörden nicht das Recht, das Erscheinen des Geladenen überhaupt zu verhindern (s. aber Art. 15). Wegen der Verpflichtung eines Geladenen zur Aussage und zu deren Beeidigung vgl. Anm. 5.

3. Zu Abs. 2. Abs. 2 in Verb. mit Art. 12 erweitert für Personen, die der deutschen Gerichtsbarkeit unterliegen, die aus den deutschen Verfahrensvorschriften sich ergebende Verpflichtung, vor deutschen Gerichten als Zeuge oder Sachverständiger zu erscheinen, dahin, daß sie in gleichem Umfang („im Einklang mit den Vorschriften des deutschen Rechts") auch verpflichtet sind, auf Ladung vor den Militärgerichten oder anderen zuständigen Behörden der Streitkräfte zu erscheinen. Über die Bewirkung der Zustellung der Ladung (vgl. Abs. 5 Satz 2) trifft der vorletzte Absatz des in Anm. 2 abgedr. RdErl. v. 21. 5. 1955 nur insoweit Bestimmung, als es sich um Ladungen der Militärgerichte handelt, die für Deutsche bestimmt sind. Die Zustellung der Ladung und die Androhung von Ungehorsamsfolgen (§§ 51, 77 StPO.) ist ebenso wie deren etwaige spätere Festsetzung (Art. 12) in entsprechender Anwendung des § 157 GVG. Sache des Amtsgerichts, in dessen Bezirk der Geladene sich aufhält (ebenso Maier NJW. **1955**, 896, Jescheck, a. a. O. 67). Wegen der Verpflichtung zur Aussage oder Erstattung des Gutachtens und der Eidesleistung unten Anm. 5.

4. Der deutsche Text des **Abs. 3** bringt den dieser Vorschrift zugrunde liegenden Gedanken wenig deutlich zum Ausdruck. Dieser geht dahin, daß die beiderseitigen Gerichte und sonstigen zuständigen Behörden innerhalb ihres Machtbereichs und ihrer Befugnisse auch insoweit zur Leistung von Rechtshilfe verpflichtet sind, als es sich um andere Mittel des Beweises handelt als um Zeugen und Sachverständige, die unmittelbar vor Gericht erscheinen, z. B. um die Herbeischaffung von Beweismitteln, die sich im Besitz einer nicht der eigenen Gerichtsbarkeit unterliegenden Person befinden, um die Vorlage von Urkunden und Akten im Besitz von Behörden, um Augenscheinseinnahmen, körperliche Untersuchungen usw. (ebenso Maier u. Tobler a. a. O. Anm. zu Art. 11, wohl auch Jescheck 67 und Wohlfarth 262). Es wäre also z. B. das deutsche Amtsgericht verpflichtet, einem Rechtshilfeersuchen um eine nach deutschem Recht zulässige Durchsuchung, Beschlagnahme oder körperliche Untersuchung (§§ 81c, 94, 103 StPO.) zu entsprechen, aber auch einem Rechtshilfeersuchen um Vernehmung eines Zeugen, wenn das Militärgericht von dessen Vorladung zur Hauptverhandlung absieht. — Art. 15 über die Grenzen der Rechtshilfepflicht gilt für diese Beweisakte entsprechend (ebenso Maier u. Tobler a.a.O.)

5. Abs. 4 regelt die Rechtsstellung der Zeugen und Sachverständigen, die vor dem Gericht der fremden Gerichtsbarkeit erscheinen. Diese Rechtsstellung ist im deutschen Recht und in den Rechten der beteiligten Staaten verschieden, insbesondere was das Zeugnisverweigerungsrecht anlangt, das in dem fremden Recht meist enger als im deutschen begrenzt ist. Nach Abs. 4 Satz 1 richtet sich die Rechtsstellung der Zeugen und Sachverständigen grundsätzlich nach dem Recht der Gerichtsbarkeit, vor deren Gericht sie geladen werden, also nach der lex fori. Nach Abs. 4 Satz 2 werden aber „Rechte und Vorrechte angemessen berücksichtigt", die die Zeugen und Sachverständigen hätten, wenn sie vor einem Gericht der eigenen Gerichtsbarkeit auftreten würden. Nach der Entstehungsgeschichte der Vorschrift bezweckt sie in erster Linie, daß die Militärgerichte der Streitkräfte verpflichtet sind, angemessene Rücksicht darauf zu nehmen, wenn ihr Verfahrensrecht deutsche Zeugen und Sachverständige schlechter stellt als das deutsche Recht; es sollen damit „Unzuträglichkeiten zum Nachteil deutscher Zeugen vor den Militärgerichten ausgeschaltet", „die deutschen Zeugen gegen die sehr strengen Bestimmungen des angelsächsischen Verfahrensrechts geschützt werden". Abs. 4 Satz 2 stellt die Anwendung des nationalen Rechts des Zeugen in das Ermessen des Gerichts; der Ermessensspielraum ist aber nach zwei Richtungen begrenzt: ein Ermessensmißbrauch würde die Anrufung des Schiedsgerichts (Art. 9 Abs. 2 des Deutschlandvertrags) begründen, und im übrigen kann ein Zwang zur Befolgung der gerichtlichen Anordnungen nach Art. 12 nur von den Gerichten und Behörden ausgeübt werden, deren Gerichtsbarkeit oder Zwangsgewalt der Zeuge oder Sachverständige unterliegt, und diese können nach Halbsatz 2 des Art. 12 Gehorsam nur in dem Umfang erzwingen, Ungehorsam nur in dem Umfang ahnden, als dies zulässig wäre, wenn der Zeuge oder Sachverständige vor einem Gericht seiner Gerichtsbarkeit stünde. Verweigert also der deutsche Zeuge vor einem Militärgericht der Streitkräfte die Aussage oder die Eidesleistung, so kann der nach Art. 12 zuständige deutsche Richter (vgl. oben Anm. 3) Ordnungsstrafe und Erzwingshaft (§ 70 StPO.) nicht verhängen, wenn die Weigerung nach deutschem Recht begründet ist, mag sie auch nach dem Verfahrensrecht des Militärgerichts unbegründet sein. Aus Abs. 4 Satz 2 ergibt sich auch, daß das Gericht, vor das der Zeuge oder Sachverständige geladen ist, ihm Zeugen- und Sachverständigengebühren nach seinem nationalen Recht zahlt, wenn dieses günstiger ist, als die lex fori (ebenso Maier NJW. 1955, 894).

Artikel 12

Mißachtung des Gerichtes

Der Meineid, der Versuch der Behinderung der Rechtspflege, andere strafbare Handlungen oder Ordnungsverstöße vor oder gegenüber deutschen Gerichten oder deutschen Behörden oder Militärgerichten oder Behörden der Streitkräfte, sowie die Nichtbefolgung von Vorladungen oder sonstigen gemäß Artikel 11 dieses Vertrags ordnungsgemäß zugestellten Prozeßanordnungen werden von dem Gericht oder der Behörde geahndet, dessen oder deren Straf- oder Disziplinargewalt der Täter unterliegt; die Gerichte oder Behörden behandeln die Tat nach ihrem Recht so, wie wenn die Tat vor oder gegenüber eigenen Gerichten oder Behörden begangen worden wäre.

1. Art. 12 hat unter der Bezeichnung „Mißachtung des Gerichts" (im englischen Text: Obstruction of Justice) nicht einen dem „Contempt of Court" des angelsächsischen Rechts vergleichbaren Tatbestand geschaffen, sondern regelt lediglich die Rechtsfolgen, die sich ergeben, wenn vor oder gegenüber einem deutschen Gericht oder einem Militärgericht (oder den beiderseitigen Behörden) ein Delikt gegen die Rechtspflege, ein Ungehorsam gegen gerichtliche Anordnungen oder ein anderer „Ordnungsverstoß" (zu denken ist hier vor allem an die Ungebühr vor Gericht, § 178 GVG.) begangen wird. Art. 12 stellt den Grundsatz auf, daß eine Ahndung oder eine Gehorsamserzwingung Sache derjenigen Gerichte oder Behörden ist, deren Gerichtsbarkeit oder Disziplinargewalt der Täter sonst unterliegt und daß diese nach dem für sie geltenden Recht die „Tat" so behandeln, als sei sie vor oder gegenüber den eigenen Gerichten und Behörden begangen. Es findet also eine gegenseitige Rechtsgüter- und Rechtspflichterstreckung statt. Danach wird z. B. der deutsche Zeuge wegen Meineids oder falscher uneidlicher Aussage vor einem Militärgericht der Streitkräfte nach §§ 153ff. StGB. von der deutschen Gerichtsbarkeit verfolgt, während ein Mitglied der Streitkräfte wegen einer entsprechenden Tat vor einem deutschen Gericht nach seinem Heimatrecht von den Organen der Streitkräftegerichtsbarkeit verfolgt wird, soweit es nicht nach Art. 6 Abs. 2 der deutschen Gerichtsbarkeit unterliegt. Ist die Tat nach dem Heimatrecht des Streitkräftemitglieds nicht strafbar, so entfällt die in Art. 6 Abs. 6 Satz 2 vorgesehene subsidiäre Anwendbarkeit des deutschen Strafrechts, da Art. 12 lex specialis gegenüber Art. 6 Abs. 6 ist (ebenso v. Grolman a. a. O. 476). Ein selbständiges Delikt des „Versuchs der Behinderung der Rechtspflege" kennt das deutsche Strafrecht nicht; ein solches Verhalten eines deutschen Zeugen ist also nur strafbar, soweit es den Tatbestand eines bestimmten Strafgesetzes erfüllt. Ein deutscher Zeuge oder Zuhörer, der vor einem Militärgericht eine Contempt of Court begeht, kann nur wegen Ungebühr nach § 178 GVG. bestraft werden, wobei die auf eine Ungebühr vor dem deutschen Gericht zugeschnittenen Sondervorschriften (sofortige Vollstreckung, §§ 178, 181 Abs. 2, und Protokollierung nach § 182 GVG.) entfallen müssen. Die Zuständigkeit des deutschen Gerichts richtet sich nach dem in Anm. 3 zu Art. 11 Ausgeführten. Streitkräftemitglieder, die sich als Zeugen, Zuhörer usw. vor dem deutschen Gericht einer Ungebühr schuldig machen, unterliegen der strafrechtlichen oder disziplinarischen Ahndung durch die Streitkräftebehörden; eine Festhaltung oder Abführung zur Haft durch das deutsche Gericht nach § 164 StPO., § 177 GVG. ist ausgeschlossen, dagegen nicht eine zur Aufrechterhaltung der Ordnung erforderliche Entfernung aus dem Sitzungsraum (§ 177 GVG.). Auch Streitkräftemitglieder, die, wären sie Beschuldigte, nach Art. 6 Abs. 2 der deutschen Gerichtsbarkeit unterliegen würden, werden, wenn sie als Zeugen oder Zuhörer vor dem deutschen Gericht eine Ungebühr begehen, von den Streitkräftebehörden bestraft, soweit deren Straf- oder Disziplinargewalt gegeben ist (vgl. auch Art. 6 Abs. 2 b ii); der deutschen Gerichtsbarkeit unterliegende Streitkräftemitglieder, die als Beschuldigte vor dem deutschen Gericht eine Ungebühr begehen, werden dagegen durch das deutsche Gericht nach deutschem Recht bestraft. — Wegen der Erzwingung des Erscheinens, der Aussage (Erstattung des Gutachtens) und Eidesleistung von Zeugen und Sachverständigen, die vor ein Militärgericht geladen sind, vgl. Anm. 3 und 5 zu Art. 11. S. auch Art. 15.

C. Auszug aus dem „Truppenvertrag"

Artikel 13

Rechtsanwälte

(1) Staatsangehörige einer beteiligten Macht und deutsche Rechtsanwälte dürfen nicht behindert werden, als Verteidiger vor den Gerichten der Streitkräfte gemäß den für diese Gerichte geltenden Regeln und Bestimmungen aufzutreten.

(2) Wer im Staat einer der beteiligten Mächte als Rechtsanwalt zugelassen ist, darf vor deutschen Gerichten in Verfahren, an denen ein Mitglied der Streitkräfte beteiligt ist, neben einem zur Vertretung des Mitglieds der Streitkräfte in diesem Verfahren bevollmächtigten deutschen Rechtsanwalt auftreten, um Ausführungen zu machen.

(3) Soweit in den Absätzen (1) und (2) dieses Artikels nichts anderes bestimmt ist, dürfen ausländische Staatsangehörige im Bundesgebiet nur nach Maßgabe der Vorschriften des deutschen Rechts eine rechtsberatende Tätigkeit ausüben oder vor deutschen Gerichten auftreten.

1. Art. 13 verpflichtet die Streitkräftebehörden, deutsche Rechtsanwälte als Verteidiger vor den Militärgerichten zuzulassen. Im Verfahren vor dem deutschen Gericht, an dem ein Streitkräftemitglied als Beschuldigter oder Mitbeschuldigter, Privatkläger oder Nebenkläger beteiligt ist, dürfen dagegen Personen, die im Staat einer der beteiligten Mächte (vgl. Art. 1 Nr. 4 des Truppenvertrags) als Rechtsanwalt zugelassen sind, stets nur n e b e n einem deutschen Rechtsanwalt auftreten, und auch nur um rechtliche oder tatsächliche Ausführungen zu machen (vgl. dazu auch Anm. 3b zu Art. 8); sie dürfen also nur eine den deutschen Rechtsanwalt unterstützende Tätigkeit ausüben, dagegen können sie nicht die dem deutschen Rechtsanwalt als Verteidiger oder Parteivertreter (§§ 387, 397 StPO.) zustehenden Befugnisse ausüben. Art. 13 ist lex specialis gegenüber den Vorschriften des deutschen Rechts, z. B. gegenüber § 138 Abs. 2 StPO.

Artikel 14

Ausschluß der Öffentlichkeit. — Übertragung von Verfahren

Die Vorschriften des deutschen Gerichtsverfassunggesetzes (§ 172) über den Ausschluß der Öffentlichkeit von Verhandlungen in strafrechtlichen und nichtstrafrechtlichen Verfahren und die Vorschriften der deutschen Strafprozeßordnung (§ 15) über die Möglichkeit der Übertragung von Strafverfahren an das Gericht eines anderen Bezirks finden in Verfahren vor deutschen Gerichten und Behörden, in denen eine Gefährdung der Sicherheit der Streitkräfte oder ihrer Mitglieder zu besorgen ist, entsprechende Anwendung.

Artikel 15

Aussagegenehmigung

(1) Vorbehaltlich der Bestimmungen des Absatzes (3) dieses Artikels dürfen

(a) deutsche Gerichte oder Behörden in Verfahren, die bei ihnen anhängig sind, keine Person über Informationen, deren Preisgabe die Sicherheit der Streitkräfte oder der beteiligten Macht gefährden würde oder könnte, vernehmen oder eine Aussage darüber zulassen, es sei denn, daß eine Genehmigung der zuständigen Behörde der Streitkräfte oder der beteiligten Macht vorliegt;

(b) Gerichte oder Behörden der Streitkräfte in Verfahren, die bei ihnen anhängig sind, keine Person über deutsche Staats- oder Amtsgeheimnisse vernehmen oder eine Aussage darüber zulassen, es sei denn, daß eine Genehmigung der zuständigen deutschen Behörde vorliegt.

(2) Ergibt sich in einem Verfahren, daß die Preisgabe derartiger Informationen oder Geheimnisse eintreten könnte, so holt das Gericht oder die Behörde, falls nicht auf die Preisgabe verzichtet wird, vor einer Anhörung oder Verhandlung über die Information oder das Geheimnis eine schriftliche Entscheidung der zuständigen Behörde darüber ein, ob die nach Absatz (1) dieses Artikels erforderliche Genehmigung erteilt wird. Die Genehmigung wird nicht versagt, wenn nach den Bestimmungen dieses Vertrags oder eines anderen zwischen den Parteien abgeschlossenen Abkommens ein Auskunftspflicht gegenüber den zuständigen Gerichten oder Behörden besteht.

(3) Die Bestimmungen dieses Artikels finden insoweit keine Anwendung, als sie eine an einem Verfahren beteiligte Partei in ihren verfassungsmäßigen Rechten, tatsächliche oder rechtliche Ausführungen zu machen, beschränken würden.

1. Art. 15 Abs. 1a stellt für die deutschen Gerichte oder Behörden (z. B. Polizei oder Staatsanwaltschaft) in allen Verfahren — also nicht nur in solchen, die sich gegen Streitkräftemitglieder richten oder wegen Taten, die sich gegen die Streitkräfte oder deren Mitglieder richten (vgl. Art. 6 Abs. 3) oder in denen Streitkräftemitglieder als Zeugen oder Sachverständige vernommen werden oder als Vertreter der Streitkräfte tatsächliche oder rechtliche Ausführungen machen (Art. 8 Abs. 5) — das **Verbot** auf, Personen über ihnen bekannte Dinge (Informationen), deren Bekanntgabe die Sicherheit der Streitkräfte oder der beteiligten Mächte gefährden könnte, ohne deren Genehmigung zu vernehmen oder auch nur eine Aussage darüber zuzulassen. Der Natur der Sache nach muß es sich um geheimhaltungsbedürftige Dinge handeln. „Sicherheit" ist nicht gleichbedeutend mit „Ansehen". Das Verbot findet seine Grenze an dem verfassungsmäßigen Recht auf rechtliches Gehör nach Art. 103 Abs. 1 GG. (Abs. 3). In solchen Fällen kommt Art. 14 in Frage.

2. In gleicher Weise besteht nach Art. 15 **Abs. 1b** für die Gerichte und Behörden der Streitkräfte ein Verbot, Personen über deutsche Staatsgeheimnisse (vgl. § 99 StGB.) oder Amtsgeheimnisse, d. h. über Dinge, auf die sich die Amtsverschwiegenheit bezieht (§ 54 StPO., § 353b StGB.), oder deren Preisgabe nach § 353c StBG. strafbar wäre, zu vernehmen oder Aussagen zuzulassen, soweit nicht die deutsche Behörde eine Genehmigung erteilt.

3. Das Vernehmungsverbot begründet für Zeugen und Sachverständige ein Zeugnisverweigerungsrecht, unabhängig davon, ob schon nach ihrem nationalen Recht Recht oder Pflicht zur Zeugnisverweigerung bestehen, die einer Erzwingung der Aussage entgegenstehen (vgl. Anm. 5 zu Art. 11).

Artikel 16

Amtshandlungen

(1) Wenn in einem strafrechtlichen oder nicht-strafrechtlichen Verfahren vor einem deutschen Gericht oder einer deutschen Behörde über die Frage zu entscheiden ist, ob die Handlung oder Unterlassung, die den Gegenstand des Verfahrens bildet, von der betreffenden Person in Ausübung ihrer Dienstpflichten gegenüber den Streitkräften begangen wurde, so ist das Verfahren auszusetzen und der zuständigen Behörde der Streitkräfte unter Darlegung des Sachverhalts unverzüglich Mitteilung zu machen. Die zuständige Behörde der Streitkräfte wird den Fall untersuchen und innerhalb von einundzwanzig Tagen nach Zugang der Mitteilung dem deutschen Gericht oder der deutschen Behörde eine Bescheinigung über den Umfang des dienstlichen Auftrages zuleiten, den die betreffende Person an dem in Frage stehenden Zeitpunkt und Ort wahrzunehmen hatte. Die Bescheinigung wird von dem rangältesten Vertreter der Streitkräfte, der persönlich Kenntnis von der Angelegenheit hat, unterzeichnet. Die Behörden der Streitkräfte werden alle in Betracht kommenden Maßnahmen ergreifen, um sicherzustellen, daß die Bescheinigung in Form und Inhalt gewissenhaft ausgestellt wird. Nach Zugang der Bescheinigung, spätestens jedoch nach Ablauf von einundzwanzig Tagen, nachdem die Mitteilung bei den Behörden der Streitkräfte eingegangen ist, wird das Verfahren fortgesetzt.

(2) Die Behörden der Streitkräfte können die genannte Bescheinigung den deutschen Gerichten oder Behörden auch zuleiten, ohne eine Mitteilung erhalten zu haben.

(3) Die Bescheinigung gilt nur als Beweismittel für den Umfang des dienstlichen Auftrages der betreffenden Person und ist insoweit bindend. Jedoch darf der Aussteller der Bescheinigung als Zeuge geladen werden, um ihren Inhalt zu erläutern oder zu ergänzen. Auch finden die Bestimmungen dieses Absatzes insoweit keine Anwendung, als sie eine an einem Verfahren beteiligte Partei in ihren verfassungsmäßigen Rechten, tatsächliche oder rechtliche Ausführungen zu machen, beschränken würden. Deutsche Gerichte oder deutsche Behörden erkennen die Tatsache, daß die Handlung oder Unterlassung in Ausübung eines dienstlichen Auftrages erfolgt ist, insoweit rechtliches Gewicht und rechtliche Wirkung zu, als sie hierzu nach deutschem Recht berechtigt sind.

(4) Die Bestimmungen dieses Artikels finden in den in Artikel 8 des Finanzvertrags geregelten Fällen keine Anwendung.

1. Ob eine Handlung oder Unterlassung, die den Gegenstand eines Strafverfahrens vor dem deutschen Gericht bildet, von dem Täter in Ausübung seiner Dienstpflichten gegenüber den Streitkräften begangen wurde, sei es als Mitglied der Streitkräfte (Art. 6 Abs. 2, 4), sei es als zivile Arbeitskraft (Art. 44) oder Angehöriger ziviler Dienstgruppen (Art. 45), kann unter dem Gesichtspunkt eines Rechtfertigungsgrundes (z. B. bei Berufung auf dienstlichen Befehl), eines Schuldausschließungs- oder eines Strafzumessungsgrundes von Bedeutung sein. In diesem Fall liegt die Feststellung, welchen Umfang der dem Täter erteilte Dienstauftrag in dem maßgeblichen Zeitpunkt hatte, bei den zuständigen Streitkräftebehörden. Die Feststellung ist für das deutsche Gericht verbindlich, jedoch mit der Einschränkung, daß das verfassungsmäßige Recht des Beschuldigten auf rechtliches Gehör (Art. 103 Abs. 1 GG.) dadurch nicht beeinträchtigt wird und daß das Gericht, wenn es auch nach mündlicher Ergänzung und Erläuterung der erteilten Bescheinigung (Abs. 3 Satz 2) von ihrer Unrichtigkeit überzeugt ist, die Entscheidung des Schiedsgerichts (Art. 9 des Deutschlandvertrags) veranlassen kann (Maier u. Tobler Anm. zu Art. 16). Die Feststellung, ob der Beschuldigte sich in dem von den Streitkräftenbehörden bezeichneten Rahmen seines dienstlichen Auftrages gehalten, ob er dabei rechtmäßig gehandelt hat, und welche rechtlichen Folgerungen sich daraus ergeben, steht ausschließlich dem deutschen Gericht zu.

2. Art. 16 gilt nach seinem Abs. 5 nicht, wenn es sich um Geltendmachung von Entschädigungsansprüchen bei Truppenschäden handelt.

Dritter Teil

Verwaltung und Versorgung

Artikel 17—21

Artikel 22

Anlagen, Archive, Dokumente, Eigentum und Postsendungen

Anlagen, Archive, Dokumente und, unbeschadet der Bestimmungen der Absätze (2) und (3) des Artikels 7 dieses Vertrags, Eigentum der Streitkräfte sowie als solche erkennbare Postsendungen der Streitkräfte und durch die Postdienste der Streitkräfte beförderte Postsendungen von Mitgliedern der Streitkräfte unterliegen nicht dem Zutritt, der Durchsuchung, der Beschlagnahme oder der Zensur durch deutsche Behörden; diese Bestimmung findet keine Anwendung, soweit die Behörden der Streitkräfte im Einzelfall oder für bestimmte Gruppen von Fällen auf diese Immunität verzichten.

Artikel 23

Polizei der Streitkräfte

(1) Die zuständigen Dienststellen der Streitkräfte haben das Recht, innerhalb des Bundesgebietes auf öffentlichen Straßen, in öffentlichen Lokalen und öffentlichen Verkehrsmitteln Streife zu gehen und gegenüber Mitgliedern der Streitkräfte tätig zu werden, um Ordnung und Manneszucht aufrechtzuerhalten.

(2) Ihre Befugnisse gegenüber Personen, die der deutschen Gerichtsbarkeit unterliegen, bestimmen sich nach Artikel 7 dieses Vertrages.

Artikel 24

Identifizierung von Mitgliedern der Streitkräfte

(1) Die Mitglieder der Streitkräfte sind durch die zuständigen Behörden der beteiligten Macht mit Personalausweisen auszustatten, die Namen, Geburtsdatum und Dienstgrad des Inhabers und eine Nummer enthalten und, falls der Inhaber keine Uniform trägt, mit einem Lichtbild versehen sind.

(2) Angehörige sind in ihren Personalausweisen als solche zu bezeichnen.

(3) Mitglieder der Streitkräfte haben sich auf Ansuchen der zuständigen deutschen Behörden über ihre Person auszuweisen.

(4) Soweit nicht in Artikel 25 dieses Vertrages [betr. Grenzkontrolle] etwas anderes bestimmt ist, gelten die gemäß Absatz (1) dieses Artikels aufgestellten Personalausweise als endgültiger Identitätsnachweis.

(5) Mitglieder der Streitkräfte, die auf Grund eines Marschbefehls in Gruppen unter militärischer Führung reisen, werden durch ihre Uniform endgültig ausgewiesen.

(6) Soweit erforderlich, gilt eine Bescheinigung der zuständigen Behörden der beteiligten Macht, daß eine Person Mitglied der Streitkräfte im Sinne des Artikels 1 dieses Vertrages ist, als engdültiger Beweis dieser Tatsache.

Artikel 25—34

Artikel 35

Zollrechtliche Behandlung der Mitglieder der Streitkräfte

(1) Nach Maßgabe der Bestimmungen dieses Vertrags und jedes anderen einschlägigen Abkommens zwischen der Bundesrepublik und den Drei Mächten oder einer von ihnen unterliegen die Mitglieder der Streitkräfte grundsätzlich der deutschen Zollgesetzgebung.

(2) Die Strafverfolgung von Zollzuwiderhandlungen einschließlich des Rechts zur Einziehung von Waren unterliegt ausschließlich der Strafgerichtsbarkeit der Behörden der Streitkräfte. Das deutsche Verwaltungsstrafverfahren in Zollsachen findet auf die Mitglieder der Streitkräfte keine Anwendung. Die deutschen Zollbehörden haben auf Waren, die von den Streitkräften als Folge einer Zollzuwiderhandlung ihrer Mitglieder eingezogen worden sind, Anspruch, soweit dies erforderlich ist, um die auf den Waren ruhenden Abgaben im Steuerverfahren einzuziehen.

(3) Gegenüber Mitgliedern der Streitkräfte sind die deutschen Bestimmungen über den Gebrauch von Schußwaffen durch Zollbeamte nicht anwendbar.

(4) . . . . . .

(5) Für die Zollkontrolle über die Mitglieder der Streitkräfte können die Behörden der Streitkräfte Bedienstete bei solchen Grenzübergängen einsetzen, über die eine erhebliche Anzahl von Mitgliedern der Streitkräfte verkehrt. Die Behörden der Streitkräfte legen diese Übergänge im Benehmen mit der Bundesregierung fest. An diesen Übergängen führen die Bediensteten der Streitkräfte in Zusammenarbeit mit den deutschen Zollbehörden die Zollabfertigung der Mitglieder der Streitkräfte und ihrer Waren durch. An allen anderen Übergängen unterliegen die Mitglieder der Streitkräfte der normalen Zollabfertigung durch die deutschen Behörden. Die Bestimmungen dieses Absatzes finden auch auf den Verkehr von Mitgliedern der Streitkräfte zwischen dem Bundesgebiet und Berlin Anwendung.

(6) bis (8) . . .

(9) (Satz 1 und 2 . . .) Die deutschen Zollbehörden benachrichtigen die Behörden der Streitkräfte von der Beschlagnahme von Sachen oder Zahlungsmitteln bei Mitgliedern der Streitkräfte; derartige Sachen oder Zahlungsmittel sind den Behörden der Streitkräfte zu übergeben. . .

(10) und (11) . . .

Artikel 36

Organisationen und Unternehmen im Dienste der Streitkräfte

(Abs. 1 und 2 sehen vor, daß nichtdeutsche Organisationen nicht wirtschaftlichen Charakters, die von den Streitkräften oder der beteiligten Macht zum Nutzen der Mitglieder der Streitkräfte eingerichtet worden sind oder die der Truppenbetreuung dienen, sowie nichtdeutsche wirtschaftliche Unternehmen, deren sich die Streitkräfte zur Befriedigung ihrer militärischen Bedürfnisse bedienen, den Streitkräften gleichgestellt werden können.)

(3) Angestellte der in Absatz (1) dieses Artikels aufgeführten Organisationen und der in Unterabsatz (a) des Absatzes (2) dieses Artikels aufgeführten Unternehmen (mit Ausnahme von Deutschen und Personen, die im Bundesgebiet eingestellt worden sind und weder die Staatsangehörigkeit einer der Drei Mächte noch die eines anderen Entsendestaates besitzen), können ebenfalls den Mitgliedern der Streitkräfte gleichgestellt werden.

(4) und (5) . . .

(6) Sind Angestellte der in Absatz (1) und (2) dieses Artikels aufgeführten Organisationen und Unternehmen außerdem Mitglieder der Streitkräfte gemäß Unterabsatz (b) der Ziffer 7 des Artikels 1, so können die Streitkräfte das Ausmaß begrenzen, in dem die Bestimmungen dieses Vertrags auf diese Angestellten anwendbar sind. Sie berücksichtigen dabei die Empfehlungen der deutschen Behörden.

(7) . . .

Artikel 37—51

C. Auszug aus dem „Truppenvertrag"

Anhang A zum Truppenvertrag

(BGBl. 1955 II 373)

Vorbemerkung

1. Über die Bedeutung der Strafvorschriften in Anhang A vgl. Anm. 2 zu Art. 8 des Truppenvertrags, über ihren Geltungsbereich Art. 3 Abs. 3. Da besondere Vorschriften über die sachliche Zuständigkeit bisher nicht ergangen sind, gelten bis zum Erlaß des in Vorbereitung befindlichen Bundesgesetzes die allgemeinen Vorschriften des GVG. Eine erstinstanzliche Zuständigkeit des Bundesgerichtshofs oder des Oberlandesgerichts ist danach zur Zeit nicht gegeben, da der Zuständigkeitskatalog in §§ 120, 134 GVG. abschließend ist. — Im Rahmen des Truppenvertrags sind die Vorschriften des Anhangs A von Bedeutung gemäß Art. 7 Abs. 5b ii, Abs. 6 und Abs. 7b.

2. **Schrifttum:** Jescheck, Das Strafrecht nach dem Truppenvertrag ZStrW. Bd. **65** [1953], Mitteilungsbl. S. 51ff.

Abschnitt I

Verrat in militärischen Angelegenheiten

§ 1

(1) Militärische Geheimnisse im Sinne dieses Abschnittes sind Tatsachen, Gegenstände oder Erkenntnisse, insbesondere Schriften, Zeichnungen, Modelle oder Formeln einschließlich Schlüsselbücher, oder Nachrichten darüber, die mit Rücksicht auf die Sicherheit einer der Drei Mächte oder der Streitkräfte (im Sinne von Art. 1 des Vertrags über die Rechte und Pflichten ausländischer Streitkräfte und ihrer Mitglieder in der Bundesrepublik Deutschland) geheimgehalten werden.

(2) Verrat im Sinne dieses Abschnitts begeht, wer vorsätzlich ein militärisches Geheimnis an einen Unbefugten gelangen läßt oder es öffentlich bekanntmacht und dadurch die Sicherheit einer der Drei Mächte oder der Streitkräfte gefährdet.

§ 2

(1) Wer ein militärisches Geheimnis verrät, wird mit Zuchthaus bestraft.

(2) Wer sich ein militärisches Geheimnis verschafft, um es zu verraten, wird mit Zuchthaus bis zu zehn Jahren bestraft.

(3) Wer es unbefugt unternimmt, sich ein militärisches Geheimnis zu verschaffen, oder wer, wenn er sonst unbefugt in den Besitz eines solchen Geheimnisses gelangt, es unterläßt, der zuständigen Dienststelle der Streitkräfte unverzüglich Anzeige zu erstatten oder das Geheimnis, soweit es sich um einen Gegenstand handelt, auf Verlangen herauszugeben, wird mit Gefängnis bestraft.

(4) § 100 Abs. 3 des Strafgesetzbuchs in der Fassung v. 30. 8. 1951 (BGBl. I S. 739) findet auf militärische Geheimnisse keine Anwendung.

§ 3

(1) Wer vorsätzlich ein militärisches Geheimnis an einen Unbefugten gelangen läßt oder es öffentlich bekanntmacht und dadurch fahrlässig die Sicherheit einer der Drei Mächte oder der Streitkräfte gefährdet, wird mit Gefängnis bestraft.

(2) Wer fahrlässig ein militärisches Geheimnis, das ihm kraft seines Amtes oder seiner dienstlichen Stellung oder eines von einer Dienststelle erteilten Auftrags zugänglich war, an einen Unbefugten gelangen läßt und dadurch die Sicherheit einer der Drei Mächte oder der Streitkräfte gefährdet, wird mit Gefängnis bis zu zwei Jahren bestraft. Die Tat wird nur mit Ermächtigung der beteiligten Macht oder der Streitkräfte verfolgt, deren Sicherheit gefährdet worden ist.

§ 4

(1) Wer in der Absicht, die Sicherheit einer der Drei Mächte oder der Streitkräfte zu beeinträchtigen, Nachrichten über militärische Angelegenheiten der Streitkräfte sich verschafft, sammelt, veröffentlicht oder einem anderen mitteilt oder zu diesem Zwecke einen Nachrichtendienst betreibt, für eine solche Tätigkeit anwirbt oder sie unterstützt, wird mit Gefängnis bestraft. Der Versuch ist strafbar.

(2) In besonders schweren Fällen ist die Strafe Zuchthaus bis zu fünf Jahren.

§ 5

(1) Wer in der Absicht, sich unbefugt ein militärisches Geheimnis zu verschaffen oder zum Zwecke der Beeinträchtigung der Sicherheit einer der Drei Mächte oder der Streitkräfte Nachrichten über militärische Angelegenheiten zu sammeln [§ 2 Abs. (2) und (3), § 4] eine militärische Anlage, ein Kriegsschiff oder ein Luftfahrzeug der Streitkräfte betritt oder sich in deren Nähe aufhält, wird mit Gefängnis bestraft.

(2) Als militärische Anlagen gelten auch die amtlich bekanntgemachten Sicherungsbereiche sowie gewerbliche Anlagen, in denen Gegenstände des Bedarfs der Streitkräfte hergestellt, ausgebessert oder aufbewahrt werden.

§ 6

Wer ohne Erlaubnis der zuständigen Behörde innerhalb eines amtlich bekanntgemachten Sicherungsbereichs oder von einem Gebäude, in dem Waffen oder andere Gegenstände des Bedarfs der Streitkräfte hergestellt oder gelagert werden, oder von einer anderen militärischen Anlage Aufnahmen macht oder von solchen Gegenständen Skizzen anfertigt oder solche Aufnahmen oder Skizzen in Verkehr bringt, wird mit Gefängnis und mit Geldstrafe oder mit einer von beiden Strafen bestraft.

§ 7

(1) Wer zu einer Regierung, einer Partei, einer anderen Vereinigung oder einer Einrichtung außerhalb des Bundesgebietes und von Berlin (West) oder zu einer Person, die für eine solche Regierung, Partei, Vereinigung oder Einrichtung tätig ist, Beziehungen aufnimmt oder unterhält, welche auf Mitteilungen im Sinne von § 1 oder § 4 gerichtet sind, wird mit Gefängnis bestraft.

(2) Ebenso wird bestraft, wer für eine Regierung, eine Partei, eine andere Vereinigung oder eine Einrichtung außerhalb des Bundesgebietes und von Berlin (West) tätig ist und Beziehungen der in Abs. 1 bezeichneten Art zu einem anderen aufnimmt oder unterhält.

§ 8

(1) Wer in der Absicht, einen Krieg, ein bewaffnetes Unternehmen oder Zwangsmaßregeln gegen eine der Drei Mächte oder die Streitkräfte herbeizuführen oder zu fördern, zu einer Regierung, einer Partei, einer anderen Vereinigung oder einer Einrichtung außerhalb des Bundesgebietes und von Berlin (West) oder zu einer Person, die für eine solche Regierung, Partei, Vereinigung oder Einrichtung tätig ist, Beziehungen aufnimmt oder unterhält, wird mit Zuchthaus bestraft.

(2) Handelt der Täter in der Absicht, sonstige Maßregeln oder Bestrebungen einer Regierung, einer Partei, einer anderen Vereinigung oder einer Einrichtung außerhalb des Bundesgebietes und von Berlin (West) herbeizuführen oder zu fördern, die darauf gerichtet sind, die Sicherheit einer der Drei Mächte oder der Streitkräfte zu beeinträchtigen, so ist die Strafe Gefängnis. Der Versuch ist strafbar.

(3) Wer in der Absicht, eine der in den vorstehenden Absätzen (1) und (2) bezeichneten Maßnahmen oder Bestrebungen herbeizuführen oder zu fördern, unwahre oder gröblich entstellte Behauptungen tatsächlicher Art aufstellt oder verbreitet, wird mit Gefängnis bestraft. Der Versuch ist strafbar.

(4) In besonders schweren Fällen des Absatzes (1) kann auf lebenslanges Zuchthaus, in besonders schweren Fällen der Absätze (2) und (3) auf Zuchthaus erkannt werden.

§ 9

(1) Wegen der in diesem Abschnitt mit Strafe bedrohten Handlungen kann erkannt werden neben

den Strafen aus den §§ 2 und 8 Abs. (1)

auf Geldstrafe von unbegrenzter Höhe

den Strafen aus den §§ 3, 4, 7 und 8 Absatz (2) und (3)

auf Geldstrafe

einer wegen einer vorsätzlichen Tat verhängten Gefängnisstrafe von mindestens drei Monaten

für die Dauer von einem bis zu fünf Jahren auf die Unfähigkeit zur Bekleidung öffentlicher Ämter und den Verlust des Wahl- und Stimmrechts und der Wählbarkeit sowie auf den Verlust der aus öffentlichen Wahlen hervorgegangenen Rechte

jeder Freiheitsstrafe aus den §§ 2, 4, 5, 7 und 8

auf Zulässigkeit von Polizeiaufsicht.

(2) § 86 des Strafgesetzbuchs in der Fassung v. 30. 10. 1951 gilt entsprechend.

Abschnitt II

Sabotage

§ 10

(1) Wer vorsätzlich ein Wehrmittel der Streitkräfte oder eine Einrichtung, die der Verteidigung im Sinne von Art. 4 des Vertrages über die Beziehungen zwischen der Bundesrepublik Deutschland und den Drei Mächten dient, beschädigt, zerstört, unbrauchbar macht oder beiseite schafft und dadurch vorsätzlich die Sicherheit oder Schlagkraft der Streitkräfte gefährdet, wird mit Gefängnis nicht unter drei Monaten bestraft. In schweren Fällen ist auf Zuchthaus zu erkennen.

(2) Ebenso wird bestraft, wer vorsätzlich ein Wehrmittel oder eine Verteidigungseinrichtung oder den dafür bestimmten Werkstoff fehlerhaft herstellt oder liefert und dadurch vorsätzlich die Sicherheit oder Schlagkraft der Streitkräfte gefährdet.

(3) Der Versuch ist strafbar.

(4) Wer leichtfertig handelt und dadurch fahrlässig die Sicherheit oder Schlagkraft der Streitkräfte gefährdet, wird mit Gefängnis bestraft.

§ 11

Wer die Streitkräfte oder einzelne Mitglieder der Streitkräfte rechtswidrig in der Ausübung ihrer Dienstpflichten behindert oder stört und dadurch vorsätzlich die Sicherheit oder Schlagkraft der Streitkräfte gefährdet, wird, soweit die Tat nicht in anderen Vorschriften mit schwererer Strafe bedroht ist, mit Gefängnis bestraft.

Abschnitt III

Untergrabung der Dienstbereitschaft und Manneszucht der Streitkräfte

§ 12

(1) Wer auf Mitglieder der Streitkräfte in der Absicht einwirkt, die pflichtmäßige Bereitschaft zum Dienst in den Streitkräften zu untergraben, wird mit Gefängnis bestraft.

(2) Der Versuch ist strafbar.

(3) In besonders schweren Fällen kann auf Zuchthaus bis zu 5 Jahren erkannt werden.

§ 13

(1) Wer ein Mitglied der Streitkräfte zur Fahnenflucht verleitet oder die Fahnenflucht eines Mitgliedes der Streitkräfte erleichtert, wird mit Gefängnis nicht unter 3 Monaten bestraft.

(2) Der Versuch ist strafbar.

(3) In besonders schweren Fällen kann auf Zuchthaus bis zu 10 Jahren erkannt werden.

§ 14

Wer ein Mitglied der Streitkräfte auffordert oder anreizt, dem Befehl des Vorgesetzten nicht zu gehorchen, wird mit Gefängnis bis zu zwei Jahren bestraft.

Abschnitt IV

Beschimpfung der Streitkräfte

§ 15

Wer öffentlich die Streitkräfte beschimpft oder böswillig und mit Überlegung verächtlich macht, wird mit Gefängnis bestraft.

Abschnitt V

Anwendung von Vorschriften des Strafgesetzbuches zugunsten der Streitkräfte

§ 16

Folgende Vorschriften des Strafgesetzbuchs sind zugunsten der Streitkräfte entsprechend anzuwenden:

(a) § 96 Abs. 1 Nr. 2 und Abs. 2 auf Taten gegen die nationalen Symbole der Streitkräfte;

(b) §§ 113, 115 und 116 auf den Widerstand, Aufruhr oder Auflauf gegen die Streitkräfte, ihre Soldaten, Beamten oder die von ihnen zur Unterstützung zugezogenen Angestellten;

(c) § 114 auf Nötigungen, die gegen die Streitkräfte, ihre Soldaten oder Beamten gerichtet sind;

(d) §§ 120, 121, 122b und 347 auf Taten gegen den Gewahrsam der Gefangenen der Streitkräfte oder der auf ihre Anordnung in einer Anstalt untergebrachten Personen;

(e) §§ 123 und 124 auf Taten gegen den Hausfrieden der zum öffentlichen Dienst oder Verkehr bestimmten Räume der Streitkräfte;

(f) § 132 auf die Anmaßung der Dienststellung eines Soldaten oder Beamten der Streitkräfte und auf die unbefugte Ausübung dienstlicher Befugnisse einer solchen Person;

(g) § 333 auf die Bestechung von Soldaten, Beamten oder solchen Angestellten der Streitkräfte, die auf Grund einer allgemeinen oder besonderen Anweisung einer höheren Dienststelle zur gewissenhaften Erfüllung ihrer Obliegenheiten förmlich verpflichtet worden sind.

D 1. Gesetz über die innerdeutsche Rechts- und Amtshilfe in Strafsachen

Vom 2. Mai 1953 (BGBl. I 161)

Vorbemerkung

1. Entstehungsgeschichte und allgemeine Bedeutung — Durch die Ereignisse des Jahres 1945 ist nach einhellig in Rechtsprechung und Schrifttum vertretener Auffassung das Deutsche Reich nicht untergegangen; es ist lediglich durch Wegfall der früheren Reichsorgane handlungsunfähig geworden. Dagegen sind die zur Ausübung der Gerichtsbarkeit berufenen deutschen Organe bestehengeblieben. Diese Erwägung muß im Grundsatz dazu führen, daß Deutschland auch heute noch ein gemeinsames Rechtspflegegebiet darstellt und daß die Entscheidung jedes deutschen Gerichts und die Anordnung jeder deutschen Strafverfolgungsbehörde über die Grenzen ihres Bezirks und des Staates, dem sie angehören, hinaus überall wirksam sind, wo deutsche Gerichtsbarkeit ausgeübt wird (vgl. Vorbem. 1, 4 vor § 12 GVG.). Daran hat sich auch durch die Bildung neuer Staatsgewalten in Deutschland, der Bundesrepublik in Westdeutschland, der Deutschen Demokratischen Republik in der Sowjetzone, und des Saargebiets nichts geändert. Die deutschen Gebiete außerhalb dieser Staatsgewalten sind nicht „Ausland", wie auch ihre Bewohner nur eine deutsche Staatsangehörigkeit besitzen und nicht etwa die Staatsangehörigkeit der Bundesrepublik Deutschland usw. Infolgedessen sind z. B. Urteile deutscher Strafgerichte der Sowjetzone und des Saargebiets in der Bundesrepublik rückfallbegründend im Sinne solcher Strafvorschriften, die an eine vorgängige Verurteilung durch ein deutsches Gericht die Wirkung künftiger strengerer Bestrafung wegen Rückfalls knüpfen (vgl. BGHSt. 5 364). Ferner ist die Überlieferung eines in der Bundesrepublik ergriffenen Deutschen an die Strafverfolgungsbehörden des Saargebiets zur Aburteilung durch die dortigen Gerichte ebensowenig eine durch Art. 16 Abs. 2 GG. verbotene Auslieferung eines Deutschen an das Ausland (BVerfG. NJW. **1955** 1673 = JZ. **1955** 670) wie die Überlieferung eines etwa in der Bundesrepublik ergriffenen Franzosen an die deutschen Strafverfolgungsbehörden des Saargebiets keine nach den Vorschriften des deutschen Auslieferungsges. v. 23.12.1929 zu behandelnde Auslieferung darstellt. Auf der anderen Seite ist jedoch zu berücksichtigen, daß im Verhältnis der Bundesrepublik zur Sowjetzone im Laufe der Zeit in zunehmendem Maße die auch nach 1945 zunächst noch vorhandene Rechtseinheit auf dem Gebiet des materiellen und des Verfahrensrechts geschwunden ist und die Rechtshandhabung, namentlich in politischen und Wirtschaftsstrafsachen sich von den rechtsstaatlichen Vorstellungen Westdeutschlands sich in einem Maße entfernt, daß eine Unterstützung der deutschen Strafgerichtsbarkeit in der Sowjetzone durch Rechts- und Amtshilfe seitens der Gerichte und Behörden der Bundesrepublik nur mit Einschränkungen möglich ist, weil eine uneingeschränkte Rechts- und Amtshilfetätigkeit selbst einen Verstoß gegen die Grundsätze des Rechtsstaats (vgl. Art. 28 Abs. 1 GG.) bedeuten würde. Dabei wurde zunächst von einer gesetzgeberischen Umgrenzung der zulässigen oder unzulässigen Rechts- und Amtshilfe abgesehen und das Problem im Verwaltungswege in der Weise angegangen, daß die Landesjustizverwaltungen die Generalstaatsanwälte bei den Oberlandesgerichten mit der Nachprüfung und Bescheidung sowjetzonaler Rechts- und Amtshilfeersuchen betrauten (vgl. Creifeld JR. **1953** 204f.). Nur Berlin sah sich zu einer gesetzlichen Regelung veranlaßt (Berliner Gesetz über die Behandlung der Entscheidungen und sonstigen Maßnahmen in Strafsachen von Behörden außerhalb des Geltungsbereichs dieses Gesetzes v. 9. 1. 1951, VOBl. I 251), deren Grundgedanken sich später das vorliegende Bundesgesetz weitgehend anschloß. Die Praxis, Rechts- und Amtshilfe zu leisten, aber nur in dem Umfang, als sie dem ordre public in der Bundesrepublik nicht widerspricht, fand die Zustimmung des BVerfG., das die Ausführung von Ersuchen um Vollstreckungshilfe bei der Vollziehung von Urteilen der DDR für zulässig erklärte, soweit sie nicht Verstöße gegen rechtsstaatliche Grundsätze, Grundrechte des GG. oder Bundesgesetze enthielten (BVerfG. **1** 332 = NJW. **1952** 1129). Nachdem auf diese Weise genügende Erfahrungen gesammelt waren, um den Umfang der im Rechts- und Amtshilfeverkehr mit der Sowjetzone hervortretenden regelungsbedürftigen Fragen zu übersehen, brachte die Bundesregierung beim Bundestag den Entw. des vorliegenden Gesetzes ein (BTDrucksache Nr. 3820 der 1. Wahlperiode v. 28. 10. 1952). In der Begr. des Entw. wird ausgeführt, bei der Unterschiedlichkeit der Rechtsanwendung in der Sowjetzone gegenüber der in der Bundesrepublik „handelt es sich nicht nur um Verschiedenheiten, wie sie auch in Gebieten mit gleichen Rechtsanschauungen bestehen mögen, sondern um die Ausflüsse einer anderen Weltanschauung. Das sowjetische Besatzungsgebiet paßt sich in seiner politischen, wirtschaftlichen und kulturellen Struktur bewußt immer stärker der Ideologie und dem Aufbau der Sowjetunion und der sog. Volksdemokratien an. Diese Ideologie bestimmt Form und Inhalt der im sowjetischen Besatzungsgebiet erlassenen neuen Gesetze, die geänderte Gerichtsorganisation und die Ausübung der Rechtspflege. Diese wird in immer stärkeren Maße gehalten, ihre Entscheidungen in Übereinstimmung mit den politischen Richtlinien der SED zu treffen. Der rechtsgelehrte Richter und Staatsanwalt ist in großem Umfang durch den politisch geschulten ‚Volksrichter‘ und ‚Volksstaatsanwalt‘ ersetzt worden. Der Volksrichter entspricht nicht mehr den Anforderungen, die in den §§ 1ff. des Gerichtsverfassungsgesetzes an die Unabhängigkeit des Richter gestellt werden. Damit entsteht die Gefahr, daß vor allem in politisch beeinflußten Verfahren nicht mehr Recht im rechtsstaatlichen Sinne gesprochen, sondern die Rechtspflege als ein Mittel benutzt wird, die Gegner der Ideologie des Kommunismus zu bekämpfen und zu vernichten. Eine Gewährung von Rechts- und Amtshilfe in solchen Fällen würde den im Grundgesetz verbürgten Menschenrechten und der Rechtsstaatlichkeit widersprechen... Die grundsätzliche Pflicht zur Leistung von Rechts- und Amtshilfe muß daher dort ihre Grenzen finden, wo die Rechtsstaatlichkeit in einem Verfahren nicht gewahrt erscheint oder wo im Zusammenhang mit dem Verfahren dem Betroffenen erhebliche Nachteile zu entstehen drohen, die sich nicht mit den im Geltungsbereich des Grundgesetzes anerkannten rechtsstaatlichen Grundsätzen vereinbaren lassen“. Der Rechtsausschuß des Bundestags, dem der Entw. in der 1. Lesung überwiesen wurde, stand nach den Ausführungen des Berichterstatters, Abg. Dr. Weber in der 258. Sitzung des Bundestags v. 26. 3. 1953 (Prot. S. 12527ff.) „vor der schwierigen Frage, ob der Grundgedanke des Gesetzes überhaupt noch bejaht werden könne, nachdem das ostzonale Rechtswesen in den letzten Monaten eine weitere Entwicklung zu einer erschreckenden Abkehr von dem Gedanken der Rechtsstaatlichkeit durchgemacht hat... Das neue Gerichtsverfassungsgesetz [v. 2. 10. 1952, GBl. 983 nebst AngleichungsVO. v. 4. 10. 1952] beseitigt praktisch die unabhängige Rechtspflege. Der Richter wird nun auf Zeit — drei bis fünf Jahre — gewählt. Er ist jederzeit absetzbar, wenn er sich nicht vorbehaltlos für die Ziele der sog. DDR einsetzt. Nach dem Gesetz über die Staatsanwaltschaft [v. 23. 5. 1952, GBl. 408] steht es in deren Ermessen, die Zuständigkeit des Gerichts zu bestimmen. Es entscheidet nicht mehr die Art des begangenen Verbrechens oder Vergehens. Während dem Angeklagten das Rechtsmittel der Revision genommen ist, kann der Generalstaatsanwalt rechtskräftige Urteile ... durch das Oberste Gericht durch einen sog. Kossationsantrag ... aufheben lassen. In der neuen Strafprozeßordnung [v. 2. 10. 1952, GBl. 996] wird die Unmittelbarkeit der Beweisaufnahme aufgegeben. Vernehmungsprotokolle der Volkspolizei, des Staatssicherheitsdienstes und der Kontrollkommission sind vollgültige Beweismittel. Schon ihre einfache Verlesung in der Hauptverhandlung kann die Grundlage zu einer Verurteilung abgeben. Das Gericht kann auf das Erscheinen eines Zeugen in der Hauptverhandlung schon ‚wegen des damit verbundenen Zeitverlustes‘ verzichten. .“. Trotz dieser Bedenken habe aber der Rechtsausschuß dem Grundgedanken des Entwurfs aus der Erwägung zugestimmt, daß „auf dem Gebiete des materiellen Rechts vorerst noch eine der letzten Klamern gegeben sei, die dem Gedanken der Einheit Deutschlands einen sinnfälligen Ausdruck gebe, und man diese Klammer, die gerade in der Gewährung von Rechts- und Amtshilfe ihre besondere Wirkung zeige, nicht ohne zwingende Not aufgegeben solle“. Die Änderungsvorschläge des Rechtsausschusses (zusammengestellt in BTDrucksache Nr. 4185) betrafen hauptsächlich die Änderung der §§ 1, 2 des Entwurfs und die Einfügung der §§ 14, 15 des Gesetzes und beruhten auf dem Gedanken, Personen, die in der Ostzone verurteilt wurden und sich im Bundesgebiet befinden, Schutz gegen die über die körperliche Strafvollstreckung hinausgehenden tatsächlichen und rechtlichen Auswirkungen einer rechtsstaatswidrigen Verurteilung zu gewähren (§§ 14, 15) und die Grenzen zulässiger Rechts- und Amtshilfe enger zu ziehen (§§ 1, 2). Das Gesetz wurde in der Fassung der Ausschußvorschläge in 2. und 3. Lesung am 26. 3. 1953 gegen die Stimmen der Kommunisten angenommen.

2. Spätere Ergänzungen und Änderungen — Auf Grund der Ermächtigung in § 18 des Gesetzes erließ die Bundesregierung die DurchfVO. v. 23.12.1953 (BGBl. I 1569, abgedr. unter D 2). Durch § 28 des Straffreiheitsges. v. 17. 7. 1954 (BGBl. I 203) wurden die Absätze 2 der §§ 15 und 20 aufgehoben.

3. In **Berlin** wurde das vorliegende Gesetz durch Berliner Ges. v. 12. 5. 1953 (GVBl. 293) übernommen und das bis dahin geltende Ges. v. 9. 1. 1951 (vgl. Anm. 1) aufgehoben. — Berliner DurchfVO. v. 7. 1. 1954 (GVBl. S. 2).

4. Über die Rechtshilfe in **Zivilsachen** und die Vollstreckung von Entscheidungen deutsche Gerichte außerhalb der Bundesrepublik in Zivilsachen vgl. Baumbach-Lauterbach, 23. Aufl. Vorbem. 5 vor § 156 GVG. und Berliner Ges. v. 31. 5. 1950 (VOBl. 179) i. d. F. v. 26. 2. 1953 (GVBl. 151), ferner Hoffmann JR. **1953** 158, Eichel NJW. **1953** 1173, Dörrfeldt NJW. **1956** 209, Brunn NJW. **1956** 171; OLG. Köln FamRZ. **1956** 26.

5. Die Leistung von Rechts- und Amtshilfe durch die Behörden der DDR gegenüber denjenigen der Bundesrepublik regelt die RV. der Ostzonenjustizverwaltung Nr. 32/50 v. 28. 2. 1950 — 3140 II — 145/50. — Danach ist die Erledigung westdeutscher Rechtshilfeersuchen nicht zulässig, „wenn der Inhalt des Ersuchens nicht mit den Gesetzen der Deutschen Demokratischen Republik in Einklang steht, insbesondere den in der Verfassung niedergelegten Grundsätzen der Demokratie widerspricht“. Die Entscheidung, ob solche Versagungsgründe vorliegen, trifft der Generalstaatsanwalt. Strafakten dürfen, außer bei Abgabe einer Sache zur Übernahme durch eine westdeutsche Staatsanwaltschaft, nicht nach Westdeutschland versandt werden; soweit erforderlich treten beglaubigte Auszüge aus den Akten an ihre Stelle.

Schrifttum: Nüse Bundesanz. Nr. 215/52 S. 4 (zum Entw. des Ges.); derselbe MDR. **1953** 453; Creifelds JR. **1953** 204; Zorn Bundesanz. 1953 Nr. 80 S. 8 und „Das Deutsche Bundesrecht“ II B 71 S. 7ff.; Polzin JR. **1954** 448; Dalcke (= Fuhrmann), 36. Aufl., Erläuterungen zu dem Gesetz S. 1169ff.

Der Bundestag hat mit Zustimmung des Bundesrates das folgende Gesetz beschlossen:

§ 1

Allgemeines

(1) Den Ersuchen deutscher Gerichte und Behörden außerhalb des Geltungsbereichs dieses Gesetzes um Rechts- und Amtshilfe in Strafsachen ist unter den in § 2 bezeichneten Voraussetzungen zu entsprechen.

(2) Wird einem Ersuchen entsprochen, so gelten die Vorschriften des Gerichtsverfassungsgesetzes und der Strafprozeßordnung, soweit dieses Gesetz nichts anderes bestimmt.

Zu § 1: 1. Allgemeine Bedeutung. § 1 lautete im RegEntw.: „Den Ersuchen deutscher Gerichte und Behörden außerhalb des Geltungsbereiches dieses Gesetzes um Rechts- oder Amtshilfe in Strafsachen ist grundsätzlich zu entsprechen. Soweit dieses Gesetz nichts anderes bestimmt, gelten die Vorschriften des Gerichtsverfassungsgesetzes und der Strafprozeßordnung." Damit sollte, dem Gedanken des einheitlichen Rechtspflegegebiets (vgl. Vorbem. 1 vor § 1) entsprechend klargestellt werden, daß die Leistung von Rechts- und Amtshilfe nach Maßgabe der allgemeinen Vorschriften der Grundsatz, die Nichtleistung (aus den in den folgenden Paragraphen bezeichneten Gründen) die Ausnahme sei. Demgemäß begann § 2 des RegEntw., der die Voraussetzungen umschrieb, unter denen die Leistung von Rechts- und Amtshilfe unzulässig sein sollte, mit den Worten: „Rechts- und Amtshilfe ist nicht zu leisten, wenn . . .". Die Gesetz gewordene Fassung beruht demgegenüber auf der Erwägung, daß die Versagung der Unterstützung nicht als die ausnahmsweise zulässige Durchbrechung des Grundsatzes aufzufassen, sondern daß umgekehrt als Grundsatz aufzustellen sei, Rechts- und Amtshilfe dürfe nur geleistet werden, wenn sie (unter den in § 2 umschriebenen Merkmalen) unbedenklich ist (vgl. Berichterstatter Abg. Dr. Weber, Prot. 12528). Die gesetzliche Grundlage für die Leistung von Rechtshilfe i. S. der §§ 156ff. GVG. bilden danach nicht mehr primär die §§ 156 GVG., sondern die §§ 1, 2 des vorliegenden Gesetzes. Nur wenn das Ersuchen im Hinblick auf die §§ 2ff. keinen Bedenken unterliegt und ihm deshalb zu entsprechen ist, gelten gem. § 1 Abs. 2 die die Rechts- und Amtshilfe betreffenden Vorschriften des GVG. und der StPO. (vgl. dazu Anm. 5 zu § 15). Die §§ 156ff. GVG. gelten aber auch dann nur insoweit, als das vorliegende Gesetz nichts anderes bestimmt (§ 1 Abs. 2). Danach ist § 158 Abs. 2 GVG. insoweit unanwendbar, als er dem Amtsgericht die Entscheidung überträgt, ob die vorzunehmende Handlung nach dem in seinem Bezirk geltenden Recht verboten ist und es zur Ablehnung des Ersuchens verpflichtet, wenn es das Verbotensein bejaht, sofern das Verbot aus den in § 2 bezeichneten Umständen hergeleitet wird. Denn ob die Rechtshilfe unter diesem Gesichtspunkt verboten ist, entscheidet grundsätzlich der Generalstaatsanwalt im Genehmigungsverfahren (§ 3 Abs. 1) und das Oberlandesgericht im Fall des § 5 Abs. 1. Dies gilt auch bei nicht genehmigungsbedürftigen Rechtshilfeakten, da nach § 3 Abs. 3 Ersuchen um solche dem Generalstaatsanwalt zur Entscheidung vorzulegen sind, wenn sich Bedenken (nämlich im Hinblick auf § 2) gegen die Gewährung der Rechtshilfe ergeben. Die Entscheidungen des Oberlandesgerichts und die abschließenden Verfügungen des Generalstaatsanwalts binden aber nach § 16 alle Gerichte. Das Amtsgericht kann daher, wenn die Rechtshilfe durch Vernehmung eines Zeugen genehmigt worden ist, sie nicht unter Berufung auf § 2 wegen Verbotenseins ablehnen, während es Verbotsgründe anderer Art (vgl. Anm. 1b zu § 158 GVG.) zu beachten hat. Treten nach der Genehmigung bei der Durchführung des Rechtshilfeersuchens Umstände, die Bedenken erwecken, neu hervor, so muß das Amtsgericht eine neue Verfügung des Generalstaatsanwalts herbeiführen.

2. Ersuchen deutscher Gerichte und Behörden um Rechts- und Amtshilfe in Strafsachen.

a) Über die Begriffe **„Rechtshilfe"** und **„Amtshilfe"** vgl. Vorbem. 1ff. vor § 156 GVG. Über **„Strafsachen"** vgl. Anm. 1c zu § 13 GVG.

b) Zu den ersuchenden **„Behörden"** gehören nicht nur die Staatsanwaltschaft und die Polizei als Strafverfolgungsorgan, sondern alle zur Mitwirkung bei einer Strafverfolgung berufenen Behörden wie Finanzämter, Wirtschaftsämter usw., gleichviel, an welche Stelle sie ihr Ersuchen richten. Amtshilfeersuchen i. S. des § 1 Abs. 1 sind demgemäß auch Ersuchen, die nicht an Gerichte oder Staatsanwaltschaften in der Bundesrepublik, sondern z. B. an die Polizei oder an Hilfsbeamte der Staatsanwaltschaft (§ 152 GVG.) außerhalb des Kreises der Polizei gerichtet werden (vgl. Anm. 1 zu § 3).

3. „Außerhalb des Geltungsbereichs dieses Gesetzes." Das vorliegende Gesetz hat nach seiner Entstehungsgeschichte vorwiegend die Rechts- und Amtshilfeersuchen von Gerichten und Behörden der Sowjetzone zum Gegenstand. Es gilt nach seinem Wortlaut auch für Ersuchen von Gerichten und Behörden des Saargebiets. Dort ist zwar nach 1945 eine gewisse Rechtsverschiedenheit gegenüber dem in der Bundesrepublik geltenden materiellen und prozessualen Recht eingetreten, im großen und ganzen aber, soweit es sich um das überkommene Recht handelt, die Rechtseinheit erhalten geblieben. Besonderheiten im Rechtshilfeverkehr mit dem Saargebiet ergaben sich früher daraus, daß die Justizbehörden des Saargebiets bei der Gewährung von Rechtshilfe nach den Grundsätzen des internationalen Rechts verfuhren und die Vollstreckung im Bundesgebiet ergangener Strafurteile ablehnten (vgl. Nüse MDR. **1953** 453), während in der Bundesrepublik nach innerdeutschen Rechts- und Amtshilfegrundsätzen verfahren wird (vgl. die in der Vorbem. 1 vor § 1 angeführte Entscheidung BVerfG. NJW. **1955** 1673). Die jüngste politische Entwicklung hat inzwischen dazu geführt, daß wieder unmittelbarer Rechtshilfeverkehr zwischen den Justizbehörden des Saargebiets und der Bundesrepublik stattfindet und die Justizbehörden der Bundesrepublik Zustellungen im Saargebiet wieder durch die Post (also ohne Zustellungsanträge an die Gerichte des Saargebiets) bewirken können (vgl. RdErl. des Hess. JustMin. v. 18. 1. 1956, JMBl. 15). — Für das Gebiet jenseits der Oder-Neiße-Linie gilt das Gesetz nicht, da dort zur Zeit keine deutschen Gerichte und Behörden bestehen.

4. Über die Bedeutung des **Abs. 2** vgl. Anm. 5 zu § 15.

§ 2

Grenzen der Rechts- und Amtshilfe

(1) Rechts- oder Amtshilfe ist zu leisten, wenn

1. ihre Gewährung dem Zweck eines Bundesgesetzes nicht widerspricht,

2. keine Bedenken gegen die Annahme bestehen, daß von der Rechts- oder Amtshilfe nur im Einklang mit rechtsstaatlichen Grundsätzen Gebrauch gemacht wird, und

3. nicht anzunehmen ist, daß dem Betroffenen aus der Gewährung der Rechts- oder Amtshilfe erhebliche Nachteile erwachsen, die im Widerspruch zu rechtsstaatlichen Grundsätzen stehen.

(2) Eine Zulieferung wegen einer Handlung, die im Gebiet der ersuchenden Stelle mit Todesstrafe bedroht ist, darf nur genehmigt werden, sofern die Gewähr gegeben ist, daß die Todesstrafe nicht vollstreckt wird.

(3) Wird die Zulieferung eines Verfolgten nicht genehmigt, so darf der Verfolgte der ersuchenden Stelle auch nicht allein zu dem Zwecke zugeführt werden, um eine Hauptverhandlung oder eine andere Maßnahme gegen ihn durchzuführen.

(4) Ein Zeuge darf, auch wenn er sich in Haft befindet, zum Zwecke der Vernehmung oder Gegenüberstellung nicht gegen seinen Widerspruch zugeführt werden.

(5) Eine Strafe ist nur insoweit zu vollstrecken, als ihre Art und Höhe nach rechtsstaatlichen Grundsätzen angemessen sind und nicht dem Zweck eines Bundesgesetzes widersprechen. Die Strafe kann in einer milderen Strafart vollstreckt werden.

(6) Die Absätze 1 bis 5 gelten auch für Verfahren, die gegen Abwesende durchgeführt worden sind.

1. Abs. 1 enthält die in Strafsachen für Rechts- und Amtshilfeersuchen jeder Art geltende Grundregel über die Voraussetzungen, unter denen den Ersuchen entsprochen werden darf und, sofern die Voraussetzungen vorliegen, entsprochen werden muß. Diese Voraussetzungen sind negativ gefaßt; nur wenn keiner der drei Ausschließungsgründe vorliegt, ist die Beistandsleistung zulässig und geboten. Die Abs. 2 bis 6 ergänzen die Grundregel durch Vorschriften für bestimmte Ersuchen (Abs. 2 bis 5) oder bestimmte Verfahren (Abs. 6).

2. Für die Frage nach der **Tragweite der drei Ausschließungsgründe** und nach ihrem Verhältnis zueinander ist ein Blick auf die Entstehungsgeschichte des § 2 aufschlußreich. Anknüpfend an die grundlegende Entscheidung des BVerfG. (**1** 332 = NJW. **1952** 1129), unter welchen Voraussetzungen Ersuchen um Vollstreckungshilfe bei Urteilen sowjetzonaler Gerichte entsprochen werden könne (vgl. Vorbem. 1 vor § 1), sah § 2 Abs. 1 des RegEntw. vor: „Rechts- und Amtshilfe ist nicht zu leisten, wenn ihre Gewährung dem Zweck eines Bundesgesetzes oder rechtsstaatlichen Grundsätzen widersprechen würde oder zu erwarten ist, daß dem Betroffenen im Widerspruch zu rechtsstaatlichen Grundsätzen erhebliche Nachteile erwachsen." Der Rechtsausschuß des Bundestags, der dem Gedankengang des RegEntw., in § 1 die grundsätzliche Rechts- und Amtshilfepflicht auszusprechen und in § 2 zu bestimmen, unter welchen Voraussetzungen von dem Grundsatz des § 1 abzuweichen sei, nicht folgen, sondern in § 2 seines Entwurfs die Voraussetzungen der Rechts- und Amtshilfepflicht konstitutiv bestimmen wollte (vgl. Anm. 1 zu § 1), mußte demgemäß die negative Fassung des § 2 des RegEntw. („ist nicht zu leisten") in eine positive („ist [zu ergänzen: nur] zu leisten") umkehren. Wenn er über die durch diesen Konstruktionswechsel bedingten Fassungsänderungen hinaus die Ausschließungsgründe Nr. 2 und 3 abweichend von dem Vorschlag des RegEntw. formulierte, so ist aus der Begründung des Berichterstatters (Prot. 12528) nicht zu entnehmen, daß damit mehr als eine sprachliche Verbesserung beabsichtigt gewesen sei. Es kann deshalb zur Erhellung der gesetzgeberischen Absichten unbedenklich auf die Begründung des RegEntw. zurückgegriffen werden.

3. Zu Abs. 1 Nr. 1. a) Die Gewährung darf **nicht dem Zweck eines Bundesgesetzes widersprechen.** Während bei den Ausschließungsgründen der Nr. 2 und 3 der Widerspruch zu rechtsstaatlichen Grundsätzen, zu dem die Gewährung von Rechts- und Amtshilfe führen könnte, ihre Versagung erforderlich macht, kommt es bei dem Ausschließungsgrund der Nr. 1 nicht darauf an, ob die Gewährung von Rechts- und Amtshilfe zu rechtsstaatswidrigen Ergebnissen führen könnte, sondern lediglich darauf, ob bei Gewährung der Unterstützung ein Ausgang der Sache in Frage steht, den ein Bundesgesetz auszuschließen bezweckt. Der hier aufgestellte Versagungsgrund hat eine Parallele in Art. 30 EG. BGB., wonach die Anwendung eines ausländischen Gesetzes ausgeschlossen ist, wenn es gegen den Zweck eines deutschen Gesetzes verstoßen würde. Ein solcher Verstoß ist nach der Rechtsprechung (vgl. RGZ. **119** 263 mit Nachweisen) nur anzunehmen, wenn die dem deutschen und dem ausländischen Gesetz zugrunde liegenden staatspolitischen oder sozialen Anschauungen so verschieden sind, daß die Anwendung des ausländischen Gesetzes unmittelbar die Grundlagen des deutschen staatlichen oder wirtschaftlichen Lebens angreifen würde. Ähnliche Gesichtspunkte sind auch für die Auslegung der Nr. 1 maßgebend. Entscheidend ist danach, ob die Gewährung von Rechts- und Amtshilfe dazu führen würde, daß ein außerhalb der Bundesrepublik geltendes Recht angewendet oder durchgesetzt würde, das wesentlichen Grundgedanken des in der Bundesrepublik geltenden Rechts widerspricht. Der wichtigste hier in Betracht kommende Fall hat in § 2 Abs. 2 eine Sonderregelung erfahren. Die Verhängung und Vollstreckung eines Todesstrafe (z. B. bei Mord) widerspricht rechtsstaatlichen Grundsätzen nicht; rechtsstaatswidrig wäre sie nur da, wo sie unangemessen hart wäre und in keinem Verhältnis zu der Schwere und Bedeutung der Tat stünde. Da die Abschaffung der Todesstrafe aber im GG. (Art. 102) ausgesprochen ist, ergibt sich, daß die Ausschließung der Todesstrafe zu den das Strafrecht der Bundesrepublik kennzeichnenden Vorschriften gehört; dem entspricht es, daß nach Art. 6 Abs. 1 des „Truppenvertrags" (vgl. Anhang unter C) die Vollstreckung von Todesstrafen, die durch die Militärgerichte der in der Bundesrepublik stationierten fremden Truppen ausgesprochen werden, in der Bundesrepublik ausgeschlossen ist. Ohne den Abs. 2 könnte zweifelhaft sein, ob nicht die Unterstützung eines gerichtlichen Verfahrens außerhalb der Bundesrepublik wegen einer mit Todesstrafe bedrohten Tat dem Zweck eines Bundesgesetzes schon dann widerspricht, wenn die Verhängung der Todesstrafe möglich ist. Die Bedeutung des Abs. 2 besteht in der Klarstellung, daß der zu erwartende Ausspruch der Todesstrafe die Amtshilfe durch Überstellung des Beschuldigten nicht ausschließt, sofern (durch Zusicherung der Umwandlung der Todesstrafe in Freiheitsstrafe im Gnadenweg, wenn gegen die Erfüllung der Zusage keine Bedenken bestehen) Gewähr gegeben ist, daß eine erkannte Todesstrafe nicht vollstreckt wird. Aus Abs. 2, der, soweit es sich um die Todesstrafe handelt, als lex specialis gegenüber Abs. 1 Nr. 1 anzusehen ist, muß daher entnommen werden, daß Rechts- und Amtshilfeersuchen um andere Unterstützungsmaßnahmen als die Zulieferung nicht deshalb abzulehnen sind, weil in dem Verfahren mit der Verhängung der Todesstrafe zu rechnen ist. In einem in der Sowjetzone anhängigen Verfahren wegen Mordes ist also, soweit nicht Versagungsgründe nach Nr. 2, 3 vorliegen, Rechtshilfe z. B. durch Vernehmung von Zeugen zu leisten, auch wenn mit der Verhängung und Vollstreckung der Todesstrafe zu rechnen ist.

Der Ausschließungsgrund nach Nr. 1 kann ferner gegeben sein, wenn eine Zulieferung mit dem Zweck eines in der Bundesrepublik erlassenen Straffreiheitsgesetzes nicht vereinbar wäre (ebenso Zorn, Das Deutsche Bundesrecht II B 71 S. 9, Anm. 2 zu § 8). Allerdings erstreckt sich ein durch Straffreiheitsgesetz der Bundesrepublik ausgesprochener Straferlaß nicht auf Strafen, die von deutschen Gerichten außerhalb der Bundesrepublik verhängt sind (vgl. Vorbem. 15a am Ende vor § 12 GVG.) und ebensowenig steht die durch ein solches Gesetz angeordnete

Niederschlagung der Durchführung eines ostzonalen Strafverfahrens entgegen, wenn sie erfolgt, nachdem dort ein Gericht gemäß § 12 StPO. ausschließlich zuständig geworden ist (vgl. Vorbem. 16a und 16e β vor § 12 GVG.). Geht aber der Zweck eines solchen Gesetzes dahin, unter allen Umständen unter die Vergangenheit im Interesse des Rechtsfriedens einen Schlußstrich zu ziehen, so verbietet § 2 Abs. 1 Nr. 1 die dem Zweck eines solchen Gesetzes widersprechende Unterstützung der deutschen Strafgerichtsbarkeit außerhalb der Bundesrepublik durch Gewährung von Rechts- und Amtshilfe.

b) Der Umstand allein, daß die Tat, derentwegen um Unterstützung ersucht wird, nach dem Recht der Bundesrepublik **keinen Straftatbestand erfüllt,** begründet die Versagung nach Nr. 1 noch nicht; die §§ 2, 34 Abs. 2 des Deutschen Auslieferungsges. v. 23. 12. 1929 sind auch nicht entsprechend anwendbar. Solange also in der Sowjetzone noch eine durch Strafdrohungen gesicherte Bewirtschaftung von Mangelware durch Verbrauchsregelung und Bezugsbeschränkung besteht, sind Rechts- und Amtshilfeersuchen nicht deshalb abzulehnen, weil es in der Bundesrepublik keine Bewirtschaftung mehr gibt und einschlägige Strafdrohungen fehlen; auch von einem Verstoß gegen rechtsstaatliche Grundsätze kann hier keine Rede sein, es sei denn, daß durch Art und Höhe der Strafe oder sonstige Folgen des Strafverfahrens (z. B. die Einziehung des gesamten Vermögens) Unrecht begangen wird (h. M.; vgl. z. B. Begr. zu § 1 RegEntw. S. 8; Creifeld a. a. O. 206). Es gilt hier nichts anderes, als wenn innerhalb des Bundesgebiets ein Gericht das Gericht eines anderen Landes in einem Verfahren wegen einer Tat, die nach dem Recht des ersuchten Gerichts nicht strafbar ist (Verstoß gegen ein Landesgesetz), um Rechtshilfe ersucht (vgl. Anm. 1b am Ende zu § 158 GVG.). Auch der Umstand, daß ein Gesetzesverstoß nach dem Recht der ersuchenden Stelle eine kriminelle Straftat darstellt, während sie nach dem Recht der Bundesrepublik nur eine Ordnungswidrigkeit bildet, bewirkt allein noch nicht, daß die Gewährung der Unterstützung dem Zweck eines Bundesgesetzes widerspricht, denn hierbei handelt es sich nicht um Abweichungen in grundlegenden Rechtsvorstellungen, sondern um Fragen kriminalpolitischer Zweckmäßigkeit, wie denn ja auch innerhalb der Bundesrepublik die landesrechtlichen Gesetze, besonders über Feld- und Forstzuwiderhandlungen z. T. darin voneinander abweichen, daß ein Verstoß in dem einen Land eine Ordnungswidrigkeit, in dem anderen eine kriminelle Straftat ist. Der Grad der Rechtsstaatswidrigkeit (Abs. 1 Nr. 2) wird bei einer solchen Rechtsverschiedenheit erst erreicht, wenn die Wertung eines Gesetzesverstoßes als Kriminalstraftat nach Art und Höhe der angedrohten Strafe nach den Wertvorstellungen des Rechts der Bundesrepublik unangemessen ist.

c) Soweit es sich um die **Vollstreckungshilfe** handelt, ist der Grundsatz, daß sie nicht im Widerspruch zu den Zwecken eines Bundesgesetzes geleistet werden darf, in § 2 Abs. 5 nochmals ausgesprochen. Vgl. dazu unten Anm. 9.

4. Zu Abs. 1 Nr. 2. Es muß ferner die **Annahme unbedenklich sein, daß von der Rechts- und Amtshilfe nur im Einklang mit rechtsstaatlichen Grundsätzen Gebrauch gemacht wird.** Die zur Entscheidung über die Zulässigkeit der Hilfe berufene Stelle muß also davon überzeugt sein, daß ein rechtsstaatswidriger Gebrauch nach Lage der Sache ausgeschlossen ist; jeder Zweifel führt zur Versagung (anders im Fall der Nr. 3; s. unten Anm. 5).

Ein rechtsstaatswidriger Gebrauch der Rechts- und Amtshilfe liegt vor, wenn das Verfahren, in dem sie begehrt wird, nach Ziel und Zweck, nach der Art seiner Durchführung und dem Inhalt der Entscheidung mit den Grundsätzen eines rechtsstaatlichen Verfahrens, das den Erfordernissen der Gerechtigkeit, der Menschlichkeit und der Achtung der Menschenwürde Rechnung trägt, nicht vereinbar ist. Die Begr. zu § 2 des RegEntw. führt hierzu aus: „Der Begriff der rechtsstaatlichen Grundsätze ist bereits in den §§ 234a und 241a StGB. enthalten, die durch das Ges. zum Schutz der persönlichen Freiheit vom 15. 7. 1951 (BGBl. I 448) in das Strafgesetzbuch eingefügt worden sind. In der Denkschrift des Bundesjustizministeriums zu diesem Gesetz (Bundesanz. Nr. 122 vom 28. 6. 1951) ist er näher erläutert worden. Danach ist ein Verstoß gegen rechtsstaatliche Grundsätze anzunehmen, wenn der Betroffene Kräften ausgeliefert werden soll, die bereit sind, mit ihm nach ihren Zwecken und Vorstellungen zu verfahren, ohne sich an die Grundsätze der Gerechtigkeit und der Menschlichkeit zu halten. In Widerspruch zu rechtsstaatlichen Grundsätzen stehen insbesondere ein nicht rechtsstaatlich geordnetes oder geführtes Verfahren und die Verhängung einer grob ungerechten oder im Gesetz nicht vorgesehenen Strafe oder Maßnahme. Mit rechtsstaatlichen Grundsätzen ist es auch nicht zu vereinbaren, einen politisch Andersdenkenden nur wegen seiner Gesinnung zu verfolgen, einen wirklichen oder vermeintlichen Gegner des herrschenden Systems wegen einer abfälligen Äußerung oder seines Eintretens für Recht und Freiheit mit schweren Freiheitsstrafen zu belegen oder das Strafverfahren als

Mittel für eine Enteignung zu benutzen. Neben rein politischen gehören demnach auch wirtschaftliche, kulturpolitische und gesellschaftliche Zwecke hierher, sofern sie der Anlaß für eine Verfolgung sind. — Rechtsstaatliches Denken setzt ferner voraus, daß ein Beschuldigter nur wegen einer bestimmten Straftat abgeurteilt werden darf, daß strafbare Handlung und Strafe vor dem Begehen der Straftat gesetzlich bestimmt, Straftat und ihre Folgen also vorhersehbar sind. Tat und Strafe müssen unter Berücksichtigung der Persönlichkeit des Täters in einem gerechten Verhältnis zueinander stehen. Dem Verfolgten muß die Möglichkeit gegeben werden, sich nach den Vorschriften der bisher insoweit im wesentlichen noch in allen deutschen Gebieten übereinstimmenden Strafprozeßordnung sachgemäß zu verteidigen. Es kommt folglich nicht allein entscheidend darauf an, um was für eine Straftat es sich handelt. Auch wenn der Verfolgte ein kriminelles Verbrechen begangen hat, kann die Verfolgung oder die Art ihrer Durchführung im Einzelfall rechtsstaatlichen Grundsätzen widersprechen. Das gilt vornehmlich, wenn politische Ziele für die Strafverfolgung maßgebend sind oder mit einer ungerecht hohen oder grausamen Strafe zu rechnen ist."

Bei der Prüfung, ob der Ausführung eines Rechts- oder Amtshilfeersuchens Bedenken wegen rechtsstaatswidrigen Gebrauchs entgegenstehen, ist zu unterscheiden. Das **materielle** Strafgesetz, dessen Verletzung verfolgt wird, kann schon nach seinem Inhalt, z. B. wegen völliger Unbestimmtheit der Tatbestandsmerkmale, wegen der übermäßig hohen Strafandrohung oder weil ein solcher Verstoß nicht als strafwürdiges Unrecht erscheint, den rechtsstaatlichen Grundsätzen widersprechen. Dann führt allein die Tatsache, daß das Ersuchen die Durchsetzung eines solchen Gesetzes bezweckt, ohne weitere Prüfung der Umstände des Einzelfalles zur Ablehnung des Ersuchens. Über solche „schlechthin rechtsstaatswidrigen" Gesetze vgl. die eingehenden Ausführungen von Nüse MDR. **1953** 455 (ihm im wesentlichen zustimmend Polzin JR. **1954** 452); es gehören hierher etwa Verurteilungen aus Art. 6 Abs. 2 der Verfassung der DDR. und Abschn. 2 Art. 3 der Kontrollratsdirektive Nr. 38, weil es an einigermaßen deutlich umschriebenen Tatbestandsmerkmalen (bei Art. 6 DDR.-Verf. auch an einer bestimmten Strafdrohung) fehlt und weil diese Vorschriften in rechtsstaatswidriger Weise bezwecken, jede politische Gesinnung zu unterdrücken, die im Widerspruch zu dem die DDR. beherrschenden System steht (OLG. Oldenburg vom 24. 10. 1955 — Ws. 140/55 — und vom 18. 11. 1955 — Ws. 357/55 —), ferner Verurteilungen aus dem SMAD.-Befehl Nr. 136 vom 3. 6. 1947 (ZVOBl. Nr. 10/47), weil er wegen seiner weiten, über das vertretbare Anliegen weit hinausgreifenden Fassung bezweckt, jeden wirtschaftlichen Nachrichtenaustausch zwischen Deutschen in Ost- und Westdeutschland zu unterbinden (OLG. Oldenburg vom 1. 8. 1955 — Ws. 141/55 —), weiterhin Verurteilungen lediglich auf Grund des wegen Unbestimmtheit der Tatbestandsmerkmale rechtsstaatswidrigen SMAD.-Befehls Nr. 160 vom 3. 12. 1945 (KG. vom 14. 6. 1954 — 1 Ws. 561/54 — und OLG. Oldenburg vom 22. 11. 1955 — Ws. 420/54 —) und schließlich Verurteilungen aus dem Ges. „zum Schutz des Friedens" vom 15. 12. 1950 (GBl. 1199). Als „im Prinzip" rechtsstaatswidrig sieht Nüse MDR. **1953** 455 (ebenso OLG. München vom 20. 2. 1954 — Ws. 947/53 —) das Ges. zum Schutz des innerdeutschen Handels vom 21. 4. 1950 (GBl. DDR. 327) an; a. M. OLG. Oldenburg vom 15. 12. 1954 — Ws. 432/54 —; Polzin a. a. O. 452 und die dort Fußnote 27 angeführte Rechtspr. des KG. und des OLG. Braunschweig. Bei den übrigen materiellen Strafvorschriften kommt es darauf an, wie sie im Einzelfall gehandhabt werden; es wird also im allgemeinen erst nach erfolgter Aburteilung aus Anlaß eines Vollstreckungsersuchens, eines Antrags aus § 15 oder des Eingangs einer Strafnachricht (§ 14) Möglichkeit und Anlaß zu einer Nachprüfung bestehen, ob eine rechtsstaatsmäßige Gesetzesanwendung erfolgt ist. Rechtsstaatswidrig wäre z. B. die Einziehung des gesamten Vermögens auf Grund der WirtschaftsstrafVO. vom 23. 9. 1948 (ZVOBl. 439) (OLG. München vom 20. 2. 1954 — Ws. 947/53 —; Nüse MDR. **1953** 455); mindestens ist die Einziehung des gesamten Vermögens Anzeichen für einen politischen Hintergrund der Strafverfolgung (OLG. Köln vom 12. 3. 1954 — 1 AR. 305/53 —). Auf die Handhabung im Einzelfall kommt es auch an, soweit die Prüfung der Zulässigkeit einer Rechts- oder Amtshilfe im Hinblick auf die in der DDR. geltenden **Gerichtsverfassungs- und Verfahrensvorschriften** in Frage steht. Denn die insoweit mit den rechtsstaatlichen Vorstellungen der Bundesrepublik unvereinbaren Vorschriften des sowjetzonalen Rechts waren dem Gesetzgeber bei Erlaß des vorliegenden Gesetzes durchaus bekannt. Wenn er darin gleichwohl keinen Anlaß fand, die Gewährung von Rechts- und Amtshilfe auszuschließen, so kann dies nur bedeuten, daß die Zulässigkeitsprüfung sich in der Regel darauf zu erstrecken hat, ob die Handhabung der Verfahrensgesetze im Einzelfall zu rechtsstaatlich unannehmbaren Ergebnissen geführt hat (so auch Nüse a. a. O. 456). Vgl. dazu unten Anm. 10 und Anm. 4b zu § 15.

5. Zu Abs. 1 Nr. 3 — Die Leistung von Rechts- und Amtshilfe ist schließlich ausgeschlossen, wenn **anzunehmen ist, daß dem Betroffenen aus der Gewährung der Rechts- oder Amtshilfe erhebliche Nachteile erwachsen, die im Widerspruch zu rechtsstaatlichen Grundsätzen stehen.** Während Nr. 2 eine Unterstützung des ostzonalen Verfahrens verbietet, wenn die Gefahr besteht, daß der Verfolgte gerade durch die Einleitung oder Durchführung des Verfahrens oder den darin ergehenden oder ergangenen Spruch rechtsstaatswidrige Einbußen erleidet, will Nr. 3 rechtsstaatswidrige Nachteile anderer Art, also solche außerhalb des Verfahrens ausschließen. Die Begr. zu § 2 des RegEntw. führt hierzu aus: „Rechts- und Amtshilfe ist auch dann zu versagen, wenn zu erwarten ist, daß dem Betroffenen im Widerspruch zu rechtsstaatlichen Grundsätzen erhebliche Nachteile drohen. Dadurch soll verhindert werden, daß der Verfolgte etwa auf Grund eines Ersuchens in einem gegen ihn eingeleiteten Verfahren wegen einer kriminellen Straftat in das Gebiet der ersuchenden Stelle zugeliefert wird, während das Verfahren in Wirklichkeit nur dazu dienen soll, des Betroffenen habhaft zu werden, um ihn außerhalb des Verfahrens willkürlich zu verfolgen. Voraussetzung ist, daß die drohenden Nachteile erheblich sind. Die über die Gewährung der Rechts- und Amtshilfe entscheidende Stelle wird daher unter Umständen zwischen der Schwere der kriminellen Tat, derentwegen der Betroffene zugeliefert werden soll, und seiner Gefährdung durch andere Nachteile abzuwägen haben. Es soll zwar jede ungerechte und willkürliche Verfolgung verhindert werden. Doch darf sich z. B. nicht ein Schwerverbrecher der ihm drohenden berechtigten Strafverfolgung entziehen können, indem er aus dieser Berechnung heraus das im Gebiet der ersuchenden Stelle bestehende System beschimpft. Wenn auch die §§ 10, 11 die Möglichkeit einer Übernahme des Verfahrens vorsehen, so wird dem Täter doch nicht immer mit den im Geltungsbereich des Grundgesetzes zur Verfügung stehenden Beweismittel seine Tat nachzuweisen sein. Der Gedanke der Rechtssicherheit und das Gerechtigkeitsgefühl der gesamtdeutschen Bevölkerung verlangen aber, daß kriminelle Verbrechen nicht ungesühnt bleiben."

Nr. 3 bezieht sich nicht nur auf den Verfolgten, dessen Straftat das Hilfeersuchen zum Gegenstand hat und nicht nur auf eine Hilfeleistung in Form der Zulieferung. Die Nr. 3 will vielmehr jeden schützen, dem aus der Leistung von Rechts- und Amtshilfe rechtsstaatswidrige Nachteile (außerhalb des Verfahrens) erwachsen können, also jeden, der in dieser Weise „betroffen" werden kann. Die in § 2 Abs. 7 des RegEntw. vorgesehene Begriffsbestimmung: „Betroffen ist, wer durch die Leistung der Rechts- und Amtshilfe benachteiligt werden kann" ist zwar nicht in das Gesetz aufgenommen worden — der Bundesrat, auf dessen Anregung die Streichung beruht (vgl. Anl. 2 zu BT.-Drucks. Nr. 3820), befürchtete, der Kreis der Betroffenen könne durch eine Legaldefinition ungerechtfertigt erweitert werden, es sei besser, die Umgrenzung des Begriffs der Praxis zu überlassen —, gilt aber der Natur der Sache nach auch ohne Legaldefinition. Unter Nr. 3 fällt also z. B. der Fall, daß einem Zeugen aus seiner Aussage erhebliche politische Benachteiligungen drohen oder daß ein Ersuchen um Zeugenvernehmung in Wirklichkeit nicht bezweckt, den Sachverhalt bezüglich der erhobenen Beschuldigung aufzuklären, sondern Material gegen andere Personen zur Verfolgung aus einem „schlechthin rechtsstaatswidrigen" Gesetz (vgl. Anm. 4) zu beschaffen oder ihren Aufenthalt zu ermitteln (weitere Beispiele bei Nüse a. a. O. 456). Besonders bei Ersuchen um Aktenübersendung ist zu prüfen, ob ihr Inhalt nicht den Anlaß zu außerverfahrensmäßigen Nachteilen der in Nr. 3 bezeichneten Art bilden kann. — Zur Versagung genügen hier — anders als nach Nr. 2 — nicht schon Bedenken, ob erhebliche Nachteile nicht ausgeschlossen sind, vielmehr muß die Annahme begründet sein, daß solche Nachteile erwachsen. Das entspricht dem Sinn der Vorschrift, die Verfolgung wirklich Krimineller nicht auszuschließen, mögen damit auch für sie oder andere zwangsläufig gewisse, aber unerhebliche Nachteile rechtsstaatswidriger Art verbunden sein.

6. Über die Bedeutung des **Abs. 2** vgl. oben Anm. 3a. Wird die Zulieferung, d. h. die Überantwortung, die körperliche Übergabe an die ersuchende Stelle unter endgültiger Entlassung aus dem Machtbereich der ersuchten Stelle nicht genehmigt, so findet § 10 Anwendung. Eine Zulieferung liegt aber nur vor, wenn der Betroffene sich auf Grund eigner Entschließung in der Bundesrepublik aufhielt und hier ergriffen wurde. § 2 Abs. 2 hindert demgemäß nicht die Rücküberstellung eines Beschuldigten, der von den ostzonalen Behörden den Behörden der Bundesrepublik nur (gegen Zusicherung der Rückführung) zugeführt wurde, auch wenn die ostzonalen Stellen eine Zusicherung, eine etwaige Todesstrafe werde nicht vollstreckt werden, ablehnen (OLG. Braunschweig vom 22. 7. 1953 — Ws. 98/53 —; in dem dort entschiedenen Fall war ein eines Mordes in der Ostzone Beschuldigter den Strafverfolgungsbehörden in der Bundesrepublik zu einem hier anhängigen Verfahren gegen einen anderen ebenfalls eines Mordes Beschuldigten zugeführt worden).

7. Zu Abs. 3 — In § 2 Abs. 3 des RegEntw. war folgende Bestimmung vorgesehen: „Wird die Zulieferung eines Verfolgten nicht genehmigt, so darf er zur Hauptverhandlung zugeführt werden, wenn sich die ersuchende Stelle verpflichtet, ihn unverzüglich nach der Hauptverhandlung zurückzuüberstellen. Dabei kann die Zuführung von der Zusicherung abhängig gemacht werden, daß der Verfolgte spätestens nach Ablauf einer bestimmten Frist zurücküberstellt wird." Dieser Vorschlag knüpfte an eine früher in Berlin mit Erfolg geübte Praxis an (vgl. Nüse a. a. O. 456f.). Es sollte damit Vorsorge für die Fälle getroffen werden, in denen zwar einer Zulieferung Bedenken entgegenstehen, eine Aburteilung im Bundesgebiet (vgl. § 10) aber auf Schwierigkeiten stößt, weil sich die Beweismittel überwiegend in dem Gebiet der ersuchenden Stelle befinden. Der Bundestagsrechtsausschuß hat eine solche Bestimmung als „nicht mehr vertretbar" abgelehnt (vgl. Berichterstatter Abg. Dr. Weber Prot. 12528); Zorn („Das Deutsche Bundesrecht" II B 71 Anm. 6 zu § 2) sieht den Grund für das Zuführungsverbot darin, daß „mit der Zulieferung jede Einflußnahme auf das Schicksal der Betroffenen verloren geht" (aber es handelt sich ja nicht um Zulieferung, sondern um Zuführung!). Nach Nüse a. a. O. 457 ist die Zuführung an Stelle einer Zulieferung zulässig, wenn die Zulieferung selbst zulässig ist. Indessen muß, wenn eine begehrte Zulieferung zulässig ist, dem Ersuchen auch stattgegeben, also zugeliefert werden („Rechts- oder Amtshilfe ist zu leisten . . ."); eine Zuführung an Stelle einer an sich zulässigen Zulieferung kann also nur in Frage kommen, wenn das Ersuchen sich, obwohl es auf Zulieferung hätte gerichtet werden können, auf eine Zuführung beschränkt. — Der Auffassung von Nüse a. a. O. 457, daß das zum Schutz des Verfolgten aufgestellte Zulieferungs- und Zuführungsverbot entfalle, wenn er selbst aus beachtlichen Gründen die Zulieferung oder Zuführung beantragt, dürfte zuzustimmen sein (vgl. auch § 7 des Deutschen Auslieferungsges., wonach eine Auslieferung nur bewilligt werden darf, wenn das Gericht sie für zulässig oder der Verfolgte sich zu richterlichem Protokoll mit ihr einverstanden erklärt hat).

8. Zu § 2 Abs. 4 — § 2 Abs. 4 des RegEntw. schlug die Möglichkeit befristeter Zuführung einer in Haft befindlichen Person zur Vernehmung oder Gegenüberstellung als Zeuge vor, während die Zuführung eines auf freiem Fuß befindlichen Zeugen (vgl. § 51 Abs. 1 Satz 2 StPO.) nicht gegen seinen Widerspruch zulässig sein sollte. Entsprechend den Vorschlägen des Rechtsausschusses des Bundestags ist nach § 2 Abs. 4 des Ges. die Genehmigung der Zuführung eines Zeugen in allen Fällen davon abhängig, daß er ihr nicht widerspricht. Ein Zeuge, der zunächst nicht widersprochen hat, kann auch noch nach Genehmigung der Zuführung diese durch nachträglichen Widerspruch unzulässig machen. Aber auch wenn der Zeuge mit der Zuführung einverstanden ist, darf die Zuführung nicht genehmigt werden, wenn sie zur Durchführung eines Verfahrens erbeten worden ist, dem Bedenken der in § 2 Abs. 1 bezeichneten Art entgegenstehen.

9. Zu Abs. 5. — a) Hält sich ein zu einer Freiheitsstrafe Verurteilter außerhalb des Bezirks der Strafvollstreckungsbehörde auf, so kann letztere nach §§ 162, 163 GVG. die Staatsanwaltschaft des Aufenthaltsorts darum ersuchen, entweder die Strafe selbst zu vollstrecken oder den Verurteilten zum Zweck der Strafverbüßung zu ergreifen und abzuliefern („zuzuliefern"). Für den Fall, daß ein Ersuchen einer sowjetzonalen Strafvollstreckungsbehörde um unmittelbare Vollstreckung oder um Vollstreckungshilfe durch Zulieferung aus den Gründen des § 2 Abs. 1 abgelehnt wird, schreibt § 11 die Durchführung eines neuen Verfahrens vor. § 2 Abs. 5 sieht eine Durchbrechung dieses Grundsatzes für den Fall vor, daß keine Bedenken gegen den Schuldspruch bestehen — sei es auch nur deshalb, weil nicht das angewendete, sondern ein anderes Gesetz die Verurteilung rechtfertigt —, dagegen Art und Höhe der erkannten Strafe rechtsstaatswidrig erscheinen. Dann ist zwar Vollstreckungshilfe durch Zulieferung ausgeschlossen, aber (auch wenn um Zulieferung ersucht wurde) Amtshilfe in der Form zu leisten, daß nur eine Strafe in der Strafart und Strafhöhe vollstreckt wird, wie sie nach rechtsstaatlichen Grundsätzen und ohne Widerspruch mit den Zwecken eines Bundesgesetzes dem Schuldspruch angemessen ist. Wegen der Vollstreckungstitel, auf die sich § 2 Abs. 5 erstreckt, vgl. Anm. 2b zu § 15. Die Durchführung eines neuen Verfahrens nach § 11 ist dann ausgeschlossen; es fehlt an der dort aufgestellten Voraussetzung, daß die Vollstreckung nicht (d. h. überhaupt nicht) genehmigt worden sei. Satz 2 des Abs. 5, der die Vollstreckung in einer milderen Strafart gestattet, hat keine selbständige Bedeutung, sondern spricht nur der Verdeutlichung halber aus, was sich bereits aus Satz 1 („insoweit zu vollstrecken, als ihre Art. . . .") ergibt. Unter „Strafe" ist der gesamte Umfang der festgesetzten oder an die Verurteilung anknüpfenden Unrechtsfolgen (vgl. § 4 Abs. 1) zu verstehen. Die Milderung kann also darin bestehen, daß die Hauptstrafe der Höhe nach herabgesetzt oder in eine mildere Strafart umgewandelt wird oder daß Maßregeln der Sicherung und Besserung, Nebenstrafen und Nebenfolgen in ihrem Umfang herabgesetzt oder in Fortfall gebracht werden. Bei der Milderung kann die in einer ostzonalen Strafdrohung festgesetzte erhöhte Mindeststrafe unterschritten werden; es kann auch Umwandlung in eine Strafart erfolgen, die in der ostzonalen Strafdrohung nicht vorgesehen ist, also z. B. die Umwandlung der allein angedrohten Zuchthausstrafe in eine Gefängnisstrafe oder die Umwandlung einer Freiheitsstrafe in eine Geldstrafe, auch wenn in der ostzonalen Strafdrohung Geldstrafe nicht vorgesehen ist. Zulässig und geboten ist es auch, die Vollstreckung einer Strafe, gegen deren Höhe und Art keine Bedenken bestehen, zur Bewährung auszusetzen, wenn die Voraussetzungen einer gerichtlichen Aussetzung nach § 23 StGB. gegeben sind und die Aussetzung in einem solchen Fall zweifellos der Praxis der westdeutschen Gerichte entspricht. Denn die bedingte Aussetzung in geeigneten Fällen zur Vermeidung des kriminalpolitisch unerwünschten Vollzugs kurzfristiger Freiheitsstrafen, wie sie seit langem auch schon vor Inkrafttreten des 3. Strafrechtsänderungsgesetzes vom 4. 8. 1953 (BGBl. I 735) im Gnadenwege gehandhabt wurde, bildet einen wesentlichen Bestandteil des Strafensystems der Bundesrepublik; die Gewährung von Amtshilfe durch Vollstreckung einer Strafe, die, hätte ein westdeutsches Gericht erkannt, ohne Zweifel bedingt ausgesetzt worden wäre, widerspricht daher dem Zweck eines Bundesgesetzes (ebenso im Ergebnis KG. vom 6. 12. 1954 — 1 Ws. 1107/54 u. Polzin a. a. O. 449: Ablehnung einer bei Anlegung rechtsstaatlicher Grundsätze unbedingt gebotenen bedingten Aussetzung mache die Vollstreckung rechtsstaatswidrig). Aus dem gleichen Grunde ist ein aus rechtsstaatswidrigen Gründen in der Ostzone erfolgter Widerruf einer zunächst gewährten bedingten Aussetzung unbeachtlich (ebenso Polzin a. a. O. 449 u. Verfg. des Generalstaatsanwalts Stuttgart vom 28. 10. 1954 — JRH. 32/53 –). Wegen der Aussetzung einer Reststrafe s. unten c).

b) Wirkung der Anordnung nach § 2 Abs. 5. Die abschließende Verfügung des Generalstaatsanwalts und die nach §§ 5, 8 Abs. 2 ergehende Entscheidung des Oberlandesgerichts sind nach § 16 für alle Gerichte und Behörden des Bundesgebiets bindend. Nach § 13 Abs. 2 richtet sich die strafregisterliche Behandlung einer ostzonalen Verurteilung nach Art und Höhe der Strafe, deren Vollstreckung für zulässig erklärt worden ist. Daraus wie aus Sinn und Zweck des § 2 Abs. 5 ist zu folgern, daß eine Anordnung, die die Vollstreckungsfähigkeit der ostzonalen Entscheidung einengt, sich nicht nur auf eine Regelung des Vollzugs und der Wirkungen für das Strafregister beschränkt, den Bestand der ostzonalen Entscheidung im übrigen aber unberührt läßt, sondern daß sie den Inhalt der Entscheidung und die daran anknüpfenden Rechtswirkungen unmittelbar ändert, dergestalt, daß für die Gerichte und Behörden der Bundesrepublik das ostzonale Urteil nur in der Weise gilt, als sei es von vornherein mit dem Inhalt erlassen, der sich aus der Anordnung über den Umfang der Vollstreckbarkeit ergibt. Wird also bei einem auf Zuchthaus lautenden Urteil nur die Vollstreckung einer Gefängnisstrafe in gleicher Höhe zugelassen, so haben die Behörden der Bundesrepublik davon auszugehen, daß die mit der Verurteilung zu Zuchthausstrafe verbundene Amtsunfähigkeit (§ 31 StGB.) nicht eingetreten ist. Die Durchführung dieses Grundsatzes wird dadurch ermöglicht, daß die Anordnungen nach § 2 Abs. 5, § 8 Abs. 2, § 15 insoweit zur Tilgung des alten Strafvermerks im Strafregister führen und an seine Stelle der Vermerk über die Strafe tritt, wie sie nach der abschließenden Verfügung des Generalstaatsanwalts oder der Entscheidung des Oberlandesgerichts vollstreckungsfähig ist (vgl. Anm. 1a zu § 13).

Streit besteht darüber, welche Bedeutung die „Herabsetzung“ einer Strafe gemäß § 2 Abs. 5, § 8 Abs. 2, § 15 hat, wenn eine ostzonale Amnestie Strafen bis zu einer bestimmten Höhe erfaßt, die erkannte Strafe die Amnestiegrenze überschritt, die herabgesetzte Strafe aber in den Amnestiebereich fällt. Nach OLG. Hamburg NJW. **1954** 1858 = MDR. **1955** 249 führt der Gleichheitsgrundsatz (Art. 3 GG.) dazu, die herabgesetzte Strafe als unter die sowjetzonale Amnestie fallend anzusehen (ebenso im Ergebnis Polzin a. a. O. 449 und der Generalstaatsanwalt bei dem KG.; vgl. Polzin Fußnote 5). Überwiegend wird dagegen die Auffassung vertreten, daß die sowjetzonale Amnestie für die ermäßigte Strafe ohne Bedeutung sei, weil durch die Beseitigung lediglich der Vollstreckbarkeit eines Teils der Strafe die auf die erkannte Strafe unanwendbare Amnestie nicht nachträglich anwendbar gemacht werden könne, im übrigen aber auch eine solche Handhabung dazu führen würde, daß der in die Bundesrepublik Geflüchtete, der sich durch die Herabsetzung der Strafe nach § 2 Abs. 5, § 8 Abs. 2 ohnedies schon besser stehe als ein zu gleicher Strafe Verurteilter und in der Ostzone Gebliebener, ohne rechtfertigenden Grund noch weiter begünstigt würde (so OLG. Köln NJW. **1954** 406; OLG. Hamm vom 2. 3. 1955 — 1 Ws. 34/55 —; OLG. Schleswig vom 30. 6. 1955 — Ws. 104/54 —). Der letzteren Auffassung wird zuzustimmen sein. Nach der hier vertretenen Auffassung bedeutet allerdings eine Verfügung oder Entscheidung nach § 2 Abs. 5, § 8 Abs. 2 mehr als eine Teilentziehung der Vollstreckbarkeit, sondern die Ersetzung der alten durch eine neue Straffestsetzung. Aber diese Wirkung beschränkt sich auf die Bundesrepublik; es liegt außerhalb der rechtlichen Möglichkeiten der Behörden der Bundesrepublik, den Anwendungsbereich einer ostzonalen Amnestie über die von dem dortigen Gesetzgeber gewollten Grenzen hinaus zu erweitern. Auch erscheint die Erwägung zutreffend, daß die Billigkeit ein anderes Ergebnis nicht erfordert, sondern ihm entgegensteht.

c) Für eine Vollstreckungsanordnung nach Abs. 5 von Amts wegen ist kein Raum, wenn ein Ersuchen der ostzonalen Strafvollstreckungsbehörde nach § 162 oder 163 GVG. nicht gestellt wird. In diesen Fällen ist stets nach § 11 Abs. 1 Nr. 2 zu verfahren. Unberührt bleibt aber das Antragsrecht des Verurteilten nach § 15.

d) **Nachträglich eintretende Unzulässigkeit der Vollstreckung** — Begegnet eine Entscheidung, um deren Vollstreckung eine ostzonale Vollstreckungsbehörde ersucht, weder im Schuld- noch im Strafausspruch Bedenken der im § 2 Abs. 1 bezeichneten Art, so kann die zunächst mit Recht auf Amtshilfeersuchen begonnene Vollstreckung unzulässig werden, wenn die zuständigen Gnadenstellen der Ostzone die bedingte Aussetzung eines Strafrests in einem Falle versagen, wo nach der Praxis der westdeutschen Gerichte eine bedingte Entlassung nach § 26 StGB. unzweifelhaft erfolgt. Hier gelten die oben zu a) angestellten Erwägungen bezüglich der Aussetzung einer kurzfristigen Freiheitsstrafe entsprechend: der weitere Vollzug einer solchen Strafe widerspräche dem Zweck eines Bundesgesetzes, des § 26 StGB.; auch die bedingte Aussetzung von Reststrafen in geeigneten Fällen gehört zu den kennzeichnenden Merkmalen des westdeutschen Strafen- und Vollzugssystems (ebenso im Ergebnis die Begr. zu § 1 RegEntw. [S. 8]: „. . . auch die Fortsetzung einer zunächst mit Recht eingeleiteten Strafvollstreckung kann rechtsstaatlichen Grundsätzen widersprechen. In derartigen Fällen wird von der weiteren Vollstreckung abzusehen sein. Allerdings wird das im allgemeinen erst in Betracht kommen, nachdem die zuständige Gnadenbehörde, die sich außerhalb des Geltungsbereichs des Gesetzes befindet, einen Gnadenerweis abgelehnt hat. Die Vollstreckung kann in diesen Fällen auch unter Bedingungen, etwa der Auflage einer einwandfreien Führung, einer Arbeitsauflage o. ä. ausgesetzt werden"). Die Entscheidung trifft auch hier der Generalstaatsanwalt (§ 3), gegebenenfalls das Oberlandesgericht (§ 5, 8 Abs. 2). Dagegen ist weder eine Entscheidungszuständigkeit eines westdeutschen Amts- oder Landgerichts (§ 26 StGB., § 454 StPO.) gegeben, da sie nicht als erstinstanzliche Gerichte in der Sache tätig waren und eine Zuständigkeitserstreckung über § 12 hinaus nicht stattgefunden hat, noch entscheidet — aus den gleichen Gründen — das Oberlandesgericht unmittelbar nach § 26 StGB. (ebenso Polzin a. a. O. 449).

10. Zu Abs. 6 — Die Bedeutung des Abs. 6 besteht in der Klarstellung, daß Abwesenheitsverfahren in deutschen Gebietsteilen außerhalb der Bundesrepublik nicht deshalb schlechthin rechtsstaatswidrig sind und ihre Unterstützung sowie die Vollstreckung der Abwesenheitsurteile oder die Zulieferung zur Vollstreckung nicht schon deshalb dem Zweck eines deutschen Bundesgesetzes widersprechen, weil in diesen Gebietsteilen das Abwesenheitsverfahren in weiterem Umfang als nach §§ 276ff. StPO. zulässig ist. Diese Folgerung ergibt sich, wie die Begr. zu § 2 RegEntw. mit Recht hervorhebt, daraus, daß auch außerdeutsche Gesetzgebungen das Abwesenheitsverfahren in erheblich weiterem Umfang zulassen als die StPO. i. d. F. des Vereinheitlichungsges. vom 12. 9. 1950 (so z. B. Frankreich in den Art. 465ff. des code d'instruction criminelle und Österreich in den §§ 422ff. der Österr. StPO.). Es bedarf deshalb in gleicher Weise wie bei den in Anwesenheit des Beschuldigten durchgeführten Verfahren einer Prüfung im Einzelfall, ob sich aus der Art der Durchführung des Verfahrens und dem Inhalt der ergangenen Entscheidung Gründe der in § 2 Abs. 1 bezeichneten Art gegen die Gewährung von Rechts- und Amtshilfe ergeben (ebenso OLG. Köln vom 12. 3. 1954 — 1 AR. 305/53 —; OLG. Nürnberg vom 26. 10. 1954 — Ws. 345/54 —; Nüse MDR. **1953** 456; Polzin a. a. O. 449). Die bei Polzin a. a. O. angeführte Entscheidung des OLG. München vom 22. 5. 1954 — Ws. 544/54 —, die die Rechtshilfefähigkeit auf solche Abwesenheitsurteile beschränkt wissen will, die nach §§ 232, 277 der im Bundesgebiet geltenden StPO. zulässig sind, widerspricht der aus der Begr. des RegEntw. deutlich erkennbaren Absicht des Gesetzgebers. Jedoch ist bei Abwesenheitsverfahren eine besonders strenge Prüfung der Rechts- und Amtshilfevoraussetzungen geboten (vgl. Nüse a. a. O.). Dies gilt namentlich bei Entscheidungen im **Kassationsverfahren** (§ 302 der StPO. der DDR.). Die Durchführung eines solchen Verfahrens zur Aufhebung einer rechtskräftigen Entscheidung und erneuter Aburteilung ist zwar ebenfalls nicht grundsätzlich rechtsstaatswidrig; es kommt vielmehr darauf an, welche Gründe im Einzelfall für die Einleitung des Verfahrens maßgebend waren (OLG. Hamburg. vom 21. 10. 1954 — Ws. 333/54 —). Führt aber ein Kassationsverfahren gegen einen zuvor rechtskräftig freigesprochenen oder milder bestraften Angeklagten in dessen Abwesenheit und unter fragwürdiger Beweiserhebung zu schwerwiegender Freiheitsstrafe mit erheblichen Nebenfolgen, so entspricht das Verfahren nicht rechtsstaatlichen Grundsätzen (OLG. Köln NJW. **1954** 1298). Die Begr. zu § 2 RegEntw. empfiehlt, Abwesenheitsurteile (gegen die keine Bedenken bestehen) im allgemeinen nur im Geltungsbereich des GG. zu vollstrecken, ohne daß dies ausschließt, in geeigneten Fällen den Verfolgten der ersuchenden Stelle zuzuliefern.

§ 3

Genehmigung

(1) Die Rechts- und Amtshilfe bedarf der Genehmigung, wenn sich das Ersuchen richtet auf Zulieferung, Verhaftung, Vollstreckung einer gerichtlichen Entscheidung, Zuführung oder Vernehmung eines Beschuldigten oder Zeugen, Aktenübersendung oder Auskunft über einen Beschuldigten oder Zeugen mit Ausnahme von Auskünften aus dem Strafregister.

(2) Die Genehmigung erteilt der Generalstaatsanwalt bei dem Oberlandesgericht, in dessen Bezirk die Rechts- oder Amtshilfe geleistet werden soll. In den Fällen der Aktenübersendung kann die oberste Behörde der Landesjustizverwaltung die Befugnis zur Genehmigung auch anderen Stellen übertragen.

(3) Auch abgesehen von den Fällen des Absatzes 1 ist ein Ersuchen dem Generalstaatsanwalt zur Entscheidung vorzulegen, wenn sich Bedenken gegen die Gewährung der Rechts- oder Amtshilfe ergeben.

1. Umfang der Genehmigungsbedürftigkeit — a) § 3 will die Einhaltung der Grundsätze des § 2 Abs. 1 dadurch gewährleisten, daß er bei allen Ersuchen, deren Ausführung nach den gemachten Erfahrungen in besonderem Maße zu Gefahren der in § 2 Abs. 1 bezeichneten Art führen kann, eine vorgängige Genehmigung des Generalstaatsanwalts vorschreibt. Ohne Bedeutung ist, an welche Behörde das Rechts- oder Amtshilfeersuchen gerichtet ist. Unter § 3 Abs. 1 fällt z. B. eine in einer Strafsache an ein städtisches Einwohnermeldeamt oder den Bürgermeister einer Gemeinde gerichtete Anfrage nach dem Aufenthalt eines Beschuldigten oder Zeugen („Auskunft über einen Beschuldigten oder Zeugen"). Ersuchen um Verhaftung sind auch Ersuchen an die Polizeibehörden um Ausschreibung im Fahndungsbuch; sie bezwecken entweder die Ergreifung auf Grund eines sowjetzonalen Haftbefehls (vgl. §§ 114b, 457 StPO.) oder die vorläufige Festnahme zwecks Erlasses eines Haftbefehls (§§ 127 Abs. 2, 128 StPO.); bei der Genehmigung solcher Ausschreibungsersuchen trifft der nach § 3 Abs. 2 örtlich zuständige Generalstaatsanwalt in der Regel zugleich die Entscheidung über die Zulässigkeit der Verhaftung, die dann nach § 16 für die Gerichte und Behörden des Ergreifungsorts bindend ist (ebenso Zorn, Das Deutsche Bundesrecht II B 71 Anm. 3 zu § 3). Eine gerichtliche Entscheidung i. S. des Abs. 1 ist auch der rechtskräftige Strafbescheid einer Verwaltungsbehörde (vgl. dazu Anm. 2b zu § 15)

b) Ist die Genehmigung erteilt, so ist eine selbständige Nachprüfung der die Rechts- oder Amtshilfe leistenden Stelle, ob Verbotsgründe nach § 2 vorliegen, ausgeschlossen, unbeschadet ihrer Pflicht, die genehmigende Stelle auf nachträglich hervortretende Bedenken aufmerksam zu machen (vgl. Anm. 1 zu § 1). Bei Ersuchen um Vernehmung von Beschuldigten und Zeugen kann sich der Generalstaatsanwalt auch die abschließende Genehmigung in der Weise vorbehalten, daß er sie erst trifft, wenn ihm die Niederschrift vorliegt.

2. Ausgenommen von der Genehmigungsbedürftigkeit sind nur die nicht in Abs. 1 aufgeführten Ersuchen, z. B. um Beschlagnahme und Durchsuchung, und — kraft ausdrücklicher Bestimmung in Abs. 1 — um Auskunft aus dem Strafregister. Bei diesen Maßnahmen sind im allgemeinen keine nachteiligen Folgen für den Betroffenen zu befürchten. Wenn sich jedoch Bedenken der in § 2 Abs. 1 bezeichneten Art ergeben, hat die ersuchte Stelle nach Abs. 3 das

Ersuchen dem Generalstaatsanwalt zur Entscheidung vorzulegen. Ob Bedenken bestehen, entscheidet die ersuchte Stelle; Bedenken, die der Verfolgte oder ein vermeintlich Betroffener geltend macht, haben nur die Bedeutung einer Anregung.

3. Die **örtliche Zuständigkeit** des Generalstaatsanwalts richtet sich nach Abs. 2 danach, in welchem Bezirk die Rechts- oder Amtshilfe geleistet werden soll, d. h. in welchem Bezirk die Behörde liegt, der die Leistung der Unterstützung obliegt (vgl. Anm. 4a zu § 158 GVG.). Kraft der bindenden Wirkung der Genehmigung (§ 16) bedarf es keiner erneuten Entscheidung eines anderen Generalstaatsanwalts, wenn das Amtsgericht ein Rechtshilfeersuchen gem. § 158 Abs. 2 GVG. wegen örtlicher Unzuständigkeit an das Amtsgericht eines anderen Oberlandesgerichtsbezirks abgibt oder wenn die Durchführung einer genehmigten Maßnahme unter Mitwirkung von Behörden außerhalb des Oberlandesgerichtsbezirks erfolgt (vgl. oben Anm. 1 und Begr. zu § 3 RegEntw.).

§ 4

Verfahren des Generalstaatsanwalts

(1) Vor Erteilung der Genehmigung ist der Betroffene zu hören, wenn um seine Zulieferung oder Zuführung oder um die Vollstreckung einer Strafe, Maßregel der Sicherung und Besserung, Nebenstrafe oder sonstigen Folgen einer Verurteilung ersucht wird.

(2) In den übrigen Fällen soll der Betroffene gehört werden, wenn es zur Entscheidung über das Ersuchen oder zur Verhütung von Nachteilen geboten ist, die über die gewöhnlichen Folgen der Rechts- oder Amtshilfe hinausgehen.

(3) Ist der Betroffene zum Zwecke der Durchführung eines Ersuchens nach Absatz 1 verhaftet worden, so ist die Anhörung alsbald nach der Verhaftung nachzuholen und über die Fortdauer der Haft zu entscheiden. Handelt es sich um Untersuchungshaft, so ist der Verhaftete außerdem unverzüglich, spätestens am Tage nach der Ergreifung, dem nächsten Amtsrichter vorzuführen, § 114b Abs. 2 und 3 und § 114c Abs. 3 der Strafprozeßordnung gelten entsprechend.

(4) Der Betroffene kann sich eines Rechtsanwalts bedienen. Diesem ist Einsicht in die Akten zu gestatten soweit der Betroffene ein berechtigtes Interesse daran hat und nicht durch die Einsicht der Zweck der Untersuchung oder der Prüfung gefährdet wird. Ist der Betroffene ein Beschuldigter, so gilt § 147 der Strafprozeßordnung.

(5) Die Verfügung des Generalstaatsanwalts soll dem Betroffenen schriftlich bekanntgemacht werden. Sie ist ihm zuzustellen, wenn in den Fällen des Absatzes 1 die Rechts- oder Amtshilfe genehmigt wird. Ist ein Antrag auf gerichtliche Entscheidung (§ 5) zulässig, so ist der Betroffene in der Verfügung über sein Recht sowie über Frist und Form des Antrags zu belehren.

1. Die Abs. 1 bis 4 regeln die **Rechtsgarantien** des Betroffenen (vgl. über diesen Begriff Anm. 7 zu § 2) im Genehmigungsverfahren. Es bedurfte hier besonderer Vorschriften, da es allgemein anwendbare Vorschriften des StPO. in diesem Verfahren, in dem der Generalstaatsanwalt zu einer der formellen (§ 5 Abs. 1) und teilweise auch der materiellen Rechtskraft (§ 9 Abs. 2) fähigen Entscheidung („abschließende Verfügung", § 16) berufen ist, nicht gibt.

2. Zu Abs. 1, 2 — a) Nach Abs. 1 besteht eine **Anhörungspflicht,** wenn es sich um die Genehmigung eines Ersuchens um Zulieferung (d. h. endgültige körperliche Überstellung, vgl. Anm. 6 zu § 2), Zuführung (d. h. Überstellung unter dem Versprechen der Rücküberstellung), um die Vollstreckung einer Strafe, einer Maßregel der Sicherung und Besserung, einer Nebenstrafe oder einer sonstigen Folge, die eines besonderen Vollziehungsaktes bedarf — etwa Buße oder Wertersatz — handelt. Die Anhörung muß einer Genehmigung vorangehen („vor der Genehmigung"); eine Ablehnung des Ersuchens ist auch ohne Anhörung zulässig. Die Anhörungspflicht ist hier ausgesprochen, weil ein Eingriff in die Freiheit der Person oder sonstige Rechte in besonders empfindlicher Weise in Frage steht. Betroffener ist der Beschuldigte, gegen den ein ostzonales Verfahren betrieben wird, der dort Verurteilte, wenn um Vollstreckung im Bundesgebiet oder Zulieferung zur Vollstreckung in der Ostzone ersucht wird, und der Zeuge, dessen Zuführung zwecks Vernehmung oder Gegenüberstellung verlangt wird (§ 2 Abs. 4). Die Pflicht zu vorheriger Anhörung ist eine unbedingte (Ausnahme Abs. 3); die in § 4 RegEntw. vorgesehene Einschränkung („ist der Betroffene, soweit möglich, zu hören") hat der Rechtsausschuß des Bundestags beseitigt (vgl. Berichterstatter Abg. Dr. Weber Prot. 12528). Ist also eine Anhörung, gleichviel aus welchen Gründen, nicht möglich, so ist zwar eine Ablehnung, keinesfalls aber eine Genehmigung des Ersuchens möglich. Anhörung bedeutet auch hier nichts weiter als: Gelegenheit zur Äußerung geben; insbes. ist eine mündliche Anhörung nicht vorgeschrieben. Erteilung der Genehmigung ohne Anhörung begründet die Anfechtbarkeit der Verfügung nach § 5 Abs. 1 und rechtfertigt, wenn dieser Weg nicht beschritten wird, das Verlangen nach erneuter Entscheidung gemäß § 9 Abs. 2. — Im übrigen trifft der Generalstaatsanwalt von Amts wegen die nötigen Ermittlungen, er kann Zeugen hören oder im Wege der Amtshilfe durch die Polizei oder einen Staatsanwalt vernehmen lassen, auch eine eidliche richterliche Vernehmung eines Zeugen in entsprechender Anwendung der §§ 65, 162 StPO. beantragen.

b) In den übrigen Fällen eines nach § 3 Abs. 1, 3 genehmigungsbedürftigen Ersuchens soll nach Abs. 2 unter den dort genannten Voraussetzungen der Betroffene gehört werden. Eine Anhörungspflicht konnte hier schon deshalb nicht ausgesprochen werden, weil der Kreis der Betroffenen nicht ohne weiteres übersehbar ist. Da es sich nur um eine Soll-Vorschrift handelt, kann der Generalstaatsanwalt von einer an sich möglichen Anhörung absehen, wenn nach seinem pflichtmäßigen Ermessen gewichtige Gründe einer Anhörung entgegenstehen, z. B. wenn durch sie der Untersuchungszweck gefährdet würde (ebenso Begr. zu § 4 RegEntw.), denn die rechtmäßige Verfolgung wirklicher krimineller Verfehlungen darf nicht behindert oder erschwert werden. Unterbleibt die Anhörung, so ist der Generalstaatsanwalt zu einer Änderung seiner Verfügung in der Lage, wenn der Betroffene nachträglich berechtigte Einwendungen erhebt, z. B. der Zeuge nach der durchgeführten Vernehmung, aber vor Absendung der Niederschrift.

3. Zu Abs. 3 — Vor einer **Verhaftung** zwecks Durchführung eines Ersuchens nach Abs. 1, sei es zur Strafverfolgung, sei es zur Strafvollstreckung, ist eine vorherige Anhörung des Betroffenen der Natur der Sache nach ausgeschlossen, weil er, durch die Mitteilung des Ersuchens gewarnt, sich einer rechtmäßigen Verfolgung oder Vollstreckung entziehen könnte. In diesem Fall hat der Generalstaatsanwalt alsbald, d. h. so rasch, als es nach Lage der Sache möglich ist, die Anhörung nachzuholen und über die Haftfortdauer zu entscheiden; lehnt er die Entlassung ab, so kann der Verhaftete schon vor der Entscheidung des Generalstaatsanwalts über die Gewährung der Rechts- oder Amtshilfe die Entscheidung des Oberlandesgerichts herbeiführen (§ 5 Abs. 2). Handelt es sich um Untersuchungshaft, so ist in Befolgung des Art. 104 Abs. 3 GG. der Verhaftete außerdem von Amts wegen (abweichend von § 114c Abs. 1 StPO., der ein Vorführungsverlangen vorsieht) unverzüglich, spätestens am Tage nach der Ergreifung, dem nächsten Amtsrichter vorzuführen, der ihn nach Maßgabe des § 114b Abs. 2, 3 StPO. zu vernehmen, die Rechtmäßigkeit des ostzonalen Haftbefehls jedoch nicht zu prüfen hat, sondern zur Freilassung nur befugt ist, wenn sich herausstellt, daß der Haftbefehl aufgehoben oder der Ergriffene nicht die im Haftbefehl bezeichnete Person ist (§ 4 Abs. 3 Satz 2 i. Verb. mit § 114c Abs. 3 StPO.). Vgl. im übrigen § 5 Abs. 3 und Anm. 3b zu § 5.

4. Zu Abs. 4 — **a)** Jeder Betroffene kann sich zur Wahrnehmung seiner Rechte, d. h. zur Geltendmachung seiner Gründe gegen die Zulässigkeit der Rechts- oder Amtshilfe eines **Rechtsanwalts** bedienen. Die Beiordnung eines Rechtsanwalts von Amts wegen ist — anders als im gerichtlichen Verfahren (§ 7 Abs. 2) — im Verfahren vor dem Generalstaatsanwalt nicht vorgesehen. Der gewählte Rechtsanwalt muß bei einem deutschen Gericht (vgl. § 138 Abs. 1 StPO.), aber nicht notwendig bei einem solchen in der Bundesrepublik zugelassen sein. Ein Akteneinsichtsrecht hat der Rechtsanwalt nur a) soweit der Betroffene ein berechtigtes Interesse daran hat und b) soweit nicht durch die Einsicht der Zweck der Untersuchung oder der Prüfung gefährdet wird. Die letztere Einschränkung knüpft an § 147 Abs. 2 StPO. an, wonach dem Verteidiger bei schwebender Voruntersuchung ein Akteneinsichtsrecht insoweit zusteht, als der Untersuchungszweck nicht gefährdet wird (vgl. Anm. 9 § 147 StPO.). Die in § 4 Abs. 4 vorgesehene weitere Beschränkung des Akteneinsichtsrechts durch das Erfordernis eines berechtigten Interesses des Betroffenen beruht auf der Erwägung, es könne „nur so verhindert werden, daß z. B. durch eine Akteneinsicht eines von einem gefährlichen Dritten beauftragten Rechtsanwalts möglicherweise wichtige Interessen des Beschuldigten oder anderer Personen verletzt werden" (Begr. zu § 4 RegEntw.); das kommt nur in den Fällen des § 4 Abs. 2 in Betracht.

b) Nach dem RegEntw. sollten die unter a) dargestellten Beschränkungen auch gelten, wenn der Betroffene ein **Beschuldigter** des (anhängigen sowjetzonalen) Strafverfahrens ist, das zu dem Rechts- oder Amtshilfeersuchen die Veranlassung gegeben hat. Den Vorschlägen des Rechtsausschusses des Bundestags entsprechend ist dieser Fall jedoch in dem neueingefügten Satz 2 besonders geregelt. Der Berichterstatter hat hierzu (Prot. 12528) ausgeführt: „In Abs. 4 ist eine wesentliche Änderung insofern vorgenommen worden, als das Akteneinsichtsrecht des Verteidigers erweitert worden ist und ihm im Rahmen des § 147 unserer Strafprozeßordnung zusteht, wenn der Betroffene Beschuldigter ist." Der Sinn der Verweisung auf § 147 StPO. in Satz 2 ist nicht ganz eindeutig. Offenbar ist es nicht der Zweck der Vorschrift, dem beauftragten Rechtsanwalt ein je nach dem Stand des sowjetzonalen Strafverfahrens abgestuftes Akteneinsichtsrecht zuzubilligen, denn es handelt sich ja nicht um die Verteidigung des Beschuldigten in dem außerhalb der Bundesrepublik anhängigen Verfahren, sondern um die Wahrnehmung der Rechte des Beschuldigten in dem bei dem Generalstaatsanwalt anhängigen Prüfungsverfahrens, das lediglich die Zulässigkeit der Gewährung von Rechts- oder Amtshilfe zum Gegenstand hat. Wenn also Satz 1 des Abs. 4 an § 147 Abs. 2 StPO. anknüpft, so muß die mit Satz 2 bezweckte Erweiterung des Akteneinsichtsrechts wohl so verstanden werden, daß der Rechtsanwalt des Beschuldigten in dem Umfang ein Einsichtsrecht hat, wie ein Verteidiger während schwebender Voruntersuchung, also soweit der Untersuchungs- und Prüfungszweck nicht gefährdet wird und daß außerdem die Abs. 3 (unbedingtes Einsichtsrecht in die Protokolle über eine Vernehmung des Beschuldigten) und 4 (Zulässigkeit einer Aktenübergabe zwecks Mitnahme in Wohnung oder Geschäftsräume des Rechtsanwalts) entsprechend anzuwenden sind. Die Bedeutung des Satz 2 besteht dann hauptsächlich darin, daß das Erfordernis eines berechtigten Interesses des Beschuldigten an der Akteneinsicht entfällt, weil er immer ein berechtigtes Interesse hat (so wohl auch Zorn, „Das Deutsche Bundesrecht" II B. 71 Anm. 10 zu § 4 und Dalcke(-Fuhrmann) [36] Anm. 12 zu § 4). Im Verfahren vor dem Oberlandesgericht steht dem beauftragten oder dem nach § 7 Abs. 2 beigeordneten Rechtsanwalt eines Beschuldigten dann folgerichtig das Akteneinsichtsrecht in dem Umfang zu wie einem Verteidiger nach Schluß der Voruntersuchung oder nach Einreichung der Anklageschrift (§ 147 Abs. 1) (vgl. auch § 32 Abs. 3 Satz 1 des Deutschen Auslieferungsges. vom 23. 12. 1929). Im übrigen ist § 4 Abs. 4 Satz 2 lex specialis in dem Sinn, daß ein etwa in dem ostzonalen Verfahren zum Verteidiger bestellter Rechtsanwalt kein weitergehendes Akteneinsichtsrecht hat. — Ist der Beschuldigte in Haft, so steht dem Rechtsanwalt auch, wenngleich § 4 Abs. 4 darüber schweigt, das Recht des schriftlichen und mündlichen Verkehrs mit ihm in dem Umfang zu, wie nach § 148 StPO. einem Verteidiger vor Eröffnung des Hauptverfahrens; nach Anordnung einer mündlichen Verhandlung (§ 7 Abs. 1 Satz 3) steht ihm, entsprechend der in § 31 Abs. 3 des Deutschen Auslieferungsges. getroffenen Regelung, das Verkehrsrecht ohne Einschränkung zu.

5. Zu Abs. 5 — a) Bekanntgabe der Verfügung des Generalstaatsanwalts. Ihre **Zustellung** ist nach Abs. 5 Satz 2 vorgeschrieben, wenn nach § 5 Abs. 1 dagegen gerichtliche Entscheidung beantragt werden kann; unterbleibt hier die Zustellung, so wird die Antragsfrist nicht in Lauf gesetzt. Die Zustellung erfolgt in entsprechender Anwendung (vgl. § 1 Abs. 2) des § 37 StPO. und zwar (vgl. Nr. 122 Abs. 2 RiStV. 1953) auch dann unmittelbar an den Betroffenen, wenn er sich eines Rechtsanwalts bedient (§ 4 Abs. 4) und diesen zum Empfang der Verfügung ermächtigt hat. In den übrigen Fällen — also, wenn die Rechts- und Amtshilfe genehmigt wird, ohne daß eine Anfechtung nach § 5 Abs. 1 zulässig ist, wenn ein genehmigungsbedürftiges Ersuchen abgelehnt wird und wenn der Generalstaatsanwalt nach § 4 Abs. 3 Satz 1 über die Haftfortdauer entschieden hat — wird die Verfügung dem Betroffenen (formlos) schriftlich bekannt gemacht, denn er hat in der Regel auch im Fall der Ablehnung ein berechtigtes Interesse daran, über den Ausgang des Prüfungsverfahrens unterrichtet zu werden. Diese Bekanntmachung ist jedoch nicht durch Muß-, sondern durch Sollvorschrift vorgeschrieben. Die Sollvorschrift ermöglicht es dem Generalstaatsanwalt, von einer schriftlichen Bekanntmachung abzusehen, wenn nach pflichtmäßigem Ermessen erhebliche Gründe sie als untunlich erscheinen lassen, z. B. wenn der Betroffene oder dritte Personen durch eine schriftliche Bekanntmachung gefährdet werden würden (Begr. zu § 4 RegEntw.).

b) Ist gegen die Verfügung die Anrufung des Oberlandesgerichts nach § 5 Abs. 1 oder Abs. 2 möglich, so ist nach § 4 Abs. 5 Satz 3 der Betroffene **in** der Verfügung darüber zu **belehen.** Die Belehrung bedarf also nach § 4 Abs. 5 Satz 2 in den Fällen des § 5 Abs. 1 der Zustellung, während sie in der nach § 4 Abs. 5 Satz 1 formlos bekannt zu machenden schriftlichen Verfügung enthalten sein muß, wenn der Generalstaatsanwalt im Fall des § 4 Abs. 3 Satz 1 die Entlassung aus der Haft abgelehnt hat. Unterbleibt die Rechtsbehelfsbelehrung im Fall des § 5 Abs. 1, so kann zweifelhaft sein, ob die für **gerichtliche** Entscheidungen geltenden §§ 35a, 44 Satz 2 StPO. gemäß § 1 Abs. 2 entsprechend anwendbar sind oder ob man in § 172 Abs. 2 Satz 2 StPO., wo ebenfalls die fristgebundene Anrufung des Oberlandesgerichts gegen eine Verfügung der Staatsanwaltschaft in Frage steht, eine Vorschrift von allgemeiner Bedeutung zu sehen hat, die überall entsprechend anwendbar ist, wo das Gesetz die fristgebundene Anrufung des Gerichts gegen eine Verfügung der Staatsanwaltschaft ermöglicht und die Erteilung einer Rechtsbelehrung vorschreibt. Im anderen Fall wurde die Antragsfrist durch die Zustellung der Genehmigungsverfügung in Lauf gesetzt, dem Betroffenen aber Wiedereinsetzung in den vorigen Stand gegen die Versäumung der Antragsfrist zu gewähren sein, während im letzteren Fall die Unterlassung der Belehrung bewirken würde, daß die Antragsfrist nicht in Lauf gesetzt wird. Näher liegt die letztere Auffassung.

6. Nachträgliche Abänderung der Verfügung — Im Fall des § 5 Abs. 1 wird, wenn ein fristgemäßer und formgerechter (§ 5 Abs. 4) Antrag auf gerichtliche Entscheidung nicht gestellt wird, die Verfügung des Generalstaatsanwalts abschließend. Eine Änderung ist dann nur unter den Voraussetzungen des § 9 Abs. 2 möglich; auch die geänderte Verfügung muß, mit Rechtsbehelfsbelehrung versehen, zugestellt werden, soweit sie den Betroffenen ungünstiger stellt als die frühere, und setzt erneut die Antragsfrist des § 5 Abs. 1 in Lauf. Im übrigen sind Verfügungen des Generalstaatsanwalts — etwa auf Gegenvorstellung oder auf Weisung des Justizministers aus Anlaß einer Dienstaufsichtsbeschwerde — in Ermangelung einer abweichenden Vorschrift nach allgemeinen Grundsätzen frei abänderbar. Es kann also z. B. der Generalstaatsanwalt, wenn er ein Rechtshilfeersuchen um Vernehmung eines Zeugen genehmigt hat, die Genehmigung in Abänderung seiner Verfügung versagen, wenn sich aus der Zeugenaussage Bedenken i. S. des § 2 Abs. 1 ergeben, und er kann umgekehrt, wenn er ein Ersuchen um Zeugenvernehmung abgelehnt hat, nach nochmaliger Prüfung die Genehmigung erteilen.

§ 5

Antrag auf gerichtliche Entscheidung

(1) Genehmigt der Generalstaatsanwalt in den Fällen des § 4 Abs. 1 die Rechts- oder Amtshilfe ganz oder teilweise, so kann der Betroffene innerhalb einer Woche nach Zustellung der Verfügung gerichtliche Entscheidung beantragen.

(2) In dem Falle einer Verhaftung kann der Betroffene bis zur Entscheidung über die Gewährung der Rechts- oder Amtshilfe das Gericht anrufen, wenn der Generalstaatsanwalt die Entlassung ablehnt.

(3) § 115a der Strafprozeßordnung ist mit der Maßgabe entsprechend anzuwenden, daß das Gericht die erste Prüfung durchführt, wenn die Untersuchungshaft im Geltungsbereich dieses Gesetzes zwei Monate gedauert hat.

(4) Zuständig ist das Oberlandesgericht. Der Antrag ist zur Niederschrift der Geschäftsstelle des Oberlandesgerichts oder schriftlich bei diesem oder dem Generalstaatsanwalt zu stellen.

1. § 5 beruht auf dem Gedanken, daß die Genehmigung der Zulieferung oder Zuführung und der Vollstreckung der Entscheidung eines Gerichts oder des Strafbescheides einer Verwaltungsbehörde (vgl. Anm. 1 zu § 3), mag dem Ersuchen ganz oder nur teilweise (vgl. § 2 Abs. 5) stattgegeben werden, sowie eine Verhaftung nach § 4 Abs. 3 einen schwerwiegenden Eingriff der öffentlichen Gewalt in die Rechtssphäre des Betroffenen darstellt, gegen den nach Art. 19 Abs. 4 GG. der Rechtsweg offen stehen muß.

2. Zu Abs. 1 — Über den Lauf der Antragsfrist, wenn die in § 4 Abs. 5 Satz 3 vorgeschriebene Belehrung unterblieben ist, vgl. Anm. 5b zu § 4. Die Frist wird nach § 5 Abs. 4 Satz 2 gewahrt, wenn bis zu ihrem Ablauf der Antrag zur Niederschrift der Geschäftsstelle des Oberlandesgerichts (vgl. dazu Vorbem. 10 vor § 1 StPO.) gestellt wird oder wenn bis dahin ein schriftlicher Antrag (vgl. dazu Vorbem. 9 vor § 1 StPO.) bei dem Oberlandesgericht oder dem Generalstaatsanwalt eingeht. Den schriftlichen Antrag kann außer dem Betroffenen selbst auch ein Rechtsanwalt (vgl. § 4 Abs. 4 Satz 1) oder ein sonstiger Bevollmächtigter stellen. §§ 297, 298, 302 StPO. sind entsprechend anwendbar. Dem Generalstaatsanwalt ist es unbenommen, bis zur Befassung des Oberlandesgerichts mit der Sache, also bis zur Abgabe seiner Vorgänge an das Gericht, seine genehmigende Verfügung aufzuheben und die Genehmigung zu versagen (vgl. Anm. 6 zu § 4); dann erübrigt sich eine gerichtliche Entscheidung (ebenso Zorn, „Das Deutsche Bundesrecht" II B 71 Anm. 2 zu § 9; a. M. Polzin a. a. O. 450, der zu Unrecht aus § 9 Abs. 2 folgert, daß der Generalstaatsanwalt nur seine abschließend gewordene Verfügung aufheben und deshalb nur selbständig entscheiden könne, wenn der Betroffene auf Anregung des Generalstaatsanwalts seinen Antrag zurücknimmt; für die hier vertretene Auffassung vgl. etwa die Regelung in § 54 Abs. 3 des Ges. über Ordnungswidrigkeiten vom 25.3.1952, BGBl. I 177). Der Betroffene kann den Antrag auf gerichtliche Entscheidung bis zu deren Ergehen zurücknehmen; ist mündliche Verhandlung anberaumt (§ 7 Abs. 1 Satz 2), so schließt nach dem entsprechend anwendbaren § 303 StPO. der Beginn der mündlichen Verhandlung die einseitige Zurücknahme des Antrags aus.

3. Zu Abs. 2, 3 — a) Ist der Betroffene zur Strafverfolgung oder Strafvollstreckung verhaftet worden und lehnt der Generalstaatsanwalt bei seiner Entscheidung über die Haftfortdauer nach § 4 Abs. 3 Satz 1 die Entlassung ab, so kann auch dagegen der Betroffene die Entscheidung des Oberlandesgerichts beantragen. Und zwar ist der Antrag zulässig bis zu der Entscheidung des Generalstaatsanwalts über die Gewährung der Rechts- oder Amtshilfe. Wird diese nämlich versagt, so ist der Betroffene ohnedies aus der Haft zu entlassen, falls nicht nach § 10 das Verfahren übernommen oder nach § 11 ein neues Verfahren durchgeführt wird. Wird dagegen die Rechts- oder Amtshilfe genehmigt, so kann der Betroffene dagegen nach § 5 Abs. 1 auf gerichtliche Entscheidung antragen und die Nachprüfung der Verfügung des Generalstaatsanwalts umfaßt auch die der Inhaftnahme. Einer Entscheidung über den Antrag aus Abs. 2 bedarf es nicht, wenn der Generalstaatsanwalt nachträglich die Haftentlassung anordnet.

b) Handelt es sich um Untersuchungshaft, so wird ferner gemäß **Abs. 3** — unabhängig von der Entscheidung des nächsten Amtsrichters nach § 4 Abs. 3 Satz 2 und unabhängig von einem etwaigen Haftprüfungsverfahren durch das zuständige deutsche Gericht außerhalb der Bundesrepublik — ein Haftprüfungsverfahren vor dem Oberlandesgericht in entsprechender Anwendung des § 115a StPO. durchgeführt; in Abänderung des § 115a Abs. 2 findet aber die erste Prüfung erst statt, wenn seit der Inhaftnahme im Bundesgebiet zwei Monate verstrichen sind.

4. Vgl. noch § 20 Abs. 1 und Anm. 1 zu § 20.

§ 6

Aufschub der Rechts- und Amtshilfe

(1) Durch die Anrufung des Gerichts wird der Vollzug einer vom Generalstaatsanwalt genehmigten Zulieferung oder Zuführung gehemmt.

(2) Im übrigen kann das Gericht oder dessen Vorsitzender anordnen, daß die Rechts- oder Amtshilfe auszusetzen ist.

1. Der frist- und formgerechte Antrag auf gerichtliche Entscheidung aus § 5 Abs. 1 hat kraft Gesetzes hemmende Wirkung, wenn der Generalstaatsanwalt die Zulieferung oder Zuführung genehmigt hat, weil andernfalls durch Ausführung des Ersuchens vor der Entscheidung des Oberlandesgerichts vollendete Tatsachen geschaffen würden. Bei Vollstreckungsersuchen dagegen steht es im pflichtgemäßen Ermessen des Gerichts oder seines Vorsitzenden, den Vollzug der genehmigenden Verfügung des Generalstaatsanwalts zu hemmen und eine Haftentlassung anzuordnen.

§ 7

Verfahren vor dem Oberlandesgericht

(1) Das Gericht oder in dringenden Fällen dessen Vorsitzender kann Ermittlungen anordnen und Beweiserhebungen selbst oder durch einen beauftragten oder ersuchten Richter vornehmen. Art und Umfang der Beweiserhebung bestimmt das Gericht. Es kann auch eine mündliche Verhandlung anberaumen; bei einem Ersuchen um Zulieferung ist auf Antrag des Betroffenen nach mündlicher Verhandlung zu entscheiden. Zeit und Ort der mündlichen Verhandlung sind dem Generalstaatsanwalt und dem Betroffenen bekanntzumachen.

(2) Der Vorsitzende ordnet dem Betroffenen unter den Voraussetzungen des § 140 Abs. 2 der Strafprozeßordnung einen Rechtsanwalt bei.

(3) Vor der Entscheidung ist dem Generalstaatsanwalt Gelegenheit zur Stellungnahme zu geben.

1. Über das oberlandesgerichtliche Nachprüfungsverfahren im Fall des § 5 Abs. 1 enthalten die §§ 7, 8 nur wenige Vorschriften. Es ist als formloses Beschlußverfahren gestaltet, bei dessen Durchführung dem Gericht ein weiter Ermessensspielraum eingeräumt worden ist. Wenn die Begr. zu § 7 Abs. 1 Satz 2, wonach das Gericht Art und Umfang der Beweisaufnahme nach freiem Ermessen bestimmt, bemerkt: „Die allgemeinen Grundsätze der Strafprozeßordnung lassen sich nicht ohne weiteres durchführen", so gilt dies auch für die Gestaltung des Verfahrens im übrigen.

Soweit die Ermittlungen des Generalstaatsanwalts ergänzungsbedürftig erscheinen, insbes. im Hinblick auf die Einwendungen der Betroffenen, ordnet das Gericht (in der in § 122 Abs. 1 GVG. vorgeschriebenen Besetzung) Ermittlungen an; die Durchführung einer solchen Anordnung obliegt dem Generalstaatsanwalt (§ 36 StPO.). Nur in dringenden Fällen kann der Vorsitzende allein einen Aufklärungsbeschluß erlassen. Das Gericht kann ferner richterliche Beweiserhebungen (durch Vernehmung des Beschuldigten oder von Zeugen usw.) selbst vornehmen oder durch ein Mitglied des Senats („beauftragten Richter") oder einen ersuchten Richter (§§ 156, 157 GVG.) vornehmen lassen. Der Betroffene oder der von ihm bestellte oder ihm nach § 7 Abs. 2 beigeordnete Rechtsanwalt hat kein Recht auf Anwesenheit. Da das Gericht nicht nur (wie nach § 384 Abs. 2 StPO.) über den Umfang, sondern auch über die Art der Beweiserhebung nach freiem Ermessen bestimmt, kann es unabhängig von §§ 62, 65, 66 StPO. Zeugen insoweit beeidigen oder ihre Beeidigung anordnen, als es dies für erforderlich hält. Es kann auch von Amts wegen und ohne Bindung an Anträge des Betroffenen oder des Generalstaatsanwalts eine **mündliche Verhandlung** anordnen. Handelt es sich aber um ein vom Generalstaatsanwalt genehmigtes Ersuchen um Zulieferung, so muß es nach dem erst vom Bundestag eingefügten Halbsatz 2 des Abs. 1 Satz 3 auf Antrag des Betroffenen eine mündliche Verhandlung anberaumen; der Antrag kann jederzeit bis zur Entscheidung gestellt werden. Anders als in § 55 Abs. 3 des Ges. über Ordnungswidrigkeiten vom 25. 3. 1952 (BGBl. I 177) ist in § 7 nicht bestimmt, daß auf die mündliche Verhandlung die für die Hauptverhandlung im Strafverfahren geltenden Vorschriften sinngemäß anwendbar seien. Auch fehlt es an Vorschriften, wie sie in § 26 Abs. 2, 3 des Deutschen Auslieferungsges. vom 23. 12. 1929 für die (fakultative) mündliche Verhandlung vor dem Oberlandesgericht in Auslieferungssachen aufgestellt sind. Vielmehr entscheidet auch bei mündlicher Verhandlung das Gericht nach freiem Ermessen über Art und Umfang einer Beweiserhebung und über die sonstige Durchführung der mündlichen Verhandlung. Aus Abs. 1 Satz 4, wonach Zeit und Ort der mündlichen Verhandlung dem Generalstaatsanwalt und dem Betroffenen bekanntzumachen sind, ergibt sich, daß ihnen (und dem nach § 4 Abs. 4 Satz 1 bestellten oder nach § 7 Abs. 2 beigeordneten Rechtsanwalt), wenn sie erscheinen, das Recht auf Anwesenheit zusteht und ihnen Gelegenheit zu geben ist, sich zur Sache zu äußern, doch ist weder die Anwesenheit der Staatsanwaltschaft noch die des Betroffenen oder seines Rechtsanwalts erforderlich. Den Betroffenen, dessen Erscheinen es als zur Aufklärung erforderlich ansieht, kann das Gericht vorführen lassen. Die Aufnahme eines Protokolls über die mündliche Verhandlung ist — abweichend von § 26 Abs. 3 letzter Satz des Deutschen Auslieferungsges. — ebensowenig vorgeschrieben wie die Zuziehung eines Protokollführers. Auch nach mündlicher Verhandlung ergeht die Entscheidung durch Beschluß (§ 8 Abs. 1), der am Ende der mündlichen Verhandlung verkündet, aber auch schriftlich erlassen werden kann, insbes. wenn das Gericht nach dem Ergebnis der Verhandlung noch Anlaß zu weiteren Ermittlungen oder Beweiserhebungen findet.

2. Zu Abs. 2 — Die Beiordnung eines Rechtsanwalts erübrigt sich, wenn der Betroffene einen Rechtsanwalt bestellt hat (§ 4 Abs. 4 Satz 1). Der beigeordnete Rechtsanwalt erhält Gebühren aus der Staatskasse (§ 150 StPO., § 19 Abs. 2). Über das Akteneinsichtsrecht des (bestellten oder beigeordneten) Rechtsanwalts s. Anm. 4 zu § 4.

3. Zu Abs. 3 — Findet mündliche Verhandlung statt und ergeht die Entscheidung in dieser oder (ohne weitere Ermittlungen) im Anschluß an sie, so ist dem Abs. 3 dadurch genügt, daß dem Generalstaatsanwalt nach Abs. 1 Satz 4 Ort und Zeit der mündlichen Verhandlung bekanntgemacht wird. Die Anhörung des Generalstaatsanwalts vor der endgültigen Entscheidung entspricht im übrigen dem Grundsatz des § 33 StPO., Eine entsprechende Anhörung des Betroffenen, wenn keine mündliche Verhandlung stattfindet, ist nicht vorgeschrieben (vgl. Anm. 8 zu § 33 StPO.); seine Belange werden insoweit auch durch § 9 Abs. 1 gewahrt.

§ 8

Entscheidung des Gerichts

(1) Das Gericht entscheidet über die Zulässigkeit der Rechts- oder Amtshilfe durch Beschluß. Der Beschluß ist nicht anfechtbar. Eine schriftliche Begründung erfolgt nicht, jedoch sind die Gründe der Entscheidung aktenkundig zu machen.

(2) In den Fällen des § 2 Abs. 5 setzt das Gericht Art und Dauer der zu vollstreckenden Strafe fest.

1. a) Bei Rechts- und Amtshilfeersuchen um **Zulieferung** oder **Zuführung** lautet die Entscheidung des Oberlandesgerichts, wenn es gegen die genehmigende Verfügung des Generalstaatsanwalts weder in rechtlicher noch in tatsächlicher Beziehung Bedenken hat, auf Zurückweisung des Antrags als unbegründet, andernfalls auf Erklärung, daß die Rechts- oder Amtshilfe unzulässig sei unter Aufhebung der Verfügung des Generalstaatsanwalts.

b) Bei **Vollstreckungsersuchen** kommt als weitere Möglichkeit hinzu, daß es eine vom Generalstaatsanwalt in vollem Umfang genehmigte Hilfe nur zum Teil als zulässig ansieht (§ 2 Abs. 5) oder daß es, wenn bereits der Generalstaatsanwalt das Ersuchen nur in eingeschränkter Form genehmigt hatte, eine weitere Einschränkung für erforderlich hält; in diesen Fällen setzt — was sich bereits aus § 8 Abs. 1 Satz 1 ergeben hätte, der Verdeutlichung halber aber ausdrücklich ausgesprochen ist — das Oberlandgericht nach § 8 Abs. 2 „Art und Dauer der zu vollstreckenden Strafe fest". Diese Fassung bringt deutlicher als die des § 2 Abs. 5 zum Ausdruck, daß es sich bei der Entscheidung, die die Vollstreckungsfähigkeit einer außerhalb der Bundesrepublik ergangenen Verurteilung einengt, in Wahrheit darum handelt, daß für den Bereich der Bundesrepublik die sowjetzonale Entscheidung im Strafausspruch durch eine neue ersetzt wird (vgl. Anm. 8b zu § 2). Der Begriff der zu vollstreckenden „Strafe" umfaßt auch hier Inhalt und Wirkung der sowjetzonalen Entscheidung in dem in § 4 Abs. 1 bezeichneten Umfang (vgl. Anm. 8a zu § 2).

Hat bereits der Generalstaatsanwalt die Vollstreckung nur in eingeschränktem Umfang genehmigt und begehrt der Betroffene mit seinem Antrag aus § 5 Abs. 1 eine Unzulässigkeitserklärung in weiterem oder in vollem Umfang (z. B. durch Fortfall der Anordnung eines Berufsverbots, nachdem der Generalstaatsanwalt eine Herabsetzung der Hauptstrafe angeordnet hatte), so kann das Oberlandesgericht die Verfügung des Generalstaatsanwalts nicht zuungunsten des Betroffenen ändern. Die Begr. zu § 8 RegEntw. bemerkt: „In den Fällen des § 2 Abs. 5 bestimmt das Gericht Art und Dauer der zu vollstreckenden Strafe, ohne an die Anträge des Verurteilten oder an eine vom Generalstaatsanwalt bereits zu seinen Gunsten getroffene Verfügung gebunden zu sein." Wenn dies — wie es scheint — dahin zu verstehen sein sollte, daß die genehmigende Verfügung des Generalstaatsanwalts zum Nachteil des Verurteilten abänderbar sei, so könnte dieser Auffassung, die im Gesetzeswortlaut keinen Ausdruck gefunden hat, nicht zugestimmt werden. **Das Verbot der reformatio in peius** ist ein allgemeiner strafverfahrensrechtlicher Grundsatz, der auch bei der gerichtlichen Nachprüfung von Verwaltungsakten gilt (vgl. § 55 Abs. 5 Satz 2 des Ges. über Ordnungswidrigkeiten v. 25. 3. 1952, BGBl. I 177) und auch im vorliegenden Gesetz (vgl. § 11 Abs. 3) anerkannt ist. Wo das Gesetz Ausnahmen zugelassen hat — aber dann ausdrücklich (vgl. § 411 Abs. 3 StPO., § 469 Abs. 1 ReichsabgO.) —, beruhen sie auf der Erwägung, daß eine vorläufige Festsetzung in einem summarischen Verfahren unbeachtlich sei, wenn sie nach dem Ergebnis einer Hauptverhandlung ungerechtfertigt ist, eine Erwägung, die im vorliegenden Fall nicht Platz greift.

2. Zu **Abs. 1 Satz 3** bemerkt die Begr. zu § 8 RegEntw.: „ Eine **schriftliche Begründung** soll nicht erfolgen, um nicht etwa dadurch den Betroffenen bei der Ablehnung seines Antrags zu gefährden. Mit Rücksicht auf die in § 9 vorgesehene Möglichkeit einer erneuten Entscheidung des Gericht erscheint es jedoch geboten, die Gründe der Entscheidung aktenkundig zu machen." Daraus folgt, daß der Ausschluß einer schriftlichen Begründung — eine mündliche Begründung wenn der Beschluß in einer mündlichen Verhandlung verkündet wird, ist nie ausgeschlossen — nur insoweit reicht, als eine Gefährdung des Betroffenen durch Ausführungen in der Begründung zu besorgen ist. Das ist bei der allgemeinen Erörterung von Rechtsfragen, die die Auslegung des Gesetzes zum Gegenstand haben, nicht der Fall. Insoweit gilt daher nach der ratio legis das Begründungverbot nicht (ebenso OLG. Köln NJW. **1954** 571); ohne solche Möglichkeit wäre eine wissenschaftliche Behandlung und Vertiefung der Materie, die auf eine einheitliche Rechtsanwendung hinwirkt, ausgeschlossen, was um so abträglicher wäre, als eine Vorlage an den Bundesgerichtshof zur Klärung von grundsätzlichen, die Auslegung des vorliegenden Gesetzes

betreffenden Rechtsfragen, wie sie § 27 des deutschen Auslieferungsges. v. 23. 12. 1929 und § 56 Abs. 5 des Ges. über Ordnungwidrigkeiten v. 25. 3. 1952 (vgl. auch § 121 Abs. 2 GVG.) kennen, nicht möglich ist.

3. Die Entscheidung des Oberlandesgerichts ist den Beteiligten bekanntzumachen (vgl. § 35 StPO.). Vgl. ferner §§ 13, 17.

§ 9

Erneute Entscheidung

(1) Werden nach der Entscheidung des Gerichts neue Tatsachen oder Beweismittel beigebracht, die allein oder in Verbindung mit den früher vorgebrachten Beweisen oder durchgeführten Ermittlungen eine wesentlich andere Entscheidung zu begründen geeignet sind, so hat das Gericht auf Antrag des Generalstaatsanwalts oder des Betroffenen erneut zu entscheiden.

(2) Hat der Generalstaatsanwalt abschließend entschieden, so hat er unter den Voraussetzungen des Absatzes 1 zu prüfen, ob Anlaß besteht, seine Verfügung aufzuheben oder zu ändern.

1. § 9 Abs. 1, der sich im Wortlaut an § 359 Nr. 5 StPO. anlehnt, läßt unter den dort bezeichneten Voraussetzungen trotz Unanfechtbarkeit der Entscheidung des Oberlandesgerichts (§ 8 Abs. 1 Satz 2) eine **erneute gerichtliche Nachprüfung** zu. Voraussetzung ist ein Antrag des Generalstaatsanwalts oder des Betroffenen. Der Antrag ist an keine Frist gebunden; der Betroffene wird ihn in der Form des § 5 Abs. 4 zu stellen haben. Hemmende Wirkung kann dem Antrag des Betroffenen auch bei Genehmigung einer Zulieferung oder Zuführung — anders als nach § 6 Abs. 1 — nicht zukommen, sonst hätte es der Betroffene in der Hand, durch stets erneute Anträge die Durchführung der gerichtlich genehmigten Hilfe unmöglich zu machen; dagegen ist § 6 Abs. 2 entsprechend anwendbar. Ein Antrag des Betroffenen wird daher gegenstandslos, wenn inzwischen die Zulieferung oder Zuführung bereits durchgeführt ist. Dagegen schließt die Durchführung einer genehmigten Strafvollstreckung den Änderungsantrag nicht aus, da der Verurteilte wegen der strafregistermäßigen Auswirkungen einer Entscheidung, die die Strafvollstreckung nachträglich für unzulässig erklärt (§ 13 Abs. 2 Satz 2), auch nach beendeter Vollstreckung ein Interesse an nachträglicher Unzulässigkeitserklärung haben kann und das selbständige Antragsrecht nach § 15 hier ausgeschlossen ist (vgl. Anm. 3c zu § 15).

Der Antrag des Generalstaatsanwalts kann auf eine Abänderung der Entscheidung zugunsten wie zuungunsten des Betroffenen abzielen. Hat der Betroffene oder zu seinen Gunsten der Generalstaatsanwalt den Antrag gestellt, so ist nach dem entsprechend anwendbaren § 373 Abs. 2 StPO. eine Abänderung des Beschlusses zum Nachteil des Betroffenen ausgeschlossen. Führt ein Antrag des Generalstaatsanwalts dazu, daß ein Beschluß, durch den eine Strafvollstreckung für unzulässig erklärt worden war, aufgehoben und die Strafvollstreckung ganz oder teilweise (§ 8 Abs. 2) für zulässig erklärt wird, so ist der nach § 13 Abs. 2 getilgte Strafvermerk wieder einzutragen —. Für das Verfahren des Oberlandesgerichts gelten die §§ 6—8.

2. a) Ist die **Genehmigungsverfügung des Generalstaatsanwalts** dadurch abschließend geworden, daß der Betroffene nicht frist- und formgerecht gerichtliche Entscheidung beantragt (§ 5 Abs. 1) oder seinen Antrag zulässigerweise zurückgenommen hat (vgl. Anm. 2 zu § 5), so ist auch der Generalstaatsanwalt zu erneuter Entscheidung zugunsten oder bei Teilgenehmigung zuungunsten des Betroffenen verpflichtet, wenn neue Tatsachen oder Beweismittel der in Abs. 1 bezeichneten Art anfallen. Zu einer Abänderung zugunsten des Betroffenen bedarf es keines Antrags. Der Generalstaatsanwalt wird, wenn (auch ohne Zutun des Betroffenen) neue Umstände hervortreten, von Amts wegen tätig, und ein Antrag des Betroffenen hat nur die Bedeutung einer Anregung. Ändert der Generalstaatsanwalt seine Verfügung zum Nachteil des Betroffenen ab, so erwächst dem Betroffenen das Recht des Antrags auf gerichtliche Entscheidung (§ 5 Abs. 1). Eine Abänderung der abschließend gewordenen Verfügung des Generalstaatsanwalts, ohne daß neue Umstände der in Abs. 1 genannten Art hervortreten ist nicht zulässig, und auch eine dahingehende Weisung des Justizministers (etwa auf Dienstaufsichtsbeschwerde hin) wäre unzulässig.

b) Abs. 2 bezieht sich nur auf den Fall, daß eine nach § 5 Abs. 1 anfechtbare, aber nicht angefochtene Verfügung des Generalstaatsanwalts, also eine das Ersuchen ganz oder teilweise genehmigende Verfügung vorliegt. Abs. 2 gilt also nicht, wenn der Generalstaatsanwalt eine Genehmigung um Zulieferung, Zuführung oder Strafvollstreckung gänzlich versagt hat. Eine solche Verfügung ist — unter Beachtung des § 4 — frei abänderbar (vgl. Anm. 6 zu § 4) und macht die abändernde Verfügung nach § 5 Abs. 1 anfechtbar. Das bedeutet auch hier (vgl. Anm. 1), daß ein Vermerk über eine Strafe, die im Strafregister getilgt worden war, weil der Generalstaatsanwalt die Genehmigung zur Strafvollstreckung versagt hatte (§ 13 Abs. 2 Satz 2), wieder einzutragen ist, wenn die neue Verfügung des Generalstaatsanwalts die Vollstreckung (ganz oder teilweise) genehmigt und diese Verfügung, weil sie nicht angefochten wird, abschließend wird.

§ 10

Übernahme des Verfahrens

(1) Das Verfahren ist im Geltungsbereich dieses Gesetzes nach den in diesem Gebiet geltenden Vorschriften durchzuführen, wenn

1. die Zulieferung oder Zuführung zum Zweck der Strafverfolgung abgelehnt oder

2. ein Zulieferungsersuchen nicht gestellt wird.

Die Eröffnung der Untersuchung durch ein Gericht außerhalb des Geltungsbereichs dieses Gesetzes steht dem nicht entgegen.

(2) Wenn ein Gericht außerhalb des Geltungsbereichs dieses Gesetzes bereits die Untersuchung eröffnet hat, darf die öffentliche Klage erst erhoben werden, nachdem das Oberlandesgericht auf Antrag des Generalstaatsanwalts die Durchführung des Verfahrens im Geltungsbereich dieses Gesetzes für zulässig erklärt hat. Hat das Oberlandesgericht bereits die Zulieferung oder Zuführung für unzulässig erklärt, so liegt hierin die Ermächtigung zur Durchführung des Verfahrens.

1. Grundgedanke der Vorschrift — § 10 beruht auf dem Gedanken, daß die Ahndung strafbaren Unrechts nicht daran scheitern darf, daß die Durchführung eines in der Sowjetzone anhängigen Verfahrens infolge Versagung der Zulieferung oder Zuführung des Beschuldigten aus den Gründen des § 2 nicht möglich ist oder allenfalls die Durchführung eines Abwesenheitsverfahrens möglich wäre, dessen Anerkennung wiederum § 2 entgegenstünde. Dem Fall der Versagung der Zulieferung oder Zuführung muß der gleichgestellt werden, daß ein Zulieferungsersuchen überhaupt nicht gestellt wird, insbesondere weil die ostzonalen Behörden mit seiner Ablehnung rechnen. In diesem Fall wird das anhängige Verfahren in dem Sinne von den Strafverfolgungsbehörden in der Bundesrepublik „übernommen" (vgl. die Überschrift des § 10), daß ein neues Verfahren nach Maßgabe des in der Bundesrepublik geltenden materiellen und prozessualen Rechts durchgeführt wird. War in der Ostzone die Untersuchung bereits im Sinn des § 12 Abs. 1 StPO. (durch Eröffnung der Voruntersuchung oder des Hauptverfahrens, §§ 184, 203 StPO.) eröffnet, so wäre aus dem Gedanken des einheitlichen Rechtspflegegebiets (vgl. Vorbem. 1 vor § 1) abzuleiten, daß damit der Gerichtsstand eines westdeutschen Gerichts ausgeschlossen ist; eine Übertragung der Untersuchung und Entscheidung auf ein nach den §§ 7 bis 11 StPO. zuständiges Gericht im Bereich der Bundesrepublik nach § 12 Abs. 2 StPO. durch „das gemeinschaftliche obere Gericht" ist ausgeschlossen, weil es ein solches Gericht nicht gibt. § 10 Abs. 1 des vorliegenden Gesetzes versagt indessen ausdrücklich der Eröffnung der Untersuchung durch ein Gericht außerhalb des Bundesgebiets die in § 12 Abs. 1 StPO. bezeichnete Wirkung; einen Ersatz für die in § 12 Abs. 2 StPO. vorgesehene Übertragung durch das gemeinschaftliche obere Gericht bietet § 10 Abs. 2, wonach in dem neuen in der Bundesrepublik eingeleiteten Verfahren die öffentliche Klage nur erhoben werden darf, wenn das Oberlandesgericht die (weitere) Durchführung des Verfahrens für zulässig erklärt hat. Eine entsprechende Regelung trifft § 11 für den Fall, daß die Vollstreckung eines sowjetzonalen Erkenntnisses infolge Versagung der erbetenen Vollstreckungshilfe (oder der Unterlassung eines Vollstreckungshilfeersuchens, z. B. in der Erwartung seiner Ablehnung) unterbleibt, die Tat aber nicht ungesühnt bleiben darf.

2. Voraussetzung für die Durchführung eines Verfahrens in der Bundesrepublik ist

a) daß die Zulieferung oder Zuführung (vgl. Anm. 2 zu § 4) zum Zweck der Strafverfolgung abgelehnt wird. Ohne Bedeutung ist, ob die Ablehnung durch Verfügung des Generalstaatsanwalts oder durch das Oberlandesgericht nach Antrag auf gerichtliche Entscheidung (§§ 5 Abs. 1, 8) erfolgte; doch hat die Entscheidung des Oberlandesgerichts im Hinblick auf § 10 Abs. 2 Satz 2 eine weitergehende Wirkung als die Verfügung des Generalstaatsanwalts. Nur bei Versagung der Zulieferung oder Zuführung des Beschuldigten gilt § 10; die Versagung der

Zuführung eines Zeugen oder die Ablehnung sonstiger Rechts- oder Amtshilfeersuchen begründet die Anwendung des § 10 auch dann nicht, wenn dadurch die Durchführung des ostzonalen Verfahrens unmöglich gemacht werden sollte;

b) oder daß ein Zulieferungsersuchen zur Strafverfolgung nicht gestellt wird. Gedacht ist dabei vorzugsweise an den Fall, daß das Ersuchen in der Erwartung seiner Ablehnung aus den Gründen des § 2 Abs. 1 nicht gestellt wird. Die Voraussetzung zu b) ist aber z. B. auch dann gegeben, wenn in dem ostzonalen Verfahren eine Einstellung nach § 153 Abs. 3 StPO. aus rechtsstaatswidrigen Erwägungen erfolgt sein sollte oder wenn nach an sich ordnungsmäßiger Einstellung neue, die Wiederaufrollung des Verfahrens rechtfertigende Umstände (vgl. Anm. 10 zu § 153 StPO.) in der Bundesrepublik hervortreten. Dagegen schließt die Niederschlagung des Verfahrens durch ein ostzonales Amnestiegesetz die Durchführung eines Verfahrens im Bundesgebiet aus, wenn gemäß § 12 Abs. 1 StPO. ein ostzonales Gericht ausschließlich zuständig geworden war (vgl. Anm. 3a zu § 2, Anm. 3 zu § 11).

3. § 10 hat, da sein Zweck ja darin besteht, die nach § 12 Abs. 1 StPO. begründete Präventionswirkung auszuschließen, konstitutive Bedeutung nur für die Fälle, in denen die Eröffnung der Untersuchung durch ein Gericht außerhalb der Bundesrepublik erfolgt ist. Solange das nicht der Fall ist, schließt weder die Anhängigkeit eines sowjetzonalen Ermittlungsverfahrens noch der Umstand, daß ein in einem solchen Ermittlungsverfahren gestelltes Zulieferungs- oder Zuführungsersuchen abgelehnt worden ist, die Betreibung eines Strafverfahrens nach den allgemeinen Vorschriften durch die Staatsanwaltschaft in der Bundesrepublik aus, in deren Bezirk ein Gerichtsstand nach den §§ 7 bis 11 StPO. begründet ist. Denn der Präventionsgrundsatz des § 12 Abs. 1 StPO. gilt nicht, wenn mehrere Staatsanwaltschaften örtlich zuständig sind (Anm. 5 zu § 12 StPO.). Für diese Fälle beschränkt sich die Bedeutung des § 10 Abs. 1 auf die Feststellung, daß bei Versagung der Rechts- und Amtshilfe die Staatsanwaltschaft, bei der nach §§ 7ff. StPO. eine Zuständigkeit begründet ist und die bisher mit Rücksicht auf das ostzonale Ermittlungsverfahren untätig blieb, nunmehr zur Prüfung der Durchführung eines Verfahrens in der Bundesrepublik gezwungen ist (§ 152 StPO.). § 10 hat im Hinblick auf § 12 Abs. 1 StPO. auch keine Bedeutung, wenn bei einem westdeutschen Gericht zuerst die Untersuchung eröffnet worden ist und erst später auch ein Ostzonengericht sie eröffnet. Das gilt auch, wenn das Ostzonengericht gegenüber demjenigen in der Bundesrepublik ein Gericht höherer Ordnung ist; der Grundsatz, daß § 12 Abs. 1 StPO. nur eingreift, wenn es sich um mehrere örtlich zuständige Gerichte gleicher Ordnung handelt (vgl. Anm. 3 zu § 12 StPO.), gilt hier nicht.

§ 10 schließt die Anwendbarkeit des Präventionsgrundsatzes des § 12 Abs. 1 StPO. im Verhältnis zu den deutschen Gerichten außerhalb der Bundesrepublik nicht schlechthin aus, verbietet also nicht, daß ein Gericht der Bundesrepublik im Wege der Vereinbarung dem ostzonalen Gericht, bei dem die Untersuchung zuerst eröffnet worden ist, das weitere Verfahren überläßt (vgl. Anm. 6 zu § 12 StPO.). Das gilt aber nicht, wenn die in diesem Verfahren begehrte Zulieferung oder Zuführung des Beschuldigten abgelehnt wird; dann wird das Verfahren bei dem Gericht der Bundesrepublik, das die Untersuchung bereits eröffnet hatte, weiterbetrieben, ohne daß es einer neuen Anklage unter den Voraussetzungen des § 10 Abs. 2 bedarf.

4. Die **„Durchführung" des Verfahrens** erfolgt unter Anwendung des in der Bundesrepublik geltenden materiellen und formellen Rechts. Die Staatsanwaltschaft stellt also das Verfahren ein, wenn der Tatbestand eines in der Bundesrepublik geltenden Strafgesetzes nicht erfüllt, die Tat vielmehr nur nach Ostzonenrecht strafbar ist und eine Ahndung der außerhalb der Bundesrepublik begangenen Tat nach den Grundsätzen des interzonalen Strafrechts ausgeschlossen ist, weil die Anwendung des ostzonalen materiellen Strafrechts den in der Bundesrepublik herrschenden rechtlichen und sittlichen Grundsätzen widerspricht (vgl. Dalcke [-Schäfer], 36. Aufl. Anm. 2 zu § 3 StGB); a.M. anscheinend Zorn, „Das Deutsche Bundesrecht" II B 71 Anm. 4 zu §§ 10, 11), wonach das Verfahren a limine einzustellen ist, wenn für die Durchführung des Verfahrens in der Bundesrepublik geltende Strafbestimmungen fehlen; aber die Durchführung des Verfahrens „nach den in diesem Gebiet geltenden Vorschriften" erfordert auch die Anwendung der Grundsätze des interlokalen Strafrechts. Einstellung erfolgt auch, wenn nach dem Recht der Bundesrepublik das in Frage stehende Verhalten nur den Tatbestand einer Ordnungswidrigkeit begründet, da die nach § 51 Abs. 1 des Ges. über Ordnungswidrigkeiten vom 25. 3. 1952 (BGBl. I 177) örtlich durch Wohnsitz oder dauernden Aufenthalt des Betroffenen zuständige Verwaltungsbehörde keine Ahndungsbefugnisse für außerhalb der Bundesrepublik begangene Tatbestandsverwirklichungen hat, die den von ihr zu betreuenden Aufgabenbereich nicht berühren (vgl. Dalcke [-Schäfer], 36. Aufl. Anm. 1b zu § 9 OWiG.). Einstellung erfolgt schließlich auch, wenn die hier zur Verfügung stehenden Beweismittel nicht zur Überführung ausreichen oder wenn eine Einstellung wegen Geringfügigkeit (§ 153 Abs. 2 StPO.) begründet ist. Die Einstellung kann schon der Generalstaatsanwalt bei der Versagung der Rechts- und Amtshilfe verfügen. Verfahrenshindernisse werden — wiederum nach den Grundsätzen des interzonalen Strafrechts (vgl. Dalcke [-Schäfer], 36. Aufl. Anm. 2 zu § 3 StPO.) — nach dem in der Bundesrepublik geltenden Recht beurteilt. Eine in der Bundesrepublik angeordnete Niederschlagung durch Straffreiheitsgesetz steht also der Durchführung des Verfahrens entgegen; dagegen ist eine in der Ostzone angeordnete Niederschlagung unbeachtlich, wenn sie erfolgt, nachdem — unter Wegfall einer ostzonalen Gerichtszuständigkeit gemäß § 10 Abs. 1 — ein Gericht der Bundesrepublik durch Eröffnung der Untersuchung ausschließlich zuständig geworden ist (vgl. oben Anm. 2b, ferner Vorbem. 16e β vor § 12 GVG.).

5. Die **Erhebung der öffentlichen Klage** (§ 170 StPO.) setzt nach Abs. 2, wenn nicht das Oberlandesgericht, sondern der Generalstaatsanwalt die Zulieferung oder Zuführung abgelehnt hatte oder ein Zulieferungsersuchen überhaupt nicht gestellt war, voraus, daß das Oberlandesgericht auf Antrag des Generalstaatsanwalts die Durchführung des (weiteren) Verfahrens für zulässig erklärt.

a) Darüber, unter welchen Voraussetzungen das Oberlandesgericht die Durchführung für zulässig erklären darf oder muß, schweigt das Gesetz. Auch die Begr. zu § 10 RegEntw. gibt darüber keinen Aufschluß. Sie führt aus: „Wenn es auch an einem gemeinschaftlichen oberen Gericht nach § 12 Abs. 2 StPO. fehlt, so soll die Fortführung des Verfahrens vom Zeitpunkt der Erhebung der öffentlichen Klage an doch von der Ermächtigung eines oberen Gerichts abhängig sein. § 10 Abs. 2 sieht daher vor, daß das Oberlandesgericht auf Antrag des Generalstaatsanwalts die Durchführung des Verfahrens für zulässig erklärt." Danach würde das Oberlandesgericht eine Entscheidung von der Art zu treffen haben, wie sie nach § 12 Abs. 2 StPO. sonst dem gemeinschaftlichen oberen Gericht obliegt. Dieses entscheidet aber nur darüber, ob aus erheblichen Gründen der Zweckmäßigkeit die Übertragung von einem an sich durch Prävention zuständig gewordenen Gericht auf ein anderes Gericht geboten ist (vgl. Anm. 7 zu § 12), und das Verfahren geht in der bisherigen Verfahrenslage auf das andere Gericht über (vgl. Anm. 7d a. a. O.), Gedankengänge, die offensichtlich im Fall des § 10 Abs. 2 nicht passen. Nüse a. a. O. 457 sieht die ratio des § 10 Abs. 2 darin, daß „in eine richterliche Entscheidung so weitgehend nur durch ein Gericht eingegriffen werden soll". Aber das trifft nicht einmal für § 11 Abs. 2 zu, wo der „Eingriff in die richterliche Entscheidung" (des sowjetzonalen Gerichts) bereits praktisch dadurch erfolgt ist, daß die Vollstreckung des sowjetzonalen Urteils nicht genehmigt wurde (vgl. § 11 Abs. 1 Nr. 1, § 13 Abs. 3 Satz 2), geschweige denn für § 10 Abs. 2. Eine Prüfung der Anklageerhebung unter dem Gesichtspunkt der Opportunität ist offenbar nicht Gegenstand der Entscheidung des Oberlandesgerichts, wie sich ohne weiteres daraus ergibt, daß der das Zulieferungs- oder Zuführungsersuchen ablehnenden Entscheidung des Oberlandesgerichts (vgl. § 8) die Wirkung einer Ermächtigung zur Anklageerhebung beigelegt ist, ohne daß das Oberlandesgericht auf das weitere Verfahren Einfluß hat. Aus dem gleichen Grunde kann die Zulässigkeitserklärung des Oberlandesgerichts nicht die nach erhobener Anklage dem eröffnungszuständigen Gericht obliegende Prüfung zum Gegenstand haben, ob der Beschuldigte einer strafbaren Handlung hinreichend verdächtig erscheint (§ 203 StPO.). Der Gegenstand der Zulässigkeitsprüfung ergibt sich vielmehr aus § 10 Abs. 2 Satz 2. Wenn dort einer aus Anlaß eines Zulieferungs- oder Zuführungsersuchens ergehenden Entscheidung, die das Vorliegen von Versagungsgründen nach § 2 Abs. 1 feststellt, die Wirkung einer Ermächtigung zur Erhebung der öffentlichen Klage beigelegt wird, so folgt daraus, daß die Erteilung der isolierten Ermächtigung nach § 10 Abs. 2 Satz 1 von entsprechenden Feststellungen abhängt. Die Entscheidung des Oberlandesgerichts hat also die Frage zum Gegenstand, ob ein rechtfertigender Grund zur Durchbrechung des Präventionsgrundsatzes gegeben ist, weil von dem ostzonalen Gericht eine rechtsstaatsgemäße oder dem Zweck eines Bundesgesetzes nicht widersprechende Durchführung des Verfahrens und Entscheidung nicht zu erwarten ist, oder weil dem Betroffenen erhebliche rechtsstaatswidrige Nachteile außerhalb des Verfahrens (§ 2 Abs. 1 Nr. 3) drohen. Sollte das Oberlandesgericht diese Frage im Gegensatz zum Generalstaatsanwalt, der das Zulieferungs- oder Zuführungsersuchen abgelehnt hatte, verneinen, so würde er Veranlassung zu einer Überprüfung seiner ablehnenden Verfügung nehmen müssen (vgl. Anm. 6 zu § 4, Anm. 2b zu § 9). Zu dieser Auffassung muß man kommen, wenn man nicht der Zulässigkeitserklärung des Oberlandesgerichts rein formale Bedeutung beimessen will. — Zu eingehenden Ermittlungen und Beweiserhebungen wie im Fall des § 7 ist das Oberlandesgericht nicht verpflichtet; es wird im allgemeinen auf der Grundlage des vom Generalstaatsanwalt vorgelegten Materials entscheiden können, ob genügende Gründe für die Durchbrechung des Präventionsgrundsatzes vorliegen.

b) Unterläßt es der Generalstaatsanwalt, den Antrag auf Zulässigkeitserklärung zu stellen, so kann der Betroffene nicht etwa seinerseits den Antrag stellen; es fehlt nicht nur an einer Rechtsgrundlage hierfür, sondern es entspricht dies auch dem Grundsatz, daß der Beschuldigte kein Recht hat, die Staatsanwaltschaft als die Inhaberin des Anklagemonopols durch Anrufung des Gerichts zur Erhebung der öffentlichen Klage zu zwingen (OLG. Köln NJW. **1954** 405).

§ 11

Durchführung eines neuen Verfahrens nach Verurteilung

(1) Gegen einen Verurteilten ist im Geltungsbereich dieses Gesetzes nach den in diesem Gebiet geltenden Vorschriften wegen der strafbaren Handlung ein neues Verfahren durchzuführen, wenn

1. weder die Vollstreckung eines Urteils oder einer ihm in der Wirkung gleichstehenden richterlichen Entscheidung noch die zu diesem Zweck verlangte Zulieferung genehmigt oder

2. weder um Vollstreckung eines ergangenen Urteils noch um Zulieferung zu diesem Zweck ersucht wird.

Die Rechtskraft der außerhalb des Geltungsbereichs dieses Gesetzes ergangenen Entscheidung steht dem nicht entgegen.

(2) § 10 Abs. 2 ist entsprechend anzuwenden.

(3) Art und Höhe der Strafe dürfen in dem neuen Verfahren nicht zum Nachteil des Betroffenen geändert werden. § 373 Abs. 2 Satz 2 der Strafprozeßordnung gilt entsprechend. Eine Strafverbüßung außerhalb des Geltungsbereichs dieses Gesetzes ist anzurechnen.

1. Grundgedanke — § 11 sieht in folgerichtiger Ergänzung des dem § 10 zugrunde liegenden Gedankens (vgl. Anm. 1 zu § 10) die Durchführung eines neuen Verfahrens in der Bundesrepublik vor, wenn durch ein deutsches Gericht außerhalb der Bundesrepublik eine rechtskräftige Verurteilung erfolgte, die Vollstreckung aber infolge Versagung der Vollstreckungshilfe (oder weil ein entsprechendes Ersuchen, z. B. in der Erwartung der Ablehnung überhaupt nicht gestellt wird) unmöglich wird, während andrerseits begangenes Unrecht nicht ungesühnt bleiben darf. Während § 10, um die Durchführung des Verfahrens zu ermöglichen, den Prioritätsgrundsatz (§ 12 Abs. 1 StPO.) beiseite schieben mußte, erfordert die Durchführung eines neuen Verfahrens trotz rechtskräftiger Aburteilung insoweit die Außerkraftsetzung des Grundsatzes ne bis in idem; dies ist in § 11 Abs. 1 geschehen (vgl. unten Anm. 4), jedoch mit der Maßgabe, daß die ostzonale Bestrafung nicht zum Nachteil des Verurteilten verschärft werden darf (Abs. 3). Im übrigen tritt, wenn es zu einem neuen Urteil kommt, mag es auf Verurteilung, Freisprechung, Absehen von Strafe oder Einstellung lauten, dieses für den Bereich der Bundesrepublik (vgl. § 16) an die Stelle des früheren Urteils.

2. Abs. 1 Nr. 1 setzt voraus, daß ein Ersuchen um Vollstreckungshilfe (durch Übernahme der Vollstreckung oder Zulieferung) in vollem Umfang abgelehnt wird. § 11 ist also unanwendbar, falls, wenn auch unter Ablehnung eines Zulieferungsersuchens, Teilvollstreckung (§ 2 Abs. 5, § 8 Abs. 2) genehmigt ist. — Dem ostzonalen Urteil setzt Abs. 1 Nr. 1 „eine ihm in der Wirkung gleichstehende richterliche Entscheidung" gleich, wobei an den amtsrichterlichen Strafbefehl (§ 410 StPO.) zu denken ist. Der Natur der Sache nach gehören hierher aber auch rechtskräftige Strafbescheide der Verwaltungsbehörden, die in ihrer Wirkung einem Urteil gleich stehen, weil sie die Straflage verbrauchen und einen Vollstreckungstitel bilden. (Vgl. Anm. 1 zu § 3).

3. Die Durchführung eines neuen Verfahrens ist nach **Abs. 1 Nr. 2** ferner möglich, wenn weder um Vollstreckung eines ergangenen Urteils noch um Zulieferung zur Strafvollstreckung ersucht wird. Wenn hier — im Gegensatz zu Abs. 1 Nr. 1 — nur vom Urteil die Rede ist, so bedeutet das offensichtlich eine sprachliche Vereinfachung, die die Einbeziehung der in Abs. 1 Nr. 1 genannten anderen (und sonstiger, vgl. Anm. 2) Vollstreckungstitel nicht ausschließt. Der Weg der Durchführung eines neuen Verfahrens muß auch — anders als im Fall des Abs. 1 Nr. 1 — beschritten werden, wenn die Behörden in der Bundesrepublik durch eine beim Strafregister eingehende Mitteilung oder durch einen Antrag nach § 15 Kenntnis von einer Verurteilung erlangen, gegen die nicht im Schuldspruch, sondern nur wegen der Art und Höhe der Strafe und der sonstigen Unrechtsfolgen Bedenken bestehen. Eine Teilvollstreckung (§ 2 Abs. 5), wenn eine solche geboten erscheint, ein Vollstreckungs- oder Zulieferungsersuchen aber ausbleibt, ist hier ausgeschlossen, denn nach § 451 StPO., §§ 162, 163 GVG. wird eine örtlich nicht zuständige Strafvollstreckungsbehörde nicht von Amts wegen, sondern nur auf Amtshilfeersuchen tätig. Ist aber bereits in der Ostzone die Strafe teilweise vollstreckt worden und wegen der Anrechnungspflicht (§ 11 Abs. 3 Satz 3) nicht zu erwarten, daß ein neues Verfahren zu einer den verbüßten Teil übersteigenden Strafe führt, so unterbleibt die Durchführung eines neuen Verfahrens. Ist die erkannte Strafe in der Ostzone in vollem Umfang verbüßt oder durch Amnestie oder Einzelgnadenerweis erlassen, so entfällt, da ein Vollstreckungsersuchen überhaupt nicht möglich ist, die Anwendbarkeit des § 11 (vgl. aber § 15). Zu der Frage, ob dies auch gilt, wenn ein Gnadenerweis aus rechtsstaatswidrigen Erwägungen erteilt ist, vgl. Polzin a. a. O. 450.

4. Zu **Abs. 2** vgl. Anm. 5 zu § 10. Entsprechend dem dort Ausgeführten prüft das Oberlandesgericht, wenn der Generalstaatsanwalt Vollstreckungshilfe abgelehnt hatte oder ein Amtshilfeersuchen nicht gestellt worden ist, ob das ergangene Urteil nach der Art seines Zustandekommens oder seinem Inhalt Bedenken nach § 2 Abs. 1 Nr. 1, 2 erweckt oder die Mitwirkung zu einer ostzonalen Vollstreckung im Hinblick auf § 2 Abs. 1 Nr. 3 unterbleiben mußte und deshalb die Durchbrechung des Grundsatzes ne bis in idem gerechtfertigt ist. Die Wirkung eines Beschlusses, der die Durchführung eines neuen Verfahrens für zulässig erklärt (§ 10 Abs. 2 S. 1), reicht weiter als diejenige eines Beschlusses, der ein Vollstreckungs- oder Zulieferungsersuchen zurückweist (§§ 8, 10 Abs. 2 Satz 2). Der erstere entspricht einem die Wiederaufnahme des Verfahrens und die Erneuerung der Hauptverhandlung anordnenden Beschluß nach § 370 Abs. 2 StPO.; er beseitigt endgültig das frühere Urteil und führt zur endgültigen Tilgung des Strafvermerks nach § 13 Abs. 2 Satz 2. Auch der aus Anlaß eines Amtshilfeersuchens die Vollstreckung oder Vollstreckungszulieferung für unzulässig erklärende Beschluß des Oberlandesgerichts (§ 5 Abs. 1, § 8) beseitigt das Urteil (vgl. Anm. 1 zu § 16) und führt zur Tilgung des Strafvermerks (vgl. Anm. 2 zu § 13), aber nicht endgültig und unwiderruflich, da die Möglichkeit besteht, daß das Oberlandesgericht gemäß § 9 Abs. 1 auf Antrag des Generalstaatsanwalts wegen neu hervorgetretener Umstände die zunächst für unzulässig erklärte Amtshilfe genehmigt und damit das ostzonale Urteil wieder in Wirksamkeit tritt. Eine solche Abänderung nach § 9 Abs. 1 ist auch noch möglich, nachdem in dem neuen Verfahren die gerichtliche Untersuchung eröffnet worden ist, und führt zur Einstellung des Verfahrens (§ 206a StPO.). Eine unwiderrufliche Rechtslage wird hier erst geschaffen, wenn in dem neuen Verfahren ein rechtskräftiges Urteil ergangen ist.

5. Für das neue Urteil spricht Abs. 3 Satz 1 das **Verbot der reformatio in peius** aus, wie es sonst im Rechtsmittel- und Wideraufnahmeverfahren (§§ 331, 358, 373 StPO.) gilt; auch die in Abs. 3 Satz 2 in bezug genommene Vorschrift des § 373 Abs. 2 Satz 2 StPO. entspricht einem allgemein geltenden Grundsatz (vgl. § 331 Abs. 2, § 358 Abs. 2 Satz 2 StPO.). Auf die Anmerkungen zu diesen Vorschriften wird verwiesen. Abs. 3 Satz 3 ist dem § 7 StGB. nachgebildet, so daß die Ergebnisse der Auslegung dieser letzteren Vorschrift auch für die Auslegung des Satzes 3 sinngemäß verwendbar sind. Vgl. dazu oben Anm. 3. — Durch Abs. 3 nicht berührt wird die Möglichkeit, bei einer Entscheidung mit begrenzter Rechtswirkungkraft (Strafbefehl, Strafbescheid der Verwaltungsbehörde) ein neues Verfahren in der Bundesrepublik einzuleiten, wenn ein rechtlicher Gesichtspunkt nicht berücksichtigt ist, der eine erhöhte Strafbarkeit begründet (vgl. BVerfG. NJW. **1954** 69); die Anrechnung der bereits vollstreckten Strafe aus dem Strafbefehl usw. auf die neu festgesetzte Strafe richtet sich nach den zu § 410 StPO. herausgebildeten Grundsätzen.

6. **Unanwendbar** ist § 11, wenn ein Urteil nicht nur nach seinem Inhalt oder der Art seines Zustandekommens rechtsstaatswidrig ist, sondern in einem solchen Maße gegen unabdingbare Gebote der Gerechtigkeit und elementare Grundsätze eines geordneten Verfahrens verstößt, daß es schlechthin nicht als Urteil gewertet werden kann. Dann bedarf es nicht erst der Zerstörung eines Rechtsscheins nach § 11 Abs. 2; vgl. dazu Näheres Anm. 2c zu § 15.

§ 12

Bildung einer Gesamtstrafe

Kommt es auf die Festsetzung einer Gesamtstrafe an (§ 460 StPO.), so steht die Entscheidung in den Fällen, in denen die Vollstreckung einer außerhalb des Geltungsbereichs dieses Gesetzes erkannten Strafe nach § 2 Abs. 1, 5 oder 6 ganz oder teilweise unzulässig ist, stets den Gerichten innerhalb des Geltungsbereichs dieses Gesetzes zu.

1. Nach § 462 Abs. 3 StPO. ist zur Bildung einer Gesamtstrafe aus Einzelurteilen verschiedener Gerichte das erstinstanzliche Gericht zuständig, das auf die schwerste Strafart oder bei Strafen gleicher Art auf die schwerste Strafe erkannt hat und bei Strafen gleicher Höhe das Gericht, das zuletzt erkannt hat. In **Durchbrechung dieser Zuständigkeitsregel** bestimmt § 12, daß, wenn die Vollstreckung eines an sich in die Gesamtstrafe einzubeziehenden ostzonalen Urteils ganz oder teilweise (§ 2 Abs. 5) durch den Generalstaatsanwalt (§§ 4 Abs. 1, § 15) oder das Gericht (§ 5 Abs. 1, §§ 8, 15, § 11 Abs. 2 — vgl. Anm. 4 zu § 11 —) für unzulässig erklärt ist, eine Zuständigkeit ostzonaler Gerichte für die Bildung der Gesamtstrafe entfällt. Und zwar gilt das („stets") auch dann, wenn mehrere Urteile außerhalb des Bundesgebietes ergangen sind und nur bei einem von ihnen die Vollstreckung ganz oder teilweise unzulässig ist (Begr. zu § 12 RegEntw.); die Entscheidungszuständigkeit eines nach der Regel des § 462 Abs. 3 StPO. zuständigen Gerichts außerhalb der Bundesrepublik entfällt also in diesem Fall auch dann, wenn dessen Urteil keinen Bedenken begegnet. In der Bundesrepublik ist nunmehr das Gericht zur Bildung der Gesamtstrafe zuständig, das nach § 462 Abs. 3 StPO. zuständig ist, wenn die ostzonalen Urteile außer Betracht bleiben; dieses Gericht bezieht auch die ostzonalen Urteile ein, gegen deren Vollstreckung (ganz oder zum Teil) keine Bedenken bestehen.

2. In der Sowjetzone besteht gegenüber der Bundesrepublik insofern eine Rechtsverschiedenheit, als nach § 350 Abs. 3 des sowjetzonalen Ges. über das Verfahren in Strafsachen vom 2.10.1952 für die nachträgliche Gesamtstrafenbildung bei Verurteilungen durch verschiedene Gerichte — im Gegensatz zu § 462 Abs. 3 StPO. — das Gericht zuständig ist, das zuletzt entschieden hat. Auch wenn § 12 keine Anwendung findet, muß daher abweichend von § 462 Abs. 3 StPO. verfahren werden, wenn zuletzt ein ostzonales Gericht entschieden hat und dieses nicht zugleich nach § 462 Abs. 3 StPO. zuständig wäre; aus der Regelung in § 12 des vorliegenden Gesetzes ergibt sich, daß dann dasjenige Gericht im Bundesgebiet über die Gesamtstrafenbildung zu entscheiden hat, dessen Zuständigkeit nach § 462 Abs. 3 StPO. gegeben ist, wenn die ostzonale Verurteilung nicht erfolgt wäre (vgl. dazu Polzin a. a. O. 450).

§ 13

Strafregister

(1) Entscheidungen des Gerichts und abschließende Verfügungen des Generalstaatsanwalts, durch die die Genehmigung einer Vollstreckung oder einer Zulieferung zum Zwecke der Vollstreckung erteilt oder versagt oder die Beschränkung der Vollstreckung angeordnet worden ist, sind, wenn die zuständige Strafregisterbehörde ihren Sitz im Geltungsbereich dieses Gesetzes hat, dem Strafregister mitzuteilen und in ihm zu vermerken.

(2) Die Fristen, nach deren Ablauf über eine in das Strafregister aufgenommene Verurteilung nur noch beschränkte Auskunft zu erteilen oder der Vermerk im Strafregister zu tilgen ist, richten sich nach der Art und Höhe der Strafe, deren Vollstreckung für zulässig erklärt worden ist. Der Vermerk über eine Strafe, deren Vollstreckung für unzulässig erklärt worden ist, ist zu tilgen.

1. § 13 hat eine **zweifache Bedeutung.**

a) Ist im Strafregister die durch Urteil eines deutschen Gerichts oder Strafbescheid einer deutschen Verwaltungsbehörde außerhalb der Bundesrepublik verhängte Strafe vermerkt und wird durch abschließende Verfügung des Generalstaatsanwalts oder durch gerichtliche Entscheidung (§ 8) die Genehmigung der nachgesuchten Vollstreckung oder Vollstreckungszulieferung **versagt** oder die Vollstreckung nur in eingeschränktem Umfang (§ 2 Abs. 5, § 8 Abs. 2) genehmigt, so regelt § 13 Abs. 2 die Folgen, die sich daraus für die registermäßige Behandlung des Strafvermerks ergeben. Ist die Vollstreckung in vollem Umfang für unzulässig erklärt, so wird der Vermerk in vollem Umfang getilgt. Wird dagegen die Beschränkung der Vollstreckung angeordnet, so ergibt sich aus der in § 1 Abs. 3 der DurchfVO. vom 23. 12. 1953 für das Bundesstrafregister getroffenen Regelung, daß der Vermerk über die ostzonale Verurteilung insoweit getilgt wird, als er mit der nach § 2 Abs. 5, § 8 Abs. 2, § 15 getroffenen Regelung in Widerspruch steht. An die Stelle des getilgten Vermerks über Höhe und Art der erkannten Strafe tritt der Vermerk über die Strafe, deren Vollstreckung genehmigt wurde und dieser Vermerk wird strafregistermäßig in vollem Umfang so behandelt, als habe nicht das ostzonale Gericht geurteilt, sondern ein Gericht in der Bundesrepublik eine Strafe verhängt, wie sie dem Inhalt der Teilvollstreckungsgenehmigung entspricht. Nach Art und Höhe dieser Strafe richtet sich also die Dauer der Fristen für Auskunftsbeschränkung und Tilgung (§§ 6, 7 des Straftilgungsges. vom 9. 4. 1920, RGBl. 507); soweit für den Beginn der Auskunftsbeschränkungsfrist der Tag der Verurteilung maßgebend ist (§. 6 Abs. 2 des Straftilgungsges.), ist der Zeitpunkt der ostzonalen Verurteilung (nicht etwa der der Genehmigungsverfügung des Generalstaatsanwalts oder der Entscheidung des Oberlandesgerichts — § 8 Abs. 2 —) maßgebend. Ebenso ist zur Anordnung vorzeitiger Auskunftsbeschränkung oder Tilgung (§ 8 des Straftilgungsges.) ausschließlich die Landesjustizverwaltung, die die Aufsicht über das Strafregister führt oder die von ihr ermächtigte Stelle zuständig (§ 2 der DurchfVO. vom 23. 12. 1953). — Die Tilgung des Vermerks über die sowjetzonale Verurteilung nach § 13 Abs. 2 hat die gleiche Wirkung, wie sie nach § 4 Abs. 4, § 5 Abs. 2 des Straftilgungsges. einer Tilgung auf Grund des Straftilgungsges. zukommt (vgl. Anm. 1 zu § 16).

b) Wird dagegen die Vollstreckung **genehmigt,** so wird durch Mitteilung und Vermerk der Entscheidung im Strafregister sichergestellt, daß der Verurteilte nicht an anderer Stelle mit der Behauptung hervortreten kann, er sei zu Unrecht verurteilt. Eine Nachprüfung durch andere Stellen ist — unbeschadet des § 9 — ausgeschlossen (§ 16).

2. Anwendungsbereich des § 13 — § 13 regelt nur die registermäßigen Auswirkungen einer Entscheidung aus Anlaß eines Vollstreckungs- oder Zulieferungsersuchens. Er wird ergänzt durch § 15 Abs. 4 für den Fall, daß nicht ein Vollstreckungsersuchen, sondern ein Antrag des Verurteilten zu einer Entscheidung über die Zulässigkeit der Vollstreckung führt. Dagegen ist nach dem Wortlaut des § 13 Abs. 1 der Fall ungeregelt geblieben, daß beim Ausbleiben eines Vollstreckungs- oder Zulieferungsersuchens von Amts wegen nach § 11 Abs. 1 Nr. 2 ein neues Verfahren durchgeführt wird. Da aber in einem solchen Fall die Zulässigkeitserklärung des Oberlandesgerichts nach § 11 Abs. 2 dem ostzonalen Urteil die Vollstreckungsfähigkeit entzieht (vgl. Anm. 4 zu § 11), ist auf diese Entscheidung § 13 entsprechend anzuwenden und der Vermerk über die sowjetzonale Strafe zu tilgen, sobald die die Erhebung einer neuen öffentlichen Klage zulassende Entscheidung des Oberlandesgerichts vorliegt (a. M. Polzin a. a. O. 450, der eine vom Gesetzgeber auszufüllende Lücke annimmt).

3. Beschränkung der Mitteilungspflicht — § 13 Abs. 1 schreibt die Mitteilung nur für den Fall vor, daß „die zuständige Strafregisterbehörde ihren Sitz im Geltungsbereich dieses Gesetzes hat". Das bedeutete nach der Rechtslage zur Zeit des Erlasses des vorliegenden Gesetzes, daß die Mitteilungspflicht nach § 13 nur Platz griff, wenn der Geburtsort des Verurteilten in der Bundesrepublik liegt (§ 1 der StrafregisterVO. vom 8. 3. 1926). Bei anderen Personen sollte durch die Pflicht zur Mitteilung an das Bundesstrafregister nach § 17 des Ges. in Verb. mit §§ 1, 4 der DurchfVO. ein entsprechendes Ergebnis erreicht werden wie durch die Mitteilung an das örtliche Strafregister in der Bundesrepublik. Nachdem inzwischen die Zuständigkeit des Bundesstrafregisters durch AV. des Bundesjustizministers vom 6. 7. 1954 (Bundesanz. Nr. 129) auf die Personen ausgedehnt worden ist, deren Geburtsort in der Sowjetzone liegt, hat die Einschränkung in § 13 Abs. 1 ihre Bedeutung verloren. — Die Mitteilungspflichten nach § 13 und § 18 bestehen nebeneinander.

4. § 13 Abs. 1 begründet der Natur des Sache nach die Mitteilungspflicht nur für solche Verfügungen und Entscheidungen, die auf Grund des vorliegenden Gesetzes, also nach seinem Inkrafttreten ergangen sind. Dagegen gilt **§ 13 Abs. 2** auch in den Fällen, in denen **vor dem Inkrafttreten des Gesetzes** durch Verfügung des Generalstaatsanwalts, der damals allein nachprüfungszuständig war, eine Vollstreckung ganz oder teilweise für unzulässig erklärt worden war. Denn wenn eine erneute Nachprüfung nach den Vorschriften des vorliegenden Gesetzes grundsätzlich ausgeschlossen ist, falls der Generalstaatsanwalt über die nachgesuchte Vollstreckungshilfe vor Inkrafttreten des Gesetzes abschließend entschieden hat (vgl. Anm. 1 zu § 20) und damit der Verfügung die gleiche Wirkung beigelegt wird, wie sie einer nach Inkrafttreten des Gesetzes erlassenen und abschließend gewordenen Verfügung zukommt (§ 9 Abs. 2), so muß ihr auch strafregistermäßig die Wirkung zukommen, die § 13 Abs. 2 an eine abschließende Verfügung knüpft (offen gelassen von OLG. Celle vom 18. 8. 1954 — 2 Ws 164/54 —).

5. Aus § 16 ergibt sich, daß die über die Zulässigkeit der Vollstreckung getroffenen Entscheidungen ohne weiteres die in § 13 Abs. 2, § 15 Abs. 4 bezeichneten Wirkungen auch insoweit entfalten, als es sich um die Ausstellung **polizeilicher Führungszeugnisse** handelt; das entspricht dem Grundsatz des § 5 Abs. 1 Satz 2 des Straftilgungsges. Ebenso wenig darf ein Strafvermerk in die polizeiliche Liste aufgenommen werden, wenn der Generalstaatsanwalt die Aufnahme eines entsprechenden Vermerks in das Strafregister gemäß § 14 ablehnt. Vgl. noch § 1 Abs. 4, §§ 5, 6 der DurchfVO. vom 23. 12. 1953.

§ 14

Eintragung in das Strafregister

Geht eine Strafnachricht über einen durch ein deutsches Gericht außerhalb des Geltungsbereichs dieses Gesetzes Verurteilten bei einer Strafregisterbehörde ein, so soll der Verurteilte, wenn er seinen Wohnsitz oder gewöhnlichen Aufenthalt im Geltungsbereich dieses Gesetzes hat, vor der Eintragung des Vermerks in das Strafregister gehört werden. Ergeben sich aus den Gründen des § 2 Abs. 1, 5 und 6 Bedenken gegen die Eintragung oder widerspricht ihr der Verurteilte, so ist die Entscheidung des Generalstaatsanwalts einzuholen. Hierdurch wird das Antragsrecht nach § 15 nicht berührt.

1. Während § 13 Abs. 2, § 15 Abs. 4 das Schicksal bereits eingetragener Vermerke im Strafregister über ostzonale Verurteilungen regeln, wenn die Strafvollstreckung für unzulässig erklärt wird, will § 14, der im RegEntw. nicht enthalten war, sondern erst vom Rechtsausschuß des Bundestags eingefügt wurde, zur Vermeidung von Nachteilen für den Betroffenen verhindern, daß es zur Eintragung von Strafvermerken über rechtstsaatswidrige Verurteilungen überhaupt kommt.

Zu diesem Zweck schreibt § 14 vor, daß die Strafregisterbehörde (vgl. § 1 der StrafregisterVO.) vor der Eintragung einer bei ihr eingegangenen Strafnachricht den Verurteilten **hören** (= Gelegenheit zur Äußerung geben) soll, wenn er seinen Wohnsitz oder gewöhnlichen Aufenthalt in der Bundesrepublik hat; darauf, ob die mitgeteilte Verurteilung Bedenken zu erwecken geeignet ist oder nicht, kommt es dabei nicht an. Eine Pflicht zu Nachforschungen über Wohnsitz oder gewöhnlichen Aufenthalt des Verurteilten begründet § 14 nicht; wo jedoch Anhaltspunkte für den Wohnsitz oder gewöhnlichen Aufenthalt gegeben sind, muß die Registerbehörde sie auswerten. Zu den **Verurteilungen „durch ein Gericht"** gehören hier, wie in § 11 Abs. 1 Nr. 1 und 2, auch die Bestrafungen durch Strafbefehl oder durch Strafbescheid einer Verwaltungsbehörde, die nach § 2 der StrafregisterVO. registerpflichtig sind; ein innerer Grund, den Ausdruck „Verurteilung durch ein deutsches Gericht" anders als im Sinne einer sprachlichen Vereinfachung, eines Verzichts auf die Aufzählung der Urteilssurrogate zu verstehen, wäre auch nicht erfindlich.

Widerspricht der Verurteilte bei seiner Anhörung der Eintragung des Vermerks, so muß die Strafregisterbehörde, gleichviel ob sie die geltend gemachten Gründe für berechtigt hält oder nicht, die Entscheidung des für den Sitz der Strafregisterbehörde örtlich zuständigen Generalstaatsanwalts einholen. Auch wenn der Verurteilte nicht widerspricht und ebenso, wenn er nicht angehört wurde, muß die Strafregisterbehörde von Amts wegen die Entscheidung des Generalstaatsanwalts herbeiführen, wenn sich aus dem Inhalt der mitgeteilten Entscheidung Bedenken gegen deren Rechtsstaatlichkeit ergeben, z. B. bei ungewöhnlicher Höhe der Strafe, bei Einziehung des gesamten Vermögens oder bei Verurteilung aus einem schlechthin rechtsstaatswidrigen Gesetz (vgl. Anm. 4 zu § 2).

2. Der Generalstaatsanwalt kann, wenn er den Widerspruch oder die von Amts wegen geäußerten Bedenken für begründet hält, sich darauf beschränken, die **Nichteintragung des Vermerks anzuordnen.** Eine solche Anordnung ist für die Strafregisterbehörde und die die polizeiliche Liste führende Stelle verbindlich (§ 16), enthält aber keine Entscheidung über die Zulässigkeit der Vollstreckung und ist jederzeit frei abänderbar. Hat der Generalstaatsanwalt nur wegen der Art oder Höhe der Strafe Bedenken, so wird er zugleich dem für den Wohnort oder gewöhnlichen Aufenthaltsort des Verurteilten örtlich zuständigen Generalstaatsanwalt die Durchführung eines neuen Verfahrens nach § 11 Abs. 1 Nr. 2 anheimstellen. Weist der Generalstaatsanwalt dagegen die Strafregisterbehörde zur Eintragung an, weil er den Widerspruch oder die von Amts wegen geäußerten Bedenken für unbegründet hält, so bleibt dem Verurteilten, abgesehen von der Dienstaufsichtsbeschwerde, nur der Weg des § 15.

3. Die Entscheidung des Generalstaatsanwalts ist dem Oberbundesanwalt (Bundesstrafregister) mitzuteilen (§ 17, § 1 der DurchfVO. vom 23. 12. 1953).

4. Ist die Eintragung erfolgt, gleichviel ob unmittelbar durch die Strafregisterbehörde oder auf Weisung des Generalstaatsanwalts, so hat weder der Verurteilte, wenn er davon erfährt, ein nachträgliches Widerspruchsrecht (KG. vom 10. 3. 1954 — 1 a Ws. 445/54 —; Polzin a. a. O. 451) noch kann der Generalstaatsanwalt seine Verfügung ändern oder die Strafregisterbehörde, die von sich aus den Vermerk eingetragen hatte, zu seiner Tilgung anweisen; dem Verurteilten bleibt vielmehr, soweit es nicht zu einer Entscheidung nach § 13 Abs. 1 kommt, nur der Weg des § 15 oder eines Antrags auf vorzeitige Tilgung nach § 8 des Straftilgungsges.

§ 15

Selbständiges Antragsrecht des Verurteilten

(1) Ist außerhalb des Geltungsbereichs dieses Gesetzes durch ein deutsches Gericht auf eine Strafe erkannt worden, deren Vollstreckung nach § 2 ganz oder teilweise unzulässig wäre, so kann der Verurteilte ohne Rücksicht darauf, ob die Strafe bereits vollstreckt ist oder ein Vollstreckungsersuchen gestellt wird, beantragen, die Unzulässigkeit der Vollstreckung festzustellen. Zuständig ist der Generalstaatsanwalt bei dem Oberlandesgericht, in dessen Bezirk der Verurteilte seinen Wohnsitz hat; fehlt ein solcher Wohnsitz im Geltungsbereich dieses Gesetzes, so ist der gewöhnliche Aufenthaltsort maßgebend.

(2) (aufgehoben durch § 28 des Straffreiheitsges. vom 17. 7. 1954, BGBl. I 203).

(3) Die Verfügung des Generalstaatsanwalts ist dem Verurteilten schriftlich bekanntzumachen. Sie ist ihm zuzustellen, wenn der Antrag abgelehnt wird. § 5 und §§ 7 bis 9 sind entsprechend anzuwenden.

(4) Die Entscheidungen des Gerichts und die Verfügungen des Generalstaatsanwalts sind, wenn die zuständige Strafregisterbehörde ihren Sitz im Geltungsbereich dieses Gesetzes hat, dem Strafregister mitzuteilen und in ihm zu vermerken. § 13 Abs. 2 ist anzuwenden.

1. Allgemeine Bedeutung — § 15 war, wie § 14, im RegEntw. nicht enthalten und verdankt den Vorschlägen des Rechtsausschusses des Bundestags seine Entstehung. Seine Bedeutung besteht vornehmlich darin, daß er eine Nachprüfung der Rechtsstaatsmäßigkeit einer Verurteilung in den Fällen ermöglicht, in denen die §§ 4, 5, 11, 14 keine Grundlage dafür bilden. Denn das Nachprüfungsverfahren nach §§ 4ff. setzt ein ostzonales Vollstreckungs- oder Zulieferungsersuchen voraus, entfällt also, wenn ein Ersuchen nicht gestellt wird, sei es, weil sich die ostzonalen Vollstreckungsbehörden davon keinen Erfolg versprechen, sei es, weil die Vollstreckung, soweit sie besonderer Vollstreckungsakte bedarf, bereits durchgeführt ist, oder weil sie durch eine ostzonale Begnadigung (infolge Amnestie oder Einzelgnadenerweis) ausgeschlossen ist. Der Verurteilte kann aber, auch wenn er mit einer (weiteren) Vollstreckung nicht zu rechnen hat, schon durch die Tatsache der Verurteilung als solche stark beeinträchtigt werden, denn der im Strafregister eingetragene Vermerk kann ihm bei seinem Fortkommen Hindernisse bereiten. Über diese allgemeine mittelbare Urteilswirkung hinaus ist der Verurteilte beeinträchtigt, wenn auf Nebenstrafen und Sicherungsmaßregeln erkannt ist, die einer besonderen Vollstreckung nicht bedürfen, sondern mit der Rechtskraft des Urteils ihre Wirkung entfalten, wie die Aberkennung der bürgerlichen Ehrenrechte (§§ 33, 34 StGB.), die Aberkennung der Amtsfähigkeit (§ 34 StBG.), der Ausspruch eines Berufsverbots (§ 42 l StGB.) oder der Eidesunfähigkeit (§ 161 StGB.). Ebenso liegt es, wenn an die Rechtskraft eines Urteils kraft Gesetzes Rechtsminderungen (Nebenfolgen) geknüpft sind, bei denen es besonderer Vollzugshandlungen nicht bedarf, wie bei der Verurteilung zu Zuchthausstrafe (§ 31 StGB.) oder bei den sog. Sperrfristen, wo nach gesetzlicher Vorschrift die für bestimmte Tätigkeiten vorgeschriebene behördliche Erlaubnis für Zeit oder auf Dauer versagt werden muß oder kann, wenn der darum Nachsuchende wegen bestimmter Delikte verurteilt worden ist (vgl. z. B. für den Wandergewerbeschein § 57 der Gewerbeordnung, für den Jagdschein § 17 Abs. 2 des Bundesjagdges. vom 29. 11. 1952, BGBl. I 843). In diesen Fällen bietet auch § 11 keine genügende Möglichkeit, berechtigten Wünschen der Verurteilten auf Nachprüfung der Rechtsstaatsmäßigkeit einer Verurteilung Rechnung zu tragen. Nach § 11 Abs. 1 Nr. 2 ist zwar die Einleitung eines neuen Verfahrens auch dann möglich, wenn weder um Vollstreckung noch um Zulieferung ersucht wird. Voraussetzung ist aber, daß ein Vollstreckungsersuchen (von der Rechtsstaatlichkeit der Bestrafung abgesehen) überhaupt möglich wäre, was nicht der Fall ist, wenn die erkannte Strafe, soweit es dazu besonderer Vollstreckungshandlungen bedarf, bereits vollständig vollstreckt oder aber die Vollstreckung aus Rechtsgründen (Amnestie, Einzelgnadenerweis usw.) ausgeschlossen ist (vgl. Anm. 3 zu § 11). Denn § 11 Abs. 1 Nr. 2 will nur ausschließen, daß sühnebedürftiges Unrecht nur deshalb ungesühnt bleibt, weil die sowjetzonale Vollstreckungbehörde sich untätig verhält. Im übrigen genügt § 11 Abs. 1 Nr. 2 auch deshalb nicht dem Interesse des Verurteilten an einer Nachprüfung des Spruchs, weil Strafverfolgungsbehörde und Gericht (§ 11 Abs. 2) nur prüfen, ob im öffentlichen Interesse eine erneute Bestrafung möglich und geboten ist. Der Verurteilte hat daher keine Möglichkeit, eine gerichtliche Entscheidung herbeizuführen, wenn der Generalstaatsanwalt die Erhebung einer öffentlichen Klage ablehnt (vgl. Anm. 5b zu § 10) und infolgedessen der ostzonale Spruch zwar nicht vollstreckt wird, im übrigen aber unberührt bleibt, da die Entschließung des Generalstaatsanwalts, die öffentliche Klage nicht zu erheben, keine strafregistermäßigen Auswirkungen hat (vgl. § 13). Wegen der sehr beschränkten Bedeutung des § 14 schließlich vgl. die Anm. dort. Die Verweisung auf den Weg des § 8 Straftilgungsges. schien dem Gesetzgeber keine rechtsstaatlich angemessene Lösung. Die sonach bestehenden Lücken im Rechtsschutz des Verurteilten fällt § 15 aus; mit dieser Vorschrift werden der Generalstaatsanwalt und das Oberlandesgericht bei Anwendung des vorliegenden Gesetzes am häufigsten befaßt; sie hat deshalb die meisten Probleme aufgeworfen.

2. § 15 setzt zunächst eine auf Strafe (allein oder in Verbindung mit den weiteren in § 4 Abs. 1 bezeichneten Unrechtfolgen) lautende Entscheidung eines deutschen Gerichts voraus.

a) auf Strafe lautende Erkenntnis — Streit besteht hinsichtlich der Überprüfungfähigkeit von Verurteilungen durch „Strafkammern nach SMA.-Befehl 201" aus der Kontrollratsdirektive 38 (betr. Sühne aktiver nationalsozialistischer Betätigung). Die „Sühne" besteht hier in Freiheitsstrafe (Zuchthaus oder Gefängnis) und Maßnahmen wie Berufsverbot, Verlust des Wahlrechts usw. Nach OLG. Frankfurt vom 28. 7. 1954 — 2 Ws. 464/54 — und Generalstaatsanwalt Frankfurt NJW. **1955** 155 (mit krit. Anmerkungen von Hildebrand) sind auch die als Sühne verhängten Freiheitsstrafen keine Strafen i. S. des § 15, die sie verhängenden Strafkammern keine Gerichte i. S. des § 15; daher wird die Überprüfungsfähigkeit des Urteils verneint, jedenfalls dann, wenn nicht zugleich eine Aburteilung krimineller Tatbeständer erfolgt ist. Nach OLG. München vom 26. 4. 1954 — Ws. 199/54 — und vom 22. 5. 1954 — Ws. 544/54 — sind zwar auch die zur Sühne verhängten Freiheitsstrafen, nicht aber andere Sühnemaßnahmen Gegenstand einer Nachprüfung nach § 15. Dagegen verteidigt Polzin a. a. O. 451 mit guten Gründen die Rechtsprechung des KG., wonach die Urteile der Strafkammern nach SMA.-Befehl 201 in vollem Umfang überprüfbar sind.

b) Bestrafung durch ein deutsches **Gericht.** Daß § 15 auch Anwendung findet, wenn die Strafe nicht durch Urteil, sondern durch gerichtlichen Strafbefehl festgesetzt ist, kann schon nach dem Wortlaut des § 15, im übrigen auch im Hinblick auf § 11 Abs. 1 Nr. 1 nicht zweifelhaft sein. Dagegen gehen die Auffassungen auseinander, ob auch der Strafbescheid einer Verwaltungsbehörde (des Finanzamts in Steuerstrafsachen, der Wirtschaftsbehörde auf Grund der WirtschaftsstrafVO. vom 23. 9. 1948, ZVOBl. 439) nachprüfbar ist. Verneint wird dies unter Berufung auf den „klaren" Wortlaut des § 15, der nur von gerichtlichen Verurteilungen spreche, von OLG. München vom 20. 4. 1954 — Ws. 387/54 —, OLG. Düsseldorf vom 5. 5. 1954 — Ws. 234/54 — und OLG. Oldenburg vom 15. 11. 1954 — Ws. 373/54 —, bejaht dagegen in einem Rundschreiben des BJustMin. vom 15. 3. 1954, vom KG. vom 28. 12. 1953 — 1a Ws. 667/53 —, 6. 3. 1954 — 1a Ws. 311/54 — u. vom 4. 6. 1954 — 1 Ws. 509/54, ferner von Polzin a. a. O. 451. Der bejahenden Auffassung ist zuzustimmen. Daß Amtshilfeersuchen strafbescheidsbefugter Verwaltungsstellen unter §§ 1, 2 fallen, ist ebensowenig zweifelhaft wie die Genehmigungsbedürftigkeit von Vollstreckungsersuchen (§§ 3, 4 Abs. 1) und die Nachprüfbarkeit eines einem Vollstreckungsersuchen stattgebenden Bescheids durch das Oberlandesgericht (§ 5 Abs. 1). Nicht zweifelhaft kann ferner sein, daß unter § 14 auch Strafnachrichten über die durch Strafbescheid der Verwaltungsbehörde festgesetzten Strafen fallen (so auch OLG.

Oldenburg a. a. O.), obwohl auch § 14 nur von Strafnachrichten über die Verurteilung durch ein deutsches Gericht spricht. Schließlich ist auch die Auslegung des § 11 Abs. 1 Nr. 1 dahin, daß der einem Urteil „in der Wirkung gleichstehenden richterlichen Entscheidung" der rechtskräftige Strafbescheid der Verwaltungsbehörde gleichgestellt werden muß, geradezu zwingend geboten: denn andernfalls wäre bei Versagung der (nach § 3 erforderlichen) Genehmigung zur Vollstreckung aus einem Strafbescheid nicht nur die Vollstreckung, sondern zugleich auch die Durchführung eines neuen Verfahrens in der Bundesrepublik ausgeschlossen, weil die Rechtskraft des Strafbescheids dem entgegenstünde; irgendein einleuchtender Grund, den richterlichen Strafbefehl und den Strafbescheid der Verwaltungsbehörde unterschiedlich zu behandeln, wäre aber nicht erfindlich. So wenig danach in § 11 Abs. 1 Nr. 1 und in § 14 die Beschränkung des Gesetzeswortlauts auf gerichtliche Verurteilungen die Ausdehnung der genannten Vorschriften auf die ihnen in der Wirkung gleichstehenden rechtskräftigen Strafbescheide der Verwaltungsbehörden ausschließt, so wenig ist dies in § 15 der Fall. Wie oben in Anm. 1 dargelegt, ist es die ratio legis, in den Fällen, in denen ein Vollstreckungsersuchen nicht gestellt wird, sei es, weil die ostzonale Vollstreckungsbehörde untätig bleibt, sei es weil körperliche Vollstreckungsakte nicht mehr in Betracht kommen oder rechtlich ausgeschlossen sind, mit Rücksicht auf die Auswirkungen des Strafvermerks im Strafregister eine Nachprüfung der Bestrafung durch den Generalstaatsanwalt und gegebenenfalls durch das Oberlandesgericht auf Antrag des Verurteilten in dem Umfang zu ermöglichen, wie sie staatfände, wenn ein Vollstreckungsersuchen gestellt worden wäre. Und wenn der Gesetzgeber den § 15 schuf, weil ihm die Verweisung der Betroffenen auf die Möglichkeit, eine vorzeitige Tilgung im Strafregister zu beantragen (§ 8 des Straftilgungsges.) nicht ausreichend erschien, um die Rechtsschutzbelange des Verurteilten zu wahren, so geht es nicht an, wenn OLG. Oldenburg a. a. O. den durch Strafbescheid Verurteilten auf den Weg des § 8 verweist.

c) **Nichtige Urteile** — Das vorliegende Gesetz beruht auf dem Grundgedanken, daß ein ostzonales Strafurteil auch dann ein gerichtliches Urteil ist, wenn es in einem rechtsstaatswidrigen Verfahren zustande gekommen oder nach seinem Inhalt rechtsstaatswidrig ist. Es wird wegen solcher Verstöße in der Bundesrepublik nicht etwa ignoriert, vielmehr muß ihm, wenn und soweit es nicht hinnehmbar erscheint, in dem dafür vorgesehenen Verfahren durch einen rechtsgestaltenden Akt (vgl. Anm. 1 zu § 16) die Urteilswirkung entzogen werden. Bei den sog. „Waldheim-Urteilen" wird jedoch angenommen, daß sie „wegen einer Summe schwerster verfahrensrechtlicher Verstöße, die jeder geordneten Rechtspflege Hohn sprechen" und als Urteile gesetzwidriger Ausnahmegerichte absolut nichtig seien, daß diese Nichtigkeit überall und in jeder Form geltend gemacht werden könne und es daher eines Antrags nach § 15 nicht nur nicht bedürfe, ein solcher vielmehr, da er immerhin ein „Urteil" voraussetze, als unzulässig zurückzuweisen sei (vgl. KG. vom 15. 3. 1954 — 1a Ws. 26/54; NJW. **1954** 1901; Generalstaatsanwalt Frankfurt NJW. **1955** 155; Polzin a. a. O. 450; Nüse a. a. O. 457, vgl. auch Anm. 4 zu § 16 GVG.).

3. Antragsrecht des Verurteilten —

a) Nur der Verurteilte hat das selbständige Antragsrecht aus § 15, nicht andere „Betroffene", also z. B. nicht seine Witwe nach seinem Tod (KG. JR. **1954** 71). Vertretung in der Ausübung des Antragsrechts durch einen bevollmächtigten Dritten ist selbstverständlich möglich; in Ausnahmefällen (z. B. ein Verurteilter mit Wohnsitz in der Bundesrepublik verbüßt die Strafe aus dem in Frage stehenden Urteil in der Ostzone) kann stillschweigende Bevollmächtigung der nächsten Angehörigen angenommen werden (so auch Polzin a. a. O. 451). Auf den gesetzlichen Vertreter des Verurteilten ist § 298 StPO. entsprechend anzuwenden.

b) Nur ein Verurteilter, der seinen **Wohnsitz oder seinen gewöhnlichen Aufenthaltsort** (vgl. Anm. 4 zu § 8 StPO.) in der Bundesrepublik hat, kann den Antrag stellen, wie Abs. 1 Satz 2 ergibt. Denn § 15 bezweckt nur, Nachteile abzuwenden, die einem Verurteilten aus einer ostzonalen Verurteilung in der Bundesrepublik erwachsen können und solche kommen nicht in Betracht, wenn er sich überhaupt nicht oder nur vorübergehend hier aufhält. Eine Inhaftierung im Westen begründet also kein Antragsrecht, wenn der Verurteilte seinen Wohnsitz oder gewöhnlichen Aufenthalt in der Ostzone hat (KG. vom 12. 4. 1954 — 1a Ws. 402/54). Erst recht steht einem im Ausland wohnhaften Verurteilten, dessen Geburtsort in der Bundesrepublik liegt und dessen ostzonale Bestrafung daher in einem Strafregister in der Bundesrepublik vermerkt ist, ein Antragsrecht aus § 15 nicht zu, mag er auch auf diese Weise seine Einreise in die Bundesrepublik vorbereiten wollen (Verfg. des Generalstaatsanwalts Bremen vom 11. 8. 1954 — RA. Reg. 9/54 —); für solche Fälle bleibt der Weg des § 8 des Straftilgungsges.

c) Der Antrag setzt, wie jeder Rechtsbehelf, eine **Beschwerde** voraus; seine Zulässigkeit ist also davon abhängig, daß der Antragsteller durch die Verurteilung noch in irgendeiner in der Bundesrepublik spürbaren Weise beeinträchtigt ist. Ein ostzonaler Straferlaß (durch Amnestie oder Einzelgnadenerweis) schließt den Antrag nicht aus, da eine Beschwer durch die Eintragung der Strafe im Strafregister verbleibt. Daß der Generalstaatsanwalt gemäß § 14 die Nichteintragung eines Strafvermerks angeordnet hat, schließt ebenfalls eine Beschwer nicht aus, denn einmal ist diese Verfügung abänderbar (vgl. Anm. 2 zu § 14) und im übrigen hindert die Nichteintragung höchstens faktisch, nicht rechtlich die Entfaltung sonstiger Urteilswirkungen der oben in Anm. 1 aufgezählten Art. Ist dagegen über ein Vollstreckungsersuchen ganz oder teilweise (§ 2 Abs. 5, § 8 Abs. 2) versagend oder in vollem Umfang genehmigend durch abschließende Verfügung des Generalstaatsanwalts oder durch das Oberlandesgericht entschieden, so steht die bindende Wirkung der Entscheidung (§ 16) in Verbindung mit der Tilgung des Strafvermerks (§ 13 Abs. 2) im Falle der Versagung einer erneuten Befassung mit der Sache auf einen Antrag nach § 15 hin entgegen; ist die Genehmigung ganz oder teilweise erteilt worden, so bleibt dem Verurteilten nur gegebenenfalls der Weg, eine Änderung der Entscheidung nach § 9 anzustreben (vgl. dazu Anm. 1 zu § 20). Ist der Strafvermerk im Strafregister auf Grund einer Anordnung nach § 8 des Straftilgungsges. oder kraft Anordnung eines westdeutschen Straffreiheitsgesetzes getilgt, so entfällt ein Antragsrecht aus § 15 mit Rücksicht auf die in § 4 Abs. 4, § 5 Abs. 2 des Straftilgungsges. einer solchen Tilgung beigelegte Wirkung. Dies gilt indessen nur dann, wenn die Strafvollstreckung im engeren und im weiteren Sinn (also auch bzgl. der gesetzlichen Nebenfolgen der Verurteilung zu Zuchthausstrafe, § 31 StGB., der Aberkennung der bürgerlichen Ehrenrechte usw.) in vollem Umfang erledigt ist (vgl. § 8 Abs. 2 Straftilgungsges.). Denn die Tilgung bewirkt als solche keinen Erlaß der noch bestehenden Straffolgen (vgl. BayObLG. NJW. **1955** 642); daher schließt eine auf Grund des § 8 Straftilgungsges. angeordnete Tilgung des Vermerks über eine ostzonale Verurteilung zu Zuchthausstrafe den Antrag aus § 15 nicht aus, wenn nicht der Inhaber des Gnadenrechts in der DDR. im Gnadenweg die aus § 31 StGB. sich ergebende dauernde Amtsunfähigkeit beseitigt hat. Ist dagegen die Strafvollstreckung in vollem Umfang erledigt und die Tilgung des Strafvermerks angeordnet, so bleibt nichts, was durch ein Verfahren nach § 15 noch beseitigt werden könnte. Polzin a. a. O. 451 sieht Bedenken gegen diese Auffassung in § 4 Abs. 4 des Straftilgungsges. und in § 16 des vorliegenden Ges. Allein einmal erscheint fraglich, ob die Wirkung einer Tilgung nach § 15 Abs. 4 Satz 2, § 13 Abs. 2 nicht weiter geht als die einer Tilgung nach den Vorschriften des Straftilgungsges. und das nach § 4 Abs. 4 Satz 3 Straftilgungsges. für Ausnahmefälle dem Gericht und der Staatsanwaltschaft eingeräumte Recht auf Auskunft über getilgte Strafen ausschließt und im übrigen dürfte dieses Bedenken, wenn es begründet wäre, schwerlich den mit einem Verfahren nach § 15 verbundenen Aufwand rechtfertigen.

d) Der Antrag ist weder an eine **Form** gebunden — die Verweisung in § 15 Abs. 3 Satz 3 auf § 5 (Abs. 4) bezieht sich nur auf den Antrag auf gerichtliche Entscheidung gegen eine ablehnende Verfügung des Generalstaatsanwalts — noch an eine **Frist.** Der frühere Abs. 2 bestimmte, daß der Antrag binnen einer Frist von 6 Monaten nach Erlangung der Kenntnis von der ostzonalen Entscheidung zu stellen sei und daß die Frist nicht vor der Verlegung des Wohnsitzes oder gewöhnlichen Aufenthalts in das Bundesgebiet zu laufen beginne. Diese Vorschrift ist durch § 28 des Straffreiheitsges. vom 17. 7. 1954 (BGBl. I 203) aufgehoben worden; sie hatte zu mancherlei Unzuträglichkeiten geführt, insbes. weil es bei unverschuldeter Versäumung der beim Generalstaatsanwalt zu wahrenden Frist nach der insoweit übereinstimmenden Rechtsprechung der Oberlandesgerichte (vgl. OLG. Köln NJW. **1954** 406; KG. JR. **1954** 71; Celle NJW. **1954** 974; Frankfurt vom 12. 2. 1954 — 2 Ws. 69/54 —) keine Wiedereinsetzung in den vorigen Stand gab.

e) Der Antrag muß sich auf **Feststellung der Unzulässigkeit der Vollstreckung** richten (im Anschluß an § 458 Abs. 1 StPO., der von Einwendungen „gegen die Zulässigkeit der Strafvollstreckung" spricht). Es wird die Feststellung begehrt, daß das Urteil nicht in der Form, in der es ergangen ist, Urteilswirkungen äußert. Ein Antrag nach § 15 kann daher von vornherein auf die Feststellung beschränkt sein, daß gemäß § 2 Abs. 5 nur eine mildere als die erkannte Strafe vollstreckt werden dürfe (vgl. § 15 Abs. 1 Satz 1: „deren Vollstreckung nach § 2 ganz oder teilweise unzulässig wäre"). Ein solcher Antrag ist aber für den Generalstaatsanwalt nicht bindend und hindert ihn nicht, die Vollstreckung in vollem Umfang für unzulässig zu erklären wie andrerseits der Verurteilte nicht gehindert ist, gerichtliche Entscheidung mit dem Ziel einer weitergehenden Feststellung auch dann zu beantragen, wenn der Generalstaatsanwalt seinem Antrag entsprechend die Strafe „herabgesetzt" hat.

4. Verfahren des Generalstaatsanwalts

a) **Örtlich zuständig** für die Entscheidung über den Antrag ist der in Abs. 1 Satz 2 bezeichnete Generalstaatsanwalt. Nach allgemeinen verfahrensrechtlichen Grundsätzen wird die einmal ordnungsmäßig begründete Zuständigkeit nicht dadurch berührt, daß der Verurteilte im Lauf des Verfahrens seinen Wohnsitz oder gewöhnlichen Aufenhalt in einen anderen Oberlandesgerichtsbezirk verlegt. Doch ist die Abgabe an den Generalstaatsanwalt des neuen Wohn- oder gewöhnlichen Aufenthaltsortes aus Zweckmäßigkeitsgründen nicht ausgeschlossen (vgl. auch § 12 Abs. 2 StPO.) und es entscheidet, wenn dieser die Übernahme ablehnt, die Landesjustizverwaltung, wenn die beiden Generalstaatsanwälte demselben Land angehören, andernfalls in entsprechender Anwendung des § 143 Abs. 3 GVG. der Oberbundesanwalt (so Verfg. des Oberbundesanwalts bei den BGH. vom 24. 7. 1954 — AR. 204/54).

b) Der **Umfang der Nachprüfung** im Fall des § 15 ist insofern enger als der bei Nachprüfung aus Anlaß eines Vollstreckungsersuchens, als den Gründen des § 2 Abs. 1 Nr. 3 hier keine Bedeutung zukommt; nur die Rechtsstaatsmäßigkeit der Verurteilung steht zur Entscheidung (vgl. Anm. 6). Die Aufklärung des Sachverhalts (vgl. dazu Anm. 2a zu § 4) erfolgt von Amts wegen; den Antragsteller trifft keine Beweislast, aber er trägt die Folgen, wenn er keine Beweismittel hat, auch keine Beweisanträge stellen kann und nicht erkennbar ist, wie von Amts wegen weiteres Material beschafft werden könnte. Die Aufklärung, die ohnedies in vielen Fällen erheblichen Schwierigkeiten begegnet, wird besonders problematisch, wenn der Verurteilte nicht in der Lage ist, eine Ausfertigung oder Abschrift des Urteils mit Gründen vorzulegen. Es wäre aber verfehlt, in solchen Fällen eine Urteilsnachprüfung von vornherein als nicht möglich anzusehen und den Antrag aus § 15 ohne weitere Erörterungen abzulehnen. Das würde dem Zweck des Gesetzes und der oft bestehenden echten Beweisnot des Verurteilten nicht gerecht (ebenso OLG. Celle vom 6. 4. 1955 — 2 Ws. 143/54 — und OLG. Oldenburg vom 24. 10. 1955 — Ws. 140/55 —). Es muß vielmehr im Einzelfall geprüft werden, ob und inwieweit die Angaben des Verurteilten unter Zuhilfenahme anderer Erkenntnisquellen (etwa Erklärungen seines Verteidigers, Aussagen von Zeugen über den Verlauf des Verfahrens, Vorlage der Anklageschrift, Zeitungsnachrichten usw.) eine Grundlage für die Entscheidung abgeben können. — Die Prüfung des Urteils hat lediglich unter dem Gesichtspunkt seiner Rechtsstaatsmäßigkeit (§ 2 Abs. 1 Nr. 1 u. 2, Abs. 5, 6) zu erfolgen. Es ist also ebensowenig Aufgabe des Generalstaatsanwalts wie des später etwa nach Antrag auf gerichtliche Entscheidung zur Nachprüfung berufenen Oberlandesgerichts, das Urteil wie ein Revisionsgericht auf materiell- oder verfahrensrechtliche Gesetzesverstöße hin zu prüfen und etwa mangelnde Feststellungen zum inneren Tatbestand oder zur Frage, ob Mittäterschaft oder Beihilfe vorliegt, zum Anlaß zu nehmen, die Vollstreckung für unzulässig zu erklären (OLG. Nürnberg vom 26. 10. 1954 — Ws. 345/54 —; OLG. Celle vom 6. 4. 1955 — 2 Ws. 162/54 —; OLG. Schleswig vom 30. 6. 1955 — Ws. 104/54 —). Der Bereich der Rechtsstaatswidrigkeit wird erst erreicht, wenn die tatsächlichen Feststellungen des Urteils offensichtlich den Schuldspruch nicht tragen können und deshalb ein reines Willkürurteil vorliegt (OLG. Neustadt vom 17. 2. 1954 — AR. II 276/53 —; enger Polzin a. a. O. 452: nur bewußt falsche Beweiswürdigung, Tatsachenfeststellung und falsche Rechtsanwendung mache das Urteil rechtsstaatswidrig). Auch ein Verstoß gegen den Grundsatz ne bis in idem (vgl. Art. 103 Abs. 3 GG.) macht das zweite Urteil rechtsstaatswidrig (KG. vom 4. 6. 1954 — 1 Ws. 509/54 —).

c) **Die Entscheidung des Generalstaatsanwalts** — Der Generalstaatsanwalt kann den Antrag als unbegründet zurückweisen oder die Vollstreckung teilweise (§ 2 Abs. 5) oder in vollem Umfang für unzulässig erklären. Nach OLG. Köln NJW. **1954** 571 kann er aber auch die Entscheidung auf unbestimmte Zeit aussetzen, wenn kein Vollstreckungsersuchen vorliegt, und eine abschließende, dem Antrag stattgebende oder ihn ablehnende Verfügung nur auf Grund weiteren Beweismaterials aus der Ostzone möglich ist, dieses aber auf verständlichen Wunsch des Antragstellers (z. B. um in der Ostzone verbliebenen nahen Angehörigen keine Nachteile zu bereiten) zur Zeit nicht eingeholt werden soll. Mit einer solchen Aussetzung soll eine Teilentscheidung in der Form verbunden werden können, daß eine Vollstreckung in Höhe der erkannten Strafe nicht erfolgen dürfe, wenn diese eindeutig über die in der Bundesrepublik in gleichen Fällen erkannten Strafen hinausgeht, während die endgültige Entscheidung, ob und in welcher Höhe die Vollstreckung zulässig ist, vorbehalten werden dürfe. Die Aussetzung soll in gleicher Weise wie eine Ablehnung des Antrags anfechtbar sein (§ 15 Abs. 3, § 5 Abs. 1). Mit Polzin a. a. O. 452 ist indessen im Hinblick auf § 9 Abs. 2, § 15 Abs. 3 ein Bedürfnis für eine solche Aussetzung auf unbestimmte Zeit zu verneinen.

5. Gegen eine Verfügung, die die Vollstreckung nicht in vollem Umfang für unzulässig erklärt, kann der Antragsteller auf **gerichtliche Entscheidung antragen** (vgl. dazu oben Anm. 3e). Bei Ablehnung des Antrags ist Rechtsbehelfsbelehrung erforderlich; § 4 Abs. 5 Satz 3 ist zwar nicht ausdrücklich für entsprechend anwendbar erklärt, jedoch ergibt sich die entsprechende Anwendbarkeit aus der Natur der Sache. Bei unverschuldeter Versäumung der Antragsfrist kann der Antragsteller in gleicher Weise wie bei einer Verfügung des Generalstaatsanwalts, die ein Vollstreckungsersuchen ganz oder teilweise genehmigt, **Wiedereinsetzung in den vorigen Stand** (§ 44 StPO.) beantragen. Dem steht nicht etwa (wie in einer [nicht veröffentl.] Stellungnahme eines Generalstaatsanwalts zu einem Wiedereinsetzungsantrag geltend gemacht worden ist), die Vorschrift des § 1 Abs. 2 entgegen, wonach die Bestimmungen der StPO. gelten, wenn einem Ersuchen um Rechts- oder Amtshilfe entsprochen wird. Diese Vorschrift bedeutet nicht, daß bei Anwendung des vorliegenden Gesetzes allgemein die Bestimmungen des GVG. und der StPO. nur dann anwendbar seien, wenn einem Rechts- oder Amtshilfeersuchen entsprochen wird, sondern sie besagt lediglich, daß, wenn und insoweit Rechts- und Amtshilfe geleistet wird, weil die nach § 3 erforderliche Genehmigung erteilt ist oder bei nicht genehmigungsbedürftigen Ersuchen um Rechts- und Amtshilfe die ersuchte Stelle sie nach § 2 als zulässig ansieht, die Leistung der Rechts- und Amtshilfe unter Anwendung der Vorschriften des GVG. (§§ 156f.) und der StPO. geschieht. Das ergibt sich eindeutig aus der Entstehungsgeschichte des § 1 Abs. 2 (vgl. Anm. 1 zu § 1). Die in § 1 Satz 2 des RegEntw. allgemein vorgesehene Anwendung von GVG. und StPO. ist durch § 1 Abs. 1 des Ges. nur deshalb auf den Fall, daß einem Ersuchen um Rechts- und Amtshilfe entsprochen wird, eingeschränkt worden, weil die in Anwendung des § 1 Satz 2 RegEntw. aus §§ 156, 158 Abs. 1, 162, 163, 168 GVG. sich ergebende Pflicht, grundsätzlich Rechts- und Amtshilfe zu leisten, beseitigt wurde und an die Stelle dieser Vorschriften § 2 des Gesetzes trat, so daß für eine Anwendung der genannten Vorschriften erst wieder Raum ist, sobald die Prüfung ergibt, daß keine rechtsstaatlichen Bedenken bestehen, dem Ersuchen zu entsprechen. Daß auch im übrigen die Vorschriften von GVG. und StPO., wenn nicht unmittelbar, dann jedenfalls sinngemäß anwendbar sind, folgt aus der Natur der Sache und bedurfte keines besonderen Ausspruchs, wie denn ja auch anerkannt ist, daß bei Anwendung des Ges. über Ordnungswidrigkeiten vom 25. 3. 1952 (BGBl. I 177) die Vorschriften der StPO. sinngemäß gelten, obwohl es auch hier an einem ausdrücklichen Ausspruch etwa nach Art des § 47 des deutschen Auslieferungsges. vom 23. 12. 1929 fehlt (vgl. Dalcke [-Schäfer] 36. Vorbem. 3 vor § 1 OWiG.). Wie ließe es sich auch sonst erklären, daß im Verfahren vor dem Oberlandesgericht (§§ 7, 8) die Besetzung des Gerichts sich nach § 122 Abs. 1 GVG. richtet, daß bei einer mündlichen Verhandlung die Vorschriften über Sitzungspolizei (§§ 176ff. GVG.) gelten usw., obwohl es an der Voraussetzung des § 1 Abs. 2, daß dem Rechts- oder Amtshilfeersuchen entsprochen ist, fehlt? Unabhängig von diesen Überlegungen ergibt sich im übrigen die Zulässigkeit der Wiedereinsetzung bei Versäumung der Antragsfrist auch aus § 15 Abs. 3 Satz 3, denn die entsprechende Anwendung des § 5 bedeutet, daß die den Antrag aus § 15 ablehnende Verfügung des Generalstaatsanwalts einer ein Rechts- oder Amtshilfeersuchen genehmigenden Verfügung nach jeder Richtung gleichstehen soll; im Fall des § 5 Abs. 1 aber wird die Möglichkeit einer Wiedereinsetzung nicht in Zweifel gezogen, obwohl der Wortlaut des § 1 Abs. 2 nur scheinbar nicht entgegensteht, denn durch eine nicht abschließende Verfügung des Generalstaatsanwalts wird dem Ersuchen ja nicht entsprochen (ebenso im Ergebnis OLG. Frankfurt vom 6. 10. 1955 — 2 Ws. 276/55). —

6. Die abschließende Verfügung des Generalstaatsanwalts und die Entscheidung des Oberlandesgerichts schließt kraft der **Bindungswirkung** (§ 16) eine erneute Nachprüfung durch ein anderes Gericht oder eine andere Behörde aus, soweit es sich um die Rechtsstaatsmäßigkeit oder Rechtsstaatswidrigkeit der Verurteilung handelt. Geht also ein Vollstreckungsersuchen ein, nachdem auf Grund eines Antrags aus § 15 die Unzulässigkeit der Vollstreckung ganz oder teilweise festgestellt worden ist, so ist die Genehmigung ohne weiteres zu versagen, auch wenn infolge Wechsels des Wohnsitzes oder gewöhnlichen Aufenthaltsort des Betroffenen ein anderer Generalstaatsanwalt für die Entscheidung über das Vollstreckungsersuchen örtlich zuständig geworden ist; neu hervorgetretene Gesichtspunkte können nur dazu führen, daß die Stellen, die die frühere Entscheidung getroffen haben, sie im Rahmen des § 9, § 15 Abs. 3 Satz 3 nachprüfen. Dagegen schließt eine Entscheidung, durch die der Antrag aus § 15 in vollem Umfang als unbegründet zurückgewiesen worden ist, nicht aus, ein nachträglich eingehendes Vollstreckungsersuchen unter dem Gesichtspunkt des § 2 Abs. 1 Nr. 3 (vgl. dazu Anm. 5 zu § 2) zu prüfen, denn mit der Frage, ob bei Zulieferung zur Vollstreckung aus einem an sich rechtsstaatlichen Grundsätzen entsprechenden Urteil dem Betroffenen aus der Gewährung der Vollstreckungshilfe rechtsstaatswidrige erhebliche Nachteile außerhalb des Verfahrens erwachsen können, hat sich die Entscheidung aus § 15 nicht zu befassen (ebenso Polzin a. a. O. 452). Wegen des umgekehrten Falles, daß zuerst über ein Vollstreckungsersuchen entschieden wurde und dann ein Antrag aus § 15 gestellt wird, vgl. oben Anm. 3c. Ist gleichzeitig über ein Vollstreckungsersuchen und einen Antrag aus § 15 zu entscheiden, so sind beide Verfahren zu verbinden.

§ 16

Bindende Wirkung

Die Entscheidungen des Gerichts und die abschließenden Verfügungen des Generalstaatsanwalts binden alle Gerichte und Behörden im Geltungsbereich dieses Gesetzes.

1. Der Grundsatz des § 16 gilt nicht nur für die Entscheidungen des Oberlandesgerichts (§§ 8, 9 Abs. 1, § 10 Abs. 2, § 11 Abs. 2, § 15 Abs. 3) und die Verfügungen des Generalstaatsanwalts, die dadurch abschließend werden, daß ein wirksamer Antrag aus § 5 Abs. 1, § 15 Abs. 3 nicht gestellt oder ein wirksam gestellter Antrag zulässigerweise zurückgenommen wird (vgl. Anm. 2 zu § 5), sondern auch für die übrigen Verfügungen des Generalstaatsanwalts (§ 3, § 14 Satz 2), die mit ihrem Ergehen abschließend werden, d. h. so lange gelten, als nicht der Generalstaatsanwalt sie abändert (vgl. Anm. 6 zu § 4, Anm. 2 zu § 14). Die Bindung bewirkt, daß Entscheidungen und abschließende Verfügungen, durch die ein Vollstreckungsersuchen ganz oder teilweise abgelehnt, die Vollstreckung auf Antrag aus § 15 ganz oder teilweise für unzulässig erklärt oder die Durchführung eines neuen Verfahrens für zulässig erklärt wird (§ 11 Abs. 1 Nr. 2, Abs. 2), rechtsgestaltende Wirkung erlangen, indem sie der die Bestrafung aussprechenden Entscheidung nicht nur die Vollstreckungsfähigkeit entziehen, sondern sie rechtlich beseitigen, was in der Tilgung des Strafvermerks (§ 13 Abs. 2, § 15 Abs. 4) seinen äußeren Ausdruck findet (vgl. dazu Anm. 3c zu § 15); damit entfallen nicht nur die im Urteil festgesetzten Strafen, Nebenstrafen und Sicherungsmaßregeln, sondern auch die kraft Gesetzes an das Urteil geknüpften Nebenfolgen (vgl. Anm. 1 zu § 15). Gleichzeitig ersetzen Verfügungen und Entscheidungen nach § 2 Abs. 5, § 8 Abs. 2, § 15 Abs. 3 die bisherigen Entscheidungen. Die Verfügungen und Entscheidungen binden nicht nur die Justizbehörden (Gerichte, Staatsanwaltschaften, Strafregisterbehörden), sondern wirken über diesen Bereich hinaus: die Polizeibehörde darf Fahndungen nicht im Widerspruch zu einer Verfügung oder Entscheidung betreiben, die die Genehmigung zur Vollziehung eines Haftbefehls oder zur Zulieferung zur Strafvollstreckung versagt oder die Unzulässigkeit der Vollstreckung feststellt, polizeiliche Führungszeugnisse dürfen nur im Einklang mit dem Inhalt des Strafregisters, den es durch Verfügungen oder Entscheidungen gemäß § 13 Abs. 2, § 14, § 15 Abs. 4 erlangt hat, erteilt werden usw.

§ 17

Mitteilungspflicht

Alle auf Grund dieses Gesetzes ergangenen Entscheidungen des Gerichts und abschließenden Verfügungen des Generalstaatsanwalts, die sich auf ein Rechts- oder Amtshilfeersuchen um Strafverfolgung oder Strafvollstreckung beziehen oder sonst nach § 10, 11, 14, 15 getroffen sind, sind dem Oberbundesanwalt mitzuteilen.

1. Die Sammlung an einer zentralen Stelle bezweckt, der Vorschrift des § 16 Beachtung zu verschaffen. Unberührt bleibt die Mitteilungspflicht nach § 13 Abs. 1, § 15 Abs. 4. § 17 ist von besonderer Bedeutung für die Fälle, in denen das Strafregister für den Betroffenen nicht im Bundesgebiet geführt wird (vgl. dazu Anm. 3 zu § 13). Vgl. im übrigen §§ 1, 4, 5 der DurchfVO. vom 23. 12. 1953.

§ 18

Ermächtigung

Die Bundesregierung wird ermächtigt, durch Verordnung mit Zustimmung des Bundesrates

1. die Mitteilungspflicht nach § 17 auch auf andere Entscheidungen und Verfügungen zu erstrecken, die sich auf den Rechts- und Amtshilfeverkehr mit deutschen Gerichten und Behörden außerhalb des Geltungsbereichs dieses Gesetzes beziehen,

2. die Sammlung und Verwertung der in § 17 genannten Mitteilungen zu regeln,
3. Bestimmungen über die Ausstellung von Führungszeugnissen für Personen zu erlassen, deren Strafregister außerhalb des Geltungsbereichs dieses Gesetzes geführt wird.

1. Auf Grund des § 18 ist die DurchfVO. vom 23. 12. 1953 (abgedr. nach § 22 des Ges.) ergangen.

§ 19

Kosten und Gebühren

(1) Gerichtskosten werden für die Entscheidungen, die auf Grund dieses Gesetzes ergehen, nicht erhoben.

(2) Für die Gebühren des Rechtsanwalts gelten die §§ 63ff. der Gebührenordnung für Rechtsanwälte entsprechend.

1. Die **Gerichtskostenfreiheit** der gerichtlichen Nachprüfungsverfahren trägt dem Umstand Rechnung, daß es sich bei den Betroffenen meist um Personen in wirtschaftlich bedrängter Lage handelt; ihnen soll die Anrufung des Gerichts nicht durch die drohende Belastung mit Gerichtskosten erschwert werden. Zu den Gerichtskosten gehören auch die baren Auslagen des gerichtlichen Verfahrens (§ 1 GKG.).

2. **Gebühren des Rechtsanwalts** — Der gewählte Rechtsanwalt (§ 4 Abs. 4) und der von Amts wegen bestellte Rechtsanwalt (§ 7 Abs. 2, § 15 Abs. 3) erhalten nach Abs. 2 Gebühren wie ein Verteidiger und zwar der beigeordnete Rechtsanwalt aus der Staatskasse (§ 65 RAGebO.). Die entsprechende Anwendung der §§ 63ff. RAGebO. bedeutet, daß der gewählte Rechtsanwalt für seine Tätigkeit im Verfahren vor dem Generalstaatsanwalt und dem etwa nach Antrag auf gerichtliche Entscheidung sich anschließenden Verfahren vor dem Oberlandesgericht eine Gebühr von 40 bis 400 DM, und, wenn vor dem Oberlandesgericht eine mündliche Verhandlung stattfindet (§ 7 Abs. 1, § 15 Abs. 3), die einer Hauptverhandlung vor dem erkennenden Gericht entspricht, für den ersten Tag eine Gebühr von 80 bis 800 DM und bei mehrtägiger Verhandlungsdauer eine solche von 80 bis 300 DM für den zweiten und jeden weiteren Verhandlungstag erhält (§ 63 Abs. 1 Nr. 1, § 67 RAGebO.). Das entspricht mit gewissen Abweichungen den Gebühren, die ein Rechtsanwalt nach § 71 RAGebO. für die Beistandsleistung im Auslieferungsverfahren erhält. Der beigeordnete Rechtsanwalt erhält im Verfahren vor dem Generalstaatsanwalt und dem sich anschließenden oberlandesgerichtlichen Verfahren die vorbezeichneten Mindestsätze (§ 65 Satz 1 RAGebO.). Auch das entspricht den Gebühren des im Auslieferungsverfahren beigeordneten Rechtsanwalts (§ 72 RAGebO.), jedoch mit der Maßgabe, daß dessen Gebühren bei mehrtägiger Dauer der mündlichen Verhandlung sich nicht erhöhen. Durch die Pauschalgebühr wird die gesamte Tätigkeit des Rechtsanwalts einschließlich des Antrags auf gerichtliche Entscheidung abgegolten (§ 67 RAGebO.); auch das entspricht den für die Beistandsleistung im Auslieferungsverfahren geltenden Vorschriften (§ 73 RAGebO.). Ein Abänderungsverfahren nach § 9, 15 Abs. 3 ist gegenüber dem abgeschlossenen Verfahren ein neues Verfahren.

§ 20

Übergangsvorschrift

(1) Eine gerichtliche Entscheidung nach § 5 Abs. 1 kann nur gegen Verfügungen des Generalstaatsanwalts beantragt werden, die nach Inkrafttreten dieses Gesetzes ergehen.

(2) (aufgehoben durch § 28 des Straffreiheitsges. vom 17. 7. 1954, BGBl. I 203).

1. § 20 beruht auf dem Gedanken, daß eine erneute Nachprüfung nach den Vorschriften des vorliegenden Gesetzes ausgeschlossen ist, wenn der nach früherem Recht (vgl. Vorbem. 1 vor § 1) berufene Generalstaatsanwalt vor dem Inkrafttreten des vorliegenden Ges. über die Zulässigkeit der Vollstreckung abschließend entschieden hat. So wenig also nach Inkrafttreten des Gesetzes eine vorher ergangene, die Vollstreckung ganz oder teilweise für zulässig erklärende Verfügung des Generalstaatsanwalts mit dem Antrag auf gerichtliche Entscheidung angefochten werden kann, ebensowenig kann der Verurteilte eine gerichtliche Entscheidung dadurch erzwingen, daß er nach Inkrafttreten des vorliegenden Gesetzes bei dem Generalstaatsanwalt einen Antrag aus

§ 15 stellt und bei dessen Zurückweisung gerichtliche Entscheidung beantragt (ebenso OLG. Celle GA. **1953** 183 [mit abl. Anm. von Zorn]; GA. **1954** 158 und vom 18. 8. 1954 — 2 Ws. 164/54 —, und Polzin a. a. O. 450). Dagegen untersteht auch die vor Inkrafttreten des Gesetzes ergangene Verfügung des Generalstaatsanwalts seiner Abänderungsbefugnis aus § 9 Abs. 2 und der Antrag auf gerichtliche Entscheidung ist zulässig, wenn durch eine neue Verfügung der Betroffene schlechter gestellt wird als durch die frühere, vor Inkrafttreten des Gesetzes getroffene.

2. Abs. 2, der eine Übergangsvorschrift für den Lauf der in § 15 Abs. 2 geregelten Frist enthielt (vgl. Anm. 3c zu § 15), wurde durch die Streichung des § 15 Abs. 2 gegenstandslos und ist deshalb ebenfalls durch § 28 des Straffreiheitsges. vom 17. 7. 1954 (BGBl. I 203) aufgehoben worden.

§ 21

Berlin

Dieses Gesetz gilt nach Maßgabe des § 13 Abs. 1 des Dritten Überleitungsgesetzes vom 4. Januar 1952 (Bundesgesetzbl. I S. 1) auch im Lande Berlin. Rechtsverordnungen, die auf Grund der in diesem Gesetz enthaltenen Ermächtigung erlassen werden, gelten im Lande Berlin nach § 14 des Dritten Überleitungsgesetzes.

1. Vgl. Vorbem. 3 vor § 1.

§ 22

Inkrafttreten

Dieses Gesetz tritt am Tage nach seiner Verkündung in Kraft.

1. Das Gesetz ist am 8. 5. 1953 in Kraft getreten.

D 2. Verordnung zur Durchführung des Gesetzes über die innerdeutsche Rechts- und Amtshilfe in Strafsachen

Vom 23. Dezember 1953 (BGBl. I 1569)

Vorbemerkung

Zur Zeit des Erlasses der DurchfVO. vom 23. 12. 1953 war das dem Oberbundesanwalt unterstellte Bundesstrafregister noch nicht eingerichtet. Dies geschah vielmehr erst mit Wirkung vom 1. 4. 1954 (vgl. AV. d. BJM. vom 27. 1. 1954 Bundesanz. 1954 Nr. 21; Anschrift: Berlin-Charlottenburg 9, Soorstr. 84 gem. Bek. vom 11. 10. 1954, Bundesanz. Nr. 200/54); damit verlor § 7 der DurchfVO. seine Bedeutung. Das Bundesstrafregister führte nach der AV. vom 27. 1. 1954 das Register zunächst für die Personen, deren Geburtsort außerhalb des früheren Reichsgebiets gelegen ist, sowie diejenigen, die in den der deutschen Verwaltung zur Zeit entzogenen Reichsgebieten (nach dem Stand vom 31. 12. 1937) geboren sind. In der Folgezeit wurde das Bundesstrafregister auf die Personen erweitert, deren Geburtsort in der Sowjetzone liegt (vgl. AV. d. BJM. vom 6. 7. 1954, Bundesanz. Nr. 129/54 = SaBl. 773). Für diese Personen hat also jetzt „die zuständige Strafregisterbehörde ihren Sitz im Geltungsbereich dieses Gesetzes" i. S. des § 13 Abs. 1, § 15 Abs. 4 des Ges. vom 2. 5. 1953. In gleicher Weise gehören sie nicht mehr zu den „Personen, für die das Strafregister außerhalb des Geltungsbereichs des Gesetzes geführt wird", i. S. des § 4 Abs. 1, § 5 Abs. 1, § 6 Abs. 2, 3 der DurchfVO. vom 23. 12. 1953, so daß diese Vorschriften insoweit ihre Bedeutung verloren haben.

Auf Grund des § 18 des Gesetzes über die innerdeutsche Rechts- und Amtshilfe in Strafsachen vom 2. Mai 1953 (Bundesgesetzbl. I S. 161) verordnet die Bundesregierung mit Zustimmung des Bundesrates:

§ 1

Bundesstrafregister, Mitteilungen und Vermerke

(1) Die Mitteilungen nach § 17 des Gesetzes werden durch den nach dem Gesetz zuständigen Generalstaatsanwalt bewirkt. Sie werden an den Oberbundesanwalt — Bundesstrafregister — gerichtet. Daneben ist die Pflicht zur Mitteilung an das Strafregister im Geltungsbereich des Gesetzes (§ 13 Abs. 1 des Gesetzes) zu beachten.

(2) Auf die Mitteilungen an das Bundesstrafregister und auf die in dieses aufgenommenen Vermerke sind die Vorschriften der Strafregisterverordnung in der Fassung vom 17. Februar 1934 (Reichsgesetzbl. I S. 140) und des Gesetzes über beschränkte Auskunft aus dem Strafregister und die Tilgung von Strafvermerken (Straftilgungsgesetz) vom 9. April 1920 (Reichsgesetzbl. S. 507) entsprechend anzuwenden.

(3) Ist die Vollstreckung einer außerhalb des Geltungsbereiches des Gesetzes erkannten Strafe nicht oder nicht in voller Höhe für zulässig erklärt worden, so darf die Tilgung entsprechender Vermerke im Bundesstrafregister nicht in der Weise durchgeführt werden, daß der Vermerk entfernt oder unkenntlich gemacht wird. Mit Zustimmung des Verurteilten darf über einen solchen Vermerk im Bundesstrafregister auch noch nach der Tilgung Auskunft erteilt werden; dies gilt entsprechend, soweit über einen Strafvermerk, der der beschränkten Auskunft unterliegt, keine Auskunft erteilt werden darf.

(4) Die Bestimmungen über Mitteilungen zur Führungsliste — polizeiliche Liste — und Erteilung von Auskunft aus den polizeilichen Listen gelten entsprechend.

§ 2

Straf-Löschungsgesuche

(1) Ist ein Vermerk auf Grund einer Mitteilung nach § 13 Abs. 1 des Gesetzes in das zuständige Strafregister im Geltungsbereich des Gesetzes aufgenommen, so bestimmt sich die Zuständigkeit zur Anordnung beschränkter Auskunft oder Tilgung ausschließlich nach § 8 des Straftilgungsgesetzes und den hierzu ergangenen Vorschriften.

(2) Die Anordnungen sind auch dem Bundesstrafregister mitzuteilen.

§ 3

Vordrucke

Für die Mitteilung zum Bundesstrafregister sind Vordrucke nach den anliegenden Mustern zu verwenden [nicht abgedruckt]. Es sind bestimmt:

das Muster A 1
für die Mitteilungen von Entscheidungen über Ersuchen um Strafvollstreckung (Genehmigung oder Ablehnung einer Vollstreckung oder Zulieferung zum Zwecke der Vollstreckung oder Anordnung der Beschränkung der Vollstreckung) und von Entscheidungen auf Grund der §§ 14, 15 des Gesetzes,

das Muster A 2
für die Mitteilungen von Entscheidungen über Ersuchen um Zulieferung oder Zuführung zur Strafverfolgung,

das Muster A 3
für die Mitteilungen von Entscheidungen des Oberlandesgerichts über die Zulässigkeit der Durchführung des Verfahrens (§ 10 Abs. 2 und § 11 Abs. 2 des Gesetzes).

§ 4

Anfrage beim Bundesstrafregister

(1) Bei Auskunftsersuchen über Personen, für die das Strafregister außerhalb des Geltungsbereichs des Gesetzes geführt wird, ist auch bei dem Bundesstrafregister anzufragen, wenn Anlaß zu der Annahme besteht, daß sich dort ein Vermerk befindet, oder der Betroffene sich darauf be-

ruft oder sich gegen die Eintragung oder Nichteintragung eines Vermerks in dem Strafregisterauszug Bedenken ergeben.

(2) Die Eintragungen im Bundesstrafregister haben für den Strafregisterauszug je nach ihrem Inhalt ergänzende oder berichtigende Wirkung.

(3) Für die Anfrage bei dem Bundesstrafregister ist der Vordruck nach dem anliegenden Muster A 4 [nicht abgedruckt] zu verwenden.

§ 5

Ausstellung von Führungszeugnissen

(1) Wird vor der Erteilung von Führungszeugnissen an Personen, für die das Strafregister außerhalb des Geltungsbereichs geführt wird, ein Strafregisterauszug eingeholt, so ist nach der Vorschrift des § 4 zu verfahren. Maßgebend für die Eintragung im Führungszeugnis sind die auf Grund des Gesetzes ergangenen Entscheidungen (§ 16 des Gesetzes).

(2) Ist keine Mitteilung auf Grund des Gesetzes in das Bundesstrafregister aufgenommen, erhebt jedoch der Antragsteller Einwendungen gegen eine im Strafregisterauszug verzeichnete Verurteilung durch ein deutsches Gericht außerhalb des Geltungsbereichs des Gesetzes, so hat die für die Ausstellung des Führungszeugnisses zuständige Behörde den Verurteilten darauf hinzuweisen, daß er einen Antrag nach § 15 des Gesetzes innerhalb der dort vorgesehenen Frist stellen kann.

§ 6

Einzelfälle der Erteilung von Führungszeugnissen

(1) Ein Verfahren, das außerhalb des Geltungsbereichs des Gesetzes schwebt und von dem anzunehmen ist, daß es gegen die Grundsätze des § 2 Abs. 1 des Gesetzes verstößt, steht der Erteilung eines Führungszeugnisses auch dann nicht entgegen, wenn es zur Verurteilung wegen eines Verbrechens oder Vergehens oder zur Untersagung der Berufsausübung führen kann.

(2) Hat ein Verurteilter, für den das Strafregister außerhalb des Geltungsbereichs des Gesetzes geführt wird, bei der Strafregisterbehörde ein Straflöschungsgesuch (Gesuch um Anordnung der beschränkten Auskunft oder um Straftilgung) eingereicht, und ist dieses abgelehnt worden oder ist mit einem Bescheid nicht zu rechnen, so bleibt der Strafvermerk bei der Ausstellung eines Führungszeugnisses unberücksichtigt, wenn die Versagung der Straflöschung gegen die Grundsätze des § 2 Abs. 1 des Gesetzes verstößt.

(3) Die Vorschrift des Absatzes 2 gilt entsprechend, wenn der Verurteilte glaubhaft macht, daß ihm oder einem Dritten aus der Einreichung des Straflöschungsgesuches bei einer Strafregisterbehörde außerhalb des Geltungsbereichs des Gesetzes im Widerspruch zu rechtsstaatlichen Grundsätzen erhebliche Nachteile erwachsen.

(4) Für die Entscheidungen nach Absatz 1 bis 3 ist der Generalstaatsanwalt bei dem Oberlandesgericht zuständig, in dessen Bezirk der Betroffene seinen Wohnsitz hat; fehlt ein solcher Wohnsitz im Geltungsbereich des Gesetzes, so ist der gewöhnliche Aufenthaltsort maßgebend. Bezieht sich im Falle des Absatzes 2 das Straflöschungsgesuch auf eine Verurteilung durch ein Gericht im Geltungsbereich des Gesetzes, so ist der Generalstaatsanwalt des Oberlandesgerichts zuständig, in dessen Bezirk das Urteil ergangen ist. Die Entscheidungen sind dem Bundesstrafregister mitzuteilen.

(5) Die Entscheidungen nach Absatz 4 sind auf Antrag des Betroffenen durch die für die Ausstellung des Führungszeugnisses zuständige Behörde einzuholen.

§ 7

Übergangsbestimmungen

Bis zum Übergang des bisher bei dem Generalstaatsanwalt bei dem Kammergericht geführten Strafregisters auf den Oberbundesanwalt bei dem Bundesgerichtshof sind die Mitteilungen nach § 17 des Gesetzes und nach dieser Verordnung an den Generalstaatsanwalt bei dem Kammergericht zu richten und in dem von ihm geführten Strafregister zu vermerken. Bis zu diesem Zeitpunkt nimmt der Generalstaatsanwalt bei dem Kammergericht die in dieser Verordnung dem Oberbundesanwalt übertragenen Befugnisse wahr.

§ 8

Geltung im Land Berlin

Nach § 14 des Dritten Überleitungsgesetzes vom 4. Januar 1952 (Bundesgesetzbl. I S. 1) in Verbindung mit § 21 des Gesetzes über die innerdeutsche Rechts- und Amtshilfe in Strafsachen gilt diese Rechtsverordnung auch im Land Berlin.

§ 9

Inkrafttreten

Diese Verordnung tritt am Tage nach ihrer Verkündung in Kraft.

E. Zuständigkeitsergänzungsgesetz

Vom 7. August 1952 (BGBl. I 407) — Auszug —

Vorbemerkung

1. Das vorliegende Gesetz regelt, soweit es sich um die Strafrechtspflege handelt, folgenden Fragenbereich:

a) welches Gericht im Bundesgebiet örtlich und sachlich für die **Fortsetzung** eines Verfahrens zuständig ist, das am 8. 5. 1945 bei einem deutschen ordentlichen Gericht anhängig war, an dessen damaligem Sitz heute deutsche Gerichtsbarkeit nicht mehr ausgeübt wird. Diese Frage beantwortet § 17 Abs. 1; er enthält, soweit es sich um die örtliche Zuständigkeit handelt, eine Ergänzung der Vorschriften der StPO. und, soweit die sachliche Zuständigkeit in Frage steht, eine Ergänzung des GVG.;

b) welches Gericht und welche Strafvollstreckungsbehörde im Bundesgebiet örtlich und sachlich zuständ'g ist, wenn bis zum 8. 5. 1945 ein Strafverfahren bei einem ordentlichen deutschen Gericht du chgeführt und **rechtskräftig abgeschlossen** worden ist, an dessen Sitz deutsche Gerichtsbarkeit heute nicht mehr ausgeübt wird, wenn Aufgaben nach Rechtskraft zu erledigen sind, die dem Gericht, das damals erkannt hat oder der bei ihm früher bestehenden Strafvollstreckungsbehörde zufallen würden, wenn an dem Sitz dieses Gerichts deutsche Gerichtsbarkeit noch ausgeübt würde. Diese Frage beantwortet § 17 Abs. 2; auch er ergänzt die StPO. und das GVG.;

c) welches Gericht im Bundesgebiet örtlich und sachlich zuständig ist für ein **Wiederaufnahmeverfahren zugunsten** eines Verurteilten, wenn das Verfahren durch Urteil eines nicht mehr bestehenden **Sondergerichts** (Wehrmachtgericht, Gericht einer wehrmachtähnlichen Formation, Sondergericht im Bereich der Justizverwaltung) rechtskräftig abgeschlossen ist. Diese Frage beantwortet § 18 Abs. 3; das Gesetz begnügt sich aber nicht mit der Bestimmung des örtlich und sachlich zuständigen Wiederaufnahmegerichts, sondern regelt zugleich die Wiederaufnahmegründe, indem es bei Urteilen von Gerichten der Wehrmacht oder wehrmachtähnlicher Formationen das Wiederaufnahmerecht der StPO. für anwendbar erklärt (vgl. § 18 Abs. 1 Satz 1: „nach den Vorschriften der Strafprozeßordnung“) und zugleich für diese Gerichte wie für die Sondergerichte im Bereich der Justizverwaltung die Wiederaufnahmegründe (in verschiedenem Ausmaß) zugunsten des Verurteilten gegenüber den Vorschriften der StPO. (§ 359) erweitert (vgl. § 18 Abs. 1 Satz 2, Abs. 2).

2. Wie sich aus Anm. 1 ergibt, regelt das vorliegende Gesetz nur bestimmte Punkte, nur einen Ausschnitt aus dem Gesamtbereich der Fragen, die an den Wegfall der Gerichte, die die Sache abgeurteilt haben, anknüpfen. Das erklärt sich daraus, daß bei Inkrafttreten des Gesetzes schon ein wesentlicher Teil der Fälle, in denen solche Fragen praktisch wurden, mit Hilfe landes- und zonenrechtlicher Vorschriften, im übrigen von der Rechtsprechung durch eine den Verhältnissen angepaßte Auslegung der allgemeinen Zuständigkeitsnormen erledigt worden war. Das vorliegende Gesetz sah daher keinen Anlaß zu einer erschöpfenden Regelung des Fragenbereichs, sondern begnügt sich mit der Regelung der Fragen, bei denen ein entsprechendes praktisches Bedürfnis noch bestand. Soweit das Gesetz auf den nicht ausdrücklich geregelten Gebieten die

Frage des ersatzweise zuständigen Gerichts offen läßt, hat es ihre Lösung im einzelnen Falle der Rechtsprechung überlassen. — Eine ergänzende Regelung für die **Gnadenzuständigkeit** enthält Art. 1 der Anordnung des Bundespräsidenten über die Ausübung des Begnadigungsrechts des Bundes vom 10. 12. 1952 (BGBl. I 1546).

3. Gesetzesmaterialien: Regierungsentwurf mit Begründung in Bundestagsdrucksache Nr. 3313. **Schrifttum:** Mundt NJW. **1952** 1279; Maßfeller, Das Deutsche Bundesrecht II B 12 S. 9ff; Schwarz, StPO. (18) S. 37ff.

Erster Abschnitt

§ 1

Begriffsbestimmung

Im Sinne dieses Gesetzes sind als Gerichte, an deren Sitz deutsche Gerichtsbarkeit nicht mehr ausgeübt wird, anzusehen:

1. die Gerichte im Gebiet des Deutschen Reiches nach dem Gebietsstand vom 31. Dezember 1937 östlich der Oder-Neiße-Linie;
2. die Gerichte in Danzig, in den ehemaligen eingegliederten Ostgebieten und im Memelland;
3. die Gerichte im Elsaß, in Lothringen und in Luxemburg;
4. die Gerichte in Eupen, Malmedy und Moresnet;
5. die Gerichte im ehemaligen sudetendeutschen Gebiet;
6. die deutschen Gerichte im ehemaligen Protektorat Böhmen und Mähren, im ehemaligen Generalgouvernement und in den ehemaligen Reichskommissariaten Ostland und Ukraine.

Nur frühere deutsche Gerichte kommen in Betracht. Nicht unter § 1 fallen die deutschen Gerichte in der Sowjetzone, im Saargebiet und die früheren deutschen Gerichte in Österreich (während der Zeit der Zugehörigkeit zum Reich).

Zweiter Abschnitt

Bürgerliches Recht (§§ 2—13)

Dritter Abschnitt

Handelsrecht (§ 14—16)

Vierter Abschnitt

Strafrecht

§ 17

Ordentliche Gerichte

(1) Für Strafsachen, die am 8. Mai 1945 bei einem Gericht anhängig oder rechtskräftig abgeschlossen waren, an dessen Sitz deutsche Gerichtsbarkeit nicht mehr ausgeübt wird, ist die Strafkammer des Landgerichts oder unter den Voraussetzungen des § 80 des Gerichtsverfassungsgesetzes das Schwurgericht zuständig, in dessen Bezirk der Beschuldigte oder Verurteilte zur Zeit des Inkrafttretens dieses Gesetzes seinen Wohnsitz oder in Ermangelung eines im Bereich deutscher Gerichtsbarkeit gelegenen Wohnsitzes seinen gewöhnlichen Aufenthalt hat. Dies gilt nur für Personen, die zur Zeit des früheren Verfahrens Deutsche waren und im Zeitpunkt der Fortsetzung des Verfahrens oder des Antrags auf Wiederaufnahme Deutsche sind.

(2) Bei der Strafvollstreckung tritt, wenn die bisherige Strafvollstreckungsbehörde bei einem Gericht bestand, an dessen Sitz deutsche Gerichtsbarkeit nicht mehr ausgeübt wird, an deren Stelle

die Strafvollstreckungsbehörde bei dem Landgericht, in dessen Bezirk der Verurteilte seinen Wohnsitz oder in Ermangelung eines im Bereich deutscher Gerichtsbarkeit gelegenen Wohnsitzes seinen gewöhnlichen Aufenthalt hat.

1. Sachlich zuständiges Gericht für die nach Rechtskraft eines Urteils anfallenden gerichtlichen Aufgaben ist grundsätzlich die Strafkammer des Landgerichts, also auch dann, wenn die erstinstanzliche Zuständigkeit des aburteilenden Gerichts beim Einzelrichter oder Schöffengericht oder beim Oberlandesgericht lag. Die Strafkammer ist daher z. B. auch zur Entscheidung über die Zulassung eines Wiederaufnahmeantrags zuständig, wenn ein Urteil eines nicht mehr bestehenden Oberlandesgerichts als Revisionsgericht auf Grund des § 359 Nr. 3 StPO. angefochten wird (vgl. § 367 StPO.). An Stelle der Strafkammer ist das Schwurgericht zuständig, wenn es sich um eine Tat handelt, deren Aburteilung nach § 80 GVG. zur Zuständigkeit des Schwurgerichts gehört, ohne Rücksicht darauf, welches Gericht früher entschieden hat. — Die Strafkammer ist nicht zuständig für Entscheidungen, die nach StPO. und GVG. dem der Strafkammer im Instanzenzug übergeordneten Gericht zukommen (BayObLG. NJW. **1955** 33).

2. Eine dem Abs. 1 entsprechende Regelung trifft Abs. 2 für die sachliche Zuständigkeit der Strafvollstreckungsbehörde (§ 451 Abs. 1 StPO.); sachlich zuständig ist stets die landgerichtliche Staatsanwaltschaft, ohne Rücksicht darauf, ob etwa früher Strafvollstreckungsbehörde der Amtsrichter (§ 451 Abs. 3 StPO.) oder der Generalstaatsanwalt beim Oberlandesgericht (§ 2 Abs. 1 Nr. 7 der Strafvollstreckungsordnung vom 7. 12. 1935, D. Just. 1800) war.

§ 18

Wehrmachts- und Sondergerichte

(1) Ein Verfahren, das durch Urteil eines Wehrmachtsgerichts oder eines Gerichts einer wehrmachtähnlichen Formation rechtskräftig abgeschlossen ist, kann zugunsten des Verurteilten nach den Vorschriften der Strafprozeßordnung wieder aufgenommen werden. Die Wiederaufnahme ist auch zulässig, wenn auf eine Strafe oder eine Maßregel der Sicherung und Besserung erkannt worden ist, auf die nach den angewendeten Vorschriften überhaupt nicht erkannt werden durfte, oder wenn ein Urteil bestätigt worden ist, das nach § 86 der Kriegsstrafverfahrensordnung vom 17. August 1938 (Reichsgesetzbl. 1939 I S. 1457) nicht bestätigt werden durfte.

(2) Ein Verfahren, das durch Urteil eines Sondergerichts rechtskräftig abgeschlossen ist, kann außer nach den Vorschriften der Strafprozeßordnung zugunsten des Verurteilten auch wieder aufgenommen werden, wenn Umstände vorliegen, die es erforderlich erscheinen lassen, die Sache im ordentlichen Verfahren nachzuprüfen. Die Vorschrift des § 363 der Strafprozeßordnung sowie die zur Wiedergutmachung nationalsozialistischen Unrechts in der Strafrechtspflege erlassenen Vorschriften bleiben unberührt.

(3) Für das Wiederaufnahmeverfahren ist die Strafkammer des Landgerichts oder unter den Voraussetzungen des § 80 des Gerichtsverfassungsgesetzes das Schwurgericht zuständig, in dessen Bezirk der Verurteilte zur Zeit des Inkrafttretens dieses Gesetzes seinen Wohnsitz oder in Ermangelung eines im Bereich deutscher Gerichtsbarkeit gelegenen Wohnsitzes seinen gewöhnlichen Aufenthalt hat.

1. § 18 geht davon aus, daß mit Rücksicht auf die landes- und zonenrechtlichen Vorschriften über die Wiedergutmachung nationalsozialistischen Unrechts in der Strafrechtspflege und über Straffreiheit für militärische Verbrechen oder Vergehen, die nicht zugleich den Tatbestand eines allgemeinen Strafgesetzes erfüllen, ein praktisches Bedürfnis nur für die Regelung der Frage bestehe, unter welchen Voraussetzungen die Wiederaufnahme des Verfahrens gegen sondergerichtliche Urteile zugunsten des Verurteilten möglich und welches Gericht örtlich und sachlich zuständig sei. Sondergerichte i. S. des Abs. 2 sind nicht nur die Sondergerichte, die auf Grund des § 10 der ZuständigkeitsVO. vom 21. 2. 1940 (BGBl. I 405) und auf Grund früherer, von dieser VO. abgelöster Vorschriften errichtet wurden, vielmehr gehört auch der frühere Volksgerichtshof hierher (vgl. Anm. 6a zu § 13 GVG.). Wo das Sondergericht (einschl. der in Abs. 1 genannten Gerichte) seinen Sitz hatte, ob im Bundesgebiet, in der Sowjetzone oder im Saargebiet oder an einem Ort, wo deutsche Gerichtsbarkeit nicht mehr ausgeübt wird, ist ohne Bedeutung, sofern nur die örtliche Zuständigkeit des Ersatzgerichts nach § 18 Abs. 3, § 19 begründet ist.

2. § 18 Abs. 3 ist entsprechend anwendbar, wenn ein durch ein Sondergericht Verurteilter die Feststellung begehrt, daß die Verurteilung von einem Straffreiheitsgesetz erfaßt werde (OLG. Hamm NJW. 1955 762). Es kann also z. B., wer vor dem 8. 5. 1945 von einem Sondergericht mit Sitz in der heutigen Sowjetzone verurteilt worden ist und bei Inkrafttreten des vorliegenden Gesetzes seinen Wohnsitz im Bundesgebiet hatte oder ihn nach dem Inkrafttreten hierher verlegte (§ 19 Abs. 1), bei der Strafkammer des Wohnsitzes Einwendungen gegen die Zulässigkeit der Vollstreckung (§ 458 Abs. 1 StPO.) erheben und dadurch eine Entscheidung über die Anwendbarkeit einer Straffreiheitsgesetzes herbeiführen.

§ 19

Hilfszuständigkeiten

(1) Ergibt sich nach den Vorschriften der §§ 17 und 18 keine Zuständigkeit im Geltungsbereich dieses Gesetzes, so ist die Strafkammer des Landgerichts oder das Schwurgericht zuständig, in dessen Bezirk der Beschuldigte oder Verurteilte erstmalig nach dem Inkrafttreten dieses Gesetzes seinen Wohnsitz begründet.

(2) Hat ein Beschuldigter oder Verurteilter seinen Wohnsitz im Ausland und ist eine Zuständigkeit nach Absatz 1 nicht begründet, so wird die Strafkammer oder das Schwurgericht durch den Bundesgerichtshof bestimmt.

(3) Ist der Verurteilte vor dem Inkrafttreten dieses Gesetzes verstorben, so ist die Strafkammer des Landgerichts oder das Schwurgericht zuständig, in dessen Bezirk er seinen letzten Wohnsitz oder in Ermangelung eines im Bereich deutscher Gerichtsbarkeit gelegenen Wohnsitzes seinen letzten gewöhnlichen Aufenthalt hatte. Ergibt sich hiernach keine Zuständigkeit im Geltungsbereich dieses Gesetzes, so bestimmt sich die Zuständigkeit nach dem Wohnsitz oder dem gewöhnlichen Aufenthalt des nach § 361 Abs. 2 der Strafprozeßordnung berechtigten Antragstellers; die Absätze 1 und 2 gelten entsprechend. Sind hiernach mehrere Gerichte zuständig, so gebührt dem Gericht der Vorzug, das zuerst mit der Sache befaßt wird.

5. Abschnitt

Übergangs- und Schlußbestimmungen

§ 20

Unberührt bleiben Ersatzzuständigkeiten, die sich aus bisher erlassenen Vorschriften ergeben.

§ 22

Folgende Vorschriften werden aufgehoben:

1. u. 2. . . .

3. die Verordnung des Präsidenten des Zentral-Justizamts für die Britische Zone zur Überleitung von Strafverfahren bei aufgehobenen Gerichten vom 4. Dezember 1946 (Verordnungsblatt für die Britische Zone 1947 S. 8);

4. § 31 der Rechtsordnungen über Gerichtsverfassung und Verfahren in den Ländern Baden (Amtsblatt der Landesverwaltung Baden 1946 S. 14), Württemberg-Hohenzollern (Amtsblatt des Staatssekretariats für das französisch besetzte Gebiet Württembergs und Hohenzollern 1946 S. 230) und in dem bayerischen Kreis Lindau (Amtlicher Anzeiger für den Bayerischen Kreis Lindau Nr. 50 vom 1. Juli 1947) und § 31 der Landesverordnung über Gerichtsverfassung und Verfahren vom 11. April 1947 im Lande Rheinland-Pfalz (Verordnungsblatt der Landesregierung Rheinland-Pfalz S. 155) in der Fassung der Bekanntmachung vom 1. Dezember 1949 (Gesetz- und Verordnungsblatt der Landesregierung Rheinland-Pfalz Teil I S. 599).

§ 23

Schwebende Strafverfahren

Strafverfahren, die nach den in § 22 Nr. 3 und 4 aufgehobenen Vorschriften im Zeitpunkt des Inkrafttretens dieses Gesetzes anhängig sind, werden nach den bisherigen Vorschriften zu Ende geführt.

Das Ges. ist am 22. 8. 1952 in Kraft getreten.

§ 24

Berlin

Dieses Gesetz gilt nach Maßgabe des § 13 des Gesetzes über die Stellung des Landes Berlin im Finanzsystem des Bundes (Drittes Überleitungsgesetz) vom 4. Januar 1952 (Bundesgesetzbl. I S. 1) auch im Lande Berlin.

F. Gesetz über die Zuständigkeit der Gerichte bei Änderungen der Gerichtseinteilung

Vom 6. Dezember 1933 (RGBl. 1933 I 1037).

Artikel 1

Für die Erledigung von bürgerlichen Rechtsstreitigkeiten einschließlich des Konkurses und des Vergleichsverfahrens sowie von Strafsachen gelten bei Aufhebung von Gerichten der Länder und bei Änderung ihrer Bezirke folgende Vorschriften:

§ 1. Wird der Bezirk eines Gerichts geändert, so wird dadurch die Zuständigkeit des Gerichts für die bei ihm anhängigen Sachen nicht berührt. Das Gericht bleibt auch weiterhin für die Angelegenheiten zuständig, bei denen sich die Zuständigkeit nach einem bei ihm anhängigen oder anhängig gewesenen Verfahren bestimmt (Kostenfestsetzungsverfahren, Verfahren nach Zurückverweisung, Wiederaufnahme des Verfahrens, Vollstreckungsgegenklage, Entscheidungen über die Strafvollstreckung u. dgl.).

§ 2. Wird ein Gericht aufgehoben und sein gesamter Bezirk dem Bezirk eines anderen Gerichts zugelegt, so tritt dieses Gericht in jeder Hinsicht an die Stelle des aufgehobenen Gerichts.

§ 3. Wird ein Gericht aufgehoben und sein Bezirk auf die Bezirke mehrerer Gerichte aufgeteilt, so bestimmt die Landesjustizverwaltung im Wege allgemeiner Anordnung, welches Gericht oder welche Gerichte die anhängigen Sachen zu erledigen haben und für die im § 1 Satz 2 bezeichneten Angelegenheiten zuständig sind. Ist eine solche Anordnung nicht getroffen, so geht die Zuständigkeit auf das Gericht über, zu dessen Bezirk der Sitz des aufgehobenen Gerichts gelegt ist.

§ 4. Ist im Zeitpunkte der Aufhebung eines Gerichts die Hauptverhandlung in einer Strafsache noch nicht beendet, so kann sie vor dem nach §§ 2, 3 zuständigen Gericht fortgesetzt werden, wenn dieselben Richter weiterhin an ihr teilnehmen.

§ 5. Wird ein Gericht einem anderen übergeordneten Gericht unterstellt, so ist für die Entscheidung über Rechtsmittel, die sich gegen eine vor Inkrafttreten der Änderung erlassene Entscheidung richten, das Gericht zuständig, das dem erkennenden Gericht vor dem Inkrafttreten der Änderung übergeordnet war. Ebenso ist die Entscheidung über Rechtsmittel, die sich gegen die Entscheidung eines aufgehobenen Gerichts richten, das Gericht zuständig, das dem aufgehobenen Gericht übergeordnet war.

Ist das übergeordnete Gericht, das für die Entscheidung über die Rechtsmittel nach Abs. 1 zuständig sein würde, aufgehoben, so gilt folgendes:

1. **Ist der gesamte Bezirk des übergeordneten Gerichts dem Bezirk eines anderen Gerichts zugelegt, so tritt dieses Gericht an die Stelle des aufgehobenen Gerichts.**
2. **Ist der Bezirk des aufgehobenen übergeordneten Gerichts auf die Bezirke mehrerer Gerichte aufgeteilt, so bestimmt die Landesjustizverwaltung im Wege allgemeiner Anordnung, welches Gericht oder welche Gerichte für die Entscheidung über die Rechtsmittel zuständig sind. Ist eine solche Anordnung nicht getroffen, so ist für die Entscheidung das Gericht zuständig, dessen Bezirk der Sitz des aufgehobenen übergeordneten Gerichts zugeteilt ist.**

§ 6. Ist im Falle des § 5 ein Rechtsmittel bei einem nach dieser Vorschrift nicht zuständigen Gericht eingelegt, so wird dadurch die Zulässigkeit des Rechtsmittels nicht berührt. Die Sache ist von Amts wegen an das zuständige Gericht abzugeben; der Abgabebeschluß ist für das in dem Beschluß bezeichnete Gericht bindend.

§ 7. Die Landesjustizverwaltung kann bei der Aufhebung einzelner Gerichte oder der Änderung ihrer Bezirke im Wege allgemeiner Anordnung eine von den Vorschriften des § 1 Abs. 5 abweichende Regelung treffen.

§ 8. Geht auf Grund des § 2 oder des § 3 ein Rechtsstreit auf ein anderes Oberlandesgericht oder Landgericht über, so bleiben die zu Prozeßbevollmächtigten bestellten Rechtsanwälte zur Fortführung der Vertretung befugt, wenn sie bei einem anderen Gericht als Rechtsanwälte zugelassen bleiben oder neu zugelassen werden.

Wird ein Oberlandesgericht aufgehoben, so sind die Landgerichtsanwälte, die zugleich bei diesem Oberlandesgericht zugelassen waren, auf Antrag zugleich bei dem Oberlandesgericht zuzulassen, dem das Landgericht nunmehr unterstellt wird. Die Vorschriften der §§ 14a, 15 der Rechtsanwaltsordnung und des § 2 Satz 2 des Gesetzes über die Zulassung zur Rechtsanwaltschaft vom 7. April 1933 (Reichsgesetzbl. I S. 188) bleiben unberührt.

Artikel 2

Die bei der Aufhebung von Gerichten oder der Änderung von Gerichtsbezirken erforderlichen Vorschriften auf dem Gebiete der freiwilligen Gerichtsbarkeit und der den Gerichten sonst zugewiesenen Aufgaben werden von der Landesjustizverwaltung erlassen, soweit nicht Reichs- oder Landesgesetze bereits eine Regelung enthalten. Für die Rechtsmittel gilt die Vorschrift des Artikels 1 § 6 entsprechend.

Artikel 3

Die Landesjustizverwaltung kann ferner Handelsrichter, Schöffen und Geschworene, Arbeitsrichter und Landesarbeitsrichter sowie sonstige nichtrichterliche Gerichtsbeisitzer, die bei den aufgehobenen oder bei den von der Änderung betroffenen Gerichten vorhanden sind, für den Rest ihrer Amtszeit anderen Gerichten zuweisen.

Artikel 4

Vorschriften, die die Landesjustizverwaltungen über die Zuständigkeit der Gerichte bei Änderungen der Gerichtseinteilung vor Inkrafttreten dieses Gesetzes erlassen haben, bleiben wirksam.

Die Vorschriften der Verordnung über Maßnahmen bei Aufhebung oder Zusammenlegung von Gerichten vom 29. Februar 1932 (Reichsgesetzbl. I S. 99) werden aufgehoben.

Artikel 5

Wird ein Gericht des [Reichs] **aufgehoben oder sein Bezirk geändert, so erläßt der zuständige** [Reichs]**minister die erforderlichen Vorschriften.**

Nachträge

I. Durch das **Gesetz zur Ergänzung des Grundgesetzes v. 19. 3. 1956 (BGBl. I 111)** ist folgender Art. 96a in das GG. eingefügt worden:

Art. 96a GG.

(1) Der Bund kann Wehrstrafgerichte für die Streitkräfte als Bundesgerichte errichten. Sie können die Strafgerichtsbarkeit nur im Verteidigungsfalle sowie über Angehörige der Streitkräfte ausüben, die in das Ausland entsandt oder an Bord von Kriegsschiffen eingeschifft sind. Das Nähere regelt ein Bundesgesetz.

(2) Die Wehrstrafgerichte gehören zum Geschäftsbereich des Bundesjustizministers. Ihre hauptamtlichen Richter müssen die Fähigkeit zum Richteramt haben.

(3) Oberes Bundesgericht für die Wehrstrafgerichte ist der Bundesgerichtshof.

1. Über die **Entstehungsgeschichte und die allgemeine Bedeutung** der Vorschrift wird in dem schriftlichen Bericht des Bundestagsrechtsausschusses über die aus der Mitte des Bundestags eingebrachten Entwürfe eines Gesetzes zur Ergänzung des Grundgesetzes (BTDrucks. 2. Wahlperiode Nr. 124, 125, 171) folgendes ausgeführt (vgl. Anl. 2 zum Prot. der 132. Sitzung v. 6. 3.1956 S. 6856ff. [6859]): „Der Verteidigungsausschuß hatte vorgeschlagen, den Bund zur Errichtung von Militärstrafgerichten, die zum Geschäftsbereich des Bundesministers der Justiz gehören sollten, zu ermächtigen; er hatte weiter den Rechtsausschuß gebeten, eine Formulierung auszuarbeiten, die es gewährleistet, daß weder in Kriegs- noch in Friedenszeiten deutsche Staatsbürger, die in keiner Beziehung zu den Streitkräften stehen, von Militärgerichten verurteilt werden können.

Der Rechtsausschuß stimmte diesen Vorschlägen zu; er hielt darüber hinaus eine präzisere Regelung der Zuständigkeit der Militärgerichte in Friedenszeiten für erforderlich. In Friedenszeiten soll eine Wehrstrafgerichtsbarkeit nur über Angehörige der Streitkräfte ausgeübt werden können, die in das Ausland entsandt oder an Bord von Kriegsschiffen eingeschifft sind. In allen anderen Fällen sollen die Soldaten in Friedenszeiten den ordentlichen Gerichten unterstehen.

Es bestand auch Einverständnis darüber, daß unter „Fähigkeit zum Richteramt" die Fähigkeit zum Richteramt in der ordentlichen Gerichtsbarkeit zu verstehen ist und daß bei jeder Entscheidung mindestens ein Richter mit der Fähigkeit zum Richteramt als Vorsitzender mitwirken muß. Standgerichte, d. h. Gerichte, in denen keine ordnungsmäßig bestellten Richter mitwirken, sind damit schlechthin ausgeschlossen."

In der 132. Sitzung des Bundestags v. 6. 3. 1956 ist die vom Rechtsausschuß vorgeschlagene Fassung unverändert in 2. und 3. Lesung angenommen worden.

Lit.: H. Schäfer, NJW. **1956,** 532.

2. Nach dem bisher geltenden Recht (Art. 92, 96 GG.) konnte der Bund Gerichtsbarkeit in Strafsachen nur durch den Bundesgerichtshof ausüben lassen, während die unteren und mittleren Strafgerichte im Instanzenaufbau Gerichte der Länder sein mußten (vgl. Vorbem. 1 vor § 12 GVG.). Dieser Grundsatz ist jetzt durch Art. 96a GG. durchbrochen, der dem Bund das Recht gibt, durch (einfaches) Bundesgesetz Wehrstrafgerichte unterer und mittlerer Instanz als **Bundesgerichte** zu errichten (bundesgesetzlich bestellte Sondergerichte i. S. des § 13 GVG., Art. 101 Abs. 2 GG.). Der Zuständigkeitsbereich dieser Gerichte ist aber verfassungsmäßig nach zwei Richtungen eingeschränkt.

a) Die Wehrstrafgerichte können Strafgerichtsbarkeit nur über Angehörige der Streitkräfte ausüben. Daß die „Wehrstrafgerichte für die Streitkräfte" nur diese Zuständigkeit haben, ergibt sich für Friedenszeiten unmittelbar aus Abs. 1 Satz 2, der von der Ausübung der Strafgerichtsbarkeit über Angehörige der Streitkräfte spricht. Daß aber auch im Verteidigungsfall (vgl. Art. 59a GG.) die Zuständigkeit der Wehrstrafgerichte „für die Streitkräfte" nur in diesem Sinne gemeint ist, folgt eindeutig aus der in Anm. 1 dargestellten Entstehungsgeschichte, wonach der Rechtsausschuß mit der von ihm gewählten Fassung der Vorschrift dem Verlangen des Verteidigungsausschusses entsprechen wollte, „eine Formulierung auszuarbeiten, die es gewährleistet, daß weder in Kriegs- noch in Friedenszeiten deutsche Staatsbürger, die in keiner Beziehung zu den Streitkräften stehen, von Militärgerichten verurteilt werden können". Den Begriff der „Angehörigen der Streitkräfte" festzulegen, ist Sache des in Abs. 1 Satz 3 vorgesehenen Bundesgesetzes.

b) In **Friedenszeiten** (d. h. außerhalb des Verteidigungsfalles Art. 59a GG.) ist die Zuständigkeit der Bundesstrafgerichte auf diejenigen Angehörigen der deutschen Streitkräfte beschränkt, die entweder auf Grund zwischenstaatlicher Abmachungen (gedacht ist an den Nordatlantikpakt; vgl. dazu Art. 8 des „Deutschlandvertrages" BGBl. 1955 II 305) in das Ausland entsandt oder die an Bord von Kriegsschiffen eingeschifft sind. Abgesehen von der Erstreckung auf die ins Ausland entsandten Streitkräfteangehörigen entspricht diese Beschränkung einer besonderen Wehrstrafgerichtsbarkeit dem unter der Herrschaft der Weim. Verf. bestehenden Rechtszustand (vgl. Art. 106 Weim. Verf. und Ges. betr. Aufhebung der Militärgerichtsbarkeit v. 17. 8. 1920 — RGBl. 1579 —, § 1 Abs. 1: „Die Militargerichtsbarkeit wird, abgesehen von den Strafverfahren in Kriegszeiten und gegen die an Bord von in Dienst gestellten Kriegsschiffen eingeschifften Angehörigen der Reichsmarine, aufgehoben").

3. Die in Abs. 1 Satz 2 festgelegten Beschränkungen einer Zuständigkeit der Wehrstrafgerichte bezieht sich nach dem Wortlaut nur auf die Wehrstrafgerichte als Bundesgerichte. Die Bedeutung des Abs. 1 Satz 1 erschöpft sich indessen nicht darin, daß dem Bund die Ermächtigung zugesprochen wird, für das Gebiet der Wehrstrafgerichtsbarkeit Bundesgerichte zu errichten. Wäre das allein der Zweck der Vorschrift, so bliebe die Möglichkeit offen, durch einfaches Bundesgesetz Wehrstrafgerichte als Sondergerichte der Länder zu bestellen (§ 13 GVG.). Aus der Entstehungsgeschichte des Art. 96a GG. (vgl. oben Anm. 1) ergibt sich aber, daß es dem Gesetzgeber darauf ankam, den Umfang der Wehrstrafgerichtsbarkeit überhaupt festzulegen; Art. 96a Abs. 1 Satz 1 ist demgemäß dahin zu verstehen, daß Wehrstrafgerichtsbarkeit als Sondergerichtsbarkeit nur durch die Wehrstrafgerichte des Bundes mit den in Abs. 1 Satz 2 festgelegten Beschränkungen ausgeübt werden kann. In Friedenszeiten unterliegen daher die nicht ins Ausland entsandten oder an Bord von Kriegsschiffen eingeschifften Angehörigen der Streitkräfte kraft Grundgesetzes der Gerichtsbarkeit der **ordentlichen Strafgerichte.** Das schließt indessen nach dem in Anm. 6a zu § 13 GVG. Ausgeführten nicht aus, daß das nach Art. 96a Abs. 1 Satz 3 GG. zu erlassende Bundesgesetz für Strafverfahren gegen Angehörige der Wehrmacht von den allgemeinen Vorschriften der StPO. und des GVG. abweichende Vorschriften trifft, also etwa daß bei Strafverfahren gegen Soldaten an die Stelle der Schöffen besondere Soldatenbeisitzer treten usw.

4. Für die **Organisation der künftigen Wehrstrafgerichte** trifft das GG. nach drei Richtungen selbst Bestimmung, während es die Regelung im übrigen dem nach Abs. 1 Satz 3 zu erlassenden einfachen Bundesgesetz überläßt:

a) Die Wehrstrafgerichte gehören — abweichend von dem für die Militärgerichtsbarkeit früher geltenden Grundsatz — stets, auch im Verteidigungsfall, zum Geschäftsbereich des Bundesjustizministers, nicht zu dem des Bundesverteidigungsministers;

b) Die hauptamtlichen Richter (im Gegensatz zu den ehrenamtlichen Beisitzern), also stets der Vorsitzende, müssen die Fähigkeit zum Richteramt haben. Unter „Fähigkeit zum Richteramt" ist, wie sich aus der Entstehungsgeschichte (vgl. oben Anm. 1) ergibt, nur die nach Maßgabe der §§ 2ff. GVG. erworbene Befähigung zum Richteramt für die ordentliche Gerichtsbarkeit zu verstehen; die Befähigung zum Richteramt an einem allgemeinen Verwaltungsgericht (vgl. Anm. 3 zu § 2 GVG.) genügt daher nicht;

c) Oberes Bundesgericht für die Wehrmachtgerichte (also Gericht höchster und letzter Instanz, bei schwersten Delikten gegebenenfalls Gericht erster und letzter Instanz) ist der Bundesgerichtshof. Damit ist—unter Ablehnung des Gedankens, nach dem Vorbild des früheren

Reichsmilitärgerichts oder des früheren Reichskriegsgerichts ein letztinstanzliches Wehrstrafgericht als neues oberes Bundesgericht zu schaffen—verfassungsmäßig dem für das Gebiet der ordentlichen Gerichtsbarkeit nach Art. 96 Abs. 1 GG. zuständigen oberen Bundesgericht die letztinstanzliche Zuständigkeit auf dem Gebiet einer Sondergerichtskarkeit übertragen worden.

II. Auszug aus dem **Gesetz zur Änderung von Vorschriften des Dritten Teils der Reichsabgabenordnung v. 11. 5. 1956 (BGBl. I 118).**

1. Art. I Nr. 8. Nach § 476 wird folgende Vorschrift eingefügt:

§ 476 a

(1) Soweit in Strafsachen wegen Steuer- oder Monopol-Vergehen das Amtsgericht sachlich zuständig ist, ist örtlich zuständig das Amtsgericht am Sitz des Landgerichts.

(2) Die Landesregierung kann durch Rechtsverordnung die örtliche Zuständigkeit des Amtsgerichts abweichend rgeln, soweit dies mit Rücksicht auf die Wirtschafts- oder Verkehrsverhältnisse, den Aufbau der Verwaltungsbehörden oder andere örtliche Bedürfnisse zweckmäßig erscheint.

(3) Strafsachen wegen Steuer- oder Monopol-Vergehen sollen beim Landgericht einer bestimmten Strafkammer zugewiesen werden.

1. § 476a bezweckt in Strafsachen wegen Steuer-oder Monopol-Vergehen eine Zuständigkeitskonzentration. Die Begr. zum RegEntw. (BT-Drucks. Nr. 1593 v. 11. 7. 1955) führt hierzu aus: „Es muß im Interesse der gleichmäßigen Anwendung der schwierigen Rechtsmaterie des Steuerstrafrechts gewährleistet sein, daß im Bundesgebiet eine nicht große Zahl von Strafrichtern mit der Bearbeitung von Steuerstrafsachen befaßt ist, so daß Richter entscheiden, die auch des Steuerrechts kundig und deshalb weniger von Gutachten Dritter abhängig sind". Zu diesem Zweck wird, soweit das Amtsgericht im 1. Rechtszug sachlich zuständig ist, den übrigen Amtsgerichten eines Landgerichtsbezirks die örtliche Zuständigkeit zugunsten desjenigen am Sitz Landgerichts entzogen. Eine Vorschrift wie die des Abs. 3, daß im Wege der Geschäftsverteilung des die Steuer- und Monopolstrafsachen einer oder mehreren bestimmten Abteilungen des Amtsgerichts zugewiesen werden sollen, enthält das Gesetz nicht; eine solche Handhabung ist aber der Natur der Sache nach geboten. Soweit das Landgericht für solche Vergehen im 1. Rechtszug zuständig ist, wird die Zuständigkeitskonzentration nicht durch entsprechende Begründung der örtlichen Zuständigkeit des Landgerichts am Sitz des Oberlandesgerichts, sondern dadurch erstrebt, daß bei dem nach den allgemeinen Vorschriften örtlich zuständigen Landgericht (vgl. dazu § 446 Abs. 2 RAbgO.) die Geschäfte einer bestimmten Strafkammer zugewiesen werden sollen. Das gilt auch, soweit die Strafkammer in Steuer- oder Monopolstrafsachen als Berufungs- oder Beschwerdegericht zuständig ist. Abs. 3 richtet sich also an das die Geschäfte verteilende Präsidium (§§ 63, 64 GVG.). Unterläßt das Präsidium eine dem Abs. 3 entsprechende Zuweisung, so kann die Revision gegen ein Urteil der Strafkammer darauf nicht gestützt werden, denn da es sich nur um eine Sollvorschrift handelt, bewirkt ihre Nichtbefolgung nicht, daß der Geschäftsverteilungsplan gesetzwidrig zustande gekommen sei (vgl. Anm. 4 zu § 63 GVG., Anm. 3 zu § 337 StPO.). Sind durch die Geschäftsverteilung in Befolgung des Abs. 3 die Steuer- und Monopolvergehen einer bestimmten Kammer zugewiesen, so begründet es grundsätzlich ebenfalls die Revision nicht, wenn eine andere Kammer in einer solchen Sache erkannt hat (vgl. Anm. 4 zu § 63 GVG.).

2. Sind im Geschäftsverteilungsplan für 1956 nicht bereits die Steuer- und Monopol-Vergehen einer bestimmten Kammer zugewiesen, so ist, auch wenn keiner der eine Änderung der Geschäftsverteilung im Lauf des Geschäftsjahrs rechtfertigenden Gründe des § 63 Abs. 2 GVG. vorliegt, das Präsidium berechtigt und verpflichtet, mit Wirkung vom Tage des Inkrafttretens des Gesetzes (Art. IV), den Geschäftsverteilungsplan dem § 476a Abs. 3 entsprechend zu ändern; das ist mit Art. IV, der für § 476a Abs. 3 keine Sonderregelung enthält, stillschweigend ausgesprochen.

3. Durch die Zuständigkeitskonzentration verliert in der in Anm. 3 II zu § 13 GVG. erörterten Streitfrage die Argumentation praktisch ihr Gewicht, die besondere Sachkunde der Finanzgerichte rechtfertigte es, daß sie unter den dort bezeichneten Voraussetzungen die Rechtsmittelkontrolle über Steuerstrafbescheide an sich ziehen.

2. Art. II § 2: **§ 462 Abs. 2 der Reichsabgabenordnung wird aufgehoben.**

1. Zu Art. II § 2 bemerkt die Begr. zum RegEntw. (BT-Druck. Nr. 1593 v. 11. 7. 1955): „Die Streichung des § 462 Abs. 2 AO. ergibt sich aus gerichtsverfassungsmäßigen Gründen." Wegen des bisherigen Rechtszustandes vgl. Anm. 5c I a zu § 24 GVG. und Anm. 2g zu § 29 GVG. Infolge der Streichung des § 462 Abs. 2 RAbgO. ist im gerichtlichen Verfahren nach vorangegangenem Steuerstrafbescheid vor dem Schöffengericht die Zuziehung eines zweiten Amtsrichters ausgeschlossen, da die Zuziehung nach § 29 Abs. 2 GVG. nur bei Eröffnung des Hauptverfahrens beschlossen werden kann, eine Eröffnung des Hauptverfahrens aber hier nicht stattfindet (vgl. Anm. 2c zu § 29 GVG.).

2. Die Streichung des § 462 Abs. 2 RAbgO. bewirkt weiter, daß nunmehr jede gesetzliche Grundlage entfallen ist, die es rechtfertigen könnte, dem Finanzamt im gerichtlichen Verfahren nach vorangegangenem Strafbescheid einen unmittelbaren Einfluß auf die Begründung der sachlichen Zuständigkeit des erkennenden Gerichts einzuräumen. Nach § 462 (bisher § 462 Abs. 1) RAbgO. legt, wenn gegen den Strafbescheid gerichtliche Entscheidung beantragt wird, das Finanzamt seine Verhandlungen der Staatsanwaltschaft mit dem Antrag vor, die Entscheidung „des Gerichts" herbeizuführen, und die Staatsanwaltschaft legt sie — ohne Einreichung einer Anklageschrift — „dem Gericht" vor. Das muß — insoweit entsprechend der bisherigen Auslegung der Vorschrift (vgl. Anm. 5c I a zu § 24 GVG.) — dahin verstanden werden, daß die Staatsanwaltschaft die Vorgänge dem Gericht vorlegen kann, bei dem sie ohne vorangegangenen Strafbescheid Anklage hätte erheben können, und daß dieses sich hinsichtlich seiner Zuständigkeit auf die Vorlegung der Verhandlungen hier in gleicher Weise verhält wie auf eine von der Staatsanwaltschaft erhobene Anklage. Es fehlt an einem inneren Grund, der am Strafbescheidsverfahren nicht beteiligten, nunmehr aber zur Mitwirkung am Verfahren in eigener Verantwortung berufenen Staatsanwaltschaft ein Wahlrecht abzusprechen, das ihr nach §§ 24, 25 GVG zustände, wenn das Verfahren von vornherein von ihr betrieben worden wäre.

3. Art. III Geltung im Land Berlin.

Dieses Gesetz gilt nach Maßgabe des § 12 Abs. 1 und des § 13 Abs. 1 des Dritten Überleitungsgesetzes v. 4. 1. 1952 (BGBl. I S. 1) auch im Land Berlin.

4. Art. IV. Inkrafttreten des Gesetzes.

Dieses Gesetz tritt am Tage nach seiner Verkündung in Kraft, der Art. 1 Ziff. 8 jedoch erst am 1. 7. 1956.

Sachregister

Die Zahlen ohne Zusatz verweisen auf die Seiten des I. Bandes, die Zahlen mit dem Zusatz N auf den Nachtrag im I. Band und die Zahlen mit dem Zusatz II auf die Seiten des II. Bandes.

F

G

I

J

N

S

V

W

Z

JAGUSCH

Die Praxis der Strafzumessung

Systematische Darstellung der Strafzumessungsgründe an Hand der höchstrichterlichen Rechtsprechung

Von Bundesrichter Dr. Heinrich Jagusch

Groß-Oktav. III, 36 Seiten. 1956. DM 4,— *(Sonderausgabe aus ‚Leipziger Kommentar zum StGB' 8. Auflage)*

WELZEL

Das deutsche Strafrecht

Eine systematische Darstellung von Professor Dr. Hans Welzel

6. Auflage. Oktav. XVI, 489 Seiten. 1958. Ganzleinen DM 22,—

Die Naturrechtslehre Samuel Pufendorfs

Ein Beitrag zur Ideengeschichte des 17. und 18. Jahrhunderts

Von Professor Dr. Hans Welzel

Oktav. IV, 114 Seiten. 1958. DM 14,80

SCHOLZ

Ein Leben für die Gerechtigkeit

Erinnerungen von Senatspräsident a. D. Geh. Justizrat Dr. Franz Scholz †

Oktav. 164 Seiten. 1955. Ganzleinen DM 14,50

SAUER

Allgemeine Strafrechtslehre

Eine lehrbuchmäßige Darstellung

3., völlig neue Auflage der ‚Grundlagen des Strafrechts' von Professor Dr. Wilhelm Sauer

Oktav. XV, 290 Seiten. 1955. Ganzleinen DM 24,80

Leben und Lehre

Eine Selbstdarstellung als Lehrmittel und Zeitbild von Professor Dr. Wilhelm Sauer

Oktav. 215 Seiten mit 1 Bildnis. 1958. DM 13,50

Kriminologie als reine und angewandte Wissenschaft

Ein System der juristischen Tatsachenforschung von Professor Dr. Wilhelm Sauer

Oktav. Mit 103 Tafeln. XXVII, 604 Seiten. 1950. Halbleinen DM 38,—

LEDIG

Kriminologie

Von Gerhard Ledig. Klein-Oktav. 96 Seiten. 1947. DM 3,— *(Kleine kriminalistische Bücherei Band 6)*

WALTER DE GRUYTER & CO. / BERLIN W 35

vormals G. J. Göschen'sche Verlagshandlung · J. Guttentag, Verlagsbuchhandlung
Georg Reimer · Karl J. Trübner · Veit & Comp.

Kolibri 360 GmbH
Ferdinand-Jühlke-Straße 7
99095 Erfurt, Deutschland
produktsicherheit@kolibri360.de